2016

甘肃发展年鉴

GANSU DEVELOPMENT YEARBOOK

《甘肃发展年鉴》编委会 编

Compiled by Gansu Development Yearbook Editorial Board

《甘肃发展年鉴》编纂委员会

Gansu Development Yearbook Editorial Board

Chairperson 主　任　林　铎（省长）Lin Duo

Vice-chairperson 副主任　梁言顺（省委宣传部部长）Liang Yanshun

郝　远（省政府副省长）Hao Yuan

张生桢（省政府秘书长）Zhang Shengzhen

周　强（省发展和改革委员会主任）Zhou Qiang

包东红（省统计局局长）Bao Donghong

刘克明（国家统计局甘肃调查总队总队长）Liu Keming

编委（按姓氏笔划为序）

Editorial Board (In Order of Strokes of Chinese Surname)

Liu Guanghua　刘光华（省统计局副局长）

Liu Yajie　刘雅杰（省统计局副巡视员）

Yang Yongzhong　杨咏中（省住房和城乡建设厅厅长）

Wu Yangdong　吴仰东（省地方税务局局长）

Zhang Qinhe　张勤和（省财政厅厅长）

Jang Zaiyong　姜再勇（中国人民银行兰州中心支行行长）

Jia Tingquan　贾廷权（省人力资源和社会保障厅厅长）

Guo Chenglu　郭承录（省工商局局长）

Tang Xinghe　唐兴和（省委副秘书长、省委研究室主任）

Zang Qiuhua　臧秋华（省工业和信息化委员会主任）

《甘肃发展年鉴》编辑部

Gansu Development Yearbook Editorial Department

Editor-in-chief 主编	包东红 Bao Donghong　刘克明 Liu Keming
Deputy Editor-in-chief 副主编	刘光华 Liu Guanghua　李冰玉 Li Bingyu 杨言勇 Yang Yanyong　蒋致平 Jiang Zhiping 殷吉平 Yin Jiping　刘雅杰 Liu Yajie 李瑞虎 Li Ruihu　周正荣 Zhou Zhengrong 彭国强 Peng Guoqiang　高百忍 Gao Bairen
Chief Design 总策划	刘光华 Liu Guanghua　刘雅杰 Liu Yajie
Chief Editor 总编辑	周立荣 Zhou Lirong
Deputy Chief Editor 副总编辑	董平 Dong Ping　何子顺 He Zishun 陈雪霞 Chen Xuexia
Execute Coordinator 执行编辑	高燕妮 Gao Yanni　郑萍萍 Zheng Pingping
Computer Editor 计算机编辑	霍斌 Huo Bin
Editor 编辑（按姓氏笔划为序）	王志杰 Wang Zhijie　王韬 Wang Tao 李文瑞 Li Wenrui　杨亮 Yang Liang 杨彩凤 Yang Caifeng　吴龙伟 Wu Longwei 陈育麟 Chen Yulin　邵佳霖 Shao Jialin 赵冰 Zhao Bing　董佩姗 Dong Peishan
English Translator 英文翻译	郑萍萍 Zheng Pingping
Color Page Design 封面设计	张冰 Zhang Bing

编辑人员（按姓氏笔划为序）

Editorial Staff (in order to strokes of Chinese surname)

万国福 Wan Guofu	马雪萍 Ma Xueping	王志杰 Wang Zhijie	王新 Wang Xin	王韬 Wang Tao	邓立超 Deng Lichao
石岷 Shi Min	令军民 Ling Junmin	冯金辉 Feng Jinhui	刘杰 Liu Jie	安文霞 An Wenxia	祁伟 Qi Wei
苏海萍 Su Haiping	李文瑞 Li Wenrui	李忠东 Li Zhongdong	李建斌 Li Jianbin	李树海 Li Shuhai	李焱 Li Yan
杨虎 Yang hu	杨亮 Yang Liang	杨彩凤 Yang Caifeng	吴龙伟 Wu Longwei	何子顺 He Zishun	何涛 He Tao
何瑛 He Ying	张永明 Zhang Yongming	张军权 Zhang Junquan	张晓红 Zhang Xiaohong	张爱玲 Zhang Ailing	陈长岗 Chen Changgang
陈育麟 Chen Yulin	陈雪霞 Chen Xuexia	邵佳霖 Shao Jialin	周立荣 Zhou Lirong	郑萍萍 Zheng Pingping	赵冰 Zhao Bing
赵晓琴 Zhao Xiaoqin	胡彦荣 Hu Yanrong	徐功如 Xu Gongru	高燕妮 Gao Yanni	郭立平 Guo Liping	黄武明 Huang Wuming
黄鹏 Huang Peng	常延斌 Chang Yanbin	董平 Dong Ping	董佩姗 Dong Peishan	覃海珍 Qin Haizhen	温琴 Wen Qin
路民生 Lu Minsheng	裴广群 Pei Guangqun	霍斌 Huo Bin			

编者说明

一、《甘肃发展年鉴》是由甘肃发展年鉴编委会编纂，中国统计出版社出版，国内外公开发行的大型综合性年刊。它以大量翔实可靠的资料，全面记载了甘肃政治、经济、法律及社会发展情况，是各级党政领导、经济管理部门、企事业单位、科研部门和中外投资者了解省情、市情、县情，进行科学决策、咨询和研究的重要工具书。

二、本年鉴是创刊以来的第七卷，全部为中英文对照版并配有电子版，主要记载2015年甘肃经济社会发展情况，统计资料在时间上有所上溯。

三、本年鉴共分为两部分：第一部分共设13个篇目，包括特载、大事记、概况、政治、法制、国民经济、建设测绘、交通通信邮政、财政金融、经济管理、社会事业、人民生活、地县概况；第二部分共设22个篇章，包括综合、人口、国民经济核算、就业和工资、价格、人民生活、财政和金融业、资源和环境、能源、固定资产投资、对外经济贸易、农业、工业、建筑业、批发和零售业、住宿、餐饮业和旅游、运输和邮电、教育和科学技术、卫生、社会服务和社会保障、文化和体育、城市、民族自治地方。为方便读者使用资料，统计资料各篇前附有简要说明，篇末附有主要统计指标解释。

四、本年鉴的体例分为篇目、分目和条目三个层次，以条目为基本结构单元。条目标题均用黑体字加【 】。

五、与2015年版《甘肃发展年鉴》相比较，本年年鉴在内容上主要做了如下修订：总体遵循“综合+人口+经济+社会+区域”的原则，对年鉴22个篇章的顺序进行了全面调整；能源部分增加重点耗能企业单位产品能源消费统计表；工业部分增加股份合作企业分类，企业规模中增加微型企业分类；调整了金融机构人民币、本外币及外汇信贷资金平衡表的相关统计指标；增加民族自治地方历年主要统计指标；根据最新统计报表制度对人民生活等篇章的内容及相关统计指标进行了调整。

六、由于统计制度方法改革，有些统计指标的口径、包括范围和计算方法有所变化，使用时请注意。文稿中的数据由各单位提供，部分为初步统计数，如与统计表中不一致，以统计表为准。

七、本年鉴中所使用的度量衡单位均采用国际统一标准计量单位；部分数据合计数或相对数由于单位取舍不同而产生的计算误差，均未做机械调整。

八、符号使用说明：年鉴各表中的“空格”表示该项统计指标数据不足本表最小单位数、数据不详或无该项数据；“#”表示其中的主要项；“*”或“①”表示本表下有注解。

本年鉴的编辑出版，得到省直各部门和有关企业事业单位的大力支持，我们对此表示诚挚的谢意！

编　者

2016年9月

Preface

I. Gansu Development Yearbook, edited by the Gansu development yearbook editorial board and published by china statistics press, is a large-scale domestic and international public offering comprehensive annual publication. It records comprehensively Gansu political, economic, legal and social development situation by the large amount of reliable data, and is an important tool to understand the situation of the province, city, county and conduct a scientific decision-making, consult and research for every level party and government leaders, economic management department, enterprise and public institution, research departments and domestic and foreign investors.

II. The yearbook is the seventh volume since founded, which is all the in Chinese-English and equipped with electronic version, records mainly Gansu economic and social development situation in 2015, but its statistics materials have traced back in time.

III. The yearbook contains the following two parts: The first part contains special set, memorabilia, overview, politics, legal, national economy, construction and mapping , transport, communication and post, government finance and financial, economy management, social undertaking, people's livelihood and county profiles 13 contents. The second part contains total 22 sections and chapters: General Survey; Population; National Accounts; Employment and Wages; Prices; People's Living Conditions; Government Finance and Financial Intermediation; Resources and Environment; Energy; Investment in Fixed Assets; Foreign Trade and Economic Cooperation; Agriculture; Industry; Construction; Wholesale and Retail Trades; Hotels, Catering Services and Tourism; Transport, Postal and Telecommunication Services; Education & Science and Technology; Public Health, Social Services and Social Security; Culture and Sports; City; Ethnic Minority Autonomous Area. For the convenience of using information for the readers, statistics have a brief introduction at the beginning of each part. In addition, explanatory notes on main statistical indicators are provided at the end of each part.

IV. The yearbook style is divided into contents, subhead and entry three levels, and entry as the basic structural unit. The entry titles are in bold and add 【】.

V. In comparison with Gansu Development Yearbook-2015, following amendments were mainly made in content of this yearbook: Overall follow the principle of "general survey & population & economy & society & region", the order of the 22 chapters of the yearbook was comprehensive adjusted. The chapter of "Energy" is added the statistical table of energy consumption of per unit of product for key energy-consuming enterprises. The chapter of "Industry" is added the classification of stock cooperative enterprises, added the classification of micro-enterprise in enterprise size. Adjusted the relevant statistical indicators of the table of "Currency Balance Sheet of Financial Institutions' Renminbi, Foreign Exchange, Foreign Exchange Credit". Increased the main statistical indicators of ethnic minority autonomous area over the years. According to the latest statistical reporting system, the contents and related statistical indicators of the chapter of people's lives and other chapters is adjusted.

VI. As the methods of statistical system reform, some of the caliber of statistical indicators, including the scope and computational method change and please note that when used. The presentation data is provided by the units and some are preliminary statistics, if they does not accord with the statistical tables to tables shall prevail.

VII. The units of measurement used in this yearbook are internationally standard measurement units, statistical discrepancies on totals and relative figures due to rounding are not adjusted in the Yearbook.

VIII. Notations used in the yearbook: (blank space) indicates that the figure is not large enough to be measured with the smallest unit in the table, or data are unknown, or are not available; "#" indicates a major breakdown of the total; and "*" or " ① "indicates footnotes at the end of the table.

The edit and publishing of Yearbook were strongly supported by the departments under the provincial leadership, relevant enterprises and public institutions. We express our sincere thanks!

Editor
September 2016

目　　录

特　载

FEATURED ARTICLES

大事记

EVENTS

概　况

SURVEY

政　治

POLITICS

法 制

LOCAL LEGISLATION

国民经济

NATIONAL ECONOMY

建设　测绘

CONSTRUCTION, SURVEY & MAPPING

交通　通信　邮政

TRANSPORTATION
TELECOMMUNICATION & POST

财政　金融

GOVERNMENT FINANCE AND FINANCIAL

经济管理

ECONOMY & MANAGEMENT

社会事业

SOCIAL UNDERTAKING

人民生活

PEOPLE'S LIVING CONDITIONS

地县概况

GENERAL SITUATION OF PREFECTURES AND COUNTIES

统计资料

STATISTICS

一、综合

General Survey

二、人口
Population

三、国民经济核算
National Accounts

四、就业和工资
Employment and Wages

五、价格
Prices

六、人民生活
People’s Living Conditions

七、财政和金融业
Government Finance and Financial Intermediation

八、资源和环境
Resources and Environment

九、能源
Energy

十、固定资产投资
Investment in Fixed Assets

十一、对外经济贸易
Foreign Trade and Economic Cooperation

十二、农业
Agriculture

十三、工业
Industry

十四、建筑业
Construction

十五、批发和零售业
Wholesale and Retail Trades

十六、住宿、餐饮业和旅游
Hotels, Catering Services and Tourism

十七、运输和邮电
Transport, Postal and Telecommunication Services

十八、教育和科学技术
Education & Science and Technology

十九、卫生、社会服务和社会保障
Public Health, Social Services and Social Security

二十、文化和体育
Culture and Sports

二十一、城市
City

二十二、民族自治地方
Ethnic Minority Autonomous Area

特 载

甘肃省人民代表大会常务委员会工作报告

——2016年1月18日在甘肃省第十二届人民代表大会第四次会议上

甘肃省人民代表大会常务委员会副主任 罗笑虎

各位代表：

我受省人大常委会委托，向大会报告工作，请予审议。

2015年的主要工作

过去一年，在省委的坚强领导下，省人大常委会紧紧围绕协调推进“四个全面”战略布局，坚持党的领导、人民当家作主和依法治国有机统一，认真贯彻落实省十二届人大三次会议决议，进一步完善工作思路和举措，突出着力重点，服务全省大局，依法履行职权，各项工作都取得了新进展新成效。一年来，共制定、修改、批准地方性法规和民族自治地方单行条例15件，听取审议专项工作报告21项，检查了3部法律法规的实施情况，作出决定决议6项，开展专题调研7项，任免国家机关工作人员130人次。

一、紧扣全省发展大局，重点工作落实取得显著成效

常委会把贯彻落实中央和省委重大决策部署作为依法履职的重中之重，突出抓了5件大事。

（一）着眼全面建成小康社会，积极助推精准扶贫精准脱贫。精准扶贫精准脱贫是全省的“一号工程”、重大任务。常委会紧扣省委“1+17”精准扶贫方案实施，综合运用专题调研、听取专项汇报、开展专题询问等方式，寓支持于监督之中，切实加大监督力度。分别由6名副主任带队，先后深入6个市州、32个乡镇、45个贫困村和19个省直部门开展调研，适时听取审议了省政府开展精准扶贫精准脱贫情况的工作报告，并召开联组会议，就安全饮水、危房改造、教育卫生、电商扶贫等问题，向省政府和省直有关部门提出询问，分管副省长及省政府相关部门负责人到场应询，为省委决策部署的落实发挥了重要推动作用。

（二）着眼适应经济发展新常态，深入开展“十三五”规划编制调研。深入贯彻党的十八届五中全会和省委十二届十四次全委扩大会议精神，谋划制定好我省“十三五”规划，事关全面建成小康社会目标的如期实现。常委会围绕代表大会审查批准“十三五”规划纲要这一法定职责，采取点面结合和上下联动的方式，深入各地就全省“十二五”规划实施和“十三五”规划编制情况进行调研，深入分析了新常态下全省经济社会发展中存在的深层次矛盾和问题，并就做好“十三五”规划编制工作提出具体建议，既为省委决策和省政府编制“十三五”规划纲要提供了参考依据，也为本次大会审查批准规划纲要作了充分准备。

（三）着眼解决突出问题，切实抓好省委人大工作会议的调研筹备和精神落实。召开省委人大工作会议是推动全省人大工作与时俱进的迫切需要，也是各级人大组织和人大工作者的热切期盼。去年，常委会在省委的领导下，把筹备省委人大工作会议摆上重要日程，按照王三运书记的指示要求，组成多个调研组，深入省内外考察调研，在找准问题症结、破解工作难点的基础上，提出了具有针对性和操作性的一系列对策建议，为省委决策发挥了参谋作用。省委出台的《关于加强和改进人大工作的意见》，为全省各级人大在新形势下开展工作指明了方向、提供了遵循。围绕抓好会议精神的贯彻落实，常委会及时发出通知，组织各种形式的辅导讲座和学习研讨，将《意见》中有关的政策措施纳入民主法制领域改革任务，并在定西市开展贯彻落实试点工作，力争推出在全省可借鉴的经验。目前，全省已有12个市（州）和部分县（市、区）按照省委的部署，先后召开党委人大工作会议，出台具体的贯彻落实意见，制约基层人大工作的一些突出问题得到较好解决，各级人大建设得到明显加强。

（四）着眼全面深化改革，认真落实民主法制领域改革任务。坚持把深化民主法制领域改革作为加强和改进人大工作的重大机遇，积极落实省委部署的改革任务，在充分调研和广泛征求意见的基础上，完成了地方性法规草案起草规定、立法计划编制办法、立法项目论证办法、“一府两院”听取征求人大代表意见办法等12项年度改革任务。另有6项改革任务已开展前期调研论证，为今年顺利完成创造了条件。

（五）着眼建设法治甘肃，努力推进设区市立法和宪法宣誓等工作。深入贯彻落实党的十八届四中全会精神，紧紧围绕法治甘肃建设，适时作出了《关于酒泉等十三个市、自治州人民代表大会及其常务委员会开始制定地方性法规的决定》，并指导市州在机构设置、队伍建设、保障机制等方面做好地方立法准备工作。根据新修订的立法法等法律规定和工作实际，修正了《甘肃省各级人民代表大会常务委员会规范性文件备案审查规定》，增加了主动审查、规范审查程序、明确审查机构等方面的内容，进一步严格了规范性文件备案审查制度。根据全国人大常委会的决定，审议通过了《甘肃省组织实施宪法宣誓制度办法》，对宪法宣誓的组织实施作出规定，并从今年元月份起付诸实施。组织开展国家宪法日系列宣传活动，进一步树立了宪法法律权威和法治观念。

二、加强重点领域立法，地方立法质量不断提高

常委会围绕全省经济社会发展的重点，加强组织协调，发挥主导作用，加大创制性立法，在突出特色上下功夫、在有效管用上做文章，立法质量进一步得到提升。

（一）充分发挥立法主导作用。一是注重在立法规划环节发挥主导作用。在广泛深入调研和征求各方面意见的基础上，对2013—2017年立法规划进行了调整，进一步增强了立法项目的地方性和针对性。二是注重在法规草案起草环节发挥主导作用。国家新修订的预算法，增加了控制政府权力、规范政府预算管理、加强人大对全口径预决算审查监督的内容，常委会及时将这些改革措施体现到修订的《甘肃省预算审批监督条例》中。在2014年对我省地震重点监视防御区防震减灾和非物质文化遗产保护开展专题调研的基础上，起草并审议通过了《加强地震重点监视防御区防震减灾工作的决定》和《甘肃省非物质文化遗产条例》。三是注重在法规草案审议环节发挥主导作用。在审议《〈甘肃省价格管理条例〉（修正草案）》时，除认真审议政府提交的修改意见外，还对原法规中价格管理不合理的内容提出修改意见，作出了《关于修改〈甘肃省价格管理条例〉的决定》。

（二）加强经济生态科技文化领域立法。去年，常委会把这方面的立法作为突出重点来抓，取得了重大进展。审议通过的《甘肃省农村饮用水供水管理条例》，为促进精准扶贫和农村经济社会发展及农民群众身体健康提供了法制保障。审议通过的《甘肃省会计管理条例》，从加强会计管理、规范经济行为、维护经济秩序的实际出发，对我省实施国家会计法进行了细化和补充。同时，还对《敦煌历史文化名城保护条例（草案）》进行了二审，对《甘肃省节约能源条例（草案）》《甘肃省促进科技成果转化条例（修订草案）》《甘肃省兰白科技创新改革试验区条例（草案）》《甘肃省民勤连古城国家级自然保护区管理条例（草案）》进行了一审。审查批准了《兰州市科技进步条例》《甘南藏族自治州非物质文化遗产保护条例》《肃北蒙古族自治县草原条例》和《东乡族自治县林木管护条例》。

（三）突出社会民生领域立法。审议通过的《甘肃省社会救助条例》，规范了社会救助的对象范围、救助方式、申请审批程序，明确了救助工作的监督管理和法律责任。审议通过的《甘肃省老年人权益保障条例》，对进一步保障老年人合法权益作出具体规定。修订的《甘肃省消费者权益保护条例》，规范了政府部门职责和社会监督内容，加大了违法行为的处罚力度。

三、注重改进方式方法，监督实效进一步增强

常委会围绕全省改革发展的主要任务，突出重点领域、加强专题调研，紧盯关键环节、加大监督力度。

（一）围绕预算执行和经济运行强化监督。面对经济下行压力加大的形势，常委会紧紧抓住计划预算执行，听取审议了计划、预算和审计等方面的8个专项报告，审查批准了2014年省级财政决算、2015年第一批、第二批政府债券安排计划和省级财政预算调整方案、政府债务限额分配计划和省级财政预算调整方案，并就经济发展新常态下做好产业发展、项目建设等提出建议。在听取审议审计报告时，针对“屡审屡犯”的问题，要求相关部门高度重视整改落实，进一步深化改革措施，完善制度规定，规范预算管理，切实从源头上加以解决。经过督促整改，审计报告中反映的52类问题，已整改到位和正在整改落实的45类、占86.54%。

（二）围绕农村金融创新和国有企业改革强化监督。针对当前农村金融创新中存在的困难和问题，听取审议了省政府的专项报告，提出了落实农村金融政策、完善配套措施、加快信用体系建设等工作建议。围绕深化经济体制改革，听取审议了省政府关于省属国有企业改革和国有资产监督管理情况的报告，有针对性地从落实指导意见、资源重组整合、实施创新战略、基地产能建设等方面提出建议。

（三）围绕公正司法和法律援助强化监督。在对全省司法公开情况进行专题调研的基础上，听取审议了省法院、省检察院推进司法公开情况的报告，针对工作中存在的突出问题，提出了规范内容、创新形式、拓展公开的广度和深度等建议。特别是针对基层和边远地区、民族地区司法信息化建设滞后的问题，明确提出加大资金投入、强化技能培训的要求。在听取审议省政府关于法律援助工作情况的报告时，针对援助力量、经费保障、基础建设等方面存在的问题提出了意见建议。

（四）围绕推进依法行政和法律实施强化监督。针对群众关注的依法行政和规范执法问题，分别听取审议了省政府2014年依法行政和公安机关执法规范化建设情况的报告，就加强和改进依法行政、强化行政执法规范化建设等方面的内容，提出具体的意见建议。采取省市县三级人大联动和先暗察、后明访、再听报告的方式，对水污染防治法、森林法、清真食品管理条例等法律法规实施情况进行检查。首次采用媒体与部门面对面的方式，开展“陇原环保世纪行”和“农产品质量安全监督陇上行”活动，研讨解决节能减排和农产品安全方面的问题。围绕天水陇南生态安全屏障保护和建设，组织力量开展专题调研。依法对204件规范性文件进行备案审查，对存在问题的内容条款进行了处理。

四、创新服务保障机制，代表作用得到有效发挥

常委会充分尊重代表主体地位，强化工作平台和履职能力建设，健全完善服务保障机制，不断加强和改进代表工作。

（一）努力提高代表建议办理质量。完善代表建议办理和督办机制，对重点建议办理工作开展视察，对教育厅、林业厅的办理工作进行满意度测评，办理质量不断提高。截至7月底，省十二届人大三次会议代表提出的623

件建议已按规定期限全部办理答复完毕，由常委会领导和专门委员会重点督办的15件代表建议已全部办结，较好地解决了一批代表关注、群众关心的问题。已经解决和正在解决的建议539件、占86.5%，比上年提高6.2%。积极组织在甘全国人大代表向全国人代会提出议案3件、建议131件，其中，兰石化搬迁改造、国家中医药产业发展综合试验区、三大区域综合治理等3件建议，被列为全国人大常委会重点督办建议，省人大常委会加强联系衔接和沟通汇报，办理工作取得了积极进展。

（二）深化拓展双联“人大代表在行动”活动。着眼建立健全代表履职平台和长效机制，积极推进双联“人大代表在行动”与精准扶贫相融合、与代表依法履职相促进，先后召开全省深化拓展双联“人大代表在行动”座谈会和省市县三级视频推进会，提出具体的实施意见和落实办法，并由常委会领导带队，深入基层，跟踪调研，狠抓落实。各级人大代表积极参与“双联”行动，走访贫困群众，宣传法规政策，为民帮办实事，既推动了全省脱贫攻坚的深入开展，也密切了代表与群众的联系，提高了代表的履职能力。

（三）加强阵地建设保障代表依法履职。按照有阵地、有制度、有计划、有记录、有学习资料的标准，指导帮助各地建成“人大代表之家”2528个、“人大代表工作室（站）”2317个，在全省各乡镇、街道实现了全覆盖。加强代表培训工作，举办两期省人大代表培训班，培训代表265名。完善代表列席会议和参加活动制度，全年共组织300多人次省级和在甘全国人大代表列席常委会会议，参加执法检查、调研和其他重要活动。

（四）认真谋划县乡人大换届选举。根据全国人大常委会办公厅和省委的安排部署，对县乡人大换届选举工作提前谋划，组成专题调研组，深入市州和部分县区、乡镇，总结上一届换届选举工作经验，深刻汲取四川南充拉票贿选案和湖南衡阳破坏选举案教训，就如何做好换届选举、优化代表结构、严肃换届纪律等问题进行深入研究，提出了工作建议。

五、切实加强自身建设，履职能力和水平明显提升

常委会认真落实中央和省委有关加强和改进人大工作的要求，全面加强思想、作风、制度、效能建设，不断推动人大工作创新发展。

（一）保持政治定力。通过常委会党组中心组学习、专题讲座、履职培训等多种形式，及时学习贯彻习近平总书记系列重要讲话精神和中央、省委重大决策部署，严格落实廉洁自律准则和党风廉政建设主体责任，不断增强政治定力，严守政治纪律和政治规矩。坚持并落实常委会党组向省委请示报告制度，及时向省委请示报告重要事项，自觉把党的领导贯穿于依法履职全过程，切实在思想上政治上行动上与中央和省委保持高度一致。

（二）加强工作指导。坚持把加强基层调研、推动人大建设作为一项重要任务，以贯彻落实中央关于加强县乡人大工作和建设的文件精神为契机，加大理论业务培训力度，加强与基层人大的联系，加大工作指导和支持力度，积极推广以“自身建设标准化、履职行为规范化、代表活动经常化”为主要内容的“平凉经验”，有效解决了乡镇人大职能虚置弱化的问题，得到了全国人大常委会领导的充分肯定，并在全国人大加强县乡人大工作和建设座谈会上作了经验交流。

（三）持续转变作风。严格执行中央和省委的各项规定要求，扎实开展“三严三实”专题教育、“工作落实年”、“为官不为”专项整治、效能风暴行动、素质能力提升等活动，狠抓“四风”问题整改落实。完善常委会议事规则，建立常委会主任办公会议制度，健全会议请假、岗位责任、限时办结、督查通报、责任追究等制度，积极开展集体学习、业务培训、能力锻炼等实践活动，切实以制度提效能、以制度促落实，机关的服务保障水平和质量有了明显提升。

（四）强化新闻宣传。重视舆论宣传，加强对常委会重大活动、特色亮点工作和基层人大工作的宣传报道。对我省的县乡人大工作和建设，全国人大常委会办公厅组织中央各大主流媒体到甘肃各地进行系列采访，中央电视台新闻联播、新闻直播间、东方时空等栏目和中央人民广播电台、新华社、《人民日报》《法制日报》《中国人大》杂志及中央各大网站，都作了大篇幅、大版面、大容量、多时段的专题报道，社会反响良好。平凉市崆峒区安国镇人大主席李竹奎当选2015年度全国法治人物。省上主要新闻媒体和省人大常委会主办的报刊网站也加大了人大工作的宣传力度。

各位代表！过去的一年，省人大常委会工作取得的成绩，是省委正确领导的结果，是常委会全体组成人员和人大代表共同努力的结果，是“一府两院”和社会各界大力支持的结果。在此，我代表省人大常委会表示衷心的感谢！

在肯定成绩的同时，我们也深切地感到，常委会工作与新形势新任务的要求相比，与广大人民群众的期盼相比，还有一定差距。主要是：制定的一些法规与上位法内容重复较多，针对性和操作性需要增强；监督机制不够完善，监督方式有待改进；决定重大事项的制度化、程序化有待进一步完善；代表履职的服务保障工作有待提高，常委会组成人员的履职能力和机关干部的工作能力还需要提升。对此，我们将在今后的工作中采取有效措施，切实加以改进。

2016年的主要任务

今年，是实施“十三五”规划和全面建成小康社会决胜阶段的开局之年，改革发展的任务重大而艰巨。省人大常委会工作的指导思想是：高举中国特色社会主义伟大旗帜，深入贯彻党的十八大和十八届三中、四中、五中全会精神，以马克思列宁主义、毛泽东思想、邓小平理论、“三个代表”重要思想、科学发展观为指导，深入学习贯彻习近平总书记系列重要讲话精神，坚持“四个全面”战略布局，树立创新、协调、绿色、开放、共享的发展理念，认真落实省委十二届十四次全委会议和省委人大工作会议精神，大力实施脱贫攻坚工程，切实履行各项法定职权，进一步加强地方立法、监督调研、决定重大事项、代表工作和自身建设，坚定信心、凝聚力量、开拓创新、增强实效，为建设幸福美好新甘肃、全面建成小康社会而奋斗。围绕这一指导思想，我们将重点做好以下工作：

一、聚焦大事要事，狠抓工作任务落实

按照中央和省委的决策部署，充分发挥地方国家权力机关作用，强化调研和监督，确保“十三五”规划顺利实施。深入贯彻中央加强县乡人大工作和建设的文件及省委人大工作会议精神，加强人大制度建设，积极推广平凉、陇南等地的经验做法，精心指导定西市开展试点工作，按照省委要求做好督查调研，适时举办贯彻落实座谈会，确保中央和省委的精神要求落到实处。认真完成省委确定的民主法制领域改革任务，抓好省委加强和改进人大工作《意见》中有关改革举措的落实。开展宪法宣传教育，做好宪法宣誓工作。落实中央和省委有关要求，修订我省实施选举法、代表法办法，认真做好县乡人大换届选举指导工作。

二、突出地方特色，着力提高立法质量

按照“十三五”时期治理体系和治理能力现代化取得重大进展，各领域基础性制度体系基本形成，各方面制度更加成熟更加定型的目标，完善立法体制机制，深入推进科学立法、民主立法，不断提高立法质量。落实省委法治甘肃建设意见要求，加强地方立法机构和能力建设，做好对市州立法工作的指导和法规审批工作。充分发挥人大立法主导作用，适应改革发展需求，加强重点领域立法，制定修订扶贫开发、安全生产、节约能源、地质环境保护等15件法规，做好农村垃圾管理等5件预备法规项目的立法准备工作。健全专委会、工作部门组织起草重要法规草案机制，推动督促有关方面按照立法规划、计划及时组织起草法规草案，确保如期提请审议。

三、推进依法治理，有效行使监督职权

按照省委适应、引领和推动“八个转变”的要求，紧扣全省中心工作和重点任务，综合运用法定监督方式，推动省委重大决策部署的贯彻落实。加强对“一府两院”专项工作的监督，听取审议计划预算执行、“6873”交通突破行动、公共安全管理、城市规划和建设、司法体制改革等情况的专项工作报告。围绕全省经济社会发展大局、重大民生工作和群众关注的热点问题，组织开展专题询问，切实增强监督实效。继续开展“陇原环保世纪行”和“农产品质量安全监督陇上行”活动。对农 村能源条例等法规的实施情况进行检查监督。对全省创新驱动发展、贫困地区富民产业培育、生态安全屏障保护建设等工作开展专题调研。进一步加强规范性文件备案审查工作，切实提高审查质量和效果。

四、健全制度机制，规范完善重大事项决定

按照省委人大工作会议精神，深化依法行使重大事项决定权的认识，强化人大常委会决定重大事项职能，进一步规范常委会讨论决定重大事项的内容和工作程序，及时对计划、财政和“七五”普法等重大事项进行审议，依法作出决定决议。根据省委有关文件规定的范围和要求，加强与政府的联系沟通，认真落实重大事项年度清单制度，并对确定的内容进行调研论证，适时列入常委会会议议程进行审议，保障和推动科学民主依法决策。

五、强化服务保障，认真做好代表工作

深化拓展双联“人大代表在行动”活动，更好地发挥代表在脱贫攻坚中的作用。强化“人大代表之家”建设，推动基层人大代表活动和工作经常化、制度化，探索搭建代表闭会期间开展活动的平台载体，使代表更好履行职责。加大代表履职专题培训，进一步提升代表履职能力。扎实做好常委会组成人员联系代表、代表联系群众工作，探索建立代表反映人民群众意见和诉求的处理反馈机制。提高在甘全国人大代表提出议案建议的服务保障水平，配合全国人大常委会做好重点建议跟踪督办。坚持常委会领导、各专委会及工作部门督办重点建议制度，适时召开代表建议办理工作经验交流会。

六、提升履职能力，推动人大工作完善发展

坚持把思想政治建设放在首位，牢固树立责任意识、大局意识、法治意识和创新意识，自觉把党的领导、人民当家作主和依法治国有机统一到依法履职的全过程。加强纪律和作风建设，严格落实中央八项规定和省委“双十条”规定，持续反对“四风”，巩固党的群众路线教育实践活动和“三严三实”专题教育成果，认真落实党风廉政建设主体责任。加强常委会组成人员和机关干部业务培训，不断提升履职能力和服务水平。加强与市州和基层人大的联系，创新全省人大上下联动开展工作的方式和内容，指导和帮助解决基层人大工作中遇到的困难和问题。

各位代表！

今年改革发展的任务十分繁重。做好今年的各项工作，意义重大，影响深远。让我们紧密团结在以习近平同志为总书记的党中央周围，在省委的坚强领导下，以只争朝夕的精神、决战决胜的信心、创新务实的举措，加快法治甘肃建设步伐，为实现“十三五”时期全省经济社会发展良好开局而努力奋斗！

甘肃省政府工作报告

——2016年1月16日在甘肃省第十二届人民代表大会第四次会议上

甘肃省省长　刘伟平

各位代表：

现在，我代表省人民政府，向大会作政府工作报告，请予审议，并请政协委员和列席人员提出意见。

“十二五”工作回顾

“十二五”是我省发展进程中极不平凡的五年。面对国内外形势的深刻变化和繁重的改革发展稳定任务，在党中央国务院的坚强领导下，省委省政府团结带领全省各族人民，以邓小平理论、“三个代表”重要思想和科学发展观为指导，全面贯彻党的十八大和十八届三中、四中、五中全会精神，深入学习贯彻习近平总书记系列重要讲话和视察甘肃时的重要指示精神，协调推进“五位一体”总体布局和“四个全面”战略布局，按照省第十二次党代会的决策部署，牢牢把握建设幸福美好新甘肃这一重大使命，始终坚持八个发展取向，积极开展十大重点行动，深入实施“3341”项目工程、联村联户为民富民行动、“1236”扶贫攻坚行动和“1+17”精准扶贫精准脱贫的意见及政策措施、“13685”丝绸之路经济带甘肃段发展战略，主动适应经济发展新常态，有效应对各种风险和挑战，全面完成“十二五”规划各项约束性指标，基本实现预期性目标，经济社会发展取得重大成就。

这五年，我们始终坚持发展第一要务，实施创新驱动发展战略，把转方式调结构放在更加重要位置，不断提高发展质量和效益，综合经济实力大幅提升。全省生产总值连续跨越两个千亿元台阶，预计年均增长10.5%，达到6790亿元。三次产业结构由2010年的14.5 ：46.8 ：38.7调整到14.4 ：36.8 ：48.8，实现由“二三一”向“三二一”的转变。粮食生产实现“十二连丰”，总产量稳定在1000万吨以上。城镇化率达到43.0%，比2010年提高6.9个百分点。万人发明专利拥有量达到1.59件，是2010年的3.53倍；技术合同交易额达到130.3亿元，是2010年的3.02倍；科技进步贡献率由2010年的42.5%提高到50.3%，科技进步综合指数从全国的25位提升到19位。战略性新兴产业占生产总值的比重达到12.1%。以文化旅游为龙头的第三产业发展迅速，旅游综合收入达到975亿元，是2010年的4.1倍。兰州新区生产总值达到125亿元，是2012年国家批复建区时的2.23倍。非公经济占生产总值的比重由2010年的38. 2%提高到45.8%。一般公共预算收入达到743.9亿元，比2010年增长110.4%；一般公共预算支出达到2964.6亿元，比2010年增长101.9%。城乡居民人均收入分别达到23000元和6900元，年均增长11.4%和13.2%。

这五年，我们始终坚持把扶贫攻坚作为最大任务，增加投入，加大力度，贫困地区面貌发生巨大变化。五年来，投入财政专项扶贫资金243.8亿元，是“十一五”的3.05倍；金融机构对贫困地区贷款余额3310亿元，是“十一五”末的3. 29倍。建制村道路通畅率由40%提高到82%。政策性融资担保机构在58个贫困县实现全覆盖，金融服务网点在贫困乡镇实现全覆盖。农村自来水普及率由51%提高到80%。贫困村动力电覆盖率达到94%。农村贫困户危房改造102.8万户，完成易地扶贫搬迁12.72万户63.48万人。建成贫困村卫生室5600个。一、二类低保对象保障水平超过现行贫困线标准，实现政策性脱贫。出台支持革命老区、民族地区加快发展的特殊政策，统筹整合省级涉农扶贫资金增加革命老区扶贫投入，省级财政对民族地区州县均衡转移性支付补助系数高于其他地区平均水平3个百分点以上。扶贫对象人均收入年均增长14.8%，高于全省农民人均收入增幅2个百分点；贫困人口减少到317万人，贫困发生率由40.5%下降到15%。

这五年，我们始终抓住政策叠加机遇，保持固定资产投资较快增长，加快了基础设施建设，支撑发展的条件明显改善。充分发挥国家确定的兰州新区、华夏文明传承创新区、生态安全屏障综合试验区等政策性战略平台作用，全省固定资产投资年均增长23.9%，累计完成投资3.2万亿元。公路网总里程14.01万公里，比2010年增加2.12万公里，实现省际主要通道和市州所在地通高速公路、县城通二级以上公路、所有乡镇和82%的建制村通沥青(水泥)路。新增铁路运营里程1334公里，总运营里程达到4245公里，兰新高铁等铁路开通运营，兰州至中川城际铁路建成投运。通航机场达到8个，年客运量突破900万人次，其中中川机场客运量超过800万人次。全省人民期盼半个多世纪的引洮供水一期工程建成通水、二期工程开工建设。电力装机容量达到4643万千瓦，煤炭生产能力达到6700万吨，建成酒泉千万千瓦级风电基地，全省风光电装机容量分别达到1252万千瓦和610万千瓦，居全国第2位和第1位。华夏文明传承创新区招商引资到位资金596亿元，建成兰州创意文化产业园等一批国家级文化产业示范基地，文化产业增加值年均增长25.9%；农家书屋、广播电视、农村电影放映、文化信息资源共享工程、县级城市数字影院建设实现全覆盖；建成符合国家标准的各级各类博物馆385个；建成集宣传教育、科教普及、文体娱乐等为一体的村综合性文化服务中心(乡村舞台)11559个，占全省行政村的72%。农村4M宽带覆盖率达到65%，行政村通宽带率达到80%以上。

这五年，我们始终坚持问题导向，以经济体制改革为重点，着力破解制约发展的体制机制性障碍，发展活力不断增强。完成新一轮地方政府机构改革。省政府先后11批取消、调整和下放行政审批事项1042项，削减幅度达到90%以上，全部取消非行政许可审批事项。省市县三级政府部门权力清单、责任清单、财政专项资金管理清单全部上网公布。整合建立省市两级公共资源交易平台，工程建设、政府采购、土地和矿业权出让、国有产权交易、医药和医用耗材集中采购等全部进场交易。加强政府性债务管理，新增政府债务全部纳入预算实行限额管理。落实“营改增”试点政策，涉及的服务业领域减税面达97%以上。实行注册资本认缴登记制和企业年报公示制，推行“三证合一”、“一照一码”登记制度，市场主体和注册资金分别增长99.92%和344.4%。省属监管企业集团层面完成公司制改革，5户省属企业的分类改革试点顺利推进，其他省属企业“一企一策”改革全面推开。创新投融资机制，新设立产业投资基金11亿元和产业引导基金4亿元，省级两批推出220个政府和社会资本合作项目，签约项目70个、总投资1795亿元。新设立甘肃银行、兰州农商银行，金融机构存款余额1.63万亿元，贷款余额1.37万亿元，存贷比由64%提高到84.2%。新增读者出版传媒股份有限公司、兰州庄园牧场股份有限公司等6家上市公司，完成直接融资2773亿元，比“十一五”增长4.83倍。兰白科技创新改革试验区获科技部批复并启动建设，新设立20亿元技术创新驱动基金。农村集体土地所有权、集体建设用地使用权、农村宅基地使用权确权登记颁证工作基本结束，农村土地承包经营权确权登记颁证全面推开，土地流转率达到23.5%。完成集体林权制度主体改革任务。完成整合不动产统一登记机构和职责改革任务。划定林地和森林、湿地、沙区植被、物种等4条林业生态红线。机关事业单位养老保险制度、工资制度和公务用车制度等改革顺利实施。省直文化事业单位转企改制基本完成。县级公立医院综合改革全面开展，分级诊疗和医师多点执业，以及中医药工作和健康促进模式改革全面推进。就业、教育等民生事业领域的改革稳步推进。

这五年，我们始终坚持开放带动，推进丝绸之路经济带甘肃段建设，着力开拓国内外市场，以开放促发展取得新进展。加大招商引资力度，引进世界500强企业35家、中国500强企业63家、民营500强企业74家，招商引资实际到位资金21332.65亿元，是“十一五”的3倍以上。制定并实施丝绸之路经济带甘肃段建设总体方案，出台参与丝绸之路经济带和21世纪海上丝绸之路实施方案，丝绸之路(敦煌)国际文化博览会获国家批复。“天马号”、“兰州号”国际货运班列实现常态化运营，兰州中川机场和敦煌机场对外开放，结束了没有国际航空口岸的历史。开通兰州至迪拜、圣彼得堡、香港等16条国际和地区航线，武威保税物流中心和兰州新区综合保税区相继封关运营，实现海关特殊监管区零的突破。兰州海关实现与丝绸之路经济带沿线省区海关区域通关一体化。“兰洽会”设置丝绸之路国际展区并建立主宾国参展机制，与丝绸之路沿线国家的国际产能合作项目达到34项。连续5年成功举办敦煌行·丝绸之路国际旅游节，举办“亚州合作对话丝绸之路务实合作论坛”和“中国--中亚合作对话会”。在乌克兰等国成立岐黄中医学院和中医中心。成立“丝绸之路”旅游推广联盟。《丝路花雨》、《大梦敦煌》等优秀剧目在丝绸之路沿线国家成功商业演出。与丝绸之路沿线国家缔结友好省州和城市11对，开展人文交流互访500多次，1184名中西亚国家学生来甘留学。

这五年，我们始终坚持绿色发展，以循环经济发展和生态环境保护建设为重点，坚持资源循环利用，可持续发展能力不断提升。基本完成国家循环经济示范区建设任务，建设7大循环经济基地，构建16条循环经济产业链，实施35个省级以上园区循环化改造，培育循环经济示范企业110户。累计淘汰落后产能1327万吨，减少能源消费量838万吨，工业固废综合利用率达到75%。城市生活污水和垃圾无害化处理率分别达到85%和63%，14个市州政府所在城市空气质量优良天数率平均为80%，兰州市荣获联合国应对气候变化巴黎大会“今日变革进步奖”。主要污染物排放完成国家下达的控制指标，单位生产总值能耗和化学需氧量、二氧化硫、氨氮排放量提前一年完成国家下达的任务，圆满完成国家下达的黄标车和老旧车淘汰任务。争取国家生态建设投资72.5亿元，提前完成石羊河流域重点治理项目，甘南黄河重要水源补给生态功能区生态保护与建设、敦煌水资源合理利用与生态保护等重大生态工程积极推进，张掖黑河湿地列入国际重要湿地名录。实施天然林保护二期、三北防护林等工程，完成造林面积1305万亩，新一轮退耕还林185万亩，治理水土流失面积1万平方公里，森林覆盖率提高到11. 86%。在1752个行政村实施综合整治项目，创建国家级生态乡镇71个、省级生态乡镇397个、生态村462个。

这五年，我们始终坚持保障和改善民生，大力实施十大惠民工程，加快发展各项社会事业，人民群众的获得感显著提升。坚持每年都办成一批惠民实事，财政用于民生的投入占财政支出的77%以上。累计新增城镇就业196.7万人，城镇登记失业率控制在4%以内。建立城乡居民养老保险制度并实现全覆盖，退休职工养老金、新农合补助、城镇居民医保、城市低保、农村低保、五保户供养标准分别比2010年提高51.6%、217%、217%、86.3%、186.4%、157.1%。城乡居民大病保险全面实施。率先在全国实施困难残疾人生活补贴与重度残疾人护理补贴制度。累计为2万多名孤儿发放基本生活费6.02亿元。新建保障性住房和实施棚户区改造81.87万套，发放低收入家庭住房租赁补贴13.66亿元，解决近70万户低收入家庭住房困难问题。教育事业全面发展，学前教育三年毛入园率由39.68%提高到75%，九年义务教育巩固率达到93%，高中阶段毛入学率达到92%，高等教育毛入学率达到32%。农村义务教育营养改善计划惠及学生884.1万人次，家庭经济困难学生资助体系惠及454万名学生，中等职业教育在全国率先实现全部免除学费。公共卫生服务、城乡医疗服务、药品安全供应体系基本建立。计划生育基本国策全面落实，近千万人次计生群众共得到50亿元奖励扶助和关怀救助。在全国率先完成省市县三级食品药品监管体制改革。博物馆、公共图书馆、美术馆、文化馆（站）免费开放。其他社会事业健康发展。舟曲泥石流、东乡县城滑坡等灾后恢复重建任务全面完成，岷漳地震灾后恢复重建任务基本完成。落实主体责任制，安全生产形势总体稳定。加强灾害预警和应急调查，健全专兼结合的应急救援队伍，防灾减灾能力显著提升。完善立体化社会治安防控体系，平安甘肃建设深入推进。全面贯彻落实党的民族政策和宗教工作方针，深入开展"两个共同"示范区建设，民族地区经济社会发展取得新成绩。

2015年，我们认真落实党中央国务院的一系列政策措施，按照省委的部署，积极适应经济发展新常态，克服外部需求收缩、经济下行压力持续加大等不利因素，全力以赴推动全省经济社会持续健康发展，基本完成了省十二届人大三次会议确定的主要目标任务。预计生产总值增长8%，固定资产投资增长11%，社会消费品零售总额增长9%，一般公共预算收入增长10.6%，城镇居民人均可支配收入增长9%，农民人均可支配收入增长11%，城镇登记失业率控制在3%以内，居民消费价格总水平涨幅1.6%，单位生产总值能耗和主要污染物排放完成国家下达的控制指标。在经济下行压力不断加大的情况下，取得这些成果实属不易，为加快推进全面建成小康社会进程奠定了更加扎实的基础。

各位代表！

过去五年，是我省经济总量提升最快、城乡面貌变化最大，人民群众得到实惠最多的时期之一。这些来之不易的成绩，是党中央、国务院关心支持的结果，是省委科学决策和坚强领导的结果，是全省各族人民艰苦奋斗的结果，是省人大、省政协和社会各界支持监督的结果。我代表省人民政府，向全省各行各业的建设者，向各民主党派、工商联、无党派人士和人民团体，向驻甘人民解放军、武警部队官兵和中央驻甘单位，向所有关心支持制甘肃发展的海内外人士，表示衷心的感谢！

各位代表！

回顾过去五年的工作，我们深切地感到，要实现甘肃经济社会平稳健康发展，必须与以习近平同志为总书记的党中央保持高度一致，紧密结合省情实际创造性地开展工作；必须用足用好国家扶持政策，把政策机遇转化为现实发展能力；必须坚持科学发展，不断提高发展质量和效益；必须不断深化改革扩大开放，努力增强发展动力和活力；必须以人民群众的期盼为奋斗目标，让人民群众共享改革发展成果。

回顾过去五年的工作，我们也清醒地认识到，面对我省经济速度换挡、结构优化、方式转变、动力转换的态势，我们在认识适应引领经济发展新常态、推动经济社会持续健康发展上还存在一些突出矛盾和问题。一是经济欠发达仍然是基本省情，发展动力不足、不平衡的问题突出，加快发展的任务依然艰巨；二是产业和产品结构不尽合理，非公经济比重低，科技创新能力不强，加快供给侧改革、转方式调结构的任务依然艰巨；三是基础设施建设滞后，生态环境约束趋紧，实现可持续发展的任务依然艰巨；四是城乡居民特别是农民收入低，公共服务水平不高，脱贫攻坚和保障改善民生的任务依然艰巨；五是经济的外向度低，新型城镇化发展的差距大，创新创业内生动力不足，创新型人才缺乏，改革开放和创新发展的任务依然艰巨；六是政府效能、依法行政的能力有待提高，加强法治建设、提高履职能力、优化发展环境的任务依然艰巨。我们将进一步增强使命感、责任感和紧迫感，坚持问题导向，以更加科学的谋划、更加有效的措施、更加扎实的工作，努力把政府各项工作做得更好，不辜负全省人民的期望和重托。

"十三五"经济社会发展的主要目标任务

"十三五"时期是我省全面建成小康社会的决胜阶段，是深化改革、扩大开放的重要阶段，是经济社会发展转型升级的关键阶段。为确保到2020年与全国一道全面建成小康社会，我们紧扣"四个全面"战略布局和"五位一体"总体布局，认真贯彻创新、协调、绿色、开放、共享的发展理念，根据《中共甘肃省委关于制定国民经济和社会发展第十三个五年规划的建议》，紧密结合我省实际，在广泛征求意见、集中各方面智慧、充分论证的基础上，编制了《甘肃省国民经济和社会发展第十三个五年规划纲要（草案）》，分析了"十三五"时期的发展基础和发展环境，提出了经济社会发展的指导思想、主要目标、重大支撑、重大工程及保障措施。今后五年主要目标任务的基本考虑是：

一、经济增长预期目标

确定"十三五"时期经济增长年均7.5%的预期，总体考虑是，实现这一预期目标，可确保2020年国内生产总值比2010年翻一番、超过万亿元，人均生产总值达到5700美元左右，逐步缩小与全国的经济发展差距、促进经济发展再上新台阶、实现比较充分的就业。从支撑条件看，"十二五"期间我省经济年均增长10.5%，2015年在经济下行压力持续加大的情况下实现了8%的增速；"十二五"期间的投资效应将在"十三五"时期得到释放，会形成新的经济增长点；加之"十二五"期间我省打造的经济、文化、生态三大政策性战略平台，仍然是国家支持的重点；同时，随着国家"一带一路"、新一轮西部大开发、脱贫攻坚战略的深入实施，新型城镇化的进程进一步加快，我省将有一大批基础设施、产业、民生等项目落地，对经济增长将发挥重要的拉动作用。综合考虑，我省"十三五"时期经济年均增速保持在7.5%是可行的。

二、城乡居民收入目标

确定"十三五"时期城乡居民人均可支配收入年均分别增长7%和9%的预期。从必要性考虑，一是符合居民收入增长与经济增长同步的要求。二是目前我省城乡居民收入水平处在全国后位，要缩小与全国平均水平的差距，城居民收入增速高于全国平均水平1-2个百分点是必要的。三是居民收入是体现小康质量的重要指标，只有保持较高的增长速度，才能顺应人民群众对幸福美好生活的期盼，让人民群众有更多的获得感。从可能性考虑，我省“十二五”期间城乡居民可支配收入保持了两位数增长，“十三五”时期，随着脱贫攻坚力度的加大和共享发展理念的落实，以及社会保障体系的不断完善，将有利于促进城乡居民收入较快增长。基于以上考虑，“十三五”时期突现城乡居民人均可支配收入7%和9%的增长预期，不仅是必要的，也是可能的。

三、脱贫攻坚目标

农村贫困人口脱贫是“十三五”时期的“一号”工程，到2020年实现现行标准下农村贫困人口脱贫、贫困县全部摘帽、解决区域性整体贫困，是全面建成小康社会最艰巨的任务。2015年末我省有贫困人口317万。在工作部署上，“十三五”前两年争取每年脱贫100万人以上，后三年抓好巩固提高和冲刺扫尾工作，稳定实现农村贫困人口不愁吃、不愁穿，义务教育、基本医疗和住房安全有保障。只要我们坚持城乡统筹协调发展，落实好省委省政府出台的“1236”扶贫攻坚行动和“1+17”精准扶贫精准脱贫意见及政策措施，运用扶贫大数据管理平台，因村因户因人精准施策，促进脱贫攻坚与“联村联户、为民富民”融合联动，是可以实现脱贫攻坚目标的。

四、基础设施建设

为破解基础设施整体滞后这一制约我省发展的重大瓶颈，“十三五”时期将继续全面实施“6873”交通突破行动、“6363”水利保障行动。这不仅是促投资、稳增长的需要，也是支撑产业发展、增强发展后劲和改善生产生活条件能需要。加快基础设施建设，关键是解决好资金来源问题。“十二五”期间，我省投融资体制改革取得积极进展，全面加强与全国性金融机构的战略合作，特别是在基础设施建设领域建立项目资本金制度，建立健全政府和社会资本合作机制，推动直接融资，为解决基础设施建设投融资问题拓宽了渠道。“十三五”时期，国家将加大对中西部地区交通、水利、信息等基础设施建设投入力度，只要我们抓住政策机遇、调动好市场主体的积极性，就一定能够更好地改善全省基础设施条件。

五、创新驱动发展

实施创新驱动发展战略，发挥科技创新在全面创新中的引领作用。提出到2020年科技对经济增长的贡献率达到55%、战略性新兴产业增加值占地区生产总值的比重达到16%，分别比“十二五”末提升5个百分点和4个百分点的预期目标，既是在资源环境约束趋紧情况下保持经济中高速增长的现实需要，也是推进经济转型升级、持续提升发展质量效益的必然选择。我省高校和科研单位相对较多，具备一定的科技资源和人才优势。“十二五”期间，我省科技进步贡献率提高了7.8个百分点，战略性新兴产业增加值占地区生产总值比重提高了5.5个百分点。随着一系列科技创新政策的落地实施，兰白科技创新改革试验区建设步伐加快，兰州科技大市场的建成运行，上海张江、北京大学、中国科技大学技术转移甘肃中心的建立，以企业为主体的科技创新机制不断完善，科技支撑引领经济社会发展能力会持续增强。只要我们把发展的基点放在创新上，继续发挥科技创新的引领作用，不断提升政府服务创新能力，强化企业创新主体地位和主导作用，推进人才发展的体制机制改革和政策创新，培养集聚一批科技创新人才、企业家人才、金融人才和高技能人才，推动大众创业、万众创新，实现上述预期目标是有把握的。

六、统筹协调发展

区域发展不平衡、城乡发展不协调是我省长期存在的突出问题。“十三五”时期我们将坚持区域和城乡统筹，在推动协调发展中拓展发展空间、增强发展后劲，不断提升发展的整体性。推进区域协调发展，关键是按照要素自由流动、主体功能约束有效、基本公共服务均等、资源环境可承载的要求，创新区域合作体制机制，推动兰州新区和大兰州经济区率先突破发展，加快河西走廊经济区组团联盟发展，促进陇东南经济区整合协同发展，扶持贫困地区、民族地区和革命老区加快发展，逐步缩小区域发展差距。推进城乡协调发展，关键是统筹推进工业化、信息化、农业现代化与新型城镇化深度融合，把促进有能力在城镇就业和生活的常住人口有序实现市民化作为首要任务，推动教育、卫生、文化、养老等公共资源配置向农村延伸，建立城乡基础设施、公共服务设施互联互通和共建共享机制，形成以工促农、以城带乡、工农互惠、城乡一体融合发展新格局，常住人口城镇化率达到50%以上。

七、生态保护与环境建设

提出“十三五”时期单位地区生产总值能耗、主要污染物排放总量和单位地区生产总值二氧化碳排放量控制在国家下达的指标内，到2020年森林覆盖率达到12.58%、森林蓄积量达到2.62亿立方米以上的目标，不仅是实现可持续发展的需要，也是我省在保障国家生态安全方面的重大责任。对我省来说，建设国家生态安全屏障综合试验区，可以争取到包括生态补偿等在内的一系列政策支持；国家批准的甘南黄河重要水源补给生态功能区生态保护与建设、敦煌水资源合理利用与生态保护及祁连山、“两江一水”、渭河源区生态保护与综合治理等规划的实施，有望获批建设一批生态工程项目；国家继续实施天然林保护、退耕还林、三北防护林等林业重点工程，有利于我省自然生态系统的修复。同时，最严格环境保护制度的实行，政府、企业、公众共治的环境治理体系的构建，全社会环境意识和公众参与度的提高，都为加强生态环境保护和建设提供了保障。只要我们坚持绿色发展的理念，加大生态环境保护与建设力度，就能够实现生态文明建设的各项目标。

八、文化产业发展

到2020年文化产业增加值占全省地区生产总值的比重达到5%，这是不断满足人民群众日益增长的精神文化需求的需要，也是培育新的经济增长点的重要举措。我省是中华民族重要文化资源宝库，具有悠久厚重的历史文化资源和丰富多彩的自然人文资源。2013年华夏文明传承创新区获批建设以来，建成了1个国家级文化产业示范园、9个国家级文化产业示范基地、3个省级文化产业示范园、25个省级文化产业示范基地，组建了一批骨干企业，文化产业呈现出良好的发展势头。只要我们发挥好华夏文明传承创新区平台的作用，加快实施“1313”工程，就能够把文化产业培育成为我省的支柱产业。

九、开放带动发展

构建我国向西开放的重要门户和次区域合作战略基地，是国家赋予我省的战略任务。始终不渝地坚持开放发展，是抢抓“一带一路”重大战略机遇、拓展发展空间的现实需要和必然选择。近年来，我们围绕丝绸之路经济带甘肃段建设，大力实施“13685”战略，在互联互通、国际产能合作、开放平台建设、经贸技术交流、人文交流合作等方面取得显著成效。“十三五”时期，我们将通过优化开放型经济发展环境、发挥兰州新区等平台作用、举办好丝绸之路（敦煌）国际文化博览会、提升对外航空和铁路口岸的功能、加强企业“走出去”步伐、推进多层次多领域的合作交流等一系列措施，推动我省开放型经济发展迈上新的台阶。

十、基本公共服务

到2020年城镇新增就业140万人以上、平均受教育年限达到9.2年、人均预期寿命提高到74岁，这几项指标都与人民群众的幸福感直接相关。从就业看，“十三五”时期安排新增城镇就业140万人以上，高于“十二五”期间130万人的预期目标，既考虑了经济下行给就业带来的巨大压力，又考虑了随着城镇化建设步伐加快，新产业、新业态、新的经济增长点会产生新的就业需求，同时也考虑了就业对提高居民收入的支撑作用。从教育看，“十三五”时期将继续落实教育优先发展战略，提高学前教育入园率、巩固义务教育成果、提升高中阶段和高等教育毛入学率，以及加大职业教育、继续教育、终身教育的力度，实现人均受教育年限9.2年的预期目标是有保证的。从社会保障看，提出“十三五”时期每千人拥有医疗卫生机构床位数达到5.5张，每千人拥有卫生技术人员数达到6.1人，基本养老保险参保率达到97%，养老服务设施覆盖所有城市社区、90%以上乡镇和60%以上农村社区，每千名老年人拥有养老机构床位数达到35张，特别是改善农村公共卫生服务和基本医疗条件，提高人民的健康素养水平。同时，我们将通过实现文化服务体系全覆盖，不断丰富人民群众的精神文化生活。通过建立严格的责任体系和监管体系，加强食品药品安全、生产安全、生态环境安全和社会安全各项工作，不断提高公众对公共安全的满意度。《甘肃省国民经济和社会发展第十三个五年规划纲要（草案）》经大会审议通过后，省政府将组织有关部门以《纲要》为依据，编制若干专项规划，具体分解和落实《纲要》提出的各项任务。

2016年主要任务

今年是实施“十三五”规划的开局之年，也是全面建成小康社会决胜阶段的开局之年，做好今年经济社会发展工作意义重大。今年政府工作的总体思路是：全面贯彻党的十八大和十八届三中、四中、五中全会及中央经济工作会议精神，以邓小平理论、“三个代表”重要思想、科学发展观为指导，深入贯彻落实习近平总书记系列重要讲话和视察甘肃时的重要指示精神，按照省委的部署，协调推进“五位一体”总体布局和“四个全面”战略布局，牢固树立创新、协调、绿色、开放、共享的发展理念，适应、把握和引领经济发展新常态，坚持稳中求进工作总基调，坚持稳增长、促改革、调结构、惠民生、防风险，坚持以提高经济发展质量和效益为中心，坚持安全发展，突出去产能、去库存、去杠杆、降成本、补短板，聚焦精准脱贫、结构性改革，加快新型城镇化进程，推动经济持续健康发展，着力保持合理增长，着力培育发展动能，着力全面深化改革，着力强化开放支撑，着力加强风险防控，着力保障人民生活，推动我省生产力水平整体改善和社会事业发展水平整体提升，努力实现“十三五”时期经济社会发展的良好开局。

经济社会发展主要预期目标是：生产总值增长7.5%，固定资产投资增长10%，社会消费品零售总额增长9%，一般公共预算收入增长8%，城乡居民人均可支配收入分别增长8%和10%，实现农村贫困人口脱贫100万人以上，科技对经济增长的贡献率提高1个百分点，战略性新兴产业占生产总值的比重提高1个百分点，单位生产总值能耗和主要污染物排放完成国家下达的控制指标。

为实现上述目标，在继续用好国家适度扩大总需求政策的同时，必须紧紧抓住影响全省经济社会发展的关键点，对接用好中央确定的宏观政策要稳、产业政策要准、微观政策要活、改革政策要实、社会政策要托底的五大政策支柱，着力抓好六个方面的重点工作。

一、全力打好脱贫攻坚战

认真贯彻中央扶贫开发工作会议精神，完善落实“1+17”精准扶贫精准脱贫意见和政策措施，以增加农民收入为核心，着力在补齐全面建成小康社会突出短板上下功夫。

加大扶贫投入力度。整合省级涉农资金568亿元，切块到县统筹用于脱贫攻坚。省级和58个贫困县按当年一般公共预算收入增量的20%以上、市级按10%以上、17个插花县按15%以上增列专项扶贫预算。继续实施产业“精准扶贫专项贷款"工程，为贫困户提供5万元以内3年以下银行免抵押免担保小额信贷支持，由省级财政按基准利率全额贴息。鼓励各类金融机构在贫困村增设便民服务网点。实现村级互助资金对建档立卡贫困村和有贫困人口的非贫困村全覆盖。政策性农业保险优先在贫困村试点推广，对贫困户保险保费予以补助。继续加大对革命老区和民族地区的投入倾斜力度。加强扶贫资金监管，发挥扶贫资金效益。

实施易地扶贫搬迁。完善易地扶贫搬迁规划，把扶贫搬迁同新型城镇化、新农村建设结合起来，新的安置区在县城、乡镇、中心村、旅游区、产业园区等有创业就业机会的区域布局，并按照社区的标准规划建设，健全完善基础设施和公共服务功能，做到有商场、有学校、有卫生室、有文化体育场所。加快富民产业培育，切实做到搬得出、稳得住、能致富。全年实施建档立卡贫困户易地搬迁4万户18万人。

改善生产生活条件。继续实施建制村通畅工程，建成通村公路1.5万公里，基本实现建制村通沥青(水泥)路。解决26万户118万人饮水安全不稳定问题，贫困地区自来水入户率达到85%。加快农网升级改造，实现贫困村全部通动力电。继续推进光伏扶贫试点。改造贫困户危房14万户。加快贫困乡村宽带网络建设。

培育壮大富民产业。因地制宜扶持发展特色优势产业，加强农产品品牌建设。在50个贫困村开展旅游扶贫试点。实施精准扶贫电商支持计划。建立新型经营主体、龙头企业、致富能人与贫困户利益联结机制，支持贫困户以土地承包经营权、生产工具等资源资产参股，或财政扶贫资金、社会帮扶资金等折股量化投入专业合作社和龙头企业，获得稳定的分红收益。加强职业技能培训，促进劳务输转。

提升公共服务水平。落实教育扶贫各项政策措施，在58个贫困县1500人以上的贫困村和17个插花县有实际需求的行政村建设幼儿园，完成"全面改薄"项目3500个。继续实施面向贫困地区、革命老区、民族地区、精准扶贫户和农村学生的专项招生计划。实现贫困村标准化卫生室全覆盖，提高符合条件的贫困村村医定额补助标准，选派9000名省市县医院医生到基层医疗机构多点执业。扩大重特大疾病医疗救助病种，将贫困人口全部纳入重特大疾病救助范围，降低贫困人口大病保险起付线，提高大病保险报销比例。贫困村综合性文化服务中心(乡村舞台)覆盖率达到90%。

二、加大结构调整力度

贯彻创新发展理念，加快推进供给侧结构性改革，在转方式、调结构上取得突破，不断提升发展质量和效益。

加快现代农业发展。加强农业综合生产能力建设，建设高标准农田186万亩，发展高效节水灌溉面积100万亩以上，粮食总产量稳定在1000万吨以上。加大农业结构调整力度，推进粮经饲统筹、农林牧结合、种养加一体、农村一二三产业融合发展。积极推广良种良法，提高甘南等牧区畜牧良种化水平，提升名优特农产品供给质量和效益。有效整合涉农科技资源，加大先进实用技术推广力度。积极培育新型农业经营主体，鼓励和引导各类企业参与农村特色优势产业开发，壮大农业产业化龙头企业，农产品加工转化率提高到51.5%。

培育壮大战略性新兴产业。深入实施创新驱动发展战略，加快兰白科技创新改革试验区建设，发挥好国家级科技企业孵化器、生产力促进中心的示范带动作用；依托张江技术转移中心等载体，加快科技成果转化，打造一批标志性、引领性科技示范项目和示范企业。继续打好战略性新兴产业总体攻坚战，通过政府资金参股投资，加大对中高端产业、产品和技术研发的扶持力度，支持战略性新兴骨干企业加快发展。落实"中国制造2025"甘肃行动纲要和"互联网+"行动计划，推进质量强省与标准化建设，实施制造业创新中心建设工程，加快重点行业和优势企业智能化改造，成立甘肃大数据公司，组建大数据研究院，推动北大"中国芯"、中核甘肃核技术产业园、兰石集团高端装备智能制造产业园、中车集团电动公交大巴生产线、稀土公司轻稀土高纯化技术改造、陇神戎发年产200亿粒(片)现代中药生产基地、民海生物30万升牛血清产业化等重点项目建设。加快构建新能源产业体系，促进风光电等新能源就地消纳。引导创新要素进入新材料、生物制药及中藏药、先进装备制造、节能环保等产业，催生一批富有活力的创新型中小企业。力争战略性新兴产业增加值增长12%以上。

推进传统优势产业改造升级。制定去产能实施方案，因企制宜推动产能过剩行业产业重组，对不符合国家能耗、环保、质量、安全等标准和长期亏损的产能过剩行业企业，支持其技改或实行并转重组；对持续亏损三年以上且不符合结构调整方向的企业，采取资产重组、产权转让、关闭破产等方式予以"出清"，清理处置"僵尸企业"。从市场需求为导向，推进信息技术在传统优势产业领域的应用，启动实施新一轮重大技术改造升级工程，支持企业技术升级和设备更新，推动产业链延伸和产品结构优化。研究制定有针对性地降成本政策措施，促进企业内部降低运营成本，清理规范各类中介服务，降低各类企业制度性交易成本，正税清费，扩大直接融资比重，减轻企业融资成本和财务负担。

大力发展现代服务业。借助举办丝绸之路(敦煌)国际文化博览会契机，加大文化和旅游的深度融合，把文化旅游产业作为各级政府抓现代服务业的首位工程，努力实现文化产业增加值增长25%，旅游综合收入增长22%。着力加强科学规划，加大政策、金融扶持力度，提高招商引资市场化运作程度，加快培育文化产业龙头企业、产业园区、品牌产品、人才队伍。加大基层文化集市建设力度，大力促进县域文化产业发展。抓好大景区基础设施配套建设，大力支持乡村旅游，推动河西、陇东南和沿黄市州三个片区旅游联动发展。加快建设兰州中川航空物流园、兰州(东川)国际港务区、中欧货运班列编组枢纽和物流集散中心，抓好国家公益性大型农产品批发市场试点，加快大型商品交易市场建设，支持大型"物联网"企业在甘落户。推进宽带网络建设，落实网络提速降费政策，支持"互联网十服务业"的经营模式，推动面向生产、生活和管理的信息消费快速健康增长。大力发展电子商务，积极推广苏宁云商本地发展模式，扶持具有甘肃地方特色、服务地方经济社会发展的电商品牌，引导商贸流通企业线上线下融合发展，力争电子商务交易规模增长30%以上。实施养老和健康服务产业行动计划，推动养老服务与医疗、健身、家政、保险等互动发展，抓好兰州全国养老服务业综合改革等试点，推进服务业转型升级和模式创新。

大力促进创业创新。全面落实大众创业万众创新的系列政策措施，以及对创业创新企业的税收优惠和财政补贴等扶持政策，营造宽松的创业创新政策环境。组织实施创业创新平台、创业创新示范园、科技创新园建设及农村创业富民和信息惠民新业态培育发展等5大工程，打造大众创业、万众创新载体。鼓励大中型企业建立专业化孵化器，带动产业链上的小微企业抱团发展，实现企业集聚发展格局。推进张掖市全国小微企业创业创新基地示范城市、兰州市城关区省级“双创”示范区建设。

支持非公经济加快发展。认真落实促进非公经济发展的各项政策措施，营造有利于非公经济发展的政策、法治和市场环境。鼓励非公经济进入能源资源开发、社会事业、现代服务业、战略性新兴产业、文化旅游和全民健身产业等领域，参与基础设施、市政公用设施建设和运营。实施普惠化扶持政策，完善贷款、担保和风险投资体系，拓宽非公经济融资渠道。开展面向科技型企业的专项服务行动，为其提供设计、信息、试验、检测、新技术推广、技术转让等服务。继续推进“民企陇上行”等大型招商活动，吸引非公有制企业入甘兴业，引导非公制企业开展国际合作。力争非公经济占生产总值的比重提高1.2个百分点。

推进重大基础设施项目建设。继续实施“3341”项目工程、“6873”交通突破行动、“6363”水利保障行动，积极争取国家资金建立省级专项基金，吸引更多社会资本投入。建成高速公路及一级公路600公里、二级公路2000公里、农村公路2.1万公里。力争建成干武二线、兰州铁路综合货场项目，争取新开工建设兰州至张掖三四线、中卫至兰州客运专线等铁路项目。完成陇南成州民用机场建设、敦煌机场改扩建，加快兰州中川国际机场三期扩建工程、平凉军民合用机场前期工作。加快引洮供水二期、黄河甘肃段防洪、兰州市水源地等工程建设，新开工建设民勤红崖山水库加高扩建等项目。推进宽带网络升级改造和宽带进村工程。尽力补齐基础设施建设短板。

三、加快改革开放步伐

按照中央和省委的统一部署，认真落实各项改革举措，加大向西开放力度，激发市场活力和发展动力。

加快转变政府职能。持续推进简政放权、放管结合、优化服务工作，建立行政审批中介服务收费目录清单管理制度。完善“三张清单一张网”，加快推进“网上行权”，规范行政行为。继续推进商事制度改革，加快建设企业信用信息共享平台，加强事中事后监管。落实中央关于价格改革的系列部署，推进政府定价项目清单化和公开透明。推进行政综合执法体制改革，重点在与群众生产生活密切相关、执法频率高、多头执法问题突出、专业技术要求适宜、与城市管理密切相关且需要集中行使行政处罚权的领域推行综合执法。完善政府购买服务制度和服务平台机制，扩大政府购买公共服务范围。创新行业协会商会管理体制和管理方式，实现行业协会商会与行政机关脱钩。

加快农村综合改革。加强农业供给侧结构性改革，提高农业供给体系质量和效率。建立和完善有利于脱贫攻坚的体制机制。基本完成农村土地承包经营权确权登记颁证工作，推进农村土地经营权规范有序流转，加强对工商资本租赁农地监管和风险防范。启动农村产权交易市场建设试点，稳步推进陇西县农村集体经营性建设用地入市改革试点。开展农村土地承包经营权和农民住房财产权抵押贷款试点。加快国有林场改革。推进农垦改革和供销社综合改革，促进农工商融合发展，增强服务农业和农村发展的能力。

深化投资体制改革。发挥财政资金撬动功能，带动更多社会资本参与投资。对社会资本投资的经营收费不足以弥补投资成本的公共服务项目给予资金支持；推进政府和社会资本合作，通过共同发起设立、入股参与各类投资基金和产业基金，放大财政资金杠杆效应和引导作用。积极引进创业投资基金、产业投资基金和私募股权投资基金，鼓励上市公司、大型企业、融资平台公司设立各类投资基金。完善投资监管方式，建立健全投资项目在线审批监管平台、项目统一代码制度、部门间监管联动机制和投资项目信息在线备案制度。深化公共资源交易体制机制改革。加快投资中介机构市场化改革，搭建良好的投资项目服务平台。

深化国有企业改革。贯彻落实中央深化国有企业改革的指导意见和我省的实施意见，围绕去过剩产能加大国有企业重组。完善困难企业下岗分流人员安置政策，做好化解过剩产能过程中的职工安置工作。继续推进5户省属企业分类改革试点和其他省属企业“一企一策”改革。加快省属企业公司制、股份制改革和省直部门管理企业改制脱钩。制定省属企业规范董事会实施方案及配套制度。探索职业经理人市场化选聘管理办法。深化企业内部薪酬分配制度改革，开展企业员工持股改革试点。

推进财税金融改革。开展财政政策、制度、支出结构绩效评价试点。积极推进“营改增”改革试点，落实各项税收优惠政策。进一步减轻中小微企业负担。引进中国进出口银行等国内外大型金融机构在我省设立分支机构。加快地方金融机构改革发展，支持组建民营银行、保险公司等地方金融机构。做好省内企业上市培育工作，实施甘肃“新三板”和战略新兴板百家工程，加快发展多层次资本市场，完善省股权交易中心功能，支持企业发行债券，扩大直接融资规模。

扩大对内对外开放。认真落实我省参与丝绸之路经济带和21世纪海上丝绸之路实施方案。举全省之力，努力将首届丝绸之路(敦煌)国际文化博览会办成国家层面最有影响力的一流文化盛会，使其成为拉动我省现代服务业加速发展的新引擎。推进兰州、武威铁路口岸对外开放，加快嘉峪关机场口岸开放，争取马鬃山口岸早日复关。争取获准兰州中川国际机场开展口岸签证业务。提升兰州新区综合保税区运营服务水平，推动武威保税物流中心升格为综合保税区，争取我省申报的自由贸易区试点早日获批。加强与丝绸之路沿线国家产业对接，推动装备制造、工程承包、轻工建材、民族用品、清真食品、农业科技、医药卫生等领域企业走出去开展合作。深化人文交流，加强友城建设。办好第二十二届兰洽会、第六届敦煌行·丝绸之路国际旅游节、国际新能源博览会等节会，扩大宽领域多层次合作交流。积极承接产业转移，加大产业链招商力度，力争招商引资到位资金增长10%以上。

四、统筹做好城市工作和新型城镇化

认真贯彻中央城市工作会议精神，加大城市工作力度，推进以人为核心的新型城镇化。

发挥规划引领作用。统筹空间、规模、产业三大结构，完善全省新型城镇化规划和城镇体系规划，指导市州做好城市总体规划和基础设施专项规划。加强与国家有关部门的衔接，争取将兰州和天水纳入国家城市群名单，争取更多的城市进入国家支持发展的范围。总结推广“多规合一”国家和省级试点经验，完善规划编制技术标准体系，在17个县市开展“多规合一”编制工作，有效衔接经济社会发展、城乡建设、土地利用和生态环境保护等规划。依据法定规划推进城市建设，严格执行规划确定的强制性内容，坚持“一张蓝图干到底”，提高规划的权威性和约束力。推进金昌市、敦煌市、高台县、陇西县国家新型城镇化综合试点，完成17个县30个建制镇省级新型城镇化试点工作。

提升城市建设水平。以科学规划为指导、创造良好宜居环境为中心目标，推进新型城镇化建设，把投入重点放在基础设施、公共服务、生态环境等公益性和基础性领域。创新城市基础设施投资、建设模式，用足用好国家棚户区改造、城市地下综合管廊、污水垃圾处理、海绵城市、智慧城市等政策，完善城市道路、公共交通、通信电力、供水排污、供气供热、垃圾处理、停车库场等城市基础设施建设。结合人防工程开发和利用地下空间。放开城市市政设施投资建设运营市场，吸引社会资本直接投资建设。推进国家确定的白银市城市地下综合管廊建设试点。

推进农业转移人口市民化。指导市州构建现代工业、现代服务业、文化旅游等各具特色的城镇产业体系，加快推进产城融合，提高产业支撑能力，为农业转移人口创造就业条件。加快落实户籍制度改革方案，全面实行居住证制度，鼓励有能力在城镇稳定就业和生活的农业转移人口举家进城落户。统筹推进教育、就业、社保、医疗、住房等领域配套改革，努力实现基本公共服务对城镇常住人口全覆盖。对接国家房地产去库存政策，制定我省实施方案，棚户区改造货币化补偿安置率提高到50%以上。制定落户城市农民工纳入住房公积金保障范围的政策。

提升城市管理能力。深化城市管理体制改革，明确城市管理部门的管理范围、权力清单和主体责任，实现城市分级分层管理和重心下移。运用大数据促进城市服务管理，推广兰州市三维数字社会服务管理和嘉峪关市城市管理综合执法经验，强化城市违章建筑的处罚和拆除，为群众提供精细的城市管理和良好的公共服务。加快兰州等7个“智慧城市”建设试点，推进城市管理现代化和智能化。加强交通、环境等重点领域安全监管和城市流动人口管理，提高市政公共用品和服务供给能力。推进政府、社会、市民同心同向行动，实现共建共管共享。

五、大力保障和改善民生

加大公共财政用于民生的支出力度，着力补齐民生改善和社会事业发展的短板，提高人民群众的获得感。

加强就业和社会保障。落实更加积极的创业就业政策，完善创业就业服务体系，深入实施大学生就业促进计划和创业引领计划，帮助失业人员和就业困难人员实现就业。应届高校毕业生就业率达到85%以上，新增城镇就业40万人，输转城乡劳动力500万人。推进全民参保登记试点，稳步扩大社会保障覆盖面，提高各项社保标准。提商农村低保标准，把所有符合条件的贫困家庭纳入低保范围。实现社会保险“五险合一”信息系统和城乡居民养老保险“一卡通”全覆盖。全面落实临时救助制度，继续做好救急难工作。巩固完善机关事业单位养老保险制度改革。全面完成岷漳地震灾后重建任务。

精心实施惠民工程。坚持普惠性、保基本、均等化、可持续方向，围绕解决群众最关心最直接最现实的利益问题，全力办好十件为民实事：(1)扶持1万名普通高校毕业生到企业、基层一线就业；(2)提高城市低保标准10%;(3)提高农村一、二类低保标准，实现与扶贫脱贫线“两线合一”；(4)提高农村五保供养省级补助标准15%;(5)实现城乡孤儿基本生活补助统一标准；(6)新建、回购、长期租赁公租房4.62万套；(7)对58个集中连片贫困县和17个插花型贫困县乡村中小学、幼儿园教师发放生活补助；(8)对全省学前教育幼儿免保教费；(9)对建档立卡贫困家庭普通高中学生免学杂费和书本费；(10)对建档立卡贫困家庭省内高职院校学生免学杂费和书本费。

统筹社会事业发展。以提高教育质量和促进教育公平为目标，继续实施第二期学前教育三年行动计划，大力促进城乡义务教育均衡发展，推进普通高中教育特色发展，加强高等教育对应用型人才的培养，推进继续教育和特殊教育，支持民族地区提高双语教育水平，加快建设兰州新区职教园区，将其建成国家职业教育助推城镇化改革的试验区。深化公立医院综合改革，推进分级诊疗、医师多点执业和县级医院重点专科、薄弱学科建设及区域医学中心建设。深入推进健康促进模式改革，着力强化疾病预防控制。全面实施居民健康卡工作，启动省级区域卫生信息平台建设。整合城乡居民医疗保险制度，完善城乡居民大病保险制度，改革医保支付方式，推进异地就医结算。完善基层卫生机构运行机制和激励机制，稳定和优化乡村医生队伍。争取获批建设国家中医药产业发展综合试验区。落实一对夫妇生育两个孩子政策。持续推进华夏文明传承创新区建设，大力发展以公共文化服务体系建设为核心的文化事业，推进张掖、白银国家公共文化服务体系示范区建设，加快农村和社区体育健身工程建设。大力发展以居家为基础、社区为依托、机构为补充的养老服务业。积极促进慈善事业和残疾人康复工作。继续推进“双拥”共建，促进军民融合深度发展。落实党的民族政策和宗教工作基本方针，深入开展民族团结进步创建活动，引导宗教与社会主义社会相适应，促进民族团结、宗教和顺。支持工会、共青团、妇联、科协、残联等群团组织工作。加强广播电视、新闻出版、外事、侨务、港澳台、测绘、参事、文史、地方志、红十字会、档案等工作。

加强生态保护和环境治理。推进祁连山生态补偿示范区建设，探索建立生态补偿机制。推进国家生态文明先行示范区建设，在甘南探索生态环境损害赔偿责任追究制度，在定西探索自然资源资产产权制度和用途管制制度、领导干部自然资源资产离任审计制度、水权交易和污染第三方治理制度。建立用能权、用水权、排污权、碳排放权初始分配制度。推进兰州市排污权交易试点。推进国家生态安全屏障综合试验区建设，争取国家支持实施祁连山、渭河源、两江一水等生态保护和综合治理规划，协调推进退耕还林、天然林保护、三北防护林等重点生态工程，加快沙化土地封禁保护和黄土高原生态治理，完成营造林300万亩以上，治理水土流失面积2000平方公里。深入实施大气污染防治计划和水污染防治工作方案，推广兰州等城市治理大气污染的成功经验。加强水源地保护、重点流域水污染治理、地下水污染防治和农业废弃物资源化利用，强化农村面源污染治理、土壤环境保护和综合治理、重点防控区域重金属污染防控。实施危险化学品和化工企业生产、仓储安全搬迁工程。实行能源和水资源消耗、建设用地等总量和强度“双控”行动，实施节能减排重点工程，强化节能监察，推进兰州市节能减排示范城市建设，巩固提升循环经济示范区建设成果，完成国家下达的节能减排年度目标任务。

六、加强各类风险防控

牢固树立安全发展观念，并贯彻到经济社会发展的方方面面，着力提高风险防控能力，营造生产安全、生活稳定、社会安定的公共安全环境。

加强和创新社会治理。坚持系统治理、依法治理、综合治理、源头治理，推进政府治理和社会自我调节、居民自治良性互动。坚持维权与维稳相统一，注重源头预防和末端治理相结合，引导群众依法行使权利、表达诉求、解决纠纷。落实重大事项社会稳定风险评估制度，完善社会矛盾排查预警和调处化解综合机制，有效预防和化解社会矛盾。

加强金融风险防范。落实国家去杠杆政策并制定实施方案，完善信息共享和风险协同处置机制。开展金融风险专项整治，规范各类融资行为。严查带有高杠杆属性的金融衍生品，打击非法集资和信用违约行为，坚决守住不发生区域性金融风险的底线。

强化公共安全管理。完善落实安全生产责任和管理制度，推进安全生产监管信息化和应急救援能力建设，加大安全生产监管执法力度，提高监管的专业化水平，及时排查整治安全隐患，确保安全生产形势稳定好转，坚决遏制重特大事故。用最严谨的标准、最严格的监管、最严厉的处罚、最严肃的问责，全面加强食品、药品、农产品监管，推行网格化痕迹化监管，确保人民群众舌尖上的安全。加强生态环境执法监管和环境隐患排查治理，对各类生态环境违法违规行为实行零容忍，严肃问责追责。完善综合防灾减灾体系，提高灾害预防和应急救助能力。深入推进平安甘肃建设，不断提升人民群众安全感。

各位代表！

全面完成今年的各项目标和任务，对各级政府提出了新的更高的要求。我们将切实加强政府自身建设，自觉践行“三严三实”要求，认真履职尽责，对人民负责，受人民监督，让人民满意。

一是坚持理论武装，在建设学习型政府上见实效。深刻领会党中央关于治国理政的新理念、新思想、新战略，深入学习习近平总书记系列重要讲话精神，学以立德，不断增强贯彻落实党的路线方针政策的自觉性和坚定性。把学习作为一种工作责任和精神追求，进一步健全完善政府系统公务员学法用法制度，提高政府系统公务员法治素养和依法行政能力。围绕解决实际问题学习经济、文化、科技、金融、城市治理等各方面的知识，学以致用，切实解决“知识恐慌”、“本领恐慌”的问题，提升做好各项工作的能力。

二是坚持解放思想，在建设创新型政府上见实效。围绕实现与全国一道全面建成小康社会的目标，把中央的政策吃透、本省的矛盾问题搞清、各项工作举措做实，增强推动创新、协调、绿色、开放、共享发展的能力和自觉性，不断总结稳增长、促改革、调结构、惠民生、防风险的实践经验，使各项工作更好地体现科学性、针对性和创造性。

三是坚持依法行政，在建设法治型政府上见实效。落实中央《法治政府建设实施纲要(2015–2020年)》，严格按照法定权限和程序履行职责，切实做到法定职责必须为、法无授权不可为。严格执行重大行政决策制度，加强和改进政府立法，深化行政执法体制改革，把政府活动全面纳入法治化轨道。把政务公开作为建设法治政府的一项重要制度，创新公开方式，扩大政务公开参与，注重公开实效，把政务公开贯穿政务运行全过程。自觉接受人大的法律监督和政协的民主监督，认真听取民主党派、工商联、无党派人士和人民团体的意见建议，及时办理人大代表建议和政协委员提案，提高政府的执行力和公信力。

四是坚持勤政廉政，在建设廉洁型政府上见实效。认真贯彻《中国共产党廉洁自律准则》和《中国共产党纪律处分条例》，严格落实中央八项规定和省委“双十条”规定，坚决反对形式主义、官僚主义、享乐主义、奢靡之风，切实改进作风。全面落实省委党风廉政建设“3783”主体责任体系，加强对权力运行的制约和监督，强化行政监察和审计监督工作，坚决纠正损害群众利益的不正之风，严肃查处“四风”和腐败问题，树立清正廉洁的良好形象。

五是坚持求真务实，在建设责任型政府上见实效。把督促检查贯穿于政府工作的全过程，完善常态化督查工作机制，注意督查实效。整治重布置、轻落实，有令不行、有禁不止，推诿扯皮、敷衍塞责等问题，树立言必行、行必果和定了就干、干就干成、干就干好的施政新风，确保各项工作高标准推进和高质量完成。

六是坚持履职为民，在建设服务型政府上见实效。始终把人民的期盼作为奋斗目标，树立群众观点、坚持群众路线，关心群众疾苦、倾听群众呼声、了解群众意愿，使政府做出的工作部署、出台的政策措施更加符合人民群众的意愿，把更多的公共资源向民生倾斜，更好地为基层、为企业、为群众服务，认真解决群众关切的利益问题，真心实意为群众办实事、做好事、解难事，让人民群众共享改革发展的成果，过上更加幸福美好的生活！

各位代表！

实现“十三五”经济社会发展的宏伟蓝图，建设幸福美好新甘肃，责任重大、使命光荣。让我们紧密团结在以习近平同志为总书记的党中央周围，在省委的坚强领导下，团结和带领全省各族人民，解放思想、攻坚克难、开拓创新，努力实现“十三五”的良好开局，为与全国一道全面建成小康社会而努力奋斗！

关于甘肃省2015年国民经济和社会发展计划执行情况及2016年国民经济和社会发展计划草案的报告（摘要）

——2016年1月16日在甘肃省第十二届人民代表大会第四次会议上

甘肃省发展和改革委员会　周强

一、2015年经济社会发展计划执行情况

2015年，全省上下深入贯彻党的十八大和十八届三中、四中、五中全会精神，牢牢把握稳中求进工作总基调，加大精准调控力度，采取一系列有效措施，全省经济发展保持了总体平稳、稳中有进、稳中有好的态势。全省生产总值增长8.1%，固定资产投资增长11.2%，社会消费品零售总额增长9%，一般公共预算收入增长10.6%，城乡居民人均可支配收入分别增长9%、10.5%，居民消费价格总水平涨幅1.6%。

（一）努力扩大有效投资，政策效应逐步显现。进一步拓宽投融资渠道，落实中央预算内投资179.1亿元，前四批专项建设基金项目获得国家支持215.3亿元，两次PPP项目推介会现场签约项目70个，全省实际利用外资4.7亿美元。加快基础设施建设，引洮供水二期、黄河甘肃段防洪、兰州水源地工程开工建设，引洮入潭工程实现试通水，兰州中川机场二号航站楼建成投运，庆阳机场改扩建工程建成，新增铁路和高速公路通车里程分别达到434公里、300公里。推进能源基地建设，酒泉至湖南特高压电力外送工程开工建设，全省光电、风电装机分别达到610万和1252万千瓦，灵台矿区总体规划、宁正矿区总体规划（修编）获国家批复。

（二）加大精准扶贫力度，城乡经济协调发展。强力推进脱贫攻坚，出台实施“1+17”精准扶贫工作方案，省财政整合各类涉农资金440亿元，完成易地扶贫搬迁3.5万户17.1万人，全年减少贫困人口100万人。支持革命老区和民族地区发展，出台进一步支持革命老区脱贫致富奔小康的意见，争取国家制定了支持临夏州加快建设小康社会进程的若干意见。大力发展现代农业，粮食生产实现“十二连丰”，中药材、马铃薯、苹果等特色优势产业和畜牧业发展势头良好。17个县、30个镇省级新型城镇化试点有序推进。

（三）加快实施创新驱动，产业结构不断优化。战略性新兴产业发展提速，出台加快实施创新驱动发展战略、推进大众创业万众创新和“互联网+”行动的实施方案，积极推进兰白科技创新改革试验区建设，38户战略性新兴产业骨干企业加快发展，战略性新兴产业增加值占生产总值的比重达到12.1%。传统产业稳步改造升级，出台《中国制造2025甘肃行动纲要》，设立省产业引导股权投资基金，推动传统支柱产业智能化改造。服务业发展势头良好，文化旅游产业融合发展成效明显，电子商务等新兴服务业快速发展，三产占生产总值的比重达到48.8%。国家循环经济示范区建设目标基本完成，生态安全屏障试验区建设稳步推进。

（四）深入推进体制改革，经济发展动力增强。政府职能加快转变，取消、调整和下放行政审批项目等事项397项，加快推进权力、责任、资金管理和政务服务网“三张清单一张网”建设。投资体制改革纵深推进，精简项目核准前置条件，实行“1+3+27”一窗受理、一项一码、一表流转、并联审批，推进“纵横”放权，全省投资项目在线审批监管平台建成运行。价格改革深入推进，修订公布新的《甘肃省定价目录》，初步建立居民用水、用气、用电阶梯价格制度。现代市场体系加快建立，推行“三证合一”、“一照一码”登记制度，公共资源交易体系不断完善。国资国企改革稳步推进。

（五）抢抓国家战略机遇，对外开放不断扩大。制订我省参与建设“一带一路”实施方案、年度工作要点和项目清单，丝绸之路（敦煌）国际文化博览会列入国家“一带一路”战略规划。加快推进互联互通，兰州中川机场、敦煌机场获批成为国际航空口岸，“天马号”、“兰州号”国际货运班列常态化运行，兰州新区综合保税区封关运营。扩大对外经贸合作，在白俄罗斯、伊朗、吉尔吉斯斯坦、印度尼西亚和新疆霍尔果斯口岸设立5个商务代表处。稳步实施“走出去”战略，与国家发改委签署了关于建立推进国际产能和装备制造合作委省协同机制的框架协议，中白工业园甘肃聚馨麦芽生产基地开工建设。

（六）切实保障改善民生，发展质量有所提高。物价水平保持平稳，完

善淡季蔬菜、肉类等重要商品储备制度，加强涉企收费和民生领域价格执法。就业形势总体稳定，安排5100名高校毕业生到基层企业服务，城镇新增就业43.7万人。社会保障水平不断提高，城乡低保标准分别提高10%和11%，失业保险金、工伤职工伤残补助、企业退休人员基本养老金标准提高10%，城乡居民基本医疗保险政府补助标准由320元提高至380元，农村五保供养省级补助标准提高40%。社会事业统筹推进，推进各级各类教育均衡优化布局，加强公共文化服务网络建设，县级公立医院综合改革全面推开。

二、2016年全省经济社会发展预期目标和主要任务

2016年全省经济社会发展主要预期目标为：生产总值增长7.5%，固定资产投资增长10%，社会消费品零售总额增长9%，进出口总额增长5%，一般公共预算收入增长8%，新增城镇就业40万人，城镇居民人均可支配收入增长8%，农民人均可支配收入增长10%，居民消费价格涨幅控制在3%以内，战略性新兴产业增加值增长12%以上，文化产业增加值增长25%左右，旅游业综合收入增长22%，确保完成国家下达我省的单位生产总值能耗和主要污染物排放控制指标。为了实现上述目标，全省重点抓好以下工作任务：

（一）强化脱贫攻坚，巩固农业基础地位。一是实施精准扶贫精准脱贫。加强精准扶贫大数据平台建设和精准监测统计，启动实施“五个一批”工程，实施建档立卡贫困户易地搬迁4万户18万人，全年脱贫100万人以上。二是改善基础设施条件。基本实现建制村通沥青（水泥）路，确保实现贫困村动力电全覆盖，解决26万户118万人饮水安全不稳定问题，推进生态文明小康村创建试点工程。三是壮大富民产业。扶持贫困地区发展设施农业、草食畜牧业、优质林果等特色农牧业，开展电商扶贫试点，推进打造农产品加工产业园。四是加快发展现代农业。启动建设国家绿色生态农产品生产加工基地，推动马铃薯主粮化，启动现代畜牧业全产业链建设，推进种养加产供销一体的农业全产业链建设。

（二）坚持创新发展，培育新的经济增长点。一是推进大众创业万众创新。推进陇原“双创”5大专项行动，加快兰州市城关区等“双创”示范县（区、市）建设。利用“互联网+”积极发展众创、众包、众扶、众筹“四众”新模式，加快双创数字平台建设。二是大力推进“互联网+”行动。积极推进12个领域的“互联网+”行动计划，加快推进“宽带乡村”和中小城市基础网络完善工程，推动互联网在精准扶贫、创业创新、社会管理等重点领域加速渗透融合。三是加快创新体系建设。完善企业为主体的产业技术创新机制，以行业骨干龙头企业为依托培育组建产业技术研究院，加快推进兰白科技创新改革试验区建设。四是加快推进供给侧结构性改革。制定实施推动产业重组、处置“僵尸企业”的工作方案，加大钢铁、煤炭等特困行业过剩产能化解力度。制定消化商品房库存方案，发展住房租赁市场。开展降低实体经济企业成本行动。

（三）加快转型升级，构建产业发展新体系。一是培育壮大战略性新兴产业。启动实施优势产业链培育行动，重点培育发展100户骨干企业，打造50条百亿元产业链，促进新兴产业规模化集群化发展。继续培育扩大战略性新兴产业骨干企业，加快实施战略性新兴产业配套中小企业三年行动计划，做强上下游关联性支撑企业。二是改造提升传统产业。围绕建设6大产业基地，打造石油化工及合成材料等8大产业链，加快推动传统产业从半成品向产成品转化，从粗放低效向优质高效提升，从产业链中低端向中高端迈进，从短链向全链循环发展，改变“初”字号、“原”字号产品结构。着力实施“中国制造2025”甘肃行动纲要，提高工业设计创新能力。三是加快发展现代服务业。积极发展电子商务等新型消费业态，推进以兰白为核心的“大兰州”区域物流中心建设，加快20个旅游大景区和敦煌国际文化旅游名城建设，推进实施养老床位和健康服务产业专项行动计划，支持各地因地制宜建设养老基地。

（四）发挥投资关键作用，努力夯实发展基础。一是加快基础设施建设。力争建成干武二线、兰州铁路综合货场项目，临洮至渭源、白疙瘩至明水等高速公路，兰州中川机场二期扩建飞行区工程及综合交通枢纽工程、陇南成州机场、敦煌机场改扩建工程。加快引洮供水二期、黄河甘肃段防洪、兰州市水源地等水利工程建设。同时，加快酒泉至湖南特高压电力外送工程建设进度，争取常乐400万千瓦调峰火电项目核准开工；推进城镇“两供两处一轨一廊一市一场”基础设施规划建设。二是加强项目谋划储备。按照国家“11+6+3+1”重大工程建设布局，在基础设施、扶贫开发、民生改善等方面，加大项目谋划争取力度，继续做好后续批次专项建设基金项目的争取和落实工作，形成新的投资增量。三是加强投资目标管理。协调解决省列重大项目建设土地、环评、拆迁等方面的突出问题，发挥好支撑带动作用。加大项目稽查力度，促进项目规范高效建设。

（五）改善生态环境，推进绿色低碳发展。一是加快重大生态工程建设。继续实施三北防护林、天然林资源保护工程，加大新一轮退耕还林还草力度，力争启动实施祁连山、两江一水、渭河源区等重点区域生态综合治理规划。二是稳步发展清洁能源。实施新城镇新能源新生活行动计划，推动新能源示范城市、绿色能源示范县建设。开展河西走廊清洁能源综合开发利用示范区建设，加大新能源就地消纳和外送力度。探索实施兰白、金武张、酒嘉等区域新型微电网示范建设。三是提升循环经济发展水平。加强煤炭、矿产、工业废渣、余热余压余气等资源综合利用。推进种植业、畜牧业和工农业复合型循环体系建设。抓好国家“十百千”示范创建。四是着力加强节能减排降碳。落实能源消费总量和消费强度“双控”制度，大力实施燃煤工业锅炉（窑炉）改造等节能重点工程。推进建立全省碳排放权交易管理及配额分配等制度体系。

（六）坚持区域协同，不断拓展发展空间。一是推进区域组团发展。推动兰州新区和大兰州经济区率先突破发展，加快城际综合快速路网等交通基础设施建设。加快河西走廊经济区组团联盟发展，积极培育钢铁、有色、新能源、民用核工业等支柱产业集群。促进陇东南经济区整合协同发展，加强经济合作与优势互补。二是支持民族地区和革命老区加快发展。深入实施《陕甘宁革命老区振兴规划》和国家支持临夏州加快建设小康社会进程若干意见，编制出台并推动实施民族地区、藏族地区“十三五”发展规划。三是稳步推进新型城镇化进程。以人的城镇化为核心，做大中心城市，做强县城，做特小城镇。实施“一融双新”工程，加快地上地下基础设施和公共设施建设。做好金昌市国家新型城镇化综合试点。四是推进园区集聚发展。创新园区管理体制，加快兰州新区市州飞地经济产业园建设，建设产城融合示范区。完善开发区建设投融资政策，争取出台《甘肃省开发区条例》。

（七）扩大对外开放，加快“丝绸之路经济带”甘肃黄金段建设。一是加快基础设施联通。推进兰州、嘉峪关、敦煌三大国际空港和兰州、天水、武威三大国际陆港建设，争取设立兰州中欧货运班列编组枢纽和物流集散中心。加快马鬃山口岸复通，力争将武威保税物流中心升格为综合保税区，推进中国（兰州）自由贸易园区申报工作。二是推进经贸产业合作。全面落实国际产能和装备制造合作委省协同机制协议，按照政府组织、搭建平台、互办产业园区方式，统筹规划省内企业“走出去”开展产业合作。谋划筹办中国国际清真食品用品博览会暨“一带一路”绿色食品用品博览会。三是深化人文交流。加强与“一带一路”沿线国家在教育、文化、旅游、科技和中医药等领域的合作。办好首届丝绸之路（敦煌）国际文化博览会等节会。实施文艺精品西进工程，带动我省优秀文化走出去。

（八）深化各项改革，推进体制机制创新。一是进一步转变政府职能。按照简政放权、放管结合、优化服务的要求，深化审批制度改革，实行投资项目在线审批和网上监管。深化行政管理体制改革，推行产业准入负面清单管理。二是全面推进价格机制改革。继续实施政府定价项目清单动态化管理，实现竞争性领域和环节价格基本放开。深化水、电、天然气、交通运输、医疗服务、教育等重点领域价格改革。三是深化国资国企改革。推动国有企业转换经营机制，稳步发展混合所有制经济，加快推进5户省属国有企业分类改革试点，积极推进“一企一策”改革。四是创新投融资体制。积极发展各类投资基金、产业基金、创投基金和合作发展基金，吸引养老基金、保险基金、社保基金参与股权投资，建立政府投资引导基金体系。财政资金与社会资本共同设立PPP发展基金。稳步提升直接融资能力。五是健全现代市场体系。吸引非公经济参与基础设施项目建设、市政公用事业建设和运营，探索推进以电子营业执照为支撑的全程电子化登记管理，加快建立省市县三级信用信息共享交换平台，做好《甘肃省公共资源交易条例》立法论证工作。

（九）着力改善民生，促进社会和谐发展。一是努力稳定就业。依托“双创”行动、大学生创业园和农民工等人员返乡创业试点建设等，引导各类人员自主创业并带动就业。建立健全农业转移劳动力就业服务、培训等体系，扶持农业劳动力转移就业。二是完善社会保障体系。巩固和完善养老保险制度，推进城镇居民医保和新农合逐步整合，进一步完善城乡居民大病保险制度。完善以城乡低保和五保供养制度为基础、临时救助制度为补充、覆盖城乡居民的新型社会救助体系。三是大力发展社会事业。加快城乡义务教育公办学校标准化建设，全力推进兰州新区职教园区建设。加强贫困地区县级医院、乡镇卫生院和社区卫生服务中心建设，加快地市级综合和专科医院建设。积极推进市县三馆等公共文化设施建设。

关于2015年甘肃财政预算执行情况和2016年全省及省级财政预算草案的报告（摘要）

——2016年1月16日在甘肃省第十二届人民代表大会第四次会议上

甘肃省财政厅　张勤和

一、2015年全省财政预算执行情况

2015年，全省一般公共预算收入743.9亿元，增长10.6%，其中：税收收入529.7亿元，增长8.1%；非税收入214.2亿元，增长17.4%。全省一般公共预算支出2964.6亿元，增长16.7%。其中：农林水支出495.9亿元，增长35.4%；教育支出497.2亿元，增长23.9%；科学技术支出29.9亿元，增长41.4%；文化体育与传媒支出62.6亿元，增长26.2%；社会保障和就业支出421.4亿元，增长12%；医疗卫生与计划生育支出249.3亿元，增长22.1%；节能环保支出93.3亿元，增长27.5%；城乡社区支出123.1亿元，增长56.4%；交通运输支出279.5亿元，增长8.7%；资源勘探电力信息等支出46.6亿元，增长7.3%；住房保障支出126亿元，增长10.9%；公共安全支出123.3亿元，增长14.8%；一般公共服务支出274.9亿元，下降8.5%。

全省政府性基金预算收入352亿元，支出353.9亿元。国有资本经营预算收入10.1亿元，支出3.8亿元。社会保险基金预算收入579.8亿元，支出517.2亿元。

省级一般公共预算收入221.3亿元，增长12.6%；支出695.4亿元，增长17.8%。政府性基金预算收入121.9亿元，同比增长9.1%；支出88.8亿元，同比增长18.7%。国有资本经营预算收入9.5亿元；支出3.2亿元。社会保险基金预算收入180.3亿元；支

出 154.1 亿元。

2015 年，面对经济增速回落、工业品出厂价格下降、实体经济盈利能力减弱、政策性减收因素增多等严峻形势，在省委的坚强领导下，各级各部门砥砺奋进，攻坚克难，圆满完成了省十二届人大三次会议确定的年度收支任务，全面实现了“十二五”末财政收入 700 亿元、支出 2500 亿元的预期目标。

（一）集中财力，保障改善民生。全省农业、教育、文化、社会保障、医疗卫生、交通运输、住房保障等 10 类民生支出 2309 亿元，比上年增长 19.7%，占总支出的 77.9%。省级下达资金 419 亿元，支持完成“十大惠民工程”27 件为民办实事事项。各类社会保障标准普遍提高，城市、农村低保标准分别提高 10%、11%，城乡居民养老保险月人均补助标准提高 20 元，城乡居民医疗保险财政补助由年人均 320 元提高到 380 元，企业退休人员养老金标准提高 10%。机关事业单位在职和离退休人员调资政策落实到位。

（二）创新机制，推进精准脱贫。整合省级财政、扶贫、农牧、交通等 20 个部门涉农资金 440 亿元，切块到县，集中下达，增强了县级政府统筹使用资金的主导权。发挥财政资金杠杆作用，与金融机构联手打造“精准扶贫专项贷款”特惠金融产品，通过设立风险补偿基金等方式，撬动银行贷款 450 亿元。当年为建档立卡的贫困户发放贷款 213 亿元，惠及 47 万户 200 万贫困人口。

（三）转变方式，支持创新驱动。出资 35 亿元，设立技术创新驱动、产业投资和产业引导基金，采取风险补偿、融资担保、股权投资等方式，带动金融和社会资本，有力支持了兰白科技创新改革试验区建设和战略性新兴产业、文化旅游产业、养老服务产业、小微企业发展。

（四）精心谋划，争取中央支持。中央对我省各类补助达到 1953 亿元，比上年增加 145 亿元，增长 8%，其中均衡性转移支付 471.5 亿元，比上年增加 68 亿元。对我省地方政府债券 482.7 亿元，比上年增加 369.7 亿元。同时，中央财政在易地扶贫搬迁、白银市城市地下综合管廊建设、张掖市小微企业创业创新和国外贷赠款项目等方面给予了特殊支持。

（五）加大力度，增加市县补助。省对市县转移支付补助 1704 亿元，比上年增长 13%，其中一般性转移支付增长 21%，比重比上年提高 3 个百分点以上，有效缓解了市县财政运行困难，提高了基本公共服务保障水平。转贷市县政府债券 311.6 亿元，减轻了偿债压力，增加了重点公益性建设项目投入，降低了融资成本和财政金融风险。

（六）深化改革，提高管理水平。政府预算体系不断完善，政府性基金预算、国有资本经营预算调入一般公共预算比例明显提高。建立跨年度预算平衡机制，积极推进中期财政规划管理。规范政府举债行为，实行债务限额管理。建立专项资金管理清单，省级财政支持经济社会发展的专项由 227 项整合为 103 项。盘活财政存量资金，省级清理收回 26 亿元，统筹用于扶贫、科技、教育等重点方面。省、市、县全面公开了政府预决算、部门预决算及“三公”经费预决算，全省“三公”经费支出比上年下降 23.6%。政府综合财务报告试编试点范围扩大到 14 个市州本级、40 个县区。省级国库现金运作当年增值收益达到 5 亿元。严格落实结构性减税和普遍性降费政策，减轻企业税费负担 140 亿元以上。强化财政监督检查和绩效评价，进一步加大重点政策、重点项目和民生资金落实情况的监督检查力度。

二、2016 年全省和省级预算草案编制情况

2016 年，国家实施积极的财政政策，加快供给侧结构性改革，推进“一带一路”建设，加大脱贫攻坚力度，为我省经济发展带来了新的机遇。同时，受经济下行影响，我省以原材料为主的传统支柱产业受到较大冲击，投资拉动经济、工业支撑经济增长的动力会持续减弱，加上国家减税降费政策影响，我省财政收入增长的难度加大；中央财政收入增长趋缓，对地方的补助增幅势必下降。支持稳增长、促改革、调结构、惠民生、防风险等增支需求加大，收支矛盾将会更加突出。各级各部门必须牢固树立过紧日子的思想，开源节流，增收节支，统筹兼顾，保障重点，把有限的资金用在刀刃上。

预算编制的总体思路：全面落实省委决策部署，体现积极的财政政策，收入预算与经济发展相适应、与财税政策相衔接；支出预算在保工资、保运转的基础上，重点保障脱贫攻坚、改善民生、创新驱动、重大基础设施建设、公共安全和各项改革政策落实。

（一）全省预算草案编制情况

全省一般公共预算收入为 805 亿元，增长 8%，加上预计中央补助、调入预算稳定调节基金、上年结转、地方政府债券等收入，全省一般公共预算支出将达到 3230 亿元。

政府性基金预算收入 288.3 亿元，加上中央提前下达补助 5.5 亿元、上年结余 88.5 亿元后，收入总计 382.3 亿元；调入一般公共预算 19.5 亿元，上解中央 2.9 亿元，预计结转下年 49.6 亿元，安排当年预算支出 310.3 亿元。

国有资本经营预算收入 5.1 亿元，上年结转 8.7 亿元，总计 13.8 亿元；调入一般公共预算 4.5 亿元，安排当年预算支出 9.3 亿元。

社会保险基金预算收入 724.9 亿元，支出预算 667.3 亿元。预计当年收支结余 57.6 亿元，年末滚存结余 709.3 亿元。

（二）省级预算草案编制情况

1.省级一般公共预算草案编制情况。

省本级收入预计为 239.2 亿元，增长 8%。其中：税收收入 186.5 亿元，增长 6.2%；非税收入 52.7 亿元，增长 15.5%。加上中央提前下达补助、调入预算稳定调节基金、上年结转、地方政府债券等后，总收入 1892.1 亿元，同比增长 7%。

省级安排预算支出 1892.1 亿元，分省本级支出、省对市县税收返还和转移支付、上解中央支出反映：

省本级支出 512 亿元，同比增长 10.8%，其中：基本支出 121.4 亿元，

同比增长 9.8%；项目支出 384.6 亿元（含动用上年结转 31.9 亿元），同比增长 11.3%；预备费 6 亿元。

省对市县税收返还和转移支付预算为 1375.3 亿元，同比增长 21.6%，其中：税收返还 44.9 亿元，一般性转移支付 921.8 亿元，专项转移支付 408.6 亿元（中央提前下达 216.2 亿元，省级财力安排 164.2 亿元，动用上年结转 28.2 亿元）。

上解中央支出 4.9 亿元。

2. 省级政府性基金预算、国有资本经营预算和社会保险基金预算草案编制情况。

省级政府性基金预算收入预计 111 亿元，加上中央提前下达补助 5.5 亿元、上年结余 14.4 亿元，收入总计 130.9 亿元。调入一般公共预算 5.5 亿元、补助市县 38.1 亿元，安排预算支出 87.3 亿元。

省级国有资本经营预算收入预计 5 亿元，上年结转 8.7 亿元，总计 13.7 亿元。调入一般公共预算 4.5 亿元，安排预算支出 9.2 亿元。

省级社会保险基金预算收入预计 211.7 亿元，支出 172.1 亿元，当年收支结余 39.6 亿元，年末滚存结余 337 亿元。

三、2016 年重点工作

今年是“十三五”的开局之年，也是全面建成小康社会决胜阶段的开局之年。财政工作要认真贯彻中央和省委决策部署，牢固树立创新、协调、绿色、开放、共享的发展理念，深化改革、加强管理，优化结构、保障重点，努力为全省经济社会发展提供有力支撑。

（一）强化预算执行管理。积极组织财政收入。坚持依法治税，强化非税收入征管，堵塞征管漏洞，严禁虚收空转，促进各项收入应收尽收、及时足额入库。落实结构性减税和普遍性降费政策，减轻企业负担。大力争取中央支持。重点在财力性转移支付、地方政府债券以及脱贫攻坚、城市基础设施、交通、水利建设等方面，争取更多政策和资金。硬化预算约束。严格执行人大批准的预算，除救灾、应急等事项外，执行中一般不出台新的增支政策。强化部门主体责任，加快预算执行进度，提高支出的规范性、时效性。

（二）全力支持脱贫攻坚。强化财政综合扶贫投入体系，一般性转移支付、涉及民生的专项转移支付，进一步向贫困地区倾斜，各级财政新增支农资金重点用于扶贫开发。整合涉农资金 568 亿元，按照“1+17”精准扶贫方案，切块到县统筹用于脱贫攻坚。继续实施精准扶贫专项贷款工程，力争今年累计发放贷款 450 亿元，做到建档立卡贫困户应贷尽贷。搭建易地扶贫搬迁融资平台，完成 4 万户 18 万建档立卡贫困人口搬迁任务。

（三）着力保障改善民生。省级预算安排民生支出 375 亿元，增长 19.4%。统筹中央和省级资金 127.4 亿元，办好十件为民实事。提高企业和机关事业单位职工养老金标准。实施学前教育行动计划，调整城乡义务教育经费保障机制，推动职业教育制度改革，完善高校预算拨款制度，落实覆盖教育各阶段的困难家庭学生资助政策。推进公立医院改革，完善城乡居民大病保险制度，基本公共卫生服务经费财政补助标准由年人均 40 元提高到 45 元，城乡居民医疗保险缴费补助标准由年人均 380 元提高到 420 元。支持办好首届丝绸之路（敦煌）国际文化博览会。支持提高公共安全维护和监管能力。

（四）推动重点项目建设。筹措资金支持交通、水利等重大基础设施建设，推进城市地下综合管廊和重点公益性项目建设。设立 PPP 支持发展基金，逐步形成多元化、可持续的投入机制，加快城市基础设施项目建设。设立中小企业发展基金，扩大战略性新兴产业和技术创新驱动基金规模，撬动金融和社会资本，支持打好战略性新兴产业总体攻坚战，促进科技成果转化和“大众创业、万众创新”，发挥科技创新对经济社会发展的支撑引领作用。继续实施草原生态保护补奖，落实天然林保护补助政策，扩大退耕还林还草面积，支持大气、土壤、水污染防治等环境保护治理。推进新型城镇化进程，加强“美丽乡村”建设，改善农村人居环境，推动城乡一体化发展。

（五）深化财政管理改革。水土保持补偿费、政府住房基金等 5 项政府性基金转列一般公共预算，国有资本经营预算调入一般公共预算比例提高到 20% 以上；政府性基金预算结转资金超过当年收入 30% 的部分调入一般公共预算，补充预算稳定调节基金；取消城市维护建设税、矿产资源补偿费、探矿权采矿权使用费和价款、草原植被恢复费等专项收入专款专用的规定。继续清理取消政策到期、绩效低下的专项，严格控制新增专项；继续做好清理盘活财政存量资金工作。严格政府债务限额管理，落实偿债主体责任，督促高风险地区积极化解存量债务。按照中央统一部署，实施营改增和过渡期收入划分政策，推进事权和支出责任划分改革。

（六）加强财政监督管理。严格执行《预算法》、《甘肃省预算审批监督条例》，自觉接受人大及其常委会监督，高度重视审计、监察和社会监督，积极整改存在的问题。加强重大政策、重点项目和扶贫资金落实情况的监督检查。推进财政信息公开，扩大公开范围，接受社会监督。加强绩效预算管理，提高绩效评价覆盖面，注重评价结果运用。加快财政信息化建设，推进跨部门数据共享，提升对预算编制、执行、监管以及数据分析、应用的支撑能力。

大事记

大事记

一月

1日　2015年甘肃新年音乐会在兰州演出。省委书记王三运、省长刘伟平等领导和省城各界群众共同欣赏演出。

4日　省委常委会在兰州召开会议，传达学习了习近平总书记有关重要讲话精神和中央农村工作会议、全国组织部长会议精神，研究部署了全省农业农村和组织等工作。省委书记王三运主持了会议。

7日　省委全面深化改革领导小组第六次会议在兰州召开。省委书记、省人大常委会主任、省委全面深化改革领导小组组长王三运出席会议并讲话，省长刘伟平等参加了会议。

8日　省委外事工作领导小组会议在兰州召开。传达学习了中央外事工作会议精神，研究部署了当前和今后一个时期内全省外事工作。省委书记、省人大常委会主任、省委外事工作领导小组组长王三运出席会议并讲话。

9日　省长刘伟平主持召开省政府第67次常务会议。决定取消调整和下放行政审批项目等事项132项；审议了《关于进一步推进节能减排环境保护和淘汰落后产能工作的意见》《关于改进加强省级财政科研项目和资金管理的实施意见》《甘肃省专利奖励办法》和《甘肃省民用机场净空和民用航空电磁环境保护规定》。

12～14日　省长刘伟平主持召开座谈会，分别听取了农业口和社会事业口专家学者、企业负责人、企业界代表、基层代表对《政府工作报告（征求意见稿）》的意见和建议。

13～14日　省军区党委九届四次全体（扩大）会议在兰州召开。会议传达学习了中央军委和兰州军区党委扩大会议精神，总结了去年工作，签订了《党风廉政承诺书》，表彰了先进集体和个人，安排部署了今年工作任务。省委书记、省军区党委第一书记王三运出席会议并讲话。

14～15日　省长刘伟平分别到省政协机关和省人大常委会机关，征求省政协、省人大常委会对《政府工作报告(征求意见稿)》的意见建议。

15日　全省农村工作会议在兰州召开。会议深入贯彻落实了习近平总书记关于“三农”发展的系列重要指示和李克强总理、汪洋副总理在中央农村工作会议上的重要讲话精神，以及省委十二届九次全委（扩大）会议暨全省经济工作会议精神，全面总结了去年全省“三农”工作，深刻分析了农业农村发展面临的形势任务，安排部署了今年和今后一个时期的“三农”工作。省长刘伟平出席会议并讲话。

16日　省委常委会在兰州召开会议，传达学习了十八届中央纪委五次全会和全国宣传部长会议精神，研究部署我省党风廉政建设和反腐败斗争、宣传思想、民族等工作。省委书记王三运主持了会议。

省长刘伟平主持召开了省政府第68次常务会议。研究讨论了《政府工作报告（审议稿）》；审议并原则通过了《关于促进内贸流通健康发展的实施意见》、《关于促进国家级经济技术开发区转型升级创新发展的实施意见》、《贯彻国务院关于加快发展体育产业促进体育消费若干意见的实施意见》和《甘肃省气象灾害风险评估管理办法》。

19～23日　省委书记、省人大常委会主任王三运带领省委第一考核组，对省委宣传部领导班子、兰州市委市政府领导班子、省国土资源厅领导班子、省高级人民法院领导班子及班子成员2014年度履行岗位职责和党风廉政建设情况进行了考核，参加了省国土资源厅民主生活会。

20～22日　省长刘伟平带领省委第二考核组，对省审计厅、省财政厅、省交通运输厅、临夏回族自治州领导班子及班子成员2014年度履行岗位职责和党风廉政建设情况进行了考核，全程参与并指导了省审计厅领导班子民主生活会。

22日　省长刘伟平到临夏州东乡族自治县布楞沟村，实地察看群众生产生活改善情况。

24日　省委常委会在兰州召开会议，传达学习中央政法工作会议精神，研究提出我省贯彻落实意见，并就进一步做好司法、纪检等工作作出了安排部署。省委书记王三运主持会议。

全省民族工作会议暨第七次全省民族团结进步表彰大会在兰州召开。省委书记、省人大常委会主任王三运，省长刘伟平出席会议并分别讲话。

25日　全省科学技术奖励大会在兰州召开。省委书记、省人大常委会主任王三运出席会议，并向获得2014年度甘肃省科技功臣奖的王栋颁奖。省长刘伟平出席会议并讲话。

省安委会2015年第一次全体会议暨全省安全生产工作会议在兰州召开。省委书记、省人大常委会主任王三运出席会议并讲话。省长刘伟平主持会议并安排部署了今年全省安全生产工作。

26日　全省基层党建工作会暨市州党委书记述职评议大会在兰州召开。省委书记、省人大常委会主任王三运出席会议并讲话。省长刘伟平等领导出席了会议。中组部组织二局副局长张金豹出席会议并做点评讲话。

27日　省委常委会民主生活会整改方案通报会在兰州召开。会议通报了省委常委会2014年度民主生活会整改方案以及常委个人整改措施。省委书记王三运主持会议并通报情况。省长刘伟平等领导出席了会议。

省十二届人大三次会议预备会在

兰州举行。会议通过了省十二届人大三次会议议程；通过了省十二届人大三次会议主席团和秘书长名单。省委书记、省人大常委会主任王三运主持会议并讲话。

27 ~ 31 日　政协甘肃省十一届三次会议在兰州举行。会议通过了政协甘肃省第十一届委员会第三次会议政治决议；通过了政协甘肃省十一届三次会议关于常务委员会工作报告的决议；通过了政协甘肃省第十一届委员会提案委员会关于政协甘肃省十一届三次会议提案审查情况的报告。会议选举刘天民、李平、张应银同志为政协甘肃省第十一届委员会常务委员。

28 ~ 2 月 1 日　省十二届人大三次会议在兰州举行。大会通过关于甘肃省人民政府工作报告的决议；通过关于甘肃省 2014 年国民经济和社会发展计划执行情况及 2015 年国民经济和社会发展计划的决议；通过关于 2014 年全省财政预算执行情况和 2015 年全省及省级财政预算的决议；通过关于甘肃省人民代表大会常务委员会工作报告的决议；通过关于甘肃省高级人民法院工作报告的决议；通过关于甘肃省人民检察院工作报告的决议；通过甘肃省第十二届人民代表大会第三次会议关于罢免陆武成的第十二届全国人民代表大会代表职务的决议，报全国人民代表大会常务委员会备案、公告；通过甘肃省第十二届人民代表大会第三次会议关于罢免陆武成的甘肃省第十二届人民代表大会常务委员会副主任职务的决定。会议选举罗笑虎为甘肃省第十二届人民代表大会常务委员会副主任；选举陈田贵、陈建华、赵春为甘肃省第十二届人民代表大会常务委员会委员。

二月

4 日　省政协十一届十八次主席会议在兰州召开。会议传达了王三运同志和刘伟平同志在省政协十一届三次会议专题协商议政会上的讲话精神；听取了省政协各部门 2015 年工作打算，特别是落实党风廉政建设、"一岗双责"及开展双联工作等方面的安排。省政协主席冯健身主持会议并讲话。

8 日　十二届省纪委四次全会在兰州召开。省委书记、省人大常委会主任王三运出席会议并讲话。强调，要严明纪律，深化改革，落实责任，惩贪治腐，戮力同心，开创全面从严治党的新局面。省委副书记、省长刘伟平，省政协主席冯健身等出席了会议。

省委常委会在兰州召开会议。传达学习习近平总书记在省部级主要领导干部学习贯彻十八届四中全会精神全面推进依法治国专题研讨班上的重要讲话精神，以及第二十三次全国高校党的建设工作会议和全国统战部长会议精神，研究部署我省具体贯彻落实工作。省委书记王三运主持会议。

9 日　省政府第三次廉政工作会议在兰州召开。省长刘伟平出席会议并讲话。强调，要坚定不移反腐败，持之以恒改作风，以实际成效推动全省经济社会发展。

10 日　2015 年全省联村联户为民富民行动大会在兰州召开。省委书记、省人大常委会主任王三运出席了会议并讲话。省长刘伟平主持了会议。

省委全面深化改革领导小组第七次会议在兰州召开。省委书记、省人大常委会主任、省委全面深化改革领导小组组长王三运出席会议并讲话。省长刘伟平传达了中央全面深化改革领导小组第九次会议精神。

省委书记、省人大常委会主任王三运，省长刘伟平，省政协主席冯健身在兰州亲切会见了"工行杯"感动甘肃·2014 十大陇人骄子和提名奖获得者。

11 日　省长刘伟平主持召开了省政府第 70 次常务会议。会议分析了 1 月份全省经济运行情况；审议了《关于贯彻落实国务院创新重点领域投融资机制鼓励社会投资指导意见的实施意见》、2015 年全省经济社会发展主要指标和重点工作任务分解意见；研究贯彻落实全国审计工作会议暨"双先"表彰大会精神的措施；审议了 2015 年度审计工作计划。

11 ~ 12 日　省委书记、省人大常委会主任王三运到庆阳、平凉两市，走访慰问了老红军、老党员、劳动模范、低保户和企业困难职工。

省委副书记、省长刘伟平到张掖、金昌两市，代表省委省政府走访慰问了老党员、劳动模范和困难群众。

13 日　省级老同志迎春茶话会在兰州举行。省委书记、省人大常委会主任王三运出席茶话会并致辞。省长刘伟平主持了茶话会。

省长刘伟平主持召开了省政府第八次全体会议。强调，要突出"稳"的实效，保持"进"的势头，齐心协力抓好今年各项目标任务的落实。

15 日　全省统一战线迎春团拜会、春节专家团拜会分别在兰州举行。省委书记、省人大常委会主任王三运出席团拜会并致辞。省长刘伟平，省政协主席冯健身等出席团拜会。

省委书记、省人大常委会主任王三运，省长刘伟平，省政协主席冯健身率领省市慰问团，走访慰问了兰州军区、兰州军区空军、甘肃省军区、二炮 56 基地和武警甘肃省总队，向驻甘部队全体指战员和武警官兵送去新春的美好祝福，对他们为甘肃改革发展稳定作出的重大贡献表示感谢。

16 日　2015 年甘肃省党政军春节团拜会在兰州举行。省委书记、省人大常委会主任王三运致辞。受兰州军区司令员刘粤军、政委刘雷委托，兰州军区副政委石晓致辞。省长刘伟平主持了团拜会。

省委常委会在兰州召开会议。传达学习了 2015 年中央第一轮专项巡视工作动员部署会和中央对台工作会议精神，研究部署了我省具体贯彻落实措施及春节值班等工作。省委书记王三运主持会议。

17 日　省长刘伟平主持召开了兰白科技创新改革试验区工作推进领导小组第一次会议。审议了《兰白科技创新改革试验区建设总体方案工作任务分解表》、《兰白科技创新改革试验区技术创新驱动基金使用办法》和《关于加快推进兰白科技创新改革试验区立法的建议》；决定实施兰白科技创新改革试验区建设"3510"行动，推进兰白科技创新改革试验区建设。

省长刘伟平到省高速公路交通调度指挥总中心和兰州市五泉菜市场，

检查春运交通安全工作和节前市场供应情况。

18日　省委书记、省人大常委会主任王三运先后来到兰州市红山热力中心、省电力公司调度控制中心，看望慰问坚守岗位的干部职工，向他们致以新春的美好祝福。

25日　省委常委会在兰州召开会议，研究部署了春节假期后有关工作。省委书记王三运主持会议。

省委书记、省人大常委会主任王三运先后来到省委办公厅、省委政策研究室、省委农村工作办公室、省交通厅、省水利厅、省扶贫办，看望干部职工，调研指导工作，并召开扶贫工作座谈会。

26日　省委理论学习中心组举行专题学习会，邀请清华大学公共管理学院院长薛澜教授，就全面实施创新驱动发展战略作专题辅导报告。省委书记、省人大常委会主任王三运主持了学习会并讲话，省长刘伟平等出席了学习会。

全省金融工作会议在兰州召开。会议分析研究了当前全省面临的金融形势，安排部署了下一阶段重点工作任务，并对2014年度省长金融奖获奖单位进行了表彰。省委书记、省人大常委会主任王三运，省长刘伟平，省政协主席冯健身等出席了会议，并为2014年度省长金融奖获奖单位颁奖。

27日　省委书记、省人大常委会主任王三运到甘南州和临夏州，看望慰问宗教界代表人士，并与他们亲切座谈交流。到东乡县高山乡布楞沟村，看望慰问了当地村民，了解察看了村容村貌变化，村民生产生活改善等情况。

省长刘伟平主持召开了省政府第71次常务会议。传达了李克强总理在国务院第81次常务会议上的讲话精神，研究了贯彻落实措施；安排部署了贯彻落实省委常委会2015年工作要点和“工作落实年”意见事宜；审议了《丝绸之路经济带甘肃段交通突破行动实施方案》、《关于促进云计算创新发展培育信息产业新业态的实施方案》、《甘肃省生态保护与建设规划（2014—2020年）》和《甘肃省农村集体财务管理办法》。

省长刘伟平主持召开兰州新区规划建设协调推进领导小组会议，审议兰州新区修编后的总体规划，并对兰州新区规划建设重点工作作出安排。

28日　省长刘伟平到渭源县元古堆村调研了扶贫开发工作。

三月

2日　省委书记、省人大常委会主任王三运，省长刘伟平在北京会见了国家发改委副主任、国家能源局局长努尔·白克力。

3日　参加十二届全国人大三次会议的甘肃代表团在北京驻地举行了全体会议，全国人大代表、省委书记、省人大常委会主任王三运主持会议。会议推选王三运为甘肃代表团团长，推选刘伟平、罗笑虎为副团长。会议审议了十二届全国人大三次会议主席团、秘书长名单草案；审议了十二届全国人大三次会议议程草案；传达了有关会议精神；讨论了拟以全团名义提交大会的建议。

省委副书记、省长刘伟平在北京与中国铁路总公司党组书记、总经理盛光祖举行会谈，双方就加快我省铁路建设达成多项共识。

4日　省长刘伟平在北京与国家电网公司董事、总经理舒印彪举行会谈，双方就加快我省河西和陇东两个能源基地电力外送、推进电网建设达成了共识。

5日　全国人大代表、全国人大常委会副委员长王胜俊和甘肃代表团一起审议了政府工作报告。全国人大代表、省委书记、省人大常委会主任王三运，全国人大代表、省委副书记、省长刘伟平参加审议并发言。

6日　全国人大代表、省委书记、省人大常委会主任王三运在北京接受了《经济日报》记者的采访。强调，要倾力打造丝绸之路经济带甘肃黄金段，不断开创对外、对内开放和经济社会发展的新局面。

7日　十二届全国人大三次会议甘肃代表团举行全团会议审查计划报告和预算报告。全国人大代表王三运、刘伟平参加审查。文化部部长雒树刚及发改委、能源局、财政部等国家部委有关负责同志听取了审查。

甘肃代表团举行“媒体开放日”，来自86家中外媒体的记者聚焦甘肃。全国人大代表、省委书记、省人大常委会主任王三运和全国人大代表、省委副书记、省长刘伟平就扶贫开发、稳增长调结构、文化产业发展、兰州自来水出现异味等问题现场回答了媒体记者的提问。

9日　全国人大代表、全国人大常委会副委员长王胜俊参加并听取了甘肃代表团审议全国人大常委会工作报告情况并讲话。全国人大代表、省委书记、省人大常委会主任王三运参加审议并发言。

全国人大代表、省委书记、省人大常委会主任王三运应邀走进人民网“强国论坛”直播间，就落实“四个全面”战略布局、深入推进扶贫攻坚、打造“丝绸之路经济带”黄金段等问题，与广大网友进行广泛深入交流。

全国人大代表、省长刘伟平在全国两会期间接受《光明日报》采访时指出，欠发达地区要靠科技创新推动转型升级。

10日　中共中央政治局常委、全国人大常委会委员长张德江参加了甘肃代表团审议，听取了王三运、刘伟平、嘉木样·洛桑久美·图丹却吉尼玛等代表的发言。张德江强调，要切实做好保障和改善民生工作，多谋民生之利，多解民生之忧，让老百姓过上美好生活。

十二届全国人大三次会议甘肃代表团举行全团会议和小组会议，审议了《立法法修正案（草案）》。全国人大代表、省委书记、省人大常委会主任王三运，全国人大代表、省委副书记、省长刘伟平审议并分别发言。

全国人大代表、省长刘伟平在全国两会期间接受了《经济日报》记者的采访。强调，要着力打造敦煌文化品牌，加快推进敦煌国际文化旅游名城建设。

12日　十二届全国人大三次会议甘肃代表团召开全团会议，审议关于修改立法法的决定草案，审议最高人民法院工作报告和最高人民检察院工作报告。全国人大代表、全国人大常委会副委员长王胜俊，全国人大代表王三运、刘伟平、陆浩等参加审议。

13日　全国人大代表、省委书记、省人大常委会主任王三运，全国人大代表、省委副书记、省长刘伟平在甘肃团审议《最高人民法院》和《最高人民检察院》工作报告并分别发言。

15日　藏汉“双语”法律培训系列教材出版座谈会在北京召开。最高人民法院院长周强，全国政协副主席、国家民族事务委员会主任王正伟，省委书记、省人大常委会主任王三运出席座谈会并分别讲话。

16日　省长刘伟平主持召开了省政府第72次常务会议，分析研究了1—2月份全省经济运行情况；审议通过了《甘肃省省道网规划》、《甘肃文化遗产“历史再现”工程实施方案》；研究了设立临夏职业教育学院、表彰了2014年度全省非公有制经济发展先进市州和先进单位等事宜。

17日　省长刘伟平在兰州与韩国LG商事董事长宋致浩会谈。

18日　省委常委扩大会议在兰州召开，传达学习了全国“两会”精神，安排部署了我省贯彻落实意见。省委书记、省人大常委会主任王三运主持会议并讲话。省委副书记、省长刘伟平传达全国“两会”精神。省领导冯健身等出席会议。

省委全面深化改革领导小组第八次会议在兰州召开。省委书记、省人大常委会主任、省委全面深化改革领导小组组长王三运出席会议并讲话。

19日　省循环经济示范区建设协调推进领导小组扩大会议在兰州召开。省委书记、省人大常委会主任王三运出席会议并讲话。省长刘伟平就进一步加快循环经济示范区建设进行了具体部署。省政协主席、省循环经济示范区建设协调推进领导小组组长冯健身主持会议并书面通报了循环经济示范区建设进展情况。

20日　省委常委会在兰州召开会议，传达学习了习近平总书记在陕甘宁革命老区脱贫致富座谈会上的重要讲话精神和《中共中央关于徐才厚严重违纪违法案及其教训的通报》，研究部署了我省贯彻落实的具体意见。省委书记王三运主持了会议。

20～21日　省委财经领导小组第一次会议在兰州召开。省委书记、省人大常委会主任、省委财经领导小组组长王三运出席会议并讲话。省委副书记、省长刘伟平出席会议并发言。

省委副书记、省政府党组书记、省长刘伟平在兰州主持召开省政府党组（扩大）会议，邀请全国人大常委会法制工作委员会行政法室副主任童卫东作《宪法》《行政诉讼法》专题辅导报告。

22日　省长刘伟平在兰州会见了新西兰克赖斯特彻奇市市长莉安·戴尔济埃一行。

中国甘肃省－新西兰克赖斯特彻奇市结好30周年招待会在兰州举行。

24日　省委书记、省人大常委会主任王三运到西北师范大学调研。强调，要立足优势，创新高校办学之路，主动作为，服务全省发展大局。

省长刘伟平在兰州会见了中咨公司副总经理黄峰一行，双方就酒泉—湖南±800千伏特高压直流输电工程评估工作交换了意见。

25日　省文明委全体会议在兰州召开。省委书记、省人大常委会主任、省文明委主任王三运出席会议并讲话。

省长刘伟平在兰州调研了西客站枢纽建设及周边环境整治情况、兰州至中川铁路项目建设情况。强调，要发挥“一带一路”重要节点作用，切实增强要素聚集和辐射带动能力。

26日　省委书记、省人大常委会主任王三运，省长刘伟平，省政协主席冯健身在兰州会见了全省离退休干部先进集体、先进个人和先进工作者代表。

26～28日　国务院副总理汪洋到我省积石山、临夏、广河、临洮等县调研了扶贫开发工作。强调，要深化精准扶贫脱贫，努力提高扶贫开发成效。

29～30日　省委书记、省人大常委会主任王三运到定西市专题调研了扶贫开发工作。

30日　省长刘伟平主持召开了省政府第73次常务会议。研究决定提高企业退休人员基本养老金等5项社会保险待遇和全省最低工资标准；研究了主要污染物总量减排工作；审议了《贯彻落实国务院关于建立健全粮食安全省长责任制若干意见的实施意见》和《关于进一步加强新时期爱国卫生工作的实施意见》。

四月

1日　省长刘伟平在兰州会见了人社部副部长杨志明一行。

1～2日　省委书记、省人大常委会主任王三运到庆阳市，深入到乡村农户、涉农企业调研考察扶贫攻坚工作。

31～2日　省长刘伟平率队到会宁县、安定区、麦积区深入贫困户，采取问卷调查方式开展扶贫调研工作。强调，要摸清贫困状况，剖析致贫原因，以政策精准、资金高效、打赢扶贫硬仗。

2日　六盘山片区扶贫攻坚座谈会在庆阳召开，省委书记、省人大常委会主任王三运主持座谈会并讲话。强调，要深入推进精准扶贫，全力以赴推动我省扶贫攻坚工作取得更大成效。

3日　省长刘伟平主持召开省政府第74次常务会议，研究贯彻落实国务院第84次常务会议精神的措施；审议并原则同意《甘肃省人民政府重大行政决策程序暂行规定》、2014年度省政府目标管理责任考核结果、2015年省级预算内基建投资建议计划和省政府2015年立法工作计划。

7日　全省“6873”交通突破行动动员大会在兰州召开。省委书记、省人大常委会主任王三运出席会议并讲话，强调，要抢抓“一带一路”重大机遇，全面提速交通基础设施建设。省长刘伟平主持了会议。

8日　省委书记、省人大常委会主任王三运在兰州会见了新华社副社长兼常务副总编辑、党组成员周树春。

9日　党政军领导在兰州与省市党政机关、企事业单位干部职工，部队官兵及预备役人员共同参加义务植树活动。参加义务植树活动的省领导有：王三运、刘伟平等。参加义务植树活动的部队领导有：兰州军区刘雷、徐远林；兰州军区空军刘健、李勇；省军区魏泽刚、王琦；武警甘肃总队尤寒波、邹建雄等。

省政府与中国外运长航集团有限公司在兰州签署战略合作框架协议。省委副书记、省长刘伟平出席签约仪式，并会见中国外运长航集团董事长、党委书记赵沪湘。

7～10日　全国人大常委会副委员长陈竺率执法检查组到甘肃，就我省贯彻实施《中华人民共和国职业教育法》情况进行了检查。

8～12日　省市党政主要领导干部研讨班在兰州举行。省委书记、省人大常委会主任王三运，省委副书记、省长刘伟平出席开班仪式并发表重要讲话。9位省领导分别作专题辅导报告。与会学员紧紧围绕研讨班主题，认真学习、深入思考、热烈讨论，思想上、认识上都有了新的提高。

13日　省委常委会在兰州召开会议，研究部署了省属国有企业负责人薪酬制度改革、省级党政机关地（厅）级及以下干部职工住房清理等工作。省委书记王三运主持了会议。

15日　定西市临洮县发生4.5级地震。

14～16日　省委书记、省人大常委会主任王三运到甘南藏族自治州合作、碌曲、玛曲、迭部四个县市调研扶贫攻坚工作。

16～17日　省委书记、省人大常委会主任王三运到陇南市文县、成县调研扶贫攻坚工作。

20日　省长刘伟平主持召开了省政府第九次全体会议，专题分析研判了一季度经济社会发展情况，安排部署了做好二季度工作。

省长刘伟平主持召开了省政府第75次常务会议，审议并原则通过了《甘肃省投资类企业管理暂行办法》；审议并原则同意了《关于加快培育外贸竞争新优势的实施意见》、《加快省属企业“走出去”推进国际产能合作的实施方案》、《兰州新区“飞地经济”产业园建设总体方案》和甘肃政务服务网建设运行管理暂行办法、权责清单管理暂行办法、权责清单统一编码规范、省级财政专项资金清单上网发布管理暂行办法、扶贫清单上网发布管理暂行办法等5项制度办法。

21日　省委全面深化改革领导小组第九次会议在兰州召开。省委书记、省人大常委会主任、省委全面深化改革领导小组组长王三运出席会议并讲话，强调，要抓住关键，认真履职尽责，蹄疾步稳，全面深化改革。

22日　省委书记、省人大常委会主任王三运到酒泉市阿克塞哈萨克族自治县、肃北蒙古族自治县考察工作，看望慰问各族干部群众，就促进经济社会发展、改善各族群众生活等进行深入调查研究。

22～23日　省长刘伟平到岷县、漳县调研灾后重建工作，强调，要坚持把灾后重建与扶贫开发相结合，不仅要重建美好家园，还要脱贫致富。

23～24日　省委书记、省人大常委会主任王三运到酒泉、张掖两市，就插花型贫困地区如何推进精准扶贫、精准脱贫，与基层干部群众一起探究贫困根源、谋划致富出路。

省委副书记、省长刘伟平到临洮县地震灾区调研，代表省委、省政府看望慰问受灾群众，指导抗震救灾工作。

27日　省委常委会在兰州召开会议，传达学习了中央“三严三实”专题教育工作座谈会精神，研究部署了我省开展“三严三实”专题教育等工作。省委书记王三运主持了会议。

省长刘伟平主持召开了省政府第76次常务会议，审议并原则同意了《甘肃省省属企业负责人履职待遇、业务支出管理办法》、《关于免费办理农用三轮车摩托车牌证的通知》；听取了2015年中国政府“友谊奖”候选人推荐情况的汇报；研究了设立甘肃省产业引导股权投资基金事宜。

27～29日　中共中央书记处书记、全国政协副主席杜青林到我省专题调研藏族地区扶贫攻坚工作。全国政协委员、国务院扶贫办原主任范小建一同调研。省委书记、省人大常委会主任王三运主持汇报会。省长刘伟平，省政协主席冯健身在汇报会上发言。

28～29日　最高人民检察院检察长曹建明到我省检察机关调研督导规范司法行为专项整治工作，看望司法办案一线检察人员。在甘肃调研期间，曹建明与省委书记、省人大常委会主任王三运，省长刘伟平等进行了工作会谈。

30日　甘肃省庆祝“五一”国际劳动节暨表彰省劳动模范和先进工作者大会在兰州举行，全省各行各业涌现出382名劳动模范和先进工作者受到了表彰。省委书记、省人大常委会主任王三运出席大会并讲话，省长刘伟平主持了大会。

五月

4日　省质量发展领导小组会议在兰州召开。会议审议了我省《贯彻实施质量发展纲要2015年行动计划》，研究部署了今年全省质量发展的重点任务。省长、省质量发展领导小组组长刘伟平主持会议并讲话。

5日　省委常委会在兰州召开会议，讨论审议了《丝绸之路（敦煌）国际文化博览会总体方案》，研究部署了在全省党政机关开展“学好法、用好权，促公正、促清廉”专项行动等工作。省委书记王三运主持了会议。

省委举办“三严三实”专题教育党课，正式启动全省县处级以上领导干部“三严三实”专题教育。省委书记、省人大常委会主任王三运以讲党课的形式为有关领导干部作辅导报告。省委副书记、省长刘伟平主持专题教育党课。省领导冯健身等出席。

6～7日　革命老区脱贫致富工作会议在庆阳召开。省委书记、省人大常委会主任王三运，省长刘伟平出席会议并分别讲话。省领导冯健身等出席会议。

7日　省国家循环经济示范区建设协调推进领导小组组长会议在兰州召开。省政协主席、省国家循环经济示范区建设协调推进领导小组组长冯健身主持会议并讲话。

8日　省长刘伟平主持召开了省政府第78次常务会议，决定取消调整和下放行政审批事项88项；审议了《甘肃省检验检测认证机构整合指导意见》及试点方案。

省委副书记、省政府党组书记、

省长刘伟平在省政府党组“三严三实”专题教育党课上强调，要以上率下，深入开展“三严三实”专题教育，凝心聚力，共同推动全省改革发展各项事业。

11 日　省委常委扩大会议在兰州召开，传达学习了《中共中央、国务院关于加快推进生态文明建设的意见》，研究部署了我省贯彻落实的具体措施和办法。省委书记、省人大常委会主任王三运主持会议并讲话。省领导刘伟平、冯健身等出席会议。

13 ~ 14 日　省委财经领导小组第二次会议在兰州召开。会议讨论了《中共甘肃省委甘肃省人民政府关于扎实推进精准扶贫工作的指导意见》及 12 个精准扶贫专项方案，审议了《甘肃省实施“精准扶贫专项贷款”工程及调整涉农贷款贴息政策的意见》。省委书记、省委财经领导小组组长王三运出席会议并讲话。省长刘伟平等出席会议。

15 日　省长刘伟平主持召开省政府第 79 次常务会议，研究贯彻落实国务院推进简政放权、放管结合、职能转变工作电视电话会议精神的措施；听取 1–4 月全省经济运行情况汇报，研究调控措施；审议《关于加强传染病防治人员安全防护的实施意见》。

18 日　省长刘伟平到甘肃建投装备制造有限公司调研。强调，要强化“四种意识”，深化改革创新，不断增强稳增长、调结构的动力源。

第十六届全国检察理论研究年会在兰州召开。最高人民检察院副检察长李如林出席会议并讲话。

20 日　省委党建领导小组全体会议在兰州召开，研究讨论了有关文件，安排部署了党建工作。省委书记、省人大常委会主任、省委党建领导小组组长王三运出席会议并讲话。

20 ~ 21 日　省长刘伟平在省政府主持召开座谈会，分别听取部分县区负责同志关于精准扶贫、精准脱贫的意见和部分基层人大代表意见建议。强调，要精准把脉，对症下药，科学施策，推动我省扶贫攻坚取得实效。

22 日　省委常委会在兰州召开会议，传达学习了习近平总书记在中央政治局分析研究当前经济形势和经济工作时的重要讲话，研究分析了全省经济形势，安排部署了下一步经济工作。省委书记王三运主持了会议。

省委副书记、省政府党组书记、省长刘伟平主持召开省政府党组（扩大）会议，邀请国务院参事室特约研究员、国家安监总局原党组成员、总工程师黄毅作新《安全生产法》专题辅导报告。刘伟平强调，要认真学法、自觉守法、严格执法、依法加强全省安全生产工作。

刘伟平主持召开了省政府第 80 次常务会议，审议了《关于促进房地产业持续稳定健康发展的意见》、《贯彻落实〈国务院办公厅关于创新投资管理方式建立协同监管机制的若干意见〉的工作方案》、《关于实行“三证合一”登记制度的实施意见》；研究了提高农村低保一、二类对象补助水平事宜。

26 日　省委常委会在兰州召开会议，传达学习了中央统战工作会议精神，研究部署了我省统战及“十三五”规划编制等工作。省委书记王三运主持了会议。

27 日　省委书记、省人大常委会主任王三运，省长刘伟平在兰州分别会见了深圳华强集团总裁、华强文化科技有限公司董事长李明，深圳华强集团执行总裁、华强文化科技有限公司总裁刘道强，并进行了会谈。

省长刘伟平出席全省促进房地产业持续稳定健康发展电视电话会议并讲话。

省长刘伟平在省政府政务大厅检查简政放权工作落实情况。

28 日　省委在兰州召开党外人士座谈会，就制定《中共甘肃省委甘肃省人民政府关于扎实推进精准扶贫工作的意见》及精准扶贫专项方案，征求省级各民主党派、省工商联、无党派代表人士和专家学者的意见建议。省委书记、省人大常委会主任王三运主持会议并讲话。

省长刘伟平到定西市通渭县开展双联、调研精准扶贫精准脱贫工作，并主持召开双联和精准扶贫工作推进会。

29 日　省长刘伟平主持召开省政府第 81 次常务会议，审议《关于进一步动员社会各方面力量参与扶贫开发的实施意见》、《深入实施甘肃省知识产权战略行动计划 (2015–2020 年)》和《2015 年甘肃知识产权战略实施推进计划》、《关于重大科研基础设施和大型科研仪器向社会开放共享的实施意见》、《关于加快发展商业健康保险的实施意见》、《清理规范行政审批中介服务工作实施方案》。

29 日　在“六一”国际儿童节即将到来之际，省委书记、省人大常委会主任王三运，省长刘伟平分别到兰州市东郊学校、兰州市七里河小学，亲切看望小朋友们，并向全省广大少年儿童致以节日的问候，向全省广大教师和少儿工作者表示崇高的敬意。

六月

1 日　国务院第七督查组到我省，就落实国务院重大政策措施情况开展督促检查。督查组听取了省委、省政府有关工作情况汇报。国务院第七督查组副组长、国家发改委副主任连维良及督查组成员出席汇报会。省委书记、省人大常委会主任王三运主持汇报会。省长刘伟平汇报情况。

3 日　国务院第七督查组在兰州召开专题会议，向省委、省政府反馈督查情况。国务院第七督查组组长、财政部部长楼继伟反馈督查情况，省委书记、省人大常委会主任王三运出席会议，省长刘伟平作表态发言，国务院第七督查组副组长、国家发展改革委副主任连维良出席会议。

酒泉至湖南 ±800 千伏特高压直流输电工程在瓜州县正式开工建设。

5 日　省委常委会在兰州召开会议，审议并原则通过了《中共甘肃省委甘肃省人民政府关于扎实推进精准扶贫工作的意见》及 17 个专项方案；研究部署了全省精准扶贫工作。省委书记王三运主持了会议。

省长刘伟平主持召开了省政府第 82 次常务会议，传达国务院第七督查组督查交换意见，研究贯彻落实的措施；审议了《关于加快建设法治政府打造法治政务环境的意见》、《甘肃省废弃电器电子产品回收处理管理办法(草案)》、《关于进一步加强乡村医生队伍建设的实施方案》；研究调整了排污费征收标准等相关事宜。

8日 十届全国人大常委会副委员长、中国关工委主任顾秀莲到我省考察关心下一代工作。

省长刘伟平约谈了今年1—4月发生较大生产安全事故和存在重大安全隐患责任单位的主要负责人。

9～10日 全省精准脱贫工作会议在兰州召开。省委书记、省人大常委会主任王三运，省长刘伟平，国务院扶贫开发领导小组副组长、国务院扶贫办主任刘永富出席会议并分别讲话。

11日 兰州财经大学、甘肃中医药大学、甘肃医学院成立。省委书记、省人大常委会主任王三运出席大会并为三所高校揭牌，省长刘伟平讲话。

省政协十一届二十次主席会议在兰州召开。会议审议了提交省政协十一届十次常委会议的有关文件；学习传达了全省精准扶贫精准脱贫工作会议精神，并对省政协学习贯彻工作进行研究讨论。省政协主席冯健身主持了会议。

12日 省委常委会扩大会议在兰州召开。会议传达学习了中共中央关于周永康违法犯罪案及其教训的通报；研究部署了我省反腐倡廉意识形态农村基层党建等工作。省委书记王三运主持了会议。

省长刘伟平主持召开了省政府第83次常务会议，分析研究了1—5月全省经济运行形势；审议了省政府部门权责清单、《关于加快应急产业发展的实施意见》、《关于进一步做好为农民工服务工作的实施意见》；审定了临夏州康乐县“4·4”重大道路交通事故调查处理意见。

15日 省委书记、省人大常委会主任王三运，省长刘伟平，省政协主席冯健身在嘉峪关分别会见前来出席第五届敦煌行·丝绸之路国际旅游节的国家旅游局局长李金早及外国嘉宾。

省委书记、省人大常委会主任王三运，省长刘伟平，省政协主席冯健身在嘉峪关市会见了人民日报社副总编辑谢国明一行。

16日 第五届敦煌行·丝绸之路国际旅游节在嘉峪关市开幕。省委书记、省人大常委会主任王三运宣布旅游节开幕。省长刘伟平，国家旅游局局长李金早，本届旅游节主宾国匈牙利经济与交通部国务秘书朱迪特·刚多斯，世界旅游组织执行主席佐尔坦·索莫吉，亚太旅游协会前主席斯科特·斯伯努分别致辞。省领导冯健身以及来自30个省区市的有关领导出席了开幕式。

嘉峪关市政府、深圳华强集团和甘肃省广电网络股份有限公司合作建设的嘉峪关丝绸之路文化博览园项目在嘉峪关签约。省领导王三运、刘伟平、冯健身等出席签约仪式。

17日 省委、省政府在兰州分别召开国有企业和产业投资座谈会，听取部分企业生产经营和投资情况汇报，了解当前存在的困难和问题，研究排难脱困、转型升级、平稳发展的措施办法。省委书记、省人大常委会主任王三运出席会议并讲话。省长刘伟平主持会议。

18～19日 省长刘伟平到甘南州调研并主持召开省长办公会议。强调，要凝聚合力，加快推进甘南经济社会发展，不让藏族地区群众在全面建成小康路上掉队。

21日 省委、省政府在天水举行公祭伏羲大典迎宾会，欢迎出席2015(乙未)年公祭中华人文始祖伏羲大典的海内外嘉宾。全国政协副主席马飚，中国国民党荣誉副主席蒋孝严，中央台办、国务院台办副主任龙明彪，中国侨联副主席李卓彬，中华全国总工会副主席许振超，中国文联副主席覃志刚，陕西省决策咨询委员会副主任张光强等出席迎宾会。省委书记、省人大常委会主任王三运，省长刘伟平，省政协主席冯健身等出席迎宾会。

22日 2015(乙未)年公祭中华人文始祖太昊伏羲大典在天水市举行。全国政协副主席马飚，省委书记、省人大常委会主任王三运，中国国民党荣誉副主席蒋孝严，省长刘伟平，省政协主席冯健身等共同出席公祭大典。9时50分，马飚宣布公祭大典开始，刘伟平恭读祭文，冯健身主持公祭大典。

省委书记、省人大常委会主任王三运在天水调研。强调，要坚持科学规划，统筹城乡发展，打造丝绸之路重要节点城市。

23日 全省电商扶贫工作现场推进会在成县召开。

24日 宁夏回族自治区党政代表团到我省进行考察。两省区在兰州召开合作交流座谈会，就进一步加强合作交换意见，并签署《宁夏回族自治区人民政府甘肃省人民政府合作框架协议》。座谈会上，省委书记、省人大常委会主任王三运，宁夏回族自治区党委书记、自治区人大常委会主任李建华分别讲话。省长刘伟平，宁夏回族自治区政府主席刘慧分别介绍两省区经济社会发展情况。省领导冯健身，宁夏回族自治区领导齐同生等出席座谈会。

25日 省委书记、省人大常委会主任王三运，省长刘伟平陪同宁夏回族自治区党委书记、自治区人大常委会主任李建华，宁夏回族自治区政府主席刘慧率领的宁夏党政代表团一行。代表团走进我省兰州市进行考察，并就加强双方合作进行了深入交流。省领导冯健身等陪同考察。宁夏回族自治区领导齐同生等参加考察。

26日 省十二届人大常委会第十七次会议在兰州召开。会议表决通过了关于接受王玺玉辞去甘肃省人民政府副省长职务的请求的决定；决定任命杨子兴为甘肃省人民政府副省长。

26日 省长刘伟平主持召开了省政府第84次常务会议，审议并原则同意了《甘肃省2015年深化经济体制改革重点工作意见》、《甘肃省“6363”水利保障行动方案》和《甘肃省调整机关工作人员基本工资标准实施意见》、《甘肃省调整事业单位工作人员基本工资标准实施意见》、《甘肃省增加机关事业单位离退休人员离退休费实施意见》、《甘肃省乡镇机关事业单位工作人员乡镇工作补贴实施办法》、《甘肃省县以下机关建立公务员职务与职级并行制度实施意见》；研究了第二十一届兰洽会筹备工作。

23～30日　省长刘伟平带领省促进战略性新兴产业发展部门协调会议成员，分四次逐户实地调研了兰州、白银两市的13家全省战略性新兴产业第二批骨干企业，并通过视频连线和邀请座谈方式听取了其他9家骨干企业的发展情况汇报。

“践行‘三严三实’争做陇原先锋”——甘肃省直属机关纪念建党94周年主题演讲会在兰州举行。

七月

1日 省委常委会在兰州召开会议，传达学习了全国优秀县委书记表彰会议、省区市贯彻落实《干部任用条例》和推进“三严三实”专题教育工作座谈会精神，研究部署了我省贯彻落实意见和第二十一届兰洽会筹备等工作。省委书记王三运主持了会议。

2日　省政府与北京大学在兰州签署合作框架协议，共同打造“中国芯”高新技术产业示范基地。省委书记、省人大常委会主任王三运，省委副书记、省长刘伟平会见北京大学党委书记朱善璐并出席了签约仪式。

中核甘肃核技术产业园建设启动仪式在兰州举行。省委书记、省人大常委会主任王三运出席仪式，省长刘伟平讲话。全国人大环资委副主任委员张云川等出席启动仪式。中核集团董事长孙勤和国家国防科工局相关负责同志在仪式上讲话。

3日　省长刘伟平主持召开了省政府第85次常务会议，学习中央全面深化改革领导小组第十四次会议精神，研究贯彻落实会议审议通过的《环境保护督察方案（试行）》和《生态环境监测网络建设方案》的措施。审议通过了《关于改进口岸工作支持外贸发展的实施意见》、《关于进一步促进全省展览业改革发展的实施意见》、《关于大力发展电子商务加快培育经济新动力的实施意见》和关于促进非公经济发展的政策措施。

2～5日　全国政协副主席、中央统战部副部长、国家民委主任王正伟带领国家民委调研组到我省调研，调研组在兰州召开甘肃省民族工作汇报座谈会。省委书记、省人大常委会主任王三运主持汇报会，省长刘伟平汇报全省民族工作情况。

5日　省委书记、省人大常委会主任王三运，省长刘伟平，省政协主席冯健身在兰州分别会见了前来我省出席第21届兰州投资贸易洽谈会暨丝绸之路合作发展高端论坛的白俄罗斯副总理加里宁·阿纳托利·尼克拉耶维奇率领的白俄罗斯政府代表团和侨商、陇商代表。

兰州至阿拉木图的中亚国际货运班列“兰州号”从兰州首发。省委书记、省人大常委会主任王三运宣布发车，省长刘伟平出席发车仪式。

6日　省委省政府在兰州举行欢迎会，欢迎前来参加第21届中国兰州投资贸易洽谈会的海内外来宾。白俄罗斯副总理加里宁·阿纳托利·尼克拉耶维奇，省委书记、省人大常委会主任王三运，省长刘伟平，省政协主席冯健身等出席欢迎会。

7日　第21届兰洽会暨丝绸之路合作发展高端论坛在兰州开幕。全国政协副主席马培华出席开幕式并宣布第21届中国兰州投资贸易洽谈会开幕。兰洽会主宾国白俄罗斯共和国副总理加里宁·阿纳托利·尼克拉耶维奇出席开幕式并作演讲。省委书记、省人大常委会主任王三运在开幕式上致欢迎辞。省长刘伟平主持兰洽会开幕式暨丝绸之路合作发展高端论坛。省政协主席冯健身等出席。

我省与白俄罗斯共和国在兰州签署合作备忘录，双方就争取在年内开通兰州至明斯克国际航线达成了一致意见。白俄罗斯共和国副总理加里宁·阿纳托利·尼克拉耶维奇，省委书记、省人大常委会主任王三运，省长刘伟平出席签字仪式。

10日　省长刘伟平主持召开了省政府第86次常务会议，审议并原则通过了《关于进一步做好新形势下就业创业工作的实施意见》、《甘肃省行政规范性文件管理办法（修订草案）》和《甘肃省落实林业生态红线方案》。

13日　省委庆祝尔德节餐叙会在兰州举行。省委书记、省人大常委会主任王三运出席餐叙会并致辞。省长刘伟平、省政协主席冯健身等出席。

兰白科技创新改革试验区工作推进领导小组第四次会议在兰州召开。省长刘伟平主持会议并讲话。

14日　省委全面深化改革领导小组第十次会议在兰州召开。省委书记、省委全面深化改革领导小组组长王三运出席会议并讲话。省领导刘伟平、冯健身等出席会议。

15日　省委常委会在兰州召开会议，传达学习了习近平总书记在中央党的群团工作会议、部分省区市扶贫攻坚与“十三五”时期经济社会发展座谈会上的重要讲话精神，以及王岐山同志在部分省区党委书记、纪委书记座谈会上的讲话精神，研究部署了我省群团、精准扶贫及从严治党等工作。省委书记王三运主持了会议。

16日　全省精神文明建设工作命名表彰大会在兰州召开。省委书记、省人大常委会主任、省文明委主任王三运出席会议并讲话。省长刘伟平等出席会议并为获奖代表颁奖。

甘肃省精准扶贫专项贷款工程在兰州启动。省委书记、省人大常委会主任王三运，省长刘伟平等出席启动仪式。

17日　兰白科技创新改革试验区工作推进领导小组第五次会议在兰州召开。省委书记、省人大常委会主任王三运出席会议并讲话，省长刘伟平主持了会议。

省长刘伟平主持召开了省政府第87次常务会议，分析研究了上半年全省经济运行形势，听取了全省“7+4”重大工程包情况汇报，审议了《关于支持服务业加快发展的若干意见》和《甘肃省深化教育考试招生制度改革实施方案》。

19日　省委书记、省人大常委会主任王三运在兰州会见了来甘考察的中华海外联谊会海外理事、名誉理事及部分海外知名人士。

20日　大堡子山流失文物移交仪式在兰州举行。省委书记、省人大常委会主任王三运，文化部副部长、国家文物局局长励小捷，法国驻华大使顾山致辞。省长刘伟平代表省政府接收回归文物。省领导冯健身等出席。

20～24日　全省项目观摩活动进行，省领导分14组分赴14市州，对全省项目建设进行了集中观摩。省委书记、省人大常委会主任王三运，省长刘伟平，省政协主席冯健身分别率团赴兰州、天水、酒泉观摩。

24日　省长刘伟平主持召开了省政府第十次全体会议。会议分析了上半年全省经济社会发展情况，安排部署了下半年工作，确保全面完成全年各项预期目标任务。

省长刘伟平主持召开了省政府第88次常务会议，审议并原则同意了《关于加快高速宽带网络建设推进网络提速降费的实施意见》、《甘肃省定价目录》和《关于加快构建现代公共文化服务体系的实施意见》、《甘肃省基本公共文化服务实施标准》、《甘肃省加快构建现代公共文化服务体系百项重点任务推进计划》。

28日　全省项目观摩活动总结会在兰州召开。省委书记、省人大常委会主任王三运主持会议并讲话。省长刘伟平对全省项目工作作出具体部署。省领导冯健身等出席会议。14个项目观摩组负责同志对各市州项目建设情况作了点评。

29日　庆“八一”军地座谈会在兰州举行。省委书记、省人大常委会主任王三运，兰州军区政委刘雷分别讲话。出席座谈会的省领导有：刘伟平、冯健身等。出席座谈会的部队领导有：兰州军区彭勃、许林平，二炮56基地李家旗，省军区刘万龙、傅传玉，武警甘肃省总队尤寒波、邹建雄等。

30日　省委理论学习中心组在兰州举行报告会，邀请中国民用航空局局长、党组书记李家祥，就更好地发挥民航业在经济社会发展中的战略作用作专题报告。省委书记、省人大常委会主任王三运主持学习会并讲话。省领导刘伟平、冯健身等参加了学习会。

省委书记、省人大常委会主任王三运，省委副书记、省长刘伟平在兰州会见了来甘开展“简政放权、放管结合、优化服务”第三方评估调研的国家行政学院党委书记、副院长陈宝生。

31日　省委常委会在兰州召开会议，传达学习了习近平总书记在会见全国禁毒工作先进集体代表和先进个人时的重要讲话精神，研究提出了我省贯彻落实意见，安排部署了经济社会发展、司法体制改革等工作。省委书记王三运主持了会议。

八月

30～2日　受国务院办公厅委托，国家行政学院党委书记、副院长陈宝生到我省开展“简政放权、放管结合、优化服务”第三方评估调研。省委副书记、省长刘伟平等陪同调研。

3日　省政府与国家国防科技工业局共建兰州理工大学合作签约暨高分专项甘肃中心揭牌仪式在兰州举行。省委书记、省人大常委会主任王三运，省长刘伟平，工信部副部长、国家国防科技工业局局长许达哲等出席签约仪式并共同为高分辨率对地观测系统甘肃数据与应用中心揭牌。

省长刘伟平在兰州主持召开了省安委会2015年第三次全体（扩大）会议。会议总结上半年工作，安排下半年任务，确保顺利实现全年安全生产目标任务。

4日　全省非公有制经济发展推进工作视频会议在兰州召开。省长刘伟平出席会议并讲话。

3～5日　水利部党组书记、部长陈雷到我省调研指导水利工作。省委副书记、省长刘伟平陪同调研。

5日　省委书记、省人大常委会主任王三运在兰州会见了中国建设银行行长王祖继。

6日　引洮供水一期工程正式运行暨二期工程开工建设动员大会在陇西县举行。省委书记、省人大常委会主任王三运宣布引洮供水二期工程开工建设。水利部部长陈雷，省长刘伟平分别讲话。

7日　省委理论中心组在兰州举行学习暨“三严三实”第二次研讨会。省委书记、省人大常委会主任王三运主持会议并讲话。省委副书记、省长刘伟平等作交流发言。省政协主席冯健身等参加了学习会。

省长刘伟平主持召开了省政府第89次常务会议。审议并原则通过了我省今年第4批取消、调整和下放行政审批事项，《关于贯彻落实〈中共中央国务院关于深化体制机制改革加快实施创新驱动发展战略的若干意见〉的实施意见》，《关于改进加强省级财政科研项目和资金管理办法》、《甘肃省加快科技服务业发展实施方案》，《关于加快大数据、云平台建设促进信息产业发展的实施方案》，《关于促进慈善事业健康发展的实施意见》；2014年度甘肃省特级教师人选。

8日　省委常委会在兰州召开会议，研究部署了我省藏族地区“十三五”规划编制、支持临夏回族自治州加快发展等工作。省委书记王三运主持了会议。

省委书记、省人大常委会主任王三运，省长刘伟平在兰州分别会见了诺基亚通信大中华区总裁王建亚、中国中车股份公司总裁奚国华。

6～9日　全国政协常委、全国政协民族和宗教委员会主任朱维群率全国政协调研组到我省就“丝绸之路经济带建设所涉及的民族和宗教问题”开展专题调研。省政协主席冯健身陪同调研。

10日　省政府党组“三严三实”专题教育第二次专题学习研讨会在兰州举行。省委副书记、省政府党组书记、省长刘伟平主持会议，传达了习近平总书记在十八届中央纪委五次全会上的重要讲话精神并讲话。

11日　白银市靖远县北湾镇岷县漳县6.6级地震灾后重建省内异地安置区建设项目基本完成。省长刘伟平到安置区实地调研，并参加搬迁入住仪式，为安置群众代表颁发住房钥匙和户口本。

10～13日　全国人大常委会副委员长、民建中央主席陈昌智带领调研组，赴金昌、张掖、兰州、平凉、庆阳等地，调研甘肃省精准扶贫工作。

12～13日　省委十二届十三次全委（扩大）会议在兰州召开。会议原则通过了《甘肃省推进领导干部能上能下实施细则（试行）》；审议通过了《中国共产党甘肃省第十二届委员会第十三次全体会议决议》。会议递补杨志强、苏君为省委委员。省委书记王三运受省委常委会委托，向全委会报告上半年的工作，并在会议结束时讲话。省长刘伟平、省政协主席冯健身等出席会议。

13 日　2015 年度第一批党政主要领导述纪述廉述作风大会在兰州召开。省委书记、省人大常委会主任王三运出席会议并讲话。省领导刘伟平、冯健身等出席会议。10 位市州和省直部门主要负责同志在会上作“三述”报告。

14 日　省委副书记、省政府党组书记、省长刘伟平主持召开省政府党组会议，研究贯彻落实省委十二届十三次全委（扩大）会议精神的具体措施。

省长刘伟平主持召开了省政府第 90 次常务会议。会议分析研究了 1–7 月全省经济运行情况；审议并原则通过了《关于加快城镇棚户区和城乡危房改造及配套基础设施建设的实施意见》、《关于引导农村产权流转交易市场健康发展的实施意见》。

18 日　省长刘伟平到甘南州卓尼县尼巴村和江车村调研指导工作，看望慰问群众。

省政协主席冯健身主持召开了省政协十一届二十四次主席会议，讨论了《关于加强人民政协协商民主建设的实施意见（稿）》。

18 ~ 19 日　省委书记、省人大常委会主任王三运到陇南市两当县督查调研双联和精准扶贫精准脱贫工作。

19 ~ 20 日　省长刘伟平带队到临夏回族自治州督查调研精准扶贫精准脱贫和双联工作。

省政协主席冯健身到白银市白银区、靖远县，就落实全省精准扶贫精准脱贫工作会议精神和“1+17”精准扶贫方案情况开展督查调研。

19 ~ 21 日　省委书记、省人大常委会主任王三运到天水市秦安、张家川、清水和麦积等四县区的贫困村、贫困户督查调研精准扶贫工作。

21 日　省委书记、省人大常委会主任、省军区党委第一书记王三运到天水市麦积区考察省军区民兵常备应急分队建设情况。

省长刘伟平在兰州通过视频方式，督促、检查、调度市州政府权责清单制度建设工作。

22 日　省委书记、省人大常委会主任王三运到新增双联联系村武山县马力镇民武村调研双联扶贫工作。

28 日　省委常委会在兰州召开会议，传达学习习近平总书记有关重要讲话精神和中央第六次西藏工作座谈会精神，学习《中国共产党巡视工作条例》，研究提出我省贯彻落实意见，安排部署经济、藏族地区及巡视等工作。省委书记王三运主持会议。

31 日　中共甘肃省委人大工作会议在兰州召开。省委书记、省人大常委会主任王三运出席会议并讲话。省领导刘伟平、冯健身等出席会议。省人大常委会党组书记、副主任罗笑虎受省委委托作关于《中共甘肃省委关于加强和改进人大工作的意见》的说明。

九月

1 日　省委全面深化改革领导小组第十一次会议在兰州召开。省委书记、省人大常委会主任、省委全面深化改革领导小组组长王三运出席会议并讲话。省委副书记、省长刘伟平传达中央全面深化改革领导小组第十五次会议精神。会议审议有关事宜，研究部署下一步全面深化改革工作。

2 日　省长刘伟平主持召开了省政府第 92 次常务会议。会议研究贯彻落实了党中央、国务院关于上半年经济形势和做好下半年经济工作有关文件的措施；确定了支持农民工等人员返乡创业的政策；审议了《贯彻落实国务院关于兰州市城市总体规划批复的意见》和《关于淘汰 9 万吨 / 年及以下小煤矿的实施方案》；研究了加强与白俄罗斯经贸交流合作事宜。

6 日　甘肃省纪念中国人民抗日战争暨世界反法西斯战争胜利 70 周年座谈会在兰州举行。省委书记、省人大常委会主任王三运出席座谈会并讲话，省长刘伟平主持座谈会。省领导冯健身等出席会议。

7 日　中组部“一带一路”建设高层次专家甘肃咨询服务活动在兰州启动。省委书记、省人大常委会主任王三运讲话，省长刘伟平介绍甘肃经济社会发展情况。中组部人才局巡视员、副局长王维平就开展好这次咨询服务活动提出明确要求，中国工程院副院长、工程院院士徐德龙代表专家发言。

省长刘伟平主持召开了省政府第 93 次常务会议。会议决定推广随机抽查机制，规范事中事后监管，营造公平市场环境；确定全省乡村教师支持行动计划；调整油气输送管道和安全监管职责分工；审议《甘肃省城镇风貌规划编制导则》和《实施甘肃省城镇风貌规划的通知》。

庆祝第 31 个教师节暨优秀教师代表座谈会在兰州召开。省委书记、省人大常委会主任王三运出席座谈会并讲话。省长刘伟平等出席座谈会。优秀教师和爱心基金会代表在座谈会上发言。

省长刘伟平在兰州会见了中信集团副董事长、总经理王炯一行。

8 ~ 9 日　中国人民政协理论研究会第二届理事会第二次常务理事会暨 2015 年度人民政协理论研讨会在兰州召开。全国政协副主席兼秘书长、中国人民政协理论研究会会长张庆黎，省委书记、省人大常委会主任王三运出席会议并分别讲话。省政协主席冯健身出席会议并发言。

9 日　省长刘伟平率甘肃省政府代表团前往与我省结为友好邦州的印度马哈拉施特拉邦、瑞士索罗图恩州、白俄罗斯格罗德诺州进行为期 10 天的访问，访问期间，开展了多项活动，签订了合作项目。

10 日　省委常委会在兰州召开会议，传达学习了中央纪委《转发〈中共河南省委关于新乡市委原书记李庆贵落实党风廉政建设主体责任和新乡市纪委落实监督责任不到位问题的通报〉的通报》；研究部署了深入推进我省党风廉政建设和反腐败斗争工作。省委书记王三运主持了会议。

14 日　纪念抗战胜利暨世界反法西斯战争胜利 70 周年演出季暨新版

大型现代陇剧《石龙湾》在兰州上演。省领导王三运、冯健身等观看演出。

16日　省委理论中心组学习暨“三严三实”第三次研讨会在兰州举行。省委书记、省人大常委会主任王三运主持会议并讲话。

18日　国务院扶贫开发领导小组在定西召开“三西”扶贫开发现场会。省委书记、省人大常委会主任王三运在会上介绍了“三西”建设以来我省扶贫开发工作情况。

17～19日　国务院副总理汪洋在甘肃调研扶贫工作，并在定西出席“三西”扶贫开发现场会。调研期间，省委书记、省人大常委会主任王三运等陪同调研。

21日　“2015‘一带一路’媒体合作论坛”在北京举行。省委书记、省人大常委会主任王三运出席论坛并致辞。

省长刘伟平主持召开了省政府第94次常务会议。会议分析研究了1—8月全省经济运行情况；研究了贯彻落实国务院长城保护工作座谈会精神的措施。

省政府与富士康科技集团签署战略合作意向书，双方将建立长期稳定的战略合作关系。省长刘伟平出席签约仪式并会见富士康科技集团副总裁陈振国。

21～22日　全国农村公路现场会在庆阳市举行。交通运输部部长杨传堂出席会议并讲话。

22日　武警甘肃总队在兰州召开宣布命令大会，武警部队副司令员牛志忠宣读国务院、中央军委命令。省委书记、省人大常委会主任王三运出席会议并讲话。

第二十一次金川科技攻关大会在金昌召开。第十届全国人大常委会副委员长、中国关心下一代工作委员会主任顾秀莲，省长刘伟平，国务院参事、中国有色金属工业协会会长陈全训，中国科协副主席、中国工程院院士黄伯云等出席了开幕大会。

23～24日　省委书记、省人大常委会主任王三运到会宁县、通渭县调研督查精准扶贫工作。

24日　省委书记、省人大常委会主任王三运专程到定西市，就“六五”普法工作进行了检查验收。

省政府党组中心组举行专题学习会，邀请中共中央党史研究室原副主任、中共党史学会常务副会长李忠杰作“切实推进全面从严治党战略”专题辅导。省委副书记、省政府党组书记、省长刘伟平主持会议并讲话。

25日　省委常委会在兰州召开会议，传达学习了习近平总书记在中央政治局第二十六次集体学习时的重要讲话精神，以及《中共中央关于四川南充拉票贿选案查处情况及其教训警示的通报》，进一步研究部署了“三严三实”专题教育、党风廉政建设等工作。省委书记王三运主持了会议。

省长刘伟平主持召开了省政府第95次常务会议。会议审议通过了《甘肃省全面推开县级公立医院综合改革实施方案》、《甘肃省农业信贷担保体系建设实施方案》；审议了《甘肃省公务用车制度改革总体方案》、《甘肃省省级机关公务用车制度改革实施方案》和其他事项。传达学习了9月23日国务院常务会议关于核查问责的有关要求及9月18日审计署加强稳增长等政策措施落实跟踪审计工作会议精神，研究了贯彻落实措施。

29日　省委常委会在兰州召开会议，传达学习了纪检监察干部监督工作座谈会和业务培训班精神；研究部署了我省加强纪检监察干部监督、公务用车制度改革、“一带一路”建设等工作。省委书记王三运主持了会议。

省委召开省级各民主党派、工商联和无党派代表人士专题调研协商座谈会，征求“十三五”规划制定的意见建议。省委书记、省人大常委会主任王三运主持会议并讲话。省委副书记、省长刘伟平等出席会议。

30日　省城各界在兰州市烈士陵园举行公祭活动，深切缅怀为民族独立、人民解放和国家富强、人民幸福英勇献身的烈士。省领导王三运、刘伟平、冯健身，驻甘人民解放军和武警部队领导张福基、屠金仕，抗战老兵及省城各界代表一起出席公祭仪式。

省委书记、省人大常委会主任王三运，省长刘伟平出席兰州至中川机场铁路开通、兰州中川国际机场综合交通枢纽运营仪式，并乘坐动车检查指导兰州至中川铁路运行情况。

十月

9日　省长刘伟平到兰州市城关区专题调研大众创业万众创新实施工作。

甘肃省纪念红军长征落脚陕甘革命根据地80周年学术研讨会在庆阳举行。中央党史研究室副主任高永中、省委副书记欧阳坚出席会议并讲话。

10日　省长刘伟平主持召开了省政府第96次常务会议。会议审议并原则通过了《关于落实环保部、国家林业局约谈祁连山国家级自然保护区有关问题的整治方案》、《促进陕甘宁革命老区振兴规划项目政策加快落实的实施方案》和《中国制造2025甘肃行动纲要》。

10～12日　省长刘伟平分别主持召开了部分企业负责人、社会事业单位负责人、专家学者三个座谈会，征求对《甘肃省国民经济和社会发展第十三个五年规划纲要框架》的意见建议。

13日　省委、省政府在敦煌举行丝绸之路(敦煌)国际文化博览会准备工作会议、第四届国际文化产业大会暨第八届甘肃省文博会欢迎会。省委书记、省人大常委会主任王三运，省长刘伟平，文化部副部长、国家文物局局长励小捷等出席欢迎会。

省委书记、省人大常委会主任王三运，省长刘伟平在敦煌市会见了前来参加丝绸之路(敦煌)国际文化博览会准备工作会议、第四届国际文化产业大会暨第八届甘肃省文博会的文化部副部长、国家文物局局长励小捷，国家新闻出版广电总局副局长童刚等国家部委领导和嘉宾。

省长刘伟平与文化部副部长、国家文物局局长励小捷，国家新闻出版广电总局副局长童刚等国家部委领导在敦煌市会见了前来参加丝绸之路(敦煌)国际文化博览会准备工作会议、第四届国际文化产业大会暨第八届甘肃省文博会的外宾。

14日　第四届国际文化产业大会暨第八届甘肃省文博会在敦煌开幕。

省委书记、省人大常委会主任王三运出席开幕式并宣布大会开幕。省长刘伟平，欧洲委员会美弟奇合作框架秘书长阿尔弗雷德·龙基在开幕式上致辞。文化部副部长、国家文物局局长励小捷，国家新闻出版广电总局副局长童刚等国家部委领导出席开幕式。

丝绸之路(敦煌)国际文化博览会准备工作会议在敦煌召开。文化部副部长、国家文物局局长励小捷主持会议，省委副书记欧阳坚致辞，国家新闻出版广电总局副局长童刚介绍博览会组委会相关名单。

10～15日　全国人大常委会委员、全国人大农业与农村委员会主任委员陈建国一行到甘肃，就今年全国人大农业与农村委员会负责重点督办的“关于启动实施甘肃省三大区域综合治理规划的建议”进行调研。

13～15日　省长刘伟平在兰州分别主持召开座谈会，征求14个市州政府和部分县乡主要负责同志对《甘肃省国民经济和社会发展第十三个五年规划纲要框架》的意见建议。

16日　省委书记、省人大常委会主任王三运，省长刘伟平在兰州会见海峡两岸关系协会会长陈德铭一行。

省长刘伟平在兰州主持召开了省长办公会，专题分析研究了前三季度全省经济运行情况。

19日　省十二届人大常委会在兰州召开第50次主任会议，研究讨论了《甘肃省组织实施宪法宣誓制度办法（草案）》。

20日　省长刘伟平在兰州市专题调研了东川铁路国际物流中心项目建设情况，并现场召开省长办公会，协调解决影响项目建设的突出问题。

21日　省委全面深化改革领导小组第十二次会议在兰州召开。省委书记、省人大常委会主任、省委全面深化改革领导小组组长王三运出席会议并讲话。省委副书记、省长刘伟平传达中央全面深化改革领导小组会议精神。

甘肃武威沙漠生态产业扶贫项目在兰州签约，“全球治沙领导者”企业亿利资源集团将投资150亿元，在武威市实施生态修复造林绿化、沙漠生态光伏发电、微煤雾化供热供汽等项目。省委书记、省人大常委会主任王三运，省长刘伟平，中纪委驻国家林业局纪检组组长陈述贤等出席签约仪式。

省长刘伟平在兰州会见了中纪委驻国家林业局纪检组组长陈述贤和全国政协常委、亿利资源集团董事长王文彪一行。

22日　省委常委会在兰州召开会议，传达学习了习近平总书记、李克强总理等中央领导同志在《国家民委关于加快全国民族自治州全面建成小康社会步伐的报告》上的重要批示精神，传达学习了全国社会治安防控体系建设工作会议精神，研究了我省贯彻落实的措施办法。省委书记王三运主持了会议。

省委书记、省人大常委会主任王三运，省长刘伟平在兰州会见了中央编办主任张纪南一行。

兰白科技创新改革试验区领导小组第六次会议在兰州召开。省委书记、省人大常委会主任王三运出席会议并讲话。省长刘伟平主持了会议。科技部、上海张江高新区管委会有关负责人出席了会议。

23日　甘肃省国家安全工作领导小组会议在兰州召开。省委书记、省国家安全工作领导小组组长王三运、国家安全部领导出席会议并讲话。

省长刘伟平主持召开了省政府第97次常务会议。会议审议了《关于加快转变农业发展方式的实施方案》《甘肃省交易场所监督管理办法(试行)》和《关于深化高等学校创新创业教育改革的实施方案》。

24日　省长刘伟平在兰州会见了由国家质检总局副局长陈钢带领的国务院质量工作考核组一行。

30日　省长刘伟平到临夏州广河县开展了双联工作、检查了精准扶贫精准脱贫政策落实情况。

31日　省委在兰州召开省级党员领导干部会议，传达学习了党的十八届五中全会精神。省委书记、省人大常委会主任王三运主持会议，传达习近平总书记代表中央政治局所作的工作报告和在全会第二次全体会议上的重要讲话，并就我省贯彻落实工作进行安排部署。省委副书记、省长刘伟平传达了《中共中央关于制定国民经济和社会发展第十三个五年规划的建议》主要精神和习总书记就《建议(讨论稿)》向全会所作的说明。省领导冯健身以及其他在兰省级党员领导干部出席了会议。

十一月

2日　省政府与中国建筑股份有限公司在兰州签署合作协议，双方共同发起设立总规模1000亿元的甘肃丝路交通发展基金。省委书记、省人大常委会主任王三运，省委副书记、省长刘伟平，中国建筑股份有限公司党组书记、董事长官庆，中国建筑股份有限公司党组成员、副总裁刘锦章出席签约仪式。刘伟平、官庆代表双方签署合作协议。

省长刘伟平主持召开了省政府第98次常务会议。会议审议通过了《关于运用大数据加强对市场主体服务和监管的实施方案》、《关于完善公立医院药品集中采购工作的实施意见》，研究了利用国外贷款助推我省经济社会发展事宜。

3～4日　国家发展改革委副主任、国家能源局局长努尔·白克力带队到我省调研。省长刘伟平等陪同调研。

4日　省委常委扩大会议在兰州召开。会议传达学习了党的十八届五中全会精神。省委书记、省人大常委会主任王三运主持会议并讲话。省委副书记、省长刘伟平，省政协主席冯健身等出席会议。

5日　省委常委会在兰州召开会议，传达学习了中央有关文件和会议精神，研究提出了我省贯彻落实意见，安排部署了巡视、干部培养选拔、社会组织党建、关心下一代等工作。省委书记王三运主持了会议。

省政府与中国中车集团公司在兰州签署了战略合作框架协议，双方将在推进服务型制造业、原材料产业链延伸、铁路建设、总部经济、新能源推广应用、精准扶贫及信息化建设等方面展开深入合作。省委书记、省人大常委会主任王三运，省长刘伟平，中车集团公司、中车股份有限公司董事长崔殿国，中车股份有限公司总裁奚国华出席签约仪式。刘伟平、奚国华代表双方签署合作协议。

9日　省委书记、省人大常委会主任王三运，省长刘伟平率团到定西观摩了基层党组织保障精准扶贫工作。

10日　省委书记、省人大常委会主任王三运，省长刘伟平率团到天水、陇南观摩驻村帮扶工作队落实精准扶贫工作。

11日　全省精准扶贫现场推进会在两当县召开。省委书记、省人大常委会主任王三运出席会议并讲话。省长刘伟平主持了会议。

12日　中央宣讲团党的十八届五中全会精神报告会在兰州举行。省委书记、省人大常委会主任王三运主持会议并讲话，中央宣讲团成员、国土资源部党组书记、部长、国家土地总督察姜大明作专题报告。省委副书记、省长刘伟平，省政协主席冯健身等出席报告会。

国土资源部党组书记、部长、国家土地总督察姜大明一行到兰州新区，调研未利用土地开发利用工作；听取我省国土资源工作汇报。省委副书记、省长刘伟平陪同调研。省委常委、副省长李荣灿代表省政府汇报相关工作。

12～13日　省委党的群团工作会议在兰州召开。省委书记、省人大常委会主任王三运出席会议并讲话。省政协主席冯健身出席会议。

13日　省政府领导班子“三严三实”专题教育第四次学习研讨会举行。省委副书记、省政府党组书记、省长刘伟平主持会议并讲话。会议审议通过了《甘肃省人民政府领导班子“三严三实”专题教育整改任务分解落实方案》。

16日　省委常委会在兰州召开会议，传达学习了《中共中央关于繁荣发展社会主义文艺的意见》和繁荣发展社会主义文艺推进会精神，研究部署了我省贯彻落实意见及丝绸之路(敦煌)国际文化博览会筹备工作。省委书记王三运主持了会议。

省长刘伟平主持召开了省政府第99次常务会议。会议分析了1—10月全省经济运行情况；研究了2015年全省政府债务限额分配意见。

17日　省委常委会在兰州召开会议，传达学习了俞正声同志在西藏自治区党委和政府工作汇报会上的重要讲话精神，研究部署了我省“十三五”时期经济社会发展及藏族地区、统战等工作。省委书记王三运主持了会议。

18日　省政府党组中心组（扩大）学习报告会在兰州举行。邀请国务院国资委改革办副局长尹义省围绕中共中央国务院《关于深化国有企业改革的指导意见》作专题辅导报告。省委副书记、省政府党组书记、省长刘伟平主持会议并讲话。

20日　省委统战工作会议在兰州召开。省委书记、省人大常委会主任王三运出席会议并讲话。省政协主席冯健身等出席会议。

21日　省委藏族地区工作会议在兰州召开。省委书记、省人大常委会主任王三运，省委副书记、省长刘伟平出席会议并分别讲话。省领导冯健身等出席了会议。

23～24日　省委十二届十四次全委会议在兰州召开。会议审议通过了《中共甘肃省委关于制定国民经济和社会发展第十三个五年规划的建议》、《中国共产党甘肃省第十二届委员会第十四次全体会议决议》。省委书记王三运受省委常委会委托向全委会报告今年以来的工作，就《建议(讨论稿)》向全委会作说明，并在会议结束时讲话。省委副书记、省长刘伟平，省政府主席冯健身等出席了会议。

25日　省委在兰州召开2015年度第二批党政主要领导述纪述廉述作风大会，5位市州长和5位省直部门主要负责人作“三述”报告，接受了与会两委委员及参会同志的监督和测评。省委书记、省人大常委会主任王三运出席大会并讲话。省委副书记、省长刘伟平，省政协主席冯健身等出席了会议。

省长刘伟平主持召开了省政府第100次常务会议。会议审议通过了《关于深入推进“互联网+”行动的实施方案》、《关于大力推进大众创业万众创新的实施方案》、《关于推进国内贸易流通现代化建设法治化营商环境的实施意见》；审议了2016年预算安排建议。

29日　丝绸之路(敦煌)国际文化博览会组织委员会第一次会议在北京召开。会议审议通过了组委会组成机构及人员名单、工作规程和活动方案，启动各项筹备工作。省委书记、省人大常委会主任王三运讲话，中宣部副部长、文化部部长雒树刚主持会议。中宣部副部长崔玉英宣读刘奇葆同志批示。中国贸促会会长姜增伟宣读全国清理和规范庆典研讨会活动工作领导小组《关于同意举办首届丝绸之路(敦煌)国际文化博览会的通知》。中宣部副部长、国家新闻出版广电总局局长蔡赴朝作文博会组委会、执委会组成人员建议名单的说明。省长刘伟平作首届文博会总体方案、“高峰会议”方案和“丝绸之路文化年展”方案的说明。国家旅游局局长李金早作文博会《工作规程》的说明。陕西省副省长冯新柱代表丝绸之路沿线省区市发言。省政协主席冯健身等出席会议。

30日　省委常委扩大会议在兰州召开。会议传达贯彻了中央扶贫开发工作会议精神。省委书记、省人大常委会主任王三运主持会议并讲话。省委副书记、省长刘伟平，省政协主席冯健身等出席会议。

省委在兰州举行理论中心组学习暨“三严三实”第五次研讨会。会议围绕解决“怎么用权”这个问题，重点讨论如何自觉遵守宪法法律和党的纪律。省委书记、省人大常委会主任王三运主持会议并讲话。省委副书记、省长刘伟平等作了书面或交流发言。省政协主席冯健身参加研讨会。

十二月

2～3日　省长刘伟平到武威市调研，并宣讲党的十八届五中全会精神。调研期间，刘伟平分别主持召开两个座谈会，听取武威市经济社会发展和甜高粱产业发展汇报。

4日　全国交通扶贫工作会议在兰州召开。交通运输部党组书记、部长杨传堂出席会议并讲话。省委副书记、省长刘伟平在会上致辞。

六盘山片区扶贫攻坚部省协调推进会在兰州举行。交通运输部党组书记、部长杨传堂出席会议并讲话。甘肃省委副书记欧阳坚致辞。宁夏、陕西、青海、甘肃分别介绍了本省区六盘山片区扶贫攻坚工作。国家发展改革委、教育部、国土部、住建部、水利部、国家旅游局等部(委、局)有关负责同志介绍了本部门支持片区扶贫攻坚的政策举措，并对四省区有关需求作出回应。国务院扶贫办有关负责人讲话。

5日　交通运输部党组书记、部长杨传堂到兰州机场综合交通枢纽调研。

7日　省长刘伟平到岷县、漳县调研岷漳地震灾后恢复重建工作，并宣讲党了的十八届五中全会精神。

6～9日　全国妇联党组书记、副主席、书记处第一书记宋秀岩到我省漳县和西和县，调研指导脱贫攻坚工作，对进一步做好定点帮扶工作进行对接。

8～9日　省长刘伟平到定西市，先后调研了漳县殪虎桥乡铁沟村村道建设、漳陇农村饮水工程水厂运行情况，渭源县甘肃中亚高原饮料有限公司饮用水生产、田家河乡元古堆村特色产业发展、第三中学教学设施建设、上湾乡侯家寺村易地搬迁集中安置工作情况。

10日　省长刘伟平到敦煌市检查指导丝绸之路(敦煌)国际文化博览会重点建设项目工作。

2～11日　经中央批准，应巴基斯坦穆斯林联盟(谢里夫派)、越南共产党、马来西亚马来民族统一机构的邀请，中央委员、省委书记、省人大常委会主任王三运率中共代表团对三国进行了友好访问。

11日　省长刘伟平主持召开了省政府第102次常务会议，分析研究了1–11月全省经济运行情况；对2016年全省经济社会发展主要预期指标进行了研究；审议通过了《甘肃省水污染防治工作方案》、《关于促进旅游投资和消费的实施意见》；决定取消39项行政审批事项。

15日　省政府党组中心组(扩大)学习报告会在兰州召开，邀请国家行政学院汪玉凯教授作《大数据背景下的公共治理模式变革》专题辅导报告，集体学习了大数据和互联网的有关知识，助推简政放权和政府职能转变。受省委副书记、省政府党组书记、省长刘伟平委托，省委常委、副省长李荣灿主持会议。

16日　省委常委会在兰州召开会议，传达学习了全国党校工作会议精神，研究部署了我省贯彻落实的具体意见。省委书记王三运主持了会议。

省委全面深化改革领导小组第十三次会议在兰州召开。省委书记、省人大常委会主任、省委全面深化改革领导小组组长王三运讲话。省委副书记、省长刘伟平传达了中央全面深化改革领导小组第十八、十九次会议精神。省政协主席冯健身等出席了会议。

17日　纪念甘肃省关工委成立25周年暨全省关心下一代工作表彰大会在兰州举行。中国关心下一代工作委员会主任顾秀莲出席会议并讲话。

18日　省政府与国家发展改革委在北京签署合作协议，双方商定建立协同机制，共同推动甘肃国际产能和装备制造合作。省委书记、省人大常委会主任王三运出席签约仪式。国家发展改革委党组书记、主任徐绍史，省委副书记、省长刘伟平代表双方签署协议。

21日　受省委副书记、省长刘伟平委托，省委常委、常务副省长咸辉带领省直有关部门负责同志到省政协机关，征求省政协对全省“十三五”规划纲要(草案)的意见和建议。省政协主席冯健身主持征求意见座谈会。

22日　省委在兰州召开党外人士座谈会。省委书记、省人大常委会主任王三运主持会议并讲话。省委副书记、省长刘伟平通报了今年全省经济社会发展情况，介绍了省委、省政府关于明年经济工作的考虑。省政协主席冯健身等出席了会议。

23日　省委常委扩大会议在兰州召开，传达学习了中央经济工作会议和城市工作会议精神，研究部署了我省贯彻落实工作。省委书记、省人大常委会主任王三运主持会议，传达习近平总书记在中央经济工作会议和城市工作会议上的重要讲话，并就我省贯彻落实工作作出安排部署。省委副书记、省长刘伟平传达李克强总理在中央经济工作会议和城市工作会议上的重要讲话。省领导冯健身及其他在兰省级党员领导干部出席会议。

银川至西安铁路(甘肃段)开工建设仪式在庆阳举行。省委书记、省人大常委会主任王三运在兰州主会场启动开工，省长刘伟平讲话，省政协主席冯健身等出席开工仪式。

27～28日　省委经济工作暨扶贫开发工作会议在兰州召开。省委书记、省人大常委会主任王三运出席会议并讲话。省委副书记、省长刘伟平对明年经济工作和今后一个时期的城市工作与扶贫开发工作进行具体部署，并作总结讲话，对岁末年初的工作作了安排部署。省政协主席冯健身等出席会议。

28日　丝绸之路(敦煌)国际文化博览会筹备工作动员大会在兰州召开。省委书记、省人大常委会主任王三运和省委副书记、省长刘伟平讲话。省政协主席冯健身等出席了会议。

29～30日　省委常委会专题民主生活会在兰州召开。省委书记王三运主持会议。刘伟平等参加专题民主生活会。省政协主席冯健身、省人大常委会副主任罗笑虎列席会议。中央纪委、中央组织部专门委派有关同志到会指导。

30日　省委常委会在兰州召开会议，传达学习了中央农村工作会议精神，研究提出了我省贯彻落实意见，安排部署了“三农”等工作。省委书记王三运主持了会议。

31日　省长刘伟平在兰州市检查了元旦节日期间食品、药品、社会治安、消防、城市交通管理等安全保障工作，看望慰问了值守公安民警、武警官兵、消防官兵等。

省政府领导班子“三严三实”专题民主生活会在兰州召开。省委副书记、省政府党组书记、省长刘伟平主持会议并讲话。

概 况

甘肃省情

【甘肃概况】甘肃以古甘州（今张掖）肃州（今酒泉）两地首字而得名，由于陇山在境内绵延又简称陇。东邻陕西省，南与四川省、青海省接壤，西与新疆维吾尔自治区相邻，北与内蒙古自治区和蒙古国交界，东北部与宁夏回族自治区连接。闻名中外的古丝绸之路和新亚欧大陆桥横贯全境，使甘肃成为西北地区连接中、东部地区的桥梁和纽带，成为贯通东亚与亚洲中部、西亚与欧洲之间的陆上交通通道。全省辖12个市、2个自治州，86个县（市、区），省会兰州是西北重要的交通通讯枢纽，陇海、兰新、包兰、兰青和正在建设的兰渝铁路在此交汇，也是石油天然气管道运输枢纽、国家级西北商贸中心。甘肃是一个多民族省份，拥有汉、回、藏、东乡、土、满、裕固、保安、蒙古、撒拉、哈萨克等56个民族，其中裕固、保安、东乡族是甘肃的独有民族。2015年末，全省常住人口2599.55万人，其中少数民族人口占常住人口的9.82%。

【自然环境】甘肃位于黄土高原、青藏高原、内蒙古高原三大高原和西北干旱区、青藏高寒区、东部季风区三大自然区域的交汇处，总土地面积为42.58万平方公里，地形呈狭长状，东西长1655公里、南北宽530公里。地貌复杂多样，山地、高原、平川、河谷、沙漠、戈壁，类型齐全，交错分布，地势自西南向东北倾斜，大致可分为陇南山地、陇中黄土高原、甘南高原、河西走廊、祁连山脉、河西走廊以北地带六大地形区域。大部分地区气候干燥，属大陆性很强的温带季风气候。2015年，全省平均气温为9.3℃，较常年偏高1.1℃，为近9年最高；年平均降水量为368.2毫米，较常年偏少，为近6年最少；年日照时数偏少。甘肃是一个少林省份，据甘肃省第八次森林资源清查，全省森林覆盖率11.28%。

【矿产资源】新中国成立以来，经过六十多年的开发建设，甘肃已形成了以石油化工、有色冶金、机械电子等为主的工业体系，成为我国重要的能源、原材料工业基地。截至2014年底，全省已发现各类矿产119种，其中已查明资源储量的77种，占全省已发现矿种的65%。已查明矿产资源以非金属矿产为主，其次是金属矿产和能源矿产。列入《甘肃省矿产资源储量表》的固体矿产98种、矿产地1370处（含共伴生矿产）。根据《2014年全国矿产资源储量占比排名》统计，全省资源储量居全国第1位的矿产有10种，分别是镍矿、钴矿、铂矿、钯矿、锇矿、铱矿、铑矿、硒矿、铸型用粘土、凹凸棒石粘土；居前5位的有38种；居前10位的有71种。

【特色产业】甘肃土地面积广阔，居全国第七位；牧草地面积占土地总面积的33%，为全国六大牧区之一；光热资源充足且昼夜温差大，具有发展特色农业和优质高效农业的有利条件。许多特色农产品，无论是种植面积还是产量在全国都名列前茅，特别是玉米制种、啤酒原料、马铃薯、酿酒葡萄、油橄榄、食用百合、瓜果蔬菜和草食畜产品等特色产品，品质优良，发展前景良好。甘肃还是全国中药材主要产区之一，当归、黄（红）芪、党参、大黄、甘草等五种大宗中药材驰名中外。

甘肃是新中国成立后国家重点投资建设工业体系的区域之一。改革开放之后，特别是进入21世纪以来，全省上下认真贯彻落实“工业强省”战略，紧紧依靠并积极壮大传统支柱产业的发展，突出传统支柱产业的改造升级，石油化工、有色冶金、装备制造、食品医药等支柱产业呈现了良好的发展势头。

2012年，继上海浦东新区、天津滨海新区、重庆两江新区、浙江舟山群岛新区后，国务院批复第五个国家级新区——兰州新区。兰州新区位于兰州北部秦王川盆地，地处兰州、西宁、银川三个省会城市共生带的中间位置，是国家规划建设的综合交通枢纽，也是甘肃与国内、国际交流的重要窗口和门户，距兰州市区38.5公里，距西宁198公里，距银川420公里。规划面积806平方公里，辖永登、皋兰两县五镇一乡，现有常住人口14万人。目前已经有包括中石油国家战略石油储备库、吉利汽车、三一重工在内的多家国内外大型企业落户新区。规划建设石化、高端装备、新能源新材料等七大产业集群以及高新技术产业等五大片区。经过5~10年的建设，兰州新区将发展成为甘肃省乃至西北地区跨越式发展的重要经济增长极，成为西部地区特色鲜明、功能齐全、产业聚集、服务配套、人居环境良好的现代化新区。

【历史文化】甘肃是华夏文明和中国古文化的发祥地之一，是传说中的三皇之首伏羲，五帝轩辕黄帝和女娲的生长地，故有“羲轩桑梓”之称。甘肃的大地湾文化距今约八千年，其后的仰韶文化、马家窑文化创造了彩陶文化的辉煌时代。周秦时期，甘肃的庆阳、天水又是周文化和秦文化的发祥地。汉武帝至昭帝间陆续设武威、张掖、敦煌、天水、安定、武都、金城诸郡，汉代的开边政策和张骞出使西域成功开通了丝绸之路。隋唐时期，贯穿甘肃河西走廊的丝绸之路进入了繁荣时期，甘肃成为我国联系西域各国和欧洲的重要通道，武威、张掖、敦煌成为经济文化繁荣的国际性贸易城市，整个河陇地区农桑繁盛、士民殷富，《资治通鉴》有“天下称富庶者，无如陇右”的记载。元代，全国创设省制，甘肃正式设省。明代长城由东向西穿越9省区后，抵达甘肃河西地区，嘉峪关成为大西北的重要关隘和前沿阵地，有"天下第一雄关"之称。海路开通后，随着全国经济政治文化重心的东移南迁，特别是气候和生态条件的变化，甘肃渐渐成为荒僻之地，晚清时期时任陕甘总督左宗棠曾奏称"甘肃地处边陲，土旷人稀，脊苦甲于天下"。源远流长、底蕴深厚的甘肃历史文化，不断催生着时代精神，培育了《读者》、《丝路花雨》、《大梦敦煌》等一系列著名文化品牌。其中《读者》杂志成为全国发行量最大的期刊，被誉为"中国人的心灵读本"；舞剧《丝路花雨》、《大梦敦煌》享誉全球。

2013年，甘肃省"华夏文明传承创新区"建设获国务院正式批复。按照国家关于甘肃发展的战略定位和建设文化大省的总要求，甘肃确定了"华夏文明传承创新区"建设围绕"一带"，建设"三区"，打造"十三板块"的总体布局，简称"1313工程"。"一带"是丝绸之路文化发展带；"三区"是以始祖文化为核心的陇东南文化历史区、以敦煌文化为核心的河西走廊文化生态区和以黄河文化为核心的兰州都市圈文化产业区；"十三板块"是文物保护、大遗址保护、非物质文化遗产保护传承、历史文化名城名镇名村保护利用、民族文化传承、古籍整理出版、红色文化弘扬、城乡文化一体化发展、文化与旅游深度融合、文化产业发展、文化品牌打造、文化人才队伍建设、节庆赛事会展举办。"华夏文明传承创新区"是甘肃省继兰州新区之后，又一个摆到国家层面的战略平台，必将对中华民族文化传承创新和甘肃经济、社会、文化发展起到重大的推动作用和深远的影响。

【民族民间文化】甘肃节庆习俗丰富多彩。回族的古尔邦节、开斋节；藏族的正月十五晒佛节、五月采花节；哈萨克族的叼羊、"姑娘追"；土族的"纳顿"节、"二月二"跳神会等。甘肃饮食文化异彩纷呈。兰州牛肉面是最具特色的大众化经济小吃，声名远扬；以手抓羊肉为代表的清真风味食品，独特可口；糌粑、酸奶、奶茶、蕨麻米饭等藏族风味的食物，值得品尝；还有各种地方小吃，更是独具特色。甘肃民族歌舞多姿多彩。社火歌舞是广泛流传于甘肃民间的一种艺术，尤以兰州的太平鼓舞、武威的"滚鼓子"、张掖的顶腕舞、陇东的秧歌、天水一带的扇鼓舞、腊花等著称，还有莲花山花儿、二郎山花儿、河湟花儿、裕固族民歌等。此外，兰州微雕葫芦，平凉纸织画，庆阳牛皮影、香包、剪纸、刺绣，保安腰刀，天水雕漆漆器，酒泉夜光杯，卓尼洮砚，武威"铜奔马"等民间工艺品也久负盛名。

【旅游资源】甘肃的旅游资源既有石窟寺庙、长城关隘、塔碑楼阁、古城遗址、历史文物等文物古迹，又有青山绿水、高山草原、大漠戈壁、沙漠绿洲、丹霞奇观、冰川雪峰等独具特色的西部自然风光，还有以藏、回、裕固、保安、东乡等少数民族浓郁风情为特色的民族风情资源。丰富的文化遗产、独特的自然景观和多彩的民族风情，成为人们向往的旅游胜地，开发前景广阔。最具代表性的旅游景点：被联合国科教文组织列为世界文化遗产之一、被誉为"世界艺术宝库"和"世界现存佛教艺术最伟大宝库"的敦煌莫高窟，被称为"人文始祖"的羲皇故里——天水伏羲庙，"东方雕塑馆"之称的天水麦积山石窟，万里长城最西端的"天下第一雄关"——嘉峪关，中国彩陶之乡之称的临夏，中国藏传佛教格鲁派六大宗主寺之一的夏河拉卜楞寺，道教第一山崆峒山，中国的旅游标志——武威出土的汉代铜奔马，世界最大的室内卧佛寺——张掖大佛寺，泾川西王母宫、永靖炳灵寺石窟、永登鲁土司衙门旧址等构成了璀璨夺目的艺术长廊。近年发现的永靖恐龙足迹、和政古生物化石，是一、二千万年前中生代白垩纪的遗址。

国民经济运行

【全省经济运行的基本情况】2015年，面对复杂严峻的国内外环境和较大的经济下行压力，省委、省政府坚持稳中求进工作总基调，狠抓党中央、国务院关于稳增长、促改革、调结构、惠民生、防风险等一系列政策措施的落实，扎实推进各项工作，政策效应持续显现，全省经济呈现总体平稳，稳中有进，稳中有好的发展态势。

（一）全年全省实现生产总值6790.32亿元，比上年增长8.1%。在工业品价格持续下跌，困难挑战明显增多的情况下，甘肃经济总体保持平稳。一季度、上半年、前三季度和全年全省生产总值分别增长7.8%、8.0%、8.0%和8.1%，增速分别比全国高0.8、1.0、1.1和1.2个百分点。

1. 农业经济发展良好

2015年，全省粮食种植面积2849.62万亩，比上年增长0.25%；粮食总产量1171.1万吨，创历史新高，增长1.07%，连续12年实现丰收。经济作物快速增长，蔬菜、中药材种植面积分别增长4.0%和5.1%。全年全省蔬菜产量1823.1万吨，比上年增长6.9%；中药材产量108.2万吨，增长8.9%；园林水果产量461.8万吨，增长8.6%。

2. 工业经济平稳发展

全年全省规模以上工业企业实现工业增加值1662.0亿元，比上年增长6.8%，增速比全国高0.7个百分点。其中：轻工业完成工业增加值319.8亿元，增长6.2%；重工业完成工业增加值1342.2亿元，增长7.0%。

从八大重点支柱行业看，有色、机械、食品、石化行业工业增加值分别增长12.5%、12.5%、10.1%、8.1%，高于规模以上工业平均增速；建材行业工业增加值增长0.6%；电力、煤炭、冶金行业工业增加值分别下降3.8%、6.2%和8.9%。规模以上工业企业累计亏损72.3亿元。

3. 第三产业增速逐季加快

2015年以来，国家多次降息降准，释放了更为宽裕的货币政策，同时，精准扶贫、强化基础设施建设等行动使积极的财政政策增力加效，在财政八项支出、金融存贷款、其他营利性服务业快速增长的带动下，第三产业增速逐季加快。一季度、上半年、前三季度和全年第三产业增加值分别增长7.7%、8.2%、9.0%和9.7%。

4. 金融机构存贷款继续增加

年末，全省金融机构本外币各项存款余额为16299.50亿元，比上年末增长16.55%。本外币存款余额比年初增加2329.70亿元，其中，住户存款增加917.42亿元，非金融企业存款增加961.92亿元。全省金融机构本外币各项贷款余额为13728.89亿元，比上年末增长23.93%。本外币贷款余额比年初增加2651.11亿元，其中，住户贷款增加650.62亿元，非金融企业及机关团体贷款增加1976.65亿元。

（二）政策效应持续显现，需求指标增速回升

面对市场有效需求不足，投资、消费增速放缓、出口总值下降的严峻局面，省委省政府果断采取了一系列稳增长的有效措施，进入下半年，全省需求指标增速逐步回升。

1. 投资增速止滑企稳

全年全省固定资产投资完成8626.60亿元，比上年增长11.2%。其中项目投资完成7858.53亿元，增长11.7%。前五个月固定资产投资增速下滑，随着省委省政府促进投资企稳回升的各项措施的逐步落实，6月份以后逐步回升并趋于稳定，11月份开始增速回升至两位数以上，全年增长11.2%。

从三次产业看，第一产业完成投资534.89亿元，比上年增长30.8%；第二产业完成投资3434.90亿元，下降2.7%；第三产业完成投资4656.81亿元，增长21.9%。

房地产开发投资增速回升。全年全省房地产开发投资768.06亿元，比上年增长6.5%，增速比1–4月（年内最低点）提高6.2个百分点。从实物量看，全省完成房屋施工面积8586.18万平方米，增长12.1%；完成房屋竣工面积962.24万平方米，增长18.3%；完成商品房销售面积1434.96万平方米，增长8.3%。

2. 消费品市场缓中趋稳

全年全省实现社会消费品零售总额2907.22亿元，比上年增长9.0%，增速比1–8月的增长8.5%（年内最低点）回升0.5个百分点。按经营单位所在地分，城镇消费品零售额2316.80亿元，增长8.1%，乡村消费品零售额590.42亿元，增长12.3%。按消费形态分，餐饮收入460.03亿元，增长10.9%，商品零售2447.19亿元，增长8.6%。

批发业实现销售额4778.58亿元，比上年增长3.1%；零售业实现销售额2789.11亿元，增长10.0%；住宿业实现营业额93.97亿元，增长14.4%；餐饮业实现营业额542.60亿元，增长17.2%。

从限额以上企业主要商品零售情况看，粮油、食品类零售额比上年增长77.5%，饮料类增长13.0%，烟酒类增长6.5%，服装、鞋帽、针纺织品类增长5.4%，日用品类增长7.0%，金银珠宝类增长10.2%，汽车类增长4.6%；石油及其制品类下降16.9%，煤炭及其制品类下降37.1%。

3. 出口总值降幅收窄

全年全省实现外贸进出口总额494.0亿元，比上年下降5.4%，降幅比一季度收窄23.2个百分点。其中：出口总额361.2亿元，增长11.2%，增幅比一季度提高35.3个百分点；进口总额132.8亿元，下降32.3%，降幅比一季度收窄9.3个百分点。全年全省实现贸易顺差228.3亿元。

（三）经济结构调整优化，转型升级成效明显

一是产业结构继续优化调整。全年全省第三产业增加值增长9.7%，增速快于生产总值1.6个百分点；占生产总值的比重为49.2%，比上年提高5.2个百分点，比第二产业高12.5个百分点。

二是战略性新兴产业较快增长。全年全省战略性新兴产业增长11.9%，增速比生产总值快3.8个百分点；占生产总值的比重为12.1%，比上年提高1.9个百分点。

三是城镇化水平进一步提高。积极实施中心城市带动战略，把培育壮大中心城市摆在优先位置，加快县城和重点镇的规划建设，城镇化水平继续提高。全年全省城镇化率为43.19%，比上年提高1.51个百分点。

（四）民生改善扎实推进，质量效益稳步提升

1. 财政收支稳步增长

全年全省完成一般公共预算收入743.90亿元，比上年增长10.59%。税收收入529.79亿元，增长8.06%；非税收入214.07亿元，增长17.36%。完成上划中央收入642.42亿元，增长14.40%。

全年全省完成一般公共预算支出2958.31亿元，同比增长16.40%。其中，教育支出增长24.19%，科学技术支出增长41.07%，医疗卫生与计划生育支出增长22.48%，节能环保支出增长30.24%。

2. 居民收入继续增加

在深入实施“双联”活动，推动精准扶贫、提高职工工资与最低收入标准等多项惠民政策的促进下，城乡居民收入水平不断提高。全年全省城镇居民人均可支配收入23767元，比上年增长9.0%，其中，工资性收入增长8.5%，经营净收入增长8.1%，财产净收入增长8.8%，转移净收入增长11.3%。全年全省农村居民人均可支配收入6936元，比上年增长10.5%，其中，工资性收入增长12.5%，经营净收入增长9.5%，财产净收入增长14.0%，转移净收入增长9.8%。

3. 居民消费价格涨幅温和平稳

全年全省居民消费价格总水平比上年上涨1.6%。其中，城市上涨1.4%，农村上涨1.8%。2015年全省居民消费价格同比涨幅一直处于“1时代”，12月份涨幅最低，为1.3%；8月份涨幅最高，为1.8%。

八大类商品及服务价格呈“七升一降”格局。全年全省衣着价格比上年上涨3.1%，烟酒价格上涨3.1%，居住价格上涨1.9%，食品价格上涨1.7%，家庭设备用品及维修服务价格上涨1.6%，医疗保健及个人用品价格上涨1.6%，娱乐教育文化用品及服务价格上涨0.6%；交通和通信价格下降1.4%。

4. 节能降耗成效明显

2015年，全省以较低的能源消费增长支撑了经济增长，从三次产业看，低能耗的第三产业增加值增速高于高能耗的工业增速2.7个百分点，从工业内部结构看，六大高耗能行业增加值增速低

于工业增速 7.9 个百分点，结构的优化调整使经济增长对能源消费依赖程度减弱，节能降耗成效明显。全年全省单位生产总值能耗同比下降 7.46%。

【经济运行中需要关注的问题】

（一）工业生产经营困难

工业生产当月增速持续回落。6 月份以来，全省规模以上工业增加值当月增速在 6% 左右波动，12 月份仅增长 5.2%，比 5 月份的 9.5%（年内最高增速）回落 4.3 个百分点。

主要工业产品产量下降。全年钢材、粗钢、原煤、天然气、原油加工量等产品产量均比上年下降，降幅分别为 23.5%、20.7%、6.4%、6.7%、1.5%。

工业企业亏损进一步加大。全年盈亏相抵后全省规模以上工业企业累计亏损 72.3 亿元（上年盈利 225.0 亿元），其中 12 月份亏损 21.3 亿元。规模以上工业企业亏损面 31.7%，亏损企业亏损总额 297.8 亿元，同比增长 1.4 倍。

工业生产者价格持续下降。2012 年 2 月以来，全省工业生产者出厂价格累计同比连续 47 个月下降。2015 年全省工业生产者出厂价格累计降幅呈逐月扩大态势，降幅从一季度的 10.3% 扩大到全年的 13.0%，降幅扩大 2.7 个百分点。12 月份当月，全省工业生产者出厂价格同比下降 15.2%，降幅大于全国 9.3 个百分点，降幅由高到低居全国第 3 位，仅低于山西和新疆。

工业用电量持续回落。自 1–5 月开始，全省工业用电量增速持续回落，全年全省工业用电量 860.22 亿千瓦时，同比增长 0.7%，增速比 1–5 月回落 9.2 个百分点。

（二）投资增长后劲乏力

工业投资持续下降。工业投资降幅由一季度的 9.1% 扩大到前三季度的 15.5%，之后降幅开始收窄，但全年仍然下降 13.7%。

大项目进展缓慢。全省亿元及以上项目本年完成投资出现下降，占项目投资的比重呈回落态势。全年全省计划总投资亿元及以上施工项目计划总投资下降 8.0%，完成投资下降 24.5%；亿元及以上项目完成投资占项目投资的 38.8%，比上年回落 18.6 个百分点。

（三）消费动力有待加强

石油及制品、汽车等大宗商品销售额下降，对消费品市场的带动作用明显减弱，培育新的、大的消费热点尚需时日，短期内难以显著推动消费需求快速增长。

星级酒店数量增长缓慢且营业额所占份额下降，高档宾馆、酒店仍未走出低谷。商贸企业劳动力成本、租金不断上升，企业经营压力较大。

【2016 年展望】从国际环境看，2016 年全球经济将面临诸多挑战，在大宗商品价格下跌及金融条件收紧背景下，新兴经济体面临增长放缓、资本流入减少、外汇储备下降和货币贬值等压力。如果大宗商品价格进一步急跌，依赖资源出口的新兴经济体将面临更多问题。世界银行 1 月 6 日发布《全球经济展望》报告，将 2016 年全球经济增长率预期下调至 2.9%（2015 年 6 月曾预期 2016 年全球经济增长 3.3%）。

从国内形势看，实体经济困难增加，经济下行压力加大，金融市场、资源配置的整体灵活性和合理性方面还有一些结构重组的严峻挑战。同时，我国宏观经济结构调整已取得诸多进展，党中央和国务院将着力加强供给侧结构性改革，经济增长的潜力仍然是非常巨大的。

从甘肃看，传统产业结构调整将面临挑战，新的经济增长点有待培育壮大。同时，随着“一带一路”建设实施方案的出台，省委省政府加快推进供给侧结构性改革，将推动全省经济社会持续健康发展。

综合判断，2016 年全省经济将继续保持平稳发展势头。

【对策建议】当前及今后一段时期，要加快转型升级步伐，着力提高经济质量和效益，增强发展后劲，确保全省经济平稳健康发展。

（一）推动实体经济加快发展

一是深化企业帮扶。按照重点企业“一企一策”、中小企业分类指导的方式，帮助企业用足用活国家和省上出台的各项优惠政策措施，协调解决企业生产经营过程中的困难和问题，在金融信贷、技改资金、要素保障等方面给予政策扶持，增强产品竞争力，提升工业企业经济效益。要千方百计挖掘企业岗位潜力，妥善安置企业富余职工，有效预防大规模失业风险。二是强化创新驱动。鼓励企业创新管理体制和分配机制，采用技术入股、期股期权等多种分配形式，激发各种力量参与企业自主创新。引导大企业发挥主力军作用，加大技术创新投入。通过加强产学研协调创新，构建以企业为主体的技术创新体系，为工业转型升级和提速增效提供强力支持。三是培育壮大战略性新兴产业。着力推进新材料、新能源、生物产业、信息技术、先进装备制造、节能环保、新型煤化工等新兴产业快速发展，形成新的经济增长点。四是大力发展物流、电子商务、社区服务和文化旅游服务等新业态。支持企业面向丝绸之路沿线国家开展优势领域的产业对接，打造具有丝绸之路特色的国际精品旅游线路和旅游产品，推动文化产业与旅游业大发展。

（二）切实提高投资效率

一要狠抓项目建设。深入实施“3341”项目工程、“6873”交通突破行动。加强项目前期工作，做好项目储备，提高项目履约率和到位率，力促项目早落实、早开工。集中推动一批可以有效拉动内需、有利于优化经济结构和提升产业层次水平的重大项目，促进经济持续稳定增长。二要拓宽融资渠道。充分利用国家开发西部的政策和资金，采取灵活多样的方式，真正把国内外大公司请得来，留得住。加强信用合作融资，扩大信贷规模，大力吸引社会资金和民间资本，确保项目建设所需的资金投入。三要进一步优化投资结构。坚持增量优化与存量改造并举，走创新驱动型投资发展道路。坚持以改善民生为出发点和落脚点，在资源配置上优先向社会保障、医疗、教育、就业和保障性住房等民生领域倾斜。

（三）扩大消费总量规模

一是继续提高城乡居民收入。提升居民消费是带动消费品市场发展的关键，加快收入分配制度改革，不断提高城乡居民收入水平，大力提高居民消费能力，是提升居民消费水平的根本条件。二是促进消费模式提档升级。积极培育新的消费热点，进行差别化供给，满足消费者个性化、多样化需求。三是不断加强市场监管。应对消费转型升级，加强对吃、穿、住、行、娱等消费市场的监督管理，让消费者放心消费、乐于消费，为消费者营造“想消费、敢消费”的消费氛围。

国土资源

【土地资源】土地利用现状。根据甘肃省第二次全国土地调查、2014年度土地变更调查，截止2014年12月31日，全省土地总面积4258.89万公顷（63883.34万亩），其中含宁夏回族自治区飞地5322.53公顷。主要地类面积及地类构成情况为：耕地537.8 0万公顷（8066.80万亩），占12.63%；园地25.77万公顷（386.80万亩），占0.61%；林地610.03万公顷（9150.69万亩），占14.32%；草地1419.98万公顷（21299.40万亩），占33.34%；城镇村及工矿用地76.47万公顷（1147.08万亩），占1.80%；交通运输用地25.83万公顷（387.40万亩），占0.61%；水域及水利设施用地74.76万公顷（1121.44万亩），占1.75%；其它土地1488.25万公顷（22323.73万亩），占34.94%。

耕地及基本农田保护。全省严格落实国家对耕地占补平衡工作提出的“以补定占，先补后占，占优补优，占水田补水田”的新要求，对建设项目耕地占补平衡进行严格审查把关，并通过耕地占补平衡动态监管系统进行了挂钩与核减，连续16年实现耕地占补平衡。截止2014年底，全省耕地保有量面积537.8 0万公顷（8066.8万亩），实际划定基本农田保护面积387.93万公顷（5819.0万亩）。

土地整理复垦开发。2015年，全省共安排土地整理开发资金共计14.71亿元，其中，中央新增建设用地有偿使用费2.17亿元，安排项目33个；东部百万亩土地整治重大项目省级配套资金1.06亿元，安排项目4个；省留新增建设用地有偿使用费1.52亿元，安排项目29个；省留开垦费1.48亿元，安排项目23个；切块市州新增建设用地有偿使用费5.38亿元、耕地开垦费3.11亿元。全年共验收2015年以前实施的各类土地整理开发项目303个，完成总投资24.50亿元，建设总规模138.90万亩，新增耕地16.04万亩。完成梯田建设50万亩。

建设项目用地预审。2015年共完成170个建设项目用地预审，总投资3244.06亿元，拟用地总面积17226.97公顷，其中，农用地8283.61公顷（含耕地5450.75公顷），建设用地2143.63公顷，未利用地6799.73公顷。同时，将156个省级、101个市级和442个县级共699个预审项目通过建设项目用地预审备案系统全部上报国土资源部备案。

建设用地审批。2015年，省政府审查审批用地866件，总面积11242.51公顷，其中农用地5924.82公顷（含耕地4297.62公顷）；未利用地3642.72公顷；建设用地1674.97公顷。

土地供应与市场。2015年，全省供应建设用地2592宗，总面积15648.15公顷，其中，以招标拍卖挂牌方式出让4357.61公顷；以协议方式出让351.15公顷；以划拨方式供地10939.39公顷。按照供应用途，商服用地1167.69公顷、工矿仓储用地2414.52公顷、住宅用地1579.78公顷、公共管理与公共服务用地3803.38公顷、交通运输用地5994.23公顷、其他用地（特殊用地、水域及水利设施用地、其他土地）688.55公顷。全省土地出让价款226.24亿元，其中，以招标拍卖挂牌方式出让土地成交价款190.65亿元，以协议方式出让土地成交价款35.59亿元。

【矿产资源】矿产资源现状。2014年底，全省已发现各类矿产119种（含亚矿种为180种），其中，查明资源储量的77种（含亚矿种为114种），占全省发现矿种的65%，未查明资源储量的42种（含亚矿种为66种），占全省发现矿种的35%；在查明矿产资源中，能源矿产7种、金属矿产31种（含亚矿种为36种）、非金属矿产37种（含亚矿种为69种）、水气矿产2种。2014年底，列入《甘肃省矿产资源储量表》的固体矿产98种、矿产地1370处（含共伴生矿产），其中固体燃料矿产地216处，黑色金属矿产地157处，有色金属矿产地302处，贵重金属矿产地368处，稀有稀土分散元素矿产地39处，化工原料非金属矿产地84处，冶金辅助原料非金属矿产地48处，建材及其它非金属矿产地156处。其中大型规模矿床117个、中型213个、小型1040个；勘查程度勘探阶段267个、详查阶段307个、普查阶段796个。据《2014年全国占比排名》统计，在已查明的矿产中，全省资源储量名列全国第1位的矿产有10种，分别为镍矿、钴矿、铂矿、钯矿、锇矿、铱矿、铑矿、硒矿、铸型用粘土、凹凸棒石粘土，居前5位的有38种，居前10位的有71种。

矿产资源勘查。全年开展基础调查项目48个，投资13543.57万元，其中中央财政出资7913.57万元，地方财政出资5630万元。开展矿产勘查项目269个，投入勘查资金105667.50万元，其中中央财政出资3744.59万元，地方财政出资42054.18万元，社会资金投入59868.73万元。全年完成钻探50.21万米，槽探27.70万立方米，坑探3.68万米。开展1:5万区域地质调查项目5个，投入资金1330万元；区域地球物理调查项目2个，投入资金1770万元；区域地球化学调查项目3个，投入资金260万元；开展1 ：5万矿产远景调查项目38个，投入资金8980万元，其中中央财政投入3350万元、地方财政投入5630万元。2015年，安排省级地质勘查基金项目53个，共计下达资金3.992亿元，其中甘肃煤田地质局煤炭项目8个，下达资金1.10亿元，省地质矿产局项目26个，下达资金1.89亿元，省有色地勘局项目13个，下达资金8707万元；省核工业地质局项目3个，下达资金900万元；甘肃建材总队项目3个，下达资金400万元。全年新增查明矿产资源储量的矿种主要有金、铁。其中新增金资源量45.62吨，铁矿石资源量1.50亿吨。2015年度完成阶段性勘查的矿产地共8个，其中大型1个，中型4个，小型3个；新发现矿产地5个，其中大型1个，中型2个，小型2个。

矿产开发利用。截至2014年底，全省共有各类非油气持证（采矿许可证）矿山3535个。其中大型矿山65个、中型83个、小型1207个、小矿（生产规模低于小型矿山规模上限的十分之一）2180个。全年开采矿石总量（原矿量）1.29亿吨，实现工业总产值315.68亿元，从业人数15.80万人。截至2014年底，全省共有各类非油气矿山（采矿权）3535个，其中，国土资源部发证21个，省国土资源厅发证426个，市州国土资源局发证595个，县级国土资源管理部门发证2493个。截至2015年11月底，全省共设置非油气探矿权1330宗，其中省级发证1050宗，部级发证280宗。

矿业权价款及补偿费。2015年，探矿权、采矿权价款及使用费入库91470.89万元。其中两权价款91014.24万元（探矿权价款2400.35万元，采矿权价款88613.89万元），使用费456.65万元（探矿权使用费347.05万元，采矿权使用费109.60万元）。全年矿产资源补偿费征收25658.04万元。其中省国土资源厅直接征收矿产资源补偿费16528.71万元，14个市州征收9129.33万元。

【地质环境】地质灾害防治。2015年，全省共发生地质灾害45起，共造成4人受伤，经济损失1.40亿元。全年发布预警信息48次，其中二级12次、三级36次。全省地质灾害综合防治体系建设资金8.87亿元，其中，中央财政7.20亿元，省级财政预算配套资金1.67亿元，共安排工程治理项目51个，安排搬迁避让9602户42625人。全年共安排岷县、漳县地震灾后恢复重建地质灾害综合治理项目78个，总投资4.80亿元。截止2015年底，所有地质灾害综合治理项目全部完工。

矿山地质环境保护。全省3187家矿山企业建立矿山地质环境恢复治理保证金，专户存储保证金26532.37万元，返还矿山企业的保证金2451万元。政府部门使用保证金开展矿山环境恢复治理项目4个，使用保证金数额8627万元。

地质遗迹保护。截止2015年，全省有地质公园39个，其中世界级地质公园1个，国家级地质公园9个，省级地质公园29个（含待批省级地质公园6个）。全年争取国家地质公园建设资金2400万元，用于平凉崆峒山地质公园建设。

（刘志广）

防震减灾

【地震震性】2015年，甘肃共发生MS≥2.0地震65次。其中，2.0~2.9级地震56次，3.0~3.9级地震7次，4.0~4.9级地震2次，最大地震为4月15日发生的临洮4.5级地震。时间上2015年2.0级以上地震活动比较均匀，其中4月、7月和11月地震活动频次相对较高，7~10次；2月份地震活动水平最低，仅2次；其余月份3~6次。3.0级地震4月和7月均为3次，且有4.0级地震发生；5月、8月、12月3.0级地震1次，其余月份无3.0级地震发生。空间上2.0级以上地震活动分布延续以前的格局，主要集中分布于祁连山地震带及甘东南地区；3.0级以上地震则主要分布在甘东南地区和祁连山地震带西段。

【监测预报】强化地震重点危险区震情跟踪与分析研判，组织常规震情会商55次。加强与中国地震局和周边省区信息共享，及时通报重大震情和短临预报意见，组织跨区视频联合会商12次。严格执行宏微观异常零报告制度，组织有关专家开展显著异常现场落实30次，强力捕捉地震前兆信息。落实震情会商制度改革实施方案，细化岗位职责、量化考评指标、规范考核流程，对省内发生的7次有感地震作出较准确的震后趋势判定意见，为政府应急决策提供依据。

进一步完善全省地震台网运行管理机制，维修改造地震监测仪器设备60台，排除各类仪器设备故障100多起，保证台网正常运行，速报省内及边邻地区33个地震，满足应急工作实际需求，地震速报实效性明显提高。全年，测震、前兆、强震动台网及信息网络行率分别达到96.8%、99.4%、90.1%、99.1%以上，在全国地震观测资料质量评比中获前三名38项，继续位居全国前列。加强兰州地震预警示范系统试运行管理，开展系统预警试验，全年共记录93个地震，其中64个产出预警触发信息，21个产出烈度速报结果，尤其是天水3.8级、临洮4.5级、景泰3.9级地震，产出预警信息及相关烈度速报结果，软件系统全面正常工作。

【灾害预防】依托省发展和改革委员会并联审批平台建设，积极争取将抗震设防要求审批纳入省市县三级并联审批平台之中。在新一代地震区划图国家标准发布以后，全省各级地震部门积极开展宣贯培训工作。全年全省审批确认重大建设工程抗震设防要求138项，确认一般建设工程抗震设防要求1516项，确保各类建筑达到抗震标准。调整地震安全性评价组织方式，终止面向社会的中介服务，重新规范安评范围。

积极开展既有建筑物抗震安全普查工作。14个市州完成城市既有建筑物抗震安全普查工作，并建立专门的数据库。实施农村民居地震安全工程建设，全年全省新建抗震安全农居26万户，已建成的抗震安全农居达到357.4万户，占全省农居总数的72%，并在历次破坏性地震中发挥显著的减灾实效，农村民居抗震能力明显提高。

【应急救援】加强地震应急预案制定修订及动态管理，指导修订各级各类地震应急预案3200件、全省97%的市县完成重特大地震灾害应急处置操作手册编制工作。制定局地震应急准备工作方案，明确机构、人员和应急准备工作措施，同时制定年度地震重点危险区省级抗震救灾总指挥部应对工作方案。加强地震应急准备，购买全省14个市州、86个县区市最新地图3套300幅，收集全省人口、地质灾害基本数据及通信联络信息；储备100套地震现场工作服、4套便携式救援专用工具，代储90套羽绒服；组织开展甘青交界中东部地震重点危险区无人机航拍，获得断层分布和居民点分布第一手资料；升级改造地震短信息发布系统，更新应急人员联系信息；与省通信管理局建立通信网络数据共享机制、与民航甘肃监管局建立救援远程机动运输保障机制。

加强应急救援队伍能力建设，全年各市县新组建救援队18支、并配备各类救援器材4100件（套）、组建愿者队伍23支；选派50名骨干分别赴国家救援基地、昆明警犬基地、山东蓝翔技校学习培训；组织省级、市州级武警消防救援队骨干开展为期一周的救援培训。兰州搜救基地对全国13个省市区培训应急队员400人次，培训省内外应急骨干1600人次；庆阳、陇南、白银、张掖、临夏、甘南等市州地震部门对灾情诉报员进行重新登记、补充，落实相关经费补贴，特别是庆阳市地震局重新登记确认1394名，市财政落实每人每年补助6000元。

【科技创新】积极发挥科技成果在防震减灾中的支撑作用，省地震局申请获批国家、省部级各类科研项目29项，其中国家自然科学基金5项、总经费309万元，为历史最高资助；省科技支撑项目“甘肃地震重点危险区地震灾害应急分析评估和应急对策研究”获得资助，为全省研究应急提供有力支撑。实施在研项目，其成果应用于地震预报、灾后重建、应急救援等领域，全年共发表各类论文123篇，其中SCI 6篇，EI10篇，获省部级科技成果8项。

依托西部地球科学与防灾工程论坛，深化与美国、法国、日本、韩国等国家地震科研机构，以及台湾、香港地区院校等开展合作与交流，邀请15位国内外专家作16场学术报告，对电磁学、地球力学、黄土岩土学前沿科技成果应用进行推广，科技创新能力日益提高。《地震工程学报》进入中国科学引文数据库（CSCD）核心库（C库）和北大中文核心，学报影响因子和收录迈入新阶段。

【法制建设和科普知识宣传】经甘肃省第十二届人民代表大会常务委员会第十五次会议审议通过并发布施行《甘肃省人民代表大会常务委员会关于加强地震重点监视防御区防震减灾工作的决定》。并将《甘肃省地震预警管理办法》作为省政府法制办立法预备项目，全年草案完成征求意见、专家论证、立法调研等工作。全省地震部门会同有关部门开展地震环境保护联合执法40次，有效保护监测设施和观测环境。强化执法监督，省政府法制办与省地震局联合开展基层防震减灾执法检查。完成地震系统“六五”普法规划各项任务，社会公众法治意识明显提高。

省委宣传部与省地震局联合印发《甘肃省2015年防震减灾宣传教育工作方案》；省地震局与省科协联合制作16集的防震减灾科普公益宣传片。各市州结合当地实际，出台指导性文件，为持续做好防震减灾宣传教育工作提供制度保障。2015年，全省共组织大型科普宣传180场次、发送手机短信170万条、电影专场50场次、刊发稿件900篇、电视消息500条、专题新闻70条，受众达200余万人次。省地震局与省教育厅、省科协共同完成第5批20所省级防震减灾科普示范学校的评审认定工作，命名11个省级地震安全示范社区和10个国家级地震安全示范社区，与省科协共同协商建设甘肃省科技馆地震科普分馆，各项准备工作正在进行中。白银市投资156万元，依托白银市火焰山国家地质公园建成占地1100余平方米，集地震科普展馆、4D影院、报告厅于一体的防震减灾科普教育基地。庆阳市投资建设并开通“庆阳数字地震科普馆”，采用360度全景技术和视频、音频、动画和图文等方式，建立虚拟仿真地震科普馆。组织市州积极参与“平安中国”系列活动，社会公众、中小学师生依法参与防震减灾活动意识明显增强，自救互救和应急避险能力普遍提高。

【专项工作任务落实】甘肃省抗震救灾指挥部办公室印发5件通知，要求各市州开展一次抗震救灾应急准备工作自查，各市州成立领导小组，对辖区内地震应急准备工作进行一次现场检查。4月12日至16日，配合国务院抗震救灾指挥部工作组赴定西市、陇南市、兰州国家陆地搜寻与救护基地检查全省地震应急准备工作。8月份甘肃省抗震救灾指挥部办公室联合省民政厅、建设、国土资源等部门对部分市州的应急准备工作情况进行实地抽查，通过多轮次监督检查，有力促进各项工作措施的落实。民政部门在全省各地共建成79个救灾物资储备库，粮食主管部门在全省确定1300多个应急供应网点、120个配送中心、130个加工企业、120个储运企业。交通运输部门2015年对299座桥梁、隧道进行隐患排查。民航监管部门对8个机场的应急准备工作和设施的隐患进行排查整改。组织省抗震救灾指挥部成员单位中的省民政厅、省通信管理局、武警甘肃总队和省消防总队，以及电信、移动、联通等企业在防震减灾周期间开展一次地震应急通信保障专项演练，检验多部门通信保障系统的有效性，查找出现场应急通信保障工作中存在的问题，进行整改落实，应急机制不断完善。

【重点项目建设】中国地震局与甘肃省政府共同推进兰州城市圈防震减灾体系建设实施方案，实施国家地震烈度速报与预警工程甘肃分项、地震电磁监测试验卫星工程甘肃分项、白银市示范城市建设、兰州新区地震小区划等项目。完成中国地震背景场探测工程甘肃分项、国家地震社会服务工程甘肃分项、中国地震科学台阵探测项目甘肃分项、兰州国家陆地搜寻与救护基地配套服务项目、兰州烈度速报与预警示范工程、岷县漳县地震灾后恢复重建等重点项目建设，并完成部分项目验收。牵头编制“十三五”防震减灾规划，以实现2020年防震减灾奋斗目标为重点，与省发展改革委、中国地震局充分衔接，确保重大项目立项，目前规划初稿已上报中国地震局。

（徐丽萍）

气　象

【气候与气象】2015年，全省未出现重大气象灾害，属于气候条件较好年景。全省平均气温为9.3℃，较常年偏高1.1℃；年平均降水量为368mm，较常年偏少，为近6年最少；年日照时数略偏少。

干旱：春旱和伏旱较重。初春（3～4月）全省大部分地方气温显著偏高，部分地方异常偏高。夏季全省干旱时空分布不均。7月下旬全省气温普遍偏高，降水普遍偏少5～9成，全省有39站出现35℃以上高温。大风沙尘：大风日数偏多，沙尘日数偏少。年内全省共有66站出现大风天气，累计出现659站日，较常年同期偏多98站日，连阴雨：次数偏少，利弊共存。年内全省65站累计出现243站日连阴雨过程，较常年偏少80站日，为2009年以来最少，出现时段为4～10月。暴雨：日数偏少，局地暴洪灾害严重。年内共有11站出现暴雨，各站各1次，较常年偏少9站日，为2002年以来历史同期次少（2014年最少，8站日）。冰雹：日数偏少，局地雹灾较重。年内共有31站累计出现冰雹64站日，较常年偏少25站日，为2008年以来最多年。霜冻：次数偏少，农作物受灾。年内全省各地出现霜冻日数为2006年以来最少，其中晚霜冻累计出现1595站日，较常年同期偏少1659站日，初霜冻累计出现2461站日，较常年同期偏少781站日。寒潮：次数偏少，部分地方出现冻害和低温冷害。年内全省累计出现寒潮7站日，较常年偏少51站日，为1990年以来最少。年内累计出现强降温59站日，较常年偏少93站日，为1990年以来最少。高温：日数偏多，对农作物较为有利。年内共有66站累计出现日最高气温≥32℃高温日数994站日，比常年偏多221站日，为近4年最多。出现时段为4～9月，集中出现在夏季（959站日，占全年总日数96.5%）。干热风：次数偏多，对农作物影响轻。年内（夏季）全省共有70站累计出现干热风1032站日，较常年偏多366站日，为1998年以来年最多。

【气象服务】公众气象服务：统一将移动短信升级为长短信。全年向全省手机短信客户发布预警信息866条，全省累计接收预警短信5304万人；向政府及各部门决策人员约1.5万人发送预警短信。通过12379国家突发事件预警信息发布系统发布预警信息9480条，通过12379短信平台发布短信数量8.58万条，12121语音信箱累计拨打41.98万次，通过甘肃气象新浪和腾讯官方微博向社会公众发布各类天气资讯信息4400条。

决策气象服务：向省委、省政府及相关部门报送重大气象信息专报6期，气象信息专报79期。省政府网站发布气象信息通告51次，省级领导批示6人次。市（州）级发布决策服务材料2002期、预警信号1794期，领导批示68人次。全省决策气象服务满意度100%，公众气象服务满意度89.3分。

专业专项气象服务：开展麦积山旅游景区气象监测资料传输业务，5月1日起发布景区景观预报产品。与民航甘肃空管分局签署签订《甘肃省气象局 民航甘肃空管分局战略合作协议》，进一步加强与民航部门合作，助力航空气象服务。完成2015年甘肃省交通气象灾害风险普查任务。开展甘肃省流域水文气象服务能力项目建设。建成西北电网公司、兰州铁路局、高速公路管理局等重要客户的气象服务系统。为西北电网公司、兰州铁路局、甘肃省高速公路管理局等6家专业用户提供服务效益评估报告。全年向专业用户共计发布预警信号25条、重要天气过程专报238份、全省雨情统计材料660多份。针对重大天气过程，制作专业用户专题服务短信60余条，发布3000多人次。大力发展新能源气象服务，2015年新增服务电厂9家，截至12月，共服务风光电厂29家。顺利完成华电公司16个电场的功率预测预报系统搬迁工作。积极开展针对风光电的本地数值模式的开发和检验。

重大社会活动气象服务：通过组织会商、制作服务专题、下发通知等方式组织做好春节、五一、国庆、高考等气象保障服务工作。制作省级《春运气象专题服务》7期，市级94期。完成“环湖赛”等社会重大活动气象保障服务。

人工影响天气服务：积极组织作业，全年利用火箭和高炮实施地面人工防雹、增雨（雪）作业2701点次，耗弹量78036发（枚）。实施飞机增雨作业30架次，增水量约15.42亿立方米。

应急保障气象服务：省气象灾害防御指挥部办公室向省级成员单位发送预警信号4期。省气象局启动Ⅳ级应急响应6次。

气象为新农村建设服务：组织开展春耕春播、夏收夏种、秋收秋种气象服务，发布“关键农时季节气象服务”，针对全省旱情发展、冬麦区条锈病监控防治等制作专题服务材料8期。组织各级气象台站与重点农业生产经营主体建立“直通式”服务，共有“直通式”气象服务对象15059个。开展完善农业气象资料数据库。组织完成“三农”服务专项建设。1个区、6个乡（镇）被确定为第三批标准化气象为农服务县（区）、乡（镇）。

气象防灾减灾服务：气象灾害防御指挥部办公室印发《2015年全省气象灾害防御工作安排意见》，于12月中下旬对市、州政府绩效任务进行考核。甘肃省气象灾害防御指挥部成员单位增至31个。召开省级气象灾害预警服务联络员暨气象服务需求研讨会，部门联动共商气象防灾减灾工作；联合发改委印发《甘肃省气象灾害防御规划（2015–2020年）》；与甘肃省地质灾害应急中心签署了《关于联合开展融冻期地质灾害预报预警工作的框架协议》。收集印刷《2014年甘肃灾害防御》图册。

【气象业务与现代化建设】公共气象服务系统建设：正式通过12379短号码向省级决策用户发送预警信号。实现国突系统与门户网站、微博、微信、广播、电视、传真等发布手段的对接。省政府办公厅印发《甘肃省突发事件预警信息发布管理办法（试行）》（甘政办发〔2015〕149号）。联合省政府应急办举办“甘肃省突发事件预警信息发布系统培训会”，实现与省教育、公安等19个部门成功对接。

预报预测系统建设：进一步规范重大天气过程预报服务工作流程、省级城镇和乡镇精细化指导预报格式，建立精细化格点预报业务流程，改进天气预报服务产品中降水预报用语；调整乡镇精细化指导预报站点范围，实现乡镇精细化要素预报全覆盖；推广云量云状填图程序。完成极端天气气候事件监测业务系统（CEMS）2.2版本地化应用，开展国家级修正的综合干旱监测指标在本地的业务试点，开展应用MODES、FODAS等系统在本省业务试用，发布季节预测产品。完成进CIPAS的本地化应用，充分利用该平台开展气候监测预测业务。

综合观测系统建设：完成30个台站国家级新型自动站建设。完成地面气象观测业务标准化建设整改工作。实现甘肃省实时—历史地面气象资料一体化业务（MDOS）正式运行。完成全省气象探测环境保护四项强制性国家标准在当地城建、规划部门的备案。制定下发《甘肃省气象局地面高空观测业务综合质量考核办法（试行）》和《甘肃省气象局地面气象观测业务技术规定汇集》。2015年全省测报业务质量继续保持较高水平，农气、酸雨测报业务无错情，地面、高空观测业务指数达到中国气象局地面高空一体化考核标准要求。18项气象资料传输考核全部符合要求，6项指标较上年有所提升。

信息网络通信系统建设：升级全省广域网络，确定全省市－县两级网络改造设备选型参数标准。整合省级服务器资源，建立服务器虚拟化资源和应用虚拟化资源池。全面推进省－市－县三级高清视频会商系统建设。继续推进数据一体化加工，完成全部温度自记和部分湿度自记资料数字化。依托CIMISS系统，基本实现省内所有观测资料、省际共享资料、CMACAST广播资料及服务产品的规范化、标准化管理。完成区域站统一中心站软件工作，完成天气雷达、风廓线雷达、大气成分等观测业务流程改造。启动全省预报业务一体化平台及农业气象服务系统的整合。综合气象观测系统气象装备运行监控业务（ASO平方米.0）正式运行。

气候与气候变化：密切关注地方气候变化热点问题，积极配合甘肃省人民政府有关生态文明建设工作，开展《西北区气候变化评估报告》成果应用工作，发布《甘肃省气候变化监测公报（2014）》。服务甘肃建设国家生态安全屏障综合试验区，组织编写2015年全国政协第4949号提案——“建设甘肃省国家生态安全屏障综合试验区应重视气象防灾减灾和应对气候变化工作”；开展风能、太阳能等气候资源开发利用和气候可行性论证工作，向省政府上报《甘肃省风能太阳能开发利用工作的意见》。积极开展气候应用服务工作。

【气象科技创新】制定实施《甘肃省气象局2015年度科技工作实施计划及科技创新重点项目》，中国干旱气象科学研究计划取得新进展。制定实施《中国气象局兰州干旱气象研究所优化学科布局方案》，推动专业所深化改革。干旱所博士后工作站在全国评估中被评为良好。行业专项“我国北方干旱致灾过程及机理”立项并顺利实施。成功申报国家自然基金项目4项、甘肃省科技计划项目3项、中国气象局科技项目7项，全年到位项目资金2600余万元。获省部级奖6项。发表论文261篇，其中SCI（E）21篇，EI8篇，核心期刊156篇。

【气象法规与社会管理】《甘肃省气象灾害风险评估管理办法》于2015年5月1日开始实施。组织对国家气象法律、法规、规章和地方法规、规章的内容进行全面梳理，制定《甘肃省气象局权责清单》，并报中国气象局审查通过，经省政府审核确认，向全省公布执行。编制《甘肃省气象部门随机抽查事项清单》。印发《甘肃省气象局进一步加强气象标准化工作的通知》，制定《甘肃省气象局贯彻实施〈甘肃省标准化发展战略纲要实施方案〉工作细则》。2014年立项的《黑膜全覆盖双垄侧播马铃薯农业气象人工观测方法》、《河东地区春玉米干旱灾害等级》气象地方标准已通过省质监局公告发布。《光伏发电站防雷装置检测技术规范》被省质监局列为地方循环经济标准。组织向中国气象局申报2016年气象行业标准，并有一个项目获中国气象局立项。完成《输油和输气管道系统防雷装置检测技术规范》循环经济地标项目的标准编制工作。全省气象部门各业务服务单位完成《气象标准执行清单》的制定，并公布执行。

【区域气象中心工作】牵头组织西北五省（区）和新疆区、兵团气象局完成《西北区域人工影响天气能力建设项目可研报告》。组织区域天气预报、气候预测和气候变化技术交流与会商。不断更新业务产品，通过西北区域气象中心业务产品网发布，不断加强区域中心业务指导能力，在汛期服务中成效显著。组织召开西北区域气象中心环湖赛气象保障服务区域协调会，协调比赛期间与中央台天气会商。组织区域内省科技力量共同参与重大项目研发和关键技术开发。

政 治

组织工作

【中心任务推进】始终坚持以高度的政治自觉，主动靠前站位，围绕服务大局谋划部署工作，聚焦推进中心任务出力撑劲。

一是深入学习贯彻习近平总书记系列重要讲话精神。坚持部务会带头学，先后组织开展18次专题学习和座谈讨论，深刻学习领会习近平总书记系列重要讲话精神特别是关于组织工作的重要指示精神，围绕贯彻好干部五条标准、从严管理干部、加强基层党建以及人才工作，认真分析研究，及时提出落实措施；深入学习中央和省委的重大决策部署，统一思想认识，明确目标任务，及时提出措施办法，推动组织工作始终与中央和省委重大决策部署同心同向、同步发力、同频共振。组织领导干部系统学，坚持把学习习近平总书记系列重要讲话精神作为各级党校、行政学院培训的核心内容，统筹抓好全省集中培训工作。安排组工干部深入学，及时对组织系统学习贯彻习近平总书记系列重要讲话精神作出安排部署，组织广大组工干部采取集体学习、交流研讨、对照自查等形式，读原文、学原著，领会精神实质，把握精髓要义。

二是全力服务脱贫攻坚和双联行动。充实基层一线领导力量，认真落实“1+17”精准扶贫方案，从省直单位选派58名副厅级、正处长级干部到贫困县挂任县委副书记，选派74名科技人才到贫困县挂职开展科技帮扶。先后选派3333名优秀年轻干部、3445名大学生村官到建档立卡贫困村任职。发挥考核评价激励导向作用，制定印发《全省贫困县党政领导班子和领导干部经济社会发展实绩考核办法》，构建正向激励、惩戒约束、责任追究机制。结合贫困县经济社会发展实际，研究制定《考核实施细则》，引导广大干部把精力投入到脱贫攻坚主战场。做好有关服务保障工作，围绕脱贫攻坚举办省级培训班38期，培训基层党员干部4486人。实施农村实用人才培养开发行动，筛选42个实训基地予以重点支持，印发《关于在干部选拔任用工作中进一步树立注重基层导向的通知》，推动落实干部逢提必下与脱贫攻坚深度融合。四是动员组织系统带头服务脱贫攻坚。召开全省组织系统深化双联行动与服务精准扶贫交流推进会，对组织部门发挥职能作用服务脱贫攻坚作出全面部署。

三是坚持正确方向扎实推进党建制度改革。研究制定党建制度改革专项小组2015年《工作要点》和《工作台账》，细化列出42项改革举措，明确牵头单位、配合部门、完成时限，确定改革的任务书、路线图、时间表。召开党建制度改革专项小组会议，对党建制度改革工作进行部署推动。加大制度完善和体制机制创新力度，研究制定《党政领导干部选拔任用工作监督检查办法》《县（市、区）委书记监督管理办法》、《党政领导干部生态环境损害责任追究办法实施细则》、《全面加强农村基层党建工作的意见》、《关于在深化国有企业改革中坚持党的领导加强党的建设的若干意见》等政策文件，从顶层设计上谋划推进党建制度改革。强化督查抓好任务落实，坚持定期督查与重点抽查相结合，先后5次对十八届三中全会以来中央和省委出台的有关党的建设和组织工作的重点制度落实情况、改革任务推进情况进行督促检查，发现解决问题，推动各项改革稳步有序推进。

四是以钉钉子精神抓好工作落实年各项任务。抓好部机关工作任务落实，研究制定《工作落实年实施方案》，建立全员覆盖的决策部署、组织实施工作机构，梳理建成《重点任务台账》，对153项重点任务逐一靠实责任。坚持月督查、季梳理，建立抓落实任务清单，开展集中督查4次，切实推动各项任务不折不扣落到实处。统筹推进组织系统抓落实，盯住组织工作重点任务，先后2次深入各地各单位对重点岗位交流、干部选拔任用、推进能上能下、消化超职数配备干部、基层党建等工作进行督查调研，分析查找问题、及时反馈情况，提出加强和改进工作的建议，推动重点任务落实。做好工作落实年考核奖惩工作，印发《省委工作落实年考核奖惩工作方案》，明确考核对象和重点，细化考核程序和方法，提出考核结果运用措施，为做好全省工作落实年考核打下了坚实基础。

【“三严三实”专题教育】按照中央和省委的部署，紧扣关键动作，结合省情实际，认真谋划部署，严密实施，推动专题教育扎实深入开展。一是精心做好谋划部署和组织指导工作。成立省委组织部“三严三实”专题教育工作协调小组，全力做好组织协调、指导联络、督查落实和舆论宣传等工作。研究制定工作方案，对专题党课、专题学习研讨、专题民主生活会和组织生活会、整改落实和立规执纪等关键环节，确定具体的方法步骤、时间安排和推进措施。指导抓好专题教育关键环节的工作，先后就做好专题研讨，联系反面典型开展讨论、专项整治等工作提出指导性意见，做到每个关键动作、每个重点任务都有具体的推进措施，保证了专题教育的指向性和实效性。二是注重把握关键节点加强督促检查。抓住专题党课、学习研讨、召开专题民主生活会等重点环节聚焦发力，把从严督查贯穿全过程。严把学习研讨关，认真审核省管领导班子的学习研讨方案和“一把手”的发言材料。部务会成员分别参加10个市州和10个省直单位的专题教育学习研讨，指导解决存在的问题。先后6次分片分领域召开座谈会，加强分类指导，有针对性地列席了50多家部门和单位的学习研讨会议，做好跟踪指导，提高教育质量。同时，对省委常委、党员副省长参加指导专题民主生活会做好协调服务，对有关领导参加指导专题民主生活会作出安排。三是坚持问题导向提升教育成效。紧紧围绕解决“不严不实”问题抓学习、抓研讨、抓教育，通过建立问题清单、责任清单和整改清单，实行挂账销号推动即知即改。省直部门单位、省属企事业单位和市县两级党委共查摆出3916个问题，已经整改3728个；班子成员梳理查找15048个问题，已经整改14600个。深入开展领导干部“为官不为”、党政机关“庸懒散软”、基层组织“三多”问题和信访积案化解整治4个方面的集中整治活动，解决了一批干部不作为乱作为等损害群众利益问题。

【领导班子和干部队伍建设】围绕选好干部配强班子，全面落实从严要求，建立完善工作机制，不断激发各级领导班子和干部队伍整体活力。一是精心做好领导班子日常调整配备工作。注重班子分析研判，定期对领导班子整体结构、运行情况、工作需要和领导干部履职情况、工作状态、能力特点等进行分析评价，为省委决策提供依据。研究起草《甘肃省省级领导班子换届调研报告》《甘肃省2016年市县领导班子换届分析研判报告》，为领导班子换届提早做好准备。严格推荐考察程序，严谨细致组织好干部推荐考察工作，进一步规范工作程序，严格落实干部动议前征求省纪委、省检察院意见的规定要求，扎实做好干部任前档案和个人有关事项报告核查工作，切实防止干部带病提拔、带病上岗。精心做好调整配备，着眼增强整体功能，选好配强“一把手”，积极改善结构，加大交流力度，及时对领导班子进行调整补充。2015年提请省委常委会任免干部20批、607人（次），部务会讨论由部务会任免的干部18批、350人（次），在新闻媒体发布干部任前公示17份、公示268人。二是进一步强化领导班子和领导干部宏观管理。按照从严从实的要求，采取有力措施抓好宏观管理。健全完善政策制度，制定《2015—2018年党政领导班子建设实施意见》，对未来几年领导班子和领导干部队伍建设作出长远谋划；出台《省管副厅级单位班子副职任免程序》，明确省管副厅级单位班子副职任免程序；制定《省管干部谈话办法》，规范谈心谈话工作，2015年省委组织部领导班子成员与干部谈话684人次，主要领导与干部谈话473人次。扎实推进领导干部能上能下，制定印发《推进领导干部能上能下实施细则（试行）》，明确“下”的情形、程序和方式，建立健全保障机制，《中央改革情况交流》第155期对全省推进能上能下工作作了专题介绍，王三运书记作出重要批示给予充分肯定。《实施细则》印发以来，全省通过问责、考核、不胜任调整等方式累计调整下来干部255名，其中地厅级1名、县处级108名、乡科级146名。改进年度政绩考核，制定强化党建政绩、法治成效考核方案，提高考核权重，细化考核内容，使党建和法治考核由“软任务”变成了“硬指标”；完成2014年度省管领导班子、省管领导干部和县区党政正职考核；会同省扶贫办对75个贫困县的扶贫攻坚业绩进行了考核评价。切实加强公务员队伍建设，组织开展全省公务员“四级联考”、从优秀村干部中考录乡镇公务员、基层政法机关定向招考等工作，招录公务员1417名。核定乡镇机关科级非领导职务职数，在县以下机关推行公务员职务与职级并行制度；首次开展省直机关公开遴选公务员工作，遴选工作人员86名；积极做好司法体制改革试点工作，制定了司法警察警员、法官、检察官职务套改方案和法检人员分类管理试点方案。三是突出抓好年轻干部培养工作。着眼领导班子长远建设，遵循年轻干部成长规律，以改革创新的精神做好年轻干部培养工作。认真研究部署年轻干部培养工作，先后召开贫困乡村挂职干部、县区一线年轻人大代表、公开遴选年轻干部和县乡基层一线选调生座谈会，研究出台《加强和改进优秀年轻干部培养选拔工作的实施意见》，对当前及未来5–10年全省年轻干部培养选拔工作作出规划，会同有关部门召开工作部署会并制定做好年轻女干部、少数民族干部和党外年轻干部培养选拔工作的3个《通知》，对抓好精准培养、精准锻炼、精准使用提出要求。掌握储备一批优秀年轻干部，组织工作力量深入14个市州、86个县区和140多个省直部门单位开展专项调研，通过谈话听取意见、查阅资料、多渠道了解人选，全面摸清了全省各级各类机关、企事业单位优秀年轻干部人数、结构、分布等情况，选调271名优秀大学毕业生（含清华大学、北京大学等高校定向选调生8人）、选聘998名大学生村官到基层工作。坚持立足实践培养年轻干部，选调1099名优秀年轻干部到精准扶贫一线挂职任职，选派20名干部到中央国家机关和辽宁省挂职锻炼，选派16名县处级女干部、党外干部和少数民族干部到天津市、福建省挂职锻炼，引导干部在实践中经受锻炼、增长才干。

【干部管理监督】认真贯彻省委“3783”主体责任体系要求，切实把履行党风廉政建设主体责任融入组织工作全过程。一是完善落实主体责任机制。研究制定《省委组织部贯彻<省委关于落实党风廉政建设主体责任的意见>的实施办法》，明确了部务会、部长、部班子成员在组织系统党风廉政建设和整治用人上不正之风工作中承担的责任，进一步强化部务会的集体领导责任、组织部长的第一责任和部班子其他成员职责范围内的领导责任。同时，督促各级组织部门认真履行主体责任，落实从严管理各项要求。二是强化选人用人监督检查。坚持问题导向，强化督促检查，认真落实“选好干部用好干部”的主体责任。抓好日常监督检查，继续落实《省管干部选拔任用工作纪实办法》，实行干部选拔任用全程纪实、专项检查和责任追究制度，先后对14个市州、兰州新区和123家省直单位开展了2014年度选人用人工作“一报告两评议”，对26名县区委书记履行干部选拔任用工作职责开展了离任检查。注重运用巡视成果开展重点督查，坚持把用好巡视结果作为从严管理干部的有效举措，对省委巡视机构移交的选人用人等方面的问题，及时约谈相关单位主要负责人，提出整改要求，限期进行整改。2015年约谈干部15人，谈话提醒12人。规范信访举报加大查处力度，制定《选人用人问题查核工作办法》，进一步规范举报受理查核工作，加大查核查处力度，对查核属实的干部作出严肃处理。三是全面落实各项监督制度，坚持以严的纪律严的标准，认真抓好监督制度落实。在中组部指导下，在住建部、工商总局、中国证监会等中央部门的协助下，组织开展省管干部和县处级干部报告2014年个人有关事项，委托有关单位随机抽取3168名干部进行了查询核实。认真落实中组部“凡提必核”要求，对省委拟酝酿提拔或转任重要岗位领导干部个人事项进行重点抽查核实，组织指导全省组织人事部门对拟酝酿提拔或转任重要岗位的县处级领导干部个人事项进行重点抽查核实。加大超职数配备干部清理力度，消化超职数配备干部。集中开展违规办理和持有因私证件专项治理，收缴各类因私证件，对违规办理、违规出境的作了处理。研究制定加强“裸官”管理的意见，按照干部管理权限对甄别出的“裸官”进行处理。按照中组部要求组织开展干部档案集中审核，完成省管干部档案审核和组织认定，指导各地完成37.96万名干部档案的专项审核。印发《省管干部档案任前审核细则》，对拟任省管干部档案进行任前审核。对涉嫌造假的干部暂缓选任程序。加大干部档案造假核实力度，对省管干部档案专项审核中出现的问题进行实地调查。

【基层党建工作】认真贯彻落实全国农村基层党建工作座谈会精神，以创建基层服务型党组织为主题，充分发挥基层党组织推动发展、服务群众、凝聚人心、促进和谐的作用。一是狠抓党建工作责任制落实。召开全省基层党建工作会暨市州党委书记述职评议大会，加强对县乡党委书记述职评议考核的指导，顺利完成14个市州、86个县区、42个市州直部门和1228个乡镇、133个街道、472个县直部门党组织书记述职评议考核工作。梳理查摆问题656个，提出整改措施1581条，建立工作台账，盯住推动落实，靠实了市县乡党委书记抓基层党建责任。采取一季一督查、分片召开座谈观摩会等形式，由部务会成员带队，对整改情况进行督查、观摩交流，确保党委书记抓党建工作措施落到实处。及时安排部署2015年度市县乡党委书记抓基层党建述职评议考核工作。二是着力加强基层党组织建设。继续坚持分类指导、整体推进原则，统筹推进基层党组织建设。加强推进脱贫攻坚的战斗堡垒，在陇西县专门召开现场推进会，深入贯彻全国农村基层党建工作座谈会精神，交流农村基层党建工作典型经验和先进事迹，全面安排部署当前和今后一个时期农村基层党建工作。加大在农民合作社、农业企业、农业社会化服务组织中建立党组织的力度，全省建立农业专业协会党组织2183个，农民专业合作社党组织1671个。推进基层党建工作机制创新，先后制定加强全省基层服务型党组织建设、全省乡镇干部队伍建设的《实施意见》和进一步加强基层党建工作的《意见》等。继续构建城市社区党组织服务群众新机制，深化拓展“民情流水线”工程，积极探索推行街道大工委制、社区大党委制和社区网络化管理模式，目前全省有85个街道实行大工委制，369个社区实行大党委制，覆盖率分别达到64.7%、29.1%；建立118个商务楼宇党组织，有994个社区实行网络化管理，覆盖率达到84%。认真做好组织指导工作，扎实做好党组清理规范工作，配合省委办公厅研究制定贯彻《中国共产党党组工作条例（试行）》实施细则。组织指导11家单位召开党代会，批复成立、理顺关系、批准更名党组织11家。持续整顿农村软弱涣散基层党组织，建立整顿软弱涣散基层党组织长效机制，根据“六有”目标，按农村和社区10%、其它领域5%的比例倒排确定软弱涣散基层党组织。采取“一支部一对策”的办法，通过党员领导干部包点、选派第一书记配强班子、建立完善制度机制、改善党组织办公场所、兴办为民实事增强党组织凝聚力等办法进行了有效整顿。全省99%的后进党组织得到了整顿转化，实现了晋位升级。同时，积极协调省财政加大扶持力度，不断提高村干部待遇报酬，有效调动了村干部工作积极性。积极推进先锋引领工作，研究制定《省先锋引领行动协调推进领导小组2015年工作要点》，开展“党员责任岗、示范岗、先锋岗”“三岗联创”活动，推动先锋引领行动深入开展。召开全省先锋引领行动推进会，表彰了20个“陇原先锋号”和20个“陇原先锋岗”。三是进一步加强党员队伍建设。严格落实中央关于发展党员总量调控的要求，重点发展工人、农牧民、高级知识分子群体、少数民族和妇女中的优秀青年，确保党员队伍结构不断优化，全年发展党员4.1万名。加大民族地区发展党员工作倾斜力度，对民族地区和民族院校给予适当照顾，及时把旗帜鲜明、态度坚决、表现突出的少数民族农牧民吸收入党，全年发展少数民族党员3776名。启动实施全省基层党组织书记轮训工作，举办省级示范培训班13期培训1100人，指导市县两级培训17605人。改造升级远程教育平台，抓好农村党员冬训和日常教育管理。

【藏族地区基层组织建设工作】省委组织部部务会多次研究藏族地区基层组织建设，主要领导先后十多次深入藏族地区调研指导工作，抓好基层党组织建设。一是认真贯彻中央藏族地区工作会议精神。及时传达学习、深刻领会中央精神，研究制定《藏族地区党的建设制度改革实施方案》，会同省人社厅研究制定藏族地区领导班子培养选拔、双语干部培训、提高工资福利待遇、促进毕业生就业、鼓励引导干部到藏族地区工作等5个方面政策文件，提出贯彻落实会议精神的具体措施。二是加强甘南州领导班子建设。坚持把贯彻落实中央和省委决策部署、维护稳定、增进民族团结的成效作为考核评价领导班子的重要内容，注重改善领导班子结构，增强整体功能。提拔担任副地级、正地级领导干部6人，平职转任重要岗位6人，并选派12名县处级藏族干部到福建、辽宁挂职锻炼。三是抓好藏族地区基层组织建设任务落实。先后召开会议，专题研究藏族地区基层组织建设，分解任务、明确责任，并派出调研指导组深入藏族地区督促落实。健全藏族地区党员干部联系服务群众制度，在乡镇推广“五包双承诺”和“三联四问五制”工作法。协调西北民族大学举办“藏汉”双语培训班1期培训40人，指导甘南州举办双语培训班9期培训840人。四是开展医疗人才“组团式”援藏工作。研究制定《关于加强甘肃藏族地区医疗卫生人才队伍建设的意见》和《关于加强藏族地区医疗卫生人才队伍建设工作规划（2016–2018年）》。组建由52名省级专家组成的10支医疗卫生工作队，赴藏族地区10个州县医院开展为期1年的帮扶支援，帮助藏族地区培养医疗卫生人才，解决藏族地区干部群众疾病诊疗预防等实际困难，推动全省藏族地区精准扶贫。

【人才工作】坚持党管人才原则，创新体制机制，加强项目管理，积极引进人才，进一步提升人才对全省经济社会发展的推动作用。一是突出抓好金融等重点领域人才服务工作。认真做好引进金融和科技人才挂职服务工作，筹备召开引进金融科技人才座谈会，听取意见建议，协调解决困难问题，研究提出改进措施，支持金融科技人才在全省更好地发挥作用。召开法制人才队伍建设协调会，全面总结全省法治人才评价经验，分析存在的突出问题，研究提出加强全省法制人才队伍建设的工作计划。二是加大人才项目扶持力度。加强工作指导，分类抓好各类人才项目的扶持推进。加大对青年科技人才扶持力度，继续实施“陇原青年创新人才扶持计划”，择优遴选88名有发展潜力的青年学术技术骨干和12个人才团队开展科研攻关。启动实施“陇原之光”人才培养工作，从58个贫困县企事业单位遴选106名青年技术人才，到中央驻甘和省内科研机构、高等院校进行为期一年的进修深造。深入实施“乡镇干部农技推广提升计划”，依托6个省级农村实用人才教育培训基地，举办各类专题培训班51期，培训乡镇干部、致富带头人共计4200人。关爱贫困妇女健康，会同省妇联举办农村“两癌”贫困妇女创业技能和康复能力培训班2期，督促指导各市州举办“两癌”妇女培训班39期，全省共培训“两癌”贫困妇女2122人，有效提升了她们生产生活、脱贫致富的信心和技能。对在全省农村“两癌”妇女救助工作中作出贡献的10个单位和19名个人进行了表彰。三是开展好高层次人才联系服务。组织举办中组部“一带一路”建设高层次专家甘肃咨询服务活动，协调组织34位专家分赴4家省直单位、7个市以及兰州新区开展技术指导、专题讲座、对接洽谈等咨询服务。组织开展春节前走访慰问专家活动，联系协调省级领导看望慰问省“两院”院士和科技功臣，转达中央和省委对高层次人才的关怀和重视。

【组织部门自身建设】认真贯彻“三严三实”要求，坚持从严治部、从严要求、从严管理，努力打造讲政治、重公道、业务精、作风好的模范部门。一是认真组织开展主题实践活动。精心组织开展全省组织系统践行“三严三实”、联系群众转作风、公道正派树形象主题实践活动，指导各级组织部门召开专题研讨活动210多次，各市州、县区组织部门负责同志撰写践行心得体会和理论文章300余篇，在甘肃组工网选登活动信息简报、心得体会、理论文章及各类信息260余条，引导广大组工干部进一步树立讲政治、重公道、业务精、作风好的良好形象。严格落实党组织生活制度，认真组织召开专题民主生活会和组织生活会，以整风精神查摆问题、剖析根源、开展批评，以钉钉子精神狠抓整改落实。坚持定期研究部署阶段性工作，7月份，省委组织部召开从严从实改进组织工作研讨会，认真总结上半年工作，着重查找不严不实问题，研究抓好下一步工作的措施办法。分期分批选派部机关基层工作经历不足一年的10名干部到贫困县、双联点驻村任职以及到企事业单位挂职锻炼。二是强化组工干部队伍管理。开展组织部门自身建设调研，先后召开18个专题座谈会广泛听取各层面意见，座谈或个别访谈707人，发放调查问卷403份，对451名市县党委组织部班子成员基本情况作了统计分析，起草《加强和改进地方党委组织部长队伍建设问题研究报告》，印发《关于加强和改进市县党委组织部长队伍建设的通知》，对市县党委组织部长选配管理提出具体要求。成立部机关干部队伍建设工作领导小组，召开部机关干部队伍建设工作会议，研究制定《加强部机关干部队伍建设的意见》。组织力量对部机关副处级干部档案和个人有关事项报告进行了集中审核。组建机关青年干部学习小组，进一步加强年轻干部理论学习。先后举办全省市县组织部门业务骨干培训班、市县党委组织部长培训班、全省组织工作业务培训班，对全省市县党委组织部长、副部长、业务骨干、省直各单位组织人事部门主要负责人等561人进行了专题培训。三是持续改进组工干部作风。结合“三严三实”专题教育开展，严格执行中央八项规定、省委双十条规定和省委组织部密切联系群众改进工作作风《六条规定》要求，引导广大组工干部立足本职岗位加强党性修养，改进工作作风。扎实推进部机关双联行动，先后组织机关干部8批130多人次到环县、舟曲双联点开展技术服务、基层党建工作指导、送温暖、献爱心等活动，认真履行环县双联组长单位职责，召开2次推进会和多次座谈会部署推动工作，做好省直和中央在甘单位双联及驻村帮扶工作考核检查。厉行勤俭节约，大力精简合并会议，与去年相比部机关“三公”经费总体呈下降态势。同时，各项基础性工作得到进一步加强，调查研究、部刊编辑、档案管理、信息统计、党员干部教育基地运营管理等工作也取得了新的成绩。

（刘晖）

宣传工作

【丝绸之路（敦煌）国际文化博览会】丝绸之路（敦煌）国际文化博览会是贯彻落实习近平总书记提出的"一带一路"战略的重大举措和实际行动，是国家"一带一路"大战略的重要组成部分。2015 年 11 月 13 日，丝绸之路（敦煌）国际文化博览会获党中央国务院批准，并于 2015 年 11 月 29 日在北京人民大会堂召开了第一次丝绸之路（敦煌）国际文化博览会组委会，会议标志着丝绸之路（敦煌）国际文化博览会这个国家级大平台、"国"字号大品牌、国际化大盛会正式启动筹备运转工作。省委书记、省人大常委会主任王三运要求甘肃省相关地方政府和有关部门切实树立大局意识、责任意识、担当意识，站在国家战略高度，以全球视野，努力将首届文博会办出特色、办出水平、办出魅力、办出实效。同时，王三运对办好首届文博会提出了具体要求，一是基础为本、节俭办会；二是舆论先行，精心策划，提升文博会的国际认知度、参与度、美誉度；三是安全第一，加强安保，确保零事故、零差错。相关地方政府和省上有关部门要倒排工期，挂图作战，团结高效办会，为世界文化交流和繁荣发展作出应有贡献。

【文化金融融合发展】为深入贯彻落实文化部、中国人民银行、财政部等部门《关于深入推进文化金融合作的意见》（文产发〔2014〕20 号），积极推动全省文化金融融合发展，省委宣传部牵头出台《深入推进文化金融合作的实施意见》（甘宣发〔2015〕20 号）。甘肃银行设立了文化支行，截止 2015 年年底，文化支行累计向文化类企业贷款 1100 万元。工商银行甘肃省分行组建文化旅游行业营销专业团队，实行一户一策一团队，有效支持了文化旅游产业发展。截止 3 月末，全省文化、体育和娱乐业贷款余额 51.27 亿元，较上年增加 1.45 亿元，增长 24.4%。推动省财政厅、省旅游局、张掖市政府、张掖市山水文体旅游集团设立甘肃省旅游产业投资基金。甘肃省文化产业发展集团成立文化产业发展基金公司、文化产业投融资担保公司，累计撬动社会资本 4.43 亿元。积极推动读者集团上市。组建成立甘肃文化产权交易中心，支持交易中心对文化企业开展多渠道融资支持。推动平凉文化旅游产业投资集团有限责任公司发行 1.5 亿元非公开定向债务融资工具进行融资。甘肃演艺集团与兰州银行建立了战略合作关系，由兰州银行出资 700 万元开展了"兰州银行之声"惠民演出年活动，超低票价演出 126 场，观众上座率达 91.4%，近 12 万观众观看了演出。

【文化企业上市】读者出版传媒股份有限公司在上海证券交易所成功挂牌上市，实现了省文化企业上市零的突破，读者出版传媒股份有限公司在省委、省政府的指导下，以打造国内一流期刊出版、全媒体运营的出版传媒企业为发展目标，以实现公司上市为阶段性中心工作，深化体制机制改革，大力发展出版主业，积极探索发展数字出版等新型业态和相关多元产业。经过 6 年多的辛勤努力，完成了深化改制、规范治理和募投项目编制等工作，于 2015 年 12 月 10 日在上海证券交易所成功挂牌上市（股票简称：读者传媒，股票代码：603999），首次公开发行新股 6000 万股，发行价 9.77 元每股，募集资金 5.86 亿元，发行市盈率 19.85 倍。

【文化产权交易】甘肃省文化产权交易中心股份有限公司挂牌成立并正式运营，为了促进文化产品要素市场建设，构建全省并辐射西北的文化产权交易体系，承接和实施国家文化产业发展战略，甘肃省文化发展集团公司、读者出版集团等 11 家企业以现金方式，入股发起成立甘肃省文化产权交易中心股份有限公司，注册资本共计 6600 万元，国有性质持股比例约 70.9%，非国有性质持股比例约占 29.1%。甘肃文化产权交易中心的成立，将盘活全省文化资源，服务全省文化企业，促进全省文化产业发展，打造具有科学交易流程、完备信息披露机制、公允合理鉴定评估功能和完善市场信用体系的第三方文化领域服务平台。

【媒体融合发展】《甘肃省推动传统媒体和新兴媒体融合发展的意见》（甘办发〔2014〕86 号）印发以来，甘肃日报报业集团以报网互动为抓手，推动线上推广和线下活动相结合，目前共经营 5 个公众微信平台、两个网络频道，基本形成"网络、微信、专刊、活动"四位一体的传播经营格局，广告营销手段更加丰富，影响力不断提升，为广告经营创造了良好环境。省广电总台完成甘肃网络广播电视台"丝路明珠网"改版升级，推出移动客户端"牛肉面"，建立手机 WAP 网站及官方微博微信，实现移动互联网业务的全面拓展，网站浏览点击量日均保持在 30 万次左右，客户端下载量达 15 万次，成为省内互联网新闻宣传的新阵地和对外宣传推介甘肃的新窗口。读者集团与优酷土豆集团旗下公司签署战略合作协议，启动《读者》等杂志的优秀文学作品改编为微电影或微视频上线工作，《读者》杂志"微商城""爱上《读者》"上线运营，"《读者》数字内容及传播平台建设"项目获得 2015 年中央文化发展资金 600 万元资助。省广电网络公司打造互联网 + 发展新业态，同中科曙光公司合力发展云服务、云应用、云技术，助推全省智慧城市和信息化建设，与甘肃银行合作推出了"广电网络联名卡"等产品，推动电视费的网上便捷支付，与兰州银行、兰州北科维拓科技公司签署了三维数字、智慧甘肃战略合作协议，共同打造全省三维社会管理服务平台。甘肃中甘网传媒公司成立"新媒体融合发展中心"，通过打造新闻信息集成服务，推动传统媒体与新兴媒体报道在内容、渠道、平台、管理等方面深度融合，积极打造新型主流媒体。

【文化产业】"十二五"时期，全省上下认真贯彻落实中央和省上的决策部署，文化产业发展呈现出快速发展的良好势头。一是全省文化企业主体不断发展壮大，读者出版传媒有限公司成功上市，实现了文化企业上市零的突破。二是招商引资力度持续加大。深圳集团、浙江长城影视集团等一批实力雄厚的文化企业在全处投资项目相继落实。三是文化产业从业人数较快增长。从业人数从 2011 年的 8.84 万人增长到 2015 年的 32 万人。四是文化产业保持高位增长，“十二五”平均增速达到 26.2%，2015 年文化产业增加值达到 157 亿元，超额完成了“十二五”文化产业增速 20%、增加值 120 亿元的预期目标。

【公共文化服务体系建设】近年来，省委、省政府把公共文化服务体系建设放在重要位置，以建设华夏文明传承创新区和文化大省为目标，制定出台《加快构建现代公共文化服务体系的实施意见》（甘办发〔2015〕37 号）、《关于做好政府向社会力量购买公共文化服务工作的实施意见》、《关于推进基层综合性文化服务中心建设实施方案》、《新闻出版广播影视公共服务体系建设标准（2015–2020 年）》等系列文件。启动实施基层公共文化服务“乡村舞台”建设、文化遗产“历史再现”工程、民俗文化产品“文化集市”建设等专项工程，有力推动城乡公共文化服务体系建设。全省现有文化馆 103 个、公共图书馆 103 个、美术馆 37 个、各级各类博物馆 385 个、乡镇综合文化站 1228 个，农家书屋 16860 个，10426 个行政村建设了综合性文化服务中心（乡村舞台）。所有县级图书馆、1351 个乡镇（街道、社区）建成了化信息资源共享服务点，电子阅览室覆盖 55% 的乡镇综合文化站和社区文化中心。自然村实现村村通广播电视全覆盖，1228 个乡镇建成了篮球场、乒乓球台等文体设施场所，270 个乡镇建成体育健身中心，6911 个行政村建成了篮球场，建成科普教育示范基地 304 个，党员教育基地 18200 多个。金昌市创建第一批国家公共文化服务体系示范区顺利通过验收。张掖市、白银市正在创建第二批、第三批国家公共文化服务体系示范区。

统战工作

【统一战线建设】着力“五个抓好”。一是抓好机关干部学习。督促各支部开展以“转作风、强素质、树形象”为主要内容的主题日活动。二是抓好各民主党派学习。召开工作协调会，支持各民主党派深化坚持和发展中国特色社会主义学习实践活动。三是抓好非公经济代表人士学习。召开教育实践活动视频会议，开展“诚信企业”活动，推进非公有制经济人士理想信念教育实践活动。四是抓好无党派人士学习。举办第 13 期无党派人士培训班，召开省知联会常务理事会议，支持无党派人士深化坚持和发展中国特色社会主义学习实践活动。五是抓好省级统战系统单位学习。

采取三大举措贯彻落实中央、省委重大决策部署。一是抓好中央统战工作会议精神的贯彻落实。分成 7 个小组在全省范围内开展中央统战工作会议精神宣讲活动。省委召开省委统战工作会议，成立由省委主要领导担任组长的统战工作领导小组。举办市县两级统战部长学习研讨班，结合甘肃省实际提出“站位观全局、大事守底线、任务重落实、深度抓调研、诚心交朋友、综合提能力、工作显特色”的总体工作思路。全年举办 31 期培训班次，培训各领域代表人士和各地统战干部 1660 多人。从上年秋季新学期开始将统一战线政策纳入各级党校和行政学院主体班次重要教学内容。二是抓好中央第六次西藏工作座谈会精神的贯彻落实。学习宣传中央第六次西藏工作座谈会精神，召开省委藏族地区工作会议，制定出台《关于进一步推进全省藏族地区经济社会发展和长治久安的实施意见》，以及领导干部培养选拔使用、藏汉双语干部培训、加强社会稳定、支持教育事业发展、促进大中专毕业生就业、提高藏族地区机关事业单位职工工资福利待遇、组团支持藏族地区医疗卫生工作等 9 个配套文件。认真总结甘南州卓尼县尼巴、江车两村纠纷化解经验，指导藏族地区做好矛盾纠纷排查化解工作，指导甘南州和夏河县顺利举办加洋加措大师时轮灌顶法会。认真做好境外藏胞回国审批、接待、管理工作。2015 年协调省内 10 个市对口支援藏族地区工作、下达对口支援藏族地区资金 1.53 亿元。三是抓好《中国共产党统一战线工作条例》的贯彻落实。制定《关于进一步加强新形势下统一战线工作的意见》。

充分发挥人大代表、政协委员、民主党派、工商联、无党派人士和专家学者的智库作用。贯彻落实《中共甘肃省委常委会 2015 年工作要点》情况，省委先后召开精准扶贫精准脱贫、“十三五”规划建议、经济工作等 3 次专题协商会，许多高质量的意见建议，被吸收采纳、转化为具体政策措施，党外人士的积极性得到调动。协助省委制定《< 关于加强社会主义协商民主建设的意见 > 的实施意见》，研究制定加强政党协商的实施办法，明确协商的内容、形式、程序和保障机制，推进协商民主广泛多层制度化发展。

【民主党派建设】利用国庆、纪念中国人民抗日战争暨世界反法西斯战争胜利 70 周年、党派成立纪念日等重大节点，支持省级各民主党派举办书画展览、主题征文、演讲比赛、知识竞赛、制作专题片、编辑史料。组织全省无党派人士赴会宁、南梁等地接受革命传统教育。民主党派在 2015 年开展重点调研 10 余项，其中九三学社省委将黄土高原固沟保塬项目纳入国家“十三五”规划和统筹推进祁连山贫困地区扶贫开发，九三学社参与完成的长江上游水利水电工程对生态环境的影响等建议，得到中央领导同志批示。组织各民主党派开展全省少数民族干部队伍现状调研，召开专题调研协商座谈会。

【民族工作】召开全省民族工作会议，制定《关于进一步做好新形势下民族工作的意见》。会同省民委对各市州和 43 个省直部门贯彻落实中央和全省民族工作会议、文件精神情况进行督查。会同省委组织部、省民委对全省特别是各市州少数民族干部队伍建设情况进行专题调研，形成了《关于加强甘肃省少数民族干部队伍建设调研总报告》、《关于加强少数民族干部培养选拔工作的意见（建议稿）》。

【“两个共同”示范区建设】会同省财政厅完善《甘肃省“两个共同”示范区建设专项资金管理办法》，对示范项目建设和资金管理使用情况进行实地督查，明确全省“两个共同”示范区建设专项资金主要用于支持民族乡镇的发展、解决自治州和自治县以及全省涉及民族宗教因素的各类突出问题，下达2015年度示范区建设专项资金8700万元。制定《关于组织大中专学校、科研院所和医疗卫生机构对口支援民族乡镇工作方案》，组织108家单位对口支援36个民族乡镇，通过开展专业人才培养、特色技能培训、实用技术推广等工作，推动民族乡镇加快发展。在《甘肃日报》和省电视台开设专栏，挖掘推广经验做法，在全省民族工作会议暨第七次全省民族团结进步表彰大会上，对100个全省民族团结进步模范集体和200名模范个人进行了表彰。召开宣传月活动视频动员会，指导各地各部门创新载体方式，抓好宣传月期间“民族团结大宣讲”、“示范单位创建”、“法制宣传教育”活动。制定《甘肃省全面开展民族团结进步创建活动规划纲要(2015-2020)》。会同省民委、公安厅等部门下发通知，切实保障少数民族群众合法权益。

【宗教工作】不断推动宗教工作制度化程序化规范化。制定出台《甘肃省伊斯兰教教职人员培养办法》和《省委统战部联系民族宗教专家学者工作制度》，召开2015年甘宁两省区宗教工作联席会议，深化对跨区宗教活动的协作共管。建立网络宗教事务管理机制。支持宗教团体加强自身建设。召开省佛协、省道协、省伊协、省基督教“两会”换届会议，完成省级宗教团体换届工作。针对敏感节点民族宗教领域可能出现影响社会稳定的问题，及时指导各地妥善处置影响较大的矛盾问题和群体事件，有力维护宗教领域的和谐稳定。

【统战工作】注重促进非公有制经济健康发展和非公有制经济人士健康成长。开展“民企陇上行”专项活动，2015年签约项目1707个，合同资金4754亿元，到位资金1091亿元。制定甘肃省“千企帮千村”精准扶贫行动方案，计划用三到五年时间，动员全省工商联1000个以上会员企业参与，帮助1000个以上贫困村脱贫。依托国内知名大学和全省高校的优势资源，举办非公有制经济代表人士高级培训班和甘肃省商会负责人培训班，为非公有制经济代表人士和商会负责人讲授国际国内形势、国内宏观经济形势及其发展趋势、社会热点问题分析、企业管理等方面的实务知识。完善联席会议制度，加强高校、科研单位、国有企业统战工作。在兰州、陇南开展网络人士统战工作试点，制定《关于加强律师行业统战工作的实施意见》，积极探索新媒体人士统战工作，探索推进统战工作向新的社会阶层延伸。探索建立“联系有个性、有影响的党外知识分子工作制度”。举办全省首期网络人士培训班。加强党外人士队伍建设，全省部分市县建立了党外代表人士实践锻炼基地。

【“双联”行动】积极发挥组长单位作用，根据合作市、通渭县、永昌县的8个双联联系村的具体实际，下功夫摸清扶贫对象、贫困底数、贫困状况、贫困原因，采取有力措施，不断强化联村联户目标任务的推进和落实。举办了藏族地区“村两委”负责人培训班，对甘南8个县（市）的50名“村两委”负责人进行集中培训，组织“村两委”负责人赴山东青岛、蓬莱观摩1个“全国十大最美乡村”和2个新农村建设示范村。

推动双联行动与精准扶贫深度融合。积极联系中华海外联谊会海联卫生室项目资金100万元，成功申报通渭县贫困村建设20所“海联卫生室”项目。协调落实“两个共同”项目资金160万元。积极协调省国土资源厅对通渭县榜罗镇张坪村土地治理专门立项，协调省发改委立项扶持合作市那吾乡绍玛村亮化工程、巷道硬化、产业发展项目，积极协调，联系的8个贫困村全部纳入“千企帮千村”精准扶贫对口帮扶计划，同时，在调查研究的基础上，对绍玛村的发展做出论证和规划，计划多方争取投入3000余万元用于基础设施建设、产业扶持、项目带动等，力争将绍玛村打造成甘南州生态文明示范村建设的样板。

（吴昱辰）

甘肃省人民代表大会

【甘肃省第十二届人民代表大会第三次会议】2015年1月28日至2月1日，甘肃省第十二届人民代表大会第三次会议在兰州召开。会议听取和审议省长刘伟平作的甘肃省人民政府工作报告、省人大常委会副主任孙效东作的甘肃省人大常委会工作报告、省高级人民法院院长梁明远作的甘肃省高级人民法院工作报告和省人民检察院检察长路志强作的甘肃省人民检察院工作报告；审议甘肃省2014年国民经济和社会发展计划执行情况及2015年国民经济和社会发展计划草案的报告，甘肃省2014年财政预算执行情况和2015年全省及省级财政预算草案的报告。

会议表决通过甘肃省第十二届人民代表大会第三次会议关于甘肃省人民政府工作报告的决议，关于甘肃省2014年国民经济和社会发展计划执行情况及2015年国民经济和社会发展计划的决议，关于甘肃省2014年财政预算执行情况和2015年省级预算的决议，关于甘肃省人大常委会工作报告的决议，关于甘肃省高级人民法院工作报告的决议，关于甘肃省人民检察院工作报告的决议。

会议表决通过甘肃省第十二届人民代表大会第三次会议关于罢免陆武成的第十二届全国人民代表大会代表职务的决议（报全国人民代表大会常务委员会备案、公告），关于罢免陆武成的甘肃省第十二届人民代表大会常务委员会副主任职务的决定。

会议审议通过《甘肃省第十二届人民代表大会第三次会议选举办法》，会议选举罗笑虎为甘肃省第十二届人民代表大会常务委员会副主任，陈田贵、陈建华、赵春为甘肃省第十二届人民代表大会常务委员会委员。

会议期间，代表们切实履行宪法和法律赋予的职责，以高度负责的主人翁精神，着眼新形势新任务，主动适应新常态，紧紧围绕“五位一体”

建设和改革发展稳定中的重大问题，以及人民群众普遍关心关注的热点难点问题，积极建言献策，提出建议615件，其中以代表团名义提出87件，代表个人或联名提出528件。代表们提出的建议，在大会闭会后通过专题交办会分别交有关承办单位在法定时限内办结答复代表，并向省人大常委会报告办理情况。

【甘肃省人大常委会会议】甘肃省第十二届人民代表大会常务委员会第十四次会议，于2015年1月24日在兰州召开。省人大常委会副主任嘉木样·洛桑久美·图丹却吉尼玛、孙效东、周多明、李慧、马青林，秘书长张绪胜及委员共49人出席会议。省人民政府副省长夏红民，省高级人民法院、省人民检察院负责人，省人大各专门委员会组成人员，省人大常委会各工作部门负责人列席会议。会议听取省人大常委会秘书长关于甘肃省第十二届人民代表大会第三次会议筹备工作情况的报告；审议通过省人大常委会2015年工作要点；审议省人大常委会工作报告（稿），提交省十二届人大三次会议审议；审议通过甘肃省第十二届人民代表大会第三次会议列席范围；审议甘肃省第十二届人民代表大会第三次会议议程、日程（草案），甘肃省第十二届人民代表大会第三次会议主席团和秘书长名单（草案）、主席团常务主席名单（草案）、主席团执行主席分组名单（草案）、大会副秘书长名单（草案）；审议通过甘肃省第十二届人民代表大会常务委员会代表资格审查委员会关于个别代表变动情况和补选代表的代表资格审查报告及公告；作出甘肃省人民代表大会常务委员会关于调整甘肃省第十二届人民代表大会第三次会议召开时间的决定。

会议任命陈田贵为甘肃省人民代表大会常务委员会副秘书长，赵春为甘肃省第十二届人民代表大会民族侨务委员会副主任委员，林玉霞为甘肃省人民代表大会常务委员会研究室副主任，王肃元为甘肃省人民代表大会常务委员会法制工作委员会副主任，杨国爱为甘肃省人民代表大会常务委员会民族侨务办公室副主任，赵小明为甘肃省人民代表大会常务委员会财经预算工作委员会副主任，刘斌为甘肃省人民代表大会常务委员会农业与农村办公室副主任，王蒂为甘肃省人民代表大会常务委员会教育科学文化卫生办公室副主任，杨成有为甘肃省人民代表大会常务委员会环境资源保护办公室副主任；免去田鸿章的甘肃省人民代表大会常务委员会教育科学文化卫生办公室副主任职务。会议还通过省高级人民法院和省人民检察院提请的有关人事任免事项。

甘肃省第十二届人民代表大会常务委员会第十五次会议，于2015年3月26日至27日在兰州召开。省人大常委会副主任罗笑虎、嘉木样·洛桑久美·图丹却吉尼玛、孙效东、李慧、马青林，秘书长张绪胜及委员共54人出席会议。省人民政府副省长李荣灿，省高级人民法院院长梁明远，省人民检察院检察长路志强，省人大各专门委员会组成人员，部分省十二届人大代表，省人大常委会各工作部门负责人，省政府有关部门负责人，各市、州人大常委会负责人，部分省人大常委会立法顾问和立法联系点负责人列席会议。部分由各民主党派和群众团体推派的公民旁听全体会议。会议传达学习十二届全国人大三次会议精神；听取和审议省人民政府关于2014年依法行政工作报告；审议通过《甘肃省非物质文化遗产条例》，《甘肃省人民代表大会常务委员会关于加强地震重点监视防御区防震减灾工作的决定》，甘肃省第十二届人民代表大会常务委员会代表资格审查委员会关于个别代表变动情况和补选代表的代表资格审查报告及公告。会议决定免去赵春的甘肃省发展和改革委员会主任职务；会议还通过省高级人民法院和省人民检察院提请的有关人事任免事项。

甘肃省第十二届人民代表大会常务委员会第十六次会议，于2015年5月27日至29日在兰州召开。省人大常委会副主任罗笑虎、嘉木样·洛桑久美·图丹却吉尼玛、孙效东、马青林，秘书长张绪胜及委员共54人出席会议。省人民政府副省长、省公安厅厅长马世忠，省高级人民法院院长梁明远，省人民检察院检察长路志强，省人大各专门委员会组成人员，部分省十二届人大代表，省人大常委会各工作部门负责人，省政府有关部门负责人，各市、州人大常委会负责人，部分省人大常委会立法顾问和立法联系点负责人列席会议。部分由各民主党派和群众团体推派的公民旁听全体会议。会议审议通过甘肃省人民代表大会常务委员会关于批准《甘肃省肃北蒙古族自治县草原条例（修订）》的决定，关于批准《甘肃省东乡族自治县林木管护条例》的决定；审议《甘肃省社会救助条例（草案）》、《甘肃省消费者权益保护条例（修订草案）》和《甘肃省兰白科技创新改革试验区条例（草案）》。会议听取和审议省人民政府关于公安机关执法规范化建设工作情况的报告，审议省人大常委会调研组关于公安机关执法规范化建设工作情况的调研报告（书面）；听取和审议省人民政府关于甘肃省2015年第一批政府债券安排计划和省级财政预算调整方案的报告，审议省人大财政经济委员会关于甘肃省2015年第一批政府债券安排计划和省级财政预算调整方案的审查报告（书面），通过甘肃省人民代表大会常务委员会关于批准2015年第一批政府债券安排计划和省级财政预算调整方案的决议。会议决定免去李平的甘肃省工业和信息化委员会主任职务；决定任命周强为甘肃省发展和改革委员会主任，汪海洲为甘肃省工业和信息化委员会主任；会议还通过省高级人民法院和省人民检察院提请的有关人事任免事项。

甘肃省第十二届人民代表大会常务委员会第十七次会议，于2015年6月25日上午在兰州召开。省人大常委会副主任罗笑虎、孙效东、李慧、马青林，秘书长张绪胜及委员共51人出席会议。省人民政府副省长黄强，省人大各专门委员会驻会委员，省人大常委会各工作部门负责人列席会议。会议通过省人大常委会关于接受王玺玉辞去甘肃省人民政府副省长职务的请求的决定，决定任命杨子兴为甘肃省人民政府副省长。

甘肃省第十二届人民代表大会常务委员会第十八次会议，于2015年7月27日至31日在兰州召开。省人大常委会副主任罗笑虎、嘉木样·洛桑久美·图丹却吉尼玛、孙效东、周多明、李慧、马青林，秘书长张绪胜及委员共53人出席会议。省委常委、常务副省长咸辉，副省长夏红民，省高级人民法院院长梁明远，省人民检察院检察长路志强，省人大各专委会组成人员，省人大常委会各工作部门负责人，省政府有关部门负责人，各市州和相关市县人大常委会负责人，部分省人大常委会立法顾问和立法联系点负责人列席会议。会议还特别邀请5名在甘全国人大代表和20多名省十二届人大代表列席。省上各民主党派和群众团体推派的公民旁听全体会议。会议审议通过《甘肃省社会救助条例》、《甘肃省消费者权益保护条例》（修订），通过甘肃省人民代表大会常务委员会关于批准《甘肃省甘南藏族自治州非物质文化遗产保护条例》的决定；审议《敦煌历史文化名城保护条例（草案）》、甘肃省农村饮用水供水管理条例（草案）》和《甘肃民勤连古城国家级自然保护区管理条例（草案）》。会议听取和审议省人民政府关于甘肃省2015年上半年国民经济和社会发展计划执行情况的报告，省人民政府关于2014年省级财政决算草案和2015年上半年全省财政预算执行情况的报告，省人民政府关于2014年度省级预算执行和其他财政收支的审计工作报告；审议省人民政府关于2014年全省政府非税收入收支管理情况的报告（书面），省人大财政经济委员会关于2014年省级财政决算草案的审查结果报告（书面）；通过《甘肃省人民代表大会常务委员会关于批准2014年省级财政决算的决议》。会议听取和审议省人民政府关于全省农村金融创新情况的报告，审议省人大常委会专题调研组关于全省农村金融创新情况的调研报告（书面）；听取和审议省人大常委会执法检查组关于检查《中华人民共和国水污染防治法》贯彻实施情况的报告；听取和审议省高级人民法院关于推进司法公开工作情况的报告，省人民检察院关于推进司法公开工作情况的报告，审议省人大常委会调研组关于全省人民法院、人民检察院推进司法公开工作情况的调研报告（书面）。会议审议通过甘肃省第十二届人民代表大会常务委员会代表资格审查委员会关于个别代表的代表资格的报告及公告。会议通过甘肃省人民代表大会常务委员会关于接受哈全玉辞去甘肃省第十二届人民代表大会常务委员会委员职务的请求的决定，关于接受杨志宏辞去甘肃省第十二届人民代表大会常务委员会委员职务的请求的决定，关于罢免冯杰的第十二届全国人民代表大会代表职务的决议；会议任命宁金辉为甘肃省人民代表大会常务委员会代表工作委员会副主任，免去哈全玉的甘肃省第十二届人民代表大会农业与农村委员会副主任委员职务，免去杨志宏的甘肃省第十二届人民代表大会法制委员会委员职务；会议还通过省高级人民法院和省人民检察院提请的有关人事任免事项。

甘肃省第十二届人民代表大会常务委员会第十九次会议，于2015年9月21日至25日在兰州举行。省人大常委会副主任罗笑虎、嘉木样·洛桑久美·图丹却吉尼玛、孙效东、周多明、李慧、马青林，秘书长张绪胜及委员共51人出席会议。省人民政府副省长杨子兴，省高级人民法院院长梁明远，省人民检察院检察长路志强，省人大各专委会组成人员，部分省十二届人大代表，省人大常委会各工作部门负责人，省政府有关部门负责人，各市州和相关市县人大常委会负责人，部分省人大常委会立法顾问和立法联系点负责人列席会议。省上各民主党派和群众团体推派的公民旁听全体会议。会议审议通过《甘肃省农村饮用水供水管理条例》，甘肃省人民代表大会常务委员会关于批准《兰州市科学技术进步条例》的决定；会议审议《甘肃省老年人权益保障条例（草案）》、《甘肃省预算审批监督条例（修订草案）》、《甘肃省会计管理条例（草案）》。会议听取和审议省人民政府关于甘肃省2015年第二批政府债券安排计划和省级财政预算调整方案的报告，审议甘肃省第十二届人民代表大会财政经济委员会关于甘肃省2015年第二批政府债券安排计划和省级财政预算调整方案的审查报告，通过甘肃省人民代表大会常务委员会关于批准2015年第二批政府债券安排计划和省级财政预算调整方案的决议。会议听取和审议省人大常委会执法检查组关于检查《甘肃省清真食品管理条例》实施情况的报告，关于检查《中华人民共和国森林法》和《甘肃省实施〈中华人民共和国森林法〉办法》贯彻实施情况的报告，听取和审议省人民政府关于开展法律援助工作情况报告，审议省人大常委会调研组关于全省法律援助工作情况的调研报告。会议听取和审议甘肃省人民政府关于省十二届人大三次会议代表建议办理情况的报告，省教育厅、省林业厅关于省十二届人大代表建议办理情况的报告，审议甘肃省高级人民法院关于省十二届人大三次会议期间代表建议办理情况的报告，甘肃省人民检察院关于省十二届人大三次会议代表建议办理情况的报告。会议任命祁永安为甘肃省人大常委会环境资源保护办公室副主任；会议还通过省高级人民法院和省人民检察院提请的有关人事任免事项。

甘肃省第十二届人民代表大会常务委员会第二十次会议，于2015年11月23日至27日在兰州举行，省人大常委会副主任罗笑虎、嘉木样·洛桑久美·图丹却吉尼玛、孙效东、周多明、马青林，秘书长张绪胜及委员共51人出席会议。省人民政府副省长郝远、杨子兴，省高级人民法院院长梁明远，省人民检察院检察长路志强，省人大各专委会组成人员，部分在甘十二届全国人大代表、省十二届人大代表，省人大常委会各工作部门负责人，省政府有关部门负责人，各市、州人大常委会负责人，部分省人大常委会立法顾问和立法联系点负责人列席会议。省上各民主党派和群众团体推派的公民旁听全体会议。会议审议通过《甘肃省老年人权益保障条例》、《甘肃省预算审批监督条例》（修订）、《甘肃省会计管理条例》、《甘肃省组织实施宪法宣誓制度办法》，甘肃省人民代表大会常务委员会关于修改《甘肃省价格管理条例》的决定、关于修改《甘肃省各级人民代表大会常务委员会规范性文件备案审查规定》的决定；审议《甘肃省节约能源条例（草案）》、《甘肃省促进科技成果转化条例（修订草案）》。会议听取和审议省人民政府关于甘肃省2015年政府债务限额分配计划和省级财政预算调整方案的报告、关于2014年度省级预算执行审计决定落实情况的报告，作出甘肃省人民代表大会常务委员会关于批准甘肃省2015年政府债务限额分配计划和省级财政预算调整方案的决议。会议听取和审议省人民政府关于全省精准扶贫精准脱贫工作情况的报告，审议省人大常委会调研组关于全省开展精准扶贫精准脱贫情况的调研报告，并在分组审议的基础上，召开联组审议询问会议，对精准扶贫精准脱贫情况进行审议和询问；会议听取和审议省人民政府关于省属国有企业改革和国有资产监督管理情况的报告，审议省人大常委会调研组关于省属监管企业国有资产经营管理情况的调研报告；审议省人大常委会调研组关于天水市陇南市生态安全屏障保护建设情况的调研报告。会议审议通过甘肃省人民代表大会常务委员会关于召开甘肃省第十二届人民代表大会第四次会议的决定，关于酒泉等十三个市、自治州人民代表大会及其常务委员会开始制定地方性法规的决定，审议甘肃省第十二届人大常委会主任会议关于省十二届人大三次会议代表建议办理情况的报告，审议通过甘肃省第十二届人民代表大会常务委员会代表资格审查委员会关于个别代表的代表资格的报告及公告。会议任命任建国为甘肃省高级人民法院副院长；会议还通过省高级人民法院和省人民检察院提请的其他有关人事任免事项。

【狠抓重点工作落实】常委会把贯彻落实中央和省委重大决策部署作为依法履职的重中之重，突出抓五件大事。一是着眼全面建成小康社会，积极助推精准扶贫精准脱贫。精准扶贫精准脱贫是全省的“一号工程”、重大任务。常委会紧扣省委“1+17”精准扶贫方案实施，综合运用专题调研、听取专项汇报、开展专题询问等方式，寓支持于监督之中，切实加大监督力度。分别由6名副主任带队，先后深入6个市州、32个乡镇、45个贫困村和19个省直部门开展调研，适时听取审议省政府开展精准扶贫精准脱贫情况的工作报告，并召开联组会议，就安全饮水、危房改造、教育卫生、电商扶贫等问题，向省政府和省直有关部门提出询问，分管副省长及省政府相关部门负责人到场应询，为省委决策部署的落实发挥重要推动作用。二是着眼适应经济发展新常态，深入开展“十三五”规划编制调研。深入贯彻党的十八届五中全会和省委十二届十四次全委扩大会议精神，谋划制定好我省“十三五”规划，事关全面建成小康社会目标的如期实现。常委会围绕代表大会审查批准“十三五”规划纲要这一法定职责，采取点面结合和上下联动的方式，深入各地就全省“十二五”规划实施和“十三五”规划编制情况进行调研，深入分析新常态下全省经济社会发展中存在的深层次矛盾和问题，并就做好“十三五”规划编制工作提出具体建议，既为省委决策和省政府编制“十三五”规划纲要提供参考依据，也为本次大会审查批准规划纲要作充分准备。三是着眼解决突出问题，切实抓好省委人大工作会议的调研筹备和精神落实。上年，常委会在省委的领导下，把筹备省委人大工作会议摆上重要日程，按照王三运书记的指示要求，组成多个调研组，深入省内外考察调研，在找准问题症结、破解工作难点的基础上，提出具有针对性和操作性的一系列对策建议，为省委决策发挥参谋作用。省委出台的《关于加强和改进人大工作的意见》，为全省各级人大在新形势下开展工作指明方向、提供遵循。围绕抓好会议精神的贯彻落实，常委会及时发出通知，组织各种形式的辅导讲座和学习研讨，将《意见》中有关的政策措施纳人民主法制领域改革任务，并在定西市开展贯彻落实试点工作，力争推出在全省可借鉴的经验。全省已有12个市（州）和部分县（市、区）按照省委的部署，先后召开党委人大工作会议，出台具体的贯彻落实意见，制约基层人大工作的一些突出问题得到较好解决，各级人大建设得到明显加强。四是着眼全面深化改革，认真落实民主法制领域改革任务。坚持把深化民主法制领域改革作为加强和改进人大工作的重大机遇，积极落实省委部署的改革任务，在充分调研和广泛征求意见的基础上，完成地方性法规草案起草规定、立法计划编制办法、立法项目论证办法、“一府两院”听取征求人大代表意见办法等12项年度改革任务。另有6项改革任务已开展前期调研论证，为2016年顺利完成创造条件。五是着眼建设法治甘肃，努力推进设区市立法和宪法宣誓等工作。深入贯彻落实党的十八届四中全会精神，紧紧围绕法治甘肃建设，适时作出《关于酒泉等十三个市、自治州人民代表大会及其常务委员会开始制定地方性法规的决定》，并指导市州在机构设置、队伍建设、保障机制等方面做好地方立法准备工作。根据新修订的立法法等法律规定和工作实际，修正《甘肃省各级人民代表大会常务委员会规范性文件备案审查规定》，增加主动审查、规范审查程序、明确审查机构等方面的内容，进一步严格规范性文件备案审查制度。根据全国人大常委会的决定，审议通过《甘肃省组织实施宪法宣誓制度办法》，对宪法宣誓的组织实施作出规定，从2016年元月份起付诸实施。组织开展国家宪法日系列宣传活动，进一步树立宪法法律权威和法治观念。

【地方立法】常委会围绕全省经济社会发展的重点，加强组织协调，发挥主导作用，加大创制性立法，在突出特色上下功夫、在有效管用上做文章，立法质量进一步得到提升。第一，充分发挥立法主导作用。一是注重在立法规划环节发挥主导作用。在广泛深入调研和征求各方面意见的基础上，对2013—2017年立法规划进行调整，进一步增强立法项目的地方性和针对性。二是注重在法规草案起草环节发挥主导作用。国家新修订的预算法，增加控制政府权力、规范政府预算管理、加强人大对全口径预决算审查监督的内容，常委会及时将这些改革措施体现到修订的《甘肃省预算审批监督条例》中。在2014年对我省地震重点监视防御区防震减灾和非物质文化遗产保护开展专题调研的基础上，起草并审议通过《加强地震重点监视防御区防震减灾工作的决定》和《甘肃省非物质文化遗产条例》。三是注重在法规草案审议环节发挥主导作用。在审议《〈甘肃省价格管理条例〉（修正草案）》时，除认真审议政府提交的修改意见外，还对原法规中价格管理不合理的内容提出修改意见，作出《关于修改〈甘肃省价格管理条例〉的决定》。第二，加强经济生态科技文化领域立法。上年，常委会把这方面的立法作为突出重点来抓，取得重大进展。审议通过的《甘肃省农村饮用水供水管理条例》，为促进精准扶贫和农村经济社会发展及农民群众身体健康提供法制保障。审议通过的《甘肃省会计管理条例》，从加强会计管理、规范经济行为、维护经济秩序的实际出发，对我省实施国家会计法进行细化和补充。同时，还对《敦煌历史文化名城保护条例（草案）》进行二审，对《甘肃省节约能源条例（草案）》、《甘肃省促进科技成果转化条例（修订草案）》、《甘肃省兰白科技创新改革试验区条例（草案）》、《甘肃民勤连古城国家级自然保护区管理条例（草案）》进行一审。审查批准《兰州市科技进步条例》、《甘南藏族自治州非物质文化遗产保护条例》、《肃北蒙古族自治县草原条例》和《东乡族自治县林木管护条例》。第三，突出社会民生领域立法。审议通过的《甘肃省社会救助条例》，规范社会救助的对象范围、救助方式、申请审批程序，明确救助工作的监督管理和法律责任。审议通过的《甘肃省老年人权益保障条例》，对进一步保障老年人合法权益作出具体规定。修订的《甘肃省消费者权益保护条例》，规范政府部门职责和社会监督内容，加大违法行为的处罚力度。

【监督工作】常委会围绕全省改革发展的主要任务，突出重点领域、加强专题调研，紧盯关键环节、加大监督力度。一是围绕预算执行和经济运行强化监督。面对经济下行压力加大的形势，常委会紧紧抓住计划预算执行，听取审议计划、预算和审计等方面的8个专项报告，审查批准2014年省级财政决算、2015年第一批、第二批政府债券安排计划和省级财政预算调整方案、政府债务限额分配计划和省级财政预算调整方案，并就经济发展新常态下做好产业发展、项目建设等提出建议。在听取审议审计报告时，针对“屡审屡犯”的问题，要求相关部门高度重视整改落实，进一步深化改革措施，完善制度规定，规范预算管理，切实从源头上加以解决。经过督促整改，审计报告中反映的52类问题，已整改到位和正在整改落实的45类，占86.54%。二是围绕农村金融创新和国有企业改革强化监督。针对当前农村金融创新中存在的困难和问题，听取审议省政府的专项报告，提出落实农村金融政策、完善配套措施、加快信用体系建设等工作建议。围绕深化经济体制改革，听取审议省政府关于省属国有企业改革和国有资产监督管理情况的报告，有针对性地从落实指导意见、资源重组整合、实施创新战略、基地产能建设等方面提出建议。三是围绕公正司法和法律援助强化监督。在对全省司法公开情况进行专题调研的基础上，听取审议省法院、省检察院推进司法公开情况的报告，针对工作中存在的突出问题，提出规范内容、创新形式、拓展公开的广度和深度等建议。特别是针对基层和边远地区、民族地区司法信息化建设滞后的问题，明确提出加大资金投入、强化技能培训的要求。在听取审议省政府关于法律援助工作情况的报告时，针对援助力量、经费保障、基础建设等方面存在的问题提出意见建议。四是围绕推进依法行政和法律实施强化监督。针对群众关注的依法行政和规范执法问题，分别听取审议省政府2014年依法行政和公安机关执法规范化建设情况的报告，就加强和改进依法行政、强化行政执法规范化建设等方面的内容，提出具体的意见建议。采取省市县三级人大联动和先暗察、后明访、再听报告的方式，对水污染防治法、森林法、清真食品管理条例等法律法规实施情况进行检查。首次采用媒体与部门面对面的方式，开展“陇原环保世纪行”和“农产品质量安全监督陇上行”活动，研讨解决节能减排和农产品安全方面的问题。围绕天水陇南生态安全屏障保护和建设，组织力量开展专题调研。依法对204件规范性文件进行备案审查，对存在问题的内容条款进行处理。

【代表工作】常委会充分尊重代表主体地位，强化工作平台和履职能力建设，健全完善服务保障机制，不断加强和改进代表工作。一是努力提高代表建议办理质量。完善代表建议办理和督办机制，对重点建议办理工作开展视察，对教育厅、林业厅的办理工作进行满意度测评，办理质量不断提高。截至2015年7月底，省十二届人大三次会议代表提出的623件建议已按规定期限全部办理答复完毕，由常委会领导和专门委员会重点督办的15件代表建议已全部办结，较好地解决一批代表关注、群众关心的问题。已经解决和正在解决的建议539件，比上年提高6.2个百分点。积极组织在甘全国人大代表向全国人代会提出议案3件、建议131件，其中，兰石化搬迁改造、国家中医药产业发展综合试验区、三大区域综合治理等3件建议，被列为全国人大常委会重点督办建议，省人大常委会加强联系衔接和沟通汇报，办理工作取得积极进展。二是深化拓展双联“人大代表在行动”活动。着眼建立健全代表履职平台和长效机制，积极推进双联“人大代表在行动”与精准扶贫相融合、与代表依法履职相促进，先后召开全省深化拓展双联“人大代表在行动”座谈会和省市县三级视频推进会，提出具体的实施意见和落实办法，并由常委会领导带队，深入基层，跟踪调研，狠抓落实。各级人大代表积极参与“双联”行动，走访贫困群众，宣传法规政策，为民帮办实事，既推动全省脱贫攻坚的深入开展，也密切代表与群众的联系，提高代表的履职能力。三是加强阵地建设保障代表依法履职。按照有阵地、有制度、有计划、有记录、有学习资料的标准，指导帮助各地建成“人大代表之家”2528个、“人大代表工作室（站）”2317个，在全省各乡镇、街道实现全覆盖。加强代表培训工作，举办两期省人大代表培训班，培训代表265名。完善代表列席会议和参加活动制度，全年共组织300多人次省级和在甘全国人大代表列席常委会会议，参加执法检查、调研和其他重要活动。四是认真谋划县乡人大换届选举。根据全国人大常委会办公厅和省委的安排部署，对县乡人大换届选举工作提前谋划，组成专题调研组，深入市州和部分县区、乡镇，总结上一届换届选举工作经验，深刻汲取四川南充拉票贿选案和湖南衡阳破坏选举案教训，就如何做好换届选举、优化代表结构、严肃换届纪律等问题进行深入研究，提出工作建议。

【决定重大事项】常委会认真履行重大事项决定权，全年共作出决定决议6项。

【人事任免】常委会依法履行人事任免权，全年共任免国家机关工作人员130人次。

【自身建设】常委会认真落实中央和省委有关加强和改进人大工作的要求，全面加强思想、作风、制度、效能建设，不断推动人大工作创新发展。一是保持政治定力。通过常委会党组中心组学习、专题讲座、履职培训等多种形式，及时学习贯彻习近平总书记系列重要讲话精神和中央、省委重大决策部署，严格落实廉洁自律准则和党风廉政建设主体责任，不断增强政治定力，严守政治纪律和政治规矩。坚持并落实常委会党组向省委请示报告制度，及时向省委请示报告重要事项，自觉把党的领导贯穿于依法履职全过程，切实在思想上政治上行动上与中央和省委保持高度一致。二是加强工作指导。坚持把加强基层调研、推动人大建设作为一项重要任务，以贯彻落实中央关于加强县乡人大工作和建设的文件精神为契机，加大理论业务培训力度，加强与基层人大的联系，加大工作指导和支持力度，积极推广以“自身建设标准化、履职行为规范化、代表活动经常化”为主要内容的“平凉经验”，有效解决乡镇人大职能虚置弱化的问题，得到全国人大常委会领导的充分肯定，并在全国人大加强县乡人大工作和建设座谈会上作经验交流。三是持续转变作风。严格执行中央和省委的各项规定要求，扎实开展“三严三实”专题教育、“工作落实年”、“为官不为”专项整治、效能风暴行动、素质能力提升等活动，狠抓“四风”问题整改落实。完善常委会议事规则，建立常委会主任办公会议制度，健全会议请假、岗位责任、限时办结、督查通报、责任追究等制度，积极开展集体学习、业务培训、能力锻炼等实践活动，切实以制度提效能、以制度促落实，机关的服务保障水平和质量有明显提升。四是强化新闻宣传。重视舆论宣传，加强对常委会重大活动、特色亮点工作和基层人大工作的宣传报道。全国人大常委会办公厅组织中央各大主流媒体到全省各地县乡人大工作和建设进行系列采访，中央电视台新闻联播、新闻直播间、东方时空等栏目和中央人民广播电台、新华社、《人民日报》、《法制日报》、《中国人大》杂志及中央各大网站，都作大篇幅、大版面、大容量、多时段的专题报道。平凉市崆峒区安国镇人大主席李竹奎当选2015年度全国法治人物。省上主要新闻媒体和省人大常委会主办的报刊网站也加大人大工作的宣传力度。

甘肃省人民政府

【省政府全体会议】第八次全体会议。2月13日上午，省委副书记、省长刘伟平主持召开省政府第八次全体会议，对抓好全省经济工作会议和《政府工作报告》确定的各项目标任务的落实进行再安排、再部署。

会议指出，完成今年的各项目标任务，挑战与机遇并存，要准确把握稳中求进面临的严峻形势和难得机遇，增强推动工作落实的紧迫感和责任感，加强对经济运行形势的研判分析，用足用好新常态下我们面临的新机遇，围绕省第十二届九次全委（扩大）会议暨全省经济工作会议和今年《政府工作报告》确定的目标任务，自觉在推动全省经济平稳健康发展和社会和谐稳定的大局下去谋划、去思考、去行动，及时研究新举措、放大新优势、形成新亮点，进而适应新常态、引领新常态，为完成全年目标任务创造先机、赢得主动。

会议强调，省政府班子各成员要指导各地各部门，把准着力点、聚焦发力，突出“稳”和“进”的重点，着力推动各项工作起好步。在“稳”的重点上，一要突出经济稳定增长。用政策激发农民和企业持续加大调整农业内部结构力度的积极性，指导各地引导农村土地经营权有序流转，继续保持农业生产为全省经济发展做贡献的好势头。加快传统支柱产业产品结构调整和落实循环经济发展任务，继续保持工业经济开局平稳的好势头。着力在培育服务业产业竞争优势上下功夫，力争开拓省外市场，继续保持全省三产增长好势头。二要突出投资稳定增长。着力抓好一些对全省当前稳增长和长远调结构有深远影响的重大项目的建设进度和新建项目的谋划工作，着力提高固定资产投资的边际收益，着力抓好招商引资项目的落地和资金到位工作，努力保持固定资产投资增速在20%以上。三要突出就业稳定增长。重视发挥好服务业吸纳就业的能力，突出做好高校毕业生就业工作，确保全年应届高校毕业生就业率达到85%以上。四要突出各种风险的稳定可控。做好地方政府债务的管理和风险化解，及时防范一些具有苗头性的潜在金融风险，严厉打击违法募集资金行为。在“进”的重点上，一要深入推进重点领域改革，继续加大简政放权力度，务实推进国资国企改革，深化财政投资体制改革，着力激发市场活力和发展内生动力。二要深入推进结构调整，着力提高发展的质量和效益。在促进传统产业转型升级的同时，全力打好战略性新兴产业发展总体攻坚战，集中科技、资金、人才、政策资源，支持战略性新兴产业骨干企业做强做大，培育产业集群发展新优势，形成更多支撑经济平稳健康发展的新增长点。三要深入推进扶贫开发，着力提高扶贫工作的精准化水平。四要深入推进民生社会事业发展，加快民生实事落实进度，着力提高人民群众的生活水平。

会议强调，要认真贯彻落实中央关于全面推进依法治国若干重大问题的决定和省委实施意见，更加自觉地用法治眼光和法治思维审视发展改革问题，用法治方式和法治办法破解发展改革难题，用法治的制度机制规范行政行为、营造发展环境，全力推进法治政府建设，努力实现依法管理经济社会发展各项事务。要牢牢抓住领导干部表率带头这个“关键少数”，提高各级领导干部自觉运用法治方式和法治手段管理组织经济社会发展的能力和依法行政水平。要进一步健全完善政府规章制定程序和工作机制，做好现有法规规章的清理工作，完善重大行政决策法定程序，切实加强法治制度机制建设。要加快建设“三张清单一张网”，进一步明确政府权力、部门职责，落实责任主体、完善监管制度、规范权力运行，着力消除权力设租寻租空间。要建立健全分事行权、分岗设权、分级授权的规章制度，严格实行定期轮岗制度，科学设置权力运行流程，扩大审计范围和覆盖面，进一步强化对行政权力的制约和监督。要加强执法队伍能力建设。

会议要求，要按照“工作落实年”的具体部署，针对已经明确的经济社会发展各项目标任务，强化协调服务，强化抓实抓细，强化督查考评，确保各项工作落到实处、各项目标圆满实现。

第九次全体会议。4月21日，省委副书记、省长刘伟平主持召开省政府第九次全体会议，专题分析研判一季度经济社会发展情况，安排部署做好二季度工作。

会议要求，各地各部门要切实处理好把握发展机遇与解决当前经济运行突出问题的关系，处理好保持经济稳定增长与推进经济结构调整的关系，处理好实现上半年预期目标任务与实现全年预期目标任务的关系，立足当前、着眼长远，坚定信心、把握机遇，紧紧抓住国家宏观政策支持西部地区加大基础设施建设、加大支持扶贫攻坚和推进老区发展，将全省定位为面向中亚、西亚国家的通道、商贸物流枢纽、重要产业和人文交流基地的“三大有利条件”，围绕经济、文化、生态三大政策性战略平台的要素聚集作用仍在持续发挥、全面深化改革的一系列举措正在落地生效、创新驱动发展正在成为推动经济增长新的动力源的“三大积极因素”，形成攻坚克难的共识，自觉运用经济政策的杠杆，有针对性地采取务实管用措施，集中精力做好各项工作，着力推动全省经济实现遵循规律的科学发展。

会议强调，各地各部门要深入贯彻党的十八大、十八届三中、四中全会精神，认真落实中央“四个全面”战略布局，深入学习贯彻习近平总书记系列重要讲话精神、特别是视察全省时提出的“八个着力”的重要指示，按照省委省政府的决策部署，坚持把稳增长与转方式调结构紧密结合，着力改革攻坚、着力突出创新驱动发展战略、着力提升政策机遇运用水平、着力加强民生保障，千方百计保持经济社会平稳健康发展势头。一要下功夫更深入更扎实地推进重点领域改革，不断激发市场活力，用改革破难题、激活力、增动力。二要下功夫推进精准扶贫、精准脱贫，分类实施扶贫政策，加快项目建设进度，细化实化扶贫开发实绩考核办法，开拓全省扶贫工作新局面。三要下功夫推动结构调整取得实效，着力推进农业结构调整，全力打好战略性新兴产业总体攻坚战，建成国家循环经济示范区，大力发展现代服务业，力求有发展质量和效益的增长发挥出更大的支撑作用，尽力保持一产多做贡献、二产稳定增长、三产加速提升的协调发展格局。四要下功夫狠抓“3341”项目工程的落实，加大资金争取力度，稳步推进项目建设，力求上半年固定资产投资实现预期增长目标。五要下功夫扎实有效地做好民生保障工作，积极推进民生实事的落实，巩固一季度新增就业的良好势头，推出更多的创业就业岗位，促进城乡居民增收，增强人民群众对全面建成小康社会的信心。六要下功夫实施创新驱动发展战略，加快建设兰白科技创新改革试验区，将科技势能转换为发展动能，努力实现增长动力转换。七要下功夫扩大向西开放，搭建好丝绸之路(敦煌)博览会等平台，支持企业面向丝绸之路沿线国家开展产业对接，抓好设施建设和向西开放企业招商引资工作，以开拓外部市场促进转方式调结构。八要下功夫编制好“十三五”规划，为全面建成小康社会奠定工作基础。

第十次全体会议。7月24日下午，省委副书记、省长刘伟平主持召开省政府第十次全体会议，分析上半年全省经济社会发展情况，安排部署下半年工作，确保全面完成全年各项预期目标任务。

会议指出，经过艰辛努力，上半年全省经济社会发展保持在预期目标区间，主要表现为“五稳、五好”，五稳是增长稳、就业稳、农业稳、收入稳、价格稳，五好是招商引资项目资金到位情况好、经济结构趋好、工业企业效益转好、能源消耗水平继续向好、贷款增速和直接融资好。。这样的半年“考卷”，必将提振各方面稳增长的信心，为我们完成好全年经济社会发展目标任务、实现“十二五”圆满收官目标奠定较好基础。

会议强调，下半年稳增长，有全省经济发展长期向好的基本面支撑，有一系列国家重大战略的支撑，有政策平台效应逐步显现的支撑，也有经济结构调整优化的前进态势支撑，还有全面深化改革、创新体制机制的动力支撑。各地各部门务必要坚定信心，以改革促发展，以开放促开发，多从内因着眼、着手、着力，全力以赴完成今年经济社会发展各项目标。在贯彻国家重大战略方面，要创造性地把全省发展融入国家重大战略，充分发挥国家战略对全省经济社会发展的支撑作用。要贯彻好国家“一带一路”战略，深入实施好省委省政府确定的丝绸之路经济带甘肃段建设“13685”工程，下功夫在互联互通、经贸交流、产业合作、平台建设等方面继续加大与丝绸之路沿线国家和地区的合作交流，谋划实施一批见实效的新项目，努力形成向西开放的竞争新优势。要贯彻好创新驱动发展战略，以科技创新为核心，以实体经济为主体，切实增强科技进步对经济增长的贡献度，逐步实现经济增长由要素、投资驱动转变为创新驱动。要落实好习近平总书记提出的“脱贫快、奔小康”战略目标，切实抓好“1+17”精准扶贫配套政策措施的细化和执行工作，上下形成合力，共同打赢这场扶贫攻坚的大决战，确保完成今年减贫100万人的任务。在用足用好政策平台方面，各地各部门要研究政策、消化政策，找准政策与推动经济社会发展的结合点，最大限度释放政策效应和政策红利。要继续用足用好全省争取国家批复的三大政策性平台，把三大政策性战略平台作为统筹当前稳增长和长远可持续的有效载体，聚集促进转型升级的投资、技术、人才等各种生产要素，提高市场配置资源的效率，加快转型升级的速度。要用足用好国家支持西部地区加快发展的政策措施，积极对接，争取国家在支持西部地区铁路、公路、水利等基础设施建设中对全省给予更多倾斜。要用足用好国家定向调控的政策机遇，专心研究、加紧谋划，力争有一批规模大、效益好的项目纳入国家“7+4”重大项目工程包，获得更多国家支持。在推动重点工作方面，各地各部门要紧盯目标、补齐短板，千方百计把投资增速拉回到预期区间；进一步推进经济结构调整，下功夫提升发展的可持续性；继续深入推进重点领域改革，增强市场主体的信心和活力；做好民生改善工作，着力提高人民群众的获得感和幸福感；加强生态环境建设和保护；扎实做好“十二五”规划执行的扫尾工作，科学编制“十三五”规划。

【省政府常务会议】第67次。1月9日，刘伟平省长主持召开。审议《关于进一步推进节能减排环境保护和淘汰落后产能工作的意见》；审议《关于改进加强省级财政科研项目和资金管理的实施意见》；审议《甘肃省专利奖励试行办法》；审定2014年度甘肃省科学技术奖获奖名单；研究取消调整和下放行政审批项目等事宜；审议《甘肃省民用机场净空和民用航空电磁环境保护规定》；审定第七次全省民族团结进步表彰大会拟表彰模范集体、模范个人名单。

第68次。1月16日，刘伟平省长主持召开。讨论2015年《政府工作报告（审议稿）》；审议《关于促进内贸流通健康发展的实施意见》；审议《关于促进国家级经济技术开发区转型升级创新发展的实施意见》；审议《关于贯彻国务院加快发展体育产业促进体育消费若干意见的实施意见》；审议《甘肃省气象灾害风险评估管理办法》；研究省公航旅集团所持海口美兰国际机场有限责任公司股权与甘肃机场集团公司股权置换事宜；研究调整兰州三毛纺织（集团）有限责任公司管理体制相关事宜。

第69次。1月23日，刘伟平省长主持召开。讨论对国务院《政府工作报告（征求意见稿）》的意见建议；听取关于2014年全省主要经济指标快报评估数的通报；审议《关于2014年国民经济和社会发展计划执行情况及2015年国民经济和社会发展计划草案的报告（审议稿）》；审议《关于2014年全省财政预算执行情况和2015年全省及省级财政预算草案的报告（审议稿）》；研究人事任免事宜。

第70次。2月11日，刘伟平省长主持召开。听取1月份全省经济运行情况汇报；审议《关于引导农村土地经营权有序流转发展农业适度规模经营的实施意见》；审议《关于贯彻落实国务院创新重点领域投融资机制鼓励社会投资指导意见的实施意见》和《关于开展政府和社会资本合作的实施意见》；审定2015年全省经济社会发展主要指标和重点工作任务分解意见；审定2014年度省政府质量奖评奖意见；研究贯彻落实全国审计工作会议暨“双先”表彰大会精神的措施，审定2015年审计工作计划；审定2014年度省长金融奖评奖意见；研究给予包贵森同志行政降级处分事宜；研究人事任免事宜。

第71次。2月27日，刘伟平省长主持召开。研究贯彻落实李克强总理在国务院第81次常务会议上的重要讲话精神的措施；研究贯彻落实省委常委会2015年工作要点和《中共甘肃省委关于抓好“工作落实年”的意见》的措施；审议《甘肃省贯彻落实国家“一带一路”战略规划实施方案》；审议《关于促进云计算创新发展培育信息产业新业态的实施方案》；审议《丝绸之路经济带甘肃段交通突破行动实施方案》；审议《甘肃省生态保护与建设规划（2014—2020年）》；审议《甘肃省农村集体财务管理办法》；研究人事任免事宜。

第72次。3月16日，刘伟平省长主持召开。传达全国“两会”期间张德江委员长在甘肃代表团参加审议时的重要讲话精神，通报省委省政府主要领导拜会国家有关部委主要领导、衔接协调全省有关建设项目的情况；听取1—2月份全省经济运行情况汇报；审议《甘肃文化遗产“历史再现”工程实施方案》；审议《甘肃省省道网规划（2013—2030年）》；研究设置临夏现代职业学院事宜；审议《甘肃省消费者权益保护条例（修订草案）》；研究表彰2014年度全省非公经济发展先进市州和先进单位相关事宜。

第73次。3月30日，刘伟平省长主持召开。审议《关于进一步加强新时期爱国卫生工作的实施意见》；审议《2014年度主要污染物总量减排工作自查报告》和《2015年主要污染物减排计划》；审议《甘肃省深化省属国有企业负责人薪酬制度改革实施方案》；研究清理规范评比达标表彰项目事宜；研究调整全省企业退休人员基本养老金等5项社会保险待遇和提高最低工资标准事宜；审议《贯彻〈国务院关于建立健全粮食安全省长责任制的若干意见〉》；研究人事任免事宜。

第74次。4月3日，刘伟平省长主持召开。研究贯彻落实国务院第84次常务会议精神的措施；审议《甘肃省人民政府重大行政决策程序暂行规定》；听取2014年度省政府目标管理责任考核情况汇报；审议《关于改进加强省级财政科研项目和资金管理的实施意见》和《加快科技服务业发展的实施方案》；审议2015年省级预算内基建投资建议计划；审议《甘肃省人民政府2015年立法工作计划》。

第75次。4月20日，刘伟平省长主持召开。审议《关于加快省属企业“走出去”推进国际产能合作的实施方案》；审议《甘肃省文化产权交易中心股份有限公司组建方案》；审议《关于加快培育外贸竞争新优势的实施意见》；审议《甘肃政务服务网建设运行管理暂行办法》、《甘肃省权责清单管理暂行办法》、《甘肃省权责清单统一编码规范》、《甘肃省省级财政专项资金管理清单上网发布暂行办法》、《甘肃省扶贫清单上网发布管理暂行办法》等工作制度；审议《兰州新区“飞地经济”产业园建设总体方案》；审议《甘肃省投资类企业管理暂行办法》；研究2015年第一批地方政府债券额度分配意见；研究调整全省失业保险费率有关事宜；研究人事任免事宜。

第76次。4月27日，刘伟平省长主持召开。审议《甘肃省省属企业负责人履职待遇、业务支出管理办法》；审议《关于免费办理农用三轮车摩托车牌证的通知》；研究2015年中国政府“友谊奖”候选人推荐意见；研究设立甘肃省产业引导股权投资基金事宜；研究人事任免事宜。

第77次。4月30日，刘伟平省长主持召开。研究人事任免事宜。

第78次。5月8日，刘伟平省长主持召开。审议《甘肃省国民经济和社会发展“十三五”规划基本思路》；审议《甘肃省检验检测认证机构整合指导意见》及试点方案；研究取消调整和下放行政审批项目等事项相关事宜；审议《甘肃省社会救助条例（草案）》；研究给予万里行政开除处分事宜；研究人事任免事宜。

第79次。5月15日，刘伟平省长主持召开。安排部署贯彻落实国务院推进简政放权、放管结合、职能转变工作电视电话会议精神相关工作；听取1—4月份全省经济运行情况汇报，研究调控措施；审议《关于加强传染病防治人员安全防护的实施意见》；审议《甘肃省兰白科技创新改革试验区条例（草案）》；研究武威荣华工贸有限公司环境违法事件调查处理意见；研究人事任免事宜。

第80次。5月22日，刘伟平省长主持召开。审议《贯彻落实国务院办公厅创新投资管理方式建立协同监管机制若干意见的工作方案》；审议《关于实行“三证合一”登记制度的实施意见》；审议《甘肃省新一轮退耕还林还草工程总体方案（2014—2020年）》；研究提高农村低保一、二类对象补助水平事宜；审议《关于促进房地产业持续稳定健康发展的意见》；安排部署稳增长、促改革、调结构、惠民生重大政策落实情况督查工作。

第81次。5月31日，刘伟平省长主持召开。研究讨论省政府贯彻落实国务院重大政策措施情况的自查报告和汇报材料；审议《关于动员和鼓励社会各方面力量参与扶贫开发的实施意见》；审议《深入实施甘肃省知识产权战略行动计划（2015—2020年）》和《2015年甘肃省知识产权战略实施推进计划》；审议《关于重大科研基础设施和大型科研仪器向社会开放共享的实施意见》；审议《关于加快发展商业健康保险的实施意见》；审议《清理规范行政审批中介服务工作实施方案》；研究关于武威荣华工贸有限公司环境违法事件责任追究案处理意见和给予卢旺存行政开除处分事宜；研究人事任免事宜。

第82次。6月5日，刘伟平省长主持召开。研究落实国务院第七督查组反馈意见的措施；审议《2015（乙未）年公祭中华人文始祖伏羲大典总体方案》；审议《关于加快建设法治政府打造法治政务环境的意见》；研究调整全省排污费征收标准相关事宜；审议《甘肃省废弃电器电子产品回收处理管理办法》；审议《关于进一步加强乡村医生队伍建设的实施方案》；研究人事任免事宜。

第83次。6月12日，刘伟平省长主持召开。听取1—5月份全省经济运行情况汇报；审议《关于加快应急产业发展的实施意见》；审议《关于进一步做好为农民工服务工作的实施意见》；听取建立省政府部门权责清单有关情况的汇报；审议《甘肃省清理规范驻外办事机构实施方案》；审定临夏州康乐县“4·4”重大道路交通事故调查处理意见；研究2015年均衡性和民族地区转移支付增量资金分配意见；审议《2015年全省项目观摩活动建议方案》。

第84次。6月26日，刘伟平省长主持召开。审议《关于2015年深化经济体制改革重点工作意见》；听取关于兰洽会筹备工作情况和白俄罗斯共和国副总理加里宁一行访问全省接待工作准备情况的汇报；审议《甘肃省水利保障行动方案》；审议《甘肃省农村饮用水供水管理条例（草案）》；审议《甘肃民勤连古城国家级自然保护区管理条例（草案）》；审议《甘肃省调整机关工作人员基本工资标准实施意见》、《甘肃省调整事业单位工作人员基本工资标准实施意见》、《甘肃省增加机关事业单位离退休人员离退休费实施意见》、《甘肃省县以下机关建立公务员职务与职级并行制度实施意见》、《甘肃省乡镇机关事业单位工作人员乡镇工作补贴实施办法》；研究人事任免事宜。

第85次。7月3日，刘伟平省长主持召开。研究加强环保督察和生态环境监测网络建设措施；审议《甘肃省藏族地区国民经济和社会发展“十三五”规划编制思路和工作方案》；审议《关于改进口岸工作支持外贸发展的实施意见》；审议《关于进一步促进全省展览业发展的实施意见》；审议《关于大力发展电子商务加快培育经济新动力的实施意见》；审议《关于进一步促进非公经济发展的意见》；审议《甘肃省价格管理条例修正案（草案）》和《甘肃省价格监督检查试行办法修正案》。

第86次。7月10日，刘伟平省长主持召开。审议《关于贯彻落实国家发展改革委国家民委支持临夏回族自治州加快建设小康社会进程若干意见的实施方案》；审议《关于进一步做好新形势下就业创业工作的实施意见》；审议《甘肃省落实林业生态红线方案》；审议《甘肃省城镇体系规划（2013—2030）》；审议《甘肃省会计管理条例（草案）》；审议《甘肃省行政规范性文件管理办法》；审议2015年第二批置换债券额度分配意见。

第87次。7月17日，刘伟平省长主持召开。分析研究上半年全省经济运行情况；听取关于全省“7+4”重大工程包有关情况汇报；审议《关于支持服务业加快发展的若干意见》；审议《关于加快推进残疾人小康进程的实施意见》；审议《关于构建和谐劳动关系的实施意见》；审议《甘肃省深化教育考试招生制度改革实施方案》；审议《关于2014年度省级预算执行和其他财政收支的审计工作报告》。

第88次。7月24日，刘伟平省长主持召开。审议《关于加快高速宽带网络建设推进网络提速降费的实施意见》；审议《甘肃省定价目录》；审议《关于加快构建现代公共文化服务体系的实施意见》、《甘肃省基本公共文化服务实施标准》和《甘肃省加快构建现代公共文化服务体系百项重点任务推进计划》；审议省政府与国家发展改革委《关于建立推进甘肃省国际产能和装备制造合作部省协同机制框架协议；审议第二批置换债券额度分配调整意见。

第89次。8月7日，刘伟平省长主持召开。审议《关于贯彻落实〈中共中央国务院关于深化体制机制改革加快实施创新驱动发展战略的若干意见〉的实施意见》及《关于改进加强省级财政科研项目和资金管理办法》、《甘肃省加快科技服务业发展实施方案》；审议《关于加快大数据、云平台建设促进信息产业发展的实施方案》；审议《关于促进慈善事业健康发展的实施意见》；研究取消、调整和下放行政审批事项事宜；审定2014年甘肃省特级教师评选意见；研究调整2015年全省企业军转干部生活困难补助标准及建立解困标准正常调整机制事宜。

第90次。8月14日，刘伟平省长主持召开。听取1—7月全省经济运行情况汇报；审议《关于加快城镇棚户区和城乡危房改造及配套基础设施建设的实施意见》；审议《关于贯彻落实加快推进生态文明建设意见的实施方案》；审议《关于引导农村产权流转交易市场健康发展的实施意见》；研究人事任免事宜。

第91次。8月16日，刘伟平省长主持召开。安排部署全省安全生产工作；研究对庆阳市规划局违规收取规划设计费和省生态环境监测监督管理局违规发放津补贴问题的处理意见。

第92次。9月2日，刘伟平省长主持召开。研究贯彻落实中发21号文件精神的措施；审议《金川科技股改上市引入战略性新兴产业基金投资入股方案》；审议《关于支持农民工等人员返乡创业的实施意见》；审议《贯彻落实国务院关于兰州市城市总体规划批复的意见》；听取全省与白俄罗斯经贸合作交流事项落实情况的汇报；审定2015年甘肃省外国专家敦煌奖评选意见；审议《关于淘汰9万吨/年及以下小煤矿的实施方案》；研究人事任免事宜。

第93次。9月7日，刘伟平省长主持召开。研究调整油气输送管道保护和安全监管职责分工事宜；审议《甘肃省推广随机抽查规范事中事后监管实施方案》；审议《甘肃省乡村教师支持行动计划（2015—2020年）》；审议《甘肃省城镇风貌规划编制导则》和《甘肃省城镇风貌规划指南》；研究2015年第二批新增债券及第三批置换债券额度分配意见；审议《甘肃省机关事业单位工作人员养老保险制度改革实施办法》；研究人事任免事宜。

第94次。9月21日，刘伟平省长主持召开。听取1—8月全省经济运行情况汇报；审议《甘肃长城西部电影集团有限责任公司组建方案》；研究贯彻落实国务院长城保护工作座谈会精神的措施；审议《甘肃省节约能源条例（草案）》。

第95次。9月25日，刘伟平省长主持召开。听取关于审计署加强稳增长等政策措施落实跟踪审计工作会议精神的汇报；审议《甘肃省农业信贷担保体系建设实施方案》；审议《甘肃省公务用车制度改革总体方案》和《甘肃省省级机关公务用车制度改革实施方案》；审议《甘肃省全面推开县级公立医院综合改革实施方案》；研究融资性担保机构和非融资性担保机构监管职责分工事宜；研究2015年生态功能区转移支付和县级基本财力保障机制奖补增量资金分配意见；通报刘伟平省长出访印度马哈拉施特拉邦政府、瑞士索洛图恩州政府和白俄罗斯格罗德诺州政府有关情况；研究人事任免事宜。

第96次。10月10日，刘伟平省长主持召开。审议《关于落实环保部、国家林业局约谈祁连山国家级自然保护区有关问题的整治方案》；安排部署民生领域政策落实情况专项督查工作；审议《促进陕甘宁革命老区振兴规划项目政策加快落实的实施方案》；审议《中国制造2025甘肃行动纲要》；审议《关于加强城乡社区协商的实施意见》；研究对酒钢集团原董事长、党委副书记冯杰严重违纪违法案的处理意见。

第97次。10月23日，刘伟平省长主持召开。审议《关于加快转变农业发展方式的实施方案》；审议《关于深化高等学校创新创业教育改革的实施方案（试行）》；审议《甘肃省交易场所监督管理办法（试行）》；研究人事任免事宜。

第98次。11月2日，刘伟平省长主持召开。审议《关于运用大数据加强对市场主体服务和监管的实施方案》；审议《〈甘肃省国民经济和社会发展第十二个五年规划纲要〉实施情况总结评估报告》；听取关于利用国外贷款助推全省经济社会发展有关情况的汇报；审议《甘肃省科协所属协会有序承接政府转移职能试点工作实施方案》；审议《关于完善公立医院药品集中采购工作的实施意见》；研究人事任免事宜。

第99次。11月16日，刘伟平省长主持召开。听取1—10月全省经济运行情况汇报；审议《甘肃祁连山国家级自然保护区管理条例（修正案草案）》；审议《甘肃省促进科技成果转化条例（修订草案）》；研究申报2015年外国政府贷款备选项目有关事宜；研究2015年全省政府债务限额分配意见；研究人事任免事宜。

第 100 次。11 月 25 日，刘伟平省长主持召开。审议 2016 年财政预算安排建议；审议《关于深入推进“互联网 +”行动的实施方案》；审议《关于大力推进大众创业万众创新的实施方案》；审议《关于推进国内贸易流通现代化建设法治化营商环境的实施意见》；安排部署“十三五”规划编制工作；研究人事任免事宜。

第 101 次。12 月 2 日，刘伟平省长主持召开。听取关于引进北京北大众志微系统科技有限责任公司拥有自主知识产权的国产中央处理器产业化项目、重组兰州三毛实业股份有限公司有关情况的汇报。

第 102 次。12 月 11 日，刘伟平省长主持召开。听取 1—11 月全省经济运行情况汇报；研究 2016 年全省经济社会发展主要预期指标建议；审议《甘肃省水污染防治工作方案》；审议《关于促进旅游投资和消费的实施意见》；研究取消行政审批项目等事项的意见；研究成立甘肃警察学院事宜；研究解除卢小亨、董光国同志行政警告处分事宜；研究人事任免事宜。

第 103 次。12 月 31 日，刘伟平省长主持召开。研究给予宋史刚、马秉虎行政开除处分事宜；研究人事任免事宜。

【省政府办公厅工作】2015 年，在省委、省政府的坚强领导下，省政府办公厅紧紧围绕改革发展稳定各项工作，以抓落实为重点，积极履行沟通协调、审核把关、督促落实、服务保障等职责，进一步加强思想、政治、业务、作风建设，努力为政府服务、为部门和基层服务、为群众服务，取得了积极成效。

坚持把理论学习贯彻始终。办公厅领导班子把理论武装作为思想政治建设的基础工作来抓，认真组织学习党的十八大、十八届三中、四中、五中全会精神和习近平总书记系列重要讲话精神，学习中央和省委省政府重大决策部署，积极参加省委、省政府党组理论中心组、省市党政主要领导干部研讨班的学习研讨，厅党组先后组织了 14 次党组中心组学习、8 次专家辅导讲座，并强化个人自学，力求在武装头脑、指导实践、推动工作上见实效，自觉在思想上政治上行动上同以习近平为总书记的党中央保持高度一致。班子成员紧密结合工作实际，开展厅党组、联系单位处室专题党课，全面启动“三严三实”专题教育，并按严以修身、严以律己、严以用权 3 个专题依次开展了 5 次集中研讨。

坚持把查改问题贯穿始终。办公厅领导班子始终坚持问题导向，将查找问题、解决问题贯穿专题教育全过程，在召开民主生活会前，广泛征求了市州和省直部门及办公厅各单位、处室意见，并反馈班子成员，大家对照认领，自觉把自己摆进去、把职责摆进去、把思想和实际工作摆进去，深入查找班子和个人“不严不实”的具体问题，班子主要负责人和班子成员、班子成员之间普遍开展了谈心谈话，交流思想、形成共识。专题民主生活会上，班子成员聚焦对党忠诚、干净干事、敢于担当，突出政治纪律和政治规矩，认真对照检查、剖析原因，严肃开展批评与自我批评，达到了团结－批评－团结的预期效果。坚持边查边改、立改立行，研究制定整改清单和整改措施，明确责任人、责任单位和落实时限，坚持不懈推进问题整改。

坚持把创先争优贯彻始终。把“三严三实”专题教育与开展先锋引领行动“五项争创”活动结合起来，引导基层党组织和全体党员争创思想道德先锋、优质服务先锋、为民富民先锋、改革创业先锋、清廉实干先锋，打牢办公厅党的建设的基础。一年来，办公厅有 6 名党员干部被推荐为省直机关工委表彰奖励的人选，8 个基层党组织、82 名党员干部分别被评为办公厅优秀基层党组织和优秀共产党员。

加强调查研究。紧紧围绕省委省政府重大决策部署，紧盯影响改革发展稳定的战略性、前瞻性、全局性问题，从选择调研课题、拟定调研提纲、组织调研力量、整理调研成果等方面，协助省政府领导同志先后 200 余次深入市州、生产一线，调查研究精准扶贫精准脱贫、重大项目建设、国企改革、非公企业发展、战略性新兴产业、文化旅游体育卫生等相关产业整合发展、大众创业万众创新、铁路建设、灾后重建等方面的情况，在调研中主动梳理分析、提出意见建议，调研成果成为省政府领导科学决策的依据。

强化以文辅政。在起草领导讲话、重要文件中，坚持把政策导向与群众期盼、宏观指导与具体执行结合起来，力求使文稿内容既充分体现中央决策精神和省委部署要求，又紧密结合省情实际、具体可操作。全年共起草、审核领导讲话、文件、公函、电报等 1000 余件。

注重信息反馈。聚焦发展的重点、改革的难点、民生的热点、领导和社会关注的焦点以及兄弟省市区的亮点，坚持专题约稿、信息调研、信息会商、信息评估等行之有效的做法，建立办公厅内部处室政务信息联动机制，不断拓展信息收集渠道，加大报送反馈力度。完善应急管理机制，加强对突发事件的研判分析，编报《甘肃省值班信息》404 期、编报气象和地质灾害预警信息 77 期，协助省政府领导有效处置了康乐县农用车翻车事故、武威荣华环境污染事件、陇南市西和县陇星锑业公司溢流井砂漏事故等重大突发事件。加强网上涉甘舆情及中央媒体报道全省信息的监测，正确引导社会舆论。

加强协调服务。围绕承办的 16 次省政府党组会、36 次省政府常务会、57 次省长办公会及 100 余次省政府专题会议，对拟提请研究的重大议题，加强与市州、部门之间的衔接沟通。在重大事项决策上，围绕公文办理抓协调，对内容涉及多个部门职权或部门间有分歧的，及时进行衔接，取得一致意见后再提交有关会议研究决策。在重大活动上，围绕第五届敦煌行·丝绸之路国际旅游节、公祭伏羲大典、第 21 届兰洽会等大型节会举办，协调有关方面做好组织、筹备、保障工作。

创新服务方式。按照省政府部署，完成了甘肃政务服务网第一阶段任务，省、市、县三级政府工作部门权责清单、财政专项资金管理清单、扶贫清单上线发布。甘肃政务服务网被国办列为“互联网 + 政务服务”试点省份。着力推进“两集中、两到位”改革和网上审批平台建设，省直部门316项面向企业和公众的行政许可事项全部进驻省政府政务大厅，实行一个窗口服务、一站式审批。省政府政务大厅建成网上审批平台并投入运行，方便了企业和群众办事，日均办件量达176件，按时办结率达到96.86%。深化政府信息公开工作，围绕省政府重大决策部署发布政策解读信息527条，紧盯公众关注的热点、焦点问题发布回应关切信息369条，办结答复人民网网民留言760件，办公厅网民留言办理被人民网评为优秀单位。完成第一次全省政府系统网站普查工作，国办组织的抽查中，全省政府网站抽查合格率达88.97%。

强化支撑保障。省政府系统电子公文传输暨会议通知报名和公文智能管理系统建成运行，实现了省政府办公厅与各市州、省政府各部门间非涉密公文、非涉密会议通知报名的无纸化传输。文电运转、机要交通、保密管理、档案管理、机关后勤、接待联络、安全保卫等工作有效衔接、平稳有序，基本做到了全链条服务、全天侯保障，为机关工作运行营造了良好环境。充分发挥驻外办事处“窗口”作用，在促进全省与兄弟省市区之间政务联络、经济文化交流等方面做出了积极努力。

围绕重大决策部署抓落实。坚持把督促落实作为办公厅工作的重要职责，以“工作落实年”活动为契机，召开全省政府秘书长和办公厅（室）主任会议、办公厅党组会议5次对抓落实工作进行专题研究部署、安排。围绕省委省政府重大部署，先后制定印发了分解落实2015年全省经济社会发展主要指标和重点工作任务的通知以及法治政府建设、创新驱动战略、战略性新兴产业发展、民生改善等9个重点任务落实方案，对53类362项目标任务列出详细的责任清单，并建立了月督促、季反映、年中督办、年底总结考评的工作调度机制，一个一个跟踪问效，一件一件盯紧落实。

围绕重点工作进展抓落实。会同有关部门就招商引资、房地产业、新型服务业、外贸、非公经济、固定资产投资等重点工作、重大项目下发政策性文件118件，并开展了督查督办；向国务院及国家有关部委报送了关于争取政策、资金、项目支持的文件73件；围绕“3341”项目工程、“6873”交通突破行动、“6363”水利保障行动、一带一路“13685”发展战略等重大决策部署，会同省发展改革委等部门和各市州政府提出了有利于弥补短板、转型升级、改善民生的“六个一批”项目。围绕转变政府职能、投融资体制改革等政府系统承担的改革任务，牵头或会同有关部门提出措施方案171项。

创新方式方法抓落实。下发了关于进一步规范公文运转程序提高公文效率的通知，就国务院、国务院办公厅各类政策文件贯彻意见（方案）和省政府常务会议审议通过文件提出了限时办结要求，建立台账，跟踪督办，落实销号。建立了省政府领导批示件转办督办回告制度，每半月进行跟踪督办，及时向省政府领导报告。围绕全省战略性新兴产业发展、循环经济、城镇化建设、兰白科技创新区建设、兰州西客站建设、兰州新区综合保税区建设等重点工作开展综合性督查和专项督查30多次，推动了工作任务的落实。对10项27件为民办实事项目落实情况全程跟踪督办，每月、每季度通报进展情况，并随机开展抽查督查，确保年终兑现。同时，配合国务院开展全国第二次大督查，协调有关部门分3批对督查发现的问题进行了核查问责。协调有关部门和市州办结全国和省“两会”建议提案1336件，解决了一批群众期盼、代表关注的热点难点问题。

突出“双联”任务抓落实。积极履行“双联”组长单位和联村小组职责，一年来机关全体党员干部累计进村入户900余次、4000余天，引进和协调落实产业发展项目资金约1.4亿元，协调落实精准扶贫专项贷款、双联惠农贷款、妇女小额贷款等累计约6000余万元。办公厅联系的15个村2015年农民人均纯收入平均达到5800元，同比增长近20%，使人民群众有了更多的获得感和幸福感。

抓教育，提升干部素质。加强干部教育培训，为党员干部购置配发了《习近平谈治国理政》等学习辅导资料，组织党员干部参加了全面从严治党主体责任专题轮训班、“四个全面”网络培训和依法行政及循环经济网络培训，组织开展了中央和省委省政府政策理论、法律法规、保密法规知识考试。选派11名党员干部到“双联”村担任党支部第一书记或驻村帮扶工作队长。加强廉洁从政教育，教育引导党员干部自觉践行“四个必须”、“八条规范”和“六大纪律”，努力做“讲党性、重品行、守纪律”的表率。

抓监管，强化约束激励。严格落实领导干部外出报告、考勤和休假制度，强化了纪律约束。加强人事档案管理，对办公厅262名干部档案进行了核查。进一步细化干部考核工作的程序、评价要素、考核方式，强化考核结果在干部选拔任用考察过程中的运用。严格执行党的民主集中制原则，“三重一大”事项均提交党组会议集体研究决定。严格执行请示报告制度，年内21名省管干部、126名处级干部报告了个人有关事项。

抓规范，完善选任机制。严格执行《党政领导干部选拔任用条例》，对办公厅系统部分空缺的处科级职位进行了调整补充。2015年11名优秀干部被省委提拔使用，调整补充处级干部31人，提拔使用科级干部14人，轮岗交流处科级干部12人。

着力推动反腐倡廉。党组会议先后13次研究部署党风廉政建设工作，班子成员对反腐倡廉工作作出批示182次，对反腐倡廉工作进行安排部署和监督检查152次。制定并实施了建立健全惩治和预防腐败体系2014-2017年工作方案，层层签订了落实党风廉政建设责任书；制定了处级党员领导干部述纪述廉述作风实施办法和方案，有重点、分批次地组织9名处级干部向办公厅党组述纪述廉述作风；建立了省政府办公厅党组管理干部谈话制度，党组成员对各处室、厅属各单位和省政府驻外办事处主要负责同志普遍开展了一次责任传导类谈话，并对2015年以来任职交流的178名处级及以下干部进行了集体廉政谈话和任职谈话，层层传导了压力责任。认真执行干部任前廉政考试制度，组织178名新任职或轮岗交流处、科级干部参加廉政考试。对省政府驻外办事处前两年两轮巡察发现问题的整改情况进行了“回头看”。根据信访、巡查、重大事项报告中反映问题，通过谈话函询、诫勉谈话、约谈提醒的方式约谈15人，暂缓选拔任用4人。

持续加强作风建设。持之以恒抓好中央八项规定和省委“双十条”规定的落实，全年会议数量与2014年基本持平，甘政发、甘政办发文件数量同比减少了15.4%。改进和加强省政府驻外办事机构管理，将原有的12个省政府驻外办事处精简撤并为5个，进一步理顺了管理体制和职能；积极推进公务用车改革，封存上交61辆参改车辆；规范公务活动，严格执行公务接待费、差旅费、培训费、会议费等资金管理办法，“三公经费”支出同比下降约22.5%左右。

（韩正宾）

外事侨务港澳事务

【综述】2015年，甘肃省外事侨务港澳事务工作在省委、省政府的正确领导和中央有关部委的有力指导下，深入贯彻党的十八大、十八届三中、四中、五中全会和习近平总书记系列重要讲话及中央外事工作会议精神，全面落实全国地方外办主任会议和省委、省政府的工作部署及省委外事工作领导小组工作要点，紧紧围绕推进甘肃省向西开放和丝绸之路经济带甘肃黄金段建设，坚持开拓创新、求真务实，圆满完成年度各项工作任务，为服务国家总体外交和全省经济社会发展做出积极贡献。

【党管外事】省委高度重视外事工作，省委省政府领导，就贯彻落实中央对外工作战略部署和上级业务主管部委的工作要求，以及加强甘肃省外事规范管理、服务发展大局等方面多次作出重要批示，提出工作要求，尤其是对重要涉外工作亲自部署、亲自参与、亲自督办，确保全省外事工作科学发展、有序有效推进。1月和4月，省委书记王三运、省委副书记欧阳坚分别主持召开省委外事工作领导小组会议，传达贯彻中央外事工作会议精神和习近平总书记等中央领导同志关于发挥地方党委外事工作领导小组作用的重要批示，研究贯彻落实意见，并以省委办公厅名义向全省印发《中共甘肃省委外事工作领导小组2015年工作要点》，确定22项年度重点工作任务。积极推动建立市（州）党委外事工作领导小组和健全市（州）外事机构，省委办公厅印发《中共甘肃省委办公厅关于进一步加强市（州）党委对外事工作集中统一领导的通知》（甘办字〔2015〕111号），为全面提升基层外事工作的质量和水平奠定坚实的基础。

【配合外交】5月，在习近平主席访问白俄罗斯期间，在两国元首的见证下，甘肃省与白俄罗斯签署5个重点合作协议和投资项目。同月，在印度总理莫迪访华期间，中印两国总理共同见证甘肃省敦煌市与印度奥兰加巴德市签署缔结友好城市关系协议书。7月，应甘肃省邀请，白俄罗斯副总理加里宁率团访问甘肃，参加“第二十一届中国·兰州投资贸易洽谈会”主宾国系列活动，中共中央政治局常委、国务院副总理张高丽在北京会见加里宁。9月，圆满完成巴布亚新几内亚总督迈克尔·奥吉奥一行来华出席“纪念中国人民抗日战争暨世界反法西斯战争胜利70周年阅兵式”后延伸访问甘肃的接待任务。9月和12月，省委书记王三运、省长刘伟平分别率团对巴基斯坦、越南、马来西亚和印度、白俄罗斯、瑞士进行友好访问，受到相关国家领导人和地方政府主要官员的热情接待，并在经贸、文化、教育、科技、旅游等领域达成多个合作协议、项目和共识，不仅有力配合国家总体外交、推动“一带一路”建设，而且也有效宣传推介甘肃、促进甘肃省对外交流与合作。

【服务大局】为有序推进丝绸之路经济带甘肃黄金段建设，研究制定《甘肃省落实“一带一路”建设战略规划涉外工作方案》，明确思路、目标、任务和保障措施。先后与国务院侨办、香港特区政府投资推广署共同举办“‘一带一路’侨商项目对接会”和“‘善用香港优势、开拓海外市场’投资推介说明会”，为甘肃省企业开展对外合作搭建重要平台。积极争取将马鬃山口岸复关列入“中蒙边境口岸及其管理制度协定执行情况第五轮司局级会晤”议程进行研究，这也是二十多年来两国外交高层首次正式磋商甘肃省口岸复关问题。圆满完成“第二十一届中国·兰州投资贸易洽谈会”、“第五届敦煌行·丝绸之路国际旅游节”、“2015年公祭中华人文始祖伏羲大典”、“第四届国际文化产业大会暨第八届甘肃省文博会”和“丝绸之路（敦煌）国际文化博览会准备工作会议”等大型节会的外事服务保障。省财政、交通、商务、文化、卫生、教育、科技、国资等部门，围绕加快丝绸之路经济带甘肃黄金段建设，积极推动实施世行贫困片区产业扶贫试点示范项目，新开兰州至新加坡、迪拜、第比利斯、圣彼得堡等4条国际航线，在哈萨克斯坦、吉尔吉斯斯坦、土耳其、印尼新设4个商务代表处，组织文艺院团赴尼泊尔、孟加拉、斯里兰卡、韩国等国家执行文化交流任务，在俄罗斯、法国、摩尔多瓦、新西兰新建4所岐黄中医学院，成功举办“首届丝绸之路国际大学生创新创业大赛”、“2015甘肃‘一带一路’国际产能合作洽谈会”等等，有力服务甘肃省对外开放和经济社会发展。

【对外交往】促成酒泉市与韩国全罗南道高兴郡、敦煌市与印度奥兰加巴德市和瑞典奥摩尔市、永昌县与意大利博拉市缔结友好城市关系，至此，甘肃省友城总数已达52对，其中省级25对，市县级27对。为深化友城关系，先后与新西兰克赖斯特彻奇市、瑞士索洛图恩州、美国俄克拉荷马州政府共同举行结好纪念活动，签署进一步加强交流合作协议书。创新办班模式，成功举办“第十期甘肃省国际交流员研习班”，共有来自21个国家的29名政府官员、智库学者和企业精英参加研习。组团参加“中美友好城市大会”、“中印地方合作论坛”、“中国—东南亚民间高端对话会”、“第二届中非地方政府合作论坛”等一系列国际会议和论坛。兰州大学、西北师范大学等省内17所高校与国内外知名高校共同发起成立“一带一路”高校战略联盟，以联盟交往促进人文交流合作。与此同时，各市（州）着眼推进本地对外开放和经济社会发展，不断拓宽对外交往渠道。兰州市与吉尔吉斯奥什市、韩国浦项市、阿尔巴尼亚马拉卡特拉市、哈萨克斯坦曼格斯套州签署友好交流合作协议，陇南市和敦煌市分别与白俄罗斯格罗德诺市、意大利威尼斯市签署建立友好城市关系意向书。天水市、临夏州分别举办“中阿共建丝绸之路经济带天水合作交流暨阿拉伯国家驻华使节天水行活动”、“2015临夏国际清真食品民族用品博览会”，影响和成效不断扩大。

【外事管理】围绕构建“大外事”格局，加强对全省各地各部门各单位涉外工作的统筹协调和资源整合，强化重要涉外事项的请示、报告和报备，外事归口管理得到进一步加强。严格执行中央有关规定，科学统筹因公出国（境）管理工作，先后制定出台《甘肃省关于从严规范管理跨地区跨部门因公临时出国团组的实施意见》、《甘肃省因公临时出国审批程序》等多项管理规章和制度，专门编印《甘肃省因公临时出国（境）须知》。全年共审批办理各类因公出国（境）团组532批1847人次，出访成效明显提升。建立并落实外宾来访团组部门、单位对口接待和省级领导会见外宾团组成果跟踪协调机制，全省共接待外宾来访团组500余批4000多人次，接待工作的针对性、实效性明显增强。坚持服务与管理并举，先后邀请外国驻京记者团、日本外务省记者团、海外华文媒体负责人参访团、亚欧主流媒体采访团、日本新泻“一带一路”专题媒体采访团等来甘参观采访，为宣传推介甘肃发挥积极作用。

【侨务港澳】认真贯彻落实省委书记王三运、省长刘伟平会见国务院侨办主任裘援平时达成的五点共识，着力推动侨务工作创新发展。积极配合省高访团组出访，成功举办马来西亚侨领侨商座谈会。圆满完成第三届“中亚东干族华侨华人子女汉语国际教育专业本科学历班”50名学生的招生入学工作。承办“2015中华文化大乐园——华盛顿营”和“2015海外华裔青少年寻根之旅夏令营——甘肃营”活动。指导庆阳市、天水市、陇南市分别实施“侨爱工程——送温暖医疗队”和“归侨侨眷及其子女再就业培训班”项目。在兰州市、张掖市、白银市创建3个“全国社区侨务工作明星（示范）社区”。受理华人华侨、归侨侨眷来信来访62件（次），办结59件（次）。进一步加强陇港、陇澳交流合作，建立在甘港澳企业数据库和定期联系机制，服务的针对性和质量明显增强。同时，充分利用侨务、港澳渠道和资源，助力甘肃省精准扶贫工作。先后筹措资金130万元，帮助武山县龙台乡贾山村实施人饮工程、教学设备援助、医务室设备购置及义诊等项目，并为积石山县柳沟乡杨山村募集水源项目资金100万元。

【自身建设】结合外事工作实际，不断健全完善党风廉政建设制度体系，先后制定《廉政约谈实施办法》、《处级干部述纪述廉述作风实施办法》和《外事工作纪律》等多项制度，从源头上堵塞工作漏洞；严格落实党风廉政建设主体责任和“一岗双责”要求，层层签订《党风廉政建设责任书》，狠抓各项规定落实，确保党员干部廉洁从政。按照省委的统一部署，在机关深入开展“三严三实”专题教育，通过学习研讨、查摆问题和整改落实，党员干部的思想素质明显提升，自律意识明显增强，工作能力明显提高。着眼甘肃省向西开放和丝绸之路经济带甘肃黄金段建设需要，与省商务厅联合举办第二期“甘肃省商务俄语短期培训班”，共有来自省直部门和省属企业的65名学员参加为期2个月的培训，并从两期参训人员中筛选10名优秀学员赴俄罗斯进行为期两周的延伸培训。与国家外文局教育培训中心在兰州共同举办“全省外事英语高级翻译培训班”，来自部分市（州）、省直部门、高等院校的118名学员参加培训。同时，各地各部门各单位结合各自外事干部队伍建设实际，采取在职培训、挂职锻炼、院校深造、出国研修等多种形式，积极为干部成长成才创造条件、搭建平台，干部的综合素质和业务能力进一步增强，在推动涉外工作开展和服务发展大局中发挥重要作用。

（魏琨铭）

中国人民政治协商会议甘肃省委员会

【全体委员会议】十一届三次会议1月27至31日在兰州举行。会议应到委员590名，实到委员542名。会议听取并审议了省政协主席冯健身代表省政协常务委员会所作的工作报告、省政协副主席黄选平代表省政协常务委员会所作的提案工作情况报告；审议通过了政协第十一届甘肃省委员会第三次会议政治决议、政协第十一届甘肃省委员会第三次会议关于省政协常务委员会工作报告的决议、政协第十一届甘肃省委员会第三次会议提案委员会关于提案审查情况的报告。会议期间，委员们列席了第十二届甘肃省人民代表大会第三次会议，听取并讨论了省政府工作报告及其它重要报告，并通过大会发言、专题协商议政会、小组讨论和提交提案等方式，围绕全省经济、政治、文化、社会、生态文明建设中的重大问题和群众普遍关心的热点难点问题，积极协商议政、建言献策。大会共收到提案817件，立案781件，占提案总数的95.6%。收到委员发言材料103篇，杨立勋、张耀南等31名委员分别就发挥政协立法协商作用构建依法治省新常态、加快推进丝绸之路经济带甘肃黄金段建设作了大会和专题协商议政会口头发言。

省委书记、省人大常委会主任王三运，省委副书记、省长刘伟平分别参加“推进协商民主”和“推进依法治省”两个专题协商议政会，与委员们深入交流。王三运强调，要认真学习贯彻习近平总书记关于加强社会主义协商民主建设的重大战略思想，进一步把好方向、健全制度、广开言路、协商为民，积极推进协商民主广泛多层制度化发展，为加快全面建成小康社会、建设幸福美好新甘肃凝聚智慧和力量。刘伟平希望各位委员继续发挥优势，积极建言献策，共同为推动依法治省作出贡献。省政协主席冯健身主持闭幕会议并发表讲话，要求全省各级政协组织和广大委员，自觉把思想和行动统一到中央和省委的决策部署上来，坚持发展这个硬道理不动摇，服务发展这个第一要务不懈怠，紧扣今年政府工作报告提出的各项目标任务，深入调查研究，积极议政建言，为促进全省经济持续平稳健康发展献计出力。

【常务委员会会议】第 8 次会议 1 月 25 日在兰州召开。99 名常委会组成人员出席会议。会议审议通过了关于召开政协第十一届甘肃省委员会第三次会议的决定、政协第十一届甘肃省委员会常务委员会工作报告及报告人、政协第十一届甘肃省委员会常务委员会关于十一届二次会议以来提案工作情况的报告及报告人和有关人事事项；听取了副省长王玺玉关于省政府对省政协 2014 年提案、建议案、调研视察报告和社情民意信息批示与办理情况的通报，省委办公厅关于 2014 年党委部门办理政协提案情况的书面通报。省政协主席冯健身主持开幕会并在闭幕会上发表讲话，副主席刘立军主持闭幕会。

第 9 次会议 1 月 30 日在兰州召开。102 名常委会组成人员出席会议。会议审议通过了政协第十一届甘肃省委员会第三次会议补选常务委员候选人名单（草案）、政协第十一届甘肃省委员会第三次会议政治决议（草案）、政协第十一届甘肃省委员会第三次会议关于常务委员会工作报告的决议（草案）以及政协第十一届甘肃省委员会提案委员会关于甘肃省政协十一届三次会议提案审查情况的报告（草案）。省政协主席冯健身主持会议。省委常委、省委统战部部长冉万祥到会作了有关人事事项的说明。

第 10 次会议 6 月 25 日至 26 日在兰州召开。92 名常委会组成人员出席会议。会议审议通过了省政协《关于制定全省“十三五”规划有关问题的建议案》《关于全面贯彻认真落实全省精准扶贫精准脱贫工作会议精神的决议》和有关人事事项。省政协主席冯健身主持开幕会并在会议结束时发表讲话。省委常委、常务副省长咸辉通报了全省 1 ~ 5 月经济社会发展情况，省政协副主席张世珍就省政协《关于制定全省“十三五”规划有关问题的建议案》起草情况作说明。常委们围绕全省精准扶贫和制定“十三五”规划的会议主题议政建言。会议共收到发言材料 37 篇，梁笑玉、卢有治等 12 位常委和有关调研组代表分别就完善精准扶贫评价机制提高扶贫资金使用效应、甘肃省“十三五”规划应确定生态立省战略等作了大会发言。省委副书记欧阳坚应邀参加会议。省政协副主席刘立军主持闭幕会。

第 11 次会议 9 月 24 至 25 日在兰州召开。75 名常委会组成人员出席会议。会议审议通过了省政协《关于简政放权及清理规范行政事业性收费有关问题的视察报告》《关于增强履职实效助推精准扶贫的意见》和其他事项。省政协主席冯健身主持开幕会并在会议结束时发表讲话。省政协副主席张景辉就省政协《关于简政放权及清理规范行政事业性收费有关问题的视察报告》起草情况作了说明。常委们紧紧围绕推动全省简政放权及清理规范行政事业性收费会议主题，提出了许多富有建设性的意见建议。会议共收到发言材料 31 篇，刘芳芹、南明法等 12 位常委和有关调研组代表分别就加强统筹协调、稳步深化简政放权工作，进一步优化审批程序促进非公经济健康发展作了大会发言。省委副书记欧阳坚，省委常委、省委统战部部长王玺玉，副省长杨子兴应邀参加会议。省政协副主席刘立军主持闭幕会议。

第 12 次会议 11 月 27 日在兰州召开。94 名常委会组成人员出席会议。会议学习传达了中共十八届五中全会精神，全国政协十二届十三次常委会议精神，省委十二届十四次全委会议精神；审议通过了有关人事事项和其他事项。省政协主席冯健身主持开幕会并在会议结束时发表讲话。省委常委、常务副省长咸辉代表省政府介绍了全省国民经济和社会发展第十三个五年规划编制情况；省政协副主席刘立军传达了中共十八届五中全会精神；省政协副主席德哇仓传达了全国政协十二届十三次常委会议精神；省政协副主席张津梁传达了省委十二届十四次全委会议精神。

【专门委员会工作】提案委员会全年共收到提案 848 件，审查立案 811 件并全部办理完毕。加大省委省政府领导阅批督办、主席会议成员协商督办、有关部门现场督办和政协各部门协商督办力度，提高提案工作实效。组织召开省政协推进“两个共同”示范区建设提案办理协商座谈会，形成《关于推进“两个共同”示范区建设的建议》报送省委省政府。在临夏州召开全省政协提案工作经验交流暨培训会。就“省供销社目前存在的问题”进行调研，形成《关于重视和发挥供销系统为农服务优势的建议》报送省委省政府，省长刘伟平作出批示。联合科教文卫体委员会对陇桥学院、博文学院等民办高校进行调研，形成并上报《关于加快全省民办高等教育发展的建议》，省长刘伟平、副省长郝远作出批示。配合全国政协就“全省陇南精准扶贫工作”和“黄河中上游生态环境保护”进行调研。

社会和法制委员会参与省政协“十三五”规划编制调研和“简政放权及行政事业性收费清理情况”视察活动。就“依法维护残疾人权益问题”组织召开月协商座谈会，形成报告上报省委省政府，副省长夏红民作出批示。赴兰州、天水等地就“构建和谐劳动关系”进行调研，形成报告上报省委省政府。赴甘肃省机场建设集团就“兰州中川机场三期工程建设中相关问题”进行调研。积极开展立法协商，组织委员对《2013-2014 年度全省法院行政案件司法审查报告》《关于确定全省掩饰隐瞒犯罪所得、犯罪所得收益罪数额标准的征求意见函》等法律法规提出修改意见和建议。对《甘肃省节约用水条例》和《甘肃省养老服务条例》等2项立法计划提出意见建议。协助全国政协社会和法制委员会在甘开展《道路交通安全法》专题调研活动。认真督办《关于进一步加强全省农村道路交通安全》等6件重点提案。报送《关于加强全省地方立法工作的若干建议》等社情民意信息8篇。

文史资料和学习委员会组织开展关于中华伏羲文化的专题调研，向省委省政府报送了《中华伏羲文化传承弘扬报告》。就“非物质文化遗产传承保护”组织召开月协商座谈会，形成《省政协非物质文化遗产保护传承协商座谈会意见和建议》上报省委省政府，夏红民副省长作出批示。组织开展“政协委员进高校活动”。出版《陇原抗战烽火》献礼抗战胜利70周年。完成《西部大开发在甘肃》（上、下卷）和《决战贫困》（上、下卷）的编纂出版工作，展示了甘肃省在西部大开发和扶贫攻坚进程中取得的辉煌成就。完成了《保安族百年实录》《西北戏剧经典唱段》（1–5册）的出版工作及《东乡族百年实录》《裕固族百年实录》初稿编纂工作。编辑《学习参考资料》6期。

经济委员会参与省政协“十三五”规划编制调研和“简政放权及行政事业性收费清理情况”视察活动。组织召开省政协全省经济运行座谈会，向省委省政府报送《省政协关于解决当前全省经济运行中有关问题的建议》。筹办了省政协“全省国有企业改革问题”月协商座谈会，形成《关于对全省深化国有企业改革的建议》上报省委省政府，刘伟平省长和黄强副省长作了批示。提出《关于进一步加强职业经理人制度建设的提案》《关于完善对国有企业领导人员的考核办法的提案》等3件集体提案，报送社情民意信息7篇。配合全国政协经济委进行“优化新能源布局，促进风电光伏产业健康发展”专题调研，形成调研报告报送省委省政府，省长刘伟平、常务副省长咸辉作出批示。就“民勤县新能源产业发展”进行专题调研，形成《关于民勤县新能源产业发展的调研报告》。

人口资源环境委员会参与省政协“十三五”规划编制调研活动，形成《关于生态文明建设“十三五”规划制定的意见建议》，提交省政协十一届常委会议审议。深入华电、陇星等企业就新能源企业发展面临的困难和问题进行调研，并提出了意见建议，报送有关部门决策参考。组织省政协委员和有关专家就美丽乡村顶层设计问题进行视察和座谈讨论。就省政府制定的《甘肃省石油勘探开发生态环境保护条例（修订送审稿）》提出修改建议。组织召开“新常态下甘肃重化工业转型升级”月协商座谈会，形成《省政协关于新常态下甘肃重化工业转型升级面临的主要问题及建议》报省委省政府，省长刘伟平、副省长黄强作出批示。配合全国政协开展“资源枯竭城市转型发展”调研工作。完成了辽宁、重庆、四川、湖南政协来甘调研的相关工作。

科教文卫体委员会参与省政协“简政放权及行政事业性收费清理情况”视察活动。就“全省高校科技创新成果转化的难点与对策研究”“全省学前教育发展情况”召开月协商座谈会，分别形成建议案上报省委省政府。赴甘南、临夏就农牧区包虫病防治情况进行专题调研，形成了《全省农牧区包虫病防治情况的调研报告》上报省委省政府，副省长夏红民作出批示。组织开展全省体育场馆建设情况调研，形成《关于全省体育场馆建设情况的调研报告》。深入定西、平凉就“公立医院改革中中医药特色优势发挥情况”进行专题调研，形成《关于全省公立医院改革中中医药特色优势发挥情况的调研报告》，省长刘伟平、副省长夏红民作出批示。赴白银市就“亮睛点工程进展情况”进行调研，形成了《关于白银市亮睛点工程进展情况的报告》，冯健身主席作出批示，并转报白银市委、市政府。赴敦煌市和瓜州县就全省世界文化遗产保护和利用情况进行调研。

民族和宗教委员会深入临夏、甘南就加快全省民族地区畜牧业发展进行调研，并组织召开省政协“关于加快推进全省民族地区畜牧业发展”月协商座谈会，形成《关于加快推进全省民族地区畜牧业发展的建议》报省委省政府，省长刘伟平、副省长杨子兴分别作出批示。就散杂居地区民族乡经济发展进行调研，向省委省政府报送《关于全省散杂居地区民族乡经济发展情况的调研报告》。组织召开市州政协和民族自治县政协民族宗教工作交流研讨会。配合全国政协调研组，分别就全省《宗教事务条例》贯彻落实情况和“一带一路”建设涉及的民族宗教工作进行调研。走访看望少数民族和宗教界代表人士，听取了他们对贯彻党的民族宗教政策和政协民族宗教工作的意见建议。开展以体察民情、助推“双联”等为主要内容的委员界别活动。在甘南州碌曲县西仓乡唐龙多村参与维稳工作。

港澳台侨和外事委员会会同有关单位深入省内28个基层站点和云南、黑龙江等省就“全省丝绸之路经济带建设中的文化与旅游融合发展问题”进行调研，组织召开月协商座谈会。密切联系省政协港澳委员，及时向委员通报甘肃省经济社会发展情况。组织发动省政协港澳委员参与“委员助推双联行动”，为联系点硬化道路、重建小学捐款捐物；在香港委员周伯展的争取和倡导下，香港友人钱焕棠伉俪在临洮县捐建了扶贫眼科中心，此项目现已正式启动接诊。发动组织省政协委员、澳门镜平学校校长黎世祺及师生捐款46120元人民币，支持民勤县荒漠化治理，增进了港澳委员与贫困地区群众之间的交流和了解。协调港澳委员投资项目落地投产，支持甘肃省经济社会发展。组织省政协港澳委员及企业家开展“港澳委员省情考察”活动。

农业和农村工作委员会参与省政协“十三五”规划编制调研和“简政放权及行政事业性收费清理情况”视察活动。深入六盘山特困片区，就“六盘山片区全面建成小康社会短板和对策建议”进行了调研，形成《关于甘肃省六盘山片区全面建成小康社会情况的报告》，在四省区政协主席联席会议上印发。赴武威、张掖两市的4个县区，对农产品质量安全进行调研，形成建议报送省委省政府。组织召开“精准扶贫月协商座谈会”，形成《关于扎实落实“1+17”精准扶贫工作方案的建议》，报省委省政府决策参考。组织相关专家，深入河西、定西就“全省马铃薯主粮化问题”进行调研，形成《对全省积极实施马铃薯主粮化战略的建议》报省委省政府。组织召开“全省农业和农村经济形势座谈会”，形成《关于当前全省农业和农村经济发展的建议》《关于新常态下发展绿色农业的建议》报送相关部门。

【重要活动】围绕全省“十三五”规划编制工作开展调研。4月至5月，省政协主席会议成员带领4个调研组，围绕习近平总书记提出的转变经济发展方式、调整优化产业结构、加强生态文明建设、保障和改善民生等“十三五”时期需努力突破的着力重点，分别深入有关省直部门、市州县区、企业进行调研。经省政协十一届十次常委会议审议，形成《关于制定全省“十三五”规划有关问题的建议案》。建议案从现代物流业发展、加快推进全省社会养老服务业、生态建设和环境保护3个方面，提出加快兰州新区综合保税区和甘肃国际陆港建设及优化、完善辐射城乡的物流通道网络建设等28条具体意见建议，报送省委省政府供决策参考。

围绕简政放权及清理规范行政事业性收费开展视察。7月至8月，由省政协主席会议成员带领4个视察组，分别深入兰州、白银、张掖、酒泉、平凉、庆阳、天水、定西等8个市的基层单位、服务窗口、企业等，就简政放权及行政事业性收费清理情况进行视察。针对视察中发现的简政放权整体协同性不够、审批运行机制还需改进、事中事后监管制度和责任机制亟需建立、社会中介机构亟待加强规范等问题，召开常委会议认真研究分析，深入协商讨论，提出了简政放权要统筹规划、协调推进；审批权限下放要坚持权责对等、能力配套；加快完善行政审批长效机制等8条意见建议。形成了省政协《关于简政放权及清理规范行政事业性收费有关问题的视察报告》报送省委省政府。省政府主要领导作出批示，对报告提出的建议组织有关部门逐个研究完善整改措施，促进政府职能转变取得好成效。

召开月协商座谈会。3月至12月，先后就推进“两个共同”示范区建设、依法维护残疾人权益、非物质文化遗产保护传承、深化国企改革、推动高等院校科技创新成果转化、推进重化工业转型升级、民族地区畜牧业发展、推进精准扶贫、丝绸之路文化旅游融合发展、学前教育发展等组织召开月协商座谈会，向省委省政府报送10个专项建议，得到了省委省政府的高度重视。

助推精准扶贫精准脱贫。按照中共甘肃省委的要求，省政协把助推精准扶贫精准脱贫作为履行职能的“一号工程”，集中各级政协力量，发挥广大委员作用，为打赢脱贫攻坚战倾注真心真情、作出积极努力。一是积极争取国家对全省脱贫攻坚支持力度。全国政协十二届三次会议期间，住甘全国政协委员积极呼吁国家加大对西部地区的支持力度，牵头促成的中共界别第一份集体提案，被确定为全国政协重点提案，转交国家相关部门办理。在六盘山片区陕甘宁青四省区政协主席联席会议上，全面介绍“1+17”精准扶贫工作部署，联名向全国政协提交了《六盘山片区全面建成小康社会现状分析及对策建议》，俞正声主席将此建议批转国家发改委研究落实。二是紧盯精准扶贫精准脱贫建言献策。召开精准扶贫月协商座谈会，围绕如何落实好“1+17”精准扶贫工作方案，就宣传扶贫政策、金融对接产业、整合资源平台等深入开展协商讨论。省委书记参加政协月协商座谈会、面对面听取委员意见，在全国开创了先河。三是积极推动双联行动与精准扶贫深度融合。以开展“能力提升年”活动为主线，着力做到“四个坚持”。坚持领导带头、破解发展难题。主席会议成员带头贯彻中共甘肃省委要求，发挥牵头协调作用，召开双联协调推进会。省政协联系的51个贫困村富民产业已初具规模。坚持委员助推、发挥整体优势。出台《关于全面贯彻落实全省精准扶贫精准脱贫工作会议精神的决议》和《关于增强履职实效助推精准扶贫的意见》，动员组织广大政协委员投身精准扶贫主战场。开展“政协委员话扶贫”活动和“委员助推双联行动”，委员参与率达到92.8%。坚持搭建平台、突出示范引领。召开双联与精准扶贫“互学互看”现场会。坚持驻村帮扶、强化工作力量。落实中共甘肃省委要求，选派28名优秀干部担任驻村工作队队长和村党支部第一书记，严格落实双联干部轮流驻村工作制度，加强实地督查考核，工作成效初步显现。

开展“三严三实”专题教育。按照中央和甘肃省委部署，省政协聚焦对党忠诚、个人干净、敢于担当，突出问题导向，贯彻从严要求，注重认真深入讲党课、紧扣主题作研讨、充分全面听意见、实事求是查问题，坚持抓好关键动作，深入开展“三严三实”专题教育。一是领导带头讲党课。召开专题教育党课报告会，省政协党组书记、主席冯健身率先垂范，为机关全体党员干部作专题党课辅导。党组其他6位成员为分管部门的党员干部作了专题党课辅导。二是扎实开展专题学习研讨。围绕3个教育专题，开展了7次学习研讨会。三是认真召开专题民主生活会。围绕查摆出的11个“不严不实”问题，深入开展批评和自我批评，收到了思想见面、红脸出汗、鼓劲加油的效果。四是广泛开展主题系列活动。举办“践行‘三严三实’争做陇原先锋”主题演讲赛，“迎国庆展新貌树新风”专题书画摄影展，“三严三实”主题征文，离退休老领导老同志老党员庆祝建党94周年主题党日活动等专题教育系列活动。五是深入开展专项整治。按照省委要求，结合政协实际，深入开展了“为官不为”“庸懒散慢”“两好两促”等专项整治行动。机关党员干部政治意识、核心意识、纪律意识、看齐意识得到进一步强化，工作作风持续改进。

举办省政协委员学习培训班和全

省政协干部培训班。4月21日至22日，省政协委员学习培训班在兰州举办。省政协主席冯健身参加学习，省政协副主席刘立军主持开班式和结班式并讲话，省政协副主席黄选平主持第二次学习讲座，省政协副主席张世珍、张景辉、马文云参加了学习讲座。培训班邀请省政协委员、省委党校常务副校长范鹏，兰州大学法学院院长刘志坚，中国人民大学经济安全与创新战略中心主任、中央电视台财经频道评论员马光远分别作了题为“建设社会主义协商民主，完善社会主义民主政治”“洞悉法治理性，科学推进依法治国”和“经济大变局与全民创业时代——2015年中国宏观经济分析及政策应对”的专题辅导讲座。住甘全国政协委员，省政协委员和省政协机关干部参加了学习。2015年，省政协办公厅和省委组织部联合举办“全省政协领导干部培训班”，分两期对106名市州、县区政协领导和省政协机关厅级、处级干部进行了培训。

全国政协副主席卢展工来甘调研。6月28日至7月1日，全国政协副主席卢展工一行来甘，就“发挥中华优秀传统文化在培育和践行社会主义核心价值观中的作用”开展专题调研。省委书记、省人大常委会主任王三运，省委副书记、省长刘伟平，省政协主席冯健身，省领导虞海燕、夏红民、栗震亚及省政协秘书长石晶分别陪同调研或参加汇报座谈会。调研期间，卢展工一行先后到兰州市大雁滩社区文化活动中心、金城关文化博览园、七里河小学、八路军驻兰办事处纪念馆、敦煌市博物馆、敦煌莫高窟等地，就甘肃省文化遗产保护传承、社区公共文化服务体系建设、优秀传统文化传承教育等情况进行实地考察调研。

全国政协副主席王正伟来甘调研。7月2日至5日，全国政协副主席、中央统战部副部长、国家民委主任王正伟带领国家民委调研组来甘，就中央民族工作会议精神贯彻落实情况和民族地区全面建成小康社会进展情况开展专题调研。省委书记、省人大常委会主任王三运主持汇报会，省委副书记、省长刘伟平汇报全省民族工作情况。省领导欧阳坚、咸辉、李建华、王玺玉、马青林、刘立军及省政府秘书长张生桢分别陪同调研或参加汇报座谈会。

承办中国人民政协理论研究会第二届理事会第二次常务理事会暨2015年度人民政协理论研讨会。该会议于9月8日至9日在兰州召开。全国政协副主席兼秘书长、中国人民政协理论研究会会长张庆黎出席会议并讲话。省委书记、省人大常委会主任王三运出席会议并讲话。省政协主席冯健身出席会议并发言，省政协副主席张津梁及省政协秘书长石晶出席会议。全国政协文史和学习委员会驻会副主任、中国人民政协理论研究会副会长兼秘书长陈惠丰主持会议。中国人民政协理论研究会副会长、中国人民政协理论研究会常务理事、部分理事和专家学者出席会议。会议通报了中国人民政协理论研究会换届以来的工作，审议了有关人事事项，并以“加强社会主义协商民主建设与人民政协”为主题进行了深入交流研讨。

【重要文件】

常委会工作报告（2015年1月27日）（摘要）

一、2014年工作回顾。

（一）深入学习贯彻中共十八届三中、四中全会和习近平总书记系列重要讲话精神，着力夯实团结奋斗的共同思想政治基础。

（二）紧紧围绕全省转型跨越发展的重大问题调研视察，为促进经济社会持续健康发展议政建言。围绕加快推进创新驱动战略开展重点调研。向省委省政府报送了《关于加快实施创新驱动战略有关问题的建议案》，提出了35条具体建议。省政府主要领导对建议案作了批示。围绕推动非公有制经济跨越发展开展重点视察。向省委省政府报送了《关于推动全省非公有制经济跨越发展的建议案》。省非公经济发展协调推进领导小组发出关于分解落实政协《建议案》所提意见建议的通知，要求各市州、各成员单位研究落实。

（三）认真完成省委交办的各项任务，为省委省政府重要决策提供参考。省政协主席会议成员就全面深化改革、构建国家生态安全屏障共建绿色丝绸之路、战略性新兴产业发展的方向和重点等专题，形成9份专题调研报告。省政协主席会议成员参与全省重大项目观摩活动和“两手抓两手硬、双促进双落实”调研督查活动，就如何做好“3341”项目观摩工作、加大工业园区建设力度、加强项目前期储备工作、防范债务风险、以党风廉政建设推进项目工程建设等提出意见建议。受省政府委托，就依法治国、建立健全生态补偿机制专题开展调研。全力落实省委民主法治领域改革相关任务。修订完善《政协建议案和调研视察报告办理暂行办法》，形成《关于健全委员联络机构完善委员联络制度的报告》，对省委《关于加强提案办理协商提高提案工作科学化水平的意见》贯彻执行情况进行调研。

（四）积极开展协商民主理论研究和实践探索，着力推进人民政协协商民主建设。制定省政协2014年协商工作计划。下发了开展人民政协协商民主试点工作的指导意见，选择平凉市、临夏市、镇原县、凉州区开展政协协商民主工作试点。建立月协商座谈会制度。召开省政协理论研讨会，重点就完善协商民主的制度设计、开展协商民主实践、加强协商成果转化及增强政协履职能力等进行研讨。组织379名委员进行协商民主知识专题培训。

（五）深入开展双联行动，为推进扶贫攻坚倾情出力。注重强化组织引导，坚持主席会议成员带头，强化各部门和全体干部双联责任，深入开展机关双联行动。注重培育主导产业，对联系村进行全产业链帮扶。省政协联系的40个贫困村产业农民人均纯收入比上年增长21%。注重增强致富能力，提高产业发展能力。注重动员社会帮扶，为联系县、联系村推介和落实帮扶产业项目。注重总结推广典型，召开双联行动“产业培育攻坚年”现场会，推广典型，加强示范带动。（六）高度重视强基固本各项工作，着力提高履职能力。完善提案办理协商工作机制，提高提案质量，增强办理实效。

制定省政协《反映社情民意信息工作规则（试行）》，全年共收集社情民意信息268篇，编发《甘肃政协信息》69期，被全国政协采用5期，其中有3期专题上报中央领导同志。举办人民政协成立65周年庆祝活动。认真贯彻省委加强和改进作风各项规定，减少会议，精简文件，严格控制“三公经费”支出，机关作风持续改善。制定省政协内设机构职责及工作规范，修订完善省政协工作制度汇编。加大干部培养使用力度，选配一批年富力强的优秀干部走上领导岗位。

二、2015年主要工作任务。

（一）扎实深入开展学习活动，切实提高履职能力、增进政治认同，巩固共同团结奋斗的思想基础。

（二）牢牢把握服务大局这一原则，紧扣改革发展献计出力。

（三）始终坚持履职为民理念，为促进民生持续改善主动作为。

（四）着眼于发展社会主义民主政治，推动人民政协协商民主依法有序活跃开展。

（五）切实加强自身建设，努力提升政协履职的现代化水平。

十一届三次会议政治决议（2015年1月31日）（摘要）

会议认为，省政协及其常委会认真贯彻落实中共十八大、十八届三中、四中全会和习近平总书记系列重要讲话精神，始终坚持团结民主两大主题，紧紧围绕省委省政府中心工作履职尽责、议政建言，政治协商、民主监督、参政议政，为推动重大决策部署贯彻落实、服务各项事业发展进步做出了新贡献。会议认为，党的十八大以来，中共中央对人民政协事业提出了一系列新论断新要求。中共十八届四中全会《决定》阐明了全面推进依法治国的指导思想、总体目标、基本原则和重大任务，是加快建设社会主义法治国家的纲领性文件。中央经济工作会议，深入分析国际国内经济形势，深刻阐述了经济新常态的丰富内涵、带来的趋势变化和积极应对的思路举措，确立了“稳中求进”的工作总基调。省委十二届九次全委会议暨全省经济工作会议，全面贯彻中共十八届四中全会精神和中央经济工作会议精神，制定了贯彻落实中共中央决定的《意见》。会议强调，全省各级政协组织和广大政协委员，要切实加强思想建设，不断增强政治把握能力，自觉在思想上政治上行动上同以习近平同志为总书记的中共中央保持高度一致；要自觉坚持围绕中心、服务大局这一基本原则，主动适应新常态，紧紧围绕省十二次党代会和省十二届三次人代会确定的目标任务，选择事关转型升级的深层次矛盾和问题，事关全面深化改革和推进依法治国的重大问题，深入调研视察，广泛协商议政，积极献计出力；要始终坚持履职为民理念，高度关注民生问题，认真倾听群众呼声，及时反映群众意愿，深入拓展双联行动，为推动“1236”扶贫攻坚行动、促进民生持续改善积极作为；要牢牢把握团结民主两大主题，发扬求同存异、体谅包容的优良传统，贯彻民主协商、平等议事的工作原则，充分发扬民主，广泛增进团结，集中各界智慧，为全省改革发展凝聚强大合力；要深刻认识人民政协是国家治理体系和治理能力现代化的重要组成部分，是实现国家富强、民族振兴、人民幸福的重要力量，进一步把好方向、健全制度、广开言路、协商为民，不断提高人民政协协商民主制度化、规范化、程序化水平；要大力加强作风建设和能力建设，严格做到守纪律、讲规矩，以高度的政治自觉、良好的工作作风、扎实的履职成效，展示新形象，彰显新作为。会议号召，全省各级政协组织、政协各参加单位和广大政协委员，要紧密团结在以习近平同志为总书记的中共中央周围，在中共甘肃省委的坚强领导下，解放思想、锐意进取，为推进全省政协事业新发展、夺取全面建成小康社会新胜利、建设幸福美好新甘肃做出新的更大贡献！

冯健身在十一届三次会议上的讲话（2015年1月31日）（摘要）

全省各级政协组织和广大政协委员，要深入贯彻中共十八大和十八届三中、四中全会精神，全面落实省委的决策部署和政府工作报告确定的奋斗目标，继续保持和发扬人民政协优良传统，发挥自身优势，认真履职尽责，积极有效作为，在全面深化改革、推进依法治国、完成“十二五”奋斗目标的伟大征程中创造新业绩、展示新作为。讲四个方面的问题：

一是我国经济发展进入新常态，是中央全面总结发展经验、准确研判当前形势和未来走势作出的战略判断。我们要自觉把思想和行动统一到中央和省委的决策部署上来，围绕推动全面深化改革、推动经济转型升级、提高发展质量和效益、培育新的增长点、优化经济格局等重大问题，深入调查研究，积极议政建言，为促进全省经济持续平稳健康发展献计出力。

二是全面推进依法治国，是中央在新形势下坚持走中国特色社会主义法治道路、建设中国特色社会主义法治体系、建设中国特色社会主义法治国家的重要宣示和重大决策。我们要把贯彻落实中央和省委关于依法治国、依法治省的重大决策部署，作为政协履职的重点工作，着眼于推动科学立法、严格执法、公正司法、全民守法，开展重点视察和民主监督，为推动全省法治建设献计出力。

三是坚持以人为本、履职为民，是人民政协工作的根本宗旨和基本理念。我们要始终把关注民生、保障民生、改善民生作为政协工作的出发点和落脚点，紧扣省委省政府深化“1236”扶贫攻坚行动、推进和谐社会建设的工作部署，高度关注和研究民生问题，积极反映群众意愿诉求，扎实开展委员助推双联行动，为推动全省民生改善、促进社会和谐献计出力。四是人民政协是协商民主重要渠道和专门协商机构。推动社会主义协商民主，是人民政协的重大任务。我们要认真学习贯彻习近平总书记关于加强社会主义协商民主建设的重大战略思想，深入贯彻落实中央和省委关于加强协商民主的部署要求，努力做到把好方向、健全制度、广开言路、协商为民，在积极推进协商民主广泛多层制度化发展上积极作为。加强履职能力建设，是中央和省委对人民政协提出的明确要求，也是人民政协适应新形势、肩负新使命、创造新业绩的现实需要。

我们要深入贯彻中纪委十八届五次全会精神，全面落实中共中央八项规定和省委“双十条”规定，按照省委构建“3783”党风廉政建设主体责任体系的部署，以改革思维、创新理念、务实举措大力推进履职能力建设，严格做到守纪律、讲规矩，着力强化政治把握能力、调查研究能力、联系群众能力、合作共事能力，在努力提升人民政协履职的现代化水平上积极作为。

冯健身在十一届八次常委会议上的讲话（2015年1月25日）（摘要）

这次常委会议主要是为即将召开的十一届三次会议做准备。

一、认真负责地协商讨论好有关报告，多提高质量的意见和建议。为确保全会小组讨论、大会发言和专题协商取得实实在在的成效，请各位常委务必牢记使命、不负重任，忠实履行宪法、法律和政协章程赋予的神圣职责，以高度负责的精神，引领和带动全体委员协商讨论好有关报告，起草好发言材料，多建睿智之言，多献务实之策，着力做到“三个把握”：一是要着力把握好来之不易的良好发展态势；二是要着力把握好新常态下全省经济社会发展的阶段性特征；三是要着力把握好明年全省发展的目标任务。

二、要认真负责地审议好省政协常委会有关报告、决议，为总结和谋划好常委会工作发挥应有作为。希望各位常委以高度负责的精神，引领和带动全体委员审议好省政协常委会有关报告、决议，着力做到“两个把握”：一是要着力把握好省政协常委会过去一年取得的工作经验；二是要着力把握好省政协常委会今年工作的谋划部署。

三、要改进作风，以良好的精神状态保证全委会议圆满成功。各位常委要改进作风、振奋精神，引领和带动全体委员以良好的精神风貌开好会议，务必做到“三个带头”：一是要带头严格遵守会议纪律；二是要带头集中精力开好会议；三是要带头改进作风转变会风。三次全委会议的一项重要议程，就是增补政协常委。希望大家充分认识做好选举工作的重要性，按照中央和省委人事安排意见，识大体，讲大局，认真负责地行使好自己的民主权利，确保这次选举任务顺利完成。

冯健身在十一届十次常委会议上的讲话（2015年6月26日）（摘要）

这次常委会议审议通过了《关于制定全省“十三五”规划有关问题的建议案》和《关于全面贯彻认真落实全省精准扶贫精准脱贫工作会议精神的决议》。我结合会上讨论的情况，就进一步发挥好政协在“十三五”规划编制和推动扶贫攻坚中的作用，讲几点意见。一、充分发挥人才智力优势，为编制“十三五”规划献计出力。全省政协系统要把编制“十三五”规划作为今年议政建言的重要方面，主动履职尽责，积极出谋划策。一是要充分吸纳这次会议提出的意见建议，对《建议案》作进一步修改完善。二是要深入研究事关全省未来发展的重大问题，继续为编制“十三五”规划献计出力。二、全面贯彻中央和省委关于精准扶贫的一系列决策部署，在助推全省扶贫攻坚中发挥切实作用。一是要强化担当意识，把推动精准扶贫、精准脱贫作为政协组织和政协委员义不容辞的重大政治责任。二是要立足自身特点，为精准扶贫、精准脱贫多建务实之言、多献管用之策。三是要借助双联平台，积极主动投身全省精准扶贫、精准脱贫的伟大实践。把精准扶贫作为双联工作的重点，着眼精准扶贫深化推动双联行动，通过双联行动服务精准扶贫，在双联行动中全面体现精准，努力推动双联行动与精准扶贫融合联动，不断拓展双联行动的内涵和层次。

《关于全面贯彻认真落实全省精准扶贫精准脱贫工作会议精神的决议》(2015年6月26日)（摘要）

会议认为，全省精准扶贫精准脱贫工作会议是在全省扶贫攻坚进入决战阶段召开的一次十分重要的会议。这次会议创新形成的精准扶贫精准脱贫独具特色的甘肃理念、甘肃模式、甘肃机制、甘肃状态，标志着全省扶贫开发进入了新阶段，必将会进一步加快全省全面建成小康社会步伐，会在甘肃乃至全国扶贫开发史上留下浓墨重彩的一笔。会议强调，全省各级政协组织、政协各参加单位和广大政协委员，要以高度的政治责任感和历史使命感，把贯彻落实精准扶贫精准脱贫工作会议精神作为当前和今后一个时期重要的政治任务，认真贯彻落实习近平总书记在贵州扶贫攻坚座谈会上关于“切实落实领导责任、切实做到精准扶贫、切实强化社会合力、切实加强基层组织”的要求，坚持把主要精力向精准扶贫聚焦，坚持把工作部署向精准扶贫聚集，坚持把工作力量向精准扶贫聚拢，统一思想、振奋精神，发挥优势、主动作为。会议要求，要把推进精准扶贫作为建言献策的重中之重。动员和组织广大政协委员紧扣完善基础设施、壮大富民产业、发展社会事业、强化金融支持、改革创新扶贫机制等事关“1+17”精准扶贫方案实施落实的重要问题，认真调查研究，深入协商讨论，广泛听取意见，多谋精准扶贫大计，多建精准脱贫诤言，多献利民富民良策。会议要求，要深入推进双联行动与精准扶贫深度融合。要把双联行动作为推进精准扶贫的重要抓手，认真落实好“1+17”精准扶贫方案，努力推动双联行动和精准扶贫在目标任务、帮扶力量、资金项目、培训资源等方面的深度融合，切实开展好省政协夯基础、抓培训、育产业、促发展为主要内容的“扶贫能力提升年”活动和省政协联系的县乡村“双联互学互看”活动，在双联行动中全面体现精准扶贫的新要求，在精准扶贫的实践中，不断拓展双联行动的新内涵。会议要求，要着力深化委员助推双联行动。要在扩大委员参与面、提高委员服务扶贫能力、完善工作措施上下功夫。组织广大政协委员深入贫困地区开展规划咨询、基础建设、产业扶持、科技讲座、技能培训、义诊义捐等活动，全力为贫困村、贫困户脱贫致富办实事，切实使广大委员更加自觉主动参与扶贫，更加精准有效服务扶贫，力争年内委员参与率达到90%以上。会议要求，要全方位多渠道服务精准扶贫。按照习近平总书记“广泛调动社会各界参与扶贫开发积极性”的要求，充分发挥政协联系广泛的优势，搭建服务精准扶贫的新平台。加强与港澳委员和港澳企业家、专家学者的联系，根据贫困地区的发展需要和互利双赢的原则，通过港澳委员引进资金，引进技术，引进人才。加强与兄弟省市政协的联系，通过兄弟省市政协及有关方面，大力宣传和推介甘肃，为承接东部地区产业向西转移牵线搭桥。加强与兄弟省区政协联系，通过六盘山贫困片四省区政协主席联席会议等方式，凝聚共识，形成合力，为有效推进片区扶贫攻坚建言献策、办实事。会议要求，要积极争取国家层面大力支持全省精准扶贫工作。通过邀请全国政协领导和部门来甘调研视察、组织在甘全国政协委员通过提出提案、大会发言、反映社情民意等多种形式，及时向国家反映全省推进精准扶贫精准脱贫面临的突出困难和问题，积极争取国家从更多方面关注和支持甘肃的扶贫攻坚。会议号召，全省各级政协组织、政协各参加单位和广大政协委员，要紧密团结在以习近平同志为总书记的中共中央周围，在中共甘肃省委的坚强领导下，群策群力，大干实干，为全力打赢全省精准扶贫精准脱贫攻坚战、为全面建成小康社会和建设幸福美好新甘肃作出新贡献！

冯健身在省政协十一届十一次常委会议上的讲话（2015年9月25日）（摘要）

这次常委会议，专题研究“简政放权及清理规范行政事业性收费有关问题”。根据会议讨论的情况，我讲几点意见。

一、认真梳理总结会议提出的意见建议，全面反映协商成果。这次会议共收到31篇发言，12位同志作了大会发言。会议期间，各位常委和同志们坦陈己见、畅所欲言，提出的意见建议都具有很高的参考价值。会后，我们将对大家提出的意见建议认真整理，仔细研究，在修改完善《视察报告》时充分吸收。对暂时不能纳入《视察报告》的有价值的意见建议，我们还将通过反映社情民意信息等形式报送省委省政府决策参考。二、充分发挥人才智力优势，为深化简政放权、转变政府职能积极献计出力。习近平总书记指出，简政放权，既要放也要接，“自由落体”不行，该管的事没人管了不行。我们要认真贯彻落实习近平总书记的指示要求，紧紧围绕全省深化行政体制改革的战略部署，紧盯简政放权工作中阻碍创新发展的“堵点”、影响干事创业的“痛点”和市场监管的“盲点”，充分发挥政协人才智力优势，积极为深化简政放权工作建言献策。三、深入开展民主监督，推动简政放权各项政策措施落到实处。我们要全面贯彻落实习近平总书记和俞正声主席关于加强人民政协民主监督的指示要求，紧紧围绕深化行政体制改革、推进简政放权这一主题，抓好民主监督工作。一是要紧扣简政放权各项工作落实情况开展民主监督；二是要紧扣这次视察报告各项意见建议的落实情况开展跟踪监督；三是要加大对开展民主监督的宣传报道力度。

《关于增强履职实效助推精准扶贫的意见》(2015年9月25日)（摘要）

坚持把助推精准扶贫作为履行职能的重要内容。要认真贯彻党中央关于全面建成小康社会的战略部署和全省精准扶贫精准脱贫工作会议精神。要树立与新形势、新任务相适应的思想理念，不断改进履职方式、提升履职能力、增强履职实效。要把履职重点放在事关精准扶贫精准脱贫工作大局同时又力所能及的关键性问题上，集中各方面智慧和力量，提出切实可行的意见建议，努力形成高质量的履职成果。要深入调查研究，提出有利于稳定脱贫的意见建议。要创新履职方式，注重发挥委员的主体作用，收集和反映委员的真知灼见。要发挥协商民主的重要平台作用，与各党派团体、各族各界广泛协商，努力促成同舟共济谋发展、凝心聚力奔小康的良好局面。

二、坚持把促进政策落实作为发挥民主监督作用的着力点。要加强学习培训，全面掌握政策内容。要根据政协的职能和优势，推动政策方案向小康现实稳步转化。要根据党委、政府统一部署，积极参加党政部门组织的调研、检查活动。

三、坚持在委员助推双联行动中主动作为精准发力。要统筹开展宣传政策、反映民意、促进发展、疏导情绪、强基固本、推广典型6大任务。要认真总结推广“委员助推双联行动”的好做法、好经验，探索创新助推方式，深化拓展助推内容，打造提升品牌形象。要着眼于发挥委员作用，建立双联动态信息库。要坚持问题导向，将委员的优势和贫困村户的短板精准对接，实现帮扶效果的最大化。要根据产业发展需要，组建种植、养殖、劳务、电商等培训小组，把农业实用技术和互联网知识送到千村万户；分析不同致贫原因，组建医疗、文化、科普、法律等各类专业小组，为困难群众排忧解难；选择典型贫困片带，组建跨区域综合调研小组，为整体脱贫开展咨询服务、提出意见建议。要统筹谋划协调推进，把“委员助推双联行动”与界别活动、委员活动有机结合，扩大委员参与面，增强委员助推实效。要加强宣传引领，总结推广典型，充分展示委员在双联行动和精准扶贫主战场建功立业的时代风采。

四、坚持在引导社会力量精准帮扶中发挥独特优势。要充分发挥团结民主、人才荟萃、联系广泛、位置超脱等优势，积极动员和吸收社会各界广泛参与扶贫开发和扶贫济困活动。要加强同各民主党派的联合，实现资源共享、优势互补、合力扶贫；充分发挥工商联的作用，鼓励、支持、帮助各类非公有制企业、社会组织和个人自愿参与精准扶贫；加强同群众团体、大专院校、科研院所的联系，大力宣传精准扶贫配套政策，畅通精准扶贫信息渠道，凝聚精准扶贫力量和智慧；加强同兄弟省（市、区）政协和省内各市（州）、县（市、区）政协之间的联系，为招商引资、产业转移、扶贫创业牵线搭桥；加强同港澳委员和台胞、侨胞的联系，为他们知情出力、合作发展、扶贫济困创造条件；加强同广大委员及企业家、专家学者、社会爱心人士以及各类公益慈善组织的联系，搭建社会力量参与扶贫的信息平台，引导社会力量自发自愿参与扶贫开发大会战、大决战，力促形成各方力量齐帮联促、各种资源融合联动、各族各界共同助推的“大扶贫”格局。

五、坚持在机制创新中提升服务精准扶贫工作大局的能力和水平。要健全落实目标责任机制，在履行职能的各项工作和双联行动中切实体现精准扶贫的要求。要健全落实驻村帮扶机制，配齐配强驻村帮扶工作队力量，确保每年帮扶工作时间达到220个工作日以上。要健全落实宣传激励机制，加强宣传引导，总结推广精准扶贫和双联行动的成功经验和做法，营造攻坚克难、履职尽责的浓厚氛围。坚持“逢提必下”，安排有培养前途的干部到基层开展帮扶工作，成绩突出的要优先提拔使用。要健全落实监督约束机制，加强监督检查和考核评估，每半年通报一次开展精准扶贫和双联行动的情况，并将考核情况作为建议委员换届连任和干部调整使用的依据。

（秦跟平　尚星）

甘肃工商业联合会

【非公有制经济发展】截止2015年底，全省非公经济增加值比重达到45.8%，非公经济市场主体124.66万户，同比增长16.24%，占市场主体总数的97.36%。非公经济投资的招商引资项目5397个，占全年招商引资项目总数的94.5%，到位资金5924.38亿元，占全年到位资金的83.5%。

【经济服务】积极参与“一带一路”战略。把推动民营企业“走出去”和参与丝绸之路黄金段建设作为重点工作，开展民营企业“走出去”专题调研，与省商务厅联合出台《进一步加快实施“走出去”战略意见》，鼓励省民营企业去境外投资办厂、开展加工贸易、承包工程等，多渠道拓展海外市场。积极承担APEC商务旅行卡的审核和推荐工作，为民营企业“走出去”提供点对点服务。组织企业家赴美国、新西兰、澳大利亚等国家进行商贸交流考察，邀请美中国际商会、美国龙门资本等外企、商会来甘考察，深化商务合作。

搭建金融服务平台。引进海峡两岸传统文化交流基金会，在全省设立总规模达200亿的“一带一路文化和教育产业基金”，首期基金规模20亿元，已在兰州新区注册成立基金管理公司。为解决非公企业融资难问题，省工商联与中国银行甘肃省分行签订金融合作框架协议，由省中行两年内向民企提供80亿元的综合授信额度。

搭建法律服务平台。省工商联与省检察院联合出台《关于在服务非公有制经济发展中加强协作配合的规定》，建立“一个平台、三项制度”，即：搭建检察服务室平台、建立联席会议制度、信息交流通报制度、建立完善调研制度，已成立各级工商联检察服务室33个。与省非公经济领导小组共同设立非公经济发展维权投诉举报平台，为维护非公经济市场主体的合法权益提供保障。

拓展“甘肃总商会”微信平台服务功能。不断完善“甘肃总商会”微信平台功能，做好营造干事创业环境、引导非公经济发展、提升甘肃形象美誉度等方面的宣传，打造互联网+招商项目+电商扶贫的模式。将全省158个重点项目和14个市州1253个招商项目全部登载在“甘肃总商会”微信平台开展招商，联系咨询或来甘肃考察项目的人数4000多人次，促成大批项目签约。特产商城电商扶贫推动20多个贫困县200多个农产品上架，兰州百合、礼县洋梨等产品销售势头良好。

【调研工作】为破解非公经济发展中贷款难、贷款贵的问题，由省委统战部牵头，省工商联具体组织，省发改委、省工信委、省工商局、省金融办、省地税局、中国人民银行甘肃省分行和兰州大学、西北师范大学的专家学者参与，在全省范围内开展了非公有制经济发展中融资难问题的专题调研，重点围绕扶持非公有制发展的金融政策落实、财税导向作用和扶持资金使用等内容进行深度调研，调研报告获中央统战部调研三等奖。组织力量对2014年度全省营业收入总额在1000万元以上的298户民营企业、非公经济成分控股的有限责任公司和股份公司进行了摸底调研，完成甘肃省2014年度民营企业营业收入50强、纳税50强和安置就业50强榜单。

【组织建设】全省县级工商联“一个设立、五个有”的基础目标全部完成，“五好”县级工商联引领示范效应逐步凸显，县级工商联组织状况得到改观。根据《甘肃省“五好”县级工商联建设示范点考评办法》，全省“五好”县级工商联达到24家，覆盖率达到28.9%。会员的结构和质量有了明显提升。截止2015年底，共有会员83223个，其中：企业会员26891个，团体会员2087个，个人会员54245个。对商会的指导、引导和服务工作明显增强，在指导换届中，加大对商会会长的考察工作力度。积极推动市县工商联商会服务机构建设，金昌、平凉等5个市州成立商会工作机构，白银区、靖远县等23个县市区出台商会服务配套办法。

【履行社会责任】一是抓好光彩项目落实，组织全省非公有制经济人士为礼县捐款249万元，建设安居房83户。争取广东丹姿慈善基金会、中国光彩事业基金会为通渭县马营镇捐建100眼“光彩 · 丹姿水窖”，解决11个社520人用水困难。省工商联副主席企业天庆集团在定西市启动“送天庆助学情，圆莘莘学子梦”大型公益助学活动第三轮捐资助学计划，向50名家庭困难大学生提供60万元资助。酒泉市启动“光彩惠民行”活动，在玉门市、瓜州县实施“光彩惠民行”项目10个、总投资近1000万元。二是深化商会对口帮扶工作。组织动员省工商联系统50家各类商会及非公经济代表人士以产业开发为重点，帮扶贫困县、乡、村开展产业建设、技能培训、灾后扶贫、贫困乡村片区整体推进及综合开发工作。全国工商联直属商会及省工商联直属商会、执委企业家对口帮扶21个贫困县共完成签约项目196个，合同资金406亿元，到位资金79亿元。商会对口帮扶三年来，全联直属商会在甘投资7个项目，投资总额26.85亿元。全省33家商会在各地共投资项目138个，涉及城市基础设施建设、园区建设、农业开发、文化产业、旅游开发、社会福利等九大板块，已到位资金434.91亿元。扶贫捐款56次，捐款总额925万元。三是制定下发《关于鼓励民营企业参与精准扶贫的实施意见》。甘肃省14位知名民营企业家向全省非公经济人士发出了参与精准扶贫的倡议，得到广大商会和民企的积极响应。省政府领导带领30余名省内知名民营企业家深入定西市漳县、陇南市礼县、天水市秦州区开展精准扶贫和产业对口帮扶活动，成功对接一批合作开发项目。与省扶贫办、省光彩会联合下发《甘肃省"千企帮千村"精准扶贫行动方案》，采取一企帮一村、一企帮多村或多企帮一村的方法开展帮扶活动，非公有制经济已经成为甘肃精准扶贫的重要力量。

【"民企陇上行"活动】利用甘肃省商会与省外商会联系密切及省外工商联与当地大企业联系广泛的优势，开展"全国百家商会百强民企进甘肃"（"双百活动"）的招商活动，全年共赴23个省市区举办了24场次招商推介会，国内外200多个知名商会、5000余名企业家参加。"兰洽会"期间，共签约项目1707个，合同资金4754亿元，到位资金1091亿元，"民企陇上行"活动已成为进一步扩大甘肃省对外开放，深入实施"3341"项目工程的重要抓手和促进非公经济转型跨越发展的重要载体。2015年省工商联被省政府评为推动非公有制经济跨越发展先进单位。

【"双联"工作】在漳县马泉乡继续推动药材产业订单种植的基础上，着力帮助改善联系村农民的基础生活条件，投入7万元修建卫生厕所70个（其中贫困户66个，两个村委会各2个）；投入13万余元安装太阳能路灯56盏。发放慰问金和助学金，共计4.3万元。推动漳县与省粮油商会签订了对口帮扶协议，捐助3.7万元解决了回沟门村文化室、文化广场急需的配套文化设施和群众体育锻炼器材；两次向漳县敬老院、贫困户捐赠价值1.23万元的米、面、油等生活物资。帮助漳县引进环保企业，开展农村污水处理试点。作为民乐县"双联"组长单位，省工商联坚持"输血"与"造血"并重的工作思路，支持民乐县发展特色产业，帮助民乐县招商局在甘肃总商会微信平台上发布招商引资项目200个；在兰州召开民乐县特色产业专场推介会，组织省内42家商会、民营企业90余人参加推介活动；"民企陇上行"活动期间组织江苏省、山东省、浙江省、陕西省30家民营企业赴民乐县考察项目，为支持民乐县特色产业发展做出贡献。

（张海玲）

甘肃省总工会

【理论学习】坚持把学习贯彻习近平总书记系列重要讲话精神作为工会思想理论建设的根本，通过党组中心组示范、召开专题会议、下发学习通知、举办培训班等方式，认真学习贯彻党的十八大和十八届三中、四中、五中全会精神，学习贯彻习近平总书记关于工人阶级和工会工作的重要论述特别是在庆"五一"暨全国劳模表彰大会和中央党的群团工作会议上的重要讲话精神。举办专题学习研讨会，深入学习中央、省委党的群团工作会议精神，准确把握中央、省委对工会工作提出的新要求，找准工会贯彻落实的切入点和着力点，研究制定贯彻落实的有效措施，及时对工会系统学习贯彻工作作出具体部署、提出明确要求。各级工会在党委领导下，组织广大工会干部系统深入学习，面向基层和职工广泛宣传习近平总书记系列重要讲话精神和中央、省委决策部署，切实把上级精神传达到基层、宣传到职工，引导职工群众树立共同理想，坚定了实现中国梦、建设幸福美好新甘肃的信心决心。

【精准扶贫】积极响应省委"一号工程"，发挥职能优势，助推"1+17"精准扶贫精准脱贫方案落地生根。省总从有限的帮扶资金中挤出600多万元，重点支持58个国家级贫困县开展农民工培训；各地工会采取多种方式，开展了10个大项、30个工种、近万人参加的职业技能培训。在陇西、武山举办"中国梦·双联情"劳模事迹报告会，联合开展"弘扬劳模精神，鼓励勤劳致富，在双联精准扶贫中建功立业"劳模事迹宣讲活动11场次，2万多名干部群众现场聆听，产生了强烈反响。

【"双联"工作】省总工会投入资金建成咀儿村村民综合服务中心，资助46名困难农户子女上大学，对患病困难农户给予大病救助，并开展了巡回义诊、送医下乡活动。认真履行组长单位职责，督促和指导陇西县双联工作深入发展。省总工会被省委、省政府授予全省双联行动"民心奖"。各级工会按照党委要求，把工会干部派到双联村，把工会组织建在双联村，把资金项目送到双联村，努力为双联村办实事、谋发展。

【素质提升】围绕促进区域发展、重点工程建设和非公企业发展，指导和督促基层广泛开展多层次、多主题、多形式的劳动竞赛，全省参赛单位8206个、职工93万人。深入实施职工素质提升活动，以培训普及技术，以比赛带动晋级，全省举办各级各类技能比赛382项，参赛人数近50万，比赛工种（项目）、参赛人数均创历史新高。通过技能大赛，有2万余名职工晋升了技术等级，150人获得甘肃省技术能手、1132人获得甘肃省技术标兵称号。举办技能培训班2500余期，培训职工近20万人次。开展技能演展示活动250场次，观摩人数5万多人次。省总工会成功举办20项省级一类大赛，评选表彰全省职工优秀技术创新成果290项，调动了职工创新积极性，促进了企业技术进步。

【劳模工作】在省委领导下，省总坚持严格把关，发扬民主，优中选优，推荐评选了56名全国劳动模范、382名甘肃省劳动模范和先进工作者，配合省委、省政府成功召开五年一度的全省劳模表彰大会。精心制作图文并茂的劳模展板，在多地展出，近10万人（次）参观。结合节庆，从3月开始在主流媒体上集中宣传报道劳模的先进事迹。劳模宣讲"中国梦·劳动美"活动遍及陇原，各地工会组织劳模进企业、进学校、进社区举办报告会86场(次)。各级工会按照省上统一部署,认真做好劳模的推荐、评选和节庆宣传工作,举办不同形式、不同规模的"五一"庆祝和主题宣传活动,扩大了劳模社会影响。认真做好劳模管理服务工作,指导创建劳模创新工作室282个,评选命名了25个全省示范性劳模创新工作室;为本省全国劳模发放帮扶资金500万元,为省级劳模发放生活困难补助1050万元,组织310名劳模参加疗休养。使劳模真正感觉到党和政府的关怀,体会到工会是为劳模服务的"娘家人"。

【依法维权】认真落实省政府《关于进一步加强工资集体协商工作的意见》,督促企业签订和落实劳动合同、集体合同,重点推进工资集体协商。加强指导员队伍建设,培育和创建工资集体协商示范单位,实施"春季要约行动",全省签订工资专项合同的企业达到已建会企业总数的86.02%,覆盖职工81.74%。加强对企事业单位民主管理工作的现场指导,组织职工代表培训,推进职代会、厂务公开制度规范化建设,开展"公开解难题、民主促发展"主题活动,使职工的参与权、知情权和监督权得到较好维护。与省人社厅等部门召开联席会议,在进一步规范职业危害合同告知工作、畅通职业病患者民政救助渠道、推动解决农民工欠薪等问题上形成共识;联合对全省职工健康档案建立、安全卫生专项合同签订等情况进行了重点督查。各地方、产业(系统)和各类企业工会参加安全生产检查7.15万次,查找事故隐患和职业危害4.36万件,整改事故隐患和职业危害3.97万件。与安监、卫计委等部门召开视频会,研究部署职业卫生监管工作。与省安监局联合下发《通知》,指导各级工会和各类企业深入开展"安康杯"竞赛,共有3105家企事业单位、4.95万个班组、92.8万名职工参加。与有关部门联合举办"女职工维权行动月"活动,开展女职工特殊权益知识普及、法律法规咨询、法律援助等工作,推动《女职工劳动保护特别规定》的落实。总结"六五"普法工作,向2万多名职工赠送"应知应会"法律知识手机报80多期140万余条。

【农民工工作】认真贯彻《关于做好服务农民工工作的意见》,成立甘肃省总工会农民工工作领导小组及办公室,加强对全省农民工工作的组织领导和具体指导。以工业园区、物流快递业、餐饮服务业等为重点,创新形式,开展"建会集中行动",广泛吸收农民工入会,全省农民工会员达103.8万人。实施"就业援助行动",鼓励和支持农民工创业就业。积极配合政府有关部门开展工资清欠工作,共为5.64万名农民工追讨拖欠工资2.16亿元。

【帮扶救助】全省建立困难职工电子档案23万余份,市州、县区全部建立困难职工帮扶中心,建立企业和乡镇(街道)、社区帮扶工作站点1047个。积极应对经济下行压力,面向困难职工特别是大企业困难职工,加大资金投入,广泛开展生活救助、就业援助、医疗救助、法律援助等工作,积极开展"春送岗位、夏送清凉、金秋助学、冬送温暖"活动。全省举行专场招聘会228次,提供免费就业服务137810人次,成功介绍21978人就业;省总工会举行专门启动仪式,带动各级工会普遍开展"送清凉"活动;筹集资金1692.2万元,资助困难职工子女上大学16096人次;"两节"送温暖共筹资1.21亿元,慰问困难企业1750户、困难职工和劳模家庭16.8万户。通过"四送活动"和帮扶救助工作,广大职工群众更多地感受到了党和政府的关爱和社会的公平。

【基层基础工作】狠抓基层工会建设"落实年"各项工作,开展攻坚活动,创新工会组织形式,加强区域性行业性工会联合会、联合基层工会组建,全省基层工会36626个,涵盖单位数83685个,会员数363.35万人,其中农民工会员103.85万人,比上年增长20%。开展建会建家、会员评家和"争创模范职工之家、争做职工信赖娘家人"活动,4个单位获得全国工会开展会员评议职工之家工作先进单位称号,100个单位被评为全国模范职工之家、职工小家,29名个人被评为优秀工会工作者。注重推进职工精神文化活动的开展,建成各级"职工书屋"示范点279个。

【亮点工作】推荐金川公司贵金属冶炼厂高级技师完成的"银阳极泥中金铂钯高效提取技术",荣获国家科技进步(工人农民技术创新组)奖。选拔、组队参加第五届全国职工职业技能大赛,2名选手分获计算机程序设计、动漫制作第10、第16名,为近年来甘肃省参加此类大赛历史最好成绩。组队参加"中国梦·劳动美"全国职工法律知识竞赛,成功晋级决赛、荣获银奖,成为排名前三的唯一省级工会。组队参加全国职工健排舞大赛,甘肃省代表队获得决赛2个单项一等奖。

【专题调查研究】为了解掌握全省工会贯彻中央党的群团工作会议精神情况,以及工作中存在的主要问题、困难和亮点、经验,由省总工会领导班子成员带队,组成8个调研组分赴14个市州、38个县(区)、乡镇(街道、社区)工会、9个省级产业(系统)工会,67家国企、非公企业工会开展深入调研,召开各类座谈会54个、900多人参加。通过调研,收到基层意见建议50多条,发现和梳理"四化"、"三服务"等方面的突出问题和困难21个,向省委提出加强和改进的意见建议19条,并报送了专题调研报告,为省委召开党的群团工作会议提供了基本素材和决策依据。

【新闻宣传】协调省委外宣办召开新闻发布会,宣介省"五一"表彰大会及全省职工职业技能素质提升活动总结表彰会情况,宣传工会重点工作。在《甘肃日报》和甘肃卫视新闻频道开办《劳动者风采》专栏,配合庆"三八"及女职工维权宣传月活动,报道了"全国五一巾帼标兵"、平凉市环卫工人赵灵英的先进事迹;配合庆"五一"及"时代领跑者"劳模精神宣传月活动,对刘天绪等9位劳模的先进事迹进行了宣传报道;对省总工会开展"三严三实"学习教育活动、金秋助学困难援助活动、非公企业建会和农民工入会等进行了宣传报道。全年共开办两个专栏40期,让劳模精神走上了前台，让工会声音传到了各界，扩大了工会组织的社会影响。

【作风建设】省总党组按照省委部署要求，把开展“三严三实”专题教育作为解决党员干部的突出问题、推动工会工作发展的重要契机，高度重视，加强领导，精心组织，认真实施，党组成员带头示范，党员干部全员参与，抓好集中学习、党课辅导、专题研讨、问题查摆和整改落实等关键环节的工作，推动专题教育实现了“三个见实效”的目标要求，使机关党员干部的群众观念进一步强化，工作作风进一步改进，工作水平进一步提升。与此同时，认真落实“3783”党风廉政建设责任体系，切实履行党组主体责任和纪检监督责任，加强对执行党的政治纪律和组织纪律的监督检查，加强对党员干部的日常教育监督，严肃执纪问责，严格执行中央八项规定、省委“双十条”规定，带动了各级工会切实加强党风廉政建设和反腐败工作。

（冯继波）

党史研究

【纪念活动】一是积极参与纪念抗战胜利70周年系列活动。编撰出版《欢庆抗战胜利的日子——甘肃纪念抗日战争胜利70周年专辑》、《甘肃抗战》。与新华网甘肃分网联合举办《勿忘历史 振兴中华——甘肃省纪念中国人民抗日战争胜利70周年》大型网络图片展，并在新华网首页进行刊载；与《兰州晨报》联合推出“纪念抗日战争胜利70周年大型系列报道”及《纪念抗日战争胜利70周年特刊》；为中央有关部门组织的《根据地的共产党人》课题提供53个人物传记；参与6集电视片《记忆——红军老战士抗战老兵访谈录》的拍摄制作。二是举办“纪念红军长征落脚陕甘革命根据地80周年学术研讨会”。陕西、宁夏、河南、江西等14个省区市及省内党史专家学者参加会议。会议在研究红军长征落脚点选择、红军长征落脚陕甘革命根据地的重要意义和历史贡献等方面形成一些新观点，对深化陕甘革命根据地研究有较强的指导意义。三是联合举办“纪念俄界会议召开80周年研讨会”。社会各界专家学者、党政领导和少数民族干部代表200余人参加研讨会。研讨会收到100余篇论文，全方位、多视角，从历史和现实的高度，全面回顾和总结俄界会议，高度评价俄界会议的重要意义和历史地位。研讨会就一些重大问题达成共识，取得许多重要成果，拓宽和加深了俄界会议研究的广度与深度。四是联合举办“发扬红军长征精神实现中华民族伟大复兴”座谈会。会议进一步传承和弘扬长征精神，深入研讨长征精神的深刻内涵和时代价值。

【党史宣传教育】一是努力拓展舆论阵地，加大党史宣传力度。先后命名胡廷珍烈士纪念馆、王孝锡烈士纪念馆、兰州战役纪念馆、河西解放纪念馆、中国梯田化模范县纪念馆、火焰山国家矿山公园博物馆等8个甘肃省中共党史教育基地，全省党史教育基地达到36个；编辑印发《甘肃党史工作》7期和《甘肃党史工作信息》33期，进一步加强对基层工作的指导力度。二是加强新闻报道，扩大党史工作影响。组织全省党史宣传教育干部培训班，进一步提高宣传报道水平。在《甘肃日报》、《百年潮》、《甘肃工作》、《党的建设》等报刊杂志发表文章24篇。在网络新闻媒体刊载党史信息、新闻报道等800余篇、图片150余幅、视频10余部。在“中国共产党历史网”刊稿154篇，稿件采用篇数排名全国前列。三是重视新兴媒体，增强育人实效。升级改版“甘肃党史网”站，开通网上“红色纪念馆”网站，开办甘肃党史微信公众号，发布党史信息136条，受到广大青少年的欢迎，增强党史育人的实效。四是积极开展“六进”活动，加大党史宣讲力度。深入党政机关、大专院校、农村乡镇、国有企业、街道社区和部队军营，以《中国人民抗日战争胜利的伟大意义》、《红军长征在甘肃》、《勿忘国耻勤奋学习振兴中华》、《红军长征在甘肃的群众工作与“三严三实”教育》、《继承和弘扬革命传统在实现中国梦的生动实践中放飞青春梦想》为主题的党史宣讲活动10多场次。

【编撰与出版】组织编撰《中国共产党甘肃历史（第二卷）》《刘冰与甘肃》《中国共产党甘肃历史知识简明读本（二）》《慕生忠纪念文集》等书籍。编撰出版《欢庆抗战胜利的日子——甘肃纪念抗日战争胜利70周年专辑》《甘肃抗战》等6部书籍。编辑出版《邓宝珊——纪念邓宝珊诞辰120周年》画册、《党史研究与思考》、《党史研究与党史宣传讲义》、《甘肃省党史资料选编》（1–4辑）等6本书籍。编印《党和国家领导人与甘肃》（上、下卷）等3本党史资政专题。

【课题研究】完成中央党史研究室《改革开放实录》丛书第一部中甘肃省三个专题的修改任务，并完成第二部中《全膜双垄沟播技术在甘肃的推广》、《改革开放以来庆阳老区的建设与发展》、《以“两个共同”示范建设为统揽建设幸福美好新临夏》3个专题编写工作。完成省社科立项课题《邓宝珊与陕甘宁边区》工作，编撰出版《邓宝珊与陕甘宁边区关系研究》书籍。组织撰写《邓小平关心甘肃建设》、《〈论共产党员的修养〉是坚定共产党员理想信念的营养剂》、《探寻红军长征落脚点的最终抉择》、《抗战时期甘肃在西北国际交通线上的重要作用》、《红25军对党中央和北上红军的策应作用探析》、《任弼时在三大主力红军会师中的历史作用》、《以历史事件中的结构关系为视角考量“一张报纸”与红军长征落脚点之间的关系》等11篇文章，入选中央党史研究室和各省举办的学术研讨会，并在论文集上发表。

【征集与审评】认真落实中央党史研究室“三山一地”座谈会议精神，编辑《陕甘革命根据地口述史资料丛书（一、二）》书稿；征集《陕甘革命根据地的重要会议研究》《陕甘革命根据地重要战役战斗》等专题资料；抢救拍摄图片1000余幅，录音录像10余盒。审读《中国共产党庆阳历史》（二卷）、《中国共产党武威历史》（二卷）、《中国共产党高台历史简明读本（1937–1978）》、《中国共产党陇南历史（一卷）》《永恒的荣光—甘肃抗战老兵口述实录》等10本党史书籍；审读《大会师》《大漠枪声》《刘志丹》《走进陕甘边根据地——南梁》《邓宝珊将军》《腊子口曙光》等6部影视剧本；审看省音像出版社《走进陕甘根据地》三集影视片。完成安西县纪念馆布展大纲、甘肃省党史纪念馆网上陈列馆73份展纲、吴焕先烈士纪念馆布展大纲的评审工作。

【**队伍建设**】加强对党史干部的教育和培训。2015年，室领导班子坚持与干部交流谈心，注重对年轻干部传帮带，增强干部事业心、责任感；树立干部“以党史研究立室”“以科研立身”意识；举办全省党史干部业务培训班3期，选派党史干部参加上海浦东干部学院、井冈山干部学院、延安干部学院、省委党校等培训班，进一步提高干部能力素质。

（苏英）

老干部工作

【**“两项建设”**】严格落实“两项建设”主体责任，强化党建工作考核，以严格的考核推动党建责任落到实处。坚持思想建党和制度治党同向发力、同时发力，组织离退休干部深入学习党的十八大和十八届三中、四中、五中全会精神，深入学习习近平总书记系列重要讲话精神，引导广大老干部“离岗不离党、退休不褪色”。举办全省离退休干部先进事迹报告会、全省离退休干部党支部书记培训班，组织先进典型介绍事迹、专家教授进行专题辅导，引导老同志增强角色意识和政治担当，切实把爱党、忧党、兴党、护党的情怀落实到实际行动中来。加强制度建设，建立健全党内关怀帮扶机制，落实离退休干部党支部组织生活、理论学习、收缴党费和流动党员教育管理等制度规定，使老同志始终处于党组织的服务管理之中。创新思想政治工作方式方法，注重用好传统教育阵地，充分发挥新型网络平台作用，深入细致做好思想政治工作。创新老干部党组织设置形式、党组织活动方式，加强离退休干部基层服务型党组织建设，积极探索老年社团党建工作新途径和新办法，不断拓展离退休党员发挥作用的领域和空间，有力提升离退休干部“两项建设”工作的整体水平。

【**增添正能量活动**】按照中组部关于在广大离退休干部中开展以“展示阳光心态、体验美好生活、畅谈发展变化”为主题的为党和人民事业增添正能量活动的要求，从思想上高度重视，行动上主动作为，将这项活动作为老干部工作的一个综合载体和有力抓手，不断推动活动向广度拓展、向深度迈进。精心设计载体平台，研究制定《关于组织全省离退休干部在国内主要媒体网站开展为党的事业增添正能量活动方案》，成立“网上正能量活动”领导小组。建立并开通“甘肃离退休干部之家”网络互动平台，开设热点话题、在线调查、党史党建、文史天地、传记人生、诗词歌赋、养生保健、社团协会、社区服务九大版块，设计主题突出、特色鲜明的网络宣传和网络互动活动，引导老同志热情参与、展开互动。建立和培养800余名老干部网宣员、协助员队伍，通过发表时政论点、记载人生体悟、撰写回忆文章等形式，鲜明有力地把党和政府的声音传播好、把社会进步的主流展示好、把人民群众的心声反映好。在全省老同志中开展“晒幸福、谈发展、聚能量”主题征文活动，组织引导老同志书写自己的幸福生活、畅谈身边的发展变化，凝聚前行和奋进的正能量。依托“甘肃离退休干部之家”网络互动平台和《甘肃老干部工作》刊物，在全省离退休干部中开展“我看从严治党”、“‘三严三实’专题教育之我见”专题研讨活动，激发老同志爱党忧党兴党护党的政治品格和革命情怀，为推进党的作风建设作出贡献。举办纪念抗战胜利70周年全省老干部诗歌朗诵会，老干部们尽情抒发纪念抗战胜利、重温英雄故事的真挚情怀和爱国热忱，生动展现传承抗战精神、再写人生辉煌的政治热情和时代风貌。在全省少数民族离退休干部中开展“我看十八大以来的变化”调研活动，采取省州县三级联动、同步进行的方式，先后在2个州和19个县（市）的244名少数民族离退休干部中深入调研，激励广大少数民族老同志发挥优势、各展所长，为维护民族团结、社会和谐、宗教和顺的良好局面做出应有的贡献。

【**生活待遇落实**】坚持把落实生活待遇与解决实际困难结合起来，加大为老同志办实事、做好事、解难事的力度，让广大离退休干部更好地共享经济社会发展成果。进一步健全和完善离休干部“三个机制”，加大财政支持力度，保证离休干部“两费”按时足额发放。按照中组部组通字〔2015〕34号文件要求，对1945年9月2日前参加革命工作的正、副厅级离休干部，在全省14个市州、100多个行政和企事业单位认真摸底、详细核查，报经审批，34名离休干部提高享受副省长级医疗待遇，195名离休干部提高享受按副省长级标准报销医药费。截止年底，全省共有53名离休干部提高享受副省长级医疗待遇，353名离休干部提高享受按副省长级医疗标准报销医药费。探索建立医药费的统筹标准与离休干部就医需求、与经济社会发展水平相适应的增长机制，落实省属兰外困难企业离休干部医药费、省属困难企业离休干部公用经费、特需经费和遗属生活困难补助费共1038万元，市州困难企业离休干部医药费补助金1043万元；落实参加兰州市医药费单独统筹255名离休干部医药费财政补助资金1000万元，财政代缴统筹金210万元。对省建投集团、省长城电工集团、省医药集团、省农垦集团和白银公司五家省属困难企业离休干部医药费财政补助资金及企业配套资金落实情况、公用经费特需经费财政补助资金的使用情况、无固定收入遗属生活困难补助资金的保障情况进行专项调研，督促解决相关问题，使有限的资金真正惠及广大老干部。对安置在全国23个省（区、市）的155名离休干部进行走访慰问，发放慰问金30多万元。认真做好对特困离休干部及遗属的帮扶工作，对6户省属困难企业的96名离休干部及遗属逐一慰问，发放慰问金10多万元；对109名省直单位红军时期离休干部及部分省级干部遗孀给予生活困难补助，共计发放资金10多万元。

【阵地建设】积极适应老干部队伍结构的新变化、精神文化生活的新需求，切实加强学习活动和社区阵地建设，有力推进老干部文化健康养老工作。各地各部门不断加大投入力度、优化整合资源，各级老干部活动学习阵地规模不断扩大、条件明显改善、功能逐步增强，为老干部“教学乐为”创造良好条件。兰州市抢抓机遇，积极协调、主动争取，在一年内完成市老年大学的可研、立项及维修改造工作，年底在金城盆景园举行兰州老年大学揭牌仪式。城关区投资1250万元，在雁滩公园新建3200平米的老年大学和活动中心。部分市州、县区和省直单位也对老干部活动学习场所不同程度地进行新建、改建和扩建。各地各单位在改善基础设施条件的同时，不断丰富活动内容、改进活动方式，增强服务意识、提升服务水平。各级老年大学进一步加强师资队伍建设和教务教学工作，拓展教学内容、开设特色课程，加大教学研讨、提升办学水平。与此同时，各地各部门加大探索创新力度，将老年大学、老干部活动中心和社区作为文化养老的重要载体，不断改进学习活动方式、创新学习活动内容，极大地丰富老干部精神文化生活。

【调研宣传】把调查研究和信息宣传作为做好老干部工作的有效手段，以调研工作的新常态、信息宣传的新机制，有力推动老干部工作的改革创新。围绕制约和影响老干部工作发展的突出问题和老干部普遍关心的相关问题进行深度调研，将“推动老干部工作转型发展、科学发展问题研究”、“推进老干部文化养老问题研究”、“加强和改进离退休干部党组织建设问题研究”、“改进和创新离退休干部服务管理工作研究”作为老干部工作部门重点调研课题，采取上下联动、区域合作、集中攻关的形式，组织相关市州和省直部门共同开展专题调研。顺应信息化发展趋势，加快推进老干部部门网络信息化建设，年初对“甘肃老干部工作网”进行改版升级；印发《全省老干部工作网络信息化建设发展规划（2015—2017年）》，加强“甘肃离退休干部之家”网络互动平台建设；印发《关于建立老干部网络宣传员队伍的通知》，发展老干部网络宣传员近800人；制定《全省老干部网络宣传工作考核奖励办法》，推进网宣工作的制度化建设。充分运用“一报一刊一网一栏一平台”五大阵地打好“组合拳”，全方位、广领域、多角度地反映全省重点亮点工作。以突出导向为主，编辑《老干部工作情况专报》12期；以突出重点为主，编印《甘肃老干部工作》6期；以突出实效为主，下载信息5000余条，修改上传“甘肃老干部工作网”信息400余条。在《中组部老干部工作情况交流》刊登信息4篇、在《中国老年报》刊登稿件6篇、在《甘肃日报》刊登稿件16篇、在《甘肃组工网》上传信息33条、有关省市老干部之家网站转载信息15条。

【“双联”行动】把发展产业作为促进农民增产增收的主要举措，在静宁县八里镇靳坪村大力发展苹果和旱作农业两大产业，加强果树种植、果园管理的技术指导和培训，使苹果产业逐步形成规模。积极协调省林业厅，将靳坪村列入提质增效产业园示范点项目建设计划。筹资为全村254户苹果种植户免费发放苹果树专用肥790袋，新栽植2000亩，成为提高村民收入的主渠道。用好国家惠农补贴政策，动员鼓励农户大力推广旱作农业，全村种植双垄沟播覆膜玉米3500亩，在果园内套种洋芋2000亩，土地利用率和村民增收都有大幅提高。在榆中县中连川乡高窑沟村，继续加大扶持养羊工作力度，为92户联系户共发放互助资金37万元；争取肉羊养殖项目20万元资金，共购买羊种293只并分发给积极性高的养殖户；大力实施村社道路建设项目，高窑沟和石圈子两社道路硬化项目得到省公路局批准，项目投入资金共计245万元。积极对接省市县有关部门，争取项目资金，帮助两村补齐发展短板、破解发展瓶颈。在靳坪村，对特困户、身患重大疾病和遭遇意外事故的村民、贫困家庭学生、留守儿童和空巢老人实施关爱帮扶，投入资金达34万元。在高窑沟村，对在校学生、长期有病人员，给予及时关爱救助，投入帮扶资金5万多元。一年来，先后在榆中县中连川乡高窑沟村投入资金342.74万元，联系户人均纯收入达到9170元，比上年增长20%。在静宁县八里镇靳坪村投入资金102万元，联系户人均纯收入比上年增长25%。

（贾世玮）

法 制

地方立法

【省人大常委会立法】2015年，常委会围绕全省经济社会发展的重点，加强组织协调，发挥主导作用，加大创制性立法，在突出特色上下功夫、在有效管用上做文章，立法质量进一步得到提升。全年共制定、修改地方性法规11件，批准兰州市法规和民族自治地方单行条例4件。

（一）制定、修改的地方性法规（11件）

1.《甘肃省非物质文化遗产条例》

2.《甘肃省社会救助条例》

3.《甘肃省消费者权益保护条例》（修订）

4.《甘肃省农村饮用水供水管理条例》

5.《甘肃省老年人权益保障条例》

6.《甘肃省预算审批监督条例》（修订）

7.《甘肃省会计管理条例》

8.《甘肃省组织实施宪法宣誓制度办法》

9.甘肃省人民代表大会常务委员会关于修改《甘肃省价格管理条例》的决定

10.甘肃省人民代表大会常务委员会关于修改《甘肃省各级人民代表大会常务委员会规范性文件备案审查规定》的决定

11.《甘肃省人民代表大会常务委员会关于加强地震重点监视防御区防震减灾工作的决定》

（二）批准兰州市制定的地方性法规（1件）

《兰州市科学技术进步条例》

（三）批准民族自治地方制定、修改的单行条例（3件）

1.《甘肃省肃北蒙古族自治县草原条例》（修订）

2.《甘肃省东乡族自治县林木管护条例》

3.《甘肃省甘南藏族自治州非物质文化遗产保护条例》

公 安

【维护社会稳定】全面加强反恐防暴和应急处突工作。深入开展严厉打击暴恐活动专项行动，加大区域反恐警务协作，全力推进反恐怖综合应用信息系统建设，进一步增强对涉恐涉暴活动的精确打击水平。制定防范恐怖袭击预案，开展跨区域、多科目的实警实装演练103次，参与人员9617人次，切实强化公安机关应对突发事件的攻防能力。深挖打击法轮功等邪教组织违法犯罪活动，重点围绕法轮功、门徒会、全能神等邪教组织，深入开展专项调查和深挖打击工作，侦破了一批邪教及有害气功案件，打掉了一批地下组织团伙，捣毁了一批地下活动窝点，查缴了一批非法宣传品及其作案工具。依法查处宗教领域非法活动，查处“达洼”非法宣教活动和“方城总会”、“家庭教会”等基督教非法传教活动，依法打击非法制贩宗教出版物活动。

【打击违法犯罪】严厉打击突出违法犯罪活动，狠抓侦查破案工作，破获刑事案件34420起，同比上升10.2%，其中现行命案破案率达97.95%。坚持抓“大”不放“小”，集中开展打击“盗抢骗”犯罪专项行动，破获“两抢一盗”、电信诈骗等侵财类案件16154起，同比上升20.2%。深化打黑除恶、打拐追逃等专项行动，打掉庆阳“豆氏兄弟”等黑恶势力团伙160个，抓获涉黑涉恶成员1474名，解救被拐卖妇女儿童218人，追逃7363人。加大突出经济犯罪活动打击力度，开展非法集资问题专项整治、打击地下钱庄等专项行动，破获经济案件1932起，挽回经济损失4.6亿余元。保持严打毒品犯罪的高压态势，开展“百城禁毒会战”、“网络扫毒”等专项行动，破获毒品案件2600余起，其中侦破的甘肃省建国以来最大一起贩运合成毒品案件，缴获冰毒23.2千克。集中整治社会治安突出问题，先后开展打击涉黄涉赌、食药打假“利剑行动”、护校安园等专项行动，查处涉黄涉赌案件4547起；破获制售伪劣食品、药品案件204起；查处涉校及侵害师生案件135起，整治校园周边治安隐患413处、乱点638处，设立校园警务室11229个、护学岗2179个。集中开展民爆物品寄递物流清理整顿和矛盾纠纷排查化解专项行动，排查摸底物流寄递企业1734家。

【公共安全管理】针对农村农用车失控漏管问题，提请省政府将免费办理农村三轮车摩托车牌证作为为民办实事的精准扶贫项目，省政府办公厅下发《关于免费办理农用三轮车摩托车牌证的通知》，集中为农用三轮车、摩托车免费办理牌证205.35万辆，占全省机动车总数的35.02%；核发农用三轮车、摩托车驾驶证112.49万本。大力实施公路安全生命防护工程，排查安全隐患路段11.5万处5.7万公里，投资4.07亿元对317处安全隐患路段进行治理。深入推进“四位一体”安全畅通机制建设，全方位严查、严管、严控高速公路、国（省）道、农村道路和城区道路，集中开展危化品运输车辆集中整治、违法“大清零”、“打非治违”等专项整治行动，全省道路交通事故死亡人数、受伤人数、直接财产损失数分别比去年下降2.45%、0.75%、4.38%，其中较大和重大道路交通事故起数和死亡人数分别比去年下降11.1%和20.8%。开展了一系列消防安全专项整治活动，集中对劳动密集型企业、易燃易爆危险品场所和养老院、幼儿园等“六类”场所进行全面排查整治，全省扑救火灾数、抢救疏散被困人员数、挽损数分别比去年下降9.3%、36.3%、30.9%。紧紧围绕“两节”、“两会”等重要节会和伏羲大典、兰洽会、兰州国际马拉松赛、环青海湖国际自行车赛（兰州段）等重大活动，部署开展安全隐患大排查大整治专项行动，及时防范、化解一批影响社会安定的各类突出问题和风险隐患，有力确保了各项重大活动安全顺利举行。切实改进警卫工作，圆满完成中央领导来甘调研等警卫任务。

【公安改革】科学设计全省公安改革的总体规划，甘肃省委、省政府印发《关于全面深化全省公安改革的意见》，重点围绕维护国家安全工作机制、社会治安治理机制、公安行政管理体制等6个方面确定了50项改革举措，为推动甘肃公安工作转型升级、实现新的跨越奠定坚实的基础。一是大力推进行政管理改革。制定《甘肃省公安厅关于认真贯彻落实省政府户籍制度改革实施意见的通知》，对调整户口迁移政策、建立新型户籍制度、规范登记行为、细化户口迁移手续等作出具体要求，全省11个市（州）出台具体实施意见。继续加大调整和下放公安行政审批事项力度，全面梳理公安机关行政权力清单和责任清单，确定厅机关行政权力101项，其中清理保留54项，批准下放47项。全面推进派出所设置、编制、警力、经费保障、装备和业务技术用房“六个到位”，全省新建派出所269个，其中198个派出所已建成并正式开展工作；公开选拔招录人民警察9490名，全部充实到基层派出所，派出所警力达到县级公安机关总警力的60%以上，有效缓解了基层警力严重不足的状况，有力推动了全省公安基层基础工作的发展。二是深入推进公安交警管理体制改革。14个市（州）和甘肃矿区公安局交警支队所属交警大队及宁和、高崖、董志3个高速交警大队人员编制、经费装备全部划转移交属地县（市、区）公安局，“责、权、利”相统一的交通安全管理机制基本建成。全省所有乡镇成立道路交通安全管理站，97.5%的行政村成立道路交通安全管理室，在乡村交通隘口、危险路段设立交通安全检查劝导站7158个，配备乡镇交通管理员、行政村交通协管员和劝导员5.6万余名，基本形成“主体在县、管理在乡、延伸到村”的农村道路交通安全管理机制。三是探索实施人民警察招录机制改革。与省教育厅、人社厅、公务员局联合制定印发《关于为全省市县公安机关定向培养公安警犬技术专门人才有关问题的通知》，分三年每年定向招录200名警犬技术专业人才学生，通过签订协议书等办法，保证95%的毕业生定向分配到各级市、县公安机关公安局从事警犬技术工作，2015年200名警犬技术人才已完成定向招录任务。加大公安专业技术人才招录力度，共招录公安专业技术人才59名，定向招录少数民族语言、国保等特殊专业人才15名，进一步优化了队伍结构。

【“四项建设”】一是深入推进基础信息化建设。研究制定《甘肃省公安厅大数据警务云平台建设方案》，健全完善了情报平台和全省警用地理信息系统的应用功能，实现网格化管理和视频、卡口、旅店、网吧等相关信息数据在地图上展示应用。加大科技手段建设应用，增加指纹、DNA信息库基础数据，同时应用指纹信息系统、DNA技术和警犬破获一批刑事案件。二是大力推进警务实战化建设。基本建成省级“联合指挥+合成研判”为一体的实战型指挥中心，建立“情指融合、情勤对接”的情报指挥一体化运作机制，实现所有警务勤务要素一体化、可视化调度和社会治安动态实时关联分析，做到对警情快速反应、有效处置。新征建设用地2000亩，对大专层次的警察职业学院进行改扩建，依托省警院建设反恐怖训练基地、禁毒基地、警犬基地、技侦训练基地、网侦训练基地和刑事技术鉴定中心等“五基地一中心”，全力打造“双师型”队伍，推动“厅校一体化”发展，使省警院成为甘肃公安警力补充的主渠道和民警实战培训的主阵地。三是全面推进执法规范化建设。持续抓好规范执法五项制度的落实见效，进一步提升公安民警执法规范化水平。全面推进看守所“五化建设”和拘留所“三项重点工作”，94%的看守所和91.3%的拘留所已达到国家标准。集中开展执法突出问题专项治理，排查执法办案场所安全隐患2675个，已整改1802个；发现并整改违规立案案件155起、应当立案而未立案案件1095起，有效维护了群众的合法权益，进一步提升了公安机关的执法公信力。四是稳步推进队伍正规化建设。深入开展“三严三实”专题教育，教育引导广大党员干部民警把专题教育融入经常性学习教育之中，以学促知、以知促行，进一步增强了队伍的纪律意识和规矩意识。组织开展了大学习、大培训、大练兵、大比武活动，举办轮训轮值和武器警械训练班52期，参加民警6000人次；全面完成了与江苏、黑龙江、湖南公安机关为期三年的素质强警交流合作，组织业务骨干赴外省交流考察、跟班学习累计4626人次，队伍的业务素质和专业化水平显著提高。

（任志成　张小龙）

中国共产党甘肃省纪律检查委员会

【党风廉政建设】一是严格执行党的政治纪律和政治规矩。深入落实“五个必须”要求，严格防止“七个有之”现象，坚决维护中央权威和党的集中统一。各级党组织及时传达中央关于周永康、郭伯雄、徐才厚、令计划、苏荣等严重违纪违法及其教训的通报精神，始终保持坚定的政治立场。把检查政治纪律和政治规矩、组织纪律执行情况作为监督执纪问责的重点。二是深入学习党规党纪。学习宣传和贯彻落实中央颁布新修订的《中国共产党廉洁自律准则》《中国共产党纪律处分条例》。省纪委到14个市州和部分省直部门单位开展宣讲40余场次，3万多名党员干部接受集中教育。组织全省分层分级开展专题宣讲400余场，近40万名党员干部接受教育。依托“党风廉政教育大讲堂”“纪检监察干部讲坛”等平台，为省直机关党员干部和省市县乡纪检干部举办专题讲座。在党报党刊和广播、电视、网络等媒体开设专栏，进行深度报道、深入解读，营造学习贯彻的浓厚氛围。各级各部门通过中心组学习、集中宣讲、辅导培训、知识竞赛等形式，深入学习两部法规，不断增强遵规守纪意识。三是加强宣传教育。把党风廉政建设融入全省宣传工作格局，进一步加大对中央和省委决策部署、重点工作的宣传力度。召开全省领导干部警示教育大会，通报十八大以来发生在甘肃的党员领导干部不收敛不收手典型案件和基层干部职务犯罪案件，并作分类剖析。对305名新任省管干部进行了廉政谈话，对269名新任省管干部进行了廉政法规知识测试。加强甘肃廉政网建设，开通客户端，及时发布重要工作动态，第一时间发布纪律审查信息，网站点击量795万次。举办首届“陇原清风”微电影、电视公益广告大赛，在全省开展廉政文化巡演，传播廉政文化正能量。坚持抓早抓小。制定实施《甘肃省省管干部谈话办法》，确定责任传导、教育提醒、告诫整改、鼓励鞭策等方面的谈话内容，加强对省管干部的教育和管理。省纪委规范谈话约谈工作，制作约谈文书，严格约谈程序。各级纪检监察机关认真执行《甘肃省纪检监察机关约谈领导干部办法》，对反映有苗头性倾向性问题和发现有一般性问题的领导干部及时进行咬耳扯袖、提醒诫勉。

【主体责任落实】一是强化压力传导。对市州和省直部门单位党风廉政建设责任制落实情况进行检查考核，担任考核组组长的省领导通过参加述职述廉大会、单独约谈“一把手”、集体约谈班子成员、指导民主生活会、反馈考核结果等形式，既交任务、压担子，又指出存在问题、提出改进要求。及时传达学习中央关于四川南充拉票贿选案、关于部分省市县党委书记违纪违法案以及中央纪委转发河南省委关于新乡市落实“两个责任”不力问题等《通报》精神，提醒、警示各级强化责任担当。健全责任落实机制，印发《甘肃省推进领导干部能上能下实施细则（试行）》《甘肃省党风廉政建设主体责任落实情况报告办法》等制度。深入开展调研督查、专项检查，推动主体责任向基层延伸。二是全面推行“三述”制度。扎实开展述纪述廉述作风工作，省委召开2次“三述”大会，听取20名市州和省直部门党政主要领导“三述”报告，对履行主体责任和廉洁自律情况进行监督测评。市县和省直部门单位全面开展“三述”工作，督促各级领导干部增强履责和自律意识。三是加大责任追究力度。严格查处“两个责任”落实不力问题，以问责倒逼责任落实。省纪委制定《甘肃省纪检监察机关通报曝光责任追究典型问题办法》，对61起履责不力的问题进行了公开通报。全省共问责党员领导干部432人，其中地厅级干部30人、县处级干部107人、乡科级干部295人。各级纪检监察机关紧盯政策落实和重大事故事件中的领导干部失职失责问题，直接查处和督办问责255人。

【纪律检查体制改革】一是推进市县纪委内设机构改革。市州纪委内设机构调整工作全面完成，调整后内设机构在10－14个之间，力量向主业主责集中。按照中央纪委要求，深入开展县级纪委内设机构调整相关工作的调查研究，摸清底数，为下一步改革奠定基础。二是加强派驻纪检机构建设。研究制定《关于加强甘肃省纪委派驻机构建设的实施意见》及《关于在甘肃省省级机关新设和调整7家省纪委派驻机构的工作方案》，在机构、编制、领导职数不增加的前提下，在省委办公厅、省委组织部、省委统战部新设3家派驻机构，调整了省委宣传部、省人大机关、省政府办公厅、省政协机关4家派驻机构。印发《关于加强市（州）纪委派驻机构有关问题的通知》，对市（州）纪委派驻机构改革的基本原则、设置方式、编制职数、监督对象、统一管理、干部选配、组织领导、报批事项等提出了指导性要求。三是规范纪检监察领导干部提名考察。研究制定市州纪委书记副书记、省纪委派驻（出）纪检组组长（纪工委书记）副组长（纪工委副书记）、省委管理领导班子的国有企业纪委书记副书记、省管高等院校纪委书记副书记4个《提名考察办法》，以省纪委会同省委组织部为主对39名纪检监察领导干部进行了提名考察。规范市（州）纪委常委、监察局副局长任免职程序，研究批复19名纪检监察领导干部任免事宜。四是充分发挥巡视巡察利剑作用。认真学习贯彻《中国共产党巡视工作条例》，省委常委会、省委“五人小组”及时听取巡视情况汇报，研究重大问题，作出具体部署。省委新成立3个巡视组，面向省属国有骨干企业、金融机构、事业单位开展专项巡视。省委8个巡视组共开展3轮常规巡视、4轮专项巡视，共巡视11个市（州）、44个县（市、区）、16个省属国有骨干企业和事业单位，突出“四个着力”，发现并反馈存在的问题，已移送问题线索275件，立案148件、初核90件、谈话函询88人、组织处理17人。目前已完成对市（州）、县（市、区）、省属国有骨干企业和金融机构巡视的全覆盖。延伸巡视链条，在14个市州和25个省直部门探索开展党风廉政建设巡察工作，强化对基层的巡察监督。各市州、省直部门研究制定巡察工作方案，整合纪检监察机关及派驻机构和组织、审计等部门的力量，建立巡察组，围绕遵守党的纪律以及侵害群众利益等方面存在的突出问题，面向所属部门及乡镇（街道）、村（社区）和企事业单位等灵活开展巡察，发现和解决了一批发生在群众身边的违纪违规问题。

【坚持查纠“四风”常态化】一是深入落实中央八项规定精神和省委双十条规定。紧盯重要时间节点，从严查处公款送礼、公款吃喝、公款旅游、公车私用、违规发放津补贴、借婚丧喜庆敛财等问题。在全省开展“九个严禁、九个严查”专项行动，集中力量查纠节假日期间的“四风”问题。省纪委建立典型问题线索直查机制和重要问题线索挂牌督办销号管理制度，直接核查典型问题202起，督办问题线索475件。拓宽线索来源渠道，对全省党政机关和国有企事业单位公款消费发票进行“大起底”，运用大数据分析筛查发票记录近80万条，发现了一批问题线索。各级纪检监察机关共查处违反中央八项规定精神问题824起，处理1244人，给予党纪政纪处分685人。省纪委23次通报曝光162起典型问题，各市州各部门319次通报曝光605起典型问题。二是严肃查处群众身边“四风”和腐败问题。紧盯精准扶贫、土地征收流转、“三资”管理、惠农补贴、低保救济资金管理使用等7个重点领域和环节，持续查纠损害群众利益的不正之风和腐败问题。省纪委对5120件反映乡科级及以下党员干部的问题线索逐一进行甄别分析、评估筛选，分两批对188件重点问题线索进行移交督办。全省共查处群众身边的“四风”和腐败问题998件，党纪处分1361人，政纪处分230人，组织处理203人，移送司法机关170人。

【加大纪律审查力度】一是强化反腐败协调小组职能作用。健全反腐败领导体制和工作机制，调整充实领导机构，完善相关工作制度，进一步强化党委对反腐败工作的统一领导。制定《关于在查办党员和国家工作人员涉嫌违纪违法犯罪案件中加强协作配合的实施细则》，强化纪检监察、审判、检察、公安、审计等机关的协作配合。2015年，各级纪检监察机关作出纪律处分后及时将涉嫌犯罪的122人移送司法机关处理，司法机关作出刑事处罚后将634人交纪检监察机关处理。省委反腐败协调小组加强协调，健全追逃追赃协调机制，将7名涉嫌腐败案件的外逃人员纳入“猎狐行动”缉捕对象，对2名外逃人员发出红色通缉令，追回外逃人员2名。二是探索实践“四种形态”。转变执纪理念和方式，在线索处置、纪律审查、执纪审理等环节都用纪律规范来对照、用纪律语言来描述，改进完善调查报告、审理报告，突出违反纪律的情形与事实及处理意见。省纪委对已经核实的反映省管干部的问题进行梳理，要求有关党组织和个人在“三严三实”专题民主生活会上进行对照检查，开展批评与自我批评；扩大谈话、函询、诫勉范围，让有反映的干部讲清问题、认识错误、及时改正，对反映失实的予以澄清了结，共谈话函询254人；立案审查省管干部41人，已审结的33人中，作出党纪轻处分、组织处理的24人，作出党纪重处分、重大职务调整的9人，其中5人涉嫌犯罪被移送司法机关处理。严肃查处了酒钢集团原董事长冯杰、白银市政协原主席郭德清、兰州新区管委会原副主任万里、省新闻出版广电局原副巡视员卢旺存等严重违纪问题。三是推进基层纪检机构监督执纪方式创新。积极探索基层纪检机构有效发挥监督职能作用的途径和办法，通过建立纪律审查协作区、设立片区纪工委、实行交叉办案和提级办案等方式，不断提高执纪工作实效。2015年全省乡镇纪委处置反映问题线索1831件、立案836件、党纪政纪处分1062人，全省纪检监察机关共接受信访举报45918件次，其中属于纪检监察业务范围的23079件次；处置线索11648件；立案3945件；结案3755件；给予党纪政纪处分4814人（其中地厅级干部31人、县处级干部193人）。全省检察机关共立案侦查贪污贿赂、渎职侵权等职务犯罪1241人。全省法院系统审结一审贪污贿赂案件483件、渎职侵权案件115件。

【纪检监察队伍建设】一是强化思想建设、改进工作作风。认真开展“三严三实”专题教育，通过专题辅导、学习研讨等方式不断深化学习效果。加强机关作风建设，对照“严细深实”的要求，查找整改存在问题，着力解决基层办案设备不足等实际困难，不断提高服务质量和工作效率。省纪委机关召开第四次党员代表大会，加强机关党建工作。强化纪检监察干部教育培训，依托中央纪委“一学院两中心”培训118个班次、1212人，换届以来对市县乡纪委书记的培训达到全覆盖，对市县两级纪委班子成员的培训达到93%。组织机关干部深入开展双联工作，选派一批干部到联系县、村挂职锻炼，在精准扶贫精准脱贫实践中锤炼作风、提升素质。二是强化内部监督。印发《关于加强纪检监察干部监督工作的通知》、《甘肃省纪检监察干部信访举报处理办法（试行）》，建立市县纪委和省直派驻机构重要岗位领导干部基本信息库，干部监督工作进一步规范。制定《甘肃省纪检监察机关纪律审查工作“十不准”》，开列负面清单，严明审查纪律。对纪检监察干部违纪问题零容忍、严查处、不护短，全省各级纪检监察机关共立案查处纪检监察干部52人，给予党纪政纪处分36人，组织处理16人。

（魏雯静）

司　法

【平安甘肃建设】全面强化监所管理，着力开展为期三个月的违禁品、违规品专项清查活动和“严明纪律、严格履职”专项教育活动。开展监管安全、生产安全、消防安全、食品卫生等专项隐患排查整治活动，与安监、消防、食药等专业部门合作，引入专业力量排查隐患，确保监管场所持续安全稳定。不断健全场所安全稳定防控、排查、应急处置、责任追究和研判机制，经常性开展场所安全稳定形势研判和应急演练，狠抓安全隐患整改，消除安全隐患，全省监狱系统连续5年实现无罪犯脱逃、无狱内重大案件、无重特大安全生产事故、无重大疫情“四无”目标，戒毒系统连续6年实现无强制隔离戒毒人员脱逃、无非正常死亡、无重大安全生产事故、无所内发案、无所内吸毒、无重大疫情“六无”目标。积极拓展调解领域，发展医疗纠纷、道路交通、婚姻家庭、征地拆迁、劳资纠纷等专业性、行业性人民调解组织，及时有效解决各领域、各行业的大量矛盾纠纷。全年各级调解组织共调处矛盾纠纷23.36万件，为全省社会稳定作出积极贡献。

【法治甘肃建设】按照省委常委会部署和省领导指示精神，在起草省委贯彻落实十八届四中全会《决定》意见基础上，广泛调查研究，起草《<意见>重要举措分工方案》，把省委十二届九次全委会精神和省委贯彻四中全会精神《意见》，分解到每个责任单位。按照省委改革办要求，牵头编制《省委十二届九次全委会重要改革举措实施规划（2015-2020年）》，为推进法治建设进程作出贡献。《意见》和《<意见>重要举措分工方案》下发后，积极对省司法厅作为牵头单位承担的36项任务和作为参加单位承担的64项任务进行细化分解，明确责任单位和牵头领导，并对每项举措结合实际划定时间表、阶段目标任务、完成时限，有力推进各项牵头和参加任务的落实。加强法治宣传教育工作，根据省委省政府安排部署，印发《进一步加强法治宣传教育的意见》、《进一步加强行政执法队伍学法用法守法的意见》等一系列法治宣传教育工作制度。创新普法形式，开展"学习宪法、尊法守法"主题法治宣传教育活动，利用春节、3·15消费者权益保护日等时间节点，积极开展宪法法律宣传，开展"普法陇原行"活动，运用电视报纸、网络微信等媒体全方位、不间断宣传"六五"普法取得的成果，有力提升法治宣传教育实效。强化普法宣传监督检查，由省委书记王三运等14名省级领导带队，省直有关部门负责人参加，组成13个工作组，对各市州、甘肃矿区和28个省直单位"六五"普法进行检查验收，有力推动全省普法工作深入开展，为法治甘肃建设奠定坚实基础。

【法律援助】省政府把为困难弱势群体法律援助案件案均补贴1500元列为省政府2015年为民办实事项目（惠民工程），省司法厅对援助范围、受理程序、审查时限等做出明确规定，并把法律援助工作列入年度重点工作目标责任，强力推动法律援助机构、编制、人员和经费"四个到位"。各级司法行政部门建立健全覆盖城乡的法律援助机构网络，截止2015年底全省共建立法律援助机构103个，设立法律援助工作站点2095个，特别是在部队建立法律援助工作站96个，省外建立农民工法律援助工作站11个。大力推动法律服务中心和法律援助管理信息化建设，建成以法律援助为龙头的法律服务中心94个，依托市县法律服务中心，设立法律援助便民服务窗口，将法律援助工作站及联系点向街道社区和乡镇农村延伸。全年全省共受理各类法律援助案件39317件，完成项目任务的112.3%。省级配套资金1217万元，市县配套资金1112.67万元，全部落实到位。

【公共法律服务体系建设】进一步健全完善公共法律服务体系，着力解决无律师县及律师资源分布不均问题，鼓励规模大、人数多的律师事务所在律师资源不足县设立分所，引导律师资源由城市向县区、乡镇下沉；大力开展司法鉴定工作，依托县级中心医院、以法医临床为主推进县域司法鉴定工作发展。充分发挥律师、公证、司法鉴定、基层法律服务等职能优势，全力服务全省经济社会发展。完善律师执业权利保障和违规违纪惩戒机制，建立律师违法执业投诉查处制度，为律师执业营造良好的外部环境。全年，全省律师累计代理案件5.55万件，公证机构累计办理各类公证业务12.09万件，司法鉴定机构累计办理案件1.85万件，基层法律服务累计办案4.39万件。积极服务法治政府建设，从省级层面带头做起，健全完善法律顾问体系。截止年底，全省律师担任政府及其部门法律顾问数2017家，律师担任企业和社会组织法律顾问数3016个，为政府依法办事、科学决策提供专业法律咨询服务。

【"双联"法律服务直通车活动】5月8日，省委书记、省人大常委会主任王三运对双联法律服务直通车活动作出重要批示。全省各级司法行政机关认真贯彻省委书记王三运重要批示精神，不断创新活动形式，确保活动取得实效。组织开展为进城务工人员、农村留守儿童提供法律服务专项活动，就务工注意事项、权益保障等做专题讲座，同时设立"直通车"活动工作室，张贴律师联系方式和服务内容，根据群众需求，及时到村到户，点对点提供法律咨询和法律帮助。截止2015年底，全省14个市州302家律师事务所2360名律师和1300多名法官、检察官、警官、法律工作者与8790个贫困村建立结对服务关系，实现全省所有贫困村的全覆盖。通过直通车活动，全年开展法治宣传2622场次，化解矛盾纠纷5693件，开展咨询19402次，办理法律援助案件2256件，有效服务基层贫困群众。

【"三严三实"专题教育】扎实开展"三严三实"专题教育，通过专题党课、6次集中学习研讨，深入查摆厅党委"不严不实"4个方面的"集体病"和22个方面的"个体病"，在专题民主生活会中，通过谈心谈话、广泛征求意见，梳理出"三严三实"方面的问题80多条，都按照即知即改、边学边改、边查边改要求，及时提出整改措施，明确整改责任人、整改时限，逐一推动落实，有效解决系统广大干警特别是领导干部存在的"四风"问题，形成从严从实氛围。在"三严三实"专题教育中，涌现出张树俭等先进典型，泽巴足书记、马世忠副省长相继作出向张树俭同志学习的重要批示，为司法行政树立一面旗帜，有力提升广大干警的自豪感荣誉感。

【基层基础和标准化信息化建设】加大监狱基础建设力度，正在实施白银、酒泉监狱改扩建和出监教育监狱建设项目，甘肃省未成年管教所和高戒备监狱建设项目前期工作进展顺利。加大戒毒系统基础建设力度，完成省一所、二所、女所、兰州市所有关改造项目。扎实推进信息化建设，与甘肃移动公司合作，实施贯通省市县乡四级的"智慧司法"信息化项目工程，已完成系统设备安装、综合布线、软件调试和人员培训。加大标准化建设力度，按照于法周延、于事简便的原则，注重实体规范和保障规范的结合和配套，先后修订涉及司法行政各条线各类业务100余项制度规范，精选83项制度汇编成《甘肃省司法行政工作制度汇编》，逐步构建一套内容科学、配套完备、有效管用的司法行政制度体系。

（贾鑫）

省政府法制工作

【依法行政】组织召开2015年省

依法行政工作领导小组会议，讨论审议工作报告和年度要点。向省十二届人大常委会第十五次会议报告2014年依法行政工作，并提请省政府分别向国务院和省委进行书面报告。严格按照目标责任书确定的考核标准，对14个市州、32个省政府部门、中央在甘单位推进依法行政工作情况进行考核，通报考核结果。组织3期全省政府系统领导干部法制讲座，举办2015年度法治政府建设干部综合素质与业务能力提升高级培训班。组织起草《甘肃省人民政府关于加快建设法治政府打造法治政务环境的意见》,已正式发布。拓展法制宣传交流平台,在《甘肃日报》"法治政府建设"专栏组织编发12期，计3.6万字。在甘肃政府法制信息网加载信息244条，审核信息5484条。

【政府立法】从全省实际和现实需要出发,科学制定2015年立法计划。对申请列入年度立法项目，认真开展立项论证，避免立法过程中"部门利益化"倾向，维护法律公平、公正。加强重点领域立法，首次主导并创设性地草拟制定《甘肃省投资类企业管理暂行办法》、《兰白科技创新改革试验区条例（草案）》。完成6件地方性法规的调研论证、征求意见和审查修改工作，提请省政府常务会议审议通过，并提交省人大审议。依法审查修改9件政府规章，提请省政府审议出台4件。办理国务院法制办、国家部委、省人大常委会及省直各部门征求意见稿102件。组织召开全省政府立法工作座谈会暨业务培训会，总结立法经验，部署工作，邀请专家作立法理论及技术讲座。

【行政执法管理】在加强调查研究、反复征求意见、多次论证修改的基础上，起草《关于全面推进综合行政执法体制改革的意见》。积极推进嘉峪关、定西市级综合执法试点工作，已报省政府批复同意。报请省政府批复同意4个县区在城市管理领域开展相对集中行政处罚权工作。部署开展全省行政执法案卷评查工作，会同省财政厅开展全省罚缴分离收支两条线执行情况专项检查。针对行政许可、行政处罚、行政检查等12种执法行为编写《行政执法工作实务》。加强执法监督，遴选确定50名省政府特邀行政执法监督员。认真办理行政执法问题请示和执法投诉17件。审核41个部门的权责清单，配合省审改办对1194项行政审批事项提出法律审核意见。严格行政执法资格管理，在甘肃省政府法制信息网录入公开7774条全省行政执法主体资格信息，接受公众和社会监督。

【规范性文件管理】认真开展备案审查，共收到报送备案的规章4件、规范性文件89件。对6件存在违法违规问题的规范性文件进行纠正。向国务院法制办报备省政府规章7件，报备合格率达到100%。加强年度核查通报，草拟2014年规章规范性文件备案审查情况的通报，提请省政府对上年度省级政府规章规范性文件备案审查工作情况进行通报，公布上年度报备的规范性文件目录、备案审查结果。积极适应法治建设新形势新要求，重新修订《甘肃省行政规范性文件管理办法》，并提请省政府常务会议审议通过。

【行政复议】畅通行政复议渠道，注重运用和解、调解等方式化解争议。共接待群众80余人（次），收到行政复议申请21件，其中：受理16件，不予受理1件，作其他处理4件。经审理，驳回复议申请5件，撤销2件，终止1件，未审结8件。代理省政府为被告的行政诉讼案件7起，1件已由法院判决驳回诉讼请求。指导已开展行政复议委员会试点的张掖市、酒泉市、平凉市，进一步完善工作规则，合理确定相对集中行政复议审理权范围，严格按照规定程序运行。拟定关于加强行政复议和行政应诉工作的意见、关于进一步加强仲裁工作的意见。督促指导拟组建仲裁机构的市，积极开展调查研究，制定实施方案，加快申报进度。对嘉峪关仲裁委员会换届工作方案进行审核，报请国务院法制办复核同意后，及时复函督促嘉峪关仲裁委做好换届工作。

【涉法事务办理】切实履行政府法制机构参谋助手和法律顾问职责，慎重妥善办理政府涉法事务，确保行政行为合法有效，共办理各类涉法事务168件，办结率达到100%。全力推行政府法律专家咨询委员会制度，积极开展对市州政府法律专家咨询制度建立情况的摸底调查和工作指导。建成省政府法律专家人才库，通过省政府法制信息网向社会公示。完善维护省政府法律专家人才数据库相关信息，加强省政府法律专家人才库的管理和维护。

（冯怡）

政法工作

【维护国家安全和社会稳定】全力维护藏族地区稳定。有关部门和藏族地区党委、政府及基层组织通力协作，有针对性地强化工作措施，形成上下联动的整体合力。深化对重点地区、重点寺庙、重点人员的排查管控，集中开展冬春严打、打盗反赌、缉枪治爆、打击涉藏反宣勾联等专项整治行动，进一步加强汽油、管制刀具等危险物品治理。全面贯彻中央第六次西藏工作座谈会和省委藏族地区工作会议精神，制定维护藏族地区稳定的实施方案,坚持问题导向,从基层抓起,着力开展依法治理、源头治理、专项治理、综合治理、主动治理"五项治理"系统工程，实现被动应对到主动治理的重大转变。

严密防范"敌对势力渗透破坏"。全面落实情报信息搜集、线索核查处置、重点部位防控等措施，密切关注省内重点人员动向，严密掌握参与串联、煽动和炒作社会热点敏感问题情况，加强分析研判，及时防范预警，确保社会大局稳定。

严防严打暴力恐怖活动。以全国全省"两会"、"9·3"阅兵、十八届五中全会等重要节会为重点，采取多种手段强化重点管控，严密防范。加强新疆籍人员服务管理，全面搜集侦办各类涉疆涉恐案件线索，完善各项基础性工作。加强对重大活动的安保工作，保证各项活动顺利进行。

【平安甘肃建设】把深化平安

甘肃建设作为协调推进“四个全面”战略布局、建设幸福美好新甘肃的重要基础和保障工程来抓，坚持问题导向，不断推进理念、方法和机制创新，解决人民群众反映强烈、影响社会和谐稳定的突出问题。进一步完善立体化社会治安防控体系建设，组织开展集中调研活动，提请省委办公厅、省政府办公厅印发《关于加强社会治安防控体系建设的意见》和《关于在全省基层推行网格化服务管理的指导意见》，协调有关部门出台《关于加快推进保安服务业发展的意见》、《关于加强邮件、快件寄递安全管理工作的意见》、《关于加强物流安全管理工作的意见》、《关于加强公交安保工作的意见》和《关于保险业参与平安建设的意见》等一系列文件，以及《甘肃省危爆物品管理重点地区认定标准及督办办法》、《甘肃省境外电视网络接收设备专项整治工作考评实施细则（试行）》、《甘肃省社会治安重点地区认定标准》、《甘肃省创建无传销城市考评认定办法》及《考评认定办法实施细则》、《社会治安问题相对突出市（州）、县（市、区）认定办法》等5项制度，完成462个乡镇（街道）平安与便民服务综合信息平台建设。从2015年开始，在全省组织开展为期半年的危爆物品寄递物流清理整顿和矛盾纠纷排查化解专项行动，维护社会治安大局持续稳定，提升维护公共安全的能力水平，有针对性地开展打击“盗抢骗”等严打整治斗争，加强对严重精神障碍患者、不良行为青少年、刑满释放人员、社区服刑人员、吸毒人员等特殊人群的服务管理。严格落实工作责任制，对全省平安县（市、区）实行动态管理，命名表彰11个平安县（市、区），保留确认33个平安县（市、区）。加大责任查究力度，针对各地的隐患性、苗头性问题，督促改进、落实措施，对出现突出问题的部分县区给予“黄牌警告”，限期半年整改。

【矛盾纠纷预防化解】发挥社会稳定风险评估的源头预防作用，把稳评工作纳入党政领导班子和领导干部绩效考核及综治维稳目标管理责任书，进一步明确评估主体、主管部门、维稳部门责任。在全省部署开展“社会稳定风险评估示范创建”活动，突出关键环节，完善制度机制，着力推动措施精细化、操作规范化、管理信息化。指导督促各地制定创建活动方案，建立环节严密、内容全面、导向明确的示范创建责任体系。按照“三有四规范”要求，筛选确定37个工作基础较好的县（市、区）和有关单位开展示范创建，解决评什么、怎么评、如何用等问题，建立了职责明确、覆盖全省、上下联动、动态运行的工作机制。成立由34个领域83人组成的省级专家库，并出台管理办法。在《甘肃法制报》和“甘肃平安网”开设宣传专栏，推广典型做法，营造良好的舆论氛围。全省共评估各类重大事项5324件，其中准予实施5255件，暂缓实施27件，不予实施42件，走访群众20余万人次，征求意见20126条，消除重大不稳定隐患442起。

强化重大社会矛盾的动态管理，在全省部署开展为期4个月的“突出社会矛盾和信访问题集中排查活动”，突出重点、找准症结、加大协调、创新方法，防止了重大涉稳问题发生。坚持和发展“枫桥经验”，充分发挥基层组织作用，充分运用民主协商和法治方式，进一步完善调解、仲裁、行政复议和复议、诉讼等多元化纠纷解决机制，不断提高防范化解实效。对排查出的问题分类建立台账，实行清单管理，采取领导包案、挂牌督办、集中交办，年内共排查影响社会稳定的重大矛盾和积案835件，化解681件，化解率81.5%，妥善处理60多件重大涉稳问题。

加大应急处置工作力度，督促指导各地、各有关部门进一步健全完善应急处置联合指挥机制、应急力量和应急预案建设，进一步提升应急处突能力水平。巩固发展专业应急队伍，在各市、县两级全部建立固定人数的专业应急处突防暴队伍。各地结合反恐维稳形式，普遍开展跨地区、跨部门和多警种、多科目的应急拉动演练，有效提高应对处置重大群体性事件和突发事件的能力水平。落实“见事敏感、防范在先、预警预防”和“三个慎用”要求，认真回应和解决群众反映的问题，及时妥善处置群体性事件。

【司法体制改革】深入推进司法体制改革，细化梳理出全年48项重点改革任务，实行清单管理。甘肃省四项改革试点方案获中央批准后，同步制定13个配套实施方案，明确牵头单位、工作程序和时限要求。省委政法委出台《领导干部干预司法活动、插手具体案件处理的通报办法（试行）》，省法院、省检察院分别出台实施细则，形成防止干预司法的“一揽子”文件，进一步构筑起保证司法机关依法独立办案的“防火墙”和“高压线”，防止干预司法的制度防线初步形成。全面推进公安改革，形成全省公安改革“1+4+10”的总体方案。积极推进派出所警务运行机制、公安交警管理体制改革，探索实施人民警察招录机制改革。立案登记制改革初显成效，通过统一立案流程、强化诉讼引导服务、开展远程视频预约立案等方式，全面规范和提升案件受理工作。自5月1日立案登记制改革实施以来，全省当场立案登记率超过95%，立案数与去年同期相比大幅上升。律师制度改革有序开展，出台《关于保障律师执业权利建立良性互动工作机制的意见》，建立律师违法执业投诉查处制度，健全律师和律师事务所执业注销、清算、终止等工作流程标准，推动落实不良执业信息公开制度。部署开展律师职业道德建设年活动，建立不良执业信息曝光台和上下联动的投诉查处机制。持续推进涉法涉诉信访改革，建立横向到边、纵向到底的涉法涉诉信访信息平台，研究制定《关于依法导入涉法涉诉信访事项的指导意见》，指导省法院、省检察院、省公安厅、省司法厅和省信访局出台实施细则，形成“1+5”一揽子制度规定。建立健全诉前调解机制，严密组织案件评查，制定印发《关于建立律师参与化解和代理涉法涉诉信访案件制度的意见》。严格贯彻落实案件终结的制度规定，督导各级政法单位协调信访局做好涉法涉诉信访群众的教育帮扶工作，依法打击违法信访。

【执法监督工作】全年共评查各类案件21万多件，同比增长14.7%，依法依纪对108人追究办案责任，确立“谁产生问题，谁负责解决，谁承担责任，谁受到追究”的工作导向。有效实施执法检查，深入推进防范冤假错案、轻刑快办试点改革、解决执行难、特赦以及减刑、假释、暂予监外执行规范化工作。以政法干警执法作风建设为重点，督促指导各级政法委组织开展执法检查，对发现的问题专题研判，严肃整改，依纪依法严肃追究问题干警责任，并在全省范围内定期通报。

【防范处理邪教工作】防控打击各类邪教违法犯罪，依法处置“法轮功”诬告滥诉活动，严厉打击各类邪教违法犯罪，严厉惩处批从事违法犯罪活动的邪教分子。不断加强各项防控工作，有效防止邪教对社会和谐稳定造成不良影响。规范推进教育转化工作，深入贯彻“团结教育挽救绝大多数”方针，严格落实工作责任，耐心细致开展帮教转化工作，成功帮助一批邪教痴迷人员脱离邪教组织，回归正常社会生活。开展反邪教警示宣传教育，引导《甘肃法制报》、甘肃卫视、《读者》杂志等省级媒体和刊物创造性地开展反邪教宣传，各级各类反邪教警示教育阵地作用进一步发挥，扩大反邪教宣传的覆盖面和社会影响，反邪教舆论氛围更加浓厚。夯实基层基础工作，扎实推进无邪教示范创建工程，在全省培育形成一批规范化程度较高，具有样板示范作用的示范典型。深入推动反邪教工作纳入乡镇、村（社区）等基层组织工作体系，健全落实相关制度，提高基层反邪教工作的规范化水平，进一步筑牢基层反邪教的第一道防线。加强反邪教队伍建设，在进一步充实人员、加强力量的同时，以“树立法治理念，提升业务素质”为核心，大力开展不同层次、多种形式的反邪教业务培训，进一步提高队伍整体素质。

【司法保障和法律服务】进一步加大对经济犯罪的打击力度，针对非法集资多发势头，出台防范和处置非法集资工作操作流程、投资类公司管理办法等制度，组织各地开展专项打击整治，强化风险排查和预警，妥善处置因非法集资引发的不稳定问题。全省公安机关共破获非法集资犯罪案件97起，挽回经济损失34多亿元。同时，加大对金融诈骗、传销等其他涉众型经济犯罪的打击力度，加强民商事和知识产权案件审判和执行力度，为经济发展营造良好的法治环境。

着力促进司法为民便民工作，大力推进互联网与司法便民深度融合，省法院和17个中级法院全部建成网络诉讼服务平台和12368诉讼服务热线，有效方便群众诉访。进一步改进户籍、交管、消防、出入境、立案、信访等窗口单位的执法办案和服务管理工作，出台一批便民利民措施，赢得群众和社会的好评。拨付国家司法救助资金5719万元，对12301个有特殊困难的案件当事人进行救助。大力破解“执行难”问题，开展打击拒执犯罪、集中清理涉民生和党政机关案件等专项行动，将160名失信被执行人纳入全省诚信“红黑榜”黑名单，对369名涉嫌拒执犯罪的被执行人移送司法机关处理。积极开展“双联”行动，深入推进双联法律服务直通车活动和“保民生、促三农”工作，在全省党政机关开展“学好法、用好权，促公正、促清廉”专项行动。

【法治建设】加强党对依法治省工作的领导。2015年7月，省委决定成立省委全面推进依法治省工作领导小组，王三运同志担任组长，办公室调整到省委政法委，泽巴足同志担任主任。加快地方立法步伐。省人大常委会制定、修订地方性法规4件，通过一审的法规6件，立法制定、修订项目调整面达65%。制定并组织实施《甘肃省组织实施宪法宣誓制度办法》。扎实推进依法行政。深化行政审批改革，省、市、县“三张清单一张网”初步建成。建立政府法律专家咨询委员会制度，全年征询95件意见。开展依法行政中期督查，推进试点市州综合行政执法，市级下移执法权1461项，整合到县区执法事项525项。集中抽查省直部门6300多卷处罚案卷和许可案卷。组织执法人员综合法律知识考试，合格率达87.8%。司法公正有力彰显。深化司法体制改革，完善司法管理体制和司法权力运行机制。加强执法司法规范化建设，保障人民群众参与司法，加强人权司法保护和对司法活动的监督，有力维护社会公平正义。法治宣传教育成效显著。组织开展全省“六五”普法检查验收，省级领导同志亲自带队，产生了良好的示范带动作用。实施“法治文化一地一品工程”，全省各地建设法治公园、广场和长廊1818个。组织“百名法学家百场报告会”86场次，创新开展“双联法律直通车”、“两好两促”等活动。

【政法队伍建设】深入学习习近平总书记系列重要讲话和十八届四中、五中全会精神，举办全省政法领导干部全面推进依法治省专题研讨班和县（市、区）党委政法委书记培训班，各级政法机关广泛举办培训班、研讨会，深入领会和贯彻中央、省委对法治建设、政法工作的新部署、新要求，五中全会后，全省政法系统迅速掀起学习贯彻热潮，结合贯彻省委十二届十四次全委会议精神，加强调研，深入研究，提出当前和今后一个时期加强政法队伍建设的总体思路工作措施，政法干警的思想政治素质和履职能力进一步提升。全省政法各系统以提高专业化、职业化、正规化水平为方向，坚持从时代条件和执法需要出发，突出群众工作、舆论引导、突发事件处置、科技信息应用等重点领域，健全完善政法干警教育培训体系，组织开展一系列教育培训和实战演练，提升政法队伍的职业道德素养和专业能力。加大双语人才培养力度，定期选派干警参加各类双语培训班，双语人才培训工作逐步常态化、规范化。充分发挥牵头单位组织协调作用，完成42名基层政法干警的招录工作。同时，组织开展2015年度“双千计划”，选配4名政法机关干部到高校挂职任教、4名法学专家骨干教师到省级政法机关挂职交流。扎实开展“三严三实”专题教育，及时组织学习《中国共产党廉洁自律准则》和《中国共产党纪律处分条例》，严格落实党风廉政建设“两个责任”，加强对政法队伍的日常管理。

国民经济

发展和改革工作

【规划编制实施】在做好"十三五"重大问题前期研究工作的基础上，坚持开门编规划，广泛征求社会各界意见建议，依据中央和省委"十三五"建议精神，编制完成"十三五"规划纲要，经省十二届人民代表大会第四次会议审议通过，省政府印发实施。积极谋划全省"十三五"重大工程、重大项目、重大政策，建立了"十三五"规划重大建设（动态）项目库。加强与国家"十三五"规划的衔接，兰州重要节点城市铁路国际班列物流平台、华夏文明传承创新区、兰州－西宁城市群、甘肃生态安全屏障综合示范区等一批重大项目纳入国家"十三五"规划纲要。

【项目投资管理】及时出台促进工业投资稳步回升、房地产业持续稳定健康发展等23条具体措施。全力争取国家支持，落实中央预算内投资179.1亿元，比上年增加40亿元；前四批专项建设基金项目获得国家支持215.3亿元，1007个项目纳入国家7大类重大工程包，白银市列入国家地下管廊试点城市。出台全省创新重点领域投融资机制鼓励社会投资的实施意见，通过召开两次PPP项目推介会现场签约项目70个。积极争取国外贷款项目，全省实际利用外资4.7亿美元。

【基础设施建设】全面实施"6363"水利保障行动和"6873"交通突破行动，引洮供水二期、黄河甘肃段防洪工程、兰州水源地建设工程、银川至西安铁路、兰州市轨道交通2号线一期工程、白疙瘩至明水高速公路、陇南成州机场开工建设，引洮入渭工程实现试通水，兰州至中川机场铁路、天水至平凉铁路、额济纳至哈密铁路、敦格铁路敦煌至肃北段和徽县至天水高速公路、金昌至阿拉善右旗公路、兰州至永靖沿黄快速通道建成通车，兰州中川机场二号航站楼建成投运，庆阳机场改扩建工程全部建成，新增铁路和高速公路通车里程分别达到434公里、300公里，全省建制村通沥青（水泥）路比例达到82%。酒泉至湖南特高压电力外送工程开工建设，配套外送新能源项目建设方案获批，全省光电、风电装机分别达到610万和1252万千瓦，居全国第1、第2位。核桃峪煤矿建设进展顺利，灵台矿区总体规划、宁正矿区总体规划（修编）获国家批复，唐家河煤矿获准开展前期工作。

【区域经济发展】争取国家出台了支持临夏回族自治州加快建设小康社会进程的若干意见，全面落实国家政策和规划方案，制定了促进陕甘宁革命老区振兴规划和支持临夏州加快建设小康社会进程若干意见的实施方案，进一步支持革命老区、民族地区加快发展。敦煌、高台、陇西3个市县纳入第二批国家新型城镇化综合试点，17个县、30个镇省级新型城镇化试点有序推进。

【产业结构调整】一是培育壮大战略性新兴产业。出台加快实施创新驱动发展战略的实施意见、大力推进大众创业万众创新的实施方案和深入推进"互联网+"行动的实施方案，积极推进兰白科技创新改革试验区建设，深入实施战略性新兴产业发展总体攻坚战，省级战略性新兴产业引导基金参股子基金、4只国家参股的新兴产业创业投资基金运营良好，38户战略性新兴产业骨干企业加快发展，5个创新创业示范园研发平台和孵化配套设施基本完善，积极争取国家批复全省组建杂交玉米繁育等3个国家地方联合工程实验室和2个国家认定企业技术中心，战略性新兴产业增加值占生产总值的比重达到12.1%。二是升级改造传统产业。出台《中国制造2025甘肃行动纲要》，设立省产业引导股权投资基金，推动有色、石化等传统支柱产业智能化改造。推进独立工矿区改造搬迁和采煤沉陷区综合治理，促进白银市、玉门市、红古区等资源型城市加快转型。酒钢1000万吨煤炭分质利用一期工程等重大产业项目加快建设。全省建设国家中医药产业发展综合试验区总体方案上报国家待批。化解产能过剩取得一定成效，兰州七里河区、天水秦州区等老工业区调整改造稳步推进。制定电力体制改革实施方案，大力推进直购电交易，完成交易电量230亿千瓦时。三是服务业提质增效。成功举办第五届敦煌行·丝绸之路国际旅游节，文化旅游产业融合发展成效明显，旅游业呈现加快发展态势。现代物流业发展提速，出台进一步促进全省物流业发展实施方案，35个重大物流项目纳入国家现代物流重大工程包。电子商务等新兴服务业快速发展，陇南、兰州新区获批国家电子商务示范基地。酒泉国家服务业综合改革试点任务圆满完成。三产占生产总值的比重达到48.8%，较上年提高4.8个百分点。

【生态文明建设】七大循环经济基地、16条循环经济产业链、园区循环化改造等重点任务加快推进，国家循环经济示范区建设目标基本完成。推进省碳排放权交易中心建设，加快地方节能立法，积极实施省节能环保产业园等重大工程，强化节能降碳管理，超额完成国家下达的"十二五"节能及碳强度下降目标。生态安全屏障试验区建设稳步推进，石羊河流域重点治理规划目标提前实现，争取国家安排全省新一轮退耕还林还草建设任务130万亩。

【重点领域改革】投资体制改革纵深推进，精简项目核准前置条件，实行"1+3+27"一窗受理、一项一码、一表流转、并联审批；推进"纵横"放权，"纵向"将企业投资项目备案权、使用中央和省级基建资金1亿元以下的市县项目审批权下放给市州，“横向”将政府投资项目初步设计交由省直行业主管部门审批；全省投资项目在线审批监管平台建成运行。价格改革深入推进，《甘肃省价格管理条例》修正案颁布实施，修订公布新的《甘肃省定价目录》，放开32项具体定价事项，下放14项具体定价事项，初步建立居民用水、用气、用电阶梯价格制度，实现存量和增量天然气价格并轨，完成农业综合水价改革试点任务，大工业和一般工商业电价有所降低。完善公共资源交易体系，推进整合各级各类交易平台。

【对外开放合作】加强与国家“一带一路”建设战略规划的对接，丝绸之路（敦煌）国际文化博览会列入国家“一带一路”战略规划，兰州列入新亚欧大陆桥经济走廊主要节点城市。进一步完善“丝绸之路经济带”甘肃段建设“13685”战略，制订全省参与建设丝绸之路经济带和21世纪海上丝绸之路实施方案、年度工作要点和项目清单。加快推进互联互通，兰州中川机场、敦煌机场获批成为国际航空口岸，新开通兰州至乌鲁木齐至圣彼得堡等7条国际和地区航线，“天马号”、“兰州号”国际货运班列常态化运行，武威保税物流中心运营良好，兰州新区综合保税区封关运营。稳步实施“走出去”战略，省政府与国家发改委签署了关于建立推进国际产能和装备制造合作委省协同机制的框架协议，中白工业园甘肃聚馨麦芽生产基地开工建设，白银公司与哈矿集团合作建设30万吨铜冶炼等项目列入国家国际产能和装备制造合作重点国别规划。

【保障改善民生】充分发挥价格调节基金作用，完善淡季蔬菜、肉类等重要商品储备制度，加强蔬菜、肉食直销店监管，确保平价惠民销售，加大涉企收费和民生领域价格执法力度，居民消费价格基本稳定，全年同比上涨1.6%。完成易地扶贫搬迁3.5万户17.1万人，解决180.6万农村居民和26.1万学校师生的饮水问题。加快棚户区改造和保障性安居工程建设，加大货币化安置力度，实施棚户区改造和保障性住房15.8万套。岷县漳县地震灾后重建居民住房、重灾村配套基础设施等重建项目基本完成。大力实施农村学前教育、基层医疗卫生服务体系等专项工程和重点项目建设。加强公共文化服务网络建设，实现58个贫困县流动图书车全覆盖，乡镇综合文化站公共电子阅览室全覆盖。

（周强　车小伟）

粮　食

【基本情况】2015年，全省收购粮食78亿斤，同比增加12.1%；销售粮食75亿斤，减少2.5%。收购食用油14671万斤，同比增加25.4%；销售食用油32990万斤，增加44.2%。截止12月底，全省粮食综合库存同比增加14.2%，食用油综合库存增加20.4%。全省国有粮食企业实现盈利2749万元、增加17.5%，其中省直企业实现盈利1343万元，12个市州实现盈利。

【粮食安全】省政府出台《关于贯彻国务院建立健全粮食安全省长责任制若干意见的实施意见》（甘政发〔2015〕39号），与市州政府签订粮食安全目标责任书，把粮食安全纳入对市州政府的目标管理考核。省政府办公厅印发《甘肃省粮食安全省长责任制考核办法》（甘政办发〔2015〕177号），省直有关部门工作积极，行动有力，层层落实。为做好2015年粮食安全省长责任制落实，在国家考核办法出台前，省粮食局牵头省直共10个部门印发《甘肃省落实粮食安全省长责任制监督考核办法》（甘粮发〔2015〕7号），对市州政府责任制落实情况进行了考核，考核结果上报省政府的同时向市州政府作了通报。

【粮食首位职责】认真抓收购、保供给、稳粮价，兜住“种粮卖得出、吃粮买得到”的底线。积极应对结构性供需矛盾突出问题，在充分发挥国有粮食企业主导作用的基础上，支持、鼓励、引导和规范多元市场主体常态化收购，进一步加强与河南、黑龙江等产粮大省的粮食战略协作关系。及时组织投放优质、安全、营养的粮油产品，确保市场供应不脱销、不断档，满足人民群众日益提高的消费需求。坚持把稳粮价、防通胀作为工作的重中之重，把握时点、重点和节奏进行调控，粮食市场和价格基本稳定。优化扩充后粮油价格监测点达到360个，动态反映价格行情，发挥预警监测功能，实现对粮油市场价格的有效掌控。

【粮食储备】2014年国家下达全省地方粮食储备规模39亿斤，分解为省级储备24.5亿斤、市县级储备14.5亿斤。2015年各级粮食部门积极协调收储资金和费用补贴，安排仓储设施，多方筹措粮源，如期完成6.5亿斤省级储备粮增储和1.5亿斤市县级储备粮尾欠任务，落实储备任务。截至2015年底，实际入库39.54亿斤，超额1.4%。建成1.07亿斤地方应急成品粮储备，达到国家规定标准。

【“粮安工程”】抢抓“粮安工程”建设机遇，省财政、发改、粮食三部门出台落实国家“粮安工程”规划（2015—2020年）进一步推进全省“粮安工程”建设的实施方案，明确建设目标、分级责任和支持保障措施。全省粮食系统把推进项目顺利实施作为落实粮食安全省长责任制的重要举措，积极落实建设条件，着力解决突出问题，全力推进项目实施。总投资5.9亿元的“14+2”亿斤粮食仓储设施建设项目全面启动，总投资4.39亿元的40亿斤“危仓老库”维修改造项目全面铺开，总投资8000多万元的14个岷漳地震灾后恢复重建项目全部建成。通过粮食基础设施的建设和维修，粮食仓容总量大幅增加，设施条件明显改善，仓容布局更趋合理，粮食收储供应安全保障能力进一步提升。

【国有粮食企业】指导国有粮食企业准确把握市场走势，督促加强内部管理，积极开展粮油购销，逐步提升综合实力。努力争取财税、金融等部门的支持，落实税收、信贷等方面的优惠政策，企业经济运行质量有了新的提升。同时，按照省政府和省国资国企改革推进工作领导小组的统一安排部署，初步确定了改革的基本框架，不断完善国有粮食企业运行管理机制。全省国有粮食企业实现盈利2749万元，同比增加17.5%，其中省直企业实现盈利1343万元，12个市州实现盈利。

【依法管粮】2015年全省粮食监督检查机构达到11个、粮食行政执法队77个、行政执法人员712人，粮食流通执法体系进一步扩充完善。开展了粮食库存大检查，检查各类粮食实际库存77.5亿斤，确保了库存数量真实、质量良好。出动检查人员6759人次，检查企业7484个次，查处违法违规案件194例，有效维护了正常的粮食流通秩序。建立粮食质检机构15个，有13个纳入国家粮食质量检验监测体系，常态化开展粮食质量安全检查，严防不符合食品安全标准的粮食进入市场。

【惠民助民行动】各级粮食部门自觉讲政治、守纪律，围绕中心、服务大局，积极投身重点工作，加强组织领导，强化工作措施，完善监管办法，在全省建成了1568个放心粮店，粮油产品质量安全保障体系进一步健全，消费者购买放心粮油的环境进一步改善。到2015年底，累计为农户配置科学储粮仓22万套，每年可节约粮食2500多万斤，助农增收3000多万元，取得了良好的社会效益和经济效益。在联村联户行动开展以来，共筹资1100多万元，开展了道路硬化亮化、高标准农田建设、产业路建设等项目，2015年帮助协调精准扶贫专项贷款1500多万元，加快了联系村脱贫致富步伐，5个联系村中有2个实现脱贫。

【粮食政风行风】认真落实中央全面从严治党战略部署，扎实开展"三严三实"专题教育、效能风暴行动、先锋引领行动、"两好两促"活动，统筹融合业务党务队伍建设。狠抓党风廉政，在省局机关及直属单位开展党风廉政建设巡察、述纪述廉述作风、廉政风险防控、监督执纪问责等工作，全面落实党风廉政建设主体责任。开展世界粮食日、爱粮节粮宣传周、粮食科技宣传周、食品安全宣传周等活动，全社会节约粮食、反对浪费的新风尚正在形成。坚持"安全第一、预防为主"的方针，认真履行粮食行政主管部门安全生产的监管责任和企业安全生产的主体责任，责任落实到位，措施得力有效，确保了全省粮食系统无安全生产事故发生。

（贾峰）

林　业

【总体情况】全省完成营造林总面积316591公顷，其中人工造林254308公顷（灌木林14670公顷），无林地和疏林地封育59552公顷，有林地和灌木林地封育2731公顷。在营造林总面积中林业重点工程完成营造林105113公顷，其中人工造林71536万亩（灌木林1167公顷），无林地和疏林地封育30846公顷，有林地和灌木林地封育2731公顷。其中天然林资源保护工程营造林18181公顷，（人工造林7051公顷，无林地和疏林地封育8399公顷，有林地和灌木林地封育2731公顷），退耕还林工程营造林面积43470公顷（全部为人工造林），三北防护林建设工程营造林面积49442公顷（人工造林21015公顷，无林地和疏林地封育22447公顷）。全省完成森林抚育面积169493公顷，全年林木种子采集量2597吨，苗木产量317599.76万株，全省育苗面积41087公顷，其中本年新增7955公顷。

【林业产业发展】全省实现林业产业总产值385.71亿元，比2014年增加46.40亿元（按现价计算），增长13.67%。其中：第一产业产值336.19亿元，第二产业产值19.23亿元，第三产业产值30.30亿元，分别占全部林业产值的87.16%、4.98%和7.86%。从2014年的87.3 ∶ 4.4 ∶ 8.3变化为87.2 ∶ 5.0 ∶ 7.9；全省林业产业增加值为157.74亿元，比2014年增加4.72亿元，增长3.08%。其中：第一产业增加值133.34亿元，第二产业增加值7.08亿元，第三产业增加值17.31亿元，分别占全部林业增加值的84.53%、4.49%和10.98%；同比分别增长1.83%、8.84%和11.17%。

【生态屏障建设】编制完成《甘肃省建设国家生态安全屏障综合试验区林业发展规划》，《甘肃省推进生态文明建设林业规划（2015–2020年）》已报请省政府批准实施。组织实施天然林保护、退耕还林、三北五期、野生动植物保护及自然保护区建设等国家重点林业工程，着力突出重点区域、重点地段的造林绿化。全省共完成营造林316591公顷；完成义务植树9785.4万株，新建义务植树基地370个；沙化土地封禁保护区建设稳步推进，共实施封禁面积149700公顷。提请省政府办公厅印发了《关于进一步加强林业有害生物防治工作的实施意见》，进一步加强全省林业有害生物防治工作。

【林业投资】抢抓国家出台《关于加快推进生态文明建设的意见》的有利时机，加强联系衔接，积极争取项目资金。争取国家安排林业重点工程和造林补贴建设任务185020公顷，较2014年增加8500公顷；落实中央林业建设资金51.62亿元，增加7.7%。编制完成《甘肃省"十三五"林业发展规划》初稿，向国家林业局报送了"十三五"重大林业项目和重点任务。加强林业项目库建设，全省累计上报基本建设类投资项目264个，申报入库森林防火、林下经济、油用牡丹等12类财政补助项目702个，已安排314个，下达资金3980万元。强化项目资金监管，制定出台《甘肃省林业厅项目和资金管理会商制度》等8项制度，组织开展了涉农资金专项整治行动和林业项目资金稽查。加强林业国际合作交流，9个在建外资项目管理水平进一步提升，新落实4个外资项目。

【林业改革】集体林权制度改革深入推进。制定下发《关于用林业贷款财政贴息资金对林权抵押贷款贴息的通知》，降低林权抵押融资成本；推广泾川县试点经验，组织全省开展果树经济林确权颁证，鼓励以果树经济林权作抵押融资，创新农村林业投融资机制；出台《甘肃省家庭林场认定登记管理办法》，规定家庭林场认定登记的范围、条件、程序以及服务管理和优惠政策等内容。全省新增林权抵押贷款22.4亿元，新增林业合作社367个（总数达到2142个）、家庭林场434家，实现林下经济产值67.52亿元。泾川县被确定为全国22个集体林业综合改革试验示范区之一，康县被确定为省级集体林业综合改革试验示范区。临泽、敦煌、会宁3县区被评为国家级林下经济示范基地。国有林场改革进展顺利。完成庆阳市国有林场改革试点并通过国家验收。会同省编办组成联合调研组赴白龙江林业管理局、小陇山林业实验局深入调研，组织召开国有林场改革座谈会，研究制定《甘肃省国有林场改革实施方案》，经省委全面深化改革领导小组第14次会议审议通过，上报国家审批。《甘肃省落实林业生态红线方案》经省政府第86次常务会议审议通过，于2015年8月27日正式印发实施。

【特色产业发展】认真贯彻落实全省现代林果产业建设现场会精神，进一步优化产业结构，延伸产业链条，大力发展以经济林果、种苗花卉、森林旅游等为重点的林业产业，全省新增特色经济林果55000公顷，占年度53333公顷目标任务的103.1%，提质增效和低产林改造83200公顷，占年度8000公顷目标任务的104%，全省经济林果总面积达到1402067公顷。落实林果产业发展扶持资金6900万元，重点扶持61个贫困县（区）和17个优势县区级单位开展林果示范基地建设。出台《甘肃省林业产业化重点龙头企业认定和管理暂行办法》。组织编制《甘肃省林果产业发展规划（2016–2020年）》和《甘肃省木本油料产业发展规划》及油橄榄、核桃、油用牡丹、文冠果分树种规划，争取立项扶持。根据省政府“十百千万”工程实施方案部署要求，精心编制林果产业、林下经济、特色优势产业等示范创建方案。提请省政府办公厅印发《关于加强林木种苗工作的实施意见》，明确今后一段时期甘肃省林木种苗工作的总体发展目标。大力发展森林生态旅游，甘肃省子午岭经国家林业局批准为国家级森林公园，生态旅游产业蓬勃发展。完成第八届中国义乌国际森林产品博览会参展工作，省林业厅获得优秀组织奖。

【依法治林】认真开展“六五”普法依法治理工作，组织广大干部职工深入学习《森林法》等20余部法律法规，积极开展林业法律法规“七进”活动。在“六五”普法考核中，省林业厅被评为优秀等次。加快林业立法进程，省人大常委会一审通过《甘肃民勤连古城国家级自然保护区管理条例》。《甘肃祁连山国家级自然保护区管理条例》（修正案草案）已经省政府第99次常务会议审议通过。职能转变和简政放权扎实推进，认真组织开展“三张清单一张网”工作，清理确定林业行业各类行政职权163项、便民服务事项34项，已全部录入甘肃政府服务网；最大限度地减少和下放审批权限，林业行政审批项目由原来的28项压减到18项，减幅达35.7%，全部入驻政务大厅，实现网上公开办理，有效规范了用权行为。

【资源保护管理】全面加强林地林权管理，积极服务全省“6873”交通突破行动，办理项目建设使用林地行政许可135项。全省林地变更调查进展顺利，林业数表修编工作取得阶段性成效。林政执法力度进一步加大，非法侵占林地清理排查专项行动成效显著，全年共查处林政案件2792起，查处率99.93%，各地普遍形成打击破坏森林资源违法犯罪的高压态势。制定下发《甘肃省2015年森林覆盖率增长目标考核办法》和《考核细则》，组织完成对市州森林覆盖率增长目标任务的考核工作。加强自然保护区建设与管理，多儿、裕河两个省级自然保护区晋升国家级自然保护区，张掖黑河湿地列入国际重要湿地名录。认真组织开展环保部和国家林业局约谈整改工作，针对祁连山国家级自然保护区存在的突出问题制定了具体整治方案，提出11项整治措施，如期完成省政府确定的祁连山保护区建设项目的排查任务并向省政府上报专题报告。组织8个工作组深入各市（州）、各保护区对全省林业系统自然保护区开发建设项目进行全面清理整顿。不断加强森林防火、野生动物疫源疫病监测及沙尘暴监测预警等工作，林业应急处突能力进一步提高。制定下发《关于进一步加强安全生产工作的意见》，强化林业行业重大安全隐患排查治理，深入开展安全生产大检查活动，加强重点时段的林业安全生产管理，确保了林区职工群众生命财产安全和经济持续健康较快发展。

【民生改善】全力组织实施林业棚户区改造和公租房建设，2014年下达的1865户棚户区改造任务主体已全部竣工；5000套公租房建设任务已主体竣工4226套，主体竣工率85%。落实国有贫困林场扶贫资金1106万元，林区饮水、道路、电网和广播电视等基础设施建设进一步加强。天保工程二期提标扩面取得积极进展，正在组织制定河西五市纳入天然林保护范围数据对接、审核、申报等规范程序和办法，国有林管护补助由原来每年每亩5元提高到6元，职工五项社会保险基数由2008年社会平均工资水平改为2011年社会平均工资水平。

【精准扶贫】成立精准扶贫工作领导小组，制定《省林业厅关于加快推进林业精准扶贫的实施意见》。会同农牧、环保、国土、农办等部门，制定全省“1+17”精准扶贫工作方案之一的《精准扶贫生态环境支持计划实施方案》。与发改、财政等部门衔接，在资金和项目上对贫困地区予以倾斜，58个片区县林业投资36.27亿元，贫困县完成造林144000公顷，封山育林41333公顷，新增经济林果43667公顷，完成低产果园改造74667公顷，新建林下经济示范点66个，新增育苗11267公顷。坚持精准扶贫与双联行动融合推进，严格落实双联驻村帮扶制度，选派工作队长组建帮扶队伍，积极进村入户开展帮扶工作，把省委双联行动的各项要求部署落到实处。联户干部累计入户3415人次；宣传政策515次，发放宣传资料6235份；开展科技培训103次，参加群众7679人次；收集民情民意173条，调处矛盾纠纷52起，帮办实事99件。认真组织30个双联村实施荒山造林、经济林新植补造、道路绿化、苗木培育等富民项目，联系村的生产生活条件、经济发展状况以及村容村貌等方面均有明显改善。

【支撑保障建设】加大科技推广力度，2015年共争取国家和省上各类林业科研推广项目58个，审批立项14个，落实经费309万元。林业信息化建设成效显著，"甘肃林业网"被国家林业局授予"全国林业十佳网站"，省林业厅被授予"全国林业信息化建设十佳单位"。扎实开展"工作落实年"活动，制定实施方案，建立工作台帐，对省委、省政府确定落实的26项重点工作任务及53项林业年度重点工作进行细化分解和公示公开，并制定修订《督促检查工作办法》、《厅领导联系单位制度》等5项制度，靠实工作责任，加强督促检查，按月梳理报告，切实保障各项重点工作任务落实见效。加强党员干部教育管理，稳步推进事业单位分类改革，研究提出系统各级各类共58个单位的分类改革意见，19个事业单位已经省编办批复为公益一类事业单位。为民服务的质量和水平提升，妥善处理信访问题，共接待来访群众61人，受理信访案件57个，回复网上留言62条，办理人大建议18件、政协提案25件。

【退耕还林工程】推动2014年任务完成；全部完成2014年国家下达甘肃省退耕还林工程计划任务71万亩，其中：新一轮退耕还林任务65万亩，荒山造林6万亩。积极争取落实2015年任务，国家发改委、财政部、国家林业局、农业部、国土资源部下达甘肃省2015年新一轮退耕还林还草任务130万亩，其中还林120万亩、还草10万亩。编制完成《甘肃省新一轮退耕还林还草总体方案（2014 - 2020年）》，并经5月22日省政府第80次常务会议审议通过。根据《退耕还林条例》、《新一轮退耕还林还草总体方案》以及有关技术规定，结合甘肃省工程建设实际，制定《甘肃省新一轮退耕还林作业设计规范》，从外业调查、内业设计、设计审批等方面对全省新一轮退耕还林作业设计进行规范，指导各地在新一轮退耕还林作业设计过程中规范操作，为提高工程建设质量奠定良好基础。

【三北工程】甘肃省三北五期工程建设以"提质增效、国土增绿、农民增收"为目标，坚持改革创新，注重科技驱动。全年完成工程建设任务5.13万公顷，争取中央投资1.39亿元。认真实施黄土高原区综合治理林业示范项目。全省10个黄土高原综合治理林业示范县，完成建设任务1.2万公顷，占工程总任务的23.26%。项目管理逐渐规范，示范引领作用日益显现，造林质量逐步提升。启动退化林分改造试点工作，庆城县、镇原县、泾川县、麦积区、康乐县、关山林管局、华家岭林业站等7个县（区、单位）被列为国家退化林分改造试点县，下达改造任务0.93万公顷，到位项目资金0.28亿元。

【"天保"工程】有效保护森林资源，从省、市、县三级政府到林业局、林场、管护站、管护人员全部签订责任书，全面实行绩效考评，有效保护森林资源7069.73万亩。保障民生，维护林区和谐稳定。2015年全省天保工程区国有职工年平均工资达到35671元，较天保工程一期末19697元有较大幅度提高；国有职工养老、医疗、失业、工伤保险参保率缴费率达到90%以上，生育参保率缴费率达到80%以上，职工保障水平明显提高。创新管理，提升天保工程建设水平。制定《2015年天保办重点工作和责任分解落实一揽子计划》和《甘肃省天保工程二期公共管护项目任务投资分配管理办法》、《甘肃省天保工程二期国有中幼林抚育任务及资金分配管理办法》和《甘肃省天然林资源保护工程公益林建设计划管理办法》三部管理办法，明确管理责任。积极争取，扩面提标工作取得实质性进展，国家已在原非天保工程区的河北和湖南两省开展试点，河西五市将纳入天然林保护范围；提高国有林管护标准，亩增投资1元，并按照2011年甘肃省社会平均工资的80%为测算基数提高职工五险补助。

【野生动植物保护】查处非法猎捕、收购、运输野生动物及制品27起，收缴、处置野生动物697只；严格执行野生动物疫源疫病监测月报制度、24小时应急值班制度、巡护监测制度、疫情报告制度。对全省9个国家级监测站上报情况实行每月通报，在鸟类高致病性禽流感等重要疫病高发时期，加大巡查密度和巡回检查力度。筹备资金为全省64个国家级、省级、县级监测站配发野外监测、信息传输、野外防护、消毒等设备，印制防控知识手册，制作监测站挂牌，规范监测站名称。加大普氏野马和野骆驼放归自然后的监测，普氏野马放归五年在野外成功繁殖幼马16匹，现存种群数量达到40匹（净增12匹）；放归野外的野骆驼数量达到8峰（净增4峰）。有序推进全省陆生野生动物资源调查、第二次全国重点保护野生植物资源调查，已完成安南坝、盐池湾、敦煌西湖、祁连山等8个国家级自然保护区及有关地区的外业调查工作。落实中央预算内资金1714万元，开展了太子山、兴隆山国家级自然保护区基础项目建设。全省家庭林场434家，林业合作社2142个，省级示范社426家，国家级示范社16家。全省累计流转林权381.34万亩，实现流转金额5.71亿元。自2015年起，用"林业贷款财政贴息资金"对林权抵押贷款给予贴息，有效降低林权抵押融资成本，扩大贷款规模和覆盖面。全省累计办理林权抵押贷款55.44亿元，其中2015年新增22.4亿元。

（陈填）

水 利

【概况】2015年，全省下达各类水利项目投资计划154亿元，较2014年增长35%，完成投资131亿元。解决180.56万农村人口和26.08万学校师生的饮水安全问题，农村自来水普及率达到80%，完成高效节水灌溉面积7.33万公倾，新修梯田8.48万公倾，治理水土流失面积2057平方公里，新增农村水电装机容量11.57万千瓦。

【水政】按照省政府关于建立"三张清单一张网"的工作部署，积极开展行政职权清理工作，梳理出82项行政权力及责任清单，向社会公布。大力推进简政放权，结合实际下放饮水安全、农田水利、水土保持等项目审批权限，行政许可事项减少1项。全面宣传贯彻新修订的《甘肃省水土保持条例》和《甘肃省河道管理条例》，不断规范生产建设项目水土保持、涉河建设项目行为。强化水行政执法，依法查处水事案件1207件。《甘肃省农村饮用水供水管理条例》经省人大颁布，自2016年1月1日起施行，将农村饮水纳入法制化管理轨道。

【水资源】2015年全省总供水量118.60亿立方米，其中地表水工程供水88.53亿立方米，占74.6%；地下水工程供水27.69亿立方米，占23.4%；其他水源供水2.36亿立方米，占2.0%。全省总用水量118.60亿立方米：生产用水109.44亿立方米（其中第一产业用水95.07亿立方米，第二产业用水11.62亿立方米，第三产业用水2.74亿立方米），占92.3%；生活用水5.29亿立方米，占4.4%；生态环境用水3.78亿立方米，占3.3%。加快实施最严格的水资源管理制度，覆盖全省的用水总量、用水效率、水功能区限制纳污“三条红线”控制指标体系全面建立。万元工业增加值用水量为63立方米，万元生产总值用水量为175立方米，重要江河湖泊水功能区水质达标率73.2%，均在国家控制指标之内。建成国家水资源监控能力项目和黄河水量调度甘肃子项目，全省70%以上取水许可水量纳入实时监控体系。

【水利规划】根据《省委关于制定国民经济和社会发展第十三个五年规划的建议》和《甘肃省国民经济和社会发展第十三个五年规划纲要》，研究制定《甘肃省水利发展“十三五”规划》和防洪减灾、病险水闸除险加固、农村饮水安全巩固提升等15个专项规划。编制完成甘肃省中央预算内固定资产水利投资和江河湖库水系综合整治财政专项资金三年滚动规划并上报水利部。先后配合黄河水利委员会、长江水利委员会和水规总院，完成全省重大水利工程项目的筛选、审核工作；结合省政府印发的“6363”水利保障行动，完成全省面上水利项目的梳理和上报。

【基本建设】重点水利工程。引洮一期工程建成投入运行，中部地区123万群众吃上了洮河水。列入国家172项节水供水重大水利工程范围的引洮供水二期、黄河甘肃段防洪工程分别于8月6日、10月10日开工建设，靖远双永供水和古浪黄花滩水利骨干工程已通水运行。会宁北部供水、引洮入潭、引洮济合、积石山引水、天水市城区供水等区域性水资源配置工程按计划加快推进。

重点流域治理。石羊河流域重点治理项目提前5年实现远期规划目标，民勤蔡旗断面平均年下泄水量保持在2.5亿立方米以上，青土湖形成22平方公里的季节性水面，地下水位埋深小于3m的旱区湿地面积达到106平方公里。敦煌水资源合理利用与生态保护项目年度任务基本完成，月牙泉周边地区水位下降趋势减缓。

病险水库（水闸）除险加固。列入国家和省级规划的4座中型、20座小（1）型、50座重点小（2）型和56座一般小（2）型病险水库除险加固项目全部完工。新出险的疏勒河双塔水库已开工建设，高台县小海子中型水库已完成初设批复，12座小（1）水库已全部开工建设，完工11座。列入全国规划的37座大中型病险水闸已全部批复，安排实施项目35个，主体工程基本完成。

中小河流、江河主要支流治理。加快推进41个中小河流治理项目和15个江河主要支流治理项目，全面完成年度建设任务，治理河长695公里，修建堤防751公里，有效保障沿河居民和农田防洪安全。

抗旱防汛专项项目。完成2013至2015年度山洪灾害调查评价、非工程措施补充完善、重点山洪沟道治理及2014至2015年度130处抗旱引调提工程建设任务，13个洪水风险图编制项目和国家防汛抗旱指挥系统二期工程甘肃项目建设进展顺利。

【抗旱防汛】全省旱情主要发生在冬季和夏秋季两个时段，造成40.4万人饮水困难，农作物受旱面积89.35万公倾。汛期全省共出现8次局地强降水过程，造成33.64万人受灾，农作物受灾面积2.72万公倾。年初提早安排部署抗旱防汛工作，印发抗旱防汛工作安排意见和工作要点，向社会公示48座大中型水库、38段重点河段和5座重点防洪城市的安全责任人，干旱高峰期，实行旱情信息动态管理，采取“四级联报”和周报制的方法，加强旱情分析预测；及时派出工作组赴旱区指导检查抗旱减灾工作，各级投入大量人力物力保人饮、保灌溉，累计解决29.14万人的临时饮水困难，完成春灌38.53万公倾、夏灌98.67万公倾、秋灌62.37万公倾、冬灌86万公倾，全膜双垄沟播面积101.58万公倾，挽回粮食损失21.79万t。汛期，全面落实抗旱防汛责任制，坚持24小时值班值守，突出强化预测、预报、预警、预防、预案“五预”能力，发送预警短信0.5万条，减淹耕地0.21万公倾，避免粮食损失0.55万t，保障了群众生命财产安全。

【农田水利】落实省政府批转的《关于深化农业节水建设工作的意见》，确立高效节水工程建设与水权、水价、节水量、土地规模经营、农业产业布局、农田节水措施、农村合作组织及小型水利工程产权制度改革相结合的工作思路。坚持先建机制、后建工程，建立以建促管、以管促建、建管结合的高效节水建设管理新机制，加快推进河西走廊高效节水灌溉、陇中东南部特色农业产业高效节水灌溉“两个示范区”建设，累计发展高效节水灌溉面积7.33万公倾，年新增节水能力4亿立方米，实现了农业节水和农民增收的双赢。完成4处重点中型灌区节水改造、11个大型泵站更新改造、7个牧区和5个规模化节水示范项目，“五小水利”工程建设进度加快。

【水土保持】依托国家水土保持重点建设工程、国家水土保持农业综合开发项目和中央预算内水土保持重点工程建设，整合其他部门生态建设任务，完成水土流失综合治理面积2057平方公里，水土流失治理程度达到27.38%。组织47个重点县区开展标准化梯田建设，完成建设任务6.69

万公顷。

【城乡供水】瞄准2015年解决180万人、2017年前解决建档立卡的1107个贫困村118万人的饮水安全问题两大攻坚目标，推进精准扶贫饮水安全支持计划的落实。共投入资金19.9亿元，建成集中供水工程1101处，场窖式供水工程2万余处，区域水质检测中心88处，解决180.56万（规划内126.58万人，藏族地区规划外新增13.49万人，省内自筹资金解决规划外40.49万人）农村人口和26.08万学校师生的饮水安全问题，农村自来水普及率达到80%，群众生产生活条件得到明显改善。

【农村水电】完成40座农村水电增效扩容改造项目验收工作。安排实施的6个水电新农村电气化建设项目、5个小水电代燃料项目基本建成，全省新增农村水电装机容量11.57万千瓦。

【工程管理】出台《关于加强全省水利工程建设管理的指导意见》、《关于加强全省水利工程建设项目招标投标行政监督工作的意见》、《关于加强中小型水利工程建设管理防范廉政风险的实施意见》，严格项目建设法人责任制、招投标制、监理制、合同制“四制”管理，切实规范全省水利工程建设管理工作。派出4轮57路工作组蹲点驻守14个市（州）和2个厅属单位，开展水利建设项目督查工作，有力促进水利工程建设进度和质量安全管理。制定印发《甘肃省水利建设示范创建活动方案》，围绕水土保持综合治理、农村饮水安全工程建设运行管理、农业高效节水灌溉等10个主题20个示范点开展示范创建活动，充分发挥点上经验的示范引领作用，推进水利建设管理水平整体提升。建立水利施工、监理和物资供应企业信用信息红黑名单制度和市场主体不良记录发布制度，维护良好的水利建设市场秩序。

【水利改革】各项水利改革工作取得阶段性成效，积累了有益经验，得到国家的高度重视和关注，汪洋副总理作出重要批示。水利部工作组专程到甘肃调研，形成四个专题调研报告，在全国农田水利改革现场会上进行了交流。

投融资改革。省水投公司充分发挥改革示范引领作用，在多渠道筹措水利建设资金、创新水利建管体制机制、推动水务一体化发展等方面迈出关键步伐、取得显著成效。2015年8月，省水利厅与省农发行签署2000亿元的战略框架合作协议；同年10月，联合省发改委、财政厅下发《关于创新投融资机制加快水利工程建设的实施意见》。

水权改革。加快落实最严格的水资源管理制度，以用水总量刚性约束指标，倒逼开展水权改革。疏勒河流域全国水权制度改革试点稳步推进，水资源确权发证、交易平台建设等工作有序推进。为配套推进改革，同步在疏勒河灌区开展农业用水实行超定额累进加价改革工作。

水价改革。凉州、民勤、民乐、高台、白银5县区全国农业水价综合改革试点工作全面完成，5县区农业水价在原水价基础上平均提高了50%以上，其中高台、民乐提高了1倍，达到成本水价。研究选择安排金塔、甘州、永昌、榆中、靖远5县开展省级农业水价综合改革。遵照国务院办公厅2号文件，研究起草《关于推进农业水价综合改革的实施方案》。

水管改革。全省建管站、质安站、抗旱服务队覆盖到县，基层水利站覆盖到乡。18.8万个小型水利工程明晰了产权，占到总数的98%。凉州、白银、武都3个全国农田水利产权制度改革和创新运行管护机制试点工作稳步推进，陇南市小型水利工程产权制度改革全面推开。

国企改革。制定厅属企业深化改革的指导意见和一企一策工作方案。坚持分类推进，理顺政企关系，增强企业活力，改革任务基本完成。

【科技与教育】加大水利科技项目申报实施力度，20个项目列入水利部、省科技计划；9个项目获得省科技进步奖、22个项目获得水利科技进步奖。制定《甘肃省水利技术推广与服务专项资金使用管理办法》，编制完成《“十三五”水利科技发展规划》。

（李国荣）

工业和信息化

【工业经济运行】工信系统认真贯彻省委省政府决策部署，全面落实“四个全面”战略布局和五大发展理念，迎难而上，主动作为，突出抓好中国制造2025甘肃行动纲要、工业稳增长调结构增效益系列重大措施、“互联网+”等一批事关全局、影响长远的重点工作，工业运行保持在合理区间，转型升级取得实效。全年规模以上工业增加值增长6.8%，电子信息产业主营业务收入增长31.35%，万元工业增加值能耗下降3.2%。

【中国制造2025甘肃行动纲要】编制发布《中国制造2025甘肃行动纲要》，成立以省政府主要领导任组长、分管领导任副组长的中国制造2025甘肃行动纲要协调推进领导小组，各项确定任务加快推进。会同相关部门编制16个专项行动计划和10个专项实施方案，已制定发布3个。谋划500个总投资2400多亿元的制造业重点项目，推动新能源汽车、信息技术等领域一批重点项目建设，争取国家专项建设基金9.17亿元，支持5个重大项目建设。围绕重点领域梳理出545个技术创新项目，争取国家批复2户国家级技术创新示范企业，培育10户省级技术创新示范企业和20家省级企业技术中心。推荐省机械科学研究院成为甘肃省首家国家级工业设计中心。

【保持工业平稳运行】强化运行监测和要素保障，加强对重点地区、行业和企业的运行调度，积极协调解决企业存在的突出困难和问题。努力降低要素成本，促成出台直购电、财政及电价补贴、丰枯电价、新能源直接交易及置换等工业扶持政策，积极落实各项电改措施，全年电解铝和符合条件的铁合金、电石、高新技术及战略性新兴产业实际用电价格每度平均下降0.11元和2–9分。强化铁路运输调度，稳定开行“兰州号”、“天马号”和酒钢钢材专列等直达中亚货运班列，协调铁路部门利用铁路运价下浮政策减收企业运费2亿元以上。积极扩大工业有效投资拉动作用，172

个工业项目实现达产达标。强化省内市场开拓，协调督促项目建设单位和企业开展互保共建和互为市场工作，推动省内煤电企业实施互保。支持359户企业进入规上，新增工业增加值70亿元，拉动工业增长2.2个百分点。

【新增长点培育】出台公共安全应急产业发展实施意见和方案，谋划培育应急领域新兴优势产业，引导推动应急装备制造产业加快发展和扩大应用。与九次方大数据公司在设立大数据公司、大数据交易中心、大数据研究院及互联网+产业发展基金、建设大数据及互联网产业创新创业基地、社会征信大数据体系等方面开展合作，培育和带动大数据产业发展。天水华天多芯片多叠层先进集成电路技术研发及产业化等重点项目建成投产，北大"中国芯"项目启动建设，省内通航产业初具规模，成功举办首届"创新杯"工业设计大赛。积极推进省政府与中国中车集团的战略合作，双方在西北高端服务基地、服务型制造业、产业链延伸、新能源汽车推广应用等多个方面展开实质性合作。2015年，战略性新兴产业增加值在生产总值中的占比达到12.1%。

【传统产业转型升级】出台中国制造2025甘肃行动传统优势产业提质增效升级专项实施方案，组织实施1087个重点工业技术改造项目，完成投资600亿元，占全年计划的66%。积极引导有色、冶金、石化、建材和食品等传统优势产业转型升级，全年全省续建、新建承接产业转移项目1200项，当年累计引进资金到位额1100亿元，累计引进资金到位率55%。争取国家专项资金和基金11.2亿元，下达省级专项资金5.6亿元，支持一批产业升级改造、工业强基工程、产业链延伸、两化融合等重大项目建设。制定甘肃省两化融合评估诊断和对标引导工作方案，组织600户企业开展两化融合评估，酒钢等6户企业被列为工信部第二批两化融合管理体系贯标试点。向国家上报甘肃省未经国家核准在建项目产能置换方案，核实完善水泥行业及白银（中瑞）电解铝在建项目产能置换方案。推进以企业为主体的创新体系建设，组织实施技术创新项目560项，研发新技术新产品200多项，组建新能源应用等3个研究院和高端石油钻采装备等4个产业技术创新联盟。

【工业循环经济】围绕"甘肃省循环经济总体规划"及与省政府签订的工业循环经济目标任务责任书，积极探索工业循环经济发展的新机制、新途径，金昌有色金属新材料等五大工业循环经济基地建设全面推进，总结并印发12条产业链典型案例，培育110户示范企业和15个典型模式，工业用水重复利用率达到89%、工业固体废物综合利用率达到75%以上，全面完成2015年及"十二五"工业循环经济目标任务。

【军民融合产业】以中核甘肃核技术产业园为重点的一批军民结合项目开工建设，军民融合公共服务能力得到加强。与多个军工集团合作项目取得实质性进展，长城电工、兰石集团等多家企业进入中国船舶制造领域取得积极进展。"民参军"渠道进一步拓宽，一批企业进入重点民口配套单位名录和全军武器装备采购信息网。省部合作共建兰州理工大学和高分数据应用取得突破性进展。推动中国电子科技集团、兰石集团和省公航旅集团达成合作，在兰州新区建设1条房车制造生产线。协调税务部门为12家军工企业全年减免税收1.5亿元。

【信息化工作】出台促进云计算创新发展培育信息产业新业态的实施方案、加快高速宽带网络建设推进网络提速降费的实施意见和加快大数据、云平台建设促进信息产业发展的实施方案，制定丝绸之路黄金段智能物流骨干网建设规划。积极争取在甘肃设立国家级互联网交换中心，推进兰州北科维拓三维数字社会服务管理系统、甘肃万维电子政务系统推广应用。省内最大的云计算中心甘肃广电网络阿里飞天云平台上线运营，西北中小企业云服务平台接入企业超过2.3万家、用户超过80万户。争取5个市州被国家列为电信普遍服务补偿机制试点，兰州和张掖被工信部确定为2015年度"宽带中国"示范城市。

【中小企业发展环境】全省中小企业公共服务平台网络全面建成并投入运营，组织开展各类服务活动1020场次，为49151户中小微型企业提供服务。认定24个省级中小企业公共服务示范平台，累计达108个。推荐张掖市入选国家首批小微企业创新创业示范城市，推荐国家认定4个国家级小微企业创业创新基地。认定"专精特新"中小企业45户，累计达91户。安排4000万元注入融资担保机构，为1.7万户中小微企业提供担保200亿元。对180户有条件在"新三板"上市的中小企业积极开展培育和辅导，目前已上市20户。

【精准扶贫】配合实施精准扶贫电商支持计划，三大运营商和铁塔公司制定出贫困乡村网络建设方案，并加大投资力度，力争实现贫困乡村网络全覆盖。出台《陕甘宁革命老区集中连片特殊困难地区扶贫攻坚四项工程推进计划》、《支持庆阳革命老区加快工业和信息化发展实施方案》和《加快推进革命老区信息基础设施建设实施方案》，支持革命老区发展。突出产业扶贫，安排4270万元陇药产业发展资金扶持贫困地区中草药深加工项目、当归全产业链开发项目。加大对"双联"责任县卓尼县的工业投入，积极做好项目谋划和产业扶贫。

【行政体制改革】除国家明确由省级政府负责和跨市州核准事项外，一律下放市州核准。保留的16项非涉密行政许可项目全部进驻政务大厅办理，实现网上审批。已清理取消行政审批事项3项（含2个子项）。出台《甘肃省工业结构调整负面清单及能效指南》，实现由事前管理向事中事后监管的转变。出台《关于进一步优化企业兼并重组市场环境的实施意见》，提出21条政策措施。对省级专项切块下达，由各地决定项目支持额度，省工信委把好产业政策关、监督资金使用效率。

（张双武）

建材工业

【基本情况】2015年，甘肃省建材工业总体运行平稳，工业增加值增长0.6%，规模以上建材企业由上年的280户增加到322户。企业亏损面有所上升。

【建材产品产量】全年生产水泥4764万吨，同比下降2.23%；商品混凝土1883万立方米，下降0.67%；石膏板2086.39万平方米；下降73.87%；平板玻璃124.78万重量箱，下降76.82%；钢化玻璃11.12万平方米，下降60.28%；中空玻璃5.73万平方米，下降70.7%；纤维增强塑料制品25.13吨，下降54.17%；建筑陶瓷制品中瓷质砖2230万平方米，下降6.37%、陶质砖902.46万平方米，下降12.56%；石灰石145.67万吨，增长70.14%；水泥混凝土排水管899.44千米，增长11.68%；水泥混凝土电杆14.77万根，增长0.95%；天然花岗岩建筑板材1575.83万平方米，增长10.25%。

【建材工业固定资产投资】全年建材工业累计完成固定资产投资241.13亿元，同比增长0.45%。其中，水泥制造20.76亿元，下降47.64%。水泥制品制造22.18亿元，增长10.10%。砼结构构件制造20.82亿元，增长3.84%；石灰石、石膏开采4.4亿元，增长186.13%。平板玻璃制造2.33亿元，增长242.65%。建筑陶瓷制品制造6.49亿元，下降58.40%。建筑装饰用石开采22.78亿元，增长47.05%。其他非金属矿采选8.29亿元，增长41.24%；轻质建筑材料制造6.78亿，增长42.96%；其他非金属矿制品制造11.55亿元，增长73.25%。建材工业固定资产投资中，砖瓦及建筑砌块制造、建筑装饰用石开采、水泥制品制造、砼结构构件制造、水泥制造占据全省建材工业固定资产投资前五位，五个行业的投资总额占建材投资的45.93%，其中建筑装饰用石开采投资增长最快，水泥制造业投资则持续下降，且投资降幅较大。

【行业经济效益】2015年，全省规模以上建材企业实现主营业务收入268.2亿元，同比下降10.8%；利润总额8.2亿元，下降50.4%；应收账款64.7亿元，增长2.5亿元。水泥工业实现销售收入110.43亿元，下降15.1%；利润4.1亿元，下降67%；应收账款同比减少2.5亿元。水泥熟料产能利用率在70%左右，略高于全国平均水平。混凝土与水泥制品业实现主营业务收入约78.76亿元，增长3.8%，实现利润约1.77亿元，下降33.3%；砖瓦及建筑砌块制造实现主营业务收入约9.72亿元，下降36.3%，实现利润6336万元，下降27.5%；建筑与技术玻璃制造业实现主营业务收入约3.4亿元，下降30.4%，亏损1517万元。建筑陶瓷制品制造、隔热和隔音材料制造和玻璃纤维增强塑料制品制造 增长较大，主营业务收入分别增长12.7%、29.6%和12%，利润分别增长1364.7%、28.4%和69.1%。

【行业重点工作】深入调查研究，取得8项调研成果：《关于平凉海螺公司水泥窑协同处置城市垃圾情况的调研报告》、《关于对酒泉市石材产业发展情况的调研报告》及其推广建议、《甘肃省建筑石膏产业调研报告》、《建筑卫生陶瓷产业的调研报告》、《玻璃产业发展调研报告》、《甘肃省建材工业转型升级意见》，《甘肃建材》刊出《水泥生产企业能源管家》、《两化融合技术支撑下的平板玻璃与陶瓷生产企业能效管理中心建设实施方案》。审议通过《甘肃省建筑材料行业自律公约》并在全体会员单位遵约践行。完成建材行业科技进步奖评审专家的推荐工作，组建建材行业6个门类、34位专家组成的专家库。省建材工业协会和甘肃省建筑材料产品质量监督检验站组织举办两期全省水泥企业化验室化验员上岗操作培训班，对全省36家水泥生产企业的199名化验员进行培训，197名学员取得上岗操作证。召开全省工业固体废渣综合利用现场观摩会，与会人员在金昌万隆实业有限公司进行了现场观摩，实地了解无机纤维材料制造技术应用情况、固体废渣综合利用情况及企业园区建设情况，同时召开座谈会交流学习金昌万隆实业有限公司通过技术创新利用工业废渣生产高附加值新型建筑保温材料以及其他新型无机材料的经验及做法。组织省内建材企业参加了2015年度中国建材企业500强、中国民营建材企业100强、中国最具成长性建材企业100强和2015年全国建材行业优秀企业家的评选工作。省工信委会同省建材工业协会召集全省重点水泥企业负责人，在平凉召开“水泥窑协同处理城市生活垃圾项目”座谈会。召开2015年敦煌石材产业发展研讨会，会议围绕石材开采、加工、市场营销、花岗岩科学勘探、花岗岩资源综合利用、石材产业发展、市场培育等问题进行了广泛交流和深入研讨。省建材行业协会在《西北地区水泥市场高层论坛》所达成共识的基础上，组织全省水泥企业在兰州召开全省水泥企业实施冬季错峰生产会议，19家水泥企业签署水泥行业错峰生产自律公约，对43条水泥熟料生产线安排了三个月的冬季错峰生产。淘汰民乐县甘肃锦世化工有限责任公司年产30万吨水泥熟料落后产能，拆除Φ3.0×48米回转窑生产线1条，Φ2.5×8.8米机立窑生产线1条；Φ2.4×13米粉磨机组2台。

（万名堂）

商　务

【概况】2015年，全省实现社会消费品零售总额2907.2亿元，比上年增长9.0%。按地域分，城镇实现社会消费品零售总额2316.8亿元，增长8.1%，其中城区实现1709.1亿元，增长7.7%；乡村实现590.4亿元，增长12.3%。按消费形态分，商品零售额2447.2亿元，增长8.6%；餐饮收入460.0亿元，增长10.9%。批发业实现商品销售额4778.6亿元，增长3.1%；零售业实现商品销售额2789.1亿元，增长10.0%；住宿业实现营业额94.0亿元，增长14.4%；餐饮业实现营业额542.6亿元，增长17.2%。全省限额以上企业实现商品零售额1128.5亿元，比上年增长5.0%。商品零售价格指数为100.5；居民消费价格指数为100.4。全年外贸进出口总值497.7亿元，下降5.4%。其中，出口增长11.2%，进口下降32.3%。

【市场秩序建设】整顿规范市场秩序。严厉打击侵权假冒和伪劣商品不法行为，推动行政执法与刑事司法衔接，集中开展整治活动，保护消费者合法权益。加快肉菜、中药材、酒类等重要商品流通追溯体系建设。全国“双打办”对甘肃依法公开制售假冒伪劣商品和侵犯知识产权行政处罚案件信息公开工作进行了推广。全省各级行政执法部门共出动执法人员133225人（次），检查企业、各类市场（含门店）89354个（次），检查生产经营主体28754个，受理和查处侵权假冒案件3452件，涉案金额1331.79万元，移送案件184件。公安机关共破获各类涉假犯罪案件147起。检察机关批捕70件、起诉119件，审判机关审结83件。顺利组织完成国家“双打办”对甘肃的现场考核；组织协调召开全省打击侵权假冒工作领导小组第三次、第四次全体会议。行政执法案件信息公开取得新进展，通过进一步落实月报制度，建立季度通报制度等，全省行政执法机关依法处罚案件6970件，依法公开6095件，占办结案件的87.44%，增长163%。

规范药品流通秩序。及时转发《商务部关于印发<药品流通统计报表制度（2015-2016）>的通知》，传达对新药品流通统计报表制度和会议精神，要求各市州商务局、各直报企业按照新统计报表制度要求，及时准确上报行业发展和企业经营情况。制定印发《2015年甘肃省药品流通企业服务体系建设项目实施方案》，对德生堂等8家企业兑现了扶持资金，引导调动药品流通企业发展基层配送。参与甘肃创建国家中医药产业发展综合实验区工作。开展甘肃“十三五”药品流通规划的编制工作。

商务诚信体系建设工作。按照国务院《社会信用体系建设规划纲要（2014-2020年）》、《商务部关于加快推进商务诚信建设工作的实施意见》和《甘肃省推进诚信建设制度化的实施意见》等推进诚信建设的指导性政策、意见，制定《关于做好商务领域信用建设工作的意见》，探索通过开展商务综合执法，对成品油、拍卖、典当、预付卡、酒类流通等企业开展守法守纪守规信用信息登记。明确各级商务主管部门在信用信息采集、惩戒公示等方面的工作职责，为更好的推动商务领域诚信建设奠定了基础。继续组织开展“诚信兴商宣传月”活动，积极引导商贸流通企业参与行业商协会开展的行业信用评价，宣传推广行业信用评价结果。按照商务部“商务诚信建设重点推进行动计划”试点省份的经验，探索开展甘肃商贸流通企业行政管理信息平台搭建等工作，推动在行政管理事项中使用相关信用信息。

【市场体系建设】8个大型商品交易市场建设。省政府确定的8个大型商品交易市场总体建设进度达到41.13%，带动社会资金38.62亿元。列入省委省政府为民办实事任务的100个县乡便民市场于9月份全部建成，共拨付4000万元奖补资金，带动社会资金16亿元。

公益性大型农产品批发市场建设。修改完善《甘肃省公益性大型农产品批发市场建设实施方案（试行）》，完成2个国家级试点市场和3个省级试点市场的审计和资产评估工作。起草印发《甘肃省公益性大型农产品批发市场财政资金投资管理办法》。会同省财政厅与甘肃省战略性新兴产业投资基金管理有限公司签订协议，委托该公司持有公益性市场政府投资股权。组织召开公益性农产品市场国有股权投资政策说明会。在第三方审计评估及甘肃省战略性新兴产业投资基金管理公司投资尽职调查的基础上，提出国家级和省级试点市场的专项资金投资方案，专项资金2.3亿元（中央资金2亿元，商务发展配套资金3000万元）已通过省级投资平台全部划拨实施企业。

县乡便民市场建设。开展全省县乡便民市场建设情况及需求的摸底调查，修改完善项目实施方案并报省政府印发，完成全省100个县乡便民市场建设项目的确定及备案工作，将4000万元奖补资金预拨至项目所在地市县财政部门。100个县乡便民市场已全部完成建设任务。

汽车市场建设管理。组织全省19家报废汽车回收拆解企业和26家典型二手车交易市场填报有关行业统计报表，并分析形成甘肃报废汽车回收拆解行业和二手车交易市场发展报告。按照汽车市场发展实际，及时印制和发放了6800份《报废汽车回收证明》和16家《二手车鉴定评估机构核准证书》，按照相关要求加强行业的监管工作。

“尼江”地区商贸流通建设。按照省委省政府部署，成立省商务厅推进“尼江”地区商贸流通工作领导小组，积极与甘南州商务局和卓尼县商务局进行工作对接，编制完成了《省商务厅支持甘南州卓尼县“尼江”地区商贸流通建设三年规划》。尼巴村超市项目基础建设已开工，江车村超市项目正在落实建设用地，60个农家店改造方案已制定完成并投入建设，商贸中心建设正在办理土地手续，活畜交易市场主体已完成，两个收购点选址基本完成，项目正按照甘南州的总体安排推进。

【商贸服务管理】一是促进餐饮住宿业转型发展。继续贯彻落实商务部《关于加快发展大众化餐饮指导意见的通知》，帮助指导餐饮住宿企业转变观念，加快转型。制定下发《2015年甘肃省早餐工程（主食加工配送中心）项目实施方案》（服贸发〔2015〕221号），采取切实有力措施，引导支持市州、县区开展早餐工程（主食加工配送中心）建设工作，引导特色餐饮面向大众，转型升级，支持兰州牛肉拉面加快走出去步伐。2015年，共对兰州市、酒泉市的7个早餐工程和牛肉面走出去项目给予总计200万元资金支持。继续推进餐饮企业向西开放和走出去步伐，积极开拓国内和国际市场。甘肃省养老服务产业发展专项规划（2015-2020）》通过评审。引导和支持各行业协会开展商业促销、技能大赛等活动。省烹饪协会完成换届选举，省美发美容协会开展新《消法》及美发美容企业等级评定培训，举办“520送美丽健康进农村”美容保健和捐助等活动；支持甘肃敦煌饮食文化研究院举办“龙大杯”第一届宴席厨艺大赛，挖掘和发扬敦煌饮食文化。二是大力开展消费促进活动。各市州针对当地消费特点、重要节假日、店庆开业、季节轮换等，有节借节，没节造节，以企业主体开展促销活动。组织全省40家企业360多个品种参加“陇货精品进京展销活动”，推出生鲜产品、乳制品，饮料、食品、酒类、工艺品等6大类360多个农副特产，4月份全省按照商务部组织5000余企业家参加“消费促进月”活动，促消活动销售额达到51个亿，在传统消费淡季取得可喜成效。全年各市州共开展重大促销活动120场次。三是完善市场监测体系。按照商务部“形成多业态、全地域、广覆盖的监测系统”、“建成集数据采集、加工处理、信息发布、预测预警为一体的监测系统”的要求和《甘肃省市场运行监测工作考核办法》，进一步规范工作，完善样本企业结构，对生活必需品市场监测系统、重要生产资料市场监测系统、重点流通企业监测系统样本企业的调整作出安排，优化结构，进一步完善监测体系。督促企业及时报送信息，准确填报各类数据，总体报送率和及时报送率都在80%以上，应急商品数据报送率达到了90%，14个市州和85个县区已经开通并成功运行商务预报，开通率为99%，商务预报主站采纳量同比增长17.65%，原创信息量明显增加。四是认真做好市场调控工作。监测市场运行变化，适时动用储备调节，维护消费品市场的供应稳定。元旦、春节期间，先后启动蔬菜肉类储备投放工作。有效平抑了菜价。西藏樟木地区发生地震后，按照商务部要求，组织肉类企业支援抗震救灾，先后向西藏运送猪肉100吨。五是规范成品油市场管理。对全省1281家成品油经营企业进行年检。全省成品油销售量364.3万吨，其中：中石油系统销量325万吨；中石化系统销量39.3万吨。依据《成品油市场管理办法》，全省由商务部门牵头，联合公安、发改、环保、国税、地税、工商、质监、安监等9部门在全省开展专项整治工作，全省共出动执法人员1281人次，车辆436台次，检查车次415辆，检查经营网点149个，查获非配置油品91.18吨，查获土炼油160.3吨，拆除油罐20个，关闭无证经营网点98个，并对非法加油站点全部进行了取缔处理。六是协调茧丝绸管理工作。指导市县商务部门和桑蚕技术服务中心，帮助蚕农和蚕桑生产企业积极引进和选育新蚕品种，示范省力化养蚕技术，推广桑园间作、套种（养）和蚕桑资源综合利用，开展蚕桑产业技术培训。2015年上半年，全省保有桑园面积约53600亩，下降19%；发放蚕种4940张，下降8%；生产蚕茧192吨，下降13%；收购鲜茧171吨，下降3%；鲜茧收购综合均价约1928元/50公斤，同比基本持平。加强鲜茧收购企业管理，严格鲜茧收购经营者资格的审核、认定。

【对外贸易服务】服务企业，促进外贸进出口发展。建立重点企业台账制度，做好全省进出口前30强企业的服务工作。联合有关单位和各地商务主管部门，对重点企业开展一企一策帮扶活动。开展多种经贸活动，促进对外贸易发展。组织甘肃国合技术经贸进出口有限公司等3家企业参加了2015年德国汉诺威工业博览会。按照第二十一届兰洽会的总体安排，设立国际展区，国际展区签约项目共有17个，涉及13个国家，签约总额超过22亿美元。向商务部申请2015年加工贸易项下的白银出口配额，甘草招标配额。全省国际货运代理工作得到快速发展，有10家企业申请国际货代资质，办理了备案手续。相继开通“天马号”、“兰州号”、“嘉峪关号”中亚、中欧班列，截止12月底，共开行国际班列50列，运输货物6.8万吨，进出口货值1.4亿美元。利用外资稳步增长。2015年1–11月全省新批准设立外商投资企业18家，其中合资企业6家、合作企业1家、独资企业11家，合同外资额5914万美元，减少39.39%；实际利用外资10535万美元，增长9.75%；预计全年实际利用外资达到1.1亿美元，比上年增长10%。实际利用外资10535万美元，其中，电力燃气供应业实际利用外资8731万美元，占82.88%；采矿业实际利用外资950万美元，占9.01%；农林牧渔业实际利用外资799万美元，占7.58%；批发零售业和商务服务业实际利用外资50万美元，占0.47%。外资在甘肃的投资方向主要集中在风电和光伏发电行业和采矿行业，这两个行业的投资比重达91.89%。印发执行《甘肃省人民政府办公厅关于促进国家级经济技术开发区转型升级创新发展的实施意见》，加快推进国家级经开区承接产业转移步伐。认真做好厦门国际投资贸易洽谈会参展参会工作，组织参加2015东盟（曼谷）中国进出口商品博览会。

【对外经济合作】对外投资。2015年在境外设立及追加投资的境外企业（机构）34家，中方协议投资额67579万美元；全年对外直接投资实际投资净额12843万美元，比上年的22568万美元下降43%，位列全国第28位。投资领域涉及采矿业、房地产业、制造业、农林牧渔服务业、批发零售、文化体育、仓储、油气开发、住宿餐饮等行业。

承包工程和劳务合作。2015年对外承包工程新签合同额84846万美元，比上年增长192.2%；完成营业额29182万美元，下降14%。共派出各类劳务4095人，其中对外承包工程项下1371人，对外劳务合作项下2547人，比去年增加771人，增长23.2%。12月末在外各类劳务4833人，其中对外承包工程项下2028人，对外劳务合作项下2805人，比去年增加1133人，增长30.6%。劳务人员主要分布在：沙特、阿联酋、哈萨克斯坦、吉尔吉斯斯坦、阿尔及利亚、安哥拉、埃塞俄比亚、加纳、苏丹、尼日尔、缅甸、乍得、伊拉克等国家，主要集中在石油化工、建筑安装等领域，从事土建、房屋建筑、管道安装等工作。劳务人员实际收入总额6542万美元。

对外经济技术援助。2015年甘肃省科学院自然能源研究所/国际太阳能中心、甘肃省治沙所等两家单位以太阳能、风能应用技术，沙漠化研究与治理技术，雨水积蓄利用技术等为主，共承接了商务部等有关部委的援外人力资源培训项目9项，为来自30多个国家和地区的224名技术人员和官员进行了培训。

接受经济援助。2015年共执行多双边无偿援助项目9项，完成执行额31.9万美元。主要项目有：联合国儿童基金会援助的有条件现金转移支付项目，新西兰援助的广河县庄禾集镇蓝水河农贸市场建设项目，伊斯兰国际救援组织援助的永靖县水窖项目、永靖县新寺乡水窖建设项目、永靖县杨塔乡水窖建设项目、永靖西山和平凉西阳供水项目、安定香泉乡雨水集流项目、开斋节食品发放项目和宰牲节肉食发放项目。

全力推进与白俄罗斯的经贸合作。为推进甘肃全圣实业集团收购白俄罗斯格罗德诺州8个集体农庄，发展现代农业项目，编制《推进白俄罗斯农业开发合作项目工作计划及任务分解》，协调成立"推进甘肃省与白俄罗斯格罗德诺州农业合作项目工作领导小组"，多次召集集团负责人就合作计划问题进行商谈；帮助企业联系兰州大学城市规划设计研究院，编制白俄农业合作开发项目可行性研究报告；组织企业赴黑龙江考察学习农业"走出去"的经验做法；确定专人负责项目进展情况的汇总记录，搜集整理相关农业境外投资及金融机构融资政策，为企业融资提供基础信息。组织金川镍都实业有限公司、武威全圣集团公司、玉门聚馨麦芽有限公司等企业赴白俄罗斯就PVC管材生产、中白贸易中心和30万吨啤酒麦芽生产加工等具体项目进行实地调研和对接，与白方政府负责人进行座谈交流，促进合作项目取得进展。5月，应邀参加在明斯克举办的中国—白俄罗斯地方经贸合作论坛，并签署地方间合作意向。协调组织8家企业参加论坛，有5个重点合作协议和投资项目在两国元首见证下签约。7月，白俄罗斯共和国副总理加里宁率白建设部、工业部等部门负责人及格罗德诺州代表团一行67人访问甘肃，并作为主宾国参加第21届兰洽会。期间，组织省内外经贸企业、商协会约109人参加"白俄罗斯投资贸易推介会暨合作项目签约仪式"，与白俄罗斯23家企业进行深入对接交流，初步达成合作意向15项，进出口贸易协议合同总额1680.9万美元。

【招商引资】全省共执行省外、境外招商引资项目5710个，到位资金7093.28亿元，比上年增长21.56%。省内地区间投资情况：全年共执行新建、续建省内区外项目776个（比上年增加73个），到位资金622.11亿元，增长30.37%。其中，新建项目472个，到位资金354亿元；续建项目304个，到位资金268.11亿元。分资金来源看，共实施国外境外投资项目55个，到位资金85.43亿元。国内项目5655个，到位资金7007.85亿元。从企业类型看，民营企业是甘肃的投资主体，到位资金5674.2亿元。全省共引进建设非公有制经济体投资项目5397个，到位资金5924.38亿元。从新建续建项目看，全年新引进项目3714个，占总项目数的65%，增长43.5%；新引进项目到位资金3755.55亿元，增长49.32%。全年续建项目1996个，占所有在建项目的35%，续建项目到位资金3337.73亿元。全年共引进战略新兴产业项目246个，到位资金530.78亿元。

第二十一届中国兰州投资贸易洽谈会于7月6日至于19日在兰州国际会展中心成功举行。签约项目1292个，签约项目合同金额6973.18亿元，比上届增加461.65亿元。会期，进馆观众累计38万人（次），主展馆商品展销总成交额9.57亿元，其中订货6.52亿元，现货零售3.05亿元；甘肃地方特色馆6天实现线上销售2000余万元，现场销售200余万元。与往届相比，本届兰洽会对外合作项目明显增多，签订外贸出口、境外工程承包及投资合同17个，项目合同金额22.35亿美元，是上届的2倍多；产业链招商成效突出；文化旅游项目特色鲜明，签订了146个文化旅游投资项目，投资额达1014.18亿元；承接产业转移效果明显，承接环渤海、长三角、珠三角、闽东南等产业"转出地"的第二产业项目167个，投资额达1775.06亿元，占全部总投资额的25.46%；"500强"企业投资项目稳中有升，投资项目36个，总投资达537.46亿元。

（于 清）

烟草专卖

【综　述】2015年，甘肃省烟草系统认真贯彻落实省委省政府和国家烟草局的决策部署，主动适应经济发展新常态，坚定发展信心，强化创新驱动，弘扬务实作风，经济运行保持了良好态势，各项工作取得了明显成效。全省烟草商业系统销售卷烟88.71万箱；实现税利47.48亿元，同比增长25.27%。

【卷烟打假】始终将卷烟打假作为服务经济发展、维护群众利益的重要任务，坚持以"打团伙、端窝点、破网络、惩首犯"为主线，深入贯彻落实《防范打击涉烟经济犯罪协作工作制度》，着力加强信息收集、案件经营能力建设，与公检法等部门紧密协作配合，保持卷烟打假高压态势。集中开展以打击非法流通为重点的"冬季会战"和"陇剑4号"、"陇剑5号"专项行动，有力保障了卷烟市场稳定有序。全年查处卷烟违法案件7566起，查获违法卷烟3879万支，其中查获假烟案件192起，查获假烟72.22万支，查破具有网络性质假烟案件7起，全年拘留33人，判刑17人。其中，天水市烟草局侦办的"9.17"利用自媒体销售假烟案，查实涉案金额200余万元，刑拘4人，批捕2人。兰州市城关区烟草局与浙江苍南县烟草局联合查破的岳某非法生产、销售假冒烟丝案，被公安部列为督办案件。

【法治烟草建设】认真贯彻《中共中央关于全面推进依法治国若干重大问题的决定》，将依法治国和法治烟草建设紧密结合起来，以法治思维和法治方式推动全省烟草改革发展。建立健全行政执法主体资格管理制度和重大执法行为法制审核制度，加强决策风险评估和合法性审查，建立完善重大决策终身责任追究制度和责任倒查机制。从风险梳理、风险识别、应对方案入手，加强对重大决策、行政执法、工程项目管理、人力资源管理、烟叶生产、合同管理、财务管理、涉法涉诉等方面的法律风险防控机制建设，烟草法治化工作得到扎实推进。

【卷烟经营】制定完善相关配套制度，搭建完成省级卷烟营销平台，不断优化卷烟品牌资源，市场真实需求有效满足，卷烟营销市场化程度进一步提高，客户订单满足率达到89.7%，同比提升6.4个百分点。大力推进现代终端建设，全省建成现代终端2.11万户，占零售客户总数的19%。组织编写《“135”工作法应用规范》，搭建工作法软件平台，客户服务能力不断增强。统一全省卷烟品牌布局、进退规则，健全品牌评价机制，服务消费能力持续增强。

【烟叶产销】2015年种植烟叶4万亩，同比增加0.67万亩；签订烟叶收购合同3412份；户均种烟面积11.7亩，百亩以上集中连片面积1.14万亩，占总面积的28.6%。新型烟叶生产主体培育初具规模，全省50亩以上家庭农场23个、20–50亩职业烟农401个，家庭农场和职业烟农种植面积2.18万亩，占总面积的55%，种植专业户、职业烟农、家庭农场和烟农合作社种烟比例77.2%。全省建成育苗工场6个，供苗能力1.25万亩，专业化育苗达到80%，机耕、起垄环节机械化率达到95.5%。全年收购烟叶0.53万吨（10.68万担），完成收购计划的86%。上中等烟叶比例88%，收购均价22.43元/千克，同比增长19.63%，烟农户均收入3.75万元。

【企业管理】充分发挥综合管理体系管控作用，突出目标引领，完善目标体系，分解质量目标，开展目标评审。充分发挥对标管理的导向作用，加强季度对标指标分析调控，强化指标追根溯源，解决管理短板和薄弱环节，经济运行质量与效益不断提高。扎实推进科技创新，修订完善创新管理办法及配套制度，强化创新项目过程管理，积极推进研究攻关。扎实推进信息化建设，全年共实施信息化项目36个，有效支撑了企业各项经营管理工作的开展。

【“三严三实”专题教育】认真贯彻落实全面从严治党要求，扎实开展“三严三实”专题教育，党员干部不严不实的问题逐步整改，各级班子和干部队伍党性修养、管理能力和作风水平显著提升。强化组织领导。细化“三严三实”专题教育的时间表、任务书，做到专题教育与中心工作有机融合、相得益彰。强化日常教育。采取集中学习、个人自学、视频教育、先进事迹、案例警示等方式，加强日常学习教育。累计组织集中学习109次，处级以上干部带头讲党课86场次，举办专家讲座39场次，观看视频128场次。强化专题研讨。联系思想和工作实际，注重对照反面典型，深入开展三个专题交流研讨。累计开展集中研讨50次，参加人员743人次，交流处级以上干部研讨文章420篇。强化组织生活。以践行“三严三实”为主题，组织召开专题民主生活会，层层召开组织生活会，广泛听取意见建议，查摆梳理“不严不实”突出问题和具体表现。强化整改落实。坚持把即知即改、边查边改、集中整治贯穿始终，扎实开展“八项规定”贯彻落实情况集中检查，持之以恒反对“四风”，树立了“抓好党建是最大政绩”的鲜明导向，推动形成了学习践行“三严三实”的良好政治生态。

【精准扶贫】紧紧围绕省委省政府“1+17”精准扶贫工作方案，从基础设施建设、富民产业扶持、新农村建设等方面入手，对联系点进行了针对性扶贫脱贫工作。2015年，投入资金2203万元，认真开展了村道硬化、饮水安全、危房改造、农电保障、生态环境建设、村容村貌整治、特色旱作农业、特色养殖业、优质果蔬业、教育扶贫、文化扶贫等项目建设，联系村的公共设施不断完善，村容村貌积极变化，贫困户居住条件显著改善，富民产业不断壮大并初显成效，农民收入水平持续增长。省烟草局（公司）连续3年被授予“民心奖”。

（毕耜栋）

海　关

【基本情况】2015年，甘肃省对外贸易总值497.7亿元人民币，同比下降5.4%；关区共接受进出口报关单申报8656份，增长1.7%，监管进出口货物157.8万吨，增长3.7%，监管货物总值141.4亿元，增长10.4%，监管进出境航班3087架次，增长2倍，进出境人员17.3万人次，增长60%；办理备案加工贸易手册59本，备案金额14.1亿美元。

【队伍建设】发挥班子核心领导作用，以加强党组自身建设统领队伍建设，提出“正己正纪、干事干净、同心同力、民主民意、重诺重行”20字班子成员行为准则。党组成员带头讲党课，专题研讨交流“严以修身”、“严以律己”、“严以用权”学习。完善党组议事决策规则，自觉接受监督。关党组成员经两次带头清理办公用房，切实做到以上率下，公开公正。落实制度；把专题教育二、三阶段的重点放在制度建设上，全面梳理关区制度建设情况，分管关长牵头整改落实“有制度不执行见怪不怪”的问题。研究确定关区制度建设总体思路和基本原则，开展2015年关区制度修订，确定立、改、废制度，并按照近、中、远期拟定《兰州海关制度建设清单》，对关区制度建设做出具体安排。加强制度执行的检查，全体关警员的法治意识、法治思维增强。加强队伍执行力；开展处级干部履职情况等多项测评，制定实施处级干部“进课堂、对口学、上讲台”能力提升计划。对总署、省委省政府重大安排部署和重点工作任务推进情况开展专项督查，对党组会议议定的事项逐项跟进督办，每月汇总通报落实进展情况。处级以上领导干部“承上启下”作用和抓管理、抓落实力度有所增强。提升保障水平；围绕海关总署金关工程二期项目推进，完成机房、网络的基础改造，有力保障业务改革，数据分中心参与特殊监管区域信息化、地方电子口岸建设取得实际进展，信息化保障能力有力提升。积极开源增收，努力扩大预算资金规模，争取总署追加经费、地方财政拨款、对口援助资金；坚持勤俭节约，艰苦奋斗，科学理财，全年实现人员经费、民生项目、业务改革足额保障。运用法律手段、市场机制等措施抓好关警员保障房项目建设，保证工程质量进度。改善组织生态；广开言路渠道，开通网上论坛、关领导信箱，组织开展“兰关发展关乎你我”建言献策活动，召开关警员代表座谈会，征集对整体工作的意见建议。制定《意见建议清单》，关领导按分工抓好整改落实。成立关警员代表委员会，专门负责收集干部群众意见建议，参与民生工程管理，发挥代表群众、反映民意、参与监督的作用。举办“兰关发展关乎你我”征文和演讲比赛。关警员主体意识有效增强，积极关注并参与兰关建设。

【业务建设】一是加强监管场所建设与清理。组织开展监管场所、危险品运输企业、海关监管设施核查，“8·12”天津爆炸事故发生后，重点清查关区1家石油保税仓库，对存在问题提出整改要求并检查督促落实。对快件监管库等新建海关监管场所建设标准提出明确要求并全程跟进。积极协调地方政府，加强对主要进出口企业的政策宣传，地方建设进出口货物监管场所的意识和建设力度有所增强，金昌、白银、天水等地海关监管场所建设正在有序推进之中。二是进一步提升综合监管效能。落实总署加强行邮监管的要求，对进出境旅客行李物品实施100%过机检查，全年查获违禁物品68件，征收行邮税22.99万元。推进主动披露、差别化稽查、机动稽查等重点改革项目，稽核查补税稽核查作业83起，稽查追补税2165万元，同比增长4.4倍，创历史新高，内销征税3.6亿元，增长31%。加强虚假贸易管控，对关区涉嫌异常出口的企业进行筛选核查和参数布控。三是打私整体效能建设。发挥“三网联动”工作优势，开展情报分析，网上缉私取得突破，侦破建局以来首起自侦查获涉税走私案件，案值1018万元，涉嫌偷逃税款184万元。行政案件共立案29起，同比增长4.8倍，案值1469万元，涉税6.6万元，罚没款入库237万元，补缴税款及滞纳金共52.29万元。协查案件22起，调取证据材料百余份。四是提高税收征管水平。开展关税政策调研，摸清税源底数。实行税收质量层级负责制，定期通报完成进度。关区全年税收入库11.75亿元，完成自测补报税收11.2亿元计划。加强减免税审批管理，鼓励企业用足用好政策，全年共审批减免税款1.05亿元。

【服务地方发展】拓展服务地方开放型平台建设。全力支持兰州新区综合保税区封关运营，8月综保区通过国家验收，12月正式封关运营，武威保税物流中心全年监管货物2.3万吨，出口货物5290万美元。兰州航空口岸目前共开通国际航线17条，全年进出境航班和人员大幅增长，创历史新高；机场快件监管场所已进入信息化建设施工阶段。敦煌航空口岸3月经国务院批复对外开放后，克服无机构、无人员、无办公场地的困难，调动酒泉海关人员往返800公里，支持口岸开通国际包机，全年监管进出境航班18架次、旅客2474人次。推进海关机构筹建，10月金昌海关开关；天水办事处、敦煌机场海关办公业务技术用房正在解决之中。

提升国际班列常态化运行水平。全力支持“兰州号”国际货运班列的发运，采取特事特办，一事一议的方式，先后在兰州铁路北站货场和西固的甘肃鑫港物流园铁路货场实施班列监管，确保班列顺利发运。建议、指导兰州市政府尽快建设海关监管场所并于11月建成启用，搭建监管规范、安全快捷的平台，“兰州号”、“天马号”班列实现常态化运营，“嘉峪关号”国际货运班列顺利发运，全年共发运进出口班列65列。

服务全方位开放格局。总署、甘肃省政府领导汇报协调沟通，积极推进新一轮省署合作备忘录签署，为甘肃省外向型经济发展寻求更多政策层面的支持；支持丝绸之路重点节点发展，与兰州市完成合作备忘录的签署准备工作；两个备忘录计划于2016年1月下旬签署。向省领导报送工作专报9期。研究提出甘肃省外向型经济发展涉及中欧班列运行、跨境电商、邮件、快件及免税店业务开展的多篇调研报告。

提高贸易便利化水平。启动丝绸之路经济带区域通关一体化改革，5月份后90.8%的报关单直接由系统放行或转现场，通关效率进一步提高。全年报关单总量的99.75%实施无纸化申报，排名居全国海关前列。选择3家国有大型企业推广集中汇总征税制度。与甘肃出入境检验检疫局签署深化关检合作补充协议，共同推进“三个一”改革，12月起报关单全部通过统一版“一次申报”系统申报。

落实“管、减、简、便”要求。在各业务现场设立窗口，集中受理所有审批事项；推行受理单制度，承诺办理时限。制作行政裁量权目录清单规范行政裁量权。推进执法环节内部核批改革，优化行政执法领域内部核批事项。取消7项行政性收费和3项经营服务性收费，目前进出口环节行政收费只有1项，经营服务性收费5项。开展海关协调员服务，指导高资信企业充分享受AEO互认、关企战略合作等政策带来的红利，增强国际竞争力。

精准扶贫。组建4支双联行动、扶贫攻坚和基层党建“三位一体”驻村帮扶工作队，深入4个贫困村与404户精准扶贫户走访调研、建档立卡808份，完善基础数据库。协助联系村培育村级党组织示范点，打造带动能力强、服务功能完善、经济发展好的“明星村”党组织。筹措并用好扶贫资金，把25万元自有资金重点用在赠送春耕农资、小型基础设施建设等项目上；外联协调青岛红十字微尘基金为联系村小学捐赠现金25万元；协调省州县统筹落实水、电、路、房、网等39个项目220万元。指导对口扶贫村依村情优势建立林果、育苗、中药材、养殖等农民合作组织，开展劳务输出、生态旅游等特色产业。

【廉政建设】“两个责任”有效落实。加强对党组成员和各级班子领导干部的监督，新增设2名纪检监察特派员，全面加强对隶属单位和派驻机构的监督。对42名处级以上干部配偶、子女等从业情况进行登记公示。

权力运行有效制约。加强内控机制建设，开展前置审核项目，确定内控风险节点，深入推进海廉系统应用，及时处置异常数据154条。配合关长离任审计、审计署兰州特派办稳增长延伸审计，对照总署公开审计决定开展自查整改，通过开展执法检查、行政监察、执法督察、审计等工作，排除隐患、化解风险。

（李琳）

旅　游

【旅游发展】2015年，全省接待游客1.56亿人次，实现旅游收入975亿元，分别较上年增长24%和25%。全省共有旅行社523家，其中出境游组团社52家，赴台游组团社4家；旅游星级饭店382家，其中五星级3家，四星级72家；共有住宿单位8175家，拥有床位44.5万张；A级旅游景区达到231家，其中5A级4家，4A级81家；开设旅游专业的院校达到32所；取得资格证导游人员12458人；旅游直接从业人数50万人。

【敦煌行·丝绸之路国际旅游节】2015年，已连续举办4届的敦煌行·丝绸之路国际旅游节被国务院批准为国家层面向西开放的国际性常设节会。第五届敦煌行国际旅游节开幕式在嘉峪关市举办，世界旅游组织、亚太旅游协会官员出席开幕式。节会首次设置匈牙利为主宾国，丝路沿线30个国家和地区1000多名国际代表参加节会。节会期间全省举办旅游、文化、体育、商贸等各类活动340多项，举办展览展销会35场，参展商3800多家，签约旅游项目267个，签约金额1356.2亿元。节会共吸引国内外游客1871.7万人次，实现旅游收入113亿元，同比分别增长24.9%和25.4%。

【“十二五”规划执行情况】“十二五”期间，全省旅游接待人数52046.5万人次，比“十一五”增长266.4%，年均增长29.5%；实现旅游综合收入3180.5亿元，比“十一五”增长316.6%，年均增长32.7%。争取到国家各类旅游专项资金78.38亿元，安排省级财政旅游发展资金5亿元。共实施旅游项目1252个，总投资2966.5亿元，实际完成投资1159.23亿元，较“十一五”增加1.96倍。

【旅游厕所建设】筹备召开推进全省“旅游厕所革命”现场会，推进全省“旅游厕所革命”。组织起草《甘肃省旅游厕所建设管理实施方案（2015—2017年）》，细化分解旅游厕所建设任务，明确建设责任。组织省内外旅游厕所生产企业先后参加第七届中国国际旅游商品博览会旅游厕所展及第五届敦煌行·丝绸之路国际旅游节旅游厕所展，第一届全国旅游厕所设计大赛上，甘肃省推荐的藏式厕所设计获得二等奖。截至2015年年底，全省完成旅游厕所新建、改建691座，实际完成投资1.96亿元，超额完成683座的建设任务。酒泉、张掖、天水三市荣获全国2015年“旅游厕所革命”先进市，金昌市被评为2015中国旅游厕所革命先锋。

【旅游扶贫工作】制定下发《关于扎实推进旅游精准扶贫工作的实施意见》、《关于支持革命老区加快旅游业发展的意见》，与省扶贫办联合下发《关于开展旅游扶贫试点工作的指导意见》，组织省内旅游扶贫试点村参加全国、全省旅游规划扶贫公益行动，全省37个旅游扶贫试点村有17个村已确认了帮扶单位，其中国家级帮扶单位9个、省级帮扶单位8个。省旅游产业发展资金2015年安排150万元加强旅游扶贫试点村标识标牌和旅游基础设施建设。

【国内旅游】2015年，全省共接待国内游客15633万人次，实现国内旅游收入974.5亿元，分别比上年增长24.07%和25.00%。联合陕西等12省区旅游局（委），成立“丝绸之路旅游推广联盟”。全省共整合旅游宣传资金6763.28万元，实施精准营销，集中力量扩大宣传。积极推进省内各市州之间旅游宣传资源互换互播，协调各市州在本地电视台提供旅游宣传资源。在主流媒体和游客集散地投放“甘肃—全球华人寻根祭祖圣地”旅游品牌形象和相关宣传口号，推出三条祖脉旅游精品线路，实施华夏祖脉旅游圈打造工程。修订完善《甘肃省旅游局关于鼓励旅行社“引客入甘”旅游的补贴办法》。深度开发全省冬春季旅游产品和精品旅游线路，积极协调旅游景区、旅游企业出台一批冬春季优惠措施。

【入境旅游】2015年，全省接待入境旅游者累计达54508人次，比上年同期增长11.8%；实现旅游外汇收入约1418.1万美元，增长39.42%。甘肃省旅游局积极参与丝路、长城、黄河联盟的赴外推广活动，并充分发挥丝路联盟秘书处的带动作用，率13个省区（市）成员单位赴哈萨克斯坦、土耳其、意大利3国举办大型专业促销活动和公众营销活动。组织舞剧《丝路花雨》赴韩国“中国旅游年”开幕式献演，在港澳举办丝绸之路高铁旅游专项推广活动，在韩国、港澳、日本、新加坡、台湾主要客源市场相继创办5家甘肃旅游营销代理中心。成功承办国家旅游局主办的“美丽中华－绚丽甘肃行”暨甘台旅游交流合作活动。参加第49届德国柏林国际旅游交易会、“第十届海峡两岸台北旅展”和第三届澳门国际旅游（产业）博览会等展会推介活动，取得良好宣传效果。

【红色旅游】2015年9月，在全省范围内集中开展为期一个月的“铭记历史·圆梦中华”红色旅游主题活动，开展百家抗战主题红色旅游景区、千名优秀讲解员、举行万场红色旅游宣讲为主要内容的红色旅游“百千万”和“千万游客红色旅游景区行”活动，组织红色旅游优秀导游员讲解员、党史专家、有关学者，走进景区、社区、校园，接受红色教育、传承红色基因、接受红色洗礼。甘肃省被授予“铭记历史·圆梦中华”全国红色旅游主题活动优秀组织奖，华池县活动获“薪火相传·再创辉煌”红色旅游火炬传递活动最佳创意奖，会宁县获最佳组织奖。

【乡村旅游】积极组织开展乡村旅游“千千万万品牌”推介行动，甘肃省庆阳市西峰区温泉镇黄官寨村等27个村荣获首批“中国乡村旅游模范村”称号，定西市渭源县锹峪乡峡口村乡野香旅游山庄等30个经营户荣获首批“中国乡村旅游模范户”称号。2015年，全省建成旅游专业村67个，累计达到514个；新建农家乐1633户，累计达到10748户；带动农民直接就业12.3万人，乡村旅游消费收入达58.13亿元，乡村旅游对全省农村居民人均纯收入直接贡献达到450元左右，占全省农村居民人均纯收入的7%。

【旅游市场监管】制定实施《甘肃省依法治理旅游市场秩序三年行动方案》，持续开展治理“不合理低价”、虚假广告宣传、租用无合法资质车辆从事旅游客运等违法违规行为的专项行动。专项整治覆盖全省旅游经营单位，对发布不合理低价的17家旅行社进行约谈并将信息向社会公布；行政警告有违规经营行为的旅行社51家，行政处罚1家；对执业行为不规范的24名导游人员、10名领队人员暂扣导游证；对服务质量下降的20家星级饭店暂缓通过年度复核，限期整改；取消19家服务质量不达标、有严重安全隐患的星级饭店。举办全省“第三届全省导游大赛”、“第二届旅游星级饭店服务技能大赛”，提升旅游从业人员爱岗敬业的服务意识，提高旅游综合服务水平。向市州旅游局下放旅行社设立审批、质量保证金管理、变更事项备案管理小蛮腰，大幅度简化导游证、领队证审核颁发程序，缩短审批时间。

【旅游商品】全省4个系列旅游商品分别获得2015年中国旅游商品大赛金奖、银奖和铜奖。在丝绸之路旅游产品展览会和2015年甘肃旅游商品大赛评选出银奖3名、铜奖5名、设计创新奖5名。甘肃省敦煌藻井壁画丝巾获得“十强”中国旅游商品称号，肃南裕固族风情挂件、陇南白马昼系列、敦煌九色鹿系列3个旅游商品获得“百佳”中国旅游商品称号。在2015年中国国际旅游交易会“中国特色旅游商品”评选活动中，甘肃有3个系列商品荣获金奖，5个系列商品荣获银奖。

【旅游公共信息服务】完善甘肃省旅游发展委员会官方网站“走进甘肃”的“特色美食”、“精彩购物”栏目内容，在网站首页和专题专栏滚动宣传全省20个大景区，建成甘肃旅游俄文、阿文网页。在官方网站、微博、微信上大力宣传陇东南祖脉旅游圈等全省重点旅游资源和旅游产品，初步形成全省旅游行业利用“两微一网”开展微营销的良好工作局面。

【旅游安全与应急管理】全省旅游行业建立健全安全生产责任体系，大力推动旅游安全标准化建设工作，制定实施《甘肃省旅游公共突发事件应急预案》，将《预案》依法纳入省政府应急管理体系，省政府总体预案、36项专项预案都将旅游应急救援纳入保障体系。认真贯彻落实旅游安全法律法规，全省重点旅游景区核定公布最大承载量，采取门票预约等方式控制游客流量。经营高空、高速、水上、探险等高风险旅游项目的经营者依法取得经营许可并投保责任险。会同有关部门深入开展“旅游安全隐患大排查大整治百日攻坚”、“旅游行业安全领域六打六治”等10项专项整治行动，全面排查整改旅游安全隐患。

【旅游投资】2015年，全省在建设旅游项目899个，总投资3105.47亿元，同比增长35.3%，实际完成投资409.41亿元，增长23.3%。储备“十三五”规划重大旅游建设项目798个，总投资2862.1亿元；新征集大景区建设项目95个，投资237亿元；储备国家丝绸之路基金支持投资过亿元的旅游大项目434个，总投资2666.2亿元。经过积极争取，嘉峪关华强、夏河拉卜楞寺、张掖市七彩镇等6个大景区开发项目纳入2015年省政府重大项目进行协调管理。

【旅游景区建设】2015年，敦煌鸣沙山—月牙泉成功创建为国家5A级旅游景区；嘉峪关市方特欢乐世界景区等15家景区创建为国家4A级旅游景区。全省A级旅游景区达到231家，其中5A级4家，4A级81家。敦煌莫高窟、黄河三峡、敦煌阳关—玉门关、张掖丹霞四个大景区启动创建国家5A级景区工作。酒泉敦煌市被国家局列入“中国国际丝路艺术旅游目的地创建名单”，同时被列入“中国研学旅游目的地”，酒泉卫星发射中心被列入“全国研学旅游示范基地名单”。张掖肃南县、甘南州被国家局列入全国全域旅游目的地创建名单。全省35家旅游景区创建成为首批“全国旅游价格信得过景区”。

【旅游业文明旅游建设】建立由31个部门组成的文明旅游联席会议制度，制定实施《关于加强文明旅游工作的实施意见》，对700名出境领队进行了文明旅游业务培训；组织开展5.19中国旅游日文明旅游主题宣传活动和文明旅游百日宣传活动，1000名旅游志愿者、300名文明旅游监督员在游客集中场所持续开展“行万里路，做文明人”万人签字活动，大力开展文明旅游“随手拍”、“提个醒儿”、“双倡双劝”等系列活动；联合省文明办、省广播电视总台制作播放“文明有礼的甘肃人”、“文明旅游大家谈”和文明旅游游动字幕提示等公益宣传活动。

【旅游教育培训】组织开展2014年度持证导游年审培训、2015年导游资格考试网上培训及新导游岗前培训、2015年全省出境领队人员培训考核等工作，累计培训近7000人次。组织专家赴嘉峪关、天水、庆阳、平凉、临夏、甘南、酒泉等地送教上门，支持环县旅游局与县职业技术学校联合举办以岗位练兵和“走出去看，请进来学”为主要模式的系列培训班，支持甘南州尼江地区旅游从业人员技能培训项目经费9.61万元。利用全省旅游网络培训平台，实现导游资格考试网上报名、网上培训、网上缴费和准考证打印的“一站式服务”。实现全省导游资格考试重大改革和创新，全面实施上机考试，在全国首创通过录制考生视频实现口试上机操作。

（张萌）

国网甘肃省电力公司

【企业概况】国网甘肃省电力公司成立于1990年2月，是国家电网公司的全资子公司，承担着建设、运行、管理和经营、发展甘肃电网的任务，为甘肃地方经济社会发展提供安全继续可靠的电力保障。截至2015年底，省公司管辖35千伏及以上变电站1203座、变电容量8889万千伏安，35千伏及以上线路2779条、长度6.07万公里；辖区营业面积19.43万平方公里；有各类用电客户812.47万户，其中大工业用户0.57万户，一般工商业及其它用户811.90万户。省公司本部设置24个职能部门（含工会、企协分会），下属13个市（州）供电公司、7个业务支撑实施单位、1个水电厂和3个综合产业单位。全口径用工总量48316人。

【电网概况】甘肃电网处于西北电网中心位置，是西北电力输送和交换的中心，是西北电网水火互济、跨省功率交换枢纽。甘肃主网架电压等级为750/330千伏，通过多条750/330千伏线路与新疆、青海、宁夏、陕西联网运行，承担着新疆电力外送、青海水电西电东送、河西千万千瓦级风电送出等重要任务。750千伏电网基本覆盖甘肃省主要能源基地和负荷中心，330千伏电网全面覆盖各市（州），110千伏电网覆盖各县（区），电网的电压等级配置能力，整体功能全面跨越提升。

“十二五”期间，甘肃电网建成新疆与西北主网联网第一、二通道、陕西与甘肃联网750千伏工程，通过16回750千伏线路和9回330千伏线路分别与陕西、青海、宁夏、新疆电网互联，电力外送能力提高，电网存在的重大、较大安全隐患逐步解决。750千伏主网架覆盖甘肃省主要经济带，形成以兰州、白银750千伏电网为核心，330千伏电网为骨干的坚强中部环网。河西新能源通过武胜～河西～酒泉～敦煌～沙洲750千伏通道与中部环网连接。陇东煤电基地通过两回330千伏、两回750千伏线路与中部电网相连。截至2015年底，甘肃电网有750千伏变电站8座、750千伏开关站1座，750千伏线路35条；330千伏变电站59座，330千伏线路224条；220千伏变电站6座，220千伏线路43条；110千伏变电站70座。35千伏变电站68座，解决“低电压”户数49.59万户。

截至2015年底，甘肃发电装机4642.98万千瓦，其中水电851.4万千瓦；火电1929.77万千瓦；风电并网装机1252.21万千瓦，位居全国第三；光伏并网装机609.6万千瓦，持续保持全国第一；2015年，全省发电量1227.93亿千瓦时，同比下降1.06%。全社会用电量1098.72亿千瓦时，增长0.3%。国网甘肃省电力公司售电量763.02亿千瓦时，下降6.73%；跨区跨省外送电量135.56亿千瓦时，下降12.78%。全网最大用电负荷1303万千瓦，较历史最大用电负荷降低10.4%。全省清洁能源发电量521.8亿千瓦时，减排二氧化碳4905万吨、二氧化硫19.3万吨、氮氧化物16.7万吨。

【电网与发展建设】2015年国家能源局下达甘肃省新能源装机指标896万千瓦。配合甘肃省发展改革委员会开展《甘肃省“十三五”风电发展规划报告》和《甘肃省“十三五”风电消纳研究报告》编制，促进新能源科学发展。配合甘肃省发展改革委员会开展酒（泉）湖（南）直流配套新增500万千瓦风电和150万千瓦光电电源项目接入系统设计，保证电源项目与酒（泉）湖（南）直流工程同步建设；组织白银靖远新能源发电项目、定西通渭百万风电基地和武威天祝百万风电基地总体接入方案审查工作，促进电源电网统一规划；主动衔接各地方政府和新能源项目业主，配合地方政府开展区域输电规划研究；有序下放35千伏新能源接入管理权限，及时安排接入系统设计评审、批复工作，保证项目顺利实施。“十二五”期间，省公司累计新增110千伏及以上输电线路1.2万公里、变电容量4048万千伏安，满足新增电源2492万千瓦、新增负荷424万千瓦、新增电量287亿千瓦时的发展需要，有力支撑了甘肃经济社会发展。2015年，完成开工110千伏以上线路1832公里、变电容量1344万千伏安，投产110千伏以上线路1960公里、变电容量965万千伏安。

【经营管理】履行安全供电的政治责任和社会责任。贯彻落实新《安全生产法》，将安全理念、责任、措施、监督、培训、考核贯穿于电网运行、供电服务和队伍稳定全业务、全流程、全方位中。“十二五”期间，电网累计投资440亿元，较“十一五”增长44%，750千伏、330千伏变电容量分别是“十一五”末的2.1倍和1.8倍。2015年，国家电网公司通过“东西帮扶”政策，安排上海市、浙江省电力公司无偿投资12.5亿元支援酒（泉）湖（南）直流配套750千伏电网建设和低压配网户表建设与改造。“十二五”期间，东西帮扶资金累计投入150亿元。省公司多渠道筹集资金，着力解决农村电网存在的低电压、卡脖子、动力电不足等突出问题，全年农网建设改造投资达38.72亿元，创历年新高。

截至2015年底全省新能源装机总容量1862万千瓦。配合地方政府承接产业转移，培育新兴战略产业，引导负荷布局；紧跟项目建设进度灵活调整电网建设时序；专设新能源并网验收和发电“快通道”；开展金昌新能源就地消纳试点工作，多消纳新能源电量2.14亿千瓦时；推进“以电代油、以电代煤”能源替代项目，多消纳电量35亿千瓦时。

【科技创新】在提高电网发展、安全生产、经营管理的技术水平和增加经济效益等方面发挥作用，继2项国家863项目顺利通过国家科技部验收后，又有1项国家科技支撑计划项目落户省公司，同时获省部级科技进步奖24项，其中首获中国专利优秀奖和中国施工企业联合会特等奖各1项，获得专利授权64项。

（吉炜 赵艳玲）

建设 测绘

住房和城乡建设

【住房保障】2015年，全省实施棚户区改造和开工建设保障性住房15.78万套（户）、开工率为100%，基本建成棚改安置住房和保障性住房8.88万套、基本建成任务完成率为145.6%，发放住房租赁补贴7.87万户、21.59万人、资金1.395亿元（其中新增发放住房租赁补贴1.98万户，占年度计划的103.6%户）。完成投资328.26亿元，占年度计划总投资的100.2%。全省争取落实2015年棚户区改造和保障房建设中央及省级补助资金70.71亿元，其中中央补助资金60.12亿元、省级补助资金10.59亿元。

保障性安居工程组织实施。2015年，省委省政府继续把保障房建设和棚户区改造纳入为民办实事项目进行督办考核。制定出台《甘肃省人民政府关于加快城镇棚户区改造及配套基础设施建设的实施意见》，出台《甘肃省人民政府关于促进房地产业持续稳定健康发展的意见》。印发《棚户区改造货币化安置实施意见》，加大棚改货币化安置。全年全省货币化安置4.87万户，货币化安置率为41.88%。出台《关于进一步做好中央在甘企业、省属国有企业棚户区改造的指导意见》。足额落实国开行甘肃省分行对省级平台棚改贷款350亿元的授信额度。印发《关于加强全省城镇保障性安居工程建设风险防控的通知》，及时防范和避免重大风险发生。配合住房和城乡建设部派驻甘肃督查组先后10次对各地项目建设进行督查。对各地2012年以来中央和省级补助资金使用、监管和结余情况进行专项督查。建立全省保障性安居工程信息系统和住房保障电子档案库。

住房公积金管理。截至2015年12月底，全省住房公积金缴存余额705.95亿元，增长10.75%；个人贷款余额407.33亿元，增长44.69%；个贷率为57.70%，提高13.53个百分点；住房公积金使用率为75.83%，提高10.19个百分点。全省当年新增缴存额193.71亿元，增长11.17%；发放个人住房贷款183.34亿元、6.67万笔，分别增长67.87%、32.86%；累计提取廉租（公租）住房建设补充资金25亿元。2015年，省政府与14个市州政府分别签订住房保障目标责任书，将住房公积金缴存、贷款、使用水平和安全风险等主要指标作为考核内容列入住房保障目标考核管理。截至12月底，全省住房公积金年度个贷发放额、个贷率任务完成全年计划目标，有25个区县提高了缴存比例，缴存比例在10%以上的县市区达到82个。出台《甘肃省人民政府关于促进房地产业持续稳定健康发展的意见》，要求充分发挥住房公积金的作用。加强住房公积金廉政风险防范工作，开展全省公积金廉政风险防控检查工作。全省住房公积金个人住房贷款逾期额574.4万元，逾期率为0.14‰，低于国家规定的风险控制线1.5‰。全省利用住房公积金贷款支持保障性住房建设试点项目申请贷款额度17.75亿元，发放贷款14.28亿元，已回收贷款8.79亿元，项目贷款余额5.49亿元。建设12329住房公积金服务热线，覆盖全省14个市州和9个行业分中心。各市州通过政府网站、住房公积金中心网站、新闻媒体、报刊等渠道按期向社会披露住房公积金年度报告，发布全省住房公积金“新政”运行效果。强化住房公积金目标落实的主体责任，实行住房公积金贷款日报、周报、按月分析通报制度，组织督查等措施，丰富管理手段，加大监管力度。

【房地产业】2015年，全省房地产开发投资768亿元，同比增长6.46%，房地产开发施工面积8586.18万平方米，增长12.09%，房地产开发新开工面积2312.65万平方米，增长12.79%，房地产开发竣工面积962.24万平方米，增长18.32%，商品房销售面积1434.96万平方米，增长8.26%。

市场监管。出台《甘肃省人民政府关于促进房地产业持续稳定健康发展的意见》。建立房地产交易日报制度，实现每日按时报送新建商品房、二手房当日成交数据。建立重点房地产开发项目半月报制度，印发《关于开展防范打击非法集资专项行动工作的通知》，在全省开展非法集资风险的排查活动。

物业管理。截至2015年底，全省物业服务企业1979家、物业管理从业人员64967人、服务项目5567个、管理面积19211.19万平方米。其中，住宅项目3747个，管理面积17572.48万平方米（5万平方米以上的住宅小区1247个，管理面积6423.78万平方米）；办公楼项目1176个，管理面积993.38万平方米；商品营业用房项目320个，管理面积847.27万平方米；工业仓储用房项目47个，管理面积241.42万平方米；其它项目167个，管理面积412.73万平方米。

【城市规划】规划编制。《甘肃省城镇体系规划（2013–2020）》成果通过省政府第86次常务会议审查。印发《甘肃省新型城镇化试点“多规合一”课题研究和规划标准体系编制》（试行）。《敦煌历史文化名城保护规划（2013–2030年）》经省政府批准实施。向住房和城乡建设部报送了3个国家级历史文化名城、3个中国历史文化名镇的项目申报材料。开展历史文化名城保护规划实施行动计划制定和保护性建筑的普查、信息填报工作。《敦煌市城市总体规划（2013–2030）》已经省政府批准实施。《敦煌市“多规合一”总体规划（2015–2030）》成果已报送住房和城乡建设部。做好“敦煌大剧院”项目选址及“文博会”有关项目用地布局优化等工作。开展《甘肃省省域城镇风貌体系研究》，组织编制《甘肃省城镇风貌指南》和《甘肃省城镇风貌规划编制导则》并印发实施。

规划管理。完成25个县城的总体规划和57项城市控制性详细规划的备案工作。修订并重新印发《甘肃省建设项目选址规划管理办法》。全年共核发建设项目选址意见书59项，完成金昌市、高台县等20个开发区（工业集中区）发展规划与城乡规划符合性审查并出具审查意见。

新型城镇化试点工作。截至2015年底，全省新型城镇化试点县、镇共申报项目4107个，涉及总投资7102.6亿元。

【建筑业】全省共有省特级资质施工企业3家，建筑业企业3129家，其中施工总承包企业1162家、专业承包企业1632家、劳务分包企业335家，从业人员90万人。全年建筑业完成总产值4550亿元、完成建筑业增加值703.88亿元，占全省生产总值的10.3%。

印发《关于转发住房和城乡建设部〈建筑业企业资质管理规定〉及〈建筑业企业资质管理规定和资质标准实施意见〉的通知》。组织对《建筑业企业资质管理规定》和《建筑业企业资质管理规定和资质标准实施意见》进行了宣贯和培训，截止到12月31日，共换发新版资质证书349家。按照“四库一平台”的建设模式，推进企业、注册人员、工程项目三大基础数据库和企业诚信信息的关联整合。通过省级建筑市场监管与诚信一体化工作平台验收，实现部、省建筑市场监管与诚信信息实时互联互通。进一步加强对在市、州注册的建筑业企业资质动态监管。根据住房和城乡建设部《关于加强建设工程企业资质申报业绩核查工作的通知》要求及协查通知，共核查外省企业在甘肃省施工的工程业绩8项。

【工程建设】2015年，共办结施工许可申请15项，办理竣工验收备案4项；受理监理企业升级、增项45家，受理工程监理企业申报甲级资质9家；完成135家监理企业信息审核、22家次监理企业信息变更申请、123家次省外监理企业进甘备案；核准检测机构资质28家、预拌混凝土专项试验资质83家、建筑施工企业安全生产许可证321家、安全生产考核合格证书11022人；核准工程质量检测机构资质延期48家，预拌混凝土公司专项试验室资质延期87家、建筑安全生产许可证延期361家、安全生产考核合格证书延期8108人；核准监理企业资质延期19家；审核变更建筑施工企业安全生产考核合格证187家、安全生产考核合格证书2935人；对全省建设工程质量检测从业人员进行了上岗考核和延期复核；对甘肃建投装备制造有限公司特种作业人员进行了试点考核，2014至2015年度，全省共获鲁班奖3项，分别为甘肃会展中心建筑群项目五星级酒店工程、5000t/a镍及镍合金板带材－冷轧热轧车间、红色南梁革命纪念园。完成2015年飞天奖项目的评审工作，对41项飞天奖工程和6项飞天金奖工程予以公布并颁奖。

工程安全质量监督方面。2015年，全省共监督房屋建筑及市政基础设施工程11781项、总建筑面积11626.9万平方米，市政工程长度1204千米，工程总造价2987.2亿元，竣工工程2584项。全年共开展各类专项及综合监督执法检查2527次、17215项工程，下发整改通知书3057份、局部停工通知书1060份，实施行政处罚83起，曝光违法违规案例100余起；开展飞行检查303次、3684项工程。全省新办理质量监督手续工程4173项，其中签署授权书、承诺书的工程3674项；补签授权书、承诺书的工程2015项；新办理竣工验收备案的工程1694项（其中设立永久性标牌的工程1353项，建立质量信息档案的工程1086项）。对147家检测机构的钢筋（含焊件与机械连接）力学性能检验、混凝土试块抗压强度检测进行数据上传监控，上传检测报告916063份。全年全省未发生重大及以上建筑施工安全事故，建筑施工安全事故死亡人数14人，比2014年下降7%。

工程招标投标管理。2015年由省招标办监管进入省公共资源交易平台的招标工程258标段次，工程中标总价72.5亿元。其中依法公开招标工程240标段次，工程总造价69亿元；依法邀请招标工程18标段次，工程总造价3.5亿元。甘肃省房屋建筑和市政基础设施工程的招标投标全部实现无纸化电子化招标投标。修订印发《甘肃省房屋建筑和市政基础设施工程招标投标资格审查管理办法》，从2015年12月1日起施行。截至年底，全省招标代理机构共150家，其中甲级13家、乙级75家、暂定级62家。征集房屋建筑和市政基础设施工程评标专家1300人，其中新申报专家718人，复审专家582人。

工程造价监管。编制完成《甘肃省建筑安装工程概算定额》、《甘肃省建筑安装工程概算费用定额》及配套的地区基价测算、报批、发布工作。完成《甘肃省农村建筑工程预算定额》编制方案。根据住房和城乡建设部2015年重点稽查执法工作方案要求，对2013年定额和2013国家工程量清单规范执行情况开展了督查调研。完成造价人员初始登记、继续教育登记、变更共5420人次。完成2015年度甘肃省136家工程造价咨询企业执业诚信评价活动，评出优秀企业28家、良好企业61家、合格企业44家。举办了甘肃省工程造价咨询企业《中价协信用评价办法及信息化管理系统应用》研讨会，推进省甲级工程造价咨询企业与中价协信用评价体系平台顺利对接。完成甘肃省建筑业企业规费标准核定，颁发《甘肃省建设工程费用标准证书》1385家、颁发外省入甘建筑业企业参加投标的《甘肃省建设工程费用标准证书（临时）》1018家、核定外省入甘建筑业企业承揽工程项目规费标准并颁发相应《甘肃省建设工程费用标准证书（外省入甘）》108项。根据《建设工程工程量清单计价规范》和《甘肃省建设工程工程量清单招标控制价管理办法》规定进行招标控制价备查40项。出版发行《甘肃工程造价管理》、《甘肃工程造价信息》。

省级政府投资项目代建。2015年，

组织实施和延续施工的在建项目共8项，总投资11.03亿元，当年累计完成投资4.4亿元。先后制定出台省级政府投资代建项目《合同示范文本》、《合同管理办法》、《工程款审批支付程序》、《审计配合办法》、《工程移交管理办法》、《后期保修管理办法》。

【城市建设】基础设施建设。2015年，全省完成市政公用设施建设固定资产投资350亿元。全省14个设市城市人均道路面积15.3平方米，较2014年增长1.28平方米；用水普及率为94.95%，增长0.95%；污水处理率达到85%，增长5%；城市生活垃圾无害化处理率达到62.6%（兰州达到90%以上），增长16%；城市燃气普及率为83.48%，增长3.26%；人均公园绿地面积12.79平方米，增长1.03平方米。65个县城人均道路面积12.67平方米，增长0.28平方米；用水普及率为89.83%，增长0.74%；污水处理率为61.39%，增长20.75%；生活垃圾无害化处理率为60.87%，增长3.87%；燃气普及率为52.99%，增长4.19%；人均公园绿地面积6.92平方米，与2014年持平。设市城市（县城）共建设污水处理厂92座；建设城市（县城）生活垃圾无害化处理厂90座。运营与在建的污水处理厂和垃圾处理厂已全部覆盖14个设市城市和65个县城。共有国家园林城市4个、国家园林县城5个、国家城市湿地公园2个；甘肃园林城市10个、甘肃园林县城16个、甘肃园林城区1个；国家级风景名胜区3处(麦积山、崆峒山、鸣沙山－月牙泉）、省级风景名胜区21处。2015年，嘉峪关市、玉门市、高台县荣获国家园林城市、园林县城荣誉称号。

城市管理。出台《关于加快全省污水处理设施建设工作实施方案》、《关于进一步加强全省城市供水水质管理的通知》、《关于创新全省城镇市政基础设施投融资机制鼓励社会投资的实施意见》、《甘肃省人民政府办公厅关于加快推进全省城市地下综合管廊建设的实施意见》、《甘肃省人民政府办公厅关于加快推进海绵城市建设的实施意见》、《2015年甘肃省建设系统国家循环经济示范区目标任务建设工作方案》。以城镇供水、水质监测、燃气管理、道路桥梁为重点，加强城镇市政公用设施安全运行监管。制定《关于加快全省污水处理设施建设工作实施方案》，进一步加快推进全省污水处理设施建设工作。

【村镇建设】截至年底，全省镇乡总体规划实现全覆盖，村庄规划覆盖率达到85%；142个国家重点镇中有87个完成控制性详细规划编制，55个正在编制；384个建制镇中（不含城关镇），有191个完成控制性详细规划编制；82个县（市、区）已经完成县域村庄布局规划编制，2015年的150个美丽示范村规划全部编制完成。共推荐10镇1村申报第三批全国特色景观旅游名镇名村，有9镇1村列入住房和城乡建设部审查；有9个传统村落共争取中央补助资金2700万元；对各地遴选上报的83个行政村、76个非物质文化遗产的档案资料进行审查，并上报住房和城乡建设部申报第四批中国传统村落；组织申报第二批全国美丽宜居小镇6个、美丽宜居村庄10个。

【农村危房改造】2015年，全省共完成农村危房改造21.8万户，争取中央补助资金19.25亿元、省级财政补助资金6.54亿元，截至年底全部竣工，完成投资170.04亿元。在危改计划安排上重点支持贫困地区，优先解决革命老区，兼顾民族地区。共安排58个贫困县18.7万户，占年度计划的85.8%；安排17个插花县2.72万户，占年度计划的12.5%；安排庆阳、平凉和会宁县革命老区7.4万户，占全省21.8万户的33.9%，占革命老区精准扶贫建档立卡14.9万贫困危房户的49.7%；安排民族地区4.56万户，占全省21.8万户的20.9%，占全省民族地区精准扶贫建档立卡12.3万贫困危房户的37%。组织开展农村危房核查核实，并与精准扶贫大数据平台衔接，确保精准锁定危改对象。下发《甘肃省农村危房改造实施精准扶贫的意见》，将自筹资金有困难的贫困危改户纳入了精准扶贫小额贷款范围。印发《甘肃省农村危房改造工程质量管理规定》、《农村危房改造最低建设要求》、《农村危房改造抗震安全基本要求》；严格执行“一申二评三核四批”的危改对象认定程序，实行三级审批，三榜公示；对补助资金实行专账管理、专款专用，以“一折通”方式由县级财政直接发放给补助对象，确保危改资金安全。

【建筑节能与科技】全年完成绿色建筑面积550万平方米，较2014年增长2.5倍。截至年底，已发布适宜本省气候条件、建筑特点的《绿色居住建筑设计标准》、《绿色公共建筑设计标准》、《绿色建筑施工与验收规范》等8部地方标准，绿色建筑地方技术标准支撑体系已初步建立。组织开展绿色建筑评价标识工作，全年有36个项目获得绿色建筑评价标识，其中甘肃省科学院自然能源研究所的“联合国工发组织国际太阳能中心科研教学综合楼”项目获得绿色建筑二星级运行标识。2015年，新建建筑设计阶段执行建筑节能强制性标准比例达到100%、施工阶段执行建筑节能强制性标准比例达到98.41%。完成验收（鉴定）建设科技项目或示范工程40项。有3项建设科技成果获得2015年甘肃省科技进步奖，有1项建设科技成果获得2015年甘肃省专利奖。

【教育培训】2015年，完成造价工程师网络教育472人次、全省注册规划师继续教育126人次、岩土工程师继续教育196人次、结构师继续教育650人次；完成各类执业资格考试报名54504人次，其中一级建造师考试报名资格审查通过人数19712人、二级建造师考试报名资格审查通过人数28209人，实际审核上传资料人数超过7万人次；完成执业资格人员注册申报12466人次、核发各类证书和印章共计24467人次。

【勘察设计】截至年底，全省有勘察设计单位236家，其中甲级44家、乙级79家、丙级113家；专项设计单位74家，其中甲级16家、乙级53家、丙级5家，全省共有勘察设计从业人员18729人。2015年，全省勘察设计行业营业收入93.28亿元，人均营业收入49.81万元；完成施工图审查项目6036个，总投资额2767亿元，其中建筑工程5360个，总建筑面积6503万平方米，投资额2386亿元；市政基础项目676个，投资额381亿元。

【法制建设】对《住房城乡建设行政复议办法（征求意见稿）》、《甘肃省非物质文化遗产条例》、《敦煌历史文化名城保护条例》等73件立法草案进行审查、修改。修订、发布《甘肃省住房和城乡建设厅行政处罚自由裁量权标准》、《甘肃省城市生活垃圾处理管理办法》、《甘肃省城市餐厨废弃物处理管理办法》、《甘肃省城市建筑垃圾处理管理办法》。清理拟废止的地方性法规1件（《甘肃省城市房屋拆迁管理办法》）、拟修改的地方性法规2件（《甘肃省建筑市场管理条例》、《甘肃省建设工程质量监督管理规定》）、继续有效的地方性法规5件（《甘肃省风景名胜区条例》、《甘肃省建设工程勘察设计管理条例》等）、继续有效的政府规章6件（《甘肃省城市市容和环境卫生管理办法》、《甘肃省建设项目规划许可办法》等）。全年应诉、行政诉讼3件，受理行政复议案8件，审结6件；调解、劝退复议案件19件。组织进行第四轮行政执法人员换证培训考核工作。提供有关建设法律法规咨询服务事项70多人次。在住房和城乡建设部举办的“全国建设系统宪法法律知识竞赛”全省建设系统5500余人参加，获得全国建设系统优秀组织奖。经省政府常务会议审议通过，省住房和城乡建设厅的181项权责清单和11项公共服务事项在“甘肃政务服务网”阳光政务栏目正式公布。

全年共受理案件79件（办结40件），对6家单位和2名个人实施了行政处罚，收缴罚没金177.7万元；全省各地共受理案件1096件（办结1087件），对425家企业和295名个人实施了行政处罚，罚没金额7635.22万元，拆除违法建筑物、构筑物20.05万平方米。对全省房地产市场进行了督察执法。对全省市政基础设施运营和污水管网进行专项执法检查，对全省保障房建设情况进行督察。

（彭强）

测　绘

【地理国情普查】省测绘地理信息局完成兰州、武威、金昌、张掖、酒泉、嘉峪关、陇南、庆阳等8市31.5万平方公里的内业数据采集、外业调查与核查等普查任务，并按要求完成普查标准时点核准工作。普查成果于2015年9月底全部通过省级验收和国家级质量复核，合格率100%，优良率达到80%以上，符合普查成果质量要求。按照时间节点要求，于2015年10月14日向国务院普查办汇交全省最终普查成果数据，普查进入数据库建设及统计分析阶段。组织开展地理国情普查劳动竞赛，激发普查职工劳动热情，确保普查任务的圆满完成和成果质量。

【地理国情监测】按照“边普查、边监测、边应用”原则，围绕全省生态文明建设、生态环境保护、城镇化发展等现实需求，积极开展兰州新区综合统计分析及监测试点项目，并向兰州新区管委会移交阶段性监测成果。启动实施的“河西走廊绿洲沙漠化动态监测”等六个地理国情监测项目，其中两个项目已经完成。国家测绘地理信息局支持的“冰川与常年积雪变化监测”“兰州新区建设变化监测”等两项国家重要地理国情监测项目，已完成技术设计并通过国务院普查办组织的评审。

【数字城市建设】完成建设的白银、甘南、陇南、嘉峪关、庆阳、天水、兰州等七市均实现与天地图的互联互通，整体运行良好。金昌、张掖两市完成建设任务，通过省级验收；酒泉市基本完成建设任务，已申请省级验收；武威、平凉两市已完成项目设计书编制；定西市被国家测绘地理信息局列为2015年度数字城市地理空间框架推广城市，开始编写实施方案。同时，积极推动数字城市向智慧城市升级，兰州、天水两市智慧城市时空信息云平台项目被国家测绘地理信息局列为2015年度智慧城市试点项目，开始编写项目设计书。两当、陇西、秦安三县地理空间信息平台建设成果数据不断更新完善，应用领域进一步拓展。

【“天地图·甘肃”建设】积极推进天地图节点间数据融合，更新张掖、武威、白银、平凉、陇南、嘉峪关、甘南等七个市州主城区以及天水全市域矢量地图、影像地图，更新数据量达114GB。依托“天地图·甘肃”公众版和政务版，为应急、综治、水利、卫生、林业等行业提供在线或前置地理信息服务。新增兰州市街景、兰州新区重点区域360度全景等特色服务，开发安卓版移动终端“在哪”软件，搭建银行营业网点分布、兰州市单双行道、兰州国际马拉松赛等在线应用专题，有效提升“天地图·甘肃”应用能力。

【法制建设与市场监管】按照省政府深化行政审批制度改革的要求，积极推进“三张清单一张网”工作，梳理行政许可8项、行政处罚36项、行政征收2项、行政奖励3项及其他行政权力10项，并在甘肃政务服务网公布，为行政权力清单和责任清单的落实奠定基础。省级测绘行政许可事项全面实行“一个窗口服务、一站式审批”全流程网上办理，全年受理行政审批项目1500多件，办结率为100%，测绘地信服务窗口被省政府评为“优秀服务窗口”。按照省政府推进简政放权、放管结合、优化服务的要求，拟定随机抽查事项清单，做好随机抽取检查对象、随机选派执法检查人员的“双随机”抽查制准备工作，推动事中事后监管制度化、规范化。

全省依法查处违法编制地图、非法测绘等案件27起，其中市州测绘地理信息行政主管部门制止各类违法案件12起，全省测绘地理信息市场秩序得到进一步规范。酒泉、定西、陇南、甘南等市（州）将测绘执法检查纳入国土资源执法范围，与土地、矿产执法巡查统一部署、统一检查、统一考核。

全省审批测绘资质127家，其中：省局审批87家、市州审批40家。截至2015年底，全省共有测绘资质单位373家，较上年增加43家，增长13%。首次开展全省测绘资质巡查工作，共巡查测绘资质单位96家，促进资质单位的健康有序发展。加强测绘地理信息信用管理平台建设。积极开展测绘资质单位信用信息征集工作，并将测绘资质单位的信用信息向社会公示，供社会公众查阅监督。通过开展过程质量控制和成果质量检验，基础测绘成果整体质量明显提高，全省农村土地确权等重大项目测绘成果质量准确、可靠。

【基础测绘】完成民勤、酒泉等测区1:1万地形图测绘与更新约9万平方公里。甘南藏族自治州藏族地区基础测绘专项有序推进，完成总任务的70%。按照省委书记王三运重要批示精神，组织开展卓尼县“尼江”地区大比例尺地形图测绘，为尼巴、江车2村建设提供强有力的服务保障。庆阳、白银、临夏等市（州）按照年度基础测绘计划，进一步夯实基础数据资源。

继续优化完善全省卫星定位连续运行基准站网，推进似大地水准面精化项目工程，完成240个点的精度测试和外业数据采集任务，开展基准站巡查工作，完成水准观测6300公里。全省卫星定位连续运行基准站网建设项目通过国家验收并发布成果。基准站已为220余家单位1200多个用户提供实时定位基准和精准位置服务，涵盖全省基础测绘、农村集体土地确权登记发证、农村土地承包经营权确权登记颁证、地理国情普查、地质找矿行动、土地整理及勘测定界、城乡基础设施建设、新农村建设等重大工程项目建设。

【地图管理与服务】全年受理、审核地图28个批件，核发审图号25个，主要包括便民图、岷县漳县地震灾后恢复重建项目示意图集、互联网地图。全年受理审批利用涉密测绘成果900件。开展地图市场专项整治活动，对2015年兰州国际马拉松赛、第21届兰洽会等赛会用图进行前期检查和全面规范，确保重大节会无“问题地图”，维护国家版图尊严。开展互联网地图日常监管，利用互联网地图监管系统配合进行全国联动监管，筛查网上地图7326条，排除涉密交易信息9条，有效的净化互联网地图市场。对地图市场进行全面检查，重点对文化市场（主要是新华书店等各类书店）中涉及地图的中小学教辅材料进行全面清查整顿。严查各地重要节会展示的问题地图，积极为第21届兰洽会、兰州国际马拉松赛、庆阳的香包节、天水公祭伏羲大典、伏羲文化旅游节、迭部国际大力士赛事等提供地图服务，保证在公开场合使用合法地图，维护国家主权和利益。“甘肃省测绘地理信息应用成果和地图网上展馆”建成并开通上线，向社会公众提供“一站式”展示服务。

【成果管理与应用】完成2014测绘成果目录汇交工作，共汇交目录1957项，从中遴选839个项目向社会进行公布，供社会各界查询使用。联合省国家保密局对兰州铁道设计院、省水利水电勘测设计研究院、省基础地理信息中心等开展专项保密检查。对检查中发现的问题，现场提出整改意见，责令限期整改，并将整改情况报局备案，同时对相关人员现场进行保密安全意识教育。先后为中央领导来甘调研提供工作用图6批次100余幅；为省委、省政府提供各种政务地图25批次300余幅（册）；向省军区提供地理国情普查成果资料，保证军方测绘工作的顺利开展；为全省国土、规划、城建、农林、水利、交通、铁路、气象、地震、科研等20多个行业400余家单位累计提供各种控制成果3200点，提供各种比例尺地形图17000幅。市州测绘部门也积极为当地经济社会发展和重大工程项目建设提供测绘地理信息服务，兰州市服务于兰州新区建设、轨道交通建设，庆阳市服务于南梁红色旅游大景区建设，嘉峪关市服务于兰新二线、西气东输、西油东送等国家重大项目建设等。

【地理信息产业】贯彻落实国务院《关于促进地理信息产业发展的意见》和省政府《关于促进全省地理信息产业发展的实施意见》精神，协调有关部门，落实国家和省上促进地理信息产业发展的优惠政策，推动兰州新区信源地理信息产业园建设。同时，鼓励中小企业申办测绘资质，规范测绘资质审批程序，简化申报资质环节，缩短行政审批时限，新增测绘资质企业43家，支持中小测绘资质单位创业，引导地理信息企业升级，催生地理信息大型企业，不断发展壮大地理信息产业规模。酒泉、金昌、陇南等市印发促进地理信息产业发展的实施意见，为产业发展营造有利政策环境，培育发展地理信息产业。

【科技创新成果】投入自主科研经费60万元，开展11个科研项目，有3个项目获得国家与省部级科技奖励。“信息化测绘生产基地构建技术研究与应用示范”和“测绘地理信息档案信息化技术研究与应用示范”2个科技项目被国家测绘地理信息局列为国家测绘公益专项，项目进展顺利。依托甘肃省测绘学会，开展学术交流及科学技术奖颁奖活动，从全省110个科技项目中评出科技进步奖和优秀工程奖共43项。

【部门合作】积极推进国土与测绘联合执法，加强测绘地理信息成果开发应用，完善国土与测绘协作工作机制，深化国土与测绘业务协作。市县建立国土“一张图”系统，将测绘与土地、矿产工作同部署、同落实、同考核，并在农村集体土地确权登记发证、地质找矿、国土资源管理、地质灾害防治等领域开展深度合作和资源共享。测绘部门与公安、发改、气象、地震、农林、水利、交通、电信、移动等部门的合作不断加强，成果应用领域不断扩大。省测绘地理信息局与兰州大学、长安大学等五所高校建立长期合作关系，进一步深化测绘地理信息的研学应用。与总参第三测绘导航基地、兰州军区测绘信息中心等开展测绘地理信息共享和项目合作，使军地测绘合作不断深入。

【扶贫工作】全省各级测绘地理信息行政主管部门因地制宜，积极开展精准扶贫和双联行动，取得可喜的成绩。省局硬化村级道路，修建基础设施，建设村委阵地，开展秋季建园等，曲坪村农民人均纯收入达到4500元，已摘掉贫困村的帽子；丁窑村脱贫41户181人，脱贫困率为52%。

（伏黎明）

交通 通信 邮政

交通运输

【概述】全省交通运输部门坚持稳中求进总基调，围绕好中求快总目标，主动适应经济发展新常态，面对经济下行压力和持续增强的资金、环境制约，千方百计筹划，全力以赴奋进，积极争取部省在项目计划、资金保障等方面的支持，狠抓稳增长、调结构、促改革、惠民生等政策措施的落实，全年完成交通运输固定资产投资661亿元，较上年增长10%。截至2015年底，14个市州政府驻地全部以高速公路贯通、86个县区政府驻地以二级和二级以上公路贯通、100%的乡镇以沥青路或水泥路贯通，乡镇和建制村通班车率分别达到99.8%和88.9%；全省高速公路总里程3600公里，县通高速比例62%，公路网总里程达到14万公里，全省高速公路优良路率99.5%，普通国省道优良路率74%；全省航道通航里程达到913.8公里，全省民航机场8个，县级城市单元覆盖率55%；邮政普遍服务网点达1656处，村邮站3000个，三农服务站3796处，便民服务站6000处。

【交通突破行动】省委、省政府实施“6873”交通突破行动，强力推进交通基础设施建设。十堰至天水甘肃段、兰州（新城）至永靖、金昌至阿拉善右旗（甘蒙界）300公里高速（一级）公路通车运营，西峰至合水等906公里二级公路建成通车。加强与陕西、四川、宁夏等周边省区衔接，签订相关建设协议，为省际公路建设项目实施奠定基础。中川国际机场T2航站楼于年初正式投运，综合交通枢纽工程9月底投入运营，实现民航、铁路、公路三位一体零距离换乘。陇南成州机场进展顺利，庆阳机场扩建工程完工，敦煌机场改扩建等项目启动实施。完成铁路项目建设投资277.5亿元，新增铁路通车里程434公里。省厅与中交基金公司设立400亿元的甘肃交通投资基金（系列基金），年底完成首笔资金募集；省政府与中国建筑合作设立总规模1000亿元的甘肃丝绸之路交通发展基金，设立方案已经省政府常务会议审议通过；省厅与邮储银行合作设立的200亿元公路建设基金将签署落地。

【交通行业改革创新】制定印发《关于全面深化交通运输改革的实施意见》，积极推广PPP、EPC等交通基础设施投资和建设模式。兰州中通道、武都至九寨沟等9个公路项目纳入国家发改委PPP项目库，编制完成彭阳至大桥村等8条高速公路PPP项目实施方案，徽县至两当公路项目被列为财政部第二批PPP示范项目，北山至仙米寺高速公路PPP合作项目全线开工。大力引进社会资本，与中国交建、中国建筑等有实力的央企就重点公路项目以PPP模式投资建设达成合作意向。分级负责的公路建设事权体系初步形成，变行业办交通为政府办交通、社会办交通。加快“三张清单一张网”建设，建成权力清单、责任清单、省级财政专项资金管理清单，启动政务服务网建设。强化非公路标志牌管理，加大公益广告宣传力度。规范收费公路聘用人员劳动用工管理，完成厅机关及厅属事业单位24800余人养老保险改革前期工作，并将6439名事业合同制职工养老保险纳入事业养老保险，解决长期困扰行业稳定发展的问题。

【交通精准扶贫】省委省政府在礼县召开全省交通扶贫攻坚农村公路建设现场会，启动农村公路“三年大会战”。省委省政府印发《甘肃省精准扶贫交通支持计划实施方案》，出台《关于加快推进革命老区交通基础设施建设的实施意见》，制定了《甘肃省“千村美丽”示范村村组道路硬化实施方案》。着力推进城乡客运一体化进程，深化运邮合作，支持邮政和快递企业参与农村物流网络建设。完成建制村通畅工程1.1万公里，全省建制村通沥青（水泥）路比例达到82%，其中58个特困县达到80%，两市一县革命老区达到92%。进一步促进“双联”与精准扶贫融合，选派56名科级以上干部到一线开展“双联”和精准扶贫工作。交通运输部9月在庆阳召开全国农村公路现场会，12月在兰州召开全国交通扶贫工作会议和六盘山片区扶贫攻坚部省协调推进会，极大地推动了甘肃交通扶贫工作。

【道路出行服务】以迎国检为契机，集中开展以加强全面养护、消除道路安全隐患、提升公路服务品质为主题的“创建平安公路大干150天”等竞赛活动。加强高速公路收费管理、缓堵保畅、ETC全国联网、应急救援等重点工作，完成通行费收入74.69亿元，减免车辆通行费12.71亿元。加大服务设施改造和管理，武威、安门两个服务区跻身全国“百佳”示范服务区。加强运输组织和运力调度，圆满完成节假日和重要时段的旅客运输任务，保障了重点物资和生活物资的运输。不断提高民航运输服务水平，兰州中川机场旅客吞吐量突破800万人次。全省公路运输累计完成客运量3.8亿人、旅客周转量238.3亿人公里，同比分别增长4%、4.1%；货运量5.7亿吨、货物周转量1096.8亿吨公里，分别增长11.3%、10.5%；总周转量1120.6亿吨公里，增长10.4%。

【平安交通建设】着力强化安全监管，实施“六打六治”和危险品运输安全生产专项整治行动，狠抓安全隐患排查治理、安全生产大检查，紧紧围绕落实新《安全生产法》加大安全培训力度，从严追究安全生产事故责任，努力提升全行业安全意识，行业安全生产形势保持平稳态势。省政府办公厅印发《甘肃省公路安全生命防护工程实施方案》。加强交通运输应急机构、物资和队伍建设，做好应急突发事件处置。

【民航业务】着力理顺机场管理体制，成立省民航机场管理局，完成甘肃机场集团和海口美兰机场股权置换。着力构建和完善机场服务管理、评价和投诉体系，积极创建“甘肃民航”服务品牌，实现与全国所有省会城市的通航，航线航班结构日趋完善。民航业务量保持快速增长势头。2015年，民航旅客吞吐量达到917.44万人次、货邮吞吐量5.25万吨、飞机起降8.15万架次，同比增长22.2%、7.8%和18.9%。

【邮政】普遍服务水平稳中有升，邮政枢纽作用不断发挥，快递功能园区步入密集规划建设阶段。管理体制逐步完善，支撑体系建设取得进展，安全监管机制逐步健全，邮政监管职能得以强化。政企分开持续推进，14个市州、79个县区邮政企业完成改制。科技应用水平逐步提升，分拣自动化设备、移动客户端软件等科技成果推广力度加大。2015年邮政业务总量累计完成16亿元，同比增长18.1%；快递业务量完成3500万件，同比增长31.8%。

（张志泰）

兰州铁路局

【概况】兰州铁路局始建于1956年，地处西部铁路网的枢纽，是亚欧大陆桥在我国境内的重要区段。全局营业里程4501.3公里，职工总人数79565人。现有职能管理机构65个、基层单位62个。管辖车站（线路所）282个，配属机车1289台、客车车辆1915辆、动车组21组。担当图定客车90对，其中管内53对、跨局37对。管内有兰新高铁、陇海、兰新、兰青、包兰、宝中、干武7条干线和其它5条支线，以及受委托管理的太中（银）线、中川、天平和敦煌合资铁路，连接着甘、宁、青、新、蒙、陕6省（区），是西北交通运输和经济建设的大动脉。

管辖范围：陇海线于社棠车站、天水车站间K1392+530公里处与西安铁路局分界；兰新线于柳沟车站、安北车站间K985+500公里处与乌鲁木齐铁路局分界；兰青线于水车湾车站、海石湾车站间K60+000公里处与青藏铁路公司分界；包兰线于乌海西车站、惠农车站间K423+000公里处与呼和浩特铁路局分界；宝中线于安口窑车站、崇信车站间K136+100公里处与西安铁路局分界；太中线于安边镇车站、定边车站间K1461+280公里处与西安铁路局分界；西平线于长武车站、长庆桥车站间K172+740公里处与西安铁路局分界；兰新高铁于陈家湾西车站、民和南车站间K1726+500公里处，浩门车站、军马场车站间K1944+926公里处与青藏铁路公司分界，于柳沟南车站、石板墩南车站间K2580+236公里处与乌鲁木齐铁路局分界；天华线于青林车站、华亭车站间K114+694公里处与西安铁路局分界。

【基础设施】兰州铁路局管辖线路延长总计9023.79公里，其中正线延长6937.87公里、站特线延长2085.92公里。电气化铁路营业里程4090.4公里，约占总营业里程的90.9%，接触网运营里程4074.12公里（10202.12条公里）；电力线路1.22万公里；道岔总计6664组，其中正线道岔2618组、站特线道岔4046组；驼峰自动集中编组场6场。受委托管理的太中银铁路太中线、定银线，兰渝铁路兰州北环线，敦煌线，西平线，中川线，天华线等普速合资铁路延长1559.66公里，其中正线1106.21公里、站特岔线453.45公里；道岔总计1214组，其中正线335组、站特线879组。受委托管理的徐兰高速（兰州西车站）、兰新高铁线路延长1512.14公里，其中正线1443.62公里、站特岔线68.52公里；道岔总计223组，其中正线125组、站特线98组。全局运营铁路桥梁1788座10.58万米，隧道171座15.34万米，涵渠6961座15.58万横延米，桥隧涵合计27.74万换算米；路基设备长度总计5606.71公里，其中正线长度4066.78公里、站线长度1539.93公里。合资铁路桥梁总数为762座36.73万米，隧道78座19.08万米，涵渠2144座4.36万横延米，桥隧涵合计6.57万换算米；路基本体长度1852.72公里，其中正线长度1433.79公里、站线长度418.93公里。专用线专用铁路249条户，其中专用线223条、专用铁路26条户。

【运输主要指标】2015年，除旅客发送量同比增长外，货物发送量、换算周转量等主要经营指标均有明显下降。旅客发送量全年完成3720万人，比上年同期增加489万人，增长15.1%；货物发送量完成7547万吨，减少1118万吨，下降12.9%；换算周转量完成1702.83亿吨公里，减少247.45亿吨公里，下降12.7%；旅客周转量完成371.71亿人公里，增加3.67亿人公里，增长1.0%；货物周转量完成1330.11亿吨公里，减少250.98亿吨公里，下降15.9%。

【列车运行图及编组计划调整】2015年，3月20日，乌鲁木齐—上海Z42/1次、济南—乌鲁木齐Z106/5次、广州—乌鲁木齐南Z138/5 Z136/7次、重庆北—乌鲁木齐南K542/3 K544/1次、成都—乌鲁木齐南K2058/9 K2060/57次、连云港东—乌鲁木齐南K1352/3 K1354/1次以及兰州西—嘉峪关南6对普速客车在兰新高铁运行。5月20日，兰新高铁新增动车5.5对，兰州西—乌鲁木齐南增加动车D2705/6次1对；兰州西（兰州2/3对）—嘉峪关南增加动车4.5对（兰州局增加4对D2753/4次、D2747/8次、2749/50次、2751/2次，青藏铁路公司增加0.5对D2757次）。北京局担当天津—银川K888/5 K886/7次延长至西宁。新增客车2对，南昌局担当厦门—兰州Z126/7 Z128/5次1对、郑州局担当商丘（郑州）—银川客车K2502/3 K2504/1次1对。管内长征—兰州快速K9667/4 K9662/3次纳入运行图。7月1日，新增旅客列车3对，兰州局担当银川—杭州K1808/5 K1806/7次1对、西安局担当西安—平凉K1681/2次1对、管内嘉峪关—武威间T6606/5次特快1对。调整运行径路3对，兰州局担当银川—上海K359/62 K360/1次客车，平凉—西安间由宝中线调整为西平线；西宁—郑州K890/89次延长至合肥，同时调整为特快，车次调整为T390/87 T388/9次；兰新高铁兰州西—西宁D2724/5次延长至兰州。提高等级2对，兰州局担当兰州—上海K1608/5 K1606/7次改为直达Z218/5 Z216/7次；乌鲁木齐局担当乌鲁木齐—北京西T178/7次改为直达Z180/79次。西平线平凉—长庆桥间增加客车2对，银川—上海K359/62 K360/1次、西安—平凉K1681/2次。9月30日，兰州至中川机场铁路开通。兰州（兰州西）—中川机场间使用3组车体安排16对动车。12月，兰州局调整列车运行图。兰新高铁新增动车组列车5对，兰州局担当兰州西—乌鲁木齐南2对D2709/14 D2705/02次；兰州西—嘉峪关南1对D2755/6次；乌鲁木齐局担当乌鲁木齐南—兰州西2对D2701/08 D2713/10次。新增直通客车3对，兰州—合肥K305/6次、乌鲁木齐南—南宁T284/1 T282/3次、郑州—西宁K177/8次。减少呼和浩特东—成都1对1718/9次。银川—西宁K9679/80次（原K915/6次）运行区段调整为银川—兰州西。新增兰州西—天水K9659/60次，车体与银川—兰州西K9679/80次套用。银川—长庆桥7511/4 7512/3次、兰州—平凉K9664/3次运行区段延长至长庆桥。兰州—敦煌Y663/4次、兰州—金昌T9215/6次、银川—平凉K9651/2次纳入运行图。取消兰州—张掖Z6205/6次。邯郸—包头K220/19次延长至银川，西宁—西安K1009/10次延长至东莞东。本次调图于2016年1月10日起实施。

【基本建设】2015年，铁路总公司下达兰州铁路局11个在建基本建设项目及3个运输急需项目，投资计划324.86亿元。11个在建项目下达投资计划分别为兰州—重庆铁路95亿元、兰新铁路第二双线30.26亿元、天水—平凉铁路7.5亿元、宝鸡—兰州客运专线121亿元、敦煌—格尔木铁路10亿元、兰州—中川机场铁路22亿元、兰州—合作铁路7亿元、银川—西安铁路1亿元、吴忠—中卫铁路3000万元、兰州铁路综合货场13亿元、干塘—武威南增建二线16亿元；3个运输急需项目下达投资计划分别为银川南货场改造8000万元、兰州铁路局通信基础网设施改造6362万元、兰州铁路公安局反恐应急处置物资储备库3700万元。

【兰州至中川机场铁路开通】2015年9月30日，新建兰州至中川机场铁路开通运营。兰州至中川机场铁路由中川本线和货车联络线两部分组成。兰州西至中川机场线全长60.5公里，兰州北编组站至兰新铁路的联络线全长22公里，营业里程49公里，设计时速160公里/小时。该项目于2013年开工建设，计划投资100.95亿元，开工累计完成投资82亿元，完成设计的81.2%。新建隧道17座、大中桥18座。全线设陈官营、福利区、西固、兰州新区、中川机场5个车站。兰州新区车站站房面积3995平方米，中川机场车站站房面积4699平方米。

【天平铁路开通】2015年12月30日，天水至平凉铁路开通。天平铁路于2009年开工建设，是甘肃省“十一五”重点建设项目，为国家一级单线电气化铁路，工程总投资50.5亿元，由铁路总公司、甘肃省、华能甘肃能源开发有限公司共同筹资建设，设计年运送力为客车2对/日、货物1600万吨/年，远景年运输能力为客车5对/日、货物2500万吨/年。线路西起天水市麦积区，经清水县、张家川县至平凉华亭县，沿线共设杨家碾、周家村、清水县、新城乡、天河、张家川、麻庵河、青林、华亭9个车站，正线全长约113.11公里，其中桥隧长78公里。设计时速120公里/小时。开通运营初期，以开行货运列车为主。

【银西高速铁路开工建设】新建银川至西安高速铁路甘肃段和宁夏段分别于2015年12月23日和12月26日开工建设。银川至西安高速铁路位于陕、甘、宁三省（区）境内，线路自宁夏回族自治区银川车站引出，经灵武、吴忠、太阳山，甘肃省甜水堡、洪德、环县、曲子、庆城、庆阳、宁县、正宁县，陕西省彬县、礼泉，引入西安枢纽西安北车站，全长618公里。建设标准为高速铁路，全部开行动车组列车，设计行车速度250公里/小时，基础设施预留提速条件。全线设车站20处。项目建设工期5年，投资总额823亿元。

【现代物流转型】贯彻全路资产经营开发会精神，推动现代物流和资产经营工作全面开展。围绕物流规划、转型发展、基础设施、品牌创建、人才队伍“五大板块”，从接取送达服务体系、零散货物快运、物流总包、货物装卸、集装箱与集装化运输、集装箱国际物流、货运服务质量、物流设施、物流信息化、财务政策等方面制定细化推进方案，同时制定了现代物流发展规划，形成指导路局现代物流转型的10+1整体规划。成立路局现代物流转型及经营开发指挥部和兰州、银川、嘉峪关3个区域指挥部，选派21名副处级干部驻17个地州市工信委挂职，建成108个县级及以上无轨站，构建了“1+3+17+108”的营销网。加快推进物流中心建设，建立价格监测点79个，95306网站注册企业1.11万家。集中开行钢铁专列、煤化工专列、铝产品专列等“七大系列货运品牌列车”，开行中欧、中亚货运班列41列，特需列车126列，打开了西部对外开放的国际市场。

【客运品牌创建】践行路局“敢于引领、争创一流、全面发展”总体工作思路，按照“高铁站车抓引领、品牌站车抓深入、其他站车抓规范”的品牌创建思路，全方位推进铁路客运品牌创建，确立“时代列车·丝路情怀”品牌主题，统筹考虑区域旅游产业发展现状，深入开展市场调研，以“敦煌号”品牌旅游列车为引领，分别于2015年1月26日、4月30日、7月8日开行银川—北京Z275/6次“丝路驿站—宁夏号”、“七大时代品牌列车”（即兰州—嘉峪关南D2755/6次“方特号”、银川—中卫Y661/2次“沙坡头号”、兰州—张掖Z6207/8次“金张掖号”、兰州—武威Z6201/2 Z6203/4次“天马号”、兰州—长征K9672/1次“白银号”、陇西—天水7503/4次“城乡文化列车号”、兰州—天水T6604/3次“麦积山号”）和“丝路驿站”一站两车品牌站车（即“丝路驿站—塞上江南”银川站和银川—杭州K1805/6次“丝路驿站—银川号”、银川—成都K1615/8/5 K1616/7/6次“丝路驿站—沙湖号”列车)；9月30日，开行兰州—上海Z218/7次“兰州旅游号”，构建了高铁动车组列车、快速列车和普通列车“高密度开行、全方位覆盖、多层次互补”的全新格局，在西部地区形成品牌绽放的集群效应。

【临客及旅游列车开行】 全年组织开行临客95列(含旅游专列15列)。春运期间，开行临客30列(天水—乌鲁木齐南21列、兰州—乌鲁木齐南9列)，发送旅客7.3万人。暑运期间，开行临客41列(兰州—乌鲁木齐20列、天水—乌鲁木齐7列、兰州—苏州14列)，发送旅客5.4万人。返程棉农运输组织开行临客9列。旅游专列运送旅客1.2万人。

（杨雍梅）

通　信

【发展概况】 2015年，全省完成电信业务总量347.29亿元，比上年增长31.54%；完成电信业务收入173.75亿元，增长5%(按可比口径增长8.6%)；完成固定资产投资78.13亿元，增长11%。新增电话用户34.17万户，电话用户总数达到2434.09万户，增长1.42%；固定互联网宽带用户245.34万户，增长14.49%；移动互联网用户1598.81万户；光缆总长度达到46.82万公里，移动通信基站达到8.7万个。“十二五”期间，全省信息通信业加快转型创新发展，突出重点项目建设，地方政策支持力度不断加大，行业发展环境明显好转，网络规模、服务水平以及网络信息安全和应急通信保障能力大幅提升，全行业保持平稳健康发展。五年间，全行业累计完成固定资产投资345.75亿元，电信业务总量年均增长21.35%，电信业务收入年均增长7.56%。

【“宽带中国”战略】 牵头起草并经省政府第88次常务会议审议通过《甘肃省人民政府办公厅关于加快高速宽带网络建设推进网络提速降费的实施意见》，明确全省宽带建设发展的阶段性任务和中长期目标，提出加快高速宽带网络建设等八个方面的主要任务，从融资、用电、征地选址、基站环评、小区进入等方面提出20多项具体的政策保障措施，形成了全省支持信息通信基础设施建设的政策保障体系。协调争取国家部委给予项目资金支持，积极申报“宽带乡村”示范工程、西部中小城市基础宽带网络完善工程及“宽带示范城市”等项目。编制完成全省宽带发展规划，推动实施全省“宽带中国”2015专项行动，统筹推进城市宽带提速、农村宽带普及和4G网络建设。全省新增FTTH/O用户65.6万户，实现新建住宅小区光纤到户项目199个，老旧小区光纤到户改造项目922个，光纤到户覆盖家庭53.4万户，嘉峪关、金昌、张掖实现全光纤网络覆盖。

【通信基础设施建设】 联合省建设厅、省工信委开展光纤到户国标贯彻实施情况大检查，推动光纤到户国家标准在基层落地。推动信息基础设施共建共享，建立以省市两级例会为平台的共建共享协商沟通和问题处理机制，电信、移动、联通三家基础电信企业共建共享率达到100%。推动集约化建设、专业化运营，协调铁塔公司与基础电信企业做好需求对接、过渡期存量共享改造和铁塔基站资产交接工作，三家企业提交塔类需求11178个，铁塔公司交付8414个，新建站址共享率达72.99%，节约建设资金约11.5亿元。

【农村通信建设】 协调指导和监督企业全面完成武威凉州区、庆阳宁县农村宽带应用示范工程，两县区新建和改造624个行政村网络覆盖，当地行政村4Mbps以上宽带接入覆盖率达到100%。制定行政村通宽带量化考核指标，将其纳入全省贫困县党政领导班子和领导干部经济社会发展实绩考核办法。争取工信部为全省下达2150个行政村通宽带建设任务，引导电信企业引入民间资本采用多种方式推进工程建设，并强化督促检查。建设“甘肃宽带地图”及网速监测平台项目，及时核查行政村通宽带情况，全省行政村固定和移动宽带覆盖率达到80%以上。下发《甘肃省人民政府办公厅关于组织开展全省农村宽带普遍服务补偿机制试点申报工作的通知》，明确市州政府承担农村宽带建设主体责任，先期启动农村宽带普遍服务试点申报工作，组织评审推荐并向工信部、财政部申报7个地市的实施方案，兰州等5市获批试点地区，争取中央财政资金2.4亿元。积极争取工信部资金支持，启动实施临夏州农宽带普及信息化应用示范项目。

【电信市场监管】 落实多部门联动协调处置机制，召开专题会议及早部署，协调成立省市两级规范“校园迎新”电信业务促销活动应急处置小组，联合教育、工商部门开展重点地区和院校巡查暗访，及时约谈涉嫌违规企业并在全行业进行通报，持续跟进其落实整改要求。主动调整对接国家取消下放的行政审批事项，大力推动非公经济发展，坚持“宽进严管”，降低准入门槛，审核发放增值电信业务经营许可40家，是2014年发证数量的5倍；核配备案各类码号745个，并通过政策宣贯、例行年检、专项检查等方式加强事中事后监管；组织实施移动通信转售业务及监管工作，全省有10家企业开展相关业务，发展用户7.8万户。全面开展电话“黑卡”治理专项行动，联合公安、工商发布公告强化政策宣传引导，协调建立核查关停协作机制、违法企业信用信息公示机制和举报查处机制；加强工作联动，组织开展企业营销渠道专项检查，委托第三方对全省14个市州787个实体营销网点进行抽查暗访，通报涉嫌违规企业并督促其做好整改落实，累计关停“黑卡”号码106个，全省电话用户实名登记率达到90%以上。开展防范打击通讯信息诈骗专项行动。强化语音专线管理，组织对各类专线、中继线用户和代理商资质合同进行清理。督促企业完善手段建设和工作流程，通过主叫号码鉴权、信令数据监测分析等手段加大非法主叫拦截。完善端口类短信息管理机制，委托第三方对短信息点播订制业务、IVR语音业务和手机应用商城等服务和收费行为进行抽测，并督促企业及时查处垃圾短信举报。

【电信服务质量监管】按照宽带提速降费安排部署，督促基础电信企业如期完成固定宽带和移动流量平均资费下降30%以上的目标任务。通过服务拨测和满意度指数测评加强电信业务监测，督促企业多渠道公示在售资费方案。规范用户申诉受理流程，完成12300申诉受理系统建设并实现与工信部系统功能对接，妥善受理处理用户申诉咨询1701件，较好完成全省电信服务百万用户申诉率和不明扣费考核指标。

【互联网行业管理】加大接入服务企业监管力度，建立网站备案信息月度核查更新机制，推进IP地址精细化管理和网站真实性电子核验，累计备案IP地址184.7万个，备案主体8964个，省内接入网站3365个，清理空壳网站信息3164个，备案主体信息准确率达到88.9%，网站备案率基本保持在100%。规范域名注册服务市场，完成全省域名注册服务市场摸底调查和域名注册服务机构专项检查，配合开展了打击网上银行卡买卖和打击互联网侵权假冒等专项整治工作。

【网络信息安全管理】完善公共互联网网络安全应急管理体系和应急处置工作机制，累计处置政府网站和重要信息系统网络安全事件546起，协调处置木马僵尸网络IP地址4.7万余个、飞客蠕虫事件6992件。加强移动互联网安全环境综合治理，累计处置恶意程序样本591个，省内手机病毒感染用户数、感染率和感染事件持续下降。加强网络安全应急支撑体系建设，组织开展了全省网络安全防护检查、符合性评测和风险评估，协调8家省内外网络安全服务厂商提供应急支撑及网络安全信息报送服务。推进网络信息安全技术保障体系化建设，协调完成省局侧和基础电信企业侧IDC／ISP管理系统升级及对接联调，完成移动互联网恶意程序监测系统三期扩容和流监测系统采样比提升。强化舆情研究和应急处置，完成重大活动和重要节会期间信息安全保障和技术服务支撑。深化网络与信息安全责任考核，完成了2014年度省级基础电信企业网络与信息安全责任考核，启动了2015年度考核并组织开展企业自查和专项检查。加强人才队伍建设，组织开展了全省网络信息安全技术培训和第二届甘肃省网络安全攻防大赛。

【应急通信保障】开展应急通信保障工作自查和专项检查，理顺各相关单位应急指挥协调的工作关系，配合完成“十二五”应急通信专项总结评估及“十三五”专项规划需求对接工作。完善内部应急工作机制和流程，建立应急通信指挥平台和装备物资的维保应用工作制度并定期通过实训检查等手段强化运行维护管理。组织开展了多种方式的应急通信保障演练、远程拉练以及信息抽测考核，圆满完成了重要节庆及“兰州马拉松”等重大赛事活动的应急通信保障工作。

【通信建设市场管理】充分利用招投标管理系统，强化招投标工作全过程跟踪管理，配合工信部完成全省通信工程招投标专项检查。坚持每季度开展通信工程质量监督及安全生产专项检查，全面开展城市地下通信管线信息 普查和专项监督检查、通信管线安全隐患清理整顿及“打非治违”专项整治等工作，督促相关企业切实抓好问题整改。

邮　政

【基本情况】2015年全省邮政行业完成业务总量16.3亿元，同比增长20.8%；业务收入完成20亿元，增长22.2%。其中，快递业务量3541万件，增长33.4%，最高日处理快件量首次突破百万件大关；快递业务收入7.3亿元，增长41.7%.

【行业发展环境】推进简政放权，全面落实下放职权要求，将邮政普遍服务“两项审批”及备案工作、快递业务经营许可审批权限全部下放至市州局，优化了审批流程，准入审批和变更时限分别压缩至25个工作日和15个工作日之内；制定邮政行政管理权力清单、责任清单和负面清单，强化事中事后监督，实现执法重心下沉。推进规划编制，基本完成“十三五”规划编制工作。推进政策落地，与省商务厅、工信委联合出台《甘肃省电子商务与快递协同发展试点实施方案》，推动兰州市政府出台《关于加强和改进城市快递运输车辆管理工作的意见》，有效解决制约省会城市快递业发展的车辆“三难”问题。启用“甘肃快递”标识，首批1000辆型号、标识统一的快递三轮车已投入使用，提升甘肃快递的整体形象。推进“交邮融合”，各地交通客运、邮政、快递合作范围进一步拓宽。推进企业改革，推动甘肃省79个县（区）邮政企业全部完成更名挂牌工作，邮政企业的市场主体定位更加明晰。出台支持邮政业发展意见20多个，与相关部门联合执法40余次。

【行政执法】依法开展行政审批、备案管理、经营许可工作，提高邮政、快递服务的能力和水平。全年备案新增邮政营业场所214处，批复撤销普服场所24处、停限办普服业务11处，恢复营业9处，名称变更120处；发放快递许可证32家，办理许可变更307家。注重提升行政执法能力，共举办各类执法培训26期，不断提升执法队伍综合素质和执法的公信力。加大行政执法力度，开展执法检查10527人次，下发普遍服务质量通报82份，责令整改通知书92份，实施行政处罚24起；开展快递市场检查和协调服务9200人次，检查单位4600个，纠正和查处违法违规行为1715起，下发整改通知书769份，实施行政处罚76起。严格依据《政府信息公开条例》，及时、准确、全面、主动地公开邮政营业场所、快递服务网点和行政审批、许可信息，接受社会监督。积极开展全国邮政管理行政执法信息系统试点推广工作，承办全国执法信息系统培训班2次，提出合理化建议47条。2015年，全省在执法系统中共录入检查信息5900条，录入行政执法案件153条，系统试用覆盖率、用户登录率均达到100%。

【普遍服务】完成空白乡镇邮政局所补建任务，全省532处补建局所已全部运营。西部农网改造工程完成

177 处，新建村邮站 1386 个。组织开展邮件投递场所调查、建制村通邮情况调查、邮政普遍服务达标检查、党报党刊投递“回头看”和邮政机要通信监督检查，组织实施无着邮件处置、纪特邮票销售、邮政专用车辆，邮件时限监测、邮政业“扫黄打非”等工作，有效地提升普遍服务质量。

【快递服务】推进快递“下乡”。积极落实王三运书记“实施快递电商共促扶贫”战略的批示精神，联合相关部门在成县召开快递电商融合发展座谈会，复制推广“陇南模式”；积极为农村电商与快递搭建合作平台，推动快递电商融合发展，一批优质土特产品通过快递与电商协同发展平台走出甘肃。推进村邮站建设与快递服务“向下”拓展相结合，引入快递企业参与村邮站建设运营，通过企业自建网点、多品牌共建、代办等形式，提高快递服务网络的覆盖率。完善快递末端投递网络。印发《甘肃省快递服务末端投递网点备案实施意见》，对快递服务末端投递网点备案工作进行规范，全省已备案快递末端网点 260 家；推动快递企业提升终端服务能力，推广第三方配送模式，扶持校企合作、社区物业代办、设立快递自提柜、便利店代投等快递末端配送形式。全省快递营业网点达到 3618 个、营业场所面积达 25 万平方米，末端投递网点 2150 个，重点快递公司全部覆盖到县级城市，乡镇快递企业网点覆盖率达到 31%。加快快递标准化建设。从场所标准化、设施标准化、管理标准化三方面入手，引导快递企业提升“软实力”，努力打造行业新形象。全省已有 500 多家快递网点按照标准化建设要求进行设置和改造。助力快递园区建设，推动快递功能园区步入密集规划阶段。提升快递服务质量。开展快递企业形象和服务质量专项整治，重点解决快件延误、丢损、赔偿难、野蛮分拣、信息泄露等热点问题，受理消费者申诉 4566 件，结案 1176 件，为消费者挽回经济损失 22 万元，全省年度快递服务满意度为 75.1 分。

【安全监管】建立安全生产责任制度，成立安全监管工作领导小组，制定《加强行业安全监管工作实施方案》，与各企业签订安全生产责任书，靠实企业安全主体责任。形成安全管理联动机制，认真贯彻落实九部门意见，多方协调沟通，制定下发实施方案，召开现场协调会议，发挥各方职能作用，形成工作合力，开展寄递渠道信息安全、反恐、禁毒、打假等工作，全省共开展联合检查 27 次，配合公安机关开展检查 18 次，全面提升安全监管水平。推动落实“三个 100%”责任，通过举行媒体通气会、在主要新闻媒体播放宣传片，解读邮件快件实名收寄、验视制度，赢得群众理解和支持。组织开展收寄验视、实名寄递和过机安检专项检查，检查企业 120 多家，发现和纠正违规行为 13 起。争取地方财政资金，推动解决 X 光机安检机配置难题。狠抓重要节点安全监管，顺利完成抗战胜利 70 周年纪念活动、西藏自治区成立 50 周年庆祝活动、丝绸之路（敦煌）国际文化博览会等重要活动、节会及元旦、春节、“两会”、“双十一”服务旺季寄递渠道安全保障工作，全年未发生安全事故和服务热点事件。

【机关建设】深入开展“三严三实”专题教育，按照中央总体要求和工作目标制定专题教育方案，组织学习规定内容，深刻领会“三严三实”的重大意义、丰富内涵和实践要求。举办全省系统领导干部“三严三实”培训班，组织进行集体轮训。以“七一”建党节为契机，组织干部分赴南梁、高台革命纪念馆接受革命教育，强化党员干部的党性锻炼，增强政治敏锐性和鉴别力。狠抓党风廉政建设，全面落实党风廉政建设主体责任和监督责任，认真履行“一岗双责”。制定完善廉政风险防控制度。严格执行中央“八项规定”，抓好信访受理工作。强化基础管理工作，加强新闻宣传和网站建设，提高行业宣传水平。推动校企合作，确定省交通职业技术学院为全省邮政行业人才培养基地，进行快递人员素质培训和职业资格认证，组织 4 次职业技能鉴定考试，培训及鉴定快递业务人员 1240 人。推动开展行业文明创建活动，各市州局联合团市委命名表彰邮政行业“青年文明号”47 家。积极落实“联村联户”、“精准扶贫”工作任务。

（徐洁）

财政 金融

财 政

【财政预算执行情况】2015年，全省一般公共预算收入743.9亿元，完成调整预算的100.6%，同比增长10.6%。其中：省级一般公共预算收入221.7亿元，完成调整预算的100.4%，增长12.8%。全省收入主要项目情况为：税收收入529.8亿元，完成调整预算的96.7%，增长8.1%；非税收入214.1亿元，完成调整预算的112%，增长17.4%。全省一般公共预算支出2958.3亿元，完成调整预算的96.2%，增长16.4%。其中：省级一般公共预算支出695.4亿元，完成调整预算的92.1%，增长17.8%。全省政府性基金预算收入353亿元，支出352.1亿元，其中省级政府性基金预算收入122.4亿元，完成调整预算的105.6%，增长3.4%；支出88.8亿元，完成预算的86%，增长17.1%。全省国有资本经营预算收入10.1亿元，支出3.4亿元；其中省级国有资本经营预算收入9.5亿元，支出2.8亿元。全省社会保险基金收入582.6亿元，支出532亿元。其中省级社会保险基金收入178.4亿元，支出164.5亿元。

【深化财税体制改革】按照中央和省委部署，深入推进财税体制改革，先后出台60多项制度办法，不断推进各项财政改革。一是改进预算管理制度。政府预算体系不断完善，政府性基金预算、国有资本经营预算调入一般公共预算比例明显提高。建立跨年度预算平衡机制，积极推进中期财政规划管理。规范政府举债行为，实行债务限额管理。建立专项资金管理清单，省级财政支持经济社会发展的专项由227项压减到103项。盘活财政存量资金，省级清理收回26亿元，统筹用于扶贫、科技、教育等重点方面。省、市、县全面公开了政府预决算、部门预决算及“三公”经费预决算；全省“三公”经费支出比上年下降23.6%。政府综合财务报告试编试点范围扩大到14个市州本级、40个县区。省级18个部门购买政府公共服务项目32项。强化财政监督检查和绩效评价，进一步加大重点政策、重点项目和民生资金落实情况的监督检查力度。二是完善税收制度。严格落实结构性减税和普遍性降费政策，减轻企业税费负担140亿元以上。三是建立事权与支出责任相适应的制度。明确省、市、县三级政府的保障责任，强化市级财政对省直管县财政的业务指导和监管职能。四是深化行政审批制度改革。积极推行简政放权，取消审批事项1项、下放1项、保留4项；梳理确定行政执法职权5项，确定权责事项37项，列入权力责任清单并向社会公开。审批期限由原来的20-30工作日缩短至5-14个工作日。

【保障改善民生】2015年，全省农业、教育、文化、社会保障、医疗卫生、交通运输、住房保障等10类民生支出2366亿元，比上年增长22.6%，占总支出的80%。省级下达资金419亿元，支持完成“十大惠民工程”27件为民办实事事项。教育方面，投入47.25亿元，实施全面改薄工程，义务教育基本办学条件得到根本改善；省财政投入12.96亿元，在58个集中连片特困县区和“两市一县”行政村建设幼儿园2011所；完善学前教育经费投入机制，生均公用经费标准为城市1400元/生/年，农村1200元/生/年；省财政投入13.73亿元，为184万人农村中小学生提供了免费营养餐；安排4.13亿元，支持18所高职和中职学校基础能力建设。积极支持科技文化事业发展，设立20亿元的兰白科技创新改革试验区技术创新驱动基金；补助各级博物馆、纪念馆、三馆一站、大型体育场馆免费开放资金3.09亿元；省级安排文化产业专项资金2亿元。各类社会保障标准普遍提高，城市、农村低保标准分别提高10%、11%，城乡居民养老保险月人均补助标准提高20元，城乡居民医疗保险财政补助由年人均320元提高到380元，企业退休人员养老金标准提高10%。机关事业单位在职和离退休人员调资政策落实到位。

【精准扶贫】全力支持脱贫攻坚“一号工程”。加大投入力度，整合涉农资金，以“六大突破”为平台，统筹整合20个部门管理的项目资金440亿元，切块下达到县，集中用于贫困地区精准脱贫，增强了县级政府统筹使用资金的主导权。实施精准扶贫专项贷款工程。与银行联手为全省建档立卡贫困人口量身定做“精准扶贫专项贷款”，财政和银行按照7:3的比例出资设立10亿元风险补偿基金，撬动银行贷款。截止2015年底，已发放到户213亿元，惠及47万户、200万贫困人口，户均4.5万元。持续推进“双联”行动。坚持把“双联”作为践行宗旨意识密切联系群众的重要纽带和桥梁，常抓不懈。全厅345名干部先后分期分批进村入户176批次、8940天，蹲点开展工作，制定帮扶计划、培育增收项目、提供致富技能，解决实际困难。协调实施了一批村社道路硬化、人畜饮水工程、村级活动场所等民生项目，联系村面貌发生了重大变化，人均纯收入增幅超过20%，15个村中有7个村实现整体脱贫。

【中央支持】中央对全省各类补助达到1957亿元，比上年增加149亿元。争取地方政府债券482.7亿元，增加369.7亿元。中央财政在易地扶贫搬迁、城市地下综合管廊建设、小微企业创业创新和国外贷赠款项目等方面给予了大力支持。

【财政支撑】充分发挥财政资金杠杆作用，撬动社会资金，有力支持经济社会发展。支持重点项目建设。累计拨付资金362亿元，支持铁路、公路、水利等基础设施建设；拨付兰州新区职教园区启动和建设资金4.9亿元，保障职教园区建设顺利推进。支持创新驱动战略。设立20亿元兰白试验区技术创新驱动基金，通过风险补偿、参股投资、股权激励等方式，撬动社会资本投入兰白试验区建设；筹资3亿元，设立战略性新兴产业创业投资引导基金，预计带动社会投资12亿元。推广运用政府和社会资本合作（PPP）模式。先后两次向社会推介重大项目220个，总投资4510亿元，拟吸引社会投资2142亿元。兰州轨道交通二号线一期工程等4个项目入选财政部第二批示范项目名单，通过率达到44%，西北第一，全国第九。

【财政监督】完善嵌入业务流程的监督机制，优化监督职能，拓展监督范围，提升监督成效。一是推进预算同步监督机制，实施预算编制全覆盖、全流程监督。制定《2016年部门预算编制审核要点》，按照部门预算“二上二下”程序实施全流程、部门全覆盖审核监督，对新增项目未评审、测算不严格、依据不充分，项目名称不规范、编制内容不细等问题提出意见建议，确保预算编制更加规范合理。二是强化预算执行全过程控制。严格落实资金分配和项目安排厅长办公会议研究制度，督促业务处室做好资金分配前的评审工作，全程监督相关处室项目评审，保证评审结果公开、公平、公正。对2015年省级部门申报的所有项目支出绩效目标进行了全覆盖审核监督。

国家税务

【税收收入情况】2015年，全省完成税收收入676.31亿元，比上年增长14.48%，收入增幅位居全国国税系统第5位，西部12省、丝绸之路经济带9省、西北5省第1位，首次突破600亿元关口。全年税收收入运行主要呈现四大特点：一是税收快于经济增长，收入呈现季度均衡。一、二、三、四季度分别累计完成全年计划的26.81%、56.21%、80.38%、103.25%。二是各级收入全部增长。完成中央级收入554.68亿元，增长15.73%；完成地方级收入121.63亿元，增长9.1%。三是三产增速高于二产。第二产业完成国税收入490.72亿元，增长13.17%；第三产业完成国税收入185.3亿元，增长18.18%，第三产业增速高于第二产业5.01个百分点。四是主体行业四增两减，新兴产业增长快于传统产业。全年税收增长源于经济支撑、政策拉动和企业带动等三大因素。

【税收法治与政策落实】落实行政审批改革，取消71项非行政许可事项，保留法律规定的7项行政许可事项并将其中4项许可事项下放基层审批。6月1日起，在全省推进“三证合一”，实现了税务登记无纸化，10月1日起与全国同步，对新设立企业全面实行了“一照一码”登记制度，工商部门共向国税部门传递“一照一码”登记企业5349户。全年全省国税系统共办理各类减免（退）税98.53亿元。其中，减免增值税28.46亿元，消费税39.70亿元，所得税20.78亿元，车购税3.39亿元，出口货物退（免）税6.20亿元。全年共为小微企业及个体工商户免征增值税7.83亿元，为小微企业减免企业所得税2357.82万元。做好营改增扩围，全省试点纳税人达到39301户，年内共新增试点纳税人15680户，累计实现改征增值税48亿元，整体减税9.2亿元，总体减税面达到97%。落实国家3次提高成品油、1次提高卷烟消费税税率和开征电池、涂料消费税政策，共增加税收58.82亿元。扩大农产品试点核定范围，全省增值税进项税额核定扣除行业达到14个；主动将全省白酒消费税最低计税价格降低5%。

【纳税服务】全面推行税务行政审批事项“统一受理、内部流转、窗口出件、限时办结”审批流程，在50个办税服务厅国地税互设窗口、互派工作人员。开通网上办税服务厅和手机APP报税等功能，协调邮政部门在13个市（州）、57个县（市、区）、159个网点开展税款委托代征和代开发票业务。纳税人满意度与2014年得分相比增加9.09分，排名比2014进步16位。推出“税银通”等服务品牌，先后与15家商业银行联合签订了税银合作框架协议，各银行推出13个金融产品，为全省8381户企业发放贷款285.47亿元（其中信用贷款16.62亿元，基于信用的其他贷款268.85亿元）。深化国地税合作，全省国地税联合办理税务登记57802户，定期交换数据2亿余条，代征地税收入1.66亿元。。

【税收征管】开展专项检查和专项整治，入库税收收入10.94亿元，调减增值税留抵税金242万元，调减企业申报亏损额8964万元，省局成立风控中心，使用25个指标对21个税收风险项目进行分析，识别出风险纳税人160358户次。全系统累计推送实施风险应对的纳税人31072户，已采取应对措施31010户；通过风险应对查补入库各类税款86215万元，调减增值税留抵金额7738万元，弥补企业所得税亏损73023万元。各项征管措施累计增税31.78亿元。

【税收管理】大企业税收服务与管理：加强大企业管理，开展税务审计和风险管理补税1.38亿元；自主研发上线大企业税收管理服务平台。组织实施4户总局定点联系企业和2户省局列名大企业的全流程税收风险管理，补征税款4500万元，形成了银行、电力等6个行业和关联交易、股权转让等4个事项的风险管理指引。组织召开全省大企业税企高层恳谈会，现场解决72条企业涉税诉求。

国际税收管理：落实“一带一路”税收协定，对8户非居民企业办理了10次非居民享受税收协定待遇相关手续，减免税额402.89万元。

税务稽查：开展专项检查和专项整治，入库税收收入10.94亿元，调减增值税留抵税金242万元，调减企业申报亏损额8964万元，向公安机关移送涉嫌犯罪案件42起。严厉打击发票违法犯罪活动，查处发票违法案件640起，查处违法发票12万份，捣毁假发票窝点2个。落实“黑名单”制度，与省内20个成员单位联合开展“黑名单”惩诫，公布曝光涉税违法案件93起（次）。

电子税务管理：2015年10月8日，金税三期在全省顺利上线单轨运行。

【执法督察与内部审计】全年共开展了4次对下实地督查，将全省国税确定的10个方面、68项具体工作挂单管理、全程督导。2015年共下发督查督办通知104件，涉及170个事项。

【纪检监察】制定党组落实党风廉政建设主体责任和纪检监察部门落实监督责任两个实施细则，分解任务清单24类共59项。成立税收执法和廉政风险防控中心，对涉及税收执法和违反中央八项规定、财经纪律、工作纪律的38起案件进行了立案查处，给予党纪政纪处分72人，组织处理96人次，移送司法机关11人。对6名市局班子成员、20名县局班子成员、28名分局长分别给予党纪政纪处分。对24名纪检监察干部因监督不力进行了责任追究。开展明察暗访正风肃纪，对69个县区局开展明察暗访26次，发现中央八项规定精神落实、工作纪律、纳税服务等方面的问题191个，涉及责任人260人，分别给予通报批评153人次，经济惩戒51人次、绩效扣分56人次。对定西、陇南、平凉、庆阳开展巡视，发现各类问题324个。对发现的54个普遍性问题在全省范围下发通报，要求整改落实。

【税收宣传】《甘肃探索“税银合作”为小微企业融资开新路》刊登在新华社《内参选编》第1期，甘肃国税支持小微企业发展的做法和推动国地税合作的做法被新华社《国内动态清样》综合稿件采用。有23篇新闻稿被新华社、人民日报社、《经济日报》和《中央电视台》报道。

地方税务

【税收收入情况】2015年，全省地税系统共组织地方税收508.16亿元，比上年增长10.1%（剔除2014年“营改增”因素形成的2.5亿元收入基数，同口径增长10.7%）；比全国税收5.0%的增幅高5.1个百分点，比全国地税6.9%的增幅高3.2个百分点，增幅分别居全国地税和西部省份地税系统第9位、第2位。社会保险费收入292.13亿元，增长5.9%；其它收入19.66亿元。税收收入特点：一是全年税收波动上行，增幅换挡调速“含金量”更高。2015年每增加1个百分点分别相当于2005年、2010年和2014年增长7.5、1.7、1.2个百分点，地方税收增长的“含金量”比过去更高。二是地方税收占比提高，调控聚财职能得到充分发挥。2015年地方税收占生产总值的比重达7%以上，比2014年提高0.5个百分点以上；地方税收占大口径财政收入的36.7%，地方级税收占公共财政预算收入的59.3%，均与2014年持平，分别比“十一五”末提高8.9和8.7个百分点，地税部门支持地方经济建设、服务转型跨越发展的能力进一步提升。三是发展新动力加速，第三产业支撑地方税收稳定增长。第二、三产业分别入库地方税收246.59亿元、261.57亿元，分别增长6.5%、13.7%，对地方税收增收贡献率为32.4%、67.6%；产业结构比由2014年的50.2∶49.8调整为2015年的48.5∶51.2。四是公有制和非公有制经济税收普遍增长，凸显发展成效与政策实惠。公有制和非公有制经济分别入库地方税收239.18亿元、268.98亿元，分别增长8.8%、11.3%，对地方税收增收贡献率为41.6%、58.4%。五是各级次增长不均衡，中央级和省级税收高速增长。中央级和地方级税收分别入库67.24亿元、440.92亿元，分别增长19.9%、8.8%。地方级税收中，省级税收入库135.74亿元，增长18.6%；市级税收入库114.57亿元，下降5.8%；县级税收入库190.61亿元，增长12.5%。六是主体税种较快增长，拉动力依然强劲。营业税、企业所得税、个人所得税、城市维护建设税和教育费附加五项地税主体税种入库395.46亿元，占地方税收总量的77.8%，增长11.8%，对地方税收的增收贡献率为89.3%；资源税、房产税等小税种入库112.71亿元，增长4.6%。八是税收优惠政策发挥积极作用，减负效果明显。初步统计，2015年全省地税系统共为纳税人减免地方税收32.88亿元，相当于全省地方税收总量的6.5%，其中减免小微企业和个体工商户税收4.52亿元。

【税收法治与政策落实】强化依法治税，加强执法证件及法制管理，完成税收等优惠政策清理。推进税务行政审批改革，完成权责清单编制。开展法治税务示范基地建设。做好政策执行情况反馈，共向税务总局上报《税收政策执行情况反馈意见》2篇、《税收政策执行情况专题报告》1篇。探索税收执法案卷评查工作。落实小微企业税收优惠政策，2015年全省享受小型微利企业优惠政策企业4595户，实际受惠面100%。全年减免小微企业所得税1962.48万元，户均减免0.42万元；与上年同期相比减免税额增加505.56万元，上升34.7%；户均减免税提高0.01万元。扎实做好“营改增”扩围准备工作。

【税种管理】规范营业税管理，加强委托代征，夯实城建税征管基础。强化企业所得税、个人所得税、财产行为税管理，做好煤炭、原油资源税改革。加强土地增值税清算，土地增值税预征入库1.51亿元，清算入库1.19亿元。全面开展以地控税、以税节地工作，加强存量房交易、契税、城镇土地使用税、耕地占用税日常管理。完善应用房地产评估技术，做好车船税管理子系统上线工作。

【纳税服务】深入开展“便民办税春风行动”。做好涉税事项前移，加大“12366”纳税服务热线宣传力度。开展纳税信用等级评定。全面推开同城通办试点。继续深化国地税合作。发布诚信纳税“红黑榜”。推广网上纳税服务平台。纳税人满意度进一步提升，2015年甘肃地税系统在全国34个省级地税部门中纳税人的满意度较2014年提升6名。

【税收征管】落实国地税协作工作，顺利完成金税三期工程（优化版）上线，扎实做好“三证合一、一照一码”登记制度改革，2015年全省地税系统纳入金税三期工程系统新增“一照一码”户数 3938 户，占总户数 33.79%。扎实开展漏征漏管户清查工作，全面做好财税库银横向联网（优化版）上线和《全国税收征管规范》落实推广工作。

【税收管理】推进分集团税收风险管理，组织开展 6 户国家税务总局定点联系企业和 2 户省属企业税收风险管理专项工作，共查补税款 1884.77 万元。夯实大企业税收管理，深入开展税务风险内控调查测试，推进运用大数据加强大企业税收服务与监管试点，完成大企业税收快报报送分析。

国际税收管理：深化非居民税收风险管理，加强“走出去”企业税收服务与管理。大力开展税收协定及“一带一路”政策宣传。积极组织外商投资企业网上联合年检工作。

税务稽查：开展区域税收专项整治，深入打击发票违法犯罪活动，强化举报案件受理和查处，推行税收“黑名单”制度和案件曝光工作，开展稽查优秀案卷评审。

电子税务管理：完成金税三期工程优化版上线工作，做好科技支撑保障。强化数据资源管理，完善纳税服务平台建设。深化数据监控分析平台应用，推进“甘肃地税 IT 运维监控管理平台”项目建设，加强基础设施建设及信息安全保障。

【政务管理】编报信息 108 期、3484 条，被省委、省政府和国家税务总局采用 29 条、被国务院办公厅采用 4 条，1 条得到国务院领导批示。规范信访工作，收到信访信件 7 起，办结 7 起；受理群众来访 1 起，妥善处置涉税舆情 6 起。提升办文办会质量，强化档案信息化建设，加强保密、网站、机关制度建设和应急值守工作。

【财务管理】加强基建项目和资产处置管理，严格项目审批程序。强化预算管理，严格控制“三公经费”。认真编制2016-2018年财政收支规划，清理盘活全省地税系统存量资金。严格执行政府采购制度，按照政府采购目录，公开招标采购省局机关计算机、金税三期项目工程硬件、软件等项目。

【执法督察与内部审计】完善督察内审工作机制，扎实开展税收执法督察。严肃履行领导干部经济责任审计、系统内财务审计，继续开展跟踪督察和后续审计工作。

【纪检监察】强化纪检监察队伍建设及干部作风建设、预防职务犯罪工作。坚决落实主体责任和监督责任，2015 年共受理举报案件 85 起。省局纪检组直接办理 8 起，办结 7 起，函询 5 件，查处 2 起，约谈 1 起。

（徐明霞）

中国人民银行兰州中心支行

【货币信贷】制定印发《关于贯彻落实信贷政策，着力促进新常态下实体经济提质增效的指导意见》，督促金融机构盘活存量、优化增量，把握好信贷投向和节奏，实现信贷供给和实体经济需求相匹配。先后 5 次下调存款准备金率，增加全省金融机构可用资金约 508 亿元；发放支农再贷款 265.68 亿元、支小再贷款 35.75 亿元，办理再贴现 127.53 亿元，三项累计比上年多投放 77.5 亿元；进一步完善合意贷款管理，全省地方法人金融机构新增贷款 1156.68 亿元，比上年多增 97.57 亿元，有效满足甘肃发展的合理信贷资金需求。至 2015 年末，全省各项贷款余额 1.37 万亿元，增长 23.93%，全年新增贷款 2651.11 亿元，增速持续保持在全国前列，增量创历史新高。

突出信贷支持重点。建立金融支持战略性新兴产业骨干企业监测制度，推动金融机构加大对事关全局、带动性强的重点基础设施建设、丝绸之路经济带、战略性新兴产业、新型城镇化、现代服务业等重点领域的支持力度。至年末，全省战略性新兴产业贷款余额 691.5 亿元，当年新增 212 亿元；其中战略性新兴产业骨干企业贷款余额 53 亿元，年增 34.47 亿元。大力推广新型农业经营主体主办行制度至全省县域，督促涉农金融机构持续创新农村金融服务，农村“两权”抵押贷款试点工作已获全国人大授权实施。至年末，全省涉农贷款余额达 5275.35 亿元，比上年增长 27.37%，全年新增 1152.29 亿元。联合制定股权、商标权、专利权质押贷款办法，引导金融机构开发适合全省小微企业融资需求特点的新型融资模式 20 多种，有力推动了小微企业贷款持续稳定增长。年末全省小微企业贷款余额达到 2923.79 亿元，增长 21.55%。

【金融扶贫攻坚】认真贯彻中央关于打赢脱贫攻坚战的决定和省委省政府关于扎实推进精准扶贫工作的意见，组织开展了“金融扶贫攻坚行动”，制定印发《中国人民银行兰州中心支行关于进一步做好金融精准扶贫工作的通知》，明确“信贷投向精准、金融服务精准、政策工具精准、信用培育精准”的工作要求，积极推广“金融扶贫示范县”工作经验，认真履行六盘山片区金融扶贫联动协调机制牵头行职责，健全跨省金融扶贫联动协调机制，配合省扶贫、财政部门共同印发《关于扎实推进精准扶贫专项贷款工程的通知》，督促金融机构加大对建档立卡贫困户的扶贫小额信贷发放力度，全面提升了金融扶贫精准度和普惠面。至年末，农业银行甘肃省分行、甘肃银行、兰州银行和省农村信用社联合社已向 46 万贫困户发放精准扶贫贷款 228.1 亿元，58 个贫困县各项贷款余额达 3312.3 亿元，增长 28.11%，全年新增 723.31 亿元，实现了“两个高于”的目标。

【利率市场化改革】指导金融机构认真贯彻落实利率调整政策，积极推动建立甘肃省市场利率定价自律机制，制定《甘肃省市场利率定价自律机制工作制度》，稳步推进全省法人金融机构做好存贷款利率定价水平和定价系统建设，加强利率监测管理，有效维护了公平有序的市场竞争秩序。1-12 月，全省人民币贷款加权平均利率为 6.1%，比上一年度下降 1.02 个百分点，实体经济融资成本进一步降低。帮助地方法人金融机构制定存款定价模板和管理办法，推动全省地方法人金融机构定价信息系统建设，提升存贷款利率定价水平，地方法人金融机构存款利率上浮幅度基本保持在40%之内。督促法人金融机构参与合格审慎评估申报，甘肃银行、兰州银行等6家机构被自律机制吸收为基础成员，累计发行同业存单126.9亿元。

【企业融资】切实加强与地方政府、金融机构和企业的沟通联系，及时调研、了解拟发债企业的困难和问题，向交易商协会反馈情况，推动企业债券顺利发行。全年全省通过交易商协会累计发行债券418亿元，发债规模与上年基本持平，甘肃银行成功发行二级资本债券32亿元。创新开展跨境人民币业务定向宣传推介，组织"一对一"宣传培训40次。1–12月，全省跨境人民币收付金额393.77亿元，增长26.14%，占本外币跨境收支的44.56%，比上年提高26.14个百分点，辖内11家金融机构的96个分支机构为127户企业办理了跨境人民币业务，参与金融机构和企业数量稳步增长。

【金融改革】着力推动存款保险制度在甘肃落地实施，成立了存款保险制度领导小组，组织召开了全省存款保险工作电视电话会议和相关省级部门座谈通气会，加强了流动性监测和舆情监测引导，完善了风险应急预案，顺利完成了全省106家法人存款类金融机构投保手续办理和保费核算工作，筑牢了区域金融安全网。积极督促国家开发银行、农业发展银行甘肃省分行加快落实改革方案，加强对农业银行"三农金融事业部"改革情况的监测，甘肃省"三农金融事业部"达标率在全国前期19个试点省份中排名第5。跟踪督促大型商业银行、邮政储蓄银行、资产管理公司分支机构改革情况，对全省7家农村商业银行改制后风险防控情况进行了专项调研，金融机构改革进程不断深入，金融服务水平和市场竞争力进一步提升。

【金融监管】风险防范能力不断增强。全面强化了对法人金融机构、大型有问题企业和"两高一剩"等行业信贷风险的监测力度，对17家农村合作金融机构进行了压力测试，提早掌握了金融机构和重点领域潜在风险状况，风险监测关口进一步前移。对27家银行业机构开展了负债管理现场评估，促进了辖内银行业负债管理体系的不断健全，评估工作在总行召开的评估工作会上进行了专题交流。深入开展农村法人金融机构稳健性和银行业机构负债管理现场评估，推动金融机构提升风险管控水平。认真履行打击和处置非法集资领导小组成员职责，配合省政府排查了部分地区投资公司、小贷公司和农村专业合作社非法集资风险，遏制了非法集资蔓延势头。组织开展了省、市、县三级人民银行联动应对突发风险演练活动，进一步优化了金融风险应急机制，提升了金融风险处置能力，得到人民银行总行潘功胜副行长和郝远副省长的肯定性批示。

金融管理成效逐步显现。修订了甘肃省金融机构重大事项报告制度，全年共接收各类重大事项报告915项，受理加入人民银行金融管理与服务体系申请138项。对国家开发银行甘肃省分行、建设银行甘肃省分行、招商银行兰州分行、中信银行兰州分行、甘肃银行等5家金融机构开展了现场检查，完成了辖内63家金融机构的年度综合评价，对105个金融机构分支行开展了综合执法检查，对30家金融机构及工商企业开展了专项执法检查，对违法违规金融机构依法给予行政处罚113.66万元，金融机构依法合规经营意识进一步强化。

依法行政水平显著提高。紧密结合履职新形势和新要求，认真梳理各项制度规定，制定印发了《中国人民银行兰州中心支行行政执法信息公示工作规程》，切实推进党务、行务、政务公开，保障重大事项及时公开，增强人民银行履职公信力。全面梳理权力清单，杜绝清单之外的行政行为，开展了行政审批制度改革和涉企收费项目自查工作，不断提高依法行政工作制度化、标准化、规范化水平。认真开展了学法用法活动，营造了"崇尚法治、践行法治"的工作氛围，"六五"普法工作得到人民银行总行检查组的充分肯定。

金融消费权益保护切实加强。组织召开全省金融消费权益保护工作座谈会，切实加强了与金融监管部门、政府相关部门、司法机关的沟通协调，推动金融消费权益保护信息管理系统在全省成功上线运行，组织开展了以"权利·责任·风险"为主题的2015年金融消费者权益保护日宣传活动，公众金融法制意识和风险防范意识切实提升。充分发挥"12363"金融消费权益保护咨询投诉电话作用，全年共受理金融消费者咨询1600余件，受理投诉213件，办结210件，切实维护了金融消费者合法权益。

反洗钱监管效能不断提升。全面落实防范风险为本的监管理念，对辖区73家金融机构2014年反洗钱工作进行了考核评估，组织开展了全省首次保险业反洗钱知识竞赛，举办了全省人民银行系统反洗钱科室成立以来第一次反洗钱业务培训班，协助总行完成《国家洗钱和恐怖融资风险评估报告（2014）》的起草工作，会同省公、检、法等部门开展打击利用离岸公司和地下钱庄转移赃款专项行动，协助公安部门调查洗钱案件23起，移送可疑交易线索14条，协助破获地下钱庄案件2起，调查可疑账户969户，涉及可疑交易资金300多亿元，反洗钱协查工作得到了省公安厅、安全厅、检察院等部门的书面感谢和表扬。反洗钱处被省禁毒委评为"2012–2014年度执行禁毒工作责任"先进单位，涉毒洗钱资金监测工作被《金融时报》宣传报道。

【外汇管理】探索构建了符合甘肃特点的主体监测分析指标体系和资本项目分类监管指标体系，进一步简化和改进了直接投资外汇管理方式，加强了对银行办理直接投资登记业务的考核，取消了保险分支机构外汇业务资格审批，顺利完成了保险公司外汇账户清理工作，个人外汇业务监测系统上线工作落实到位，外汇监管效率进一步提高。

支持涉外经济力度不断加大。制定出台了甘肃省跨国公司外汇资金集中运营管理操作规程，推动金川公司申请获批外汇资金集中运营管理业务试点，简化了兰州综合保税区企业外汇业务办理流程，积极争取到1.72亿美元短期外债指标，有效解决了金川集团、酒钢宏兴等重点企业的短期融资需求，支持涉外实体经济水平不断提升。

外汇监测管理机制更加优化。认真完成了总行部署的银行外币现钞数据质量自查工作，对外汇指定银行2015年执行外汇管理政策情况进行了考核，组织开展了全省服务贸易资金流出专项核查、资本项目外汇业务现场核查和“出口不收汇”企业全面现场核查，处理了16家问题严重的涉外企业，进一步规范了涉外机构经营行为。对货物贸易外汇资金流出和远期贸易融资情况进行持续监测分析，督促银行业金融机构持续加强对贸易企业购付汇业务的审核，有效防范了异常外汇资金流动风险。

【金融服务】严格执行金融统计制度,夯实金融统计基础,对建设银行、国家开发银行甘肃省分行、招商银行、中信银行兰州分行、甘肃银行及辖内农村合作银行等6家银行的51家分支机构进行了现场检查，规范了统计操作，确保了数据质量。圆满完成“县域法人金融机构新增存款一定比例用于当地贷款的考核”工作。配合总行完成了现代金融业综合统计系统渠道整合等模块研发。组织开展了甘肃省分区域金融生态环境评估，切实加强了县域经济金融数据库和时间序列库日常管理和系统升级维护。进一步拓宽经济调查内容，完善了商品价格、企业景气、微型企业调查样本库，增强了经济调查反映的灵敏性和时效性。加强对经济发展新常态下的热点及重点问题的监测分析，深入开展涉农贷款及其奖励政策落实情况调研，为有效促进金融机构加大“三农”信贷投放、完善财政金融支农长效机制提供了有力的信息支撑。金融统计工作获得省统计局2015年度部门统计先进工作的表彰。

金融研究水平不断提高。积极参与甘肃省金融业“十三五”规划编撰，围绕金融生态环境建设、金融进准扶贫等特色领域和互联网金融、“一带一路”等热点问题开展调查研究，形成了《金融支持精准扶贫的甘肃模式与创新》等一批有较高参考价值的调研成果。承担的课题《金融资源配置对中国经济增长数量和质量影响的实证研究》获总行2014年度重点研究课题一等奖。成功举办2015第二届中国西北金融高峰论坛，甘肃省金融学会被评为“AAAA”级社会团体。报送信息专报90多篇，其中，国务院领导批示1篇，国办、中办采用2篇，总行和省委省政府领导批示15篇。

支付结算环境进一步改善。积极推广地方特色农村支付结算服务，有效填补了少数民族和偏远地区的金融服务空白，全省农村地区共设立助农取款服务点2.2万个，布放ATM机7983台、POS机12.6万台，较上年分别增长29.9%、34.3%、70.9%。为切实加强非金融支付机构监管，组织召开了全省第三方支付业务监管工作座谈会，明确提出了“加入要报备，退市要报告”的监管要求，举办了支付机构业务知识培训班，推动了全省第三方支付业务健康发展。开展了打击银行卡网上非法买卖专项行动，对216个银行业机构营业网点进行个人账户真实性现场核查，有效净化了银行卡市场环境。顺利完成了ACS综合前置子系统上线工作，积极推动甘肃银行接入了电子商业汇票系统和境内外币支付系统，高效安全完成了同城票据交换任务，积极开展支付系统检查维护，完成系统巡检20次，确保了支付系统安全稳定运行。完成清算账户归并及网银迁移工作，第二代支付系统在甘肃推广工作全面完成。

科技服务保障职能高效履行。高效完成了IP语音系统升级等11个信息化建设项目，积极开展了以“共建网络安全、共享网络文明”为主题的第二届国家网络安全宣传周活动，全面实施了网络安全加固工程，强化了信息安全基线管理，确保了金融城域网的通信畅通和安全高效运行。着力消除金融IC卡应用壁垒，金融IC卡在公交、出租、地铁、公共自行车以及新区城际铁路等公共交通服务领域得到推广应用。大力推动省内金融机构科技成果转化，《ETC高速公路电子缴费项目》等三项成果通过科技成果鉴定并进入国家科技成果库。

货币发行管理不断强化。科学制订发行基金调拨计划，强化发行库券别品种单一化管理，优化发行基金券别结构，保证了旺季现金供应。顺利完成了2015年版第五套人民币100元纸币和普通纪念币发行工作。组织开展了发行库安全管理大检查，严格落实商业银行存取现金预约管理制度，基金调运和各级发行库没有发生任何安全事故。全面推进人民币净化工程，加大了人民币收付和现金管理督查力度，加快了金融机构现金清分能力建设，完成了残损人民币的销毁任务，流通人民币整洁度进一步提升。举办了“红色政权货币展”，充分发挥了钱币博物馆爱国主义教育基地作用。

国库服务效能切实提高。进一步强化国库会计标准化管理，着力推进集中支付电子化系统和“金税三期”系统测试上线工作，切实加大了财税库银横向联网（TIPS）业务推广力度，电子缴税业务量占比达64%。不断加强国债管理，组织发行各类国债11.22亿元。全面拓展了政府专项补助资金直拨资金到户业务覆盖面，全年全省28个国库机构直接拨付农村低保补助12类、112项、84.15万笔，共计资金54.05亿元。积极开展“央行经理国库30周年”宣传活动，全面宣传了人民银行经理国库30年取得的成就，营造了良好的国库工作氛围。国库处荣获“全国巾帼文明岗”和中国人民银行“2011–2014年度先进集体”荣誉称号。

征信管理服务水平显著提升。参与起草了《甘肃省2015年社会信用体系建设重点工作任务》和《甘肃省社会信用体系建设“十三五”规划》，配合省发改委完成了“甘肃省社会信用信息平台”建设工作，构建了“柜台查、网上查、自助查”三位一体的个人信用查询体系，“信用甘肃”建设不断深入。大力推进中小企业和农村信用体系试验区建设，累计帮助5.18万户小微企业、342.16万农户获得银行融资2976.78亿元和1312.95亿元，试验区建设经验在总行“小微企业和农村信用体系试验区建设”培训班上进行了交流。

（陈蓝萍　孟秋敏）

省政府金融办

【基本情况】“十二五”期间，甘肃金融业增加值由116亿元增加到443亿元，年均增长22.5%，占生产总值的比重由“十一五”末的2.86%增加到6.53%，占第三产业的比重由“十一五”末的7.58%增加到13.26%，已成为甘肃省重要的支柱产业。2015年，全省金融业纳税112亿元，是2010年的5倍，“十二五”期间年均增长38%，成为甘肃省第三大纳税行业。

存款余额从“十一五”末的7147亿元增加到“十二五”末的16300亿元，年均增长18%；2015年末存款余额占全国的1.17%，存款增速居全国第4位，西北五省区第1位。贷款余额由4577亿元增加到13729亿元，年均增长24.5%；2015年末贷款余额占全国的1.38%，贷款增速居全国第2位，西北五省区第1位。2015年新增贷款2651亿元，较上年多增420亿元，存贷比84.23%，比“十一五”末的64.03%提高了20个百分点，超出全国13个百分点，当年增量存贷比达到113.8%。2015年末，全省中长期贷款余额8015亿元，增长24.2%；涉农贷款余额5275亿元，当年新增1152亿元，增长27.37%，高出全省各项贷款增速3.44个百分点；非公经济贷款余额2945亿元，增长66.43%；战略性新兴产业贷款余额达到692元，增长42.6%。2015年，全省人民币贷款加权平均利率为6.1%，比上年降低1.02个百分点。

“十二五”期间，全省直接融资额2786亿元，是“十一五”574亿元的4.8倍；共有6家企业在境内外股票市场上市，17家企业在新三板挂牌；2148家企业在新设的甘肃股权交易中心挂牌，融资额达426.55亿元。全省企业实现直接融资605亿元，其中债券融资449亿元，股票融资123亿元，新三板融资取得突破，实现3.6亿元，区域性股权市场融资29亿元。读者传媒、众兴菌业和庄园牧场分别在沪深港三地首发上市。14家企业成功挂牌“新三板”，挂牌企业总数达到17家，有9户企业实现融资。

“十二五”累计实现保费收入由485亿元增加到945亿元，年均增长11.9%。“十二五”保费累计赔付支出由137亿元增加到331亿元，是“十一五”时期的2.4倍，年均增长24.3%，累计为全社会提供了28.8万亿元的风险保障。同时，累计引进170亿元保险资金支持重大项目建设，实现了保险资金从零散投入到规模投入的根本性转变。2015年，甘肃省保险业实现保费收入256.9亿元，同比增长23.24%；赔付支出93亿元，同比增长9.87%。全省保险密度达到988元/人，较“十一五”末提高416元/人，保险深度达到3.78%，高于全国0.19个百分点。全省农业保险已开办10个中央财政补贴险种和3个省级财政补贴险种，农险发展规模位居西北五省第二，2015年共向51.4万受灾农户支付赔款5亿元，同比增长34.7%。

【金融政策支持】“十二五”时期，甘肃省陆续出台一系列政策措施。在支持金融业发展方面，出台《加快金融业发展的意见》、《省长金融奖奖励办法》、《加快多层次资本市场发展的指导意见》、《促进区域性股权交易市场建设发展的若干意见》《关于加快现代保险服务业的实施意见》等重大政策。在金融支持经济发展方面，制定《甘肃省普惠金融发展规划》、《着力缓解企业融资成本高问题的实施意见》、《进一步加强小微企业融资服务的意见》、《加快推进农村金融创新发展的意见》、《进一步加强农村金融服务的意见》、《甘肃省农村土地承包经营权抵押贷款管理办法》等意见措施。同时，各市州、各有关部门也相应制定出台一系列实施意见和保障措施。形成一套上下衔接、全领域覆盖、多角度切入的经济金融互促共荣的政策支持体系。

【服务体系建设】“十二五”时期，先后与包括四大国有商业银行在内的8家全国性金融机构签订战略合作协议，引进浙商、光大、兴业、民生4家银行业机构入驻甘肃；甘肃银行成立4年资产规模超过2000亿元；省农信社加快改革创新步伐，组建了目前省内规模最大、实力最强的农村商业银行——兰州农商行；同光大集团合作成功实施甘肃信托重组；组建甘肃股权交易中心，健全完善我省多层次资本市场体系；华龙证券完成股份制改造并成功登陆“新三板”，基本形成了以银行、证券、保险机构为主体，以信托、租赁、财务、资产管理和新型农村金融机构等为补充的金融服务体系。

【金融扶贫】“十二五”时期，积极引导金融机构下沉服务，实现金融机构经营网点乡镇全覆盖、金融便民服务点覆盖80%的行政村、政策性担保公司贫困县全覆盖、融资性担保公司县域全覆盖、扶贫资金互助组织贫困村全覆盖；先后推出“双联惠农贷款”、“妇女小额担保贷款”、“双业贷款”、“精准扶贫小额信用贷款”等支农金融产品，为全省深入推进脱贫攻坚提供融资保障，“金融扶贫”已经成为全省脱贫攻坚的骨干力量和社会关注、群众认可的“扶贫品牌”。目前已建成金融便民服务点2.4万个，覆盖80%的行政村，已建立农户信用档案409.6万户，农户已经享受到“存、取、汇、转”等基本金融服务。2015年，制定出台《金融支持扶贫开发工作的实施意见》，指导各银行机构积极参与全省精准扶贫精准脱贫工作。发挥开放性、政策性金融的扶贫作用，在农村危房改造、易地扶贫搬迁、新农村建设等方面创新推出金融扶贫的新模式，有效助推全省脱贫攻坚进程。截止2015年末，省农行、省农信社、甘肃银行、兰州银行4家承担“精准扶贫专项贷款”的银行，为46万建档立卡贫困户发放精准扶贫专项贷款228亿元。全省贫困地区的贷款余额达到3312亿元，增长28.1%，占全省各项贷款余额的24%。

【金融支持“双创”】引导各金融机构以小微企业金融需求为出发点，开发适合小微企业的信贷产品，全力支持“大众创业、万众创新”行动。开发推出以建行的“税易贷”、农行的“四融平台”、浦发银行的“浦发点贷”、兰州银行的“e融e贷”、甘肃银行的“税 e 融”等为代表的众多金融服务小微企业新模式；设立小微企业互助贷款风险补偿担保基金，构建了金融支持小微企业新机制。2015年，有 15 家金融机构同省国税局签署协议，积极推动“银税互动”业务，先后推出“税易贷”、“银税通”、“税贷通”、“小企业简式快速贷款”等 16 个产品以及其他增值金融服务，为纳税信用良好的小微企业提供优惠便捷的信贷服务，其中“税易贷”得到国务院督导组的充分肯定。兰州市城关区率先开展“政府＋银行＋保险”的风险担保补偿试点。甘肃银行、交行甘肃省分行设立科技支行，创新推出“知识产权质押贷款”试点。交行甘肃省分行联合甘肃股权交易中心创新推出“挂牌贷”业务，为高成长性中小企业提供便捷的融资支持。2015年末，全省小微企业贷款余额 2924 亿元，增长 28.06%，全年新增贷款达到 555 亿元，小微企业当年申请贷款获得率为 81.83%。各银行机构已累计对 6.53 万户小微企业给予融资授信，其中有 5.43 万户累计获得融资 3134.7 亿元。

【金融人才培养】近年来，从中央和全国各大金融机构先后引进 181 名优秀金融人才来甘挂职，实现县区全覆盖。挂职干部宣讲现代金融知识、传播先进金融理念，在全省上下推动形成了重视金融、学习金融、运用金融的浓厚氛围，改善了金融发展环境。2015 年，继续深入实施全省金融后备人才培养项目，分别在西南财经大学、英国东伦敦大学、中国浦东干部学院、深圳证券交易所等地举办 7 期金融专题培训班，对分管副市（州）长、金融办工作人员、省属金融机构高管、地方金融机构后备人才、战略性新兴产业骨干企业、后备企业资源库重点企业负责人进行系统培训；举办省内重点企业直接融资培训班、地方政府直接融资培训班、新三板操作实务培训班，全年共计培训人员 1000 余名。

【金融风险防控】全省各级政府成立打击和处置非法集资领导小组，制定防控预案，明确部门职责，形成金融维稳合力。2015 年，省打击和处置非法集资领导小组出台全国省级层面第一个《投资类企业管理暂行办法》《甘肃省交易场所监督管理办法（试行）》和《甘肃省小额贷款公司管理办法》，制定下发《甘肃省防范和处置非法集资工作方案》和《甘肃省处置非法集资突发事件应急预案》，进一步强化部门协作和责任分工，构建常态化的处置非法集资工作机制。成功处置集中爆发的投资咨询类公司非法集资案件；组织开展全省防范和打击非法集资宣传月等活动，“泛亚”、“e 租宝”等案件的协同查处、信访接待、舆情管控和维护稳定等工作有序开展，全年没有发生重大群体性事件和个人极端事件，确保全省金融安全和社会稳定。

（解小强）

甘肃保监局

【保险业基本情况】2015 年，全省保险业累计实现原保险保费收入 256.89 亿元，比上年增长 23.24%。其中，财产险保费收入 97.31 亿元，增长 13.93%；人身保险保费收入 159.58 亿元，增长 29.71%。

【保险市场发展】各公司业务均实现平稳较快发展。全省保险业保费收入增速创五年来新高，其中产险公司保费收入 97.31 亿元，同比增长 13.93%，人身险公司保费收入 159.58 亿元，增长 29.71%。结构调整进一步深化。受大病保险带动，全年全省健康险业务呈现高增长态势。全年健康险累计实现保费收入 25.96 亿元，同比增长 65.79%。健康险保费在全省保费收入中的占比从“十一五”末的 4% 提高到 10.5%。人身险公司进一步回归传统保障型业务，全年普通寿险实现保费收入 61.57 亿元，同比增长 57.98%，在寿险业务中的占比为 46.4%，较“十一五”末提高了 27.4 个百分点。产寿险保费比例达到 38 ∶ 62。保障能力全方位提升。全年全省累计赔付支出 92.75 亿元，同比增长 9.87%。农业保险“扩面、提标、增品”取得成效，农险累计实现保费收入 7.7 亿元，增长 13.71%。城乡居民大病保险的全省推开切实减轻了城乡居民的大病医疗费用负担，累计赔付 10.08 亿元。

【行业发展】拓宽行业服务领域。一是多档次农业保险产品体系初步形成，积极探索重大自然灾害风险保险体系和农业保险大灾风险分散机制，提高玉米、马铃薯和奶牛 3 个险种保额，使其基本达到直接物化成本和市场价值。中药材产值保险在两个县试点的基础上，新增陇南市宕昌县，试点规模由去年的 8.77 万亩扩大到 15 万亩。发展设施蔬菜、经济林果、烤烟等特色产业保险，加快农业产业保险由“保底”保险向效益保险转变。二是城乡居民大病保险全省推开。参保人员由试点期间的 528.3 万人增加到 2228.98 万人，覆盖全省 86.3% 的人口，筹资总额由 1.6 亿元增加到 6.7 亿元。截止 2015 年 12 月，有 28.16 万群众享受到了大病保险补偿，累计支付补偿金额 10.08 亿元，报销比例提高了 10–15 个百分点。依托大病保险省级统筹管理平台，完善制度方案，提升经办能力，扩大保险保障责任，为居民的无第三方责任人的意外伤害承担报销责任。三是责任保险有效推进。紧紧抓住省政府全面部署责任险发展的政策机遇，分别与民政厅、食药监局等多部门联合发文，按照“一险一策、重点突破、整体推进”的思路，大力加快责任保险发展。校方责任险实现中小学全覆盖，医疗责任险二级以上公立医院覆盖率达到 80%，部分企业强制投保环境污染责任险，推动行业组建食品安全责任险共保体，推进首台套重大技术装备保险政策落地，甘肃承保全国最大一笔保单打造旅行社、游客、旅游接待单位全方位的旅游保险服务链条，推进养老服务机构责任保险发展。

不断优化行业发展环境。地方法人保险机构设立筹备工作启动。省政府成立全省首家地方法人保险机构抽本工作领导小组，甘肃省公航旅集团为主发起企业，标志着全省地方保险法人机构将实现零的突破。协调推动保监会与省政府签署战略合作备忘录。

结合甘肃实际，参考其他省情况，在多方征求意见的基础上，形成甘肃省政府与保监会战略合作备忘录初稿，将择时签署。积极争取各方支持政策。推动省政府及有关部门将扶贫农业保险、农村地区交强险、医责险、环责险、食责险等5个险种纳入到有关地方考核体系中，实现保险渗透度方面的重要突破。向省财政协调争取专项资金400万元，支持在永昌、秦安2县首次开办蔬菜价格保险、苹果种植综合保险。争取省级财政首次补贴450万元支持兰州、平凉2个市开展农房保险试点，定西首次开展农房地震保险。向保监会提议并承办第一次全国藏族地区农险发展联席会议，推动藏族地区农业保险继续走在全国前列。主动沟通省地税局暂缓征收新型保险产品红利个人所得税。协调省政府出台了《甘肃省关于加快发展商业健康保险的实施意见》，在兰州市推动商业健康保险个人所得税税收优惠政策试点。协调将商业保险参与养老服务业的有关政策纳入地方纲领文件。借力省政府加强农村交通安全契机，推进农村"五小"车辆交强险承保工作，构建全省87个县、1357个乡镇交警部门和保险机构"1+1"全面对接服务机制。

助力地方发展。一是助推甘肃精准扶贫。从贫困地区农业保险、扶贫小额贷款保证保险、贫困群众人身意外伤害保险3个层面将保险扶贫纳入到省委省政府精准扶贫"1+17"政策框架，将农业保险对贫困户的覆盖比例纳入县区党政干部考核体系。在天水市秦安县创新开展农村"两保一孤"困难群体保险试点，形成新农合基本医保、城乡居民大病保险、医疗救助之外的有益补充。陇西县开展畜草产业贷款保证保险，通过"政银保"三方合作为贷款户增信，已累计为300余户农户融资贷款近1亿元。农村小额人身保险为66.76万低收入农民提供448.25亿元的风险保障，累计支付保险赔款2536.84万元。积极落实甘肃省委"联村联户、为民富民"行动，筹措资金，帮助扶贫村解决饮水困难，修缮办公用房，投保农房保险，资助贫困学生上学，解决困难户生活难题。二是积极引进险资入甘。制定《甘肃保险业引资入甘工作考评标准》，积极搭建沟通联系平台，量化考评引资工作。建立项目储备库，召开项目投资对接座谈会，实现保险资金投资上下联动、部门联动。2015年，共引进保险资金投资39.8亿元。平安、人保集团分别和甘肃省政府签订了战略合作协议。目前已有11家保险公司赴甘肃对接投资项目，累计投资170.3亿元。三是强化农村保险服务水平。开展农村保险服务体系建设，在56个行政村中设立了便民保险服务点，成立驻村工作室13个，派驻驻村代表188人，辐射周边村镇123个，农户数35.58万户，协助当地村民办理各类保险业务7400余人次，理赔金额828.27万元。

【风险防范】一是全力做好保监会各类专项检查。按照保监会统一安排，研究制订各类专项检查工作方案和巡视督导方案，分阶段加强指挥协调。"两加两遏"检查中开展了一次突击调研，两轮督导，两轮抽查，实现省级保险机构和专业中介机构全覆盖。对两家公司开展"亮剑行动"专项检查。围绕客户信息真实性、规范银保业务销售行为、促进团险、规范赠险等监管新规，对人身保险市场业务合规性和重大业务风险开展了专项检查，对大病保险业务开展了"回头看"检查。对中华联合农业保险开展现场检查。二是不断强化风险防范。防范满期给付风险，通过抓基层机构、重点机构、银邮兼业机构，使风险集中领域隐患排查不留死角。建立日常监测预警机制、风险防范常态化机制、风险应急处置教育培训机制，提升各级机构风险防范意识和风险处置能力。落实好客户信息真实性管理规定、银保新规精神、人身险业务基本服务标准，健全销售管理流程，规范日常经营行为，从源头上防范化解满期给付和退保风险。制定案件风险排查工作指引，开展保险机构案件风险排查督导和案件问责整改情况清理的现场抽查，先后开展7次专项排查、清理工作，成立非法集资风险防范和处置工作领导小组，加强对行业风险防范工作的协调指导和督促检查，提交风险防范的有效性。三是严查重处违法违规行为。制定《甘肃保监局现场检查依法行政实务手册》和《甘肃保监局行政处罚工作手册》，修订行政处罚裁量标准。全年累计派出检查组49个，检查机构49家，处罚案件21件，依法处罚保险机构19家次，处罚责任人20人次，累计罚款105.3万元。吊销保险业务许可证6家次，机构警告1家次，撤销任职资格1人，警告19人次，撤销资格证书4人次。严厉查处保险违法违规行为，对市场起到了震慑作用，为切实维护公平市场竞争秩序，营造良好行业生态提供了保障。

【行业服务】一是健全消保工作制度。制定《甘肃保监局投诉处理工作流程》《甘肃保监局保险违法行为举报处理工作的实施细则》，成立12378分中心，落实投诉举报处理转办督办流程，完善工作考核指标体系，提高处理效率和质量。制定《甘肃省人身保险公司服务质量评价办法》，全面量化考评机构服务质量。督促保险专业中介机构落实基本服务标准。在我局官方网站上开设"保险消费者教育专栏"，定期刊登保险知识，加强消费者教育。二是持续抓好理赔服务。连续6年开展财产险积压未决赔案清理工作。常态化开展车险服务质量现场测评，评选发布2014年度财产险、人身险十大理赔案例，推进理赔透明化监管。开展寿险公司失效保单清理。会同省公安厅印发《关于在全省建立道路交通事故快速处理中心的意见》，联合召开现场会，推进建立快处快赔中心，完善"六位一体"快处快赔机制，全省已有9个市州建立起快处快赔中心。甘肃被公安部、保监会列为全国10个推行公路和农村地区快处快赔试点省份之一。三是稳妥处理消费者投诉举报及有关诉求。在案件调查中确保依法行政，坚持规范化、标准化、精细化的消保工作标准。全年共接待处理保险消费投诉716件，共对涉嫌违法违规的28件投诉案件进行立案调查。督促全省各保险公司共开展总经理接待日活动996次，接待来访消费者1026人次，集中解决消费者投诉事项553件。

【队伍建设】加强队伍建设，提升素质能力。启动“保险监管专家人才培养工程”，着力提升党员干部的综合素养和监管能力，举办“精业崇学”共享课堂系列讲座18期。开展党委书记、纪委书记、党委委员和支部书记、组织部长（纪检处长）谈心谈话活动。加强作风建设，做好纪检工作。制定行政处罚、行政许可、消费者权益保护效能监察办法，构建“三驾马车”并驾齐驱的效能监察体系。

（李瑞红）

中国农业银行甘肃省分行

【综述】截至2015年末，各项存款余额2152.43亿元，净增137.9亿元。累计投放贷款1094.57亿元，同比多投29.96亿元，余额1240.81亿元，净增199.78亿元，多增4.82亿元。实现拨备前利润36.2亿元，拨备后利润25.8亿元。

【“三农”金融服务】紧盯试点推广抓好“四融”平台。将“四融”平台作为服务“三农”头号任务，制定规划，明确目标，落实责任，加快建设步伐。3月份“四融”手机版APP成功上线，5月份双联惠农贷款线下审批线上放款，10月份上平台2.0版升级上线，静宁试点形成可复制推广模式；通过举办论证研讨会、“金穗四融 诺奖学者丝路行”等活动，邀请专家会诊把脉，提升平台品质，扩大社会影响。紧盯精准扶贫抓好贷款投放。设计“金穗惠农精准扶贫专项贷款”品种，制定工作方案，积极承担甘南、陇南建档立卡贫困人口金融扶贫工作，共发放贷款21亿元，惠及4.34万户，提前完成当年投放任务；继续做好双联惠农贷款，已累投32万户、221.58亿元，加大新型农业经营主体支持力度，投放贷款74.54亿元。大力开拓县域中高端产业市场，新增“千百工程”十类达标客户135个；积极支持全省“6363”水利行动，投放项目贷款10.23亿元；加大国家粮食安全重点项目支持，累计发放贷款3.32亿元。紧盯提质增效抓好惠农服务。加快渠道建设，建成四星级以上精品点2803个、星级服务点8414个，对56个低效服务点退出和改造升级，有效服务点占比达82.14%。做实代理项目，新农保独家代理县13家、新增2家，新农合一卡通累计发卡527万张，水、电、通讯等代理项目由74个增至151个。强化科技支撑，在智付通机具上线“定活通”业务，实施智付通转账电话、“四融”平台终端等机具助农取款、代理缴费等业务的联网通用。

【优先发展战略】实施城市行优先发展战略，进一步厘清城市行区域布局，全面实施“5115”城市行发展战略，以兰州市一部四行为龙头，以嘉峪关分行和15家城区支行为骨干，构建龙头带动、梯次衔接的发展格局。调整完善城市行加快发展意见，在项目营销、考核激励等方面配套机制，推动城市业务全面发展。提升城市对公市场竞争力，以大行业大项目大客户为抓手，以优质中小客户为基础，持续开展“扩户提质”活动，夯实客户基础。注重客户价值回报，对战略性客户实行更具竞争力的定价，实施战略性经济资本和FTP优惠。截至年末，对公存款净增78.3亿元，贡献度56.8%；对公贷款净增156.3亿元，贡献度78.2%；对公中间业务收入同比多增0.81亿元。提高城市零售价值创造力，强化渠道支撑，升级完善网上银行和移动金融服务，调整优化网点布局和提高自助银行覆盖面。强化产品支撑，大力推广高附加值产品，个人新兴业务收入占比提高1.51个百分点。强化服务支撑，健全客户分层分群服务体系，完善零售产品功能组合，抓好优质目标客户渗透，个人产品交叉销售率提高10个百分点。

【主体业务转型】在稳存增存中优化客户结构，组织重点客户重点项目重点业务专项营销活动，开展“百千万客户大回访”，新增对公负债类客户5157户，新开立人民币对公结算账户1413个。稳步推进大额存单、同业存单等创新型负债工具营销，营销大额存单16.38亿元。持续加快网点转型，在县域空白乡镇新建自助网点281家。在加快投放中服务实体经济，积极落实国家和总行支持实体经济要求，与定西、陇南等地方政府签订战略合作框架协议，与省公航旅、省供销联社等单位签订合作协议。支持全省大客户大行业大项目建设，主动对接、优先受理、快速审贷。加大小微企业扶持力度，达到“三个不低于”监管要求。加快个人住房、个人消费等领域贷款投放，个人贷款净增21.06亿元，增长17.08%。在拓展中收中实现多元发展，做大做强支付结算、代理保险等基础中间业务，在让利于社会、收费标准调低的情况下，实现结算、信用卡业务收入持续增长，代理保险实现收入同比多增，对公贵金属、公司代收代付同比翻番。推动投行业务提速发展，永续债、短期融资券、资产证券化等业务实现零突破。加快拓展消费金融等战略性新兴业务，做大信用卡分期等销售规模。

【风险管控】持续强化风险管控，始终把信用风险管控放在突出位置，按季对辖内法人客户开展摸底排查，对风险客户逐户开展现场评估，逐一提出化解处置办法。扎实开展重点领域信用风险专项治理，加大发现问题整改力度。强化大额风险客户管控，各级行对前10大风险客户实行行领导包片管户。加强中小企业、城市个贷、信用卡透支风险控制，继续对县域行不良贷款率超5%的进行专项治理。持续加强“双基”管理，大力实施“内控管理上台阶”工程，深入开展风险排查、“打假”、“两违”检查等治理活动，深挖案件线索，全面“扫雷、排雷”。多方位强化柜面业务风险管控，制定并落实营业机构“五不留”、“五必须”、“十严禁”的“5510”工作措施。强化员工行为管理，排查面达100%，及时落实整改或处罚措施。认真做好BoEing四期上线推广工作，实现系统切换平稳过渡。深入实施安保“44411”行动部署和“633”重点治理工程，全行“三化三达标”优秀率提高6.6个百分点，未发生刑事案件和责任性事故。持续推进从严治行，采取召开党委会、案件分析会等形式，分析案防形势，统筹案防工作，解决实际问题。召开全省农行警示教育会议，选取违法违纪违规问题典型案例在全省通报，并抽调业务骨干全面督导所辖分支行抓好落实。建立案件查处“三个联动”机制，前中后台部门、上下级行协调联动，开展直查直处，对违规违纪责任人严肃处理。

【党建工作】切实抓好“两个责任”落实。将落实“两个责任”作为推进党风廉政建设的“硬任务”，制定实施细则，突出对“两个责任”的监管考核。逐级签订《党风廉政建设责任书》，扎实开展“从严治党、从严治行”基础性专项工作。坚持抓早抓小，充分运用约谈、提示、函询等方式，加强对领导干部的教育、监督和管理。加强纪检监察队伍建设，为18个管辖行异地交流配备专职纪委书记，在天水开展县支行纪委书记专职试点。切实践行“三严三实”要求。精心组织专题教育，制定本行实施方案，坚持“四个突出”，做实关键动作，把“三严三实”全方位融入到经营管理。精心组织专题党课，各级行党委书记、班子成员带头讲授党课，全行累计讲授党课175场。精心组织专题研讨，围绕“严以修身”、“严以律己”、“严以用权”专题，共学习研讨375次，党委中心组集中学习17次，切实提高基层党建水平。强化党建工作考核，增设党建考核指标，年初省分行组织3家单位和1个机关支部开展党建述职评议，各级比照开展述考评工作。选择2家二级分行开展全面强化基层党建工作试点，为全行摸索经验探索路子。开展二级支行党支部建设试点，基层党组织战斗堡垒作用持续加强。抓好基层党组织活动阵地的巩固升级，建成和完善党员活动室、活动走廊、活动角159个。切实深入推进作风建设，深入抓好中央八项规定、总行28条措施的执行落实，认真开展教育活动整改“回头看”，紧盯关键时点加大监督检查力度。组织学习“一准则、两条例”，制定下发专题学习方案，扎实落实重点摘抄、专题辅导等“十个一”规定动作。认真落实“包行包点”和“三深入结对子”，加大对基层帮扶督导力度。深入开展“双学”活动，发扬“五种精神”，涌现出一批先进典型。持续落实关爱员工30条措施，营造和谐发展的环境和氛围。

（孙磊）

甘肃证监局

【简政放权】持续推进行政审批制度改革，严格按照授权开展行政审批和备案审核，通过进一步完善审核制度、规范审核流程和提升审核效率，有效推动监管重心后移。全年共办理完成行政许可审批事项6件，备案事项162件。全面梳理行政许可审核及备案目录，针对已被取消的行政审批事项，及时调整相关公示材料内容。细致做好各类备案报告事项清理规范，明确审批事项取消后监管工作关注重点和备案工作流程。

【服务实体经济】持续推动多层次股权市场建设。进一步深化与地方政府相关部门合作，抓住新股发行改革机遇，及时向企业传递政策动向，引导辖区特色优势企业上市发展。全年辖区有2家公司IPO上市，有1家公司在港交所上市，1家公司通过证监会发审委审核；新增辅导备案企业3家，拟上市公司数量达到10家。着力推动符合条件的公司在全国中小企业股份转让系统（即“新三板”）挂牌。全年辖区新增14家“新三板”公司，挂牌公司达到17家。研究建立区域股权市场运行动态分析和跟踪监测机制，引导和规范区域股权市场健康发展，切实满足中小微企业多元化投融资需求。甘肃股权交易中心挂牌企业451家，纯托管企业417家。在持续强化基金机构风险监管的基础上，引导私募基金规范发展。辖区已登记私募基金管理公司40家，备案私募基金7支，资金规模共计15.16亿元。

积极鼓励上市公司并购重组和再融资。充分发挥上市公司在服务地方经济建设中的抓手作用，积极鼓励符合条件的上市公司实施并购重组和再融资。全年辖区上市公司再融资持续活跃，共募集资金108.02亿元，是上年再融资总额的3.08倍。其中，有6家公司非公开发行股份，募集资金98.02亿元；有2家公司发行公司债，募集资金10亿元。另外，有6家公司发行法案获得证监会核准，2家公司非公开发行公司债获交易所无异议函，1家公司非公开发行方案报证监会，4家公司公告发行预案。

有效提升证券期货机构创新发展水平。辖区证券期货机构在合规经营和风险可控的基础上，进一步夯实传统业务，依法合规开展产品创新、业务创新和服务创新，探索差异化、专业化、特色化发展路径，全面提升专业服务能力和水平，在培育市场、投资者教育保护等方面发挥了积极作用。辖区共有1家证券公司，11家证券分公司，86家证券营业部；1家期货公司，8家期货营业部，境外期货持证企业1家，IB证券营业部56家。华龙证券在新三板挂牌转让已获批复，华龙期货已在新三板挂牌。

【监管效能建设】以问题和风险为导向，做好做实现场监管。以信息披露为中心，不断提升上市公司现场监管实效。全年共对3家公司进行年报现场检查，对2家公司进行专项检查，对2家公司进行回访检查，并延伸检查相关保荐机构持续督导履职情况。积极转变工作思路，有针对性开展证券期货机构现场检查。配合开展“两加强、两遏制”专项检查；对证券公司固定收益业务、资产管理业务、互联网金融业务和债券业务分别进行专项检查；对证券期货公司信息系统安全进行专项检查；完成境外持证企业、期货营业部及IB业务现场检查工作；结合信访投诉事项，组织开展针对相关机构的现场检查，督促其不断提升合规管理水平和客户服务能力。不断深化风险监管，认真做好基金机构现场检查。对1家私募基金公司开展“两加强、两遏制”专项检查，对4家商业银行省级分行和12家网点进行基金销售业务现场检查。

积极践行监管转型，做深做细非现场监管。做好上市公司年报审计监管。对上市公司年报审计项目进行监管风险分类；与瑞华会计师事务所甘肃分所召开座谈会，了解15家上市公司年报审计业务安排及重点审计领域，对日常监管中关注的重点问题予以风险提示；列席年报审计沟通会15家次、开展年报审计现场督导6家次，同步约谈4家公司签字会计师，提示存在的审计风险，督促审计机构落实审计责任；加强上市公司年报审核分析，确定11家年报重点审核公司，选取8家公司填写审核意见表；持续加强与交易所的沟通协作，做到信息共享。强化法人证券期货机构年报监管。及时与审计机构进行沟通；实时跟进审计进程，及时了解审计开展情况与发现的风险点；认真进行年报分析，梳理监管重点，督促整改问题。做实证券期货机构日常监管。加强与法人机构沟通联系，及时掌握市场大幅波动等异常事项对公司形成的影响和应对准备，指导公司采取有效措施提早予以防范和化解；认真分析监管报表，及时核实异常情况，督促辖区机构严格按照法律法规开展业务。深化基金机构日常监管。督促私募基金管理人做好登记备案工作，及时监测已设立私募基金运行情况，实时关注公募基金销售整体情况，规范从业人员执业行为。

抓牢抓实稽查执法，全面优化市场环境。全年共办理案件8件。其中，立案调查1件，初查3件，涉外协查1件，协助兄弟部门案件2件，协办法网专项行动案件1件。完成行政处罚权下放后甘肃证监局首例自立、自查、自审案件的行政处罚工作。协助上海专员办对辖区1家上市公司涉嫌操纵市场行为进行调查。对1起异常交易案开展初步调查，目前已结案。持续强化稽查执法协作，积极配合香港证监会、广东证监局、新疆证监局做好案件查办工作。协助向1起内幕交易案的6位当事人送达行政处罚事先告知书。

【风险防范】切实有效推进辖区上市公司化解风险。就1家公司被深交所实施“退市风险警示”事项，及时向公司、实际控制人及当地政府提示退市风险。对1家公司第一大股东因向沙漠排污受罚的媒体报道事项，迅速反应并持续关注，要求公司及时披露。关于1家公司严重亏损事项，与交易所互通信息并先后2次实地了解情况，明确监管要求并督促公司充分进行信息披露。定期开展辖区上市公司退市风险排查预警，协助兄弟派出机构做好辖区2家*ST公司退市风险提示。A股市场出现剧烈波动期间，督促辖区上市公司积极采取措施维护股价稳定，取得显著成效。各公司均制定了稳定股价方案，其中20家公司有明确增持方案，3家公司拟采取员工持股计划或股权激励计划。

着力促进辖区证券期货机构提升风控管理水平。积极调整监管重点和工作方向，及时跟进了解法人证券期货机构新业务开展规划，督促细化内部管理，加强业务隔离和提高风控能力。持续关注辖区法人证券期货机构风险监管指标达标情况，督促公司适时根据风控指标变动情况调整业务规模，提高风险承受能力。在股市出现剧烈波动期间，安排专人逐日盯市，及时了解辖区机构运行情况，要求机构不断加强内部管理和规范业务操作，密切关注投资者情绪，充分做好风险预案，防范群体性事件发生。市场波动期间，辖区资本市场运行安全平稳，未发生极端事件。

积极配合做好辖区金融风险排查防范。借助地方政府力量，对辖区互联网股权融资平台进行摸底排查，确定检查对象并进行现场检查；配合地方政府对辖区内各类私募投资基金非法集资风险进行摸底排查；部署开展非法集资宣传月活动；配合做好非法期货认定相关工作。

深入推进基层调研和专业人才培养。深入辖区证券期货经营机构开展调研，实地了解创新业务开展情况及风险管理状况。全年共走访调研辖区证券期货经营机构20家，征集到意见建议100余条。联合上海期货交易所举办“期货大讲堂”，积极推动“甘肃期货市场人才基地”建设。

【构建投资者保护综合体系】强化市场保护，推动市场主体承担首要责任。推动上市公司积极做好承诺履行。密切关注1家公司实际控制人解决同业竞争承诺履行情况；督促1家公司股东及时履行承诺，补偿重大资产重组时承诺的利润差额8281.90万元；推动1家公司大股东按期付清资产转让款项；要求1家公司就无法履行承诺事项尽快提出解决方案；及时更新上市公司及其相关主体承诺履行诚信档案。督促上市公司严格执行现金分红政策。持续关注2014年度现金分红情况，共13家公司实施现金分红，分红金额26.59亿元，同比增长58.46%，不存在应分红未分红公司。引导上市公司切实抓好投资者关系管理。督促健全中小投资者网络投票机制，鼓励建设投资者互动平台，举办辖区上市公司投资者网上集体接待日活动。督促辖区证券期货机构严格执行投资者适当性管理。督导树立“卖者有责”正确理念，将风险提示、投资者适当性要求嵌入机构经营和客户交易各个环节，确保机构销售的产品和提供的服务与投资者风险承受能力相适应；推动辖区机构完善投诉处理机制，切实承担投诉处理首要责任。认真贯彻落实反洗钱工作相关规定，督促反洗钱工作有效开展。

健全监管保护，推动市场主体提升合规意识。研究建立投资者诉求统一受理平台及多渠道协同处理机制，进一步优化内部流程，畅通维权渠道，确保依法、依规、高效处理投资者诉求。通过信访、投诉、“12386”热线渠道办结各类投诉事项32件。认真开展投资者保护现场检查，严肃查处损害投资者合法权益的违法违规行为，在对上市公司、证券期货机构的现场检查中，重点对投资者保护相关内容予以关注。

完善行业保护，推动自律组织发挥积极作用。指导行业协会成立“甘肃辖区证券期货纠纷调解中心”，依法开展投诉事项调解，全年共受理投诉事项43件，成功调解40件。推动行业协会加强与地方法院、仲裁机构的沟通协作，建立完善诉调、调仲对接机制。

突出自我保护，推动投资者增强

维权意识。积极开展“公平在身边”投资者保护专项宣传活动。借助“期货大讲堂”等载体，通过走进高校、开展专题培训等多种形式，普及资本市场知识，宣传“12386”热线功能，提高投资者维权意识。活动期间，共张贴海报2000余份，发放宣传折页5万余册。不断加强投资者教育日常宣传。督促证券期货经营机构发挥一线优势，认真开展好投资者教育宣传相关工作。加强与新闻媒体的沟通合作，在甘肃卫视播放投资者教育宣传片600余次；引导辖区法人机构做好投资者教育基地建设工作，形式多样开展投资者教育。制定年度“六五”普法工作计划，有针对性组织开展专项普法活动。

【队伍建设】抓党建，不断强化党的核心领导作用。按照突出重点、紧贴形势、创新形式、丰富内容等各项要求，严格落实党委中心组学习制度。坚持抓好思想政治工作，坚持落实支部学习制度，努力丰富学习形式，进一步提高干部党性观念、宗旨意识和责任意识。认真组织开展“三严三实”专题教育，通过组织个人自学、做好专题调研、开展党委书记讲党课、举办专题学习研讨等多种形式，使广大党员干部主动转变工作作风，提升服务能力。

抓纪检，不断推进党风廉政建设。认真落实党委主体责任，切实履行纪委监督责任，健全完善廉政目标管理，有效把党风廉政建设责任制落到实处。认真贯彻党内法规，主动接受外部监督，强化廉政制度执行，加强党风廉政监督，实行廉政谈话制度，完善内部监督检查，注重从落实上消除腐化蜕变土壤。通过坚持开展“每月一课”、组织观看弘扬先进典型影视作品和定期开展廉政警示教育活动等形式，着力从思想上筑牢腐化蜕变防线。深化“三个转变”，强化监督执纪问责，加强纪检监察力量，加大执纪监督职责。

抓服务，不断加强机关文化建设。通过组织开展送温暖、共建“职工之家”、开展大病帮扶、未婚青年干部联谊、慰问老干部等多种活动，努力做好关心干部生活、传递组织温暖各项工作。通过开展“三八节”活动、举办迎新春联欢趣味运动会、组织徒步比赛、参加马拉松健身跑等多种形式，进一步活跃机关气氛和激发机关活力。以团委成立为契机，开展“五四”青年节系列活动，引导青年监管干部释放正能量。

（姚觐轲）

经济管理

国资监管

【概况】2015年，39户省属监管企业完成营业收入4971.11亿元，比上年增长0.90%；实现利润总额-146.76亿元，与上年相比由盈转亏，减利229.09亿元；上缴税金105.43亿元，下降24.90%；完成工业总产值1376.12亿元，下降44.22%；资产总额达8592.95亿元，增长7.4%；所有者权益2851.96亿元，增长1.8%。从总体运行分析看，多数企业效益稳定，39户省属企业中有24户企业实现盈利，从行业运行情况看，冶金、煤炭、电力、商贸四个行业整体亏损，亏损额持续扩大；机械、建筑、农业三个行业收入保持平稳增长，效益水平低于上年；金融企业收入效益继续保持双快增长。

【国有企业运行】一是保障强化经营责任落实。年初，省政府国资委与所监管企业主要负责人签订年度经营目标责任书，各企业主要负责人与副职负责人及分（子）公司负责人签订经营目标责任书，明确年度经营业绩考核指标，层层落实国有资产经营责任，切实强化目标考核倒逼。二是推动降本增效。指导省属企业深入开展增源节流、增效节支专项活动。通过清理“两金”占用、严控费用开支、实施管理提升等一系列措施，引导企业加强全价值链精益管理，省属企业全年成本费用比预算下降10个百分点，其中管理费用、销售费用分别比上年下降6.37%、4.6%。三是加强风险防范。省政府国资委制定下发《省属企业风险投资业务指引》，指导资产负债率高于70%的14户省属企业制定债务风险防控方案，指导负有外币债务的省属企业积极调整本外币融资规模，指导省国投集团通过担保、过桥等方式为其他实体企业提供融资支持，有效防控债务风险、汇率风险和资本市场风险。

【国有企业改革】一是重大改革方案制定取得重要进展。省委、省政府先后出台《关于深化国有企业改革的实施意见》及《省属国有企业规范董事会建设实施方案》、《省属国有企业负责人薪酬制度改革实施方案》、《省属企业负责人履职待遇、业务支出管理办法》、《关于在深化省属国有企业改革中进一步加强党的建设的若干意见》等配套改革方案，“1+N”文件体系主体任务基本完成。二是5户省属企业改革试点及其他企业“一企一策”改革积极推进。省国投集团在创新国有资本投资运营模式、酒钢集团在深化母子公司经营管理体制机制、省公航旅集团在理顺投融平台管理体制强化产融结合、省机场集团在提升公益类企业服务管理水平、八冶集团在规范国有企业发展混合所有制经济等方面积极探索实践，初步形成了一些可复制、可推广的经验做法。其他省属企业有序推进“一企一策”改革，制定改革总方案及146项子方案，组织实施了426项改革任务。三是重点改革任务深入推进。全面推进公司制股份制改革，省物产集团、省水电工程局完成集团层面公司制改革，13户企业完成股份制改造，26户企业纳入上市后备库，华龙证券、华龙期货在新三板挂牌。加快推进规范董事会建设，初步建立外部董事人才库，8户企业实现外部董事占多数。积极稳妥发展混合所有制经济，向社会公布省属企业第二批引进非公资本项目50个；靖远煤电、兰石重装通过定向增发引进非公机构投资40亿元；省国投集团等企业通过发起设立各类基金引进非公资本近50亿元；金川集团引进荷兰托克公司9亿元入股广西金川。深入推进“三项制度”改革，完成了省属企业负责人薪酬制度改革，落实了副职负责人经营责任，授权20户商业类省属企业董事会行使工资总额管理权。各企业结合实际深化劳动用工制度改革，酒钢精减外协劳务人员5000人，开展内部管理人员公开竞聘，2名普通员工成功晋升子公司主要负责人，解聘23名中层管理人员；金川集团精减两级内设机构60多个，转岗分流人员1000多人，清退外协劳务人员500多人；省建投集团严格新录用员工试用期制度，试用期淘汰率达到20%以上，清理规范在编不在岗人员2000多人。

【结构调整转型升级】一是加快传统产业升级步伐。省列19个重点项目中有5个建成投产，全年完成投资171.61亿元。8户省属企业被列为全省战略性新兴产业发展总体攻坚骨干企业。靖煤集团热电联产项目并网发电，省建投集团“黄河1号”盾构机、52米臂架泵车填补了西北生产企业的空白，八冶集团数控钢筋加工、三毛集团精纺生产线投产。长城电工加快产业链内所属企业的资源整合和产品升级，天水电工电器产业园一期8个项目全部建成投产。农垦集团加快产品深度开发和转化增值，所属药物碱厂通过GMP认证由医药原料生产企业转型为药品生产企业，所属亚盛集团完成引河滴灌成套技术攻关，解决了高泥黄河水不能用于滴灌的世界难题。酒钢通过科技攻关实现碳钢新产品及差异化产品比例首次接近30%，不锈钢差异化产品比例达到32%。二是加大重组整合力度。整合原省保障房公司、棚改公司资产股权组建省城乡发展投资集团。完成省国投集团对三毛集团和兰州电机的重组，将二十一冶公司国有股权委托八冶集团管理。省国投引进北大众志“中国芯”合作发展集成电路产业，酒钢集团引进中建集团合作建设钢结构生产基地，省电投引进韩国LG商事合作建设武威热电联产项目，积极推动酒钢集团与中核集团，长城电工、兰州电机与中船集团、中车集团的对接合作，推动全省装备制造业向中高端迈进。各企业加大内部资源重组整合，加快清理低效无效资产，有效提高资源使用效率。三是积极参与国际产能合作。出台《加快省属企业“走出去”推进国际产能合作实施方案》，明确“1553”跨国经营主体培育目标，举办了“2015甘肃‘一带一路’国际产能合作洽谈会”，签订了一批国际产能合作项目，白银集团与哈矿集团30万吨铜冶炼项目在两国总理见证下签约。初步建立企业主导、政府推动、优势互补、打捆投资的省属企业走出去新机制。四是大力发展现代服务业。省电投在厦门自贸区注册成立融资租赁公司，积极引进国内外低成本资金。甘肃股权交易中心全年新增挂牌企业1068户，新增托管企业1049户，实现各类融资141亿元，发展成为西北地区最大的区域性股权交易市场。省物产集团甘肃省物流网8项协同服务功能全部建成开通，已发展会员8000多个，荣获“2015年跨境电商物流模式创新奖”。省科投公司兰州科技大市场网络平台已注册企业、团队2000余家，为科研成果落地转化提供高效服务。省公航旅集团积极筹建我省地方法人保险公司，省国投集团积极筹备设立融资租赁公司和资产管理公司。

【公司制股份制改革】加速资产资本化、资本证券化，实现国有资本的合理流动和高效配置，制定《关于进一步深化省属企业公司制股份制改革的意见》和省属企业上市工作规划、省属企业新三板挂牌工作推进计划。截止2015年底，甘肃省国资委监管的企业集团层面全面完成公司制改革，并有序推进股份制改造。白银集团、陇神戎发2户首发上市企业补充完善材料并报送发审委审核；2015年1月13日华龙期货在新三板正式挂牌上市，成为甘肃省首家新三板挂牌的省属企业，华龙证券2015年10月正式申报新三板挂牌并完成初审；金川科技、西部重工、省融资担保集团3户企业完成变更设立股份公司并启动新三板挂牌；甘肃省产交所、永新管业、天传所有限公司3户企业启动了股份制改制并新三板挂牌工作；白银集团下属南非第一黄金公司启动香港上市工作。

【法人治理结构建设】以建设规范、高效、协同的战略型决策型董事会为重点，推动企业健全完善法人治理结构，制定了《省属国有企业规范董事会建设实施方案》及“三会一层”议事规则指引等26项配套制度，在省属监管企业全面启动了规范董事会建设工作。积极推行外部董事制度，加强外部董事队伍建设，初步建立外部董事人才库，入库110人，省水利水电工程局、西北永新集团2户省属国有独资企业和金川集团、白银集团、窑煤集团、华龙证券、长风科技、兰州电机6户省属国有控股企业实现外部董事占多数。稳步推行职业经理人制度，在华龙证券、兰州电机、三毛股份3户企业开展董事会选聘经理层副职改革试点，打通现有经理层副职与职业经理人的转换通道，酒钢集团、兰石集团等企业选择部分二级企业开展职业经理人试点，探索实行市场化选聘和任期制契约化管理机制。

【经营业绩考核】坚持立足当前、着眼长远，强化生产经营指标考核，增加结构调整转型和全面深化改革两项重点工作考核，全面推进副职负责人业绩考核，健全完成年度目标任务的倒逼、约束和激励机制。探索建立与省属国有企业负责人选任方式相匹配、与企业功能性质相适应的差异化薪酬制度，深化企业薪酬分配制度改革，合理确定薪酬水平，规范福利性待遇，健全薪酬监管体制，合理确定并严格规范企业负责人履职待遇、业务支出。出台《甘肃省深化省属国有企业负责人薪酬制度改革实施方案》、《省属监管企业负责人经营业绩考核办法》、《省属国有企业负责人薪酬管理办法》和《省属国有企业负责人履职待遇、业务支出管理办法》等配套制度，授权20户商业类省属国有企业董事会行使工资总额管理权，建立健全企业工资决定和正常增长机制，形成职工收入能增能减的市场化分配机制。

【国有资产监管】一是转变国资监管职能。省政府国资委初步建立国资监管权力清单和责任清单，梳理86项责任事项和44项权力事项，精简下放审批事项14项，规范出资人审批事项工作流程，加强事中监管、事后评价。各市州国资监管机构也围绕建立权责清单、转变监管职能进行了有益探索。二是优化国资监管方式。针对不同企业功能定位，在战略规划制定、资本运营模式、经营业绩考核等方面，实施更加精准有效的分类监管。通过“一企一策”修订公司章程、严格选派股东代表和董事监事，将出资人意志有效体现在公司治理结构中。强化出资人财务监督，修订省属企业财务总监管理办法，向7户省属企业派出了财务总监。强化监事会监督，完成外派监事会的换届入驻，健全协同机制，形成监督合力。三是推进经营性国有资产集中统一监管。省财政厅、省科技厅、省公共资源交易管理局3个部门完成了所管理的企业改制脱钩，7户资产规模较大的企业纳入集中统一监管。

【国企党建工作】“三严三实”专题教育成效显著，按照省委的统一部署，突出问题导向，贯彻从严要求，坚持专题教育与中心工作相结合，认真落实重点环节工作，广大党员干部遵规守纪、廉洁自律意识不断增强，工作作风和精神面貌有了新的转变。党建工作责任制进一步落实，严格落实从严管党治党责任，认真履行“一岗双责”，对省属企业党组织发挥政治核心作用情况进行了检查评估，开展企业党组织书记抓党建工作述职评议考核工作，加强基层党组织书记示范培训，党建工作责任进一步落实。不断加大正面宣传和舆论引导力度，省属企业改革发展的舆论环境和文化氛围进一步改善。进一步推动群团工作，加强企业民主管理，积极化解矛盾纠纷，有力维护了企业与社会和谐稳定。党风廉政建设和反腐败工作进一步强化，认真落实“两个责任”，严明政治纪律和政治规矩，持之以恒贯彻落实中央八项规定和省委“双十条”规定，扎实开展“九个严禁、九个严查”、住房清理、违规办理和持有因私出国（境）证件等专项治理。积极配合省委巡视组对省管企业的巡视工作，启动委管班子企业巡察工作，认真抓好问题整改。以学习贯彻两项法规为重点，加强廉洁文化建设，企业领导人员纪律意识、廉洁意识进一步增强，反腐倡廉的体制机制进一步完善。

（闫志恒）

工商行政管理

【商事制度改革】以深化商事制度改革为统领，以推进“法治工商和信息化建设年”为主线，努力构建事中事后监管新机制，积极推动大众创业、万众创新。全面推进“三证合一”改革。10月份与全国同步实行“一照一码”改革，全年累计发放“三证合一”营业执照10.31万份。积极推进“先照后证”改革，严格按照国务院要求，将134项前置审批项目改为后置，对所有后置审批事项主动履行“双告知”职责，确保工商登记和审批监管的有序衔接。全面清理行政许可及行政备案管理事项，取消和下放行政审批及备案事项6项，目前只保留17项。深入推进工商登记注册便利化改革，在全面实行注册资本认缴制、简化住所登记手续、实施电子化登记管理、取消各类收费项目等便利化措施的同时，将大部分登记事权调整下放到市县工商机关；下放冠以“甘肃”字样的企业名称核准权，推行企业名称预先核准和变更通知书就近属地领取制度。牵头开展“丝绸之路经济带商事制度国际合作企业投资注册便利化”课题研究。

【非公企业党建工作】全省各级工商部门和非公企业党工委坚持“围绕发展抓党建，抓好党建促发展”的总体要求，充分发挥“两个作用”，大力推进“先锋引领行动”，广泛开展“建设小康先锋岗（号）”、“三亮”和“三岗联创”活动，不断扩大“两个覆盖”，深入打造非公党建“升级版”，2015年度，全省非公有制经济组织共有党员90822名，有党组织21225个，提合理化建议6623条，间接或直接创造价值2.66亿元，党组织覆盖率达到29.1%，比去年同期提高9个百分点，实现规模以上非公企业、有3名以上正式党员或职工人数50人以上的企业100%建立党组织。

【法治建设】开展“法治工商建设年”活动。开展法律“七进”、工商法治文化建设、工商法治创建和“2015普法陇原行”活动等工作。修订完成《甘肃省消费者权益保护条例》，牵头起草《甘肃省无证无照经营查处管理办法》、《甘肃省投资类企业管理暂行办法》、《网络交易监管指导意见》、《甘肃省贯彻落实国务院关于“先照后证”改革后加强事中事后监管的实施方案》等法规政策。全面梳理“权责清单”，按照“三张清单一张网”要求，完成部门权力清单和责任清单的梳理汇总工作，共整合清理行政权力301项、公共服务事项11项、责任事项2103项、追责情形2636项，并向社会公示。清理出行政职权运行流程图清单334项、行政处罚自由裁量基准清单234项、“双随机”抽查事项清单214项、信访投诉途径清单66项。

【反垄断与反不正当竞争执法】反垄断执法工作。以电信服务、公共交通运输、水电气供应等为重点，着力查处公用企业限制竞争行为。抓住当前市场竞争中多发易发的热点问题，积极拓宽执法领域，加大对传统领域和互联网等领域各类不正当竞争行为的查处力度。认真做好消除地区封锁、打破行业垄断，依法制止滥用行政权力排除、限制竞争行为。

投资类公司非法集资清查整治。制定《处置非法集资突发事件应急预案》，加强对投资类企业的规范和监管，全省投资类公司的户数由3612户减少为2760户，移送公安机关涉嫌非法集资案件33起，该领域案件频发事态得到有效控制。

竞争执法工作。加大商业秘密保护力度，集中整治侵权仿冒、商业贿赂等不正当竞争行为。组织开展打击传销集中行动，联合省综治办、省公安厅制定《甘肃省创建无传销城市考评认定办法》及《实施细则》，与在甘直销企业签订《规范经营责任书》。

成品油质量监管。8月份，对全省14个市州的部分加油站开展了成品油抽检，抽检率20%，监测品种涉及0#车用柴油、93#车用汽油、97#车用汽油，抽检成品油经销企业（加油站）104户，抽检成品油（汽柴油）248个批次，不合格15个批次，合格率93.5%。

【消费者权益保护】一是推动消费维权工作创新。积极推动并参与地方立法，《甘肃省消费者权益保护条例》于2015年7月31日经人大常委会审议通过，并于9月1日正式施行。二是深化消费教育引导。以“携手共治、畅享消费”为主题，开展3.15“国际消费者权益日”系列宣传活动。编印2014年《消费维权蓝皮书》，发布2014年流通领域商品质量抽检报告和典型案例等；开展3.15大型宣传咨询活动，向市民宣传新《消法》；积极组织市州做好新《消法》配套规章和规范性文件宣传培训。三是强化重点领域消费维权。重点检查对汽车销售服务领域存在的强制搭售、违规加价、不按合同履约等侵害消费者合法权益的违法违规行为，依法查处侵害消费者权益的违法行为；以儿童服装、童鞋、儿童玩具、童车、儿童安全座椅等为重点品种，集中力量对儿童用品经营者开展全面执法检查。全年全省共查处侵犯消费者权益案件634起。四是充分发挥合同监管职能作用。开展利用合同格式条款侵害消费者权益违法行为专项整治行动，重点对旅游、银行、电信等行业中经营者利用合同格式条款免除自身责任、加重消费者责任、排除消费者权利等违法违规行为进行集中整治。全省工商系统共检查银行业、电信业等各类企业2280多户次，检查银行业、电信业合同文本17个种类合同16410份，经营门店10240多户次，约谈企业800余次，下发《行政建议书》95份、《责令整改通书》47份，查处各类经营门店利用格式合同排除消费者权利案件20件，罚款16.23万元。五是加强流通领域商品质量监管。充分运用行政约谈、行政处罚、先行赔付、“诉转案”等机制和手段，不断提高消费维权效能。强化流通领域重点商品质量监管，对16个品种1025个批次的商品实施抽检，及时公布抽检信息并对问题商品开展市场清查。发挥消协组织社会监督作用，关注供暖供气、物业服务、汽车售后等民生热点问题，通过函询建议、新闻曝光等方式，推动政府部门依法加强监管、经营者主动履行法定义务，构建消费维权的社会共治新机制。全年共受理消费投诉举报16.71万起，挽回经济损失2997多万元。12315指挥中心被中央文明委授予“全国文明单位”称号。

【市场规范管理】2015年度，全省工商系统共查处各类经济违法案件12570件，案值11391万元，其中，竞争执法案件2947起、农资案件483起、侵犯消费者权益案件634起，商标广告案件848起，捣毁传销窝点35个。在全省开展“红盾护农百日农资打假保春耕”专项行动，与农资经营户签订《不销售假冒伪劣商品责任书》，下发《行政指导意见书》53份，取缔无照经营6户。开展流通领域农资商品质量定向监测工作，把农资打假与创建“百户农资放心店”相结合，抽检农资商品172个批次，合格100个批次，不合格32个批次，合格率75.8%，不合格率24.2%。成立专门机构，加强网络交易监管力量，制定网络商品交易监管平台和电子数据证据取证实验室设计方案，加大线上线下监管力度。开展网络市场经营主体备案，备案网络市场经营主体861户，并核发了“工商网监”电子图标。开展“利用互联网擅自销售彩票”、“互联网危险物品信息发布”、“平台网站专项检查”等专项整治工作。在全省范围内开展“2015红盾网剑”行动，严厉打击通过互联网销售假冒伪劣商品和侵犯商标专用权行为，净化网络购物环境。

组织开展2015年度诚信市场创建活动先进单位和诚信示范市场工作，积极开展推荐省级2013－2014年度“守合同重信用”企业公示活动，有465户企业被确定为2013－2014年度“守合同重信用”。制定《甘肃省关于开展平安市场创建活动的实施意见》、《甘肃省平安市场考核细则》，组织开展平安市场创建活动，促进社会管理综合治理。

【市场主体管理】健全完善以信用监管为核心、以定向抽查、不定向抽查和投诉举报为补充的事中事后监管新机制，营造统一开放、竞争有序、诚信守法的良好市场监管秩序。按照总局发布的行业和技术标准，积极推动“全国一张网”建设，建成运行“甘肃企业信用信息公示系统”，把市场主体登记备案信息、年报信息及部分行政许可信息、经营异常名录信息、行政处罚信息等归集到一个系统和具体企业名下，与全国企业信用信息公示系统联网运行。公示市场主体信息653万条，日均访问查询量7.1万人次，总访问量达到4413万人次。组织开展对公示年报信息的抽查检查，向社会公示被列入经营异常名录的4.66万户企业、被标记为经营异常状态的31.49万户个体工商户，首次发布《甘肃省企业年报分析报告》。行政处罚公示工作走向常态化，已公示案件信息2009件，公示率达到88.42%。制定实施《市场主体抽查监督管理办法（试行）》，将市场主体公示信息抽查和市场主体经营行为抽查有机结合，探索建立以定向抽查和不定向抽查为核心、以投诉举报为补充的新型市场监管方式，甘肃省成为全国首个全面实行抽查制的省份。建立协同监管和联合惩戒机制。报请省政府办公厅印发了《关于做好企业信用信息公示与共享工作的通知》，与省发改委等38家部门联合签署《失信企业协同监管和联合惩戒合作备忘录》，与17家部门实现企业信用信息的交换共享或互联互通，共交换共享信息251.5万条。建立部门信息互查机制，在政府采购、工程招投标、国有土地出让、银行贷款、授予荣誉等方面，对被列入经营异常名录企业予以限制和禁入，“一处违法、处处受限”的监管格局正在形成。

【市场主体注册登记】2015年，全省新增市场主体23.78万户，注册资金3273.22亿元，同比分别增长16.3%、21.5%。全省市场主体总量达到128.03万户，注册资金达到1.82万亿元。私营企业和个体工商户累计从业人员达370.35万人。全省非公经济市场主体124.66万户，同比增长16.24%，占市场主体总数的97.36%。1－12月份，全省新增私营企业5.10万户，增长13.75%，新增注册资金2303.84亿元，增长22.26%；新增个体工商户17.07万户，增长14.41%；全省完成“个转企”4945户，占全年任务的164.83%。

【广告监督管理】规范广告市场秩序，联合省委宣传部、省金融办等部门制定发布《甘肃省金融属性类广告发布监管办法》，完善《甘肃省整治虚假广告联席会议工作制度》，印发《广告监督管理工作要点》、《进一步规范广告监测大数据中心平台使用的通知》、《开展整治虚假违法广告专项行动实施方案的通知》，依托信息化科技手段，建成运行广告监测执法“一系统三平台”，实现对省内媒体的全天候监测，推动全省虚假广告整治工作。完善广告联席会议工作机制，强化部门间联动响应，非法集资、医药、食品等重点领域的广告违法行为有所下降。

【商标管理】深入推进“商标兴省”战略实施。制定《甘肃省工商行政管理局深入实施国家知识产权战略行动计划（2014—2020年）》，推动商标“五个支撑体系”建设，深入开展“双打”行动，重点查办跨区域、倾向性、社会公众反映强烈的商标侵权案件。坚持“培育一批、扶持一批、申请核准一批、规划储备一批”的商标培育发展思路，增加注册商标数量、提高商标品牌质量，全年新增注册商标6724件，中国驰名商标8件；新认定和续展甘肃省著名商标229件；深化“商标富农”机制在双联工作中的运用，新增地理标志证明商标2件。进一步建立完善省、市（州）、县（区）、所四级分别以驰名、著名、知名、注册商标培育保护为主的分层分类监管服务工作机制。组织十多家企业参加了第十九届中国东西部合作与投资贸易洽谈会，举办全省地理标志商标培训班，支持帮助甘肃特色商标注册、创牌和保护工作，努力提升甘肃特色商标品牌档次，服务地方经济社会发展。

【信息化建设】加强顶层设计，推进工商业务与信息技术的深度融合。建设运行企业信息公示系统，实现经营异常名录管理、动产抵押等27项公示功能；开发运行“三证合一”并联审批系统、企业信息公示交换平台、随机抽查监管系统，为商事制度改革和部门间信息互通共享、业务协同提供了强大技术支撑。建成工商“云平台”，提升信息化硬件支撑能力。推进市场主体大数据及“网上工商”建设。加快12315投诉举报、行政执法、网络监管、广告监测、效能监察、政务服务等系统的开发建设或升级改造，形成“网上统一受理、后台联动办理”的一体化应用体系，推动“网上行权”。加强与第三方合作，开展技术交流，通过多元化采集和主题化汇聚，探讨建立工商大数据资源体系和分析系统，延长工商数据价值链，不断提升信息化软硬件支撑能力。

【基层基础保障】制定《关于加强新形势下基层建设的实施意见》，联合省发改委修订完善《基层工商所建设项目管理办法》，建立多元化筹资、多形式建设、规范化管理的工商所项目建设新模式。2015年安排工商所新建及维修项目共61个，总投资3029万元。

【党风廉政建设】落实中央和省委全面从严治党的部署要求，建立“5985”责任体系，通过图表式分责、链条式传导、网格式覆盖、倒逼式追责等方法，细化了主体责任内容。突出选人用人管人、项目资金管理、登记注册、执法办案和作风建设等重点部位和环节，实化了主体责任到位。

（白春鸣）

审 计

【概述】全省共审计和审计调查项目7754个，查出违规资金84.27亿元，损失浪费资金39.38亿元。通过审计处理，已上缴财政资金25.93亿元，促进增收节支66.87亿元；向各级党委、政府和上级审计机关提交综合报告、专题审计报告、调研、信息3527篇（次），被采用和批示2344篇（次）；向被审计单位提出审计建议10839条，被采用8904条，向司法、纪检监察及有关部门移送案件线索196件，移送人员29名。

【审计工作开展】政策措施贯彻落实跟踪审计。按照国家审计署的要求和省委、省政府的中心工作，组织全省审计机关对13个市州及20个县区持续开展8轮次的跟踪审计，查出各类违规违纪问题1432个，促进到位和规范管理资金42.59亿元，加快审批和促进实施进度项目323个，促进下放行政审批等事项51项，促进行政落实178项，建立健全制度56项，问责处理128人，推动了资金落实、项目实施、政策落地，促进了政令畅通。

财政审计。组织预算执行、财政存量资金、政府性债务、转移支付、税收征管等多项审计，全省共对1236个部门和单位的预算执行情况进行了审计，重点关注财政资金统筹使用和专项资金管理使用绩效情况、“三公”经费及会议费等管理使用情况，促进最大限度减少财政资金沉淀，盘活存量资金，厉行节约，推动财政资金优化结构、合理配置、高效使用。向省人大常委会提交了《2015年度省级预算执行和其他财政收支情况的审计结果报告》及审计整改情况的报告，并对社会进行了公告。

民生项目审计。坚持把关系民生的专项资金管理使用情况作为审计的重点内容，加大对土地、社保、教育、医疗、住房等民生项目的审计和审计调查，从政策要求、预算安排、资金拨付追踪到项目、追踪到个人，推动各项惠民富民强民政策落到实处，维护了人民群众的合法权益。

经济责任审计。加强对权力运行的监督制约，促进领导干部守法、守纪、守规、尽责，全省共对1871个党政部门、事业单位和国有企业的1960名领导干部进行经济责任审计，查出违规资金37.33亿元。在认真总结2012年以来对7个市州、43个县市区党政一把手“双审”工作经验的基础上，对兰州市政府的主要领导和四区一县党政主要领导履行经济责任情况进行了审计。通过审计，对促进区域经济社会发展、提高公共资金使用效率、推进行政改革、加强干部管理发挥了重要作用。

投资审计。加大对交通、能源、资源、环保、灾后重建等重大项目的审计力度，全省共对3139个重点建设项目进行了审计，项目投资额370.86亿元，核减投资额14.93亿元。

其他审计。加强企业、金融等审计，维护区域经济安全。重点对甘肃银行和甘肃电投资产负债损益、金川集团公司2009年至2015年上半年经营情况、亚行贷款甘肃白银城市发展项目竣工决算进行了审计；对白银公司经营绩效情况进行了审计调研；对全省2014年以前运用政府外债情况和甘肃牧业发展绩效情况进行了调查；根据审计署授权，对18个国外贷援款项目进行了审计，并将审计结果及整改情况在省厅门户网站进行了公告；认真履行统领社会审计的职能，依法对2家社会审计机构出具的5份审计报告进行了核查。

交办事项审计。按照审计署安排部署，省、市、县联动，派出106个审计组、928名审计人员，对全省2014年城镇保障性安居工程（包括廉租房、公共租赁住房、经济适用住房、限价商品住房和各类棚户区改造）的投资、建设、分配、运营等情况进行了审计；完成省直部门及所属单位经营性房产管理和经营收支情况审计调查等20个项目的审计。

【党风廉政建设】一是认真落实“两个责任”。省审计厅党组认真履行主体责任，把落实党风廉政建设责任作为第一责任，及时制定落实党风廉政建设主体责任的实施办法，年初、年中分别召开了全省审计机关党风廉政建设工作视频会议和落实党风廉政建设“两个责任”座谈会，认真研究部署反腐倡廉工作。进一步细化落实工作任务，党组书记与各厅局领导、各市州审计局长签定了党风廉政建设责任书，形成了一级抓一级、层层抓落实的工作机制。强化监督约束，厅领导班子成员深入各党支部指导组织生活会，围绕落实党风廉政建设“两个责任”这一主题，深入开展批评与自我批评。认真贯彻落实关于纪检组“转职能、转方式、转作风”总体要求，积极支持驻厅纪检组开展监督工作。对厅机关各处室党员领导干部执行中央八项规定、省委“双十条”规定情况进行监督检查，对发现的问题在厅门户网站进行曝光。严肃查处信访举报问题，对审计署、省纪委转办和厅机关受理的反映审计人员违反廉政规定和审计纪律的举报信，及时进行了调查核实，并将调查结果上报审计署、省纪委和厅党组。二是狠抓重点工作落实。强化廉政风险防控。通过学习廉政纪律、收看警示教育片、节假日廉政短信等形式，共发放党内法规等教育资料近800册（套），多渠道强化审计人员的廉政意识，筑牢思想防线。树立“风险在一线、廉政建设抓一线”的意识，以审计组面临的思想道德、职权行使、审计形象和审计廉政等四大风险为核心，对工作职责、权力事项进行全面清理，按照“流程清晰、程序规范、主体明确、操作简便、高效透明”的要求，绘制审计权力运行流程图，完善了廉政管理制度。厅党组制定下发《审计组廉政管理办法》通过制度约束审计人员严格遵守各项廉政规定，遵守“八不准”审计纪律规定，做到依法审计、廉洁审计。三是强化内部管理。认真贯彻落实中央八项规定和省委“双十条”规定精神，每年对机关财务进行审计，公开财务收支情况和审计查出问题整改结果，接受民主监督。

【审计法制建设】坚持依法审计、文明审计，把牢审计质量“生命线”。一是坚持学法用法，深化审计机关法治建设。制定下发《2015年全省审计机关普法工作要点》，坚持“干什么学什么”、“学用结合”、“学以致用”，分层次、分对象、精细化地开展学法用法工作，切实提高审计干部运用法治思维、法治方式开展工作、解决问题的能力。大力推进审计机关普法宣传教育，加大审计信息公开力度。充分利用厅门户网站、《甘肃审计》等媒体和宣传展板、宣传册等载体，广泛宣传审计及财经法律法规，营造依法审计的良好氛围。顺利通过省委、省政府“六五”普法检查验收并获得优秀等次。二是规范审计行为，提高依法审计水平。督促审计人员牢固树立质量意识和责任意识，进一步规范审计行为，确保审计质量经得起历史和法律的检验。2015年，共审理审计项目103个，提出审理补正意见618余条，审核、修改审计业务文书329份。制定印发了《审计组若干重要事项操作指引（试行）》，切实规范审计组审计执法行为，靠实岗位职责，提高审计质量；结合法治政府建设及依法行政工作新要求，制定印发《审计移送处理事项管理办法》，进一步规范审计移送处理事项管理，提高移送质量，防范审计风险；制定印发《优秀审计项目评选办法调整方案（试行）》，充分发挥优秀审计项目的示范引领作用；认真落实省政府《关于进一步加强审计整改工作的意见》，按照谁审计、谁负责跟踪督促和整改落实的原则，健全完善审计整改报告、督查、联动、公告、问责等制度，力求使审计查出的问题整改到位。三是加强审计成果运用，加大审计结果公告力度。推动将经济责任审计结果和整改情况纳入所在单位领导班子民主生活会、党风廉政建设责任制检查考核的内容。完善审计结果公告制度，扩大审计结果公告的内容和范围，除涉及国家秘密、商业秘密和其他不适宜向外界公布的以外，逐步规范公告的形式、内容和程序。建立审计结果公告信息反馈机制。

【“双联”行动】完善规划和计划，理清发展思路，提出对症之策，认真抓好落实“精准扶贫”和“双联行动”。持续加大帮扶力度，全面推进基础设施建设。争取资金776万元，对600多户群众危房进行改造；争取资金255万元，为新增联系村民寨村硬化道路5.1公里；争取资金260万元，硬化改造姚河村通社路5公里；争取资金40万元，新修梯田1000亩；争取资金150万元，实施吉林村整村推进项目。落实精准扶贫要求，全面推进增收产业发展。争取资金750万元，推广早酥梨大苗种植6600亩；自筹资金26万元，补贴推广种植双垄沟播玉米7800亩；自筹资金16.95万元，补贴推广种植中草药169.5亩；争取资金20万元，实施良种场建设和新技术引进项目；培育扶持产业致富带头人成立12个种植、养殖和农产品销售合作社，8个联系村全部搭建起了农村电子商务平台。围绕群众所思所盼，积极兴办实事好事。争取资金142万元，改造2个新增联系村学校校舍；争取资金83万元，新修和改造三个联系村和2个新增联系村村部及文化广场；2次邀请医疗专家到联系村开展大型义诊；争取体育健身器材6套，协调“农家书屋”增配价值3万元图书；争取资金30万元，为联系村安装太阳能路灯60盏；争取太阳能热水器66套；争取资金30万元，维修原安乡养老院。四是精选帮扶工作队长，深入开展精准扶贫。按照省委要求，选派8名优秀处级后备干部担任8个联系村驻村帮扶工作队队长开展工作。

（梁馨予）

统　计

【统计服务】一是强化经济运行监测分析。针对错综复杂的经济运行形势和经济下行压力不断加大的严峻态势，及时预警经济运行中出现的新情况、新问题。坚持与国家统计局调查总队联合召开月度经济形势分析会，坚持与省工信委联合召开重点企业座谈会，适时与省发改委联合召开投资分析会，研判经济运行走势；每月向省政府常务会汇报经济运行情况，为省委、省政府把握经济走势、部署指导工作提供参考依据。二是强化专题调查和课题研究。围绕省委、省政府中心工作和重大决策部署，针对经济和社会生活中的重大热点难点问题，采取省领导圈题方式确定并完成15篇重点课题，其中12篇得到省领导的批示；同时省市统计部门撰写了一批时效性、针对性强的专题分析报告。三是进行非公经济核算测算。根据第三次经济普查数据，测算全省 2013 年非公经济增加值，为省委省政府考核评价非公经济提供数据支撑。四是开展精准扶贫问卷调查分析。对习近平总书记甘肃视察点、省委书记王三运、省长刘伟平检查点进行入户访问，设计精准扶贫调查问卷，汇总分析调查数据，提交调查报告。五是主动开展“大调研”、“大分析”活动。多次组成调研组深入市县、农村、企业进行实地调研，详细掌握主体经济、区域经济发展态势，以微观调研支撑宏观分析，提供专题调研报告，服务科学决策。六是拓展社会公众服务。开通微信公众服务平台，及时发布统计数据，充分展示经济发展和统计工作成果，更好地服务于社会公众；按季召开全省经济形势新闻发布会；积极开展“中国统计开放日”宣传活动，改进政府信息公开，有效增强统计透明度。

【统计改革】一是推进生产总值统一核算。跟进国家统计局改革进程，落实年度改革内容，扎实做好相关基础性工作，为统一下算做好准备。二是全面实施投资改革试点。学习借鉴全国投资改革试点经验，在白银试点的基础上扩大到全省。加强培训、组织试填试报；抽查检查数据质量，核查比对确认投资项目，及时发现和解决试点中存在的问题，做好联网直报准备工作；及时向省政府报告投资改革动态。三是稳步推进服务业统计改革。及时更新、维护服务业调查单位名录库。通过联网直报即报即审即验，科学运用内外部统计数据严格评估规上服务业调查数据，采取核查和调研相结合的方式开展检查，把好服务业数据质量关。有序开展规上服务业月报工作。四是电子商务统计取得阶段性成果。在全省 2200 多家限额以上批发和零售、住宿和餐饮企业全面开展网上零售额统计，完成全省第三方电子商务交易平台摸底清查工作，116 家企业实现按月报送网上零售额统计数据，实现每月出数，第三方平台按季反馈。五是能源统计改革取得实质性进展。认真落实国家能源统计改革各项工作任务，完善能源统计调查制度，深入调研，全面测算分析，完成能源消费总量数据调整衔接的改革工作任务。六是试填试报新兴业态统计。选取兰州市三家大型购物中心，从 2015 年 7 月份开始进行商业综合体试填试报工作。七是扎实推进劳动力调查改革。扩大大城市月度劳动力调查样本，增加调查内容，改进了抽样方法，创新调查手段，提高调查效率和数据质量。

【统计监测】一是战略性新兴产业统计监测取得新进展。核实认定了第一、二批共 38 户战略性新兴产业骨干企业，并开展重点骨干企业月度数据的收集、核对及汇总，正在核实认定第三批重点企业；进一步完善战略性新兴产业统计体系，与国家产业目录作对接。二是全面小康监测工作卓有成效。加强全面小康监测基础工作，采购开发监测软件系统，全面开展市县检测，严管监测数据；统筹扶贫与小康，提供统计服务，开展六盘山片区贫困县全面小康监测工作，分析研究甘南藏族地区全面小康现状与差距，对全省两个方案进程进行测算分析，编印《甘肃全面小康 2014 监测报告》，为省委、省政府提供全面小康数据和政策建议。三是循环经济统计监测进一步加强。会同有关部门，建立季度统计快报，强化对指标进展情况的统计监测；在全国先行建立资源消费统计调查制度，深化资源消费统计调查，研究核算省市两级资源产出率，进一步完善循环经济统计指标体系。四是现代农业统计监测如期完成。审核验收《2014 年甘肃省现代农业监测》报表，并计算评估 2014 年省、市、县三级农业现代化进程水平。

【普查与调查】一是如期完成 1% 人口抽样调查主要工作。筹建调查领导小组机构，制定下发职责分工、工作方案和工作计划；完成村级单位地图绘制和小区划分，开展综合试点和培训工作，采购调查物资；扎实开展并完成调查摸底与入户登记工作、事后质量抽查工作和数据核查工作。二是开展三经普成果开发利用。完成三经普数据的汇总及普查公报发布工作，开展第三次经济普查地理信息开发和研究课题招标及研究工作；完成第三次经济普查年度生产总值核算工作。三是农业普查前期准备工作进展顺利。省政府下发《关于做好第三次农业普查工作的通知》，部署安排工作，组建省级领导小组及其办公室。作为全国六个试点省份之一，顺利完成第三次农业普查国家级方案试点，实地开展入户普查登记工作和调查表测试工作，为国家制定方案摸索提供经验。四是社情民意调查工作取得突破性进展。完成公民科学素质抽样调查、社会心态调查、全面放开二孩政策国民意愿调查等 13 项调查工作；完成省委工作落实年贯彻落实情况满意度电访、面访现场测评工作。五是认真做好企业创新调查。扎实做好全省业务培训，坚持报审结合，对市州企业创新调查进行事后质量抽查，确保统计数据质量。同时完成旅游业及其相关产业增加值核算系数专项调查、境外来甘肃工作专家统计调查、资源枯竭城市转型监测统计调查、商品房供应情况专项统计调查等统计调查任务。

【部门统计】一是推进基本单位名录库部门共享。召开部门协调会，就资料交换及共享事宜进行商讨，省编制、民政、工商、税务、质监等部门及时提供有关基本单位的行政记录。二是加强部门统计管理。全年共审批省委宣传部、省供销社、省粮食局、省环保厅、省人社厅申报的部门调查项目 5 个，同时帮助部门建立统计台账，做好基础性工作。三是部门统计协作配合进一步加强。各部门紧紧围绕全省经济社会发展和本部门管理需要，开展了大量卓有成效的统计工作。省委宣传部与省统计局联合完成全省文化产业季度统计工作，省环保厅配合省统计局开展循环经济有关指标季度调查；省食药监局制定了全省食品药品统计报表基础台账，并在全系统深入开展统计法律法规培训；省商务厅、省林业厅、省工商局对国民经济行业分类修订工作提出了宝贵意见；兰州铁路局、省交通厅、省商务厅、省文化厅积极配合做好服务业统计工作；省财政厅、人行兰州中心支行为全省生产总值核算提供了大量数据；

各有关部门全力支持社会统计工作。

【法治建设】强化统计执法检查，全省统计系统通过巡查、专项检查和内部执法检查共检查3602个单位，查出统计违法行为185件，立案查处72件，结案56件，有效地震慑了统计违法行为。加强统计法律法规培训，开展了2015县级领导干部依法行政测试、局机关干部统计法律法规测试、统计行政执法人员资格考试，有效提升全局干部职工的法治素养；开展全省三期统计执法人员统计法律法规、执法流程培训；对部门、基层及联网直报企业开展统计法律法规规章培训。制定发布《甘肃省统计上严重失信企业信息公示实施细则》，完善《甘肃省统计行政处罚自由裁量权执行标准》和《甘肃省统计行政处罚自由裁量权施行办法》，建立省统计局数据质量总体及分专业评估办法。公开权责清单，规范统计行政权力运行，根据省政府统一要求，及时梳理9部统计法律、法规和规章中涉及统计部门的21项权责清单，制定统计调查项目审批、统计从业资格认定、涉外调查活动审批、统计执法、统计监督检查等流程图，进一步明确处室职责、落实责任主体、完善监管制度、规范权力运行。认真开展案卷评查工作，全年分两次对全省统计违法案卷进行了评查，并对评查结果进行了通报。

【统计信息化建设】力保统计信息网络安全，开展安全管理检查工作，保障全省统计业务系统安全运行；修改完善省局统计信息系统网络与信息安全应急预案演练方案，并实施应急演练；顺利实施信息系统等级保护建设整改二期工程，全面部署客户端安全管理系统。全力推进应用研发工作，完成国家级和省级一套表平台的技术支持工作，保障各项统计调查顺利运行；完成甘肃省统计地理信息系统原型框架设计工作，有序推进系统建设进度。实现统计信息网络健康运行，完成省局虚拟化及存储系统建设，搭建全省网络运维管理系统平台，做好网络管理常规性运维。高效完成各项普查数据处理，按期完成全省第三次全国经济普查数据处理和资料开发等相关工作，搭建省、市两级三经普数据处理环境；完成甘肃省1%人口抽样调查数据处理。

【党风廉政建设】一是强化学习教育。采取多种形式，加强党员干部廉洁自律学习教育，利用各类会议、党课教育学习领会中央领导、省委省政府领导关于党风廉政建设讲话精神及要求，并加大对党员干部学习督导；严明党的政治纪律、组织纪律和政治规矩，坚持组织开展好每月一课廉政警示教育活动，巩固思想道德防线。二是强化工作落实。扎实有效地推进省委“工作落实年”、省统计局“作风建设落实年”活动，制定工作方案，明确具体措施和工作任务，并及时督查工作落实完成情况，确保各项任务落到实处，见到实效。继续深入贯彻落实中央“八项规定”、省委“双十条”规定，坚持整治四风，改进作风。三是强化党风廉政建设。认真落实党风廉政建设两个责任，签订党风廉政建设承诺书和统计行风建设责任书，把党风廉政建设和统计行风建设放在更加突出的位置。认真履行“一岗双责”，确保两手抓，落实双促进，进一步完善党风廉政建设各项制度。省局机关开展“三述”工作。四是扎实开展“三严三实”专题教育。按照中央部署，全系统开展“三严三实”专题教育，举办专题教育党课，进行专题研讨交流，认真组织召开专题民主生活会和组织生活会。坚持把“三严三实”专题教育与统计改革发展结合起来，以严治统，以实兴统，做到工作实、数据实、服务实。五是扎实抓好“双联”和精准扶贫工作。根据省委、省政府“1+17”精准扶贫工作方案，结合全系统双联工作规划，选派工作队，争取项目，落实资金，深入农户，实地开展帮扶，精准扶贫和“双联”工作取得可喜成绩。

（邱建安）

煤矿安全监察

【矿井情况】2015年初全省共有各类矿井178处，年内整合关闭矿井5处，截止年底共有各类矿井173处。按隶属关系划分：中央在甘煤矿企业16处，占9.25%；原国有重点煤矿12处，占6.94%；地方国有煤矿35处，占20.23%；乡镇煤矿110处，占63.58%。按矿井性质划分：生产矿井91处，生产能力5048万吨/年，其中中央在甘煤矿企业11处，生产能力2320万吨/年；原国有重点煤矿10处，生产能力1318万吨/年；地方煤矿70处，生产能力1410万吨/年。新建矿井16对，设计生产能力1931万吨/年，其中中央在甘煤矿企业5处，设计生产能力1280万吨/年；地方国有煤矿5处，设计生产能力540万吨/年；乡镇煤矿6处，设计生产能力111万吨/年。扩建矿井62处，设计生产能力1044万吨/年，其中原国有重点煤矿1处，设计生产能力300万吨/年；地方国有煤矿3处，设计生产能力75万吨/年；乡镇煤矿58处，设计生产能力669万吨/年。改建矿井4对，设计生产能力216万吨/年，其中国有重点煤矿1对，设计生产能力180万吨/年；乡镇煤矿3对，设计生产能力36万吨/年。按井型划分：年生产能力大于等于120万吨的大型矿井23处，生产能力5530万吨；年生产能力大于30万吨小于120万吨的中型矿井18处，生产能力1080万吨；年生产能力小于等于30万吨的小型矿井132处，生产能力1629万吨。按瓦斯等级划分：突出矿井4处，其中煤与瓦斯突出矿井1处，煤与二氧化碳突出矿井3处；高瓦斯矿井7处，其中按煤与二氧化碳突出管理1处；瓦斯矿井162处，其中按高瓦斯管理矿井1处。按监察区域划分：兰州监察分局辖区内共有各类矿井131处，其中原国有重点煤矿12处，地方国有煤矿25处，乡镇煤矿94处。陇东监察分局辖区内共有各类矿井42处，其中中央在甘煤矿企业16处，地方国有煤矿10处，乡镇煤矿16处。

【煤炭生产】2015年，全省共生产原煤4399.63万吨，同比减少353.35万吨，下降7.43%。其中：中央在甘煤矿1900.78万吨，占43.2%，减少 2.64 万吨，下降 0.14%；原国有重点煤矿 1833.13 万吨，占 41.67%，增加 7.06 万吨，增长 0.39%；市县国有煤矿 165.62 万吨，占 3.76%，减少 344.23 万吨，下降 67.52%；乡镇煤矿 500.1 万吨，占 11.37%，减少 13.54 万吨，下降 2.64%。

【事故情况】2015 年，全省共发生煤矿死亡事故 14 起、19 人（其中基本建设 2 起、2 人），与去年同期 13 起、13 人相比增加 1 起、6 人，分别上升 7.69% 和 46.15%。事故死亡人数、百万吨死亡率以及较大及以上事故起数均控制在国务院安委会下达的降幅指标以内，煤矿安全生产形势总体平稳。

【煤矿安全监察】一是坚持问题导向遏制事故反弹。针对 2015 年一季度停产维修矿井事故多发的态势，对停产维修矿井和事故矿井开展了以突击暗查为主的全覆盖督查监察，共实施突击暗查 98 矿次，事故多发态势得到遏制。针对国有大矿零星事故多发态势，以人员密集的生产环节和作业场所为必查部位，加强瓦斯、水害、矿压和机电运输系统的监察，对 11 处安全管理较差、安全风险较大的矿井重点监察，责令停产整顿。三季度以来全省煤矿安全状况趋于平稳。二是坚持目标导向推动责任落实。以防范遏制较大及以上事故为目标，着力推动地方政府监管责任和企业安全主体责任落实。向省政府专题报告煤矿安全生产工作情况 2 次。组织对市县政府进行了 3 次检查指导，对列入全国重点县的三个县的煤矿安全监管工作进行了重点监督检查，向各产煤市州、县区发送监察建议书和意见书 64 份。全年共监察矿井 178 处、696 矿次，覆盖率 100%，监察计划完成率 113.3%。下达安全监察执法文书 1526 份，查处一般事故隐患 1309 项、重大事故隐患 5 项，实施行政处罚 190 次，责令停产整顿生产经营单位 18 个，实施行政罚款 1150.5 万元，收缴罚款 883.5 万元。三是开展精细化监察责任落实年活动。认真总结近年来抓主抓重工作思路和“精细化监察年”活动有益经验，进一步组织开展了“精细化监察责任落实年”活动。认真做好执法监督，省局每季度、各分局每月开展执法监督工作并通报情况，推动了精细化责任落实。下半年以来，认真总结“十二五”以来全局“抓主抓重抓薄弱环节、实施精细化监察”总思路取得的成效，结合当前的新要求和工作实践，提出“精准监察”的理念，从监察执法计划的精准制定和严格执行上入手，从日常监察的精准执法和自由裁量权的精准把握上着力，促进了精细化监察提档升级，为下一步强化煤矿监察执法工作奠定了基础。四是严肃责任追究。依法依规查处 14 起事故，结案率 100%；严肃事故责任追究，给予行政处罚 104 人、行政处分 55 人、党纪处分 12 人，移送追究刑事责任 7 人。特别是按上限处罚了永昌县鑫盛隆煤业公司瞒报事故，3 人被移交司法机关、10 人受到党纪政纪处分。五是加强基础建设。制定印发了“工作落实年”工作方案，结合全局效能风暴行动 10 项重点工作，推行“周例会、月计划、季总结、半年检查、全年考核”工作机制，强化工作督办，确保了重点工作按时完成。完成了远程监察平台建设招投标及相关工作。煤炭大院消防安全隐患排查整治，取得一定突破。

（赵鹏）

安全生产

【总体情况】2015 年全省共发生各类生产安全事故 4760 起，死亡 1520 人，受伤 3583 人，直接经济损失 8670.5 万元，与 2014 年相比，分别下降 6.6%、1.5%、0.6% 和 0.3%，没有发生重大以上事故，安全生产形势持续稳定好转，为全省经济社会健康发展提供了坚强的安全保障。

【安全生产责任体系建设】省委、省政府高度重视安全生产工作，始终把安全生产纳入经济社会发展大局。2015 年，省委书记王三运 38 次对安全生产工作作出批示，明确要求各级党委政府要切实把加强安全生产工作作为政治工程、生命工程、民生工程、一把手工程来严格加以落实。省政府组建由刘伟平省长任主任、全体副省长为副主任的安全生产委员会，坚持安全生产问题优先解决、工作优先部署、政策优先落实、经费优先保障，为全省县级以上安监部门统一配备执法装备和车辆。刘伟平省长 64 次对安全生产工作作出批示。黄强副省长多次召集会议安排部署小煤矿关闭退出、油气管道隐患整改等重点工作，深入危险化学品生产储存企业、油气管线、燃气管网和轨道交通建设一线检查指导工作。省市县乡四级全部出台安全生产“党政同责、一岗双责”实施办法，省政府明确村级组织安全监管职责，基本实现安全生产责任“五级五覆盖”。同时，加大安全生产考核权重，省政府在强化对市州考核的基础上，首次与 35 个省安委会成员单位签订体现部门和行业特点的安全生产目标责任书。规模以上企业按照“五落实五到位”的要求，层层建立安全生产责任制，全省上下层层传导压力，形成一级抓一级、一级对一级负责的安全生产责任体系。

【安全生产大检查大整治行动】2015 年，省安监局确立“以查促改、以打促防，治标稳面、强基治本”的安全生产工作总体思路，始终将安全生产大检查、打非治违专项行动作为消弭安全隐患，确保安全生产形势持续稳定好转的重要抓手，经常性开展煤矿、非煤矿山、道路交通、烟花爆竹、危险化学品、建筑施工、粉尘防爆、涉氨制冷、输油气管道、有限空间、民爆物品等重点行业领域的专项整治，大张旗鼓，重拳出击，有效打击非法违法生产经营建设行为。专项整治中，省安委办派出 10 批次 48 个督查组，采取聘请专家，明查暗访相结合等方式，排查隐患 5.6 万条，及时向地方政府和有关部门交办转办督办落实，督促整改 5.39 万条，整改率 96.2%。对整改不力的 376 个责任单位和 495 名责任人进行问责，责令 29 个存在重大隐患的生产建设项目停产停建整顿，收到“查隐患、压事故、保平安”的良好成效，遏制事故多发势头。

省安监局牵头对全省14.1万家生产经营单位安全生产状况进行摸底普查，基本摸清全省各行业企业安全生产现状和特点，分类建档立卡。初步建成全省安全隐患排查治理信息系统，并率先在危险化学品等行业推广，在全省10817户企业试运行。联合公安、建设、交通等有关职能部门，在全省生产建设重点工程现场、人员密集场所等18个行业领域安装使用视频监控系统；借助被国家确定为“公路安全生命防护工程”试点省的机遇，在道路交通领域特别是农村道路推行在线监控系统。在大中型企业积极倡导“把农民工培养成产业工人”，并在酒钢、靖煤和白银公司进行试点，督促企业加强外来劳务人员管理，按产业工人标准对农民工进行安全培训教育。2015年，全省生产煤矿全部达标，工贸行业、金属非金属矿山、交通运输达标企业达到1716户，危险化学品生产企业全部开展标准化创建活动，提升本质安全水平。

【安全监管能力建设】省安委会、省编办、省安委办连续发文，从人员编制、监管装备、办公场所、经费保障等方面对乡村两级安全监管机构建设做出明确规定，并确定村两委的安全监管职责。至2015年底，全省1370个乡镇（街道）均成立安监站，配备5137名安监人员，16782个村（社区）配备20668名安监员，全省绝大多数县区解决乡镇安监站的人员、经费、办公设施等基本保障问题，全省安全监管机构和责任体系实现“五级五覆盖”。省安委会将行业主管部门安全监管“五落实”情况纳入年度目标责任考核；省交通厅、教育厅、水利厅、住建厅等省级行业主管部门调整充实内设安全监管机构力量，并加强本行业基层监管部门的业务培训。

【安全法治建设】为严格规范安全生产行政执法行为，省安监局扎实推进新《安全生产法》宣贯工作和相关配套法规制度建设，起草完成《甘肃省安全生产条例》修订草案，并被列为2016年省人大立法出台项目。省政府办公厅印发《关于加强安全生产监管执法的实施意见》。省安监局制定出台《安全生产行政处罚案件审理委员会工作规则》、《安全生产行政许可、行政处罚和生产安全事故调查案卷制作办法》、《安全生产行政执法文书制作使用规范及范例》、《甘肃省隧道施工安全风险管理十项规定》、《甘肃省涉氨制冷企业安全保障十五条制度》等规范性文件，编印发放《甘肃省安全生产执法工作指导手册》和《甘肃省安全生产行政处罚自由裁量工作指南》4万余册。各级各部门加大安全生产执法力度，全年关闭煤矿33处、非煤矿山48处，吊销证照156个，给予296名事故责任人党纪政纪处分，移交司法机关20人。科学立法、严格执法、规范用法、企业守法的局面正在形成。

【监管方式创新】2015年，取消调整和下放安全生产行政审批事项12项，界定权力清单214项，责任清单2532项；坚持“一个窗口对外”，做到网上晒权、网上行权、公正用权，为基层和企业提供“一站式服务”。建成省、市、县三级安监专用数据网络和高清视频会议系统，“两微一端”（微博、微信和手机终端）已覆盖党政分管领导、全省安监系统和重点企业，一批乡镇安监站利用手机彩信、微信，对辖区企业负责人、驾驶员和村干部进行安全宣传。启动“互联网+安全生产”项目，被国家列为安全生产信息化建设试点省。

【安全生产培训】省安监局将2015年确定为安全培训年，拿出全局专项经费的40%（1200余万元）开展安全生产大培训。采取全脱产、全封闭、半军事化方式，依托高校举办省、市、县、乡镇（街道）安监人员培训班20期，培训3928人，1124名乡镇专职安监员取得《行政执法资格证》。先后两次邀请国务院参事室特约研究员，以视频讲座方式，对省、市、县3000余名党政领导干部进行《安全生产法》专题辅导。邀请全国全省安全生产专家，采取分片分专业、现场授课、集中培训等方式，培训危化品、煤矿、涉氨制冷、粉尘防爆领域从业人员9400人次，提高安监队伍和企业安全管理人员的监管能力和业务技能。在省安监局网站开辟专栏，为安监干部和企业人员自主学习提供便利；建立全省安监系统手机短信平台，将安全生产知识、最新事故信息、各地典型经验以短信形式编发至各级党政负责人、安委会成员单位分管领导、全体安监干部，以大众化方式提升各级安全管理水平。

【安全生产宣传教育】围绕“加强安全法治、保障安全生产”主题，组织开展“安全生产咨询日”、道路运输安全应急演练、营运客车驾驶员“五不两确保”安全承诺等“安全生产月”系列活动；联合新闻媒体深入基层、生产一线开展“安全陇原行”宣传报道活动；在全省范围组织开展安全生产知识电视大赛；推广靖远煤业公司职工家庭开放式安全教育模式。先后向市县和企业制作发放事故案例警示和宣传教育光盘9200张；向各类企业和施工工地编制印发《企业职工培训手册》38万册、《工程施工企业劳务工作业安全常识》40万册；印发《中小学幼儿园安全管理手册》20万册，以学生安全教育促进全社会安全意识提升。与省电视台联合开设《问安陇原》栏目，每周一期，重播两期，每期15分钟；与甘肃日报社每日甘肃网联合开设《安全生产》网络专栏；开通“甘肃安监”微博、微信和手机终端，大力宣传有关法律法规，普及安全常识，全年发布安全生产宣传信息60余万条，营造良好的社会舆论氛围。

【党风廉政建设】2015年，省安监局坚持把纪律挺在前面，夯实“两个责任”，深化正风肃纪，健全防控机制，强化监督制约。多次组织专题学习，深刻领会习近平总书记重要讲话和上级关于廉政建设的指示精神，营造守纪律讲规矩的氛围，强化党员干部的纪律观念和规矩意识。局党组与班子成员、班子成员与处室负责人层层签订《党风廉政建设责任制责任书》，分解细化内部廉政责任分工，明确主体责任清单、任务清单，确保主体责任有人抓、有制度、有抓手、有成效。结合《中国共产党廉洁自律准则》和《中国共产党纪律处分条例》修订发布，持续深化学习，采取授课辅导、知识讲座、参观教育基地等方式，每季度组织一次思想教育或案例警示，不断筑牢全局干部职工的廉政防线。充分运用局门户网站、手机、QQ群、微信等多种方式，广泛传播党风廉政规定、反腐倡廉知识。机关全体干部电脑上都保存甘肃廉政网网站链接，并在手机上安装客户端。

（高国生）

质量技术监督

【概况】2015年，6大类128种产品纳入省级监督抽查计划，开展监督抽查7512批次，抽查产品质量总体合格率为90%，开展风险监测335批次产品，并发布风险监测结果、风险预警和消费提示。封停存在严重隐患的电梯85台，全年共出动执法人员15000余人次，检查各类生产企业1456家，办理案件163起，涉案金额621万元。全省在册特种设备数量121132台（不含压力管道、气瓶），比上年增长13.34%。其中：锅炉11234台，减少4.06%；压力容器40656台，增长16.75%；电梯39328台，增长34.19%；起重机械23338台，减少5.14%；厂内专用机动车辆6220辆，增加2.03%；大型游乐设施349台，增长6.08%；客运索道7条与上年持平。另有气瓶493682只，减少3.76%；压力管道7348千米，增长3.57%。全年共发生特种设备较大事故1起，死亡3人，受伤2人，控制在国务院安委会下达的控制指标之内。出台《全省检验检测认证机构整合指导意见》以及特种设备、建材行业和庆阳市检验检测机构三个整合试点方案，为全国首个由省政府发布的整合检验检测认证机构的指导文件。

【行政审批制度改革】全面完成权责清单编制，共梳理确定315项行政权力，并在甘肃政府服务网上公布；完成对315项行政权力法律依据中50多项构成要素的分解和细化工作，分别编制运行流程图，建立受理、审查、审核、批准、办结闭环运行模式；累计精简调整行政许可事项4个主项2个子项。

【法制工作】出台全省法治质监建设工作要点；制定出台《甘肃省质量技术监督局法律顾问工作规定》、《甘肃省质量技术监督系统法制员管理规定》；聘请3名法律专家为甘肃局法律顾问委员；遴选全省质监系统30名首席法制员、193名法制员组建法制员队伍；针对《特种设备安全法》规定的定期检验查处依据和事故处理报告法律适用问题，依法请示得到《关于特种设备安全法有关法律适用问题的答复意见》和《关于特种设备安全事故调查有关事项适用法律问题的复函》，为全国质监系统特种设备定期检验查处依据和事故处理提供法律依据；对省局行政处罚自由裁量权执行标准重新进行修订。

【地理标志产品保护】甘加藏羊、靖远黑瓜籽2个产品获得地理标志产品保护，全省地理标志保护产品数量达到41个，完成民勤羊肉地理标志保护产品标准的修订；兰州百合、武都花椒、红川酒、两当狼牙蜜、文县绿茶等5个产品9家企业经质检总局核准使用地理标志产品专用标志；《中国地理标志产品大典甘肃卷》正式出版发行；在陇南市组织召开全省地理标志保护推进精准扶贫现场会。

【质量管理】实施质量强省战略，实施政府质量工作考核，完成迎接国务院质量工作考核各项工作。积极推荐2户企业参加第二届中国质量奖评选，天水市成功入围2015年度全国“质量之光”质量魅力10强城市，定西市安定区成功创建为甘肃省首家国家级知名品牌示范区。187户企业被认定为全省质量信用A级以上等级。有3户企业荣获2015年度省政府质量奖，152户企业的173个产品获得甘肃名牌产品称号，甘肃名牌产品总数达到498个。支持庆阳市、兰州市等城市开展“全国质量强市示范城市”创建工作，天水市、金昌市两个城市获批创建“全国质量强市示范城市”；指导获批筹建国家和省级知名品牌示范区的园区开展创建工作，酒钢钢铁产品高新技术产业基地等2个园区被命名为“甘肃省知名品牌示范区”；组织天水电工电器、榆中县高原夏菜等4个产业示范区参加“全国知名品牌创建示范区”区域品牌价值评价。会同省人社厅、省财政厅、省发改委等相关部门共同研究制定《甘肃省质量激励政策措施》。

深入开展全省企业质量信用等级评价工作，组织企业试点发布《企业质量信用报告》；参与省文明办组织的“共筑诚信、德润陇原”甘肃省诚信“红黑榜”新闻发布会，及时发布质量诚信企业“红黑榜”。联合省委宣传部、省发改委等25个部门精心组织开展全国“质量月”宣传系列活动。在全省范围开展“质量服务在企业”年活动，对全省所有工业企业进行全覆盖精准帮扶，全年共走访服务企业4396户，征求意见建议4245条，积极协调和制定解决措施2187条。

【标准化】筹备召开省实施标准化发展战略领导小组会议。会议审议通过《甘肃省标准化发展战略纲要实施方案（2015年—2020年）》和《甘肃省实施标准化发展战略领导小组工作制度》。组织召开全省质监系统标准化工作视频会议和2015年度标准化知识培训班。组织专家解读国务院《深化标准化工作改革方案》，讲解标准化基础知识，进一步提升甘肃省标准化工作人员能力和水平。完成甘肃省的28项强制性地方标准和4项强制性地方标准制修订初步的清理评估工作。严格执行标准制修订工作要求，下达地方标准制修订计划5批166项，审批发布地方标准91项，废止地方标准1项。组织开展“百家企业标准化提升服务工程”活动，48户企业获得“标准化良好行为企业”，13户企业56个产品获得采用国际标准的认可；充分发挥各领域专家在标准化工作中的作用，面向全省范围内公开征集标准化专家852名，并根据专家所在领域整理分类为工业、农业和综合三大类。组织开发“地方标准信息化管理系统”平台，优化地方标准制修订流程，提高地方标准制修订工作效率。组织全省6个国家级农业标准化示范区项目的代表参加全国农业标准化示范区建设20周年成果展，推荐兰州百合、静宁苹果、瓜州枸杞、甘谷辣椒、秦安花椒等16个标准化农产品代表甘肃参展；初步建立跨省区的区域标准化合作机制；与陕西、青海、宁夏、新疆、内蒙及新疆建设兵团等7家西部省级质量技术监督局共同发起组建“新丝路标准化战略联盟”，注重加强区域标准化协作，以标准为纽带促进分散发展为整体发展，实现资源共享、优势互补，共通地方标准，互通标准信息，共享农业、工业、服务业标准技术资源和标准创新成果。

【计量监督管理】共培育具有全行业示范作用的诚信计量自我承诺示范单位648家，为523家中小学校和社区乡镇提供免费计量服务。开展商品定量包装和过度包装计量监督抽查，进行计量监督执法检查，2015年共出动执法检查人员1248人（次），检查集贸市场968家，医院、眼镜经销店1108家，衡器生产企业6家，累计检查各类小型商用衡器32522台件，查处各类违法案件280余起。对全省年耗能5000吨标准煤以上的267家企业进行能源计量审查。

【特种设备安全监管】组织开展自动扶梯、自动人行道及油气等危险化学品罐区特种设备专项安全大检查；会同兰州市局开展电梯、大型游乐设施应急救援演练；对全省16个特种设备作业人员考试机构和20个焊工专业考试机构进行了审核确认，启用“甘肃省特种设备作业人员考核管理平台”；全年共对251名特种设备安全监察人员进行取复证培训，对238名特种设备安全监管工作人员进行法律法规宣贯。组织电梯使用、维保单位检查电梯32450台次，排查油气输送管线10002公里，燃煤工业锅炉使用单位3062家，在用燃煤锅炉4228台，淘汰落后锅炉160台，推广高效锅炉137台；共检查重点特种设备生产使用单位7370家，检查特种设备57261台，发现隐患6740个，已落实整改6605个，整改率98%。

【产品质量监督】对农资产品、日用消费品、建筑装饰装修材料、机电产品、食品相关产品等6大类113种工业产品的监督抽查，共检查5661家生产（经销）企业的7512批次工业产（商）品，总体产品质量合格率为90.0%；组织对机动车发动机冷却液、中小学生课本等8种产品，开展风险监测340批次，总体监测项目符合率为51.3%。综合运用许可后续监管、分类监管、执法查处、集中整治、质量约谈等手段不断规范市场主体行为。

【执法打假】出动执法人员15326人（次），检查各类生产企业1456余家，办理各类案件163起，涉案金额621.28万元，大案要案8起，移送司法机关2起，公开行政处罚案件信息29条；举办2期全省质量技术监督执法打假业务培训班，对12365举报处置指挥中心进行升级改造，指导全省系统启用12365综合信息化平台。组织开展12365质监热线“局长接线日”活动，在重要时期进行联动应急值班。共计接听消费者咨询、投诉、举报1987件，办理局长信箱、部门移送投诉举报9起；协调处理质量争议12起，为消费者挽回经济损失356万余元；协调处理5起汽车产品质量争议；配合总局开展湖北大力客车、一汽大众汽车新速腾、甲壳虫汽车缺陷召回管理工作；挂牌督查督办各类投诉举报案件共29起；先后进入27家企业，最终确定行政处罚权246项，行政强制权8项；建立全省企业质量信用档案数据库，录入、审核79家企业质量违法信息；在全省质监系统开始使用由省“双打办”研发的“两法衔接”信息共享平台。

【检验检测】全省共有各类取得资质认定的检验检测机构592家，实现营业收入总额18.76亿元；开展检验检测收入15.79亿元，共向社会出具检验检测报告3090492份。各类检验检测机构共有从业人员14685人，拥有各类仪器设备70766台套，资产原值384497.90万元，工作总面积2603165.9平方米；截止8月1日，全省所有授权质检站全部退出检验检测市场；组织9个专家检查组，首次对国家认监委在全省抽取的50家样本企业开展质量管理体系认证活动监督检查；开展对11家机动车安检机构专项监督检查，进行联合集体约谈。

【技术机构建设】系统装备总投入1670万元。4月份，国家风电设备质量监督检验中心（酒泉实验室）通过实验室资质认定和实验室及检查机构认可，获得认可资质；国家节能换热设备质量监督检验中心（甘肃）通过国家质检总局专家组的现场验收；国家塑料建材产品质量监督检验中心（甘肃）项目建设进展顺利；国家计量器具型式评价中心完成施工单位招标手续。批准筹建省陶瓷产品、塑料包装产品、纤维产品3家省级质检中心。

【“双联”和精准扶贫】自筹资金100万元、协调争取资金560万元，协调硬化通村道路10.9公里，加固和拓宽通社道路3公里，制作配发家庭小型粮仓300个，安装健身器材2套、太阳能路灯10盏，硬化农户院落152处、村级活动室院落1处，为8户收入较低的贫困群众配备了家具、取暖设施等基本生活物资，帮扶115户贫困户发展绿色种植和畜禽养殖；帮助贫困片带、贫困县和贫困村生产加工企业解决各类问题1686项。

（王泽济）

社会事业

科　技

【概况】2015年，全省有7项重大科技成果获国家科学技术奖，登记省级科技成果819项，技术市场合同交易额130.3亿元。争取国家科技计划项目688项，资金10.39亿元；组织省级科技计划项目630项，资金2.91亿元。专利申请受理14584件，增长21.3%；授权6912件，增长35.6%；有效发明专利4093件，增长25.9%；PCT国际专利申请19件；万人口发明专利拥有量1.59件。科技对经济增长的贡献率达到50.3%。

【创新驱动战略】制定《中共甘肃省委甘肃省人民政府贯彻落实<中共中央国务院关于深化体制机制改革加快实施创新驱动发展战略的若干意见>的实施意见》，明确甘肃省改革创新驱动体制机制的总体思路和目标，坚持全面创新的改革主线、突出技术创新的市场导向、注重激发人才的创新活力、聚焦创新发展的瓶颈制约，全力推进创新型甘肃建设。制定《关于改进加强省级财政科研项目和资金管理的办法》，围绕创新链配置省财政科技资源，优化整合省级各类科技计划（专项、基金等）设置，使科研项目和资金配置更加聚焦甘肃省经济社会发展重大需求。2015年省级科技计划项目资助强度平均达到46万元。制定《关于重大科研基础设施和大型科研仪器向社会开放共享的实施意见》，充分发挥市场在资源配置中的决定性作用，加快推进科研设施与仪器向高校、科研院所、企业、社会研发及各类科技合作组织等社会用户的开放，实现资源共享。《甘肃省促进科技成果转化条例（修订草案）》已经省人大常委会一审，规范省级科技成果管理，实现科技成果共享，大幅度推动新技术转移和成果快速转化。制定《加快建立甘肃省科技报告制度的实施意见》，印发《甘肃省科技报告制度建设实施方案》和《甘肃省科技报告管理办法》。2015年，全省共呈交科技报告450份，通过开放共享410份，率先在西部地区开展市级科技项目报告呈交工作。六是深入推进科技项目评审、科技人才评价和科研机构评估机制改革，开展“科技人才培养和评价机制”专题调研。科技奖励评审突出企业创新主体地位，奖励项目注重与甘肃经济社会发展的结合。

【兰白试验区建设】完善工作体系。成立兰白试验区工作推进领导小组，省委、省政府主要负责同志担任领导小组组长。设立省创新办，下设政策财经、产业、科技、人才等四个工作小组。加强顶层设计。兰白试验区领导小组会议原则审议通过《兰白科技创新改革试验区发展规划(2015—2020)》，实施以“三大计划”“五大工程”和“十项创新改革举措”为主要任务的“3510”行动。制定《兰白科技创新改革试验区条例（草案）》并提请省人大常委会审议。出台《关于进一步支持兰白科技创新改革试验区人才发展的办法（试行）》。设立技术创新驱动基金。创新财政资金使用方式，整合财政资金20亿元设立兰白试验区技术创新驱动基金。成立甘肃兰白试验区创新基金管理有限公司，通过市场化运作、专业化管理。制定《兰白科技创新改革试验区技术创新驱动基金使用办法》和《兰白科技创新改革试验区技术创新驱动基金风险控制委员会管理暂行办法》，进一步规范基金的运行管理。省财政厅与省科技厅联合印发4个子基金管理办法。技术创新驱动基金运行良好。2015年，科技贷款增信基金已为229家科技型中小企业贷款融资10.09亿元；首批发起设立的科技创新创业引导基金4支子基金总规模16亿元，其中吸引社会资金11.7亿元；对15家申请科技孵化器专项基金的科技企业孵化器进行了初审和尽职调查。通过甘肃股权交易中心科技创新板、知识产权价值评估质押等模式，为科技型企业累计融资5.92亿元。甘肃银行、兰州银行、交通银行设立科技支行并挂牌运营。五是加强开放合作。积极开展与上海张江国家自主创新示范区东西区域合作，在双方往来交流、互派挂职干部、共建技术转移中心和产业创新园、加强企业合作对接等方面，探索出优势互补、共同发展的新路径。

【战略性新兴产业】助力战略性新兴产业发展壮大。培育战略性新兴产业项目85项，制定省科技厅支持战略性新兴产业骨干企业发展的8条措施，推荐的两批企业通过审核分别进入第二、三批骨干企业名单。战略性新兴产业知识产权工作全面展开，对战略性新兴产业专利进行预警分析，建成战略性新兴产业专利信息服务平台和优势行业专题专利数据库。战略性新兴产业骨干企业近三年获得科学技术奖励项目达31项。突出科技奖励导向作用。2015年度全省科技奖中，企业主要参与完成的项目占74.1%。首次评选甘肃省专利奖，发明专利占获奖项目的85%。企业技术创新体系建设取得重大突破。金川集团股份有限公司“镍钴资源综合利用国家重点实验室”和天水电气传动研究所有限责任公司“大型电气传动系统与装备技术国家重点实验室”获批建设，是甘肃省首次获批企业国家重点实验室。项目支持重点突出企业主体地位。由企业承担或为企业服务项目达167项，科技重大专项、科技“小巨人”培育计划、科技型中小企业创新基金项目全部由企业承担。

【创新能力】基础前沿加速赶超引领。我国首台自主研发的医用重离子加速器成功出束，标志着国家重离子辐照技术的应用迈出了实质性的步伐。成功完成我国首颗暗物质粒子探测卫星“悟空”载荷的关键分系统——塑闪阵列探测器的研制工作。首次在国际上成功鉴别215U和216U两个铀最轻的新同位素。科技创新人才培养和凝聚不断加强。新增中国科学院院士1名。获得国家自然科学基金项目643项，支持经费3.078亿元。企业拔尖科技人才首次获得省杰出青年基金。科研基地创新能力持续提升。新建省级重点实验室（培育基地）15个，省级工程技术研究中心4个。对三年建设期满的9个重点实验室（培育基地）进行验收和绩效评估，组织上年度评估结果为“一般”的10个省级重点实验室和28个省级工程技术研究中心进行了整改。

【科技精准扶贫】聚焦科技精准扶贫。联合省农牧厅、省扶贫办出台《关于开展科技精准扶贫工作的实施方案》，选派科技特派员覆盖全省建档立卡的2110个贫困村。实施“三区”人才支持计划科技人员专项，为甘肃省60个县区选派科技人员1080人，培训本土科技人才138人。农业科技园区建设规模显现。酒泉、张掖、白银、临夏、甘南国家农业科技园区先后获批建设，新认定16个省级农业科技园区。企业主体育种创新体系建设不断推进。组建甘肃省玉米产业技术创新战略联盟。组织省级科技重大专项“饲用甜高粱种质创新及饲用技术的研究与示范”，为饲用甜高粱产业发展提供坚强地科技支撑。双联行动和精准扶贫深度融合。把精准扶贫精准脱贫作为推进和拓展双联行动的着力点，充分发挥康县双联组长单位的统筹协调作用。在三个双联县分别实施民生科技项目，带动当地优势产业发展，促进农户增收致富。支持美丽乡村建设，提升农村科技信息化建设水平。

【“双创”工作】努力激发“大众创业，万众创新”活力。张掖市获得“国家小微企业创业创新基地城市示范”立项，支持经费6亿元。获批2家国家级科技企业孵化器，14家众创空间纳入国家级科技企业孵化器管理服务体系。制定《甘肃省发展众创空间推进大众创新创业实施方案》。出台《关于扎实推进众创空间建设工作的意见》和《甘肃省众创空间认定管理办法（试行）》，认定61家省级众创空间、242名省级创新创业导师及张掖市作为创新创业示范城市。成功举办第四届中国创新创业大赛（甘肃赛区）赛事、首届“丝绸之路”国际大学生创新创业大赛暨甘肃省第六届大学生创新创业大赛、首届工业设计大赛、甘肃省第十届中小学生科学知识网络竞答活动、2015年全省科技活动周系列活动。着力培育科技服务业新业态。兰州高新区、白银高新区入选科技部首批25家科技服务业试点区域。制定了《甘肃省加快科技服务业发展实施方案》。“科聚网”和“兰州科技大市场”正式上线，实现了科技综合服务。科技创新力促工业提质增效。认定的123家高新技术企业全部通过国家备案审查。帮助8家企业享受研发费用税前加计扣除政策，对甘肃省3个国家大学科技园、3个国家级科技企业孵化器进行了免税资格审核。成立“甘青宁生产力促进服务联盟”“甘肃省大数据产业技术创新联盟”，新备案2家生产力促进中心。注重科技创新服务社会民生。“凝结水与乏汽闭式回收装置”等7项技术被国家《节水治污水生态修复先进适用指导目录》收录。兰州城关区数字化社会管理和服务平台示范等项目取得显著成效。在循环经济、生物医药、人口健康、生态环保、公共安全等领域组织实施62项省级重点研发项目。兰州新区获准创建国家可持续发展实验区。

【知识产权】知识产权战略扎实推进。出台《深入实施甘肃省知识产权战略行动计划（2015—2020年）》和《2015年甘肃省知识产权战略实施推进计划》。制定出台《甘肃省专利奖励试行办法》和《实施细则》。专利权质押融资成效显著。建立甘肃省中小微企业专利权质押融资信息库，举办专利权质押融资银企对接会。2015年，全省专利权质押融资额达到8.9亿元，同时正在积极推动设立专利权质押融资风险补偿基金。知识产权创造和运用能力不断提升。首次将万人口发明专利拥有量指标纳入全省经济社会发展主要指标。开展了第三批知识产权优势企业培育，总数达101家。获批2家知识产权分析评议服务示范创建机构。专利执法保护成效明显。全省国家级知识产权试点县达到6个。全省出动执法人员960余人次，检查商业场所150多个，检查商品8万余件，共受理各类专利案件340件。

【“一带一路”建设】不断拓展国际科技合作领域。中国—马来西亚清真食品国家联合实验室落户甘肃。中国—巴基斯坦农业生物质能源技术研发与示范联合中心获科技部立项支持。积极支持省内高校与以色列开展技术研发合作。引导甘肃省科技力量与“一带一路”沿线国家开展国际科技合作，30个科技创新合作项目入选科技部项目库。不断创新“项目—人才”合作模式。积极搭建紧扣甘肃省经济社会发展需求的国际科技合作平台，谋划开展与俄罗斯、德国、克罗地亚等国家政府间科技合作项目。依托发展中国家技术培训班，继续深化与中亚诸国间的科技合作。首次实施日本樱花科技计划项目。新获批2家国际科技合作基地。提升国内科技合作水平。国家技术转移东部中心分中心、北京大学技术转移甘肃中心、中国科学技术大学技术转移甘肃中心落户兰白科技创新改革试验区。两岸四地合作稳步推进，院地合作继续深化。认真落实部省会商议题，完善厅市会商机制，进一步加强与兄弟省区市科技交流合作，构建多层次合作平台。

（荣良骥　刘军）

教　育

【基本情况】2015年，全省共有幼儿园3971所（其中民办幼儿园1676所），在园（班）幼儿70.11万人，较2014年增加8.1万人，学前三年毛入园率达到75%，增长5个百分点。共有小学8052所，在校生180.24万人。初中1491所，在校生90.93万人。

九年义务教育巩固率93%，提高6个百分点。共有普通高中386所、中等职业学校228所，在校生分别为62.94万人、22.93万人，高中阶段毛入学率92%，提高2个百分点。共有普通高校45所（本科22所含独立学院5所、高职专科23所）；成人高等学校6所；培养研究生单位14所（普通高校10所、科研机构4所）。普通高校在校生45.05万人，成人高校在校生8.84万人，研究生2.96万人；高等教育毛入学率32%，提高4个百分点。小学、普通初中、普通高中、中等职业学校生均校舍建筑面积分别为7.62平方米、11.48平方米、14.4平方米、18.28平方米，分别比上年增加0.14平方米、1.38平方米、1.42平方米、2.07平方米；普通高校教育教学行政办公用房面积610.99万平方米，图书3516.05万册，增加115.04万册。

【教育精准扶贫】全面启动实施省教育厅精准扶贫学前教育、义务教育、职业教育、乡村教师队伍、民族教育、学生资助、高校招生等7个专项支持计划和支持革命老区教育跨越发展行动计划，教育经费、优惠政策、建设项目优先向贫困地区倾斜。建成教育精准扶贫大数据平台，面向贫困县招收“两后生”6万余人，努力实现“输出一人、脱贫一户”。各类专项共录取贫困地区学生2.23万人。建立“西北师范大学精准扶贫与区域发展研究中心”等5个高校精准扶贫智库。甘肃教育精准扶贫工作获中国教育报、中国教育新闻网主办的第四届全国教育改革创新特别奖。

【教育综合改革】省政府制定《甘肃省深化教育考试招生制度改革实施方案》。推进普通高中学业水平考试和综合素质评价改革试点。减少和规范高考加分项目，压缩调整地方性高考加分项目及分值。改进投档录取模式，首次实行平行志愿录取。扩大中职学校对口升学考试招生规模和省内单独测试招生规模，实施应届高中毕业生和中职毕业生推免录取试点。高职（专科）通过分类考试招生2.93万人，占高职（专科）录取人数的56.46%。推进县（区）域内义务教育学校校长教师交流轮岗，兰州市西固区取消中小学校长行政级别，率先在全省实行校长聘任制和教师“区管校用”，促进城乡师资均衡配置。试行义务教育学区制，推行以实现优质教育资源共享为内容的学区制模式。鼓励各地组建教育集团、学校联盟，实行名校办分校、强校托管弱校，积极破解城市义务教育资源不足问题。

【乡村教师队伍建设】省政府出台《甘肃省<乡村教师支持计划（2015—2020年）>实施办法》，贫困县乡村中小学、幼儿园教师每月享受不低于500元的生活补助。实施乡村教师生活补助工作，全省共投入资金2.8亿元，16.95万名乡村教师受益。改革乡村教师职称（职务）评聘制度，不再作外语、发表论文的刚性要求。精准补充师资，坚持“按需设岗、按岗招聘、精准补充”的原则，通过国家“特岗计划”、省政府民生实事等项目精准招录教师7781人（中小学教师2600名、幼儿园教师4861名、免费师范生320名），乡村教师占96%。着力破解英体美等小学科教师紧缺难题，积极推进英体美教师走教，专门为农村中小学补充音体美教师558人。创新乡村教师培训模式，以乡村教师为重点，扎实推进教师培训“三计划两工程”（陇原名师助力贫困县优秀青年教师成长计划、百千万乡村教师素质提升计划、万名乡村校长能力提升计划和教师人文素养提升工程、中小学教师信息技术应用能力提升工程）和“精准扶贫乡村教师培训三行动”（网络与校本研修“薪火网研行动”、乡村微规模学校教师访名校“微访行动”、乡村学前教育教师素质提升“千千树行动”），全年培训教师13.93万人次，乡村教师占85%。

【落实立德树人根本任务】加强中小学德育，全面实施未成年人思想道德建设“金种子”工程，组织开展“青少年科技创新大赛”等30多项主题教育活动。加强学校体育，省教育厅等6部门印发《甘肃省关于加快发展青少年校园足球的实施意见》，教育部命名甘肃211所学校为全国青少年校园足球特色学校。成功举办全省第三届大学生运动会和2015年甘肃省青少年校园足球联赛。全面加强和改进学校美育工作，大力提高学生审美和人文素养，省政府制订《甘肃省全面加强和改进学校美育工作的实施方案》。持续推进“三个千所示范校”创建活动，创建省级中小学德育示范校、快乐校园示范校各200所，语言文字规范化示范校123所。加强语言文字工作，省教育厅、省语委承办第18届全国推广普通话宣传周。推动高等教育合作育人和优质课程资源共享，5所高校实现思政课跨校选课。

【民族教育】加快改善民族地区义务教育办学条件，“全面改薄”项目资金按在校生数的120%向民族地区倾斜支持，安排资金16.47亿元，惠及民族地区学校1142所。实施国家发改委民族地区教育基础薄弱县普通高中项目15个，计划完成投资2.59亿元，支持民族地区改扩建普通高中教学和学生生活类校舍。实施国家藏族地区9+3免费中职教育，招收321名藏族地区初中毕业生在兰州中职学校就学。推进实施国家“三区”人才支持计划教师专项计划和顶岗支教活动，选派1400名教师赴“三区”支教，选派301名大学生赴甘南藏族地区幼儿园顶岗支教。实施内地高中民族班扩招工程，招收300余名民族地区学生在兰州等地接受优质高中教育。加强双语教师培训，全年培训720人次。

【民办教育】全省各级各类民办学校（含非学历培训机构）2558所，在校生39.45万人，教职工3.43万人。2015年全省新建民办幼儿园125所、非学历培训机构186所，批复筹建西北工商职业学院。支持普惠性民办幼儿园发展，首次开展全省普惠性民办幼儿园奖补，落实资金3185.32万元，奖补民办幼儿园179所，4.6万名幼儿受益。加强民办幼儿园师资培训，培训民办幼儿园教师、园长7750名。

【教育保障】2015年，全省公共财政教育支出497.19亿元，占全省生产总值的7.32%。省财政厅、省教育厅制定出台学前教育、中职学校、高职院校、特殊教育生均公用经费拨款标准。高职生均拨款不低于1万元；中职全免学费，由同级财政按每生每年7000—8000元标准落实；学前教育生均公用经费城市达到每生每年1400元，农村达到每生每年1200元；义务教育阶段特教学生公用经费标准由每生每年800元提高到6000元，特教津贴标准由基本工资的15%提高到30%，残疾人就业保障金用于特殊教育的比例由5%提高到8%。教育投入向对百人以下小规模学校倾斜支持，按百人标准补助公用经费，确保办好必要的村小和教学点，补助标准由每校1.9万元提高到2.29万元，增拨补助资金1.85亿元，7920所小规模学校受益。提高农村义务教育学校冬季取暖费费标准，甘南藏族地区自治州等12个高寒阴湿地区按其他地区2倍标准拨付。落实义务教育家庭经济困难寄宿生生活补助政策，下达资金7.68亿元，受益学生66.88万名。甘南州实现农村义务教育寄宿生生活补助政策全覆盖，补助标准由生均每年1950元提高到2168元（玛曲、碌曲县达到2200元），补助标准是其他地区的近两倍。全面实施农村义务教育学生营养改善计划，每生每天补助4元，共下达补助资金14.84亿元，184.1万名学生受益。

【教育信息化建设】教育信息化优质资源共享面逐步扩大，在贫困地区中小学和教学点建设“班班通”教室1.62万个，中小学宽带网络“校校通”比例达到84.1%，信息化优质资源“班班通”覆盖率达到73.3%。在教育部“一师一优课、一课一名师”活动中，甘肃中小学教师参与率全国第一、晒课数量全国第三。

【对外合作交流】承办丝绸之路（敦煌）国际文化博览会准备工作会文化传承创新高端学术研讨会，47所中外高校首批加盟成立“一带一路”高校战略联盟，发布“敦煌共识”。兰州财经大学挂牌设立中亚商学院，面向中西亚招收留学生，积极为共建丝绸之路经济带培养经济类专业人才。公派出国留学有序实施，71高校教师、47名在校大学生赴国外留学。服务中西亚文化普及，编纂完成丝绸之路沿线22个国家国别通识手册。西北师范大学第三所孔子学院在波黑萨拉热窝大学揭牌成立。做好来华留学工作，在西北师范大学开设东干族本科班，共有149名（其中，2015年批准招生50名）东干族学生在甘就读。

【学生资助】健全完善学前教育到高等教育的学生资助体系，确保不让一名家庭经济困难学生因贫失学。从2015年秋季起，按每生每学年1000元标准，免除贫困县建档立卡贫困家庭幼儿在当地接受学前教育的保教费。全面落实中职免学费和助学金政策，分别按照生均每年2000元标准，免除中职教育学费、对家庭经济困难中职生发放助学金。对普通高中家庭经济困难学生按照生均每年2000元标准发放助学金。对进入省内高职院校的贫困家庭学生免除学费和书本费。建立国家助学贷款还款救助机制，生源地信用助学贷款本专科学生由每生每年最高6000元提高到8000元，研究生从8000元提高到1.2万元。2015年，全省共落实各类学生资助经费17.47亿元，99.35万名贫困生受益；发放助学贷款12.22亿元，21.06万名贫困生受益，贷款规模较2014年增长5%，贷款金额增长10%。

【依法治教】深入推进简政放权，完善“三张清单一张网”，保留权责事项53项，公共服务事项8项，下放普通高校毕业生就业派遣手续办理、普通高校教学岗位高级专业技术人才延长退休等审批权限。配合全国人大和省人大完成教育法律一揽子修订调研和职业教育法执法检查工作。加快高校章程建设，核准13所高校章程，完成21所高校章程初审工作。制定《省教育厅关于制定和完善高等学校理事会制度的指导意见》和《省教育厅关于健全和完善高等学校学术组织体系的指导意见》。

【校园安全工作】印发《甘肃省校车服务方案》、《甘肃省学校食品安全管理办法（试行）》、《甘肃省校园安全保护区社会治安综合治理十项规定》。深入开展校园及周边综合治理、安全隐患排查整治、安全隐患大排查“百日攻坚”等专项行动，累计排查学校6万余所，督促整改安全隐患1500余条。

【教育宣传工作】推进信息公开，加大官方微博、微信等新媒体的建设与应用，教育部办公厅、省委办公厅、省政府办公厅信息简报刊发甘肃教育工作信息17期，1期被国务院办公厅采用，国务院领导作出批示。主流媒体对甘肃教育工作进行了全方位宣传报道，全年中央和香港媒体发稿280余篇，其中《人民日报》9篇，新华社33篇，中新社（网）72篇，《中国教育报》152篇；《甘肃日报》、甘肃电视台等省级媒体报道超过1000余条，多角度反映了甘肃教育改革发展的主要成果和亮点工作。

（张全　何昱锡）

文　化

【文艺创作演出】启动实施全省地方戏曲剧种普查，实施戏曲剧本孵化计划，建立选题指导制度，扶持戏曲剧本和“名家传戏”。实施“甘肃戏剧剧本工程”，面向全国征集舞台剧本，建立舞台剧本库；面向全省征集艺术创作选题，建立创作选题目录。重视陇剧、花儿等地方特有剧种的保护和创作，加强对艺术创作的指导，组织专家指导修排秦腔《大河儿女》、舞剧《丝路彩虹》，论证话剧剧本《秦时明月》、秦腔剧本《柴生芳》、《陇上铁汉》、陇剧剧本《山花》等优秀剧本。打磨提升话剧《天下第一桥》、歌剧《貂蝉》、秦剧《大河情》、陇剧《庆阳八年王维舟》等多部剧目。继续打造敦煌画派、“西风烈・绚丽甘肃”原创歌曲创作工程。

【现代公共文化服务体系建设】全省各地因地制宜、突出特点，整合资源、发挥优势，强力推进“乡村舞台”建设和文化精准扶贫工作。“乡村舞台”建设受到中宣部、文化部及省委、省政府领导充分肯定，文化部在康县召开“乡村舞台”建设现场会，向中西部11个省市区介绍“乡村舞台”建设经验做法。省委办公厅、省政府办公厅印发《关于加快构建现代公共文化服务体系的实施意见》和《实施标准》，全省公共文化服务标准化、均等化建设推动实施。实施市州两馆新建及改扩建、县级“两馆”修缮改造、乡镇综合文化站建设与内部设备配套、社区文化中心服务条件改善等工作。

【文化遗产保护】启动实施“历史再现”工程，大力发展形式多样的“乡村记忆”博物馆。2015 年，全省新增博物馆 165 个，总数达 385 个。一批重要文化遗产展示工程和博物馆建设项目深入实施，大量行业和民间收藏的社会文物纳入规范化管理，进一步拓展了全省博物馆体系空间和数量类型，有效提升了不可移动文物特别是遗址类文物的展示利用水平。“乡村记忆”博物馆建设经验得到中宣部肯定；“历史再现”工程被省委宣传部评为 2015 年度全省宣传思想文化工作创新奖。

【文化市场管理】配合国家制度改革落实先照后证要求，修改了娱乐场所、营业性演出、互联网上网服务以及文化市场等管理规章。按照“谁审批、谁主管、谁执法”的属地管理原则，通过执法层级下移，进一步明确行政综合执法的职责。通过组织开展执法案卷评查、交互式检查、以案施训、法律普及等活动，全省各级文化市场行政综合执法人员素质明显提高，办案质量显著提升，连续五年无行政复议案件。以“扫黄打非”工作“清源”“秋风”“净网”“固边”四大专项行动为依托，依法查处网吧接纳未成年人等违规经营行为，重点对校园及周边的网吧、娱乐场所、非法出版物、盗版教辅书等检查，严厉打击和取缔各种反动、淫秽、色情、暴力、封建迷信的文化经营活动。

【文化产业发展】2015 年，文化系统文化产业同比增长 24.45%。引导文化企业向园区集中，推动园区向集约化、规模化、专业化、品牌化发展，兰州创意文化产业园、敦煌文化产业园、甘肃万博金城珠宝古玩城、庆阳香包集群、张掖祁连玉文化产业园等园区和基地，进入全省文化产业前 30 强。

【对外文化交流】深入挖掘全省丰富的文化资源秉赋，充分发挥“敦煌”这一知名文化品牌的国际影响力和甘肃作为丝绸之路黄金段的独特区位优势，成功申请获批举办丝绸之路(敦煌)国际文化博览会，首届丝绸之路(敦煌)国际文化博览会筹备工作顺利启动。全年对外和对港澳台文化交流项目 82 起，678 人次。

【文化法制建设】积极配合省人大开展《甘肃省非物质文化遗产条例》立法调研、论证等各项立法筹备工作。该条例已于 2015 年 3 月 27 日经省人大常委会审议通过，于 2015 年 6 月 1 日起正式施行。文化部办公厅印发的《支持甘肃华夏文明传承创新区建设重点任务分工方案》，从 9 个方面对全省文化工作提出了 38 条具体支持政策。印发实施《关于加快构建现代公共文化服务体系的实施意见》、《关于做好政府向社会力量购买公共文化服务工作的实施意见》、《甘肃省党政机关境内展会活动管理实施细则》、《关于进一步加强对外和对港澳台文化工作的实施意见》等一批文化政策法规。大力推进简政放权和转变职能工作，开展“三张清单一张网”梳理工作，共梳理出 69 项权力和责任清单，梳理便民服务事项 25 项，并完成行政执法权流程图编制工作，在甘肃政务服务网予以公布。制定印发《省文化厅推进简政放权放管结合转变职能工作方案》，下放行政处罚权 38 项。在全面承接文化部下放审批项目的基础上，对省文化厅行政审批项目减少审批环节、优化审批流程，审批时限由法定的 20 个工作日压缩至 7 个工作日，全年共受理行政审批 75 件。按照“一个窗口受理、一站式审批、一条龙服务”的管理要求，将省文化厅行政审批事项全部入驻省政府政务大厅进行受理，明确窗口首席代表、分管领导、联系处室，健全了窗口轮换制度，杜绝不经窗口受理直接由各相关业务处室进行受理的现象。将行政许可权力运行图与政务服务中心行政许可事项进行了衔接核对，进一步衬托着了政务服务中心行政审批流程，做到了外网与政务内网行政许可的协调统一。采取有效措施，不断加强政务公开工作。制定《甘肃省文化厅政务信息公开规定》和《甘肃省文化厅网站管理暂行办法》等制度，明确了需要向社会、系统内部和机关内部三个层次公开的 29 项信息内容。不断完善省文化厅网站建设，按照《中华人民共和国政府信息公开条例》的要求，主动公开文化方面的政策法规、文化信息等，对厅长办公会、重大人事任免、月度重要工作等内容，在不涉及党和国家秘密的前提下不定期进行公告。

【行业作风建设】2015 年，省直文化系统各级党组织全面落实主体责任、第一责任、分管责任和监督责任，着力加强党风廉政建设，加强行业作风建设，党风政风行风焕然一新。在落实主体责任和监督责任过程中，着力推动党风廉政建设与文化业务工作同研究、同部署、同落实、同检查、同考核，做到真管真严、长管长严。扎实开展党风廉政建设考核、巡察、“三述”、谈话、专项治理等工作，强化干部教育管理监督，扎实履行从严管党治党职责，为文化事业健康发展提供坚强保证。认真学习党章和《中国共产党廉洁自律准则》、《中国共产党纪律处分条例》，广大党员干部的纪律和规矩意识进一步增强。扎实开展“三严三实”专题教育，党员领导干部践行“三严三实”的自觉性进一步增强。认真落实中央八项规定和省委“双十条”规定，强化作风建设，防止“四风”反弹。把纪律和规矩挺在前面，强化执纪问责，依法依规查处了违规违纪违法问题。组织开展“陇原清风”廉政文化巡演活动，在兰州、定西、白银、临夏等 4 个市州、20 余县区进行巡回公益演出 40 场，营造了崇廉、倡廉的良好氛围。

【“双联”工作】2015 年，全省文化系统围绕双联行动与精准扶贫融合联动，积极宣传政策，细化工作措施，推动工作落实。筹集资金完善双联村文化、体育、照明灯设施，完成联系村自来水入户、危房改造、便民桥修建、路面硬化、垃圾池及农田灌溉渠等建设项目，双联村基础设施条件不断改善。筹集资金帮助双联村实施桃林、蔬菜大棚、樱桃、冬枣、藏柴胡、苹果等特色种植，发展鸡、牛、羊等养殖，不断拓宽群众增收致富渠道。组织文艺院团深入基层和双联村开展“文化帮扶、惠民演出”、专题和综艺晚会演出，开展送书、送春联活动，丰富双联村群众文化生活。积极引进外力，帮助改善双联村办学条件，资助困难学生上学，双联工作取得了显著成效。

卫　生

【卫生改革】公立医院改革加快推进，“315”改革模式进一步巩固，医疗服务收费加政府补助的公立医院补偿机制初步建立。城市公立医院改革试点扩大到2个，县级公立医院改革全面推开。2015年，全省14个市州和71个县（市、区）完成机构改革任务。65个县市区和1058个乡镇计划生育服务机构加挂健康教育所牌子，基层计生队伍得到稳定，健康服务力量得到强化，全民医保水平不断提高，新农合政府财政补助标准提高到380元，城乡居民大病保险覆盖全省2228万参保（合）城乡居民，疾病应急救助818人次。药品集中采购机制得到创新，全面实施新一轮公立医院药品集中采购工作，推行药品集中采购分级负责工作机制，网上集中采购药品配送率达96.73%。分级诊疗制度取得显著成效，近9000名医师固定、有序下沉，新农合住院患者实际补偿比提高至62.67%，同比上升5.97个百分点，县外就诊率下降3.34个百分点，县外基金支出下降14.89个百分点，全省分级诊疗经验得到刘延东同志2次批示。中医特色经验被中央深改办《改革情况交流》专题刊发向全国介绍。

【计划生育】有序实施单独两孩政策，修订《甘肃省人口与计划生育条例》等全面两孩生育政策实施前期准备工作正式启动。流动人口婚育证明电子化改革全面推行。基本建成全国人口和计划生育利益导向政策体系示范区，独生子女伤残死亡家庭补助标准分别提高到300元和500元，近千万人次计生群众共得到50亿元奖励扶助和关怀救助。流动人口卫生计生基本公共服务均等化试点工作进展良好，全员人口信息系统不断完善，为全省社会治安综合治理工作提供了有力保障。

【公共卫生】国家免疫规划疫苗报告接种率均达到95％以上，艾滋病疫情继续保持低流行状态，精神卫生工作进一步加强，大骨节病、克山病、布病等地方病防治成效显著。重大突发事件卫生应急工作成效显著，科学、依法做好鼠疫、中东呼吸综合征等防控工作，圆满完成“两会”等重大节会的保障任务。完成420项企业标准备案工作，食品安全风险监测覆盖80%以上县级行政区域。妇幼保健服务能力进一步提升，出生缺陷防治工作有序开展，完成15.2万名免费孕前优生健康检查任务。

【居民健康】健康促进模式改革取得重要突破，省政府办公厅印发《关于健康促进模式改革的指导意见》，定西、陇南、嘉峪关、金昌、平凉、天水、兰州等7市印发将健康融入所有政策文件。健康促进模式改革试点县由6个扩展到34个，90多万人享受了免费健康体检和健康指导，初步实现改革目标。城乡居民健康素养提升工程深入开展，村级三件事顺利推进，累计发放健康保健工具包520万个，培训49万多人。对近两年调查的骨质疏松等10种大病，研究制定干预措施，发动群众积极预防，启动新一轮大病调查工作。成功创建国家卫生城市3个、国家卫生县城1个，省级卫生城市、村镇和单位648个。

【医疗服务】强化医疗质量控制管理，累计建成省级医疗质控中心38个。省财政补助5000万元，支持建成40个重点专科。人才队伍建设持续加强，完成766名住院医师规范化培训招录、450名免费医学生的录取和800名全科医生转岗培训工作。选拔336名大学生到乡镇卫生院工作，选派445名医护人员到国（境）外、6623名医护人员到省内外进修学习。加强医疗监管，推行医疗机构和人员不良积分记录制度，深入推进“平安医院”建设，落实患者维权、医疗机构整改和不良业绩记录四联单制度，医疗秩序总体向好。

【基层卫生】省政府出台《关于进一步加强乡村医生队伍建设的实施方案》，村医养老、准入、退出机制取得突破性进展，村医问题得到很好解决。在全国率先建立村医职称评定制度，113名村医获评高级职称。44个乡镇卫生院被国家卫计委认定为群众满意乡镇卫生院，乡村医师和社区医生签约服务试点工作有序开展。

【中医药改革】全面推进中医药综合改革试点示范省建设，全年建成全国基层中医药工作先进单位4个，全省中医药工作先进和示范县(市、区)11个。中医药“名科”战略有效实施，累计建成国家级专科35个，省级重点专科146个。中医药健康服务在养生、旅游等方面的潜力持续释放，中医药产业发展先行先试工作稳步推进，国家中医药产业发展综合试验区创建工作取得积极进展。

【对外交流合作】加强与“一带一路”沿线国家在医药卫生领域的交流合作，在吉尔吉斯、法国、摩尔多瓦和马达加斯加等4国建立了中医中心并投入试运营，在7个国家建立了岐黄中医学院，省内178个中医药产品在境外注册。俄罗斯、乌克兰、法国等国多批患者来甘接受中医治疗，亲自体验中医药生态养生旅游。10名吉尔吉斯学生来甘接受中医学历教育，33名乌克兰学员到甘肃学习中医药基础知识。举办2期俄语培训班，培训47名中医人员。研发了智慧中医手机软件，除6万国内村医使用外，已翻译成俄语版，正在吉尔吉斯、匈牙利等国中医人员中推广。

【卫生计生保障】充分利用中央补助资金10.68亿元，建设2657个卫生计生项目，较2014年增加44.4%。完成“十二五”卫生和人口事业发展规划的终期评估，“十三五”卫生和人口重点规划和专项规划编制工作进展顺利。全省四级医疗机构黑氏系统与新农合平台实现联通，居民健康卡项目顺利启动。甘肃省《精神卫生条例》和《鼠疫防治条例》立法进程有序推进，卫生计生综合监督工作取得积极成效。对口援藏、精准扶贫和双联工作成效明显，近3年累计选派700多名医疗卫生人员到藏族地区开展技术支援，会同组织部启动医疗人才“组团式”援藏，得到省委省政府主要领导的肯定。完成新农合省级平台与精准扶贫大数据平台的数据对接，对417万贫困人口中因病致贫的31万贫困人口进行健康干预和救治帮扶。投入双联资金9533多万元，帮办实事74件。启动“长寿村”建设工作。行业文化建设、新闻宣传水平逐步提高，卫生计生融合宣传优势发挥明显。

【党风廉政建设】全面落实省委“3783”主体责任，严肃查处违纪违法行为，完成委属单位第一轮巡视工作，深入开展“三严三实”专题教育，查摆突出问题，强化督促检查，统筹推进落实，卫生计生系统工作作风进一步转变，形成了从严从实的良好氛围。

【“十二五”专题】“十二五”期间，认真贯彻落实以“农村为重点、预防为主、中西医并重，卫生工作与群众工作相结合”的卫生工作方针，探索并坚持“用最简单的办法解决最基础的问题，用最少的费用维护居民健康，走有中医特色的甘肃医改之路”，出台并落实30余个发展中医药的政策措施，中医药渗透到经济、生态、文化等领域，取得较好效果，甘肃省被国家中医药管理局确定为全国唯一的中医药发展综合改革试点示范省，成功创建陇东南国家中医养生保健旅游创新区，全省平均住院费、门诊费近几年保持全国最低，看病难、看病贵的问题得到初步缓解。中医药工作得到李克强、张德江等领导同志批示肯定。这五年，牢固树立大健康、大卫生理念，积极开展健康甘肃2020战略研究，大力倡导把健康融入所有公共政策，坚持“管理机构下基层、疾控机构进医院、健康教育进家庭”的公共卫生工作思路，做到早预防、早治疗，走出经济欠发达、健康大提高的绿色发展之路。世界卫生组织和国家卫生计生委正在总结推广甘肃省把健康融入所有政策经验。这五年，覆盖城乡的基层医疗卫生服务体系基本建成，资源总量增加，结构改善，重大疾病防控能力和卫生应急能力显著增强，基本医疗和公共卫生服务可及性和质量不断提高，120急救网络覆盖所有农村人口。医疗保障能力不断增强，居民卫生费用自付比例在35%左右。患者维权体系建设不断完善，通过患者维权四联单整改制度落实、医院受理和技术水平不断提高，医患矛盾明显减少。这五年，坚持以创新引领事业改革发展。建立“党政领导、部门参与、全社会推动卫生计生事业”的工作机制。建立和落实“4321”公共卫生制度体系，即食品安全、药品质量、药品配送、医疗广告等4个黑名单制度，计划免疫、院内感染、食品药品安全3个责任追究制度，机关内外卫生计生重点工作完成情况月通报2个制度和重点工作市县排名制度。甘肃连续3次率先发现并报告奶粉食品安全问题，受到原卫生部和国家卫生计生委、省政府的通报表扬。大力推行“四八排队”等医疗机构监管22项核心制度，在全国率先开展医疗服务收费检查，过度医疗和重复计费得到有效遏制。全省坚持卫生计生融合发展，在县乡计生服务机构加挂健康教育所牌子，积极开展健康教育和医养结合服务，中央深改办《改革情况交流》专题刊发介绍甘肃经验。

五年来，人民群众健康水平显著提高，人均预期寿命预计比2010年提高1岁；孕产妇死亡率由2010年的33.23/10万降至2015年的15.07/10万，婴儿死亡率由2010年的10/千降至2015年5.28/千，均实现“十二五”发展规划目标，为确保全面建成小康社会打下坚实基础。

（郭汉彪）

民　政

【概况】2015年，全省民政系统以深化民政改革、建设法治民政为主线，以保障和改善基本民生为重点，加快创制立法，深化民政改革，民政事业取得长足发展。全省民政事业专项资金122.43亿元，比2014年净增11.82亿元，同比增长10.69%。其中，争取中央财政安排资金93.64亿元，净增8.85亿元，增长10.44%。

【救灾与防灾减灾工作】2015年，全省小灾不断，叠加损失较重，共造成13个市州、78个县（市、区）660.1万人次受灾，3人遇难，773间民房倒塌。全省民政部门有效应对灾害，省级下拨救灾资金34490万元，市县安排2982万元，先后向灾区调运救灾物资5710件，有效保障受灾困难群众基本生活。出台《甘肃省省级福利彩票公益金资助救灾物资储备库建设管理办法》，对省级福彩公益金资助救灾库建设进行了明确，从2015年起每年安排省级福彩公益金支持市县救灾库建设。全年安排省级福彩公益金1930万元，资助20个救灾物资储备库项目完成扫尾。指导省救灾物资储备中心做好手续报批、招投标等工作，启动九州应急救灾库建设。指导省减灾中心做好项目收尾验收、制度建设、设备采购安装等工作，确保省减灾中心全面开展业务工作。通过争取中央代储、自主招标采购、协调兄弟省份捐赠等途径，储备价值3067多万元的救灾物资。争取民政部专项资金1710万元，为57个多灾易灾县配备了救灾车辆。为市县乡配发北斗报灾终端设备4100部。灾害信息员队伍达到2.53万名，对其中1.87万名进行业务培训，形成覆盖省市县乡村五级灾害信息员网络。指导各地创建全国综合防灾减灾示范社区30个，普遍建立救灾物资储备库和应急避难场所。

【社会救助工作】完成“提高城乡低保标准和补助水平，提高农村五保供养省级补助标准”3件为民办实事任务。城市低保指导标准提高10%、月人均补助水平提高10%、达到328元；农村低保指导标准提高11%、月人均补助水平提高11%、达到129元。农村五保供养省级补助标准提高40%、达到3514元。制定《甘肃省精准扶贫社会救助支持计划实施方案》，报请省委省政府提高农村低保一、二类对象补助水平，6月底完成提补工作，一类对象由246元提高到275元，二类对象由192元提高到234元。省人大常委会颁布《甘肃省社会救助条例》，将“最低生活保障、特困人员供养、受灾人员救助、医疗救助、教育救助、住房救助、就业救助、临时救助”以及“社会力量参与”等整合到一部地方性法规之中，形成“8+1”相对完善的社会救助制度体系。省政府出台《关于进一步完善医疗救助制度的意见》，将重特大疾病救助病种由原来的26种扩大到50种，提高救助标准；对城乡低保对象和农村五保对象基本医疗保险个人缴费部分给予补贴；全省86个县（市、区）全部实现“一站式”即时结算。2015年共实施医疗救助434.7万人次（含资助参合参保），支出资金9.67亿元。积极争取国家将4个县（区）确定为全国“救急难”试点，省上确定4个省级“救急难”试点，为全面开展“救急难”探索路子。2015年共支出临时救助资金2.76亿元，累计救助城乡困难群众57.7万户次。联合省发改委等21个部门修订《甘肃省居民家庭经济状况核对办法》，与省公安、卫生、人社等14个部门签订核对信息共享协议，提高精准救助水平。

【社会福利事业】省人大常委会颁布《甘肃省老年人权益保障条例》，先后制定养老服务机构收费管理、责任保险、服务评估、一次性建设补贴资金管理、建立协作与对口支援机制、支持民间资本参与等20多项配套政策，形成较为完善的发展养老服务业政策体系。2015年，下拨福彩公益金4.2亿元，争取中央专项彩票公益金4亿元，资助县（区）社会福利项目263个，建成城乡社区日间照料中心1419个，社区养老服务设施已覆盖55%的城市社区和25.6%的行政村，福利服务设施条件不断改善。全省养老床位11.68万张，同比净增3.19万张；每千名老年人拥有养老床位30.4张，增加2.5张。积极推进居家养老服务，有16个县区建立信息服务平台覆盖所有市（州）。安排省级福彩公益金1300万元，通过购买服务支持养老组织和机构提供居家养老服务。加强养老护理队伍建设，年内培训养老护理员600人，提升养老服务的专业化、职业化水平。加强儿童福利机构建设，年度发放孤儿基本生活保障金1.28亿元。提请省政府出台《关于促进慈善事业健康发展的实施意见》，为加强和改进慈善工作提供制度保证。建成甘肃慈善信息平台，安排省级福彩公益金310万元资助建设27个慈善超市。全省慈善协会（基金会）74个，慈善超市145家，为慈善事业持续健康发展奠定基础。积极实施“福康工程”，全年共配备康复辅具1298件。争取中央专项彩票公益金3000万元资助张掖市精神病福利院建设。在圆满完成2443名农村贫困家庭重度残疾儿童集中救助抚养计划的基础上，继续对有入住意愿的重残儿童进行救助抚养。扎实开展残疾孤儿手术康复明天计划、“神华--爱心行动”等医疗救助项目，完成各类康复手术302例。强化福利彩票发行管理，出台一系列福彩公益金管理制度，全省年销售福利彩票45.3亿元，筹集公益金12.61亿元。

【双拥优抚安置工作】持续推进军地援建“双十工程”，先后投入2.68亿多元，援建部队营区设施、训练场地等项目41多个。对四年来双拥模范城（县）创建工作进行检查验收，协调召开命名表彰大会，评定新一轮省级双拥模范城（县）62个、先进单位100个、先进个人140名。提高部分优抚对象抚恤和生活补助标准，核拨抚恤和生活补助经费4.912亿元。将优抚对象全部纳入城乡医疗保障体系，对符合条件的优抚对象优先予以大病医疗救助，及时下拨医疗补助资金3649万元，有效缓解优抚对象就医压力。会同兰州市隆重举行烈士纪念日省级公祭活动。投资2400万元，对25个烈士陵园和优抚事业单位维修改造项目进行补助。完善自主就业退役士兵兵役优待补助金管理办法，将在部队服役满12年以上并选择自主就业的退役士兵纳入发放范围，发放兵役优待补助金3.9亿元。

【社会组织管理】坚持培育发展与监督管理并重，除政治类、宗教类及涉外社会组织外，对其他各类社会组织实行直接登记，重点培育和优先发展行业协会商会类、科技类、公益慈善类、城乡社区服务类社会组织。全年共登记成立省属社会组织63家，其中直接登记42家；市县两级社会组织4743家，直接登记668家。积极推进简政放权，下放非公募基金会和异地商会审批管理权限到县区一级；取消社会团体分支机构、代表机构的登记审批；取消法律规定自批准之日起即具有法人资格的社会团体及其设立分支机构、代表机构备案；取消全省性社会团体筹备审批和会费标准备案。简化登记审批程序，缩短登记审批办理时限，把条例规定的社会组织成立登记缩短为30天，把备案时限缩短为7天。全年市县两级评估社会组织377家，全省累计评估1970家。对625家省属社会组织进行年检，在《甘肃日报》进行公告年检结果；对两年以上未参加年检的71家省属社会组织予以撤销，对3家违规社会组织进行行政处罚。加大政府向社会组织购买服务力度，争取中央财政支持社会组织与社会服务项目18个557万元；出台《省级福利彩票公益金支持社会组织参与社会服务项目实施方案》，省财政列支省级福利彩票公益金525万元，重点资助省、市、县21家社会组织开展社区服务、养老服务、救助服务、助残服务等领域的社会服务项目。成立社会组织党建工作处，14个市州、77个县（市区）依托民政部门设立社会组织党工委。

【基层民主政治与社区建设】省委省政府“两办”出台《关于推进城市社区治理的指导意见》、《关于深入推进农村社区建设试点工作的实施意见》、《关于加强城乡社区协商的实施意见》、《关于深入推进村务监督委员会建设工作的指导意见》，进一步完善基层社区治理机制。完成社区服务体系项目建设14个，资金1440万元，社区综合服务设施覆盖率达到94.7%，以政府公共服务、社区自助互助服务和市场化服务相结合的新型社区服务体系初步建立。组织开展全省第二批和谐社区示范单位评比验收工作，对2个示范城区、10个示范街道、33个示范社区进行命名表彰。

与省委组织部联合印发《治理农村和社区基层组织“三多”问题实施方案》，扎实开展基层组织“三多”问题专项治理。会同省委组织部、省财政厅提高村（社区）办公经费省级补助标准和村组干部报酬。

【区划地名与边界管理工作】完成102个乡的撤乡改镇，加快推进县改市（改区）和县政府驻地镇改设街道办事处工作。召开全省地名普查工作现场推进会，第二次全国地名普查工作有序推进，继续推进全省地名文化建设工作。开展平安和谐示范边界创建活动，召开甘青界线第三轮联检第二次联席会议，与青海省民政厅联合下发《青甘两省行政区域界线第三轮联合检查实施方案》。完成全省40条、3017公里县级界线联检工作。筹备召开甘青平安和谐边界创建活动第五届经验交流会，表彰命名15个平安和谐边界示范县（区），示范县总数达到28个。牵头召开蒙甘线金额边界未定地段管理工作第二次会议。

【婚姻、收养与殡葬服务管理工作】开展清明祭扫服务和安全保障工作，全省接待祭扫群众约260万人次。认真抓好年度公墓执法检查工作，在各市（州）全面检查的基础上，对兰州、定西、陇南、天水等市6座经营性公墓进行执法检查。出台《甘肃省省级福利彩票公益金资助殡葬设施建设项目管理办法》，明确项目建设的范围、标准、申报程序和监管要求。下拨资金2525万元（中央福彩公益金525万元，省福彩公益金2000万元），资助44个殡葬设施建设项目。安排省级福彩公益金1000万元，资助新建、改（扩）建救助管理机构31个。开展“流浪孩子回校园”和“酷暑送清凉、寒冬送温暖”等救助活动，全省累计救助流浪乞讨人员3.7万人次。全省登记国内外婚姻22.2万对，依法办理涉外收养登记39件。积极推进婚姻登记机关标准化创建，6个县（区）民政局被民政部授予国家3A级婚姻登记机关。

【“双联”行动】累计投入1741.11万元，为联系村建成村级活动场所8个、互助老人幸福院5个、硬化道路14.7公里、修建产业路29.2公里。指导联系村加快发展特色富民产业，投资179.78万元，新建苹果园6900亩、蔬菜大棚30亩、洋芋苗100亩、核桃园1700亩、大黄苗木600亩，中药材基地1100多亩。帮助贷款融资341万元，培训农民3341人次，联系劳务输出3188人。发放民政惠民政策宣传单3807余份。投入4万元，为联系村58名残疾人免费装配助残康复辅助器73件（具）。组织巡回义诊18场2466人次，免费发放4.5万元常用药物。

（胡健勇）

体　育

【群众体育】积极推进全省群众性体育赛事活动。以第七个“全民健身日”为契机，组织开展“全民健身在陇原”、“红红火火过大年”全民健身志愿服务活动等一系列群众性体育活动2500余次，参加人数700多万人次。主办承办全省篮球争霸赛、“谁是球王”足球争霸赛、第十届“玄奘之路”戈壁挑战赛、玛曲格萨尔赛马大赛、金昌国际青少年生存训练营等40多项国际、国内具有广泛影响的群众性体育赛事。

配合省民委、省残联和省体育总会组团参加第十届少数民族运动会、第九届全国残疾人运动会暨第二届特殊奥林匹克运动会、第三届全国智力运动会等全国综合性群众体育赛事，取得一等奖2个、二等奖8个、三等奖8个、金牌17枚、银牌11枚、铜牌17枚、并四次打破残疾人男子F55级铅球全国纪录的优异成绩，促进了全省少数民族体育、残疾人体育和智力体育运动的发展。

群众性体育组织发展迅速，实现省市县三级社会体育指导员协会全覆盖；全年培训社会体育指导员12014名，培训基层体育干部130余名，新增健身气功站点10个，练习人数4.5万人。开展游泳、跆拳道、健美操、滑雪、体育舞蹈等5个项目的职业资格鉴定工作，280人通过国家职业资格鉴定。完成3万人（次）的国民体质监测任务。截止2015年底，全省经常参加体育锻炼人数比例达到32.3%，《国民体质测定标准》总体合格达标率90.6%，人均体育场地面积1.12平方米，全省群众体育人均事业经费达到2元，初步形成具有甘肃特色的全民健身公共服务体系。

【竞技体育】2015年共注册确认运动员668人，完成田径、曲棍球中心的组建工作，组建参加第三十一届奥运会和第十三届全运会选拔赛的基本队伍。全年共参加国际国内比赛175次，取得第三十一届奥运会入场券1张（山地自行车王桢，其他选拔赛仍在进行）；洲际冠军两个（亚洲场地自行车锦标赛全能赛第一名罗晓玲，亚洲拳王锦标赛女子48公斤级第一名鄂奈严）；获得2015年度全国成年组比赛第一名27个，第二名20个，第三名27个；青年组比赛第一名10个，第二名4个，第三名16个。全国首届青运会取得金牌3枚、银牌1枚、铜牌3枚、四至八名18个的好成绩。成功主办和承办第五届兰州国际马拉松赛、第十四届环青海湖国际公路自行车赛甘肃段比赛、全国沙滩排球锦标赛、全国沙滩手球锦标赛、全国曲棍球冠军赛、全国山地自行车赛、中国汽车越野拉力赛甘肃段等高水平赛事。共审批国家一级运动员144名，上报国际级运动健将2名，国家级运动健将14名。培养国家一级裁判员312名，参加全国高水平教练员培训21人（次）。全年共安置退役运动员80人。

【青少年体育】2015年，国家体育总局和省体育局增加经费投入，支持全省10个国家奥林匹克体育后备人才基地，26个省级后备人才基地，58个业余训练点。创建1个国家级和2个省级青少年户外体育营地，创建13个国家级和15个省级青少年体育俱乐部，支持110所省级体育传统项目学校建设。甘肃省体育运动学校加挂甘肃省体育中学的牌子，拓宽了人才培养的渠道。参加全国青少年阳光体育大会等各类青少年比赛10场（次），共获得各类奖项101个，其中特等奖1个，一等奖7个，二等奖19个，三等奖28个。共举办全省性青少年比赛12项，共有2204名运动员、教练员、885名裁判员参加比赛。各省级单项体育协会围绕球类运动、科技体育、智力体育进校园工作开展了一系列活动，青少年体育活动有了新的起色。

【体育产业】体育产业发展实现新突破。贯彻落实《国务院关于加快发展体育产业促进体育消费的若干意见》及时制定出台甘肃省《实施意见》，成为全国最早贯彻落实国家意见的省份。《实施意见》明确提出全省体育事业、体育产业的发展目标和主要任务，从落实税费优惠政策、创新人才培养和就业政策等方面，强化政策激励。建立由发改、体育、教育、财政、文化、旅游等多部门参与的工作协调机制，对27项主要工作任务逐一分解。已经完成取消不合理行政审批、取消商业性和群众性赛事审批、落实体育企业优惠政策等3项工作任务，其它24项正在实施当中。

严格管理体育产业发展专项资金。省体育局、省财政厅联合制定《甘肃省省级体育产业发展专项资金管理办法》，建立全省体育产业发展项目库，从中筛选出25个重点项目给予重点扶持，带动社会各界投资体育产业20.89亿元。各市、州加大落实力度并出台实施方案，兰州、嘉峪关、张掖等市设立了体育产业发展专项资金。

全民健身服务业健康发展。全年争取国家大型体育场馆免费、低收费开放补助资金4537万元。全省12536个公共体育场馆向社会开放。省级体育场馆实行“全民健身日”和每天1小时免费开放，平时低收费开放，全年健身人数达120万人次。

体育彩票工作平稳有序健康发展。通过调整品种结构、创新营销方式、扩大市场销售、加大公益宣传、加强制度管理，积极拓宽市场销售渠道。2015年，全省体彩销售22.33亿元，同比增长4.98%，各级共提留体育彩票公益金3.07亿元，为体育事业发展提供了资金支持。

努力推动产业融合发展。配合国家体育总局组织召开西部8省区体育产业发展研讨会，与张掖市政府签订协议，支持张掖市创建全省体育文化旅游融合发展实验示范区。组织参加2015中国体育文化·体育旅游博览会，获得精品景区5个、精品线路3个、精品赛事6个奖项。各市（州）积极开展冬季户外运动，全省已建成或在建的冬季户外运动基地达20个，其中冰雪运动场地17个。

【体育基础设施】2015年，完成了100个乡镇、社区、2301个行政村体育惠民工程，体育惠民工程投资7000万元。新增体育场地150多万平方米，直接受益群众300万人以上。建成笼式足球场55个，全民健身路径1475套（包括乡镇及社区体育中心和行政村农民健身工程配套的路径）。甘肃体育馆如期开工，临洮训练基地已基本具备使用条件，七里河体育场改建工程前期工作全面展开，甘南州体育中心、临夏州奥体中心完成主体工程，阿克塞县“雪炭工程”已建成并投入使用，泾川县体育场，崇信县体育馆，临洮县游泳馆，宁县、华池县、渭源县和安定区“雪炭工程”正在建设中。截至2015年底，全省14个市（州）有12个市（州）建成全民健身活动中心（体育馆）。11个市（州）建成公共体育场；86个县（市、区）有49个县（市、区）建成全民健身活动中心（体育馆）。58个县（市、区）建成公共体育场；1228个乡镇文体活动站全覆盖，实施乡镇农民体育健身提升工程346个，乡镇及社区体育健身中心体育惠民工程500个；建成行政村农民体育健身工程11012个；建成全民健身路径5475套、全民健身户外营地15个、笼式足球场55个、健身广场或体育公园158个，累计实施“雪炭工程”、民康工程46个。

【体育文化】组织中央及省市媒体共20余家组成采访小分队奔赴天水、平凉、庆阳等地，深入报道全民健身、体育产业的发展情况，挖掘各地民间体育发展事迹，在全国及省内多家媒体刊发稿件46篇。与省电视台合作开播全省首档体育栏目《新体育》，该栏目为周播节目，每期30分钟，以系统地报道甘肃省体育事业和体育产业发展为主要任务，成为全省体育工作的重要窗口。2015年共制作27期，在甘肃电视台共播出54次。与西北民族大学合作编写《中华民族传统体育大观》，由人民体育出版社出版，全书收录了1379项民族民间的体育项目，共120万字，是我国第一部系统辑录民族民间传统体育项目的图书。省体育局组织多次体育藏品进校园活动，宣传、弘扬爱国主义精神。组织参加中国体育文化·体育旅游博览会，送展书画作品50余幅，7幅作品获奖。积极开展体育社科类科研活动，2015年共结项50项。

【体育法制】出台《甘肃省人民政府关于贯彻国务院加快体育产业发展促进体育消费若干意见的实施意见》，配套制定《甘肃省省级体育产业发展专项资金管理办法》。结合体育工作的实际需要相继制定了《甘肃省体育竞赛裁判员选派与监督工作管理办法》、《甘肃省体育局关于推进体育赛事管理制度改革的实施意见》、《甘肃省足球改革工作方案》、《甘肃省航空体育管理办法》、《甘肃省登山户外运动管理办法》、《甘肃省体育彩票公益金资助项目宣传管理实施细则》、《甘肃省青少年体育俱乐部管理办法》等一系列规范性文件，为甘肃省体育事业发展奠定了坚实的基础。修订《甘肃省经营高危险体育项目管理办法》，印发《体育行政执法简明手册》，换发体育行政执法证件。组织开展高危险性体育项目的行政执法检查，增强法治意识，提高依法行政能力。完成“六五”普法工作，通过省“六五”普法检查组检查。完成“三张清单一张网”的工作，梳理省体育局的职责137项，权责事项28项，便民服务事项5项，下放了行政审批事项4项，完成权责事项、便民服务事项共33项流程图编制工作。

（刘志忠）

新闻出版 广播影视

【基本情况】新闻出版：2015年，

全省新闻出版行业从业人员42225人，资产总额1270610万元，比上年增加7865万元，增长0.6%；负债总额735193万元，增加5127万元，增长0.7%；所有者权益535417万元，增加2738万元，增长0.5%；营业收入734509万元，营业利润125780万元。

广播影视：2015年，全省有广播电台2座，电视台4座，广播电视台79座，电视转播发射台2015座，建成广电微波传输网3429公里，广电有线传输干线网5.65万公里，有线电视用户233.58万户，其中数字有线电视用户191.78万户。广播节目94套，电视节目110套。广播和电视综合覆盖率分别为98.01%和98.47%。全省广播影视系统总收入37.12亿元，实际创收收入15.98亿元。

【新闻宣传】深入系统宣传“一带一路”战略、“3341”项目工程、“1236”扶贫攻坚行动、华夏文明传承创新区建设、精准扶贫和双联行动。圆满完成兰州国际马拉松赛、敦煌行·丝绸之路国际旅游节、天水伏羲公祭大典、纪念抗日战争暨世界反法西斯战争胜利70周年等重大节会和纪念活动的宣传报道任务。及时应对和做好对外宣传、涉藏维稳宣传、突发公共事件新闻报道等宣传工作，始终保持正确的舆论导向。

【体制改革】制定印发《全省新闻出版广电局全面深化改革实施方案（2014—2020年）》和《重点任务分解表》，共梳理、归纳、确定8大类78项改革任务。加快推进行政审批改革，取消、调整、减少行政审批事项2项。完成全省4951家印刷复制发行企业、60家报纸、131种期刊、311种连续性内部资料的年度核验和中央新闻单位驻甘机构清理整顿。深入开展“扫黄打非”五大专项行动、非法境外电视网络接收设备专项整治行动和卫星电视地面接收设施集中清理行动，有效净化市场环境。基本完成全省党群系统软件正版化工作，积极推进企业软件正版化进程，读者集团上市工作取得实质性进展。

【公共服务惠民工程】全省建成并投入运营县级城市数字影院49家。完成对93个台站的实地勘查调研摸底工作，制定并下发全省总体建设方案。完成4000个农家书屋出版物补充更新目录和129个非藏族地区藏传佛教寺庙书屋出版物配置目录的编制，组织开展88个数字农家书屋的试点建设。完成广播电视村村通户户通运维交接，在14个市（州）建立户户通运维管理中心，建立79个县级运维管理工作站和484个服务网点，初步形成省、市、县、乡、村5级运维服务网络。启动“书香陇原—全省第二届“飞天出版传媒杯”全民阅读活动，组织开展“书香校园·绿色书签”青少年阅读活动、“百社千校书香童年”中小学生阅读活动、“书香农村·文化农民”全省农民阅读活动，向国家新闻出版广电总局推荐全省27个家庭参与全国“书香之家”评选。新建农村电影固定放映点52个，累计建设数量96个，放映农村公益电影196638场次，观众1700.89万人次。新建文化集市固定经营点42个，生产基地60个，带动4.8万户农户参与文化集市相关产业。

【精品创作】组织出版《华夏文明之源·历史文化丛书》等图书，文溯阁《四库全书》四种校释研究、《四库全书》西北文献研究、《伏羲文化大典》等重点项目于年底前完成出版。完成《甘肃抗战实录》、《陇原抗战烽火—甘肃抗战史料选编》、《永恒的荣光—甘肃抗战老兵口述实录》等纪念抗战胜利70周年重点图书的出版工作。全年生产制作纪录片22部、40集，其中4部由国家新闻出版广电总局向全国推荐选购播映，获得国家级、行业级的奖项18个。纪录片《河西走廊》在央视成功播出，获得广泛好评。数字电影《耳蜗》获得电影“百合奖”最佳故事片一等奖。大力实施西部类型影视剧本工程，开展2015年度西部影视剧本征集和2014年度影视剧创作生产先进单位表彰活动。审查电影剧本58部、报备32部，审查电影成片8部、电视剧5部、引进剧2部，完成44集电视剧《皇甫神医》的拍摄制作。组织省内61家城市影院开展甘肃优秀电影公益展映活动，对《锁麟囊》等12部小成本、励志类影视精品进行集中展映。

【产业项目】2015年1至10月，省级新闻出版广电产业实现营业收入32.58亿元，较上年同期增长4.79%。城市电影票房累计达到3.2亿元，增长65.1%。成功举办第四届中国·嘉峪关国际短片电影展。加快推进文化产业园区二期工程—高新绿色印刷园建设，目前已投资8000万元，完成工程主体建设工作。完成飞天热丽科技研发中心部分土地平整及相关手续办理工作。文化集市销售额1.1亿元，利润3217万元；文化集市生产基地产值2.03亿元，利润5097万元。2015年全省共获得中央和省上补助资助资金2732万元。其中中央文化产业发展专项资金1800万元，国家古籍整理出版资助资金40万元，少数民族文字出版资金310万元，国家出版基金资助资金375万元，少数民族中小学教材亏损补贴资金172万元，全省文化产业发展改革专项资金35万元。

【行业监管】完成全省4951家印刷复制发行企业、60家报纸、131种期刊、311种连续性内部资料的年度核验工作。扎实推进中央新闻单位驻甘机构清理整顿工作，对58家驻甘新闻机构换发新版登记证。深入开展“扫黄打非”工作，安排部署“净网”、“固边”、“清源”、“秋风”、“护苗”五大专项行动，查缴各类非法和违禁出版物36.6万件，取缔非法经营摊点1326个、非法网站2个，删除、屏蔽网络有害信息2854条，查处各类案件150起，12人被刑事处理。认真做好广播电视节目和广告监管，及时核查处理群众投诉问题，对健康养生类节目和医药类、酒类广告进行专项整治，下达违规广告整改通知书48份，整治违法违规广告300余条。组织开展全省综合治理、严厉打击非法境外电视网络接收设备专项整治行动。扎实推进全省党群机关软件正版化工作，19家单位进入招标安装阶段，启动实施企业软件正版化工作。

（王发存）

环境保护

【综述】2015年，全省14个市州政府所在城市可吸入颗粒物年均浓度值为95微克/立方米，同比下降3.1%，达到省政府确定的预期特别控制目标值；全省各市州空气质量优良天数率在69%～85.5%之间，平均优良率80%，高于全国74个重点城市平均水平。全省监测的49个河流断面中，按功能区达标的43个，占断面总数的87.8%。全省监测的17座水库，按功能均达标。

【新《环境保护法》宣贯工作】全面贯彻落实新《环境保护法》，组织“以案说法”专题讲座，印发环保执法手册，将环保法新要求一对一送达地方政府和企事业单位主要负责人。开展环境保护大检查，组织黄金采选冶、环评“三同时”制度落实、自然保护区管理、核与辐射环境安全等方面的专项检查和5次省级专项督查，深入排查和解决排污单位的污染物排放、各类资源开发利用活动对生态环境的影响、违规建设项目、阻碍环境监管执法的“土政策”等问题。及时印发《关于环境保护大检查历次督查存在问题整改落实情况的通报》，督促各地建立台账，制定整改计划，建立落实销号制度，跟踪督导问题整改。出动执法人员26679人次，检查企业10296家，关停取缔170家，移送环境违法案件49件。

【污染减排】印发《2015年全省主要污染物总量减排计划》，组织召开全省总量减排工作会议、排污许可工作推进会议，举办全省水泥行业污染减排工作培训班，安排1.22亿元省级环保专项资金，全力推动污染减排工作。全省化学需氧量排放量36.57万吨，比2010年下降9.13%；氨氮排放量3.72万吨，下降14.11%；二氧化硫排放量57.06万吨，下降8.31%；氮氧化物排放量38.72万吨，下降7.9%，均超额完成了国家下达的“十二五”目标任务。印发《全省开展排污权有偿使用和交易前期工作及试点工作的指导意见》和《全省排污权有偿使用和交易试点工作方案》，在兰州市和平凉工业园区率先开展排污权交易试点工作。

【服务经济社会发展】制定实施《审批环境影响评价文件的建设项目目录》、《环境影响评价文件审批规则》和《甘肃省建设项目“三同时”监督检查和竣工环保验收管理规程》，继续下放和取消行政审批事项，累计下放84%的建设项目环评审批权限；加快环评办理进度，报告书项目由国家法定的审批时限压缩一半，需编制环境影响登记表的项目由审批制改为备案制，当日受理3日办结；与省发改委、工信委、交通厅、水利厅等部门实行重大项目环评审批对接与协调推进机制，在重大项目前期选址、规划环评、环境准入等方面提前介入，做好服务；严把环境准入关，对不符合审批条件的建设项目报告书暂缓审批或退回处理；加大行政审批监管力度，在下放审批权限的同时，放管结合，规范许可事项受理，强化事中监管，防范重审批、轻监管和以审批代替监管等问题的出现，确保下放的行政审批事项规范运行。

【大气污染防治】制定实施《甘肃省2015年度大气污染防治工作方案》等指导文件，先后4次召开大气污染防治相关工作会议，定期通报全省大气环境质量，及时下发《抄告通知》，督促各市州完成年度目标任务。制定《甘肃省大气污染防治目标任务调度预警通报工作方案》，采取每月书面报告、现场督查检查、召开调度会等方式开展调度预警通报工作，先后6次对各市州大气污染防治重点任务进展及机制措施落实情况开展专项督查。印发《关于加强煤炭质量综合管理减少大气污染物排放的紧急通知》，明确各级各部门在煤炭生产、流通和使用各环节煤质管控的监管责任，严格限制销售和使用劣质散煤。全面淘汰2005年底前注册营运黄标车11180辆，占国家年度淘汰任务的102%，机动车环保标志管理、环检联网和机动车尾气检测升级逐步实现了全覆盖。

【水污染防治】印发实施《甘肃省水污染防治行动计划工作方案》，分流域、分年度、分行业提出巩固和改善全省水环境质量的具体工作措施。省政府与宁夏自治区政府签署《甘宁两省区跨界河流水污染联防联控框架协议》，兰州市与青海省海东市签订《湟水河流域水污染联防联控协议》，定西、天水两市签订《渭河定西—天水段水污染联防联控合作协议》，加强跨省跨流域水污染联防联控力度。不断加强饮用水水源地环境保护，组织开展2014年度城市和典型农村集中式饮用水源地环境状况评估工作，对8市11个县区城区集中式饮用水水源保护区进行调整划分，安排省级环保专项资金1250万元用于水源地保护项目。

【重金属和固体废物污染防治】制定《甘肃省重金属污染综合防治2015年度实施方案》，分解落实规划年度目标任务，督促各地加大重金属污染防治工作力度。继续推进陇南铅锌采选行业废水治理，累计完成35个废水综合治理项目，关停或资源整合10家企业。制定实施《甘肃省废弃电器电子产品回收处理管理办法》，加强危险废物产生和经营单位监督管理，严格危险废物转移和经营许可审批，全面完成《全国主要行业持久性有机物污染防治“十二五”规划》目标任务。

【突发环境事件应对】印发《甘肃省突发环境事件应急预案》和《甘肃省重污染天气应急预案》，制定相应实施细则，督促指导各市州编制相应预案，开展不同规模层次的环境应急演练。积极推进环境应急联动机制建设，加强部门协同，充分发挥多部门联动的工作机制，积极应对并妥善处置了12起突发环境事件。陇星锑业有限公司尾砂泄漏事件发生后，第一时间启动应急响应，开展环境应急监测工作，及时向省委、省政府和环保部报送突发环境事件信息报告，指导陇南市开展断污截源、河道清理及水体投药降解等应急处置工作。

【核与辐射执法监管】加强核与辐射安全立法，由甘肃省第十二届人大常委会第十二次会议审议通过，2015年1月1日起正式施行《甘肃省辐射污染防治条例》。不断优化辐射安全行政许可，下放部分核与辐射行政审批权限，推动实施移动通信基站环保标志系统化、规范化、精细化管理，联合省公安厅、省卫计委开展全省放射源安全管理专项检查行动。切实提升核与辐射环境监测水平，制定实施《甘肃省辐射环境自动监测站运行与管理办法》，省核与辐射安全中心在全国辐射环境监测质量考核中取得了全国第二名、团体一等奖的优异成绩。修订完善省级辐射事故应急预案和演练工作方案，开展了首次省级辐射事故应急演练，核与辐射应急能力得到加强。

【自然生态保护】制定实施《甘肃省重点生态功能区转移支付绩效评估考核管理办法》，完成年度重点生态功能区转移支付绩效评估考核工作，各县用于生态环境的资金平均已达到50%以上，生态效益逐步显现。调整岷县双燕、阿夏和金塔沙枣园子三个自然保护区功能区，裕河和多儿晋升国家级自然保护区顺利通过国家评审。

【精准扶贫与生态创建】制定实施《甘肃省环境保护厅“15433”精准扶贫计划方案》，安排2070万元专项资金，对36个贫困县的138个规模化畜禽养殖场及养殖小区污染减排项目和13个插花扶贫县的69个规模化畜禽养殖场及养殖小区污染减排项目予以支持；安排1220万元专项资金，对13个市州36个精准脱贫村环境整治项目予以支持。指导各地开展生态乡镇、生态村创建工作，目前共有61个乡镇被环保部命名为国家级生态乡镇，388个乡镇被命名为省级生态乡镇，462个村被命名为省级生态村。

档　案

【档案服务能力建设】一是认真学习贯彻习近平总书记视察中办及浙江档案馆时的讲话精神，扎实开展“五对照五检查五强化”活动，切实做到“三个转变”。以更加坚定的信念、开放的思维、扎实的举措、务实的作风履职尽责。二是认真学习十八大及十八届三中、四中、五中全会精神，为档案事业发展谋篇布局。按照“四个全面”的要求，坚持创新、协调、绿色、开放、共享的发展理念，开展“学政治、学法律、学业务、学先进”“四学”活动，各级档案干部政治素质、业务能力、执法水平不断提高。三是认真学习省委十二届十三次全委会议精神，全面提高服务经济社会发展能力。围绕省委、省政府把牢“一条红线”、贯彻“四个全面”、抓好“五个最大”的工作思路，档案工作主动跟进，确保省委重大决策部署在档案部门的全面落实。在局机关开展与农民比收入、与企业比运行、与基层比奉献的“三比活动”，提高全体职工的责任意识、效能意识、奉献意识；在全省档案系统开展争创10个档案工作先进集体，10个档案工作先进个人的“双十先”活动，在全系统形成比学赶帮的良好氛围。

【档案工作基础】一是馆库建设有了新进展。陇南市新馆投入使用，嘉峪关、武威、天水、白银、甘南5市州档案馆建设列入当地建设规划。中西部县级档案馆建设和灾后重建的36个建馆项目，有32个建成或在建，有5个县市区自筹资金新建档案馆。全省综合档案馆面积新增6.2万平方米，各级档案馆的条件得到改善。二是资源建设取得重大成绩。全省各级国家综合档案馆接收各类档案、资料200余万卷，馆藏达1000万卷（件、册、盘）。珍贵档案征集有了新突破。共征集进馆远古和政羊、汉代青铜器等实物历史档案200多件，党和国家领导人在甘档案200多件，西路军流落人员调查档案150件，征集到汉简85支，实现全省珍贵档案征集的历史性突破，受到国家档案局肯定，并将《甘肃秦汉简牍》列入第四批《中国档案文献遗产名录》之首。三是安全建设得到新加强。健全人防、物防、技防“三位一体”的档案安全防范体系，建立电子档案信息数据多重备份、异地备份、数字转换和灾难恢复机制，对永久珍贵档案全部进行备份。省档案馆备份库职能不断完善，与四川省档案馆的异地异质备份工作有序进行。四是由省委督查室牵头、档案部门配合，在全省开展了督查，共督查148个单位，推动各地各部门强化政策落实。坚持抓重点促落实。坚持抓考核促落实。制定了《甘肃省档案工作年度考核办法》，对全省14个市州、108个省直部门、71个企事业单位进行了考核，并将考核成绩纳入全省科学发展观业绩考核范围。

【档案事业发展】联合省人大教科文卫委、省法制办对14个市州和300多个单位开展档案执法检查。省市县制定《档案馆收集档案范围实施细则》，省档案局制定各类档案规范性文件近10部。全省档案工作规范化认证率达到30%以上；创建全国新农村档案工作示范县3个，国家二级档案馆14个，农村、社区建档率分别达到100%、80%，有119个乡镇、1036个行政村被列为农村档案工作示范点，林改档案规范化验收合格率达到100%。推进信息化建设。建成甘肃档案信息网站、甘肃省电子档案接收利用系统，启动以省档案局为主导、省馆为龙头、市州档案馆为支点的甘肃省档案信息中心项目建设，全省共完成全文扫描8000万画幅、著录目录1600万条，省馆数字化达到馆藏的58%，市州档案馆平均达到32%。按照《甘肃省档案干部培训工作规划（2014–2016）》，省档案局共举办各类培训班10期，培训千人次，各市州、县区累计开展档案业务培训80期，培训近万人次。

【档案服务】坚持服务中心。配合党风廉政建设，督促省纪委开展了廉政档案建设。配合抗战胜利70周年，编辑出版了《甘肃抗战实录》，全面反映了甘肃抗战历史。配合“一带一路”建设，开始《丝绸之路黄金段上》的拍摄，有效提升了档案工作在大局中的影响力。全省各级档案部门编研出版各类史料100余种。

文　物

【大堡子山流失文物回归】7月20日，由国家文物局和甘肃省人民政府联合举办的大堡子山流失文物移交仪式暨“秦韵——大堡子山流失文物回归特展”开幕式在甘肃省博物馆举行。文化部副部长、国家文物局局长励小捷，省长刘伟平，省委书记、省人大常委会主任王三运，省政协主席冯健身，国家文物局副局长宋新潮，法国驻华大使顾山等出席开幕式。32件大堡子山遗址流失金饰片在时隔20多年重归故土，并由省博物馆永久收藏。9月22日，法国收藏家克里斯蒂安・戴迪安先生第二次返还24件出土于礼县大堡子山秦公墓金饰片的仪式在省博物馆举行，副省长夏红民出席移交仪式并讲话。

【文化遗产“历史再现”工程】文化遗产“历史再现”工程是省政府确定的2015年度重大文化工程之一，在省委省政府主管领导的直接指导下，省文物局组织制定《甘肃省实施文化遗产“历史再现”工程意见》，经省政府常务会议研究审议后由省政府办公厅印发实施。成立以连辑部长、夏红民副省长为组长，省直15个相关部门负责人为成员的省文化遗产“历史再现”工程领导小组，制订工作制度、工作规则和各成员单位工作职责。制订甘肃博物馆分类及设立标准，印发省领导小组工作制度及年度工作安排意见，在全国开创性地建立博物馆特别是非国有博物馆建设管理标准体系；发布“历史再现”工程博物馆logo标识，颁授制式标牌，初步建起“历史再现”工程CI形象识别系统。省领导小组在张掖市和临夏州两次召开现场推进会议，委托省博物馆协会分两批公布“历史再现”工程博物馆名录并在《甘肃日报》刊载。截止2015年底，全省博物馆数量增至385个，“历史再现”工程被省委宣传部评为2015年度全省宣传思想文化工作创新奖。各类博物馆特别是“乡村记忆”博物馆日益成为重要的基层宣传思想文化阵地和非遗保护传承基地，对推进精准扶贫也具有重要意义。

【华夏文明传承创新区建设】围绕华夏文明传承创新区建设，加强世界遗产管理科学规范。基本完成全省7处世界遗产地监测预警体系建设，向国家文物局上报年度监测报告和丝绸之路甘肃段保护状况报告；嘉峪关文化遗产保护工程接近尾声，关城本体保护维修项目全部竣工。基本完成全省长城保护范围和建设控制地带划定意见审核工作，实施涉及9个县（市、区）的长城保护工程，在38个长城沿线县（市、区）树立长城保护标志碑和界桩。

【文物保护】文物保护基础工作持续加强，完成21处全国重点文物保护单位文物保护规划编制，报请省政府公布11处全国重点文物保护单位保护规划，完成全省一至四批全国重点文物保护单位记录档案备案工作，组织开展省级文物保护单位记录档案编制工作，督促指导各地完善市县级文物保护单位“四有”工作；完成全省古建筑类全国重点文物保护单位重大险情排查，基本建成全省不可移动文物管理信息系统。文物保护工程持续推进，拉卜楞寺文物保护工程中的夏卜丹殿、喜金刚学院等6项维修工程竣工，10项维修工程开工实施，16项维修设计方案获得国家文物局批准；组织实施榆中青城古民居保护修缮、泾川南石窟寺1号窟抢险加固、武威海藏寺保护维修等21项全国重点文物保护单位保护工程和兰州白塔山白塔加固纠偏、岷县前川寺保护修缮等5项省级文物保护单位保护工程，水帘洞石窟群壁画、彩塑及浮雕保护修复工程入选2014年度全国十佳文物保护工程。考古遗址公园建设持续实施。组织完成《大地湾国家考古遗址公园规划》，F901遗址保护大厅新建工程开工建设；大堡子山遗址及墓群文物本体保护方案和展示利用方案由国家文物局批复同意，完成形式设计的各项准备工作。

【考古工作】作为“6873”交通突破行动领导小组成员单位，省文物局指导和协调省文物考古研究所提前介入、全力配合兰州至合作铁路、宝鸡至兰州客运专线等71项重点项目开展考古调查及文物保护工作，保障重点项目的顺利实施。同时，结合重大学术研究组织开展12项主动性考古调查与发掘工作，对礼县大堡子山秦公陵园进行再度发掘，为深入开展早期秦文化研究提供更多资料；肃北马鬃山玉矿遗址调查研究取得新成果，新发现旱峡玉矿遗址；继续开展泾川佛教窖藏遗址考古发掘，完成出土石造像三维扫描工作；中国社会科学院与省文物考古研究所合作开展的临洮马家窑遗址考古发掘项目。

【第一次可移动文物普查】2015年底，普查工作接近尾声，有普查任务的315个国有单位共申报文物藏品419672件（套），共采集登录文物数据370340条，向国家普查平台提交28万余条，并通过质量抽查，整体进度居全国前列。同时组织省文物鉴定委员会专家，历时半年对全省文物系统104个国有文物收藏单位2002年以来新增的29093件（套）文物藏品进行鉴定定级，全省新增珍贵文物5849件（套），新增重点保护古生物化石1023件。

【博物馆与社会文物管理】组织完成2014年度全省博物馆年检，178个博物馆合格，合格率为97%；举办全省非国有博物馆馆长培训班，协调国有博物馆结对帮扶非国有博物馆，并组织开展首次非国有博物馆运行评估；推进博物馆体制机制改革，确定省博物馆、嘉峪关长城博物馆、玉门市博物馆、庄浪县博物馆为全省首批博物馆理事会建设试点单位并组织完成试点工作方案；协调省文物考古研究所向有关地方博物馆移交考古发掘的出土文物6166件（套）。组织专家审核论证定西市博物馆、康县博物馆等24个博物馆的陈列展览大纲和形式设计方案；省博物馆《华夏文明在甘肃》、省文物考古研究所《秦与戎——早期秦文化考古十年展》和八路军兰州办事处纪念馆基本陈列得到国家文物局数字化展示项目支持。文物、财政部门继续联合实施博物馆免费开放绩效考评，在原有112个博物馆的基础上，将11个博物馆纪念馆纳入2014年度绩效考评范围，根据考评结果安排补助经费，建立有进有出、良性循环的管理机制。配合司法部门鉴定涉案文物880余件（套），征集社会流散文物1100余件（套）。

【文物事业与相关领域融合发展】推动信息技术在文物保护管理和展示利用领域的应用和实践，莫高窟数字展示中心有效运行，为实现游客承载量控制和预约参观提供保障，莫高窟被新华网和国家旅游局联合评为“2015年度中国互联网+旅游先行者”；省博物馆作为全国首批智慧博物馆试点单位，完成魏晋墓5号壁画墓和《甘肃丝绸之路文明展》、《甘肃彩陶展》180件（套）文物及14件古生物化石三维数据采集工作；敦煌研究院、省文物考古研究所等文博单位承担的《中唐敦煌密教研究》、《高台地埂坡墓葬研究》等多项国家级重点科研课题进入结项阶段，文物科技保护课题取得丰硕成果并实现科研成果的有效转化。文物保护利用与旅游融合发展，加强文博单位基础设施建设，科学测定重要文物景区游客承载量并向社会公布，鼓励文博单位积极参与旅游产品推介，配合大景区建设，充分发挥文物资源在旅游发展中的重要作用。推进文博创意产品研发。敦煌研究院、省文物商店与省文化产业发展集团共同发起成立甘肃丝绸之路文化创意工场股份有限公司，敦煌研究院制作以莫高窟经典壁画内容为主题的高清数字动画电影，开发十多种文创产品；省博物馆以国宝级馆藏文物“元代莲花玻璃托盏”为原型开发“蓝莲”系列文创产品。

【文物安全与法制建设】2015年，全省文物安全形势依然严峻，文物安全案件和事故屡有发生。省文物局会同公安、住建、宗教、旅游等职能部门在全省集中开展为期两个月的文物安全排查整治活动，检查各级文物保护单位120处，博物馆纪念馆26个，以及一批文物保护（考古）工地、历史文化名城名镇名村及文物保护单位集中分布的传统村落，下达安全隐患整改通知书29份。修订印发《甘肃省文物局文物安全目标责任考核办法》并与各市州文物部门分别签定《文物安全目标责任书》，年终结合全省文物安全大检查进行全面考核；对全省长城保护状况进行专项执法检查，排查整治长城安全隐患及相关违法行为，落实长城沿线安全管理责任；在国家文物局支持下举办全国文物安全管理人员培训班（甘肃片区），全省130余人参训，同时编印《文物安全监管行政执法督察工作手册》，做到全省文物工作者人手一本。加强文博单位“三防”（消防、安防、防雷）工程建设，组织实施重点“三防”工程11项，配合公安、监察等部门依法依纪追究文物安全案件刑事和行政责任，督促地方政府及文物部门加大对文物的日常巡查看护力度，协调配合公安部门侦破文物案件，保持对文物犯罪的严控高压态势。

【文物宣传】借助兰州国际马拉松赛人气，成功策划举办2015年文化遗产日主场宣传活动，组织开展文物保护成果和非遗展演，与兰州文理学院联合主办文化遗产公益讲座，在《甘肃日报》刊发夏红民副省长署名文章和文物保护成果专版，产生较好社会反响。配合大堡子山流失文物追索返还，组织中央及地方媒体赴礼县实地考察采访。开通省文物局官方微信平台，充分利用新媒体、自媒体广泛深入地宣传甘肃省文物保护利用工作成绩。

【对外交流】刘伟平省长出访印度期间，省文物局与印度考古调查局签署友好合作意向书；法国国家图书馆与敦煌研究院签署合作协议并赠送该馆馆藏敦煌遗书高清数字化副本；包括甘肃省22件（套）精品文物在内的《汉风——中国汉代文物展》在法国展出圆满收官；参加在香港举办的《汉武盛世：帝国的巩固和对外交流展》；敦煌研究院在香港成功举办《敦煌——说不完的故事》展览等，不断提升甘肃省在“一带一路”战略中的文化影响力。

【“双联”工作】制定“双联”工作年度计划和方案，召开省直文博单位双联工作会议，调整联户帮扶干部，选派2名干部担任驻村干部；全年进村入户干部120多人次，入户天数360多天，帮扶罗湾村发展果树种植富民产业，罗湾村三、四组道路硬化工程竣工通车，协调浙江省慈善总会对口帮扶贫困学生48名。

（刘木子）

民族事务

【民族团结创建活动】以“坚持民族团结正确导向，促进各民族交往交流交融”为主题，广泛深入开展全省第12个民族团结进步宣传月活动。指导临夏州扎实开展民族团结创建试点工作。起草作为全省民族团结进步创建工作指导性文件的《甘肃省民族团结进步创建活动规划纲要（2015-2020年）》，提出今后一个时期全省民族团结进步创建活动的指导思想、总体目标、主要方式、工作要求和工作保障等，提出实施民族团结进步创建活动“十百千万”目标（每年创建示范县(市)5个，乡(镇、街道)110个，村(社区)1700个，机关600个，学校1300所，企业240家，寺庙680个，家庭院落10000个)和“六大工程”(“全覆盖”工程、“精准滴灌”工程、“文化引领”工程、“金种子”工程、“精神家园”工程、“权益保障”工程)，努力推动全省民族团结进步宣传教育和示范创建活动的人文化、大众化、实体化。

【城市民族工作】不断加强城市流动少数民族的管理与服务工作，同四川、西藏、青海、宁夏、陕西、辽宁、山东、江苏、浙江和新疆生产建设兵团等10个地区共同签署以少数民族流动人口服务管理为主的涉及民族因素矛盾纠纷跨区域联动协作协议，推动城市少数民族和少数民族聚居社区全面发展。对全省城市民族工作及流动人口服务管理工作进行全面调研，以社区为单位，基本掌握城市少数民族人口数量、受教育程度、就业状况等基本情况。

【兴边富民行动】甘肃省财政厅、甘肃省民委全力支持肃北蒙古族自治县实施《甘肃兴边富民行动“十二五”规划》，2015年为肃北县下达兴边富民行动专项资金1070万元，实施项目5个。按常住人口计算，全县人均生产总值133163元。城镇居民人均可支配收入、农牧民人均纯收入、人均生产总值、人均财政收入等指标位居全省前列，在全国136个边境县中，肃北县人均指标也位居前列。

【扶持人口较少民族发展】甘肃保安族、撒拉族、裕固族、土族4个民族被国家确定为人口较少民族，共有269个行政村被确定为“人口较少民族聚居村”。截止2015年末，甘肃省在“十二五”期间共争取扶持人口较少民族发展资金70883万元，支持人口较少民族地区深入实施以农田水利、交通、社会事业、农业发展、产业开发等项目共761个，人口较少民族聚居村大部分实现“五通十有”目标，有效改善当地群众的生产生活条件。

【民族事务】法制方面：2月8日，省委省政府出台《关于进一步做好新形势下民族工作的意见》，对促进各民族交往交流交融、建立各民族共有精神家园、支持民族地区加快发展、积极探索城市民族工作等一系列重大问题进行全面部署。

经济方面：下达国家民委和省委省政府的各项少数民族发展资金2.34亿元，提前下达2016年少数民族发展资金1.31亿元。2015年人均财政支出12251.1元，高于全省市县平均水平3546元，均衡性转移支付系数高于其他地区平均水平3个百分点。民族地区生产总值达到471.42亿元，年均增长11.7%；城镇居民人均可支配收入达到17854元，年均增长13.3%；农村居民人均可支配收入达到5566元，年均增长14.8%，增长幅度均高于全省平均水平。积极协调省委省政府制定出台“1+17”精准扶贫政策措施，将包括民族地区18个县市在内的58个片区县作为主战场和重点，大力实施“1236”扶贫攻坚行动和“精准扶贫，精准脱贫”行动，研究制定《2015年度甘肃省少数民族劳务技能特色培训“出彩工程”任务分解方案》，对2015年度培训任务进行分解，完成培训2.4万人次以上。

文化方面：在公共文化设施项目和经费的安排上，继续向民族地区倾斜，不断加大对民族地区文化基础设施建设的投入力度。2个自治州、7个自治县都建有公共图书馆和文化馆，258个乡镇实现标准化乡镇综合文化站全覆盖，部分村设立村级文化室或文化活动中心，形成州（市）、县、乡三级公共文化设施网络；在21个民族县（市）建成文化共享工程县级支中心，为民族地区2000多个行政村建共享工程村级服务点；组织实施少数民族和民族地区非物质文化遗产保护、古籍保护等重大文化工程。

教育方面：截止2015年底，全省民族地区各级各类学校（幼儿园）2163所，在校（园）学生（儿童）57.7万人，教职工4.6万人（其中专任教师4.2万人），中小学生均建筑面积超过全省平均水平，生均图书、生均教学仪器设备值、专任教师学历合格率等指标总体达到或接近全省平均水平。全省藏族地区现有双语类中小学、幼儿园308所，占藏族地区中小学、幼儿园总数的41%，其中双语学生4.72万人，占在校生总数的30.82%，双语教师2991名，占专任教师总数的21.3%，建立体系较为完备的覆盖学前教育到高中教育的双语教育模式。

社会事业：民族地区新农合覆盖面不断扩大，保障能力逐步提高。民族地区参合率达到95%以上，政府补助标准提高到人均320元，实现新农合统筹区域内费用即时结算和门诊统筹全覆盖。民族地区基层医疗卫生机构全部实施国家基本药物制度，药品价格合理下降。新农合和“120”指挥信息平台、预约挂号和健康档案等信息管理系统持续完善，远程会诊连接到乡级医疗机构，医疗卫生服务体系进一步健全。人均公卫补助经费提高到35元，农村孕产妇住院分娩补助，农村妇女服用叶酸、宫颈癌检查、乳腺癌检查4个项目任务完成率均超过100%。实施农村无害化卫生户厕的建设任务，完成15岁以下儿童乙肝疫苗补种，公卫服务均等化等项目进一步扩展。全省民族地区21个县市医院、265个乡镇卫生院配备救护车和车载设备，12个县市配备农村巡回医疗车，实现民族地区州、县、乡医疗急救体系全覆盖。截止2015年底，全省民族地区共有各级卫生机构2921个，其中州一级医院5个、疾病预防控制中心2个，县级医院35个、疾病预防控制中心21个，乡（镇）卫生院290个、村卫生室2531个，社区卫生服务中心37个，共有床位11350张；现有卫生人员14572名（其中少数民族6238名），专业卫生技术人员11094名。全省有藏医药机构40所，其中：藏医药研究院1所，藏药生产企业5家，藏医院及藏族地区诊所32家；有藏医药技术人员527人，藏医病床288张。整理藏医药珍本、整理出版藏医药名著20余部，19项科研成果分获得不同层次的科技进步奖；藏药常用成方380余种，其中305个取得制剂批准文号。

【对内对外交流活动】5月15日至18日，“2015中国（青海）国际清真食品用品展览会暨‘一带一路’绿色食品用品展览会”在青海省西宁市举行，甘肃省民委组织省内25家企业参展。8月1日，“齐家文化与华夏文明国际研讨会”在临夏回族自治州广河县举行，来自瑞典、日本、德国、美国和国内的100多名专家学者共同研讨齐家文化的挖掘、保护、传承和利用工作。8月25日至26日，马来西亚驻华大使馆公使衔参赞诺祖迪带领的马来西亚清真产业发展考察团来到甘肃省平凉市，对清真产业贸易发展情况及HALAL（清真）国际认证中心项目进行考察。10月10月26日至11月3日，甘肃省民委主任率团赴阿联酋参加“2015迪拜国际食品展览会”，并赴土耳其开展经贸活动。12月9日至10日，甘肃省委书记王三运率代表团赴马来西亚，专题就加快推进临夏回族自治州清真食品认证、推动双方清真食品产业共同发展，与马来西亚方面进行磋商。

（闫国栋）

宗教事务

【宗教事务管理】不断强化信息化管教职人员、制度化管宗教活动、民主化管宗教活动场所的管理机制。加强新设立宗教活动场所和改扩建场所的实地检查和审核审批工作，落实《大型宗教活动管理办法》，加大跨地区宗教活动审批管理力度，依法规范宗教活动秩序。制定《甘肃省宗教事务局关于开展宗教活动场所和宗教教职人员年度考核工作的意见》，开展宗教活动场所和宗教教职人员年度考核工作，把考核结果同宗教教职人员证、生活补助费发放、政治安排、宗教活动场所评比表彰等挂钩，全省宗教活动场所考核较好率占89.5%，教职人员考核结果合格以上占76.7%。继续督促推进宗教活动场所“七证一户”办理工作，全省共有5630处宗教活动场所完成办理工作，办证率达到80%以上。

【网络宗教管理】会同相关部门转发国家5部委《关于加强网络宗教事务管理的意见》，提出加强全省网络宗教，部署加强全省网络宗教事务管理工作。加大网络舆情研判，积极引导正确网络舆论导向，防范极端思想散布和蔓延。开展主要教职人员任职备案工作，制定《主要教职人员任职备案和教职人员认定备案工作方案》，确保人员、备案、数据三统一，共上报宗教活动场所7015处，教职人员15387名。推进宗教信息网络建设，共完成14个市（州）、29个县（区）、24个乡（镇）的宗教网络联接工作。朝觐报名网站受理报名人数约1.4万人。在甘肃省宗教事务局政务门户网站公开有关宗教事务方面依法审核、审批、备案等办事流程，修订完善信息工作制度。

【宗教重难点问题解决】佛教、道教工作方面：指导甘南州做好藏传佛教寺庙寺管会换届工作，民主管理功能进一步增强。办理藏传佛教教职人员证与活佛证，“两证”办理累计达9891人，其中活佛112人，办理率达97.27%。全面完成甘南州碌曲县和武威市天祝县的经师评聘试点工作。做好甘南州申请转世4位活佛相关审批工作及加洋加措时轮灌顶法会活动，满足信教群众需求，维护藏族地区稳定。根据国家6部委文件精神，开展违法违规设置功德箱等借教敛财问题整治工作。指导各市（州）做好佛道教活动场所信息公开、网上查询和挂牌工作，维护佛道教界合法权益。举办第四届汉传佛教讲经交流活动，为在全省佛教界推动形成研习经典、守持戒律、正信正行、服务信众的良好风尚起到积极作用。伊斯兰教工作方面：全面落实省委、省政府两办2014年65号文件精神，加强“解经”和宣讲新“卧尔兹”工作，指导举办“卧尔兹”演讲比赛。承办八省（区）伊斯兰教工作协调联席会议，签订协作协议。认真贯彻落实全国第三次朝觐工作会议精神，积极应对沙特朝觐新政，规范名额分配管理和审批工作，做到公开、公平、公正、透明。加强整体工作谋划，加大行前培训力度，提升管理层次和服务水平，果断及时处置突发事件，实现“平安朝觐、有序朝觐、文明朝觐”目标。天主教、基督教工作方面：公开公平选举产生新一届省基督教两会领导班子，指导省两会优化人员配置。结合近年调研情况，与省基督教两会负责人及兰州大学专家教授深入分析研究，撰写了《全省天主教情况分析报告》《全省基督教情况汇报》。针对甘肃省天主教、基督教教职人员宗教学识水平较低，思想保守的实际情况，有计划、有重点地选送教职人员到北京神哲学院、燕京神学院学习，并补助学杂费。

【宗教院校建设】坚持正确办学方向，加强学员思想政治教育和日常管理，开展宗教院校教师资格认定和职称评审聘任工作，不断加强师资队伍建设和教学管理水平。省佛学院新校区建设工程已进入施工收尾阶段。兰州伊斯兰教经学院按照《甘肃省伊斯兰教教职人员培养办法（试行）》召开论证会，制定培养计划，确定课程教材，落实师资队伍，计划于2016年3月招收第一批全日制满拉班学员。加大防范和抵御校园传教渗透活动和安全管理工作。

【宗教团体建设】指导召开省佛协第九次代表会议、省道协第七次代表会议、省伊协第九次代表会议和省基督教第八次代表会议，选举产生新一届领导班子，结合团体换届工作，加强团体的组织建设、制度建设、人才队伍建设。3名宗教团体干部和1名局机关干部实现双向转岗交流，实现人力资源合理调配，激发干部工作生机与活力。规范工作程序，加强境外宗教团体及个人友好访问和外事交流活动。

【“三支队伍”培养】制定《甘肃省宗教事务局2015年“三支队伍”培训计划》，进一步加大“三支队伍”培训力度，建立“三支队伍”培训工作台账和基础数据库，建立完善专家库。全年共举办“三支队伍”培训班20期，培训宗教工作干部、宗教界人士近1700余人。各级宗教工作部门共举办各类培训班500余期，培训各级党政领导、宗教工作干部、教职人员3.6万余人次。资助62名中青年教职人员到省级以上宗教院校和大专院校学习深造。

【宗教工作调研】为解决当前宗教工作领域出现的新矛盾新问题，组织6个调研组，先后深入全省14个市（州）、45个县（市、区）、5个乡镇宗教工作办公室和149处宗教活动场所，围绕宗教活动场所“七证一户”办理、创建“和谐寺观教堂”、宗教活动场所和宗教教职人员考核、财务监督管理等重点工作进行督查调研，形成专题调研报告，对进一步做好全省宗教工作提出了切实可行的意见建议。

【服务引导职能】深入宣传宗教政策法规。积极开展宗教政策法规“六进”、以“国法与教规的关系”为主题的宗教政策法规学习月和以“教风”为主题的和谐寺观教堂创建活动。以“六进”为载体，深入基层宗教工作任务重点地区宣讲宗教政策法规。组织开展机关干部学法和法律知识答题活动。推进非藏族地区129处藏传佛教寺庙书屋建设，全省236处藏传佛教寺庙实现书屋建设全覆盖，全省共建成“寺观教堂书屋”421处。筹备召开全省第二届创建和谐寺观教堂表彰大会。制定下发《关于评选表彰全省第二届创建和谐寺观教堂先进集体和先进个人的通知》，组织5个调研核查组对各地推荐上报的先进场所和个人进行实地走访核查，提出拟表彰先进场所和个人名单，经评审会审定后在局政务网站公示，表彰大会各项筹备工作已就绪。

【“宗教慈善周”】组织召开由省各宗教团体、宗教慈善基金会负责人参加的宗教慈善工作座谈会，全面了解掌握慈善基金会运行情况和省各宗教团体开展公益慈善活动情况，分析研讨新形势下做好公益慈善活动的措施办法。“宗教慈善周”期间，全省各地共张贴宣传标语3000余条，开设宣传专栏400余期，讲经布道宣传活动30余场次，发放《宗教界从事公益慈善活动相关政策法规汇编》4000多册，宣传资料5万多份，营造了良好的舆论环境和社会氛围。全省宗教界共募集善款约800万元。

【依法行政】继续深化行政审批制度改革。对7项行政许可审批项目开展清理规范，修改细化行政处罚自由裁量标准16项。按照省政府办公厅“三张清单一张网”工作方案要求，开展权力清单和责任清单核实清理录入，并在甘肃政务服务网对外公开发布。进一步规范行政执法行为，建立行政许可审批案卷，开展行政执法案卷评查，完成规范性文件审查报备。

【“双联”行动与精准扶贫】继续加大扶持力度，落实各类帮扶资金300余万元，开展了通村公路、道路亮化、绿化育林、家庭养殖、危房改造、教职人员培训、北庄小学教学楼建设等扶贫工作，先后组织局机关干部32批次150余人次赴双联点开展工作。中国佛教协会捐赠修建的北庄小学教学楼竣工投入使用，彰显“慈爱人间”的宗教善念和“宗教和谐”的理念愿景。

【党风廉政建设】聘请10名宗教界代表人士作为加强局机关党风政风建设的监督员。加强对全省寺观教堂维修补助费后续监管，加强对朝觐工作跟踪监督。严格执行各项廉政规定，加强自我约束，确保中央“八项规定”和省委“双十条规定”的常态化落实。对宗教院校、宗教团体实施专项考核。

人民防空建设

【人防组织指挥】加快指挥平台建设，各重点城市人防办狠抓市、县、区人防地面应急指挥中心建设。省人防办依托省军区教导队开展人防机动指挥所专业合成演练，结合“9.18”警报试鸣在兰州市举行全省人防系统战备拉动演练。依据《人民防空训练与考核大纲》，省人防信息保障中心与陕西省人防信息保障中心开展“甘陕—2015联合拉动演练”，积极探索人防部门跨区域协同指挥和应急支援的有效方法。全省各国家重点城市人防办依据城市防空袭预案积极开展市带县、区人防办的防空袭室内演练，不断提高各级指挥员的组织指挥能力。

【人防信息化建设】各重点城市人防办加强人防信息传输网络建设，开通与省人防办和所属县、区人防办的视频、音频、数据传输网以及短波通信网。加大防空防灾电声警报器、便携式电声警报器和手摇警报器的增设及统控力度，全省警报音响覆盖率达到96%以上，鸣响率达到100%。依托国家人防网管中心举办全省人防信息化建设与应用培训班，培训专业技术人员55人，改善全省人防信息化人才匮乏的现状。省人防北斗卫星导航定位系统、4G通信系统建设已完成招标。2015年，全省制定完成重要经济目标防护方案和城市早期人口疏散方案。

【人防工程建设】用项目建设为人防事业融入经济社会发展体系搭建平台，嘉峪关市、武威市和庆阳市西峰区等人防自建工程项目已投入使用，张掖市、武威市、天水市和张掖市山丹县等人防自建工程项目以及陇南市成县平战结合人防工程项目完成主体建设。人防与城市建设相结合制订规划，全省22个市、县人防办完成人防专项规划编制任务，12个县、区人防办完成规划初稿，省人防办启动编制省域人防体系规划。2015年，全省新审批人防自建项目12项，招商引资工程项目6项，人防结建费收取和审批防空地下室面积均实现大幅增长。

【人防平战结合】省人防办制定下发《甘肃省人防专用设备生产安装管理暂行办法》，对全省防护设备定点生产企业进行质量监督检查，规范人防防护设备管理。做好直属企业改制脱钩工作，完成省人防工程公司法人的更换，督促协调解决历史遗留问题。各重点城市人防办抓好人防工程的平战结合工作，发挥人防战备效益、社会效益和经济效益。2015年，全省共完成人防工程挂牌管理1768项，共计2746个，新增平战结合工程利用面积26.5万平方米，向社会提供就业岗位8000多个。

【人防法规宣传】加快全省人防法治化建设进程。省人防办修订完善《甘肃省人防行政处罚自由裁量权实施标准》，确定人防部门18项行政职权。全省各级人防部门将人防行政审批纳入政务大厅，方便了群众，提高了办事效率。开展人防宣传教育“五进”活动，在226个社区建立人防工作站，投资近80万元购买中国首部人防科教影片《居安思危·备战人防》的播放权，向各市州配发光碟及读本2000套，举办庆祝新中国人民防空成立65周年书画摄影展，在兰州、天水、庆阳、张掖、武威等城市进行巡展，通过广泛深入的宣传教育，进一步营造全社会关注人防、支持人防、参与人防的浓厚氛围。

【人防机关建设】各级人防部门不断加强人防机关“准军事化”建设，规范办公秩序，优化办公环境，落实战备要求。省人防办狠抓政治理论学习，邀请省委党校教授就党的十八届五中全会精神和“五大发展理念”进行专题辅导，邀请兰州大学教授就“四个全面”战略布局进行专题解读，邀请柴生芳事迹报告团作专题事迹报告会。健全完善人防组织机构，省人防办完成省人防信息保障中心更名，成立省人防办质量监督检验站，增设法规宣传处和省人防综合基地管理中心。临夏州、甘南州和永靖县、兰州新区成立了人防机构。认真落实中央八项规定和省委“双十条”规定，扎实开展“九个严禁、九个严查”专项行动，狠抓重要时间节点廉洁自律方面的监督检查，党风廉政建设各项规定落到实处。

【“双联”工作】省人防办制定了2015年双联工作计划，与庆阳市委、市政府联合召开宁县省、市、县、乡四级双联单位精准扶贫精准脱贫协调推进会。积极开展送温暖、送健康活动，春节走访慰问贫困户30户，每户赠送价值300元春节慰问品，现场赠送春联600多幅。针对联系村慢性病多发的问题，协调省第二人民医院5位专家到联系村开展“送医送药送健康”活动，为600多名患病群众义诊，现场免费送药近两万元。认真抓好新增联系村的扶贫脱贫工作，协调省城乡规划设计院编制了庙花村村庄建设规划。加大与省直有关部门的协调力度，截止目前，省人防办共协调项目资金1300万元，落实到位资金1100万元，投资160万元修建的宫刘村村部文化广场，全民健身器材已安装到位。

（史永康）

妇女工作

【概述】2015年，省妇联聚焦全省精准扶贫精准脱贫工作大局，坚持服务基层、服务妇女，履行职能、发挥优势，各项工作扎实开展，取得了明显成效。深入全省28个县区47个乡镇（街道）84个村（社区），对妇联组织和妇联工作中存在的“机关化、行政化、贵族化、娱乐化”问题进行调查研究。设计网络调查问卷，在“中国甘肃网”上开展网上调查，充分了解妇女群众所思所想、所需所盼，掌握“第一手资料”。系统梳理妇联改革任务，从明晰工作内容、改进工作方式、完善组织制度、深化机关改革、强化工作保障等5个方面入手，研究形成省妇联贯彻中央和省委关于加强和改进党的群团工作意见的《实施方案》，为全面推进妇联自身改革、切实加强和改进妇联组织和妇联工作奠定了良好基础。省妇联扶贫工作得到省委省政府和全国妇联的充分肯定。

【妇女劳务经济】一是不断加大陇原妹输转力度；全年培训输转贫困妇女47464名，完成任务的237.3%。其中，建档立卡贫困妇女22978名，占47.8%，人均年增收7062元。省内创建巾帼家政示范基地30个，在北京、上海、天津等地创建劳务输出示范基地20个，吸纳14206名建档立卡贫困妇女从事家政服务等工作，人均年增收7000-8000元。举办实施“陇原妹走出去”精准扶贫行动座谈会和陇原妹培训就业座谈会。与省扶贫办联合在北京举办基层妇干和劳务经纪人培训班，扶持相关中介组织和经纪人做大做强。二是全面推动妇女手工编织工作；认真落实省政府办实事部署安排，培训陇原巧手12.59万，超额完成任务。其中，建档立卡贫困妇女7.28万，占57.8%，人均年增收1671元。建立陇原巧手联盟并在国家工商总局注册，凝聚企业、产业协会、商户、个体经营户246个，培树产品经纪人280人，创建示范基地50个，吸纳带动3.89万建档立卡贫困妇女就业，人均年增收2287元。创建陇原巧手一条街、陇原巧手馆、陇原巧手苑和湖南凤凰古城陇原巧手示范基地，在文化集市、机场和旅游特产商场特别是省内外大型展会上推介展销陇原巧手产品。

【妇女儿童扶贫】争取中国儿基会支持，全省消贫行动项目县由14个扩大到19个，受益婴幼儿增加到12.8万名，项目资金976万元。发放“春蕾计划”助学金138万元，救助中小学生2530名。实施恒爱行动项目，动员爱心妈妈为新疆儿童编织爱心毛衣1100件。全国妇联部署的现代农业科技示范基地、三八林建设基地、新型职业女农民培训、“母亲水窖”等工作有效推进，妇女种植养殖、双联村互助金、小水工程、妇女产业发展等妇女扶贫项目顺利实施，为帮助妇女提高生产技能、发展特色产业、解决生产生活困难发挥了积极作用。2015年发放贷款11.82亿元，扶持19773名妇女创业增收。加大对贫困妇女的倾斜扶持力度，建档立卡贫困妇女贷款2.76亿元，受益5350人，占23.4%。

【特殊妇女儿童关爱】“两癌”：举办“两癌”贫困妇女创业技能和康复能力培训班2期、培训“两癌”贫困妇女110名，市州相应培训2134名，通过实用技能、健康讲座、心理疏导、义诊和发放康复手册，帮助“两癌”妇女掌握创业技能、增强康复信心，目标任务全面完成。落实全国妇联、中国妇基会“贫困母亲两癌救助专项基金”504万，救助妇女504人。联合相关部门下发了《关于在58个贫困县17个插花县开展妇女“两癌”普查救助工作的通知》。

关爱留守儿童活动：动员全省6.9万名妇联干部、村妇代会主任、志愿者做爱心妈妈，与14.8万农村留守儿童结对、认亲。开展“爱心妈妈”一周一次电话、一月一次家访、一季度一次关爱活动、一年一次联谊的“四个一”活动，为留守儿童提供学习、生活、心理等方面帮助。建立农村留守儿童专项档案，健全基本情况月排查和工作情况通报制度，进一步掌握农村留守儿童、代管人及父母外出等情况。在留守儿童之家组织开展各项活动，丰富留守儿童文体生活，并向全省1568所留守流动儿童之家赠送了《少年文摘报》。编印《儿童安全保护手册》，图文并茂宣传安全知识。

【特色家庭工作】持续开展寻找“最美家庭”活动，2015年共有10.3万人次直接参与“晒、议、讲、展、秀”活动，晒出家庭幸福照片6万幅，征集好家风家训1万多条，举办最美家庭故事会近1万场次，开展道德讲堂、座谈演讲、征文摄影比赛、文艺展演等3726场次，层层推选产生各级“最美家庭”49378户。突出抓好家庭教育工作，在全省建立家庭教育示范点14个，示范带动全省各级妇联结合实际，开展家教知识进万家活动270场次，培训家长8万余人次。争取全国妇联和中华女子学院支持，举办了家庭教育服务专题培训班。开展家庭教育工作情况调研，重点对各地中小学、幼儿园家长学校机构和制度建设、作用发挥情况进行督促检查，促进家庭教育工作深入开展。

【基层法律服务】开展“建设法治甘肃·巾帼在行动——法治教育陇原行”活动，以“法官讲堂”、案例分享等形式，在58个贫困县、17个插花县开展以案释法活动，让群众最直观地参与“司法审理”，接受法治教育。开展双联法律服务直通车活动，为农村留守妇女儿童提供法律服务。

同时，各地邀请律师、法律志愿者在村（社区）“妇女之家”开展以案释法、模拟法庭、法制讲座等普法宣传活动，约10万名群众参与此项活动。实施“多部门合作预防和应对家庭暴力”二期项目，在项目县对相关工作人员进行培训，初步建立集防范、报警、验伤、处警、庇救为一体的工作机制。在省高级人民法院成立妇女维权合议庭和未成年人维权合议庭，落实“中国妇女法律援助行动”项目，受理法律援助申请63件，为受援人挽回经济损失247万元。

【妇联上网工程】开通“甘肃妇女”官方微博、微信平台，对“甘肃妇女网”进行全面改版扩容，增加互动和服务功能。指导各地妇联建设微信平台，形式多样地开展线上互动及服务。全省妇联系统网站、微博和微信公众号全年访问量达115万人次，成为宣传教育、引导服务妇女群众的重要阵地。省妇联荣获2015年度全国政务头条号“特别贡献奖”。

【妇联建设】一是切实加强基层组织建设；出台《省妇联关于“党建带妇建”加强服务型基层妇联组织建设的意见》，重点加强乡镇、街道妇联组织建设，推动村、社区妇联组织与“两委”同步换届。探索灵活多样的基层妇联组织设置形式，努力将手臂延伸到各领域特别是女性新兴群体。二是不断提高妇联干部素质；在举办县市区妇联主席培训班的基础上，积极支持各级妇联层层开展建档立卡村妇代会主任精准扶贫培训和妇联干部依法履职能力培训，全年共培训村妇代会主任6220名、妇联干部1.89万人次。常态化组织干部到贫困村驻村蹲点，动员妇联干部做妇女群众的“贴心人”，工作作风不断优化。三是重视支持女性人才成长；联合省委组织部出台《关于进一步做好培养选拔年轻女干部工作的通知》，建立分年龄段的全省女干部库和女性人才库。选派12名县区市妇联主席，赴北京、上海、福建3地挂职锻炼。在北京世妇会20周年之际，省委书记王三运在《人民日报》刊发署名文章，介绍了甘肃贯彻落实男女平等基本国策、推动实现性别平等的做法和经验。

（赵芸）

残疾人事业

【助残保障】重度残疾人护理补贴人数增加到12多万人，补贴标准城乡统一提高到每人每月100元；推动把25万贫困残疾人纳入低保工作，城市标准普遍上浮20%、农村纳入一类施保。城乡残疾人养老保险参保率达到96%，重度残疾人养老保险最低标准政府代缴率达到100%。落实政策内残疾职工住院报销不低于90%、残疾居民住院报销不低于80%的政策，提高城乡残疾人医疗救助标准，全省城乡残疾人基本医疗保险参保率达到96%以上。实施农村残疾人危房改造差异化补助，帮助1.6万户农村贫困残疾人家庭实施危房改造、2万户城镇残疾人优先分配到经济适用房、廉租房或享受到住房补贴。

【精准扶贫】与扶贫部门联合将16.3万农村贫困残疾人录入全省精准扶贫建档立卡管理系统；推进残疾人精准扶贫，扶持4.2万残疾人脱贫。投入保障金近5000万元，实施“教育就业扶贫”工程，建立扶贫基地30个、带动6000多户残疾人家庭增收，扶持就业基地33家、帮助5000多名残疾人自主创业，资助5250名残疾学生稳定就学；培训残疾人“种养加”技术能手和农业科技示范户500余名。省残疾人福利基金会筹资近4000万元，实施启明、助听、助养等20多个助残扶贫项目，使15多万名残疾人受益。和政县、礼县在国际减贫与发展高层论坛残疾人精准扶贫分论坛上介绍经验。

【康复服务】推动将18项基本医疗康复项目纳入城镇居民、农村新型合作医疗诊疗药品目录和基本医疗、城乡大病保险范围。确定38家康复机构为项目定点机构，实施彩票公益金残疾儿童抢救性康复、七彩梦行动计划、康复服务“百千万”等项目工程，全面推进社区康复工作，为7.2万多残疾人及时提供康复项目救助，22.4万残疾人就近得到康复服务；深入50多个县市区，为残疾人上门提供辅具装配、用品捐赠、知识普及等服务。安排876万元资金，开展政府购买康复服务，救助智障儿童730名。兰州新区省残疾人综合服务基地建设进度加快，省听力语言康复中心、托养公寓1号楼将于2016年投入使用，省残疾人辅助器具资源中心、托养公寓2号楼和动力中心完成主体工程。省康复中心获批为国家自然科学基金依托单位，省人社厅确定康复中心等7家机构为甘肃省工伤康复定点机构，成功举办第二届全省康复治疗专业技能大赛，荣获“全国百家优质服务岗”称号；省听力语言康复中心创新听障儿童全面康复模式，创建听障儿童示范性幼儿园。

【助残就业】开展未入学适龄残疾儿童少年登记核查工作及送教上门试点，支持7所学前教育机构、资助贫困残疾幼儿150人；多方实施扶残助学项目，基本实现各阶段残疾学生助学全覆盖。协助全省445名残疾考生参加普通高考，299人被录取。发展甘肃电大残疾人教育学院地方教学点。组织残疾人招聘会54场，开展各类培训330多期、受训2万多人次，新增按比例就业1030名。指导各地推进残疾人集中就业和公益岗位就业，新增集中就业单位5家、安置残疾人150人。就业保障金征收，比上年增加16.7%。组织6家企业和社会组织参加第二届全国残疾人展能节；甘肃省在第五届全国残疾人职业技能竞赛中取得团体总分第七名，在全国盲文基础能力竞赛中取得团体总分第三名的好成绩，3名选手被人社部授予“全国技术能手”称号，2名选手被省人社厅授予“甘肃省技术能手”称号，3名选手参加第九届国际残疾人职业技能竞赛。

【权益保障】参与制定《甘肃省救助条例》等法规政策，推动落实省政协依法维护残疾人权益月协商活动提出的18条意见。连续第四年开展残疾人法规政策落实年活动；对1150户贫困残疾人家庭进行无障碍改造，为2.4万多残疾人发放机动轮椅车燃油补贴。创建“十二五”全国无障碍建设县市区成效明显，金昌、兰州市分别被评为全国无障碍建设示范市和建设市；全省家庭无障碍改造标准图集即将出版。推进省市网上信访平台和“12385”残疾人服务热线得到普及应用，省级残疾人法律救助和信访接访工作满意率、办结率达到98%以上。

【文体宣传】与省委宣传部联合开展“宣传残疾人事业走基层”活动；开展2013—2014年度全省残疾人事业好新闻评选，71篇稿件获奖。组织开展“全国助残日”系列活动，拍摄6集残疾人励志微电影。成功举办第三届全省特教学校艺术汇演，组织参加第七届全国特教学校艺术汇演、15个节目全部获奖。制定出台获奖残疾人运动员教练员与健全人同类比赛同等标准奖励政策；组团参加全国第九届残运会暨第六届特奥会，在国际国内比赛中取得18金32银37铜的优异成绩，6名残疾人运动员、教练员被省政府记一等功，省残联等12家单位和15名同志受到国家体育总局和中国残联表彰；组织开展全省“残疾人健身周”“全国特奥活动日”等活动，参与残疾人近3.2万人。省残联系统2单位分别被授予“全国五一巾帼标兵岗”、“全国巾帼文明岗”，2名残疾人工作者当选甘肃省“最美人物”，3名残疾人工作者获得“陇人骄子”提名奖。

【组织建设】甘肃省获2013-2015年度全国“强基育人”工程综合评估第一名。与省委组织部联合举办全省首期加快残疾人事业发展培训班。所有市州和91%的县市区残联班子配备残疾人干部，乡镇街道残联普遍实现理事长专职，落实乡镇街道残联理事长副科级待遇315人。健全全省助残志愿者组织网络，高校助残服务机构开展万人结对服务活动；甘肃省全民志愿助残试点工作经验被全国会议推广。学习贯彻中央党的群团工作意见及省委实施意见和中国残联实施方案，全面加强和改进残联工作。扎实开展“三严三实”专题教育，稳步推进“基础管理提升年”活动和“三重一大”事项纳入集体决策程序；加强建章立制和残联系统人、财、物规范管理，延伸开展对重点项目资金的内部审计。推动市县政府购买残疾人服务，开展用人单位按比例安排残疾人就业公示试点。优化省残联门户网站建设，推动市州残联网站全部接入电子政务外网。

（党永贵）

机关事务管理

【驻外办事机构清理】研究制定《甘肃省清理规范驻外办事机构实施方案》，报省政府常务会议审议通过后以省政府办公厅名义印发执行，全省101个驻省会城市办事机构的清理工作顺利完成。期间，举办由各市州参加的座谈会，听取市州对清理工作的意见和建议，督导市州、县区和省直部门逐级逐项抓好清理规范，对保留的办事机构运行情况和撤销机构的人员分流、资产处置、经费收支和债权债务清理等情况进行实地抽查，清理规范工作取得预期成效。经省政府同意，共撤销驻外办事机构53个，保留48个，增设甘南州政府驻兰州办事处和驻成都办事处，落实国家要求，做到应撤尽撤。

【地厅级及以下干部职工住房清理】认真调查研究，制定《省级党政机关地（厅）级及以下干部职工住房清理实施办法》，提请省政府常务会、省委常委会审定后以两办名义印发，并配套研究下发《关于认真做好省级党政机关地厅级及以下干部职工住房清理工作的通知》，对住房清理政策、要求做进一步的明确。抽调10名工作人员集中办公，将有关政策规定、填表说明等刻录成光盘发放到相关单位，设立专门咨询电话，答复100余家单位和个人的5000余次来电，并深入部分单位开展现场咨询和答疑活动，进一步明确住房登记、面积认定等具体清理政策。狠抓工作进度，对21个部门住房清理进展情况实地调研督促，通过召开专题会议、下发督办通知、编发工作简报等方式督导落实，较好地发挥牵头抓总的作用，基本完成98家省级部门（单位）、43万多名地厅级及以下干部职工的住房清理工作。2014年12月30日，省委常委会专题听取机关事务管理局地厅级及以下干部职工住房清理工作的汇报，王三运书记在会上给予充分肯定。

【公务用车制度改革】在参与研究全省改革方案的同时，把主要精力放在改革后公务出行服务平台建设上。先后赴重庆、贵州等省市学习公务用车制度改革做法，制定《公务用车制度改革后省级机关公务出行保障方案》、《关于建立省级机关综合执法用车平台的意见》，研究提出省级机关公务用车服务中心和综合执法平台机构组建方案，经省车改领导小组审定、省编办正式批准，整合执法执勤用车平台和公务出行服务平台，组建省级机关车辆服务中心，核定事业编制185名。办公和车辆停放地点已经选定，正在进行维修改造，内部运行管理制度制定和人员选聘工作也正在抓紧进行。

【省部级干部住房和用车清理】按照中组部、国管局、中直管理局《关于做好省部级干部住房和用车集中清理工作有关问题的通知》（国管办〔2014〕582号）要求，认真落实王三运书记、刘伟平省长的重要批示精神，坚持分工负责、统一汇总、本人申报、组织整改的原则，协调有关部门按照供给关系开展省部级干部住房和用车清理工作，全面完成119名省部级干部的住房和用车情况核查统计，提出相应的整改建议，经省委、省政府主要领导审定后报送国管局和中组部。同时，对甘肃省副省级离退休干部交通保障情况进行整理汇总，填写交通保障基本情况表，如实报送有关情况。

【节约能源资源管理】修改《甘肃省公共机构节能项目管理办法》，进一步发挥节能资金的示范导向作用，对市县的好项目给予支持。为做好省人大原东院办公楼维修改造，深入现场查看实情，认真研究维修改造内容和要求，编制维修改造方案和投资预算，协调落实资金，完成前期评审、立项等工作，为做好维修改造工作奠定基础。从解决相对集中区域干部职工的就餐困难出发，经过调研论证，做出利用统办三号楼附楼改建职工食堂的决策，认真研究制定筹建方案，对房屋安全性进行鉴定，编制项目可行性研究报告和规划设计，完成项目预算评审，各项前期工作已准备就绪。

【机关事务培训学习】加强与国管局的工作衔接，多次赴京与国管局领导和有关司局沟通情况、对接工作，及时掌握中央和国家对机关事务工作的新要求、新精神。加强调查研究，先后深入一些市县开展调研，指导市县两级做好机关事务工作，有力推动市县两级机关事务工作机构建设、制度建设和管理方式创新。加强业务培训，举办全省党政机关事业单位国有资产及办公用房管理业务培训班、全省公共机构能耗统计信息系统暨新版统计制度培训班、年度能耗统计数据会审培训会和省级机关“十二五”机关运行情况统计培训班，邀请国管局和四川省的专家同行专门讲解办公用房和国有资产管理的法规制度、主要措施和工作经验，培训面覆盖省市县三级，进一步提高全省机关事务工作人员的能力素质。加强理论学习，组织党员干部积极投身于“三严三实”专题教育，认真学习习近平总书记系列重要讲话精神，开展四次集中研讨，交流学习心得，增强局领导班子驾驭全局、指导工作的能力，提高全局干部职工的政治自觉和工作水平。

【“双联”帮扶】扎实开展双联帮扶行动，紧紧围绕落实精准扶贫各项任务，多次深入崇信县和静宁县司桥乡席湾村、庙咀村，调研双联点发展情况，走访慰问困难群众，与县乡村三级干部和部分群众代表座谈交流，制定切合实际的帮扶计划和措施，积极协调推动帮扶项目的落实。千方百计为席湾村和庙咀村筹措帮扶资金 52 万元，完成庙咀小学维修改造，新建席湾村村委会，帮扶村的基础设施进一步完善。针对全局干部身份长期没有理顺、工资等待遇无法兑现的问题，主动与省编办、省人社厅汇报沟通，经省编委研究同意，将局机关的事业编制转为行政编制，一次性解决困扰局机关干部的身份和待遇问题。

【综合管理】国有资产和办公用房管理更加规范，并将使用面积约 28500 平方米的办公用房调配给省人社厅等 14 家单位和中国日报、香港商报等多家省内外媒体使用；公共机构节能全面完成“十二五”规划目标，第二批 37 家国家级和第四批 25 家省级节约型公共机构示范单位通过验收并公布，超额完成百家节约型示范单位创建任务；承建的省第一、二干休所住宅楼顺利完工并交付使用，政府统办楼和住宅小区管理安全平稳，邓园建筑群对外出租签订合同，局里成立邓园建筑群出租装饰协调推进小组，监督指导邓园建筑群装修装饰。年初确定的 50 项工作任务基本完成，取得预期效果。

人民生活

城镇居民

2015 年是“十二五”的收官之年，面对错综复杂的国际国内形势和经济增长放缓的压力，全省上下准确把握经济发展新常态，积极落实城乡居民收入计划和增资政策，大力营造“大众创业，万众创新”发展环境，全省经济社会持续健康发展，城镇居民收入稳步增长，生活质量明显提高。

【城镇居民收入】2015 年，全省城镇居民人均可支配收入达到 23767 元，比上年增加 1962 元，增长 9.0%。

政策补贴落实到位，工资性收入增长 8.5%。2015 年，全省城镇居民人均工资性收入 15189 元，比上年增加 1189 元，增长 8.5%，增速低于城镇居民人均可支配收入 0.5 个百分点，拉动可支配收入增长 5.5 个百分点，对可支配收入增长的贡献率 60.6%。主要原因：一是上调机关事业单位津贴补贴标准；二是上调机关事业单位取暖费补贴标准；三是兑现部分市县区行政事业单位上年度科学发展业绩考核奖、目标管理奖、应休、未休假补贴及奖励工资等；四是晋升机关事业单位工作人员职务工资、级别工资，增加薪级工资；五是发放基层工会节日慰问金；六是发放乡镇工作补贴；七是实施县以下机关公务员职务与职级并行制度；八是提高最低工资标准；九是城镇新增就业规模不断扩大。

创造良好发展环境，经营净收入增长 8.1%。2015 年，全省城镇居民人均经营净收入 1805 元，比上年增加 135 元，增长 8.1%，增速低于城镇居民人均可支配收入 0.9 个百分点，拉动可支配收入增长 0.6 个百分点，对可支配收入增长的贡献率 6.8%。主要原因：一是近年来，全省上下在优化市场环境、破除市场壁垒、减轻企业负担、扶持创业就业等方面出台了一系列优惠政策，例如，个体工商户增值税和营业税起征点提高，赋税降低，为中小微型企业降门槛、减成本，促使经营环境不断改善；二是实施取消注册资本限制、取消企业年检制、取消执照地址限制等政策以来，一定程度上刺激就业并拉动经营性收入增长，非公经济发展速度明显加快，带动作用日益增强；三是电子商务快速发展，与其紧密相关的物流业迅速发展，全民创业热潮高涨，从事个体经营及非公经济的从业人员比例上升，经营规模不断扩大，经营净收入不断增长。

投资渠道日趋多元化，财产净收入增长 8.8%。2015 年，全省城镇居民人均财产净收入 2295 元，比上年增加 186 元，增长 8.8%，增速低于城镇居民人均可支配收入 0.2 个百分点，拉动可支配收入增长 0.8 个百分点，对可支配收入增长的贡献率 9.4%。主要原因：随着城镇居民财产总量的不断增加和理财意识的不断增强，城镇居民已经形成了房屋出租、银行储蓄、投资理财和股权分红等多层次的财产组合。居民投资理财意识在不断增强，单一的存款局面早已发生转变。上半年，股票市场行情看涨，股票投资热情高涨，红利收入大幅增加。另外，互联网金融的快速发展，让一些家庭财产不多的居民也可以将手中的余钱利用起来，在保证资金流动性的同时，获得远高于活期存款的收益。同时，随着社会的发展，居民保险意识增强，参保人数增多，收益呈现增长态势。

补助标准逐步提高，转移净收入增长 11.3%。2015 年，全省城镇居民人均转移净收入 4478 元，比上年增加 453 元，增长 11.3%，增速高于城镇居民人均可支配收入 2.3 个百分点，拉动可支配收入增长 2.1 个百分点，对可支配收入增长的贡献率为 23.1%。主要原因：近年来，各级政府提高企业退休人员基本养老金标准，提高城乡居民养老保险基础养老金政府补助标准，提高失业保险金和工伤保险金标准，提高工伤职工伤残津贴标准，提高城镇居民基本医疗保险补助标准、提高城市低保保障标准，提高企业离退休人员和因工伤残等人员采暖费补助标准、提高城乡居民养老保险基础养老金政府标准。

【生活消费】2015 年，全省城镇居民人均消费支出达到 17451 元，比上年增加 1512 元，增长 9.5%。在收入增长的拉动作用下，八大类消费全面增长，居民消费总体从追求数量型向追求质量型转变，从生存资料支出向发展资料、享受资料支出转变。

生活性消费稳步增长。基本生活性消费中，食品烟酒消费 5346 元，支出比上年增加 382 元，增长 7.7%。随着城镇居民生活水平的不断提高，人们在饮食上更加注重食品的科学性、营养性及多样性，食品消费增长 5.0%。奶类、干鲜瓜果类、糖果糕点类消费增势明显，分别为 16.3%、15.2%、13.6%；豆类、肉类平稳增长，分别为 7.3%、6.3%。人们的衣着消费逐渐从经济实惠型向品牌化和个性化转变，衣着消费增长 6.3%；居住消费支出与上年基本持平。

服务性消费增势明显。随着城镇居民生活节奏的加快，改变了长期以来自我服务的消费模式，追求高标准、享受型的生活方式已成为普遍现象，美容美发等杂项消费不断增加。家庭服务、医疗服务、文化娱乐服务、饮食服务成为居民消费新热点，分别增长 45.6%、37.3%、25.0%、20.7%。随着房地产市场的降温，城镇居民新房购买减少，与之密切相关的消费呈下降态势，家具及室内装饰品消费下降 13.0%，家用纺织品消费下降 16.9%。

发展性消费稳步增长。一是城镇居民交通通信支出 1850 元，比上年增长 13.6%。近年来，城镇居民家用汽车和通信设备逐渐普及，有效促进相关费用不断增加。交通工具增长16.9%，所用燃料增长26.6%；通信工具增长20.7%，通信服务增长12.8%；二是城镇居民教育文化娱乐支出2045元，增长24.4%。随着城市经济的日益发展，知识的快速更新，要求人们不断提高自身的文化素质，人们也越来越重视对子女的教育投入，教育支出增长25.2%，其中高中支出增长最快56.5%，文化娱乐支出增长23.3%；三是医疗保健支出1391元，增长32.7%，其中，医疗器具及药品支出增长27.9%，医疗服务支出增长37.3%。

（张文芳）

农村居民

2015年，甘肃省认真贯彻“365”现代农业发展计划，紧紧围绕“稳粮增收调结构、提质增效转方式”的工作主线，深度融合精准扶贫和“双联”行动，做大做强特色优势产业，不断完善社会保障制度，农村居民收入稳步增长。

【农村居民收入】2015年，甘肃农村居民人均可支配收入6936元，比上年增长10.5%。从构成看，四项收入全面增长。其中，人均工资性收入1975元，增长12.5%；人均经营净收入3025元，增长9.5%；人均财产净收入128元，增长14.0%；人均转移净收入1808元，增长9.8%。

本地务工人数稳中有升，拉动工资性收入较快增长。2015年，全省农村居民人均工资性收入1975元，比上年增加219元，增长12.5%，拉动农村居民收入增长3.5个百分点，对收入增长的贡献率达33.3%，是农村居民收入的重要来源。增长的主要原因：一是全省各地持续加大劳动力输转就业和专业技能培训，带动全省人均务工收入增长。二是地区内自主产业吸纳劳动力就近就业成为常态。主要是畜牧养殖、采摘瓜菜、仓储包装和其他专业合作社带动农村劳动力就近就业。三是全省精准扶贫、双联行动、美丽乡村建设等各项政策措施的大力实施，拉动农村水利设施、危房改造、环境治理等项目建设和基础设施的大力发展，带动了本地务工人数的上升，据农民工监测调查资料推算，2015年甘肃本地农民工人数增长2.9%。四是第三产业创造了更多就业岗位。受经济大环境的影响，虽然房地产、制造业、交通运输业等受到了一定冲击，但随着省委、省政府经济结构的积极调整，甘肃服务业的发展加快，创造了更多的就业岗位，提高了农村居民的收入。五是土地流转规模扩大，农村居民将土地流转后，接受承租方的聘用，增加了工资性收入。

特色产业发展良好，推动农村居民经营净收入持续增长。2015年，全省农村居民人均经营净收入3025元，比上年增加264元，增长9.5%，对于收入增长的贡献率为40%，拉动农村居民收入增长4.2个百分点，成为支撑农村居民收入增长的主要来源。一方面是特色产业发展情况良好，特色农产品价格走高带动第一产业收入增加。全省农村居民人均农业收入2003元，增长12.0%，占第一产业收入的近八成。主要是水果、蔬菜、中药材、马铃薯、玉米制种等特色优势产业播种面积的增加和产量提高，直接带动了全省农村居民经营净收入的增加；同时，部分农产品价格和上年相比涨幅明显，其中花椒从上年每斤35元左右增长到56～60元、洋葱由上年每吨400～600元增长到1200～1500元，红枣、中药材、枸杞、瓜菜等价格上都均有不同幅度的上涨，尤其是生猪价格进入二季度大幅上涨，对农村居民农业收入增长保持了较稳定的支撑。另一方面是调结构政策显现，第三产业强劲发展。全省第三产业人均经营净收入480元，增长8.6%。其中，批发零售业、居民服务修理和其他服务业、农林牧渔服务业收入涨幅较大，分别增长9.9%、49.6%、50.1%，成为拉动第三产业收入增长的三个主要因素，保证了农村居民的收入增加。

土地流转和金融扶贫政策实施，驱动财产净收入快速增长。2015年，甘肃农村居民财产性收入增速明显，农村居民人均财产性净收入128.0元，比上年增长14.0%，对收入增长的贡献率为2.3%，拉动农村居民收入增长0.24个百分点。一是农村土地流转规模不断加大。全省农村土地流转面积累计达到1093.4万亩，流转率达22.5%，带动农村居民转让承包土地经营权租金净收入增长36.1%，成为财产性收入增长的一大亮点。二是金融支持“三农”力度加大，农村居民红利收入增加。随着精准扶贫工作力度加深，各地抓住机遇，创新贷款方式，农村居民贷款难问题得到有效解决，使农民红利收入增长迅速。三是房屋租赁市场火热，居民房屋出租面积增加和租金标准提升，保证农村居民出租房屋财产性收入增长18.2%。

民生改善政策持续落实，引动转移净收入较快增长。2015年，甘肃农村居民转移净收入1808元，比上年增长9.8%，对收入增长的贡献率为24.4%，拉动居民收入增长2.6个百分点。主要原因：一是全省各级党委政府高度重视农业发展和农民增收问题。2015年是甘肃“双联”活动开展的第三年，也是深入开展“1+17”方案的扶贫攻坚年，全省各地不断出台多项惠农补贴，增加了农民的转移性收入。二是社会保障制度进一步完善。全省农民人均社会救济和补助收入156.8元，增长23.5%；人均扶贫款增长73.7%。同时，不断上调的农村居民最低生活保障标准和城乡居民养老金标准也提高了农民收入。三是外出打工人数增加，寄带回收入较快增长。据农民工监测调查资料推算显示，甘肃住户中外出农民工人数比上年增长8.7%，农村家庭外出从业人员寄带回收入增长7.0%。

【生活消费】2015年，甘肃农村居民生活消费支出6830元，比上年增长11.1%。八大类消费支出全面增长，除食品消费外，其他七大类消费均呈两位数增长。

医疗保健、其他商品和服务消费支出增长超过20%。2015年，甘肃农村居民医疗保健消费支出670元，其他商品服务消费支出118元，和上年相比分别增长22.6%、20.9%，增幅领跑其他消费。

衣着、居住、生活用品、交通通信、教育文化娱乐消费支出增长超过10%。2015年，甘肃人均衣着消费支出466元，比上年增长13.4%；由于对居住环境条件要求越来越高，在住房以及居住服务方面投入增加，居住消费支出1221元，增长13.1%；随着居民生活水平普遍提高，耐用消费品支出及家庭服务随之相应增加，生活用品及服务消费支出445元，增长16.1%；交通和通讯消费支出812元，增长11.1%；文化教育、娱乐用品及服务消费支出854元，增长13.3%。

食品消费支出平稳增长。2015年，甘肃农村居民人均食品消费支出2244元，比上年增长4.6%，食品消费平稳增长。

（张涛）

人力资源和社会保障

【就业情况】2015年，全省城镇新增就业43.7万人，同比增长0.4%，完成年度目标的109.3%，其中，失业人员再就业16.8万人，就业困难人员实现就业4.8万人；全省城镇登记失业率2.14%，低于年控制计划1.86个百分点。截至12月底，全省失业动态监测企业用工总数为428929个，流失率为0.42%。

高校毕业生就业。深入实施促进高校毕业生就业创业“五大计划”，省内应届高校毕业生实现就业119979人，就业率为90.6%，同比提高1.1个百分点。实施校园招聘计划，邀请各类用人单位，广泛开展校园专场招聘活动，省内各高校共举办各类招聘会188场次，提供就业岗位29.6万个。实施高校毕业生基层服务计划，会同有关部门统筹实施扶持1万名高校毕业生就业民生实事工程和五个基层服务项目，共选拔17172名高校毕业生到基层事业单位岗位和企业就业，其中，选拔4900名毕业生到基层事业岗位工作，引导5100毕业生到企业服务工作，“三支一扶”等五大基层服务项目选拔高校毕业生7172名。实施大学生创业引领计划，创新《就业创业证》管理发放办法，积极落实资金扶持等各项优惠政策，鼓励支持大学生创业，累计为5100名高校毕业生发放创业担保贷款3.55亿元。实施高校毕业生就业促进计划，将高校毕业生求职补贴调整为求职创业补贴，对象范围扩展到已获得国家助学贷款的毕业年度高校毕业生，共为43所高校的9828名毕业生每人一次性发放1000元求职补贴，其中低保家庭毕业生9607人、残疾毕业生221人。实施机关事业单位聘录用计划。利用自然减员指标，招考、聘用高校毕业生到机关事业单位就业，2015年全省考录公务员招录1723人，公开招聘应届高校毕业生3913人。

创业带动就业。围绕大众创业、万众创新，深入推进全民创业行动。全省新发放创业担保贷款46.79亿元，完成全年任务的117%，吸纳带动就业19.18万人，其中下岗失业人员8030人。新审批认定了省级创业孵化示范基地（园区）25个。全省共收集创业项目2575个，入库专家462人。全省新增市场主体23.78万户，其中私营企业新增5.1万户，个体工商户新增17.07万户，私营企业和个体工商户新增从业人员69.33万人。不断加大创业宣传力度，在甘肃电视台经济频道开办了52期“创业之路”栏目，开设甘肃就业创业微信公众平台，累积发布292条。积极组织全省113个创业项目参加“中国创翼”青年创业创新大赛，取得良好成绩。

职业技能培训。大力开展各类技能培训，全省共组织开展各类培训112.9万人，其中：职业技能培训44.3万人，完成全年目标任务的147.6%；劳务技能培训68.6万人，完成年计划的105.5%。开展职业技能鉴定38.67万人，获证32.9万人，获证率92.5%。扎实推进精准扶贫劳动力培训工作，联合省教育厅、省财政厅、省农牧厅、省扶贫办等部门研究制定《关于精准扶贫劳动力培训支持计划的实施方案》、《2015年甘肃省精准扶贫劳动力培训实施计划》，全省共开展精准扶贫劳动力培训36.4万人。全面完成城乡居民职业技能培训民生实事任务，完成22万多“两后生”职业技能学历教育培训、4万名农民工短期技能培训和10万名城乡贫困妇女开展“陇原巧手”手工编织技能培训任务。组织开展就业创业技能省级示范性培训，省人社厅自筹资金1000万元，继续在全省75个贫困县和卓尼县“尼江”地区组织开展省级示范性培训，引领带动市县跟进开展培训5期。全省开展培训453期，培训农村创业和技能致富带头人4.55万人。深入开展职业技能培训鉴定维权上门服务，省市人社部门继续组建专门工作组赴省内外重点企业、行业和产业园区，开展职业技能培训鉴定和维权上门服务，全年开展上门培训鉴定23.38万人，获证21.27万人，获证率91%，自2013年以来，已累计开展上门培训鉴定52.65万人，获证47.06万人。

就业援助。不断优化资金使用结构，充分发挥就业资金促进就业的重要作用。全省共支出就业专项资金16.3亿元，其中：有7.73万人享受社会保险补贴2.73亿元，占资金支出总量的16.7%；有8.15万人享受岗位补贴10.22亿元，占62.7%；有45.84万人享受职业培训补贴1.76亿元，占10.8%；有2.78万人享受职业介绍补贴553.8万元，占0.3%；有17.56万人享受职业技能鉴定补贴3460万元，占2.1%；有1736人享受见习补贴674.3万元，占0.4%；求职补贴、扶持公共就业服务等其他就业补助支出1.12亿元，占7%。

富余劳动力输转就业。全省共输转城乡富余劳动力528.6万人，完成目标任务的105.7%，其中就近转移就业325.7万人，完成目标任务的125.3%；创劳务收入889.7亿元，完成年计划860亿元的103.5%，同比增长10%。已累计与16个省市区签订劳务合作协议，全省已建成1232个乡镇劳务工作站，在甘肃籍务工人员集中的15个省市区和哈萨克斯坦设立了16个驻外劳务管理机构。

【劳动关系管理】出台《关于构建和谐劳动关系的实施意见》，构建和谐劳动关系工作全面加强。建立完善了农民工工资保证金、应急周转金、企业用工实名管理、总承包企业清偿负责、建设单位和企业失信警示处罚、行政执法和司法衔接等六项制度，治理农民工欠薪制度体系不断完善。劳动保障执法监察力度加大，全省各级劳动监察机构共检查用人单位3.82万家，涉及劳动者112万人，查结投诉举报案件9031件，结案率98%，补签劳动合同7.82万人，追发工资等待遇9.53亿元，涉及劳动者9.08万人，其中追缴拖欠农民工工资7.14亿元，涉及农民工7.3万人。调整提高了全省最低工资标准，一至四类地区分别达到每月1450元、1420元、1370元、1320元，平均上调9.4%。调整发布全省在岗职工工资增长调控目标，2015年度企业在岗职工工资增长上线16%、基准线11%、下线5%。积极推进劳动人事仲裁实体化建设，市州劳动人事争议仲裁院组建率达到91.6%，县区组建率达到97.1%。劳动人事争议案件结案2498件，结案率97.3%。

【专业技术人才工作】不断创新人才培养、引进、选拔、激励机制，围绕全省区域发展战略和重点产业，会同有关部门研究出台了《兰白科技创新改革试验区人才发展支持办法》、《关于对战略新兴产业发展总体攻坚战骨干企业突出贡献人才奖励的决定》等政策措施。完成864名领军人才任期考核，启动2015年甘肃省领军人才补充选拔工作，从全省特色优势产业、重大项目和重点学科中，补充选拔了100名优秀人才进入领军人才队伍，领军人才规模达到924人，其中4人入选国家“新世纪百千万人才工程”，39人批准享受国务院“政府特殊津贴”。全年共完成急需紧缺和骨干专业技术人员培训及专业技术人员素质提升培训14.3万人，其中，循环经济领域人才培训9303人、非公经济管理人员培训1134人、支持藏族地区基层医疗人员培训300人。引进博士以上留学回国人员15名，6人入选国家“千人计划”青年人才资格。争取实施国家留学人员及博士后资助项目60项，资助金额430万元。完成了人社部“西部现代农业示范区发展海外赤子科技智力行项目”组织实施工作。成功举办专业技术人才高级研修班3期。新增中国兰州留学人员创业园孵化企业8家。新设博士后科研工作站3个。

【人事工作】公务员管理。加强公务员职位规范化管理，出台《关于进一步规范公务员登记和非领导职务管理工作的通知》。首次集中组织开展省直机关及群团组织公开遴选公务员工作，25家遴选单位共遴选公务员84人。组织完成2015年全省公务员招录工作，拟招录1723人。继续加大艰苦边远地区基层单位公务员招考，为全省基层政法机关定向招录45人。实施“甘肃省行政机关公务员信息管理系统数据信息库”更新工作，实现全省公务员“进、管、出”各环节的信息化管理。开展以“依法行政，建立法治政府”和“循环经济理论与实践”为主题的公务员远程网络培训，培训期5个月，培训人数7万多人。

军转安置工作。2015年中央下达甘肃省安置计划570名，实际接收安置567人，其中计划分配247人，自主择业320人。计划安置中，省直和中央在甘单位接收安置116名，占计划安置总数的47%。调整提高2015年全省企业军转干部生活困难补助标准，平均每人每月增加370元。

引进国外智力工作。全省共执行引进外国专家项目121项，引进外国高层次、急需紧缺专家256人次，在省内长期工作的外国专家398人，引进短期外国专家2200人次。执行因公出国（境）培训项目31项，派出培训452人。报省政府批准，4位在甘工作外国专家获得省政府“敦煌奖”，1位专家获中国政府“友谊奖”荣誉称号。

【制度改革】事业单位人事制度改革加快推进，研究出台《关于进一步完善事业单位人事管理服务工作的意见》、《甘肃省事业单位公开招聘人员面试工作规则（试行）》、《关于进一步规范事业单位公开招聘工作的通知》和《关于机关事业单位工作人员离岗创业有关问题的通知》等一系列政策性文件。人事管理工作不断规范，全省实施岗位管理和人员聘用制度的单位占95.2%，聘用合同签订率96.9%。实施事业单位公开招聘，全年发布省直事业单位招聘公告12期，计划招聘2555人，其中，考核招聘博士研究生312名、紧缺专业人才599名，考试招聘1644名。

中小学教师职称制度改革全面推开，在兰州、酒泉两市开展中小学教师职称制度改革试点的基础上，将试点范围扩大至庆阳市、甘南州和省属有关单位，共有38854名中小学教师通过审核过渡。制定职业技术学院“双师型”教师和乡村医生职称评审实施办法，有80名职业院校教师成为“双师型”教师、9名乡村医生获得主任乡村医生（正高级）资格、113名获得副主任乡村医生（副高级）资格。研究提出解决县区基层一线农技（含畜牧、兽医、农机、水产）人员职称评审问题的6项倾斜照顾政策。完成2015年度全省正高级工程师评审工作，151名专家获评正高级工程师。

调整提高全省机关事业单位基本工资标准，同步开展机关事业单位工作人员工资正常晋升。全面完成乡镇工作补贴发放工作。基本完成建立县以下公务员职务职级并行工作，符合职级晋升条件的3万名公务员工资待遇已基本落实兑现到位。积极推进司法体制改革试点工作，制定出台了《司法体制改革试点工作方案》。顺利完成全省机关事业单位工作人员正常晋升工资工作和工人技术等级考核工作。

【社会保障】城镇五项社会保险参保1432.4万人次，综合参保率96.39%。其中：城镇职工基本养老保险参保304.88万人，参保率99.96%；城镇基本医疗保险参保633.88万人，参保率98.43%；失业保险参保162.76万人，参保率90.27%；工伤保险参保178.33万人，参保率99.96%；生育保险参保152.56万人，参保率85.82%。城乡居民基本养老保险参保1236.74万人，参保率97%。社会保险基金累计结余651.59亿元。

调整社会保障待遇。省政府将5项社会保险提待工作列入为民办实事，分别调整提高待遇水平。其中，企业退休人员基本养老金、失业保险金、工伤职工伤残标准再提高10%，月人均分别达到2168元、976元和2251元，城乡居民基础养老金最低标准达到每人每月85元，城镇居民基本医疗保险政府补助标准提高到380元。

完善社会保障制度。制定出台《甘肃省关于贯彻落实〈国务院关于机关事业单位工作人员养老保险制度改革的决定〉的实施办法》，拟订机关事业单位养老保险经办规程。适当降低社会保险费率，失业保险费率由3%降至2%，工伤保险平均费率由1%降至0.75%，生育保险费率从不超过1%降至0.5%。全面推进全民参保登记工作，在兰州、张掖、定西市为国家试点单位的基础上，进一步扩大试点范围，确定天水、金昌市和省直为省级试点单位，并将革命老区庆阳市和10个新型城镇化试点县市及红色教育基地两当县纳入先行试点范围，试点面达到63%，通过全民参保登记入库1067.05万人，各试点地区和单位已完成登记任务的80%。深化医保付费方式改革，积极推进省直、兰州市、张掖市深化付费方式改革试点工作，同步推进按病种、按人头等多种付费方式改革，全省有13个统筹地区城镇基本医疗保险住院医疗费实现直接结算，80%以上统筹地区门诊大病、个人账户门(急)诊等医疗费用实现直接结算。着力推进城乡居民大病保险，大病保险已覆盖所有城乡居民基本医保参保人群，报销比例为50%至65%，报销额度上不封顶。积极推进异地就医结算管理，全面推进省内异地就医直接结算，统一完善省内异地就医结算政策，严格规范异地就医结算经办业务，全省各市州实现异地安置在海南省参保人员住院医疗费用直接结算。

社会保险经办服务。全省"五险合一"社会保险信息系统金昌市试点上线启动，在平凉市、甘南州实施全省集中式"五险合一"社会保险管理信息系统建设。修改完善省直医疗保险信息管理系统征缴模块，加快省直医疗保险信息管理系统建设。完善城乡居民基本养老保险管理信息系统功能，全省86个县区系统参数全部调整到位。积极推进社保保障卡发放工作，全省社保卡持卡人数1401.2万人，超额完成今年人社部下达1357万人的任务。

（李兴华）

扶贫开发

【概况】2015年，省委省政府认真贯彻落实习近平总书记精准扶贫精准脱贫重要战略思想，坚持以脱贫攻坚统揽经济社会发展全局，精心谋划工作载体和抓手。全省贫困人口从2014年底的417.2万人减少到2015年底的288.5万，贫困发生率由2014年底的20.1%下降到13.9%，58个片区县农民人均可支配收入达到5782元，比上年增长13.2%。

【扶贫资金投入】2015年，全省财政扶贫资金投入75.91亿元，其中：中央财政扶贫资金49.87亿元；中央彩票公益金0.1亿元；省级财政专项扶贫资金12.02亿元；市、县两级配套财政扶贫资金13.92亿元。资金的主要投向：一是产业扶贫，投入资金24.16亿元；二是基础设施建设，投入资金31.74亿元；三是各类培训、金融扶贫等其他投入4.71亿元。

【扶贫项目管理】2015年，省委、省政府印发《2015年全省推进"1236"扶贫攻坚行动资金整合方案》，整合省级部门涉农资金440多亿元用于精准扶贫。印发《关于进一步加强全省涉农项目资金监督管理的意见》，加强对涉农资金的监督管理；印发《甘肃省精准扶贫精准脱贫省级资金整合使用管理办法（试行）》，进一步建立完善涉农资金整合使用管理长效机制。严格按照省委、省政府制定的《关于改革财政专项扶贫资金管理机制的意见》、《关于进一步加强财政专项扶贫资金监督管理的通知》、《甘肃省财政专项扶贫资金使用管理实施办法（试行）》、《甘肃省财政专项扶贫资金县级报账制实施细则(试行)》、《甘肃省财政专项扶贫资金县级项目库建设管理暂行办法》、《甘肃省财政专项扶贫资金监管体系建设方案》等制度性文件管理，坚持把资金监管贯穿于工作始终。扶贫项目管理实行县级建立项目库，主要从项目库中提取成熟的项目立项的办法；项目审批按"四到县"要求实行县级审批组织实施、省市两级备案管理的制度。资金分配和项目计划严格执行公告公示制度，通过"甘肃政务服务网"在扶贫清单中发布精准扶贫信息、财政专项扶贫资金分配计划、扶贫项目清单，全省各级扶贫项目资金实现公开公告、阳光运行，设立"12317"扶贫监督举报电话，进一步拓宽社会监督渠道，加强扶贫项目资金的监督管理。全省财政专项扶贫资金管理使用绩效考评，连续两年被国家评为A级。

【基础设施建设】在农村道路建设方面：2015年全省交通扶贫投入80.81亿元（含地方自筹），完成建制村通畅工程11025公里，建制村通沥青（水泥）路比例达到80%。在农村饮水安全方面：在贫困地区投资用于解决农村人口安全饮水的各类资金19.99亿元，180万农村人口的饮水安全问题全部解决，贫困地区自来水普及率达到80%。在农村电力建设方面：农网改造升级工程总投资23.72亿元，全省贫困村动力电覆盖率达到94%。在农村住房建设方面：2015年中央财政下达补助资金16.42亿元，用于贫困地区21.8万户危房改造，其中85.8%的资金投向全省58个片区县。

【整村推进】全省实施整村推进1010个，投入各类扶贫资金43.71亿元，其中：中央财政扶贫资金16.04亿元，省级以下财政扶贫资金7.16亿元；部门整合资金24.39亿元；基础设施及公共服务总投资27.18亿元，其中：村级道路通畅14.77亿元，人饮及灌溉设施3.33亿元，生产生活用电0.76亿元，自然村通宽带0.01亿元，环境保护和改善1.15亿元，防灾避灾0.27亿元，其他7.57亿元；产业总投资10.89亿元，其中：种植业3.60亿元，养殖业5.13亿元，其他2.15亿元。

【产业扶贫】全省整合农牧业发展资金9.35亿元，集中用于培育壮大草食畜、马铃薯、蔬菜、苹果、中药材等富民特色优势产业。完成全膜双垄沟播面积1526万亩，马铃薯种植面积稳定在1000万亩以上，玉米种植面积达到1200万亩左右。贫困县完成造林216万亩，封山育林62万亩，新增经济林果65.5万亩，完成低产果园改造112万亩，新建林下经济示范点66个，新增育苗16.9万亩。

【金融扶贫】全省启动实施总规模达400亿元的精准扶贫专项贷款工程，由各级政府和金融机构按7:3比例建立贫困户贷款风险补偿基金，为有劳动能力、有贷款意愿和一定还款能力的建档立卡贫困户提供免抵押、免担保、5万元以下、3年以内、执行基准利率、财政全额贴息的精准扶贫专项贷款。对没有经营能力的贫困户，探索将贷款入股到扶贫龙头企业、农业专业合作组织或致富能人按股分红。全年发放贷款213亿元，惠及47万贫困户。全年新建贫困村互助资金协会（社）4645个，全省6220个贫困村和藏族地区有贫困人口的行政村实现了互助资金协会全覆盖。

【易地扶贫搬迁】全省完成易地扶贫搬迁建设任务3.5万户17.1万人，涉及57个县（市、区），832个安置点。项目总投资49.39亿元，其中争取中央预算内投资8.9亿元，中央财政扶贫资金2.96亿元，省级财政配套资金1.78亿元。

【以工代赈】全省投入以工代赈资金3.20亿元，新建、改建乡村公路909公里，桥梁55座1300延米，修建河堤38.35公里，衬砌渠道110.7公里，新增、改善有效灌溉面积3.42万亩。

【“1+17”精准扶贫政策】2015年6月，召开全省精准扶贫精准脱贫工作会议，对脱贫攻坚行动作出全面系统的安排部署。制定出台《关于扎实推进精准扶贫工作的意见》和饮水安全、通村道路、危房改造、教育发展、医疗卫生等17个专项支持计划，紧盯贫困群众上学、看病、住房等致贫返贫突出问题，因村施策、因户施法，有力的支撑和保证全省2015年脱贫任务的如期完成。

【“雨露”计划】2015年，全省贫困地区完成雨露计划（“两后生”）职业教育11.55万人，补助标准1500元/人，补助金额1.73亿元；完成劳动力转移培训2.21万人，补助标准600–1500元/人，补助金额0.17亿元；完成农村实用技能培训4.5万人，补助标准200–580元/人，补助金额0.11亿元；完成创业致富带头人培训555人，补助标准省内200–2000元/人，省外8000–10000元/人，补助金额0.04亿元。

【扶贫试点】电商扶贫试点：2015年，全省在75个贫困县的225个村开展电商扶贫试点，累计培训10万人（次）。陇南市被国务院扶贫办确定为全国电商扶贫试点市，荣获由习近平总书记亲自颁发的2015中国消除贫困“创新奖”。光伏扶贫试点：确定临洮、瓜州、古浪等12个光伏扶贫试点县，下达25万千瓦的光伏扶贫指标，全省安排项目资金3840万元。旅游扶贫试点：选择37个有一定旅游资源、基础较好的建档立卡贫困村开展旅游扶贫试点，以整村推进的方式安排项目资金帮助群众发展餐饮、住宿、交通、手工艺品等增收项目，吸纳贫困人口就业增加收入。杂交构树扶贫试点：在西和、秦州、清水3县区开展杂交构树扶贫试点工作，总规模360亩。其中在西和县种植造纸用杂交构树200亩；在秦州区、清水县种植饲料用杂交构树各80亩。

【建档立卡精准管理】历时两个月，动用10多万人，在全省开展精准核实贫困人口、完善建档立卡工作，核实完善852万贫困人口信息数据，平稳退出2014年度140万脱贫人口，精准识别出2015年计划脱贫人口，并实行实名制管理。一是严格执行“12345”识别程序。按照“一核二看三比四评议五公示”的贫困人口进出识别程序，由农户、村两委、驻村帮扶工作队、乡镇、县区五级确认，精准识别贫困户、返贫户。二是全面实施“853”挂图作业。通过对象识别认定、家庭情况核实、致贫原因分析、计划措施制定、扶贫政策落实、人均收支核查、对象进出录入、台账进度记录等平台“八个准”，挂好贫困人口分布、贫困人口致贫原因、贫困人口进出动态、贫困村脱贫目标任务、贫困户脱贫目标任务等村级作战“五张图”，填好脱贫计划、帮扶措施、工作台账等贫困农户“三本帐”，对建档立卡进行全程管理，为全省脱贫攻坚提供施工图、任务书、时间表，倒逼提升建档立卡工作水平。三是全面落实“4342”责任体系。出台《甘肃省“4342”脱贫验收责任体系实施办法》，对于脱贫验收的贫困户、贫困人口和认定的返贫户，按照相关规定和程序验收或评定后，逐级对脱贫验收的真实性负责，做到干部签字负责，群众签字认账，防止出现虚假脱贫、数字脱贫等现象。

【扶贫大数据平台建设】为准确评估省委省政府“1+17”精准扶贫政策措施到村到户的落实，全省在紧密对接国务院扶贫办建档立卡信息系统的基础上，探索建立“互联网+精准扶贫”的新模式，初步建成具备事先预警、事中监控、事后评估功能的精准扶贫大数据管理平台，形成采集、分析、管理功能，实现省、市、县、乡、村五级互联互通，形成对扶贫政策落实情况及成效的动态管理。甘肃省被国务院扶贫办列为全国精准扶贫大数据管理平台建设首个试点省份。

【扶贫考核】制定《全省贫困县党政领导班子和领导干部经济社会发展实绩考核办法》和《全省贫困县党政领导班子和党政正职经济社会发展实绩考核实施方案》，引导各级把主要精力聚焦脱贫攻坚。在年末省委经济工作暨扶贫开发工作会议上，8名省级领导、13个市州党委政府主要负责同志、22个省直相关部门主要负责人，向省委省政府签订了脱贫攻坚责任书，承诺了攻坚期承担的责任，引导各类资源精准发力。各市州与县（市、区）党政主要负责同志签订责任书。

【贫困退出机制】制定出台《甘肃省建立贫困人口和贫困县退出机制实施细则（试行）》，明确贫困退出的政策依据、应用范围、贫困户村县三级脱贫指标体系、验收主体、验收程序、减贫激励政策及保障措施。建立贫困户、贫困村、贫困县三级脱贫退出指标体系，使精准扶贫有了着力重点、精准脱贫有了衡量标准。制定出台《关于建立贫困县约束机制的实施意见》，对贫困县禁止作为事项作出明确规定。

【定点扶贫】2015年，甘肃新增国务院扶贫办等中央定点帮扶单位，甘肃成为全国工商联直属商会确定的对口帮扶地区。全省认真组织开展了“10·17”扶贫日系列活动，各级“双联”单位帮扶和捐助资金15.93亿元。33个中央、国家机关和单位，共有295名（其中部级26名）干部到定点扶贫县调研考察，选派干部43名常年蹲点挂职帮扶，担任村第一书记12名；定点扶贫单位为贫困县直接投入（含无偿和有偿）资金1.47亿元。

【东西部扶贫协作】“十二五”期间，津甘、厦甘东西扶贫协作工作顺利开展。5年来天津市政府累计投入帮扶资金3.94亿元，其中：甘南州及天祝县2.16亿元，全省其他市州1.52亿元；两省市区县结对帮扶投入资金0.22亿元。主要用于整村推进、特色产业开发、学校建设、村组道路等项目。厦门市与临夏州自2010年开展东西扶贫协作工作以来，累计援助资金1.08亿元，其中基础设施投资0.25亿元、产业开发0.14亿元、文化教育投入0.68亿元、卫生医疗投入0.02亿元。天津、厦门以实际行动体现了甘肃贫困地区的关怀和支持。

【驻村帮扶工作】2015年，全省从县级以上单位选派干部组成驻村帮扶工作队，整合双联干部、到村任职(挂职）干部、大学生村官和乡镇包村干部力量。6220个贫困村有6860个省市县三级单位联系，共派驻村帮扶工作队员27815名，实现驻村帮扶工作队对贫困村、帮扶责任人对贫困户的“两个全覆盖”。全省上下认真落实“逢提必下”机制，选派1099名年轻干部到贫困村担任村党组织“第一书记”，将1728名在非贫困村工作的大学生村官调整到贫困村工作，并从国家有关部委引进200多名优秀人才来甘肃省挂职服务，选派58名厅级和处级干部到贫困县挂任副书记，选派58名专业技术人才到贫困县挂任科技副县长。新选聘的1000名大学生村官全部分配到贫困村工作，新招录的247名选调生中本科生全部分配到贫困乡镇，实现建档立卡贫困村大学生村官和乡镇大学生干部全覆盖。

【扶贫宣传】省扶贫办牵头组织相关行业部门对“1+17”精准扶贫方案进行解读，并在《甘肃日报》发布。创办完善《甘肃省脱贫攻坚动态》和《甘肃省脱贫攻坚专报》，及时反映各地各部门推进落实情况，累计刊发111期，发送16650份。借助《人民日报》、《新闻联播》、新华社等新闻媒体对全省精准扶贫工作进行专题报道380余篇次。实施“中国梦·凡人善举天天看”微纪录电影工程，完成300部微纪录电影的摄制工作。中央办公厅《中办工作交流》、中央改革办《改革情况交流》、中央农办《农村要情》分别编发甘肃省开展精准扶贫工作的主要做法。2015年9月，国务院扶贫开发领导小组在甘肃省平凉市、定西市和宁夏固原市召开“三西”扶贫开发现场会，全面总结“三西”扶贫工作经验。省委省政府分层分类召开双联、农村公路建设、蔬菜生产、电商扶贫、法律服务、美丽乡村建设、金融助推等7个专题现场推进会，交流推广精准扶贫好经验、好做法，示范带动各项工作落实。

（王立盛）

地县概况

兰州市

【现任主要领导】

中共兰州市市委书记：虞海燕

兰州市人大常委会主任：段英茹

兰州市人民政府市长：袁占亭

政协兰州市委员会主席：王冰

中共兰州市纪律检查委员会

书记：张建平

【基本情况】兰州市是甘肃省省会，总面积1.31万平方公里。位于祖国西部三大高原交汇处，是全省的政治、经济、文化和科教中心。兰州地处黄河上游、甘肃省中部及中国陆域版图的几何中心，是西陇海兰新线经济带的重要支撑点和辐射源，也是新亚欧大陆桥通往中亚、西亚和欧洲的国际大通道和陆路口岸。兰州市区南北群山对峙，属温带大陆性气候，冬无严寒，夏无酷暑。市区海拔平均高度1518米，年均气温9.8℃，年均降水量327mm，全年日照时数平均2424小时，无霜期182天以上。2015年末，全市常住人口369.31万人，户籍总人口321.90万人，非农业人口214.17万人，城镇化率80.95%。现辖城关、七里河、西固、安宁、红古5个区和永登、榆中、皋兰3个县以及国家级兰州新区、高新技术开发区和经济技术开发区，有24个乡、37个镇、53个街道办事处。

【资源优势】兰州境内已探明各类矿床156处、矿种35个，主要有黑色金属、有色金属、贵金属、稀土和能源矿产等9大类。贯穿市域的黄河及其支流水量稳定，冬季不封冻，不但满足了城市的工农业用水和生活用水，而且使兰州成为黄河上游最大的水电发电中心。兰州是闻名全国的"瓜果城"，素有"看景下杭州、品瓜上兰州"之说，其中白兰瓜、黄河蜜瓜、软儿梨、白粉桃等瓜果，百合、黑瓜子、玫瑰、水烟等土特产久负盛名，享有"中国玫瑰之乡"、"兰州百合甲天下"等美誉。兰州牛肉拉面是中国十大面食之一，被称为"中国牛肉拉面之乡"。兰州的旅游资源有着广阔的开发前景。市域内有中国保存最为完好的土司衙门鲁土司衙门、"天下黄河第一桥"百年中山铁桥、"陇右第一名山"兴隆山、国家级森林公园吐鲁沟、石佛沟、徐家山等自然风景区，黄河母亲雕像、"陇上十三陵"明肃王墓群、水车博览园、文溯阁《四库全书》和五泉山、白塔山、百里黄河风情线等人文景观。兰州还是丝绸之路大旅游区的中心，东有天水麦积山、平凉崆峒山，西有永靖炳灵寺，南有夏河拉卜楞寺，北有敦煌莫高窟，是著名的避暑旅游胜地。

【国民经济】2015年，全市实现生产总值2095.99亿元，增长9.1%。其中，第一产业增加值56.22亿元，增长5.9%；第二产业增加值782.65亿元，增长6.8%；第三产业增加值1257.11亿元，增长11.2%。三次产业结构比为2.68 ∶ 37.34 ∶ 59.98。实现固定资产投资额1803.75亿元，增长11.99%。实现社会消费品零售总额1152.15亿元，增长9.0%。实现地区财政总收入593.42亿元，增长26.94%；一般公共预算收入185.19亿元，增长21.57%；一般公共预算支出344.00亿元，增长22.85%。

【"三农"工作】全年粮食总产量45.9万吨，下降2.81%。其中，夏粮产量17.05万吨，下降5.24%；秋粮产量28.85万吨，下降0.13%。粮食作物种植面积184.19万亩，减少7.32万亩；蔬菜种植面积100.42万亩，增加6.65万亩，其中设施蔬菜种植面积11.69万亩，增加0.62万亩；中药材种植面积19.46万亩，增加2.99万亩。年末大牲畜存栏8.73万头（只），下降3.74%；牛存栏5.03万头，增长0.3%；羊存栏67.33万只，增长0.04%；猪存栏35.59万头，下降4.34%。牛、羊、猪出栏分别为0.85万头、31.44万只和34.53万头，牛、羊分别增长3.3%、9.62%，猪出栏下降4.56%。主要经济作物中，蔬菜产量290.34万吨，增长7.02%，其中设施蔬菜产量47.41万吨，增长7.47%；中药材产量3.31万吨，增长14.65%；园林水果产量16.06万吨，增长4.64%。农业特色富民产业明显提质增效，高原夏菜、中药材、玫瑰、百合和规模养殖等特色产业发展壮大，"兰州百合"荣获2015意大利米兰世博会优质特产奖和特色产业推广贡献奖。市级以上农业龙头企业达到133家，农民专业合作社达到3518家。

【产业转型】调整优化城市商贸物流布局，规划建设瑞鑫、毅德、北龙口等大型物流园区，建成运营兰州新区综合保税区，实现海关特殊监管区零的突破。成功举办国际跨境电商物流大会，全市电商企业超过2000家，交易规模达到722亿元，实现跨境电商零的突破，成为国家电子商务示范城市。编制实施《兰州都市文化产业区规划纲要》，加快打造"中国黄河文化体验之都、丝绸之路文化产业名城"，推进创意文化产业园、青城古镇、河口古镇等重点项目建设，承办中国金鸡百花电影节，文化产业增加值达到60.91亿元，增长18.72%。接待游客人数达到3703.75万人次，增长22.1；旅游总收入达到290.93亿元，增长25.13%。中川机场旅客吞吐量突破800万人次，国际地区旅客吞吐量突破20万人次。制定实施《关于发展培育多元支柱产业的意见》和《产业布局与园区发展规划》，打造石油化工、有色冶金、装备制造三大千亿产业链和电子信息、生物医药、新能源、环保、建材、烟草、食品及轻工七大百亿产业链，实施工业项目189个，新增工业产值326.7亿元。启动107户工业企业“出城入园”，兰石集团、青岛啤酒等48户企业建成投产。大力发展循环经济，成为国家“城市矿产”示范基地。推进兰白科技创新改革试验区建设，制定出台“1+8”科技创新改革政策，建成兰州新区产业孵化大厦等科技企业孵化器27个，创办兰州科技成果交易会，运营兰州科技大市场，组建7个产业投资基金，战略性新兴产业增加值达到175亿元，占生产总值的比重为8.35%。制定“1+10”鼓励“大众创业、万众创新”政策措施，培育船说创业咖啡、得力帮生物化工、“1898”等新型众创空间66家。

【城市建设】编制并获批实施第四版城市总体规划，城市建设跳出河谷、拉开框架，东部科技城等片区融入城市建设范围。西客站、兰新高铁和中川城际铁路建成运营，铁路交通跨入高铁时代。轨道交通1号线一期工程完成投资109.37亿元，打通国内首条下穿黄河地铁隧道。构建城市“139”骨干路网体系，南山路建成通车，北环路加快建设，拓建和改造城市主次干道92条。建成“上跨下穿”工程4个。新建人行过街天桥45座。完成小街巷改造1022条。新建黄河大桥3座、在建2座。开通公共自行车租赁系统和黄河水上公交。开工建设保障性住房13.91万套。全面整治黄河两岸违法建设、环境卫生和各种经营场所，建成健身步道20公里，黄河风情线环境面貌明显提升。改造提升五泉山、白塔山、兰山、雁滩和金城5大公园，新建马拉松主题公园、雁滩湿地公园、黄河湿地公园，新增城市绿地514公顷。改造“三不管”楼院289个。推进“数字城市”向“智慧城市”转型。强化城市应急管理体系建设，建成15个应急避难场所。

【人民生活】全年城镇居民人均可支配收入27088元，比上年增长10.5%；城镇居民人均消费性支出20156元，增长6.9%；城镇居民家庭恩格尔系数为31%。农村居民人均可支配收入9621元，增长12.3%；农村居民人均生活消费支出7940元，增长11.4%；农村居民家庭恩格尔系数为34%。

【扶贫开发】扎实开展精准扶贫、精准脱贫，制定实施“1+21”精准脱贫方案，五年整合投入财政资金182亿元，农村居民人均可支配收入年均增长14.58%，达到9621元，比2010年翻一番。实现全市整体脱贫，减少贫困人口23.84万人，贫困发生率由25%下降到4%以下。农村环境发生历史性变化，新建农村公路2346公里，建制村通畅率达到100%。连续实施农村饮水安全工程，解决50.59万人饮水安全问题，完成39座大中型泵站改造。新建标准化卫生室47个、文化活动室205个、全民健身场地607个，实现全市行政村全覆盖。建成省级美丽乡村示范村21个、市级美丽乡村示范村40个。改造农村危房22440户。

【环境保护】实施“凡煤必改、应改尽改”的“换血式”煤改气工程，改造主城区燃煤锅炉1901台、8240蒸吨，实现燃煤锅炉及其污染“双清零”。城市道路机械化清扫率由30%提高到90%。在全国率先开展政府环境审计试点工作，环境能源交易工作走在全国前列。2015年城区空气质量优良天数达到252天，比2013年增加59天，PM10、PM2.5年均浓度比2013年分别下降21.6%和22.4%。大气污染治理取得历史性突破，打造了国内外瞩目的“兰州蓝”，成为全国重点监测城市中环境空气质量指数下降最快的城市，稳定退出全国十大重污染城市行列。总结推广“兰州经验”，在巴黎世界气候大会上荣获“今日变革进步奖”。兰州市获评中央电视台“中国经济生活大调查”2015年度“中国十大幸福城市”第五名。

【社会保障】全力抓好就业、就学、就医、收入、住房和社会保障等民生实事，累计用于民生方面的投入达到354.3亿元。全面建成小康社会小康指数达到86.77%，全市参加城镇职工基本养老保险人数为68.76万人，比上年末增长4%；参加城镇职工基本医疗保险人数为85.72万人，增长1.5%；参加城镇居民医疗保险人数为106.82万人，增长2%；参加失业保险人数为56.75万人，增长0.9%；参加工伤保险人数为45.92万人，下降0.58%；参加生育保险人数为45.25万人，下降0.59%；城乡居民社会养老保险参保续保人数为72.78万人。参加新型农村合作医疗农民人数为114.73万人，参合率为98.18%。全年新型农村合作医疗基金支出总额为4.97亿元，增长0.06%；累计受益214.09万人次。安全生产四项控制指标持续下降。在全国率先建设环城反恐治安卡口检查站。八类严重暴力案件占刑事全案的比重从12.6%下降到3.6%，2015年命案侦破率达到100%。

【社会事业】全年全市科技成果538项，比上年增加206项。其中，基础理论成果133项，应用技术成果379项，软科学成果26项。获得奖励170项，减少5项。专利申请受理5703件，增长33%；授权专利2914件，增长36.2%；授予发明专利权848件，增长44%。共签订技术合同3917项，增加50.36%；技术合同成交金额40.23亿元，增长6%。城乡办学条件大幅改善，引进建成北京实验二小兰州分校，新建城乡公办幼儿园124所、寄宿制学校167所、标准化学校209所，全面消除中小学D级危房。全市研究生教育招生0.99万人，增长1.95%，在校研究生2.93万人，增长1.73%；普通高等教育招生8.45万人，下降4.23%，在校学生31.50万人，下降0.12%；中等职业教育招生1.67万人，下降19.43%；普通高中招生2.31万人，增长0.03%；初中学校招生3.12万人，下降9.84%；普通小学招生3.59万人，增长1.48%；特殊教育招生0.02万人，增长4.61%；幼儿园在园幼儿7.64万人，增长4.12%。医疗卫生服务体系不断健全，新增医院床位3000张，县级以下医院、卫生院、卫生所全部实现标准化。三维数字社会服务管理系统被确定为国家行业标准并在全国推广。“虚拟养老院”服务模式被称为全国·养老事业“破题之举”，服务人数达到24万人。建成残疾人综合服务中心和托养就业康复中心。公益性文化设施全部免费开放。数字影院覆盖远郊三县一区。成功举办兰州国际马拉松赛，成为国内马拉松十大金牌赛事之一和“100强赛事”第四名。建立“平价肉菜进社区”和冬春蔬菜储备制度。实施7939家餐饮单位“明厨亮灶”工程，建成九州“主食厨房”一期。树立了“兰州好人”等文明创建品牌，“凡人善举、和你一起”活动入选中宣部创新案例，永登县苦水镇荣获“全国文明村镇”称号。开展了海军“兰州舰”命名入列十周年系列纪念活动，荣获全国双拥模范城“八连冠”。民族宗教工作“三个共同、两个提升”活动深入开展。

城关区

【现任主要领导】

中共城关区区委书记：王宏

城关区人大常委会主任：高星

城关区人民政府区长：张永财

政协城关区委员会主席：冯广宸

中共城关区纪律检查委员会

书记：杨斌宏

【基本情况】城关区位于兰州河谷盆地东部，是唯一一个黄河穿城而过的省会城市核心区，也是全国唯一的省、市、区三级党政军机关集于一地的县区。总面积220平方公里，城区面积69.6平方公里。管辖24个街道和151个社区、18个行政村。全区常住人口130.19万人，区内有汉、回、满、蒙古、藏、维吾尔等47个民族。

城区平均海拔1520米，年均气温11.2℃，年均降水量327.8mm，蒸发量1437.7mm，全年日照时数平均为2446小时，无霜期180天以上，年平均相对湿度56%。四季分明，气候温和。区内有五泉山公园、白塔山公园、徐家山国家森林公园、兰州碑林等多处自然人文景区，更有水车博览园、黄河铁桥、百里黄河风情线等黄河文化胜境，具有西部山河之城、水车之都、丝路明珠的美誉。

城关区是省市知识与信息集散中心。区内有兰州大学、中科院兰州分院、中国航天科技集团公司510研究所、中国农科院兰州兽研所等著名科研院所124家，其中国家级科研单位14个；有各类科技专业人才20万人，两院院士14名。《读者》、《丝路花雨》、《大梦敦煌》、兰州太平鼓等一大批文化艺术成果不断走出金城，发展成长为世界级的文化艺术精品。

【国民经济】2015年，全区实现生产总值775.19亿元，增长9.59%。实现第一产业增加值1.74亿元，增长3.71%；第二产业增加值115.06亿元，增长6.95%；第三产业增加值658.39亿元，增长10.16%，三次产业结构由2014年的0.26 ：16.93 ：82.8调整为2015年的0.23 ：14.84 ：84.93。非公有制经济增加值453.26亿元，占全区生产总值的比重为58.47%。文化产业增加值37.93亿元，增长17.9%，占生产总值的比重为4.89%。

【“三农”工作】2015年，实现农林牧渔业产值3.28亿元，增长4.1%。粮食总产量达717吨，下降1.04%。蔬菜播种面积2.59万亩，增长2.84%；产量9.43万吨，增长4.68 %。畜产品肉产量575.36吨，下降0.43%；牛奶产量4528吨，增长2.91%；鲜蛋产量100.8吨，增长6.17%。

制定《城关区2015年农村土地承包经营权确权登记颁证工作方案》，完成对青白石街道和伏龙坪街道3385户农户调查摸底表的收集工作，收集率达97%。制定出台《全区农村集体资金资产资源管理实施意见》，围绕农村集体“三资”管理举办培训班10次，参训人数600多人次，完成10个街道40个村的村级集体经济基本情况的调查摸底；打造星级农家乐30家，规范发展星级农家乐60家。

全区共有农户3599户、14994人，通过“一卡通”形式落实惠农资金18项379.05万元，其中落实农机购置补贴资金2.54万，补贴购置机具10台，直接拉动农民投资7.5万元；落实农机燃油补贴6.63万元，补贴拖拉机331台；配备起垄施肥机35台，完成机械铺膜、机械化播种各0.1万亩，机械化耕地0.4万亩；完成节水技术推广0.6万亩，农机总动力达到3.55万千瓦。新型农村养老保险参保人数9328人，其中，实际缴费7185人，已享受待遇（60岁以上）2084人。

【项目建设】实施重大项目100个，开工90个，酒钢结算中心等22个项目主体封顶，会展中心配套区二三期等15个项目竣工投用，完成投资234亿元。签约引进项目542个，到位资金518亿元，增长17%；为兰州新区引进项目5个，到位资金6.9亿元；成功引进麦当劳、长城宽带等“四个500强”企业20家；“兰洽会”项目当年开工率达到90%以上。包装储备项目56个，26个纳入省市项目计划盘子，争取到位资金2.95亿元。

【优势产业】全区大力实施创新驱动战略，全面加快产业转型升级，第三产业占生产总值比重不断提升。先后出台《城关区现代服务业发展规划》《建设兰州市金融中心核心区规划》等规划办法，投入1.92亿元，扶持各类企业1973家。建成全省首个跨境电商体验店，建立丝路汇等4个本土电商交易平台、100个电商便民服务网点，实现交易额287亿元。打造两个街道楼宇经济服务中心，盛达金融大厦等3个总部经济项目建成投用。举办各类展会活动52次，实现交易额78亿元。创意文化产业园东扩等10个文化旅游项目加快推进，实现文化产业增加值39亿元、旅游总收入204亿元。将科技企业发展引导资金规模提高到3000万元，兰州财经大学科技文化创意产业园建设顺利启动。

【人民生活】2015年，城镇居民人均可支配收入30535元，增长10.3%；农村居民人均可支配收入19252元，增长11.2%；城乡居民收入比为1.59。城镇居民家庭恩格尔系数为30.27%，农村居民家庭恩格尔系数为32.96%。

【扶贫开发】全面贯彻落实精准扶贫政策，通过帮扶，全区5350户困难家庭中因死亡迁徙、帮扶见效退出2580户，占总数的50%，新增困难家庭832户。积极督促各街道、村（社）全面做好建档立卡工作，分门别类建立台账，准确掌握和如实登记留守儿童、空巢老人等特殊群体人数、姓名、生活状况等信息，做好困难群体的关爱救助工作。

【环境保护】严格执行空气质量新标准，建立常态化管理机制。二氧化硫、二氧化氮污染物浓度、降尘量、可吸入颗粒物浓度控制在标准范围内。开展黄河航运（城关段）综合整治，确保黄河沿线环境整洁。实施南山面山景观提升改造等八大绿化工程，提升改造林地1517亩，栽植苗木42万株。空气质量优良天数达到252天，增加5天。

【社会保障】城镇新增就业50890人，安置困难人员就业3249人，城镇登记失业率为1.78%；完成职业技能培训13513人，创业培训1804人，岗位技能提升培训3145人，职业技能鉴定1527人，农村劳动力培训3506人；输转劳动力8010人，劳务收入15707.14万元；新建5个创业孵化基地和5个大学生就业见习基地，举办30场创业促就业系列活动，帮助市内各大高校3000多名大学生了解创业政策，积累创业经验。全年征缴城镇职工基本养老保险费57785万元，征缴城镇职工基本医疗保险费22736万元，征缴城镇居民基本养老保险费3287万元，征缴失业保险费2924万元，征缴工伤保险费872万元，征缴生育保险1006万元，城乡居民社会养老保险参保率（续保率）达到95%，城乡居民社会养老保险发放率100%。全区城乡低保标准在原基础之上提高10%，累计为12200名城市低保对象发放低保金6530万元，为738名农村低保对象发放低保金312.2万元。

【社会事业】继续深化科技金融融合，将城关区科技企业发展引导资金规模提高到3000万元，积极与兰州银行沟通探索开发适应小微科技企业轻资产特点的金融产品，共推荐小微科技企业融资申请14笔，为企业融资2700万元，为上一年度融资的企业贴息100多万元。开展科普大篷车“三进”活动61次，受益人数39000人次。万人发明专利拥有量达到12.01件。

教育资源扩容增量。累计投入9600万元，通过实施改扩建、恢复办学、租赁办学等6个项目，累计新增教学面积2.5万平方米，新增义务教育学位2400个。普通中学招生16861人，在校生53834人，毕业生18431人。普通小学招生12208人，在校生70695人，毕业生10208人。职业中学招生2700人，在校生9310人，毕业生6329人。特殊教育招生22人，在校生326人，毕业生49人。幼儿园招生人数7707人，在园人数21956人。

文化体育活动深入开展。成功举办兰州首届百姓网络春晚活动、城关区金城社区艺术节、城关区—秦州区书画联展等群众性文化活动470余场，参加人数达到7万人次，打造了春节民俗文化庙会等工作品牌。“清风沐城关”廉政文化巡演成为2015年群众文化的亮点工程，放映电影1400场，观众10万余人次，覆盖行政村18个；中国金鸡百花电影节、省文博会等重大节会活动段保障任务圆满完成。成功举办城关区第四届运动会，累计组织各类群众体育活动12000余场次，参与人数约90万人次；累计举办青少年、儿童竞赛活动5000余场次，参与人数达50000人次；向省市体工队、体校输送少年体育后备人才200余人；取得市七运会金牌总数、团体总分两项第一，圆满完成兰州国际马拉松赛、青海环湖自行车赛、中国乒超联赛等多项品牌赛事保障任务。

公共卫生事业长足发展。各类国家免疫规划疫苗接种率均达到95%以上。建立了传染病网络直报系统，网络覆盖率达100%，传染病疫情直报质量综合率达到100%。启动实施全人群低成本健康管理工程，投入100万元招标采购70套“低成本健康检查设备”，建设19个片区233个片医团队，全市范围内率先完成14万65岁以上老年人及60岁以上“三无”老人免费健康体检。按照占每年社区公共卫生服务经费10%的比例单独设置社区中医药专项发展资金，投入300万元打造10家区级中医特色社区示范机构，在全省率先建成12个“名老中医工作室”和9个八类特色专科专家工作室。打造“三级构架、四级连锁”计生公共服务、“456”工作模式、“8216016”楼院长民情服务模式、人口信息决策服务体系等省市特色品牌。

七里河区

【现任主要领导】

中共七里河区区委书记：石镜如
七里河区人大常委会主任：郑元平
七里河区人民政府区长：魏晋文
政协七里河区委员会主席：巴怀亮
中共七里河区纪律检查委员会
书记：赫莉

【基本情况】七里河区位于兰州市中南部。东西长21公里，南北宽33公里，总面积397.25平方公里。主要有煤炭、石英石、坩土、石灰石、沙矿、路标石等矿产资源。黄河流经区内15公里，地表及地下水年经流量300多亿立方米。全区辖9个街道、2个乡、4个镇，有78个社区居民委员会，59个村民委员会。2015年辖区常住人口56.82万人。有汉族、回族、东乡族、满族等45个民族，人口自然增长率5.01‰，人口密度每平方公里1430人。区境内铁路、公路为主的交通网络四通八达。西北最大的铁路货运编组站建在区内，312国道横贯东西，陇海、兰新、兰青、包兰铁路干线和甘川、宝兰等28条公路穿境而过。

【国民经济】2015年，全区实现生产总值403.6亿元，增长8.38%。其中，第一产业增加值4.98亿元，增长5.94%；第二产业增加值179.97亿元，增长6.21%；第三产业增加值218.64亿元，增长10.54%。完成社会公共财政预算收入14.37亿元，增长37.99%。完成全社会固定资产投资238.28亿元，增长15.77%。完成社会消费品零售总额195.74亿元，增长9%。

【“三农”工作】2015年，全区实现农业增加值5.3亿元，增速5.9%。完成农作物播种面积16.41万亩，其中完成蔬菜种植面积13.41万亩（其中百合种植面积5.30万亩、新发展蔬菜面积6416亩），完成粮食播种面积2.78万亩，中药材1375亩。全区粮食作物总产量完成1.16万吨，与上年相比减少0.06万吨，减幅4.88%；蔬菜产量达到完成25.85万吨，增长9.53%。全区猪、牛、羊、禽的饲养量达到46.71万头只，肉、蛋、奶产量完成3.32万吨。2015年新发展农民专业合作社23家，合作社总数达到213家，农产品加工量达到18.9万吨，产值达到4.1亿元。规模养殖户达到501户，其中奶牛户106户，养羊户240户，养猪户69户，养鸡户35户。特种养殖发展迅速，奶牛、生猪、羊、家禽等养殖规模不断壮大。其中桃子鸡全年饲养量4万只以上，野猪全年饲养量502头，胡羊全年饲养量1526只，实现了全区特种养殖从无到有的新突破。

【项目建设】2015年，实施各类项目224个，完成投资238.28亿元，30个区列重点项目已开工25个，完成投资60.8亿元。执行招商引资项目197项，引进到位资金339.5亿元，其中第21届兰洽会签约项目43个，总投资270.9亿元。全年向上争取各类项目资金5.3亿元。辖区8个重点商贸项目，总投资额达162.4亿元。在商贸服务业方面，投资100.06亿元，建成10个农村电子商务服务站和兰州百合电商配送中心，万辉国际广场全面投入运营，兰州中心、金茂广场主体完工，建兰路步行街提升改造工程接近尾声。在文化旅游业方面，投资13.88亿元，建成兰州极地海洋世界并投入运营，实施石佛沟景区道路等基础设施建设，兰州老街、都市文化休闲公园、真如博物馆开工建设，大敦煌文化产业园等4个项目有序推进。在第二十一届兰恰会上成功签约七里河区电商孵化园项目，项目投资总额达8亿元，目前已到位资金7亿元。

【优势产业】已形成以西果园镇兰州百合城为中心，辐射周边5个乡镇的百合产业发展格局。在原有百合种植的基础上，百合深加工产品开发取得了很大突破，无硫百合干、百合粉、百合营养麦片、百合醋、百合果酥、百合花、百合花蕾等产品都已研发试制成功，现全区百合产业发展基本形成了种植、储藏、加工、销售、研发一条龙的产业链。百合已经成为七里河区的名片产品，所产生的增加值占全区农业增加值的60%以上。年初，七里河区成功创建“全国百合产业知名品牌示范区”，成为甘肃省乃至全国第一个以百合为主要产业的“全国知名品牌创建示范区”。全区旅游产业蓬勃发展，旅游总收入达到44.54亿元，增长27%。文化产业增加值完成4.99亿元，增长26.34%。新登记注册非公企业2170户，扶持小微企业600户。积极引导兰州甜甜百合有限责任公司、兰州振兴百合有限责任公司等8家特色农产品企业入驻淘宝网－特色中国甘肃馆、苏宁云商开放平台、中国网库及三维商城。将甘肃毅源农副土特产、米家山百合、甜甜百合3家公司引入天猫开设旗舰店。

【人民生活】2015年，全区城镇居民可支配收入25737元，增长10.7%，人均消费性支出17705元，增长3.91%，城镇居民家庭恩格尔系数为33.55%，降低2.72个百分点。农村居民可支配收入14365元，增长11.2%，人均生活消费性支出7436.39元，增长23.02%，农村居民家庭恩格尔系数为30.14%，降低7.42个百分点。

【扶贫开发】2015年投资7740万元，硬化农村道路47.1公里，改造农村危房100户，实施人畜饮水和节灌配套工程8个。黄峪安置小区一期搬迁工作有序开展，二期主体建设已经完工。农村劳务输转2.25万人(次)，创劳务收入3.99亿元。“联村联户”行动深入推进。21个市级重点贫困村中的10个村全部实现整村脱贫，脱贫村农民人均纯收入达到7000元以上，全区贫困人口减少7133人，贫困面下降到47.08%。实施项目进村工程，共协调对接项目资金2800万元，实施道路、水利、文化、农业等方面项目48个，已完工19个，有效改善了农村生产生活条件。全年减少贫困人口3048人，全区实现整体脱贫。

【环境保护】全年空气质量优良天数达到275天，达标率75%。工业用水重复利用率达到90%以上，工业废水、废气排放达标率达到95%，垃圾无害化处理率达到90%，森林覆盖率达到30%。投资1.77亿元，改造小街巷10条，完成既有建筑节能改造18.06万平方米、未供暖楼院供热改造4.28万平方米、“三不管”楼院改造15处；深入实施城乡结合部、南出口、铁路沿线、黄河风情线、河洪道“五大”环境治理工程；拆除新生违法建设26.8万平方米。改造燃煤锅炉12台，拆除燃煤茶浴炉111台。投资2亿元，建设马滩湿地公园；新增农村造林面积1885亩，全区森林覆盖率达到27.95%。

【社会保障】城镇新增就业2.39万人，城镇登记失业率控制在1.98%以内，发放小额贷款1.14亿元，带动就业5118人。2009年5月以前失地农民养老保险参保工作提前一年完成市定目标。全年发放城乡低保、农村“五保”、大病救助等社保救助资金1.39亿元。建成4家城市社区老年人日间照料中心及1家农村老人互助幸福院。投资55亿元，新建棚改房6344套，建成保障房3480套。

【社会事业】建成2个全国科普惠农兴村示范基地2个省级科技创新基地。完成14所薄弱学校改造项目。拥有独立科研和技术开发机构10个。高等院校4所。具备招生资格的中等专业学校有7所。有普通中学21所，其中区属9所，普通小学95所，其中区属93所，幼儿园69所。投资424万元，完成1个乡镇卫生院和8个村级卫生室改造。建成20个乡村舞台、23条全民健身路径。全面完成区政府为民兴办10项实事，完成33所标准化学校建设、新增城镇就业12000人，安置困难群体就业1000人，组织劳动技能培训5000人次。调处化解各类矛盾纠纷3690件、信访积案13件。查处治安案件5251件、毒品案件264起。加强市场监管，取缔非法食品加工窝点24处，查处食品药品违法违规案件130起、产品质量案件17起。全区安全生产形势保持稳定，民族宗教事业和谐发展。

西固区

【现任主要领导】

中共西固区区委书记：钱承文

西固区人大常委会主任：王延凤

西固区人民政府区长：

西固区政协委员会主席：王克胜
中共西固区纪律检查委员会
书记：张君明

【基本情况】西固区位于甘肃中部，东南与七里河区和永靖县相邻，西北与红古区和永登县接壤，东北一部分与安宁区接壤，一部分以黄河为界，与安宁区隔河相望。东西长约31公里，南北宽约29公里，区域面积385.02平方公里。地势西南高，东北低，南北两山向河谷川区倾斜，海拔在1500米至2000米之间。西固城距兰州市中心约20公里。兰青、兰新铁路、公路均交汇于此，兰海高速贯穿于境。西固区是国家“一五”期间重点投资新建的大型石油化工基地之一，素有“西部石化明珠”之称。全区常住人口36.69万人，区内有汉、回、满、蒙古、藏等27个民族。区辖3个乡、3个镇、9个街道。

【国民经济】2015年，全区实现生产总值297.81亿元，增长5.55%。其中，第一产业增加值4.26亿元，增长5.8%；第二产业增加值166.36亿元，增长3.03%；第三产业增加值127.19亿元，增长10.1%。三次产业比为1.43 ：55.86 ：42.71。完成固定资产投资221.6亿元，增长10.03%；社会消费品零售总额111.35亿元，增长8.8%；城镇居民人均可支配收入29677元，增长10.3%；农村居民人均可支配收入14290元，增长11.1%。

【项目建设】兰州国际港务区升格为全省“十三五”标志性工程和全市“一号工程”，集中完成兰州铁路综合货场、东川铁路货运中心共3000亩、4300户的征地拆迁任务，东川铁路物流中心基本建成，集装箱作业区正式通车运营。港务区周边路网、基础设施和功能配套工程全面启动。T058#路、古浪路跨线大桥、7#路、庄浪路提升改造4个城区路网项目开工建设，中川高铁西固城站前广场基本建成，体育场路拓建改造竣工通车。兰西铁苑、东川两大棚户区改造相继开工，达川城乡一体化示范项目启动实施，全面完成自流沟整治改造区域搬迁安置工作。

【优势产业】文化旅游产业加快推进，金城公园二期工程完成林地征收及前台土地平整绿化，关山森林公园主景区建设顺利推进，河口古镇古民居修缮保护和市政设施配套工程基本完成，“十里黄河金岸”项目开工建设。商贸物流业规模持续壮大，月星家居广场等重点商业项目建成运营，西港物流园开工建设，丝绸之路电子商务产业园、软通动力·跨境电商公共服务平台2个亿元以上电商项目落户西固。现代农业快速发展，明德伟业和甘肃首石发农业科技开发有限公司2个千亩设施农业基地初具规模。

【环境保护】实施公园路、福利路等街区路灯更换和电缆入地工程，维修整饰城区道路39条、更换人行道砖4.2万平方米，新增城市绿地14公顷，城区清扫保洁合格率达95%。持续开展“6+1”专项整治行动，拆除违法建设6.8万平方米、户外广告1.9万平方米，关停无证照企业101家，清运城乡积存垃圾10.2万方，中川高铁沿线、城乡结合部、河洪道等区域环境面貌大幅改善。严格执行新《环保法》，实现全区300余家企业的动态监管全覆盖，对22家环境违法企业实施处罚；全员“冬防”形成常态，治污措施更加精准，空气质量优良天数再创新高。争取环保部专项资金8000万元，启动实施水源地保护工程。完成12个村的美丽乡村建设，累计植绿2.2万株、改造村道11.8万平方米、增设路灯462座。

【社会事业】完成25项校园安全工程和薄弱学校改造项目，启动福利区东西两大片区名校附属初中建设，义务教育均衡发展通过国家评估认定。在全国首创成立“母亲教育中心”，全年培训1.3万人次，促进学校教育和家庭教育的深度融合。西固区人民医院以托管形式加入兰大二院医疗集团，成功打造群众享受优质医疗资源的“直通车”；西固区医院门诊医技大楼主体封顶，2个乡镇卫生院（中心）建成投用。成功举办“信合杯”西固区第三届运动会和“中华杯”第24届全国B级足球比赛，精心组织“文化五进”活动40余场，“乡村舞台”实现全覆盖。持续加强矛盾纠纷化解，全面完成省市交办的信访疑难案件，信访总量下降16%。扎实开展“两化”行动，为全区所有社区配齐专职民警；狠抓社会面巡逻防控，实行重点区域24小时武装值守，机动巡逻实现城区全覆盖。强化安全生产监管整治，采取“政府＋专家”模式，扎实开展“五抓五查五治”隐患排查治理行动，安全生产监管实现“三级全覆盖”。全区2000多家食品生产经营企业纳入可追溯系统监管范围，严厉查处食品药品违法行为124起。加强基层基础建设，新建改造村、社区阵地18个；完成了河口撤乡设镇工作。民族宗教、妇女儿童、残疾人事业、人防、民兵预备役等工作取得新发展，成功创建双拥模范城“八连冠”。

【社会保障】多渠道开拓新型就业岗位，扶持新开电商企业（含网店）1000余家，办理中小企业及创业贷款1.65亿元，带动新增就业1.5万人。持续扩大“千人救助工程”受助范围，向1811名困难群众发放慈善、救助资金1090万元。西固区殡仪服务中心和庙洼山生态园林公墓开工建设，区级应急避难场所建成投用，新建4个老年人日间照料中心。组建成立城乡巴士公司，公共自行车租赁系统项目开工建设。深入开展双联帮扶和精准扶贫行动，整合资金7960万元，实施帮扶项目299项，130户贫困人口实现脱贫目标。

安宁区

【现任主要领导】
中共安宁区区委书记：
席飞跃（8月止）
王　方（11月任）
安宁区人大常委会主任：王永生
安宁区人民政府区长：雒泽民
政协安宁区委员会主席：黄晓玲
中共安宁区纪律检查委员会
书记：李世祥

【基本情况】安宁区位于黄河北岸，区名源自明代军事城堡安宁堡，取“安宁无患、不受侵害”之意，有“金城西北门户，河西五埠咽喉”之说，是“丝绸之路”必经要津。素有“十里桃乡”之美誉，区内环境优美，蜿蜒24公里的黄河旅游风情线穿境而过，天斧沙宫、仁寿山、兰州植物园、湿地公园、安宁生态文化园等自然人文景观星罗棋布。已举办32届“兰州桃花旅游节”闻名国内。安宁区总面积82.33平方公里，总耕地面积2945亩，是兰州市重要的现代装备制造与科教文化区。区内拥有西北师范大学、兰州交通大学、甘肃农业大学、甘肃政法学院、甘肃省委党校、甘肃省农科院等19所大专院校和科研院所，各类科技人才3万余人。区辖8个街道办事处、59个社区，户籍人口18.55万人，常住人口28.21万人，人口自增率3.36‰。

【国民经济】2015年，全区实现生产总值155.15亿元，增长7.88%。其中，第一产业增加值0.3亿元，与上年持平；第二产业增加值75.48亿元，增长5.39%；第三产业增加值79.37亿元，增长11%。三次产业比重为0.19 ：48.65 ：51.16。实现工业增加值54.43亿元，增长4.62%。规模以上工业增加值53.2亿元，增长4.5%。全社会固定资产投资197.39亿元，增长9.92%。实现社会消费品零售总额92.12亿元，增长9.7%。地区财政总收入完成33.27亿元，增长16.83%，其中，完成公共财政预算收入11.56亿元，增长12.07%。城镇居民人均可支配收入为27232元，增长10.6%。

【“三农”工作】依托仁寿山风景区旅游资源和多年来成功举办“桃花旅游节”和“蟠桃会”等优势，打造桃品牌、桃文化、桃产业的源产地保护与发展平台。“白凤桃”地理标志认定，已通过农业部专家评审。完善基础设施，加大仁寿山西侧60亩桃示范基地的管理，及时补植苗木。加大与省农科院、甘肃农业大学合作力度，全面提升桃发展水平。赵家二沟农业示范园区于2015年10月被列入全省41个农业示范园区，并争取到扶持资金50万元，以园养园，发展突出现代农业。

【项目建设】实施新建、续建项目114个，争取资金261.61亿元；仁寿山景区城市规划馆完成室内装修，明清西街完成招商；仁寿山文化商业生态居住区、西部机场集团兰州航空总部基地、兰州联想科技城、中车集团兰州高端轨道交通装备制造基地等10个项目征拆工作基本完成；累计征地950亩、拆迁29万平方米；新签约引进居然之家、中集·理想国际等96个项目，到位资金208.99亿元，为兰州新区引进到位资金7.48亿元。世纪飞马商业中心、北京物美连锁超市等商业综合体建成运营；全省首个电商“众创空间”创新创业孵化点落户安宁；甘肃电商谷已引进电商企业10家、孵化微电商21家，入驻中国玫瑰交易网、中国当归交易网等20个单品网，上线运营19家。

【人民生活】2015年，全区城镇居民人均可支配收入为27232元，增长10.6%；消费性支出为21388元，增长5.76%。享受城市低保共44968人次，累计发放保障性资金1471万元；发放抚恤事业费477.2万元，社会救济福利事业费15.36万元；救助灾民1736人。深入推进“双联”工作，帮办实事1270件。深化“平安安宁”建设，矛盾纠纷排查化解率达99%以上。

【环境保护】完成九州台至长寿山北环路沿线绿化提升改造工程，北滨河路绿色健身步道建设项目全线贯通，完成银滩湿地公园景观完善提升一期工程、长新北路小游园绿化景观工程、沙井驿安置小区及二十九佳园周边环境绿化提升改造整治工程和北山提灌改造工程。新增改造绿地面积20公顷，人均公共绿地面积13.12平方米，建成区绿化覆盖率达到38.83%。不断提高环卫作业精细化水平，环卫机械化作业率达64%。新建、改造公厕6座。巩固扩大治污成效，进一步深化网格化管理，严格执行建筑工地“六个百分百”和“一票停工制”管控措施，降尘量明显减少。完成181台经营性茶浴炉取缔任务和2500户居民环保节能炉具改造工作。与兰州交通大学联建环境监测站实验室。城区空气质量新标达标252天。对23处黄河排污口实施综合整治，有效改善黄河安宁段的生态环境。

【社会保障】积极开展“大众创业、万众创新”行动，实施“500企计划”，整合各类扶持资金1.1亿元，发放各类贷款5466万元。建成斯漫众创等5家创客空间，累计服务创业者1317人。城镇新增就业12979人，登记失业率控制在2.6%以内。加速推进棚户区改造，落实“棚改”资金9.37亿元，加快推进城中村改造，新开工建设安置房10.2万平方米，分配1500套。新开工建设保障性住房3935套，建成1250套，入住777套。完成10处“三不管”楼院改造。建成安宁区自然灾害应急避难场所。建成省内唯一食品药品双省级安全示范区，完成社会治安防控体系“五张网”建设。

【社会事业】优化教育资源配置。华中师范大学安宁附属实验学校、北京第二实验小学兰州分校建成招生。顺利通过国家义务教育均衡发展评估认定，荣获“首届全国教育信息化应用创新典范区域优秀实践奖”。强化医疗保障基础。安宁新城医院完成征地拆迁工作，建设审批流程顺利推进；建成5家标准化社区卫生服务中心，基本形成“十五分钟”就医圈。建成残疾人综合服务中心、国民体质监测中心。加快发展文体事业。广泛开展群众文化活动，圆满完成2015年兰州国际马拉松安宁段赛事的组织工作，成功举办第32届中国兰州桃花旅游节、兰州首届风暴音乐节、丝路·长城（国际）音乐文化节等活动。区文化馆达到国家二级馆标准。完成望远墩烽火台明长城遗址保护，建成区文物陈列馆、区非物质文化遗产陈列馆和兰州鼓子传习所。

红古区

【现任主要领导】

中共红古区区委书记：韩显明

红古区人大常委会主任：常学明

红古区人民政府区长：武和谦

政协红古区委员会主席：张玉莲

中共红古区纪律检查委员会

书记：于军

【基本情况】红古区东接兰州市西固区达川乡，西临大通河，南濒湟水与青海省民和回族土族自治县和甘肃省永靖县隔河相望，北部黄土山岭与永登县接壤，具有“承东启西”的经济地理优势。区政府所在地海石湾是亚洲第一龙——马门溪龙的故乡。红古区属北温带半干旱大陆性半季风气候，四季分明，光照充足，气候温和，是夏季避暑休闲的胜地。境内有煤炭、石油、天然气、坩土、页岩、石英石等矿产，素有“八宝川”之称。煤田探明地质贮量达4亿吨，位居全省第3位，享堂峡蛇纹岩贮量3750万立方米，丰富的硅石、石灰石和硅矿石为本地生产水泥、硅系列产品提供了优质原料，是发展电力、冶金、建材、陶瓷及相关产业的良好地区。境内水资源丰裕，黄河两大支流大通河、湟水河流经全区，年径流量46亿立方米，水能资源估算为30.57万千瓦，转化潜力巨大。全区总面积567.66平方公里，常住人口14万人，其中城镇人口10.73万人，乡村人口3.27万人，有回、满、东乡、藏、蒙古等18个少数民族。现辖4个镇、4个街道，34个行政村、22个社区。

【国民经济】2015年，全区实现生产总值109.8亿元，增长12.13%。其中，第一产业增加值9.28亿元，增长6.3%；第二产业增加值66.83亿元，增长12.90%；第三产业增加值33.68亿元，增长11.11%。完成固定资产投资额65.30亿元，增长3.39%。实现社会消费品零售总额22.74亿元，增长8.5%。完成地区财政总收入9.65亿元，下降3.92%；公共预算收入2.5亿元，下降2.45%。城镇居民人均可支配收入23559元，增长10.2%；农村居民人均可支配收入15023元，增长12.1%。

【“三农”工作】全区农作物种植面积12.76万亩，增长3.1%。累计投资1.5亿元，新建扩建万亩育苗、500亩钢架大棚、亨华万头生猪等20个种养示范基地，新增高效节水灌溉2万亩，整理开发土地1700亩，改造干渠险段1.5公里。围绕壮大菜、果、奶三大主导产业和培育高效养殖、苗木花卉、农业加工等新兴产业，高标准打造区农业科技示范园、罗金台现代农业科技观光园、金砂台生态农业园和杨家坪现代畜牧产业园。高标准建设3个大型“绿色庄园”。发展规模化、标准化种养示范基地20个，引进鼎鑫龙源大型肉制品冷链加工企业1家，将鑫源农业创建为市级龙头企业，基本上形成集产供销—储运加工一体的现代农业发展体系。

【项目建设】全区累计实施各类产业项目42个，总投资124.8亿元，开工建设39个，建成投产35个，完成投资62亿元；新引进各类项目67个，总投资85.62亿元，到位资金82.74亿元。工业转型加速推进，借助转型政策贴息、“城市矿产”项目补贴等资金近1亿元，扶持企业13家、项目17个；蓝天太阳能光热新材料产业园、兰亚20万吨铝型材一期和兴盛源再生纸制造、报废汽车拆解、复原胶加工等13个项目建成投产；经济区红古园区东七路、铝水通道建成投入使用，污水和固废处理项目启动实施；连海开发区红古园区完成花庄自来水厂扩容工程，新增规模以上企业4家。建成总投资4亿元的金辉国际建材家居城、北区农贸物流市场等5个大型综合商业体，都汇百货、汉唐美食城等3.4万平方米商业面积投入运营。

全区新增工业企业完成增加值20.52亿元，占规上工业增加值的35.86%。兰州经济技术开发区红古园区“城市矿产”示范基地拟建（在建）重点建设项目按项目类别分有再生资源回收体系建设项目、拆解分选预处理项目、深加工项目和公共基础设施项目。总投资4.9亿元的兰州浮法玻璃生产线一期项目、总投资3.02亿元的新式阴极钢棒结构和电解槽项目、总投资3亿元的25万吨小颗粒油页岩高温气净化项目、总投资2.8亿元的年产20万吨铝合金圆锭项目、总投资1.95亿元的年产15万吨铝棒加工生产线项目、总投资1.8亿元的年产5万吨铝棒及5万吨铝型材生产线项目都已续建完成。总投资39681万元的技术改造及矿井延深项目、总投资23000万元的湟水河湟惠水电站建设项目、总投资9800万元的海石湾矿井高效开采项目、总投资9700万元的废纸再制造加工项目、总投资9670万元的海石湾北环路人行道及附属工程项目、总投资8500万元的海石湾永兄综合商贸市场建设项目、总投资8003万元的再生木模覆塑模板建设项目当年开工、当年建成、当年投产。

【城乡新貌】全区城乡居民人均收入倍差1.57，缩小0.03。完成北环路建设、平安路综合整治、炭素路改造、弱电线缆入地等工程，燃煤锅炉清洁能源改造顺利推进。窑街旧城改造实现新突破，建成团结二路桥梁和荣鑫大道人行道，启动民门二路北延工程，改造大什字集贸市场，治理沉陷区土地150亩。城市管理得到新提升，建立“数字城管”视频监管平台，多元“网格化”管理模式有序运行，新建垃圾转运站1个、公厕6个，拆除违法建设近1万平方米。扎实开展村容村貌整治及美化亮化工程，新建农村公路45.5公里，安装路灯1273盏，修建花坛9200平方米。实施4个千亩造林工程，完成海石湾北山绿化和北山公园改造项目前期工作，湟水河生态治理项目获得省级批复，与民和县建立环境污染联防联控机制，空气质量优良天数达到252天。

【社会保障】城镇新增就业7150人，城镇居民养老保险和医疗保险参保人数分别为32693人、46180人，生育保险参保人数11576人，工伤保险参保人数9160人。全年享受城镇居民最低生活保障人数14965人，失地农民养老保险参保人数9933人。

【社会事业】投资590万元，新建社区日间照料中心、农村互助幸福院8个，建成自然灾害应急避难场所1个，为民兴办实事40件。投资6500万元，实施二十六中、海石湾幼儿园综合教学楼及职教中心实训楼建设工程，全区35所义务教育中小学全部达到省级标准化学校建设标准，教育质量同步提升。投资4000多万元，强化医疗卫生服务水平，启动区妇幼疾控业务综合楼项目，建成平安、花庄卫生院主体工程，改扩建标准化村卫生所10所，新农合“一卡通”工程稳步实施。加快发展文化体育事业，天韵七彩文化城投入运营，卧龙潭河畔风情园项目进展顺利，新建村综合文化服务中心3个、“乡村舞台”8个、体育惠民工程1个、农民体育健身工程13个、全民健身场地19个，群众性文化活动蓬勃开展。全区创建省级文明单位、镇、村5个，建成了区法治教育基地、法治教育学校、“智慧司法”机房和25个村社司法行政工作室，建立“法律援助半小时服务圈”，创建市级示范性司法所2个、依法行政示范点1个，推行逐级走访、诉访分离、网上信访工作新机制。强化社会治安综合治理，配备基层警力47人，创建“平安单位”13个，建成王家口公安检查站主体工程，新建标准化警务室34个，新配置防暴车3台，新增视频监控点385个，刑事、毒品案件发案率下降7.8%。全面加强安全生产工作，深入开展矿产资源、交通运输等领域的“打非治违”专项整治。

永登县

【现任主要领导】

中共永登县县委书记：魏旭昶

永登县人大常委会主任：保元德

永登县人民政府县长：杨平

政协永登县委员会主席：魏周菊

中共永登县纪律检查委员会

书记：杨东

【基本情况】永登县位于兰州市西北部，是古“丝绸之路”的重镇，河西走廊的门户。海拔高度在1500~3200米之间，2015年年均气温6.8℃，年总降水量259.7毫米，年日照时数2519.7小时，无霜期142天。总面积5622平方公里，耕地112.17万亩，其中水浇地32.89万亩。现辖11个镇、5个乡，10个居委会、200个村委会，常住人口34.40万人。

【国民经济】2015年，全县实现生产总值96.56亿元，增长8.74%，其中，第一产业增加值10.53亿元，增长6.28%；第二产业增加值35.45亿元，增长5.97%，其中，实现工业增加值26.2亿元，增长5.52%；第三产业增加值50.58亿元，增长12.81%。完成固定资产投资70.72亿元，增长13.85%。全社会消费品零售总额22.93亿元，增长8.3%。一般财政预算收入完成4.04亿元，增长16.3%；一般财政预算支出达到20.18亿元，增长12.4%。

【“三农”工作】深度融合“双联”和扶贫攻坚，推行“11266”精准扶贫管理模式，整合各类扶贫项目资金4.87亿元，发放各类惠农贷款8.69亿元，助推贫困村基础设施改善、公共服务提升、环境卫生整治和富民产业发展。贫困村公路通畅率达到100%，1.8万人吃上了干净、安全的自来水，村级办公场所、标准化卫生室、文化活动室、文体广场实现全覆盖。全县玫瑰种植面积8.66万亩、红提葡萄0.52万亩、高原夏菜13.7万亩、马铃薯22万亩、双垄沟播玉米16.09万亩、中药材2.52万亩，鲑鳟鱼养殖水面近100亩。新建、改扩建规模养殖场15个，肉羊存栏32.05万只。苦水玫瑰被农业部确认为农产品国家地理标志，苦水玫瑰农作系统被确定为中国重要农业文化遗产。坪城乡横沟高家湾、中堡镇大岭社易地扶贫搬迁项目基本完工，通远乡边岭、张坪、涝池3个村159户570人易地扶贫搬迁项目完成主体工程。建成县级电子商务服务中心和镇村服务站点，与农行携手推广农村“四融平台”200台，发展电子商务网点287家，网上交易额4020万元。培训农村实用人才技术3.2万人次，劳务输转11万人次，创劳务收入20.18亿元。农村土地承包经营权确权登记颁证工作进入公示阶段。全年新增土地流转面积4.47万亩，累计达到25.36万亩。年内减少贫困人口48707人。

【项目建设】全力支持省市重大项目，配合完成征地拆迁工作。兰州至中川城际铁路建成通车，S301线改扩建工程全面完工，G341线中川至永登段、G338线景泰至天祝段等重点交通项目顺利实施。投资2.2亿元，实施一批农村道路、水利及公共服务基础设施建设项目，新建农村公路322.5公里，完成小水维修工程308项，衬砌河堤2.3公里，新增高效节灌面积2.3万亩、梯田1万亩，建成高标准基本农田6.35万亩。实施“一事一议”以奖代补项目58个，以工代赈项目10个，完成农村危旧房改造2450户，行政村宽带覆盖率达到98%。投资1747万元，完成县城路灯改造提升亮化和主干道人行道整修工程。投资2346万元，改造旧城区供热管网2公里，维修和改造提升锅炉25台，完成既有居住节能改造2万平方米，十五号供热站建成运行。在第21届兰洽会共签约省市项目13项，签约资金52.3亿元。甘肃鸿瑞铝业、天合源建材石料加工、华利重油贮存、盛元加气块、万鼎水泥、阳光光伏一期等一批项目已基本建成。蓝星冶炼烟气余热发电、甘肃装饰材料物流园、瑞凯LNG加注站及新能源汽车物流、大天源物流、国宏门窗、顺和门窗、三圣建材等项目顺利推进。

【人民生活】2015年全县城镇居民人均可支配收入15246元，增长10.1%，城镇居民人均消费支出9652元；全县农村居民人均可支配收入8287元，增长12%，农村居民人均消费支出为7605元。住户存款84.16亿元，增长4.79%。

【社会保障】深入实施三北防护林、天然林保护、退耕还林工程，完成补植补造4180亩、人工造林1000亩、封山育林1万亩，义务植树120万株，巩固退耕还林成果林产品基地6700亩，落实造林补贴4000亩，森林覆盖率达到13.26%。流转林地557亩，实现林下经济产值5300万元。国有奖俊埠林场、青溪苗圃改革工作全面启动。永固、红狮、祁连山等3家水泥企业中控室实现在线监控。加大水源地周边排污口整治力度，两河流域水质均达国家三类水域标准，饮用水源地水质达标率100%。投资4624.8万元，建成省市县三级美丽乡村示范村8个，完成环境整洁村项目21个。深入开展兰州至中川城际铁路沿线、省门第一道及农村环境综合整治，有效防治农业面源污染，全年回收废旧农膜700吨，处理尾菜3.5万吨，农村人居环境明显改善。推进“大众创业、万众创新”，发放“万企计划”贷款2179万元。就业技能、创业能力和岗位技能提升培训 1543 人，城镇新增就业 3250 人。乡镇工作人员和乡村教师生活补助全面落实。县级财政配套资金 2277.7 万元，730 名完全失地农民纳入养老保险补贴范围。城市低保标准提高 10%，农村低保标准提高 11%，农村五保补助标准、优抚对象抚恤金及各类救助标准大幅提升。创新食品药品监管工作机制，探索建立“五级”监管网络，确保群众饮食用药安全。

【社会事业】深入挖掘永登玫瑰文化、彩陶文化、土司文化、草原生态文化等历史人文资源，成功举办“中国玫瑰之乡·兰州玫瑰节”、“中国·连城鲁土司文化旅游节”和“石家滩原生态草原文化暨油菜花节”等文化节会。苦水镇被中央文明委授予“全国文明村镇”荣誉称号，连城镇连城村被评选为国家“传统村落”。投资 1.6 亿元，实施百花数字影视城、县博物馆文物展厅提升、鲁土司衙门博物馆历史文化陈列展览与衙门彩绘维修、石家滩草原风情旅游观光区接待中心、吐鲁沟景区四星级宾馆等 9 个重点文化工程。投资 1.86 亿元，实施乡镇中心幼儿园、小学附属幼儿园和教师周转宿舍等基础设施项目 158 个，新城区第二幼儿园及新城区初级中学开工建设。校车服务全覆盖工程启动实施。品牌化特色学校建设有序推进，创建市级标准化学校 64 所，二本以上上线率和高考录取率分别达到 25% 和 70%。深入推进县级公立医院改革试点工作，新建维修乡镇卫生院 6 个、基层卫生室 29 个，县妇幼保健所业务用房建设进展顺利。

皋兰县

【现任主要领导】

中共皋兰县县委书记：尤占海

皋兰县人大常委会主任：辛秀先

皋兰县人民政府县长：杜宁让

政协皋兰县委员会主席：魏泽邦

中共皋兰县纪律检查委员会

书记：薛蕾

【基本情况】公元前 127 年首置金城县，1738 年更名皋兰县，被誉为“名藩自古皋兰”。解放初隶属兰州市，县政府驻兰州市区，1957 年迁至现址。地处兰州、白银和兰州新区三角辐射中心地带，是兰州新区的重要组成部分，也是兰白经济圈发展中不可替代的关联带。辖区属陇西黄土高原，地势西北高、东南低。具有“一河六线”（黄河、兰白高速、国道 109 线、中川高速、水秦快速通道、包兰铁路、兰渝铁路）的交通优势，开通兰州至什川黄河豪华邮轮航线。最高海拔 2445 米，最低海拔 1411 米，县城海拔 1650 米，年均气温 7.4℃，年均降水量 246 毫米，年均蒸发量 1675 毫米，年日照 2768 小时，无霜期 144 天。总面积 2136.69 平方公里；耕地面积 29.32 万亩，其中水地面积 15.25 万亩，人均 1.33 亩。现辖 6 个镇，常住人口 10.64 万人。

【资源优势】皋兰县矿藏资源丰富，金属矿有金、银、锌、铜等，非金属矿有石英砂、大理石、花岗岩、粘土等，具有较高的开采价值。水电资源充足，引大入秦、西岔电力提灌、大砂沟电力提灌三大水利工程覆盖全县，拥有调蓄水库 4 座、自来水厂 2 座，安全饮水管网覆盖全县。拥有装机 22 万千瓦的小峡水电站和 330KV 变电站 1 座、220KV 变电所 1 座、110KV 变电所 3 座。旅游资源得天独厚。东南部什川镇有“世外梨园”之美誉，被吉尼斯认证为“世界第一古梨园”，被农业部命名为“国家首批重要农业文化遗产”，被环保部授予“国家级生态乡镇”称号，2014 年被评为国家 4A 级旅游景区。中部石洞镇有远近闻名的石洞寺；西南部九合镇有“万亩桃园”、“天斧沙宫”丹霞自然景观；北部黑石川乡地域广阔，有独特的高原风光。

【国民经济】2015 年，全县实现生产总值 45.2 亿元，增长 13.74%，三次产业比为 13.5 ∶ 47.8 ∶ 38.7。完成固定资产投资总额 42.65 亿元，增长 22.03%。实现社会消费品零售总额 18.19 亿元，增长 11.0%。农民人均可支配收入为 8375 元，增长 12.3%。城镇居民人均可支配收入为 14099 元，增长 9.9%。完成地区性财政收入 6.55 亿元，增长 9.0%，完成公共财政预算收入 3.46 亿元，增长 20.0%。

【“三农”工作】2015 年，创新推广“双杆四膜”等实用技术 10 项，创建省级示范社 6 个，市级示范社 6 个。认证旱砂西瓜、软儿梨、红砂洋芋、禾尚头小麦 4 个国家地理标志。加大软儿梨、兰州白兰瓜、高原夏菜、旱砂西瓜、红砂洋芋等特色农产品包装营销力度，提升农业经济效益。加大新品种、新技术的引进和试验示范工作，引进试验示范新品种 20 个。加快畜禽品种改良步伐，规模养殖户累计加快畜禽品种改良步伐，累计引进大约克、长白等种猪 320 头，优质种羊 1600 只，肉羊杂交改良 5000 只，奶牛冻精授配 30 头。2015 年，新增 1000 亩高原夏菜、1000 亩白兰瓜、1000 亩旱沙西瓜，1000 亩红纱洋芋，2000 亩的优质林果，建成 1340 亩韭黄产业基地，有效促进种植结构的调整。经济作物播种面积 19.69 万亩，增长 3.52%；蔬菜产量 26.67 万吨，增长 9.86%；瓜类产量 12.77 万吨，增长 9.13%；水果产量 3.0 万吨，增长 2.39%。粮经比例由上年的 40 ∶ 60 调整为 2015 年的 38.3 ∶ 61.7，经济作物比重提高 1.7 个百分点。2015 年，投资 2545 万元，完成大型泵站更新改造；投资 5621 万元，实施农业综合开发等 9 项重点项目；完成标准化规模养殖场、设施农业、科技农技推广、万亩高产创建等建设。

【项目建设】2015 年，全县共引进合同项目 30 个，引资 87.18 亿元，到位资金 55.96 亿元。为兰州新区引进项目 5 个，引资 7 亿元，到位资金 5.33 亿元。共实施招商引资项目 105 个，开工建设 90 个，开工率 85.71%，其中，新签项目 30 个，开工建设 18 个；结转项目 75 个，开工建设 72 个。年产 3000 吨调味品生产线、年产电线电缆 4000 公里生产线、心农园蔬菜加工配送基地等 7 个新建项目已建成；年产 8000 吨新型建筑装饰铝型材深加工、年产 2200 万片树脂砂轮生产、年产 1 万吨复原胶生产线、甘肃格兰仕电器仓储物流服务中心等 19 个续建项目已建成，保利集团城市综合体、甘肃警察职业学院、年产30万吨球墨铸管生产线、空分工程等64个项目正在建设中。整合项目资金2.5亿元，建成三川口市政道路、集中区一号路和横二路、西通道及黑石园区主干道。“一区五园”入驻企业达到400家，园区实现生产总值占全县生产总值的比重达到77.0%。

【城乡一体化】2015年，编制完成县城及小城镇总体规划等各类规划25项，乡镇总体规划覆盖率达到100%。续建县城西通道，改造县城梨花路（109公路过境段），建设县城中心集中供热站等，城市面积不断扩大，综合服务功能进一步提升。深入开展“节点城市管理提升年”活动，打造名藩大道、北辰路等3条严管街。建成5个省市美丽乡村，积极开展城乡环境综合整治，认真落实网格化管理模式，推进生态乡镇、绿色社区、绿荫校园等创建工作。2015年全县城镇化率为50.61%，提高2.41个百分点。

【人民生活】全年财政民生支出达到5.44亿元，着力解决群众出行、饮水、就医、入学、住房等切身利益问题。全面落实强农惠农政策，发放粮食、农机等各类补贴1002万元。完成城乡低保提标，全年共发放城乡最低生活保障金2854.3万元、医疗救助金241.44万元，冬令、春荒补贴资金325万元、临时救助金52.46万元、各类抚恤资金190.62万元及安置费249.39万元。实施20公里农村公路、4项农村饮水安全等民生重点工程26项，10件18项为民兴办实事全面完成。筹措补助资金8000万元，实现全县被征地农民养老保险参保全覆盖。着力打造县域文化名片，6个镇均建成“一村一品”群众性文化精品展演基地，文化广场、乡村舞台、农家书屋实现全覆盖。

【环境保护】2015年，全面落实节能减排目标责任制。实施污染治理工程。县城生活污水处理厂项目工程及配套管网建设项目建成并投入运行；完成16家畜禽养殖企业的污染治理工作，年削减COD28.32吨，氨氮5.89吨；对6家国控重点源单位安装在线监控装置；对24家重污染企业实施冬季限停产减排。强化排污许可证及辐射安全许可证管理，对19家重点排污单位核发排污许可证，对12家涉源单位核发辐射安全许可证，持证率达到100%。加强对高耗能高污染企业的治理与监管，3家企业改造排污设备，22家砖瓦企业进行环保设施升级改造，1家进行排污规范化整治和18家集中整治。拆除8台44蒸吨原煤散烧锅炉，新建2台20蒸吨高效煤粉锅炉。县域降尘量控制在≤16吨/平方千米·月之内，空气质量达标率达到85%（旧标准）。

【社会事业】进一步提高科技服务能力。共争取省市科技计划项目9项，扶持资金138万元，实施市科技计划项目12项。实施百人进千企活动，申报专利19件。引进新品种30个。开展科技特派员、“三区人才专项计划”等活动，举办农业生产技能和相关知识培训班60期，培训农民7000人次。不断提升教育教学质量。实施教育建设项目11项，完成投资2850万元。投资1581万元为25所标准化建设项目学校和全县学前班配齐配全教学设备。小学入学率、毕业率、升学率均为100%。九年义务教育巩固率为99.94%。高考二本上线人数达到567人，上线率达到24.89%。继续加大职业和成人教育，完成农民实用技术培训1560人，文盲巩固率达100%。不断加强师资队伍建设，各类观摩活动645人次，邀请知名专家对270名学校中层领导及相关教师进行专题培训。推荐评选出1名金城名师、18名市级骨干、53名县级骨干教师，设立1个金城名师工作室。不断提高医疗服务水平。投资270万元完成县医院信息系统升级和重症监护室、新生儿科等重点科室建设。投资180万元完成县疾控中心综合楼建设项目。投资1200万元开工建设县医院外科综合楼。扩大新农合与医疗救助县内“一站式”服务范围，推进为民便民工程，启动“一卡通”服务，机具布放率100%，全面实行新农合住院病种分级诊疗制度，新农合参合率达98.6%，参合实际补偿比57.46%。完善基层医疗机构建设，妇幼站、疾控中心、卫生监督所根据各自的职能建成中医科，6个卫生院均建成独立的中医诊疗服务区。儿童免疫规划疫苗接种率达98%，突发公共卫生事件及时有效处置率100%。组织县医院58名职业医师和医技人员对各乡镇卫生院开展执业帮扶活动，县中医院为全县各医疗机构培养人才14名。全年完成《皋兰新闻》等各类节目213期，采写新闻稿件908篇，制作专题片9部，广播电视安全播出率100%。有线电视数字用户累计达到5903户；有线电视模拟用户累计达到150户。广播人口综合覆盖率达99.64%；电视人口覆盖率达100.0%。新建3个文化大院，基本实现“乡村舞台”全覆盖。建成“一村一品”群众性文化协会79个，注册会员4200多人。完成博物馆的搬迁工作。创建市级旅游示范村1个，完成70户星级农家乐评定建档。开通兰州－什川－青城水上旅游路线，承载游客2万余人。文化产业单位100家，增加19家，实现文化产业增加值1.03亿元，占生产总值比重为2.28%，提高0.94个百分点。建成2处高标准全民健身场；23个行政村体育健身广场安装健身器械。新招自行车运动员4名，全省青少年自行车锦标赛获得1金、2银、3铜。

榆中县

【现任主要领导】

中共榆中县县委书记：

甘培岳（8月止）

王晓宁（11月任）

榆中县人大常委会主任：谢志明

榆中县人民政府县长：王林

政协榆中县委员会主席：韩悌勇

中共榆中县纪律检查委员会书记：

韩悌勇（1月止）

张学永（7月任）

【基本情况】榆中县地处兰州市东郊，西靠兰州市城关区，东邻定西市安定区，西南与临洮县交界，北隔黄河与白银市相望，区位优势明显，距兰州市区30公里。境内312国道、

109国道及宝兰铁路、兰渝铁路通过，道路交通发达。总面积3301.64平方公里，耕地103.03万亩，其中有效灌溉面积29.57万亩。全县海拔在1480~3670米之间，年均降雨量275毫米，蒸发量1211毫米，年平均气温8.1℃，无霜期141天左右。境内有兴隆山、马啣山、官滩沟、青城古建民居等旅游风景名胜区。现辖8个镇、15个乡，4个社区、268个行政村，常住人口44.30万人，其中非农业人口4.96万人，农业人口39.71万人。

【国民经济】2015年，全县实现生产总值88.16亿元，增长4.79%。其中，第一产业增加值15.18亿元，增长6.24%；第二产业增加值27.28亿元，下降1.86%；第三产业增加值45.70亿元，增长13.24%。三次产业比重由上年的19 ：57 ：24调整为17 ：31 ：52。人均生产总值达到19901元。固定资产投资总额117.36亿元，增长21.95%。地区性财政收入8.88亿元，增长8.20%，其中一般预算收入4.89亿元，增长15.87%。城镇居民人均可支配收入14025元，增长9.84%，农民人均现金收入8100元，增长12.36%。

【“三农”工作】坚持发展现代农业，培育优势产业。新建祁家河等千亩冷凉型蔬菜标准园3个，发展北山中药材育苗基地1500亩，新增中药材5.08万亩、百合1.05万亩，推广双垄沟播玉米25万亩、脱毒马铃薯25万亩。打造全国特色高原夏菜产业知名品牌示范区，外销蔬菜86万吨，完成增加值8.93亿元，成功创建国家级出口食品农产品质量安全示范县。加快发展畜牧业，新建标准化规模养殖场30个，扩建标准化万头猪场1个，肉羊养殖21万只，全县畜禽饲养量达到118万头（只）。新培育村级互助社82户，农业专业合作社达到1255户，新增土地流转3.5万亩。完成农业增加值15.69亿元，增长6.43%。完成通达通畅工程970公里，群众出行更加便捷。实施农村饮水安全工程，解决和平、新营等19个乡镇9.08万人安全饮水问题。新修高标准基本农田8000亩，综合治理小流域11平方公里、水土流失18平方公里，建成生态林3.53万亩，完成退耕还林1.1万亩、生态村46个。

【项目建设】2015年，共储备项目108项，完成投资136.2亿元。引洮一期榆中配套工程、兰州热电“上大压小”异地建设、甘肃中医药大学和平校区建设等5项市列重大项目进展顺利。三电大型泵站更新改造、甘肃仁达管业管材生产线等40项县列重点项目，开工建设38项。加大招商引资力度，新引进项目40项，总投资117.73亿元，到位资金110.2亿元。开展土地储备工作，通过融资合作、授信贷款等方式，完成和平工业园徐家营园区1250亩、三角城周前500亩土地储备，为招商引资和项目建设奠定了基础。全年向上争取资金3.06亿元，实施政策性项目32项。固定资产投资总额117.36亿元，增长21.95%。

【人民生活】实施各类教育项目594项，新建校舍32.4万平方米，改造薄弱学校18.9万平方米，新建幼儿园30所，教育教学条件逐步完善。完成县中医院整体搬迁、120调度指挥中心和县疾控中心业务楼改造扩建，改造9家乡镇卫生院和98所标准化村卫生室，全面推行中医药特色医疗服务，努力创建全省中医药示范县。实施保障性安居工程，建成保障性住房844套，改造农村危旧房4400户。招待所片区棚户区改造项目主体建设正在进行，环城西路遗留工程已投入使用，保障性安居工程已完成主体建设。实施兴隆路、环城西路绿化景观工程，县城新增绿地14公顷，绿化覆盖率达到20.9%。加快城乡道路建设，总投资1.76亿元，完成一悟路改造和东金公路维修，盆地大道一期、环城西路南延段完成路基建设，兴黄路、石垲路、园小路建成通车，城乡路网逐步铺开。严格规范交通秩序，投资240万元，在县城主要路段划定临时停车泊位500个，安装隔离护栏1100米。结合文明城市创建活动，深入开展“洁净榆中”和“清洁家园”行动。实施孙家岔等9个农村环境整治工程，完成龚家岵、冯家湾等6个美丽乡村建设，人居环境不断优化。

【扶贫开发】2015年，发放精准扶贫专项贷款1.65亿元、妇女小额贷款6195万元、双联惠农贷款6284万元，投入各类扶贫资金2.84亿元，其中县财政配套4400万元。开展“支部+协会”村级发展互助资金试点工作，新增试点村82个，发放互助资金3900万元，有效保障了贫困户发展资金需求。完成建档立卡和大数据平台信息采集录入工作，共纳入贫困人口1.6万户5.91万人。全县贫困村在收入水平、富民产业、基础设施、生态环境、公共服务等方面取得显著成效，全年减贫5.1万人，贫困发生率降至2.09%。

【环境保护】2015年环境空气质量优良天数340天，降尘量为12.19吨/平方公里/月，二氧化硫、二氧化氮年日均值分别为0.026mg/m³和0.018mg/m³，饮用水源地水质达标率100%，环境噪声下降。全县共出动环保执法人员1500余人次，检查企业840多家次，组织开展水源区保护、立式燃煤小锅炉、冬季大气污染防治、建设项目“三同时”制度落实及环境保护大检查等多项专项治理行动，使各类突出环境问题得到及时有效解决。依法对55个建设项目进行了环评审批，完成“三同时”验收项目10个，环评执行率和“三同时”执行率均为100%。有力维护群众的环境权益，共受理各类环境信访事项75件。

【社会事业】2015年，完成省市列为民兴办实事40件。城镇新增就业3520人，开展职业技能培训1.25万人次，劳务输转10.8万人次，创收20.48亿元。严格落实农民工工资保证金和被征地农民养老保险政策，财政统筹1.92亿元，为5107名完全失地农民办理养老保险。新建农村互助老人幸福院55个，改造农村危旧房1400户，续建公租房100套。认真实施“全面改薄”项目，着力改善办学条件，投资6977万元新建校舍2.4万平方米，建成和平沈家河等9个村级中心幼儿园和69所标准化学校，促进了教育均衡发展。新视界兴隆影院投入运营，建成“乡村舞台”85个、村级文化室64个，为79个村配套了健身器材。完善公共卫生服务设施，县疾控中心业务楼投入使用，建成清水驿、园子岔乡卫生院业务用房及宿舍，新建维修贫困村卫生室36所。全面落实合作医疗提标和计划生育利益导向政策，新农合参合率97.29%，人口自然增长率控制在6.08‰以内，全省卫生县城创建通过复审验收。认真开展农村土地确权登记颁证、集体林地股份制改革试点工作，全面启动不动产统一登记工作。深化户籍制度改革，办理城镇居民落户手续395户、居住证7.02万张。严格落实安全生产责任制，加大重点行业、重点领域整治力度，及时消除各类隐患，全县安全生产形势稳定好转。进一步加大乡镇食药监所建设，强化食品药品安全监管，确保群众饮食用药安全。

嘉峪关市

【现任主要领导】

中共嘉峪关市市委书记：郑亚军

嘉峪关市人大常委会主任：祁永安

嘉峪关市人民政府市长：柳鹏

政协嘉峪关市委员会主席：焦玉兰

中共嘉峪关市纪律检查委员会

书记：边玉广

【基本情况】嘉峪关市地处万里长城西端，甘肃河西走廊中部，是通往新疆、中亚的咽喉要冲，新亚欧大陆桥上的中转重镇。嘉峪关市因关得名，因企设市。是1958年依托国家“一五”计划重点项目“酒泉钢铁公司”的建设而新兴的工业城市，1965年建市，1971年经国务院批准为省辖市。嘉峪关是长城文化和丝路文化的交汇点，拥有世界历史文化遗产地——嘉峪关关城、世界一流的国际滑翔基地、亚洲距城市最近的冰川七一冰川、国家重点文物保护单位魏晋墓群、“西部八达岭”之称的悬壁长城、万里长城第一墩、讨赖河大峡谷、长城博物馆、迎宾湖旅游园区、东湖生态旅游景区和酒钢水上乐园、方特欢乐世界等旅游资源，是中国优秀旅游城市。嘉峪关市还是中国铁人三项运动训练基地和专业赛场，是国际铁人三项赛和全国汽车场地越野赛重要举办地，有西北一流的体育场馆，是举办国际、国内重大体育赛事的理想城市。全市常住人口为24.39万人，城镇人口22.79万人，城镇化率为93.42%。

【国民经济】2015年，全市实现生产总值190亿元，比上年增长9%。其中，第一产业增加值4.2亿元，增长5.0%；第二产业增加值108.4亿元，增长5.4%；第三产业增加值77.5亿元，增长19.1%。三次产业结构为2.21 ∶ 57.11 ∶ 40.68，人均生产总值78336元。完成工业增加值98.97亿元，增长5.2%。规模以上工业企业完成工业增加值97.66亿元，增长5.1%。其中，市属规模以上工业企业完成工业增加值33.39亿元，下降4.3%。规模以上工业企业产品产销率99%，与上年持平。实现社会消费品零售总额54.95亿元，比上年增长8.8%。全年限额以上零售业实现零售额24.07亿元，比上年下降0.6%。

【“三农”工作】2015年，全市联村干部进村入户1.7万多人次，各双联单位开展政策宣传340多场次，解决急事难事352件，投入帮扶资金2300余万元，扶持培育龙头企业11家。全年共组织1259名农民工参加就业技能培训，451人参加岗位技能提升培训，300人参加了创业培训。由嘉峪关市委农办牵头，会同嘉峪关市商务局、团市委组织建设农村青年“一村一店”项目工程，大力发展农村电子商务，已建立嘉峪关本地购物平台“美嘉优购”，有多家合作社、村委会入驻，开展农产品网上销售。积极有效利用各类网络宣传媒体，通过举办采摘节、赛瓜节、乡村旅游农事体验活动等，引导市民参与乡村旅游，全年共实现销售收入260余万元。积极推进乡村旅游家庭旅馆建设，制定《关于鼓励和扶持乡村旅游家庭旅馆建设的方案》，明确乡村旅游家庭旅馆扶持办法、等级评定办法、评定标准。截至2015年末，全市已有30家乡村旅馆达到住宿标准，有房间270余间，床位500余张。“千村美丽”示范村建设顺利通过省级验收。

【项目建设】2015年，全市安排重点建设项目100个，总投资规模493亿元，年度计划总投资110.9亿元，其中，续建项目55个，年度计划总投资87.6亿元；计划新开工项目45个，年度计划总投资23.3亿元。全年共有80个项目复工或开工建设，占重点建设项目个数的80%，完成投资额63.95亿元，占年度计划投资额的58%。酒钢集团（宏汇）1000万吨煤炭分质及煤焦油加氢精制综合利用一期工程、华强文化科技产业基地方特欢乐世界、正大新农村现代农业合作示范项目一期工程和索通炭材料有限公司年产34万吨预焙阳极项目等4个项目被列入省重大项目。年度计划总投资23.9亿元，实际完成投资25.36亿元。其中，煤炭分质利用一期工程项目投资15亿元，完成土方开挖67656立方米、混凝土浇筑23488立方米、钢结构制安6857吨、安装设备189台套、安装设备总重量2138吨、管道施工56311米。华强集团方特欢乐世界项目投资4亿元，累计完成投资22亿元，于2015年4月28日正式投入运营。正大新农村现代农业合作示范项目一期工程投资2600万元，完成了11个厂区及水、电、路等工程的建设任务以及洗消中心的选址。索通公司年产34万吨预焙阳极项目投资6.1亿元，主体工程已建成封顶，正在进行设备安装及调试工作。

【人民生活】2015年，全市城镇居民人均可支配收入30714元，比上年增长10.1%。城镇居民消费性支出21443.07元，增长10.61%；城镇居民家庭食品消费支出占消费性支出的比重为33.44%。农村居民人均可支配收入15371元，增长11%；农村居民人均消费支出11879.01元，增长9.26%；农村居民家庭食品消费支出占消费性支出的比重为31.76%。

【扶贫开发】2015年，为落实省委“1+17”精准扶贫方案，提供坚强有力的组织保证，分两批安排省级财政专项扶贫资金261万元，按照精准扶贫的要求，重点发展富民产业。其中第一批财政专项扶贫资金206万元，第二批财政专项扶贫资金55万元。

项目包括：分布式光伏扶贫项目，

在相对贫困户的屋顶上建设不超过3KW的分布式光伏发电系统；项目计划投资1200万元，每户建设资金约2.7万元，市扶贫办为每户贫困户最高一次性补贴0.9万元。种植业基地建设项目，在嘉峪关市苗圃现代农业生态示范园建设10座三代日光温室。劳动力输转培训，积极开展农民技能培训，目前已培训98人。现代农业生态示范园区配套水、电基础设施建设项目，安排省财政配套资金10万元，在市苗圃现代示范园区已建成的10座扶贫日光温室配套水、电等基础设施，截止2015年末，配套设施已全面完工。市苗圃配套道路绿化建设项目，安排省财政配套资金15万元，计划在市苗圃日光温室种植区配套建设道路绿化工程。野麻湾高新农业生态示范园区基础设施配套建设项目，安排省财政配套资金5万元，计划在野麻湾高新农业生态示范园区已建成的5座扶贫日光温室配套水、电基础设施。分布式光伏扶贫补贴项目，继续安排省财政配套资金20万元，充分利用农户屋顶、日光温室空地、养殖场圈舍屋顶及空地，继续给三镇农户安装不超过3KW的分布式光伏发电系统，每户按照1/3的项目建设资金进行补助。

【环境保护】全市从事环保工作人员88人，拥有各级环境监测站2个，监测人员38人，噪声功能区类别为4类，噪声功能区面积172.05平方公里，城市污水集中处理率92%，城市生活垃圾无害化处理率100%。建成环境噪声达标区101个，建成环境噪声达标区面积16.16平方公里，一年内空气质量达标天数302天。全年完成农村人工造林面积96公顷，开展全民义务植树68万株，比上年增长3.8%。

【社会保障】2015年末，全市参加城镇职工基本养老保险7.15万人，增长4.02%；参加城乡居民基本养老保险1.85万人，增长5.66%；参加企业职工基本医疗保险8.74万人，增长2.33%；参加失业保险5.55万人，增长3.26%；参加工伤保险7.28万人，增长6.18%；参加生育保险7.37万人，增长3.2%；参加新型农村合作医疗农民人数2万人，参合率达98.8%；新型合作医疗基金累计支出988.32万元。城镇居民享受政府最低生活保障41608人，比上年下降15%；农村居民享受政府最低生活保障7312人，比上年下降7%。

金昌市

【现任主要领导】

中共金昌市市委书记：吴明明

金昌市人大常委会主任：方银天

金昌市人民政府市长：张应华

政协金昌市委员会主席：李生伟

中共金昌市纪律检查委员会

书记：苏克俭

【基本情况】金昌市地处甘肃省河西走廊东段，祁连山北麓，阿拉善台地南缘。北、东与民勤县相连，东南与武威市相靠，南与肃南裕固族自治县相接，西南与青海省门源回族自治县搭界，西与张掖市民乐、山丹县接壤，西北与内蒙古自治区阿拉善右旗毗邻。全境东西长144.78公里，南北宽134.6公里，边界线总长486公里，总面积8896平方公里。2015年末，全市常住人口47.05万人，城镇人口31.98万人，城镇化率67.96%。下辖永昌县、金川区，全市共有12个乡（镇），6个街道办事处。金昌有色金属得天独厚，是我国最大的镍钴生产基地、铂族贵金属提炼中心和全国资源综合利用三大基地之一，被誉为“祖国的镍都”。金昌市先后被命名为全国文明城市、国家卫生城市、国家园林城市、国家公共文化服务体系示范区、全国残疾人工作示范城市、全国未成年人思想道德建设先进城市，连续六次荣获“全国双拥模范城”称号，多次被评为全省社会治安良好地区和维护稳定工作先进地区。

【国民经济】2015年，全市实现生产总值224.52亿元，增长3.2%；第一、二、三次产业分别实现增加值17.98亿元、130.7亿元和75.84亿元，分别增长5.2%、2.0%和8.5%，三次产业结构比为8：58.2：33.8。完成固定资产投资248.59亿元，增长0.58%；实现社会消费品零售总额76.01亿元，增长8.6%；完成公共财政预算收入18.47亿元，增长2.68%；实现进出口贸易总额70.04亿元，下降39%；居民消费价格总指数101.2%。城镇居民人均可支配收入29670元，增长10.4%；农民人均可支配收入11459元，增长11.2%。城乡收入比进一步缩小，由上年的2.65下降到2.59。

【“三农”工作】2015年，全市实现农林牧渔及服务业增加值18.26亿元，增长5.2%。农业种植结构有所调整，粮食产量稳步增长。全年农作物播种面积117.85万亩，较上年净增6.39万亩，增长5.65%，结构呈现“粮增经减”的特点。其中，粮食作物面积78.7万亩，净增8.75万亩，增长12.54%；经济作物面积34.21万亩，减少2.29万亩，下降6.27%。实现粮食总产量39.22万吨，增长10.1%，粮食产量已实现五连增。畜禽存出栏总体平稳。新建标准化养殖小区（场）20个，总数累计达到203个。全市畜禽总饲养量为25.15万头（只），增长1.74%，其中，羊饲养量为128.12万只，增长2.15%。畜禽总出栏96.89万头（只），增长6.38%，其中，猪出栏7.45万头，减少2.81%；牛出栏0.94万头，增长6.12%；羊出栏40.74万只，增长9.64%；家禽出栏47.73万只，增长5.41%。农业现代化水平进一步提高，拥有农业机械总动力101万千瓦，比上年增长3.06%；农用拖拉机4.88万台；年机耕面积98.02万亩，机播面积91.2万亩，机收面积64.56万亩；农机化综合作业水平达到80.5%。

【项目建设】全年完成固定资产投资248.59亿元，比上年增长0.58%。其中，中央、省属完成投资61.31亿元，地方完成投资187.27亿元；房地产开发投资快速增长，完成19.07亿元，增长95.22%。共实施投资项目483项，其中，续建项目181项，新开工项目302项；本年投产项目292项。工业生产项目稳步推进，40万吨离子膜烧碱二期、30万吨PVC、镍铜矿伴生铂族贵金属高效回收与综合利用等项目开始试车，铜阳极泥综合利用等项目进入设备安装调试阶段，铜尾矿综合利用一期、超细金属及氧化物试验生产线等项目完成厂房主体建设。基础建设项目成效显著，积极推进“引大济西”工程、兰州至张掖铁路三四线、铁路现代物流中心、“紫金云”大数据产业园、韩家峡水库等重大项目，市养老康复中心开工建设；加快紫金苑、北部绿色生态景观区、花文化博览馆等项目建设。

【**优势产业**】2015 年，全市规模以上工业实现增加值 98.68 亿元，增长 1.1%，增速回落 6.5 个百分点。其中，中央、省属企业完成增加值 79.91 亿元，增长 2.1%；地方工业完成增加值 18.77 亿元，下降 3%。主导产品价格低位运行，2015 年，镍累计平均出厂价格为 7.65 万元 / 吨，较 2008–2014 年平均价格下降 37%；铜累计平均出厂价格为 3.53 万元 / 吨，较 2008–2014 年平均价格下降 25%，镍、铜出厂价格总体处于历史底谷。2015 年，全市规模以上工业企业亏损 62.43 亿元。第三产业增长 8.5%，占生产总值的比重，较 2014 年提高 6.7 个百分点；对生产总值增长的贡献达到 45.4%。全市实现文化产业增加值 2.62 亿元，增长 16.95%；旅游收入 14.49 亿元，增长 25.07%。

【**扶贫开发**】以“双联”行动为主要载体和平台，整合资源精准帮扶，重点在产业支撑、项目带动、资金支持、功能配套上精准发力。全年共减少贫困人口 1963 户 6200 人，其中，永昌县 1257 户、4100 人，金川区 706 户、2100 人。贫困农户人均可支配收入达到 6628.6 元，永昌县达到“插花型贫困县”摘帽条件，15 个建档立卡贫困村退出 13 个。

【**环境保护**】2015 年，全市工业废气排放量 935.7073 亿标立方米，较上年减少 186.56 亿立方米，下降 16.62%；二氧化硫排放量 10.20 万吨，减少 0.62 万吨，下降 5.75%；氮氧化物排放量 1.53 万吨，减少 0.96 万吨，下降 38.65%。工业固体废物产生量 1229.23 万吨，减少 30.09 万吨，下降 2.39%；化学需氧量排放总量 0.38 万吨，下降 10.54%；氨氮排放总量 0.3935 万吨，下降 15.08%；单位生产总值能耗下降 6.92%。市区环境空气质量达标天数达到 301 天。全市城市污水处理厂集中处理率 95.86%；城市生活垃圾无害化处理率 100%；建成区绿地率 32.11%；建成区绿化覆盖率 36.29%；城市人均公园绿地面积 21.01 平方米；人均城市道路面积 24.67 平方米。

【**社会保障**】2015 年，全市城镇新增就业人数 26559 人，全年共接收应届高校毕业生 1940 人。城镇登记失业率 3.1%。参加城镇基本养老保险的职工 63681 人；参加城镇失业保险人数 75916 人；参加城镇职工基本医疗保险人数 120507 人，参加工伤保险人数 74389 人；参加城镇职工生育保险人数 39428 人；城乡居民社会养老保险参保人数 158740 人。城乡居民基本医疗保险参保率分别达到 97% 和 96%，城乡居民基本医疗保险实现并轨运行。2015 年末，全市城市低保对象 19309 人，共发放低保金 6509.6 万元；农村低保对象 12578 人，共发放低保金 4669.1 万元。城市低保标准由每月 458 元提高到 527 元；农村低保标准达到每年 2522 元。

【**社会事业**】2015 年，全市组织实施科技计划项目 76 项，安排市拨科技三项费 260 万元。共申报国家（省）级科技项目 36 项，批准立项 6 项；受理专利申请 644 件，已授权 343 件。截止 2015 年末，全市各级各类学校（园）107 所，其中幼儿园 56 所，小学 27 所，初级中学 8 所，九年一贯制学校 6 所，特殊教育学校 1 所，完全中学 1 所，普通高中 6 所，中等职业学校 2 所。在校学生（幼儿）71098 人，其中在园幼儿 11432 人，小学 28578 人，初中 16172 人，特殊教育学校 87 人，普通高中 12148 人，中等职业学校 2681 人；教职工 5754 人，其中专任教师 5042 人。基础教育校舍建筑总面积 596122.57 平方米。九年义务教育巩固率 99.88%，高中阶段毛入学率 99.75%，学前三年毛入园率 98.2%，“三类”残疾儿童少年入学率 100%，全市高中阶段毕业生性别差异系数 97.87%。2015 年全市参加高考（含中职生）5994 人，本科上线 2592 人，上线率 51.91%。医疗卫生水平不断提高。全市共有医疗卫生机构 551 个，其中，医院 13 所，社区卫生服务机构 30 个，乡镇卫生院 12 个。卫生机构拥有床位数 2537 张，每千人拥有床位 5.46 张。卫生专业技术人员 3571 人，其中，执业（助理）医师 1301 人，每千人拥有执业（助理）医师 2.76 人；注册护士 1443 人，每千人拥有执业护士 3.06 人。城市社区卫生服务机构覆盖率达到 100%。孕产妇、婴儿和 5 岁以下儿童死亡率分别为 0/10 万、8.03‰和 9.94‰；孕产妇住院分娩率 100%；国家免疫规划疫苗接种率平均达到 98%。文化事业健康发展。共有各种艺术表演团体 1 个，艺术表演场馆 1 个，文化馆 3 个，公共图书馆 4 个。公共图书馆藏书总量 63.09 万多册；全年艺术团体表演场次 260 场次。已建成乡镇综合文化站 12 个，“农家书屋” 174 个，村文化室 138 个。全年图书馆共借阅图书近 64.63 万余册，接待读者 75.86 万余人次。现有中短波发射台 1 座，调频发射台 12 座，电视转播发射台 12 座；有线电视用户 7.6 万户，已转换数字电视用户 7.6 万户，数字电视转换率达到 100%。广播和电视综合人口覆盖率分别达到 98.62% 和 98.82%。

（蔺彧）

金川区

【**现任主要领导**】

中共金川区区委书记：

常家有（1 月止）

金川区人大常委会主任：李发祯

金川区人民政府区长：义战鹰

政协金川区委员会主席：徐峰

中共金川区纪律检查委员会

书记：胡艳芬

【**基本情况**】金川区是新兴的工业城市，是国内最大的镍钴生产基地和铂族元素提炼中心。东邻民勤，西靠山丹，南接永昌，北连内蒙古阿拉善右旗。常住人口 23.36 万人，总面积 3019 平方公里，辖 2 个镇、6 个街道办事处，27 个行政村、16 个社区居委会。属于典型的温带大陆性气候，光照充足。

【国民经济】2015年，全区实现生产总值160.7亿元，较上年增长3.8%，其中，第一产业增加值3.83亿元，增长5.1%；第二产业增加值111.47亿元，增长2.7%；第三产业增加值45.4亿元，增长8.4%。人均生产总值69046元，增长3.2%。一般公共预算收入4.07亿元，增长0.09%；固定资产投资174.49亿元，增长0.24%；实现社会消费品零售总额52.21亿元，增长8.9%。

【"三农"工作】全年完成农作物播种面积24.10万亩，其中，粮食作物10.54万亩，经济及其它作物13.56万亩，粮食总产量6.11万吨。"两园"建设持续推进，引进农作物新品种45个，建设优质蔬菜基地5.5万亩，小麦高产示范面积1.5万亩，高效节水灌溉面积2.01万亩，推广测土配方施肥技术18万亩，新增土地流转面积2.88万亩；新改建日光温室733座，塑料拱棚446亩；累计扶持发展规模养殖户2855户、养殖大户365户、家庭农场75家，畜禽饲养量达到84.5万头（匹、只），增长2.4%，肉、蛋、奶产量分别达到0.86万吨、0.37万吨和0.72万吨，分别增长2.4%、5.7%和26.3%；累计扶持发展产业化龙头企业22家，各类专业合作社372个；全区农机总动力28.4万千瓦，农机化耕、种、收综合水平达到80%以上。动工改造农村危房760户，硬化宅前道路15.94公里，硬化铺装3.49万平方米，新改建各类渠道82.88公里，铺设输水管道84.56公里，农村生产生活条件得到进一步改善。

【项目建设】全年建设项目134项，其中，新建项目98项，续建项目36项，开工建设100项，开工率为74.6%。确定县级领导包抓重点项目40项，已开工建设25项，开工率62.5%。农林水利方面，高效节水灌溉、农村供水工程、三北工程造林、巩固退耕还林、沙化土地封禁保护等项目已完工；完成保护性耕地建设、高标准基本农田建设、土地整理复垦、美丽乡村建设等年度项目建设任务。工交能源方面，中小企业承载园区建设，园区一期初具规模，福州路、经二路等园区基础设施基本完善，凯华环保、腾鑫金属、金宏光电器、石立方墙体建材等企业已开始生产；域福矿产资源、正能新材料、融汇文化等企业正在进行设备安装；永泰生物、阿尔泰新型塑料等高新、环保项目入驻承载园区。目前，共审核入园企业34家，开工建设13家，试生产5家。陈油公路、东湾村新建居民点至老村委会道路已建成并投入运营。城建及基础设施方面，2015年农村基础设施建设、农村危房改造、28区马家崖城中村改造、西坡新村棚户区建设、建筑垃圾综合治理等项目均已完工；金河花园棚户区改造、昌达花园公租房建设等项目已完成主体建设；天庆家园白家嘴棚户区改造、区中医院搬迁、区人防应急指挥中心等项目正在开展前期工作。社会事业方面，区博物馆、区就业和社会保障服务中心、龙云里标准化循环型社区综合服务中心、城市生活垃圾处理场四期防渗、古城村幸福家园、宝星里社区日间照料中心等项目已完工。全年共实施招商引资项目74项，引资67.59亿元，到位21.76亿元。

【人民生活】2015年，全区城镇居民人均可支配收入达33205元，增长8.6%；农民人均可支配收入14282元，增长11.9%。就业再就业工作成效显著，协调各类创业贷款5000万元，全区城镇新增就业1.2万人，城镇登记失业率为2.85%。全年共输转城乡富余劳动力1.89万人次，实现劳务收入3.44亿元。

【环境保护】重点实施紫金苑、龙首新区带状景观、金川河北京路西侧河道治理等绿地建设任务，建成区绿地率达到33.5%，绿化覆盖率达到37.6%，人均公园绿地20.3平方米。加强环卫基础设施建设，完成旅游景区公厕安装任务，建成3座简易式垃圾中转站，安装200个地埋式果皮箱，购置洒水车、干扫车、洗扫车、垃圾收集车各1台。加大市容景观改造力度，清理、拆除不符合城市容貌标准的各类广告牌1170多块（家），设置公益广告3480块（处）。开展人行道车辆停放秩序规范、马路市场治理、户外广告设置、违法建筑拆除、建筑垃圾清理等整治活动，城市形象大为改观。

【社会保障】2015年，全区累计发放城市和农村最低生活保障金3530.46万元和1021.29万元，发放教育和临时救助金199.45万元、教育救助金36.3万元。社会保险覆盖面不断扩大，全区城乡居民参保率和续保率分别达到98.02%和102.28%。昌达花园等保障性住房工程初步建成，配租配售保障范围进一步扩大。老龄事业快速发展，共建成4个城市社区老年人日间照料中心、6个新型农村互助老人幸福院。城乡低保标准、农村五保供养标准和最低工资标准进一步提高。机关事业单位工作人员养老保险制度改革和"五险合一"工作全面启动。"双联"行动和精准扶贫工作扎实推进，减少贫困人口2100人。

【社会事业】全面实施科教兴区战略，共申报科技项目36项，立项13项，科技工作取得新的突破。积极落实"两免一补一餐"等政策，全年补助农村公用经费274万元，免除城市学生杂费59.69万元，寄宿生困难生活补助88.57万元，落实农村学生营养改善计划资金418.17万元。完成区一小操场主席台新建及运动场改造、区二小学生食堂周边铺装硬化及绿色长廊建设、双湾镇中心小学学生生活区改造、天生炕小学附属幼儿园改造等建设任务。深入推进医药卫生体制改革，持续推进城乡居民基本医疗服务和公共卫生服务均等化进程，全面加强基本公共卫生服务、医改工作。建成双湾镇中心卫生院职工周转宿舍房并投入使用。全区人均公共卫生服务经费提高到40元/人，基本医疗及公共卫生服务水平不断提高。全年共举办各类电子商务培训班28期，培训人员1150人以上，全区企业和个体工商户共开设网店240多家，从业人员350余人，电子商务交易额3.5亿元。

（武恩洪）

永昌县

【现任主要领导】
中共永昌县县委书记：马国兴
永昌县人大常委会主任：李福学
永昌县人民政府县长：张政能
政协永昌县委员会主席：邓仕章
中共永昌县纪律检查委员会
书记：周英录

【基本情况】永昌县距金昌市区50公里。地处河西走廊东部，祁连山北麓，阿拉善台地南缘，东邻民勤、武威，西迎山丹，南依肃南、青海门源县，北与金川区接壤。境内地形以山地高原为主，山地、平川、戈壁、绿洲相连，属大陆性季风气候，平均海拔1950米，年平均气温5.7℃，年平均降水量196毫米，全年无霜期127天，干燥多风，昼夜温差大，春季回暖慢。全县辖6个镇、4个乡，10社区、111个村民委员会。总面积5877平方公里，常住人口23.69万人。

【国民经济】2015年，全县实现生产总值63.81亿元，增长0.8%。其中，第一产业增加值14.14亿元，增长5.4%；第二产业增加值19.22亿元，下降5.7%；第三产业增加值30.44亿元，增长8.2%。人均生产总值26863元，增长0.9%；公共财政预算收入3.24亿元，与上年持平；社会消费品零售总额23.8亿元，增长8.04%。

【项目建设】2015年，全县共实施招商引资项目91项，落实到位资金24.6亿元；完成固定资产投资74.1亿元，增长1.39%。第二十一届“兰洽会”签约项目34项，签约资金46.8亿元；争取各类项目资金10.8亿元，增长12.5%。被列入全国深化县城基础设施投融资体制改革试点县，成为甘肃省3个首选县之一，已入选国家和省级PPP项目库5项，通过省上集中签约3项。基础设施建设稳步推进。已建成愫园文化旅游及生态农业设施、骊靬景区游客接待中心；武当文化广场、北海子景区沙枣林景观工程、圣容寺扩建等项目进展顺利；北海子国家湿地公园试点、骊靬古城遗址保护等项目前期工作进展顺利。

【“三农”工作】2015年，全县农作物播种面积94.1万亩，其中粮食作物68.12万亩，蔬菜13.08万亩，油料7.72万亩，中药材1.49万亩，其他作物3.69万亩。优质特色作物面积达到73.8万亩，占作物总播面积的77.1%。推广高效农田节水技术面积45.2万亩，新改建塑料拱棚530座、日光温室830座、食用菌棚180座。新改建养殖暖棚1161座，新增规模养殖户245户，牛、羊饲养量分别为7万头、160万只，优质饲草面积17万亩以上。“永昌羊肉”获得国家农产品地理标志认证，全县良种覆盖率达到97.2%，“三品一标”率为70.9%，新改建渠道170公里，发展高效节水灌溉面积8.15万亩，建成高标准农田1.63万亩、高产稳产田6700亩。土地流转面积达到38万亩，占家庭承包经营耕地面积的68%。农村土地承包经营权确权登记工作已完成土地权属调查及资料收集工作，完成农牧业设施产权颁证420个。

【人民生活】2015年，全县城镇居民人均可支配收入22646元，增长10.5%；人均消费性支出12990元，增长7.8%；城镇居民家庭恩格尔系数为26.9%，比上年减少0.2个百分点。农民人均可支配收入10679元，增长11.0%；人均消费支出8050元，增长13.5%；农村居民家庭恩格尔系数28.6%，减少2.4个百分点。

【环境保护】巩固退耕还林、退牧还草成果，“三北”防护林工程、重点公益林等建设项目完成年度任务；骊靬文化产业园完成绿化面积700亩，栽植花卉600万株；连霍高速公路南关段完成绿化任务170亩；县城污水厂周边绿化工程完成绿化面积150亩；城区绿化工程完成西大街道路绿化、东关大道绿化隔离带改造、东大街补植补栽及城区其他地段绿化任务；完成乡镇驻地及新农村集中居住点绿化工程任务。万元生产总值能耗降幅低于年度预期控制目标2个百分点；污染物排放总量减排2%。

【社会保障】2015年，城镇新增就业11118人。城乡低保并轨全面完成，城乡居民基本医疗保险、基本养老保险、五保、低保提标任务全面落实，共发放“五保”供养费184.5万元、最低生活保障金6434万元。城乡居民基本养老保险参保率、基本医疗保险参保率分别为98.8%、98%。

【社会事业】全年组织实施重点教育项目39项，合并农村中小学63所，新建初中1所、公立幼儿园2所，改扩建小学3所，被评为全省“两基”工作先进县。县医院医技楼建成投用，新改建乡镇卫生院8个、标准化村卫生室70个，成功创建省级卫生县城。建成城市社区日间照料中心2个、农村互助老人幸福院27个。争取科技资金2391万元，实施各类科技项目143项。国家公共文化服务体系示范区建设成效显著，县城居民健身广场、文化中心建成投用，乡镇、村（社区）文化服务场所实现全覆盖，“卍”字灯被列为国家级非物质文化遗产保护项目，广播电视实现户户通，实施体育惠民工程15项。全年接待游客153.47万人（次），增长26.83%，实现旅游收入7.31亿元，增长27.35%。神秘骊靬景区被列为全省20个大景区核心景区之一，成功举办首届骊靬文化国际研讨会。

（杜小鹏）

白银市

【现任主要领导】
中共白银市市委书记：张智全
白银市人大常委会主任：
宁金辉（7月止）
贾承世（7月任）
白银市人民政府市长：
汪海洲（6月止）
张旭晨（7月任）
政协白银市委员会主席：袁崇俊
中共白银市纪律检查委员会
书记：赵鹏程

【基本情况】白银市是全国唯一以贵金属命名的城市。据志书记载，白银矿藏的开采，始于汉代，明朝洪武年间，官方曾在现市政府驻地设立办矿机构“白银厂”，有“日出斗金”

之说，白银缘此而得名。从“一五”计划开始，国家对白银地区有色金属资源进行大规模开发利用，拉开了白银开发建设的序幕，白银人民在荒漠戈壁上开拓出一片片绿洲，建起一座座工厂，一座工业新城迅速崛起，曾享有中国“铜城”盛誉。白银市地处黄土高原和腾格里沙漠过渡地带，海拔1275~3321米，年降水量110~352毫米，年蒸发量2101毫米，黄河流经全市258公里，流域面积14710平方公里。现辖白银、平川两区，会宁、靖远、景泰三县，全市共有33个乡，36个镇，9个街道办事处。总面积2.12万平方公里，2015年末常住人口为170.99万人，其中，城镇人口79.56万人，乡村人口91.43万人。

【资源优势】境内矿产资源分布广、储量大，矿藏储量位居全省前列。有色金属矿种有铜、铅、锌、钴、金、银等。沸石、重晶石等矿产共生稀有贵重金属30多种，其中铟、铊、镉为省内唯一产地。煤炭保有储量在12亿吨以上，石膏储量7000万吨，石灰石储量1亿多吨。白银凹凸棒居全国第一，远景储量10亿吨；陶土居全省第一，远景储量超过20亿吨；伴生硫、耐火粘土、石膏、芒硝、石英石、硫铁矿居全省第五位，其中石英岩远景储量3000万吨。白银历史悠久，文化灿烂，已发现新石器时代文化遗址16处，汉墓群及北魏、唐、宋以来的石窟艺术，城堡建筑等历史遗迹散布境内。1936年10月，举世闻名的中国工农红军一、二、四方面军会师会宁县，在中国革命史册上写下了光辉的一页。建立在会宁县城的三军会师纪念塔、共和国将帅碑林、长征胜利景园，被国家确定为爱国主义教育基地。境内的黄河石林奇峰耸秀，怪石竞列；寿鹿山、屈吴山、哈思山、铁木山美不胜收。白银既有浩瀚沙场，又有一马平川；既有塞外风光，又有江南毓秀。黄河、绿洲与沙漠同在，古刹、城堡与森林共存，是海内外旅游爱好者探险、漂流、攀岩、游乐的好地方。

【国民经济】2015年，全市实现生产总值434.27亿元，同比增长6.8%。其中，第一产业增加值59.03亿元，增长5.3%；第二产业增加值194.25亿元，增长6%；第三产业增加值181亿元，增长8.7%，三次产业结构为13.59 ∶ 44.73 ∶ 41.68。全市实现工业增加值144.43亿元，增长5.3%。其中规模以上工业增加值136.95亿元，增长4.8%。完成固定资产投资474.46亿元，增长10.7%。实现社会消费品零售总额177.65亿元，增长8.7%。一般公共预算收入完成25.49亿元，下降1.94%。一般公共预算支出130.86亿元，增长13.73%。年末全市金融机构本外币各项存款余额632.04亿元，增长9.17%，金融机构本外币各项贷款余额511.92亿元，增长25.68%。

【农业经济】以黄河为轴线，高扬程灌区为主体，旱作农业为特点的现代化绿色农业园区已基本形成。全年完成农作物播种面积462.39万亩，比上年增加2.25万亩；其中粮食播种面积367.23万亩，增长1.07%，粮食总产量达到85.44万吨，增长2.61%，实现“十二连增”。全年推广全膜双垄沟播139.38万亩。新建日光温室4000亩，改扩建日光温室6000亩，新建塑料大棚4000亩，新增露地蔬菜3.06万亩，蔬菜种植总面积达32.01万亩，总产量达131.3万吨。引进优良蔬菜新品种30多个，建成蔬菜标准化示范园8个。新建成72个标准化养殖场，创建部省级示范场6个，市级13个，市级以上示范场累计达到81个，规模化养殖比例达到79.2%。新增中药材种植面积2.51万亩，总面积达到25.51万亩。新增果树种植面积2.35万亩，总面积达到31.5万亩，果品总产量33.23万吨，增加5.3%。引进苹果、梨、桃、葡萄新品种18个，建成果品省级标准化示范园3个。新增省级以上重点龙头企业5家，总数达35家，农民专业合作社634家，农产品加工转化率达到52%以上。实施农产品“出省入京”工程，向京津冀地区销售农产品14.5万吨；着力开展农业标准化生产，新申报认证无公害农产品产地17个，产品19个，完成无公害农产品产地复查换证11家，产品复查换证4家，认证绿色食品3个，认证“靖远旱砂西瓜”地理标志农产品面积20万亩，“三品一标”农产品认证面积达到234.37万亩，占农作物总种植面积的51.9%。制定具有区域特色的农产品质量标准和生产技术规程达55项。在第十三届中国国际农产品交易会和第十六届中国绿色食品博览会上，熙瑞生物工程有限公司等6家企业的6个产品获得金奖。

【工业经济】推动传统产业改造升级，华鹭铝业出城入园、郝氏碳纤维工业园、生活垃圾焚烧发电等重点项目有序推进，中瑞铝业公司10万吨铝型材项目建设进展顺利，基本具备通电投产条件。全年完成规模以上工业增加值136.95亿元，同比增长4.8%，煤炭、有色、电力、化工四大支柱行业拉动规模以上工业增长7个百分点。同时，注重战略性新兴产业发展，高新技术企业达到21家，白银有色长通电线电缆公司、中科宇能科技公司入选全省战略性新兴产业总体攻坚战骨干企业。全年规模以上工业战略性新兴产业完成增加值27.8亿元，增长8.1%。

【项目建设】全年实现固定资产投资474.46亿元，同比增长10.74%。在建项目985个，其中新开工733个，当年投产项目641个，年末新增固定资产323.56亿元。54个市列重点项目完成投资95.33亿元。包兰铁路中卫至兰州客专白银段建设、兰州至白银沿黄河快速通道、白银至中川机场公路、白银至景泰、靖远至会宁二级公路提升改建等项目稳步推进。加快黄河干流白银段防洪治理工程、引洮一期会宁北部供水工程等项目建设，中凯寺滩49.5兆瓦风电场、刘化集团硝基复合肥、生活垃圾焚烧发电、中核钛白粉、亚行二期、地下综合管廊北环路工程等项目的有序推进，有效促进固定资产投资稳定增长。

【招商引资】积极利用各类招商引资平台，加大招商引资力度，在第21届兰洽会上签约项目212个，签约资金941.76亿元；全年实施招商引资项目450个，落实投资451亿元，同比增长20.89%。主动对接丝绸之路经济带黄金段建设“13685”战略规划，组织外贸企业分别参加白俄罗斯农业展、台北食品展和伊朗手工家纺展，白银公司与哈萨克斯坦矿业集团合作建设的30万吨铜冶炼项目列入两国产能合作目录。着力打造园区聚集平台，总投资12.3亿元的亚行二期贷款刘川工业园基础设施建设等重大项目进展顺利，“一区六园”建成区面积扩大到91.69平方公里，入驻企业企业达424家。稀土产业园、平川经济开发区南区和正路工业园基础设施建设项目加快推进，园区承载基础条件不断改善。

【商贸流通】大力发展发展电子商务，建成市级特色产品展销馆暨电子商务运营中心、京东商城靖远县营销中心、苏宁易购兰州分公司平川营运中心，建成县区电子商务服务中心5个、乡级电商服务站55个、村级服务点126个，推广会宁“村淘”试点经验，促进线上消费。建成会宁明清仿古一条街、靖远商业步行街、平川尚文坊文化商业街、白银新天地商业街；星光银座、金域观澜、义乌商贸城等服务业市场建设初见规模，阳明广场成功引进北京十大商业品牌居然之家。同时加快推进物流业发展，银东公铁联运工业物流园一期建成投运，中进大西北仓储式物流园一期主体封顶，鼎丰物流园保税物流仓获兰州海关批准。

【文化旅游】以打造全国公共文化服务体系创新示范城市为契机，推进文化产业和文化事业建设。市文化艺术中心、国际青少年儿童美术博览馆、永泰龟城遗迹保护项目进展顺利；黄河石林被列为全省重点建设的20个大景区之一，组建黄河石林文化旅游公司，黄河假日城入选全国优选旅游项目名录，白银国家矿山公园建成，屈吴山森林公园、会宁西雁文化园、南华山文化生态园、景泰县西部民俗文化生态谷等项目建设稳步推进。全年实现旅游收入42.5亿元，增长29%；完成文化产业增加值7.34亿元，增长17.41%。

【非公经济】2015年非公投资完成291.45亿元，增长31.13%，占比61.23%；非公经济占全市地区生产总值比重为48.5%；新登记非公市场主体16881户，新发展非公企业3454户，非公经济主体数83967户，占比98.4%；完成税收20.22亿元，占比46.94；新增就业人员81102人。

【科技创新】大力实施“科教兴市”和“创新驱动”战略，重点突出“兰白试验区”和“创新型白银”建设，向兰白试验区注入技术创新驱动基金3亿元，组织推荐388家企业、434个项目申报技术创新驱动基金；白银现代农业科技观光示范园区获得省级园区认定，白银科技企业孵化器二期装备制造园区全面投入运营，全年招孵企业30多家，完成注册20多家，现入驻企业116家，“创客空间”投入运行。

【循环经济】实施循环经济项目142项，完成投资115亿元。依托金龙建材、中材水泥、富海阳光等资源综合利用企业，形成了煤电建材循环产业链。银光双银蒸压标砖生产线、循环经济技术研发及孵化器等16个项目建成投产，累计完成投资35亿元；白银西区和平川经济开发区循环化改造任务基本完成。2015年白银市成功入围“国家循环经济示范城市”。

【人民生活】2015年，城镇居民人均可支配收入23438元，同比增长9.4%；城镇居民人均消费支出13885.07元，增长5.54%。农村居民人均可支配收入7065元，增长12.00%，农村居民人均生活消费支出5497.62元，增长8.46%。城镇居民家庭恩格尔系数为34.45%，下降0.95个百分点；农村为40.61%，下降1.79个百分点。年内城镇新增就业人数65427人，共有10178名失业人员通过各种渠道实现了再就业，年末城镇登记失业率为2.36%。组织输转城乡富余劳动力28.34万人，创劳务收入48.87亿元。

【民生保障】2015年，民生支出112.32亿元，占一般公共预算支出85.91%。省市确定的36件惠民实事已全面兑现。强力推进精准扶贫工作，完成6.65万贫困户、28.59万贫困人口的建档立卡，实施整村推进项目53个，完成农村公路通畅工程757.2公里，解决129个贫困自然村三相动力用电问题，续建农村饮水安全工程51处，改造危房1.35万户，建设易地扶贫搬迁安置点9个。全面实施机关事业单位养老保险改革，企业退休人员养老金、工伤人员伤残津贴、城市低保、失业保险标准均提高10%以上，城乡居民基本医疗保险（新农合）、基本养老保险政府补助标准分别提高到人均380元、85元。

【社会事业】2015年，全市投入资金4050万元实施学前教育“939”项目，新建63所幼儿园；落实各级资金7.4亿元实施“全面改薄”项目，新改扩建校舍面积25.3万平方米，办学条件进一步改善。不断提升医卫服务水平，扎实推进公立医院综合改革试点工作，稳步提高新农合补助标准和计划生育特殊困难家庭扶助标准，积极推进分级诊疗和医师多点执业制度，医疗资源分配更加合理。市第一人民医院住院部综合大楼、第三人民医院、市儿童医院、省中医院制剂中心等一批医疗基础设施建设项目加快实施，贫困村标准化村卫生室项目实现全覆盖。

【环境治理】推进燃煤电厂超低排放改造、燃煤锅炉治理提标改造、东大沟重金属污染综合治理以及历史遗留含铬土壤污染治理等工程建设，对101个固定资产投资项目进行了评估审查。编制完成平川区靖电社区、靖远县乌兰镇新城社区等5个社区低碳建设实施方案，申报创建全省试点。加快推进巩固退耕还林成果、新一轮退耕还林还草建设、农田林网建设、大环境绿化等项目，全市共完成各类造林32.04万亩。城区空气质量优良天数达到280天。

白银区

【现任主要领导】

中共白银区区委书记：李兰宏

白银区人大常委会主任：王青山

白银区人民政府区长：王琳玺

政协白银区委员会主席：关玉卿

中共白银区纪律检查委员会书记：

刘正亮（12月止）

宋　涛（12月任）

【基本情况】白银区位于甘肃中部、白银市西部，黄河上游中段，地处陇西黄土高原西北边缘，地势西北高，东南低，平均海拔1946.5米。西与兰州市皋兰县接壤；南临黄河，与榆中县青城乡及靖远县平堡乡隔河相望；东与靖远县刘川乡毗邻；北与景泰县中泉乡为界。辖区东西长约47公里，南北宽约60公里，总面积1372平方公里。白银区属于中温带大陆性干旱、半荒漠气候区，光照充足，干旱多风，降雨稀少。多年平均气温8.07℃，日极端最高气温37.3℃，最低气温-26℃。年均降水量198毫米，年均蒸发量1997.1毫米，太阳年均辐射量141千卡/平方厘米，累年平均大风日数51.6天。年均无霜期183.8天，现辖2个乡、3个镇、5个街道，有45个行政村，35个社区居委会。有汉、回、满、蒙、土家、苗等22个民族，常住人口29.97万人。

【国民经济】2015年，全区实现生产总值191.79亿元，比上年增长7.1%。其中，第一产业增加值5.62亿元，增长4.7%；第二产业增加值98.07亿元，增长6.6%；第三产业增加值88.1亿元，增长8.3%。三次产业比重为2.93 ： 51.13 ： 45.94，按常住人口计算，人均生产总值63974元，比上年增长6.92%。实现工业增加值85.13亿元，按可比价计算，增长5.8%；实现社会消费品零售总额100.45亿元，比上年增长7.8%；辖区固定资产投资完成175.61亿元，增长18.51%；一般财政预算收入完成6.69亿元，增长5.45%。

【“三农”工作】全区完成农作物播种面积11万亩，其中，粮播面积7.5万亩，粮食总产量2.4万吨。新改建日光温室1700亩，新增露地蔬菜4000亩，新增果品2000亩，推广测土配方施肥技术16万亩，创建粮食高产万亩示范片1个，完成农田节水灌溉示范5.5万亩，新建标准化养殖场(小区)5个。猪、牛、羊、鸡饲养量分别达到20.3万头、0.7万头、18.3万只、110万只，“四肉一奶”总产量达2.37万吨，水产品产量735吨；全区发展设施蔬菜2.6万亩，红富士苹果2万亩，旱砂地红枣1万亩，梨园2000亩，日光温室反季节特色经济林果1万亩。建成各类养殖小区（场）25个，配套建设机械化挤奶站3个；全区拥有省级农业龙头企业5家，市级6家。

【项目建设】2015年，白银区市列重点项目共有4个，总投资18.03亿元，计划当年完成投资9.19亿元。其中新建项目2个，总投资6亿元，计划当年投资5亿元；续建项目2个，总投资12.03亿元，计划当年完成投资4.19亿元。全区共安排实施重点项目56项，全年已开工53个，总投资110.74亿元，计划当年投资48.96亿元。其中，工商项目15项，已开工15项，当年完成投资12.13亿元；农业项目8项，已开工8项，当年完成投资2.15亿元；基础设施项目25项，已开工23项，当年完成投资23.78亿元；社会事业项目8项，已开工7项，当年完成投资1.34亿元。

【优势产业】有色金属深加工：以白银有色集团有限责任公司为重点，以有色金属矿产资源和废旧有色金属拆解回收利用为核心，着重提高矿石回采率、原矿回收率、冶炼回收率、加工材成品率等利用水平，逐步形成铜、铝、铅、锌、锂、稀土及精细化工一体化产业链。建材：以中材甘肃水泥有限责任公司、一刀玻璃有限责任公司等企业为重点，通过推广应用新型干法窑外分解、窑尾余热发电及利用工业废弃物和生活垃圾等工艺技术，高强煤粉灰砖、高强承重砌块、建筑保温材料等利用工业固体废弃物生产新型墙体材料和新型“生态水泥”得到了有效推广。装备设备制造：以中科宇能风电设备、荣信电力钢绞丝生产等企业为重点，通过几年发展，风电成套设备制造、交通运输设备制造、电气机械及器材制造等专用设备制造业已初具规模。精细化工：以银光公司TDI为核心，整合区内化工资源，开发聚碳酸酯、碳纤维、锂材料、电池材料、氟材料高纯氢氟酸（PC）、MDI、PVC、DNT、民爆产品，扩大HDI、PC、PVC建设规模，通过延伸上下游产业链，促进上下游配套，建设醋酸、甲醇、涂料和化肥等生产线，精细化工产品的比重不断提高，形成了白银特色精细化工支柱产业。生物制剂：杰康诺酵母科技、食用级葡聚糖、有机肥、复混肥等新型产业兴起，促使行业转型发展。农畜产品加：依托雨润肉制品、蒙牛乳业、鑫昊乳业、盼盼食品、德福祥面粉等知名企业，发挥区域农产品质量优良、特色明显的优势，形成了以蔬菜、瓜果为主的特色种植业，以养牛、养羊为主的畜禽养殖业，以特种畜产品生产、加工为主的产业体系。

【人民生活】全年城镇居民人均可支配收入28367元，增长11.5%；城镇居民人均消费支出16376元，增长5.1%。城镇居民家庭恩格尔系数32.98%。全年农村居民人均可支配收入11270元，增长11.3%。农村居民家庭恩格尔系数35.72%。

【扶贫开发】在基础设施建设方面：硬化武川乡独山村魏家庄子乡村道路1.6公里，覆盖贫困户14户、52人；实施水川镇大川渡村和强湾乡川口村、西沟村、麦地沟村等4个村的小水工程项目4个，覆盖1256户、3821人，改善灌溉面积1990亩；实施武川乡新安、武川、中山村农村安全饮水工程1个，解决3个贫困村1152户、5761人饮水安全问题。在整村推进方面：完成2014年第二批结转项目，强湾乡月亮湾村整村推进。衬砌渠道1公里，铺设管道1公里，硬化村社道路1.8公里，维修窑沟泵房1座，新建管理房1间、进水池一座、倒虹吸700米、分水井5座、铺压过水涵洞波纹管80米，更换机电设备4台套，栽植优质核桃100亩，建扶贫互助协会1个。

在产业化扶贫方面：在新安村、中山村、武川村、独山村种植马铃薯500亩，给予籽种补助15万元，覆盖4个村贫困户142户、508人，亩均增收2000元；在武川乡7个村种植饲草玉米2000亩，给予籽种补助12万元，覆盖7个村贫困户410户、1284人，亩均增收1000元；扶持白银今日阳光生态农牧有限公司、白银鑫昊工贸有限责任公司、白银华都养殖有限责任公司、白银伟慈中药材科技推广有限公司等龙头企业，为4家龙头企业发放精准扶贫贷款带动性贷款 1735 万；成立扶贫互助协会 40 个，解决群众贷款难贷款贵问题。

在移民扶贫方面：向贫困群众预售银馨家园、锦华苑保障性住房 236 套，户均补助资金 1.5 万元，共计 354 万元。同时，配合发改等部门完成易地扶贫移民搬迁规划编制，并争取享受国家人均补助 8000 元，每户 5 万元贴息贷款。

在技能培训方面: 开展雨露计划，培训“两后生”1553 人，每人每年补助 1500 元，实现农村户籍“两后生”全覆盖。整合各类培训资源，通过引导性培训和技能性培训，精准培训贫困户 2186 人，其中，就业技能培训 190 人、创业培训 40 人、劳务品牌培训 200 人、新型职业农民培训 250 人、农业机械操作培训 200 人、农村致富带头人培训 49 人、贫困地区“两后生”职业技能学历教育培训 332 人，“两后生”职业技能培训 65 人，困难农民工技能培训 160 人、电子商务培训 700 人。

【环境保护】全区大环境绿化完成 5000 亩；乡镇绿化完成 4000 亩。特色经济林建设完成 7100 亩。完成绿色通道任务 50 公里。森林覆盖率达到 13.98%。白银城区生活污水处理厂处理污水 1040.23 万立方米。无害化处理生活垃圾 10.9 万吨、医疗垃圾 249.38 吨。城区空气质量二级以上优良天数达到 279 天，占全年天数的 76.44%。完成 18 家单位 31 台燃煤锅炉的并网工作，改造 27 家 35 台，停止使用 6 家 7 台。

【社会保障】全区城镇新增就业人数 28459 人，其中城镇下岗失业人员再就业 4039 人，城镇登记失业率为 1.78%。开展创业培训 900 人，职业技能培训 3915 人，发放创业贷款 9383 万元。保障性住房工程 “银馨家园”公共租赁住房二期项目，建成公租房 40 栋、2844 套，总建筑面积 15.72 万平方米。实施城区旧住宅区综合整治改造项目 2 处，改造居民楼 17 栋。统筹城镇职工养老保险参保 13382 人，征缴养老保险费 6942 万元；工伤保险参保 12376 人，征缴工伤保险费 321 万元；生育保险参保 12365 人，征缴生育保险费 298 万元；失业保险参保 6398 人，征缴失业保险费 463 万元；城镇职工医疗参保 18315 人，征缴保险基金 4058 万元。城镇居民医疗保险参保 72066 人，征缴 613 万元；城乡居民基本养老保险参保 53138 人，征缴保险费 981 万元。农村新型合作医疗参保 65723 人、筹集新农合资金 3010 万元，参合率达到 98.35%。发放最低生活保障资金 13197.53 万元，惠及城镇居民 1.32 万户、3.23 万人；农村居民 3341 户、7776 人。发放五保对象保障资金 107.98 万元，惠及五保对象 275 人。实施城乡医疗救助 2998 人次，发放救助资金 471.82 万元。困难家庭临时救助 652 户，救助资金达 41.7 万元。

【社会事业】拥有各类学校 107 所，在校学生 51692 人，教职工人数 4651 人，校舍建筑面积 77.49 万平方米。学龄儿入学率 84.5%；初中入学率 100%；高中阶段毛入学率 94%。2015 年全区普通高校录取人数（包含三校生）达到 3588 人。财政科技经费投入 1141 万元。争取国家、省、市科技项目 38 项，资金 750 万元。技术市场成交合同金额 9200 万元，签订产学研合作协议 31 个，科技成果转化 25 项。区列科技项目 10 项，辖区专利申请受理 329 件。拥有卫生机构 202 个。其中，医院 9 个，基层医疗卫生机构 163 个，专业公共卫生机构 30 个。各类卫生机构拥有床位 2335 张，卫生技术人员 2867 人，其中执业（助理）医师 960 人。

平川区

【现任主要领导】

中共平川区区委书记：高云翔

平川区人大常委会主任：张福

平川区人民政府区长：胡建伟

政协平川区委员会主席：史文忠

中共平川区纪律检查委员会书记：宋晶

【基本概况】平川区位于白银市中部偏北，腾格里沙漠边缘，南北与靖远县接壤，东北与宁夏回族自治区海原县毗邻，东南与会宁县相接，西北与景泰县相界，地势东南高、西北低。东西长 91.5 公里，南北宽 75 公里，阶梯状多台阶地形。海拔 1347~2858 米之间。总面积 2126 平方公里。境内有保存完整的黄湾汉墓遗址，始建于北魏的红山古寺，明成化十年修建的北武当山真武祖师庙，清乾隆时期的福寿山摩崖石刻。有水泉小堡子兵变战场遗址、卞家台地下党活动遗址、红军会师纪念亭等历史遗迹。境内富含粘土、长石、石英石、紫砂为主的陶瓷原料矿产，各类陶土的测算储量已达到 40 亿吨以上。全区辖 4 个乡、3 个镇、4 个街道，30 个社区居委会、61 个村民委员会。年末全区常住人口 19.5 万人，人口自然增长率为 5.24‰，城镇化率为 68.38%。居住着汉、回、满、蒙等 11 个民族。

【国民经济】2015 年，全区实现生产总值 72.29 亿元，同比增长 5.3%。其中，第一产业增加值 2.83 亿元，增长 5.56%；第二产业增加值 52.52 亿元，增长 5.2%；第三产业增加值 16.94 亿元，增长 6%。三次产业的结构比为 3.9 ：72.7 ：23.4。全区金融机构各项贷款余额 74.99 亿元，增长 19.6%；各项存款余额 105.8 亿元，增长 7.9%。

【农业经济】2015 年，农业增加值 2.83 亿元，增长 5.56%。全区农作物播种面积 26.06 万亩，粮食作物播种面积 20.32 万亩，粮食总产量 3.61 万吨。夏粮产量 0.94 万吨，秋粮产量 2.67 万吨。油料播种面积 1.75 万亩，产量 0.23 万吨；蔬菜种植面积 1.59 万亩，产量 5.82 万吨；瓜类种植面积 1.41 万亩，产量 3.65 万吨；果园面积 0.87 万亩，水果产量 0.43 万吨。全区完成造林绿化面积 3.1 万亩，推广全膜双垄沟播面积 5.65 万亩。农村土地承包经营权确权登记颁证工作稳妥推进，农业设施确权发证 470 家。完成流转土地达到 6.7 万亩。全年完成农业总产值 46021 万元，其中种植业 32143 万元，林业 1231 万元，畜牧业 11218 万元，渔业 75 万元，农村服务业 1355 万元。年末大牲畜存栏 1.27 万头，羊出栏5.3万头，羊存栏8.6万只；猪出栏4.1万头，猪存栏4万头；鸡出栏19.5万只，鸡存栏28.1万只。蛋产量875吨。规模养殖企业达到110家，规模养殖户达到2608户。全区农业机械总动力达到27.2万千瓦，农村用电量达到9669万度，水地有效灌溉面积9.72万亩，保灌面积7.1万亩。梯田年末累计达到8.23万亩，其中当年新修梯田0.48万亩。帮扶干部对建档立卡贫困人口3694户，1.56万人实现全覆盖。以精准扶贫行动为契机，各联村单位因地制宜、因势利导，深入推进实施“村有一项特色产业、户有一座种养棚圈、人有一项致富技能”的扶贫模式，帮助联系村实施了涉及基础设施、产业发展、公益事业等方面的项目，培育了番茄、菊芋、枸杞、大枣、生猪、蛋鸡和乡村旅游等主导产业。

【工业经济】全区原煤产量1105万吨，增长1.3%；发电量69亿千瓦时，下降20.9%；墙地砖产量755万平方米，下降26.5%。完成工业总产值107.6亿元，下降16.5%；工业增加值38.17亿元，增长4.3%。规模以上工业总产值106.69亿元，下降16.1%；工业增加值37.87亿元，增长4.2%。规模以下工业总产值0.92亿元，工业增加值0.3亿元。完成建筑业总产值21.17亿元，下降20.1%。全力帮助中小企业解决融资难问题，加强政银企合作，对接签约项目68个，融资总额10.68亿元，已发放贷款8.98亿元。争取到中小企业奖励资金269.9万元。28项重点工业项目完成投资11.2亿元。

【项目建设】2015年，完成固定资产投资76.22亿元，增长20.08%。500万元以上施工项目220个，续建项目25个，新建项目195个。工业投资33.84亿元，增长11.3%。房地产业完成投资11.62亿元，下降55.8%；房地产业销售额10.12亿元，下降76.6%；销售面积2.52万平方米，下降77.6%。房屋待售面积4.20万平方米。4项市列重点项目累计完成投资6.7亿元。其中，熙瑞菊粉加工扩建项目3亿元，忠恒金地年鲜特色商品交易中心0.4亿元，经济开发区南区基础设施建设3亿元。141项区级重点项目开工在建34项，建成102项，完成投资38.4亿元。成功举办第三届中国西部（白银·平川）陶瓷峰会暨平川陶瓷文化节，签约项目12个，签约资金12.68亿元。

【园区建设】南区基础设施平整土地1600亩，完成全长8.6公里的景观西路、世纪大道北路、世纪大道南路三条主干道路基工程，完成唐水线等供电线路改迁工程。水泉工业集中区完成投资0.76亿元，完成土地征迁10.2亩，流转土地100亩。实施循环化改造和循环经济建设项目22项，累计完成投资14.04亿元。抢抓兰白科技创新改革试验区建设机遇，推荐申报企业17家项目23个，申请增信基金2.81亿元，投资基金3.99亿元，已落实6家企业1.2亿元基金。平川陶瓷文化创意园总体规划已完成，投资0.5亿元建成陶瓷展览馆、陶艺体验中心。

【社会事业】甘肃省陶瓷产品质量监督检验中心落户平川。容和等6家企业被认定为国家级高新技术企业，陇烨等12家企业被认定为市级科技型企业。区幼儿园为省级示范性幼儿园；义务教育均衡发展初步通过国家评估认定。高考二本上线1512人，上线率39.3%。全区有中小学校及幼儿园94所，其中完全小学32所，小学教学点19所；初级中学7所，九年一贯制学校8所，完全中学1所，高级中学3所，幼儿园24所。全区中小学校学生数34799人，幼儿园人数5873人。全区教职工总数3411人，专任教师总数3055人。中小学占地面积134.9万平方米，中小学校校舍建筑面积33.3万平方米，中小学图书74.5万册，计算机4743台，固定资产总值6.8亿元。年末全区共拥有各类医疗卫生机构202个，其中医院9家，乡镇卫生院7家，社区卫生服务中心（站）15个，诊所（卫生所、医务室）70个，村卫生室97个，疾病预防控制中心1个，妇幼保健站1家，卫生监督所1个，卫生床位数1908张，卫生技术人员2251人，其中执业医师506人，执业助理医师125人，注册护士1039人。全区新型农村合作医疗平均参合率达到98.5%。安装药品便民电子查询机和食品安全溯源机70台，建成2个食用农产品快速检测室。

【消费文化】建成区级电子商务服务中心、4个乡镇电子商务服务站和8个贫困村电子商务服务点。忠恒义乌、熙瑞等电商企业5家，销售农特产品二十余种。农产品出省入京完成6097吨，销售额3815万元。完成社会消费品零售总额19.94亿元，比上年增长9.02%。城镇居民人均消费支出14527元，增长3.06%。农村居民人均消费支出5540元，增长9.8%。文化产业增加值1.82亿元，增长17.08%，占全区生产总值的比重为2.52%。文化产业法人单位有169家，资产总计6.34亿元，从业人员数2246人。有区级广播电视转播台1座，乡村级卫星电视地面收转站55座，广播和电视综合人口覆盖率为99%。结合建区三十周年开展丰富多彩的文化活动，编辑出版《图说平川》、《话说平川三十年》等专辑。

【人民生活】城乡居民收入稳步增长。2015年城镇居民人均可支配收入28766元，增长0.5%；农民人均可支配收入7571元，增长11.4%。全区有参加养老保险67821人，征缴养老保险费93056万元，其中城镇参加养老保险14528人，征缴养老保险费54378万元。全区参加医疗保险15035人，征缴医疗保险费3956万元。支付医疗保险费3600万元，其中统筹基金支出1343万元，个人帐户基金支出2257万元。全区城镇居民参加基本医疗保险39398人，全年支付城镇居民基本医疗保险费1672万元。全区参加失业保险32232人，征缴失业保险费1041万元；参加了工伤保险10205人，征缴工伤保险基金290万元，支付工伤保险金315万元；参加生育保险7408人，征缴生育保险费130万元，支付生育保险金54万元。城市低保达到3902户10152人，全年发放保障资金4429万元；农村低保达到5038户16798人，全年发放保障资金2769万元。

靖远县

【现任主要领导】
中共靖远县县委书记：郑钰
靖远县人大常委会主任：陈其宝
靖远县人民政府县长：刘力江
政协靖远县委员会主席：雒联奎
中共靖远县纪律检查委员会
书记：高兴国

【基本情况】靖远县位于黄河中上游，地处甘肃省中东部，白银市腹地，东西长120公里，南北宽135公里。东临宁夏海原县，西接白银区，南邻会宁县，北与景泰县、宁夏中卫市毗邻。总面积5614.06平方公里，其中耕地面积117.25万亩。属黄土高原丘陵沟壑区和干旱草原区，地势东高西低，由南向北倾斜，分为川区、山塬区和黄河谷地三类地形，平均海拔1398米。属温带半干旱气候。2015年，全年最高气温38.6℃，最低气温-14.7℃，平均气温10.7℃，年无霜期170天，年降雨量193.4毫米，年日照时间2853.1小时，四季分明，日照充足。靖远自古以来就是丝路商贸重镇，地处新丝绸之路经济带必经地段和"兰白核心经济区"开发重点区域，公路、铁路和黄河航运条件便利。黄河流经县境9个乡镇、154公里，流域面积100.49平方公里，拥有水能开发资源300万千瓦以上，风能、太阳能可开发面积150平方公里以上。煤炭、有色金属、石灰石、高岭土、坡缕石等矿产资源储量丰富，坡缕石储量达10亿吨，开发前景广阔。现辖5个镇、13个乡，176个行政村。2015年，常住人口45.42万人。全县居住有汉、回、满等9个民族。

【国民经济】2015年，全县实现生产总值63.39亿元，比上年增长7.7%。其中，第一产业增加值22.16亿元，增长5.58%；第二产业增加值15.73亿元，增长8.8%；第三产业增加值25.49亿元，增长8.8%。人均生产总值13957元（按平均常住人口计算）。三次产业结构比由上年33.7：29.9：36.4调整为35.0：24.8：40.2。

【农业经济】2015年，完成农业增加值22.36亿元，同比增长5.7%，粮食总产量19.11万吨，下降3.64%。

蔬菜产业：全年共落实塑料大棚改扩建面积3250亩，其中新建塑料大棚1830亩，改建塑料大棚1420亩。依托北方城市冬季设施蔬菜种植基地建设项目，在东湾镇、双龙乡、北湾镇等地新建日光温室3150亩，改建老旧日光温室3460亩。全年蔬菜种植面积达到16.88万亩（不包括薯类和复种面积），蔬菜总产量为95.24万吨，增长6.08%。

林果产业：发挥"靖远枸杞"、"小口大枣"、"靖远籽瓜"等品牌优势，促进林果产业蓬勃发展。当年完成造林面积8.04万亩。特色林果面积达到27.54万亩，其中，枸杞8.53万亩，文冠果13.98万亩，核桃2.14万亩，大枣1.42万亩，苹果1.47万亩。瓜类种植面积12.5万亩，中药材种植面积10.01万亩。

畜牧养殖业：2015年，新建标准化规模养殖场（小区）20个，全县标准化规模养殖场（小区）达到451个。全年肉类总产量20527.71吨，禽蛋总产量10090.74吨，水产品产量859吨。

【工业经济】2015年，全县完成工业增加值3.87亿元，同比增长7.3%。规模以上工业企业14家，完成工业增加值2.44亿元，增长4.1%；规模以下工业企业完成增加值1.43亿元，增长9.5%。全县规模以上工业企业实现营业收入188662万元，下降11.29%，产销率95.03%。重点项目建设稳步推进，全县实施重点工商业项目14项，计划总投资168.47亿元，已完成投资38.65亿元，重点工业续建项目11项，总投资166.21亿元，已完成投资38.29亿元。节能降耗工作步伐加快，全县能源消费总量83.99万吨标准煤，比上年下降12.89%，其中工业能源消费51.23万吨标准煤，下降21.54%，单位生产总值能耗为1.29吨标准煤/万元，下降19.12%。

【商业】依托淘宝网"特色中国—甘肃馆"，着力打造特色农产品网上销售，培育特色品牌，促进特色产业优先发展。积极推进阿里巴巴集团"千县万村"、京东集团"千县燎原"和苏宁"农村电商"计划的实施落地，与嘉泰商贸管理有限公司达成合作共建协议，在浙江商贸城建设集电子商务县级运营中心、青年创业孵化基地、仓储物流中心为一体的电子商务产业园于12月底建成并投入运营。全县共有网上店铺439家，其中个人网店占90%以上；企业网上店铺124家，与阿里巴巴集团达成了运营合作共建协议，以B2B模式入驻阿里巴巴的企业有55家；京东帮服务店、苏宁易购先后成立。全县城镇化进程不断推进，"万村千乡"市场工程成果不断壮大，带动全县消费品市场发展。2015年完成社会消费品零售总额22.05亿元，同比增长10.38%。

【旅游资源】境内有各级文物保护单位129处，其中国家级文保单位1处、省级文保单位6处。中国百大名寺法泉寺同陕西法门寺一脉相承，其石窟艺术与敦煌莫高窟极为相似，被评为国家3A级旅游景区和省级森林公园。以法泉寺、寺儿湾为主的石窟文化游，以乌金峡、河心岛为主的黄河风情游，以平堡特色观光、大坝高科技示范园为主的观光农业游，以虎豹口红西路军强渡黄河遗址为主的红色文化游，以哈思山、泰和山、屈吴山为主的森林生态游，以北城滩、黑城子为主的历史文化游等旅游线路极具开发价值。2015年成功举办"白银市第一届法泉寺民俗文化旅游节"，承办越野e族2015"国通五粮神杯"中国汽车场地越野精英邀请赛和2015"甘肃银行杯"中国汽车场地越野锦标赛，进一步提高了靖远县的知名度和美誉度。全年接待游客64.78万人次，实现旅游收入3.55亿元。

【项目建设】2015年，全县共组织实施固定资产项目263个，其中本年新建项目163个，续建项目100个，完成固定资产投资92.46亿元，同比增长26.04%。共实施招商项目103项，到位资金85.46亿元，增长26.22%。其中新开工项目46个，续建项目57个。

【交通通讯】白宝铁路、G025（刘白高速）、G109线、S207线、S308线及正在规划建设的包兰铁路复线贯穿全境。京呼银兰光缆横贯全县，已建成交换程控化、传输数字化、有线和无线相结合的现代化信息通信网络。全年交通运输邮政仓储业共完成增加值35623万元，同比增长4.4%。客运周转量35250万人公里，客运量470万人。全年邮政业务总量917.19万元（包括快递业务），增长50.63%。本地固定电话年末用户1.1万户；移动电话用户年末29.1万户；互联网年末用户1.1万户。

【城乡建设】制定《靖远县“新型城镇化建设推进年” 活动实施方案》，积极组织申报新型城镇化试点项目88项，总投资104.9亿元。全力加快新型城镇建设，大力实施城市基础设施建设工程，城市环境明显改善，县城中心城区建成区面积达到8.2平方公里，建成区人均道路面积12.5m²，城镇化水平达到32.25%，园林绿化覆盖率达到19.08%，供水普及率100%，城市燃气普及率58.95%，城市常住人口保障性住房覆盖率17.82%，城区污水集中处理率78.53%，城市生活垃圾无害化处理率73.33%。

【财政金融】2015年全县一般公共预算收入3.03亿元，增长5.51%。一般公共预算支出26.69亿元，增长14.64%。年末全县金融机构本外币各项存款余额80.33亿元，同比增长14.16%。其中，住户存款余额58.02亿元；非金融企业余额13.06亿元；广义政府存款余额9.25亿元。年末全县金融机构本外币各项贷款余额62.70亿元，增长42.82%。其中，住户贷款余额35.94亿元；非金融企业及机关团体贷款余额26.76亿元。

【社会保障】年末全县单位从业人员26180人，年人均劳动报酬43281元，比上年增长14.64%。全年城镇居民人均可支配收入19912元，增长11.5%；农村居民人均可支配收入7498元，增长12.1%。城镇新增就业7735人，共有1140名下岗失业人员通过各种渠道实现了再就业，年末城镇登记失业率3.27%。全县城乡居民基本养老保险农业人口已参保227270人，参保率95.3%；非农业人口已参保5164人，参保率95.3%，共征缴城乡居民社会养老保险费2060.9万元。新型农村合作医疗参合人数40.46万人，参合率达到95.99%。全年共有3385户、7744人城镇居民得到政府最低生活保障救济，发放保障金3036万元；共有20757户、65436人农村居民得到政府最低生活保障救济，发放保障金1.12亿元。

【社会事业】全县共有卫生计生机构223个（不包括个体诊所），乡镇计划生育服务中心18个，村卫生室176个。医疗卫生机构实有床位1259张，其中县级899张、卫生院330张、社区卫生服务中心30张，平均每千人口床位数达到2.53张。卫生计生医疗机构共有在职职工1083人（不含临聘人员），其中共有卫生技术人员937人。全年共实施科技计划项目5项，其中省列项目1项，市列项目4项。全年共获得专利授权43件，其中发明专利3件，实用新型专利33件，外观专利7件。现有各类学校241所，其中，普通小学198所（包括教学点38个），九年一贯制学校4所，独立初中32所，高级中学5所，职业中学1所，特殊学校1所。共有幼儿园72所。在校学生61846人，教师总数6739人。2015年全县普通高校招生考试上线总人数7445人。

会宁县

【现任主要领导】

中共会宁县县委书记：甘孝礼

会宁县人大常委会主任：刘汉宝

会宁县人民政府县长：王科健

政协会宁县委员会主席：宋维平

中共会宁县纪律检查委员会书记：高斌

【基本情况】会宁县位于甘肃中部，白银市南端，东与海原、西吉、静宁三县接壤，南同通渭县毗邻，西连定西、榆中两县，北靠靖远县、平川区。南北长约140公里，北部东西宽约90公里，南部宽约50公里，总面积6439平方公里，耕地面积226.06万亩。属典型的黄土高原丘陵沟壑区。平均海拔2025米，全县年降水量356.7毫米，年平均气温8.8℃，地面平均温度11.4℃，年无霜期141天。水资源短缺，地表水大部分苦咸，干旱是主要自然灾害。现辖22个乡、6个镇，300个村（居）委会，其中14个居委会。年末总人口57.59万人，常住人口为53.75万人，自然增长率6.17‰，其中城镇人口14.15万人，占26.32%。有汉、回、东乡、藏、满、哈萨克、蒙古族等7个民族。

【国民经济】2015年，全县实现生产总值57.07亿元，比上年增长7.5%。其中，第一产业增加值17.47亿元，增长5.8%；第二产业增加值13.40亿元，增长7.3%；第三产业增加值26.21亿元，增长8.9%。按平均常住人口计算，全县人均生产总值10626元，增长7.8%。粮食总产量41723.9万公斤，增长5.17%；公共财政预算收入2.41亿元，增长12.5%。实现消费品零售总额23.71亿元，增长9.8%；固定资产投资达到82.73亿元，增长26.02%。

【旅游资源】会宁历史文化丰富。汉唐时期，会宁是古丝绸之路中西商旅要道，现存大量的历史文化遗迹。牛门洞新石器遗址出土的彩陶、磨制石器等文物，是甘肃仰韶文化马家窑类型、半山类型和齐家文化共存的见证；境内有古城遗址和以汉墓群为代表的古人类墓葬20多处，其中最具代表性的是筑于金代的郭哈蟆城和宋代的西宁城，属省级文物保护单位。省级森林公园铁木山，有“旱塬秀峰”之称，现存多处石窟和庙宇古建筑。位于铁木山下的马明心教堂，始建于清乾隆年间，为伊斯兰哲赫忍耶门宦创始人马明心的创道传教遗址，是全国各地穆斯林进行宗教活动的主要圣地之一，有“小麦加”之称。

会宁有光荣的革命传统。1936年10月，中国工农红军三大主力在会宁胜利会师，是中国革命走向胜利的转折点。会宁被列为全国30条红色旅游精品线路、100个红色旅游经典景区和20个重点红色旅游城市之一，成为享誉全国的红色旅游圣地。先后建成以“万分之一时间走完万分之一长征路”为主题，再现二万五千里长征艰辛悲壮情景的红军长征胜利景园，建成了目前国内规模最大、唯一全面反映长征历史的红军长征胜利纪念馆，建成邓小平亲笔题名的中国工农红军一、二、四方面军会师纪念塔。会师旧址是全国首批百个爱国主义教育示范基地之一，是国家4A级旅游景区。红军会师楼被评选为“大国印记：1949-2009中国60大地标”之一，2010年8月，在“第六届中国旅游城市（县）发展大会”上被评为“中国优秀红色文化旅游名县”、“中国优秀红色旅游目的地”称号，提升了会宁的影响力。《会师山歌》作为甘肃省唯一入选歌曲，在北京举办的世界音乐教育大会上演唱。

【社会保障】2015年，全县城镇职工参加养老保险6091人。城乡居民参加养老保险280510人，其中城镇居民参加养老保险3823人；农村居民参加养老保险276687人。全县城镇职工参加基本医疗保险20270人，报销比例为72%。农村居民参加新型农村合作医疗472972人，参合率98.51%，报销比例为64.36%；城镇居民参加医疗保险21277人。参加失业保险12400人。参加工伤保险13901人。参加生育保险10153人。城市低保对象9997人，与上年基本持平。保障标准由每人每月282元提高到346元，提高22.7%；月人均补助水平达到328元，提高25.2%。农村低保对象116605人，与上年持平。月人均补助水平达到129元，提高20.6%。农村五保对象3310人，比上年减少223人。分散供养标准由年人均3110元提高到4114元、集中供养标准由年人均3310元提高到4314元，提高1004元。城乡困难群众医疗救助148107例2133.7万元。城乡困难群众临时生活救助3975户次635.84万元。

【社会事业】平定高速公路、国道312线、309线横跨东西，省道靖天路、定会路贯通南北。境内公路总里程达到5128.99公里，其中国道212.6公里，省道117.5公里，县道502公里，乡道404.16公里，村道3888.3公里，专用公路4.43公里。实现了乡乡通公路，100%的乡镇通油路，96.5%的行政村通公路，99%的行政村通汽车。110千伏输变电线路拉通。乡、村、社通电率分别为100%、100%、100%。京－西－兰－乌光缆通信过境；全县已建成4G基站410座，推进城镇光纤到户率达到60%，热点区域无线网络覆盖率达到80%。宽带用户达到14600户，开始由县城向乡镇及自然村延伸，由政府向各行业领域拓展。乡乡通邮通电话，本地电话用户年末达21330户，年末移动电话用户达到28.85万户，电话普及率达到57.7部/百人。广播人口覆盖率98%，电视人口覆盖率96%。会宁自恢复高考以来，已向全国输送大学生10万余人，形成了领导苦抓、家长苦供、社会苦帮、教师乐教、学生乐学的“三苦两乐”会宁教育精神，获得“西北教育名县”的赞誉。全县共有学校383所，其中普通中学48所，小学279所（其中教学点128个），幼儿园51所(其中民办幼儿园18所)，职业学校4所，特殊教育学校1所。在校学生85946人，其中普通高中19632人，普通初中19739人，小学28952人，学前教育12243人，职业学校5339人，特殊教育学校41人。教职工总数8058人，其中专任教师7840人。适龄儿童入学率100%。共有卫生机构37个，床位2060张，卫生技术人员2157人。年内门诊就诊141.2万人次，入院人数5.72万人，出院病人5.71万人。卡介苗接种率、麻苗接种率、糖丸接种率、百白破接种率均分别达到99.96%、99.99%、99.98%、100%；乙肝疫苗首针及时接种率98.7%、乙肝疫苗全程接种率为99.98%。5岁以下儿童死亡率为9.22‰，婴儿死亡率为7.1‰，孕产妇住院分娩比例达99.04%，孕产妇死亡率达76.8/10万。健康教育覆盖率以村为单位达到100%。

【人民生活】全年城镇居民人均可支配收入14323.2元，比上年增长11.6%；城镇居民消费性支出11819.5元，增长5.91%；城镇居民家庭食品消费支出占消费总支出的比重为37.9%。农村居民人均可支配收入5834.2元，增长14%；农村居民人均生活消费支出5504.91元，增长6.5%；农村居民家庭食品消费支出占消费总支出的比重为50%。城乡居民人均储蓄11514元，比上年增长13.9%。

【名优特产】会宁县光照充足、海拔适中、无污染，发展绿色产业具有得天独厚的优势。经过多年的发展，培育形成了马铃薯、草畜、小杂粮、籽瓜、杏等特色产业，“懿隆”荞麦米，“三利”荞麦挂面、良谷米、胡麻油，“万里缘”杏仁露，“祁连雪”马铃薯淀粉等产品获得国家绿色食品认证，会宁被中国特产之乡委员会命名为“中国小杂粮之乡”和“中国肉羊之乡”。

景泰县

【现任主要领导】

中共景泰县县委书记：

任文贵（3月止）

李作壁（5月任）

景泰县人大常委会主任：郭永泰

景泰县人民政府县长：张文玲（4月任）

政协景泰县委员会主席：郭延健

中共景泰县纪律检查委员会

书记：李忠琳

【基本情况】景泰县位于甘肃省中部，东临黄河，西接武威，南邻白银、兰州，北依宁夏、内蒙古，地处黄土高原与腾格里沙漠过渡地带，为河西走廊东端门户。总面积5483平方公里，海拔1274~3321米。属温带大陆干旱气候，年均气温10.2℃，无霜期在181天左右。年总日照2669.7小时，年降水量为167.3毫米。现辖6镇5乡，136个行政村、7个社区，常住人口22.35万人。总耕地面积78.62万亩，其中水浇地43.51万亩，有天然草场522.8万亩。主要农产品有小麦、玉米、啤酒大麦、洋芋等；主要畜牧产品有羊肉、猪肉；特色产品有沙漠枸杞、大红枣、蜜瓜、蜂蜜、大接杏、早酥梨等。主要工业产品有水泥、石膏、石膏粉、石膏板、原煤、硅铁、电石、啤酒麦芽、面粉、配混合饲料等。

【基础设施】包兰线、甘武线两条铁路在景泰县境内有11个火车站。

公路以县城为中心，省道201线贯穿全境，308线西上武威至河西走廊，217线南通白银市，县城距中川机场不足百公里。境内有220千伏输电线路1条，110千伏输电线路14条，35千伏输电线路8条，330变电所2座，年供电量60亿千瓦以上。兰成渝、涩宁兰、西气东输一、二线等6条油气管道穿越县境。营双高速、景天公路等建成通车，公路总里程2133公里。实施水利项目82个，引大入秦延伸景泰、中电泵站更新改造等重大水利工程顺利实施，建成农村饮水安全工程48处。县城规划区面积扩大到20.32平方公里，红水镇被确定为全国重点镇，正路、中泉实现撤乡建镇，全县城镇化率48.17%。新农村建设稳步推进，整合资金4.2亿元，建成省市县三级美丽乡村8个、市级环境整洁村44个、市级新农村试点村19个。生态环境逐步改善，累计完成封育造林24.35万亩，全县林地面积达170万亩，森林覆盖率达到12.74%。

【资源优势】矿产资源丰富，石膏储量达3.85亿吨，居全国第二，石灰石储量8亿多吨，煤3.8亿吨，石英石2000多万吨，铜200多万吨；此外，金、银、锰、墨玉、陶土、蛇纹岩也有一定分布。地方工业主要有水泥、硅铁、麦芽、饲草料、石膏粉、煤炭六大行业。境内有“中华之最”景电高扬程大型提灌工程两处，总装机容量24.56万千瓦，提水量28.6立方米/秒，是黄河上游重要的灌溉农业区。全县光热资源丰富，年日照时数为2669.7小时，日照百分率60%，太阳年平均辐射量147.8千卡/平方厘米，年≥0℃的活动积温3614.8℃，≥10℃的有效积温3038℃，无霜期238天，是国内除青藏高原外光热资源最丰富的地区之一。

【国民经济】2015年，全县实现生产总值50.37亿元，按可比价计算，比上年增长5.8%。其中，第一、二、三产业增加值分别为10.94亿元、14.53亿元、24.89亿元，分别增长5.0%、5.0%、7.1%。全县粮食总产量为18.62万吨，肉类总产量1.71万吨，固定资产完成47.44亿元，减少39%。完成社会消费品零售总额15.11亿元，增长9.66%。城镇居民人均可支配收入达到20705.46元，增长10.51%；农村居民人均可支配收入达到8309.25元，增长11.6%。

【旅游资源】景泰有被誉为“中华自然奇观”的国家地质公园黄河石林、“沙漠绿色宝岛”寿鹿山省级森林公园、有开凿于北魏时期的五佛沿寺石窟、有建于明代万历年间的永泰龟城、明长城及享誉“中华之最”的景泰川电力提灌工程等诸多自然和人文景观。《最后一个冬日》、《西部热土》、《汉血宝马》、《天下粮仓》、《雪花那个飘》、《花木兰》、《决战刹马镇》、《惊沙》、《爸爸去哪儿》、《地理中国》、《屠门镇》等40余部影视剧曾分别在黄河石林、永泰龟城等处取景拍摄。国家唯一以敦煌体裁为内容的“大敦煌”影视城，其大漠、敦煌、绿洲、黄河以其宏伟气势成为西部精品影视基地。新增文化产业机构23家，实现文化产业增加值0.9亿元，同比增长3%。黄河石林基础设施建设、永泰古城保护开发、五佛沿寺修缮、寿鹿山景区基础设施建设等项目进展顺利。成功举办第八届黄河风情文化旅游节、白银市第四届乡村旅游节暨首届黄河石林山地露营大会，承办甘肃省第十三届运动会“黄河石林杯”青少年自行车比赛。景泰县被评为“中国最具魅力文化旅游名县”，中泉乡三合村和寺滩乡宽沟村入选第三批中国传统村落名录，条山农庄荣获首批“全国乡村旅游金牌农家乐”称号，红砂岘农业生态园被认定为全国休闲农业与乡村旅游示范点。全年接待游客166.35万人次，实现旅游收入9.73亿元，分别增长25.1%和25.25%。

【项目建设】实施中凯寺滩49.5兆瓦风电场、高效农田节水技术推广等重点项目112个，其中亿元以上30个，年内完成77项，完成投资54.5亿元。寺滩黄崖坝综合开发、景电苑小区城市棚户区改造等5个市列重点项目完成年度投资计划。筛选上报专项建设债券项目82个，投资总规模183.2亿元，其中申请专项债券资金19.2亿元，已落实4900万元。积极参加各类重大节会和项目推介活动，与广东省蓬江区缔结为友好县区，在第21届兰洽会精心举办了“景特荟”特色产品展销、景泰专场推介暨重大项目发布签约、邀请客商实地考察等三项活动，签约项目38个，签约资金128.2亿元，资金到位率和开工率分别达到43%和85.2%。

【特色农业】完成农作物播种面积63.75万亩，粮食总产量18.62万吨，实现农业增加值11.12亿元。“5个8万亩”和“1121”工程深入实施，新增特色经济林1.5万亩，新建标准化规模养殖场25个，畜牧业总产值达4.1亿元。农村土地和农业设施产权确权登记颁证工作稳步推进，土地承包经营权流转工作有序开展，全县农村土地流转面积16万亩。引进新品种36个，推广新技术5项，农业科技贡献率达到50%。红砂岘农业园区被认定为省级现代农业示范园，条山牌梨、玉杰枸杞获得第十六届中国绿色食品博览会金奖。推广种植覆膜玉米5万亩、脱毒马铃薯2万亩、西红柿等各类蔬菜6500亩，建成千亩以上核心示范片带11个；丝路荟电商平台、县级电商服务中心和“众创空间”电商创业孵化园投入运营，建成乡镇电商服务站10个、村级电商服务点40个，初步建成县乡村三级电商服务体系。

【城乡建设】县城控制性详规及县域村庄布局、6个美丽乡村和3个传统村落发展保护规划编制已完成。新增公共绿地4700平方米，更换节能路灯707盏，购置环卫车、洒水车30辆，安放可卸式垃圾箱220个，增加环卫工人52名。市政设施建设力度加大，改造红水路、大安路等车行道1.69公里，完成人行道透水铺装8.5万平方米，新建污水管网8.9公里、水冲式公厕6座，安装隔离防护栏4.8公里、树穴玻璃格栅960个。红水镇基础设施建设、喜泉镇生活垃圾填埋等工程全面建成。景泰至中川高速公路试验段建设加快推进，省道217线白银至景泰试验段开工建设，国道338线景泰段线路调整优化，试验段开工在即。中泉大型泵站更新改造、黄河干流景泰段防洪治理等工程加快建设。实施林产品基地建设、大环境绿化等重点工程，完成封育造林3.2万亩。创建省级生态乡镇2个，市级生态乡镇4个、村（社区）7个。

【精准扶贫】开展拉网式摸底调查，精准掌握贫困村户的贫困现状、致贫原因及脱贫需求，完成9240户3.47万名贫困人口的数据信息采集录入和收入监测调查工作，一户一表建立扶贫档案，逐户量身定制帮扶措施，实行“挂图作战”，实现对贫困村户的精细化、动态化管理。制定“1+18+1”方案，科学确定干旱山区抓搬迁、盐碱片区抓治理、风沙前沿抓改善的扶贫路径。围绕提高贫困户自身发展能力，大力开展职业技能培训工作，完成贫困户劳动力培训6672人次，输转农村富余劳动力5.31万人，实现劳务收入9.01亿元。创新扶贫资金投入机制，落实财政专项扶贫资金3396万元，整合各类资金4.2亿元；全力实施精准扶贫专项贷款工程，发放贷款1.06亿元，惠及贫困户2125户；农民资金互助合作社实现村级全覆盖，发放借款1960.7万元。实行精准扶贫目标管理责任制，研究制定扶贫攻坚业绩考核评价、驻村帮扶工作队力量整合和加强管理办法，健全完善督查问效、责任追究等工作机制，开展各类督查行动，推动各项任务落实。

【社会保障】2015年，城镇新增就业6413人，下岗失业人员再就业932人，城镇登记失业率为3.54％。全面实施城乡居民大病医疗保险，居民基本养老保险基础养老金政府补助标准每月提标20元。建设各类保障性住房6511套，改造农村危旧房1万户。城乡低保标准和补助水平及农村五保供养标准进一步提高，发放各类救助资金7998万元，发放残疾人生活、护理等补贴616万元。

【社会事业】累计投入民生资金58.83亿元，兴办惠民实事48件。“两基”国检顺利通过验收，学前教育三年入园率75.5%，九年义务教育巩固率、高中阶段毛入学率分别提高到99.7%、94.4%。改扩建农村幼儿园17所，乡镇中心幼儿园实现全覆盖；发放教育补助及助学贷款3650万元，落实教师津补贴354.8万元，投入450万元化解高中债务；高考二本上线率23.44%。新农合政府补助标准由320元提高到380元，参合率达97.18%，创建群众满意乡镇卫生院2个，新建标准化村卫生室10所。县医院、妇幼保健站和8个乡镇卫生院业务楼、69个标准化村卫生室、25套周转宿舍建成投用。成功创建全国计划生育优质服务县。建成乡镇文化广场2个、“乡村舞台”73个、“一村一场”26个，县体育场建成投用，广播电视“村村通”、“户户通”、村级农家书屋实现全覆盖。

天水市

【现任主要领导】

中共天水市市委书记：王锐

天水市人大常委会主任：柴金祥

天水市人民政府市长：杨维俊

政协天水市委员会主席：宋尚有

中共天水市纪律检查委员会书记：李美华

【基本情况】天水市位于甘肃省东南部，是甘肃的“东大门”，东邻陕西省宝鸡市，北、西、南分别与平凉、定西、陇南接壤，总面积1.43万平方公里，现辖秦州、麦积两区和甘谷、武山、秦安、清水、张家川回族自治县五县，有46个镇，67个乡，10个街道办事处，有汉、回、满、蒙、藏等28个民族，常住人口331.17万人。

天水地处黄土高原南部沟壑区与西秦岭山脉结合地带，境内山脉纵横，地势西北高，东南低，海拔在1000~2100米之间。年平均降水量574毫米，年均日照2100小时，地跨长江、黄河两流域，以西秦岭为分水岭，北部地区为渭河流域，面积11673平方公里，占全市总面积的81.49%；南部地区为嘉陵江流域，面积2652平方公里，占全市总面积的18.51%。境内渭河流长约280公里，沿河接纳流域面积1000平方公里的支流有榜沙河、散渡河、葫芦河、藉河、牛头河。

天水位处华北、华中、蒙新和喜玛拉雅植物交汇处，树种成份复杂，森林资源丰富。现有森林总面积589.91万亩，天然林地主要分布在东部、东南部的陇山、西秦岭和关山林区。有木本植物87科224属804种，其中乔木312种，灌木437种，藤本55种，常绿植物122种。有野生药用植物660多种，其中常用药220多种。广阔的天然森林，繁衍了许多珍禽异兽，栖息着30多种野生动物，有国家一类保护的羚牛、梅花鹿、金猫、云豹等；二类保护的有羚麝、马麝、白臀鹿、斑羚、石貂、水獭、猞猁、猕猴、红腹角雉、兰马鸡、红腹锦鸡、大鲵、暗腹雪鸡、淡腹雪鸡、勺鸟、血雉、黑熊、秦岭红鳞鲑等。

天水因“天河注水”的传说而得名，有8000多年的文明史、3000年的文字记载史和2694年的建城史，是中华民族和华夏文明的重要发祥地之一。独具特色的历史文化主要有伏羲文化、大地湾原始部落文化、秦国早期文化、石窟艺术文化和三国古战场文化。境内古石窟、古建筑、古遗址、古墓群、古战场众多。有文物保护单位245处，风景旅游小区47个，景点228处，包括麦积山、大像山、水帘洞等古石窟6处，伏羲庙、兴国寺、南郭寺等古建筑50处，原始部落及秦汉古遗址86处，诸葛军垒、天水关、街亭等古战场遗址10余处等。伏羲庙是国内规模最大，保存最完整的祭祀人文始祖伏羲氏的场所。大地湾原始村落遗址距今8300年至4800年。麦积山风景名胜区1982年被国务院公布为全国第一批重点风景名胜区，2001年又被中央文明办、建设部、国家旅游局命名为全国文明风景旅游区示范点。中国四大石窟之一的麦积山石窟，素有“东方雕塑馆”美誉，现存194个洞窟，保存了十六国后秦至清代的泥塑和石雕7800余尊，壁画1300多平方米，目前正在向联合国申请世界历史文化和自然双遗产。

【国民经济】2015年，全市实现生产总值553.8亿元，比上年增长9.2%。其中，第一产业增加值97.5亿元，增长6.1%；第二产业增加值185.6亿元，增长10％；第三产业增加值 270.7 亿元，增长 9.6%。三次产业结构比为 17.6 ： 33.5 ： 48.9。规模以上工业企业实现工业增加值 111.04 亿元，增长 10%。社会消费品零售总额 262.42 亿元，增长 9.2%；固定资产投资 602.79 亿元，增长 12.09%。一般公共财政预算收入 36.69 亿元，增长 15.3%；一般公共预算支出 223.92 亿元，增长 22.72%。年末全市金融机构人民币各项存款余额 1032.4 亿元，增长 15.1%；金融机构人民币各项贷款余额 642.34 亿元，增长 35.6%。城镇居民人均可支配收入 20809 元，增长 10%；农村居民人均可支配收入 6006 元，增长 12.5%。

【农村经济】2015 年，实现农林牧渔业增加值 97.7 亿元，比上年增长 6.14%。农作物播种面积 691.17 万亩，增长 0.62%。粮食产量 126.97 万吨，增长 2.55%。油料种植面积 74.87 万亩，下降 0.33%；总产量 8.47 万吨，增长 3.15%。蔬菜种植面积 106.55 万亩，增长 4.98%；总产量 259.08 万吨，增长 9.2%。药材种植面积 19.36 万亩，增长 7.81%；总产量 4.08 万吨，增长 12.29%。水果总产量 124.91 万吨，增长 8.43%。牛存栏 32.11 万头，下降 1.08%，出栏 10.62 万头，增长 3.71%；猪存栏 78.23 万头，下降 3.81%，出栏 86.45 万头，下降 3.29%；羊存栏 32.34 万只，增长 0.19%，存栏 13.88 万只，增长 9.14%。肉类总产量 8.01 万吨，下降 1.47%。其中，猪肉产量 6.05 万吨，下降 3.32%。禽蛋总产量 1.42 万吨，下降 0.7%。森林覆盖率 35.9%，果园面积 125.74 万亩。制定出台“1+18”精准脱贫方案，在 1034 个贫困村开展“万名干部轮流驻村”活动，双联行动与扶贫攻坚融合推进。建立多渠道多元化投入机制，贫困村扶贫互助资金协会实现全覆盖，发放精准扶贫贷款 44 亿元，争取财政专项扶贫资金 5.6 亿元，整合项目资金 48 亿元，投入各类精准扶贫资金 114 亿元。建成贫困村通畅工程 244 个、794.3 公里，标准化村卫生室 634 个，提前实现所有贫困村通沥青(水泥)路、标准化村卫生室全覆盖的目标。脱贫 20 万人，贫困人口减少到 47.78 万人。

【第三产业】2015 年，接待国内外游客 2216.5 万人次，增长 33%；实现旅游综合收入 125.7 亿元，增长 32.3%。武山洛门蔬菜批发市场迁建基本完成，天水商贸城、甘谷县浙江商贸城二期、秦安中国西部小商品城、天水城市蔬菜仓储分拣中心等项目加快实施，居然之家直营店落户天水，众创空间暨电子商务中心即将建成。天水文化旅游投资发展公司组建成立，麦积山温泉度假酒店、麦积区和秦州区两个滑雪场等项目建成运营，麦积山石窟艺术研究所项目、孙集文化小镇、峡门风情小镇等文化旅游项目加快建设。

【项目建设】天平铁路、十天高速等一些重大项目和张家川县城至恭门火车站二级公路、麦积党川至两当公路建成通车，藉口水厂主体完工，张家川 49.5 兆瓦风电项目并网发电，国道 310 秦州至武山段升级改造、城区引洮供水、甘谷县陇东南汽配城、秦安小湾河水库等项目加快建设，天水机场迁建、曲溪城乡供水、平凉至天水高速公路等项目前期工作顺利推进，财政易地搬迁项目启动实施。天水烟用包装印刷生产线、大型客机改货机等项目基础工作有效推进。开发区扩区增容步伐加快，全国电工电器产业知名品牌示范区加快创建，国家智能电网输变电设备质量监督检验中心建成，铁路电缆、长控公司等企业出城入园有序推进，众兴菌业、成纪药业成功上市，风动机械在“新三板”上市，95 户企业在区域性股权市场挂牌。企业自主创新能力增强，50 件新产品新技术通过省级鉴定，被评为“2015 年度全国十大质量魅力城市”，成为甘肃首次获此殊荣的城市。启动第四版城市总体规划修编。藉河南路西延段、成纪大道、天水建筑科技中心等项目相继建成，藉河双桥大桥、甘肃建投天水总部经济城等项目加快建设，秦州大道、天水固体垃圾处理循环产业园、有轨电车试验段等项目启动实施，城区供热管网改造、秦州至三阳川隧道、藉河二十里铺大桥等项目前期工作有序推进。成纪新城输配水管网建成运行，市民吃水难问题得到缓解。五县县城建设步伐加快，甘谷大像山文化产业园、清水轩辕文化产业园等项目全面推进。

【社会保障】全年参加基本养老、失业、城镇职工基本医疗、工伤、生育五项社会保险人数分别为 11.91 万人、14.2 万人、27.67 万人、12.46 万人和 13.31 万人。离退休人员 8.61 万人，养老保险基金支出 22.64 亿元，发放率 100%。参加城镇职工基本医疗保险的农民工 0.77 万人，参加工伤保险的农民工 4.02 万人。各类企业劳动合同签订率 94.2%。共有城市最低生活保障对象 3.42 万户、8.48 万人，累计发放低保补助资金 2.56 亿元；农村最低生活保障对象 12.86 万户、40.32 万人，累计发放低保补助资金 6.01 亿元。农村临时救济 1.69 万户。城镇新增就业 10.3 万人，下岗失业人员再就业 1.53 万人，新增小额担保贷款 3.4 亿元。单位从业人员 22.79 万人，单位从业人员工资总额 100.86 亿元，比上年增长 14.42%。

【社会事业】全市共有普通高校 5 所（包括电大、工学院），在校学生 4.3 万人；中等职业学校 15 所（不含技工学校、教师进修学校），在校学生 3.25 万人；普通中小学校 1604 所（不包括 731 个小学教学点），在校学生 47.81 万人。小学学龄儿童入学率 99.97%，初中学龄儿童入学率 99.59%。组织实施市级以上科技项目 392 项，取得科技创新成果 104 项，其中 87 项达到国内先进以上水平。有省级工程技术研究中心 17 家；重点实验室 8 家，其中国家级 1 家、省级 7 家；国家、省级创新型企业及试点企业 11 家；高新技术企业 35 家。共有文化艺术表演团体 7 个，文化馆 8 个，乡镇综合文化站 113 个，农家书屋 2540 家，公共图书馆 8 个，各类藏书 80.8 万册，广播、电视人口覆盖率分别达 99.35% 和 99.06%，有线数字电视用户 11 万户。共有卫生机构 502 个，其中医院 36 个、卫生院 132 个，妇幼保健院、所、站 8 个，社区卫生服务中心（站）44 个。各类卫生技术人员 1.56 万人（含村卫生室卫生员），其中执业医师 3262 人（含卫生院执业医师），床位 1.29 万张。年内国家免疫规划疫苗接种率稳定在95%以上。共有全民健身点406个，经常参加体育锻炼的约139万人，在省级以上各类比赛中共获得金牌86枚、银牌92枚、铜牌35枚。

秦州区

【现任主要领导】

中共秦州区区委书记：雷鸣

秦州区人大常委会主任：文月平

秦州区人民政府区长：何东（回族）

政协秦州区委员会主席：宋丕林

中共秦州区纪律检查委员会

书记：毛更生

【基本情况】秦州区位于甘肃省东南部，扼陕甘川之要道，自古为陇右门户、战略要冲和商贸中心。是天水市市委、市政府所在地，是陇东南最大的交通枢纽和商品物资集散地，受西安、兰州两大城市的双向辐射，是联系西北与中原、西南的交通枢纽。国道310、316线、宝天、天定高速公路横贯境内。是秦人的发祥地，区域内文物古迹众多，人文始祖伏羲诞生在这里，有“羲皇故里”之称。总面积2442平方公里，城市建成区面积29平方公里，现辖7个街道办事处，41个社区居委会，14个镇、2个乡，420个村民委员会和2个镇辖居委会，有汉、回、蒙、藏等10个民族。2015年末常住人口65.6万人，人口自然增长率6.43‰。

【国民经济】2015年，全区实现生产总值166.37亿元，比上年增长9.9%。其中，第一产业增加值12.6亿元，增长6.5%；第二产业增加值60.72亿元，增长11.3%；第三产业增加值93.05亿元，增长9.3%。完成规模以上工业增加值32.45亿元，增长14.9%；固定资产投资162.04亿元，增长14.74%；社会消费品零售总额86.33亿元，增长9.21%；公共财政预算收入7.41亿元，增长4.46%；城镇居民人均可支配收入22480元，增长10.3%；农村居民人均可支配收入6963元，增长12%。

【“三农”工作】2015年，完成农业增加值12.6亿元，比上年增长6.5%。粮食总产量21.37万吨，水果总产量20万吨，蔬菜总产量24.35万吨，新建设施蔬菜钢架大棚246个，种植中药材7.2万亩。农业产业化龙头企业69个，家庭农场69家，农贸市场72个。建成70个市、区农业科学发展示范点，建成信息化农家店60个，乡级电商站16个，村级电商点38个。通过灾后重建、扶贫易地搬迁、财政易地搬迁、招商引资及村企共建等多种形式，建成3个省级示范村、4个市级示范村、3个区级示范村和50个整洁村。农村居民实有房屋面积934.31万平方米，人均房屋面积20.38平方米。通公路的村392个，通汽车的村420个。自来水受益村327个，覆盖人口33.74万人。通有线电视的村301个，通电话的村420个，乡镇村文化站（室）397个，卫生机构497个。农业科技机构64个，科技人员1483人，其中农民科技人员798人。

【精准扶贫】2015年，完成通畅工程105条315.4公里，其中贫困村70.1公里。“千村美丽”示范村道路建设15.4公里，实现行政村100%通水泥路。解决2564户1.2万贫困人口的安全饮水问题，实施3个贫困村农网升级改造项目，完成农村危房改造3838户、土地整治7.97万亩、河堤治理53.54公里、精准扶贫三北五期造林0.41万亩、新一轮退耕还林1.5万亩。完成16乡镇391个有贫困人口和1.9万户、8.79万贫困人口的建档立卡和大数据平台建设，发放精准扶贫专项贷款1.52万户7.56亿元，社会扶贫资金达2.86亿元，并通过引智扶智、助推产业、帮助“造血”脱贫，有效推进了扶贫攻坚工作。

【城乡建设】2015年，秦州区重点组织实施了民生、城市建设、文化旅游、城乡一体化建设、储备项目等5个方面41个项目。民生工程建设主要完成了桥一沟、中和巷等城区30条巷道改造工程，改造面积约2.2万平方米，完成投资912万元；实施15座免费公厕提升改造及成纪大道北城根、王家磨滨河路及西延段4座公厕新建工程，完成投资约470万元；完成双桥路、羲皇大道、成纪大道等城区人行道改造，大同路、迎宾路等城区道路补修，南明路西段、长仪路、罗玉南路道路改造，海林厂片区部分规划道路建设，山水新城2#规划道路已完成车行道建设等工程。主要实施藉河生态综合治理一期续建工程，藉河湿地公园栽植苗木移植和定点放线工作。文化旅游项目主要实施南山片区旅游文化项目，玉泉观景区、文庙大成殿、人民公园等景区提升改造工程。新型城镇化建设主要实施了易地搬迁藉口镇安置点建设项目，娘娘坝镇生活垃圾处理工程，在藉口镇郑集寨村建设新型住宅小区，同时完善当地城镇基础设施和产业基础配套设施，规划占地面积约325.88亩，建筑总面积53.81万平方米。

【项目建设】2015年，实施招商引资项目110个，总投资306.64亿元，到位资金75.29亿元。其中新建项目82个，总投资175亿元，到位资金45.4亿元，主要项目有：投资33亿元的娘娘坝风情小镇建设项目、投资8亿元的国家级养老示范基地建设项目、投资5.98亿元的金龙山文化旅游园建设项目、投资5.3亿元的闫家河花鸟综合市场建设项目等。续建项目28个，总投资131.62亿元，到位资金29.9亿元，主要项目有：投资11亿元的秦州区农业经济综合体建设项目、投资3.5亿元的福门财富广场建设项目、投资4亿元的富春居中式庭院建设项目（一、二期）、投资8亿元的上亿广场、士林不夜城建设项目等。

【社会保障】2015年，纳入城乡居民养老保险26.02万人，参保率达97.54%，续保率达98.63%。为5.47万名符合待遇享受条件的60周岁以上参保人员发放养老金6511.37万元，为符合条件的400名村干部发放养老保险118.16万元。参加企业职工养老保险统筹2.06万人，其中在职职工1.05万人，离退休人员1.01万人。失业保险参保9844人，城镇职工基本医疗保险参保2.72万人。城镇居民基本医疗保险参保8.53万人，工伤保险参保1.1万人，生育保险参保1.65万人。共有最低生活保障对象 2.34 万户、6.95 万人，其中城市低保对象 1.22 万户、3.21 万人；农村低保对象 1.12 万户、3.74 万人。劳务输转 11.2 万人，其中有组织输转 6.73 万人，技能培训 1.54 万人。实现劳务收入 18.3 亿元，比上年增长 12.39%。城镇新增就业 1.99 万人，城镇登记失业率 3.15%。其中下岗失业人员再就业 5027 人，困难人员再就业 1585 人，公益性岗位就业 2256 人，自主创业带动就业 5000 人。受理劳动监察案件 49 起，结案 49 起，清理拖欠农民工工资 300.1 万元。

【社会事业】到 2015 年底，秦州区共有区属公办幼儿园、中小学校 163 所，专任教师 5676 人，在校学生 75970 人。高考上线 1454 人，上线率 34.9%。实施各级各类科技项目 70 项，其中省级 13 项、市级 21 项、区级 36 项。组织鉴定验收科技成果 21 项。组织 14 项科技成果项目参加天水市 2015 年度科技进步奖的评审，有 8 项获奖，其中二等奖 3 项、三等奖 5 项。完成专利申请量 141 件，其中发明专利 108 件，外观设计专利 2 件，实用新型专利 31 件。举办各类科技培训班 80 期，培训农民 2.32 万人次，印发科技资料 2 万多份。共有区属医疗机构 60 家，区级综合医疗 1 个（区人民医院），公共卫生机构 2 个（区疾控中心、区妇幼保健院），专科医院 2 个（眼科医院、口腔医院）；乡镇卫生院 20 所（中心卫生院 7 所、一般卫生院 9 所、分院 4 所）；社区卫生服务机构 29 个（社区卫生服务中心 10 个、服务站 19 个）；其他卫生管理办事机构 6 个。医疗卫生机构现有床位数 659 张，专业技术人员 715 人。

麦积区

【现任主要领导】

中共麦积区区委书记：张智明

麦积区人大常委会主任：贾应诊

麦积区人民政府区长：成少平

政协麦积区委员会主席：杨续祥

中共麦积区纪律检查委员会

书记：苟钟灵（9 月止）

【基本情况】麦积区位于甘肃省东南部，西秦岭北麓，渭河中上游，地处陕、甘、川之要冲，是甘肃省和天水市的“东大门”。全境东西长 123 公里，南北宽 50 公里，总面积 3484 平方公里。现辖 16 个镇、1 个乡、3 个街道办事处，379 个行政村、34 个社区居委会，有蒙、回、藏、维等 17 个少数民族。2015 年，常住人口 56.35 万人。

境内森林覆盖率 52.6%，年降雨量 466.9 毫米，年均气温 12.4℃，全年无霜期 179 天，夏无酷暑，冬无严寒，四季分明，景色秀美，素有陇上“小江南”之美誉。境内已探明储量的矿产有 50 多种，主要有铅、锌、金、白云石、大理石、石英、云母、石棉等。野生动植物资源和药材资源种类繁多，珍稀动物主要有牛羚、大鲵、猕猴、金猫、水獭、林麝等。中药材 200 多种，主要有党参、当归、天麻、大黄、茴香等。盛产苹果、西瓜、桃、杏、板栗、核桃、花椒、木耳、生漆等干鲜土特产。境内旅游资源丰富，国家 5A 级风景名胜区——麦积山风景区就镶嵌在东南部的秦岭群峰之中，景区内有驰名中外的麦积山石窟，秦州“第一洞天福地”的仙人崖，享有“小黄山”美誉的石门，湾湾有景、步步留情的曲溪，荟萃珍奇物种的小陇山植物园；净土寺，蛟龙寺以及诗圣杜甫流寓秦州时的东柯草堂，国画大师齐白石题匾的双玉兰堂；牧马滩秦汉古墓葬等许多古遗址、古建筑和古墓葬，是甘肃东部最佳森林旅游避暑胜地和中外游客观光的旅游胜地。

【国民经济】2015 年，全区实现生产总值 162.14 亿元，比上年增长 9.5%。其中，第一产业增加值 12.63 亿元，增长 6.2%；第二产业增加值 77.06 亿元，增长 10%；第三产业增加值 72.44 亿元，增长 9.8%。完成规模以上工业企业增加值 62.82 亿元，增长 9.2%；固定资产投资 98.79 亿元，增长 14.11%；社会消费品零售总额 86.33 亿元，增长 9.21%；公共财政预算收入 4.51 亿元，下降 2.19%。

【农村经济】2015 年，花牛苹果产业园、颍川河流域综合开发等项目建设进展顺利，花牛苹果成功在京东商城线上和国内大型超市销售，市场营销品牌知名度不断提升，果品产业综合收益持续提高。东柯河工业园一期实现“三通一平”，总投资约 6 亿元的长城果汁 10 万吨果蔬汁生产线项目达成投资协议。成功举办了项目投融资、“新三板”挂牌融资专题培训，多方培育扶持企业上市融资，众兴菌业、成纪药业、风动机械、天祥新材料和众科农林等企业成功登陆多层次资本市场，促进了企业转型发展。电子商务服务中心及 17 个乡镇服务站和 37 个贫困村服务点建成上线运营，累计发展农村电商 235 个，实现农产品销售收入 8669 万元。粮食总产量 17.85 万吨。

【精准扶贫】创建“4211”帮扶工作机制，制定“1+18”实施方案，整合 608 名各级优秀干部组建了 170 个常驻帮扶工作队，深入开展“千名干部帮万户”精准帮扶活动。实行脱贫攻坚“853”挂图作业，对 2.46 万户、10.3 万建档立卡贫困人口进行了精准再识别。整合省级扶贫攻坚项目资金 7.69 亿元，争取到位中央和省市级专项资金 9218 万元，落实区级配套资金 6538 万元。加快实施“五个一批”工程，实施整村推进项目 21 个，农村通畅工程、农村饮水安全、自然村动力电全覆盖、标准化村卫生室等四个基础设施项目提前一年完成了建设任务，扶贫易地搬迁等项目加快实施，成功承办了全省精准扶贫现场观摩会，发放精准扶贫专项贷款 7.81 亿元，实现脱贫 3.18 万人。

【城乡建设】2015 年，实施城镇化重点项目 70 项，完成投资 32.23 亿元。马跑泉公园提升改造实现部分开园，配套工程进展顺利。高铁佳苑与省建投签订代建协议全面启动实施，颍川佳苑加快建设，兴陇路、秦麦高速出口、贾河街景整治、“两路三桥”综合整治改造等项目全面完工，人行便桥和东立交提升改造、林水路什字人行天桥、甘泉路等项目建成使用，区府路西延段和颍川河西路加快实施，上尚宅、恒顺公园商住、盛达新城、华世雅居、晟世珑庭等14个片区改造有序推进，天水造纸厂、金苹果公司、典盛佳苑、渭滨中学公租房等17个棚户区改造和保障性住房项目进展良好，道南排污主管道改造工程启动建设，党川至两当战备公路建成通车，深入开展渣土车、烟花爆竹、餐饮油烟、燃煤锅炉改造、违法建设违法用地等专项整治，城乡面貌明显改善。

【项目建设】2015年，保障宝兰客专、麦甘公路等21个国家、省、市重大项目建设，按时序要求完成了征迁安置任务，工程建设进展顺利。扎实推进232个区列重点项目建设，完成投资66.19亿元。争取各类项目152个，到位资金13.6亿元；签约和落实招商引资项目79个，到位资金76.93亿元。兰洽会成功签约华电热电联产等项目10个，总投资90.21亿元。充分发挥“一中心、八公司”投融资平台作用，累计申请国开行棚户区改造、农发行易地扶贫搬迁等各类贷款30.28亿元，已到位10.54亿元。金都商厦、恒顺莫尔街建成运营，天豫商贸城、滨河广场、新亚购物广场二期、天庆国际、桥南副食品综合市场等项目进展良好，百花小镇、西部华昌城、数字麦积山及游客集散中心等项目有序推进，翠园项目功能定位、片区布局重新优化完善。

【社会保障】2015年，新农合参合率达95.21%，城乡居民大病保险全面开展，成功创建利益导向政策体系示范区，城乡低保、农村五保供养、新农合政府补助等标准逐年提高，城乡居民和城镇职工养老保险、医疗、失业、工伤、生育保险人数累计达41.93万人。

【社会事业】2015年，市一中麦积校区加快建设，129个中小学改薄全面建成，道北群众文化体育活动中心和润天学校启动建设，建成村级幼儿园17所，高考上线率连续两年全市第一。建成“乡村舞台”149个，全力配合实施“绿色催化和可持续发展技术麦积山论坛”永久性会址建设，成功协办了中阿共建丝绸之路经济带天水合作交流活动，精心筹办了全国山地自行车锦标赛、中国龙舟公开赛等五大体育赛事。高度重视信访工作，化解信访积案21件。全省民兵应急力量现场会顺利召开；从事业单位招录事业身份警察214名；成功侦破了一批重大刑事案件，保持了社会大局稳定。42件省、市、区民生实事全面落实，安置高校毕业生166名、转业士官56名，落实了行政事业单位人员政策性增资、科学发展观奖、边远农村教师生活补助和乡镇工作人员补贴，积极推进全国综合养老示范基地资产股权重组，与省城乡投签订了战略合作协议。实施乡镇卫生院业务用房、职工周转房及区中医院迁建等卫生重点项目17项，完成投资2.2亿元。三阳医院、麦积微创医院投入使用，建成标准化村卫生室244个。

清水县

【现任主要领导】

中共清水县县委书记：刘天波

清水县人大常委会主任：赵云清

清水县人民政府县长：马越垠

政协清水县委员会主席：王新强

中共清水县纪律检查委员会

书记：马利民

【基本情况】清水县位于甘肃省东南部，天水市东北，陇山西南麓渭河支流牛头河流域，距陇海铁路天水站40公里，古称上邽，以“清泉四注”而得县名，历史悠久。系中原与西北的古通道，素有陇上要冲，关中屏障之称。早在五千多年前，人类先祖就在这里生息繁衍。县境内发现马家窑——齐家文化古遗址30多处，出土珍贵文物3000多件。是中华人文初祖轩辕黄帝的诞生之地、秦统一全国的发祥地、西汉名将赵充国的桑梓故里。北逐匈奴、西击诸姜的战斗号角，秦先祖非子、一代天骄成吉思汗等历史人物都在这片土地上留下足迹。总面积2012平方公里。2015年底，全县总户数为88950户，总人口32.32万人，常住人口27.24万人，其中农业人口30.18万人，占总人口的91.8%，境内有回、藏、东乡、土、苗等少数民族。2015年，将白沙乡、郭川乡、王河乡、黄门乡四乡撤乡改镇后，全县辖10个镇、8个乡，260个村委会。

【资源优势】清水县属黄土梁峁沟壑区，是西北黄土高原边缘地带十分难得的山川秀美、物华天宝之地。最高海拔2201米，最低海拔1112米，年平均气温10℃，年均降水总量479.8mm左右，年日照时数2238.7小时，全年无霜期179天左右。夏无酷暑，冬无严寒，四季分明，气候宜人。境内有耕地140万亩，森林67万亩，荒山草坡18万亩；有地表水2.3亿立方米，地下水0.9987亿立方米，水源总量3.2978亿立方；矿产资源已发现在铁、锰、铜、铅、钼、白云石、大理岩、钾长石等14种。温和湿润的气候和丰富的土地资源、水资源、矿产资源和农林牧副产品资源，以及野生资源，具有广阔的深度开发前景和极大的市场开发潜力。是天水市生态旅游的后花园的重要水源保护地。汤浴温泉为全国十三大名泉之一。庞公玉石被誉为“中国一绝”。轩辕文化、先秦文化、汉唐文化、宋金文化交融聚汇，汤浴温泉、三皇谷森林公园、万紫山、石洞山等陇上名胜独树一帜，使清水成为陇坂脚下的一方人文厚土，炎黄子孙寻根问祖、观光旅游的一方胜地。

【国民经济】2015年，全县实现生产总值38.77亿元，比上年增长8.2%。其中，第一产业增加值11.36亿元，增长6.2%；第二产业增加值5.1亿元，增长14.5%；第三产业增加值22.32亿元，增长6.6%。完成规模以上工业增加值1.16亿元，增长19.3%；固定资产投资59.29亿元，增长13.02%；社会消费品零售总额7.33亿元，增长9.31%；公共财政预算收入1.5亿元，增长10.05%；城镇居民人均可支配收入19732元，增长10.2%；农村居民人均可支配收入5487元，增长12.21%。金融机构人民币各项存款52.85亿元，增长10.79%；人民币各项贷款38.16亿元，增长51.16%。

【农村经济】2015年，全县完成农业总产值18.83亿元，比上年增长7.6%；农业增加值11.38亿元，增长6.23%。粮食播种面积69.85万亩。

粮食总产量 18.73 万吨，增长 1.9%。新建干鲜果基地 3.12 万亩，完成历年果园综合管理 43.13 万亩，建成标准化养殖小区 15 个，畜禽饲养总量达 443.57 万头（只）。蔬菜种植面积 13.03 万亩，中药材种植面积 2.97 万亩，油料作物种植面积 12.69 万亩。新建塑料大棚 1180 座。组建扶贫互助协会 105 个，农业产业化步伐进一步加快。深度融合双联行动和精准扶贫，率先实施“11558”干部下基层活动，纵深推进精准扶贫工作。整合项目资金 7.8 亿元，县财政安排扶贫资金 4286.75 万元，发放精准扶贫专项贷款 5.12 亿元，完成易地扶贫整村和插花搬迁 3172 户，农村危房改造 2200 户。新建贫困村果园 1.09 万亩。启动实施精准扶贫蒲魏梁流域集中攻坚大会战，完成山门等 2 镇 14 个整村推进项目。

【城乡建设】实施城市基础设施建设项目 18 项，完成投资 2.92 亿元。东城区集中供热等工程全面完成，火车站广场及环路等工程进展顺利，全面完成乡村幼儿园、乡村舞台、村卫生室建设任务。实施农村公路通畅工程 62 条 211.8 公里、李沟—蔡湾三级公路 2.49 公里、金集—贾川等安全生命防护工程 3 条 65.2 公里，新修贫困村通自然村砂砾路 33 条 81.85 公里，启动建设一级客运汽车站工程，建成郭川区域性交通综合服务中心 1 处、村级停靠站 14 个，公路总里程 1614.2 公里。

【第三产业】2015 年，清水县旅游接待 86.8 万人次，实现旅游综合收入 2.51 亿元。兴盛物流园区投入运营，清河湾商贸城等市场建成使用，新增各类商业网点 201 家、非公企业 102 户。建成全省首家众创空间和电商中心高度融合的创业基地，入驻创业企业 2 家，发展网店 312 个，成交额 3037 万元。

【项目建设】2015 年，储备 500 万元以上重点项目 128 个，争取各类项目建设资金 11 亿元；筛选进入 3341 动态项目库项目 324 个，总投资 451 亿元；争取落实各类建设项目 122 项，落实项目建设无偿资金 7.1 亿元。实施各类重点项目 134 项，累计完成投资 52.4 亿元，比上年增长 8.7%。项目前期工作扎实有效。中电投清水 2×1000MW 火电项目完成可研评审和厂址比选审查，可研阶段的 18 个专题论证已完成投资估算及财务分析、工程测量等 5 个专题，接入系统等 13 个专题正在论证；中国三峡清水县白驼镇 60 兆瓦风电项目已完成核准；国梦新能源天然气供气项目管道工程通过市发改委核准，CNG 加气站项目正在办理项目核准前置手续；330 千伏输变电站工程完成项目核准和征地工作；白沙 110 千伏变电站正在对可研修改完善；5 万千瓦光伏发电项目已完成备案。项目建设有序推进，实施各类重点建设项目 140 个，总投资 123.4 亿元，西灵山等 6 个 5 万亩干鲜果示范区建设等项目全面或超额完成任务。新签约招商引资项目 33 项，续建项目 14 项，累计到位资金 35.2 亿元。“三大”工业园区建设进展良好。新规划黄门工业园区，天河酒业、轩辕纸业通过技术改造。天河酒业培育形成了系列地域品牌白酒 35 个，“羲皇故里”和“天河春”品牌获得甘肃省著名商标，2015 年又开发了两款中低档酒已经上市；轩辕纸业和鑫烨化工技改后，瓦楞原纸和锌锭生产能力分别提高到 5 万吨和 1 万吨；金坤矿业投资 3000 多万元，完成勘探点 14 个，探明储量 90 万吨；三义商砼、天祥建材等企业生产正常。

【社会事业】2015 年，普通高考二本以上上线率达 25%，县四幼全面建成，新改扩建行政村幼儿园 16 所。全民健身活动全面开展。第 14 届环青海湖国际公路自行车赛清水赛段比赛圆满完成，举办各类竞赛活动 27 次。共有业余体校 1 所，在校学生 50 人，向省市输送运动员 8 人。科技示范水平全面提升，创办各类科技示范点 62 个。卫生事业稳步发展。县级公立医院综合改革有序推进，县医院整体迁建项目进展顺利，新建贫困村标准化卫生室 83 所。县财政投资 4195 万元，实施“政府温暖工程”，为全县 69 所乡镇中学、中心小学、中心幼儿园和 18 乡镇卫生院配建了取暖设施，彻底解决了师生及卫生院病人冬季取暖问题。文化事业日益繁荣。启动实施牛头河峡谷观光旅游长廊建设工程，完成总规编制和绿化工作。在全省率先实施农村数字电影放映工程，260 个行政村实现了“一村一周至少放映一场电影”的目标。广播电视设备基本实现数字化，以有线电视网络为中心，广播乡通播率达 95%，实现广播时间 5475 小时，电视覆盖率达 99%。

【社会保障】2015 年，投资 12.29 亿元的十大民生工程 40 项实事全面办结 31 件，老年养护院等 9 件完成年度建设任务。启动实施投资 3460 万元的城区应急水源工程，从根本上解决了城区供水不足问题。努力扩大和稳定就业，累计发放再就业贷款 2210 万元，安置公益性岗位 300 个，城镇新增就业 4600 人，城镇登记失业率控制在 3.22% 以内。城乡居民社会养老保险参保率达 98.3%，待遇发放率达 100%。新建“乡村舞台”89 个。输转劳动力 6.9 万人，创劳务收入 11 亿元。三义路桥嘉苑等保障性住房建设进展良好。

秦安县

【现任主要领导】

中共秦安县县委书记：王东红

秦安县人大常委会主任：郭海军

秦安县人民政府县长：程江芬

政协秦安县委员会主席：杨仁义

中共秦安县纪律检查委员会

书记：李爱仙

【基本情况】秦安县位于甘肃省东南部，天水市北部。属天水市辖县，东接清水县和张家川回族自治县，南邻麦积区，西连通渭县、甘谷县，北靠庄浪县、静宁县。属陇中黄土高原西部梁峁沟壑区，山多川少，梁峁起伏，沟壑纵横。是天水市的北大门和后花园，有连接省城兰州，辐射天水地区西北部毗邻地区的重要节点作用。东西长约 65 公里，南北宽约 50 公里，地势西北高而东南低。属陇中南部温和半温润季风气候区，气候温和日照充足，降雨较少，干旱频繁。年平均气温 10.9℃，年平均日照时数 1931.9

小时，年平均降水量436.2毫米，年平均相对湿度66%，年平均风速0.9米/秒。辖12个镇、5个乡，428个村委会、8个社区，常住人口52.39万人。

【资源优势】境内盛产苹果、桃、梨、脆瓜等，素有“瓜果之乡”的美称，先后被中共甘肃省委、省人民政府授予全省“经济林建设十强县”、“发展个体私营经济十强县”、“全省劳务经济先进县”和“乡镇企业十强县”，被国家科技部、林业局、文化部授予全国“科技工作先进县”、“中国名特优经济林桃之乡”、“文物工作先进县”，被中国果品流通协会授予全国“兴果富农”工程果业发展百强优质示范县和中国花椒之乡称号，被中国百县（市）优特经济专题调查办公室命名为“中国甘肃优特苹果生产基地”，秦安蜜桃、秦安苹果、秦安花椒分别获得国家地理标志产品保护，其中秦安蜜桃“北京七号”桃荣获北京奥运推荐果品一等奖，并荣获“中华名果”称号，秦安蜜桃成功入选《2015年度全国名特优新农产品目录》。

秦安县古称成纪，历史悠久，文化积淀深厚，旅游资源丰富。据史书记载，人类始祖女娲就出生在这里，是华夏文明重要发祥地之一，素有“羲里娲乡”之称。文物古迹众多，有距今约8000年的全国重点文物保护单位——大地湾遗址，是我国新石器遗址中年代最早、历时最长、层次最完好的一处。著名的“街亭古战场”和女娲庙，元代建兴国寺、明代建文庙大成殿和清代建筑群泰山庙等旅游景点，也是不可多得的历史文化瑰宝。

【国民经济】2015年，全县实现生产总值52.6亿元，比上年增长8.2%。其中，第一产业增加值16.93亿元，增长5.7%；第二产业增加值11.41亿元，增长9.4%；第三产业增加值24.26亿元，增长9.2%。完成规模以上工业增加值3.26亿元，增长6.7%；固定资产投资44.87亿元，增长12.07%；社会消费品零售总额27.51亿元，增长9.15%；公共财政预算收入2.04亿元，增长16.72%；城镇居民人均可支配收入20565元，增长9.6%；农村居民人均可支配收入6068元，增长12.6%。

【农村经济】2015年，全县完成农业总产值28.06亿元，比上年增长4.64%。农业增加值16.93亿元，增长5.74%。农作物播种面积115.16万亩，其中粮食作物83.95万亩。粮食总产量22.16万吨，增长2.29%。其中夏粮5.93万吨，增长5.89%。大牲畜存栏5.48万头，猪存栏15.71万头，羊存栏3.85万只，鸡存栏89.62万只。农业机械总动力30.25万千瓦，增长7.24%。秦安县积极实施“千万元助推农业发展计划”。新建优质果园3.1万亩，新增规模化养殖场12个，新建蔬菜塑料大棚1000亩，推广全膜玉米12.7万亩。启动实施了秦安果树综合试验站建设，建成桃、苹果新品种试验示范基地2处。陇城镇抗旱应急水源工程、五营卧牛坪高效节水灌溉工程等4处土地整治项目全面完成。改善农村人居环境行动计划扎实推进，建成美丽乡村示范村6个、整洁村50个。

【精准扶贫】2015年，秦安县制定了30项支持计划和重点项目落实责任清单。整合双联力量，下派驻村帮扶工作队员685人，完成了3.01万户贫困户建档立卡和13.4万贫困人口的大数据平台信息采录工作。强化金融支撑，为贫困对象发放精准扶贫专项贷款6.5亿元，建立村级互助资金组织174个，发放扶贫贴息贷款1885万元。为贫困户的3.5万亩果园给予保险补助210万元，为3.43万名“两保一孤”人员办理了意外伤害附加重大疾病补充保险，创立了特困人群扶贫保障新模式。减贫3.99万人，贫困人口下降到9.41万人。

【项目建设】2015年，交通、水利、教育、扶贫、国土、保障性住房等六个亿元项目工程扎实推进，县法院审判法庭、公安局业务用房、现代粮油储备中心基本建成，110千伏何川变电站、财政易地搬迁等项目正在建设，城区生活垃圾收运系统、莲花垃圾填埋场等项目正在开展前期工作。共落实各类项目177项，总投资12.97亿元，其中国家投资10.2亿元。新签约招商引资项目17项，新建、续建项目累计到位资金35.8亿元。

【优势产业】2015年，按照“突出特色，集约经营，质量优先，品牌增效”的原则，坚持做好绿色无公害化生产、龙头企业带动实施品牌增效三大文章。秦安蜜桃、秦安苹果、秦安花椒被国家工商总局认证为“地理标志证明商标”，秦安蜜桃、秦安苹果被评为“2012中国最具影响力农产品区域公用品牌”，“秦安蜜桃”成功入选2015年度全国名特优新农产品目录。果品产量达48万吨，林产品产量达2391吨。

【环境保护】2015年，全县共有废水治理设施4套，日处理废水能力2万吨，工业废水排放达标率100%。化学需氧量排放量为2536.73吨，氨氮排放量319.14吨，二氧化硫排放量1322.47吨，氮氧化物排放量1430.78吨。

【社会保障】2015年，城镇新增就业7244人，新增小额担保基金240万元，发放小额担保贷款3250万元，开展职业技能培训5458人，创业能力培训984人，城镇登记失业率2.96%。养老保险参保8141人；失业保险参保8477人。城乡居民养老保险参保31.82万人，已享受城乡居民养老保险待遇8.36万人；城镇职工医疗保险参保2.13万人；城镇居民医疗保险参保1.79万人；工伤保险参保1.25万人；生育保险参保1.28万人；大额医疗保险参保1.85万人。供养五保老人3138人，优抚对象1228人。为796名高龄老人发放生活补助费43.55万元，为488名孤儿发放基本生活费258.87万元，为享受最低生活保障的7.92万人发放最低生活保障15.1亿元，为8.7万人发放医疗救助金1343万元，为2160名重度残疾人发放护理补贴259.2万元，为1700名特困残疾人发放生活补贴204万元。

【社会事业】2015年，完成“全面改薄”设备购置项目学校114所，新建村级幼儿园49所，高考二本以上上线1601人，启动实施中医院医技综合楼、疾病预防控制中心和刘坪、陇城等乡镇卫生院建设项目，县医院新生儿科、重症医学科两个重点专科建设完成并投入使用，新建村卫生室119个、计划生育“陇家福”幸福寓所9个。新创秦腔历史剧《陇上铁汉》

参加了全省优秀剧目展演，秦安舞蹈《梦想大地湾》荣获全国第十五届校园春节大联欢活动金奖，《秦安历代县令》荣获全省第十届优秀史志成果一等奖。李氏宗祏完成抢救性修复保护，太平洋影院建成运营。

甘谷县

【现任主要领导】

中共甘谷县县委书记：贾忠慧

甘谷县人大常委会主任：令建民

甘谷县人民政府县长：申君明

政协甘谷县委员会主席：马骥

中共甘谷县纪律检查委员会

书记：谢辉

【基本情况】甘谷县位于甘肃省东南部，天水市西北部，渭河上游，东邻秦安县、麦积区，南接秦州区、礼县，西与武山县接壤，北与通渭县相连。南北长60公里，东西宽49公里，总面积1572.6平方公里。渭河由西向东横贯全境，南部山区为秦岭山脉西延，北部山区为六盘山余脉。平均海拔1972米，最低海拔1228米，最高海拔2716米。现辖10个镇、5个乡，有405个村委会、9个社区。总人口63.41万人，其中农业人口50.79万人，人口密度497人/平方公里，常住人口56.68万人。

境内河流属黄河支流的渭河水系，河流总长131.1公里，平均径流8.29亿立方米，平均流量47.91万立方米。主要河流有四条，最大河流为渭河，属过境河，境内长度41.6公里，平均径流7.23亿立方米，其它三条主要河流为散渡河、古坡河和西小河。渭河北有陇海铁路东西延伸，境内有一个车站，路长37公里；渭河南有316国道（福州至兰州）和G30连霍高速（连云港至霍尔果斯）过境，境内路长分别为40公里和29.06公里。以316国道、秦甘、北甘、通甘四条交通大动脉为主线，县内有不同等级公路三百多条，总里程1458多公里的县、乡、村公路交错纵横，把甘谷和外地，城镇和乡村紧紧联系在一起，为市场经济的发展提供了极为有利的条件。

【国民经济】2015年，全县实现生产总值58.83亿元，比上年增长8%。其中，第一产业增加值16.94亿元，增长5.3%；第二产业增加值18.52亿元，增长9.9%；第三产业增加值23.36亿元，增长7.9%。完成规模以上工业增加值5.47亿元，增长4.4%；固定资产投资84.11亿元，增长12.48%；社会消费品零售总额28.96亿元，增长9.24%；公共财政预算收入3.5亿元，增长10.84%；城镇居民人均可支配收入20537元，增长9.5%；农村居民人均可支配收入5964元，增长12.5%。

【农村经济】2015年，全县完成农业总产值28.53亿元。农业增加值17.05亿元，比上年增长6%。粮食作物播种面积72.09万亩，其中，夏粮34.28万亩，秋粮37.81万亩。粮食产量20.03万吨，增长2.51%。其中，夏粮6.69万吨，增长4.69%；秋粮13.34万吨，增长1.44%。新建全钢架无立柱大棚3000座，蔬菜面积年增长1万亩以上，新建优质果品基地20万亩，建成标准化规模养殖场78个，现代农业示范园区晋升为省级农业科技示范园区，蔬菜、果品、养殖三大产业总产值达28.77亿元。新增有效灌溉面积2.54万亩，新修高标准梯田24.35万亩，综合治理小流域218平方公里，完成各类造林10.4万亩，新建农村户用沼气3500口。建成了东北部、新兴崖湾、十里铺等人饮工程，彻底解决了32.7万人的饮水安全问题，全县90%的农村群众吃上了干净放心的自来水。扶贫攻坚取得显著成效，先后投入40.5亿元，全力推进4大片带16个流域连片扶贫开发，农村基础设施、富民产业、公共服务全面提升，减少贫困人口17.8万人，贫困发生率降至11.5%。

【城乡建设】2015年，县城建成区面积达15平方公里。新建改造310国道城区过境段、天定高速辅道、西城区路网、富强东路、南滨河路西段等城市主次干道13条，城区“五纵九横”路网骨架基本形成。投资11亿元，高标准打造大像山文化园，实施了大像山公园、仿古文化街、冀城大酒店、大小沙沟明洞渡槽等一批标志性工程。建成了县行政服务中心和影剧院，完成了南北滨河路景观绿化，开发了一批大体量商业住宅小区，城市面貌焕然一新，品位和档次明显提升。新建了西关供热站和南滨河路供热站，实施了水质深度处理、供水管网改造、应急水源井建设等工程，改造硬化小巷道20万平方米。磐安、六峰被列为省市级新型城镇化试点镇，金山、礼辛、大石、大庄、武家河完成撤乡改镇，小城镇建设有了新的突破和拓展，城镇化率达41.2%。筹资2.4亿元，完成了甘麦二级公路、310国道沿线征地拆迁。完成了姚杨公路、通甘公路、三武公路、古坡瓦泉峪至武山草川等4条县乡公路铺油改造。建成了杨赵渭河大桥、六峰渭河大桥、沙沟大桥，拆除重建了姚庄渭河大桥、泾甘公路散渡河大桥、清溪河贯寺大桥。新修通村水泥路362条1176公里，所有行政村实现了通沥青水泥路。

【项目建设】2015年，实施重点项目148项，申报争取各类项目153项，到位国家和省市项目资金9.1亿元。新签约太阳能光伏发电站、彩色橡胶鞋深加工等招商引资项目11个。先后实施750千伏输变电工程、中卫至贵阳输气管道建设、西城区路网及开发建设、农村饮水安全、易地扶贫搬迁、农业综合开发等事关经济社会长远发展的重大项目457个，其中过亿元项目45个，5000万元以上项目83个，累计完成投资332亿元。引进落地浙江商贸城、仿古文化街、冀城大酒店等一批带动作用大、支撑能力强、发展前景好的招商引资项目，到位资金85亿元。

【社会事业】2015年，积极调整学校布局，优化教育资源配置，绝大多数孩子就近享受到了优质基础教育。优先保障教育投入，无偿划拨教育用地289亩，实施教育基建项目355个，改造新建校舍25.3万平方米，全面消除了D级危房。取得国家和省市级科技成果48项，连续8年荣膺“全国科技进步先进县”称号。毛家坪遗址考古发掘取得重大成果，建县2700年庆祝活动成功举办，红军长征纪念馆建成开放，所有村实现广播电视全覆盖，建成体育健身中心6个、农村文化大院10个、“乡村舞台”281个。县级公立医院改革有序推进，国家基本药物制度实现基层医疗卫生机构全覆盖。大病保险全面实施，新农合补偿范围不断扩大，报销比例逐年提高。建成县医院住院楼、县急救中心、新兴镇中心卫生院和卫生监督所业务楼，新建改造标准化村卫生室296个。县中医院创建为二级甲等中医医院。计生服务管理全面加强，成功创建为国家级计划生育优质服务县。连续七次荣获“全省双拥模范县”称号，谢家湾乡创建为省特级档案管理示范单位。

【社会保障】2015年，社会救助制度全面落实，城市低保月人均补助净增143元，农村低保、五保年人均补助分别净增1706元、2460元。建成了县儿童福利院和金山中心敬老院，新建农村互助老人幸福院135个、社区日间照料中心2个。完成灾后恢复重建1463户，改造农村危旧房1.18万户，建成各类保障性住房2814套25.6万平方米。城乡居民养老保险全面推行，被征地农民养老保险启动实施，社会保险覆盖面不断扩大，保障水平持续提升。2478名高校毕业生在县内稳定就业，城镇新增就业3.3万人，组织输转农村富余劳动力54.89万人次，创劳务收入67.95亿元。

武山县

【现任主要领导】

中共武山县县委书记：索鸿宾

武山县人大常委会主任：王永宏

武山县人民政府县长：马勤学

政协武山县委员会主席：李晓东

中共武山县纪律检查委员会

书记：张仲牛

【基本概况】武山县位于甘肃省东南部，天水市西端，古“丝绸之路”咽喉要道。现辖11个镇、4个乡，344个村委会、10个居委会，常住人口43.68万人。总面积2011平方公里，耕地63.52万亩。是全国绿色农业示范县、全国蔬菜标准化生产基地示范县、全国科技进步县，中国韭菜之乡、全国武术之乡，甘肃省书画艺术之乡，素有陇上“玉器之乡”的称誉，是关中——天水经济区规划建设的三级城市。

【资源优势】武山县位于渭河上游，是中国古代文明的重要发祥地之一，是龙文化的故乡，是古“丝绸之路”上的一颗璀璨明珠。有分散在渭水南北的仰韶、马家窑和齐家文化遗址多达36处，属国家级文物保护单位的有始建于后秦的水帘洞石窟群，开凿于汉代，重建于明代的木梯寺石窟以及付家门、观儿下、西旱坪遗址和官寺古店等6处，县属文物保护单位20处。武山温泉为我国仅有的五家氡化矿泉之一，现有旅游馆、水疗楼、浴池、高尔夫球、网球、蓝球等吃、住、行相对配套完善的各种休闲娱乐设施。水帘洞、温泉旅游度假村，草川大草原，卧牛山森林公园、木梯寺、老君山森林公园等旅游景点为人们旅游、疗养、避暑提供了绝好去处。

武山县属温带大陆性半湿润季风气候区，冬无严寒，夏无酷暑，年降水量为533mm，年均温9.5℃，年日照2124小时，无霜期186天，适宜各种生物生长。其中反季蔬菜名扬西北，韭菜、洋葱、胡萝卜、蚕豆、洋芋等运销20多个省、市或地区，已成为富民强县的支柱产业。矿产资源品种多，储量大，主要有蛇纹岩（又名鸳鸯玉，储量3.2亿m^3，居世界第二）、石灰岩（15亿吨，氧化钙含量达58%）、花岗石（15亿m^3）、白云石、滑石、大理石等非金属矿藏和钼、铁、铜、铅、锌、金等金属矿藏。

【国民经济】2015年，全县实现生产总值51.21亿元，比上年增长8%。其中，第一产业增加值19.69亿元，增长6.6%；第二产业增加值9.3亿元，增长8%；第三产业增加值22.22亿元，增长9.1%。完成规上工业实现增加值2.41亿元，增长4.1%；固定资产投资77.21亿元，增长12.81%；社会消费品零售总额20.84亿元，增长9.16%；公共财政预算收入1.8亿元，增长21.49%；城镇居民人均可支配收入19742元，增长10.1%；农村居民人均可支配收入6223元，增长12.3%。

【农村经济】2015年，全县完成农业总产值33.03亿元，比上年增长10.65%。粮食产量14.37万吨，增长3.39%。畜禽存栏总量80.61万头（只）。成功创建省级现代农业示范区。新建改造设施蔬菜钢架大棚5000亩9645座，蔬菜总产值突破22亿元。种植全膜玉米13.1万亩、优质马铃薯23.4万亩、豆类和中药材6.5万亩。畜牧业发展势头良好，新建规模养殖场15个，发展养殖户76户，畜牧业总产值达7.73亿元。果品产业加快发展，洛门牟坪现代农业苹果矮化密植示范园区一期工程全面建成，新建温泉冯河核桃等千亩果品基地9个，发展优质果园2.23万亩。输转劳务10.7万人次，创收16.8亿元。

【林业生态】2015年，全县共完成各类造林建园4.48万亩，栽植各类苗木600多万株，其中财政补贴造林项目0.4万亩，三北防护林0.35万亩，新一轮退耕还林1.5万亩，果园建设2.23万亩，封山育林1.2万亩，森林抚育1万亩，巩固退耕还林补植补造1.86万亩，义务植树栽植侧柏、刺槐101.1万株。参与义务植树干部群众28.8万人（次），完成行道树栽植302公里，栽植大刺槐、柳树、侧柏10万株。结合实施“三北”防护林、天保工程，整合林业、农发等项目，采取工程队承包造林的方式，高质量、高标准绿化天定高速公路沿线桦林片、鸳鸯砚峰片完成2014年度财政造林补贴0.4万亩，在洛门水帘洞片完成2015年度三北防护林0.35万亩。狠抓退耕还林补植补造，在洛门东西康、宋庄片，鲁班沟杨场片，洛礼路沿线杨河片，城关黑沟片，完成退耕还林补植补造1.86万亩。

【精准扶贫】成立精准扶贫工作指挥部和15个乡镇扶贫工作站，制定落实“1+20”精准扶贫精准脱贫方案，完成了2.71万户12.2万贫困人口的建档立卡和精准扶贫大数据平台建设。县财政自筹4000万元，砂化自然村道路411.2公里，解决了49个边远自然村5960人的饮水安全问题。投入县级扶贫互助基金1260万元，实现贫困村互助协会全覆盖。实施易地扶贫搬迁项目11个，改造农村危房2500户。建成通行政村道路44条180公里、贫困村综合服务中心84个、“全面改薄”项目91个、行政村幼儿园31所、标准化村卫生室77个，造林4.48万亩。落实精准扶贫专项贷款5.57亿元，扶持贫困群众发展富民产业。

【第三产业】2015年，国家级洛门蔬菜批发市场、金鑫万吨冷链物流、世纪商贸城等一批重点商贸项目建成运营，沿安、榆盘、杨河等乡镇农贸市场全面建成，陇东南区域现代物流中心地位日益凸显。被确定为全省电子商务建设示范县，淘宝网“魅力武山特色馆”开通上线，建成县电子商务创业园、电商服务中心、15个乡镇电商服务站和31个村电商服务点，电商交易额达8500万元。水帘洞地质公园广场、木梯寺游客接待中心、老君山森林公园基础设施等7个重点旅游项目加快实施，新建改建农家乐100家，旅游接待人数和综合收入分别比上年增长31%和32%。

【项目建设】2015年，组织实施各类项目406项、总投资132亿元，争取国家和省级项目182项、总投资15亿元，签约招商引资项目25项，到位资金23.2亿元。西关渭河大桥重建、武山大道西段景观工程、县养老院等40个重大项目全面建成，国道310线升级改造、贺岷公路、西关棚户区改造等一批项目加快推进，人民广场、城市商业综合体、四星级宾馆宁远国际大酒店等重点民生项目全面启动，洛门至水帘洞一级旅游公路、城关第五小学、城区生活垃圾收运工程等一批基础性项目即将开工建设，洛门至温泉隧道畅通工程、县一中分校区等一批新谋划的项目前期工作进展顺利，祁连山集团武山水泥生产线技改迁建项目矿山平井、“三通一平”等前期基础工程基本完成，源丰实业等4家企业跻身“规上”行列。工业园区集聚效应初步显现，鹏飞果蔬保鲜盒等4个入园项目建成投产，中药饮片、5000吨新型节水材料及设备生产线等10个项目主体完工，中盐集团天宝塑业、兰通机械制造等入园项目前期工作进展顺利。

【环境保护】制定出台《武山县2015年大气污染防治实施方案》、《武山县大气污染防治2+10工作方案》、《武山县加强环境保护解决环境问题整改方案》等具体工作方案，全面建立“党政同责、一岗双责、齐抓共管、失职追责”的环保工作机制。县环境保护局共办理建设项目环评影响登记表63个，环境影响评价报告表17个，环境影响评价报告书2个。争取资金20万元，对渭河流域4家畜禽养殖场进行了污染治理；为通济牧业争取资金100万元安装年产10万吨有机肥生产线，实现了资源的合理配置和综合循环利用。开展了污水管网敷设工作，新建管网2300多米，污水收集量由原来的2500方/日，增加到4800方/日。

【社会事业】2015年，全县共有各级各类学校292所，教学点120个，在校生8.46万人，各级各类学校共有教职工5476人。教育基本建设投资2.9亿元，新建校舍11.74万平方米。校舍面积56.04万平方米。为民承诺的10项35件民生实事有效落实。发放义保经费、助学金等各类补助1.25亿元，新建校舍5.7万平方米，消除D级危房5.9万平方米。妇幼保健院迁建项目有序推进，建成村级卫生计生综合示范点24个。美术馆、博物馆、图书馆和文化馆搬迁全面完成。新建保障性住房337套，互助老人幸福院21个。发放各类救助资金1.4亿元，县财政用于教育、卫生、社会保障等方面的支出，占公共财政预算支出的49.2%。

张家川回族自治县

【现任主要领导】

张家川回族自治县人大常委会

主任：李肖锋（回族）

张家川回族自治县人民政府

县长：马中奇（回族）

政协张家川回族自治县委员会

主席：关春生（回族）

中共张家川回族自治县纪律检查

委员会书记：赵东宏

【基本概况】张家川回族自治县位于甘肃东南部，陇山西麓，东依陕西陇县，南邻清水县，西接秦安县，北与华亭、庄浪两县接壤。总面积1311.8平方公里，东西长62公里，南北宽48公里。地势由东北向西南倾斜，最高海拔2659.4米，最低海拔1486米，平均海拔2011.4米。年平均气温8.5℃，无霜期163天左右，年平均降雨量593毫米。现辖3个镇、12个乡，255个行政村，常住人口29.23万人。

【资源优势】境内自然景观和文化遗址较多，主要景观有：五龙山、老龙潭、斩蛇崖、小麦积、五指山、青石崖、石人峰等，主要文化遗址有五龙山云风寺遗址、佛爷崖太极八卦图、二郎神脚印石、栓马桩以及宣化岗拱北、清真寺、正觉寺、花果山石窟、摩崖石刻、老庵寺、街亭古战场遗址、秦亭遗址、马家塬战国古墓遗址等。

境内植物有木本、草本、观赏和药用4大类，600多种。乔木类主要集中在东北部天然林区，灌木类主要集中在东北部关山区，种类繁多；草木结构分为野生草本和人工牧草两大类，野生草本植物比较常见的有240多种，有31科、106属154种；观赏植物有70多种；药用植物包括野生和栽种两大类，中药材已达38科，124种，其中野生药材112种，栽种药材12种。珍贵动物9种，均属国家一、二、三级保护动物。铁、铜、铅、锌、水晶、长石、大理石、花岗岩等20多种矿产资源，储量丰富。

【国民经济】2015年，全县实现生产总值24.98亿元，比上年增长9.4%。其中，第一产业增加值6.42亿元，增长5.5%；第二产业增加值2.62亿元，增长10%；第三产业增加值15.94亿元，增长10.6%。规模以上工业增加值1.33亿元，增长8.2%；固定资产投资45.73亿元，增长10.12%；社会消费品零售总额7.07亿元，增长9.26%；公共财政预算收入1.33亿元，增长10.66%；城镇居民人均可支配收入19150元，增长10%；农村居民人均可支配收入5400元，增长12.4%。

【农村经济】2015年，全县完成农业总产值10.5亿元，比上年增长5%。粮食总产量12.46万吨，增长0.6%；油料产量5183吨，下降5.9%；蔬菜产量11.98万吨，增长9.3%；中药材产量1180.08吨，增长39%。粮食作物种植面积47.04万亩，油料种植面积6.97万亩，蔬菜种植面积6.73万亩，中药材种植面积3919亩。牛存栏11.99万头，下降0.6%；羊存栏12.81万只，下降0.5%；猪存栏1.36万头，下降2.2%。牛出栏4.57万头，增长7.5%；羊出栏4.6万只，增长9%；猪出栏1.58万头，下降3.1%。肉类总产量6669吨，增长5.7%。输转富余劳动力6.85万人（次），创劳务收入11.18亿元。

【城乡建设】2015年，西城区开发完成控制性详细规划，编制完成了北山城市森林公园总体规划。以“一区、一园、两桥、四厂（场）、四路”为主要任务的城市基础设施建设扎实推进，阿阳大道东延伸段全面完工，迎宾大道完成路基施工，迎宾大桥、新城大桥完成前期工作，城区污水处理厂、县城净水厂二期工程投入使用，和畅嘉园144套公租房和康宏药业公司等390套城市棚户区改造项目启动建设，马鹿、马关、梁山三乡撤乡改镇，恭门、龙山等小城镇基础设施建设项目完成年度建设任务。完成易地搬迁主体工程700户，改造农村危房1800户。建成省级示范村2个、市级示范村3个、环境整洁村35个，农村人居环境明显改善。

【项目建设】2015年，编制完成23项行业专项规划及全县“十三五”规划纲要，精心谋划重大项目116项，总投资101.8亿元。争取到各类项目142项，到位国家和省市投资7亿元。实施各类重点项目79项，累计完成投资18.2亿元。富川水源工程列入国家、省级2015年PPP项目库，大阳至龙山三级公路改扩建项目建成通车，恭门至天河三级公路改建工程进展顺利，农村危房改造、易地扶贫搬迁、农村饮水安全管网延伸、林业生态建设以及教育、卫生、文化等公共设施项目完成年度建设任务。

【社会保障】2015年，落实强农惠农富农政策资金6.79亿元，和畅嘉园保障性住房三期工程主体完工，医药公司、龙山供销社和卫生院城市棚户区改造项目建设进展顺利，改造农村危房1800户。深入推进双联行动与扶贫攻坚融合联动，各级双联单位共帮办实事193件，总投资963万元，发放双联惠农贷款8729万元，解决了群众关心、关注的一些热点、难点问题。积极推进全民创业，实现城镇新增就业人员3470人。紧紧围绕民族工作主题，加强“两个共同”示范县建设，开创了民族团结进步事业新局面。狠抓“平安张家川”建设，加强社会治安防控体系和综治基础建设，建立健全了矛盾纠纷排查预警机制，招录了一批公安干警，进一步壮大了公安队伍。深入开展矛盾纠纷排查调处月活动，调处化解了一批久拖不决的信访积案，集中解决了一批群众反映的合理利益诉求。加大对各类违法犯罪的打击力度，破获了一批影响较大的刑事案件，全县呈现出民族团结、宗教和顺、共同繁荣、共同发展的良好局面。

【社会事业】2015年，完成薄弱学校改造工程52所，建成2000人以上村级幼儿园21所，完成70个贫困村幼儿园主体工程。高考各类本科上线663人，重点本科上线人数再创新高。大力实施文化惠民工程，建成村级文化广场2处、“乡村舞台”75个。大型电视剧《关山魂》剧本创作工作全面完成，马家塬遗址保护规划编制已被国家文物局正式批复立项。深入推进医疗卫生事业三年大提升计划，县一院住院楼、门诊楼全面竣工，2个乡镇卫生院业务楼主体工程和72所标准化村卫生室建设任务全面完成，城乡医疗卫生服务水平和计划生育优质服务能力不断提升。双拥、统计、妇女儿童、残疾人、老年人等各项社会事业统筹发展。

武威市

【现任主要领导】

中共武威市市委书记：火荣贵
武威市人大常委会主任：刘存禄
武威市人民政府市长：李志勋
政协武威市委员会主席：王扎东（藏族）
中共武威市纪律检查委员会
书记：李学民

【基本情况】武威市位于甘肃省中部，河西走廊的东端，是中国旅游标志——马踏飞燕的出土地。1986年被国务院命名为全国历史文化名城和对外开放城市，2001年5月经国务院批准撤地设市，2005年被命名为中国优秀旅游城市，2012年10月被命名为“中国葡萄酒城”。现辖凉州区、民勤县、古浪县和天祝藏族自治县，总面积3.3万平方公里，有93个乡镇、1125个村民委员会，9个街道办事处、72个居民委员会。常住人口181.64万人，其中城镇人口65.25万人，乡村人口116.39万人，聚居着汉、藏、回、蒙等38个民族。

【国民经济】2015年，全市实现生产总值416.19亿元，比上年增长8.7%。其中，第一产业增加值99.79亿元，增长6%；第二产业增加值152.54亿元，增长6.7%，其中工业增加值97.41亿元，增长5.8%，建筑业增加值57.14亿元，增长9.1%；第三产业增加值163.86亿元，增长11.3%。三次产业结构由2014年的22.9 ：41.7 ：35.4调整为24.0 ．36.6 ：39.4。固定资产投资增长12.8%，社会消费品零售总额增长9%，一般公共预算收入增长21.02%，一般公共预算支出增长14%。城镇居民人均可支配收入达21702元，增长9.2%；农村居民人均可支配收入达到9101元，增长11.6%。居民消费价格指数累计达101.5%，金融机构本外币存款余额增长15.83%，贷款余额增长31.87%。

【“三农”工作】全市强力推进主体生产模式和现代营销模式，现代农业已具雏形。全年完成农作物播种面积377.78万亩，比上年增加6.81万亩。其中，粮食作物播种面积206.01万亩，增长2.3%，经济作物播种面积171.77万亩，增长1.25%，粮经比由上年的54.3 ：45.7调整为54.5 ：45.5。粮食作物中，夏粮播种面积55.5万亩，增长39.25%，秋粮播种面积150.5万亩，下降6.79%，夏秋比由上年的19.8 : 80.2调整为26.9 : 73.1。粮食产量达到107.09万吨，增长1.5%。其中，夏粮产量22.82万吨，增长60.3%；秋粮产量84.27万吨，下降7.7%。新增设施农牧业6.37万亩，累计达到85万亩，户均2.5亩；新增特色林果基地34.54万亩，累计达到155.66万亩，人均1亩。农产品、特色林果出口基地备案面积分别达到50.24万亩和7.2万亩，设施农产品外销量占总产量的70%以上。甜高粱种植面积扩大到27.3万亩，实施配套加工项目16个。农业增加值为99.79亿元。新建规模养殖场（小区）280个，累计达到3145个；新发展规模养殖户0.55万户，累计达到14.21万户。申报创建部级畜禽养殖标准化示范场1个、省级9个。实现畜牧业增加值33.96亿元，增长3%。全年肉类总产量达14.3万吨，增长0.35%。

【项目建设】全年实施500万元及以上在建项目1129项，比上年增加181项，其中亿元以上项目232项。完成固定资产投资620.1亿元，增长12.8%，其中，500万元及以上项目完成投资591.8亿元，增长12.58%；房地产开发完成投资28.3亿元，增长17.56%。在500万元及以上项目投资中，三次产业投资比重由2014年的7.7 : 57.9 : 34.4调整为6 : 40.5 : 53.5，第三产业投资比重提高19.1个百分点。以交通运输、水利环境公共设施管理、居民服务等行业为主的基础设施项目完成投资276.61亿元，增长64.58%。

【优势产业】着力培育产业链经济，打造风光电装备制造、碳化硅新材料、生物制药、农产品精深加工、液体经济等产业联盟和产业集群，一批重大骨干工业项目建成，风光电装机规模累计达到300万千瓦。现代服务业快速发展，万嘉国际广场、黄羊公铁联运物流中心、昊天农产品交易市场暨仓储物流中心建成运营，红星时代广场加快建设，市电子商务创业孵化基地和创业实训基地、民勤县电子商务创业孵化园建成投运。文化产业快速发展，华夏文明传承创新区武威项目区加快建设，长城集团武威丝绸之路文化遗产博览城、莫高·中国葡萄酒城等文化产业项目加快推进，连续3年成功举办“中国·河西走廊有机葡萄美酒节”。武威保税物流中心和中欧国际货运班列“天马号”常态化运营，累计发运33列，货运总量4.68万吨，货运总值1.17亿美元，出口退税、进口保税等口岸功能逐步发挥。

【精准扶贫】深入推进精准扶贫精准脱贫、“1236”扶贫攻坚行动、“双联富民”行动深度融合，科学布局人、水、土资源，实施“下山入川”生态移民工程，建成古浪黄花滩、天祝南阳山片、凉州邓马营湖等生态移民示范基地。全面落实“1+17+2”精准扶贫规划方案，全市建档立卡贫困人口脱贫12.3万人，贫困面下降到9.1%，民勤县整体脱贫。

【环境保护】石羊河流域重点治理任务全面完成。蔡旗断面过水量和民勤盆地地下水开采量两大约束性指标、生态治理目标分别提前8年、6年实现，干涸半个世纪之久的青土湖形成水面22.36平方公里。严格落实“五禁”决定，祁连山水源涵养林、冰川、高山湿地和旱区湿地加快恢复，湿地总面积达到156.3万亩。全力打好凉州大气污染防治攻坚战，扬尘、烟尘、尾气和油气综合治理成效明显，空气质量优良天数、PM10年均浓度目标实现双达标。全年水资源总量14.93亿立方米，年末7座重点水库蓄水总量0.91亿立方米，比上年末下降0.3%。全年用水总量15.81亿立方米，比上年下降0.06%。年末城市污水处理厂日平均处理量3.5万立方米，城市污水处理率96.06%。城市生活垃圾无害化处理率达100%。城市建成区绿地率达到22.86%，提高0.62个百分点。

【社会保障】全年城镇新增就业人员2.36万人，下岗失业人员实现再就业0.93万人，城镇登记失业率3.05%。企业退休人员基本养老金、失业保险金、工伤人员伤残津贴标准提高10%，城乡低保、五保供养和一、二类低保再次提标。城镇职工医疗保险参保人数为13.16万人，城镇居民基本医疗保险参保人数为17.51万人；企业职工基本养老保险参保人数为12.2万人，城乡居民社会养老保险参保人数为87.4万人；参加失业保险统筹人员7.12万人，收缴失业保险费4881万元，领取失业金人数1553人，累计失业保险金支出1059万元。年末新型农村合作医疗保险参保人数141.06万人，参保率达98.84%，比上年提高0.14个百分点。城镇居民得到最低生活保障救济的人数4.79万人。农村最低生活保障救济的人数达20.14万人，农村五保供养1.04万人。年末全市有福利院4所，在院人数384人，民办养老机构3所，拥有床位375张。农村老年福利机构16个，全市各类养老机构拥有床位数4051张，在院人数2673人。全年新建续建新型农村社区示范点56个、1.96万户，建成新农宅3万户，其中农村危房改造1.47万户；新开工建设城镇保障性住房1.7万套，基本建成3.2万套，实施棚户区改造1.3万户。城镇化及新型农村社区建设进程加快，创建“千村美丽”示范村省级15个、县区级41个，“万村整洁”村319个，常住人口城镇化率达到35.92%。

【社会事业】实施“全面改薄”项目，D级危房全面消除。职业教育稳步发展，组建武威职业教育集团，武威职业学院国家骨干高职院校建设项目通过评估，一期扩建工程加快推进。整合市、区中医医院，组建武威职业学院直属附属医院。兰州交通大学新能源与动力工程学院和甘肃威龙葡萄酒业专修学院发展势头良好。医疗卫生服务体系不断完善，县级公立医院综合改革全面展开，中国首台自主研发的医用重离子加速器建成并成功出束，市人民医院完成整体搬迁并正常运行，市中医医院综合服务楼建成投用。恶性肿瘤高发区防控模式示范项目全面完成，乙肝防治示范区建设项目持续推进。市博物馆、体育馆、影剧院主体建成。累计建成乡村综合性文化服务中心（乡村舞台）730个、乡镇及社区体育健身中心43个，群众就业、就学、就医、出行、饮水等状况明显改善，城乡基本公共服务水平不断提升。

（丁锡斌 刘锦莲）

凉州区

【现任主要领导】

中共凉州区区委书记：洪元涛

凉州区人大常委会主任：

沈开祥（6月止）

唐　祜（6月任）

凉州区人民政府区长：朱星海

政协凉州区委员会主席：

唐　祜（6月止）

王秀丽（6月任）

中共凉州区纪律检查委员会

书记：徐宝成

【基本情况】凉州区位于甘肃省河西走廊东端，地势西南高东北低，平均海拔1632米，地形分为三部分，西南部为祁连山地，中部为走廊平原，东北部为沙漠。属冷温带干旱区，是典型的大陆性气候，日照充足，温差大，无霜期为150天，宜于粮油作物的生长。全区总面积5081平方公里，现辖25个镇、12个乡、2个生态建设指挥部、9个城区街道办事处，445个村民委员会、40个社区居委会，聚居着汉、藏、回、蒙等38个民族，常住人口101.15万人。

【国民经济】2015年，全区实现生产总值261.16亿元，比上年增长8.5%。完成工业增加值55.8亿元，增长4.2%，其中规模以上工业完成增加值50.76亿元，增长3.2%；完成固定资产投资422.63亿元（小口径），增长14.93%；实现社会消费品零售额95.84亿元，增长8.8%；完成一般公共预算收入10.52亿元，增长20%；一般公共预算支出61.75亿元，增长12.7%。

【“三农”工作】2015年，全区实现第一产业增加值57.19亿元，增长6%。全区粮食总产量达到67.97万吨；肉类总产量达8.9万吨；蔬菜总产量达到160.17万吨，较上年增长6.7%。全年完成农作物播种面积167.2万亩。其中，夏粮播种面积29.19万亩，增长127.9%；秋粮播种面积79.45万亩，下降14.9%。粮食作物总播种面积108.63万亩，增长2.4%，经济作物播种面积58.57万亩，下降5.1%。全年肉类总产量8.9万吨，比上年下降1.1%。奶产量1.06万吨，增长0.1%。油料产量1.69万吨，下降25.4%；园林水果产量9万吨，增长7.4%；蔬菜产量160.17万吨，增长6.7%；中药材产量2.31万吨，下降25.2%。年末大牲畜存栏37.66万头（只），下降1.7%；牛存栏36.95万头，下降1.4%；羊存栏98.77万只，下降1.6%；猪存栏78.51万头，下降2.2%。牛、羊、猪出栏分别为14.36万头、56.5万只和91.13万头，分别比上年增长3.9%、9.6%和–3.4%。年末农业机械总动力160万千瓦，比上年增长1.8%。大中型拖拉机4964台，增长11.2%，小型拖拉机48660台，下降9.3%，农用水泵12654台，增长2.4%，农村载重汽车7135辆，增长0.4%，农用化肥使用量（实物量）280991吨，下降4.5%。

【项目建设】2015年，全区实施500万元及以上在建项目625项，其中亿元以上项目112项。全年完成全社会固定资产投资422.63亿元，比上年增长14.93%。完成规模以上固定资产投资317.18亿元，增长13.08%。其中，第一产业完成投资17.11亿元，增长7.69%；第二产业完成投资105.39亿元，下降28.01%；第三产业完成投资194.69亿元，增长64.68%。共签约招商引资项目298项，落实招商引资到位资金375.8亿元，比上年净增82.06亿元，增长27.94%。

【优势产业】凉州区是中国历史文化名城和全国优秀旅游城市，历史悠久，人文荟萃，史有“五凉古都，河西都会”之美称，以其“通一线于广漠，控五郡之咽喉”的军事战略要地和“车马相交错，歌吹日纵横”的商埠重镇为世人所瞩目。区境内有可供游览、观光、考古、研究的古建筑群、古遗址、古墓葬等160多处，馆藏文物4万多件，有举世闻名的珍贵国宝西夏碑、被称为陇右学宫之冠的文庙、始建于北凉时期被称为石窟之祖的天梯山石窟、西藏正式纳入中国版图的历史见证地白塔寺、中国旅游标志铜奔马的出土地雷台汉墓等一批国家级重点文物保护单位。2015年，全年接待国内游客640.67万人次，比上年增长24.59%；旅游综合收入31.93亿元，增长25.46%，其中接待入境游客579人次，旅游外汇收入10.48万美元。区内兰新、312国道贯穿全境，凉古路、金武路、民武路相继建成通车，具有得天独厚的区位优势。2015年，全年交通运输、仓储、邮政业实现增加值15.36亿元，比上年增长3.8%。

【人民生活】城乡居民收入稳步增加。2015年，全区城镇居民人均可支配收入22885元，比上年增长9.1%，净增3081元；农村居民人均可支配收入11178元，比上年增长11.4%。

【扶贫开发】坚持把脱贫攻坚作为头等大事和“一号”工程，全面落实中央和省市精准扶贫精准脱贫战略决策部署，全力实施省委、省政府“1+17”和市委、市政府“1+17+2”方案，深入推进“1236”扶贫攻坚行动与“双联富民”行动深度融合。2015年，45个贫困村按计划整体脱贫，减少贫困人口42369人，超出计划目标任务7945人，全面完成了年度脱贫任务。

【环境保护】全区有环境监测站1个，环境监察机构1个，环境监测和监察人员分别有10人和23人。全年完成环境污染治理项目16个，工业污染企业废水达标率达到95%。城市空气质量优良天数291天，PM10平均浓度值102微克/立方米。

【社会保障】年末城镇职工基本医疗保险参保人数为50895人；城镇居民基本医疗保险参保人数为115849人，参保率达97.51%；年末新型农村合作医疗保险参保人数达740074人，参保率达99.86%。全区城镇职工基本养老保险参保人数达38716人；城乡居民社会养老保险参保人数为431945人；参加失业保险人员27643人，参加工伤保险参保人数为52255人。

【社会事业】全年全区区级以上科技成果53项，比上年增加2项。专利申请受理345件，授权专利224件，授权发明专利8件。全年共签订技术合同33项，技术合同成交金额11025.94万元。全区共有文化馆1个，公共图书馆1个，乡镇文化站37个。数字有线电视入户率和广播电视无线覆盖率分别达到57%和100%。全区共有卫生机构662个，其中医院、卫生院48个，社区卫生服务中心(站)14个。全区拥有床位2961张，卫生技术人员5820人。全年甲、乙类法定报告传染病发病人数4606例，报告死亡4人；报告传染病发病率452.03/10万，死亡率4.03/10万。全区有运动场996个，室外全民健身路径212条，新建成农民体育健身工程行政村70个；全年经常性体育锻炼人数达到35万人次。

（张颖）

民勤县

【现任主要领导】

中共民勤县县委书记：费生云

民勤县人大常委会主任：潘从学

民勤县人民政府县长：黄霓（女）

政协民勤县委员会主席：

张尚忠（5月止）

杨志全（5月任）

中共民勤县纪律检查委员会

书记：俞天平

【基本情况】民勤县地处甘肃省河西走廊东北部，石羊河流域下游。县内风光资源丰富，具有发展风电、光伏电等清洁能源产业得天独厚的地域优势。民勤物产丰富，农作物种类繁多，品质优良。工业矿藏已探明的有储量10亿吨煤炭资源，还有品质石墨、芒硝、石膏、铁、镍等多种具有较高开发价值的矿产资源。总面积15907平方公里，现辖18个乡镇、248个村民委员会、13个居民委员会。常住人口24.12万人，其中城镇人口7.28万人，乡村人口16.84万人。

【国民经济】2015年，全县实现生产总值69.56亿元，比上年增长8.9%。其中，第一产业增加值23.71亿元，第二产业增加值21.95亿元，第三产业增加值23.91亿元，分别增长5.9%、7.7%和13.7%。三次产业结构由上年的34.4∶32.9∶32.7调整为34.0∶31.6∶34.4。全县完成工业增加值15.39亿元，增长7.1%。其中，规模以上工业增加值9.77亿元，增长5.8%。完成固定资产投资140.52亿元，增长12.58%。招商引资实际到位资金222.5亿元，增长20.92%。一般公共财政预算收入3.37亿元，增长22.56%。实现社会消费品零售总额23.49亿元，增长9.9%。金融机构存款余额138.76亿元，增长22.48%；金融机构各项贷款余额140.38亿元，增长39.91%。

【“三农”工作】调整优化种植结构，积极实施“设施农牧业+特色林果业”主体生产模式提质增效工作，引进新品种53个，推广新技术16项，全县温室暖棚棚均收入达到2万元以上，三年生特色林果亩均纯收入达到1606元，农业单方水效益提高到17.24元。新建设施农牧业0.64万亩、特色林果业6.59万亩。畜禽饲养量达到398万头(只)，肉类总产量1.9万吨，禽蛋产量0.3万吨，牛奶产量0.07万吨。全年完成农作物播种面积83.77万亩，增长8.59%。其中，粮食作物种植面积23.56万亩，增长3.65%，粮食总产量达13.96万吨；经济作物种植面积53.14万亩，增长2.35%；饲草面积7.07万亩。粮经草比例由上年的29.46∶67.3∶3.24调整为28.12∶63.43∶8.45。全县实现农林牧渔服务业增加值24.24亿元，增长6.1%，其中畜牧业增加值5.76亿元，增长4.6%，占农业增加值的23.76%。积极培育新型农业经营主体，组建成立农民合作社464个，累计达1933个。建成县级出口农产品标准化示范基地49个，培育家庭农场70家，累计达到100家。加快农村土地流转步伐，全县新增土地流转面积6.18万亩，累计达21.42万亩，占承包土地面积的25%，涉及农户1.68万户。累计发放“双业”贷款42.03亿元，有力地促进了产业结构调整和农民收入倍增。

【项目建设】续建和新开工项目151项，其中投资5000万元及以上项目78项，亿元及以上项目44项。制定出台招商引资优惠政策、奖励办法和重大项目供地（矿）优惠政策，实施招商引资项目198项，申报国家专项债券支持重点项目67项。兴业58.5兆瓦、深能49.5兆瓦、航天日泽49.5兆瓦、中节能30兆瓦光伏发电及雨禾5万吨高效节水灌溉塑料制品、兆丰6万吨精饲料生产、宝林7000万平方米纸质包装制品等项目建成投产。红崖山水库加高扩建工程获批建设，县城至红沙岗高速公路基本建成，G569北仙高速民勤段、红沙岗工业园区水务一体化、城区供水扩建工程等重点项目顺利推进。

【优势产业】新能源产业快速发展，全县建成风光电项目装机容量1633兆瓦，并网发电规模达到1435兆瓦，清洁能源工业完成增加值2.14亿元，增长1.94倍。发展设施农牧业+特色林果业主体生产模式，全县累计发展以葡萄、红枣、枸杞为主的特色林果业47.12万亩，以日光温室、暖棚养殖为重点的设施农牧业13.33万亩，在全市率先实现“户均2亩棚、人均2亩林”。积极培育发展甜高粱战略性新兴产业，落实100亩以上示范点154个。完成勤峰农场辣椒、向日葵和智文商贸公司“蒜泥狠”辣椒酱等3个产品的绿色食品认证，累计完成“三品一标”农畜产品认证45个。建成县级出口农产品标准化示范基地49个，建成出口林果产品基地5万亩，敬业公司等4家企业被认定为国家级高新技术企业。成功申报国家电子商务进农村综合示范县，电子商务创业孵化园建成投运，实现乡、村两级电子商务全覆盖，全年农产品网上销售额突破亿元大关。

【人民生活】全年城镇新增就业3625人，城镇登记失业率为3.38%。完成职业技能培训6439人，创业能力培训540人，职业技能鉴定7082人，安置公益性岗位200个。输转城乡富余劳动力6.02万人，实现劳务收入10.01亿元。城镇居民人均可支配收入18661元，较上年增加2598元，增长9.5%；农村居民人均可支配收入10519元，增加1644元，增长12.5%。加快美丽乡村建设，新(续)建新型农村社区19个、10935套，主体完工6426套，建成入住356套。深入开展农村环境卫生集中整治，建成省级“千村美丽”示范村1个、“万村整洁村”31个。薛百、大滩等8个乡经省政府同意批复撤乡设镇，全县建制镇总数达到14个，占乡镇总数的77.8%。新建公共租赁住房1200套，实施棚户区改造45户。农村水利、交通、电网等基础设施条件得到显著改善。

【扶贫开发】从政策、项目、资金等方面制定一系列倾斜扶持措施，加大填缺补短力度，争取项目资金2.27亿元，县财政自筹1.15亿元，完成农村基础设施和公共服务项目379个。改造建档立卡贫困户住房3739户，其中新（改）建安全稳固住房2618套。发放精准扶贫贴息贷款2.38亿元，争取易地扶贫搬迁贷款8.39亿元。2015年，全县贫困人口人均可支配收入达到6627元，农村基础设施建设和基本公共服务顺利通过省、市考核验收，如期实现整体脱贫目标。

【环境保护】严格落实水权实名制、网格化管理和“三水”联合调度制度。蔡旗断面过水量达到3.016亿立方米，民勤盆地地下水开采量8550万立方米；生态用水增加到1.1867亿立方米，青土湖水域面积达到22.36平方公里，地下水位埋深升至3.14米，形成旱区湿地106平方公里。蔡旗断面过水量和民勤盆地地下水开采量两大约束性指标、生态治理目标分别提前8年、6年实现。持续改善绿洲及外围沙区生态环境，巩固扩大石羊河流域治理成果，启动实施千里沙漠大林带工程，修建治沙道路415公里，完成千里沙漠大林带区域工程治沙5.61万亩，营造防风固沙林网3.86万亩。实施石羊河国家湿地公园万亩胡杨林试验培育基地以及红沙岗万亩红柳林基地等重大生态建设项目，完成胡杨景观林营造5000亩。全年完成工程治沙6.12万亩、人工造林14.36万亩、封沙育林（草）6万亩、通道绿化336公里、义务植树236万株。大力实施工业点源、农业面源和水质污染、大气污染、生活污染综合治理，推动环境质量的持续好转。

【社会保障】全年累计完成民生领域投入21.03亿元，占财政支出的80.87%。全县养老保险参保人数14.94万人，参保率98.85%；参加基本医疗保险人数3.31万人。年末城镇居民享受最低生活保障人数7805人，月保障标准380元；农村居民享受最低生活保障人数27792人，年保障标准2434元。农村五保供养1364人，其中集中供养358人。全年参加新型农村合作医疗农民人数20.63万人，参合率98.63%，新农合筹资标准提高到470元/人，筹资总额9696.52万元。县乡医疗机构按病种付费病历覆盖率82%。

【社会事业】积极推进教育资源布局调整优化，“全面改薄”完成年度建设任务。消除中小学校舍D级危房3.85万平方米。加大贫困学生资助力度，年内发放农村义务教育阶段家庭经济困难寄宿生生活补助费822.25万元，资助学生14389人次；拨付农村义务教育阶段学生营养改善计划资金795.32万元；发放国家助学金743.9万元，资助学生8009人次；落实中职学生免学费政策，减免学费776.8万元，资助学生7768人次；通过“县长教育基金”资助贫困师生1566人次。中医院整体搬迁、妇幼计生保健服务中心业务用房开工建设，省级中医示范县顺利通过验收，启动实施县级公立医院改革。数字影院项目全面完工，建成“乡村舞台”249个，健身站点11个，累计建成健身站点86个，村级体育场249个。举办各类体育竞赛15次，参加省市比赛7次，获得奖牌31枚。免费为城乡居民办理农用三轮车、摩托车牌证2.21万辆、电动车挂牌4.78万辆。新建基层派出所5个，实现乡镇派出所全覆盖。

古浪县

【现任主要领导】

中共古浪县县委书记：李万岳（藏族）

古浪县人大常委会主任：薛华

古浪县人民政府县长：杨东

政协古浪县委员会主席：李健斌

中共古浪县纪律检查委员会

书记：徐国鸿

【基本情况】古浪县地处河西走廊东端，为古丝绸之路要冲，属国家集中连片特困地区甘肃58个县之一，是甘肃中部18个干旱县之一。东南分别与白银市景泰县和天祝县相连，西北与凉州区接壤，北邻腾格里沙漠，是青藏、蒙新、黄土三大高原交汇地带。县境内区域类别多，自然条件差异大，地势南高北低，海拔1550～3469m，平均气温5.6℃，年降水量300毫米左右，蒸发量2300毫米以上，年日照时数2852.3小时，无霜期140天左右。总面积5103平方公里，全县辖12个镇、7个乡，269个村（居）委会，常住人口38.78万人，其中农业人口35.29万人。境内居住汉、回、藏、蒙、苗、满、东乡、土、毛南、瑶等十多个民族。主要矿产资源有石灰石、煤炭、石膏、花岗岩、重晶石等，其中石灰石储量达12.4亿吨，具有较高的开采价值。

【国民经济】2015年，全县实现生产总值40.85亿元，同比增长7.4%。实现工业增加值7.38亿元，增长5.9%，其中规模以上工业完成增加值4.13亿元，增长1.1%。完成全社会固定资产投资105.48亿元，增长14.48%。公共财政预算收入2.24亿元，增长22.08%。城镇居民人均可支配收入17782元，增长9%。农村居民人均可支配收入5412元，增长12%。

【扶贫开发】全面实施精准扶贫，完成124个贫困村、2.97万户11.61万扶贫对象的精准识别。共投入扶贫资金10.7亿元。贫困户发展设施农牧业1.05万亩、特色林果1.47万亩，1000户贫困户光伏扶贫试点项目启动实施。解决了1.05万人的安全饮水问题。新建农村公路300公里，建成乡镇客运站4个、乡村停靠点51个。改造贫困户危房4753户。培训贫困劳动力1.6万人。建成电商扶贫网店37个、金融便民服务点67个。开工建设5个移民点，新建成3个，搬迁山区贫困群众2283户1.03万人。经省市验收全年整体脱贫37个贫困村，减贫1.27万户5.66万人，贫困发生率下降到18.8%。

【“三农”工作】2015年，全县新建设施农牧业1.43万亩，发展特色林果7.31万亩。推广高效农田节水技术55万亩、旱作农业25万亩，特色优势产业在农业中所占比重达到78%，主体生产模式初具规模。新发展规模养殖户1000户，累计达到2.8万户。积极培育农业生产经营主体，新发展农民专业合作社339户，累计达到1532户。推进农村土地经营权规范有序流转，新增流转面积2.2万亩，累计达14.2万亩。强化农业科技服务，引进推广新品种60个、标准化种养技术20项，培训农民10.3万人次。全县农林牧渔及服务业总产值为25.31亿元，比上年增长15.08%。全县农业增加值12.6亿元，增长5.87%。其中，种植业7.69亿元，增长3.7%；畜牧业4.32亿元，增长3.06%；林果业4668万元，增长160.94%；农林牧服务业1396万元，增长6.25%。

2015年，全县完成农作物播种面积90.96万亩，比2014年下降0.44%。其中，粮食作物57.98万亩，增长3.03%；经济作物26.91万亩，下降0.23%；饲草面积6.07万亩，下降25.24%。全年粮食总产量达到20.28万吨，增长5.57%。夏粮总产量4.5万吨，增长6.04%；秋粮总产量15.78万吨，增长5.44%。大牲畜存栏7.74万头，比上年下降1.4%。牛存栏5.29万头，下降0.1%；出栏1.97万头，增长4.6%。猪存栏18.31万头，出栏17.08万头，分别下降5.68%和3.76%。羊存栏55.63万只，下降1.7%；出栏31.17万只，增长9.61%。禽存栏62.58万只，下降0.1%；出栏26.51万只，增长5.83%。肉、蛋、奶产量分别达到1.91万吨、0.19万吨和653.36吨，肉产量增长0.2%、鲜蛋产量下降0.1%、奶产量下降4.09%。

【项目建设】实施500万元以上项目112项，其中亿元以上35项，争取国家和省市投资14.33亿元，增长20.63%。金古公路、公安局业务技术用房等63个项目全面完工。干武铁路增建二线、生态移民暨扶贫开发黄花滩、雍和新能源松山滩风电基地第二风电场等49个项目完成年度建设任务。实施招商引资项目117项，到位资金139.13亿元，增长27.44%，广东绿润超大口径PE管、深圳鑫美丰服饰加工等88个项目落地实施。古双路拓建工程、双塔供水厂建成投用，累计完成投资2.17亿元。落实易地扶贫搬迁贷款7.48亿元、棚户区改造贷款4.17亿元。全年完成固定资产投资105.48亿元，增长14.48%。其中，500万元以上项目完成投资75.12亿元，增长12.38%；500万元以上工业项目投资29.84亿元，增长21.1%。

【优势产业】主体生产模式基本建成，新建设施农牧业1.43万亩，累计达到17.71万亩，户均达到2.3亩；发展特色林果7.39万亩，累计达到32.56万亩，人均达到1亩。种植甜高粱7.13万亩，推广旱作农业25.13万亩。建成出口农产品生产基地15.66万亩。大力培育新兴产业和产业链经济，实施重点工业项目37项，新增规模以上工业企业5户。达华50万亩节水灌溉设备、傲农24万吨畜禽饲料、国澄电子电解铝箔等15个项目建成投产。路斯6000吨宠物食品、鑫天泽塑业1000万套周转箱等18个项目加快推进。现代服务业加快发展，建设县乡农贸市场和畜产品交易市场4个，建成运营3个。县级电商服务中心建成投运，建成乡镇电商服务站3家。第三产业实现增加值16.73亿元，增长11.6%，增速较去年提高3.4个百分点。

【城乡融合】新建公共租赁住房2000套，改造棚户区980户，基本建成保障性住房3800套。世行贷款城乡融合发展核心区基础设施项目启动实施，黄羊川镇新型城镇化试点有序推进。创建“千村美丽”示范村2个，“万村整洁”村36个。西靖、黄花滩、永丰滩撤乡建镇，新建续建新型农村社区6个。全县城镇化率达到23.23%，较上年提高1.6个百分点。

【社会事业】全县财政民生支出占财政总支出的83.92%，增长34.44%。城镇新增就业3794人，城镇登记失业率3.61%。农村五保供养补助标准提高40%。新改建校舍5.5万平方米，40所村级幼儿园和80所学校“全面改薄”项目全部完工，中小学D级危房全部消除，全县拥有各级各类学校241所，九年义务教育巩固率达到100%。改扩建卫生院2所，新建贫困村标准化卫生室50所。加快县级公立医院综合改革，推进医药分开，落实基层首诊、分级诊疗和双向转诊制度。城乡居民大病医疗保险工作全面启动，城乡低保标准提高22%。人口自然增长率控制在6.49‰。古浪战役纪念馆建成开馆，建成县城首家数字影院，新建农村文化广场7个、贫困村文化服务中心34个。

【环境保护】深入实施生态立县战略，依托生态功能区建设、天然林保护工程等重点项目，石羊河流域重点治理任务全面完成，建设工程通过省级竣工验收。推进节水型社会建设，落实用水总量控制、用水效率控制和水功能区限制纳污“三条红线”，全县用水总量控制在3.15亿立方米以内，地下水开采量控制在0.8亿立方米以内。新增高效节水灌溉面积10.25万亩，治理水土流失面积2.86平方公里。加强林业生态保护建设，完成人工造林13.64万亩，封沙育林12.5万亩，通道绿化370公里，义务植树231万株。深化集体林权制度配套改革，流转集体林地2.23万亩，组建1000亩以上家庭林场4个。深入开展环保大检查，大力实施工业点源、农业面源和生活污染综合治理，城乡环境质量持续改善。严格执行“五禁”决定，加大资源管护力度，生态治理成果得到有效巩固。

（胡东山　陈永芳）

天祝藏族自治县

【现任主要领导】

中共天祝藏族自治县县委

书记：张发基

天祝藏族自治县人大常委会

主任：王元林（藏族）

天祝藏族自治县人民政府

县长：王英东（藏族）

政协天祝藏族自治县委员会

主席：郭兴荣（藏族）

中共天祝藏族自治县纪律检查委员会

书记：曾荣祖

【基本情况】天祝，藏语称“华锐”，意为英雄部落。天祝藏族自治县是中华人民共和国成立后第一个实行民族区域自治的地区，是建国后由周恩来总理命名的第一个少数民族自治县，是全国仅有的两个藏族自治县之一。

境内地势西北高，东南低，处于青藏高原、黄土高原和内蒙古高原交汇地带，海拔在2040米~4874米之间。以乌鞘岭为界，岭南属大陆性高原季风气候，岭北属温带大陆性半干旱气候，年均气温-8℃~4℃。地处甘肃省中部、武威市南部、祁连山东端，素有河西走廊"门户"之称。总面积7149平方公里，耕地面积33.1万亩，天然草原面积476.19万亩，林地面积454.24万亩，是石羊河流域6条内陆河（金塔河、杂木河、黄羊河、古浪河、大靖河、西营河）和黄河流域2条外流河（大通河、金强河）的重要水源涵养区和水源补给区。全县现辖9个镇、10个乡，176个行政村、18个社区居委会，常住人口17.59万人。居住藏、汉、土、回、蒙古等28个民族，其中少数民族占总人口的37.1%，藏族占少数民族人口的97.14%。人口自然增长率5.99‰。城镇化率达到37.75%。境内有以"天祝三峡"、天堂寺、石门沟、马牙雪山为代表的生态自然景观和以藏土民俗风情和藏传佛教文化为代表的人文景观。

【国民经济】2015年，全县实现生产总值44.66亿元，比上年增长8.3%。其中，第一产业增加值6.4亿元，增长6.1%；第二产业增加值20.69亿元，增长6.5%；第三产业增加值17.56亿元，增长11.9%。三次产业结构由2014年的13.88：53.06：33.06调整为14.33：46.34：39.33。一产对生产总值的贡献率为7.45%，比上年增长1.89个百分点；二产对生产总值的贡献率为45.2%，比上年降低13.89个百分点；第三产业对生产总值的贡献率为47.35%，比上年提高12个百分点。城镇居民人均可支配收入为19132元，同比增长9.95%；农村居民人均可支配收入达5916元，增长12.28%。

【"三农"工作】全县实现农林牧渔业总产值11.76亿元，同比增长12.97%；完成增加值6.52亿元，增长6.14%。全年农作物播种面积35.84万亩，增加1.18万亩，增长3.41%。其中，粮食作物播种面积15.83万亩，蔬菜种植面积10.21万亩，油料2.33万亩，中药材1.05万亩。牛存栏11.34万头，下降0.63%；出栏5.17万头，增长5.96%。猪存栏4.69万头，出栏6.00万头，分别下降4.97%、4.04%。羊存栏79.50万只，出栏38.61万只，分别增长3.48%、9.91%；禽存栏8.69万只，和上年持平，出栏9.51万只，增长6.38%。全县建成设施农牧业1.32万亩，累计达到13.94万亩，户均达到3.47亩。累计建成日光温室示范点109个、养殖小区（规模养殖场）1116个。全县特色种植面积达到57.95万亩，其中高原绿色有机蔬菜10万亩。完成人工造林3.54万亩，封山育林6.26万亩，通道绿化106公里，义务植树102万株，建成造林绿化示范点12个、义务植树基地19处，生态小康村镇6个。完成历年退耕还林补植补造4.08万亩，栽植沙棘、柠条等苗木116.22万株，为农户兑现2015年管护费及生活费补助367.29万元。

【项目建设】2015年，全县完成固定资产投资87.29亿元，增长12.49%。500万元及以上项目完成投资85.93亿元，增长11.43%，房地产完成投资13521万元，增长182.87%。完成城镇固定资产投资85.93亿元，同比增长11.43%，占投资总额的98.45%。第一产业完成投资5.98亿元，下降1.68%，占投资比重的6.85%；第二产业完成投资31.09亿元，下降11.95%，占投资比重的35.62%；第三产业完成投资50.22亿元，增长38.7%，占投资比重的57.53%。

【旅游产业】全年共接待游客86.5万人次，比上年增长24.5%；旅游总收入4.77亿元，增长25.54%。由天祝三河源文化旅游有限责任公司总投资3.05亿元建设的天祝冰沟河文化旅游景区招商引资项目，2015年累计完成投资1.2亿元，AAAA级景区创建已通过省旅游局评审；兰州新亚集团计划投资1.2亿元的天祝诺布林卡生态文化旅游景区建设项目，目前已完成投资1000万元，《天祝诺布林卡生态文化旅游景区修建性详细规划》通过评审，环境影响评价报告书的编制工作已启动；联展（北京）公司投资1.2亿元的"房车上的甘肃"旅游开发项目，完成投资100万元，目前已经签订了土地租赁合同，并对用地进行了测绘；大山河集团计划投资65亿元的丝路风情天祝文化园旅游开发项目，完成投资200万元，目前总体规划已经通过初评会，正在进行修改完善；天祝南拉民俗文化产业有限公司投资1.2亿元建设的天堂镇民族文化村开发项目，完成投资1500万元。

【环境保护】2015年全年主要污染物排放量实际控制在化学需氧量排放量6362吨，氨氮314.5吨，二氧化硫8346吨，氮氧化物3964吨，四项主要污染物排放总量全部控制在市政府下达的年度控制指标和全县"十二五"主要污染物总量控制目标之内。共上报项目32个，申请资金571.16万元。争取环保专项资金302万元，其中，畜禽养殖污染减排项目省级环保专项资金50万元，哈溪、大红沟、西大滩农村饮用水源地保护项目120万元，正阳公司污水处理改造100万元，重点污染源自动监控系统项目32万元。

【社会保障】全县城镇职工养老保险、城镇职工医疗保险、城镇居民医疗保险、失业保险、工伤保险、生育保险征缴额分别分别为4271万元、4135万元、126万元、400.36万元、539万元、97万元，任务完成率分别为139.51%、101.17%、110.53%、102.66%、101.89%、102.11%。全县城镇职工养老保险、城镇职工医疗保险、城镇居民医疗保险、失业保险、工伤保险、生育保险支出达到5156万元、2646万元、937万元、58.61万元、369万元、42万元。城乡居民社会养老保险参保率达到96.08%，发放率达到100%。

【社会事业】继续实施标准化学校建设工程，实施"全面改薄"项目105项，投资11833万元。其中，新建、改扩建中小学教学及辅助用房、生活用房27176平方米，运动场10.71万平方米。设备采购项目共投资3463万元，为116所中小学和教学点新配置学生用床3800套，达到寄宿生一生一床标准；配备课桌凳12900套，一次性更新率达73.5%；购置食堂设备1020台件，饮水设备149套，安保设备114套，采暖锅炉43台，音乐、美术器材34套，体育器材63套，教学仪器设备13套，地理实验室1个，图书55000册。继续实施学生营养改善工程，义务教育学生营养改善计划专项补助标准从每日补贴3元提高到4元，达到每生每年800元，落实义务教育学生营养改善计划专项补助资金817.56万元，家庭经济困难寄宿生生活补助专项资金774.45万元，学校公用经费专项资金1943万元，普通高中"三免一补"1056.73万元，中职生减免学费资金和国家助学金90.8万元。为1117名各类家庭经济困难学生提供资助金78.53万元，为3028名高校家庭经济困难学生发放助学贷款1686.74万元。健全完善医药卫生服务体系。全县共有各级各类卫生计生单位313个。卫生计生系统共有在编在职人员1234人，其中卫生技术人员961人。全县有中藏医专业技术人员308人，乡村医生315人。各级各类医疗机构开放病床达到769张，每千人拥有床位3.8张。

（张志强）

张掖市

【现任主要领导】

中共张掖市市委书记：毛生武

张掖市人大常委会主任：王开堂

张掖市人民政府市长：黄泽元

政协张掖市委员会主席：陈义

中共张掖市纪律检查委员会

书记：苟海龙

【基本情况】张掖古称甘州，西汉以"张国臂掖，以通西域"而得名，位于青藏高原和蒙古高原交汇的河西走廊中段，地贯东西、交通南北，历代为华夏咽喉之地，战略地位极为重要。总面积近4万平方公里，辖甘州区、临泽县、高台县、山丹县、民乐县、肃南县一区五县。全市常住人口121.98万人，其中，城镇人口51.46万人，占常住人口的42.19%。有汉、裕固、藏、蒙、回等38个民族，其中分布于祁连山区的裕固族是张掖独有的少数民族。

【资源优势】张掖自古就有"塞上江南"、"金张掖"之美称。祁连山水源涵养区、黑河绿洲、荒漠戈壁三大生态系统交错衔接，雪山冰川、森林草原、七彩丹霞、田畴沃野、湿地候鸟、荒漠沙丘等地貌交相辉映，异彩纷呈，被国家列为生态文明示范工程试点市。境内河流众多，阳光充足，土地肥沃，灌溉便利，是国家现代农业示范区，是全国最大的玉米制种区和重要的粮食、蔬菜、瓜果、油料和牛羊生产基地。也是全省以钨钼、铜、金、铁、煤、粘土、钾盐等矿种为主的金属、非金属矿产集中区和水能、光能、风能开发区。张掖既有"半城芦苇"的自然美景，也有"半城塔影"的历史风貌，文化沉积深厚，人文景观丰富，是国务院公布的国家级历史文化名城和中国优秀旅游城市。有中国最美之一的祁连山草原、张掖丹霞、黑河湿地、黑河峡谷和平山湖大峡谷；有全国最大的山丹马场、保存最完整的汉明长城、历史文化名山焉支山、名城骆驼城；有距城市最近的七一冰川、沙漠公园；有全国最大的室内泥塑卧佛张掖大佛、坐佛山丹大佛；有与敦煌莫高窟同时代的马蹄寺石窟群，还有红西路军烈士陵园和独特的裕固族、蒙古族、藏族风情等。

【国民经济】2015年，全市实现生产总值373.53亿元，比上年增长7.5%。其中，第一产业增加值95.02亿元，增长5.7%；第二产业增加值109.84亿元，增长6.1%；第三产业增加值168.67亿元，增长9.5%。人均生产总值30704元，增长7.0三次产业结构比调整为25.4 ：29.4 ：45.2。文化产业增加值8.39亿元，增长19.42%，占生产总值的比重为2.25%。

【项目建设】全市完成固定资产投资312.81亿元，比上年增长13.5%。开工建设各类项目657项，完成项目投资259.27亿元，增长13.16%。第三产业完成投资150.31亿元，增长10.5%。第三产业投资占固定资产投资的比重达到48%，高于第二产业6.8个百分点。基础设施建设完成投资79.33亿元，占固定资产投资总量的25.4%，比上年提高5.1个百分点，增长41.9%。完成民间投资227.1亿元，增长26.1%，占固定资产投资总量的72.6%。全年签约招商项目299项，总投资705.56亿元。落实到位资金429.33亿元。其中省外资金422.85亿元，比上年增长28.9%。

【"三农"工作】围绕玉米制种、马铃薯、高原夏菜、中药材、肉牛养殖等特色优势产业，建成产业化基地面积322万亩。当年新开工投资上千万元的农产品加工重点龙头企业16户，完成投资4.6亿元；年销售收入5000万元以上农产品龙头企业达到56户，农产品加工龙头企业年加工消耗农产品272万吨，农产品加工转化率为60%。粮食种植面积282.36万亩，比上年增加6.87万亩；油料种植面积38.12万亩，减少0.11万亩；蔬菜种植面积43.23万亩，增加0.24万亩；棉花种植面积0.87万亩，减少1.99万亩；中药材种植面积22.5万亩，减少0.12万亩。粮食生产再获丰收。粮食总产量13.55亿公斤，增长2.17%。其中夏粮4.20亿公斤，下降4.78%；秋粮9.35亿公斤，增长5.64%。畜牧业发展势头良好。2015年末，全市生猪存栏70.7万头，下降3%；生猪出栏79.75万头，下降4.3%。牛存栏65.56万头，下降0.5%；牛出栏24.14万头，增长3.7%。羊存栏285.9万只，下降1.1%；羊出栏181.58万头，增长6.8%。全年肉类总产量11.7万吨，比上年增长0.1%。

【人民生活】全年城镇新增就业人员4.27万人，城镇登记失业率2.57%。全市城镇居民人均可支配收入19673元，比上年增长10.0%；城镇居民人均消费性支出17163元，增长10.1%；城镇居民家庭恩格尔系数为30.83，降低0.27个百分点。农村居民人均可支配收入10823元，比上年增长11.5%；农村居民人均生活消费支出9527元，增长12.7%；农村居民家庭恩格尔系数为35.33，比上年降低1.24个百分点。

【扶贫开发】制定"1+19"本土化精准扶贫落地方案，把人、财、物和项目向3.49万扶贫对象和65个重点贫困村倾斜。整合资金6.21亿元，实现安全饮水、通村道路、危房改造、幼儿园、标准化卫生室五个全覆盖。发放精准扶贫专项贷款3.18亿元，当年整村脱贫目标顺利实现。2015年初，全市农村贫困人口3.49万人，贫困发生率3.49%，到年底减贫2.8万人，贫困发生率下降到1%以内。

【社会保障】年末全市参加城镇基本养老保险人数14.99万人，参加农村居民社会养老保险人数65.32万人，参加城镇职工基本医疗保险人数11.85万人，参加城镇居民基本医疗保险人数17.02万人，参加失业保险人数7.34万人，参加生育保险人数7.54万人，参加工伤保险人数9.02万人，其中参加工伤保险的农民工3.02万人。参加新型农村合作医疗农民人数94.6万人，参合率99.66%。城镇居民得到政府最低生活保障人数4.83万人，城镇低保资金支出17651.3万元；农村居民得到政府最低生活保障人数8.34万人，农村低保资金支出14012.9万元。

【资源环境】全市可利用水资源总量26.5亿立方米，其中可利用地表水资源量24.75亿立方米，与地表水不重复的净地下水资源量1.75亿立方米。全年总用水量23.68亿立方米。其中，生活用水0.61亿立方米，工业用水0.42亿立方米，农业用水21.21亿立方米，生态用水1.44亿立方米。万元生产总值用水量580立方米，万元工业增加值用水量57.9立方米(按当年价核算)。单位生产总值能耗1.1058吨标准煤/万元，比上年下降3.97%。全年空气可吸入颗粒物年日均值为0.097mg/m³，二氧化硫年日均值0.045mg/m³，二氧化氮年日均值0.023mg/m³，空气质量优良（Ⅰ—Ⅱ级）率为78.1%，区域环境噪声平均值53.5dB，交通干线噪声平均值68.1dB，地表黑河干流水质达标率100%，城镇集中式饮用水源水质达标率100%。

【社会事业】全市有科研机构5个,各类专业技术人员2.18万人。其中，工程技术人员0.14万人，农业技术人员0.18万人，教学技术人员1.42万人。全年财政科学技术支出6082万元，比上年下降17.61%。全年共取得市省级以上科技成果60项，获得奖励项目65项，高技术产业化示范工程项目9项。受理专利申请1129件，授权专利422件，授予发明专利权43件。全年共签订技术合同66项，技术合同成交金额13.2亿元，比上年增长19.24%。年末全市普通高等教育在校生19808人，中等职业教育在校生8373人，普通高中在校生28676人，初中在校生39804人，普通小学在校生75263人。特殊教育在校生173人，幼儿园在园幼儿35228人。向全国各类高、中等专业院校输送新生14196人，高考录取率为93.12%。年末全市共有群众文化馆7个，公共图书馆7个，博物馆9个，档案馆7个，乡镇文化站60个，艺术表演团体2个。广播综合人口覆盖率98.6%，比上年提高0.02个百分点。电视综合人口覆盖率98.67%，比上年提高0.02个百分点。《张掖日报》全年共发行296期，累计发行652.7万份。年末全市共有卫生机构1562个，其中医院41个，乡镇卫生院84个，社区卫生服务中心（站）31个，村卫生室868个，疾病预防控制中心（防疫站）7个，妇幼保健院（所、站）7个，专科疾病防治院（所、站）3个，卫生监督所（中心）6个。卫生技术人员8720人，其中执业医师和执业助理医师2941人，注册护士3018人。医疗卫生机构拥有床位数7852张，其中医院、卫生院床位数7254张。

甘州区

【现任主要领导】

中共甘州区区委书记：张健

甘州区人大常委会主任：朱乔正

甘州区人民政府区长：张玉林

政协甘州区委员会主席：王洪德

中共甘州区纪律检查委员会

书记：杨翠琴

【基本情况】甘州区位于河西走廊中部，古“丝绸之路”南北两线和“居延古道”交汇点上，南枕祁连山，北依合黎、龙首二山，全国第二大内陆河—黑河横穿全境，形成了闻名遐迩的张掖绿洲，素有”江南”之美誉，是张掖市委、市政府所在地。现辖1个工业园区、18个乡镇、5个街道办事处。黑河湿地国家级自然保护区、甘肃张掖国家湿地公园、张掖城北国家城市湿地公园、张掖绿洲现代农业试验示范区、国家级张掖经济技术开发区座落其中，是国务院公布的中国历史文化名城和中国优秀旅游城市。2015年末全区常住人口51.36万人，城镇人口24.43万人，城镇化率47.57%，有汉、回、蒙、裕固族等22个民族。

【资源优势】矿产资源：全区已探明地质储量相对比较丰富的煤、锰、铁、锌、铅、冶金用石英岩（硅石）、石膏、水泥用灰岩（石灰石）、砖瓦用粘土、建筑用砂石矿等10种矿产资源。

水资源：黑河、山丹河、酥油口河、大野口河等河流贯穿而过，年径流量24亿立方米，水能蕴藏量达2.2亿千瓦，地下水储量10亿立方米。

有耕地面积93.84万亩，是典型的绿洲农业和大型灌溉农业区，是全国重点商品粮基地县（区）和全国“西菜东运”五大基地之一，是农业部、财政部重点扶持的制种基地。是全国最大的县级玉米种子生产基地。被国内外专家称之为“天然玉米种子生产王国”，农业的整体发展水平处于全国一熟制地区的先进行列，农业产业体系完整，已初步形成了蔬菜、草畜、种子三大农业支柱产业，产业集聚度高，生产的农产品质量好，品种多，成批量，有特色，品牌知名度高，“金张掖高原夏菜”、“金花寨小米”等特色产品远销国内外。先后被命名为国家现代农业示范区、农业改革与建设试点示范区、国家农业产业化示范基地、全国粮食生产先进县等。

旅游资源：地域辽阔，雪山、草原、绿洲、沙漠纵横交错，湿地、河流、戈壁、峡谷点缀其间，融南国秀色与西部风光为一体，自然景色旖旎，名胜古迹众多，人文景观奇特。以黑河湿地、平山湖大峡谷、东大山原始森林为代表的自然生态景观绚丽多彩，汉、蒙、回、裕固等民族风情异彩纷呈。“一湖山光，半城塔影，苇溪连片，古刹处处”是古甘州的真实写照，原始遗存、黑水古城、汉代墓群、明朝烽燧、隋代木塔、西夏大佛、明代钟楼、绝世金经，折射出古甘州灿烂的文化；老子出关、周穆王西巡、霍去病西征、张骞出使西域、法显夏坐、玄奘取经、忽必列出生、赵显赐死、马可·波罗驻足、张三丰传道、西路军浴血等历史事件揭示出古甘州的文明历程。

【国民经济】2015 年，全区实现生产总值 156.75 亿元，比上年增长 7.8%。其中，第一产业增加值 35.59 亿元，增长 5.7%；第二产业增加值 37.93 亿元，增长 6.8%；第三产业增加值 83.23 亿元，增长 9.2%。完成固定资产投资 109.96 亿元，增长 13.33%；实现社会消费品零售总额 80.4 亿元，增长 8.9%；公共预算财政收入 7.64 亿元，增长 17.6%。

【项目建设】2015 年开工建设各类项目 218 个，其中，续建、新建计划投资上亿元的项目 66 项，完成投资 66.5 亿元；新开工建设 17 项，完成投资 22.32 亿元。招商引资新签约项目 56 项，涉及现代农业、生态工业、商贸物流等方面，总投资 325 亿元。新建和续建项目共落实到位资金 76.19 亿元，同比增长 27%。

【现代农业】2015 年建成农业产业化基地面积 87 万亩，占总耕地面积的 92.7%。当年新开工投资上千万元的农产品加工重点龙头企业 8 家，完成投资 2.85 亿元；市级以上农业产业化重点龙头企业达到 76 家，销售收入 42.2 亿元。其中，农业产业化省级重点龙头企业达到 24 家，销售收入 21.1 亿元。依托制种、高原夏菜、现代畜牧业等优势特色产业，鼓励发展专业合作社，积极推进合作社规范化建设。2015 年依法登记注册各类农民合作社 300 个，农民合作社工商登记累计达到 2069 个。各类农民合作社成员达到 14669 人，带动农户 29981 户，占全区总农户的 44.74%。引导农村土地流转工作健康深入开展，土地流转面积达到 22.12 万亩，占总耕地面积的 23%，涉及 17 个乡镇、198 个行政村、1196 个合作社、26242 户农户。

【优势产业】制种产业稳步发展，制种玉米种植面积达到 55.34 万亩，是全国最大的县级玉米种子生产基地，被列为农业部、财政部重点扶持的制种基地。蔬菜种植达到面积 15.71 万亩，建成蔬菜标准化示范园区 40 多个，认证绿色、无公害蔬菜产品 91 个。蔬菜运销企业 26 家、蔬菜经纪人 400 多人，形成产地交易市场 30 多个，在省外城市设立直销窗口 11 个，年蔬菜外销总量达 100 万吨以上，“金张掖高原夏菜”俏销国内外市场。

【人民生活】2015 年城镇居民人均可支配收入 20237 元，比上年增加 1789 元，增长 9.7%；城镇居民人均消费支出 18528 元，增长 9.8%；城镇居民家庭恩格尔系数为 29.5%，比上年下降 1.03 个百分点。农村居民人均可支配收入 11320 元，比上年增加 1173 元，增长 11.6%；农村居民人均生活消费支出 10060 元，增长 12.7%；农村居民家庭恩格尔系数为 36.1%，比上年下降 1.06 个百分点。

【社会保障】2015 年城镇基本养老保险参保 8.70 万人，其中城镇职工基本养老保险参保 6.70 万人，城镇居民基本养老保险参保 2.01 万人；城镇居民基本医疗保险参保 9.53 万人；城镇职工基本医疗保险参保 5.86 万人；失业保险参保 3.73 万人；工伤保险参保 4.61 万人；生育保险参保 3.68 万人。全年各项社会保险基金总收入达到 9.32 亿元，各项社会保险基金总支出 8.43 亿元。年末参加新型农村合作医疗农民人数为 34.67 万人，参合率达到 100%。全年新型农村合作医疗统筹基金支出 15115.79 万元，累积受益 110.54 万人次。全年城市医疗救助 776 人次，农村医疗救助 2827 人次，民政部门资助农村合作医疗 48953 人。全区享受城镇最低生活保障的居民 2.37 万人，发放城市居民最低生活保障资金 8088 万元。全区纳入农村最低生活保障的居民 2.19 万人；发放农村居民最低生活保障资金 3918 万元。

【环境保护】全区有自然保护区 2 个，总面积 15677 公顷。可吸入颗粒物年日均值 0.097 mg/ m³，二氧化硫年日均值 0.045 mg/ m³，二氧化氮年日均值 0.023 mg/ m³，区域环境噪声平均值 53.5dB，交通干线噪声平均值 68.1dB，地面水质达标率 100%，饮用水源水质达标率 100%。

【社会事业】全区拥有科研机构 5 个，全年科学技术支出 7261 万元，比上年增加 6097 万元。全年共取得市、省级以上科技成果 24 项。全年获得奖励项目 58 项。受理专利申请 293 件，比上年增加 172 件，授权专利 120 件，比上年增加 52 件；授予发明专利权 26 件，比上年增加 11 件。全年共签订技术合同 39 项，比上年增加 13 项，技术合同成交金额 3.79 亿元，增长 20.3%。2015 年，全区普通高等教育在校学生 19808 人；全日制职业教育在校生 2341 人；普通高中在校生 12235 人；初中学校在校生 16391 人；普通小学在校生 30846 人；特殊教育在校生 287 人；幼儿园在园幼儿 15302 人。学龄儿童入学率达到 96.1%，初中入学率达到 100%。2015 年向全国各类高、中等专业院校输送新生 4894 人，高考录取率达到 90.4%。共有艺术表演团体 4 个、文化馆 1 个，公共图书馆 1 个，博物馆 1 个，档案馆 1 个，乡镇文化站 18 个。广播电视台 1 座，广播调频发射机 1 部。有线数字电视用户 10.39 万户。年末广播节目综合人口覆盖率 95%，电视节目综合人口覆盖率 87%。全年实现文化产业增加值 3.77 亿元，同比增长 19.6%。共有各类医疗卫生机构 515 个，其中综合医院 8 个，中医医院 2 个、专科医院 7 个，疾病预防控制中心（防疫站）2 个，妇幼保健院（所、站）2 个、乡镇卫生院 22 个，社区卫生服务中心（站）23 个，村级卫生室 240 个，个体诊所 192 个，其他医疗卫生机构 17 个。卫生技术人员 4420 人，其中注册执业医师 1215 人和执业助理医师 424 人，注册护士 1444 人。卫生机构拥有床位 2869 张，其中医院和卫生院拥有床位 2627 张。

肃南裕固族自治县

【现任主要领导】

中共肃南裕固族自治县县委
书记：李宏伟
肃南裕固族自治县人大常委会
主任：秦学仁（藏族）
肃南裕固族自治县人民政府
县长：高林俊（裕固族）
政协肃南裕固族自治县委员会
主席：安玉冰（裕固族）
中共肃南裕固族自治县纪律检查委员会书记：白勇（裕固族）

【基本情况】肃南裕固族自治县成立于1954年，因地处肃州（酒泉）以南而得名，是全国唯一的裕固族自治县。地处河西走廊中部，祁连山北麓一线，总面积23887平方公里，平均海拔约3200米。祁连山主峰素珠莲及著名的“七·一冰川”在县境内。全年平均气温3.6℃，日照时数3085小时。无霜期83天左右。辖2个镇、6个乡，102个村委会、3个社区和9个国有林牧场，境内居有裕固、藏、蒙古、回及少量的满、东乡、保安等共17个少数民族。2015年末全县户籍人口15280户、38414人，人口密度为每平方公里1.6人，常住人口3.45万人。

【资源优势】矿产资源：县境内矿产资源丰富。截止到2015年底，已探明的矿产27种，主要金属矿产有煤炭、铜、铁、钨、铬、锰等。非金属矿有萤石、石灰岩、石英沙、硫、粘土、石膏、石棉、磷镁、白云岩、玉石、芒硝、重晶石、大理石、矿泉水等16种。其中钨矿储藏量在全国单个矿山储藏量中排名前5位，储藏量达46万吨。

水资源：石羊河、黑河、疏勒河横贯全境，总流域面积2.15万平方公里，水能蕴藏量达204万千瓦时，冰川蓄藏量159亿立方米，共有大小河流33条，年径流总量为43.11亿立方米，人均流量11.4万立方米，是河西绿洲灌溉的主要水源。

旅游资源：有得天独厚的旅游资源优势。从人文资源看，既有建于北魏时期的马蹄寺、文殊寺、金塔寺等历史文化遗迹，又有裕固族等独特的民族风情和历史文化；既有可与敦煌莫高窟相媲美的石窟壁画艺术，又有博大精深的藏传、汉传佛教等宗教文化。从自然资源看，既有雪山冰川、又有大漠戈壁；既有草原森林，又有河流瀑布；既有幽谷深涧，又有绿洲平原。建成国家4A级旅游景区6家，居全省县区之首。

【国民经济】2015年，全县实现生产总值28.81亿元，比上年增长5.5%。其中，第一产业增加值4.73亿元，增长6%；第二产业增加值16.83亿元，增长4.3%；第三产业增加值7.25亿元，增长9%。人均生产总值8.35万元。完成工业增加值15.16亿元，增长3.8%，其中规模以上工业增加值14.39亿元，增长3.8%；完成固定资产投资39.86亿元，增长10.1%。社会消费品零售总额4.3亿元，增长9.5%；公共财政预算收入2.05亿元，下降24.9%；财政支出11.24亿元，下降8.4%。

【生态保护】加快推进天然草原修复治理，落实草原生态保护补奖资金1.7亿元，完成人工种草12.7万亩、草原灭鼠30万亩、人工治蝗86.6万亩。深入实施天然林保护、国家重点公益林建设、三北防护林、退耕还林等重点生态工程，完成人工造林0.55万亩、封山育林2.97万亩。对接争取祁连山生态环境保护和综合治理工程，完成石羊河流域重点治理项目，开工实施梨园河县城段河道治理工程。加大环境保护整治力度，规范矿产资源开发秩序，依法关闭非煤矿山及煤矿企业6户。加大节能减排力度，完成居民建筑节能改造1.5万平方米，全县万元生产总值、万元工业增加值能耗分别降低2.5%、3.4%，基本完成国家级生态县创建指标任务。

【绿色畜牧业】安排绿色畜牧业发展资金600万元，发放支持草食畜牧业贴息贷款8756万元。出台活畜贩销扶持奖励办法，通过对接市场、销售奖励等手段促进本地活畜外销，年内出栏各类牲畜58万头（只），组织化销售细羊毛440吨。成立细毛羊研究所，与农科院兰州畜牧与兽药研究所合作，开展优势畜种绿色增产增效技术集成模式研究与示范。新建养殖小区10个、养殖暖棚2360座、储草棚360座，创建省级标准化养殖示范场1个、市级标准化养殖示范场2个，建成农牧业信息服务网点12个。推进规模化经营，年内流转草原88.6万亩、耕地2.26万亩。新组建农牧民专业合作社27家，“肃南牦牛”、“肃南马鹿鹿茸”获得国家农产品地理标志认定，皇城北滩片区牦牛及细毛羊取得有机转换产品认证。

【项目建设】全年开工各类项目123项，争取国家政策性投资5.17亿元。投资1.7亿元，开工建设张掖至马蹄等5条旅游道路143.5公里，修建建制村通畅公路11条109.9公里、牧道29条337公里，肃祁公路、张肃高速等重大项目前期工作取得实质性成果；投资1.5亿元，新建游牧民定居住宅700套、林业棚户区住宅192套；投资0.63亿元，实施安全饮水工程30项，解决3000多人的生产生活安全用水问题，新增农田高效节水灌溉面积5.6万亩。创新项目投融资机制，推出鼓励社会资本投资项目4项，其中祁连山腹地公路肃南段和肃南县城至青海祁连二级公路已列入全省第二批鼓励社会资本参与建设运营项目序列。

【特色旅游】裕固族特色村寨基本建成，裕固族民俗度假区（县城）成功创建国家4A级旅游景区，一批餐饮购物、娱乐休闲、旅游公厕等配套服务设施建成投用。加强旅游行业服务标准化建设，新培育三星级宾馆1家，全县星级宾馆达到5家。大力发展乡村旅游，新创建星级农（牧）家乐12个，榆木庄村被国家农业部推介为2015年中国最美休闲乡村特色民居村。启动“智慧旅游”建设项目，实现景区无线网络全覆盖。深入开展旅游全民大宣传活动，承办第五届祁连玉文化旅游博览会、2015国际商学院丝绸之路挑战赛、祁连山国际户外运动节等重大节会。全年接待游客290.3万人次，实现综合收入10.1亿元，分别增长51%和37%。

【人民生活】全年城镇居民人均可支配收入20857.9元，比上年增长10.5%；城镇居民人均消费性支出19896.4元，增长13.63%；城镇居民家庭恩格尔系数为36.3%，下降2.7

个百分点。农村居民人均可支配收入13431.8元，增长11.1%；农村居民人均生活消费支出13330元，增长13.6%；农村居民家庭恩格尔系数为34%，下降2.2个百分点。

【民生保障】全年民生支出8.4亿元，占财政总支出的73.6%。省、市分解下达的27件和县上承诺的14件实事全部办理落实，城乡居民养老、低保、抚恤、五保供养等财政补助和发放标准再次提高，城乡居民养老金发放标准达到每月200元以上，城镇和农牧村低保年人均补助标准分别达到3936元、2434元。公益性岗位人员和见习生生活费、长聘临时护士和乡村医生的工资标准均得到提高，基层工作人员乡镇津贴全面落实。城镇新增就业1698人，城镇登记失业率为1.9%。扎实推进精准扶贫工作，人财物向重点贫困村倾斜，整合资金8441万元，协调贷款1300万元，实施基础设施建设、富民产业培育等重点项目170个，5个建档立卡重点贫困村实现当年整体脱贫，20个巩固提升村自我发展能力进一步提升。

【社会事业】大力改善学校办学条件，肃南二中、红湾小学运动场和皇城幼儿园保教楼建成投入使用，基层学校全部配备安全饮水设备，义务教育均衡发展通过国家评估认定。加强基层医疗卫生机构建设，建成马蹄、祁青卫生院业务用房，新建标准化村卫生室6个，人口自然增长率控制在2.87‰。扎实推进公共文化服务体系示范区创建工作，完成文化事业单位法人治理结构试点工作，在全省率先建成县、乡（镇）数字化文化馆。综治信息平台连通率、网格化管理服务覆盖率均达到100%，全年受理群众来信来访163件（次），调处矛盾纠纷645件，调处率100%。积极应对各类灾害性天气和突发性事件，全面完成“7.04”山洪泥石流灾害抢险救灾任务，受灾群众全部得到妥善安置。

【城乡环境】加强城乡规划管理，编制集镇规划2个、定居点规划4个、村庄规划3个。新建、续建城建项目24项，红湾寺镇老年人日间照料中心、县法院人民法庭、老虎沟服务区等城镇建设项目建成投入使用，县城修建公共停车场1000多平方米，铺设污水管道2.23公里，新建公厕5座、便民人行桥2座，新增绿地面积6.5万平方米。深化城乡环境综合整治，拆除违章建筑260间。大力开展美丽乡村创建活动，投资6831万元，实施新农村建设项目72项，创建省级“千村美丽”示范村1个、省级“万村整洁”试点村20个，市级“四化”示范村5个、县级示范村7个。

民乐县

【现任主要领导】

中共民乐县县委书记：杨君

民乐县人大常委会主任：马多静

民乐县人民政府县长：张学勇

政协民乐县委员会主席：韩延琪

中共民乐县纪律检查委员会

书记：郭建平

【基本情况】民乐县地处河西走廊中段，张掖市东南部，地势南高北低，地形分山地和倾斜高原两大类，总面积3687.23平方公里，海拔1589米~5027米，年平均气温4.4℃，年平均降水量338毫米，无霜期117天，属温带大陆性荒漠草原气候。全县辖6个镇、4个乡，1个社区管理委员会、172个行政村、6个居民委员会。2015年底全县常住人口22.31万人，其中城镇人口7.49万人，城镇化率为33.57%。有汉、藏、回、蒙古、苗、裕固、维吾尔等12个民族。

【资源优势】县境内矿产资源丰富，有煤、铬、铁、石灰石、石膏、金、铜、粘土等，其中原煤储量约2. 6亿吨。耕地92.8万亩，其中水浇地74.8万亩。林地110万亩，其中水源涵养林100万亩。森林覆盖率19.2%。大小河流13条，年地表水径流量4.2亿立方米，地下水总量2.5亿立方米。中小型水库7座，总库容7052.8万立方米，年有效灌水面积72万亩。旅游资源丰富，由北到南包括荒漠戈壁、田园绿洲、森林草原、高山峡谷、雪山冰川等全景式的高原生态旅游景观。全县共有石窟、寺庙、雕塑、壁画以及汉墓群、烽燧等文物古迹105处，其中国家级文物保护单位1处，省级文物保护单位9处，有反映人类新石器时代生活、生产情况的东灰山、西灰山农牧业村落遗址；有魏晋时代的六坝圆通寺塔、童子寺；有明清以来的圣天寺、青龙寺、魁星楼、三台阁；有县城中心广场、民乐公园、海潮坝森林公园、扁都口风景旅游区等旅游景点，并分别以国道227、甘民公路、民永公路为主线，串连自然和人文景观。

【国民经济】2015年，全县实现生产总值45.80亿元，比上年增长7.3%。其中，第一产业增加值14.74亿元，增长6.2%；第二产业增加值14.15亿元，增长6%，其中，工业增加值11.03亿元，增长5.6%，规模以上工业增加值9.52亿元，增长4.2%；第三产业增加值16.91亿元，增长9.8%。人均生产总值20584元，增长6.9%。三次产业增加值占生产总值的比重由上年的30.4 ∶ 34.9 ∶ 34.7调整为32.2 ∶ 30.9 ∶ 36.9。

【“三农”工作】全县围绕蔬菜产业、特色林果业，扶持发展中药材、马铃薯、草畜、食用菌、设施果蔬和高原夏菜、劳务输出六大产业，特色优势产业种植面积达80.6万亩。六坝现代农业示范园区被命名为甘肃省现代农业示范园、省级农业科技园区。食用菌产业园建成研发中心和高标准工厂化出菇房5栋、养菇棚82座。新建果蔬日光温室及钢架大棚1297座、食用菌大棚1155座、工厂化大棚94栋。新建扩建养殖小区56个、乡镇畜禽交易市场1个、牛羊屠宰生产线1条。流转土地48万亩，整理土地4万亩。输转劳动力8.04万人，创收13.2亿元。提高农产品质量安全监管水平，标准化生产面积达85.7万亩，认定“三品一标”面积52万亩，紫皮大蒜蒜薹和蒜头通过绿色食品认证。建设哈萨克斯坦阿拉木图农产品经销窗口，加快绿色有机农产品西进步伐。

【项目建设】2015年，全县完成500万元以上固定资产投资41.21亿元，增长15.32%。其中，房地产业投资完成13.19亿元，增长31.64%。分产业看，第一产业投资 2.70 亿元，同比下降 38.05%；第二产业投资 17.56 亿元，增长 29.13%；第三产业投资 21.54 亿元，增长 21.23%。2015 年包括房地产在内的亿元以上项目 21 个，完成投资 23.70 亿元，占投资总额的 57.52%。从项目计划总投资来看，全县上亿元的项目有 21 个，亿元以下 5000 万元以上项目 22 个，5000 万元以下项目 75 个。

【人民生活】 2015 年，全县城镇居民人均可支配收入 18074 元，比上年增长 10.1%。其中工资性收入 10745 元，增长 11%；家庭经营净收入 5655.6 元，增长 7.9%；财产性净收入 874.69 元，增长 5.98%；转移性净收入 798.04 元，增长 19.3%。农村居民人均可支配收入 9285 元，增长 11.5%。其中工资性收入 3313 元，增长 10.99%；家庭经营净收入 4601 元，增长 9.4%；财产性净收入 430.78 元，增长 26.22%；转移性净收入 940.64 元，增长 18.21%。

【扶贫开发】 对 19 个贫困村实行政策、资金和力量倾斜，扶持种植特色作物 7.33 万亩，占总播面积的 79%；新扩建标准化养殖小区 13 个，新建养殖暖棚 3960 间、食用菌大棚 522 座、工厂化食用菌大棚 37 栋。整合资金 12898 万元，改造危房 145 户，硬化道路 47.72 公里，实施电网改造工程 12 项、光伏扶贫项目 200 户，解决了 5 个村 2275 户 8826 人的饮水安全问题；新建村卫生室 2 个、文化室 5 个、文化广场 11 个、幼儿园 3 所、老年日间照料中心 19 个，新改建村委会 14 个，实现基础设施全覆盖、公共服务全达标。为 3277 户贫困户发放精准扶贫专项贷款 1.12 亿元。投资 1040 万元成立资金互助社 32 个。贫困村实现电商便民服务网点和“村邮站”全覆盖，被确定为全省电商扶贫先行先试县。贫困村新农合报销比例提高 10 个百分点；421 户 1255 名贫困人口纳入低保，为 1570 户 3869 名贫困人口发放救助资金 684.9 万元，对 412 名贫困家庭在读高中生、大学生、“两后生”分别补助 2000 元、5000 元、1500 元。贫困村实现当年整村脱贫，贫困发生率下降到 1.05%。

【社会保障】 年末全县城镇职工养老保险人数 4914 人，城镇职工医疗保险参保人数 11612 人；年末城镇享受低保 2730 户、6995 人，发放保障金 2745 万元；农村享受低保 9875 户、22435 人，发放保障金 790 万元。参加农村合作医疗的人数 193899 人，参合率 99.59%。全面落实各项就业政策，发放小额担保贷款 6754 万元，城镇新增就业 6635 人。提高城乡低保、五保供养、城乡居民基本养老金、城镇居民医保等补助标准。实施农村教职工、医务人员安居工程。开工建设六坝中心敬老院公寓楼，建成老年人日间照料中心 21 所。

【社会事业】 年末全县共有高（职）中 2 所，在校学生 7999 人，专任教师 548 人；初级中学 3 所，在校学生 8991 人，专任教师 604 人。完全小学 169 所，在校学生 17173 人。学前及在园幼儿 6676 人。小学阶段学生入学率、巩固率、毕业率均达 100%，15 周岁人口初等义务教育完成率 100%；初中阶段学生入学率达 100%，巩固率 99.52%，毕业率 99.6%，17 周岁人口初级中等义务教育完成率 95%。建成四中宿舍楼、职教中心餐厅、2 所寄宿制小学教学楼，新建、改扩建 14 所农村小学校舍；投资 1695.2 万元，配备多媒体设备 558 套、计算机 1416 台、课桌椅 12517 套、农村小学饮水机 50 台；命名表彰名师 9 名，招录教师 103 名。全县有文化馆 1 个，歌曲文艺演出 100 场次，公共图书馆 1 个，藏书量 92350 册，书刊借阅册数 46025 册，文化站 10 个，村文化室 203 个，图书量 365200 册。博物馆 1 个，文物藏品 8951 件。电影放映机构 12 个，电影放映 4431 场次。广播电视台 1 个，乡广播站 6 个，村通播率 94%。举办全国群众登山健身大会、全省民歌大赛等重大节会，扁都口景区获评全国旅游价格信得过景区、全国体育旅游十佳精品景区。全年接待游客 185.43 万人次，实现旅游综合收入 8.18 亿元，分别增长 41% 和 49%。新增文化企业 23 家，实现文化产业增加值 0.86 亿元，增长 18.97%。实施“电子商务进村”和“全企上网工程”，建成电子商务县级运营中心、乡镇服务站和省市县三级淘宝网·民乐特色馆，在北京等地建成实体店 10 家，注册网店 300 多家，86 个特色单品上网销售。全县共有卫生机构 21 个，卫生技术人员 589 人，卫生机构床位 1471 张。新建南丰乡卫生院业务用房及职工周转宿舍、三堡镇计生服务站和 10 所标准化村卫生室，命名表彰名医 4 名、名科 3 个，招录医务人员 23 名；实施农村居民意外伤害保险、大病保险，新农合参合率达 99.59%，住院患者实际补偿比达 65.5%。全县共有篮球场 168 个，排球场 14 个，足球场 132 个，全年共举办运动会 41 次，其中，县级 23 次，乡镇级 18 次。

临泽县

【现任主要领导】

中共临泽县县委书记：陈晰

临泽县人大常委会主任：李长喜

临泽县人民政府县长：冯军

政协临泽县委员会主席：李多瑛

中共临泽县纪律检查委员会

书记：许兴权

【基本情况】 临泽县地处河西走廊中段，东邻甘州区，西接高台县，南依祁连山与肃南裕固族自治县接壤，北靠合黎山与内蒙古阿拉善右旗连界，总面积 2727.29 平方公里。全县地形呈南北高中部低分布，由东南向西北逐渐倾斜，海拔 1380~2278 米，境内山地占总面积的 20%。现辖 7 个乡镇，71 个行政村、5 个社区居委会。全县常住人口 13.6 万人，其中城镇人口 5.54 万人，城镇化率 40.74%，有汉、回、藏、蒙、裕固等 11 个民族。

【资源优势】 矿产资源丰富，已发现的矿种有锰铁、磁铁、石墨、玻璃用石英、钾长石、石膏、凹凸棒石粘土、膨润土、砖瓦用粘土、耐火粘土（红粘土）、矿泉水，贵重金属有沙金。着力打造“中国枣乡、种业大县、丹霞奇观、戈壁天堂”四张名片，双泉湖、香古寺、烈士陵园、流沙河、黑河烟林、昭武故地、城郊农家院等成为旅游休闲的好去处。

【国民经济】2015 年，全县实现生产总值 46.71 亿元，比上年增长 7.5%。其中，第一产业增加值 13.49 亿元，增长 5.9%；第二产业增加值 13.44 亿元，增长 6.3%；第三产业增加值 19.78 亿元，增长 9.7%。人均生产总值 34322 元，增长 7.1%。实现社会消费品零售总额 13.52 亿元，增长 9.6%。完成公共财政预算收入 24608 万元，增长 23.01%。

【“三农”工作】2015 年，全县粮食总产量 15.55 万吨。落实玉米制种 23.29 万亩，种植各类蔬菜 8.89 万亩，日光温室累计达到 1.31 万亩。发展设施葡萄 2500 亩，发展优质杂果 2548 亩，肉苁蓉、枸杞等中药材 3000 亩，新建 6 个标准化肉牛养殖小区和 7 个肉羊育肥场。以全省美丽乡村试点县和“四化”村建设全县整体推进为契机，新建小康住宅示范点 5 个，辐射带动新建小康住宅 1363 户。全县输转劳动力 2.92 万人，其中有组织输出 1.34 万人，实现劳务收入 4.55 亿元，同比增长 10.44%。

【项目建设】全年全县开工建设重点项目 87 项，其中，投资上千万元的项目 57 项。全县完成固定资产投资 39.77 亿元，比上年增长 13.4%。其中，第一产业投资 4.61 亿元，下降 6.34%；第二产业投资 9.76 亿元，下降 4.77%；第三产业投资 25.4 亿元，增长 27.56%。16 户小微企业入驻沙河农产品加工集中区，开工建设 13 家，完成投资 7 亿元。绿色食品加工创业创新孵化园 2.4 万平方米标准化厂房完成柱梁安装，综合服务楼开工建设。飞龙公司螺旋波纹管、锦泓公司钢构件加工、祁连红公司黑杞枣汁、倚天科技公司红枣加工等项目建成投产，动力源公司红枣果酒、宏远科技公司农用地膜生产线建成，天恒新能源 6×2 兆瓦分布式光伏发电设备正在安装。启动建设凹凸棒产业园，汇济 20 万吨、凯西 30 万吨和华谊 60 万吨生物有机肥等三个凹凸棒开发项目取得进展。

【优势产业】玉米制种产业：加快创建中国现代玉米种子产业示范园和全国一流现代化玉米制种示范基地，全面提升玉米制种产业发展核心竞争力。全县落实玉米制种基地 23.29 万亩，玉米制种产量达 11.71 万吨。

奶肉牛产业：全县累计建成高标准奶牛养殖场（区）9 个，新建肉牛养殖小区（场）6 个，累计 66 个，奶肉牛饲养量 18.05 万头；发展各类规模养殖大户累计达 1.99 万户，占总农户的 37.2%。

红枣产业：全县红枣栽植面积 9.4 万亩，年产量达到 1.85 万吨，拓展枣产品加工领域断，开发饮料、保健品、食品三大系列 20 个品牌加工产品，年加工原枣 1000 余吨。

现代设施农业：全年新发展设施农业 3180 亩，带动全县新建日光温室 78 亩，钢架拱棚 3102 亩，累计达到 1.31 万亩。

特色旅游产业：丹霞景区基础设施提升改造及丹霞地质博物馆项目投入使用，丹霞景区游客服务中心、七彩镇、丹霞民俗文化旅游村、流沙河丝路文化商贸街等项目进展顺利，全县旅游建设项目累计完成投资 12.54 亿元。南台村被国家旅游局评选为“中国乡村旅游模范村”；成功举办第六届“中国枣乡・魅力临泽”旅游文化艺术节，开通“张掖丹霞号”动车组。2015 年全县接待国内外游客 277.36 万人次，实现旅游综合收入 14.55 亿元，与上年相比分别增长 61.62% 和 55.2%。其中，丹霞景区接待游客 109.15 万人次，增长 55.96%。

【人民生活】2015 年，全县城镇居民人均可支配收入 19135 元，比上年增长 10.1%。农村居民人均可支配收入 11517 元，增长 11.8%。城镇居民人均住房使用面积 38.9 平方米，农村居民人均居住面积 40 平方米。全县移动电话用户 20.16 万户，比上年增长 10%；互联网络用户 2.2 万户，增长 12%。

【扶贫开发】围绕“当年整体脱贫、两年巩固提高、三年全面小康”目标，强化组织领导，细化工作方案，强力组织实施精准扶贫措施，构建全方位、立体式的精准扶贫格局。扩大扶贫小额信贷、草食畜牧业和设施蔬菜产业贷款贴息和“五权”抵押贷款等涉农贷款规模，为全县 857 户贫困户发放支农再贷款 1286 万元，为 840 户具有发展意愿和贷款需求的贫困户，每户发放 1 万元一年期财政全额贴息贷款。实施“雨露计划”培训工程，选派百名科技特派员进村入户开展“保姆式”技术服务，全县 105 名科技特派员联系 1187 户贫困户，引导贫困群众到龙头企业、专业合作社务工培训，共培训贫困家庭劳动力 816 人。

【环境保护】完成昭武路 2 公里、枣乡路 2.5 公里道路、兰新高铁临泽南站站前广场绿化，栽植各类苗木 8.1 万株。新建沙河农副产品精深加工集中区、新民滩工业集中区、扎尔墩新型装备制造业集中区等重点生态防护林网，栽植杨树、柳树 2.86 万株。创建“花园式”、“园林化”单位 6 个。城区新增公共绿地 15 万平方米，城区绿化面积达到 259.89 万平方米，绿化覆盖率达到 45%，比上年提高 2.5 个百分点。主要污染物排放量低于控制指标，环境质量明显好转。完成人工造林 3.02 万亩，完成中央财政造林补贴项目造林 6000 亩，退耕还林补植补造 1186 亩，巩固退耕还林成果专项规划造林 9572 亩；更新改造绿色通道 238.9 公里，农田林网 5270.3 亩。全面推进林权综合配套改革工作，建林下经济示范点 8 个，新发展家庭林场 22 家，辐射带动发展林下经济农户 4500 多户，以牛、羊、鸡、蜜蜂为主的林下养殖规模达 11.45 万头（只、箱）；以红枣、枸杞、肉苁蓉为主的林下种植规模达 8.85 万亩，实现林下经济产值 3.1 亿元，被确定为 2014-2015 国家林下经济示范基地。

【社会保障】2015 年，城镇新增就业 5987 人，378 名高校毕业生实现就业，年末城镇登记失业率为 2.29%。城市和农村低保对象分别为 4276 人和 7773 人，城市低保平均月人均补助水平提高 10%，达到 323 元，农村低保月人均补助水平提高 11%，达到 129 元。发放城市低保金 1660.3 万元、农村低保金 1383.4 万元、五保供养金 216.9 万元、重点优抚对象抚恤金 261.2 万元。98% 的适龄农业人口纳入新型农村社会养老保险范围，参加城镇职工养老保险人数3565人，参加失业保险人数6745人，参加城镇职工医疗保险人数11342人，参加工伤保险人数7201人，参加生育保险人数7875人。为697户城镇低收入住房困难家庭发放租赁补贴106.7万元。

【社会事业】全年全县各企业引进应用科技成果和技术20项，在“四化”村建设和科技兴农中，重点引进20项新技术和100个农、林、牧新品种，建立各类科技示范点15个。现有普通高中1所，在校学生2872人；职业中学1所，在校学生1500人；初级中学3所，在校学生3844人；普通小学86所(含教学点75个),在校学生7298人;幼儿园81所，在园幼儿4095人。3~6岁幼儿入园率99.8%；小学适龄儿童入学率、巩固率均达100%；初中适龄少年净入学率达99.7%，巩固率达99.5%。2015年高考录取率96.7%。其中，重点本科录取率11.6%，二本及以上录取率42.5%。现有文化馆、图书馆、档案馆、博物馆各1个，社区文化大院累计达42个。组织第六届“中国枣乡魅力临泽”旅游文化艺术节，文化惠民、书画展等形式多样的文化活动80场次。广播电视台1座，广播电视覆盖率100%。有线电视数字化整体转换工作有序推进，有线数字电视用户30227户，入户率88%，全年放影电影876场次。共有各级各类医疗卫生机构138家，计生服务机构8家。现有卫生专业技术人员532人，床位935张。参加新农合120602人，参合率99.6%，年内为参合患者补偿5198.59万元。省体育惠民工程项目蓼泉镇、板桥镇体育健身中心建成。县第四中学、板桥镇中心小学被命名为全国青少年校园足球特色学校。成功举办中国男子篮球CBA四强对抗赛、2015年美丽中国生态马拉松系列赛张掖.临泽站比赛暨枣乡临泽露营大会。

高台县

【现任主要领导】

中共高台县县委书记：鞠毅

中共高台县人大常委会主任：杨建平

高台县人民政府县长：杨成林

政协高台县委员会主席：赵春

中共高台县纪律检查委员会

书记：关志强

【基本情况】高台县地处甘肃河西走廊中部，黑河中游下段。地势南北高、中间低，形如马鞍。总面积4425平方公里，城区面积3.67平方公里，全境海拔在1260~3140米之间，属于大陆性温带干旱气候，全年无霜期141天左右，降水总量113mm，年均气温9.5℃，日照时数为3080.9小时。2015年末，全县常住人口14.53万人，有回、藏、维、彝、裕固、东乡等16个少数民族。现辖9个镇，136个村委会、9个居委会。

【资源优势】矿产资源丰富，县境内已发现和探明10多种矿产资源。其中，芒硝储量19990万吨，原盐储量197万吨，萤石储量86万吨，钾盐（KCI）储量26万吨。还有钛铁、蛭石、石英、重金石、石灰、煤炭等。境内文物资源丰富，历史悠久。有北凉古都骆驼城、佛教胜地梧桐泉寺、古长城、烽燧等文物古迹；其中，北凉古都骆驼城遗址及墓群和许三湾古遗址及墓群已被国务院列为国家文物保护单位；红西路军纪念馆创建为国家4A级景区，被列为“全国百家红色旅游经典景区”；大湖湾文化旅游风景区晋升为国家4A级景区；月牙湖公园、祁连葡萄庄园创建为国家3A级风景区，月牙湖公园被命名为“国家级全民健身户外活动基地”，湿地公园被国家住房和城乡建设部命名为“国家级城市湿地公园”。

【国民经济】2015年，全县实现生产总值52.41亿元，同比增长7.9%。第一、二、三产业实现增加值16.81亿元、16.15亿元、19.45亿元，分别增长6.1%、8.1%、9.4%。完成固定资产投资40.10亿元，增长13.39%；实现社会消费品零售额15.42亿元，增长9.8%；地方公共财政预算收入2.41亿元，增长3.18%；财政支出15.09亿元，增长13.67%；农村居民人均可支配收入10890元，增长11.6%；城镇居民人均可支配收入19051元，增长10.3%。

【“三农”工作】全县蔬菜、制种、番茄、葡萄等特色产业种植面积达35万亩，粮食种植面积36.10万亩，同比增长10.67%，其中小麦10.05万亩，下降5.01%，商品玉米9.66万亩，下降7.12%，制种玉米15.68万亩，增长49.90%；经济作物种植面积21.28万亩，下降2.96%，其中棉花0.70万亩，下降73.58%，蔬菜12.23万亩，增长3.64%，油料1.18万亩，增长103.45%。全年粮食总产量达到18.93万吨，增长10.75%，夏粮产量5.49万吨，下降6.45%，秋粮总产量13.44万吨，其中玉米产量13.18万吨。绿色蔬菜产业园成为省级农业科技园区、省级现代农业示范区，建成日光温室和钢架大棚3233座，蔬菜产量达60万吨。新建各类规模养殖场区25个，新增各类养殖大户1669户，全县畜禽饲养总量达440.3万头（只），其中牛、羊饲养量分别达到21万头、99.1万只。8个“四化”示范村、2个“千村美丽”示范村建设全面完成。造林2万亩，义务植树57万株，新增城市绿化面积15.3万平方米。

【项目建设】2015年，全县开工建设各类项目105个，完成投资35.19亿元，比上年增长9.7%。全年续建、新建计划投资亿元以上项目11个，完成投资12.97亿元，占固定资产完成投资总额的32.4%。其中，新开工建设亿元以上项目3个，完成投资3.31亿元。甘肃汇能50兆瓦光伏发电项目、华浩能源20兆瓦光伏发电项目、垣弘矿业5万吨萤石粉项目、红西路军出口道路二期工程、丰祥新型建材等重大项目完成年度建设任务并投入运行；六坝黑河大桥、农网改造10千伏工程和城区道路扩改工程完工投入使用；建成通村公路118公里；农村饮水安全、农田水利高效节水灌溉、黑河干流河道治理等水利工程完工投入使用。

【城市建设】县府街西延伸段道路、东城河路道路改建工程等5条3.96公里城市道路及六坝黑河大桥建设工程进展顺利；铺设供水管网6.65公里，排污管网6.27公里，日供水能力达10000立方米，日处理污水能力达到6000立方米；117.9公里通村公路建设全部完工，通村公路硬化率达到84.06%，客运公交线路延伸辐射县城20公里内的乡镇和行政村。开工建设保障性安居工程2702套，为704户低收入家庭发放廉租住房租赁补贴102.8万元。新开工建设棚户区改造安置用房1500套，14.85万平方米；新开工建设公共租赁住房1298套，6.06万平方米。

【旅游产业】红色大道农业观光示范园140座日光温室、3000座钢架大棚和红色大道二期工程已开工建设；县城至大湖湾通景道路已建成并运行通车。“九天之翼”国际滑翔中心、湿地新区游乐园、胭脂堡沙漠探险旅游等6个项目正在办理开工前相关手续；红色历程纪念馆二期工程正在编制陈展方案。在大湖湾旅游文化艺术节期间举办了第一届高台旅游年会，组织召开高台县第一届旅游年会暨“丝路之行·相约高台”旅游产品推介会。举办大湖湾旅游文化艺术节、“奇正嘉苑”杯大美高台旅游形象大使选拔赛、“喜德盛”杯自行车环湖赛、旅游全国健身秧歌腰鼓及手拍鼓大赛、全国男子篮球（CBA）四强对抗赛、高台县健身秧歌展示赛、高台县全民旅游宣传行动“民生杯”体育摄影大赛启动仪式暨健身秧歌大赛获奖队展示表演、全国跳绳联赛等节会活动。

【扶贫开发】全力推进精准扶贫，全县发放扶贫贷款6900万元，整合扶贫资金8124万元，16个贫困村实施基础设施建设项目69项，全年脱贫1756户、5251人，贫困发生率下降到1.43%以下。

【人民生活】2015年，全县城镇居民人均可支配收入19051元，比上年增加1778元，增长10.3%；人均消费性支出15561元，增长12.3%，恩格尔系数为31.83%。农村居民人均可支配收入10890元，增加1132元，增长11.6%；人均生活消费支出8800元，增长13.1%，恩格尔系数为39.22%。

【社会保障】2015年，全县参加基本养老保险人数99037人，参加城镇职工基本医疗保险人数10130人，参加城镇居民基本医疗保险人数15605人，参加失业保险人数6079人，参加工伤保险人数9536人，参加生育保险人数7638人。全县农民参加新型农村合作医疗120693人，参合率99 %，共为13878名参合农民报销住院费用3884.44万元，平均报销比58.88%。年末全县低保户6611户、12781人。其中，农村低保户4995户、9576人。农村五保供养服务机构10个，集中供养五保对象302人；农村五保户1342人。共有优抚对象711人。全年共发放城市低保金1299.8万元、农村低保金1490.4万元、医疗救助416.9万元、自然灾害生活救助382.7万元。

【社会事业】全年共取得市级以上科技成果3项，获得奖励项目1项，高技术产业化示范工程项目5项。受理专利申请108件，授权专利38件。全年共签订技术合同5项，技术合同成交金额2.1亿元，比上年增长11%。全年评选县级科技进步奖18项。年末共有文化馆1个，公共图书馆1个，博物馆（含纪念馆）7个，艺术表演团体12个。广播综合人口覆盖率100%，电视综合人口覆盖率100%。有线电视用户5.44万户，有线数字电视用户5.44万户。年末共有各类医疗卫生机构167个，各类卫生机构拥有病床1025张，其中综合医院、卫生院拥有病床875张；全县每千人拥有病床位6.51张；卫生专业技术人员825人，其中执业医师和执业助理医师340人，执业护士485人；平均每千人拥有医师数2.16人，每千人拥有执业护士3.08人。年末共有各类学校88所，全县在校中小学、幼儿园学生19569人，在园幼儿3623人；专任教师1805人，其中大学本科1389人，专科338人，中专49人；高级专业职称265人，中级专业职称1016人。中小学入学率100%，初中升学率97.4%，高中升学率97.14%。2015年，全县向大专以上院校输送新生1589人，其中，本科1030人，专科559人，大专以上录取率达97.14%。年末全县各类运输车辆达到2726辆，同比增长3.8%，其中，货运车辆2338辆，客运车辆142辆，出租车辆147辆。全社会货运周转量19274万吨/公里，增长39.4%；客运周转量6359万人/公里，下降64.4%。全年完成邮政通信业务总量9980万元，增长28.5%，其中，通信业务收入9388万元，增长30.1%；邮政业务收入592万元，增长8.2%。固定电话29850部，下降8.7%，其中，城市电话14150部，同比增长20.8%；农村电话15700部，同比下降25.2%。移动电话169400部，增长0.2%。互联网用户23300户，增长25.2%。全年订阅各类报刊杂志46.3万份，增长2.2%。

山丹县

【现任主要领导】

中共山丹县县委书记：刘晓云

山丹县人大常委会主任：李仲文

山丹县人民政府县长：陆思东

政协山丹县委员会主席：马得胜

中共山丹县纪律检查委员会

书记：宋建军

【基本情况】山丹县位于甘肃省西部河西走廊中段，是张掖市的东大门，素有“走廊蜂腰”、“甘凉咽喉”之称。总面积5402平方公里，海拔在1550~4441米之间，属大陆性高寒半干旱气候。全县辖2个乡、6个镇、110个行政村、6个居民委员会。县内有中牧公司山丹马场、山丹农场、山丹培黎学校等省、市驻丹企业和单位。2015年末全县常住人口16.73万人，城镇化率42.44%。

【资源优势】土地资源：山丹县有可耕地85.71万亩，草地、荒地365.83万亩，耕地、草地占80.59%，为发展农牧业生产提供了有利条件。荒地资源丰富，面积达94.5万亩。矿产资源：境内已发现矿种24种，各类矿产地54处，现已开发利用的有煤、粘土、铁、石灰岩、硅石、滑石、金、银、白云岩、花岗石等10种。初步查明可开采的煤炭储量为4.03亿吨，白云岩3.85亿吨，耐火土2.86亿吨、高岭土1.5亿吨，硅石6700万吨、铁矿石449万吨、莹石56万吨。主要工业产品有水泥、硅铁、耐火材料、石油钻井泥浆助剂、焦炭、煤炭、白酒、植物油等。水资源：全县水资源总量1.945亿立方米，自产自用水资源总量1.24亿立方米，其中地表水资源0.86亿立方米，地下水资源0.38亿立方米。境内河流有马营河、霍城河、寺沟河和山丹河以及大黄山浅山区的小沟小岔。旅游资源：山丹历史悠久，文化灿烂。南部有亚洲最大的马场——山丹军马场，景色别致，是领略草原风光的好去处，也是有名的影视外景拍摄基地。中部有被称为“丝路绿宝石”的焉支山，因西汉名将霍云病大败匈奴和隋炀帝西巡接见西域27国王公使而载入史册。东部有全省保存最完整的汉、明长城，被称之为“露天长城博物馆”。西部有大佛寺，为全国最大的室内泥胎坐佛。北部有著名新西兰国际友人路易.艾黎的陵园和捐赠文物陈列馆。

【国民经济】2015年，全县实现生产总值43.0亿元，比上年增长7.0%。其中，第一产业增加值9.7亿元，增长5.8%；第二产业增加值11.4亿元，增长3.8%；第三产业增加值22.0亿元，增长10.8%。人均生产总值26006元，增长5.6%。三次产业结构由上年的20.7 ∶ 32.1 ∶ 47.2调整为22.5 ∶ 26.5 ∶ 51.0。完成固定资产投资41.9亿元，比上年增长15.5%。实现社会消费品零售总额16.6亿元，增长9.6%。完成公共财政预算收入3.1亿元，增长24%。

【项目建设】花草滩循环经济产业园、东乐滩百万千瓦光伏发电基地、城市新区建设、新农村建设、退耕还林、退牧还草、大型灌区续建配套与节水改造、病险水库除险加固、易地扶贫搬迁工程、重点旅游景区基础设施建设、“1369”农民创业园等项目相继实施。2015年全县完成第一产业投资3.6亿元，下降23.0%；第二产业投资18.0亿元，增长9.5%；第三产业投资20.2亿元，增长34.1%。房地产开发投资12.2亿元，比上年增长69.2%。其中住宅投资8.1亿元，增长61.5%。房屋施工面积104.7万平方米，竣工面积34.9万平方米。商品房销售面积31.3万平方米。

【“三农”工作】2015年全县粮食种植面积44.3万亩，油料种植面积8.72万亩，蔬菜和园艺种植面积2.1万亩，中药材种植面积1.46万亩，其他作物种植面积2.87万亩。全年粮食总产量20.2万吨，比上年增长5.2%。油料总产量1.8万吨，增长6.9%。实施天然林保护、湿地生态保护、退耕还林、退牧还草和绿化造林等林业生态工程建设，全年共完成造林面积0.87万亩实有封山育林面积14.88万亩。全年猪饲养量6.02万头，羊饲养量102.85万只，牛饲养量2.32万头。肉类总产量9336吨，牛奶产量2051吨，绵羊毛产量950吨，禽蛋产量779吨。健全完善农业社会化服务体系，流转土地26.8万亩。全年输转劳动力6.33万人，实现劳务收入10.34亿元。

【人民生活】2015年全县城镇居民人均可支配收入19445元，增长10.1%；城镇居民人均消费支出15641元，增长12.9%；城镇居民家庭恩格尔系数为35%。农村居民人均可支配收入10527元，比上年增长11.4%；农民人均消费支出8167元，增长9.8%；农村居民家庭恩格尔系数为38.4%。

【环境保护】2015年全县四项主要污染物削减量为：化学需氧量3651.65吨，氨氮257.46吨，二氧化硫6221.02吨，氮氧化物1845.92吨。规模以上工业企业能源消费总量85.14万吨标准煤，比上年下降0.1%。其中，煤炭消费量21.93万吨，下降23.22%；电力消费量60267万千瓦小时，增长2.82%。万元规模以上工业增加值能源消耗6.1吨标准煤，下降0.3%。万元生产总值能源消耗1.77吨标准煤，同比下降4.69%；万元生产总值电耗1602.9千瓦时，下降13.06%。

【社会保障】2015年，全县城镇新增就业6678人，安置下岗再就业人员3185名，城镇登记失业率为2.06%。全县6430人参加失业保险，4346人参加城镇基本养老保险，20735人参加职工医疗保险，27542人参加居民医疗保险，102755人参加城乡居民社会养老保险。2015年末参加新型农村合作医疗农民人数为14.0万人，参合率99.6%。全县抚恤、补助各类优抚对象752人，金额达734万元；城镇居民享受政府最低生活保障人数9823人，发放城镇最低生活保障金3866万元；农村居民享受政府最低生活保障人数17455人，发放最低生活保障金3032万元。年末拥有敬老院9所，床位数367张，收养人数310人。

【社会事业】全县拥有中等专业学校1所，高级中学1所，普通中学5所，小学21所。小学学龄儿童入学率达100%；初中入学率达100%。2015年，全县向全国各类高等专业院校输送新生1655名，高考录取率达99.4%；向中等专业学校输送新生955名。在校学生体育达标率达100%。幼儿园在园幼儿4799人。本科上线率达到84.57%。艾黎文化产业园建设进展顺利，数字影院主体工程完工，新建乡村舞台20个，成功举办农民运动会、千人徒步健身等活动。建立科技试验示范点22个，建成全省首家3D知识产权转化平台。2015年全县实现文化产业增加值10390万元，比上年增长18.9%。全县共有艺术表演团体2个，文化馆1个，公共图书馆1个，博物馆1个，广播电台1座，电视台1座。广播和电视综合人口覆盖率分别为97%和96%。《西部山丹》全年发行49期，累计发行603期。投资9900万元，建成焉支山景区电子监控系统、瑶池钢架桥、观光车道拓宽等工程，大佛寺景区滑雪场、滑冰场建成投入运营，活跃了冬季旅游市场。成功举办腾讯益行家古长城公益挑战赛、第六届焉支山旅游文化艺术节、第二届农民春晚、首届最美焉支姑娘评选大赛等活动。编辑出版《山丹民俗》、《山丹故事》、《山丹民歌》等旅游文化系列丛书。省委宣传部牵头制作的电影《黄天厚土》在山丹县完成拍摄。组织实施文化项目15项。全省中医药工作示范县创建通过评审验收。全县共设置各级各类医疗卫生机构231个，年末全县卫生技术人员1520人，其中，执业医师394人，执业助理医师210人，注册护士411人，其它卫生技术人员505人。医疗卫生机构床位1150张，其中乡镇卫生院246张。

平凉市

【现任主要领导】

中共平凉市市委书记：陈伟

平凉市人大常委会主任：赵景山

平凉市人民政府市长：臧秋华

政协平凉市委员会主席：赵成城

中共平凉市纪律检查委员会

书记：高淑美

【基本情况】平凉市位于甘肃省东部，地处陕、甘、宁三省（区）交汇处，横跨陇山(关山)，东邻陕西咸阳，西连甘肃定西、白银，南接陕西宝鸡和甘肃天水，北倚宁夏固原、甘肃庆阳，是古“丝绸之路”必经重镇，素有陇上“旱码头”之称。312国道横穿全境，宝中铁路纵贯南北，随着银武、平定、西长凤3条高速和西平、天平铁路以及支线机场的陆续建成，平凉将成为陕甘宁交汇区重要的交通枢纽。海拔在890～2857米之间。年均气温9.3℃，年均日照2350.8小时，年均降水量480.5毫米。全市辖泾川、灵台、崇信、华亭、庄浪、静宁六县和崆峒一区，102个乡镇，3个街道办事处，1457个村民委员会。总面积1.1万平方公里，2015年，全市常住人口209.8万人，其中城镇人口76.09万人，人口密度每平方公里188人。区域内有汉、回、蒙、满、朝鲜等20多个民族，民俗风情浓郁。

【资源优势】平凉是甘肃省主要农林产品生产基地和畜牧业、经济作物主产区，盛产小麦、玉米、谷类、荞麦、油菜、胡麻、林果、烤烟等，具有开发“两高一优”农业的广阔前景，以“陇东粮仓”闻名遐迩。有党参、黄芪、甘草、大黄、贝母、冬花等150多种中药材，山药、百合、蕨菜、甲鱼等极具地方特色，皮毛肉类远近闻名。全市有国家级森林公园1个，省级森林公园6个，森林覆盖率30.94%。华亭煤田是鄂尔多斯聚煤盆地中煤层最厚的地段，总面积150平方公里，是甘肃省第一大煤田，煤层平均厚度达28.7米，探明总储量93.46亿吨，石油资源量4.3亿吨，目前预测石灰岩总储量30多亿吨，另外还有粘土、石英等矿产储备。

现已发现各个时期的古文化遗址465处，省级以上文物保护单位25处。其中“道教第一山”——崆峒山、王母宫——西王母降生处的回中山、人文第一祖——伏羲氏诞生地古成纪、西周第一台——古灵台等历史遗址和西周青铜器、南宋银本位货币银合子、佛舍利金银棺，被誉为“中华之最”。崆峒山道教文化、西王母文化、大云寺佛教文化、皇甫谧文化独具魅力。平凉也是祖国针灸学鼻祖、晋代医学家皇甫谧，唐代著名宰相牛僧儒，南宋抗金名将吴玠、吴璘，明代“嘉靖八才子”之一赵时春的故乡。

平凉以国家重点风景名胜区、国家首批5A级旅游景区、国家地质公园的崆峒山为中心，以国家级森林公园云崖寺、王母宫、柳湖、南石窟寺、龙隐寺、莲花台、紫荆山、明代宝塔、李元谅墓等为网点的风景名胜、文物古迹星罗棋布，都是寻根访古、观光旅游、避暑休闲的好去处。2015年，接待国内外游客1332.27万人次，增长22.2%。旅游综合收入70.53亿元，增长25.5%。

【国民经济】2015年，全市实现生产总值347.7亿元，比上年增长7.6%。其中，第一产业增加值94.21亿元，增长5.8%；第二产业增加值96.95亿元，增长5.7%；第三产业增加值156.54亿元，增长11.3%。人均生产总值16595元，增长7.3%。居民消费价格比上年上涨1.1%。完成固定资产投资602.95亿元，增长12.17%。社会消费品零售总额完成177.50亿元，增长9%。一般公共预算收入24.72亿元，增长2.6%；一般公共预算支出161.24亿元，增长17.1%。年末全市金融机构本外币各项存款余额702.19亿元，增长12.54%；金融机构本外币各项贷款余额470.38亿元，增长18.08%。

【“三农”工作】2015年，严格落实各项惠农政策，通过“一册明、一折统”发放各种补贴资金5.28亿元。发放双联惠农贷款4.87亿元、妇女小额贷款2502万元，为农业生产提供了有力的资金保障。健全农业保险体系，争取省上补助资金500万元，市财政列支600万元，农业保险综合投保率完成74%，投保苹果丰产园10.87万亩，肉牛595头，日光温室727座，大中拱棚893亩，露地蔬菜770亩。新修通村公路1357公里，通畅率达到94%。建成7县（区）农村饮水安全水质检测中心，实施农村饮水安全工程26处，解决了3.69万农村人口饮水不安全问题。实施自然村动力电覆盖工程153个，改造危房33700户，移民搬迁1464户，新建贫困村幼儿园22个、日间照料中心89个、标准化村卫生室277个、村文化中心159个。农村危房改造项目完成投资12.36亿元，已开建23272户、竣工15896户。95个整村推进项目已累计完成总投资1.2亿元，其中财政专项扶贫资金5200万元。稳步推进农村土地制度改革，规范流转土地6.86万亩，累计达到81.16万亩。发展家庭农场523个，新增农民专业合作社158个，评选认定市级示范社50家，注册登记联合社1个，农业生产组织化程度不断提高。集体林权制度综合配套改革深入推进，新组建林业合作组织15个，新增林权抵押贷款1.17亿元，林下养殖152万只，林下种植21.4万亩，林权流转3.18万亩。扎实推进供销社综合改革，新建、恢复重建基层社5个，新建专业合作社16个，村级综合服务社101个，行业协会4个。粮食播种面积523.79万亩，比上年增加4.1万亩；粮食总产量113.21万吨，减产1.15%，粮食产量连续5年保持在百万吨以上。肉类总产量8.55万吨，增长0.12%。牛奶产量1.68万吨，下降1.18%；绵羊毛产量167.23吨，下降2.44%。水产品产量2319.08吨，增长14.79%。

【工业经济】2015年，全市全规模以上工业企业实现工业增加值52.21亿元，增长4.1%。其中，重工业增加值45.4亿元，增长4.5%；轻工业增加值6.81亿元，下降9.1%。煤、电、建材三大行业完成工业增加值42.23亿元，占全市规上工业增加值的80.88%；煤炭行业工业增加值25.04亿元，下降0.7%；电力行业工业增加值 12.28 亿元，下降 0.7%；建材行业工业增加值 4.91 亿元，增长 4.0%。原煤产量 2135.56 万吨，下降 10.43%；发电量 125.6 亿千瓦时，下降 22.36%；水泥 459.1 万吨，增长 1.11%；白酒 959.9 千升，下降 9.41%；纸制品 21.95 万吨，下降 5.51%；牛羊皮革 50.26 万平方米，下降 31.5%；陶质砖 634.63 万平方米，下降 16.32%；小麦粉 14.75 万吨，下降 15.91%。规模以上工业企业实现主营业务收入 152.06 亿元，下降 30%；实现利税 9.19 亿元，下降 62%；盈亏相抵后亏损 3.61 亿元。

【项目建设】实施 500 万元以上各类建设项目 1485 项，完成投资 536.36 亿元，增长 7.45%；房地产开发完成投资 66.59 亿元，增长 73.4%。住宅投资 43.39 亿元，增长 61.54%；商业营业用房投资 16.83 亿元，增长 88.68%。

【优势产业】2015 年，全市大力实施百万亩优果工程，以扩大基地规模、落实标准化管理措施为重点，采取各项有力措施狠抓果品产业生产，促进了果品产业的全面发展。全市新植果园 19.60 万亩，创建标准化生产基地 120.00 万亩，绿色食品（苹果）原料标准化生产认证基地 60.40 万亩，出口创汇基地 34.21 万亩。全市果园面积 152.36 万亩，水果总产量 119.64 万吨，增长 8.17%。充分发挥河谷川区光热条件优势，大力实施百万吨蔬菜保障工程，新建日光温室 1318 亩、大中拱棚 15292 亩。全市蔬菜种植面积 93.20 万亩，增长 4.65%；蔬菜产量 145.20 万吨，增长 7.85%。积极实施畜牧业结构调整，大力实施百万头商品肉牛增效工程，加快推进养殖规模化、管理标准化，新建养牛小区 33 个，冻配改良肉牛 20.20 万头，青贮玉米秸秆 172.00 万吨。年末大牲畜存栏 87 万头（只）。

【人民生活】全市城镇居民人均可支配收入达 21490 元，增长 10.2%；城镇居民人均消费性支出 14096.68 元，增长 9.53%。农村居民人均纯收入 6501 元，增长 12.2%；农村居民人均生活消费支出 6832.6 元，增长 16.81%。城乡居民人均储蓄存款余额达到 22021 元，增长 14.37%。

【扶贫开发】2015 年，全市围绕“1236”扶贫攻坚工作任务，推进“双联”行动与扶贫攻坚行动深度融合。采取“五步精准识别法”，精准识别 594 个贫困村、10.11 万贫困户 40.6 万贫困人口，全面完成了贫困人口的大数据平台建档立卡工作。建立健全市县乡村四级精准扶贫工作体系，整合双联干部、到村任职挂职干部、大学生村官、乡镇包村干部等力量，组建驻村帮扶工作队 594 个、安排 2633 名工作队员到村开展工作，实现了单位联系贫困村、干部对接特困户、工作队进驻贫困村“三个全覆盖”。衔接落实到位财政专项扶贫资金 2.52 亿万元。各级双联单位争取基础性、公共性、民生性项目 1528 个，投入帮扶资金 9799.8 万元。各级帮联单位累计进村 18.1 万人次，集中或分散向农户宣讲 1.31 万场次，帮办实事好事 1.4 万多件，解决急事难事 6115 件，化解矛盾纠纷 4295 起，开展培训 21.2 万人次，组织义诊 0.65 万人次。

【环境保护】全市六项主要污染物均控制在目标值之内，总控率达到 100%。大气环境可吸入颗粒物年日均值 0.095 毫克 / 立方米，二氧化硫年日均值 0.022 毫克 / 立方米，二氧化氮年日均值 0.045 毫克 / 立方米。泾河地表水水质达标率 83.3%，饮用水源水质达标率 100%。区域环境噪声和交通干线噪声平均值分别为 54.9 分贝和 67.6 分贝。全市环保投资 2.26 亿元，污染源治理 1.92 亿元，生态环境建设和农村环保 0.22 亿元，环保能力建设 0.12 亿元。

【社会保障】年末全市有社会福利院 5 个，床位 620 张，在院供养 122 人；建立城镇社区服务中心 14 个。全年城镇新增就业 3.63 万人，下岗失业人员再就业 1.34 万人，年末城镇登记失业率 3.63%。年末参加城镇职工基本养老保险 10.33 万人，比上年末增加 3390 人；参加城镇职工基本医疗保险 11.95 万人，增加 7512 人；参加城镇居民医疗保险 17.47 万人，增加 4091 人；参加失业保险 8.68 万人，减少 71 人；参加工伤保险 8.88 万人，增加 1012 人；参加生育保险 7.36 万人，增加 9596 人；城乡居民社会养老保险参保续保 119.59 万人。年末参加新型农村合作医疗农民 174.09 万人，参合率为 98.6%。新型农村合作医疗基金支出总额为 7.55 亿元，累计受益 428.4 万人次。农村医疗救助 221.53 万人次。民政部门资助农村合作医疗的人数达 21.67 万人。5.25 万城镇居民和 21.73 万农村居民享受政府最低生活保障。

【社会事业】全年争取国家和省上科技项目 15 项，资金 684 万元。国家项目 1 项，落实资金 108 万元；省列项目 14 项，落实资金 576 万元；安排实施市列科技项目 12 项，经费 125 万元。全市有各级各类学校 1423 所，各类学校在校学生 37.56 万人，小学、初中阶段学生入学率、毕业率都达到了 100%。年末有各种艺术表演团体 8 个，公共图书馆 8 个，博物馆 8 个。有广播电台 8 座，有线广播电视传输干线网络总长 2857 公里，广播电视卫星收转站 47.36 万座。广播综合覆盖率 99.13%；电视综合覆盖率 97.42%。有卫生机构（包括村卫生室、诊所）2746 个，卫生技术人员 10531 人，执业医师和执业助理医师 3896 人，医院和卫生院有执业医师和执业助理医师 2346 人，注册护士 3621 人；医院、卫生院拥有床位 11888 张，医疗机构病床使用率 70.72%。全市运动员参加省级及以上各类赛事获得奖牌 53 枚，金牌 17 枚、银牌 12 枚、铜牌 14 枚。

（王康列）

崆峒区

【现任主要领导】

中共崆峒区区委书记：陈铎

崆峒区人大常委会主任：周永盛

崆峒区人民政府区长：赵小林

政协崆峒区委员会主席：张新平

中共崆峒区纪律检查委员会

书记：赵玖梅

【基本情况】崆峒区地处甘肃东

部，六盘山东麓。在历史上为丝绸古道西进北上甘凉的第一座关隘重镇。也为陕甘宁三省交通要塞和陇东传统商品集散地，素有“旱码头”之称。现为平凉市政治、经济、文化和交通中心，是一座新兴的工贸旅游城市。地下矿藏有煤、铁、铜、磷、石灰岩、水泥灰岩、白云岩、陶土、粘土、耐火粘土、石膏等13种12大矿点，其中水泥石灰岩和化工石灰岩品位较高，储量达5亿多立方米。地表水可利用量1.1亿立方米，地下水储量12亿立方米。植物资源1300多种，动物资源50多种。区境内先后发掘出仰韶、齐家和商周文化遗址150多处，重点文物保护单位40余处，珍藏文物1300多件。崆峒玄鹤、太统屯云、龙泉滴珠、柳湖晴雪、宝塔曦照、东湖荷花、天坛月夜和泼谷烟村等十大景观闻名省内外。国家5A级风景名胜区、国家级地质公园、“天下道教第一山”——崆峒山，有八台九宫十二院四十二座建筑群，名胜古迹百余处，山势雄伟，烟波浩淼，林海幽深，建筑独特。全区辖13个乡、3个镇、3个街道办事处和1个示范区，有226个村、14个社区(居委会)。总面积1808.84平方公里，常住人口52.20万人，人口密度262人/平方公里。区域属陇东黄土高原丘陵沟壑区，境内西北高峻多山，东南丘陵起伏，中部河谷密布，平均海拔1540米。气候属半干旱、半湿润季风型大陆性气候。最高气温33.5℃，最低气温-14.3℃，平均气温11.1℃，年降雨量556.5毫米，日照2362.3小时，无霜期192天。区境内有240万千瓦火电厂1座，330、110千伏和35千伏等变电站15座，小水电站1座，企业自备电厂2座；750变电所是连接“西电东送”枢纽工程——750千伏高压输变电工程的核心站所。

【国民经济】2015年，全区实现生产总值120.01亿元，比上年增长9.2%。其中，第一产业增加值17.15亿元，增6.1%；第二产业增加值29.88亿元，增长6.2%；第三产业增加值72.98亿元，增长11.4%。三次产业结构比为15.2 : 20.3 : 64.5，人均生产总值23066元，增长8.2%。实现工业增加值16.20亿元，增长4.9%，其中，规模以上工业增加值7.5亿元，增长4%。社会消费品零售总额67.32亿元，增长8.9%。城镇居民人均可支配收入21128.9元，增长10.44%；农村居民人均纯收入8204.71元，增长12.42%。一般公共预算收入4.97亿元，增长19.2%；一般预算支出29.00亿元，增长24%。年末金融机构存款余额282.62亿元，增长15.99%，其中，城乡居民储蓄存款达159.1亿元，增长12.7%；金融机构各项贷款余额202.86亿元，增长15.99%。共接待国内外游客602.67万人次，实现旅游综合收入31.8亿元，分别增长20.3%和25.5%。

【“三农”工作】2015年，全区建成新农村示范点16个，环境整洁示范村32个，崆峒镇寨子街村和西沟村创建成为省列美丽乡村。新农合参合率达到98.6%，办理扶贫专项贷款1.59亿元，发放退耕还林等惠农资金1.26亿元。土地承包经营权确权登记颁证基本完成，勘界确权土地101万亩，规范流转土地13.5万亩，培育发展农民专业合作社175个，认定家庭农场110个。深入推进集体林权制度综合配套改革，办理林权抵押贷款5660万元，发展林下种植3万亩。

【项目建设】全年完成固定资产投资174.36亿元，比上年增长13.33%。围绕新型工业化发展、现代农业发展、城市规划建设管理、壮大旅游产业、改善民计民生、社会管理六个方面，全区实施重点建设项目210项总投资469.21亿元，在建项目168项，完成投资109.36亿元。其中，新型工业化项目19项，完成投资5.5亿元；现代农业发展项目35项，完成投资10.67亿元；城市规划建设管理项目81项，完成投资85.53亿元；旅游产业项目13项，完成投资5.93亿元；民计民生项目16项，完成投资1.42亿元；社会治理项目4项，完成投资0.29亿元。

【优势产业】肉牛饲养量达到41.32万头，果品、蔬菜总产量分别达到1.6万吨和40.2万吨，畜牧业、果蔬产业总产值较“十一五”末分别增长66%和121%。特别是在产业发展机制上，通过土地流转，引导社会资本和工商企业转型投向现代农业发展，先后引进华信益生、鑫新公司、金伟源、惠丰、丰源等企业和合作社，投入资金3亿元，参与肉牛养殖、果园和蔬菜基地建设等农业产业开发。

【扶贫开发】实施各类涉农项目391项，完成投资16.5亿元，贫困村基础设施建设和公共服务改善实现重大突破，通村硬化路、安全饮水、住房、村部等实现全覆盖，3.08万贫困人口实现稳定脱贫，全区贫困发生率由10.3%下降到5.7%。

【环境保护】全年环境污染治理完成总投资7673万元。二氧化硫排放总量3400吨、化学需氧量排放总量9500吨，氨氮排放总量700吨，氮氧化物排放总量5500吨。城市空气可吸入颗粒物年均浓度较上年下降20.0%，二氧化硫年平均值≤ 0.06mg/m³，二氧化氮年平均值≤ 0.04mg/m³，城市空气质量优良天317天。地表水水质达标率达到75%(Ⅲ)以上，城市饮用水源水质达标率达到100%。区域环境噪声平均值在55分贝以内，交通干线噪声平均值在70分贝以内。

【社会保障】区属参加城镇基本养老保险人数23498人，失业保险人数11997人，职工医疗保险人数16173人，居民医疗保险人数73881人，工伤保险人数9107人，生育保险人数7613人。城乡居民基本医疗保险参保人数为22.91万人。共有10247户23875名城镇居民、8349户22203名农村居民得到政府最低生活保障。全区农村“五保”1295人、1105户，农村敬老院集中供养150人。

【社会事业】全年共争取国家和省上科技项目5项，资金69万元；共有11项科技成果获得市级科技进步奖，其中一等奖1项，二等奖8项，三等奖2项；本年度共评出区级科技进步奖10项，其中一等奖6项，二等奖4项。全区共有各级各类学校237所，在校学生72116人。九年义务教育巩固率达到93.5%。共有各种艺术表演团体1个，公共图书馆1个，博物馆1个，数字影院2个，乡镇综合文化站16个，农家书屋226个，有广播电台1座，广播和电视信号实现全覆盖。医疗卫生机构497个，拥有床位3826张，其中，医院床位3385张，基层医疗卫生机构床位323张，专业公共卫生机构床位118张；卫生技术人员3691人，其中，执业医师和执业助理医师1404人，注册护士1553人，药剂、医技及其它卫生技术人员734人。医疗机构病床使用率为68.96%。

（曹勇）

泾川县

【现任主要领导】

泾川县人大常委会主任：贯仁全

泾川县人民政府县长：王廷佐

政协泾川县委员会主席：程永忠

中共泾川县纪律检查委员会

书记：景忠科

【基本情况】泾川县位于甘肃东部、陕甘交界处，居丝绸古道要冲，为华夏文明腹地，自古以来是西出长安通往西域的第一重镇。历史文化悠久，建郡置县历时2100多年，西王母文化、佛教文化、生态文化为代表的特色地域文化交相辉映、独具特色。海拔930~1460米，年均日照1955.6小时，平均气温10.9℃，年降水总量506.3毫米，无霜期150天。水土流失治理程度达到82.4%，森林覆盖率37.95%。全县辖14个乡镇、1个经济开发区，215个行政村。总面积1409.3平方公里，常住人口28.47万人。耕地面积67.84万亩，人均耕地2.1亩。产业资源富集，果品、畜牧、蔬菜等特色产业开发初具规模，培育形成了特色鲜明的农村主导产业集群；可利用矿种主要有石油、煤炭、地热水、粘土、砂石等，其中煤炭石油资源丰富，开发前景广阔。旅游资源丰富，是西王母降生地和西王母文化的发祥地，古泾州大云寺地宫出土的14枚佛祖骨舍利及石函、铜匣、银椁、金棺、琉璃瓶五重套函被评定为国宝级文物，南石窟寺、王母宫石窟为国家重点文物保护单位，王母宫－大云寺、田家沟生态风景区被评为国家4A级旅游景区。

【国民经济】2015年，全县实现生产总值47.44亿元，比上年增长8.8％。其中，第一产业增加值19.64亿元，增长6.1％；第二产业增加值9.69亿元，增长9.9％；第三产业增加值18.11亿元，增长10.8％。三次产业结构比为41.3 ：20.4 ：38.3。人均生产总值16683元，增长8.5%。农村居民人均可支配收入7533元，城镇居民人均可支配收入19811元。社会消费品零售总额20.48亿元。年末金融机构各项贷款余额47.06亿元，增长11.3％；各项存款余额81.98亿元，增长15.8％。

【项目建设】2015年，完成固定资产投资68.36亿元，比上年增长14.4%，实施500万元以上投资项目177个，完成投资67.27亿元，房地产开发投资1.09亿元。全年落实招商引资到位资金67.23亿元。40万吨活性石灰生产线建成投产，30兆瓦农业光伏并网发电项目开工建设，天池滑雪场二期工程建成投用。美年文化城和商品交易及农产品批发市场全面开工。大云寺・王母宫大景区建设、城东综合开发等市列“十大工程”、县列“十大项目”进展顺利，长庆桥－飞云－高平－太平三级公路、泾州大桥建成投用，朱家涧水库等重点项目开工建设，项目对经济社会发展的拉动作用更加凸显。

【“三农”工作】全县新建果园4.9万亩，建成矮化密植标准化示范园4处、960亩，万吨果品气调保鲜库3个，新增果品专业合作组织10个，果园面积达到36.82万亩，果品总产量31.2万吨，总收入15亿元。扶持建办标准化畜牧养殖小区16个，建成日光温室200座、大中拱棚1006座，种植各类蔬菜17.09万亩，产量24.26万吨。完成旱作农业技术推广13.1万亩，粮食总产量达16.57万吨。建成党原城刘、玉都下坳2个省列“千村美丽”示范村，高平寨子、党原完颜洼2个县列美丽乡村示范村及丰台巨家等30个“万村整洁”示范村，带动全县新建、改建小康住宅2807户，美丽乡村建设在产业支撑、基础配套、内涵提升上实现了新突破。新建通乡通村油路21条132.7公里，新建、改造供电线路147公里，“五小”水利、抗旱应急水源工程建成投用，合志沟沟道治理全面完成；完成荒山造林3万亩、退耕还林6600亩，新修梯田2.3万亩，农业综合生产能力有效提升。

【文化旅游】按照“西有敦煌、东有泾川”战略定位和大景区建设的总体要求，编制完成泾川县文化旅游发展规划、大云寺・王母宫大景区总体规划。大云寺大雄宝殿、藏经楼等工程建成主体，美年文化城展示中心、文旅大厦和四星级温泉酒店加快实施，吴焕先烈士纪念馆布展工作进展顺利，创意农业花卉观光园建成运营，红河乡田赵村、泾明乡白家村等生态旅游示范村建设扎实推进，旅游景点体系进一步健全。大云寺1964年出土佛祖舍利回归故土安奉，成功举办第三届华夏母亲节暨海峡两岸西王母故里民俗文化交流活动，筹办丝绸之路与泾川文化学术研讨会，泾川被亚太旅游联合会授予“中国丝绸之路经济带最佳旅游目的地城市”称号，文化旅游知名度和影响力明显提升。2015年接待游客220万人次，实现旅游综合收入3.3亿元。

【扶贫开发】以4个特困片带91个贫困村为重点，扎实推进精准扶贫精准脱贫行动，种植油用牡丹4530亩，建成山地核桃等杂果基地5861亩，实施安全饮水、通村油路、动力电覆盖等基础设施扶贫项目117个，发放精准扶贫专项贷款1.8亿元，太平乡盘口村等9个易地搬迁、高平镇渠刘村等14个整村推进项目全面建成，贫困乡村文化活动场所、幼儿园、卫生所、电商服务站、金融代办点等公共服务设施更趋完善，精准扶贫精准脱贫工作取得阶段性成效。全年减少贫困人口1.1万人，贫困面下降到11.7%，贫困乡村群众生产生活条件持续改善。

【环境保护】2015年，共申报国家级生态乡镇3个、省级生态乡镇2个。全面完成了市政府环境保护目标责任书15个重点减排项目，投资609万元实施恒兴果汁公司废水处理扩容改造以及陇兴牧业、盛腾牧业、首燕牧业公司等14个规模化畜禽养殖场（小区）污染治理项目，建成城北新区污水管网并网工程。主要污染物排污总量明显减少，全县化学需氧排放量4680吨，比上年下降4.5%；氨氮排放量168吨，下降0.6%；二氧化硫排放量765吨，下降7.8%；氮氧化物排放量436.5吨，下降7.3%；地表水水质达标率75%，集中式饮用水源水质达标率100%。

【社会保障】2015年，黑梁河特困片带“两纵两横”路网建成通车，开建公租房220套，完成危房改造2807户，群众生产生活条件得到有效改善。落实被征地农民、机关事业单位职工养老保险等政策，全面实施城乡居民大病保险制度，扎实开展社会保险扩面征缴、城乡低保清理核查，努力扩大社会就业，安置应往届高校毕业生1205人，城镇新增就业3973人，城镇登记失业率3.97%。城乡居民社会养老保险参加人数19.44万人，参保率98.1%；新型农村合作医疗参加人数28.18万人，参合率98.6%，全年受益80.33万人次。

【社会事业】新建、改造各类校舍3.4万平方米，泾川二中实验楼建设、合道中学改扩建项目加快实施，太平、红河、罗汉洞3个乡镇中心幼儿园建成投用，全县义务教育均衡发展通过国家评估验收，县职教中心被评为“中国职业教育百强校”。窑店、红河、合道3个乡镇卫生院业务用房及职工周转宿舍全面建成，县级公立医院综合改革扎实推进，基本药物制度全面落实。泾川县被命名为全国基层中医药工作先进单位和全省双拥模范县。医疗卫生服务水平持续提升，全县卫生医疗机构床位数1251张，卫生技术人员1101人。实施有线电视县乡通达工程，建成“乡村舞台”55个。拥有文化广播电视站14个，乡镇综合文化站14个，电视综合覆盖率98.8%，有线电视用户7636户，广播电视户户通覆盖全县，受益7.2万户。

（王海峰）

灵台县

【现任主要领导】

中共灵台县县委书记：

王学书（5月止）

刘　凯（5月任）

灵台县人大常委会主任：魏惠琴

灵台县人民政府县长：

刘　凯（5月止）

崔仁杰（6月任）

政协灵台县委员会主席：边安玉

中共灵台县纪律检查委员会书记：

杨静福（9月止）

王度林（9月任）

【基本情况】灵台县位于陇东黄土高原南缘，地势西北高、东南低，海拔在890～1520米之间；年平均气温10.2℃，最高气温35.9℃，最低气温–15.7℃；年降水量610.7mm；年日照总时数2005.6小时，全年无霜期151天。东西长78公里，南北宽40公里，总面积2038平方公里，属黄土高原沟壑区。全县辖7个镇、6个乡、1个街道办事处，4个居委会、184个行政村。2015年末，全县总人口23.3万人，汉族居多，占96.7%，少数民族有回、藏、满、苗、蒙古族等。

【资源优势】灵台县是鄂尔多斯聚煤盆地南缘的一部分，资源储量丰富，已探明和预测煤炭资源地质储量约41.96亿吨。

现有耕地76.69万亩，农民人均3.7亩，土壤肥沃，粮食生产优势明显，常年产量15万吨以上，素有“陇东粮仓”之美誉；林地面积181万亩，森林覆盖率35.22%，植被较好，先后被国家绿化委和国家绿色推介委员会授予“全国造林绿化百佳县”、“中国绿色名县”等称号。

有丰富的古商周遗存，原始先民居住遗址、古墓葬430多处，古城址6处，古生物化石点18处，博物馆文物藏量7629件，珍贵文物藏品数量之多之精居甘肃省基层博物馆之首。商周青铜器被誉为“中华之最”。主要人文旅游景点有古灵台、皇甫谧陵园、牛僧孺墓、圪瘩庙、密须古城遗址、文王画卦山等。同时，灵台位于古丝绸之路东段，处在“崆峒山—王母宫—法门寺—兵马俑”旅游热线上，周边地区旅游景点星罗棋布、古冢名刹随处可见，具有独特的区位优势和发展优势。

【国民经济】2015年，全县实现生产总值29.14亿元，比上年增长8.2%。其中，第一产业增加值12.43亿元，增长5.7%；第二产业增加值5.46亿元，增长7.5%；第三产业增加值11.25亿元，增长11.7%。人均生产总值15901元，增长8%。三次产业结构比为42.7 ∶ 18.7 ∶ 38.6。完成固定资产投资42.48亿元，增长14.39%，实现社会消费品零售总额12.61亿元，增长9.8%。一般公共预算收入完成0.94亿元，下降7.5%。年末金融机构各项存款余额54.87亿元，增长12.53%，各项贷款余额32.60亿元，增长31.55%。

【“三农”工作】全县种植全膜双垄沟播玉米20.08万亩。建办冬小麦、玉米高产创建万亩示范片3个，示范面积4.65万亩。通过推广优质良种和先进实用技术，冬小麦、玉米高产田平均亩产达413.1公斤和676.8公斤。全年农作物播种面积107.1万亩，其中粮食作物播种面积74.56万亩，粮食总产量18.59万吨。完成无公害生产面积13.5万亩，发展订单农业14.7万亩，分别比上年增长36.8%和13.07%。新注册农民专业合作社76个，累计达到387个。以“三北”五期、中央造林补贴、退耕还林配套荒山造林等国家造林工程项目为重点，完成梁原温家庄等生态造林工程26处2.75万亩。抓建新农村示范点7处，市列城乡一体化试点乡镇1处，千村美丽示范村3个，万村整洁村30个，累计完成投资6080.81万元。修建文明生态家园337户，实施三清五改526户，硬化村道11.6公里，修建村部4处、村级卫生所4处，体育活动场所5处，开展村庄环境整治活动8次；新建养殖场一处，种植蔬菜398.5亩，定植核桃700亩，推广全膜玉米覆膜4402亩，修建梯田1500亩；输转劳务1564人次，开展技术培训3582人，发展专业合作经济组织4个。

【项目建设】全县实施500万元以上项目60项，完成投资22.7亿元，其中开工建设列入全市“十大工程”重点调度的项目16项，完成投资12.54亿元。以编制“十三五”规划为契机，深入分析了新常态下国省支持发展的一系列重大政策机遇，筛选论证重点项目336项，概算投资1200亿元。不断加大项目争取力度，83个项目获批立项，争取国家和省上投资5.3亿元，比上年增长26.8%。全年落实招商引资项目48项，项目总投资255.33亿元，协议引资255.33亿元，到位资金54.23亿元，增加11.21亿元，增长26.06%。

【优势产业】全县农村主导产业开发和蔬菜生产进展良好，累计建成万头牛乡13个，千头牛村44个，百头牛社225个，十头以上养牛大户3276户，完成肉牛冻配改良4.21万头，牛饲养量达到18.2万头，出栏商品肉牛6.58万头，实现总产值25474.66万元；新植苹果园3.1万亩，当年挂果面积达到10.38万亩，总产量达到6.58万吨，实现总产值24031.22万元；以“两河”川区和什字塬区为重点，集中建设“两河”川区设施蔬菜、什字塬区高原夏菜、麦后复种蔬菜三大基地，抓建设施蔬菜百亩示范点4个，高原夏菜千亩示范区3个，示范种植蔬菜6400亩。引进名优蔬菜品种15类65个，完成工厂化育苗260万株，推广温室微喷等新技术8项。新建日光温室120亩，搭建钢架塑料大、中拱棚2220亩，累计达到487座和6053座，种植蔬菜14.5万亩，设施蔬菜面积达到6540亩。蔬菜总产达到20万吨，实现总产值48764.65万元。全县肉牛、苹果、蔬菜三大产业实现总产值达到98270.63万元，占全县农业总产值的56.2%。

着力打造“针灸之都，文化灵台”旅游品牌，加速文化与旅游的深度融合，持续加大了宣传推介和项目建设，推动全县旅游事业平稳健康发展。全年旅游业接待人数120.2万人（次），比上年增长25.3%；旅游综合收入60412.7万元，增长25.3%。

【人民生活】全县城镇居民人均可支配收入17510.44元，比上年增长10.25%；人均消费支出11419.4元，增长4.46%；恩格尔系数为21.25%，下降1.65个百分点。农村居民人均可支配收入达到6506.1元，增长12.14%；人均生活消费支出5971.26元，增长20.49%；恩格尔系数为21.66%，下降10.37个百分点。全县城镇单位从业人员年工资总额43090.2万元，增长11.2%，人均年工资为48001元，月工资为4000元，增长8.6%。城乡居民储蓄存款余额为41.01亿元，增长14.41%；人均储蓄存款达到17598元，增长14.61%。

【扶贫开发】全县共精准识别出贫困农户13120户，贫困人口45500人，贫困发生率21.36%，完成了建档立卡和大数据平台建设。实施贫困村主导产业、基础设施、社会事业等项目6类19项，完成投资3.35亿元，发放首批精准扶贫专项贷款1亿元，申报第二批贷款规模3.5亿元。其中实施列入全省“百片千村”专项扶贫项目的投资6160.4万元，其中财政专项扶贫资金3200万元。实施“五改三建”285户，危房改造5户，新建小型水利工程3处，硬(砂)化道路10条12.3公里，整修生产路或产业路4条5.9公里，机修梯田2176亩，开工修建水过面桥1座；购买基础母牛245头，建成养殖温棚97座，种植核桃等其他经济林2260亩，发放扶贫贴息贷款1712.4万元，开展农业实用技术培训1100人次，完成“两后生”培训980人，实施河堤治理及安全饮水工程12处。通过项目带动和产业支撑，全年实现减贫15961人。

【环境保护】全县争取项目资金180万元，组织实施了惠民热力公司1号锅炉烟气脱硫项目等5个减排项目，经测算可削减化学需氧量520.24吨，氮氧化物53.3吨，二氧化硫188.16吨。争取投资420万元，在朝那镇三里村、百里乡石塘村等4乡镇7个村实施了农村环境综合整治项目，配备吸粪车2辆，压缩式垃圾车4辆，手推式保洁车81个，各类垃圾箱1103台（件），拉建水源地防护围栏1400米，设置警示牌、宣传栏29个。投入320万元，在13个乡镇实施了以“六乱”为重点的农村环境综合整治，新增绿化面积74387平方米，清运垃圾2591吨，修建排污渠36665米，新建文明生态家园551户，开展群众教育培训16469人次。积极开展环境影响评价和环境质量监测，县城区空气质量达标率为100%；区域环境、交通干线噪声平均值为53.7分贝和65.6分贝，低于控制指标55分贝和70分贝；达溪河灵台段水质符合地表水Ⅲ类水质标准，县城区饮用水水源水质达标率为100%。

【社会保障】全县城镇新增就业人数2816人，城镇登记失业率为3.02%。完成了城乡低保、农村五保扩面提标，提高了县聘临时代课教师和环卫工人工资标准，启动了城乡居民大病医疗保险理赔工作。全县新建公租房82套，限价商品房72套，棚户区改造安置房221套，完成农村危房改造2200户。在中台镇许家沟等10个乡（镇）20个村（其中贫困村12个）建成农村社区老年人日间照料中心，建筑面积2472平方米。全县城乡居民社会养老保险参保13.1万人，参保率95.3%，累计发放养老金3450万元，发放率100%。为254名城镇失业人员办理小额担保贷款1270万元，开发公益性岗位安置就业困难人员120人，为577名灵活就业人员发放社保补贴223.8万元，为农村低保人员发放低保资金4677万元，为城市低保人员发放低保资金1035万元，为农村五保供养人员发放供养资金350.55万元，为461名困难患病群众发放医疗救助金211.94万元，为841名城乡困难群众发放临时救助79.78万元，为11398户、43473人次困难群众发放冬春生活困难救助及冰雹、连阴雨灾害困难群众生活补助资金892万元，有效解决了困难群众生活问题。

【社会事业】顺利通过了国家义务教育均衡发展评估认定，全县适龄儿童入学率为100%，小学升学率为100%，初中毕业率为100%，九年义务教育完成率为98.62%。中考整体合格率达到87.59%。2015年全县高考一本上线282人，上线率12.7%；二本以上上线928人，上线率41.8%，县长教育基金正式启动。深入推进医药卫生体制改革，全县所有医疗机构实现了药品网上采购和零差率销售，药品价格明显降低；新农合“一卡通”全面普及，人均筹资额达到460元，政策覆盖面100%，参合率达到98%以上。进一步加强覆盖县乡村三级的中医药医疗保健体系建设，在县皇甫谧中医院设立了中医治未病中心，开展了国医养生馆建设；在县医院设立了中医药管理科、中医门诊、中药房，建成了中医馆；全县12个乡镇卫生院全部设置了中医药综合服务区。科技成果转化和知识产权工作取得新成绩。公共文化服务体系不断加强，年内共建成乡村舞台61个，招商引资600多万元建成了灵台县数字影院。

（李德文）

崇信县

【现任主要领导】

中共崇信县县委书记：吕鹏举

崇信县人大常委会主任：章进录

崇信县人民政府县长：

崔仁杰（7月止）

张栓会（8月任）

政协崇信县委员会主席：刘志仓

中共崇信县纪律检查委员会书记：

景晓东 （9月止）

冯建君（10月任）

【基本情况】崇信县位于甘肃省平凉市东部，关山东麓，泾河之南。东西宽35公里，南北长41.5公里，总土地面积850平方公里。地形呈西北高，东南低，海拔1085.4～1728米之间，关山支脉—唐帽山、老爷山屹立于西北部。地貌复杂多样，山地、台地、高原、河川交错分布，属黄土高原丘陵沟壑区。泾河支流—汭河、黑河、达溪河由西向东贯穿县境，形成狭窄的两塬三川五大区域。气候属暖温带半干旱大陆性气候，四季分明，2015年全年平均气温10.8℃，日照1987.1小时，无霜天数176天，降水量534.4毫米。全县辖3个镇、3个乡、2个管委会，79个行政村。常住人口10.33万人，其中农业人口8.18万人。

【资源优势】主要矿藏有煤炭、陶土、坩泥、石灰石、石英砂、矿泉水等，尤以煤炭资源最为丰富，现已探明储量18.3亿吨。宝（鸡）中（卫）铁路和省道泾（川）甘（谷）公路横贯全境，油路通村率达到100%。崇信县历史文化积淀深厚，独具魅力。县城北有闻名秦陇、具有一千多年历史的国家4A级旅游景区龙泉寺，西有风景秀丽的省级名胜区五龙山，有秀景天成的唐帽山森林公园，有直插云宵的人间仙山水泉岭和独具特色的世外桃源樱桃沟。有国家级文物保护单位武康王庙，有西周时期的古墓群和仰韶文化、齐家文化遗址及大量的唐文化遗迹，有革命烈士保至善故居、王震、彭德怀等革命将领的驻足宿营地等革命遗址，还有被誉为华夏第一槐的关河古槐，渭河以北最大的佛教圣树菩提树，奇特罕见的三义柏等古树名木。

【国民经济】2015年，全县实现生产总值完成25.43亿元，比上年增长5.6%。人均生产总值24637元。其中，第一产业增加值完成6.60亿元，增长5.1%；第二产业增加值11.1亿元，增长3.7%；第三产业增加值完成7.80亿元，增长11.5%。三次产业结构比为26 ∶ 43.5 ∶ 30.5。工业增加值9.80亿元，增长3.4%；规模以上工业增加值9.55亿元，增长3.3%。固定资产投资总额57.28亿元，增长10.6%。社会消费品零售总额7.33亿元，增长9.5%。一般公共财政预算收入4.53亿元，下降4.7%。

【“三农”工作】2015年，扶持建办庆丰农业等产业化龙头企业12户，新建改扩建肉牛养殖小区7个，创建黄寨兴盛等省级标准化畜禽养殖示范场3个，牛存栏量和出栏量分别达到6.8万头和4.8万头，玉米秸秆转化率达到85%以上。创建标准化示范园4万亩，果园面积达到7万亩，水果总产量达到3万吨。培育了于家湾千亩蔬菜示范基地和方盛百万棒香菇生产基地，带动全县种植蔬菜6.83万亩。粮食播种面积29.77万亩，粮食总产量6.18万吨，农林牧渔业增加值6.60亿元，比上年增长6.0%。

【项目建设】全年共实施各类500万元以上建设项目157项。五举煤矿、赤城煤矿、县城新区开发、县体育中心等十大过亿元项目，农业综合开发、河堤治理等20个市列“十大工程”项目和县医院住院综合楼、保至善烈士纪念馆等45个县级政府投资项目完成年度建设任务。华煤集团铁路运煤专线、彭大高速崇信连接线、关河水库等一批重点前期项目取得实质性进展。煜原职业培训学校等专项债券项目进展顺利，与山东东岳、四川华信、陕西海升等集团公司建立了战略合作关系，一批重大招商项目落地崇信，实施招商引资项目74项，到位资金67亿元，比上年增长21%。组建成立了芮鞫惠民投资发展公司和信源信用担保公司，为吸引更多社会投资搭建了平台。

【优势产业】2015年，坚持煤电产业优化升级与非煤产业发展同步推进，努力提高工业经济发展的质量和效益。崇信电厂铁路集煤站建成投入运营，百贯沟煤矿改扩建实现达产达标，大柳、新窑、新柏煤矿综合治理和新安、新周、百贯沟等煤矿附属工程全面建成，嘉利、安利煤矿完成资源整合。鑫盛新型建材建成并顺利投产，非煤工业发展实现新突破。完成了周寨南部煤炭资源普查和北部塬区石油资源勘探。加强工业企业协调服务和调度管理，全年生产原煤664.5万吨，发电49.74亿度。

抢抓省、市建设华夏文明传承创新区和中华崆峒养生地机遇，全力促进文化旅游养生融合发展。龙泽湖被评为国家级水利风景区，“山水龙泉·养生崇信”旅游品牌知名度和影响力不断提升，建成了文化三馆和五龙山游客接待中心，全年共接待各类游客106.03万人次，比上年增长25.01%。大力发展文化产业，深度挖掘公刘农耕等文化资源，全县文化产业法人单位达到36户，文化产业增加值完成2469万元，增长17.57%。

【人民生活】村社道路铺油硬化、乡镇幼儿园、保障性住房、易地扶贫搬迁、饮水安全、基本口粮田等十件实事全面落实。累计发放各类惠农资金 1.15 亿元。全县城镇居民人均可支配收入达到 25620 元，比上年增长 10.2%；农村居民人均可支配收入 6231 元，增长 12.1%。城镇居民人均生活消费支出 21474.54 元，食品消费占城镇居民人均消费支出的 22.5%；农村居民人均生活消费支出 6631.12 元，食品消费占农村居民人均消费支出的 25.92%。期末城镇单位职工人数 14763 人，职工工资总额 9.42 亿元，平均工资 63054 元，增长 3.41%。全县金融机构各项存款余额 32.81 亿元，增长 12.6%；全县贷款余额 21.41 亿元，增长 24.4%。城乡居民储蓄存款 22.50 亿元，比年初增长 12.3%。

【扶贫开发】坚持把建档立卡作为精准扶贫精准脱贫的基础性工作，严格按照“一核二看三比四评五公示”的程序，从严审核把关，精准识别贫困村 15 个、贫困人口 1.97 万人，到村到户到人建档立卡，建立了大数据管理平台。全面落实“853”精准脱贫管理办法，规范完成了 15 个贫困村、64 个非贫困村、1.97 万贫困人口“853”挂图作业。整合各类项目资金 7.9 亿元，实施易地扶贫搬迁、产业培育等精准扶贫项目 82 项。实施扶贫开发整村推进项目 7 个，改造贫困户危房 1167 户，贫困村硬化路、动力电、宽带网络实现全覆盖，所有贫困户饮水全部达到安全标准。整合培训资源，开展就业技能、新型职业农民、“两后生”等各类培训 5143 人（次），完成技能鉴定 1392 人。持续加大扶贫投入，县财政扶贫资金支出 4758 万元，当年清理回收存量资金中可统筹使用的 60% 以上用于扶贫。按照“一村一业一单位，一户一策一干部”的要求，整合双联干部、到村任职挂职干部、大学生村官、乡镇包村干部 80 名，成立驻村帮扶工作队 15 个，选任了 15 名村党支部“第一书记”，全部驻村开展工作，做到了每个贫困村有 1 名县级帮扶领导、1 个驻村工作队、3-4 个“双联”单位、1 个帮扶企业、1 个科技服务队、1 名产业技术指导员，每个贫困户有 1 名帮扶人员。融合推进脱贫攻坚和双联行动，建立了衔接配套的检查督查、考核评估等长效机制，深入开展“人大代表在行动”、“政协委员助推双联”等社会帮扶活动，落实帮扶资金 737 万元，解决群众困难问题 1166 件。

【环境保护】2015 年，全县主要污染物化学需氧量控制在了 3000 吨以内，比上年下降 19.72%；二氧化硫控制在了 4260 吨以内，下降 2.86%；氨氮控制在了 110 吨以内，下降 20.98%；氮氧化物控制在了 4870 吨以内，下降 12.90%，四项主要污染物排放量均控制在了目标范围值以内。空气质量达到功能区标准，地表水汭河崇信出境断面水质达标率达到 75% 以上，城乡饮用水源水质达标率达到 100%，区域环境噪声平均值控制到了 55 分贝以内，交通干线噪声平均值控制到了 70 分贝以内，全县未发生严重环境违法行为和重大环境辐射安全事件，环境质量得到明显改善。

【社会保障】2015 年，城乡居民养老保险基础养老金增加到 85 元，重点优抚对象、高龄老人、城乡孤儿生活补贴和重度残疾人护理补贴、困难家庭租房补贴等政策全面落实。继续推行高校毕业生“支农、支教、支医、支企”政策，多渠道促进就业，应届高校毕业生就业率控制在 85% 以上。新建返乡农民工就业创业园等创业孵化基地，城镇登记失业率控制在 3.5% 以内。全县城镇职工参加失业保险 2873 人，全县行政、事业及企业参加养老保险 60975 人，工伤保险 3563 人，生育保险 3503 人，医疗保险 12397 人，全县 8700 名困难群众享受农村低保，2280 名城镇困难居民享受城市低保，五保供养人数 334 人。

【社会事业】2015 年，投资 5570 万元，新建、续建校舍 2.6 万平方米。幼儿入园（班）率达到 85%，；义务教育巩固率达到 93.3%，高中阶段毛入学率达到 91.1%。落实各项惠民资金 1000 多万元，资助学生 8000 多人次。学龄儿童入学率达到 100%。年末全县卫生机构数 19 个，乡村诊所 88 个，个体诊所 37 所，卫生机构人员 517 人。参加新型农村合作医疗人口 8.07 万人，参合率达到 99.7%。累计建成 7 个乡级文化站、79 个农家书屋和 13 个乡村级体育场。全年组织各类文化活动 10 项、8 场（次），年放映农村公益电影 1008 场（次），剧团演出 380 多（场）次。全县有线电视频道达到 123 套，农村广播“村村响”“户户通”工程顺利建成，电视覆盖率为 98.6%，广播覆盖率为 98.6%。

（关旭东）

华亭县

【现任主要领导】

中共华亭县县委书记：孟小金

华亭县人大常委会主任：闫学明

华亭县人民政府县长：王宏林

政协华亭县委员会主席：冯天祥

中共华亭县纪律检查委员会书记：

高　赫（11 月止）

王进军（12 月任）

【基本情况】华亭县位于甘肃省东部、关山东麓，东临崇信县，西连庄浪县和宁夏回族自治区泾源县，南接张家川回族自治县和陕西省陇县，地处陕甘宁三省（区）交汇处。华亭历史悠久，北魏普泰二年立华亭镇，因皇甫麓有华尖山亭而得名。1958 年 12 月撤县并入平凉市，1962 年恢复华亭县至今。生态环境良好，属黄土高原丘陵沟壑区、温带湿润性气候。境内山川兼有，气候宜人，年平均气温 8.7℃，降雨量 631.8mm，海拔 1226 ~ 2748 米。河流交叉纵横，汗河、汭河、黑河 3 大水系源于本县，年总径流量 1.65 亿立方米。现辖 6 个镇、4 个乡、1 个街道办事处、1 个省级工业园区，101 个行政村，26 个社区，总面积 1183 平方公里。2015 年底，全县常住人口 19.6 万人。

【资源优势】华亭煤炭储量达 33.74 亿吨，占全省煤炭储量的 40.2%，是全国 13 个重点产煤基地、西北 3 大矿区之一，也是甘肃煤电化运一体化综合开发的核心区。境内林丰草茂，植被良好，关山林区有 40 万亩原始森林，森林覆盖率达到 36.74%。

华亭交通便利，境内公路总里程 686.63 公里，有年吞吐量 1000 万吨的煤炭铁路专用线和140万吨的铁路集运站，辖区“七纵六横十四个出口”的路网框架初步形成，实现了乡乡通油路、村村通水泥路和城乡客运站点全覆盖。水利水保设施不断加强，有中小水库5座，年供水能力2462万立方米，在全市率先实施了饮用水水质改善工程，建成了农村饮水安全工程示范县、自来水化县。拥有装机容量1.5万门的国际国内程控电话通讯网，互联网延伸到乡村一级，移动通讯和供电网络覆盖全县。规模以上工业企业达到20户，20万吨聚丙烯、陶瓷生产线、工业园区循环经济技术研发中心项目加快实施。

年末耕地41.52万亩。粮食作物以小麦、玉米为主，盛产核桃、大黄、独活，是全省优势农产品产业带重点开发区域之一，被列为甘肃优质肉牛生产基地和中药材、干果生产基地。“华亭大黄”、“华亭独活”、“华亭核桃”地理商标通过国家核准注册，建成了全国核桃种植标准化示范县，进入了全省养牛大县、药材种植大县和蔬菜大县行列。

华亭人文古迹众多，境内现存古人类遗址、古墓葬群、石窟石雕、古城堡遗址和古动物化石点106处，馆藏珍贵文物近1000件。曲子戏、传统打击乐表演等民间艺术跻身全国“非遗”项目，被文化部授予“中国民间文化艺术之乡”。国家4A级森林公园莲花台和国家3A级莲花湖公园、双凤山公园和米家沟生态园，风光绮丽的五台山、规模宏大的石佛群和石拱寺、神奇的海龙洞、药王洞、仙姑山等景区风景秀丽，交通便捷，旅游资源开发前景广阔。

【国民经济】2015年，全县实现生产总值达到40.29亿元，比上年增长4.3%。三次产业结构比为19.35 ∶ 44.59 ∶ 36.06，第一、第三产业所占比重分别增加5.35、12.48个百分点。一般公共预算收入5.03亿元，固定资产投资完成139.76亿元，社会消费品零售总额19.77亿元，城镇居民人均可支配收入和农民人均可支配收入分别达到25448元和7105元，增长10.2%和12.2%。

【“三农”工作】2015年，完成旱作农业技术推广5万亩，新植核桃1万亩，补植核桃2万亩，新建、改扩建养殖小区5个，建成千亩无公害药材标准化生产基地5个，牛出栏6.9万头，核桃挂果面积7万亩，药材种植面积10.17万亩。新增新型农业经营主体55个，累计扶持建办重点龙头企业16户，成立专业合作社182个，培育产业大户4056户，全县农业增加值达到7.83亿元，增长5.6%，农业规模化、集约化、现代化、市场化水平不断提升。

【项目建设】全年实施500万元以上重点建设项目383个，完成投资139亿元，体育运动公园、上美商业广场、天街购物广场、宏源大厦已正式投入运行；华庭明珠、居礼华亭、世纪花园和金华庭院等商住项目建设即将竣工投用；20万吨聚丙烯、庆华公司陶瓷生产线、7万吨再生胶粉生产线等一批重大项目进展顺利；天然气入户、热电联产、彭大高速、330KV尚家塬送变电等工程进展良好。

【扶贫开发】突出基础设施改善、富民产业发展、公共服务保障三个重点，将项目和资金向最贫困的乡村、最困难的群体聚集，对接实施项目11类178个，发放精准扶贫贷款2174户、1.04亿元，建成易地扶贫搬迁安置点6个，帮助贫困村发展药材1189亩、核桃256亩，建成扶贫互助协会5处。电商扶贫初见成效，网销核桃、药材等农产品和工艺品15种以上。全力推进双联行动与精准扶贫深度融合，双联单位共落实资金1.4亿元，帮办各类实事16类1080项。农村安全稳固住房覆盖面达到86%，硬化道路、安全饮水通村率分别达到100%和99%，稳定脱贫7000人，贫困面下降到16.6%。

【环境保护】2015年，化学需氧量、氨氮、二氧化硫、氮氧化物4项主要污染物排放量均控制在目标值之内，比上年分别下降5%、15%、9.2%、30%。辐射安全许可证持证率保持100%，城市污水集中处理率达到86%，城市生活垃圾无害化处理率达到92%，未发生严重的环境违法行为。全年城区空气质量优良天气数按新标准要求达到监测天数的100%，城镇集中式水源地水质达标率达到100%；汭河华亭段出境断面水质达到地表水三类水质标准（达标率80%）。对全县8个矿井废水处理站、2个生活污水处理厂、9个地埋式污水处理站和3户冶炼、2户电力、1户陶瓷、1户化工企业除尘器等环保设施进行全方位、多角度监控管理，矿井废水回用率不断提高，全年污染物稳定达标排放。

【社会保障】2015年，城镇职工五项社会保险、城乡居民社会养老保险参保率达到95%以上，城乡低保对象补差标准提高了10%。实施各类保障性住房和棚户区改造1294套，改造消除土坯房6772户34872间。多渠道开发就业岗位，开展各类技能培训41期，农业实用技术培训575人次，雨露计划“两后生”培训800人，输转城乡富余劳动力3.15万人，劳务创收4.72亿元，再就业、城乡居民社会养老保险等社会保障覆盖范围不断扩大，职工五项社会保险确保率和发放率均达到100 %。

【社会事业】2015年，华亭县集中实施了职教中心迁建、体育运动公园建设、薄弱学校维修改造、标准化村卫生室、乡村舞台等一批民生项目，措办了塌陷治理、搬迁安置、群众就业等一批为民实事；组建成立了华盛开发公司和水投公司，完成了农村水价改革，土地所有权确权登记、集体林权配套改革、县级公立医院综合改革深入推进，新农合一卡通全面实施，服务体系进一步理顺。城市街路、保障性住房完成年度建设任务，智慧城市、天然气入户、热电联产等项目加快推进，48个小城镇建设项目完成投资1.59亿元，省、市考核的20项新型城镇化评价指标全部达标，全县常住人口城镇化率达到54.23%。在全市率先建成乡镇一级安监站，安全生产监管基础全面夯实，群众饮食用药安全得到有效保障，市场监管不断加强，物价水平总体平稳，社会治安秩序良好。2015年，全县按照整合项目资金，开工乡村建设项目48项，新建拓建乡村道路11条100公里，改造东华、西华棚户区6个，开发世纪花园、居礼华庭和金华庭园等商住项目12个，排洪排污、强电弱电、集中供热、绿化亮化、城市景观、出行休闲等公共设施配套跟进。开展了曲子戏调演、广场文化月暨乡村舞台文艺展演、秦腔百姓大奖赛、红色电影放映、职工书画展、职工篮球运动会等大型文体活动100余场次，开展社火表演、书法比赛、农民演讲比赛、农民运动会、乡村舞台展演等各类群众文化活动60余场次。大力推进美丽乡村建设，努力打造东部、西部、北部3个美丽乡村示范带，改造消除农村土坯房3.5万间，硬化村社道路27公里，标准化卫生室、文化广场、乡村舞台等公共服务设施同步配套到位，关山林缘区群众生产生活条件得到显著改善。

（董中华）

庄浪县

【现任主要领导】

中共庄浪县县委书记：陈铎（5月止）

徐毅（6月任）

庄浪县人大常委会主任：陈亮

庄浪县人民政府县长：宋树红（回族）

政协庄浪县委员会主席：王兴

中共庄浪县纪律检查委员会书记：

徐永宏（10月止）

高　赫（11月任）

【基本情况】庄浪县是国家六盘山特困片区扶贫开发重点县和甘肃省18个干旱贫困县之一，地处甘肃中部，六盘山西麓，属黄土高原丘陵沟壑区。境内有402道梁峁、2500条沟壑，海拔在1405～2857米之间，2015年降水量518.5毫米，年平均气温8.9℃，无霜期168天。林地面积3.92万公顷，森林覆盖率27.29%。全县辖18个乡镇、1个街道办事处，293个村、5个社区。总面积1553平方公里，耕地91.65万亩，总人口44.92万人，其中农业人口41.6万人，人口密度为每平方公里289人。

【国民经济】2015年，全县实现生产总值36.09亿元，比上年增长8.0%。其中，第一产业增加值14.25亿元，增长6.2%；第二产业增加值5.82亿元，增长6.1%；第三产业增加值16.02亿元，增长11.0%。人均生产总值9405元，三次产业比重为39.79 ：16.24 ：44.72。全社会固定资产投资48.35亿元，增长14.1%；社会消费品零售总额17.79亿元，增长9.6%。

【“三农”工作】全县农业增加值14.21亿元，增长6.2%；粮食产量19.46万吨；农民人均纯收入5312元，增长14.5%。新植补植果园10.2万亩，建成欧盟标准示范园3750亩、国家标准示范园1万亩、市级标准示范园11万亩。推广种植以“庄薯3号”为主的马铃薯46万亩，其中脱毒种薯基地13.6万亩。“茂源”牌马铃薯粉条被评为第十六届绿色食品博览会畅销产品金奖，获得“陇原农宝·平凉十宝”荣誉称号。持续加大路、水、电、房等基础设施投入力度，建成通村硬化路270公里，梯田产业路1000公里。开建花崖河水库，新建节水灌溉工程5处。建成新农村示范村19个，改造农村危房5260户。实施农村改厕2000户，新建、改造供电线路116公里。完成生态造林3.86万亩，绿化乡村道路511公里，新修梯田3.12万亩，治理水土流失60平方公里，规范流转土地2.31万亩，发展家庭农场432个、农民专业合作社67个。

【项目建设】全县共实施重点项目130个。依托项目支撑，建成通村硬化路270公里，梯田产业路1000公里，完成庄隆公路、水洛至通化公路改扩建62.3公里，南河桥加宽改造工程竣工通车。成立了庄浪县水投公司，花崖河水库全面开工，建成了5处节水灌溉工程，新增灌溉面积3285亩。新修梯田3.12万亩，整理土地3.2万亩，治理水土流失60平方公里。新建、改造供电线路116公里，在全市率先实现了村社三相动力电全覆盖，城乡基础条件进一步改善。

【优势产业】继续发展苹果主导产业，新植果园10.2万亩，挂果面积达到25万亩。培训颁证务果能手1万名，成立了县果品研究所。成功举办了庄浪县第一届赛果大会，在兰州、平凉等城市建办了庄浪苹果直销店，建成了一批大型气调果库、果品包装企业，初步形成了生产、储存、加工、销售一体化发展格局。建成标准化养殖小区18处，全县牛猪鸡饲养量分别达到12.5万头、35万头、175万只。新建蔬菜日光温室、塑料大棚2090亩，示范带动种植蔬菜12万亩。完成育苗1.36万亩，种植中药材2万亩，栽植油用牡丹2000亩。推广旱作农业71万亩，全面启动了关山大景区综合开发，开通了陈家洞—朝那湫—云崖寺景区道路，建成了朝那湫游步道，完成了云崖寺石窟危岩体加固维修。全县共接待游客70万人次，实现旅游综合收入1.5亿元。大力实施全国电子商务进农村综合示范县建设和“新网”工程，建成了县级电商服务中心、19个乡镇电子商务服务站、143个村级服务点，开办网店362家。

【人民生活】城镇居民人均可支配收入21390.1元，增长14.1%；农村居民人均可支配收入5312元，增长15.6%。70%以上的财力投向了民生工程。城镇居民医疗保险、新农合、新农保基本实现了全覆盖。贫困面下降到21.94%。实施“万村千乡”市场工程、家电下乡补贴等政策，电脑、空调、轿车等高档消费品进入普通百姓家庭，城乡居民消费结构发生了根本性改变。建设新农村示范村、改造农村危房，实施“一事一议”财政奖补和新型农业社会化服务项目，农村新型能源，农村改厕等一系列项目和举措的实施。

【扶贫开发】制定出台了“2+20”精准扶贫工作专项方案，建立了覆盖县、乡、村、户、人的五级扶贫信息管理系统，对识别出的132个贫困村、2.65万户贫困户、11.11万贫困人口，实行实名制管理。整合各类帮扶资金11.48亿元，集中实施富民产业培育、基础设施改善、素质技能提升和公共服务配套工程，完成了25个贫困村整村推进，搬迁困难群众1283户6388人，为贫困村落实帮扶项目592个，帮助贫困群众发展产业2.75万亩。培训农村劳动力2.3万人，鉴定颁证1.1万人，输出劳务工11.4万人（次），创劳务收入17亿元。发放扶贫小额贷款、专项贷款和互助资金贷款4.7亿元，有效解决了贫困群众发展产业缺资金、少技术的问题，为25个村2万人如期脱贫奠定了坚实基础。

【社会保障】圆满完成了年初承诺的“十件实事”。全县机关事业单位养老保险制度改革工作全面启动，城乡居民社会养老保险实现全覆盖，累计发放政策性惠农补贴资金3.2亿元，为参合农民报销医药费用1.65亿元。考录安置高校毕业生574名，政策性安置复退军人42名，新增城镇就业人员3942人。建成了37所农村老人日间照料中心，发放低保、五保对象保障金1.4亿元，大病医疗救助资金920万元，各类残疾人补贴588万元。

【社会事业】投资3亿元，新建、改扩建中小学校舍9.5万平方米，完成了县一中图书大楼主体工程，41所乡村幼儿园建成投用。全面推行新农合分级诊疗和城乡居民大病医疗保险，建成了县妇幼保健站业务楼，积极创建了李可中医药学术流派国家传承基地庄浪工作站。完成了卫生计生机构合并。建成了县数字影院，填补了数字电影的空白。新建“乡村舞台”76个、村级体育健身工程17个。14项科技成果获得市级科技进步奖。编纂出版了《人文庄浪丛书》。国家卫生县城通过了验收评估。共有各级各类学校217所，教职工6012人，其中专任教师5711人，中小学生77360人，校舍面积56.58万平方米，图书153.97万册，固定资产4.51亿元。小学、初中入学率均达到100%。文化事业繁荣活跃，全年文化产业实现增加值7000万元，增长18.64%，占生产总值的1.94%。广播、电视人口覆盖率均达到98.2%，有线广播电视用户达到9000户。各级各类卫生机构458个，病床位1750张，卫生技术人员1474人。

（王珍琴　李志荣）

静宁县

【现任主要领导】

中共静宁县县委书记：王晓军

静宁县人大常委会主任：张自杰

静宁县人民政府县长：张兴荣

政协静宁县委员会主席：王智国

中共静宁县纪律检查委员会

书记：李卫东

【基本情况】静宁县位于甘肃省东部，东、北与宁夏回族自治区隆德、西吉县接壤，西、南与我省通渭、秦安县毗连，西北与会宁县为邻，东南同庄浪县相依。县境南北长81公里，东西宽68.75公里，土地总面积2193.9平方公里。现辖8个镇、16个乡、1个街道办事处，333个村民委员会、7个居民委员会。户籍总人口48.78万人，其中，城镇人口8.84万人，主要有汉、回两个民族，人口密度223人/平方公里。

【国民经济】2015年，全县实现生产总值达到45.2亿元，比上年增长8.2%。第一、二、三产业分别实现增加值16.4亿元、11.1亿元、17.65亿元，分别增长6.2%、7.0%、11.3%，人均地区生产总值10625元。三次产业结构比为36.3 ：24.6 ：39.1。完成固定资产投资72.36亿元，增长13.8%。实现社会消费品零售总额24.88亿元，增长9.4%。完成地方财政收入2.14亿元，增长46.9%。

【“三农”工作】2015年，完成农业总产值32.78亿元，比上年增长6.96%。粮食总产量达21.32万吨，农民人均产粮502.8公斤。年末大牲畜存栏15.99万头，其中牛存栏10.18万头，肉类总产量达到1.12万吨。蔬菜产量12.07万吨，增长4.08%。年末有效灌溉面积16.63万亩，保灌面积15.67万亩。高标准新植果园8万亩、补植5万亩，建成三级五类示范园20万亩，覆黑膜30万亩，果实套袋25亿只，完成果园标准化管理50万亩，丰产园投保10.4万亩。加快果品营销市场体系建设，在重庆等大中城市设立静宁苹果直营店5家，新增果品贮藏保鲜能力5万吨。扶持发展养殖企业25户、养牛示范户3000户，完成冻配改良3.6万头，全县牛、猪、鸡饲养量分别达到11.52万头、23.77万头、122.23万只，青贮玉米秸秆26万吨，畜牧产业发展迈出新步伐。旱作农业全面推广，建成万亩示范带19个、千亩示范点35个，发展旱作农业85.3万亩、瓜菜11.9万亩，粮食总产量较上年增加3168吨，增长1.5%。

【项目建设】实施各类重大基础设施项目90项，完成投资72.36亿元。建成通畅工程1042公里，建制村通畅率达到100%。养护维修县乡道路440公里，改造危桥3座，静宁县客运站和界石铺等4个乡镇农村客运站全部建成运营。城区供水改扩建二期工程全面建成，新建深沟西山等农村饮水安全工程10处、王湾水库等应急水源5处、司桥牟沟等节水灌溉工程3处，自来水入户率达到97.9%。完成造林8万亩、水源地涵养林2500亩，新修梯田4.7万亩，整理土地7.4万亩，流域综合治理51.2平方公里。改造城乡电网274公里，建成通讯基站245个，行政村4G网络覆盖率达到80%。落实招商引资项目36项，实施重点工业项目8项，完成投资2.3亿元，绿洲新型墙体材料、恒达灰砂蒸压砖项目建成投产，苹果脱水与膨化加工二期等项目进展顺利。实施恒达锅炉烟气脱硫除尘、通达废水处理升级改造和13个规模化畜禽养殖场污染治理项目。

【优势产业】截止2015年底，全县建成33.6万亩全国绿色食品原料（苹果、梨）标准化生产基地、1万亩良好农业规范（GAP）基地和18.4万亩出口创汇基地，基地认证规模达到53万亩，占全县果园总面积的52.4%。相继扶持建成了常津公司、恒达纸箱、鼎元纸业、通达果汁等贮藏营销型、包装配套型、加工增值型龙头企业50余家，年贮藏能力达45万吨，加工转化能力达7万吨，年纸箱生产能力3.1亿平方米。具有自营出口权的企业6家，果品畅销国内20多个大中城市和东南亚、俄罗斯、欧盟等国家和地区，成为全省果品出口创汇第一县。建成德美成纪购物中心、威戎、李店、灵芝等一批农资商贸市场，新发展物流快递公司12家。建成县电子商务服务中心、10个乡镇服务站、33个重点村服务点，开办网店210家，实现网上销售3600万元。旅游开发步伐加快，完成界石铺红军长征毛泽东旧居纪念馆绿化工程和陈列布展，建成曹务张rightarrow民俗文化园、伏羲部落生态文化产业园。挖掘开发旅游新资源，组织开展生态旅游、农业观光、农耕文化、苹果采摘等活动，组团参加各类旅游推介，旅游综合收入增长25%。新登记非公经济市场主体3484个，非公经济增加值增长9%。加大苹果外贸市场份额，支持鑫龙、常津等企业实现出口创汇2528万美元。

【扶贫开发】建档立卡全面完成，精准识别贫困村150个、贫困人口12.95万人。落实各类帮扶项目120个，帮助重点贫困村、贫困户栽植果园3万亩，种植洋芋12万亩、蔬菜2万亩、油用牡丹2000亩，推广旱作农业20万亩，发展养牛3万头；建成通畅工程269.6公里、基本农田3.3万亩，实施安全饮水工程4处，改造贫困户危房5609户，搬迁贫困户60户239人，预计实现脱贫人口4万人。充分发挥170个双联单位的资源优势和帮扶队员的专业特长，积极协调落实“双联”惠农、精准扶贫专项贷款5.4亿元，落实各类帮扶资金8340万元，有效解决了贫困户发展产业、改善住房资金短缺问题。全年完成减贫人口3.251万人，贫困人口由12.95万人减少到9.699万人，贫困面由28.85%下降到21.77%。

【人民生活】2015年，全县城镇居民人均可支配收入19667.1元，比上年增长10.1%；农民人均纯收入5973.2元，增长14.3%。全县城镇单位从业人员年末人数24728人，增长3.45%；从业人员劳动报酬11.65亿元，增长15.78%。城乡居民人均储蓄存款11826.1元，增长20.54%。大力加强劳务工作，输转劳村劳动力10.11万人次，实现劳务收入15.7亿元。城镇人均住房面积30.63平方米，农村人均住房面积21.81平方米。城镇化率21.55%。

【社会保障】2015年，全县城镇登记失业率3.18%，城镇新增就业人数4516人；参加城镇职工基本养老保险11881人，比上年增长2.7%；参加城镇职工失业保险11833人，降低0.8%。低保进一步扩面提标，城市保障对象总数达到2388户、6826人，保障面13.6%。农村低保标准由2193元提高到2434元，保障标准提高10%。拨付临时救助资金565.04万元，救助城乡困难对象24872人次。拨付农村医疗救助资金1024.42万元，救助患病家庭1733户1866人；拨付城市医疗救助资金90.5万元，救助城市患病家庭133人。

【社会事业】新建改建校舍4万平方米、乡村幼儿园19所，高考二本上线2688人。公立医院改革全面推进，建成县医院重症医学科、细巷卫生院业务用房和73个标准化村卫生室，新农合参合率达到98.6%。新建“乡村舞台”113个、体育惠民工程2个、村文化广场3个，新增有线电视用户1400户。

（薛红平）

酒泉市

【现任主要领导】

中共酒泉市市委书记：马光明（回族）

酒泉市人大常委会主任：

詹吉有（12月止）

王喜成（12月任）

酒泉市人民政府市长：都伟

政协酒泉市委员会主席：

郭益寿（12月止）

闫沛禄（12月任）

中共酒泉市纪律检查委员会

书记：王洁岚

【基本情况】酒泉地处河西走廊西端，南接青海，西邻新疆，北界内蒙古并与蒙古国接壤，总面积16.8万平方公里，年日照时数2788~3409小时，年平均气温7.1~11摄氏度，年降水量29.8~262.3毫米，属典型的温带大陆性气候。现辖1区2市4县，分别为肃州区、金塔县、瓜州县、肃北县、阿克塞县、玉门市和敦煌市，有67个乡镇、8个街道，66个社区、437个村。常住人口111.54万人，境内聚居着汉、回、蒙、哈萨克、裕固等46个民族。境内分布着玉门石油管理局、酒泉钢铁公司、四〇四核工业城等一批国有重点大中型企业。酒泉历史悠久，文化积淀浓厚，是敦煌艺术的故乡、中国航天事业的摇篮、全国首座千万千瓦级风电基地、我国石油工业和核工业的发祥地。

【资源优势】酒泉有丰富的风能和太阳能。据评估，酒泉市风能资源的理论总储量为1.5亿千瓦，可开发量4000万千瓦以上；风能资源可开发利用面积近1万平方公里，占全市总面积的5.15%；10米高度风功率密度均在每平方米250~310瓦以上，年平均风速5.7米/秒以上，年有效风速达6300小时以上，具有建设大型风电场的良好资源条件。年平均日照时数3000小时以上，是全国最具开发潜力的清洁能源基地。水资源可利用量29亿立方米。光热条件优越，农副产品种类多，粮食、棉花、蔬菜资源丰富，是全国、全省的商品粮棉基地、瓜果蔬菜基地和最具优势的对外瓜菜制种、花卉制种基地。矿藏种类多，储量大，品位高，有5个成矿带共有矿点572处，构成矿床92处，矿种48个。旅游资源得天独厚，全市境内已查明的文物景点1393处，其中国家级文物景点20处、省级75处，目前已开发利用98处。敦煌莫高窟、月牙泉、西汉胜迹、酒泉卫星发射中心等景区成为国内外游客向往的旅游目的地，敦煌文化、边塞文化和航天科技享誉海内外。

【国民经济】全年实现生产总值544.8亿元，比上年增长5.3%。其中，第一产业增加值78.6亿元，增长5.5%；第二产业增加值202亿元，增长4.3%；第三产业增加值264.3亿元，增长6.3%。三次产业结构为14.4 ：37.1 ：48.5。财政收入达到100.6亿元，增长7.5%，其中公共财政预算收入34.6亿元，增长7.2%。固定资产投资1104.7亿元，增长10.1%。社会消费品零售总额176.6亿元，增长8.5%。居民消费价格总水平上涨1.5%。

【“三农”工作】全市财政投入农林水事务资金20.1亿元，同比增长9.9%。实施农林水利项目489个，完成人工造林面积11.3万亩，新增高效节水面积27万亩。新建日光温室5103亩、钢架大棚1.5万亩，定植特色林果7.5万亩，新增3000元以上高效田10万亩。粮食产量35.6万吨，增长6.1%；蔬菜、瓜类、水果、药材、油料、经济作物制种分别达到199.7万吨、45万吨、26.4万吨、12.2万吨、2.1万吨和1.43万吨，分别增产12%、0.7%、9.2%、18.3%、57.5%和15.3%。猪饲养量47.7万头，下降1.7%；牛、羊饲养量分别为25.6万头和669.2万只，分别增长2%和3%。全市新建产业化龙头项目15个，创建农民专业合作示范社84个，认证农产品知名品牌5个。农村土地承包经营权和农业设施产权确权颁证有序推进，疏勒河流域水权改革试点全面开展，农村电网“两改一同价”改革顺利完成。

【项目建设】全年共开工建设项目2594个，比上年增加516个。其中，亿元以上项目189个，完成投资315.6亿元；5000万元以上项目848个，完成投资736.6亿元。资质以上房地产开发企业89家，完成投资42.1亿元。全面推进基础设施建设，敦格铁路敦煌至肃北段建成通车，京新高速白明段、柳敦高速开工建设，百立通用机场完成跑道基础工程，肃航一级公路、敦当高速、酒额铁路、敦煌客运专线等前期工作进展顺利。风电二期首批300万千瓦项目建成，二期500万千瓦项目启动，新增光电装机275兆瓦，金塔、玉门、瓜州、敦煌入选全国新能源百强县。一批新能源补链项目和资源综合利用项目落地建设。

【优势产业】大力实施“365”农业发展行动计划，全市形成以高效蔬菜、名优果品、现代制种、特色中药材等为主的节水高效特色产业带，高效特色产业面积累计达到170.5万亩，占全市农作物播种面积的65%。新型工业体系建设加快推进，以新能源为主的首位产业稳步发展，全市首位产业实现工业增加值32.1亿元，比上年增长2.8%，风光电装备制造业实现工业增加值13.7亿元，增长18.9%，风光电发电量达到95亿千瓦时，占全市发电量的66%。装备制造、电力、石化、冶金、有色、建材、食品等支柱产业共实现工业增加值108亿元，占全市规模以上工业增加值的95%。以金融保险、房地产、科学研究、信息传输、租赁商务服务、居民服务为主的现代服务业快速发展，占第三产业的比重达到56%。

【人民生活】全市城镇居民人均可支配收入27793元，比上年增长9.8%；城镇居民人均生活消费支出21655元，增长8.4%。农村居民人均可支配收入13603元，增长11.1%；农村居民人均生活消费支出10407元，增长8.4%。城乡面貌持续改善。北大河生态治理及河道景观、生态绿地建设工程完成，丝路公园、体育公园、滨河公园向市民开放。开工建设公益性蔬菜市场3个。新改建农村公路776公里，新增农村安全用水居民1.2万人，改造农村危旧房2050户，建成美丽乡村示范点34个，城镇化率比上年提高1.64个百分点。

【扶贫开发】认真落实省、市委精准扶贫决策部署，按照“四个六”的要求，识别确定1.08万户、4.22万名帮扶贫困对象，按帮扶责任制要求落实到各级包抓干部。结合省上“117”工作方案，出台84条配套措施，落实各类精准扶贫资金7.28亿元，其中发放精准扶贫小额贷款1.75亿元。组织开展农业科技培训379场次，培训贫困户劳动力4万人次，劳动力技能培训8270人次，输转劳动力2.75万人次。新型农村合作医疗制度全面启动，全市贫困人口参合率达到97.6%。

【环境保护】城市污水日处理能力11万立方米，比上年增长3.8%；城市污水处理率87.1%，比上年提高3.3个百分点；生活垃圾无害化处理率100%。集中供热面积2111.3万平方米。燃气普及率100%。城市建成区绿地率37.6%。人均公共绿地面积13.5平方米，比上年增长2%。全市建成烟尘控制区9个，总面积96.3平方公里，覆盖率100%。建成环境噪声达标小区9个，环境噪声达标区面积77.7平方公里，覆盖率100%。全年地表水质达标率100%，饮用水质达标率100%。区域环境噪声平均值53.5dB(A)，交通干线噪声平均值65.5dB(A)。酒泉城区空气质量优良天数289天，占全年天数的79.2%。万元生产总值能耗比上年下降4.04%。主要污染物化学需氧量排放量2.8万吨，下降2.9%；氨氮1276.8吨，增长1.9%；二氧化硫3.5万吨，下降0.4%；氮氧化物2.2万吨，下降8.8%。

【社会保障】全年社会保障和就业支出10.7亿元。大力推进“双创”行动计划，扶持高校毕业生到企业见习就业，新增创业实体6415个。新建城乡社区日间照料中心37个，建成社会化养老机构1个、乡镇养老院2个。年末城镇基本养老保险、医疗保险、失业保险、工伤保险和生育保险参保人数分别达到12万人、28.4万人、6.7万人、9.7万人和6.7万人。城乡居民社会养老保险参保率达98.7%。城镇居民医保参保率和新农合参合率分别达到98%和99.1%。13.8万城乡居民得到政府最低生活保障救济，发放保障金2.9亿元，比上年增长7.3%。

【社会事业】全市财政投入科技经费9487万元。研究与实验发展（R＆D）经费支出6亿元，比上年增长11.5%，占生产总值的比重为1.1%。全年引进新技术成果227项，申请专利1319项，授权专利621项，其中发明32项。全年签订技术合同64项，技术合同成交额19.4亿元。酒泉农业科技园区获科技部批准。全市实施校舍安全改薄项目278个，新建校舍16.2万平方米，消除危旧校舍14万平方米，新建市级标准化学校35所，义务教育均衡发展整体通过评估考核。初中教育入学率99.9%，初中毕业生升学率95.5%。学龄儿童入学率100%，巩固率99.4%。小学毕业生升学率99.9%。初中学生辍学率0.9%，小学学生辍学率0.2%。青壮年文盲率为0.2%。普通高校招生数2570人，在校生数8029人。普通中等专业学校和普通中学分别招生4876人和12622人。普通高校考生本科上线率34.9%，普通高校录取学生7942人，总录取率达83.7%。酒泉市博物馆布展完成并免费开放，21个文化服务项目、100个数字文化长廊服务点、6个县市数字影院建成投用，新建“图书漂流”服务点64个、乡村舞台115个。全市文化产业增加值17.3亿元，比上年增长17.2%。公共图书馆图书总藏量56.88万册。全年出版报纸907万份，出版杂志1.4万册，发行图书900万册。年末全市共有档案馆8个，馆藏档案47.19万卷，全年开放各类档案3.63万卷。全年广播节目播出时间20212小时，广播人口覆盖率99.07%。全年电视节目播出时间39947小时，电视人口覆盖率98.94%。有线电视网络总长15581公里。有线电视终端用户33.54万户，入户率达到97.6%。数字电视用户24.23万户，入户率达到92.3%。全年向各类大专院校输送体育人才116名。在省级以上比赛中，共获得奖牌57枚，其中金牌22枚，银牌21枚，铜牌14枚。全市举办运动赛会260次，参加人数达40万人。全市共有10.02万名适龄学生达到《国家体育锻炼标准》。全市共有医疗卫生机构989个，其中医院29个、卫生院75个。卫生技术人员6936人，其中医生执业医师2171人、助理医师524人、注册护士2857人。卫生机构床位6041张，其中医院4454张、卫生院1498张。全市共有卫生防疫防治机构8个，卫生技术人员205人。妇幼卫生机构8个，卫生技术人员113人。

肃州区

【现任主要领导】

中共肃州区区委书记：杨金泉（5月任）

肃州区人大常委会主任：王世万

肃州区人民政府区长：

杨金泉（5月止）

张　鸿（6月任）

政协肃州区委员会主席：连德礼

中共肃州区纪律检查委员会

书记：杨晓东

【基本情况】肃州区位于甘肃省西部，河西走廊西段，是古丝绸之路上的重要历史文化名城。海拔高度1340~2000米，年平均气温8.8℃，降水量97.9毫米，平均日照时数3165.1小时。全区常住人口43.83万人，总面积3353平方公里，辖10个镇、5个乡，122个村，7个街道办事处，21个城市社区居委会，是酒泉市人民政府所在地。

【国民经济】全年实现生产总值160.99亿元，比上年增长6.2%。其中，第一产业增加值25.18亿元，增长6.4%；第二产业增加值44.58亿元，增长5.29%；第三产业增加值91.23亿元，增长7.2%。三次产业结构由2014年的11.8 ：44.9 ：43.3调整为15.6 ：27.7 ：56.7。人均生产总值36789元，比上年增长5.7%。完成固定资产投资264.8亿元，增长9.02%；实现社会消费品零售总额94.1亿元，增长8.6%；年内接待海内外游客475.88万人次，增长30.20%；实现旅游收入36.25亿元，增长25.85%。全年完成财政总收入13.2亿元，比上年下降0.61%；财政总支出22.66亿元，增长15.57%。全年金融机构人民币各项存款余额416.14亿元，增长16.08%；各项贷款余额307.57亿元，增长14.26%。

【“三农”工作】把现代农业作为发展重点和富裕农民的有力支撑，投入1.3亿元，配套完善十大产业园区水、电、路、绿化等基础设施，新引进入园企业12家。建成50亩以上日光温室小区28个，百亩钢架大棚小区30个，蔬菜、制种面积分别达到20.39万亩和28.97万亩。新建标准化养殖示范园6个，创建标准化规模养殖场54个，发展万元规模养殖户1.7万户。建成经济林示范小区30个，新增特色林果6600亩，农民增收渠道不断拓宽。新改建各类渠系364公里，治理河道28公里，推广高效节水面积5万亩，除险加固病险水闸8座。新改建农村公路124公里，改造危旧桥11座。建成生态防护林8318亩，落实最严格的耕地保护制度，农村生产生活条件明显改善。

【项目建设】全区完成固定资产投资264.8亿元，比上年增长9.02%。按三次产业分，第一产业完成投资27.3亿元，增长2.57%；第二产业完成投资85.5亿元，增长26.18%，其中工业投资68.12亿元，下降27.96%；第三产业完成投资152.0亿元，增长26.18%。年内招引签约奥特斯维光伏组件、万银科技大功率逆变器等工业项目，开工建设正泰二期、西部农业甜玉米加工等项目，万象建材一期、东方铝业光伏支架等项目建成投产，新型工业产业体系日趋完善。着力构建“74362”文化旅游发展体系，组织实施文化旅游项目，华润万家超市、苹果概念酒店、东方广场等建成运营，龙德盛生态文化旅游度假区等一批大项目建成运营。

【优势产业】全区耕地面积61.44万亩，玉米、蔬菜、花卉制种享誉国内外，是全国重要的对外制种基地；盛产小麦、玉米、洋葱、蔬菜、瓜果、啤酒花等200多种农产品和奶牛、肉牛、肉羊、肉鸡、猪等大宗畜禽产品。以国家现代农业示范区建设为重点、农业十大产业园区建设取得新成果，制种、蔬菜、草食畜三大特色优势产业规模化经营、产业化发展。蔬菜面积20.39万亩，蔬菜制种及其他制种11.91万亩，其中玉米制种17.06万亩；以琉璃菊、甜叶菊、啤酒花为主的新型特色产业面积4.2万亩。区内风力、光热资源充足，石油、花岗岩、祁连玉等矿藏贮量丰富。形成了以新能源装备制造业为龙头，煤光电能源、农产品加工、机械制造、灌溉机械、生化制药、新型建材等为补充的新型工业体系，培育了风机总装、叶片、轮毂、塔筒、太阳能电池板等风光电设备和农业机械、节水灌溉、白酒、夜光杯、家具、面粉等名优新特产品。

【人民生活】2015年，在岗职工年平均工资50297元，同比增长13.47%。城镇居民人均可支配收入29337元，增长9.7%；城镇居民人均生活消费支出22789元，增长7.28%。农村居民人均可支配收入13259元，增长11.59%；农村居民人均生活消费支出10363元，增长6.87%。居民消费价格比上年上涨1.5%。

【扶贫开发】将扶贫工作与肃州国家现代农业示范区、“一区十园”建设、精准扶贫工作有机结合，落实各项帮扶措施，促进农村贫困人口脱贫致富。集中攻坚精准扶贫，发放到户产业补助资金650万元，贴息贷款3868万元，全区2072户、6977人实现脱贫，贫困发生率由2014年的4.14%下降到1.23%，农村困难群众生活条件明显改善。

【环境保护】投入资金8000多万元，实施鲜花摆放、围栏安装、植物造景等园林绿化工程，城区绿化覆盖率达到34.6%。建成区绿化覆盖面积1879公顷，公共绿地面积1610公顷，其中公园绿地面积401公顷。城市供水综合生产能力12.4万立方米/天，城市污水日处理能力4万立方米，城市生活垃圾无害化处理率达到100%。加大环境综合整治力度，集中开展建筑工地、占道经营等六项专项整治，环境面貌明显改观。组织开展大气、噪音等环境污染整治专项行动，购置喷雾抑尘、清扫保洁等各类作业车辆16辆，建立清扫、洒水、抑尘等长效保洁机制，提高城区环境质量。

【社会保障】全年新开发就业岗位11805个，城镇新增就业11691人，年末城镇登记失业人员2433人，城镇登记失业率3.03%。年末全区参加城镇职工基本养老保险人数为3.32万人，其中，在职人员2.38万人，离退休人员0.94万人。参加城乡居民基本养老保险人数为15.15万人。参加城镇职工基本医疗保险人数为2.38万人，参加失业保险人数为1.37万人，参加工伤保险人数为2.78万人，参加生育保险人数为1.45万人。年末城镇居民医疗保险参保6.95万人，新型农村合作医疗农民参合率为98.9%，全年新型农村合作医疗基金支出总额为9885万元。城镇居民最低生活保障人数为13121人，农村居民最低生活保障人数为21060人，农村五保救济人数1179人；城市低保标准提高到387元/月，农村低保标准提高到2434元/年，五保供养标准提高到5014元/年。

【社会事业】全年民生支出占财政支出的80%以上，省市区承诺的35件惠民实事全面落实。投资1.4亿元，组织实施城区学校扩容、薄弱学校改造等六大工程，改扩建学校46所，增加学前和义务教育学位1630个，配备安全饮水设备、校园读书长椅等1100套，改造学校运动场12.4万平方米，城区8所学校运动场向社会免费开放，投资5320万元，新改建村级文化活动中心4个、组级文化活动室160个，配备文体设施250套，建成乡村舞台、固定电影放映点等37个。组织开展广场文化艺术节、文化下乡、全民健身等活动162场次，公共文化服务全面加强，全区文化产业实现增加值4.36亿元，增长17.52%。全年组织申报国家、省、市科技项目36项，争取到位资金1038万元。荣获市级科技进步奖13项。建成10个市区级农业科技示范园区和肃州省级农业科技示范园区，引进试验新品种300个，示范推广新技术50多项，新建成市级技术研发示范中心5个。全年新授理发明专利17件，万人发明专利拥有量达到0.91件。改扩建三墩、上坝中心卫生院，新建10个村级卫生室，计划生育孕前优生健康检查覆盖城乡。年末卫生技术人员2543人，其中执业医师和助理医师1198人，注册护士1111人，医院、卫生院住院床位2645张。卫生服务覆盖率达到100%。

金塔县

【现任主要领导】

中共金塔县县委书记：方学贵

金塔县人大常委会主任：王振宇

金塔县人民政府县长：

任晓敏（5月止）

杨国文（6月任）

政协金塔县委员会主席：李学年

中共金塔县纪律检查委员会书记：

孙向明（12月止）

陶　渊（12月任）

【基本情况】金塔县位于河西走廊中端北部边缘，古丝绸之路沿线，是连接两省（甘肃、内蒙）三市（酒泉、嘉峪关、张掖）重要通道，举世闻名的酒泉卫星发射中心坐落于县境内。总面积1.88万平方公里，其中绿洲面积180万亩，现辖10个乡镇、89个行政村，常住人口14.88万人。县域南北环山，内居平山地带，地形开阔，地势平坦，源于祁连山冰川群中的黑河、讨赖河流经全境，多年平均径流量达到14.5亿立方米，境内有鸳鸯湖、金沙湖、北河湾等水库14座，总库容量达1.8亿立方米，灌溉着金塔、鼎新两大绿洲。

金塔县历史悠久、文化灿烂，旅游资源丰富，境内有国家级文物保护单位汉代大湾城、地湾城、肩水金关、长城烽燧等古城堡遗迹。省道214线和酒航公路贯横南北与国道312相连，嘉策铁路、清绿铁路和拟建酒航铁路贯穿全境，百公里内有通往全国各地的鼎新、嘉峪关和下河清三个机场，外进内出十分便利。

【国民经济】全年实现生产总值69.6亿元，比上年增长5.4%。其中，第一产业增加值18.3亿元，增长6.3%；第二产业增加值17.6亿元，增长4.9%；第三产业增加值33.7亿元，增长5.2%。人均生产总值为4.7万元。完成固定资产投资95.6亿元，增长10.1%。实现社会消费品零售总额7.64亿元，增长8.2%。财政总收入达到4亿元，增长17.7%。

【“三农”工作】狠抓产业结构调整，农民收入稳步增长。全县种植结构进一步优化，棉花实现零种植目标。农作物播种面积45.8万亩，其中，种植粮食13万亩，种植蔬菜13.6万亩，发展制种7.5万亩，种植孜然、瓜类、药材等其它优质作物11.7万亩。养殖业发展势头良好，当年猪、鸡、牛、羊饲养量分别达到11.2万头、138.8万只、1.8万头、154.2万只。大力发展劳务经济，全年开展农民工职业技能培训4803人，累计输转劳动力32452人，创劳务收入5.3亿元。

【项目建设】全县开工建设各类项目264个，其中，亿元以上项目8项，完成投资23亿元，同比下降53.5%；千万元以上项目188项，完成投资68.3亿元，增长94.3%。金塔县金源矿业有限公司、330千伏变电工程、金塔县豪盛矿业有限公司、甘肃东立矿业有限公司、金塔县春隆矿业公司等一批大项目陆续落地开工，大部分建成投产。

【优势产业】县内光热资源、矿产资源、土地资源丰富。矿产资源县内已探明的主要有铜、铁、铅、锌、金、镁、钨、煤炭、芒硝、石膏、花岗岩、硅、红柱石等8大类50多个品种，总储量达20多亿吨。特别是煤炭、菱镁石、花岗岩等资源富集，发展煤化工、金属采选冶炼和花岗岩板材等高载能产业有着得天独厚的优势。全县以培育壮大资源开发为基础的能源和高载能产业作为首位产业，大力实施“双千百十”工程，已建红柳洼光电产业区，装机规模达279兆瓦，万晟500兆瓦多晶硅太阳能电池完整产业链项目一期工程，已完成投产。以打造全省百万千瓦级光伏发电基地为目标，完成《甘肃省金塔县红柳洼110万千瓦光电产业园总体规划》，已入驻新能源项目26个，累计发电量突破8亿千瓦时。

【人民生活】全县城镇居民人均可支配收入26444元，比上年增加2294元，增长9.5%；人均消费支出19858元，增加1698元，增长9.4%。农村居民人均可支配收入13604元，增加1346元，增长11%；人均生活消费支出10275元，增长9.9%。城镇居民家庭恩格尔系数为30.2%，比上年下降0.7个百分点；农村居民家庭恩格尔系数为30.1%，比上年提高0.07个百分点。城镇居民人均住房面积33.5平方米；农村居民人均住房面积38.4平方米。

【扶贫开发】以实施“6776”精准扶贫推进计划为抓手，精准发力，强势推进，全力打好扶贫攻坚战。投入财政专项扶贫资金334.8万元，在各移民点铺筑砂石道路25.7公里，衬砌渠道17.03公里，埋设低压节水管道4.1公里，架设日光温室供水管网3公里。解决贫困群众行路难的问题，贫困乡村基础设施条件进一步改善。围绕全县“1151”产业富民增收工程，继续扩大日光温室、葡萄种植、肉羊养殖等高效特色产业规模。投入财政专项扶贫资金121.2万元，扶持贫困农户新定植优质葡萄1100亩，搭建日光温室20座，新建暖棚圈舍150座。通过培训不断拓展贫困户增收渠道。按照农民“缺什么、补什么”的原则，围绕葡萄种植、日光温室、肉羊养殖等优势主导产业开展菜单式培训，培训贫困农户5200人次，发放实用技术读本5200余册；组织输转劳动力2500人次，为农村培养一批实用型后备干部和新型农民，使贫困群众拥有更多的脱贫致富技能。

【环境保护】2015年，全县环保投资5100万元，城乡饮用水达标率分别为100%和72%；工业废气排放达标率95%，废水排放达标率96%。城区生活垃圾集中处理率达到100%；集中供热面积160万平方米；建成区绿化覆盖率达到38.8%，同比提高0.4个百分点；城市人均公共绿化面积11.4平方米。

【社会保障】2015年，全县参加城镇基本养老保险16931人，城镇基本医疗保险25747人，失业保险2988人，工伤保险7289人。参加城镇居民医疗保险16093人。新型农村养老保险参保74427人，参保率达到97.5%。新型农村合作医疗参合人数114386人，参合率达到99.8%。新开工建设城镇保障性安居工程住房156套，其中棚户区改造安置房156套。

【社会事业】2015年，全县组织实施各类科技项目24项，取得科技成果4项。全年引进各类农林牧渔新品种27个，新建农业科技示范园区12个。开展科技培训95场次，培训干部群众3.7万人次。全县科技成果转化率55%，农业科技覆盖率达86%。全县城乡学前2–3年教育普及率分别达到99%和98%。义务教育阶段小学入学率、巩固率、普及率、毕业率均保持在100%，初中入学率、巩固率、普及率、毕业率分别达到100%、99.4%、100%、99.6%。高中阶段教育普及率达到96.4%。初中毕业会考多科优秀率为23.5%。全县有文化馆1个，公共图书馆1个，博物馆1个，档案馆1个。广播电视台1座，千瓦以上电视发射及转播台1座，25平方米室外全彩电子显示屏1台，广播和电视综合人口覆盖率分别达到100%和99%，数字电视入户率达到95%。馆藏图书5万册，流通量2.5万册次，流通人数3.2万人次，馆藏文物1470件。全县共有卫生机构152个，其中县级医院2个，民营医院1个，卫生院12个，疾病预防控制中心1个，卫生监督所1个，妇幼保健站1个，计划生育服务站1个，社区卫生服务中心1个，其他卫生机构132个；卫生机构病床床位687张，其中城镇505张，农村182张；卫生技术人员905人，其中城镇884人，农村111人。全县92%的村拥有医疗点，有乡村医生和卫生员111人。

瓜州县

【现任主要领导】

中共瓜州县县委书记：

马世林（2月止）

宋　诚（5月任）

瓜州县人大常委会主任：

董生录（9月止）

高生荣（12月任）

瓜州县人民政府县长：张立东

政协瓜州县委员会主席：

李树生（12月止）

王旭东（12月任）

中共瓜州县纪律检查委员会书记：

高生荣（12月止）

武志锋（12月任）

【基本情况】瓜州县原为安西县，地处甘肃省河西走廊最西端，南望祁连，北枕大漠，南北与肃北蒙古族自治县相接，东连石油名城玉门，西邻旅游胜地敦煌，西北经猩猩峡与新疆哈密市接壤，总面积2.41万平方公里，辖5个镇，10个乡，74个行政村、8个社区居委会。有汉、回、蒙、藏、满、东乡、裕固等21个民族，常住人口14.89万人，其中城镇人口5.27万人，农村人口9.62万人。整建制移民乡镇6个，移民人口8.06万人，占全县总人口的54.13%。瓜州地域辽阔，物产丰富，县境东西长185公里，南北宽220公里，海拔在1100~1500米之间；绿洲占县境面积的8.5%；境内少雨、干旱，平均年降雨量不足50mm，蒸发量高达4000mm以上，昼夜温差较大，是典型的荒漠、半荒漠气候。境内双塔水库库容达2.5亿立方米，是甘肃最大的农业灌溉水库。建有国家级戈壁荒漠草地自然保护区，栖息着雪豹、金雕等国家一、二级保护动物 30 种。

【国民经济】2015 年，全县实现生产总值 68 亿元，同比增长 4.8%。其中，第一产业增加值 10 亿元，增长 4.0%；第二产业增加值 33.3 亿元，增长 5.4%；第三产业增加值 24.7 亿元，增长 4%。人均生产总值达到 45606 元，增长 4.3%。财政总收入 9.8 亿元，增速与上年持平。实现社会消费品零售总额 16.23 亿元，增长 8.4%。完成固定资产投资 191.2 亿元，增长 9%。

【“三农”工作】农作物总播种面积 60.06 万亩。其中，粮食播种面积 8.1 万亩，同比增长 28.9%，粮食总产量 3.3 万吨，增长 30.7%；棉花播种面积 10.3 万亩，下降 15.6%。瓜类种植面积 10.7 万亩，下降 2.7%。全县人工造林 4.79 万亩，封育天然植被 6.6 万亩，森林面积 186.46 万亩，森林覆盖率 5.27%。牛羊饲养量 79.03 万头（只），比上年增长 4.1%。其中，牛饲养量 2.59 万头，增长 5.2%；羊饲养量 76.43 万只，增长 4.1%。

【项目建设】2015 年，全县开工建设各类项目 434 项。其中，建筑安装固定资产投资完成 126.2 亿元，比上年增长 25.8%，第一和第三产业完成投资 19.4 亿元和 45.2 亿元，分别增长 52.7% 和 43.2%。第二产业完成投资 126.7 亿元，下降 3.4%。全年完成 500 万元以上固定资产投资 191.2 亿元，增长 9%。

【优势产业】瓜州县素有“世界风库”之称，年风能有效利用时数达 2300 小时以上，全年日照时数达 3202.5 小时。近年来，在甘肃省委、省政府“建设河西风电走廊，再造西部陆上三峡”的战略构想下，已经建成风光电场 37 个，成为“全国风电装机第一县”，荣登“中国新能源产业百强县”和“中国风能产业强县”。风电二期一批 240 万千瓦风电、北京天润 20 兆瓦光伏发电项目，现已全部完成装机并网。中电国际、益能等光伏扶贫项目完成装机。全县建成新能源企业 35 家，完成风电装机 645 万千瓦，累计发电量 333 亿千瓦时，上网电量 325 亿千瓦时，实现销售收入 176 亿元。

【人民生活】2015 年，全县城镇居民人均可支配收入 25050 元，同比增长 9.3%；人均消费性支出 20876 元，增长 9.1%。城镇居民家庭恩格尔系数 27%，下降 3.8 个百分点。老乡镇农村居民人均可支配收入 13281 元，增长 10.8%；人均生活消费支出 11575 元，增长 9%；农村居民家庭恩格尔系数为 30.46%，增长 5.46 个百分点。移民人均纯收入 6752 元，增长 25.5%。

【扶贫开发】全县整合各类项目资金 2.4 亿元，其中财政专项扶贫资金 2360 万元，减少贫困人口 9212 人，实现预脱贫人口全覆盖。年内共实施整村推进项目 7 个，衬砌渠道 142 公里，硬化乡村道路 49.65 公里，建设农田防风林 45 公里，改造危房 383 户，改良土地 3.1 万亩，新建人饮工程 1 处，解决 9439 人饮水不安全的问题，完成广至藏族乡新堡村、岷县村、洮砚村 3 个村的电商扶贫试点村建设，引导洮砚、枸杞、民间刺绣等产品实现网络销售和定制销售。全县 6 个移民乡新增枸杞、蔬菜、红枣等特色经济作物 1.7 万亩，特色种植面积达到 11 万亩，占总播种面积的 52.4%。贫困户新建日光温室 212 座，暖棚圈舍 613 座，调引怀胎（带羔）基础羊只 1.6 万只，移民乡羊只饲养量达到 25 万只，输转劳动力 1.35 万人，实现劳务收入 1.46 亿元。共完成薄弱学校改造 6800 平米，维修校园 18 所，改扩建乡卫生院 5 个，建设职工周转房 40 套，建成标准化卫生室 10 个，组文化室 71 个。全县移民乡村实现学校、邮政所、卫生院、畜牧站、信用社、村文化室、农家书屋全覆盖和广播电视“户户通”，公共基础设施逐渐完善。

【环境保护】全县有自然保护区 2 个，其中国家级自然保护区 1 个，省级自然保护区 1 个，自然保护区总面积 112.42 万公顷，占全县总面积的 46.5%。城区环境噪声达标区覆盖率 100%，饮用水达标率 100%，城市生活垃圾无害化处理率达到 100%，城市污水处理率 83%，城区绿化覆盖率 38.56%，万元生产总值能耗降低率 3.86%。

【社会保障】城乡居民社会养老保险参保 6.35 万人，参保率巩固在 98% 以上，养老金发放率达到 100%。城乡居民养老保险待遇领取县级财政补贴达到 15 元 / 月的补贴标准。城镇登记失业率控制在 3% 以内，解决城乡最低生活保障居民 4.68 万人，落实农村五保供养待遇 308 人，发放低保金 7377.4 万元。

【社会事业】教学质量稳步提升。专科以上录取率 84.7%，本科录取率 39.5%，义务教育巩固率 99.3%。全县有普通中学 8 所，其中职业中学 1 所。初（高）中及小学在校学生 22512 人。城乡幼儿入园率达到 100%，在园幼儿 3463 人，全县教职工人数 1644 人。年内申请专利量 160 余件，其中发明专利 75 件；推荐市级科技进步奖 6 项，获二等奖 2 项，三等奖 2 项。修建 68 个组级文化室，为 15 个乡镇的 16 个自乐班配备拉杆式音箱，完成 14 个“边疆万里数字文化长廊”示范点建设。完成 74 个行政村、23 个小农场一村（场）一月一场公益电影放映任务。全县电视人口覆盖率达到 96%，广播综合人口覆盖率达到 100%。全县共有卫生医疗机构 129 个，其中医院 3 所。卫生机构床位数 611 张，其中医院 380 张。全县共有卫生技术人员 653 人。其中，执业医师及执业助理医师 259 人，注册护士 346 人。卫生防疫防治机构 1 个，卫生技术人员 18 人。妇幼卫生机构 1 个，卫生技术人员 16 人。全县共有乡镇卫生院 14 所，床位数 219 张，卫生技术人员 258 人。农村有医疗点的村占总村数的比重达 92%，有乡村医生和卫生员 126 人。获批 24 个“一村一场”农民体育健身工程项目和 1 个笼式足球场建设项目。18 个农民体育健身工程“一村一场”项目的配套器材全部到位。完成了县城全民健身工程。

肃北蒙古族自治县

【现任主要领导】

中共肃北蒙古族自治县县委

书记：席忠平

肃北蒙古族自治县人大常委会

主任：巴图巴依尔（蒙古族）

肃北蒙古族自治县人民政府

县长：胡晓华（蒙古族）

政协肃北蒙古族自治县委员会

主席：马宗国

中共肃北蒙古族自治县纪律检查委员会书记：般卫春

【基本情况】肃北蒙古族自治县地处河西走廊西段，是甘肃省唯一的以蒙古族为主体的少数民族自治县，也是唯一的边防县。周边与1个国家(蒙古国)、3个省区（新疆、青海、内蒙古）、10个县市接壤，总面积55263平方公里，是甘肃省面积最大的县。辖地分南北两部分，南部祁连山区，平均海拔3000米以上；北部马鬃山区，平均海拔2000米左右。县辖4个乡镇，26个行政村，2个社区。户籍人口11980人，常住人口为1.52万人，城镇人口0.89万人，城镇化率58.55%。

【资源优势】肃北县幅员辽阔，畜牧、矿产、水利、旅游资源丰富，民族风情浓厚，古文物遗址分布广泛，具有发展牧、工、商、旅游业的广阔前景。境内矿山资源门类齐全，已探明的主要有煤、铁、钨、铬、铜、金、铅锌、菱镁矿、石英岩、蛇纹石、红柱石、煤矿等有35个矿种、300多处矿点，总储量达10亿吨。黑色金属以铬、钨、铁为代表，大道尔吉为全国第三大铬矿，塔尔沟钨矿储量位居全国第二位。有色金属以黄金、铜而闻名。还有菱镁、重晶石、冰洲石、水晶、萤石、煤炭等矿产品，其中煤炭储量达4亿多吨。全县共有草地4039万亩，是甘肃省重要的畜牧业基地。主要饲养的家畜有绒山羊、高山细毛羊、牦牛、马、骆驼等，畜产品中以白山羊绒、驼绒最为驰名。境内野生动物分布广、数量多，现已查明的有174种，占甘肃野生动物分布种类的25%，其中国家重点保护的野生动物有32种，主要有野马、野骆驼、白唇鹿、盘羊、岩羊、野牛、雪鸡等。1988年经省政府批准开辟了哈什哈尔国际狩猎场，常年接待国外来宾前来狩猎。境内分布着大量的岩画、石窟、壁画、塞墙、烽燧等文物古迹，已发现的有75处，其中被列入省级文物保护点的有6处。境内有党河、榆林河、石油河、疏勒河等四条常年性河流，年径流量达14.27亿立方米，其水电蕴藏量达26.68万千瓦时，中长期规划可开发利用13万千瓦时。

【国民经济】2015年，全县实现生产总值20.23亿元，同比增长2.72%。其中，第一产业增加值0.5亿元，增长10.8%；第二产业增加值12.83亿元，增长2.23%；第三产业增加值6.9亿元，增长5.05%。完成固定资产投资83.6亿元，增长11.7%。财政收入完成4.68亿元。城镇居民人均可支配收入29311元。牧农民人均可支配收入20088元。

【“三农”工作】建成牧农业科技示范园区、党城湾镇农业科技示范园区、党城湾镇设施养殖小区，形成辐射带动面积1万亩集畜牧业养殖加工销售、草产业培育基地、现代农业示范种植等为一体的多功能现代牧农示范园区。“十二五”期间累计新建牧区棚圈273座，维修牧区棚圈211座，新建农区棚圈126座，发放各类惠农资金1075万元，发放草原生态补奖资金3.3亿元。林权、水权改革，土地确权等各项工作顺利完成。林下经济、千亩李广杏基地效益初显，建成牧农民专业合作社25个，培育市级示范合作社4个。

【优势产业】形成以黄金、铁矿、原煤、水电为四大支柱的地方工业体系。2015年，矿权企业审核年检率达100%。“十二五”期间累计开工建设工业项目96个，其中，投资亿元以上23个，投资千万元以上73个。博伦公司石煤提矾余热发电、镁科技3万吨高活性氧化镁、石洞沟银铅锌矿、北东金矿金选厂等一批重点矿业开发项目相继建成投产，完成银玄煤矿、谦和公司煤矿资源整合工作。龙源马鬃山公婆泉5万千瓦风电、中节能马鬃山第二风电场20万千瓦风电项目建成运营，党河上游三级、四级、五级水电站、青羊沟水电站、黄土湾水电站投入运行，新增水电装机10.89万千瓦。

【生态保护】全面建立严格的水资源管理体制，重点公益林面积达到261万亩，完成人工造林1.29万亩、封育天然灌木林15万亩、经济林1000亩、义务植树50万株、康沟口风沙口综合治理630亩、退牧还草项目围栏480万亩。森林覆盖率达到5.33%，草原植被盖度达到19.3%。开展生态环境保护大检查，解决群众反映强烈的环境保护热点问题，矿山环境得到有效治理，生产总值用水量、单位生产总值能耗、污染物排放等约束性指标全面完成。

【社会事业】“十二五”期间累计实施交通基础设施项目38项，实现通乡油路全覆盖，肃北火车站、县城客运中心完成建设。实施牧区小型水利设施建设、党城湾灌区节水改造等水利工程，西滩调蓄水库投入使用。牧农村电网和通讯条件进一步改善。新建110千伏变电站3座、35千伏变电站6座，架设110千伏线路262.5公里、35千伏线路313.74公里、10千伏线路127.12公里。建成移动通讯基站70个，实现移动通讯信号乡镇驻地全覆盖，实现4G通讯网络县城、乡镇全覆盖。加快戈壁明珠城市和新型城镇化建设，实施了紫亭湖、四馆合一、民族体育活动中心、敬老院、蒙医院等一批重点工程。建立以普通商品房、经济适用房、公（廉）租房为主的城镇居民住房保障体系，建成首个高层住宅小区和硕佳园、牧农民定居小区、紫亭花园住宅小区。集中供热实现全覆盖，城镇化率达到58.55%，绿化覆盖率达到35%，成功创建省级园林城市、省级卫生县城，盐池湾乡恢复重建项目和石包城乡灾后重建项目全部建成投入使用。

【民族团结】围绕团结发展主题，全面贯彻落实党的民族政策，“两个共同”示范县建设扎实推进，“兴边富民”行动深入实施，“爱民固边”战略取得成效，“三个离不开”思想深入人心，各族人民更加团结。成功举办中国西部那达慕、孟赫嘎拉艺术节等重大品牌节会和八省区蒙古语文学术研讨会等重要会议。深入开展精神文明创建活动，成功创建为省级文明县，获国务院命名的全国民族团结模范集体荣誉称号。

【社会管理】修订自治县《自治条例》，出台《自治条例（修订）实施办法（试行）》。投资1500万元建成高标准赈灾物资储备库、5000吨应急储备粮库、“幸福肃北”网格化服务管理平台、12345政府为民服务平台、安全生产综合监管及应急救援指挥平台，严格落实安全生产责任制，加强食品药品、产品质量日常监管。严厉打击各类刑事犯罪，连续保持“无命案县”荣誉称号。

【民生改善】十五年基础教育、城乡有线数字电视、城乡居民优质自来水、60岁以上居民乘坐公交、城乡居民健康体检、医院门诊挂号费实现全免费；城乡低保户、残疾人、寄宿学生、70岁以上居民、80岁以上高龄老人、企业退休（职）高龄职工发放生活补助；城乡低保、城乡老人生活补助、牧农村五保供养、孤儿基本生活保障、新型牧农村合作医疗和城镇居民基本医疗保险等补贴多次提标，均高于全省、全市标准水平；城乡居民新型养老保险全面覆盖。

阿克塞哈萨克族自治县

【现任主要领导】

中共阿克塞哈萨克族自治县县委书记：

黄从光（5月止）

任晓敏（5月任）

阿克塞哈萨克族自治县人大常委会主任：

何正军（9月止）

塞麦提（哈萨克族）（11月任）

阿克塞哈萨克族自治县人民政府县长：

银雁（哈萨克族）

政协阿克塞哈萨克族自治县委员会主席：

塞麦提（哈萨克族）（11月止）

李春林（11月任）

中共阿克塞哈萨克族自治县纪律检查委员会书记：

张琦（11月止）

石怀玺（12月任）

【基本情况】阿克塞哈萨克族自治县位于酒泉市最西端，介于甘肃、青海、新疆三省（区）交界处。东与肃北蒙古族自治县接壤，北与敦煌市毗邻，南与青海省相连。西与新疆自治区相望。是一个以哈萨克族为主体，汉、回、维、藏、土、裕固、萨拉等十一个民族共同居住的少数民族自治县。阿克塞县于1954年8月建县，现辖2乡，1镇，11个行政村，户籍人口33696人，其中少数民族人口3460人，占总人口的38.3%；常住人口1.05万人。总面积2.91万平方公里，其中天然草场面积98.64万公顷，占总面积的29.47%。城市道路硬化率、天然气入户率、自来水入户率、供电供热普及率、有线电视普及率均达到100%。县城绿化覆盖率达49.6%，人均公共绿地面积达41.8平方米。

【国民经济】2015年，全县实现生产总值14.85亿元，比上年增长5.76%。三次产业分别实现增加值0.54亿元、9.62亿元和4.68亿元，分别增长4.9%、6.18%和4.7%，三次产业结构比为3.7 ：64.8 ：31.5，人均生产总值164439元，增长5.1%。完成固定资产投资36.9亿元，增长14.24%；实现社会消费品零售总额0.92亿元，增长8%；完成财政总收入2.5亿元，增长17.02%；农村居民人均可支配收入21462元，增长10.52%；城镇居民可支配收入31177元，增长9.13%。单位生产总值能耗较上年下降5.16%。

【“三农”工作】结合现代农业牛羊产业项目，狠抓畜群结构调整。2015年，牲畜饲养量达到27.6万头（只），其中天然草原牲畜饲养量达25万头（只），设施养殖规模达2.6万头（只），畜群良种覆盖率达到90%。打造品牌促发展，向省农牧厅、国家农业部成功申报“哈尔腾哈萨克羊”注册商标。投资680万元，建成饲草种植基地10000亩，使全县育草基地种植面积达到2.9万亩。投资1000万元，新建肉牛肉羊养殖场10个，修建养殖棚圈20座，储草棚12座。种植结构趋于合理，粮经草比例达到18.75 ：7.5 ：73.75。127座高标准日光温室，42座塑料拱棚全部投入使用，棚均收入2万元以上。高效田种植面积达到2400亩，万元田面积达到400亩。特色林果种植面积稳步扩大，从新疆若羌、敦煌等地引进灰枣、骏枣、鸣山大枣、马牙枣、扁核酸等新品种探索种植，特色林果种植面积达到1500亩。

【项目建设】2015年全年共实施各类新、续建项目62项，实现全社会固定资产投资36.9亿元，增长14.24%。其中，新建项目58项，完成固定资产投资29.3亿元；续建项目4项，完成投资7.6亿元。投资5000元以上项目33个，完成投资32.4亿元；5000万元以下项目29个，完成投资4.5亿元。

【人民生活】2015年，城镇居民人均可支配收入31177元，比上年增长9.13%；城镇居民人均消费性支出23704元，增长6.71%；城镇居民家庭恩格尔系数37.98%，下降3.32个百分点；城市居民人均居住面积35.06平方米。农村居民人均可支配收入21462元，增长10.52%；农村居民人均消费性支出17262元，年增长4.93%；农村居民家庭恩格尔系数42%，上升3.4个百分点；农村居民人均居住面积42.01平方米。

【扶贫开发】落实低保13万元，草原奖补18万元，养老保险4万元，兵役优待补贴8万元，冬春救助等其他补贴4万元。对因病致贫符合大病医疗救助条件的2人，帮助申请和办理了大病医疗救助，每人每年2万元。对不符合条件的3人，通过各帮扶单位爱心捐助筹集2.8万元，切实解决贫困户实际问题。针对5户贫困户家中的8名学生，申请教育助学补助和民政助学救助，平均为每位学生发放补助3000元，并筹集资金24000元为贫困家庭学生设立爱心助学基金。为贫困户引进繁殖基础种羊89只，并配套多功能饲草粉碎机等设备5台，实现了产业脱贫致富。劳务输转10人在企业和其他单位上岗，年人均收入达3万元。帮扶4人筹资1.7万元，学习汽车驾驶技术，人均稳定收入4万元以上。

【环境保护】加大造林绿化力度，建设防护林3条，植树造林1600亩，防沙固沙林930亩，打造绿色通道5公里。化学需氧量、氨氮、二氧化硫、氮氧化物等4项污染物排放总量分别为 315.613 吨、13.357 吨、222.28 吨、283.33 吨，全部控制在目标范围内。空气环境质量达到《国家环境空气质量标准》二级标准；地表水水质、饮用水水质达到《地表水环境质量标准》（GB3838–2002）II 类标准。

【社会保障】城乡居民社会养老保险参保率为 98%，养老金发放率 100%。新型农村合作医疗保险参保率为 99.5%。城乡低保标准由月人均 352 元提高到了 387 元，全额保障最高达 480 元，月人均补助水平达到 346 元。农村五保集中供养标准由年人均 5210 元提高至 6714 元，分散供养标准由年人均 4010 元提高至 5514 元。拓宽城乡居民重特大疾病医疗救助范围，新增救助病种 21 种。

【社会事业】全县年末在校学生 1736 人，中小学适龄儿童入学率均达到 100%，残疾儿童入学率达到 87.5%，建立“绿色通道”，保障农民工子女及时就学。实行学前教育全免费，城乡幼儿入园率达到 98% 以上。完善普通高中异地办学招生和常规管理，稳定普通高中招生规模。高考录取率达 92.1%。现有各级各类医疗卫生机构 12 个，卫生技术人员 111 人；病床总数 82 张，每千人拥有床位 9 张。卫生体制改革稳步推进，建立居民健康档案 7143 份，建档率达 85%。全县拥有集文化、图书、博物为一体的综合文化馆一个，总藏书 5.9 万册。全年共组织文化活动和文艺演出 77 场次，新建非遗展厅，征集展品 80 余件；举办摄影展、绘画展、民族刺绣及手工艺品展览 8 场次。开展全县性大型体育活动 6 场次，其中开展户外徒步活动 2 次，广场健身操大赛 2 场，组织举办运动会 2 场次，组团参加了酒泉市广场舞大赛获第二名。

玉门市

【现任主要领导】

中共玉门市市委书记：雒兴明

玉门市人大常委会主任：张勇

玉门市人民政府市长：

宋　诚（6 月止）

何正军（12 月任）

政协玉门市委员会主席：

张家明（12 月止）

顾正年（12 月任）

中共玉门市纪律检查委员会

书记：顾正年（12 月止）

【基本情况】玉门是中国石油工业的摇篮，“铁人”王进喜的故乡。地处河西走廊西端，东临钢城嘉峪关和西部名城酒泉，西通旅游胜地敦煌，南接肃北蒙古族自治县，北达中蒙边境马鬃山口岸，东西长 114 公里，南北宽 112.5 公里，总面积 1.35 万平方公里。玉门自然条件良好，境内主要河流有疏勒河、石油河、白杨河和小昌马河，年径流量 11 亿立方米，平均海拔 1500 米，年日照时间约 3269 小时，平均无霜期 154 天，年平均降水量 61.8 毫米。光照、水、土等自然条件得天独厚，人参果、韭菜、枸杞、葡萄、食葵、蜜瓜、辣椒、啤酒花、孜然等特色农产品享誉省内外。现辖新、老两个市区和 6 个镇，6 个乡。常住人口 16.48 万人。境内有玉门油田分公司、核工业四〇四厂、黄花农场、饮马农场等中央、省属大中型企业 10 多家。

【资源优势】境内自然资源丰富，有富足的风、水、光能资源，蕴藏风能达 3000 万千瓦以上，石油、煤、石灰石、云母、石棉、硫磺、芒硝、重晶石、金刚石、食盐以及铁、锰、铜、金等 20 多种矿藏。交通条件便利，兰新铁路双复线、兰新高铁、连霍高速公路、西油东送、西气东输管道、750 千伏超高压输电线路横贯全境，历来是中原通往新疆、青海、西藏和连接蒙古、中亚、欧洲的重要通道，素有“塞垣咽喉，表里藩维”之美称。玉门文化底蕴深厚，境内文物古迹、人文景观和自然景观众多，有县级以上保护景点 144 处，有 3700 年前的火烧沟遗址、中国最早的伊斯兰教传播者吾艾斯拱北及汉长城遗址、五代时期昌马石窟、硅化木地质公园、“中国石油第一井”、赤金峡水利风景区和“铁人”王进喜纪念馆等文化旅游胜地。

【国民经济】全年实现生产总值 109.6 亿元，同比增长 2.7%。其中，第一产业增加值 10.6 亿元，增长 5.6%；第二产业增加值 54.7 亿元，增长 3.2%；第三产业增加值 44.3 亿元，增长 1.1%。三次产业结构比为 7 ∶ 53 ∶ 40。完成固定资产投资 261.2 亿元，增长 8.8%。实现社会消费品零售总额 20.47 亿元，增长 8.3%。财政收入 9.6 亿元，增长 1.8%。

【“三农”工作】围绕“1211”发展目标，壮大增收主导产业，新建日光温室 1254 亩、钢架拱棚 3102 亩，新增特色林果 1.75 万亩，三千元以上高效田达到 32.5 万亩，新建规模养殖场 15 个、暖棚圈舍 2450 座，新增出栏肉羊 10.1 万只。持续推进农业品牌建设，认定无公害农产品和绿色食品产地 10.9 万亩，新增农民专业合作社 41 个，流转土地 4.6 万亩，完成高效节水改造 10 万亩，玉门被认定为省级现代农业示范区、省级农业科技园区和省级草牧业试点县。进一步加快美丽乡村建设，实施乡村基础配套工程 143 个，改造农村危旧房 550 户，创建环境整洁村 38 个，新改建渠道 68 公里，铺筑农村公路 100 公里，完成人工造林 2.3 万亩。

【项目建设】全年共实施重点项目 451 个，较上年增加 213 个，其中 10 亿元以上项目 17 个。先后组团赴京津冀、长三角、珠三角等地开展招商活动 25 次，签约项目 235 个，落实到位资金 183.2 亿元，增长 20.4%。争取国投省投项目资金，争取中央、省市项目补助资金 10.9 亿元，完成财政支出 17.5 亿元。

【优势产业】立足打造全国一流的新能源示范基地，持续壮大新能源产业，宽滩山、青石梁、红柳泉风电场规划通过评审，争取光伏发电指标 134 兆瓦，华能公司 5 万千瓦风电项目并网发电，科陆公司风光储输、大唐八·三电厂 2×33 万千瓦火电、中科恒源公司光伏发电等项目顺利推进，120 万千瓦抽水蓄能电站项目完成可研编制，麻黄滩 80 万千瓦风电及龙源公司 20 万千瓦 5 兆瓦级大功率风机示范项目获得核准。电网建设取得突破性进展，玉门镇至黄草营 330 千伏输电线路、酒泉至湖南特高压输电工程玉门段开工建设，玉门东镇 330 千伏变电站、花海110千伏变电站项目获批，全市各类电力装机达到303万千瓦，发电量达到35亿度。投资4亿元的宇丰公司风机叶片一期项目建成投产。

【人民生活】全市城镇居民人均可支配收入25608元，净增1633元，增长9.9%。农村居民人均可支配收入13421元，净增1454元，增长10.8%。城镇居民食品消费支出占消费总支出的31.6%，农村居民食品消费支出占消费总支出的30.3%。城乡居民储蓄存款余额达到52亿元。城、乡居民人均住房面积分别达到30.2平方米和35.32平方米。

【城市建设】2015年，玉门市列入全国"多规合一"和全省新型城镇化综合改革试点城市，启动城市绿地、供水、排污、供热、燃气等8个专项规划编制和城市地下管网普查。投资8.2亿元实施城建重点项目38个，连霍高速玉门互通立交工程开工建设，玉泽湖公园改造、玉泉湖景观带、新天地大厦、石油中专实训楼等"十大城建工程"完成年度建设任务。投资2500万元完成铁人大道、石油大道等重点区域绿化工程，栽植各类乔灌木60余万株，新市区建成区绿化覆盖率达到37%，被住建部命名为国家园林城市。新市区天然气主管网实现全覆盖，新增用户1900户，入户率达到76%。

【扶贫开发】精准扶贫与"1236"扶贫攻坚、"双联"行动有机结合，积极对接落实"1+17"政策方案，出台产业扶贫、金融扶贫、教育扶贫、救助扶贫等一揽子帮扶措施，投入各类扶贫资金1.4亿元，发放精准扶贫专项贷款1900万元。在所有贫困村建立互助资金合作社，改造村组道路33公里、衬砌渠道70公里、改良盐碱地1.2万亩，不断完善移民乡基础设施条件，改善贫困群众生产生活。精准帮扶、因户施策，着力通过设施养殖、高效种植和劳务输转等脱贫途径增加贫困群众收入，新改建暖棚圈舍513座，调引良种羊1.3万只，种植日光温室113座、钢架拱棚172座，帮助就业1273人，贫困村整体面貌显著改善。

【环境保护】重点实施国家重点公益林保护、昌马水库库区水土保持等生态治理工程，完成人工造林2.29万亩。全市有自然保护区3个，保护区面积19.29万公顷，占辖区面积的14.3%。新市区污水处理率达到85%，生活垃圾无害化处理率100%，城市绿化覆盖率37.2%，人均公园绿地面积13.45平方米。加强石化、建化工业区节能减排综合治理，全市万元生产总值能耗较上年下降3.2%。

【社会保障】2015年，全市新增城镇就业6645人，安置高校毕业生230名，发放小额担保贷款6508万元，输转劳务3万人，创收4.7亿元，城镇登记失业率1.2%。建设、回购公租房448套，投资6700万元完成老市区2780户棚户区改造。养老、失业、医疗保险实现全覆盖。建成社区老人日间照料中心4所、农村互助老人幸福院12所。加大惠民菜店建设、监管力度，惠民菜店达到20个。社会救助力度加大，养老保险、医疗保险、城乡低保、农村五保全面提标，为困难群众发放各类救助资金8498万元，养老金和失业金社会化发放率均达100%，新农合参合率达到98%，为3.31万名城乡低保人员发放低保金7260万元，保障了困难群众的基本生活。

【社会事业】全市规模以上工业企业实施研究与试验发展（R&D）项目34项，经费支出8515万元。全市共申请专利227件，区域内发明专利拥有量达到15件，万人拥有发明专利量0.91件。申报认定高新技术企业6户；建成酒泉市工程技术研发中心7个；整合玉门十大农业科技园区，成功创建玉门省级农业科技园区。全市共有各级各类学校56所，在校学生数23110人，专任教师1528人。实施教育基础设施项目74个，重点推进薄弱学校改造项目，维修、新建校舍10万平方米，义务教育均衡发展高标准通过国家验收，高考二本录取率达到40.3%，石油中专高考升学率达到26.7%。为1.5万名困难家庭学生发放"两免一补"资金1548万元，为1570名中职生和高中生发放助学金239万元、免除学费156万元。全市城乡广播和电视综合覆盖率均达到100%，有线电视入户率达87.6%。全市报纸订购发行量189万份，杂志发行量9.16万份，市级公共图书馆藏书10万册，拥有杂志9100余册。全市实现文化产业增加值1.05亿元。实施乡镇卫生基础项目5个，积极推进公立医院改革，全面落实基本药物制度，为患者减负950万元。完成3个鼠防检疫卡和鼠防实验室维修改造。顺利通过第八次省级卫生城市复审。年末全市有卫生机构113家，其中综合医院1所，中医医院1所。卫生技术人员914人，编制床位数960张。全市每千人拥有执业（助理）医师2.06人，病床5.02张。全市有各类体育场地339个，全民健身中心2个。全年举办各种形式的运动会18次，参加人数5万人次。参加省、市举办的各种体育比赛4次，获各类奖牌21枚。年内中小学生《国家体育锻炼标准》达标率98%。深入推进"平安玉门"建设，顺利通过"六五"普法验收，不断加强安全生产、食品药品安全、产品质量监管，持续加大信访维稳、综治禁毒、司法民调等工作力度，连续20年获省级"双拥模范城"荣誉称号。

敦煌市

【现任主要领导】

中共敦煌市市委书记：詹顺舟

敦煌市人大常委会主任：翟福林

敦煌市人民政府市长：贾泰斌

政协敦煌市委员会主席：曹理

中共敦煌市纪律检查委员会书记：

张朝晖（11月止）

刘军德（11月任）

【基本情况】敦煌市位于河西走廊最西端，甘、青、新三省（区）交汇处。境内东有三危山，南有鸣沙山，西面是沙漠，与塔克拉玛干相连，北面是戈壁，与天山余脉相接。1987年撤县设市，总面积3.12万平方公里，耕地面积25万亩。辖9个镇，8个社区居民委员会，56个村民委员会，常住人口18.89万人，城镇化率达63.87%。

【国民经济】2015年实现生产总

值102.17亿元，增长6.3%。产业结构由上年的13.18 ∶ 31.37 ∶ 55.46调整为13.31 ∶ 28.31 ∶ 58.38。实现财政总收入12.01亿元，增长24.78%。工业增加值17.99亿元，增长4.3%。固定资产投资171.40亿元，增长13.26%。实现文化产业增加值9.43亿元，增长17.88%。社会消费品零售总额35.95亿元，增长8.69%。个人存款余额130.12亿元，增长3.04%。全年共接待国内外游客660.39万人次，增长30.31%；实现旅游总收入63.76亿元，增长32.69%。

【“三农”工作】正式获批国家现代农业示范区。七里镇休闲观光农业示范园、莫高现代“农业公园”、郭家堡现代养殖产业园及15个标准化生产示范点以点带面，引导压减棉花等低效传统产业5.4万亩，新增温室瓜菜、特色林果等高效作物3万亩，建成设施智能温室30座、智能养殖圈舍16座，畜禽饲养总量达210万头（只）。赴12个省市开展农产品推介20多场次，成功举办第六届中国敦煌（国际）葡萄文化旅游节。“敦煌葡萄”跻身“2015中国果品区域公用品牌50强”，“敦垦御枣”荣膺“2015中国果品百强品牌”称号。设立农民自产果蔬直销点4个。培育农产品电商营销示范点2个，全市农产品销售网店达67家。党河灌区节水改造工程顺利推进，建成省级示范性家庭农场20家，打造特色街区4条，新建农家园等乡村旅游综合体80家。阳关龙勒国家3A级景区、莫高农耕博物馆、鸣山葡萄庄园、转渠口创意农业示范园引领酒泉特色农业、民俗文化、新农村建设与文化旅游融合发展。

【项目建设】2015年全市实施各类建设项目343个，完成固定资产投资171.4亿元。机场扩建工程启动，柳敦公路改造全线开工，敦格铁路敦煌段完工；会展中心、又见敦煌情境融入式演出、丝绸之路文化遗产博览城等项目进度加快，敦煌盛典、天赐一秀、千年敦煌、益旺国际、华夏大酒店等项目相继建成；建成全国首个百万千瓦级光伏发电示范基地，新增备案光伏项目386兆瓦，光伏发电达到1100兆瓦，发电量突破6.4亿度；光热发电取得突破性进展，争取光热项目220兆瓦；国内首个10兆瓦熔盐塔式和10兆瓦线性菲涅尔式光热发电项目基本建成；北湖百万千瓦级风电产业发展规划通过国家评审；七里镇330千伏变电站和星光330千伏升压站及配套的7座110千伏升压站建成投用；西域新材列入全省战略性新兴产业骨干企业；龙德盛市场等13个农业产业龙头项目建成见效。

【优势产业】国家级文化产业示范园区正式获批。月牙泉小镇、华夏国际大酒店等大型服务项目建成运营。天赐一秀、又见敦煌等40多个文化旅游项目顺利推进。莫高窟—月牙泉和阳关—玉门关大景区建设全面启动。敦煌世界地质公园成功获批。鸣沙山月牙泉成功晋升国家5A级景区。西线旅游服务设施不断完善，雅丹景区列入世界自然遗产预备名录。成功举办丝绸之路（敦煌）国际文化博览会准备工作会、第四届国际文化产业大会、第八届甘肃省文博会、丝绸之路（敦煌）国际马拉松、朝圣敦煌系列活动、英雄传说世界王者争霸赛等12项“国字号”节会赛事。“敦煌号”旅游列车实现全年通行。全国旅游标准化示范城市通过省级评估。敦煌旅游官方微信订阅量跃居全省首位，旅游产品线上营销突破5000万元。被命名为全省首批电子商务示范市。旅游旺季向两端延长75天，鸣沙山·月牙泉景区“一次购票、三日内多次进入”优惠政策全面施行。

【扶贫开发】完成贫困人口劳务输转859人，实现劳务收入609万元。帮助发展贫困户养羊4178只，新增其它养殖4552头（只）；积极推进农业与文化旅游融合，引导贫困户参与旅游接待、餐饮服务、工艺品和土特产品销售等活动，直接带动贫困户就业120余人；积极推进危房改造工程，完成危房改造38户，贫困户修缮房屋61户、修缮面积达6362平方米；发放补助资金1100万元，对接实施帮扶项目29个，落实扶贫贷款1914万元，帮办实事800多件，捐助各类生产生活物资价值180万元，全市807户、2771名贫困人口全面脱贫。开发公益性岗位65个，扶持高校毕业生就业234人，输转农村富余劳动力3万人，完成职业技能培训5000人，新增城镇就业8800人。

【人民生活】2015年，城镇居民人均可支配收入27158元，增加2433元，增长9.84%。农村居民人均可支配收入14310元，增加1407元，增长10.9%。城镇居民人均住宅建筑面积35.43平方米，农村居民人均住房面积47.63平方米。改造城市背街巷道10条、老旧楼房14栋，启动建设保障性住房561套，整合规范物业小区2个。新增城市绿化面积25万平方米。改造农村危旧房500套，新改建农村公路101公里。建成全国特色景观旅游名镇1个、省级生态乡镇2个、省市千村美丽乡村示范村10个、楼居式社区化管理中心村3个。新建城市公共自行车服务网点17个、旅游厕所10座。城市地下管网综合信息平台启动建设。实施既有居住建筑节能改造65万平方米，西城区集中供热一期工程投入使用，新增集中供热面积78万平方米。新建城区停车场4个。

【环境保护】2015年全市单位生产总值能耗下降4.46%，二氧化硫、化学需氧量、氨氮、氮氧化物等约束性指标在范围内控制。空气质量优于国家二级标准，地面水质达标率为100%，饮用水源水质达标率为100%。区域环境噪声平均值和城市交通干线噪声平均值均小于目标值。“三溪五湖百塘”生态景观工程顺利实施，完成绿化造林7177亩，义务植树53万株。完成一批城市巷道改造、照明设施改造、重点部位环境整治工程。投入4500万元对314沿线、城市出入口进行集中整治。

【社会保障】社会保障水平全面提高。城镇居民基本医疗保险实现门诊报销，城乡居民大病保险制度有效落实，社保“五险合一”信息化建设有力推进，“一站式”缴费服务全面启动，60岁以上城乡居民基本养老保险基础养老金每人每月增加25元。年末参加新型农村合作医疗农民人数为97860人，参合率为98.8%。全年新型农村合作医疗基金支出总额为4375.23万元，累计受益12.21万人次。开通“12349”居家养老服务热线，建成城市居家养老服务中心、日间照料中心和3个农村互助老人幸福院，残疾人、60岁以上老人免费乘坐市内公交，市属旅游景点免费对市民开放。落实60–79岁困难老人、残疾老人特殊生活补贴政策，全面落实复员军人优抚政策。救助困难群众3.5万余人次，发放救助资金3500多万元。发放贫困家庭大学生生源地助学贷款1124人次、678万元，资助贫困家庭学生4541人次、908万元。

【社会事业】 2015年全市用于社会民生领域支出10.5亿元，同比增长19%。25所学校全面改薄项目顺利推进，建成省、市级特色示范学校13所，4名考生进入全省高考百名榜。引进专业技术人才42人，新建人才公寓30套。公共文化综合服务中心进入装修阶段，市体育场改造提升工程人防设施启动建设。建成农村文体活动场所22个，组织开展文艺演出130余场次，5人进入全省非遗传承人名录。推进中医院门诊住院综合楼、区域性食品药品安全检验检测中心筹建工作。新改扩建乡镇卫生院4个。中医药服务惠民工程实现全覆盖，免费为1万名适龄妇女进行“两癌”普查，敦煌市被列为首批全国健康促进县项目试点，并获得国家卫生城市殊荣和全国文明城市创建提名资格。双拥模范城通过省级验收荣获“七连冠”。城镇登记失业率控制在3%以内，为1345名务工人员追讨工资2880万元。落实邮件收寄投递安全检查制度。网格化、立体化、智能化、常态化治安防控体系进一步健全。“食品电子一票通”和“明厨亮灶”工程有力推进，药品销售电子监管系统上线运行。应急预警体系不断完善。安全生产“一岗双责”和企业主体责任严格落实。“六五”普法规划全面完成。涉法涉诉信访事项依法导入法律程序工作机制更加规范。“12345”市民服务热线反映事项办理质量和效率实现“双提升”。

庆阳市

【现任主要领导】

中共庆阳市市委书记：栾克军

庆阳市人大常委会主任：付振伟

庆阳市人民政府市长：贠建民

政协庆阳市委员会主席：李银

中共庆阳市纪律检查委员会

书记：李学宏

【基本情况】 庆阳市位于甘肃省东部，习称“陇东”。东接陕西省的宜君、黄陵、富县、甘泉、志丹等县；北邻陕西省吴起、定边及宁夏回族自治区的盐池县；西与宁夏的同心、固原县接壤；南与本省的泾川县及陕西的长武、彬县、旬邑县相连。南北长207公里，东西跨208公里，总面积27119平方公里。辖庆城、环县、华池、合水、正宁、宁县、镇原7县和西峰区有116个乡（镇），3个街道办事处，58个社区。常住人口223.05万人。地形北高南低，海拔在885 ~ 2082米之间，中南部为黄土高原沟壑区，北部为黄土丘陵沟壑区，东部为黄土丘陵区；山、川、塬兼有，沟、峁、梁相间，高原风貌雄浑独特。全境有10万亩以上大塬12条。董志塬面积为136.47万亩，平均海拔1421米，是世界上面积最大、土层最厚、保存最完整的黄土塬面，堪称“天下黄土第一塬”。地处东南部的子午岭，林木茂密，水草丰盛，其470多万亩次生林，为植被最好的水源涵养林，有“天然水库”之美誉。庆阳为大陆型气候，四季分明，降雨量南多北少，2015年全市年平均降水量356.1 ~ 684.9毫米，年平均气温9.5℃ ~ 10.7℃，年日照2154.2 ~ 2491.9小时。

【自然资源】 庆阳能源富集、物产丰富。是甘肃的石油天然气化工基地、长庆油田的主产区。已探明油气总资源量40亿吨，占鄂尔多斯盆地总资源量的41%，其中石油地质储量16.2亿吨，2015年全市原油产量达到776.09万吨、加工量257.10万吨；煤炭开发初见成效，刘园子煤矿通过竣工验收，生产原煤38万吨；甜水堡2号煤矿投入试生产。

庆阳素有“陇东粮仓”之美誉，盛产小麦、玉米、油料；荞麦、小米、燕麦、黄豆等特色小杂粮久负盛名，备受推崇。庆阳地处全国苹果生产最佳纬度区，是农业部确定的西北黄土高原苹果优生带。红富士苹果、曹杏、黄柑桃、九龙金枣倍受消费者青睐。庆阳是甘肃优质农畜产品生产基地，早胜牛、环县滩羊、陇东黑山羊、羊毛绒等大宗优质农牧产品享誉国内外。庆阳是全国规模最大的白瓜籽仁加工出口和杏制品加工基地，是全国品质最优、发展面积最大的黄花菜基地，是国家有关部门和单位命名的“中国优质苹果之乡”、“中国黄花菜之乡”、“中国小杂粮之乡”和“中国杏乡”。庆阳还是中医药之乡，产有甘草、黄芪、麻黄、穿地龙、柴胡等300多种中草药，其中69种已列入《中华人民共和国药典》。

【民俗文化】 庆阳市民俗文化源远流长，博大精深，风格鲜明，自成体系。在历史变迁过程中，保存完好并具有很强生命力的庆阳民俗文化资源艺术形式主要有香包、刺绣、民间剪纸、皮影、雕塑、石刻、草编、纸扎等工艺美术系列和陇东秧歌、道情（陇剧）、传统社火、地坑窑洞、婚丧习俗等，其黄土风情在全国独树一帜。

庆阳民歌享誉“黄土歌魂”。唱遍全国的《咱们的领袖毛泽东》、《绣金匾》、《军民大生产》等红色歌曲，是当地孙万福、汪庭有等农民歌手的佳作。评剧戏曲片《刘巧儿》，是依据陕甘宁边区时期庆阳华池县青年农民封芝琴争取婚姻自主的真实故事而创作的艺术精品。在陇东道情的基础上长期孕育而诞生的陇剧，堪为新中国剧苑的奇葩。庆阳剪纸巧夺天工，成为传承人类文明、解读远古文化的珪璧。以香包为代表的民间刺绣，文化底蕴深厚，蜚声四海。庆阳已被中国民俗学会命名为“周祖农耕文化之乡”、“香包刺绣之乡”、“徒手秧歌之乡”、“民间剪纸之乡”、“窑洞民居之乡”、“荷花舞之乡”和中国民间民俗文化调研基地。环县被命名为“皮影道情之乡”。道情皮影、香包刺绣、唢呐进入全国第一批非物质文化遗产保护名录。

【旅游资源】国家重大考古发现的“环江翼龙”和“黄河古象”古生物化石，均发掘于庆阳境内。标志中国旧石器时代肇始的华夏第一块旧石器，出土于华池县赵家岔。具有重大文物价值的境内新石器时代的仰韶、齐家文化遗址和历代古建筑、石刻、墓葬及古生物化石点有近千处。战国秦长城在华池、环县、镇原三县均有遗存。秦直道沿子午岭穿越正宁、宁县、合水、华池四县。开凿于北魏永平二年的北石窟寺为甘肃四大石窟之一。庆阳是甘肃唯一的革命老区。1927年，中国共产党在宁县建立了甘肃第一个农村党支部。1931年，刘志丹等建立了西北较早革命武装——南梁游击队。1934年，以刘志丹、谢子长、习仲勋等革命早期领导人创建了西北最早的陕甘边区苏维埃政权——南梁政府。以南梁为中心的陕甘边根据地是我党在第二次国内革命战争时期“硕果仅存”的革命根据地，后与陕北革命根据地连成一片，形成的西北革命根据地，为长征红军和党中央提供了落脚点和抗日战争的出发点。现存的华池“南梁政府”旧址、环县河连湾陕甘宁省委省政府旧址、山城堡战役等革命遗址，是国家、省、市分别确定的爱国主义和革命传统教育基地。近年来，市、县将南梁革命纪念馆、列宁小学、陕甘边区军委、苏维埃政府旧址、中国人民抗日军政大学七分校校部旧址和大凤川军民大生产基地旧址整体修复开发，建成国家AAA级红色旅游景区。2011年11月12日，庆阳市被评为“中国红色文化休闲名城和中国十大特色休闲城市”。

【国民经济】2015年，全市实现生产总值609.43亿元，比上年增长9.0%。其中，第一产业增加值82.25亿元，增长5.6%；第二产业增加值321.26亿元，增长9.7%；第三产业增加值205.92亿元，增长8.9%。三次产业结构由上年的11.6 ： 59.8 ： 28.6调整为13.5 ： 52.7 ： 33.8，第三产业比重提高5.2个百分点。

【“三农”工作】2015年，全市上下认真贯彻落实中央、省、市委一号文件精神，积极推进农村基础设施建设、精准扶贫和产业培育，全市农村经济保持了平稳健康发展的良好态势。一是粮食产量总体稳定，全年农作物播种面积990.52万亩，与上年持平。粮食播种面积698.19万亩，下降0.9%。全年粮食总产量163.13万吨，下降0.7%。其中，夏粮总产量43.47万吨，增长6.4%；秋粮总产量119.66万吨，下降0.3%。二是特色优势产业不断壮大，苹果产业规模不断扩大，全年新栽苹果10.2万亩，苹果产量59.73万吨，增长9.9%。蔬菜效益持续向好，蔬菜面积126.2万亩，增长1.7%，蔬菜产量92.1万吨，增长5.5%。瓜类产量85.13万亩，增长12.5%；药材产量10.24万吨，增长1.8%；玉米产量97.23万吨，下降0.8%。三是苗林产业势头强劲，当年造林面积109.66万亩，增长29.4%。四是畜牧业生产稳步发展，全市年末大牲畜存栏64.68万头，增长1.3%；牛存栏38.35万头，下降0.5%；猪存栏41.28万头，下降3.0%；羊存栏185.28万只，下降1.0%；牛出栏17.18万头，增长3.8%；猪出栏39.66万头，下降2.4%；羊出栏80.08万只，增长8.5%。肉类总产量7.15万吨，增长1.7%；鲜蛋产量1.15万吨，牛、羊奶产量1.15万吨。

【项目建设】2015年，市委、市政府继续以“3341”项目工程扩量提质增效，集中发力推进重大基础项目建设，固定资产投资总额达到1216.07亿元，增长8.3%。其中地方完成投资1081.34亿元，增长11.7%；油田完成134.73亿元，下降12.7%。从项目个数看，全市地方500万元以上投资项目2782个，增长14.2%，完成投资额1039.55亿元，增长11.7%。从三次产业看，第一产业完成42.34亿元，增长41.2%；第二产业完成762.58亿元，下降4.9%，其中工业投资221.71亿元，下降21.2%；第三产业完成411.14亿元，增长41.5%。从资金来源看，项目资金993.4亿元，增长10.4%。其中，国家预算内资金143.09亿元，增长5.0%；国内贷款75.75亿元，增长14.1%；自筹资金731.11亿元，增长10.2%；其他37.48亿元，增长10.8%。

【人民生活】2015年，全市城镇居民人均可支配收入23426元，比上年增长10.3%；农民人均可支配收入6945元，收入水平首次高于全省，比全省水平高出9元，增长12.2%，增速高于城镇1.9个百分点。价格指数涨幅平稳，市场物价总体趋平，居民消费价格上涨1.7%；商品零售价格上涨1.8%；农业生产资料价格与上年持平。

【扶贫开发】2015年，庆阳市委、市政府坚持以一级响应推进脱贫攻坚“一号工程”，认真贯彻习总书记扶贫开发重要思想，紧紧围绕省委“1236”扶贫攻坚行动和“1+17”精准扶贫精准脱贫意见方案，全面打响基础设施建设和富民产业培育两大攻坚战役，创新实施“五个一”精准扶贫工作模式，全市脱贫攻坚取得阶段性显著成效。2015年实现西峰、正宁、合水3个县区整体脱贫，157个贫困村、20.27万贫困人口甩掉贫困帽子，贫困发生率下降到12%，贫困人口人均可支配收入达到4549元。

【社会事业】社会事业全面发展，和谐社会建设成效显著。科技事业成果丰硕，2015年末，全市事业单位各类专业技术人员43750人，其中高级技术人员2095人。全年共组织实施农业、工业、医疗卫生和社会公益事业等各类国家、省、市科技计划项目145项，其中国列2项，省列13项，共投入科技经费1827万元。教育质量稳步提升，全市普通高等学校在校学生16656人，毕业3729人；普通中等专业学校在校学生16163人，毕业8493人；普通高中在校学生57284人，毕业20821人。九年义务教育巩固率达到94.2%；大专以上高考录取率80.7%，比上年下降2.52个百分点。文体事业繁荣发展，年末全市共有专业国有文化艺术表演团体9个，全年演出1600场（次），观众160万人次；共有公共图书馆9个，博物馆、纪念馆19个，综合性档案馆9个，文化站119个。全市有线电视用户增加到71024户，电视人口覆盖率达到100%。广播人口覆盖率达到100%。医疗服务水平提升，全市医疗卫生机构总数1950个，比上年减少3个。年末实有医疗床位8964张，增长8.6%；

卫生技术人员 9174 人，增长 4.6%。

【社会保障】2015 年，全市参加城镇企业基本养老保险人数 7.57 万人，比上年增加 0.1 万人。其中，参保职工 4.85 万人，参保离退休人员 2.71 万人。参加城镇基本医疗保险人数 28.25 万人，增加 0.01 万人。其中，参加城镇职工基本医疗保险人数 14.10 万人，参加城镇居民基本医疗保险人数 14.15 万人。参加失业保险人数 8.26 万人，减少 28 人。参加工伤保险人数 6.53 万人，增加 0.5 万人。参加生育保险人数 8.95 万人，增加 0.07 万人。新型农村合作医疗参合率 98.1%。新型农村合作医疗基金支出总额 10.3 亿元，累计受益 348.17 万人次。全市城市低保 20500 户、48884 人，比上年减少 762 户，减少 1764 人；农村低保 107466 户、345379 人，增加 2982 户。

【环境保护】全市有环境监测机构 1 个，自动监测设备 3 台，环境监测人员 69 人。全市废水中主要污染物化学需氧量排放量 14682.47 吨，比上年下降 2.1%；氨氮排放量 1781 吨，增长 0.2%；大气中主要污染物二氧化硫排放量 16229 吨，增长 3.0%；氮氧化物排放量 15941 吨，增长 0.7%。全市用于环境保护的资金 5.74 亿元。

西峰区

【现任主要领导】

中共西峰区区委书记：章志兼

西峰区人大常委会主任：赵海东

西峰区人民政府区长：王驰

政协西峰区委员会主席：罗亚林

中共西峰区纪律检查委员会

书记：张恢

【基本情况】西峰地处甘肃省东部，泾河上游，位于董志塬腹地，北靠庆城县，南接宁县，西和镇原县毗邻，东与合水县相望。属陕、甘、宁三省区金三角地带，是庆阳市政治、经济、文化、交通和商贸流通中心。全区共辖 2 个乡，5 个镇，3 个街道办事处，100 个行政村，15 个社区。年末全区常住人口为 38.32 万人。总面积 996 平方公里。西峰系黄土高原沟壑区，海拔 1421 米，地势由东北向西南倾斜。地形呈一扇状，南北长约 47.7 公里，东西宽约 34.8 公里，塬面较为完整，地势平坦广阔，耕地以黑垆土为主，微碱性，土壤肥沃，疏松、保水保肥，垂直渗透力强。属半干旱大陆性气候，具有季风及黄土高塬气候的双重特点，冬春多干旱，夏秋雨水较多，暴雨多集中在七、八月份。主要农作物以小麦、玉米为主、并盛产谷子、洋芋、油菜，苹果栽培处于最佳纬度区，近几年已初具规模。主要旅游资源有国家 4A 级景区天富亿民俗生态文化村；发掘多处的新石器时代仰韶文化、齐家文化遗址；北魏永平二年开凿的北石窟寺；二十世纪六十年代建设的巴家咀水库大坝，宽 539 米，高 74 米；肖金宋代金城寺砖塔、小崆峒山、南小河沟等自然景观以及以周祖农耕文化为主线的公刘庙、老洞山等历史遗迹。

【国民经济】2015 年，全区实现生产总值 154.8 亿元，比上年增长 3.8%。其中，第一产业增加值 10.2 亿元，增长 5.6%；第二产业增加值 64.4 亿元，下降 0.1%，其中工业增加值 55.7 亿元，下降 1.4%，建筑业增加值 17.2 亿元，增长 6.4%；第三产业增加值 80.2 亿元，增长 8.8%。三次产业结构比由上年的 5.7 ：52.0 ：42.3 调整为 6.6 ：41.6 ：51.8。人均生产总值达到 40387.2 元。

【"三农"工作】全年大力开展"三清四改五化"工程，20 个行政村开展环境整洁示范村建设工程，新建公厕 8 座；新建农民文体广场 2 处，并完成广场绿化、硬化 3085 平方米，清理"三堆"3880 方。安装节能路灯 198 盏，亮化率达到 96%；安装太阳能路灯 200 多盏；绿化道路 30 公里，绿化覆盖率达到 38% 以上。10 个示范村的道路硬化率、小康住宅率、绿化率分别达到了 98%、79% 和 35% 以上，为全区的美丽乡村建设奠定了良好的发展基础。

【项目建设】全年固定资产投资完成 269.07 亿元，比上年增长 11.2%。其中亿元以上项目 26 个，完成投资 83.58 亿元，下降 21.5%。按构成分：建筑安装工程完成投资 243.6 亿元，增长 11.5%；设备工器具购置 6.6 亿元，增长 9.8%；其他费用 16.2 亿元，增长 7.3%。按三次产业分：第一产业投资 6.5 亿元，增长 8.9%；第二产业投资 143.5 亿元，增长 11.3%；第三产业投资 116.4 亿元，增长 11.3%。全年 72 户房地产企业共计完成房地产开发投资 32 亿元，增长 3.6%，其中，商品住宅投资 23.3 亿元，增长 14.94%；办公楼投资 7258 万元，增长 45.2%；商业营业用房投资 43817 万元，下降 28.3%。商品房施工面积 356 万平方米，增长 0.5%，其中商品房住宅施工面积 235 万平方米，下降 4.2%；商业营业用房施工面积 70.5 万平方米，增长 15.6%。商品房新开工面积 59.5 万平方米，下降 56.7%。商品房销售面积 33.54 万平方米，下降 19.3%，其中住宅销售面积 32.3 万平方米，下降 19.7%。

【社会事业】2015 年末，全区共有各级各类学（协）会 34 个，其中专业技术学（协）会 10 个，农村专业合作组织 24 个。当年完成专利申请 208 件，授权发明专利 18 件，累计授权有效发明专利 37 件。各类学校 215 所，教职工 7966 人，在校学生 92048 人。九年义务教育巩固率 97.24%，学前三年毛入园率 86.55%。专业剧团 2 个，文化（艺术）馆 2 个，图书馆 2 个，博物馆 2 个，画院 1 个，文化站 8 个，农村文化室 100 个，农家书屋 104 个，露天剧场 35 个。拥有卫生机构 309 个，其中医院 13 个、社区卫生服务中心（站）19 个、卫生院 8 个、村卫生室 113 个、门诊部、诊所（卫生所、医务室）137 个、疾病预防控制中心 2 个、妇幼保健院（所、站）2 个、采供血机构 1 个、卫生监督所（中心）1 个，计划生育服务机构 13 个。实有医疗病床 3447 张。卫生技术人员 3411 人。其中，执业（助理）医师 1275 人，注册护士 1243 人，药师（士）186 人，技师（士）196 人，其他人员 385 人。

【人民生活】辖区全部单位在岗职工年工资总额 41.07 亿元，比上年增长 15.8%，年平均工资 64636 元，增长 14.0%。城镇居民人均可支配收入 23847.2 元，比上年增加 2306.6

元，增长 10.7%；人均消费性支出 14121.56 元，增长 8.7%。城镇居民家庭恩格尔系数为 32.4%。农村居民人均可支配收入 7878.2 元，增长 11.6%；人均消费性支出 10325.93 元，增加 952.98 元，增长 10.2%。农村居民家庭恩格尔系数为 37.9%，下降 2 个百分点。

【社会保障】全区参加基本养老保险的职工人数为 19746 人，其中离退休人员 16736 人；参加失业保险 40299 人；参加工伤保险 65252 人；参加职工基本医疗保险 47529 人；参加城镇居民基本医疗保险 55059 人。城市低保参保人数达到 5465 户、13731 人，发放保障金 4680 万元，比上年减少 367 万元，城市低保月人均补差 285 元。农村低保参保人数达到 3979 户、12861 人，发放保障金 2328 万元，比上年增加 466 万元，农村低保月人均补差 152 元。

【环境保护】城市环境质量 7 项指标全部在控制指标之内。PM10（可吸入颗粒物）年均浓度 80 微克/标立方米，二氧化氮年均浓度 22 微克/标立方米，二氧化硫年均浓度 38 微克/标立方米，集中式饮用水源地水质达标率 100.0%，地面水水质达标率 100.0%，交通干线噪声平均值≤ 57.1 分贝，PM2.5 年均浓度 7 微克/标立方米。

庆城县

【现任主要领导】

中共庆城县县委书记：葛宏

庆城县人大常委会主任：刘建民

庆城县人民政府县长：辛少波

政协庆城县委员会主席：何晓玲

中共庆城县纪律检查委员会

书记：郑万年

【基本情况】庆城县位于甘肃省东部，地处陕甘宁三省区交汇地带，泾河上游，东邻合水，西濒黑河，与镇原县相望，南与西峰毗邻，北与环县、华池接壤。全县辖 7 个镇，8 个乡，2 个办事处，常住人口 26.45 万人。总面积 2692.6 平方公里，山川塬兼有，区域经济特征明显。县城坐落于群山环抱之中，两水环绕，形似飞凤，又名“凤城”。庆城县是华夏农耕文化的发祥地之一，也是原陕甘宁边区的重要组成部分。

【资源优势】矿产资源丰富，尤以石油、天然气储量较大，现有长庆油田和中油庆化集团两大企业从事石油、天然气的开发利用。全年新打天然气探井 20 口，新增原油产能 18 万吨，原油产量达到 140.27 万吨，是庆油田主产区。庆城县是国家农业部确定的“无公害果蔬”生产基地。盛产的红富士苹果为部优产品；黄花菜被国家外经贸部命名为“西北特级金针菜”，远销东南亚和西欧；草畜产业发展较快，为陇东重要的肉制原料品供应地之一。庆城县是陇东农副产品加工贸易“旱码头”。外贸出口从无到有、由弱及强，形成了工业创办与出口创汇快速增长、城镇建设与区域经济协调发展、劳务就地输转与农民增收相互促进的良性发展格局。

【国民经济】2015 年，全县实现生产总值 88.24 亿元，比上年增长 8%；固定资产投资 92.17 亿元，增长 11.7%；规模以上工业增加值 8.77 亿元，增长 8%；城镇居民人均可支配收入 23280 元，增长 9.8%；农民人均纯收入 6730.5 元，增长 11.9%；社会消费品零售总额 31.05 亿元，增长 9.4%；一般公共预算收入 5.06 亿元，增长 36.6%。

【项目工作】全年实施 500 万元以上项目 423 个，其中亿元以上 22 个，完成投资 120.5 亿元，增长 10.2%。古城墙加固保护、药王洞岐黄养生民俗文化基地建设等重大项目拉开序幕，岐黄药膳养生园、鹅池洞维修加固等文化旅游项目进展顺利，北区供热站升级扩容、悦阜公路、建材北路提质改造等民生项目竣工投用，春池瓜尔胶、圣言环保等工业项目建成投产，项目支撑经济发展的作用更加明显。围绕能源开发、产业培育、脱贫攻坚等重点领域，论证储备 500 万元以上项目 415 个，亿元以上 50 个，项目建设呈现滚动发展、梯次推进的良好局面。

【招商引资】借助“兰洽会”、“民企陇上行”等平台，招引实施项目 79 个，其中亿元以上 17 个，到位资金 46.5 亿元，增长 10.5%。北京京酿、宏峰彩印等 15 个项目达成合作意向，裕陇轻烃分离、众行新能源电动车等 35 个项目进展顺利，高晨工贸、宇阳科技等 44 个项目建成投用。园区建设步伐加快，驿马园区收储土地 371 亩，纬五路、经五北路全面建成；西川园区升级改造清凉路、衍河路等 4 条主干道路，两大园区招引建办企业 15 户，承载能力和集聚效应进一步增强。积极扶持小微企业发展，引导北强铝业、金诚果蔬等企业扩容技改，支持大洋管业、同泰药业进入规上行列。稳步推进油气开发，全年新打天然气探井 20 口，新增原油产能 20 万吨，原油产量达到 140 万吨。

【农业生产】持续推进“四大产业”规模发展，苹果产业按照“弥补空档、区域扩张”的思路，完成新栽 3.8 万亩、间伐改造 1 万亩，新建万亩示范带 2 个，苹果总产量达到 16.1 万吨，预计销售收入 4.8 亿元。草畜产业以推广舍饲养殖、疫病防控、良种繁育为重点，全年发展规模养殖场（小区）35 个、养殖户 3120 户，种植优质牧草 10 万亩。瓜菜产业以“一城两镇三川四沟”为重点，新建钢架大棚 1038 栋，种植瓜菜 15.2 万亩，总产值 3.8 亿元。苗林产业整山、整沟、整流域推进，完成苗林结合培育 15.6 万亩。

【基础建设】县城建设整修拓宽道路 8.3 万平方米，铺设综合管网 4.5 公里，启用县医院、中街、凤城国际 3 处停车场，完善电子监控、隔离栏等交通设施，城区交通压力得到有效缓解。农村建设加快驿马、马岭等乡镇综合开发，启动实施整村推进项目 8 个。深入开展城乡环境综合整治，集中治理城市“六乱”和农村“十乱”，取缔露天摊点 310 个，拆除违规广告牌 730 面，建成中街兴隆瓜果蔬菜市场，增设便民货亭、垃圾仓等配套设施，城区环境不断优化；以公路沿线、乡村街道、集贸市场等为重点，清理河道 62.5 公里，整修排污渠道 104 公里，安装透视墙 39.5 公里，新建垃圾填埋场 26 个，农村环境面貌大为改观。

【社会事业】加快推进“全面改

薄”计划，持续完善农村中小学教学、饮水、供餐和安保等设施配置，建成义务教育标准化学校44所，实现了县域义务教育基本均衡。提高农村教师工资津贴，最高月补助标准达到1100元以上。深入开展全民健身运动，成功举办庆阳首届“岐黄杯”登山比赛。持续深化医药卫生体制改革，加快健康促进县创建步伐，对全县60岁以上参合农民开展免费健康体检，新农合报销医疗费1.18亿元，受益群众38.5万人（次）。加快文化事业发展，建成乡村舞台56个，完成大型动漫《岐黄传奇》脚本制作。全力做好创业就业工作，鼓励引导410名高校毕业生到基层就业，输转城乡富余劳动力3.9万人，实现劳务收入7.5亿元。认真办理省市确定的33件民生实事，群众就医、入学、就业等实际困难得到有效解决。持续加强社会治理，深入开展安全生产“百日攻坚”、打非治违、食品药品大检查等专项行动，矛盾纠纷排查调处和信访维稳工作扎实有效，社会大局和谐稳定。

环　县

【现任主要领导】

中共环县县委书记：柴春

环县人大常委会主任：杨万香

环县人民政府县长：何英禅

政协环县委员会主席：朱芳明

中共环县纪律检查委员会

书记：刘永杰

【基本情况】环县地处陕、甘、宁三省（区）交界，鄂尔多斯盆地腹地，大西北经济圈中枢，银（川）—（长）武大动脉纵贯全境，神府、宁东、华亭、彬长四大煤田分布四周，中石化、中石油、延长油矿开采区块均有分布。西距兰州480公里，北距银川260公里，南距西安420公里，东距榆林280公里、延安320公里。全县辖20个乡镇、1个旅游开发办、251个行政村，总面积9236平方公里，年末户籍人口35.37万人。其中，农业人口32.98万人；常住人口30.68万人；境内海拔高度在1200～2089米之间，年均降雨量357.6毫米左右，年平均日照时间2567.8小时。

环县是红色教育的传播地，传统光荣，民风淳朴。环县是1936年解放的革命老区，红军长征途经之地，原陕甘宁省委、省政府驻地，是陕甘宁根据地的重要组成部分、中国人民解放战争的总后方。第二次国内革命战争最后一战山城堡战役就发生在环县境内。习仲勋同志为第一任县委书记。革命战争年代，环县人民的无私奉献，为中国革命做出了巨大贡献。计划经济时代，环县作为农业大县，曾将大批粮食调往省内外，有力地保障了城市粮食供给，支援了国家的工业化发展。进入市场经济后，环县由于特殊的地理环境，经济发展相对缓慢，属于国家扶贫开发工作重点县和干旱困难县。

【资源优势】环县盛产荞麦、糜子、谷子、洋芋、燕麦等小杂粮和胡麻、葵花、黄豆、中药材等多种经济作物，质优品良，属绿色无公害产品。其中小杂粮产量居全省之首，被命名为“中国小杂粮之乡”。全县羊只饲养量居全省第二，是西北羊绒、羊毛、皮张和各种肉食品的主产地之一。

环县矿产资源丰富，境内有石油、天然气、石灰岩、煤炭、白云岩等多种矿藏。石油地质储量达5亿多吨，是长庆油田的主产区之一；优质石灰岩储量达2000多万吨；白云岩储量达18亿吨；全县煤炭预测储量684亿吨，其中千米以浅整状煤田预测储量51亿吨，煤层气预测储量3480亿立方米。现已探明千米以浅整状煤田储量达16.47亿吨，甜水堡千米以浅煤炭储量2亿吨，构造简单，煤质优良，具备建设亿吨级煤田的条件。

【国民经济】2015年，全县实现生产总值77.08亿元，比上年增长9.8%；固定资产投资118.9亿元，增长12.3%；社会消费品零售总额16.4亿元，增长10.1%；一般公共预算收入4.15亿元，增长10.1%；城镇居民人均可支配收入23256.1元，增长10%；农村居民人均可支配收入6536.9元，增长12.8%。

【工业发展】紧紧围绕加快油煤风等优势资源转化为目标，奋力推动工业经济总量增加，全年原油产量达到202万吨。刘园子煤矿建成投产，累计生产原煤80万吨。甜水堡2号煤矿基本建成，马福川煤矿获得核准，环县电厂列入全省火电建设规划。南湫、毛井一期风电场相继建成投用，装机规模达到60万千瓦，累计发电超过10亿度，相当于环县全年用电量的3倍，实现产值近7亿元，上缴税金1129万元。通过为地方企业发放低息贷款、争取上级财政专项支付、安排大学生进入非公企业就业等方式，扶持地方企业发展，共新增小微企业516户、地方规模以上工业企业10户，实现工业增加值2.57亿元。

【基础建设】五年来，共修建引水管线1823公里，建设集中供水工程11处，张南湾水库和二水厂先后建成，保证了县城10万人的稳定安全用水；扬黄续建工程的建成投运，解决了扬黄沿线15个乡镇、65个村、6.5万人的安全饮水问题；新建集流场窖14411处，基本保证了正常年景下全县人的饮水需求。新打深水机井86眼，小电井336眼，解决了大旱之年的抗旱水源问题。新建改造农电线路1964公里，累计实现三相动力通电村民小组1167个，覆盖率达到93.4%，农村供电质量和稳定性明显提升。2015年省市投资7.1亿元，县上贷款6.5亿元，集中力量实施农村交通攻坚大会战，经过全县上下的共同努力，当年新修通村油路1054公里，是建国以来全县油路总里程的1.3倍，相当于环县到北京的公路里程。“十二五”期间，全县新修通村油路1935公里，使226个行政村通上了柏油马路，通畅率由2010年的26%提高到2015年的90%，被省政府授予“全省农村公路工作先进县”称号，并奖励10辆通村宇通班车。完成危房改造2.1万户、易地搬迁3648户16641人，群众安全住房比例明显提升。从2014年起，大力实施苗林培育工程，年均造林15万亩。通过实施县城东山治理，“水不下山、泥不出沟”的预期目标初步实现。城南新区开发有序推进，县城规模逐步扩大，五年来，城区面积由6.8平方公里增加到9.4平方公里，县城人口由6万人增加到10万人，城市总体框架基本形成，为今后城镇化发展奠定了基础。集中供暖、供水、污水和垃圾处理等重点市政设施建成投用，老城区改造和小城镇建设同步实施，城市功能正在逐步完善，城镇化率由达到36.11%。以“一城两关、三沟四台”为重点的棚户区改造在艰难中奋力推进，2015年棚户区改造任务全面完成，在省市领先。

【农村经济】大力扶持种草养羊首位产业发展，为养殖户及合作社发放双联惠农贷款、草食畜牧业贷款、精准扶贫贷款、小额妇女担保贷款等财政贴息贷款15.77亿元。同时，近三年来县财政列支扶持资金6000万元用于扶持肉羊产业发展，投资力度和扶持政策为全市之最。通过适度规模养殖、多元杂交改良、科学饲喂培训、推行免费防疫、试点地膜种草，使全县多胎肉羊、绒山羊和陇东黑山羊存栏增加，品种繁杂、品质不优的问题得到了初步改善。2015年羊存栏达到77.8万只，被省农牧厅评为“全省牛羊产业大县”，为百万只屠宰场的落地和发挥龙头企业带动牧民持续、稳定增收，奠定了坚实基础。随着双垄沟播技术的广泛推广应用，全县粮食总产量超过37.2万吨，被农业部命名为“全国粮食生产先进县”。

【环境保护】2015年环境保护工作进一步提高。经监测，地表水水质达标率91%，饮用水达标率100%，可吸入颗粒物0.096毫克/立方米，二氧化硫年平均值控制在0.006毫克/立方米，二氧化氮年平均值控制在0.026毫克/立方米；可吸入颗粒物、二氧化硫、二氧化氮全城区平均浓度均达到GB3095-1996《环境空气质量标准》二级标准。区域环境噪声等效声级52.6分贝，交通干线噪声等效声级67.8分贝，均低于平均标准。

【社会事业】在县城建成思源实验学校和南关、北关、老城3所幼儿园，增加教学班67个，解决了2000多名进城务工人员子女的入学难问题。新建乡镇幼儿园23所，实现了乡镇驻地公办幼儿园全覆盖，公办幼儿园招生比率达到70.5%。实施“全面改薄”学校68所，新建、改扩建校舍5.3万平方米，21.69万平方米D级危房全面消除。建成村小学午休宿舍146个、小伙房240个，为22296名学生免费提供营养早餐，为1817名中午不回家学生提供免费午餐。筹资644万元，按照每人每年1000至9000元不等的标准，为边远艰苦地区乡村教师发放生活补助。完成县职专“国家中等职业教育改革发展示范学校”建设，建成县级职业教育实训基地，职教扶贫工作走在了全省前列。集中解决医疗资源短缺问题，筹资1.12亿元，建成县医院门诊医技综合楼和急救中心，购置大中型医疗设备50多台（件），增加床位150张，县医院综合实力明显增强。县财政投资2656万元，改扩建乡镇卫生院14所，新建标准化村卫生室205个，基层卫生保障能力不断提高，“就医难”问题得到初步缓解。稳步推进分级诊疗，扎实开展医师多点执业，选派医务工作人员赴天津中医药大学等三甲级医院进修学习，培养优秀医师300多人，医疗服务水平不断提升。注重文化传承保护，坚持在保护中传承、在传承中开发，通过在县职专设立皮影专业班、每年举办皮影擂台赛、赴海外开展皮影展演、支持龙头企业开展品牌创建等形式，提高了环县皮影知名度，环县皮影作为“中国皮影戏”的重要组成部分入选联合国“人类非物质文化遗产代表作名录”，“龙影”被认定为中国驰名商标；东老爷山通过国家3A级旅游景区评定，山城堡遗址列入全国第二批红色旅游经典景区名录。

华池县

【现任主要领导】

中共华池县县委书记：张万福

华池县人大常委会主任：王长清

华池县人民政府县长：辛少波

政协华池县委员会主席：张刚宁

中共华池县纪律检查委员会

书记：孙明东

【基本情况】华池县位于甘肃省东部，庆阳市北部，东、北与陕西省志丹、吴旗、定边县接壤，西、南与环县、庆城、合水为邻，县境南北长37～110公里，东西宽27～84公里，地形北高南低，海拔在1100～1780米之间。总面积3791平方公里，可耕地面积103.36万亩，其中山地占85.4%。全县共辖6个镇，9个乡，9个社区，111个行政村，常住人口12.39万人，城镇化率32.93%，有汉、蒙、回、藏、维、苗、壮、满、侗、土家、彝、布依、朝鲜等13个民族居住。

华池县为大陆型气候，降雨量南多北少，2015年全年降雨量420.6毫米左右，年平均气温9.1℃，年日照2304小时，全年无霜期141天，年平均湿度66.0%。石油蕴藏面积2200平方公里，储量8.6亿吨，初步预测悦乐矿区（含庆城、环县）储煤面积约2364平方公里，预测储量约80亿吨。横跨县境东端的天然屏障子午岭林区原始次森林面积达150多万亩；土地资源丰富，土层深厚，光照充足，适生作物品种繁多。白瓜籽、黄花菜、黑木耳、小杂粮等土特产品驰名陇上。黄豆、荞麦深受国内保健食品原料市场的青睐。沙棘原浆口服液、白瓜籽等走出国门，销往美国、东南亚等地。华池是陕甘边区最早的革命根据地之一。1929年建立党组织，1931年建立了装南梁游击队。1934年刘志丹、谢子长、习仲勋等老一辈革命家在南梁创建了西北第一个陕甘边苏维埃政权—南梁政府。以南梁为中心的陕甘边革命根据地，是第二次土地革命战争后期我党“硕果仅存”的革命根据地，是党中央和中央红军长征的落脚点，是八路军奔赴抗日前线的出发点。南梁革命纪念馆、南梁革命历史陈列馆是国家“AAAA”级旅游景区，被国家确定为全国爱国主义教育示范基地。

【国民经济】2015年，全县实现生产总值（含油田）83.33亿元，比上年增长8.2%。其中，第一产业增加值5.45亿元，增长5.9%；第二产业增加值66.49亿元，增长8.1%；第三产业增加值11.39亿元，增长11.0%。三次产业结构调整为6.5 ：79.8 ：13.7，人均生产总值67256元。规模以上工业增加值1825万元，增长12.1%。固定资产投资额87.15亿元，增长11.6%；社会消费品零售总额11.11亿元，增长9.07%。城镇居民人均可支配收入23576.4元，增长10.5%；农村居民人均可支配收入6700.4元，增长12.2%。一般公共预算收入5.74亿元，增长95.2%。各类金融机构存款余额41.51亿元，增长21.1%；各项贷款余额20.27亿元，增长12.4%。

【“三农”工作】全县减贫3.2万人，贫困面14.8%。水、电、路、田、房、网等基础设施建设成效显著，当年新修梯田4.8万亩，6.6万人吃上了“安全水”，7538户群众圆了“安居梦”，70%的群众出行走上了柏油路（水泥路），7213户群众通上了互联网，8300户群众用上了动力电，农村居民手机普及率达到98.6%。农业生产效益明显提高，“三个百万工程”全面推进，“企业+合作社+农户”的养殖模式得到推广，建办规模养殖场79个，养羊合作社30个，全县羊饲养量达到27.13万只。通过“四种经营模式”栽植苗林36.38万亩，为全市发展苗林产业创造了经验。全膜玉米“满川上山进沟”，小杂粮、中药材、瓜菜产业发展前景看好，粮食产量实现“八连增”。种植业结构逐步优化，全年农作物种植面积86.73万亩，粮食总产量14.32万吨，增长7.2%；油料种植面积5.67万亩，减少0.22万吨；蔬菜种植面积8.35万亩，增长8.5%，产量2.25万吨；中药材种植面积2.04万亩，产量0.58万吨。林业生产形势良好，全年荒山荒地造林21.92万亩，增长15.5%。育苗面积1.67万亩，下降16.4%，其中当年新增0.62万亩，下降23.6%。苗木产量1.57万株，增长75.9%。果园面积5.93万亩，水果产量2.03万吨，增长10.1%。林木蓄积量322.5立方米，森林覆盖率27.86%。畜牧业经济稳步增长，全县大牲畜饲养量6.15万头，增长3.8%。牛存栏2.66万头，下降0.7%，牛出栏1.08万头；猪存栏3.71万头，增长4.9%，猪出栏3.45万头，下降3.5%；羊存栏19.31万只，下降1.9%，羊出栏7.82万只，增长8.2%。肉类总产量0.58万吨，增长7.4%。农业基础设施建设水平显著提高，全县水平梯田累计达到55.3万亩，增长9.5%。农用化肥施用量（折纯）1.55万吨，增长1.3%。薄膜使用量0.26万吨，增长36.8%。新增有效灌溉面积6.44万亩，增长12.2%。年末农业机械总动力17.6万千瓦，拖拉机2078台，旋耕机1957台，农用运输车5485台，脱粒机6074台。综合治理水土流失面积50.0平方公里。全县通电村达到111个，新架设及改造10千伏农电线路111.57公里，新建0.4千伏线路662.76公里，新安装配电变压器217台，新增容量12650千伏，投入农网改造资金6245.4万元，农业用电量达到230.4万千瓦时，农业用水114.9万立方米。

【项目建设】全县上下以“3341”项目工程为抓手，通过上争、内聚、外引，发挥了项目建设拉动投资导向、带动经济走向、牵动发展方向的“引擎”作用。编制完成了老城区集中供热等各类项目前期文本243个，争取退牧还草工程等52个国投项目批复立项，落实无偿资金11.17亿元。一批事关全局、事关发展、事关民生的重大项目开工建设，实施500万元以上重大项目136个，建成悦阜三级公路、城区气化等项目76个。借助“兰洽会”、“民企陇上行”等招商平台，招引柔远轻烃厂建设等项目31个，到位资金31.88亿元。城区面积由2.2平方公里扩展到8.29平方公里，累计投资26.58亿元，完成华庆路拓宽改造、老城区地质灾害治理、文正园等重大工程32个。南梁、悦乐、乔川、上里塬等一批小城镇面貌发生较大变化。全县有3.1万名农民进城创业就业置业。道路建设保持“加速度”，建成二级公路1条60.4公里、三级公路1条48.9公里、通村油（水泥）路66条887公里，111个行政村油（水泥）路实现全覆盖。建成水源工程2处，县城居民用水困难彻底解决，实施河道治理工程5处，整修基本农田21.95万亩。建成110KV变电站1处，架设35KV线路110公里、10KV线路287公里，电力保障能力全面提升。全年共实施500万元以上固定资产投资项目598个，完成投资87.15亿元。其中，工业投资12.57亿元，房地产投资0.62亿元。分行业看，第一产业投资0.98亿元，增长1.1%；第二产业投资82.91亿元，增长95.1%；第三产业投资3.26亿元，增长3.8%。

【优势产业】严格按照“旅游兴县、能源强县”战略，全力助推资源优势向经济优势转化。“红色南梁”品牌效益凸显，建成了南梁红色小镇等核心景区建设项目，南梁革命纪念园荣获甘肃省建设工程飞天金奖和中国建设工程鲁班奖，“红色南梁”知名度、美誉度、影响力全方位提升，全年接待游客139.6万人次，旅游总收入3.94亿元。建成了县电子商务产业园、乡镇运营中心15个，新建村级电子商务示范点48个、网店300多家，现代服务业搭乘电商“快车”成为增长新亮点。优势资源开发稳中有进，石油开发“一站式”服务水平不断提升，探明天然气储量1000亿方，新打探气井12口，原油产量达到217.95万吨，实现涉油税收9138万元。华润紫坊畔风电项目获得国家发改委核准，论证启动了北京宣力、国电远鹏2万千瓦光伏发电项目。以石油为支撑，天然气、风能、光电为补充的资源能源开发新格局初步形成。富民产业在调整结构中持续壮大，特色农业规模化优势凸显、产业化水平提升，草畜、苗林、玉米等主导产业规模不断扩大，全县改新建农产品加工企业3户，发展农民合作社32个，特色产业收入占到农民人均纯收入的一半。

【人民生活】全年全县城镇居民人均可支配收入23576.4元，增长10.5%，人均生活消费支出14916.4元，增长11.4%，人均拥有住房面积29.72平方米，城镇居民恩格尔系数31.0%。农村居民人均可支配收入6700.4元，增长12.2%，人均生活消费支出5067.4元，增长6.1%，人均拥有住房（窑）面积20.7平方米，农村居民恩格尔系数37.7%。全县单位从业人员10143人，增长1.7%，从业人员劳动报酬总额5.21亿元；从业人员年均工资5.13万元，增长22.9%；在岗职工人数8532人，年人均工资5.59万元，增长33.7%。

【扶贫开发】紧盯“一个目标”，紧扣“一个指标”，搭建“两个平台”，着力开展“三大扶贫”，使全县扶贫开发工作再上新台阶。全年建成通村油（水泥）路21条318.5公里，贫困村村组砂石道路66条385.6公里；完成土地整理5.9万亩；实施农电改造工程25个；新打小电井1681处，“一场两窑”394处，集中供水工程2处；新建简易卫生厕所2400座；完成易地搬迁95户；完成危房（窑）改造1500户。全年共落实草原禁牧279.54万亩，种植人工草20.3万亩，建棚圈1356座、饲草棚500座；新栽苗林18.36万亩、苹果2355亩；举办各类技术培训班152期，培训农民3.91万人次；建成农家乐12家，改新建农产品加工企业3户，发展农民合作社32个。顺利完成了对27所贫困村薄弱学校的改造、30个行政村乡村舞台和民间自办文化社团的建设任务。新建乡镇综合文化站1处。改新建村“两委”办公场所25处、村卫生室28个、文化活动室49个、老年人日间照料中心15个、乡村舞台22个。

【环境保护】全年建成县城污水处理厂和15个乡镇垃圾填埋场，创建国家级生态乡镇2个、省级生态乡镇6个。共实施污染减排项目9个，新建污水收集管网3020米，日新增污水量410吨。建成翼飞养殖农民专业合作社、富奥养猪场、德旺养殖场3个畜禽污染治理项目，发放环保检验合格标志3094枚。全县化学需氧量排放量584.85吨，氨氮排放量54.87吨，二氧化硫排放量399.97吨，氮氧化物排放量75.32吨，下降2%。

【社会保障】全年全县参加养老保险人数77418人，在职职工参加养老保险2418人，参加城镇职工医疗保险人数9347人，城镇居民基本医疗保险10403人，农村居民合作医疗参合107686人，参加失业保险4709人，参加工伤保险2347人，参加生育保险5797人。全县城镇低保户1638户3565人，农村低保户5525户18976人，享受五保人数554人。全县建成保障性住房276套，建筑面积1.66万平方米，投资额3560万元，共实施保障家庭460户，其中分配入住廉租房52户，兑现租赁补贴408户。全县共有综合性社区服务中心17个，各类收养性社会福利单位床位数723张，孤儿人数122人，发放救助金73.53万元。城乡居民医疗救助473人次，发放医疗救助金392.3万元。老年服务中心6个，乡镇政务服务大厅15个，村便民服务中心111个。

【社会事业】全县共有医疗卫生机构28个，卫生技术人员566人，年末编制医疗床位693张，拥有CT、全自动生化分析仪、彩超、500mAX光机等大型医疗设备223台，5岁以下儿童死亡率4.67‰。新型农村合作医疗支出总额4726.83万元，住院补偿支出3229.27万元，受益9873人次；二次补偿支出464.48万元，受益446人。组织实施国家省列科技计划项目2项，共投入科技资金325万元。全县有各类学校144所，教职员工2020人，在校学生21419人。学龄儿童入学率100%，高中阶段毛入学率87.3%，7-12岁儿童入学率100%，小学生巩固率100%，学前三年毛入学率80.29%，高考录取率89.62%。新建、改建校舍10.17万平方米，教育经费支出2.98亿元。全县共有专业文化艺术表演团体22个，乡镇文化站15个，有线数字电视用户3752户，电视综合人口覆盖率达到100%。图书藏量达到3.2万册，文物1699件，馆藏档案55545卷件。共有体育馆1个，乡村体育活动场地75个，全年共举办县级以上运动会10次。

合水县

【现任主要领导】

中共合水县县委书记：

柴　春（5月止）

解　平（5月任）

合水县人大常委会主任：

谢守成（8月止）

朱克勤（8月任）

合水县人民政府县长：沈文祥

政协合水县委员会主席：

朱克勤（8月止）

余金太（8月任）

中共合水县纪律检查委员会书记：

王凤龙（8月止）

姚德学（8月任）

【基本情况】合水县位于甘肃省东部，地处陇东黄土高原，东邻陕西省富县，西连庆城县，南接宁县，北靠华池县及陕西省志丹县，东西长138公里，南北宽80公里。东北部为丘陵沟壑区，海拔1458～1682米，总面积2933.37平方公里（折合440.01万亩），林地346.34万亩，森林覆盖率70.54%，西南部分为高原沟壑区，海拔1190～1387米，系泾河上游地带，境内有县川河、马莲河、固城河、葫芦河四条河流，以子午岭为分水岭，马莲河、县川河、固城河为泾河支流，葫芦河为洛河支流，年入境平均总径流量3.67亿立方米，水资源总量4.42亿立方米，现有水库5座，蓄水总量784.1万立方米，有效灌溉面积4.7万亩。合水县属温带大陆性季风气候，光照充足，雨量充沛，四季分明，气候宜人，年平均气温9.6℃，年总日照时数2457.2小时，无霜日165天，年均降雨量560.3毫米。全县下辖7个乡，5个镇，5个社区居委会，80个村民委员会，户籍总人口17.96万人，常住人口14.82万人，城镇化率32.86%。有汉族、回族、蒙古族、满族、东乡族、苗族、壮族、土家族、裕固族等9个民族。

【资源优势】县内资源丰富，植被良好，农业发达，是“陇东粮仓”的重要组成部分，小麦、玉米、马铃薯、黄豆、油料等特色小杂粮品质优良；瓜菜、苹果、白瓜籽、黑木耳、鹿茸等优质土特产品久负盛名；甘草、麻黄、柴胡、远志、枣仁等150多种名贵中药材及核桃仁、花椒、槐米、稻米等土特产品倍受客商青睐；梅花鹿、狐、黄羊、野猪等140余种野生动物与200多万亩森林依栖相伴，生息繁衍；石油、煤炭等矿产资源丰富，已探明石油储量3.4亿吨，石油产能达到120万吨，煤炭总储量71.3亿吨，最优煤层厚度12.75米，开发潜力巨大。境内发掘文化遗址及文物点654处，其中列为省级保护的10处，地、县级保护的31处，馆藏各类文物3000余件；1973年境内出土的黄河剑齿象化石，是世界上发现最早、骨骼最大、个体保存最完整的剑齿象化石。子午岭主脉之上的“秦直道”，被誉为古代中国的高速公路。国家AAA级旅游景点陇东古石刻艺术博物馆被誉为“可移动的敦煌莫高窟”；主要民俗文化有剪纸、香包、刺绣、根雕、皮影、面塑、石雕等；《合水面塑风俗》、《合水石雕艺术》、《合水编结技艺》、《合水民谣》被列入省级非物质文化遗产名录，《合水唢呐》、《合水香包刺绣》被列入市级非物质文化遗产名录，被命名为省级“面塑之乡”。合水是南梁根据地和陕甘宁边区的重要组成部分，刘志丹太白起义（1930年9月）、包家寨子会议（1933年11月）、倒水湾整编（1931年9月）等历史事件在境内发生，为中国革命做出了巨大贡献。

【国民经济】2015年全县实现生产总值53.37亿元，比上年增长10.9%。其中，第一产业增加值7.70亿元，增长5.50%；第二产业增加值34.45亿元，增长14.5%；第三产业增加值11.22亿元，增长5.5%。从三次产业结构为14.43 ∶ 64.54 ∶ 21.03。规模以上工业增加值8090万元，增长10.3%；固定资产投资83.1亿元，增长11.23%；社会消费品零售总额10.93亿元，增长9.1%。一般公共预算收入2.28亿元，增长18.74%。城镇居民人均可支配收入22744元，增长9.6%；农村居民人均可支配收入6815元，增长12.2%。城镇登记失业率、人口自然增长率分别控制在2.1%、7‰以内。

【“三农”工作】全县粮食作物播种面积345803亩，下降0.13%，粮食总产量达到100516.7吨，下降1.49%。其中夏粮播种面积降低2.36%，总产量增长0.66%；秋粮播种面积增长0.8%，总产量下降2.2%。油料播种面积95532亩，增长2.02%，总产量12399吨，增长4.6%；蔬菜面积184701亩，增长0.79%，产量141842吨，增长7.98%；果园面积220563亩。水果总产量117173吨，增长9.26%，其中苹果面积181889亩，产量109108吨，增长9.13%。完成农业增加值7.72亿元，增长5.51%。苹果、瓜菜、草畜、苗林四大产业的支柱作用显现，新栽苹果0.5万亩，苹果总产量达到10.91万吨，实现产值6亿元。种植蔬菜18.47万亩，其中设施蔬菜1.3万亩，实现产值3.34亿元。完成荒山荒沙造林9.93万亩，实现林业产值4917.68万元。年末大牲畜存栏29413头，下降0.25%，其中牛存栏26423头，下降0.17%；牛出栏11541头，增长16.33%。猪存栏312393口，下降3.67%；猪出栏29123头，下降2.34%。羊存栏190946只，下降0.39%；羊出栏83107只，增长11.45%。肉类总产量5034.9吨，增长5.94%。规范提高农民专业合作社18个，培训农民1万人，发放农机购置补贴276.4万元，投放各类农机具953台（件）。土地确权登记颁证工作有序展开，流转土地2.14万亩。劳务输转4.8万人次，实现劳务收入6.3亿元。

【工业经济】2015年，全县实现工业增加值34.41亿元，增长14.70%，其中规模以上工业增加值为0.81亿元，增长10.30%。全力支持油田企业扩能上产，新打油水井318口，完成产能建设53万吨，石油产量达到120万吨，实现石油税收6243万元，争取油田资金6000万元。煤炭勘探开发持续加快，完成投资1.95亿元，布设煤炭勘探井33口，累计进尺3.89万米；吉岘勘查区完成探矿权和采矿权转让。深入推进质量振兴工程，新办工业企业12户，建成小微企业21户，新增个体工商户86户，完成非公经济增加值12.23亿元，实现税金1680万元。电子商务业迅速发展，组建了电子商务文化创业园，入驻电商企业13户，建办电子商务服务网点566户。工业集中区建设完成投资1100万元，延伸道路1.3公里，签约入驻企业10户，陇原果品、蓓蕾金莱整体搬迁项目建成投产，庆合银座调味品、妙香园中药材深加工、永坤加气站等项目正在建设。

【项目建设】全面完成“十三五”规划编制，谋划论证项目469个，总投资达到911亿元，其中199个挤入了市级盘子。全年论证储备各类项目424个，完成前期41个；争取国家、省市各类项目和补助资金373项7.28亿元，开工实施亿元以上项目15个，500万元以上项目162个，投资总额达到153.05亿元。县上确定的88个“三个一”包抓项目全部完成进度计划，建成了西合二级公路、南区集中供热等一批事关发展全局和民生利益的重点项目。依托优势资源对接商业资本，开展招商活动13次，签约招商引资及启动民资项目48个，签约资金75.48亿元，到位资金29.35亿元。全县报批各类建设用地11批次1233.95亩，完成征地1699.13亩。

【人民生活】年末全社会全部单位从业人员7669人，工资总额40662.8万元，人均月报酬4418.5元。全年农村居民人均可支配收入为6815元，增长12.2%，其中工资性收入2564元，增长9.4%；经营净收入2839元，增长14.7%；财产性净收入42元，增长4.6%；转移性净收入为1369元，增长12.6%。生活消费支出6633元，增长13.3%；恩格尔系数为36.2%。城镇居民人均可支配收入22744元，增长9.6%，其中工资性收入16146元，增长10%；经营净收入3723元，增长7.7%；财产性净收入642元，增长10.5%；转移性净收入为2233元，增长9.7%。人均消费性支出11475元，增长10.1%；恩格尔系数31.9%。

【扶贫攻坚】坚持双联行动与精准扶贫精准脱贫深度融合，制定了“1+18”意见方案，探索形成了“1221”扶贫工作思路和“5321”脱贫模式，对贫困村贫困户厘清致贫原因，列出需求清单，按村按户施策，全县22个贫困村3.43万人稳定脱贫，贫困人口下降到0.57万人，贫困面下降到3.72%。投资4.67亿元，完成扶贫整村推进项目9个，实施易地扶贫搬迁项目6处185户，全县水泥路通村、砂石路通组、动力电通组和照明电入户率均达到了100%，解决了1876户群众的饮水安全问题。建成农村产业资金合作社80个，发放贷款 866.6 万元，培训农民 2.03 万人次。马莲河、瓦岗川、子午岭林缘三大贫困片带开发完成投资 7.18亿元，新修水泥路 8 条 53 公里、上山砂石道路7条68公里，建成新农村示范点3处、标准化卫生室 14 处，文化广场 18 处，建成蔬菜、苹果、养殖专业村 29 个，群众生产生活明显改善。

【基础建设】实施县城重点项目 56 项，完成投资 10.2 亿元，北区市政道路、保障性住房、棚户区改造等重点项目顺利推进。投资 2.58 亿元，实施以太白风貌打造、肖咀、段家集提质改造为重点的小城镇建设项目 34 项，12 个小城镇全部实现了有广场、有市场、有超市、有公厕、有宣传栏的“五有”目标。投资 2.56 亿元，实施美丽乡村示范村 5 个、环境整洁村和整治村 40 个、新农村示范村 12 个，改造农村危房 1600 户。城乡环境综合整治投入资金 2019 万元，组建保洁队伍 1395 人，集中开展整治 128 次，全市城乡环境综合整治现场会在合水县召开。新修通村水泥（油）路 17 条 190 公里，为全国农村公路现场会提供了示范点。投资 7347 万元，实施重点水利项目 8 项，新增有效灌溉面积 1 万亩。完成 12 个乡镇 10 千伏以下农网升级改造工程，安装配变 18 台、改造户表 532 户。造林 2.5 万亩，义务植树 53.21 万株，新修梯田 1.83 万亩，完成流域综合治理 35 平方公里。

【社会事业】2015 年省市县确定的 46 件民生实事全面落实。实施全面改薄、教师周转宿舍及幼儿园建设项目 5 大类 94 处，落实各项教育惠民资金 4.98 万人次 2044.9 万元。科技入户工程深入推进，培育科技示范户 570 户，实施科技开发项目 6 个。新增文化企业 6 户，生产民俗文化产品 31 万件，建成“乡村舞台”35 个，文化产业园、陕甘红军纪念园等重大项目扎实推进，完成文化产业增加值 9800 万元。全面落实国家基本药物制度，公立医院改革稳步推进，省级中医药工作先进县顺利通过评审，投资 4600 万元的民营乐蟠医院投入运营；实施“金凤凰”培育工程和扶持工程 1233 人，发放扶持资金 164.42 万元。全面落实就业和再就业政策，城镇新增就业 6200 人，发放城乡低保等各类保障资金 1.18 万户 6149.9 万元，各类社会保险 4397 万元；建成各类保障性住房 284 套，发放廉租住房租赁补贴 516 户 107.28 万元。

【环境保护】2015 年全年削减化学需氧量 466.37 吨，削减氨氮 45.17 吨。城区二氧化硫浓度 0.007mg/m³、二氧化氮浓度 0.018mg/m³、可吸收颗粒物 0.102mg/m³，平均浓度达到《环境空气质量标准》二级标准；铁李川大桥地表水 2015 年水质现状库劣Ⅴ类，新村水库饮用水水质达标率分别为 100％；县城城区及交通干线环境噪声分别为 54.2 分贝、62.1 分贝，平均等效声级符合《声环境质量标准》Ⅰ、Ⅳ类昼间标准。对板桥、老城、蒿咀铺、店子、肖咀 5 乡镇地下水、大气、声类进行了监测，均符合《地下水质量标准》Ⅲ类标准、《环境空气质量标准》二级标准、《声环境质量标准》Ⅰ类区标准。核发汽车环保标志证 3364 枚。

正宁县

【现任主要领导】

中共正宁县县委书记：吴丽华

正宁县人大常委会主任：梁宏伟

正宁县人民政府县长：张龙杰

政协正宁县委员会主席：梁环平

中共正宁县纪律检查委员会

书记：齐雪柏

【基本情况】正宁县位于甘肃省庆阳市东南部、子午岭西麓，属陇东黄土高塬沟壑区，东与陕西省黄陵县以子午岭为界，南与陕西省旬邑县、西南与陕西省彬县相邻，西与陕西省长武县以泾河为界，北与本省宁县相接。地形东高西低、东宽西窄，略呈三角形，东部为子午岭林区，中西部为平原沟谷宜农区。境内被支党河、嘉峪河、四郎河分割为“四塬三川”，平均海拔 1460 米，年均气温 9.5℃，年降水量 709.1 毫米，无霜期 141 天左右。全县辖 7 个镇，3 个乡，94 个行政村、7 个社区居委会。总面积 1319.5 平方公里，耕地 42.95 万亩。年末户籍总人口 24.45 万人，常住人口 18.21 万人，城镇化率 31.58%，人口自然增长率 7.16‰。

【资源优势】正宁煤炭资源富集，是全省区域战略布局“东翼”和庆阳建设中国能源新都的主战场，已探明煤炭储量 25.4 亿吨，罗川煤田勘探已全面完成。石油、天然气储量也比较丰富，开发前景十分广阔。

【国民经济】2015 年，全县实现生产总值 25.89 亿元，比上年增长 9%；一般公共预算收入 17967 万元，增长 22.14%；固定资产投资 108.72 亿元，增长 10.53%；社会消费品零售总额 14.89 亿元，增长 8.9%；城镇居民人均可支配收入 22475.2 元，增长 9.6%；农村居民人均可支配收入 7633.8 元，增长 11.6%。

【“三农”经济】全年农林牧渔业总产值 15.76 亿元，增长 4.84%。粮食作物播种面积 27.12 万亩，减少 1.75%；粮食总产量 90282 吨，下降 0.03%。种植油料作物 9.93 万亩，下降 2.27%，产量 1.64 万吨，增长 0.92%。蔬菜 7.45 万亩，下降 1.77%；产量 14.17 万吨，下降 0.10%。烤烟 3 万亩，增长 50%；产量 7530 吨，增长 47.65%。中药材 5.15 万亩，增长 0.19%；产量 4.73 万吨，下降 2.24%。水产品产量 195 吨，增长 13.37%。全县果园达到 19.82 万亩，水果产量 10.99 万吨，增长 7.92%。其中苹果产量 10.29 万吨，增长 9.04%。全年造林 6.42 万亩，新育苗木 0.42 万亩，四旁植树 71 万株，新栽苹果 2.7 万亩。全年牛、羊、家禽出栏分别为 0.76 万头、1.03 万头、7.56 万只，分别增长 4.11%、6.52%、7.08%；猪出栏 2.51 万头，下降 2.52%。肉类总产量 3223 吨，增长 0.47%。水土流失治理和林业生态工程成效显著，新修梯田 2.1 万亩，流域治理 35.4 平方公里，全县森林覆盖率提高到 50.41%。

【工业及建筑业】全县工业总产值 38100 万元，比上年增长 3.6%；增加值 8673 万元，增长 3.9%。规模以上工业企业实现总产值 20956 万元，增长 5.7%；增加值 3086 万元，增长

8.5%。规模以下工业总产值 17144 万元，增加值 5587 万元，下降 0.44%。年末资质以内建筑企业 2 家，完成总产值 15741.9 万元，下降 18.8%。房屋建筑施工面积 12.45 万平方米，下降 34.0%。房屋建筑竣工面积 7.17 万平方米，下降 32.0%。其中，住宅房屋竣工面积 4.19 万平方米，下降 43.8%。

【项目建设】全县共实施各类招商引资项目 26 个，签约资金 64.5 亿元，到位资金 23.4 亿元，增长 17%。共论证储备各类项目 293 个，资金规模 41.9 亿元；争取到项目 156 个，落实资金 9.83 亿元，增长 40.4%；组织实施 500 万元以上重点项目 376 个，完成投资 108.7 亿元，增长 10.53%。

【旅游开发】积极实施《正宁县旅游业发展规划》，以“红、黄、绿、古”四大特色旅游资源为依托，以打造“革命圣迹缅怀游、黄帝文化始祖游、子午岭绿色生态游、罗川寻清访古游、农业观光休闲度假游”五大精品品牌为主线，紧扣打造“文化旅游名县”这条主线，突出“项目争取、产业开发、大景区建设”三个重点，着力打造大景区旅游品牌。全年共接待游客 30.06 万人次，增长 27%；旅游综合收入 1.3 亿元，增长 35%。

【人民生活】全年城镇居民人均可支配收入 22475.2 元，增长 9.6%；人均消费支出 15694.7 元，增长 11.46%；人均住房建筑面积 37.37 平方米。农村居民人均可支配收入 7633.8 元，增长 11.6%；人均消费支出 5148.46 元，增长 6.07%；人均住房面积 26.32 平方米。

【扶贫开发】全县各级分类施策，同步推进。对 793 户 891 名五保人口，建设五保家园和幸福老人互助院，采取集中与分散供养两种方式，全部解决吃、穿、住的问题，年人均供养水平达 4000 元以上；对 7313 户、2.99 万贫困人口，采取政府主导、农户自建与新建新村公租房结合的办法，解决群众安全住房问题；对 10561 户、3.27 万保障人口采取“提标缩面”的办法，加大政府保障力度。全县上下严格对照县、村、户 37 项减贫指标逐项扣进度、抓落实。

【社会保障】城镇登记失业率为 2.18%；城镇新增就业 8436 人；新增小额担保贷款额 3704 万元；创业培训 310 人；职业技能鉴定 4020 人；劳务输转 5.294 万人，劳务收入 10.9 亿元。

【社会事业】全县共有各级各类学校 164 所，在校学生 30282 人，教职工 3038 人。全县高考二本以上进线 419 人，进线率为 23%，较 2014 年提高 2.45 个百分点。全县校舍总建筑面积 36.32 万平方米，生均建筑面积分别为小学 8.73 平方米，初中 23.84 平方米，高中 22.16 平方米，中等职业学校 30.1 平方米。成功举办了第十三届中国·庆阳（正宁）端午香包民俗文化节，组织参加了 2015 年庆阳市农耕节等香包展销活动。完成了“庆阳市非物质文化遗产保护系列丛书”《木偶戏》初本，申报第四批省级非遗传承人 3 人。文化产业新增法人企业 4 家，法人单位机构数达到 59 家；从业人员达到 3900 人；增加值完成 0.92 亿元。全县拥有医疗卫生机构 27 个，床位 657 张；卫生技术人员 474 人，其中，执业医师 143 人，执业助理医师 55 人，注册护士 172 人。新农合参合率达到 99.34%。全年共开工建设各类工程 51 处，其中，县城建设各类项目 18 处，小城镇建设项目 33 处，完成投资 4.8 亿元。组织实施了县城集中供热、新宁路开通、北区道路及排水、街区补修、县城东关出口改造安置房 1#、2# 楼工程等重点建设项目，完成投资 1.29 亿元。完成农村危旧房改造 1700 户，完成投资 2.73 亿元。投资 2.09 亿元，完成了 197.25 公里农村公路建设，为 19 个省定贫困村新建水泥路 41.424 公里；建成了川塬连接路 3 条 37.91 公里、林区公路 4 条 32.4 公里，在全市率先实现了 100% 的行政村通等级路、通班车目标。全年共论证储备科技项目 22 个，争取项目资金 104 万元。实施关键技术项目 7 项，引进省级以上新品种 5 个，推广高新技术及实用新技术 12 项，实施科技合作项目 2 个。全年专利申报 55 件，授权 5 件。

【环境保护】城市空气质量达到国家二级标准，水质达到国家Ⅲ类标准，城区饮用水水源地水质达标率 100%。全县 10 个乡镇、94 个行政村均已通过省级、市级生态乡镇、生态村命名；西坡、湫头、五顷塬、永和、三嘉 5 个乡镇已通过省级评估。共创建国家级先进组织单位 1 个、国家级绿色学校 1 所、省级绿色学校 3 所、省级环境教育基地先进单位 1 个、省级绿色学校创建活动优秀教师 2 名、省级绿色社区 1 个，市级绿色学校 30 所、市级绿色单位 5 个、市级绿色企业 2 个。

宁　县

【现任主要领导】

中共宁县县委书记：侯昌明

宁县人大常委会主任：李百选

宁县人民政府县长：李鹏飞

政协宁县委员会主席：刘政

中共宁县纪律检查委员会

书记：马光荣

【基本情况】宁县位于甘肃省庆阳市东南部，东倚子午岭，南通陕西，西临泾河和蒲河，北与庆阳市合水、西峰接壤，是甘、陕、宁三省，结合部人流、物流、信息流、资金流的窗口，具有显著的区位优势。全县总面积 2653.38 平方公里，耕地 96.28 万亩，辖 18 个乡镇、257 个行政村，13 个社区，2 个工业园区，总人口 55.87 万人，常住人口 40.30 万人。年降水总量 510.0mm，年均气温 10.3℃，全年无霜期 151 天左右，属典型大陆性季风气候。海拔 860 ~ 1760 米，境内主要有九龙河，马莲河、泾河、蒲河等 9 条河流，土壤以黑垆土、黄绵土为主，是小麦、玉米、油料、黄豆等作物的主产区，素有“陇东粮仓”之美称，是中华民族最早开拓的区域之一。境内历史文化遗址众多，黄土地域文化深厚，香包、刺绣、剪纸、石雕等民俗文化产品享誉陇上。

【国民经济】2015 年，全县实现生产总值 63.48 亿元，比上年增长 10.8%。其中，第一产业增加值 15.11 亿元，增长 5.6%；第二产业增加值 22.53 亿元，增长 15.7%；第三产业增加值25.84亿元，增长7.9%。三次产业结构由上年的21.6 : 42.1 : 36.3调整为23.8 : 35.5 : 40.7。固定资产投资207.89亿元，增长12.4%；规模以上工业实现增加值4.82亿元，增长12.5%；社会消费品零售总额30.28亿元，增长9.5%，一般公共预算收入1.67亿元，下降16.7%。城镇居民人均可支配收入23167.8元，增长10.3%；农民人均纯收入6823.8元，增长11.9%。

【“三农”工作】2015年，全县实现农业增加值15.32亿元，增长6.1%。农作物播种面积154.55万亩，与上年基本持平，粮食播种面积100.68万亩，与上年基本持平，粮食总产量达到26.20万吨，增长1.4%。蔬菜播种面积16.32万亩，增长1.4%；蔬菜产量16.07万吨，增长6.7%；瓜类播种面积8.77万亩，下降2.5%，产量达到36.0万吨，增长0.1%。以宁县富士苹果，曹杏，九龙金枣，黄干桃，核桃等为主的经济果园面积25.84万亩，水果产量4.74万吨，增长13.4%，其中苹果产量2.84万吨，增长14.5%。林业建设稳步推进，生态环境日益优化，荒山荒地造林面积17.43万亩，增长17.6%。封山育林面积6.18万亩，增长54.5%。年末实有育苗面积3.27万亩，本年出售树苗2.6亿株，当年苗木产量3.64亿株。成林抚育面积4.3万亩。当年退耕造林面积3000亩。畜牧业在加快优良品种引进消化的基础上，积极推广设施化，规模化养殖，促进了畜牧业的快速发展。年末，牛存栏9.32万头，下降0.5%；牛出栏5.13万头，增长4.5%。猪存栏9.55万头，下降4.0%；猪出栏8.94万头，下降3.1%；羊存栏10.51万只，增长6.6%；羊出栏3.96万只，增长6.5%。肉类总产量1.38万吨，增长0.8%。

【项目建设】全年共实施500万元以上项目304个，完成固定资产投资208.72亿元，增长12.4%。全年储备各类项目380个，实施500万元以上项目406个，完成投资210.5亿元，增长16.2%。小盘河水库开工建设，砚瓦川水库被列入国家重点支持的重大水利项目名录，宁南煤炭转化配送、石油机械制造、兴陇实业电力铁件生产线等一批在建项目顺利实施，总投资303亿元的40亿立方米煤制气、华电2×1000兆瓦火电和神华2×350兆瓦热点联产等招商引资项目前期有序推进。银西高铁、甜罗高速项目启动实施，宁县将成为多条交通主干线的重要交汇点。

【优势产业】煤炭石油资源开发持续推进，新庄煤矿完成井筒掘进、注浆和办公楼、餐饮楼主体工程，正在进行110千伏供电线路建设；九龙川煤矿规划修编已通过评审，矿井可研、环评、安评等已完成编制。新建石油探评井、产建井33口，生产原油9.2万吨。晋煤集团煤电化一体项目建成煤层气探井5口。长庆桥工业集中区收储土地7064亩，建设安置房500套；完成长庆桥货场、仓储区、西郭坪文明巷道路硬化和火车站站台广场绿化等工程；促成新庄煤矿与华电、神华合作发展，引进投资上亿元的脱硝催化剂项目，实施了投资1.1亿元的盛威酒店项目；亿信肥业等3户企业扩能上产，实现年销售收入7400万元。大力推进草畜、瓜菜、林果三大主导产业。新栽苹果树3.3万亩，培育果苗1462亩，完成郁闭园改造5100亩，果品产量达到20万吨；新建肉羊规模养殖场(小区)15个，发展规模养殖户2630户，新增肉羊19万只；种植设施瓜菜1.8万亩，建成早胜镇南北村蔬菜试验示范点500亩，新建高原夏菜千亩示范点4个，带动种植高原夏菜11.2万亩；发展育苗林16.6万亩，培育万亩苗林点4处。

【人民生活】全县城镇居民人均可支配收入23167.8元，增长10.3%；人均生活消费支出13801元，增长8.2%。农民人均纯收入达到6323.8元，增长11.9%；人均生活消费支出，6660元，增长11.0%。

【扶贫开发】全县17个整村推进项目全部倾斜到贫困村，共新建高位水塔3座，新打机井2眼，铺设自来水管线18.3公里，维修沟边上水工程2处，配套设施2套，管理房1间；硬化村组道路15.76公里，砂化村组道路53.5公里，维修村组道路6公里，新修涵洞10孔、排水渠960米、排污管道1.7公里，排水管涵6处，绿化道路10公里；危房改造127户；引进良种基础母牛596头、良种羊4779只，建养畜暖棚30座；新建钢架大棚24座；新栽苹果树2665亩、核桃树1198亩；种植中药材760亩；投放玉米脱粒机712台、铡草机76台；成立扶贫互助协会17个。全县互助资金总额累计达到2416.72万元，涉及18个乡镇106个行政村，贫困村互助资金覆盖率达到100%。其中财政专项扶贫资金2197万元，农户缴纳互助金36.08万元，占用费扩展本金43.636万元，社会捐赠资金140万元。累计发放借款11383户次4545.5万元。

【社会事业】全年县城投资1.9亿元实施新区二期供水等基础配套项目21个，完成了志心路、宁州一路等11条道路硬化亮化工程，打通了国道211与东滨河路延伸段的连接，建成了步云大道、和谐广场等。乡镇投资4.2亿元，硬化街区道路18万平方米、人行道12万平方米，新修供排水、排污管网55公里，安装路灯1623盏，栽植绿化树木2.6万棵，新建商品房、门店及住房22.5万平方米。创建焦村、和盛等“六化”美丽乡镇4个，焦村任村、湘乐樊湾、和盛杨庄等“六好”美丽示范村27个。实施科技项目38个，完成科技培训6.3万人次。实施全面改薄及教师周转宿舍项目120个，新建2000人以上行政村幼儿园73个，为282所小学配备了饮水设备，为81所中小学采购了班班通设备，购置课桌椅2.5万套；高考二本进线率较上年提高6个百分点。新建乡镇文化站5个、乡村舞台74个、文化集市1处、村级文化广场32个，3D数字影院1座；注册各类文化企业117家，文化产业增加值达到2.1亿元；实施古豳文化旅游区滨河景观、宁江生态文化区等旅游项目8个。新建县医院重症医学科及新生儿重症监护病房，建成县二院血液透析室，为14家医疗机构购置了DR等大型先进医疗设备，实施了焦村、政平卫生院“温暖工程”及22个贫困村卫生室建设项目。

【社会保障】发放城乡低保、医

疗救助、大病保险、抚恤补助等资金1.9亿元，补偿参合农民医药费2.1亿元。发放小额担保贷款、复退军人扶创贷款4760万元；安置退役军人92人，扶持160名高校毕业生到非公经济组织就业；输转富余劳动力15.1万人，创劳务收入29.2亿元。新建老年人日间照料中心29处，社会保障能力进一步提高。

【保护环境】2015年，县城空气质量达到国家二级标准，新宁镇新宁村断面地表水水质达标率98%，城北河饮用水源地水质达标率100%，县城区域环境和交通干线噪声均达到声环境质量标准控制要求。全年削减化学需氧量171.60吨、氨氮27.42吨。率先在全市打造了农村生活垃圾处理三种模式试点工程，共完成投资76万元，购置垃圾收集转运箱23个、垃圾清运车3辆，建成容积为30000立方米的垃圾填埋场和垃圾焚烧处理站各1处，项目实施后5个行政村及周边农村生产生活废弃物得到有效处置，村庄生活垃圾有效处置率达到80%以上。扎实开展精准扶贫生态环境综合整治工作，多方争取资金85万元，为米桥乡等14个乡镇20个精准扶贫村购置分类式垃圾箱260个、垃圾收集转运箱63个、人力垃圾保洁车80辆、垃圾清运车10辆，切实改善了精准扶贫村环保基础设施。

镇原县

【现任主要领导】

中共镇原县县委书记：李崇暄

镇原县人大常委会主任：薛渊

镇原县人民政府县长：侯志强

政协镇原县委员会主席：慕瑶

中共镇原县纪律检查委员会

书记：王文剑

【基本情况】镇原县位于甘肃省庆阳市西南部，东临庆城县、西峰区，西接宁夏回族自治区彭阳县，南界平凉市泾川县、崆峒区，北靠环县。平均海拔1450米；南北长91.24公里，东西宽78.3公里；总面积3500平方公里，其中，耕地总面积176.25万亩。全年日照总时长2284.3小时，太阳辐射总量132.8 ~ 140.2千卡/平方厘米，年平均气温10.7℃，极端最高气温35.5℃，极端最低气温-13.2℃，无霜期150天，全年降雨量454.3毫米。全县共辖8个镇，11个乡，215个村民委员会、5个社区居委会。2015年末总人口为53.15万人，常住人口41.88万人，自然增长率为6.91‰。镇原沃土平畴，物产丰富。全县小麦、玉米、药材、黄花菜、杏子、瓜菜、石油、煤炭等资源丰富，被农业部命名为“全国粮食生产先进县”，被国家外贸部命名为“镇原金针菜”，被国家林业局命名为“中国杏乡”，为“中国优质瓜果基地重点县”。东汉王符《潜夫论》蜚声中外，周铜剑、秦诏版、陶水管国内稀有；“文化大县”闻名遐迩、“教育大县”美名远扬，被文化部和中国书法家协会命名为“中国民间文化艺术之乡”、“中国书法之乡”。

【国民经济】2015年，全县实现生产总值63.57亿元，比上年增长9.8%；规模以上工业增加值6.02亿元，增长1.1%；固定资产投资114.38亿元，增长12.6%；社会消费品零售总额25.82亿元，增长9.9%；一般公共预算收入3.19亿元，下降1.6%；城镇居民人均可支配收入22741元，增长9.4%；农民人均可支配收入6629元，增长12.4%。

【扶贫攻坚】围绕持续增加贫困人口收入这一目标，全面打响了以通村公路为牵引的基础设施建设和以农民“五变”为内容的富民产业培育攻坚战。启动实施农村公路“三年大会战”行动，累计投资7亿元。2015年新修通村公路682公里，建设里程是过去6年的总和，全县建制村通畅率提高至99%。建成各类供水工程8826处，解决了19.2万农村群众和学校师生饮水不安全问题。完成农网改造1320公里，消除了无电村户。实施危房危窑改造1.64万户，易地扶贫搬迁2625户，解决了6.7万人住房不安全问题。实施整村推进项目103个、整乡推进3个，贫困群众生产生活条件得到极大改善。全县贫困人口由21万人减少到9.99万人，贫困面下降至21%，贫困户人均可支配收入由1927元增长至3566元，翻了近两番。

【产业开发】坚持不懈调结构、育特色，经济结构不断优化，三次产业比例由2010年的32.8 ∶ 32.8 ∶ 34.4调整到25.6 ∶ 39.6 ∶ 34.9。富民产业蓬勃发展。旱作农业技术推广成效明显，机械化程度持续提升，年种植全膜粮食百万亩以上，年均产粮38万吨。草畜、苹果、苗林、瓜菜四大产业发展思路更加成熟，区域布局日趋合理。草畜产业按照抓基地、带农户，抓龙头、带产业的思路，招商引进的中盛公司，仅用两年时间全面实现全产业链、全循环链、全价值链运作；2015年肉鸡饲养量达到1500万只，屠宰加工能力达到3600万只，创造了生产经营快速发展的“中盛速度”，形成了多元产业链式开发大循环和多种产品吃干榨尽小循环的“中盛模式”，为全市乃至全省现代畜牧业发展打造了样板，带动全县新建各类养殖场295个，发展规模养殖户1.26万户，全县肉羊、肉牛、生猪饲养量分别达到80万只、23万头、17.6万头。苹果产业由传统经营向现代化、集约化模式转变，招商引资、企业建园、农户入股的经营方式逐步成熟，累计新栽苹果17.4万亩，屯字甘旭、上肖净富等品牌畅销国内外。苗林产业紧盯全市“再造一个子午岭”目标，全民参与，规模栽植，累计完成31万亩。瓜菜产业规模不断扩张，年均种植面积20万亩以上，其中设施蔬菜种植面积达1.6万亩，总产达到35.3万吨。工业经济提质增效。产业优化升级步伐加快，累计实施技改项目53个，完成投资29.8亿元。金龙工业集中区开发面积拓展到1780亩，累计完成投资15.1亿元，入园企业发展到20家。全县规模以上企业14户，培育了中盛中有、解语花等省级名牌34个、著名商标5个，地方工业整体实力明显增强。油气开发再上台阶，近五年累计开采原油185万吨，争取涉油规费和支地资金4.3亿元。第三产业快速扩张。交通运输、商贸物流、餐饮娱乐等传统服务业保持了健康发展势头，文化旅游、养生保健等新兴业态日趋活跃；电子商务快速发展，建成县级服务中心1个，乡、村服务站76个，2015年电商交易额达到1.17亿元，被列为全省电商示范县；文化产业迅速发展壮大，全县文化产业从业人员达到3071人。

【城乡建设】全年实施项目1493个，完成投资500亿元。城乡建设强力推进，按照“一心两翼四片区”的布局，规划建设了占地3800亩的西新区，县城建成区面积拓展到9平方公里，城镇化率达到27.3%。城区基础建设步伐加快，自2011年以来累计新建市政道路23.4公里、保障性住房16.7万平米、行政办公区两处6.9万平米、城市公园广场4处、开发房地产面积260万平方米，城市功能更加完善。快速推进新型城镇化建设，城镇发展空间明显扩大，屯字、平泉等小城镇新区建设步伐加快，孟坝镇进入全省新型城镇化试点乡镇行列；实施了排污排洪、文化广场、街区三化、商住楼等一大批建设项目，乡镇市政基础设施日臻完善，综合承载能力有了极大提升，全县19个乡镇建成区面积达到12.3平方公里，交通建设实现突破。庆镇二级公路建成通车，结束了没有高等级公路的历史；镇北公路改造提速，使镇原到市区的车程缩短至40分钟；县城北出口道路全线贯通，实现了过境车辆绕城行驶；改建县乡道路95公里，实现了乡乡通油路的目标，全县每百平方公里的路网密度提高至53公里。水利建设成效显著。全年投入2.6亿元，完成了农村饮水安全、水库除险加固、灌溉配套改造、中小河流治理等一批重点水利工程，新修河堤护岸37.2公里，新增灌溉面积3.3万亩，全县安全饮水普及率达到92%，自来水入户率达到70%。供电保障能力增强。建成输变电工程2处，新增供电能力25万千伏安，改造低电压村（组）896个，自然村动力电覆盖率达到91.4%。完成造林36.6万亩，建设梯田29.5万亩，创建省级以上生态乡镇19个，治理流域面积400平方公里，全县森林覆盖率提高至16.11%。

【社会事业】教育教学质量稳步攀升，近五年累计投入29亿元，新建校舍29.8万平方米、幼儿园109所，镇原二中、职专新校区全面建成，教育教学条件得到根本性改变；“两基”攻坚目标圆满实现，学前三年幼儿入园率、义务教育巩固率、高中阶段毛入学率分别达到71.2%、94%和82%。科技培训、推广、运用更加广泛，步入“全国科技进步县”行列。医疗卫生条件持续改善，县医院住院楼、中医院搬迁新建全面完成，新增医疗业务用房4万平方米，合作医疗报销比例从提高到63.2%。建成乡镇综合文化站4个、文化集市6个、乡村舞台145个，新建文化广场66处，广播电视实现全覆盖。全年安置高校毕业生2321人，新增就业4万人，城镇登记失业率稳定在3%以下。社会保障水平持续提升，城乡低保、五保供养6次扩面提标，保障人数达到7.4万人，占全县总人口的14%。为民办实事累计投入资金26.85亿元，办理民生实事175件；各项惠农政策全面落实，累计发放助农资金25.2亿元，人均达到5285元。财政支出用于民生的比例年均占到75%以上。社会治安综合治理、市场秩序整顿、安全生产专项整治活动扎实开展，全县社会大局稳定。工青妇、双拥、气象、档案、老龄、残疾人、红十字会、防震减灾、民族宗教、文明创建等工作都取得了新的进步。

定西市

【现任主要领导】

中共定西市市委书记：张令平

定西市人大常委会主任：马虎成

定西市人民政府市长：唐晓明

政协定西市委员会主席：成柏恒

中共定西市纪律检查委员会

书记：陈尊峰

【基本情况】定西市位于甘肃省中部，距兰州市98公里，与关中一天水经济区和兰白都市经济圈毗邻。陇海铁路、312、310、212、316国道及馋柳高速、兰临高速，平定、天定高速公路穿境而过，即将通车的兰渝铁路、宝兰客运专线将使定西的交通优势更加凸显。全市总面积19609平方公里，辖1区6县，分别为安定区、通渭县、陇西县、渭源县、临洮县、漳县、岷县，119个乡镇、2个街道办事处。2015年末，全市户籍人口300.87万人，常住人口277.83万人，其中城镇人口84.46万人，乡村人口193.37万人；人口自然增长率5.7‰，城镇化率30.4%。

【国民经济】2015年，全市实现生产总值304.92亿元，比上年增长8.7%。其中，第一产业增加值76.97亿元，增长5.5%；第二产业增加值66.49亿元，增长9.5%；第三产业增加值161.46亿元，增长9.7%。三次产业结构为25.2 ：21.8 ：53。与上年相比，第一、二产业比重分别下降0.2个、2.5个百分点，第三产业比重上升2.7个百分点。完成固定资产投资555.35亿元，增长10.94%，实施500万元以上项目1884个；实现社会消费品零售总额107.38亿元，增长9.0%。完成一般公共预算收入24.35亿元，增长13.02%；一般公共预算支出197.85亿元，增长9.76%。

【农业经济】全市紧紧围绕农业增效、农民增收的目标及任务，切实抓好粮食安全生产，统筹推进精准扶贫和优势产业培育，全市农村经济稳定发展。2015年，实现农林牧渔业增加值78.42亿元，比上年增长5.5%。粮食作物播种面积628.89万亩，减少4.69万亩。粮食总产量达到162.15万吨，增长2.2%。

【优势产业】2015年，全市中药材种植面积扩大到138.7万亩，比上年增加2.7万亩，总产量31.96万吨，增加2.95万吨；建立种子种苗繁育基地8.65万亩，中药材标准化生产基地88.1万亩，占种植面积的63.5%。马铃薯种植面积286.71万亩，建立马铃薯标准化生产基地271.12万亩，占种植面积的94.6%；建立原种扩繁基地5.72万亩，一、二级种扩繁基地151.35万亩，生产脱毒原种8亿粒。蔬菜种植面积60.36万亩，比上年增加5.67万亩，总产量78.30万吨，增加9.05万吨；建立标准化无公害蔬菜生产基地58.22万亩，占蔬菜种植面积的96.5%。草牧产业迅速发展壮大，草产业加工能力达到50万吨，玉米秸秆转化利用率达到60%。新建成畜禽养殖场352个，家庭养殖场1346个，培育家庭规模养殖户2.3万户，发展养殖专业合作社285个，养殖专业村217个。全市畜禽规模养殖总量达1150万头只，畜禽规模化饲养比重达43%。

【工业经济】2015年，全市规模以上工业企业完成工业增加值27.86亿元，增长9.5%，比全省增速高2.7个百分点。实现工业总产值152.30亿元，增长2.5%；完成销售产值136.63亿元，增长1.5%；产销率为89.7%，同比下降1%，工业生产继续保持平稳增长的势头。全年完成工业固定资产投资127.47亿元，增长11.1%。

【项目建设】全年全市实施500万元以上项目1884个，比上年增加386个，完成投资524.24亿元。引洮供水一期工程主干渠全线贯通，定西市支渠、城镇供水及部分农村供水工程同步试通水；宝兰客运专线、兰渝铁路正在加紧施工，亿联国际商贸城一期已完成投资6亿元。

【招商引资】全年开展外出招商活动60多次，先后洽谈引进项目90多项，引进投资5亿元以上项目33个，投资10亿元以上项目11个。引进中国华能集团、中国医药总公司等央企2家；引进天士力集团、亿联集团、新兴际华集团等国内500强企业3家；引进广印堂、汇仁集团、一方制药、正大药业、红日药业、佛慈制药等行业龙头企业6家。全年实施招商引资项目369个，到位资金450亿元，增长16.6%。其中新建项目176项，到位资金253.26亿元；续建项目193项，到位资金196.76亿元。

【精准扶贫】2015年末，全市共有省、市、县、乡各级1450个单位联系1721个行政村，其中869个贫困村实现了省市县三级单位联系对接全覆盖；全市4.2万名干部结对帮扶贫困户15.17万户、63.16万人，实现所有贫困户联系对接全覆盖。坚持将大数据平台建设作为精准扶贫精准脱贫的基础性工作，各县区组织驻村帮扶工作队、包村干部全面进村入户开展信息采集，认真填写建档立卡户级信息采集表，各部门严格按照“谁主管、谁负责，谁录入，谁负责”的原则，认真履行数据审核责任，确保数据真实。全面完成2014年底贫困人口建档立卡工作，共识别贫困人口15.17万户63.16万人，贫困面23.6%。按照不同制约因素和因灾、因病、因学等不同致贫原因，逐村逐户制定需求清单、帮扶措施和完成时限，建立精准扶贫精准脱贫“总台账”，全面实行挂图作战，确保到2017年全市整体实现脱贫“摘帽”。通过各种形式的帮扶和努力，全年共培训劳动力17万人，输转63.81万人，实现劳务收入92.93亿元，人均劳务收入达到14564元。累计新修建乡村道路9304.9公里、桥涵341座、水渠1083.7公里，自来水入户9.12万户，危房改造4.96万户，梯田20.8万亩，有效夯实了农村发展基础。投入帮扶资金8.5亿元，通过项目带动、政策引导、技术培训、引进良种等有效措施，有力地促进联系村中医药、马铃薯、林果等特色优势产业的发展，尤其是推动全市草食畜牧业的快速发展。全年发放精准扶贫专项贷款33.26亿元，惠及贫困户7.15万户。刊发《市精准扶贫精准脱贫简报》120期，《定西农村工作信息》502期，中央和省、市主流媒体刊发本市精准扶贫宣传报道80多篇。

【城乡建设】全年开工建设城镇建设项目262个，完成投资117.84亿元，市区开工建设项目67个，完成投资52.68亿元，新城区开工建设项目25个，完成投资25.68亿元。市文化艺术中心基本完成建设任务，市展览馆除室内装修布展外，其它建设任务已完成；市体育馆完成外墙干挂和钢网架刷漆，屋面施工正在进行；新城大道三期及桥竣工通车，福门桥建设项目正在桥面铺装。定西亿联国际商贸城（一期）、定西电大远程教学楼、朝辉写字楼、天庆金域蓝湾项目全面开工建设。旧城区开工建设项目42个，完成投资27亿元。新建东关什字和交通路人行天桥，市区建设项目整体上实施顺利，投资完成较好。全市城镇化率达到30.4%，市县城区建成区面积92平方公里，人均城市道路面积9.7平方米；全市用水普及率94.6%，燃气普及率69.6%，污水处理率80.7%，生活垃圾无害化处理率73.8%。

【社会事业】2015年末，全市有幼儿园415所，实现了2000人以上行政村需求幼儿园的全覆盖。学前三年毛入园率74.71%，小学适龄儿童入学率达100%，初中适龄人口入学率99.68%，九年义务教育巩固率90.46%，残疾儿童入学率达87%以上。开始申报筹办定西职业技术学院。全年科学技术支出3401万元，评定市级科技进步一等奖3项、二等奖28项、三等奖3项；取得各类科技成果43项；认定登记技术服务合同53份，交易额2.20亿元。受理专利申请438件，授权专利248件，其中授予发明专利权45件。每万人口发明专利拥有量0.39件。2015年末，全市有卫生机构（含诊所）2775个，床位数13837张，每千常住人口拥有床位4.98张；拥有卫生技术人员9760人，每千常住人口拥有卫生技术人员3.51人。服务机构基本实现标准化建设，医疗重点学科发展初具规模。全市实现文化产业增加值5.21亿元，比上年增长17.26%，占生产总值比重为1.71%。

【社会保障】2015年，全市城镇职工基本养老保险参保10.02万人、职工基本医疗保险参保15.48万人、居民基本医疗保险参保17.17万人、失业保险参保8.55万人、工伤保险参保9.53万人、生育保险人数参保10.63万人。城乡居民社会养老保险实际参保155.14万人，参保率为96.31 %。其中农村居民实际参保151.79万人，参保率96.28%；城镇居民实际参保3.35万人，参保率98.24%。为38.44万名60周岁以上老人发放养老金25280.3万元，养老金发放率100%。村干部参加养老保险5080人，待遇领取人数397人，村干部养老保险资金滚动结余1801.08万元。享受城市最低生活保障的居民51225人，共发放城市低保金15791.4万元；享受农村最低生活保障的居民504477人，共发放农村低保金81882.24万元；农村五保供养人数14487人，发放农村五保供养金5918.77万元。

【人民生活】2015年，全市城镇居民人均可支配收入19167元，比上年增长9.5%；城镇居民人均消费支出12925元，增长11.7%；城镇居民家庭恩格尔系数为32.7%，比上年下降0.89个百分点。农村居民人均可支配收入5823元，增长12.4%；农村居民人均生活消费支出5319元，增长11.3%；农村居民家庭恩格尔系数为39.37%，下降0.89个百分点。职工年平均工资为48393元，增加7753元，增长19.08%，其中在岗职工年平均工资49583元，增加8084元，增长19.48%。

【环境保护】2015年10月成立全市环境保护工作领导小组，出台《定西市污染防治攻坚行动实施方案》等配套文件。对城区集中供热D区供热站进行改造，拆除20蒸吨链条式锅炉3台，新建40蒸吨高效煤粉锅炉3台，新增供热面积100万平方米，同步拆除D区供热范围区内的31台小锅炉。投资500多万元，用于平整压实和种草覆盖新城区裸露土地，市、区政府筹措400万元购置4辆大型洒水车和2辆抑尘车，对城区主干道及空气自动监测站周围道路每天早、中、晚洒水降尘一次。督促358家餐饮服务单位安装高效油烟净化设施，依法取缔无证经营的烧烤摊点60个。督促12家砖瓦窑企业安装脱硫塔，18家石料开采加工企业安装除尘设施。认真开展机动车环保检测，执行机动车燃油“国四标准”，淘汰2005年前注册运营的黄标车465辆，督促辖区内606辆出租车完成“油改气”，新购置75辆大型天然气公交车，淘汰23辆中型燃油公交车。通过全面落实大气污染防治措施，市区空气环境质量明显好转。

（张剑）

安定区

【现任主要领导】

中共安定区区委书记：

郭维团（5月止）

赵众炜（6月任）

安定区人大常委会主任：郭景虎

安定区人民政府区长：

赵众炜（6月止）

祁永和（6月任）

政协安定区委员会主席：

贾记贤（6月任）

中共安定区纪律检查委员会书记：

贾记贤（6月止）

梁　成（9月任）

【基本情况】安定区原名定西县，地处甘肃省中部、定西市北部，距省会兰州98公里，东北及东部邻会宁，东南接通渭，南部与陇西、渭源毗连，西南连临洮，西部至西北与榆中接壤。属中温带干旱、半干旱区。年平均日照2452.9小时，年均气温8.8℃。无霜期222天。正常年降水量400毫米左右，多集中在秋季，蒸发量高达1500多毫米。是定西市委、市政府所在地。陇海铁路、310、312、309国道和兰定、平定、天定、连霍、青兰高速公路以及正在建设的兰渝铁路、宝兰客运专线穿境而过，交通区位优势明显，自古就有“甘肃咽喉”、“兰州门户”之称。1998年底整体基本解决温饱，2003年国务院批准撤县设区。全区辖12个镇，7个乡和2个街道办事处，有306个村民委员会，17个居民委员会。年末常住人口42.55万人，其中乡村人口23.49万人。总面积3646平方公里，其中耕地171.76万亩，是“中国马铃薯之乡”。

【国民经济】2015年，全区实现生产总值70.21亿元，一般公共预算收入3.8亿元，完成固定资产投资121.52亿元，三次产业结构比为18.7 : 28.1 : 53.2。规模以上工业企业共47户，实现增加值13.13亿元。年末金融存贷款余额分别达到214.42亿元和159.52亿元。

【精准扶贫】2015年，出台“1+16+6”一揽子政策措施，2.03万户8.15万贫困人口实现精准识别和平台管理。脱贫村实现自来水、动力电、水泥路、互联网全部到村，脱贫户实现住无危房。新建和改扩建贫困村幼儿园25所、标准化村卫生室66个、综合文化服务中心70个，实现公共服务设施全覆盖。落实农村小额信贷、“双联”惠农贷款和“中和农信”基金贷款5.66亿元，向1万余户贫困户发放精准扶贫专项贷款4亿元。争取专项扶贫资金6063万元，实施扶贫整村推进项目19个。区财政筹资8312万元，实施36个村级供水管网覆盖、1.1万农户供水入户和716公里砂化道路改造工程，在全市率先实现贫困村互助金协会全覆盖。脱贫村建成养殖专业村37个、种植专业村60个。定西市首个贫困技能人才培训基地在理工中专挂牌成立，培训劳动力12.6万人。所有贫困村实现区级责任领导和驻村帮扶工作队全覆盖，19个乡镇全部成立了扶贫工作站，扶贫力量进一步加强。贫困人口人均可支配收入预计达到3700元以上，精准脱贫到村到户指标基本完成，60个贫困村和4.53万贫困人口有望实现整体脱贫，预计贫困发生率下降到10%左右。全国“三西”建设（定西）现场会议在安定区召开，扶贫成效、经验做法得到中央、省上和同类地区的充分肯定。

【“三农”工作】2015年，以马铃薯、草畜、蔬菜为主的农业产业快速发展。生产微型薯4.75亿粒，建立原种扩繁基地2万亩、一级种扩繁基地15万亩，马铃薯种植实现脱毒种薯全覆盖，规模和产量保持稳定；首届全国马铃薯主食加工产业联盟成立大会在安定区召开。牧草种植达到64.4万亩，青贮氨化饲草68.7万吨，全国首届青贮及牧草保存学术交流暨产业发展研讨会在安定区召开；新建养殖专业村45个、规模养殖场50个，培育养殖大户3200户，基础母羊存栏达到44.3万只、常住农户户均达到7只。新建日光温室62座、塑料大棚3240亩，完成蔬菜种植12.8万亩；协会服务功能有效发挥，蔬菜价格高位运行，实现销售收入9.5亿元。推广旱作高效农业127.7万亩。鼎盛12万吨精淀粉、薯香园1万吨全粉、圣大方舟1万吨功能粉制品和环保涂料生产线建成投产。民祥30万吨牧草揉丝生产线投产见效、西巩30万吨生产线启动建设；西泰20万头生猪屠宰加工生产线建成试生产。国家级定西马铃薯批发市场完成投资3.37亿元，东关市场、永定市场改造有序推进，内官畜禽交易市场和西巩、称钩等乡镇集贸市场完成改造。

【项目建设】2015年，开工建设500万元以上项目143个，完成投资130.2亿元。争取国家政策性项目234个，到位资金15.1亿元。实施旱涝保收标准化农田示范、新型农业社会化服务体系建设、秸秆饲料化利用、养殖及草产业加工等项目31个，完成投资11.3亿元。29个重点工业项目和9个商贸物流项目分别完成投资6.7亿元、12.1亿元。争取规模化节水灌溉、抗旱规划引调提水等水利工程项目7个，完成投资7000万元。争取农网升级改造资金1.19亿元、农村公路通畅工程资金1.6亿元。巉（口）郭（城）公路前期工作基本完成，安定区试验段启动建设。实施新一轮退耕还林、国家坡耕地水土流失综合治理、土地开发整理等生态治理项目16个，完成投资1.3亿元。实施科技、教育、文化、卫生等公共事业项目25个，完成投资9.9亿元。申报棚户区改造等专项扶持基金项目67个，到位资金2.2亿元。41个招商引资项目落地建设，到位资金42亿元。

【民生事业】2015年，思源实验学校和福台初中实现秋季招生。高考本科上线2890人，上线率32.9%。乡镇卫生院和区妇幼保健站业务楼等6个重点项目顺利建设。市二院搬迁改造有序启动，资产清理和移交工作全面完成。“全国中医药先进县（区）”通过评审。安置252名高校毕业生到基层就业，发放就业小额担保贴息贷款5610万元，城镇新增就业4656人，城镇登记失业率3.8%。城乡低保补助标准提高10%，惠及2.56万户7.7万人；五保集中供养和分散供养标准分别提高30%、29%，惠及1854户2150人。城镇居民基本医疗保险和城乡居民养老保险惠及26.9万人。为3867名大病患者落实救助资金1274.5万元。17所农村互助老人幸福院、5所社区老年人日间照料中心建成使用，居家养老服务网络启动运行。积极落实农业保险政策，为5.7万受灾农户赔付资金6100万元，实现了大旱之年“减产不减收”。盘活财政存量资金2.35亿元，全部用于精准扶贫和民生领域。筹资1.4亿元，用于道路建设、住房保障等基础工程；筹资3.16亿元，用于医药卫生保障、办学条件改善等公共服务事业；筹资1682万元，用于精准扶贫等各类贷款担保贴息和风险补偿。区财政用于民生领域的支出达7.48亿元，较上年增加1.21亿元，占一般公共预算支出的24.3%。城镇居民人均可支配收入19890元，增长10.2%；农村居民人均可支配收入6037元，增长12.3%。

【环境保护】2015年，城区空气质量好于二级以上天数达到265天以上。可吸入颗粒物（PM10）日平均值为83微克/立方米，二氧化硫、二氧化氮日平均值分别为22微克/立方米、23微克/立方米；区域地表水和城市集中式饮用水水质达标率均稳定保持100%；区域环境噪声平均值54.7分贝，交通干线噪声平均值65.5分贝，均控制在目标范围之内。全面完成市区工业污水管网工程，宏煊、薯乡、薯峰、超兴、陇海乳品等重点工业企业并网排污，实现城区所有的工业企业污水全部并网排放。建成运行城区集中供热工程D区供热站，并实施高效煤粉锅炉系统改造工程。定西新市区污水处理工程目前已完成管网铺设、厂区土建工程建设和主要设备的安装、调试，安定区内官营镇污水处理工程已完成污水收集管网的铺设和厂区土建主体工程。

（袁政）

通渭县

【现任主要领导】

中共通渭县县委书记：令续鹏

通渭县人大常委会主任：吕裕民

通渭县人民政府县长：邵志刚

政协通渭县委员会主席：陈维山

中共通渭县纪律检查委员会

书记：宗学谦

【基本情况】通渭县位于甘肃省东南部，定西市东侧，地处黄土高原南部边缘地带，为黄土丘陵沟壑区，地势西北高，东南低。属温带半湿润向半干旱过渡区，年平均风速1.5米/秒，年平均气温8℃，年降水量377.7mm，无霜期141天，总日照时间2034.6小时。东西长约78公里，南北宽约64公里，总面积2909平方公里，现有耕地面积183.28万亩，辖6个镇，12个乡，332个村民委员会、10个居民居委会。2015年常住人口40.35万人。

【自然资源】全县的矿藏资源主要有温泉地热、花岗岩、大理岩、安山岩、硅铁矿、高岭土等。通渭温泉日泛水量6000吨以上，地下200米处恒温113℃，地表水温53.9℃，富含钾、钠、锂、锶、硼、钙、铁、碘、硼酸、硫酸、氟、氡等32种元素和化合物，属国内少见的复合型富质高热矿泉；花岗岩仅露地可采储量29.4亿立方米，大理岩总储量约900万立方米，安山岩总储量约10亿立方米。全县适宜于多种农作物的生长，粮食作物以冬小麦、春小麦为主，其次为玉米、马铃薯、豆类（扁豆、豌豆、蚕豆）、糜子、谷子、莜麦、荞麦等；经济作物主要有油料（胡麻、油菜）、蔬菜、甜菜等；药材主要有党参、柴胡、黄芪、甘草、板蓝根等。距县城8公里处有一温泉，可供人们治病、疗养、休闲。县内建有榜罗红军长征纪念馆、义岗红军烈士陵园、红军长征纪念碑等革命纪念建筑。鹿鹿山、尖岗山、清凉山是避暑、游玩的理想场所。

【国民经济】2015年，全县实现生产总值36.83亿元，比上年增长9.2%，其中，一、二、三产业增加值分别完成10.97亿元、4.4亿元和21.46亿元，分别增长5.5%、8.2%和11.2%，三次产业结构比为29.8 ∶ 11.9 ∶ 58.3。固定资产投资46.45亿元，增长11.3%。社会消费品零售总额7.89亿元，增长9.1%。财政支出24.54亿元，增长17.08%。年末金融机构存款余额57.97亿元，增长44.8%；贷款余额46.11亿元，增长67.3%。

【“三农”工作】2015年，积极创建全国循环经济示范县，种植全膜玉米82.9万亩、马铃薯34万亩、中药材6万亩，新建林果基地2.9万亩；持续推广全膜双垄沟播技术，完成秋覆膜75.76万亩。粮食总产达46.06万吨，比上年增长5.8%，实现“九连增”。实施农业保险92.16万亩，发放农业支持保护、农机购置、良种补贴1.04亿元。新建规模养殖场73个，发展家庭规模养殖户186户、家庭适度规模养羊示范户3320户。牛存栏4.62万头、羊存栏4.19万只、猪存栏10.89万头。投资18.57亿元实施交通项目286个，马云公路建成通车，完成靖天公路通渭段和陇新、常榜等公路铺油改造102.2公里，建成通畅工程1237.2公里、通畅率达97%，全县公路总里程达到2024.4公里。投资7.48亿元实施水利工程项目17个，引洮一期工程建成通水，农村自来水入户率达到95%，解决39.43万人的饮水安全问题。投资1.87亿元实施农网升级改造工程，自然村动力电覆盖率达到94%。

【精准扶贫】2015年，制定“1+16+5”精准扶贫政策，减少贫困人口7963户、3.73万人。集中开展两轮建档立卡核查工作，全面完成22183户、10.51万贫困人口的精准识别，建成大数据管理平台。整合各级财政资金16.9亿元用于精准扶贫，占全县财政支出的70%。发放精准扶贫专项贷款4.99亿元，受益贫困户1.02万户。新建村级互助资金协会101个，建立互助资金担保增信平台77个。新建和续建易地扶贫搬迁安置点56个，实施整村推进项目20个。完成通畅工程道路硬化632公里，砂化村社道路380.85公里；新建饮水安全工程村级管网2760公里，完成自来水入户2.09万户；解决281个自然村的动力电覆盖问题；接通43个贫困村的宽带网络，设立乡村电子商务服务站点77个；扶持开办网店83个。组织开展贫困村劳动力技能培训910场次，培训贫困家庭劳动力2.6万人次。大力推广订单生产、入股分红、带动就业等扶贫模式，引导45家县内企业结对帮扶45个计划整体脱贫村。

【项目建设】全年实施500万元以上项目114个，完成投资44.3亿元。通榜公路等重大项目有序推进，陇阳风电场、榜罗镇光伏扶贫农光一体化产业示范园开工建设。新签约招商引资项目33个，到位资金41.2亿元，比上年增长28.3%。争取到各类项目资金12.67亿元，增长12.3%。出台政府和社会资本合作、鼓励和扩大民间投资扶持政策，成立盛襄园区投资有限公司，正在筹建悦心文化旅游投资有限公司。实施工业项目58个、完成投资58.1亿元，培育规模以上企业13户。县工业集中区发展规划通过省发改委批复，投资2.7亿元完善道路、给排水、供电等基础设施，引进企业56户。大力推进石滩草畜循环经济产业园建设，带动形成养殖、加工、销售为一体的草畜循环经济产业链。甘肃通渭风电基地规划获得国家能源局批复，华岭一期、二期风电场和义岗一期风电场建成并网发电，累计发电3.5亿度，实现税收收入2693万元。

【服务业发展】2015年，全县完成文化产业增加值9960万元，比上年增长18.23%。实施悦心国际书画村等文化旅游项目9个，完成投资7.4亿元。成功举办书画艺术节，被命名为“中国书法之乡”、“中华诗词之乡”。榜罗镇会议革命遗址被列入“第七批全国重点文物保护单位”，创建为AAA级景区，正在申报全国红色旅游基地；秦嘉徐淑公园创建为AA级景区；温泉宾馆、育林酒店创建为二星级酒店；打造了青海至通渭、兰州至通渭文化养生旅游专线。通渭小曲戏、影子腔被列入国家级非物质文化遗产名录，先后赴西安、北京等地交流演出。建成非遗项目传习所8个。新增物流快递企业16家，新建乡镇农贸市场5个、“万村千乡市场工程”农家店150个。新增私营企业1318户、个体户4711户。引进建设银行、甘肃银行、中华联合财险公司等6家金融保险企业在通渭县设立分支机构。

【城乡建设】2015年，编制完成县域村庄布局规划、马营镇总体规划、榜罗镇历史文化名镇保护专项规划，以及5个村庄规划。实施城区生活垃圾中转站、北街西段道路改扩建等城建项目15个，完成投资1.37亿元。实施梓炜家园、盛华国际、御景华城等房地产开发项目6个，完成投资8.1亿元。新开通县城区公交线路2条，投放公交车13辆。实施马营镇新型城镇化试点项目13个，完成投资1.19亿元。新修梯田6万亩，实施面山绿化8720亩，栽植行道树320公里。打造“千村美丽”示范村2个、“环境整洁村”20个。加强城乡环境卫生综合整治，制定了城市规划区内河道垃圾管理办法，对牛谷河河道污染问题进行了集中整治。

【社会事业】2015年，完成教育项目投资5.39亿元，县二中、三中、特殊教育学校先后投入使用，县职专新校区基本完成建设任务，思源实验学校建成主体工程，县第三幼儿园、华岭和陇阳乡幼儿园建成投入使用，在14个2000人以上行政村和22个重点脱贫村新建或改设幼儿园。九年义务教育巩固率、高中阶段毛入学率分别达87.6%、85%。为6276名贫困学生和学前教育幼儿发放助学金590万元，为4401名大学生办理生源地助学贷款2443.8万元，为1.32万名寄宿生发放生活补助764万元。县医院挂牌为省人民医院协作医院，设立了省中西医结合心血管临床医学中心二级工作站、通渭地区糖尿病防治中心，开通了省人民医院远程会诊系统。省市县89名医师在通渭县开展多点执业帮扶，全县医疗服务水平明显提高。新农合分级诊疗病种从132种增加到150种，门诊特殊病种由19种增加到33种，普通门诊补偿封顶线从100元提高到150元，年内报销医疗费1.53亿元、受益患者4.5万人次。在82个贫困村开展健康促进模式改革试点，完成健康体检1.59万人。加强医疗基础设施建设，县中医医院住院楼、三铺卫生院业务用房、76个标准化村卫生室完成主体工程。为6.34万名城乡老年人发放养老金7303万元，为4248名重特大疾病患者发放医疗救助金1543万元，为城乡困难群众发放临时救助和救灾救济资金1436万元。被评为“全国基层中医药工作先进单位”和“全省中医药工作先进县”，实施了县急救中心、卫生监督所和健康教育所、15所乡镇卫生院业务用房、3

所卫生院职工周转房、189个标准化村卫生室等建设项目，县医院和县中医医院创建为二级甲等医院。建成了县体育馆和7个乡镇（社区）体育健身中心、14个乡镇综合文化站、332个农家书屋、63个“乡村舞台”、98个农民体育健身场所，实施了广播电视农村无线覆盖工程。《通渭历史文化丛书》荣获全省第十届优秀史志成果一等奖。取得省市科技创新成果10项，获得国家专利67项。创建为“全国计划生育优质服务先进县”，人口自然增长率为5.73‰。全面完成“六五”普法目标任务。建立了电子民生平台，及时办理群众反映事项1.02万件。人民群众安全感和满意度连续四年位居全市第一，2015年被省综治委命名为“甘肃省平安县”。认真办理了向全县人民承诺的10件实事。

（李迪）

陇西县

【现任主要领导】

中共陇西县县委书记：鲁泽

陇西县人大常委会主任：包志宏

陇西县人民政府县长：陈彦吉

政协陇西县委员会主席：张小平

中共陇西县纪律检查委员会书记：

马栩健（6月止）

胡世祯（8月任）

【基本情况】陇西县位于甘肃省东南部，定西市中部，渭河上游。地处陇中黄土高原中部，东接通渭县，南连武山、漳县，西邻渭源县，北靠安定区，东西宽52公里，南北长46公里，总面积2406平方公里。全县地形西北高，东南低，海拔1612～2762米，为温带大陆性季风气候，多属温和半干旱区，年平均气温8.1℃，日照时数2210小时，降雨量415毫米，无霜期160天，适宜粮食作物冬小麦、春小麦、夏杂粮、玉米、马铃薯、秋杂粮和经济作物油料、中药材、蔬菜、食用菌、瓜类、大葱等多种作物生长。全县辖9个镇，8个乡，215个村民委员会，11个居民委员会，户籍人口51.93万人，常住人口45.84万人，居住着汉、回、满等13个民族。

【国民经济】2015年，全县实现生产总值57.44亿元。其中，第一产业增加值14亿元，第二产业增加值10.46亿元，第三产业增加值32.98亿元。实现社会消费品零售总额24.98亿元，固定资产投资120.59亿元，城镇居民人均可支配收入18840元，农村居民人均可支配收入6388元，年末金融机构存、贷款余额分别达到121.1亿元和135.5亿元。

【“三农”工作】2015年年末耕地面积117.69万亩，全年共播种各类农作物170.49万亩，其中粮食作物119.49万亩，经济作物51万亩，夏秋比和粮经比分别为12.6∶87.4和70.1∶29.9。中药材、草食畜、马铃薯、菌菜是农村的主导产业。全县已普查到的中药材品种310种，在全国统一普查的363个主要品种中，陇西有96种；常用的130多个品种中，陇西有93种。中药材种植面积35万亩，标准化种植面积19万亩，总产量9.66万吨，产值达10.33亿元。陇西是“中国腊肉之乡”，畜产品加工具有悠久的历史，千吨以上肉制品加工企业7家，年加工各类肉制品1.5万吨，金钱肉、口条、火腿被誉为“陇原三绝”，“陇原情”、“足赤”牌肉制品为地方名优产品。全县建成养殖小区224个，规模养殖户16631户，养羊大户220户，50头以上养牛大户143户，养鸡大户76户；畜禽存栏数达到243.42万头（只），出栏数达到215.8万头（只）；现有陇原中天羊业股份有限公司、百绿草业公司、宏明农牧科技公司、锐锋农牧科技公司等龙头企业51家（其中国家级龙头企业1家、省级龙头企业2家、市级龙头企业18家、县级龙头企业30家），县牧业产值达到24.1亿元。马铃薯种植面积达38万亩，总产量39.49万吨，年外销量13万吨，实现销售收入1.5亿元。菌菜种植面积11.9万亩，年产量27.58万吨，总产值4.41亿元。

【工业经济】2015年，全县有各类工业企业261户，工业产品3800多种。实现工业总产值41.04亿元、增加值5.58亿元，工业对生产总值的贡献率为9.7%。其中，27户规模以上工业企业产值35.37亿元，增加值3.74亿元。有较大规模的中药材加工企业52家，其中省级龙头企业10家，通过GMP认证的企业28家，个体加工户3800户，年加工转化各类中药材13.8万吨，产值达到206.9亿元，实现税收1.05亿元，对财政收入的贡献率达到11.6%。有各类铝冶炼及加工企业17家，加工生产能力达到85万吨，实现产值30.27亿元，上缴税金5486.1万元。有装备制造企业18家，年产值2.215亿元，上交税金271.5万元。有凯华化工、大禹节水等化工建材企业89家，年产值1.74亿元，上交税金4479万元。有农副产品加工企业35家，年产值2.99亿元，上交税金474.5万元。有新型印刷包装企业8家，年产值3170万元，上交税金48.6万元。

【商贸流通】到2015年底，县内有农村集贸市场和综合市场21个，专业市场11个。全县有各类中药材交易市场23处，建成惠森集团“药材盈”等中药材电子商务交易平台3个、专业信息服务网站13个、网店150多个，发展货运信息中介组织58家、运输专线30多条；年可集散各类中药材600多个品种，年交易量100万吨，交易额达200多亿元，在全国市场上的占有份额达到20%以上，党参、黄芪等部分品种占到全国一半以上。在首阳镇规划建设了总投资4.6亿元、总建筑面积5.3万平方米，集公共服务中心、检测中心和培训中心、中药材交易商铺、原药材交易大棚和现代化江能饮片展销厅等多种功能为一体的首阳地产药材交易市场，一期工程已建成运营，可满足3000多个固定商户和2000多个摊位经营户正常交易，年交易量达10万吨以上，年交易额达20亿元左右。先后依托中天物流公司投资1.5亿元，建成了占地150亩的甘肃陇西中药材物流园，配套建设规范化仓储库20栋5万平方米，新增仓储能力5万吨；引进康美公司启动建设了总投资10.75亿元的康美甘肃西部中药城现代仓储物流及交易中心项目，建成后全县中药材静态仓储能力将达到100万吨，年周转量将达到200万吨，较现有能力翻一番。

【基础建设】到2015年底，全县累计造林59.94万亩，封禁治理187.6万亩，森林覆盖率达到7.63%；建成淤地骨干坝20座，中型坝23座，小型坝21座；兴修梯田95.32万亩，治理水土流失面积1407.3平方公里，治理率为58.5%。全县共建成沼气池19735座。累计建成各类农田水利工程234项，有效灌溉面积达到13.41万亩；建成河道堤防80.66公里，保护人口13.41万人，保护耕地9.19万亩；已建农村安全饮水工程发展自来水入户6.665万户，占农村总户数的80.24%，解决36.4万人的安全饮水问题。境内公路总里程为1438.83公里，国家高速G30线、省级高速S14线、国道G310（原国道G316线）、省道S208线和省道S209线穿境而过；正在开工建设的兰海高速公路陇西境内过境长度为13公里；有县乡公路17条、324.75公里，通村公路145条、832公里。17个乡镇全部通了油路，187个行政村通了沥青或水泥路，行政村通畅率为87%，高于全省水平7个百分点。

【城乡建设】全县城区规划面积70平方公里，建成区面积达到31.8平方公里（其中城区建成区面积24.1平方公里），城镇化率达到46.09%，中心城区绿化率达13%。先后建成崇文路、中天路、渭洲路等主次干道38条36.9公里，城区路网硬化率达到98.5%，城区道路初步形成了"三横十纵"的结构性主干路网系统；改造城区给水管网23公里，城区自来水入户率达到99.5%。铺设污水收集管网54.86公里、雨水排洪管线45.3公里，城区污水管网总长度110公里，污水处理率达到89%；城区垃圾无害化处理率达到100%；累计投入资金1.8亿元，全面完成了文峰和城区集中供热工程，铺设供热管网22.34公里，关停各类分散供热点19个，全县供热总面积达到389万平方米；累计完成投资27.8亿元，先后建成金宝翡翠新城、广场丽苑等22个住宅小区，丽苑新城、龙熙臻品、开元华府等15个住宅小区正在建设，城区商住面积达到440.08万平方米，人均住房面积达到22.4平方米；累计建成各类保障性住房5647套，保障覆盖率达到16%。

【社会事业】全县现有科技管理机构18个，技术推广服务机构6个，高新技术企业4家，省级工程技术研究中心1家，市级工程技术研究中心27家。县直专业技术学会37个，会员3700人；农民专业技术协会199个，会员3.32万人。现有各级各类学校244所，设教学点55个，附设幼儿园121个。在职教职工7293人，学前一年、三年"毛入园率"分别达到94.5%和78.39%，九年义务教育巩固率达到92.73%，高中阶段毛入学率达到90.87%。2015年高考本科上线3141人，上线率40.38%，本科上线率连续17年名列定西市第一。建有乡镇文化站12所，农家书屋和文化资源共享工程215家，城乡简易篮球场784处，业余剧团42个，"四馆一站"全部实现免费开放。2015年，文化产业资产总额达3.55亿元，增加值达7680万元，同比增长19.81%。现有县级综合医院3所，中医医院（含中西医结合医院）2所，县级疾病预防控制、卫生监督、妇幼保健计划生育服务机构各1个，基层医疗机构19所，社区卫生服务中心2所，村卫生室216个，驻陇企业医院2所、民营医院1所，专业技术人员2439人（包括村医272人）。各医疗机构实际开放病床总数2328张。有体育总会1个，各级各类体育协会6个，各级社会体育指导员487名，学校全面实施《国家学生体质健康标准》。

【社会保障】全县纳入城市低保3070户、7552人，月人均补差249元，保障面9.1%；纳入农村低保18068户、65872人，月人均补差130元，保障面15%，五保对象2070人；纳入孤儿生活补助保障人数317人，供养标准机构集中供养每人每月640元，城市散居每人每月640元，农村散居每人每月440元。全县参加城乡居民基本养老保险245820人，综合参保率为95.36%。

【精准扶贫】2015年，在108个贫困村全面选派驻村帮扶工作队的基础上，又对107个非贫困村也选派了驻村帮扶工作队，选派优秀年轻干部709名。引洮供水一期工程运行开始运行，通水率已达到82.9%，改造农村电网207.6公里，开工建设农村危旧房4400户，已完成1063户。2015年第一批完成易地扶贫搬迁182户980人，第二批城镇插花安置已认购200户，发放贴息贷款116户573万元。为17个乡镇9796户建档立卡贫困户发放贷款46181.5万元，新建扶贫互助协会54个，已对51个协会进行了评级授信。已完成劳务技能和农业实用技术培训4.6万人（次）、职业技能培训1.46万人，职业技能鉴定4506人，输转城乡富余劳动力13.06万人，创劳务收入20.41亿元。新增贫困户"两后生"培训任务1200名。

（张力）

渭源县

【现任主要领导】

中共渭源县县委书记：吉秀

渭源县人大常委会主任：张亚农

渭源县人民政府县长：蔺红军

政协渭源县委员会主席：

杨　谦（11月止）

李新定（12月任）

中共渭源县纪律检查委员会书记：

赵　华（12月止）

【基本情况】渭源县位于甘肃省中部，定西市中西部，县城距省会兰州市174公里，距陇海铁路陇西站55公里。海拔1930~3941米。全境属陇西黄土高原，边缘与西秦岭北坡区，地势西南高，东北低，山地为主。全县总面积2053平方公里。耕地面积80.07万亩。全县辖8个镇，8个乡，217个行政村、3个居民委员会。户籍人口34.7万人，常住人口32.74万人，其中城镇人口7.11万人，乡村人口25.63万人，城镇化率为21.72%。县内以汉族为主，少数民族有回族、藏族、满族、蒙古族等。

【国民经济】2015年，全县实

现生产总值27.62亿元，比上年增长8.7%。其中，第一产业增加值9.53亿元，增长5.4%；第二产业增加值3.47亿元，增长9.4%；第三产业增加值14.62亿元，增长10.7%。工业增加值1.42亿元，增长9.1%；规模以上工业增加值0.79亿元，增长10.5%；建筑业增加值2.04亿元，增长9.7%。固定资产投资54.56亿元，增长11.8%；社会消费品零售总额6.35亿元，增长9%。年末金融机构存款余额59.32亿元，增长20%；贷款余额42.73亿元，增长40%。一般公共预算支出22.12亿元，增长14.86%；城镇居民人均可支配收入18538元，增长8.7%；农村居民人均可支配收入5771元，增长13.2%，

【项目建设】2015年，谋划前期项目200项，更新“3341”项目库项目115项，争取国家投资7.15亿元，增长27.7%。县属重大项目220项，完成投资49.8亿元，拉动完成固定资产投资59.68亿元。新签约招商项目30项、105.6亿元，到位资金33.2亿元。促进政银企融资合作，争取农发行、国开行专项贷款9.19亿元，其中易地扶贫搬迁专项贷款7.6亿元。投资1.82亿元启动实施了电商物流公共服务体系合作项目。

【优势产业】建成国际马铃薯中心渭源（项目）工作站，引进15个种质资源开展试种扩繁。中药材种植面积达到40万亩，新发展中药材加工企业15家，会川江能中药材专业交易市场投入使用。发展养殖小区（企业）149个、规模养殖户3100户、家庭养殖场150个。实施马铃薯、中药材等政策性农业保险35.4万亩，理赔1600多万元，有效降低了农业生产风险。农民人均从产业获得收入3060元，占比52.7%。新建园区道路2条，入驻企业5家，新增GMP认证企业9家。编制完成了渭河源大景区修建性详规，投资6496万元继续加快渭河源、首阳山景观节点等基础设施建设，渭水源大酒店二期工程投入使用，出台农家乐、农家客栈扶持奖励政策，新发展农家乐（客栈）16家，新增床位350张，年接待游客58.7万人次，实现综合收入2.24亿元。抢抓“互联网+”13政策机遇，加快电子商务与现代物流融合发展，县财政落实奖励资金300万元，成立电商协会4个，新发展本土平台7个、网店360家、服务站点（体验馆）20家、快递物流网点400多个，217个行政村物流网点全覆盖，线上交易近5000万元，带动线下交易1.7亿元。举办了西部贫困地区“电商扶贫”高峰论坛，成功创建省级电子商务示范县。

【精准扶贫】制定并落实“1+22+6”脱贫攻坚方案，整合各类扶贫资金14.98亿元，占财政支出的72.4%。创新“一标二线三因四缺五不能”工作方法，精准扶贫大数据信息平台建设扎实推进。以水、电、路、房、网为重点，新增自来水入户3776户，自来水入户率达到96.99%。硬化农村道路402公里，砂化道路416公里，通村道路硬化率达到94%。改造农村电网261个社650公里、动力电103个社362公里，改造面分别达到92%、91.6%。新建易地扶贫搬迁安置点35个1959户，改造危房3700户，改造面达到64%。完成生态造林5.4万亩，移动通讯覆盖率达到100%，广播、电视覆盖率分别达到96.5%、96.1%。投放精准扶贫专项贷款4.65亿元、“双联”惠农贷款等小额贷款7.37亿元。

【环境保护】2015年，空气质量优良天数大于330天。强化约束性指标管理，建立健全自然资源管理、生态保护补偿和资源有偿使用制度，积极争取实施耕地轮作休耕试点。推动传统产业绿色改造，按照循环经济模式改造工业集中区，构建循环经济产业链。持续强化生态建设和水土保持工作，实施渭河源区生态保护与综合治理规划，扎实推进天然林保护、退耕还林等重点工程建设，森林覆盖率达到17%。

【社会保障】全县参加养老保险的城镇职工达到2745人，全年征收基金3118万元。城镇职工医疗保险参保人数12558人，完成基本医疗保险金征缴3325万元。12558名职工参加意外伤害保险。参加城镇居民基本医疗保险9842人，报销比例达到65%。参加工伤保险的事业单位和社会组织288户，职工9806人。参加失业保险统筹的事业单位241户，参保职工9131人，征收失业保险费409万元。城乡居民养老保险缴费141285人，特殊人群22459人，城乡居民基本养老保险参保率96.69%，续保率97.7%，为48086人累计发放养老金5688.9万元，发放率100%。

【社会事业】2015年，新建村级幼儿园22所，开设学前班135个，完成50个义务教育学校“改薄项目”，引进紧缺专业教师27名，落实引进教师补助、乡村教师生活补助和奖励资金623万元，学前三年毛入园率达到80%，义务教育巩固率达到87.7%，高中阶段毛入学率达到87%，高考文化课二本上线率达到23.14%。组织申报专利35件，其中发明专利7项，实用新型专利3件，外观设计25件。获得授权发明专利3件，累计拥有发明专利5件，每万人发明专利拥有量达0.14件。《南山放养鸡生产繁育技术示范》取得省市级科技成果鉴定，并获得省科学技术情报学会三等奖，《中药材组装式氮气养护贮藏系统》取得市级科技成果鉴定。百安商厦、城区生活垃圾收运等投资68.8亿元的35个城市建设项目顺利实施，源泰商贸建材市场一期工程全面建成，完成棚户区改造430户，新增住房1145套。实施了总投资8.8亿元的会川镇、锹峪乡主街道拓宽改造等小城镇建设项目25项。认真兑现县政府承诺的十件实事，农村道路、农网改造、村民活动中心、学校建设、广播电视、法律援助、敬老院建设等实事全面办结，畜禽市场、定点屠宰场、考训中心和2个加气站、4个乡镇加油站正在建设，投入资金达到4.88亿元。深入推进基本公共卫生服务均等化，完成县级公立医院综合改革，率先开展健康促进模式改革。城乡低保、五保供养、社会保险和医疗救助政策全面落实，乡镇工作补贴、工资制度改革政策及时兑现，公务员职务与职级并行、机关事业单位养老保险及全民参保计划启动实施。积极促进就业创业，建立落实公益性岗位动态管理和农民工工资支付保障联席

会议、欠薪应急周转资金等制度，城镇新增就业人员4037人。加强公共安全体系建设，排查化解矛盾纠纷3185件，办理信访案件222件，办理电子民生平台事项1.1万件。

（赵克俭）

临洮县

【现任主要领导】

中共临洮县县委书记：石琳

临洮县人大常委会主任：王耀洲

临洮县人民政府县长：许树德（3月任）

政协临洮县委员会主席：陈永寿

中共临洮县纪律检查委员会

书记：南锡诚

【基本情况】临洮，古称狄道，位于甘肃省中部，定西市西部，是黄河古文化的重要发祥地之一，素有“彩陶之乡”、“文化县”之称。全县总面积2854平方公里，辖12个镇，6个乡，323个行政村、6个居民委员会，户籍人口54.72万人，常住人口51.28万人，有汉、回、东乡等19个民族。年末耕地面积106.36万亩，其中水浇地38万亩，人均耕地2.23亩。全县海拔1730～3670米，年平均气温7℃，年降水量317～760毫米，无霜期80～190天。

【资源优势】临洮是甘肃唯一集马家窑文化、秦长城文化、老子文化、李氏文化、藏传佛教文化、洮河文化等优秀文化资源于一体的地区，遗址遗迹星罗棋布，人文风情独特多样。自周安王18年（公元前384年）建置狄道县，秦昭王27年（公元前280年）始设陇西郡以来，一直为郡、州、道、府、县治所在地，发挥了中央政权连接西部少数民族地区“桥头堡”的重要作用。临洮是省会兰州的南大门，县城距兰州市区80公里，是“兰白经济区”内重要节点城市。兰临、康临高速和212国道及省道309、311线穿境而过，随着定临、临康等二级公路的建成通车和临渭高速、水罐二级公路的动工建设，以及临洮机场军民合用改扩建、兰州至临洮至天水城际铁路等重大项目的规划实施，临洮的交通条件将更加便利。黄河上游最大的支流——洮河，流经县内9个乡镇115公里，年过境水量46亿立方米，水质优良，无污染，属国家一级保护水系，水能资源可开发蕴藏量达32万千瓦。已建成和在建水电站24座，总装机容量达23万千瓦。洮河灌区面积38万亩，有洮惠渠、新民渠等万亩以上灌区11个，现代设施农牧业发展条件优越。境内分布高岭土、方解石、萤石等矿产资源，洮河谷地二、三级阶地地势平坦、地貌完整，沿岸可开发利用的滩涂地达2万多亩。依托洮河谷地良好的气候条件和38万亩水浇地，培育形成了600万头（只）畜禽养殖、50万亩马铃薯、20万亩蔬菜、8万亩中药材和3万亩花木生产基地，临洮花卉先后在各类花卉博览会上获得70多个奖项。发展形成了金属冶炼、建筑建材、机械制造、农副产品加工、水电开发、新能源等工业产业体系，规模以上工业企业达29家。编制了“休闲之都”旅游规划，实施了马家窑文化产业园、甘肃临洮体育训练基地、卧龙湾水镇等17个投资超亿元的文化旅游重点项目。县城建成区面积达17.68平方公里，城市绿化覆盖率达31%，被评定为“省级卫生城”和“省级园林城市”，是居家生活、休闲度假的理想之地。确立了打造“休闲之都”的城市发展定位，实施了洮河城区段疏浚整治和景观改造工程，城区景观水面达5000亩。大力发展休闲度假产业和地方特色旅游业，建成星级宾馆5家、AA级景区5处。计划占地24.67平方公里的沿洮文化产业带和规划占地18平方公里的太石休闲养生区项目，被省政府列为“华夏文明传承创新区”重点项目。规划建设了“一区（临洮经济开发区）三园（中铺工业园、洮阳高新技术产业园和康家崖农副产品集散加工园）”的工业聚集发展平台，引进入驻企业59家，其中占地18.93平方公里的中铺工业园已被纳入兰州高新技术产业开发区。

【国民经济】2015年，全县实现生产总值58.91亿元，比上年增长8.9%。其中，第一、二、三产业增加值分别完成14.2亿元、16.7亿元和28.01亿元，分别增长5%、10.9%和9.5%。固定资产投资103亿元，增长10.5%；社会消费品零售总额18.53亿元，增长9%；完成一般公共预算支出27.34亿元，增长10.9%。

【项目建设】继续推行重点项目县级领导责任制，安排前期费1000万元，争取项目214个、资金9.56亿元。组织实施重点项目190个，南部商品交易集散中心、中医院综合门诊楼等78个全面完成年度建设任务。成功签约光伏发电、智慧临洮建设等招商引资项目31个，到位资金70.65亿元。“4·15”地震恢复重建顺利推进，已有18个项目完成建设任务，完成投资4746万元。“7·22”南屏镇地震恢复重建任务全面完成，完成投资3.25亿元。实施园区基础设施项目14个，中铺工业园瑞和路东段、污水处理工程主体及公共租赁住房工程全面建成。开发区新引进项目4个、资金2亿元，新建续建鸿盛岩棉、成勇建材等项目34个，完成投资11.8亿元。全县实施工业项目52个，有18个建成投产，完成投资24.9亿元。

【产业发展】扶持新增产业示范村125个、潜力村130个，新建日光温室109座、塑料大棚6320亩，发展规模养殖小区106个、肉羊养殖示范户4560户，建立马铃薯原种繁育基地3900亩、一级种繁育基地4.5万亩，种植中药材13.92万亩，新增花木面积7000亩，推广旱作农业51万亩，粮食总产量达23.4万吨。

【文化旅游】沿洮文化产业带17个重点项目建设进展良好，完成投资3.2亿元。马家窑文化产业园、明园影视城等重点项目加速推进，洮源山庄、游泳健身中心全面建成。新增各类市场主体1837户。成立了县电子商务协会和服务中心，建成“奇乐淘到家”电商平台，开设网店300家。

【城乡建设】2015年，实施各类市政项目26个，高标准改造城市道路6条，建成过街天桥2座，开工建设棚改项目11个，建成房屋25万平方米。全面完成国家交通扶贫示范试点县项目建设，硬化农村公路124条745.5

公里、砂化140.17公里。启动实施了东部农村引洮供水工程，完成自来水入户1.83万户，入户率达到80%。争取到农发行6.93亿元易地扶贫搬迁贷款，建成易地搬迁安置点13个，搬迁群众1519户6940人。

【精准扶贫】按照“1+19+5”的精准扶贫方案，县财政列支扶贫专项资金3904万元，整合项目资金7.1亿元，压缩政府投资项目5个4760万元，全力推进精准脱贫，漫洼百花等32个村将实现整体脱贫，预计减少贫困人口4.48万人。创新推动电商扶贫、能人引领扶贫、龙头带动扶贫、金融支撑扶贫、光伏扶贫等扶贫模式，成立富民产业合作社322个，为12863户贫困户发放贷款6.03亿元。实施各类扶贫项目43个，龙门镇及洮阳柯柁等24个村实现了整体脱贫，减少贫困人口2.03万人，成功跻身全省“金融扶贫示范试点县”和“精准扶贫示范县”。

【社会事业】2015年，新建及维修校舍9万平方米，建成农村幼儿园31所，高考二本以上上线2411人，上线率33.22%。县财政落实补偿资金1507万元，深入推进县级公立医院改革，建成了中医院门诊楼和第二人民医院主体工程。大中专毕业生县内多渠道就业900人，新增城镇就业4588人。建成了县老年养护院和3所乡镇敬老院，提高了城乡低保和农村五保补助标准，发放各类保障及救助金1.9亿元。全面完成十件17项实事。高标准改造城市主干道6公里，硬化小巷道2.6公里，新建高标准城市公交站台50处，规划新增停车位1100个；实施棚户区改造407户，新建易地扶贫搬迁住宅1519套，改造农村危房2500户；改造城区老旧管网8.4公里，实施既有节能改造工程10万平方米，进一步提升城区集中供热质量；在城区新建蔬菜市场1个，对岳麓山便民市场、潘家园市场等城区农产品交易市场进行改造升级；新建31所农村幼儿园，实现全县2000人以上行政村幼儿园全覆盖，在城区新建1所寄宿制小学，探索推行寄宿制小学封闭式管理模式；建成农村地面数字电视无线覆盖工程，让农村群众收看到市、县电视台制播节目；新建治安视频监控设施175套，力争三年实现城乡重点区域技防设施全覆盖；县财政筹资323万元，通过以奖代补方式，集中整治农村环境卫生，大力推进人居环境改善行动；启动建设东部农村供水提质增效工程和北部农村饮水安全工程；新建两个城市公园，不断满足市民休闲、娱乐、健身等生活需求。

（赵学东）

漳　县

【现任主要领导】

中共漳县县委书记：党建中

漳县人大常委会主任：贾占渊

漳县人民政府县长：刘静

政协漳县委员会主席：

包旱福（12月止）

赵　华（12月任）

中共漳县纪律检查委员会书记：

李新定（11月止）

【基本情况】漳县位于定西市南部，地处西秦岭和黄土高原过渡地带，地势东高西低，版图呈琵琶型。东汉章帝元年始设县治，因战略地位重要被认为汉王朝的“西陲屏障”，古称障县，唐武后天授二年更名武阳县，明洪武年间，因“漳水萦回润地，宝井便民裕国”而改为漳县至今。全县辖4个镇，9个乡，136个村民委员会，5个居民委员会。2015年末户籍人口20.94万人，常住人口19.57万人。总面积2166平方公里，海拔1640~3941米。年平均气温8.2度，无霜期155天，日照时数2313小时，年降雨量在500毫米左右，属湿润半湿润气候。

【资源优势】农业资源：年末全县耕地面积46.57万亩，土壤以淀土、黑垆土为主，土质肥沃。农作物品种繁多，主要农作物有25科、68种，其中粮食作物以小麦、蚕豆、洋芋、玉米为主。经济作物以油料和当归、党参、红（黄）芪等中药材为主。认证无公害蔬菜2个、绿色食品甘蓝、西兰花、番茄、黄瓜等7个。

林业资源：全县宜林地面积81万亩，森林面积39万亩，森林覆盖率达到20.8%，现有木寨岭林场和石川林场两个国有林场。经济林以苹果、沙棘为主，果园面积1.2万亩，果品年产量达4916吨以上，荣获“中国沙棘之乡”荣誉称号。建成优质核桃基地面积5.25万亩，建成花卉特色突出、苗木品种优良的景观基地600亩。发展苗木培育基地7个5000亩，年产值150多万元。2015年，实施新一轮退耕还林2.4万亩，种植优质核桃1万亩，套种油用牡丹500亩，建成油用牡丹育苗基地100亩。

畜牧业资源：全县有天然草场131万亩，占总面积的40.4%，产草量为55万吨，载畜量为60万个羊单位。漳县珍稀水生野生动物保护区成功晋升为国家级自然保护区。

药材及野生蔬菜资源：药材共约440个品种，主要有当归、党参、冬虫夏草、大黄、贝母、元胡、红芪、黄芪、秦艽等。漳县所产当归俗称“岷归”，由于气候条件适宜，土质较好，总产量达到5000吨左右。另有蕨菜、羊肚菌、乌龙头等野生蔬菜质纯味美，餐用极佳，远销韩国和东南亚等地。

水利水力资源：境内有漳河、龙川河、榜沙河三条主要河流，河道总长154.2里，年径流量3.582立方米，入境水1.661立方米，共计5.243立方米。水力资源丰富，各河PH值在7.4–7.6之间，适宜水电水产开发及人畜饮用。

矿产资源：非金属矿有岩盐、红柱石、石灰石等十九种，金属矿有金、银、铜、铁、铅、锌等六种。岩盐是漳县优势最大的一种矿产资源，已探明储量达5000多万吨；石灰石储量在16亿立方米以上；漳县境内的红柱石矿属世界第四、国内第一的大型矿床，远景储量约1亿吨，精矿品位达56%，开发利用价值极高。大理石储量约15亿立方米，氧化钙含量为54%，方解石含量95%；硫铁矿储量309万吨，品位达到30%；菱铁矿储量为21.9吨；金矿为中型矿床，品位为15克/吨。

旅游资源：现有国家级森林公园一处、新石器文化遗迹三处、省级文物保护单位三处。贵清山森林公园坐落于漳县城南70公里处。景区南北长7.5公里，东西宽2.5公里，面积62平方公里，由贵清山、贵清峡两部分组成，史称“贵清仙境，”被游人誉为“兼有华山之险，黄山之奇、峨眉之秀、九寨沟之美”。另一景点遮阳山位于大草滩乡境内，是国家森林公园、国家AAAA级旅游景区、国家攀岩基地主要景区之一。位于漳县城南5里，被称为海内之最的汪家坟元墓群，葬有元代被封为“三王十国公”的汪氏家族近200人，是研究元明历史的珍贵史料。红色旅游有红军长征盐井纪念馆。大草滩新联、新寺青瓦寺和草滩香桥全国乡村旅游扶贫试点顺利推进。

【国民经济】2015年，全县实现生产总值20.80亿元，比上年增长12.2%。其中，第一产业增加值5.77亿元，增长6.0%；第二产业增加值3.95亿元，增长7.8%；第三产业增加值11.07亿元，增长17.1%。完成固定资产投资41.62亿元，增长11.5%；一般公共预算支出15.16亿元，下降21.0%；社会消费品零售总额3.54亿元，增长9.1%。

【项目建设】2015年，争取到位国家和省上各类项目188项6.1亿元；组织实施500万元以上项目129个，完成投资41.4亿元、增长11.8%。实施招商引资项目32个，引进资金59亿元，到位资金48.54亿元、增长28.6%。兰渝铁路及漳县车站、渭武高速漳县过境段、国道212线漳县段升级改造等省部属项目顺利实施，文殖二级公路等重大项目全面建成。180户省内异地安置群众顺利搬迁入住。完成高新路、陇漳路、香贵路等交通重建项目141个，新增公路里程471公里。防洪护岸、农村安全饮水、灌区工程等33个水利项目全部竣工。

【精准扶贫】全县行政村动力电、电话、电视信号实现全覆盖，贫困群众走上了水泥路、吃上了干净水、住上了安全房。成功探索推广“联户养殖”模式，特色优势产业和新型富民产业已成为农民增收的主要来源，贫困群众人均纯收入持续高出全县平均水平2个百分点以上。深入开展“阳光工程”“雨露计划”等劳动力技能培训，贫困群众凭技能务工收入占到年纯收入的43%。成立了乡镇扶贫工作站，制定了纲目结合、系统配套的“1+19+4”精准扶贫政策措施。推行“九不准”工作法。全面完成精准扶贫大数据平台建设，各项政策措施与贫困户实现精准对接。启动精准扶贫专项贷款工程，为2473户贫困群众发放贷款1.24亿元。

【城乡建设】编制完成县城10.67平方公里控制性详规。城镇化率达到26.7%，全面建成商贸街、西三路、东一南路、东二北路、西一南路，城区“三横九纵”道路框架趋于成型。建成运营城区生活污水处理、生活垃圾处理、B区集中供热等工程。整合灾后重建等项目资金2.1亿元，完成三岔、新寺、殪虎桥、大草滩等乡镇主街道道路、管网及绿化亮化工程，各乡镇主街道实现硬化全覆盖。建成“千村美丽”省级示范村2个、市级示范村2个。2015年，实施各类城镇建设项目23个，完成投资16.2亿元。武阳路、东三路管网改造和路面铺油全面完成，铺设西二路管网路基800米。新建棚户区改造住房150套，改造农村危房2000户。安装太阳能路灯100盏，基本实现城区背街小巷亮化全覆盖。火车站小城镇完成幼儿园及综合服务中心建设并投入使用。

【人民生活】全年城镇居民人均可支配收入18519元，比上年增加1607元，增长9.6%；城镇居民人均消费支出9979元，农村人均可支配收入5507元，增加1077元，增长11.9%；农村居民人均生活消费支出5461元。全部职工年平均工资为52083元，增加10491元。在岗职工平均工资52094元，增加10492元。

【社会保障】城乡居民养老保险综合巩固率达到95%，城镇职工基本养老、医疗、失业、工伤、生育等社会保险新增参保人数1500人。住房公积金缴存比例均提高到10%。县财政用于民生方面的支出达3.46亿元。城镇新增就业3371人，其中高校毕业生182人。深入推进“平安漳县”建设，实现城区主街道视频监控全覆盖。

【环境保护】大气环境质量中总悬浮微粒年日均值控制在国家标准之内，二氧化硫、氮氧化物年日均值控制在国家一级标准之内。城镇、农村饮用水水质达标率继续保持在100%。区域环境噪声和交通干线噪声分别控制在了国家规定的排放限值之内。完成水土流失综合治理面积150平方公里、梯田建设8.5万亩、耕地复垦692.1公顷，新修堤防80公里。

【社会事业】县一中、县二中、职业中专、武阳西小实现整体搬迁，县体育馆建成投入使用，新改扩建幼儿园27所，高考二本上线率25.1%。发放贫困寄宿生生活补助5598万元。落实在岗乡村教师生活补助242.32万元、城乡班主任津贴70万元。投入资金6.35亿元，实施交通、水利等基础设施重建项目179个，建成通乡油路110公里，硬化农村公路534公里，建制村通畅率达到100%；解决了18.85万人饮水不安全问题，自来水入户率达到96%。投入资金1.13亿元，实施地质灾害隐患治理、产业恢复、生态环境等项目61个，恢复田间道路64公里，重建城乡市场5个。全国科技进步县创建工作通过国家科技部考核，59项科技创新获国家专利授权。第一次可移动文物和文化资源普查顺利开展，建成13个乡镇综合文化站，66个文化广电、基层政权、就业保障、社会福利等公共服务项目按时完成建设任务。多渠道筹资4460万元，完成县医院改扩建，县中医院和妇幼保健站整体搬迁，县卫生监督所、120急救中心全面建成。县内各级医疗机构基本药物实现零差率销售，新农合“一卡通”实现全覆盖，补偿农民78.98万人次共2.44亿元。成功创建全国利益导向政策体系示范县和计划生育优质服务先进县。18个卫生重建项目全部建成，整体搬迁卫生院6所，行政村卫生室全覆盖。县乡医疗机构一体化管理全面推行，公立医院改革有序推进，新农合参合率98.1%。

（成春江）

岷 县

【现任主要领导】

中共岷县县委书记：郭世杰

岷县人大常委会主任：杨水涛

岷县人民政府县长：梁德铭

政协岷县委员会主席：梅彦忠

中共岷县纪律检查委员会

书记：杜万忠

【基本情况】岷县古称岷州，位于甘肃西南部，洮河中游，地处青藏高原东麓与秦岭陇南山区接壤区。岷县地理位置优越，区位优势明显，是定西、天水、甘南三市州的几何中心，自古就是“西控青海，南通巴蜀，东去三秦”的战略要地。总面积3574平方公里，年末耕地面积64.49万亩。属高原性大陆气候，年日照时数2082.9小时，年平均气温7.4℃，年平均相对湿度64%，年无霜天数150天，年总降水量509.7毫米。全县辖9个乡，9个镇，359个村民委员会，13个居委会。年末常住人口45.51万人，城镇人口8.75万人，城镇化率19.22%。居住着汉、回、藏、东乡、蒙古族等7个民族。

【资源优势】岷县有天然草场290万亩，占全县总土地面积的72.5%，主要以岷山红三叶草、岷山猫尾草为岷县两大特色优质草种，有当归、红芪、黄芪、党参、大黄、贝母等中药材238种，素有“当归之乡”、“千年药乡”之称，尤以“岷归”驰名中外，被欧洲人誉为“中国妇科人参”，岷县年种植当归、红芪、黄芪、党参等各种中药材35.26多万亩，是重点外贸产品。探明金属，非金属矿30种，矿点、矿化点40多个，其中金、锑、铅、锌、锰、花岗岩、汉白玉、大理石、硅石、泥炭等矿储藏量大，开发前景广阔。境内水系分长江、黄河两大流域，3个水系，有大小河流22条，年平均径流量42.09亿立方米。地下水总储量2.36亿立方米，水能蕴藏量32.56万千瓦，年发电量28.5亿度。黄河上游最大的支流洮河流经县内13个乡83.5公里。

岷县文物殊多，古迹遍地，主要有“彩陶之乡”马家窑文化、寺洼文化、齐家文化等文化遗迹6处。岷县又称“花儿”故乡，在省内外颇有名气，是我国民间文化的一支奇葩。被誉为中国“四大名砚”之一“归一砚”闻名中外。岷县二郎山国家级森林公园集自然景观与人文景观于一体，与城北玉女峰遥遥相对，山上三峰插天、绿树成荫；1935年、1936年中国工农红军长征突破“天险腊子口”两次到达岷县，召开了中共中央西北局岷州会议；园内现建有“红军战役纪念塔”和“三千红军烈士纪念碑”，是革命传统教育基地。

【国民经济】2015年，全县实现生产总值33.11亿元，比上年增长8.7%。其中，第一产业完成增加值9.4亿元，增长6.1%；第二产业完成增加值7.76亿元，增长10.1%；第三产业完成增加值15.94亿元，增长9.4%。产业结构比为28.4 ∶ 23.4 ∶ 48.2。实现工业增加值4.16亿元，增长10.6%。固定资产投资67.75亿元，增长10.3%。社会消费品零售总额10.8亿元，增长9%。城镇居民人均可支配收入达到18781元，增长9.4%；农村居民人均可支配收入完成5503元，增长13.7%。一般公共预算收入完成2.38亿元，增长9.3%。一般公共预算支出完成29.83亿元，下降8.73%。年末金融机构各项存款余额80.54亿元，增长12.24%；金融机构各项贷款余额53.46亿元，增长28.29%。

【项目建设】交通重建项目基本完成。投入资金5.1亿元，建成县、乡、村道路1194公里。投入资金1.04亿元，保障推进国省道重建项目实施，其中国道212线梅茶段一级路改线实现贯通，国道316线改扩建基本完成，重灾区环线路投入使用，全县交通基础条件发生根本改观。投入资金4.2亿元，完成集中安置点供水工程27处，农村堤防工程84.15公里，农村人饮水厂4座、泵站6处，管网敷设8600公里，覆盖农户9.2万户、41.18万人，为全面解决全县农村安全饮水奠定了坚实基础。投入资金2亿多元，完成省内异地安置住房1510套，6932人顺利搬迁入住。投入资金4.19亿元，全面完成27个集中安置点、10个重灾村、3个小城镇的基础设施配套和公共服务项目建设。梅茶新区灾民安置房主体完工，道路管网等项目加快实施。兰渝铁路岷县段建设加快推进，火车站建设主体完工；兰海高速岷县段开工建设，征地拆迁全面启动。加快推进市列重点项目，当年完成投资10.8亿元。精心组织县列重点项目，年内开工投资500万元以上重点项目365项，完成投资75.2亿元。

【优势产业】全省中医药产业转型升级岷县先行先试工作取得重要进展，中药材标准化种植和机械化推广应用程度显著提升，地道中药材标准认定、地方标准申颁、质量追溯体系建设基本完成，配方颗粒研制加快推进，“岷县当归”中国驰名商标获得国家工商总局颁布，“岷县当归”种植系统全国重要农业文化遗产申报成功，当归农产品地理标志认定上报国家农业部待批。充分发挥“两绿四黑”特色优势，新建各类养殖小区37个，发展规模养殖户1348户，畜禽饲养总量达到242万头（只），肉蛋奶总产量达到3.68万吨。新型农业方面：完成寺沟乡农村承包土地经营权确权试点任务，新增流转土地12万亩，建成蔬菜标准化种植基地3万亩。落实农机购置补贴资金700万元，兑现补贴4000台（套）。

【精准扶贫】全力落实富民产业培育、基础设施改善和公共服务能力提升“三大任务”，脱贫攻坚取得重大进展，全县64个村5.09万人年内实现脱贫。年内共组织发放扶贫贷款6.26亿元，扶持1.61万户贫困户从事产业发展，实现增收3.13亿元。组织输转贫困户劳动力9.82万人次，实现劳务收入13.74亿元。成立扶贫互助协会193个，贫困村互助资金协会实现全覆盖。培训贫困“两后生”3000人、贫困劳动力2.45万人。贫困村基础设施条件显著改善，依托整村推进、农村公路通畅工程、财政“一事一议”奖补项目、易地扶贫搬迁、农村危房改造、安全饮水、电网改造、电子商务行政村通宽带项目以及“双联”帮扶等，筹措各类资金5.72亿元，实施贫困村水、电、路、房、网等基础设施项目713项，群众安全住房及安全饮水得到有效保障，扶贫村通畅率达到95%，村内道路硬化率达到71%，行政村动力电覆盖率达到100%、自然村覆盖率达到99.5%。以灾后重建、民生实事办理为契机，进一步加快改善教育、卫生、文化等公共服务设施，全县农村卫生室、文化活动室、综合服务中心、老年人日间照料中心等公共服务设施基本实现了全覆盖。同时，切实加强师资队伍建设、村医配备，加大农村文化骨干人才的培养，服务群众和保障民生的能力有效提升。建立健全县级领导、部门和乡镇领导、具体责任人分级负责的精准脱贫包抓责任制，把精准扶贫纳入目标业绩考核。新增双联村50个，成立贫困村帮扶工作队150个，1万多名干部驻村定点定人开展帮扶。

【城乡建设】按照“五宜”城市建设目标，加快推进城乡建设。实施重点城建项目18个，完成投资7.9亿元，建成岷州东路等主干道11条，硬化南门巷等背街小巷29条，新装城区路灯1287盏，建成城区集中供热1处、生活垃圾处理厂1个，启动威尼斯水城二期、丽璟园、北城锦绣等房地产项目5个，完成迎宾大道一期、西川工业园区道路管网、洮藏河系列桥梁等一批重点城建项目前期工作。深入推进以改善人居环境为目标的城乡环境综合整治行动，新增城区环卫工人100名、乡镇环卫工人500名、交通协管员100名，进一步加强城乡环境卫生日常保洁清洁。在城镇持续开展出店经营、占路为市、违法建设等专项整治，在农村集中开展乱堆乱放、乱搭乱建专项整治，取得较好成效，麻子川吴纳村等5个村入围全省“美丽乡村”。

【环境保护】完成新一轮退耕还林4万亩，面山绿化3万亩，封育改良草场60万亩，治理水土流失30平方公里，治理地质灾害隐患50处。实施农业清洁生产示范项目，回收废旧农膜400吨。全面启动矿山恢复治理，依法查处三沟金矿等环境案件6起。深入开展毁草（林）开荒、乱采滥挖、乱排乱倒专项整治行动，生态环境建设和污染防治取得新的成效。

【社会事业】扩大城区办学规模，岷县六中、岷阳初中、西城区小学、西城区幼儿园等学校秋季开始招生。推进薄弱学校改造，年内完成投资9508万元，改造薄弱学校65所。新增2000人以上行政村幼儿园26所。高考二本上线738人，较上年增长2.7个百分点。启动实施县级公立医院综合改革，实行药品零差价销售，为全县患者共减少药品支出费用2255万元。成功举办第十五届洮岷花儿歌手大奖赛、“百姓舞台”花儿歌手展演等大型文化活动，全面完成马坞乡文化站及107个村级文化活动室建设。在全市率先推广应用中药材气调养护保质储存技术，岷县科普队荣获“甘肃省先进科普工作队”称号。全力推进民生实事办理，31项省市确定的实事全部办结。积极落实强农惠农政策，发放各类涉农补贴2.66亿元。新增城镇就业5603人,高校毕业生就业602人。为1843名劳动者清欠工资1840万元，不断提高低收入群体保障标准，最低工资达到1320元。积极推行五保人员集中供养，建成农村老年人日间照料中心77所。城乡低保提标工作全面完成，机关事业单位工作人员养老保险制度改革全面启动。全面落实乡镇工作人员岗位补贴、农村教帅生活补助、教育系统班主任津贴，城乡居民社会养老保险参保率达到97.5%。

（包建科）

陇南市

【现任主要领导】

中共陇南市市委书记：孙雪涛

陇南市人大常委会主任：杨全社

陇南市人民政府市长：陈青

政协陇南市委员会主席：任跃章

中共陇南市纪律检查委员会

书记：李东新

【基本情况】陇南市地处秦巴山区、青藏高原、黄土高原三大地形交汇区域，西部向青藏高原边缘过渡，北部向陇中黄土高原过渡，东部与西秦岭和汉中盆地连接，南部向四川盆地过渡，整个地形西北高东南低，西秦岭和岷山两大山系分别从东西两方伸入全境，境内形成了高山峻岭与峡谷盆地相间的复杂地形，是甘肃省唯一的长江流域地区。辖一区八县，全市共195个乡镇，其中91个乡（含4个民族乡）、104个镇，3167个村委会，113个社区。2015年末，全市总人口285.76万人，常住人口259.09万人，其中城镇人口72.96万人；人口自然增长率为6.33‰。分布汉、回、藏、蒙等29个民族。总面积2.78万平方公里，其中耕地面积829.52万亩。陇南处于北亚热带向暖温带的过渡地区，年平均气温10～15℃，年降雨量400~1000毫米之间，无霜期120~260天。海拔在550~4187米之间。境内地貌俊秀，气候宜人，雨量充沛、光照充足，森林覆盖率高，素有“陇上江南”之美称。

【资源优势】生物资源荟萃，自然生长的树种达1300多种，其中经济树种400多种，是甘肃森林覆盖面积最大、树种最多、植被最好的绿色走廊。是甘肃唯一的油橄榄、茶叶、银杏等亚热带作物产地。武都区白龙江沿岸1300米以下川坝河谷区及半山地带为全国油橄榄最佳适生区，全市油橄榄年产量近1.87万吨。此外，还有木耳、香菇、猴头等食用菌及山珍野菜100多种，中药材1300多种。尤以红芪、纹党、大黄、当归、半夏最为著名，2015年中药材年总产量14.15万吨。

矿产资源富集，有铅、锌、锑、铜、锰、金、硅、重晶石、煤等金属和非金属矿34种，其中西成铅锌矿带为我国第二大矿体，已探明储量2400万吨；锑为我国第三大矿体，已探明金属储量14.9万吨；文县阳山金矿已探明储量300吨以上，是我国特大型金矿之一，有望成为亚洲最大的金矿。

水力资源丰富。有嘉陵江、白龙江、白水江、西汉水四大水系，大小河流3900多条，年径流量279亿立方米，人均用水占有量远远高于全国全省平均水平。水电开发潜力较大，目前的开发量极为有限，水电能源产业有很大的发展空间。

旅游资源独特。《史记》记载，华夏人文始祖伏羲“生于仇池，长于成纪”，仇池就是现在陇南的西和县，至今伏羲崖还耸立在仇池山上；陇南是中国历史上第一个封建帝国秦王朝的发祥地，秦始皇先祖在礼县繁衍生息数百年才奠定了雄立关中、定鼎中原、统一六国的千秋基业；位于成县的《西狭颂》摩崖石刻，是汉代“三颂”中保存最为完整的书法艺术瑰宝；宕昌哈达铺是中国工农红军的加油站和决定中国革命命运的转折点，宕昌哈达铺红军长征纪念馆被列为全国重点文物保护单位。比较著名的人文景区景点还有成县杜甫草堂、礼县先秦文化遗址、祁山三国古战场、西和仇池国遗址、阴平三国古栈道。

【国民经济】2015 年，全市实现生产总值 315.14 亿元，比上年增长 9.5%。其中，第一产业增加值 70.31 亿元，增长 6.0%；第二产业增加值 72.93 亿元，增长 9.9%；第三产业增加值 171.89 亿元，增长 10.8%。三次产业结构比为 22.31 ∶ 23.14 ∶ 54.55。全年工业增加值 45.36 亿元，增长 9.9%，其中，规模以上工业增加值 41.2 亿元，增长 9.9%。固定资产投资 590.61 亿元，增长 10.84%；社会消费品零售总额 90.81 亿元，增长 9%；进出口总额为 10396 万元，下降 22%。一般公共预算收入为 25.45 亿元，增长 6.55%；一般公共预算支出 195.4 亿元，增长 18.63%。年末金融机构本外币各项存款余额 723.24 亿元，增长 15.57%；金融机构人民币各项贷款余额 478.66 亿元，增长 27.13%。城镇居民人均可支配收入 18915 元，增长 9.0%；农村居民人均可支配收入 5405 元，增长 12.6%。

【“三农”工作】2015 年，全年粮食种植面积为 469.91 万亩，增长 0.24%；油料种植面积 34.67 万亩，增长 1.39%；蔬菜种植面积 56.97 万亩，增长 2.26%。粮食总产量达到 111.5 万吨，增长 5.17%，粮食总产量实现八连增。其中，夏粮 40.47 万吨，增长 3.97%；秋粮 74.36 万吨，增长 2.43%。电子商务实现突破性发展。淘宝网“特色中国 · 陇南馆”开馆运营，实现销售总额 20.7 亿元。

【扶贫工作】2015 年，整合行业部门项目资金 31 亿元，争取财政专项扶贫资金 4.3 亿元，其中 93% 的专项资金安排在特困片区。120 个整村推进项目全面完成，建档立卡工作扎实开展。油橄榄、中药材国家级产业化扶贫试点项目申报工作积极推进。“两后生”培训和职业技能培训、鉴定工作成效显著，“双五千”人才输送取得新进展。“双联”行动深入推进，建立了驻村帮扶工作队，实现了对所有贫困村的全覆盖联系。建设生态文明新农村 315 个。全市贫困人口下降到 50 万人，年均减少贫困人口近 20 万人，贫困发生率下降到 20.4%，下降 33 个百分点。贫困乡村基础设施条件得到较大改善，建成通村硬化路 9271 公里，通畅率达到 89.1%，解决了 100.9 万农村人口安全饮水问题，贫困村动力电覆盖率达到 94%，实施整村推进项目 750 个、完成异地扶贫搬迁 1.15 万户 5.09 万人。电商扶贫创出了“陇南模式”，陇南市被国务院扶贫办确定为全国电商扶贫试点市，荣获 2015 年中国消除贫困创新奖。全市 450 个试点村共开办网店 735 家，带动贫困户 2.45 万户、9.7 万人，销售总额达 2.53 亿元。在甘肃省率先启动农村物权抵押贷款交易试点工作，“十二五”末累计发放“三权”抵押贷款 43.62 亿元。累计发放双联惠农贷款 19.83 亿元。积极探索整合邻近村互助资金共管共用的新模式，全市累计发展互助资金项目 1712 个，入社农户 5.5 万户，互助资金达到 2.33 亿元，累计发放借款超过 1 亿元。

【项目建设】兰渝铁路加快推进，成州机场全面开工，徽两高速、渭武高速试验段开工建设，武九高速前期工作进展顺利。全市谋划实施投资 500 万元以上项目 1197 个，完成投资 599.9 亿元，争取国家、省上项目资金 1769 个 40.3 亿元。全年签约招商引资项目 238 个，签约资金 539 亿元，到位资金 403.8 亿元，比上年增长 31%。全市实施市政基础设施项目 111 个，总投资 30.5 亿元，完成投资 13.5 亿元。新建生态文明新农村 417 个、美丽乡村示范村 38 个。建成乡村舞台 826 个，实施 6 个乡镇体育惠民工程。

【特色产业】陇南境内自然生长的树种有 1300 多种，其中有花椒、核桃、油橄榄、茶叶、银杏等经济树种 400 多种，是甘肃唯一产茶区和全国油橄榄最佳适生区；有中药材 1300 多种，其中名贵中药材 300 多种，素有“天然药库”、“千年药乡”之称誉。有可利用天然草场 990 万亩，加之荒山荒坡、退耕地人工种草和大量的农作物秸秆，发展草食畜牧业具有优厚的资源；境内有山珍、食用菌 100 多种。这种复杂自然禀赋构成了资源的多样性，适宜多种动植物生长，天然地形成了发展经济林果、畜牧养殖、蔬菜、中药材、食用菌等农业特色产业得天独厚的优势和条件。2015 年，陇南市农业特色产业中核桃产量 5.15 万吨，产值 5.90 亿元；花椒产量 2.86 万吨，产值 14.13 亿元；中药材产量 14.15 万吨，产值 12.28 亿元；油橄榄产量 1.87 万吨，产值 2.30 亿元；茶叶产量 0.13 万吨，产值 0.49 亿元；苹果产量 10.44 万吨，产值 3.20 亿元；蔬菜产量 57.67 万吨，产值 11.47 亿元；蚕茧产量 416 吨，产值 811 万元；牛出栏 10.21 万头，牛产值 4.27 亿元；羊出栏 19.51 万只，羊产值 0.96 亿元。

【社会事业】2015 年末，学龄儿童入学率 99.05%，初中入学率 99.20%。小学、初中、高中专任教师合格率分别为 99.63%、99.22%、92.12%。全市普通高中招生 1.72 万人，比上年下降 0.05%；初中招生 3.28 万人，下降 2.55%；小学招生 3.61 万人，增长 22.70%。各类普通高校在陇南招生 17846 人，增长 11.13%。共有艺术表演团体 34 个，全年演出 1001 场，观众达 89.2 万人次；文化馆 9 个；公共图书馆 9 个，藏书达 83.79 万余册；博物馆 9 个；文化古迹 52 处，其中，国家级 5 处、省级 20 处、市级 17 处；文物藏量 9497 件，其中，一级文物 143 件。广播和电视综合覆盖率分别为 92.86% 和 95.68%；数字有线电视用户 94078 户，增长 90.12%。有公立医疗卫生机构 876 个，其中县级以上综合医院10个、中医院8个、疾病防控中心9个，社区服务中心（站）10个，妇幼保健院（站） 9个，卫生监督所9个，乡镇卫生院214个。拥有病床位8267张，共有卫生技术人员6882人，其中执业医师和执业助理医师2421人，注册护士1961人，药师（士）384人，技师（士）395人，其他1721人。

【社会保障】2015年末，全市登记失业人数6645人，比上年下降27.98%；城镇职工医疗保险13134人，增长1.61%；城镇居民医疗保险142342人，增长15.6%；城镇养老保险53295人，增长1.45%；工伤保险参保66721人，减少5.4%。城镇居民最低生活保障对象5.9万人，发放低保金2.28亿元；农村低保对象46.59万人，发放低保金8.38亿元。

【环境保护】全市现有环境监测站10个。2015年全市二氧化硫排放量13757.71吨，比上年增长6.08%；化学需氧量37442.14吨，增长1.44%；氮氧化物排放量13033.19吨，增长6.4%；氨氮排放量2995.97吨，增长5.1%。空气质量优良指数达90.17%；地表水、饮用水达标率均达到100%；区域内环境噪声平均值为54.9分贝，交通干线噪声平均值65.7分贝。

（李荣）

武都区

【现任主要领导】

中共武都区区委书记：田广慈

武都区人大常委会主任：景学书

武都区人民政府区长：肖庆康

政协武都区委员会主席：曹永先

中共武都区纪律检查委员会

书记：贾周云

【基本情况】武都区地处甘肃东南部，白龙江中游，公路交通东距陕西略阳184公里，南抵四川成都524公里，西到省会兰州458公里，北至天水市286公里，全区南北极长为100.8公里，东西最宽为76.2公里，总面积4683平方公里，辖36个乡镇，650村，常住人口56.23万人。耕地面积69.35万亩。属南秦岭山系，地形复杂，素以“山大沟深”而著称。白龙江自西北入境，向东南流过。地势西北高，东南低，山脉多呈西北一东南走向，境内峰峦起伏，群山环绕，沟壑纵横，山势陡峻，由于群山环绕，山高谷深，构成了气候、土壤的垂直差异，农业生产条件也随平均海拔、坡向的不同，有明显的垂直变化，呈现“立体农业”的特点，自古就有着“天旱收高山，雨涝收半山，不涝不旱收沿川”和“一眼望四季”的说法。境内海拔600～3600米之间，年平均气温14.7℃，年日照时数1911.3小时，年降雨量400mm左右，无霜期210～240天，属亚热带半湿润气候。

【国民经济】2015年，全区实现生产总值93.55亿元，比上年增长9.6%。其中，第一产业增加值16.32亿元，增长6.8%；第二产业增加值13.41亿元，增长6.9%，其中工业增加值3.72亿元，增长2%；第三产业增加值63.82亿元，增长10.8%。固定资产投资102.61亿元，增长2.14%；社会消费品零售总额35.84亿元，增长8.6%。年末金融机构各项存款余额198.55亿元，增长18%，金融机构各项贷款余额168.45亿元，增长23.7%。农民人均可支配收入达到5656元，增长12.9%；城镇居民人均可支配收入19768元，增长9.6%。

【“三农”工作】完成农作物播种面积122.78万亩，比上年增加1.4万亩，其中，粮食种植面积82.5万亩，增加0.8万亩。粮食总产量18.38万吨，增长3.21%。年末大牲畜存栏8.38万头，下降2.85%；猪、牛、羊、家禽出栏分别为21.15万头、0.86万头、4.06万只和46.62万只，分别增长0.23%、1.58%、6.07%和3.56%。

【项目建设】2015年全区确定的150项建设项目，当年竣工83项，完成投资47.5亿元，增长11.3%。严格执行政府投资项目预决算审核，代建管理等一系列办法，降低建设成本，全年共审核各类项目435个，审减资金1.52亿元。认真落实招商引资工作责任制，着力提高项目落地率，全年签约招商引资项目27个，签约资金77亿元，到位资金44亿元，增长34.9%。成武高速、武罐高速建成通车，橙子沟电站投入运营，兰渝铁路、礼武公路征地拆迁任务全面完成，渭武高速武都段前期工作进展良好。

【优势产业】2015年，落实1500万元特色产业发展基金，加大特色产业扶持力度，加快油橄榄、花椒、核桃、中药材、蔬菜等特色产业提质增效，全力打造“中国橄榄之城”、“中国花椒之乡”。全区已发展油橄榄30万亩，鲜果产量2.4万吨，榨油3400吨，实现综合产值11亿元。依托电商平台，成功举办了武都花椒节会，进一步拓宽营销渠道，全区花椒基地达100万亩，花椒产量达1.89万吨，实现产值10.5亿元，农民人均花椒纯收入2100元。完成核桃高接换优32万株，核桃基地面积达50万亩，保存株数1000万株，产量达0.46万吨，产值0.92亿元。

【城乡建设】全年完成城市风貌特色专项规划、村庄布局规划和60个新农村建设规划，在城区建成行人天桥2座，更换体现油橄榄元素路灯443盏，硬化背街小巷道路2万平方米，城区供热面积达50万平方米，江南管线工程全面完工，江南公园建成即将开放，南山生态工园“一中心两广场”基本建成，西南小区旧城改造、北峪河西提路改造、长江大道西延伸段工程等一批城市建设项目进展良好，安化小城镇综合改革试点取得阶段性成效，城市功能进一步完善。扎实开展城乡环境秩序集中整治，大力创建省级卫生城市。建成洛塘石沟、无马市场等68个美丽乡村，在全省改善农村人居环境考核中被评为“优秀”等次，裕河自然保护区晋升为国家级自然保护区，PM10等环保控制指标全面完成，城乡面貌日益改观。

【扶贫开发】有效落实287个贫困村11.81万贫困人口建档立卡工作，精准扶贫大数据平台建成运行，及时准确发放精准扶贫小额贷款3.13亿元，整合资金14.1亿元向特困片区、贫困村倾斜。实施贫困村整村推进项目27个、异地扶贫搬迁项目21个，硬化通村公路987公里，解决146个村8.7万人农村人口安全饮水问题。全年输转富余劳动力13.82万人，劳务创收23.8亿元。

【环境保护】以城区南北两山、白龙江河滩、街道公园、乡镇驻地及国道干线公路、乡村硬化道路区域为重点，采取义务植树、项目支撑等多种措施，大力推进绿化美好，严厉打击乱砍滥伐、乱采、乱挖行为，有效管护森林191万亩，裕河金丝猴保护区晋升国家自然保护区顺利通过国家林业局批审。加快新能源建设，切实加强防灾减灾能力建设，扎实开展河道管理整治，积极推进灾害隐患点治理，全年完成土地整治项目6个，建成堤防15处21.3公里，治理水土流失面积7.68平方公里，城关新村社区被评为全国综合减灾示范社区。全面落实节能减排措施，强化对重点企业，重点污染源料的监管，规模以上企业万元增加值能耗降低16.5%，万元工业增加值用水量降低9.6%，废旧农膜回收利用率达到78%。

【社会保障】2015年，年末全区企业职工参加基本养老保险6988人，征收养老保险费4126万元，参加失业保险6226人，征收失业保险金447万元；城乡居民参加基本养老保险28.1万人，征收养老保险费2100万元；城镇职工参加医疗保险1.75万人，征收职工医疗保险费4653万元；城镇居民参加医疗保险5.03万人，征收居民医疗保险费257万元；农村居民参合率98.7%；城镇居民发放低保金5600万元；农村居民发放低保金18000万元；供养农村五保对象3095人，发放补助资金995.6万元。

【社会事业】年末全区有各类学校306所，有教职工6043人，学龄儿童入学率100%，初中入学率100%。小学、初中、高中专任老师合格率分别为99.5%、99.7%、96.3%。全区参加高考4026人，二本上线1185人，上线人数比上年增加67人，上线率29.43%。新建各类科技示范点172个，培训乡村干部和农民技术人员3.28万人次。卫生工作以建立新型农村合作医疗制度为重点，不断加强公共卫生体系建设，有公立医疗卫生机构47个，拥有病床位1785张，有卫生技术人员1384人。其中，执业医师和执业助理医师462人，注册护士450人，药师(士)53人，34所基层卫生院重建工程已经完工，医疗卫生体制改革全面实施，基层卫生院全部实行国家基本药物零差率销售。

（宗春荣）

成 县

【现任主要领导】

中共成县县委书记：李祥

成县人大常委会主任：段志俊

成县人民政府县长：李鹏军

政协成县委员会主席：张启仁

中共成县纪律检查委员会书记：张巍

【基本情况】成县位于甘肃省南部的陇南市，属西秦岭余脉，地势呈西北高，东南低，海拔在750～2377米之间，境内多高山峡谷，地貌特征南北为山地，中部为丘陵。属暖温带半湿润气候，四季分明，冷暖适度，年均气温12.9℃，无霜期201天，日照时数1660.7小时，年均降雨量519.6毫米左右，相对湿度69%。境内有犀牛江、东河、南河、洛河等“一江三河”丰富的水资源。全县辖14个镇，3个乡，15个居民委员会，245个村民委员会。总户数7.38万户，总人口26.03万人，常住人口为24.35万人，人口自然增长率为6.08‰。总面积1676.54平方公里，其中耕地40.65万亩，林地118.65万亩，天然草场15.5万亩。

【资源优势】县内已知植物种类达1958种，动物种类54种。粮食作物有冬小麦、玉米、大豆、荞麦、薯类等；经济作物有冬油菜和以大蒜为主的多种四季蔬菜；经济林果有核桃、柿子、樱桃、板栗等，还有天麻、茯苓、杜仲等名贵药材及千余种药用植物；有梅花鹿、豹、熊、画眉、红腹锦鸡等十余种珍稀野生动物。境内初步探明的金属矿藏有铅、锌、黄金、白银、铁、锰等17种，尤以铅锌储量较大，为全国第二大铅锌矿带，其地质储量约1100万金属吨。

【国民经济】2015年，全县实现生产总值51.13亿元，比上年增长9.5%。其中，第一产业增加值9.28亿元，增长5.7%；第二产业增加值17.61亿元，增长8.9%；第三产业增加值24.24亿元，增长11.7%。三次产业结构比为18.6 ：43 ：38.4。固定资产投资80.65亿元，增长39.9%；社会消费品零售总额9.03亿元，增长12.7%。

【产业发展】着力主攻特色产业提质增效工程，初步形成了以核桃为主的主导产业和以草畜、蔬菜、中药材、蚕桑、烤烟为主的区域特色产业发展格局。完成核桃树嫁接换优206万株，良种化率达到74%，举办了第三届中国陇南（成县）核桃产销对接商贸洽谈会，全年核桃产值3.96亿元。粮食播种面积49.42万亩，比上年增长0.2 %，粮食总产量15.25万吨，增长3.32%。生猪饲养量达到22.42万头，出栏商品猪12.49万头；牛饲养量3.09万头，出栏商品牛0.78万头；羊饲养量2.2万只，出栏商品羊0.91万只；鸡饲养量83.5万只，出栏33.5万只。蔬菜种植面积5.54万亩，蔬菜总产量10.24万吨。中药材种植面积3.21万亩，中药材总产量1.86万吨。加大“3+1”和“511”养蚕新技术、新模式引进推广力度，切实提高技术入户率，提高蚕茧质量水平。完成桑园综合管理0.7万亩，产鲜茧168吨。栽植烤烟0.58万亩，烟叶产量926.5吨。引育西洋樱桃、油桃、金太阳杏、李子、葡萄、梨等优质果树苗木，全县鲜果面积0.91万亩，鲜果总产量2716吨。全年输转劳动力6.10万人，创劳务收入11.5亿元；落实“双联”贷款、三权抵押等惠农贷款4.1亿元。

全年完成工业增加值11.46亿元，比上年增长7.37%，其中完成规模以上工业增加值10.88亿元，增长7.1%。实施了9项工业技改扩建项目。建筑业完成增加值6.15亿元，增长8.28%。资质以上建筑业企业6户，完成建筑业产值3.35亿元，增长16.8%。

全年接待游客130万人次，比上年增长20.6%；创旅游综合收入6.4亿元，增长22.5 %。完成文化产业项目投资3.66亿元，增长34.9%，实现文化产业增加值7050万元。实施了2个城区市场和5个乡镇市场改造工程；交通运输、商业餐饮、仓储物流、金融保险、生活服务等产业迅猛发展。实施了陇南电商产业孵化园、顺通物流园一期项目，建成了阿里巴巴农村淘宝县级服务中心和41个村级服务站，发展物流快递企业40户，自建电商平台7个，全年电商销售额3.32亿元。

【项目建设】全年实施“3341”项目120项，总投资250.7亿元，累计完成投资80.7亿元，比上年净增近15亿元。十天高速正式通车，成州机场、国道567和毛镡公路改造等重点交通项目加快推进。城市天然气项目顺利通气，城乡电网改造工程全面完成。全年完成征地1300亩、拆迁110户。全年签订招商引资项目34个，累计到位资金48.2亿元。西成经济开发区循环化改造稳步推进，节能减排工作有效落实。实施城市建设项目43项，累计完成投资22亿元。完成了城区130公里小巷道硬化、东新街地下人防工程、华昌大桥等项目12项，加快实施了莲湖公园升级改造和磨坝峡水库、金和大桥等城市重点项目；实施房地产、城市综合改造项目15项，总投资近13亿元。完成棚户区改造879户，兑付货币补偿2亿多元。开展城市环境集中整治活动，实施智能交通指挥系统、人行道改造等工程。小川镇综合改革初见成效。

【人民生活】年末城乡居民储蓄存款余额64.32亿元，比上年增长36.2%。全县从业人员15.41万人，其中，农村11.69万人，城镇3.72万人。城镇单位从业人员年平均工资47294元，增长17.3%；城镇居民人均可支配收入18948元，增长12.6 %；农民人均纯收入达到6494元，增长9.2%。

【扶贫工作】2015年，整合各类项目资金4.2亿元，实施农村扶贫项目280个，完成整村推进13个、易地扶贫搬迁86户、人饮工程37个，新建广场42个、村幼儿园4所、通畅工程70条、便民桥9座，改造学校22所、贫困户危房3177户，建立村级扶贫互助协会75个，开展劳务技能培训2.24万人次，建成生态文明新农村和美丽乡村29个，全年脱贫1.27万人，贫困人口可支配收入比上年净增498元，达到3815元，全面实现了“两增一减”的预期目标。

【社会保障】全面落实了养老、医疗、大病救助和城乡低保、社会救助提标政策，兑付惠民资金1.9亿元；推进了基本公共卫生服务均等化，落实了“先看病、后付费”的看病就医新模式；开展了“食品药品放心工程”。全面落实了干部养老保险并轨增资、乡镇补贴政策，全年民生投资达7.8亿元。集中力量办理了“12件”自列民生实事：开工建设了毛坝－镡坝联乡公路；推进了城区世行道路扫尾工程，建成了华昌大桥，开工建设了金和大桥；超额完成了中心城区11个村268条小巷道及供排水设施改造工程；建成了70条410公里建制村通村水泥路和4座便民桥；新建乡村舞台57个；完成了退耕还林3万亩；完成了151户农村生态清洁能源改造工程；完成了城乡电网改造工程，建成了河东区110千伏变电所；建成了63个标准化村卫生室和1个卫生院扩建工程；解决了2万人农村群众和学生安全饮水问题；完成了3177户农村危旧房改造任务；建成了17个乡镇平安与便民服务综合信息平台，新（改）建公安派出所14个，实现了“一乡一所”。

（张宏军）

文 县

【现任主要领导】

中共文县县委书记：苏彦君

文县人大常委会主任：韩平松

文县人民政府县长：张立新

文县政协委员会主席：马克武

中共文县纪律检查委员会

书记：高玉龙

【基本情况】文县位于甘肃南陲，坐落在甘、川、陕三省交界处，地处秦巴山地，素有“陇上江南”、“甘肃西双版纳”、“大熊猫故乡”之美誉，既有北国之雄奇，又有南疆之灵秀。地理位置处于亚热带向暖温带过渡地带，素有“一山有四季，十里不同天”的特征，年平均气温16.2℃，无霜期305天，年均降雨450至800毫米，海拔550米至4187米。全县辖6个镇，16个乡，305个村民委员会、7个社区。全县总户数8.98万户，总人口24.53万人，居住着汉、藏、回等7个民族。全县面积4994平方公里，有耕地面积30.83万亩。粮食作物主要以小麦、水稻、玉米、薯类为主，经济作物及林果产品以蔬菜、纹党、花椒、核桃、茶叶、油橄榄为主。

【资源优势】水力资源富甲陇原，境内有“两江八河”和360多条溪流，年径流总量90多亿立方米，水能理论蕴藏量303万千瓦，其中可开发利用的达210万千瓦，目前已开发利用90.73万千瓦，占到可开发利用水能的43.2%。矿产资源富集，金属和非金属矿藏达20多种，种类多，储量大，品位高，已探明黄金储量300余吨，硅矿1亿多吨，铜金属储量5万多吨，重晶石矿3200多万吨，锰矿储量119万吨。旅游资源独特，有洋汤天池、白马藏族民俗村、阴平古道、白水江自然保护区等一批旅游景点，发展旅游业前景广阔，可与九寨沟、黄龙连成一条黄金旅游线。

【国民经济】2015年，全县生产总值23.58亿元，比上年增长10.3%。其中，第一产业增加值5.30亿元，增长6.5%；第二产业增加值6.34亿元，增长13.7%；第三产业增加值11.93亿元，增长10.3%。完成工业增加值5.19亿元，增长14.3%，其中规模以上工业增加值4.72亿元，增长14.2%。社会消费品零售总额6.30亿元，增长9.6%。一般公共预算财政收入2.12亿元，增长5.3%；财政支出17.19亿元，增长18.6%。全年城镇单位职工平均工资45738元，增长12%；全县城镇居民人均可支配收入18195.1元，增长9.4%；农民人均可支配收入4962.5元，增长12.7%。年末金融机构各项存款余额为58.12亿元，增长13.3%；金融机构各项贷款余额为48.61亿元，增长19.5%。

【项目建设】全年实施500万元以上项目115个（续建12项、新建103项），完成固定资产投资74.71亿万元，比上年增长13.5%，建成了文县城区生活污水处理厂、文县碧口制氧厂迁建、文县天然气管网一期工程等一批重点工程项目。全年完工项目达110个，占已开项目的99.1%；基础建设项目和工业项目分别完成投资36.34亿元和18.83亿元，分别占到全县投资完成总量的48.3%和25.1%。

【“三农”工作】全年农林牧渔业总产值达到8.67亿元，比上年增长9.9%。农作物播种面积达53.85万亩，增长2.4%，其中粮食种植38.74万亩，增长0.9%；油料种植面积3万亩，增长3%；药材种植面积5.9万亩，增长7.3%；蔬菜种植面积达到6万亩，增长7.1%，粮经比例为71.94 ：28.06。粮食总产量达到76838吨，比上年增长3.8%，其中夏粮产量18686吨，增长3.4%；秋粮产量58152吨，增长3.9%。大牲畜存栏5.48万头，猪存栏10.28万头，羊存栏4.98万只，家禽存栏40.21万只；肉类总产量达7845吨，鲜蛋产量达到987吨；水产品产量达到1380吨，增长23.9%。全年兴修水平梯田0.21万亩，累计达到23.75万亩；新增有效灌溉面积0.16万亩，全县有效灌溉面积累计达到9.3万亩；累计解决了295个村5.5万户20.15万人的饮水困难问题的；全年农业特色产业总产值达到45471万元，增长18.2%；全年以34个贫困村为重点，统筹159个非重点村，整合项目资金7.2亿元，减少贫困人口1.63万人；建成生态文明新农村46个，其中精品村7个、示范村5个、达标村34个。

【社会保障】2015年，县财政用于民生方面的支出达到1.2亿元，比上年增加0.25亿元，增长21%。城镇新增就业3545人，安置高校毕业生318人，提高了新农合、城乡低保、农村五保补助标准，规范了机关事业单位干部职工津贴补贴，启动了机关事业单位养老保险制度改革，落实了公务员职级并行制度，兑现了工资待遇。全县年末参加城镇基本养老保险的人数为9572人，参加城镇基本医疗保险的人数为27222人，参加失业保险的人数为3180人，城镇居民最低生活保障人数8626人，农村居民最低生活保障人数46627人，五保户供养人数1486人，参加农村合作医疗的人数186241人，参加农村社会养老保险的人数104323人。

【社会事业】2015年，改扩建乡镇幼儿园10所，完成薄弱学校改造工程7处；启动了教育均衡发展三年行动计划，全县高考二本以上上线人数达290人，增长35.5%；新建村级卫生室76所，职工周转房2处，县级公立医院综合改革顺利推进，药品零差率销售覆盖所有公立医疗机构；新建4G基站100座，完成了部分乡镇宽带网络改造；成功举办了第一届中国（陇南文县）白马人民俗文化旅游节，歌舞剧《白马·印记》在省内巡回演出，碧口古镇和白马河景区顺利通过国家3A级景区评审。

（崔耀文）

宕昌县

【现任主要领导】

中共宕昌县县委书记：李平生

宕昌县人大常委会主任：陈社忠

宕昌县人民政府县长：李建功

政协宕昌县委员会主席：孙书诚

中共宕昌县纪律检查委员会

书记：薛统

【基本情况】宕昌县地处西秦岭、青藏高原、黄土高原交汇的复杂构造带，加之受岷江、白龙江等河流的长期冲刷、切割，境内境内山峦起伏，沟壑纵横，地形地貌异常复杂，山岳特征显著。地势由西北向东南倾斜，地形由山地、丘陵、河谷三大单元构成，南部多深山峡谷，北部多黄土梁峁。县境海拔在1138 ~ 4154米之间，平均海拔2300米。年平均气温10.0℃，无霜期180天，年平均降水量635.5毫米，年蒸发量1180.9毫米，日照时数2085.1小时，太阳辐射量119.5千卡/cm²，境内气候温和，光照充足，冬无严寒，夏无酷暑，属大陆温带季风气候区。全县辖19个乡，6个镇，336个行政村，总面积3331平方公里，2015年户籍人口31.19万人，常住人口27.62万人，其中城镇人口5.73万人。

【资源优势】有药材当归、大黄、党参、红芪、丹参、柴胡等636种，尤以当归、党参、红芪、大黄四大药材质优量大，远销中外。已探明的矿产有锑、铜、铅、锌、金、铁等金属，石灰石、石膏、重晶石、煤、泥、炭、玛瑙等非金属。有珍稀动物金钱豹、香獐、鹿、熊、狐等。林副特产主要有野生蕨菜、松花蜂蜜、生漆、羊肚菌、花椒、核桃、柳编工艺品、手工地毯等。主要旅游景点有：哈达铺红军长征纪念馆、素有“小九寨沟”之称的大河坝森林公园、官鹅沟AAAA级风景区、南阳牛头寺、高庙山公园等。精心打造了哈达铺红色旅游、官鹅沟绿色生态旅游和羌藏民俗文化旅游品牌，建成了官鹅沟景区通天门游客服务中心、天瀑景点至两河口旅游环线及两河口至鸭子滩翻山步道，打造了鹅嫚沟景观群；建成了官鹅沟鹿仁羌藏风情园，修缮了马土司衙门，在国道212线沿线精心打造了“化马神石”、三国古栈道等文化节点，启动了官鹅沟国家级地质公园创建工作和哈达铺红色文化产业园区建设项目；积极发展中医药养生保健旅游，在全市率先建成了10家药膳馆。

【国民经济】2015年，全县实现生产总值21.16亿元，比上年增长8.9%。其中，第一产业增加值5.24亿元，增长6.0%；第二产业增加值4.24亿元，增长11.9%；第三产业增加值11.68亿元，增长9.0%。固定资产投资61.05亿元，增长17.2%；一般公共财政预算收入1.5亿元，下降8.6%；一般公共财政预算支出19.2亿元，下降6.7%；社会消费品零售总额达到6.73亿元，增长9.5%；农村居民人均可支配收入4830元，增长12.7%；城镇居民人均可支配收入18016元，增长8.8%。

【精准扶贫】摸清了全县150个建档立卡村和2.15万户9.34万贫困人口的底数；按照全省“1+17”精准扶贫方案、省委“853”脱贫攻坚挂图作战要求，严格程序标准，认真开展查漏补缺，村村挂起了“五张图”、户户建起了“三本帐”，按期完成了大数据平台信息采集和录入工作。以五个特困片区为重点，投入资金8.68亿元，集中实施了以水、电、路、房等为主的基础设施建设，强力推进电商扶贫试点，启动实施了精准扶贫增收产业“十条路”。为7657户贫困户发放精准扶贫专项贷款3.7亿元，累计发放“双联”贷款1.4亿元，。经过市县验收，全县有24个重点贫困村实现了整体脱贫，减贫人口2.8万人。

【“三农”工作】建成了2个万亩中药材规范化种植基地，积极开展了中药材产值保险试点，中药材面积达到40万亩，总产量8.1万吨，总产值5.5亿元；承办了省人大中医药文化产业综合试验区研讨会。以技能培训和鉴定颁证为重点，全年培训劳动力6.61万人，通过职业技能鉴定1.6万人，颁证1.1万人，全年输转劳务工10.08万人，创劳务收入17.32亿元。持续加大惠农贷款发放力度，草食畜牧业和设施蔬菜贴息贷款3812万元；累计发放“三权”抵押贷款7.37亿元。

【工业经济】2015年，九台春酒业公司改扩建项目已建成投产，全县规模以上工业增加值达到2.18亿元，比上年增长13.3%。建成了哈达铺华昌药材城、福江源药业公司3000吨中药饮片生产线。积极参与陇南龙江资金池公司的组建，为公司注资600万元，筛选并推荐了10家企业在龙江公司进行融资，融资额度达5000万元。

【项目建设】2015年，全年实施各类项目155项，累计完成投资52.8亿元，签约招商引资项目30项，签约资金53.26亿元，到位40亿元。加大城区基础设施建设，硬化城区巷道400米，完成电信局至小电厂人行步道改造1000米，新增城区绿地9.3公顷，完成了城区污水管网工程，完成了城区东出口道路拓宽硬化和两侧绿化。在背街小巷新建、维修路灯80盏。加大环境卫生整治力度，宕昌县被命名为“省级卫生县城”。加快哈达铺小城镇综合改革试点，完成了镇区延安大道、哈达铺大道建设工程；红军长征一条街修缮保护和红军大道临街房屋风貌改造工程全面完成。组建了县城投公司和县土地储备中心，争取农发行和国开行专项建设基金1.125亿元。

【基础建设】建成了城区南滨河路等9条主干道和官鹅沟口等5处公园；建成了城区供水工程和生活污水处理工程，实施了东出口拓宽改造工程；科学规划县城布局，城市规模明显扩大，承载能力进一步提高，城市品位不断提升。整合资金3.5亿元，新建和巩固提升了30个生态文明新农村，打造了3个省级美丽乡村示范村，创建了33个环境整洁示范村。

【电子商务】建成县级电商扶贫服务中心1处、县级网货供应中心3家、区域网货供应中心5家、乡级电商扶贫服务站16家、村级电商扶贫示范网店50家，开发网销产品53大类264种，全县新增网店296家，累计达到957家，实现线上销售9925万元。

【社会事业】实施各类教育续建项目30项，完成改薄项目7个，新建村级幼儿园6所，全面落实了“两免一补”政策，高考二本上线率达20.21%。新建村卫生室53个，完成了卫生计生机构改革，积极开展了分级诊疗和城乡居民大病医疗保险工作，新农合参合率达到98.23%，报销金额9687万元。新建乡村舞台78个、文化广场22个，完成了农村“户户通”第三期建设任务，丰富了城乡群众精神文化生活。全面落实惠民政策，全年发放各类惠农资金2.7亿元。县政府承诺的十件实事已全面完成，新建维修薄弱学校校舍1.1万平方米；完成了70个村326公里建制村通畅工程；打通了4条联网路；解决了农村1.64万人安全饮水问题；实施了30个村92.53公里农网升级改造工程；全面完成了50个村以村道硬化为主的农村公益事业建设项目；实施了25个扶贫整村推进项目；完成了30个生态文明新农村建设；完成农村危房改造2500户；完成了城区红河、大地沟、庙沟山洪泥石流综合治理工程。

（韩黎明）

康 县

【现任主要领导】

中共康县县委书记：李廷俊

康县人大常委会主任：杜登芳

康县人民政府县长：文元旦

政协康县委员会主席：黄义成

中共康县纪律检查委员会书记：

易红斌（2月止）

蒙艳琴（藏族）（2月任）

【基本情况】康县地处西秦岭南侧陇南山中，地质构造为昆仑秦岭地槽褶邹地带，地势西高东低，起伏大，中部高，南北低；海拔560~2484.8米之间。境内气候属亚热带向暖温带过渡区域，雨量充沛，气候湿润，光照充足，年总降水量795.6mm，年均气温11.7℃，日照时数1719.5小时，无霜期225天。全县总面积2958.46平方公里，现有耕地面积65.99万亩，实际使用耕地面积31.21万亩。现辖21个乡镇、350个村、8个社区居委会，常住人口17.95万人，人口以汉族为主，占总人口的99.7%，有回、满、壮、藏、蒙、瑶、维吾尔等少数民族。

【资源优势】康县素有“万宝山”之称，物产资源丰富，境内有高等植物172科1000余种，特有经济林树种30余种，林木真菌96种；有天麻、杜仲等名贵中药材576种，市场走俏的农特产品达300多种，国家野生保护动物数百种。境内青山绿水，现有森林约339万亩，活立木蓄积量1267.3多万立方米，全县森林覆盖率达到66.7%，林木绿化率高达70.4%，是一块难得的绿色净土，是西北地区生态环境最好的县之一，拥有“中国绿色名县”称号。境内已发现的主要矿种有金、铜、铁等金属矿产，金矿是县内优势资源，黄金储量丰富；已探明铜矿石资源储量448.8万吨。全县共有一江十四河，水能蕴藏量（理论）9.98万千瓦，可开发量约占3.68万千瓦。

全县从南到北无山不青、无水不秀，风光旖旎，景色迷人。是西北天然生物园和野生动物园，已成为西北地区较有名的生态旅游胜地和享誉省内外的生态旅游名县。康县阳坝国家4A级自然风景区，已成为省内黄金旅游线路，其风光具有“陇上版纳”之赞誉。近年来，全力培育乡村旅游大品牌，实施乡村旅游“十村百户千床”示范工程，建成了86个以长坝镇花桥村为典型的乡村旅游专业村和农家客栈，全县已初步打造成了“不要门票的生态旅游大景区”。康县已荣获“中国最佳生态宜居宜旅游目的地”及“中国最美绿色生态旅游名县”荣誉称号。全年接待游客150.2万人次，同比增长37.6%，实现旅游综合收入8.09亿元，增长68.5%。

【国民经济】2015年，全县实现生产总值19.22亿元，比上年增长9.2%。其中，第一产业增加值4.59亿元，增长6.6%；第二产业增加值5.57亿元，增长9.5%；第三产业增加值9.06亿元，增长10.3%。三次产业结构比为23.88 ： 28.96 ： 47.16，人均生产总值10681元。实现社会消费品零售总额5.34亿元，增长9.3%；固定资产投资70.66亿元，增长19.05%。农村居民人均可支配收入5032元，增长12.6%；城镇居民人均可支配收入18258元，增长9.7%。一般公共财政预算收入1.49亿元，增长13.48%。年末各项存款余额49.37亿元，比年初增长19.8%;各项贷款余额25.61亿元，增长48.58%。

【项目建设】全年实施各类项目151项，其中当年新开工128项，完成市列重点项目16项、县列重点项目56项，共完成投资70.6亿元，增长19.05%。签约招商引资合同项目52个，签约资金53.85亿元，到位资金48.23亿元。完成了国道G567、G345康县段年度投资计划和省市下达的96项398公里通畅工程建设任务；完成了“多规合一”省级试点及一批城乡规划编制，实施城镇建设项目21项，市政广场、文教广场、城区集中供暖等一批重点市政服务设施建成投用。

【“三农”工作】重点发展核桃、茶叶、蚕桑、花椒、食用菌等区域优势产业，全年新发展核桃1.7万亩、花椒0.7万亩、中药材2.8万亩、茶叶0.2万亩，创建标准化生产示范点5个，建成加工营销能力百万元以上的农民合作社15个。完成土地流转3.91万亩、林地流转15.93万亩。全县新建养殖场22个，新发展规模养殖户14户；新建鱼塘面积32亩，已发展大鲵养殖户325户，养殖大鲵11.17万尾。大力推广食用菌袋料栽培技术，食用菌产量390吨，产值852万元，其中黑木耳产量167吨，“康县黑木耳”成为全国食用菌行业上榜品牌。2015年输转城乡富余劳动力6.41万人，创劳务收入13.35亿元。

【美丽乡村建设】2015年，高标准建成了3个省级改善农村人居环境“千村美丽”示范村和12个县级美丽乡村示范村、45个环境整洁村。已建成生态旅游型、古村修复型、产业培育型、环境改善型、文化服务型等不同类型的美丽乡村236个，占全县总村数的67%，3.4万户群众实现了安居乐业之梦，占全县农村4.7万户的72.3%。康县美丽乡村建设连续四年获得全省第一，得到了国家有关部委和省、市的充分肯定，赢得了人民日报、新华社等各界新闻媒体的广泛关注，全国人大农业与农村工作委员会编发了着力打造美丽乡村建设“康县模式”简报；新华社记者在康县蹲点调研，采写刊发了《低成本、不折腾、高成效》、《西部贫困乡村变形记》等纪实性报道；省政府参事室调研文章《美丽乡村建设的康县模式》在《甘肃日报》刊发；在中央文明委等部门组织开展的“寻梦·2015中国最美村镇”评选中，阳坝镇和王坝大水沟分别获得产业富裕奖和文化遗产奖，大水沟村还被中国生态文化协会授予“全国生态文化村”称号，2015年康县还被国家发改委等11个部委列为首批国家级生态建设示范区。

【精准扶贫】扎实推进“1+17”政策措施落实，投资8300万元，实施贫困村道路建设项目40个166公里；投资481.9万元，解决了18个村、2036户、7900人的饮水困难问题；投资2875万元，实施了1800户贫困户危改项目；投资1455.82万元，完成了17个村、65个社、935户农网改造；每村投资10万元，新建了90个贫困村标准化卫生室；投资6274万元，新建三个异地扶贫安置点，搬迁群众520户、2202人。启动实施了3个特困片区扶贫攻坚，全面落实专项资金的90%、涉农资金的80%向特困片区集中倾斜政策，安排特困片区财政专项扶贫资金5011万元。超额完成了精准扶贫专项贷款任务，共发放3956户1.56亿元，占任务的102%。

【工业经济】独一味循环工业园区“筑巢引凤”成效显著。兴源土特产、恒丰核桃、润霖杜仲、华彩彩印、恒杨食用菌等一批企业相继落户园区，入园企业已达13户，工业总产值达到10.8亿元，上缴税收7600万元，实现增加值3.1亿元，独一味生物制药有限公司荣获2015年度国家科技进步二等奖。当年完成了坤神公司培育入规，恒丰公司5万吨桃园核桃系列饮品生产线建成投产，设计总产值30亿元的润林杜仲产业研发项目即将建成。全年完成工业增加值2.12亿元，比上年增长9.4%；其中，5户规模以上工业完成增加值4.91亿元，主营业务收入5.47亿元，利润总额1.49亿元，利税总额2.81亿元。同时，狠抓节能减排措施的落实，万元工业增加值能耗下降4.46%，万元工业增加值用水量下降6.4%。

【社会事业】2015年，全县高考二本以上上线率达到23.76%，幼儿园入园率74.1%，小学学龄儿童入学率99.89%，小学毕业生普通初中升学率98.92%，全县九年义务教育阶段巩固率达80.17%；高中阶段毛入学率达82.11%。推行县级公立医院“315”改革模式，建成健康促进模式，争创“全省卫生县城”顺利通过验收。“乡村舞台”建设创出了全省学习借鉴的新经验，央视《焦点访谈》以“接地气、扬正气”报道了康县乡村舞台建设经验，全省“乡村舞台”建设第五次推进会议、文化部公共文化建设研讨活动暨甘肃省“乡村舞台”建设观摩会、全市“乡村舞台”现场会相继在康县召开，市委、市政府出台了《关于学习康县经验进一步深化“乡村舞台”建设的决定》，学习推广康县经验。新建“乡村舞台”124个，累计达到260个；创建了国家级文明镇1个、文明村2个，康县被中国民间文艺家协会命名为“中国茶马古道文化之乡”。狠抓城乡基础设施建设，完成了县内移动通讯4G网络升级改造，行政村通宽带率达到88.5%（其中光纤通村宽带率43.7%），重要旅游景区节点实现WiFi全覆盖，全县广播和电视节目综合人口覆盖率均达到98.58%。实施了路网改建工程，全县350个行政村中已有331个实现通畅，通畅率达到94.6%。西汉水二、三期治理项目、3乡镇7村“五小水利”项目和碾坝河山洪沟道治理项目均已完成，治理水土流失面积2.52万亩，建成百亩以上精品梯田示范点3940亩。全面启动了“多规合一”省级试点工作，编制完成了县城总体规划和20个乡镇总规、196个行政村村庄规划。

【社会保障】完成了城乡低保规范化管理。全县参加城镇养老保险人数2451人，城镇医疗保险人数9042人（其中职工人数6933人），参加失业保险人数2518人；城镇居民最低生活保障3302人，发放低保金1225.4万元。农村低保34489人，发放低保金6242.8万元；参加农村新型合作医疗16.8487万人，参合率达99.92%；参加新型农村社会养老保险12.7509万人，参保率达98.0%。全年发放民政救灾救济资金848万元、政策性惠农补贴资金1.72亿元。城镇新增就业3694人，年末城镇登记失业率3.9%。新建各类保障性住房120套，发放廉租住房补贴400户30万元，实施农村危房改造2500户。

（肖平）

西和县

【现任主要领导】

中共西和县县委书记：

周子强（2月止）

曹　勇（2月任）

西和县人大常委会主任：宋小平

西和县人民政府县长：郝爱龙

政协西和县委员会主席：年高龄

中共西和县纪律检查委员会

书记：赵峥嵘

【基本情况】西和县位于甘肃省东南部，西秦岭南侧长江流域西汉水上游。北距天水市90公里，东距西安市400公里，十天高速（湖北十堰至甘肃天水）横贯全境，交通便利，处于“关天经济区”辐射交汇点，是南下川渝，进入湖北的重要通道和枢纽。总面积1861平方公里。平均海拔1692米，平均气温8.4℃，无霜期149天至214天，日照时数1500～1800小时，年降水量451～734.7毫米。属大陆性季风气候。辖9个建制镇11个乡。年末全县常住人口39.75万人。

【资源优势】西和资源富集，被著名地质学家李四光称为“宝贝的复杂地带”。有色金属有铅、锌、金、铜、铁等，县境东南部属全国铅锌矿第二大矿产带的西成矿带，探明储量521.7万吨，金属量14.93万吨；黄金矿散布全县。非金属矿产有大理石、冰洲石、陶土等。农产品有马铃薯、半夏、花椒苹果、核桃等，是甘肃省最适宜马铃薯生长的地区之一。野生药材有柴胡、西贝母、淫阳霍等，是久负盛名的“中国半夏之乡”。加工业产品有亚麻、粉条、粉丝等，手工艺品有泥塑、根雕及剪纸、刺绣等。

西和县历史悠久，文化积淀深厚，有仇池胜境、有“圭峰秋月”之称的八佛崖、有“九眼鼎沸”之称的九眼泉，新建旅游景点晚霞湖（晚家峡水库），湖光山色，景色宜人，被评为4A级旅游景区。成功开发仇池石、绣花保健枕、西和麻纸等系列文化旅游产品。

【国民经济】2015年，全县实现生产总值30.43亿元，比上年增长9.1%，人均生产总值7603元。其中，农业增加值6.54亿元，增长6.2%；第二产业增加值6.96亿元，增长6.8%；第三产业增加值16.92亿元，增长11.4%。实现工业增加值5.6亿元，增长6.4%，其中规模以上工业实现增加值4.9亿元，增长5.9%；完成公共财政预算收入1.8亿元，下降17.58%；完成财政支出21.43亿元。社会消费品零售总额完成6.34亿元，增长9.4%。

【“三农”工作】建成了马铃薯脱毒种薯繁育、半夏标准化种植和千亩苹果矮砧密植示范园等产业示范基地。完成马铃薯种植面积40.1万亩，核桃高接换优18.6万株，半夏采挖面积2.4万亩，肉蛋奶产量1.18万吨，水产品产量达到50吨。加快专业合作组织建设，规范提升市级示范社10家，民旺马铃薯专业合作社、和旺半夏合作社被评为国家级示范社。粮食总产量达到18.74万吨。长道镇果蔬储运配送中心和姜席镇农贸市场建成投运。大量发展劳务经济，培育打造了“巧嫂”、“巧妹”、“巧汉子”等劳务品牌，实施劳务培训1.53万人次，农村居民人均可支配收入4974元，增长12.3%。

【项目建设】2015年，全县完成固定资产投资67.82亿元，增长2.32%。实施了“三路两街”改造，加快城北新区建设。完成了马元、大桥和西峪撤乡建镇，全县城镇化率提高4.5%。十天高速公路西和段建成通车，国道567线升第改造顺利实施，维修改造县乡公路232公里，硬化通村公路834公里。创建了一批环境卫生示范村、示范户，被命名为省级卫生县城。完成了城南道路改造、滨河东路、鼓楼街桥建设和亮化工程，白冯街和滨河西路商业步行街改造、市政广场、城北商业街综合体建设加快推进，启动了乞巧文化苑、隍城路拓宽改造、城区五个公园、晚霞湖景区整体提升工程，拓宽改造了老城区部分道路，深入开展了乱修乱建和环境卫生专项整治。长道小城镇建设加快推进，完成了镇区三条道路、部分临街建筑风貌改造第基础设施工程。

【扶贫开发】积极整合新农村建设、灾后重建、扶贫开发、易地搬迁、一事一议、安全饮水、通达通畅、危房改造等项目资金，结合县情实际，制定下发了西和县“1+19”精准扶贫方案。完成了177个贫困村、12.03万贫困人口建档立卡和大数据平台建设，组建了177个驻村帮扶工作队，修订完善了“两规划一计划”，绘制了县乡村和各部门精准扶贫“作战图”。发放精准扶贫专项贷款7.9亿元。投入各类资金7.09亿元，减少贫困人口3.29万人，贫困发生率下降8.3%。实施整村推进项目27个，完成人饮工程64处，解决了4.65万人的安全饮水。完成83个村的道路硬化，改造危房2500户，易地搬迁586户2775人，落实住房租赁补贴262户，分配廉租住房134户。新建村乡村舞台90个、村卫生室104个，免费为4.55万名55

岁以上农村老人进行了健康体检。改造薄弱学校35所、新建幼儿园5所，新建党员活动室14个。

【优势产业】成功举办了第七届中国（陇南）乞巧女儿节。在北京举办的乞巧女儿节与妇女发展国际论坛，把传承保护乞巧文化与推动妇女事业发展有机融合，进一步拓展了乞巧文化内涵、丰富了表现形式，提升了乞巧女儿节影响力。建成及提升乞巧文化传习所6个，命名并表彰了一批“乞巧世家”、“乞巧之家”和“巧婆婆”、“巧媳妇”。西和县被文化部命名为中国民间文化艺术之乡。启动了电商发展“千人计划”，已开设各类网店1180家，网络销售总额2.05亿元，全县物流快递企业达到28家、网点83个，网络覆盖率达到89.3%。启动了中国半夏中药材研究所建设，建成了马铃薯脱毒繁育、半夏标准化种植、核桃高接换优第示范基地，新发展合作社30家。

【环境保护】城市建成区绿地率达到2.73%，城市供水率达到71.16%，燃气普及率为25.6%；城市污水处理率约为85%；城市生活垃圾基本做到了日产日清，垃圾处理场设施完善，达到了二级无害化处理要求，无害化处理率达到了100%。新修梯田3.4万亩，生态造林1.35万亩，绿色通道建设60公里，退耕还林2.1万亩，晚霞湖新栽植各类苗木2000亩，晚霞湖周边绿化总面积达到1万亩以上，全县干部职工义务植树造林150万株。

【社会事业】2015年，全县有普通中学25所；中等职业学校1所；小学数169所，普通中学在校人数19422人；小学在校人数32045人。新建和改建各级学校153所。积极推行金穗惠农“一卡通”，全面实施普通门诊补偿、住院补偿和大病补偿保障机制。深入开展计划生育优质服务和“陇家福”示范创建工程，扎实开展食品安全示范店创建、“明厨亮灶”工程和食用油等专项整治活动，动力电实现行政村全覆盖，建成20个行政村农民体育健身工程，申报省市级科技计划项目4个，被命名为全国社会主义新农村建设档案工作示范县。

【社会保障】2015年，全县城镇基本养老保险参保人数5628人；城镇基本医疗保险参保人数13615人，失业参保人数6098人，新型农村合作医疗参保人数34.94万人；新型农村养老保险参保人数14.96万人，城镇居民最低社会保障人数7664人；农村居民最低生活保障人数67087人。完善了县档案馆数字化档案库建设。县级公立医院改革全面启动，免费为4.55万名55岁以上农村老人进行了体检。城镇新增就业4303人。落实住房租赁补贴262户，分配廉租住房134户。发放残疾人“两补”资金2540户、城镇居民养老保险金5827万元。提高了城乡低保补助和五保供养标准，农村一、二类低保补助标准达到国家贫困线以上。

（孙玉峰）

礼 县

【现任主要领导】

中共礼县委书记：方新生

礼县人大常委会主任：李明

礼县人民政府县长：

曹　勇（2月止）

孙根林（3月任）

政协礼县委员会主席：王作斌

中共礼县纪律检查委员会

书记：李艾婷

【基本情况】礼县地处甘肃省东南部、陇南市西北部、长江流域嘉陵江水系西汉水上游，东邻天水、西和，西接宕昌、岷县，南连武都，北与武山、甘谷接壤。境内海拔最高3312米，最低1080米，年均气温11.5 ℃，年降水量427.0毫米，全年日照1804.2小时，无霜期142天。全县总面积4263.58平方公里，辖15个镇，14个乡，11个社区，全县总人口53.87万人。民族构成以汉族人口为主，占全县总人口的98.2%，有回、藏、满、蒙、苗、彝等6个少数民族。是国家庭扶贫开发工作重点县。礼县是全国苹果重点生产县、全省无公害苹果生产基地、牛羊产业大县和梯田建设大县，是省财政直管县和全省“双拥”模范县。

【优势产业】礼县矿产资源丰富，主要矿藏有金、锑、铅、锌和花岗岩等，已探明黄金储量230吨、远景储量400吨以上，花岗岩大理石地质储量400万立方米，远景储量1200万立方米以上。畜牧产业开发优势得天独厚，有天然草场144万亩，载畜量达80多万个羊单位。经济林果优势明显，现有苹果30.88万亩、核桃43.3万亩、花椒12亩，产业初具规模。境内生物资源丰富，有大黄、当归、红芪、党参、半夏等中药材534种，大黄出口量曾占全国的56%，被誉为“中国铨黄”。可供输转劳动力13.17万人，劳务产业是农民增收的主渠道。

【旅游资源】礼县是先秦文化与中华原生文明的摇篮，也是世界首个国家制度诞生地和黄河仰韶文化与长江巴蜀文化的交汇点，素有“秦皇故里，三国胜地”之美誉。境内有秦皇湖、大香山和上坪草原等自然景观，以秦人第一陵园大堡子山秦西垂陵园（国家重点文物保护单位）、诸葛亮“六出祁山”遗址祁山武侯祠（全国五大武侯祠之一）、发祥于周代的卤城古盐井为代表的先秦、三国等历史遗存珍贵，开发文化旅游产业潜力巨大。2015年全县接待游客111万人次，比上年增加49万人次，增长79.0%。实现旅游综合收入5.04亿元，增加2.24亿元，增长80%。

【国民经济】2015年，全县实现生产总值30.95亿元，比上年增长9.8%。其中，第一产业增加值9.46亿元，增长6.3%；第二产业增加值6.24亿元，增长13.7%；第三产业实现增加值15.26亿元，增长10.3%。三次产业结构比为30.57 ：20.15 ：49.28。规模以上工业企业实现增加值4.60亿元，增长15.1%。固定资产投资6.30亿元，增长11.32%；社会消费品零售总额13.09亿元，增长9.1%。全年商品零售物价总指数101.0，居民消费价格总指数102.5。公共财政预算收入2.10亿元，增长14.94%；公共财政预算支出28.18亿元，增长12.02%。年末全县金融机构存款余额95.27亿元，增长22.39%，其中，居民储蓄存款余额628447万元，增长16.62%；金融机构贷款余额 39.47 亿元，增长 23.34%。

【“三农”工作】2015 年，全县粮食总产量 16.09 万吨，比上年增长 2.4%。其中，小麦总产量 7.65 万吨，增长 3.41%；玉米总产量 3.08 万吨，增长 4.5%；洋芋总产量 4.48 万吨，下降 1.72%。全年苹果产量 8.09 万吨，增长 11.27%；花椒产量 2283.4 吨，增长 8.74%；核桃产量 4690 吨，增长 8.74%。畜牧业总产值 3.88 亿元。全年输出劳务 13.17 万人，实现劳务收入 23.25 亿元，增长 10.82%。农村居民人均可支配收入 5074 元，增长 12.1%。

【项目建设】实施重点管理项目 198 项，完成投资 67.6 亿元。积极对接国家产业政策和投资导向，争取项目资金 30.5 亿元。建成农村公路通畅工程 570 公里，全县 490 个行政村实现通沥青（水泥）路，被省政府评为 2015 年度全省农村公路工作先进县。建设堤防 97.4 公里，建成饮水安全工程 110 处，解决了 5.35 万人饮水安全问题。实施“一池三改”1050 户，安装太阳灶 3667 台、太阳能热水器 850 台，新建农网改造 73.2 公里、4G 基站 162 座。

【扶贫攻坚】设立精准扶贫专项资金 2500 万元，发放精准扶贫专项贷款 2.16 亿元，对建档立卡贫困户中在普通高中就读的学生免除学费，与甘肃银行建立金融扶贫战略合作关系。整合项目资金 9.87 亿元，在 4 个特困片区实施各类扶贫项目 128 项，完成整村推进 27 个，特困片区发展面貌有效改善，年度减贫任务全面完成，脱贫攻坚步伐持续加快。2015 年减少贫困人口 3.5 万人，年末剩余贫困人口 8.74 万人。

【环境保护】创新采取连片治理和工程造林模式，完成新一轮退耕还林 11.3 万亩，面积在陇南最大，我县在全省退耕还林工作推进会上作了经验介绍。完成各类造林 13.2 万亩，建设绿色通道 52 公里，义务植树 216 万株。加强水利设施建设，恢复灌溉面积 4.5 万亩，新建节水灌溉工程 2 处；完成小流域综合治理 18.88 平方公里，新修梯田 4.11 万亩，开发整理土地 504.3 公顷。持续开展环境监测和隐患排查，坚决整顿矿山秩序，规范河道采砂行为，积极开展生态恢复治理，城区生活污水处理厂全面投用。

【社会保障】全面落实各类惠民政策，实现城镇职工养老、失业、工伤等社会保险新扩面 1311 人，新增城镇就业 4441 人。2015 年农村最低生活保障人数达 103429 人，城镇最低生活保障人数达 8897 人，参加基本养老保险职工数达 5589 人，参加基本医疗保险职工数达 36764 人，参加农村合作医疗保险的人数 453992 人。全面落实各类就业政策，发放小额担保贷款 8824 万元。实施农村危旧房改造 5000 户，发放廉租住房补贴 33.5 万元，建成公租房 48 套，启动棚户区改造 900 户，完成货币化安置 200 户。实施县城水源地建设工程，城区供水压力有效缓解。

【社会事业】2015 年全县共有学校 458 所，教师 5818 人，在校学生 82079 人。19 所村级幼儿园全面完工，全县普通高考本科上线率达 25.6%。县中医院业务综合楼等项目进展顺利，建成 8 所乡镇卫生院和 92 所村级标准化卫生室，大病保险有序开展，新农合参合率达到 98.4%。全县共有医疗机构 38 个，乡镇卫生院 29 个，病床 1150 张，卫生技术人员 988 人，其中执业医师 233 人。落实各项节育措施 4263 例，计划生育率 87.78%。全面推进“文化三馆”建设、乡镇综合文化站免费开放和图书馆延伸服务工作，建设乡村放映点 2 个、乡村舞台 313 个；实现文化产业增加值 7538 万元，同比增长 19.84%。承包科研项目 6 项，已验收 6 项。年内科技推广户达 5696 户，科技示范户达 2951 户。

（苏麟）

徽　县

【现任主要领导】

中共徽县县委书记：王强

徽县人大常委会主任：辛晓尧

徽县人民政府县长：王俊强

政协徽县委员会主席：张承荣

中共徽县纪律检查委员会书记：马智

【基本情况】徽县位于甘肃省东南部，西秦岭南麓，嘉陵江上游，东邻秦川，南通巴蜀，素有“陇上江南”之美誉。全县辖 15 个乡镇、213 个村民委员会，总面积 2722 平方公里，耕地面积 38.98 万亩，年末总人口 22.35 万人。主要有汉族、回族、藏族、蒙古族、壮族、锡伯族、满族、畲族、土家族、苗族等 10 个民族，以汉族为主，少数民族以回族为主，全县约 1.1 万人，分布在全县 14 个乡镇，有 7 个民族聚集村。境内海拔在 700 ~ 2500 米之间，南北为山地，中部为浅山丘陵，属北暖温带向亚热带过渡性气候，年均气温 13.2℃，无霜期 206 天，年降雨量 688 毫米。国道 316 线、省道江武公路及宝成铁路从县境内穿过。

【资源优势】全县森林面积 189 万亩，森林覆盖率 48%。境内有大小河流 600 多条，属长江流域嘉陵江水系，年径流量 19.86 亿立方米，水能资源蕴藏量 14.76 万千瓦，可开发量 8.46 万千瓦。现已探明的矿藏有铅、锌、铁、金、铜、汞、硫、砷石、大理石、石灰石等 4 大类 22 种矿产资源，储量丰富。全县主产小麦、玉米、大豆、油菜籽、稻米等粮油作物，盛产核桃、银杏、板栗、柿子、生漆、狼牙蜜等林副产品，出产杜仲、柴胡、黄芩、金银花、天麻等 100 多种中药材。全县有各类野生植物 250 多种，百年以上银杏树遍布全县。有野生动物 200 多种，其中有羚牛、红腹锦鸡、白唇鹿、长臂猿、梅花鹿、大鲵等珍贵动物 10 多种。

【旅游资源】徽县境内的三滩风景名胜区总面积约 800 平方公里，森林覆盖率达 80% 以上，保持着原始如初的自然风貌，高山草甸、峡谷溶洞、飞瀑流泉、云海日出、奇花异卉、珍稀动植物和人文古迹融为一体，是徽成盆地的绿色屏障和天然动植物乐园，也是闻名省内外的旅游胜地，被誉为陇上的“西双版纳”。险要的地理位置和优美的自然风光，自古以来就牵引着文人墨客的目光和脚步，形成了徽县厚重的历史文化积淀。诗仙李白在《蜀道难》中吟唱：“青泥何盘盘，百步九折萦岩峦”，抒发了诗人面对青泥岭之雄奇的感叹。诗圣杜甫寓居徽县栗亭，写下了《木皮岭》、《水会渡》、《白沙渡》等名篇，“始知五岳外，别有他山尊”的诗句使木皮岭名载史册。南宋名将吴玠抗金的蜀道要塞仙人关、闻名天下的青泥古道和具有重要历史文物价值的“新修白水路记碑”、佛爷崖唐代摩崖石刻、栗川郇庄宋代白塔等众多文物古迹，极具文化研究和旅游开发价值。

【国民经济】2015 年，全县实现生产总值 42.06 亿元，比上年增长 8.5%。其中，第一产业增加值 11.35 亿元，增长 5.6%；第二产业增加值 11.86 亿元，增长 7.3 %；第三产业增加值 18.85 亿元，增长 11.6 %。三次产业结构比为 27 ∶ 28.2 ∶ 44.8。完成工业增加值 6.43 亿元，增长 5.9 %，其中，规模以上工业企业完成增加值 6.11 亿元，增长 6.4%。完成一般公共预算支出 15.02 亿元，增长 19.07%。全年旅游接待总人次达 100 万人次，旅游业综合收入达 5 亿元，分别增长 25.4% 和 24.3%。社会消费品零售总额 6.12 亿元，增长 9.1%。年末全县金融机构各项存款余额 67.9 亿元，增长 8.1%；各项贷款余额为 56.1 亿元，增长 23.7%。自然增长率为 3.82‰。城镇居民人均可支配收入 19154 元；农村居民人均可支配收入 6559 元。

【“三农”工作】农业和农村经济发展成效显著。农业在保障粮食生产安全的基础上，继续调整优化产业结构，突出抓好特色产业发展，大力推进现代农业；强化农业和农村基础设施建设，全面落实强农惠农政策，加快新农村建设步伐，农业和农村经济健康平稳发展，实现了农业增效、农民增收核心目标任务。2015 年，完成农业增加值 11.39 亿元，比上年增长 5.6%。

【项目建设】2015 年完成全社会固定资产投资 58.6 亿元，比上年增长 24.06%，其中，城镇固定资产投资 58.45 亿元，增长 24 %；房地产开发投资 0.15 亿元，增长 59.7%。

【社会事业】2015 年全年有科研成果 16 项，申请国家专利 37 件。适龄儿童入学率和初中入学率均达到 100%，全县高考录取率达到 85.4%。全县有文化站 15 个，乡镇广播电视站 15 个，电视人口覆盖率 98%。城区有线电视节目增至 186 套，城乡有线电视用户 1.7 万户，全县共有卫生机构 23（不含个体）个，有病床 749 张，卫生技术人员 885 人，村卫生室覆盖率达 100%。全县共举办各类群众运动会 25 次，参加运动员 17000 人次。

【社会保障】2015 年年全县参加基本养老保险人数 137603 人，参加城镇职工基本医疗保险人数 14197 人，参加失业保险人数 4005 人，全县农民参加新型农村合作医疗 181266 人，参合率 99.47%。全县享受城市低保的共 4663 人，累计发放保障金 4276.8 万元；农村低保 25068 人，累计发放保障金 4276.8 万元；特困群众大病医疗救助金 332.26 万元；抚恤事业费 388.61 万元，社会临时救济费 200.06 万元，五保供养资金 316 万元。

（周琳）

两当县

【现任主要领导】

中共两当县县委书记：梁英

两当县人大常委会主任：唐启荣

两当县人民政府县长：

孙根林（2 月止）

郭省军（2 月任）

两当县政协委员会主席：胡洪涛

中共两当县纪律检查委员会书记：

刘小研（2 月止）

杨万民（2 月任）

【基本情况】两当县位于甘肃省东南部，地处陕甘川交界的秦岭山区，属长江上游嘉陵江水系。北靠天水，西邻徽县，东南二面与陕西宝鸡、汉中相连。全县辖 3 个镇，9 个乡，116 个行政村，4 个社区，总人口 4.9 万人，其中，农村人口 3.81 万人，城镇化率 36.3%。全县总面积 1374 平方公里，总耕地面积 12.03 万亩。海拔 773~2738 米之间，年平均气温 11.3℃，平均降雨量 630mm，无霜期 193 天，有一江七河八大水系，全长 209.93 公里。年径流量 3377.2 万立方米。粮食作物主要以小麦、玉米、黄豆为主；经济作物主要以油菜、葵花、瓜果、蔬菜为主；经济林果主要以核桃、板栗、苹果为主。

【资源优势】县境内有丰富的矿产资源，已探明的有金、银、铜、煤炭、陶土、大理石等 10 多种；有羚羊、獐子、水獭、大鲵、麝、锦鸡等珍稀动物；有红豆杉、铁杉、银杏、香樟、合欢、白皮松等珍稀树种；有油松、华山松、落叶松、红桦等用柴树种；出产鹿茸、麝香、猪苓、五灵脂、天麻、杜种、黄姜等中药材 400 多种。县内生态良好，森林覆盖率达 74.1%，林木绿化率达 82.5%。两当县历史悠久，至今已有 1500 多年历史，文化底蕴深厚，有张果老“登真洞”、《王羲之家谱》、“两当兵变”遗址等珍贵人文资源；更有“琵琶秋水”、“天门锁云”、“香泉望月”等八大景观和灵官峡省级白皮松自然保护区、张家黑河省级自然保护区和云屏三峡自然风景区，风景秀丽，景色怡人。完善提升了两当兵变暨红色革命文化园区、云屏山地旅游度假区、张果老登真洞景区的旅游配套设施，打造了百里绿色旅游生态长廊。两当兵变红色旅游景区、云屏三峡旅游景区成功创建为国家 4A 级景区，两当连续两年跻身“中国百佳深呼吸小城榜”，被列为全国森林乐活十佳县和全省休闲农村示范县。启动了“山水麦积·红色两当·七彩凤县”旅游环线，推动了旅游产业区域联合化发展。2015 年中青旅联盟总经理培训会暨甘肃红色旅游推介会等一系列旅游节会在我县成功举办。全年实现旅游收入 3.34 亿元，比上年增长 45%。

【国民经济】2015 年，全县实现生产总值 6.60 亿元，比上年增长 6.5%。其中，第一产业增加值 2.22 亿元，增长 5.3%；第二产业增加值 0.71 亿元，下降 1.3 %；第三产业增加值 3.68 亿元，增长 9.5 %。三次产业结构比为 33.53 ∶ 10.72 ∶ 55.75。固定资产投资达到 10.2 亿元，下降 45.8%；社会消费品零售总额 2.02 亿元，增长 9%。

农村居民人均可支配收入4973元，增长12.4%；城镇居民人均可支配收入19443元，增长9.1%。年末金融机构本外币各项存款余额22.09亿元，比年初增加1.40亿元；金融机构本外币各项贷款余额14.71亿元，增加3.26亿元。

【“三农”工作】2015年，全县粮食总产量达到3.95万吨，比上年增长3.83%。其中，夏粮1.29万吨，增长7.57%；秋粮2.66万吨，增长2.11%。水平梯田总面积10.92万亩；农业机械总动力达到7.60万千瓦，增长4.4%。对全县48个贫困村、2880户1.09万贫困人口进行了建档立卡，精准识别，建成精准扶贫大数据平台。整合各类资金2.30亿元投入扶贫领域，实现扶贫资源和扶贫力量的有效整合。5个村的整村推进项目全面完成，450户危旧房改造和站儿巷镇易地搬迁工程加快推进，贫困乡村路水电房等基础设施不断改善。建成21个电商扶贫试点村，启动实施48个村的电商扶贫改造。建成多功能电子商务孵化园和网货供货平台，全县电子商务销售额达到5443万元，大力发展劳务经济，输转富余劳动力1.12万人，创劳务收入1.92亿元。发放精准扶贫专项贷款2729户1.211亿元，率先实现有贷款意愿的建档立卡贫困户全覆盖。组建各类小康互助组480个，实现了带动贫困户全覆盖。全县贫困人口从1.09万人减少到3492人，贫困发生率下降到9.5%。

【项目建设】编制了全县“十三五”总体规划及各重点专项规划。全年争取到位项目105项，到位资金2.42亿元。新签约招商引资项目5个，签约资金27亿元。完成了县城城市设计，全县村庄布局规划及交通、排水、燃气等12个专项规划编制。与省税务投资公司签订了城市供水建设运营协议，老南街提升改造等9项重点市政工程建成投用，120户棚户区改造项目开工建设。站儿巷小城镇综合改革试点工作有序开展，任河便民桥、站儿巷镇便民市场等一批重点项目竣工投用，城镇功能和品位不断提升。实施了8个美丽乡村和12个环境整洁示范村建设。26项193公里农村公路通畅工程全面完成，两当战备路竣工通行，两徽高速公路开工建设，宝成铁路两当火车站完成升级改造。完成电网升级改造20公里，新建4G基站8处。完成了55处农村安全饮水工程和“一事一议”财政奖补等项目建设。新修梯田8815亩，治理水土流失0.58万亩。完成了金洞乡新潮等3个村的农村环境综合整治项目，原国家级生态县27项考核指标已有26项达到标准。

【社会事业】全国红色旅游发展两当兵变纪念馆一个，全县共有艺术表演团体1个，全年演出60场，观众达5万人次；文化馆1个；公共图书馆1个，藏书55562册，博物馆1个；文物古迹57处，其中，省级1处、市级2处、县级54处。新建“乡村舞台”59个、乡镇文化广场3个，举办了两当县第二届全民运动会，极大的丰富了人们的度假休闲愉乐和文化生活。城镇居民最低生活保障对象1407人、农村低保对象6255人。提高了城乡低保急五保供养标准。城乡居民社会养老保险覆盖面达到97%，全县新农合参合率稳定在99%以上。组建了政府投融资平台，成立了不动产登记管理机构和农村产权确权抵押贷款交易中心，新增林权、土地承包经营权、农村居民住房财产权抵押贷款1.52亿元，各项贷款余额增速达到28.46%。为乡村教师落实补贴，完成了县一中宿舍楼附属工程，杨店等3所学校教师周转房和“全面改薄”校舍建设全面竣工。成立了“两当县双联爱心教育基金”，筹集基金2814.85万元，率先实现高中阶段免费教育。到2015年底学校总数44所，教职工440人，在校生2169人，学龄儿童入学率100%，初中升学率99.3%，高中升学率88.03%。全县有公立医疗卫生机构17个。医院、卫生院床位数216床，医院、卫生院技术人员186人。过境铁路1条，营业里程26公里，境内公路123条，其中国道1条、县道2条、乡道4条、村道114条、专道2条，通车总里程达1183.9公里。

（胡豪）

临夏回族自治州

【现任主要领导】

中共临夏回族自治州州委书记：

周　强（5月止）

杨元忠（5月任）

临夏回族自治州人大常委会

主任：韩季安（撒拉族）

临夏回族自治州人民政府

州长：马学礼（回族）

政协临夏回族自治州委员会

主席：吴家白

中共临夏回族自治州纪律检查委员会书记：

马天民（回族）（6月止）

魏建宝　　（6月任）

【基本情况】临夏回族自治州地处甘肃中部西南，北邻兰州市，南靠甘南藏族自治州，东连定西市，西接青海省，州府距省会150公里。全州土地面积8169平方公里，平均海拔2000米，最高处4636米，最低处1563米。年平均气温7.5℃，无霜期174天，年平均降雨量472.2毫米，属温带大陆性气候。全州有临夏市1个县级市，临夏县、康乐县、永靖县、广河县、和政县5个县，东乡族自治县、积石山保安族东乡族撒拉族自治县2个自治县，辖46个镇、78个乡、7个街道办事处，1150个行政村。全州常住人口201.21万人，聚居回、汉、东乡、保安、撒拉等民族，其中东乡族、保安族是临夏独有的民族。

【资源优势】一是文化积淀深厚。临夏历史文化悠久，曾是丝绸之路南道要冲，唐蕃古道重镇，茶马互市中心，素有“西部旱码头”的美誉。文物资源丰富，以马家窑文化、齐家文化为代表的各类文物遗址达584处，是我国新石器文化最集中、考古发掘最多的地区之一，因出土现珍藏于中国国家博物馆的“彩陶王”，被誉为“中国的彩陶之乡”。世界文化遗产炳灵寺石窟，距今已有1600多年历史，是我国六大石窟之一，也是第一批国家重点文物保护单位。二是民俗风情浓郁。临夏信仰伊斯兰教的回族、东乡族、保安族、撒拉族人口占全州总人口的57%。在临夏，清真寺、拱北星罗棋布，风格迥异，以东公馆、榆巴巴拱北等为代表的民族建筑融回族砖雕、汉族木刻、藏族彩绘艺术为一体，被誉为“民族建筑的博览园”。临夏民歌“花儿”独具魅力，源远流长，临夏州被中国民间艺术家协会命名为“中国花儿之乡”。三是自然遗存众多。临夏曾是古生物繁衍生息的乐园，被誉为“古生物的伊甸园”。和政古动物化石的数量、品种、规模和完整程度世所罕见，占据了六项世界之最。“刘家峡恐龙国家地质公园”有世界上最大的恐龙足印化石群地质遗迹，具有极高的古生物地质遗迹保护价值和旅游开发价值。四是生态资源丰富。临夏生态环境优美，自然风光秀丽，高山草甸丰美，是甘肃中南部森林生态观光游览的胜地。国家4A级景区松鸣岩和“莲花山”以及“太子山”自然保护区，是休闲旅游度假的绝好去处，是临夏“森林生态休闲游”的主打品牌的核心景区。五是黄河风光奇特。黄河在临夏境内流经107公里，造就了美丽神奇的黄河三峡。黄河文化在临夏源远流长，被誉为“大禹治水的源头”。有国家4A级旅游景区黄河三峡，有西北最大的人工湖泊刘家峡水库，有中国第一座百万千瓦级水电站、国家首批工业旅游示范点刘家峡水电站，有被称为“地球之肾”的黄河中上游最大人工湿地太极岛，有国家级地质公园炳灵石林。

【国民经济】2015年，全州实现生产总值211.41亿元，比上年增长9.0%。其中，第一产业增加值36.14亿元，增长5.9%，第二产业增加值44.83亿元，增长11.1%，第三产业增加值130.44亿元，增长8.9%。三次产业结构比为17.1 ∶ 21.2 ∶ 61.7。完成工业增加值25.56亿元，增长12.4%，其中规模以上工业企业增加值18.95亿元，增长10.4%。完成固定资产投资298.71亿元，增长13.26%。实现社会消费品零售总额76.07亿元，增长9.2%。完成公共财政预算收入16.59亿元，增长16.78%。公共财政预算支出175.59亿元，增长12.97%。居民消费价格总水平同比上涨0.7%。

【“三农”工作】临夏州全年粮食播种面积198.74万亩，比上年增长0.57%，粮食总产量80.46万吨，与上年持平，其中夏粮产量15.16万吨，下降1.34%；秋粮产量65.31万吨，增长0.25%。全年完成造林面积39.28万亩，增长1.29%。当年新育苗3.73万亩，增长17.5%;新建绿色通道744.7公里。全面落实省、州各项惠农政策，加快“三带三基地”建设，推进临夏州草食畜牧业规模化、标准化、品牌化建设，逐渐形成康美肉牛、燎原乳业、众博蛋鸡等众多畜牧龙头企业，带动畜牧产业快速发展。推进全省畜牧全产业链试点工作，新建规模养殖场和养殖小区109个，新发展规模养殖户1713户。大牲畜年末存栏38.61万头，下降0.1%；羊存栏149.44万只，下降1.1%。肉类总产量5.79万吨，增长2.9%。设施农业快速发展，全年新建日光温室、塑料大棚1200亩，蔬菜种植面积达20.2万亩，增长5.8%。输转劳务49.6万人，实现劳务收入71.94亿元。

【项目建设】2015年共实施各类重点项目621个、完成投资339.5亿元，其中亿元以上190个、完成投资234.5亿元，实施招商引资项目253个、到位资金249.1亿元。开工建设引黄济临、双达高速、大夏河生态环境综合治理、刘盐八库区地质灾害综合治理、东乡县城新区开发、康乐县城北出口综合开发等重点项目，建成河州大道、兰州至永靖沿黄快速通道等一批重大基础设施项目。全年在建亿元以上重大项目74个，本年完成投资83.58亿元，占固定资产投资的27.98%。

【优势产业】全面推进临夏绿色清真产业园建设，成功获批临夏国家农业科技园区，临夏清真食品认证中心获得马来西亚伊斯兰发展署授权认可；4个省列园区投入资金30.55亿元，入驻企业234家。实施松鸣岩滑雪场、东乡盛世旅游度假村、莲花红色小镇开发等旅游项目，积极推动旅游与文化、体育、商贸融合发展，组织筹办清真食品民族用品博览会、第十四届环湖赛、CBA四强对抗赛等大型活动，旅游接待人数895万人次、同比增长23.6%，旅游综合收入38.6亿元、增长25.5%。

【扶贫开发】按照“六个精准”、“五个一批”的要求，扎实推进“1+17”方案落实和“853”精准脱贫管理办法、大数据平台建设，完成10.5万人的年度减贫任务。新建农村道路563公里，改造危房2.5万户，易地搬迁2751户，解决5.04万人的安全饮水和39个贫困村动力电覆盖；新建农村幼儿园165所、薄弱学校改造440个、村卫生室178个、乡村舞台301个；落实扶贫专项贷款24.6亿元、互助社借款11.9亿元、双联惠农贷款12.4亿元，培训劳务18.7万人、输转49.6万人。

【人民生活】全年城镇居民人均可支配收入16508元，比上年增长9.6%；农村居民人均可支配收入5245元，增长12.6%。城镇居民人均消费支出12879元，增长16.5%；农村居民人均消费支出4769元，增长7.2%。全州参加失业保险的职工人数4.07万人，领取失业保险金的人数327人；参加基本养老保险的人数4.02万人；参加基本医疗保险的人数31.86万人，其中城镇职工10.89万人；新型农村合作医疗参合人数156.74万人，参合率达98.8%；全社会低保户数17.72万户，其中农村12.59万户，城镇5.12万户；低保人数59.13万人，其中农村46.11万人，城镇13.03万人。建成公共租赁住房18.4万平方米，改造棚户区181.5万平方米。

【社会事业】全年共组织实施各类科技计划项目108项，其中国家级、省级30项，州级78项；共取得科技成果30项，其中15项达到国内领先水平，8项达到国内先进水平；申请专利271件。全州共有中学104所，小学1131所，九年一贯制学校16所，中专及职业技术学校11所，幼儿园329所。普通中学在校学生数97293人，小学在校学生数181730人，中专及职校在校学生数5647人，全州中专及职校专任教师555人，中学专任教师8694人，小学专任教师10941人。学龄儿童入学率99.38%。全州拥有州级文化单位民族歌舞团、博物馆、文化馆、图书馆、美术馆、影剧院、民族文化艺术研究所、文化市场综合执法支队各1个；县（市）文化馆8个，公共图书馆8个，博物馆（纪念馆）26

个，文物管理所6个，乡镇综合文化站123个，农家书屋1149个；建成文化信息资源共享工程县级支中心8个。全州广播电视转播台12座，千瓦以上广播电视转播台11座，广播人口覆盖率97.19%，电视人口覆盖率97.81%。全州共有文化产业单位348个，比上年增加54个，完成文化产业增加值4.76亿元，增长18.37%；文化产业从业人员达到9989人，增加751人；文化产业完成投资10.36亿元；年末资产总计20.92亿元，增长20.65%。全州共有医疗单位172个，其中县级及以上医院14个，乡（镇）卫生院129个，病床7956张，专业卫生技术人员4812人。2015年全州共举办各类群体活动600余场（次），参加人数达96万人（次）；在甘肃省青少年武术、田径、篮球、足球、跆拳道、柔道、曲棍球、射击锦标赛中，获得9枚银牌、9枚铜牌；代表甘肃省参加了第十届全国少数民族传统体育运动会射弩比赛，1名队员获得三等奖。建成省政府体育惠民工程6个，行政村体育健身场所112个。

【社会保障】全面完成省列27件实事，落实资金33.2亿元，完成城乡低保、医保、养老、失业保险等提标工作，新建棚户区改造4359套、公共租赁住房580套，新增就业4.4万人。全面推进农村薄弱学校改造、山区寄宿制学校、乡村幼儿园和乡镇卫生院、村卫生室建设，建成临夏现代职业学院一期、临夏中学综合楼、临夏市三中、永靖中学迁建、积石山民族中学等项目，招录紧缺学科教师124名、医疗专业人才186名，在北师大、陕师大培训教师2887名。

【环境保护】推进荒山造林、退耕还林、经济林建设和城乡绿化，完成人工造林39万亩，新建绿色通道780公里，退耕还林4万亩。开展大气污染、水污染、农村面源污染治理，强化区域联动、联合执法和网格管理，全面推进燃煤锅炉整治、小砖窑搬迁、煤炭市场管理、扬尘管控、尾气油烟治理等重点工作，空气质量逐步改善。全州共有环境监测站9个，环境监测人员83人，境内自然保护区4处，面积达到1177.33平方公里。建成烟尘控制区1个，控制面积23平方公里。全年完成工业污染治理项目10个，工业污染治理总投资3508万元。

（马百平）

临夏市

【现任主要领导】

中共临夏市市委书记：曹正民（回族）

临夏市人大常委会主任：马锋（回族）

临夏市人民政府市长：

吴国峻（1月止）

郭维安（5月任）

政协临夏市委员会主席：边旭东

中共临夏市纪律检查委员会

书记：穆涛（东乡族）

【基本情况】临夏市位于甘肃省西南部，是临夏回族自治州州府所在地，距省会兰州市117公里，属兰州一小时经济圈范畴。总面积88.6平方公里，城市面积27.5平方公里。辖4个镇、6个街道，41个行政村、27个社区，常住人口28.18万人，人口密度每平方公里3181人。平均海拔1917米，年均降雨量332毫米，属内陆性中温带气候。境内有汉、回、东乡、保安、撒拉等18个民族，以回族为主的少数民族占总人口的52.9%。

【国民经济】2015年，全市实现生产总值61.42亿元，增长11.1%；固定资产投资60.87亿元，增长16.7%；社会消费品零售总额39.07亿元，增长9.4%；城镇居民人均可支配收入16757元，增长9.7%；农村居民人均可支配收入10388元，增长12.8%。

【“三农”工作】2015年，全市实现农业总产值4.52亿元，比上年增长2.0%。全年粮食种植面积33140亩，同比持平。其中，夏粮种植面积3980亩；秋粮种植面积29200亩；油料种植面积300亩；蔬菜种植面积15500亩，增长3.3%。大牲畜年末存栏11230头，增长0.7%；羊年末存栏18673头，下降2.6%；猪年末存栏19060头，下降4.2%。肉类总产量4461吨，下降0.3%。

【项目建设】全年共实施总投资273亿元的各类重点项目116个，其中，新开工40个、35亿元，续建76个、238亿元，上亿元项目达到43个。河州大道、城东二路大桥、万寿山经济适用房、青少年校外综合实践基地、西北片区集中供热、东区集中供热、折桥千亩现代农业示范基地等42个项目竣工投入使用，临夏博物馆、大剧院、体育场、体育馆、第二大桥、摩天轮大桥等74个在建重点项目正在加快推进。

【优势产业】依托传统的商贸优势和独具特色的穆斯林文化，以临夏穆斯林物流园区、东区商贸核心区、民族民俗文化产业园为重点，物流园区华仕捷汽车城、环球汽车城、南利建材博览城相继投入使用，八坊十三巷民俗民居保护改造、国家级民族民俗文化产业园核心区、百益国际贸易中心、天元国际商业综合体、中天健广场、大什字商贸城等一批投资力度大、辐射带动能力强的重点产业项目顺利推进，全年落实专项扶持资金1190万元，扶持引导清河源、兴强、泉乳等以清真食品、民族特需用品为主的龙头企业转型升级和做大做强，成功举办临夏牡丹砖雕艺术节、环青海湖自行车赛等节会展会，在2015临夏国际清真食品民族用品博览会暨第三届“燎原”杯全国清真名优风味小吃大奖赛期间，完成交易额2420多万元，签订供货订单1300万美元，促进了旅游与文化、体育、商贸的融合发展，对外展示了临夏开放开发的良好形象。

【扶贫开发】把精准扶贫与城乡一体化建设与扶智扶德相结合，整合各类涉农资金3.26亿元，向20个贫困村实施项目127个，整村推进、危房改造、财政一事一议、文化广场、幼儿园和温室温棚、畜牧养殖、花卉苗木等一大批农村基础设施和富民产业项目全面铺开；完成20个贫困村4689户1.95万贫困人口的大数据信息平台建设，抽调193名干部在每个村组建了“三位一体”帮扶工作队，长期驻村开展“清单式”、“处方式”帮扶，严格发放精准扶贫小额贷款2104户1.05亿元，跟进落实双联惠农贷款、妇小贷、互助社借款等9500万元，有效缓解群众发展富民产业的融资难题；在坚持抓物质扶贫的基础上，创新开展以德扶贫，一对一结成帮扶对子，通过谈心谈话、文艺演出、解决就业、赠送书画、评选“最美家庭”等多种方式，加强道德教育和思想帮扶，以道理明心、道德感化和道义教育，教育引导贫困户自觉转变等靠要的观念，树立和坚定脱贫致富的信心决心。通过一系列举措，全年预计完成脱贫1144户4880人，8个村实现整体脱贫。

【环境保护】先后召开市委常委会、四大家联席会、市政府常务会、誓师动员会、专题培训会、冬防百日攻坚行动动员会层层部署、持续推进，累计投入4.6亿元从燃煤锅炉、砖瓦窑厂、煤炭市场、建筑扬尘、餐饮油烟等13个方面开展大气污染综合整治，实施老城区西北片区集中供热、东区供热站扩容、北滨河中路惠盛供热站改造等项目，拆除各类燃煤锅炉111台，67家砖瓦窑厂及171台宾馆饭店、商铺茶水炉实现清零目标，884家餐饮单位全部安装油烟净化器或使用清洁燃料，所有砂石料厂、建筑工地和政府储备土地全部按“八个百分百”要求落实除尘抑尘措施，建成4个大型煤炭交易市场，以两个监测点为中心，开展劣质煤置换、电热毯发放、电费补助、秸秆收运等工作。截止2015年12月31日，PM10平均浓度值下降到95微克/立方米，优良天数达到289天。

【社会保障】投资3900万元更换改造16.5公里输水管道及水厂设备，新建1万吨清水池1座，安装二次加压泵19套，水厂日供水能力从4万吨提高到5万吨；投入1400万元硬化城市小街巷21条5.2万平方米，投入850万元完成分户计量改造10栋楼582户10万平方米，投入1455万元实施农村危房改造1200户，全面启动审批农村宅基地1348户，一批与群众生活密切相关的民生问题得到解决；投入2.9亿元完成城乡居民低保、农村五保、医保、社保、伤残津贴、失业保险等提标工作，投入5000万元配套失地农民养老保险，投入1.03亿元落实全市干部职工及退休干部增资、津贴、住房公积金等提标政策，一次性将镇街道办公经费提高到50万元，社区办公经费提高到10万元，村社区干部报酬提高到月800~1000元，全年落实各类惠民资金4.85亿元，惠及群众27万人（次）；继续加快教育为主的各项事业发展，投资2.3亿元相继建成使用了第三中学、青少年校外综合实践基地、街子、慈王幼儿园、南川小学、西关小学等一批学校幼儿园，启动实施大病定额补助、市镇两级分级诊疗和医师多点执业制度，成功举办第二季“河州好声音”大奖赛、第十一届社区文艺汇演等文体活动，深入推进食品药品放心工程。

【社会事业】主动向国家、省州争取到各类专项补助资金10.13亿元，争取到省政府发行的地方债券资金2.81亿元，争取到新增转移支付资金7615万元；完成政府性基金收入7亿元，比上年多增收3.3亿元。全年完成财政总支出28.8亿元，多支出4.5亿元，财政支出的85%主要用于社会民生。加快四版城市总规划和27个重点领域、重点行业专项规划编制工作，严格规划审批和规划执行，全年依法审查审批项目36个，查处违规建设409起，集中开展“两违”拆除行动23次，依法强制拆除违法违规用地及建筑321宗194亩；实施总投资22亿元的河州大道、庆胜东路延伸段改造、大夏河生态翻板闸、30公里牡丹长廊等25个城市重点建设项目，完成河州大道等6条新建道路的绿化工程，新增园林绿化面积9万平方米，改善城市的基础设施、服务功能、生态环境；开展卫生脏乱差、乱停乱放、占道经营、营运车辆管理不规范等5个方面24个突出问题的集中整治，严格实行定员定责、分片包干制度，全年投入4800多万元，新购置配备各类城管车辆32辆，规划修建一批停车位、停车场、便民市场，规范整治红园广场早市、崇文小区、下菜市、广场手机市场、东门水果市场，有效解决一批城市管理顽疾，城市综合管理水平和形象品位进一步提升。

（黄准）

临夏县

【现任主要领导】

中共临夏县县委书记：安华山

临夏县人大常委会主任：高建平

临夏县人民政府县长：

马正业（回族）（5月份止）

马志祥（回族）（5月份任）

政协临夏县委员会主席：

王英山（东乡族）

中共临夏县纪律检查委员会

书记：吴新平

【基本情况】临夏县位于甘肃省中部，临夏回族自治州西南部，黄河南岸。县境东西宽53.1公里，南北长59.85公里，总面积1212.4平方公里。地貌为青藏、黄土高原参半，多山沟，兼有塬、川。地势东北低、西南高，海拔1735 ~ 4636米之间。地处温带半湿润区和高寒湿润区的过渡带，属温带半湿润气候，具有大陆性、季风性山地气候特点。年均日照时数为2327.7小时，日照率为52%，全年太阳总辐射量128.4千卡/平方厘米，年平均气温7.6℃，无霜期183天左右，年降水量472.3毫米。现辖19个乡，6个镇，219个行政村，4个居委会。常住人口33.66万人。

【名优特产】临夏砖雕、葫芦雕刻、民间刺绣、布鞋加工、草莓、人参果、花椒、蕨菜、当归、柴胡等产品产量高、品质好，万顷塬上的无公害蔬菜享誉临夏市场，临夏黄酒、虫草黄酒、虫草、鹿茸等药膳食品在国内外市场享有盛誉。

【旅游资源】太子山、凤凰山、土门关、曳湖峡、万顷塬等都是有名的旅游景区，可供游览的名胜景点有龙首山、石佛寺、北山公园、五女山林场、刘家峡水库、临夏县生态园、古城公园、莲花台、大河金沙湾度假村、关滩沟风景区、祥云生态园、北塬生态园、土桥花园、三岔坪林场等。

【国民经济】2015年，全县实现生产总值32.63亿元，比上年增长7.2%。其中，第一产业7.26亿元，增长6.8%；第二产业4.96亿元，增长14.4%；第三产业20.41亿元，增长5.3%。实现工业增加值2.2亿元，增长 18.20%，其中规模以上企业实现增加值 1.2 亿元，增长 17.70%。实现建筑企业增加值 2.7 亿元，增长 9.7%。完成房屋建筑施工面积 28.09 万平方米，房屋建筑竣工面积 9.84 万平方米。完成社会消费品零售总额 6.98 亿元，增长 9.30%。全年公共财政预算支出 22.89 亿元，增长 4.00%。全县金融机构各项存款余额为 44.09 亿元，增长 15.60%；各项贷款余额为 29.04 亿元，增长 15.10%。

【"三农"工作】年末实有耕地面积 37.17 万亩，完成粮食作物播种面积 38.33 万亩。以旱作农业为突破口，增加粮食产量，平均亩产达到 462.18 公斤，全年粮食总产量 17.72 万吨，比上年增长 2.14%。全县完成造林合格面积 8.00 万亩，其中新育苗木 4280 亩。花椒产量达到 2137.40 吨，增长 8.11%。肉类总产量 9279.25 吨，增长 1.73%。牛奶产量 19141.32 吨，增长 9.09%。禽蛋产量 2376 吨，减少 1.30%。水产品产量 104 吨，增长 5.05%。大牲畜年末存栏 6.08 万头，减少 0.77%。羊年末存栏 18.42 万只，减少 1.83%。猪年末存栏 7.41 万只，减少 3.20%。家禽年末存栏 79.20 万只，减少 1.30%。

【项目建设】2015 年，全县实施重点建设项目 99 个，完成固定资产投资 30.08 亿元，比上年增长 16.11%。其中，项目建设完成投资 2.86 亿元，增长 15.36%，房地产业完成投资 1.47 亿元，增长 33.12%。实施基础设施建设项目 30 个，投资 6.44 亿元；实施工业生产项目 20 个，投资 6.30 亿元；实施商贸旅游项目 14 个，投资 3.90 亿元；实施改善群众生活项目 14 个，投资 8.97 亿元；其他方面的项目有 21 个，投资 4.47 亿元。

【优势产业】以花椒、畜牧、水电、劳务、特色产业五大主导产业为经济发展依托，全年共创劳务收入 14.47 亿元，比上年增加 1.73 亿元，劳务人员人均创收入 14429 元，人均增加 1600 元，增长 12.47%。农民人均工资性收入达到 1940 元，占农村居民人均可支配收入的 35.44%；农民人均收入中从畜牧业得到的收入为 708.42 元，增长 15.91%，占农村居民人均可支配收入的 12.94%。全县已经建成电站 20 座，总装机容量 4.41 万千瓦时，年发电量 14035.79 万千瓦时。发展壮大无公害蔬菜，2015 年种植蔬菜 6.89 万亩，蔬菜总产量达到 79085.6 吨，实现产值 1.32 亿元。文化产业快速发展，2015 年底，文化企业投资额达到 500 万元，资产总计 21645 万元，文化产业法人单位 37 户，从事文化产业的人数 1381 人，增加值 6365 万元，增长 17.87%。砖雕木雕产业势头强劲。兴办神韵、能成、青韵等砖雕生产企业，年生产砖雕产品 8 万多平米、砖雕工艺品 630 万件，近 5000 多人从事雕刻、运输及安装等，年产值达到 2.1 亿元。扶持创办"柏居艺"藏式家具、祥泰工艺品、万发木制品和飞龙木雕等 4 家企业，主要研发、生产各类具有民族传统文化的家具、木雕装饰品、工艺品和宫殿庙堂、亭台楼阁、牌楼影壁等建筑构件，产品远销青海、西藏和四川等地，年产值达到 1000 多万元。葫芦雕刻、民间刺绣、布鞋加工等特色产业也得到较好的发展。

【人民生活】2015 年末全县单位从业人数为 11748 人，比上年增长 1.00%，全县单位年末从业人员年均工资收入为 45666 元，增长 9.44%。全县农村居民人均可支配收入为 5474 元，增长 13.00%。城镇居民人均可支配收入为 16452 元，增长 9.40%。

【扶贫开发】全面落实"1+17"精准扶贫工作方案，组建党建、双联、扶贫"三位一体"帮扶工作队，以 109 个贫困村为重点，创造性的开展工作，扶贫开发取得阶段性成果。全年共计投入精准扶贫资金 17.15 亿元，实施危房改造、饮水安全、道路硬化等基础设施项目，壮大养殖、种植、林果等富民增收产业。2.6 万多人成功脱贫，全县贫困面由上年的 23.65% 下降到 16.21%。

【环境保护】主要污染物排放总量得到有效控制，环境污染得到明显遏制，环境质量实现持续改善，工作成效明显。2015 年，化学需氧量排放量为 3994.88 吨，二氧化硫排放量为 376.21 吨，氮氧排放量 89.94 吨，氨氮排放量 219.08 吨。通过实施工程造林、天然林保护、滩涂治理等项目，改善生态环境。

【社会保障】全县年末优抚对象 1157 人，其中，参战参核人员 329 人。享受政府最低生活保障的城镇居民和农村居民分别为 13531 人、85878 人。参加农村新型合作医疗的人数 317877 人，参合率 98.95%。全县企事业单位养老保险、失业保险参保人数 7804 人，城乡居民社会养老保险人数 219893 人。参加城镇基本医疗保险人数 38953 人，其中，城镇职工参加基本医疗保险人数 12980 人，城镇居民参加基本医疗保险人数 25973 人。城镇登记失业率 3.23%。

【社会事业】全年共实施交通重点项目 2 个 30.08 公里，投资 3992 万元。完成通畅工程项目 37 条，建设里程 108 公里，完成投资 5397 万元，建制村通畅率达到 100%，乡村道路得到进一步改善。全年公路运输完成货运量 151.59 万吨，货物周转量 19043.62 万吨 / 公里；客用量 388.05 万人 / 次，旅客周转量 15676.83 万人 / 公里。水路运输完成客用量 21.19 万人 / 次，旅客周转量 953.55 万人 / 公里。年末电信固定电话用户达到 34000 户，比上年增长 8.59%，其中农村固定电话用户达到 28600 户，增长 20.64%；年末移动电话用户达 191000 户，减少 14.85%。自来水受益村 219 个，占全县总村数的 100%；农村自来水受益户为 74421 户，占总农户数的 96.05%；农村自来水受益人口 334356 人，占乡村人口的 97.68%。各乡镇、各村全部通电、通公路、通汽车、通邮、通电话，通电的户数 77484 户，占总农户的 100%；通电话的户数为 32018 户，占总农户的 41.32%。共有各类学校 267 所，教职工 3410 人，在校学生 48119 人。共有医疗机构 36 个，床位 1138 张，专业卫生技术人员 690 人。全年旅游接待人数达 33.85 万人（次），比上年增长 29.4%，实现旅游收入 14700 万元，增长 30.06%。

（李红卫）

康乐县

【现任主要领导】

中共康乐县县委书记：

乔跃俭（3月止）

吴国峻（3月任）

康乐县人大常委会

主任：马学义（回族）

康乐县人民政府县长：雍桂英（回族）

政协康乐县委员会主席：

郭亚林（3月止）

石恒平（3月任）

中共康乐县纪律检查委员会

书记：赵玉海

【基本情况】康乐县位于甘肃省中南部，临夏回族自治州东南端，洮河下游西侧。东临临洮县、南接渭源县和卓尼县、西连和政县、北靠广河县。地处黄土高原向青藏高原过渡的农牧交汇地带，境内海拔1898～3908米，年均气温7.5摄氏度，年降雨量404.8毫米，无霜期150天，日照数2299.4小时，日照百分率52%。总面积1083平方公里，辖5个镇、10个乡，152个村民委员会。全县常住人口24.10万人，耕地32.73万亩。

【自然资源】有野生中药材300多种，草场36.54万亩，林地55.42万亩，有松、柏、杨、柳、桦等200多个树种；金钱豹、鹿、猞猁等近百种；蓝马鸡、鹰、雁等珍禽60多种。矿产资源丰富，现已探明的有方解石储量1800万吨、海洋古生物化石储量300万立方米，铜、金、石蜡矿产资源等储量大。旅游资源极为丰富，主要有药水峡森林风景区、莲花山国家森林公园、麻山峡、后墩湾风景区、西蜂窝寺、亥姆寺、白云寺、西拱北、赵家湾拱北等自然和人文景区。2015年，全县接待游客73.55万人次，增长30%；旅游综合收入达到2.98亿元，增长31%。

【国民经济】2015年，全县实现生产总值18.75亿元，比上年增长7.3%。其中，第一产业增加值4.83亿元，增长6.3%；第二产业增加值2.09亿元，增长10.3%；第三产业增加值11.84亿元，增长7%。实现工业企业增加值6606万元，增长12.4%。其中规模以上工业增加值0.38亿元，增长7.5%。建筑业实现增加值1.42亿元，增长8.4%。完成社会消费品零售总额5.62亿元，增长8.5%。财政支出17.30亿元，增长7.04%。年末全县金融机构各项存款余额达到33.68亿元，增长4.48%；各项贷款余额达到22.92亿元，增长8.76%。

【“三农”工作】2015年，大牲畜年末存栏合计68137头。其中，牛存栏55721头，马存栏1790匹，驴存栏591头，骡存栏10032头，羊存栏151010只，猪存栏31301头，鸡存栏27.52万只，全年肉类总产量6093.82吨。全年完成农作物播种面积34.36万亩。粮食作物26.36万亩，其中，夏粮11.61万亩，秋粮14.74万亩，玉米10.54万亩、马铃薯4.21万亩。经济作物播种面积6.79万亩，其中，油料2.99万亩、蔬菜0.6万亩、中药材3.79万亩。截至10月底，共完成劳务输转6.31万人（其中组织输转3.16万人），完成劳务收入7.88亿元。劳务输转成为全县农民群众脱贫致富奔小康的主要途径。

【项目建设】全年完成全社会固定资产投资21.30亿元，比上年增长13.78%。全县组织实施500万元以上重点建设项目66项，总投资60.54亿元。其中，交通项目6项，投资2.01亿元；农林水利生态项目9项，投资16.61亿元；城镇基础设施项目15项；投资6.27亿元；社会事业发展项目3项，投资0.29亿元；经贸流通、就业和社会保障项目2项，投资1.6亿元；工业和产业开发项目3项，投资0.36亿元；房地产开发项目10项，投资25.65亿元；其它项目18项，投资7.75亿元。

【优势产业】2015年，全县中药材种植面积3.79万亩，占农作物播种面积的11.03%，已建成年加工中药材1500吨以上企业一家，中药材初加工户80多家，大小贩运户280多家。大力发展康美现代循环经济园区。百村母牛繁育园区新发展母牛繁育重点村9个，累计达60个。育肥园区内新（改、扩）建百头以上规模肉牛养殖场8家。新建规模化养殖场18个，其中百头以上肉牛养殖场8个，发展规模养殖户140户，其中肉牛规模养殖户新增100户，全县累计建成百头以上肉牛规模养殖场169个，发展规模养殖户4235户。争取国家良种活畜引进补贴项目，筹措资金900万元，从国内外引进基础母牛5000多头。新（改）建标准化肉牛冻配站3处，牛冻配站点共计达27个，完成改良输配母牛2.61万头，其中完成德系西门塔尔牛冻精输配良种母牛7500多头，荷斯坦2000头。全县育苗留床面积稳定在6万多亩，建成千亩以上育苗基地10处，百亩以上34处，栽植的苗木主要有云杉、油松、樟子松、华山松、柳、新疆杨、国槐、刺槐、山杏以及牡丹、红叶李、迎春、连翘、榆叶梅等花灌木。针叶树种占育苗总面积的比例接近80%。育苗产业服务大厅投入使用。开通“康乐云杉”网，采集发布育苗基地具体位置，苗木数量、规格，育苗大户联系方式和市场参考价等信息，以销售康乐云杉为主的农特产品淘宝网店—云杉康乐基地正式上线运营，并在林业综合服务中心线下同步建起康乐云杉O2O体验中心。

【社会保障】全县城镇职工养老保险参保人数1941人。基本养老保险费征缴1180万元。为456名企业退休人员发放养老金1066万元，占全年发放任务数1078万元的98.89%。完成2015年度企业退休人员养老金待遇调整任务，为422名退休人员平均每人每月增加养老金215元。失业保险参保人数达到1941人。失业保险费征缴110万元。为2名下岗失业人员发放失业金0.3万元。全县城乡居民养老保险应参保人数152402人（含60周岁以上人数），缴费续保人数95657人，个人缴纳养老金1060.66万元，缴费续保率为95.27%。为31770名符合领取条件的参保人员发放养老金3680.45万元，发放率为100%。截止2015年9月份，实现转移就业1009名，其中，高校毕业生转移就业102名。城镇新增就业人员4001名，发放小额担保贷款额3000万元，新增小额担保贷款基金250万元，完成就业技能培训989名，创业能力培训161名，岗位技能提升培训70名，职业技能鉴定859名，全县输转劳务6.31万人，劳务收入7.88亿元。新农合筹资标准人均达到470元（四级财政补助380元、个人缴费90元），市县两级财政配套资金落实到位率100%，全县参合农民235451人，参合率为98.28%。开展50种重大疾病保障、总额预付、分级诊疗等工作，对33种特慢病给予门诊补偿。

【扶贫开发】 深入开展精准扶贫工作。共识别贫困户17943户，贫困人口7.65万人，通过“全国扶贫信息网络系统”实行动态管理。以2015年15个整村推进村、5个美丽乡村示范村、10个极端贫困村为重点，整合发改、交通、住建、农牧、教育、卫生、文化等部门资金12.6亿元。30个重点村的道路硬化、危旧房改造、村级办公场所、文化广场、村容村貌整治等方面的建设进展顺利。已完成道路拓宽硬化109公里，完成13所村办公室、5所卫生室、9所幼儿园、6处文化广场、3所村小学主体工程建设，完成无自建能力房屋主体建设225户，有39户已经入住。以贫困户劳动力为主要培训对象，以贫困家庭“两后生”为培训重点，加大贫困劳动力转移培训力度。计划完成贫困户“两后生”培训210人，贫困劳动力短期技能培训500人。共计开展活动550场次，捐送物资180多万元；共协调落实各类项目40个，帮扶资金达2353万元；落实双联惠农贷款822户、10490万元。

（周玉）

永靖县

【现任主要领导】

中共永靖县县委书记：尹宝山

永靖县人大常委会主任：赵贤章

永靖县人民政府县长：张自贤

政协永靖县委员会主席：

康建才（2月止）

孔祥友（6月任）

中共永靖县纪律检查委员会

书记：程建辉

【基本情况】 永靖县位于甘肃中部西南，临夏回族自治州北部，东界兰州市西固区、定西市临洮县，南濒黄河，与东乡、临夏、积石山县为邻，西毗青海省民和县，北望湟水，与兰州市红古区相望，全县东西长68.04公里，南北宽51.17公里，总面积1864平方公里，总耕地35万亩，其中山旱地22万亩，年平均降雨量260毫米，蒸发量在1500毫米以上，属大陆性、温带半干旱气候。辖17个乡（镇）、152个村（居），全县常住人口18.38万人，少数民族占总人口的13.78%，城镇化率46.09%。

【国民经济】 2015年，全县实现生产总值35.62亿元，比上年增长6.7%。其中，第一产业增加值5.94亿元，增长5.8%；第二产业增加值16.84亿元，增长4.9%；第三产业增加值12.84亿元，增长10%。三次产业结构比重由2014年的15.45 ：52.55 ：32调整为2015年的16.68 ：47.28 ：36.04。

【旅游资源】 黄河流经县域107公里，形成炳灵峡、刘家峡、盐锅峡—黄河三峡，是国家“4A”级风景名胜区。有炳灵寺石窟、刘家峡水电站、炳灵石林、恐龙国家地质公园4个国家级旅游景点；有炳灵湖、太极湖、毛公湖三座高峡平湖；有恐龙之乡、彩陶之乡、傩文化之乡、水电之乡等美誉。2015年旅游人数323.71万人次，比上年增长22.61%，全年旅游综合收入14.23亿元，比上年增长24.07%，旅游业收入占生产总值的比重为39.98%。

【项目建设】 全年共组织实施500万元以上项目108个，总投资200.39亿元，完成投资64.08亿元。引进签约招商项目13个，总投资40.7亿元，完成投资12.26亿元。重大项目建设进展顺利，兰刘沿黄河快速通道建成通车，刘盐八库区地质灾害综合治理项目有序推进，金河湾黄河大桥建成即将通车。太极大桥、外环路动工建设，县城至新寺公路即将动工建设。兰刘高速公路、刘家峡库区环湖公路列入全省路网规划。全年完成固定资产投资62.55亿元，比上年增长6.61%。

【人民生活】 城镇居民人均可支配收入16242元，比上年增长9.60%。农民人均可支配收入5212元，增长12.50%。农村居民人均生活消费支出5117元，增长9.60%；农村居民家庭食品消费支出占消费总支出的比重为35.18%，增长4.61个百分点。

【社会生活】 2015年完成文化产业增加值9283万元，比上年增长17.21%，占生产总值的比重为2.61%，文化产业从业人员达到1391人，增长8.50%。文化产业完成投资额18155万元。全县共有各级各类学校172所，在校学生人数22026人。全县共有医院、卫生院23所，病床数961张，专业卫生技术人员1028人。儿童建卡率100%，单苗单针次接种率98%以上。全县共有环境监测站2个，环境保护监测人员26人。境内自然保护区面积达到19500公顷。城市污水集中处理率86.19%，城市生活垃圾无害化处理率90.46%。全年完成工业污染治理项目10个。

【社会保障】 全县参加城镇职工基本养老保险人数3614人，参加城镇职工基本医疗保险人数为15085人，参加城镇居民基本医疗保险人数为20666人，参加失业保险人数为6910人，参加工伤保险人数为7107人。参加城乡居民养老保险人数为9.84万人，参保率为96.50%。参加新型合作医疗农民人数14.07万人，参合率为99.60%。城乡医疗救助1455人，资助参保参合48297人。城镇居民享受政府最低生活保障的人数为9372人，农村居民享受政府最低生活保障的人数38160人。敬老院11个，五保家园3个，敬老院拥有床位148张，供养人员20人。

【扶贫开发】 2015年，以省、州“1+17”精准扶贫方案为统揽，把4个贫困片带、3.72万名贫困群众整体脱贫作为主攻重点，按照“分批扶、大扶贫、全覆盖、菜单式、钱到户、重造血”的原则，精心实施以项目到村改善发展条件、资金到户增加群众收入、帮扶到人确保扶贫实效为主的精准扶贫系列“组合拳”，共落实扶贫资金4741.25万元，全县精准扶贫工作取得阶段性成效，贫困人口减少1.13万人，减少到2.59万人，减幅达30.34%。

（潘尚科）

广河县

【现任主要领导】

中共广河县县委书记：赵廷林（回族）

广河县人大常委会

主任：马进辉（东乡族）

广河县人民政府县长：马东升（回族）

政协广河县委员会主席：马尚忠(回族)

中共广河县纪律检查委员会

书记：马志勇（东乡族）

【基本情况】广河，古称太子寺。地处陇西黄土高原丘陵沟壑地带，位于甘肃省中部，临夏回族自治州东南部，东与定西市临洮县隔河相邻，西接和政县，南连康乐县，北靠东乡族自治县。东西长45公里，南北宽13公里。地势自西南向东北倾斜。广河背靠藏区，面向兰州，历来是中国西部的一个重要商埠，具有“西部旱码头”的美誉。早在汉朝时期，就是“丝绸之路”重要驿站，举世闻名的“唐蕃古道”从此而过，是明代“茶马互市”重要市场。常年有3万多人在全国各地从事商贸流通和务工创业。皮毛市场与国内各大市场接轨，是西北地区重要集散地，三甲集镇被誉为“西北皮毛集散第一集”。总面积538平方公里，辖3个乡，6个镇，102个行政村。常住人口23.78万人，人口密度475人/平方公里。平均海拔1953米，年平均气温7.8℃，年平均降雨量305.1毫米，全年无霜期148天，日照时数2358.8小时。

【旅游资源】全县境内自然遗存丰富，文物古迹众多，是我国新石器时代与夏商过渡期典型文化——齐家文化的发祥地，有马家窑文化遗址和蕴藏丰富的古动物化石遗迹。从被确定为国家、省级保护单位的齐家文化和半山瓦罐嘴马家窑文化遗址到发掘出的各类陶器，在国内外享有声誉。有“齐家文化的摇篮”的美称。全县有590余处清真寺和拱北，有中国式殿堂建筑，也有仿中亚或阿拉伯式，还有中西合璧式，集古典、现代和阿拉伯风格于一身，融汇回族砖雕、汉族木刻、藏族彩绘为一体，形成独特的清真寺艺术风格，享誉西北，有“穆斯林风情大观园”的美誉。

【国民经济】2015年，全县实现生产总值17.87亿元，比上年增长9.4%。其中，第一产业增加值3.12亿元，增长5.8%；第二产业增加值3.26亿元，增长17.1%；第三产业增加值11.49亿元，增长7.3%。三次产业结构比由上年的19.49 ∶ 23.52 ∶ 56.99调整为17.44 ∶ 18.27 ∶ 64.29。实现工业增加值2.18亿元，增长15.9%，其中规模以上工业增加值1.44亿元，增长13.5%。实现社会消费品零售总额6.98亿元，增长8.9%。完成公共财政预算收入1.13亿元，增长15.15%。全县存贷款余额分别达到30.29亿元和29.62亿元，增长17.39%和12.78%。

【“三农”工作】全年完成农林牧渔及服务业总产值5.36亿元，比上年增长4.0%；完成粮食总产量达11.03万吨，增长4.0%；肉类总产量达2657.22吨，比上年增长6.04%。旱作农业实现适宜地区全覆盖，先后三次被国家农业部评为全国粮食生产先进县。进一步加大玉米新品种推广力度，玉米新品种达到95%以上。全县建立25个高产创建万亩示范片，示范面积达到38.8万亩。草食畜牧业逐步壮大，联户养殖小区（场）累计达到221个，发展规模养殖户8107户。全县共新建养殖场(小区)16个，联户养殖场（小区）发展到221个，规模养殖户发展到8107户，新增150户。春秋两季在桦林沟、南沟、巴家沟、古城沟、八羊沟五大流域共完成造林3.43万亩、新栽行道树85公里，打造千亩造林示范点18个，栽植各类苗木240多万株。

【项目建设】全县实施重点项目85项，总投资69.57亿元（固定资产投资35.73亿元，比上年增长14.67%），其中续建项目32项，总投资49.89亿元；新开工项目53项，总投资19.68亿元。通畅工程、洮河堤防等22个项目全部完工，易地搬迁、管道天然气等10个续建项目完成年度建设任务，完成投资19.19亿元。总投资6.96亿元的兰郎公路县城过境段、城区南北滨河路等24个项目全部完工。总投资12.72亿元的齐家文化博物馆、老年养护院等29个项目进展顺利，完成投资7.16亿元。进一步加大招商引资力度，全年招商引资项目18个，总投资67.82亿元，到位资金31.98亿元，增长35%。

【优势产业】全面加快园区建设步伐，做大做强皮革毛纺传统优势产业。扎实推进园区建设，编制完成《园区发展总体规划》，开展园区循环化改造，创新管理服务，落实扶持中小微企业发展的26条政策措施，加强政银企对接，协调落实贷款近亿元。组织参加兰洽会、青洽会等节会，加强与中亚、西亚等国家的交流，着力推介皮革加工、清真食品和民族用品等特色产业。加快三甲集皮毛交易中心一期建设进度，交易棚厅已完成主体，完成投资6.5亿元，正在筹备招商工作。

【人民生活】全年农村居民人均可支配收入5756元，较上年增长12.3%；城镇居民人均可支配收入15738元，增长9.5%。投资1100万元建成电子商务服务中心，入驻电商企业38家，电商销售额近5000万元，带动周边400多户群众参与家庭皮革加工；在庄窠集蓝水河和大庄村设立2个电商扶贫点，带动180多户贫困户进行代加工。投资2287万元，实施县城、三甲集、齐家镇抗旱应急水源配套工程和各乡镇自来水管网改造工程，加强农村人饮水源地安全保护，确保了全县饮水安全和用水保障。投资7060万元，改造危旧房3800户。启动实施三甲集康家易地搬迁二期工程。14栋安置楼正在进行主体建设，5栋已封顶，建成后可安置858户4499人。

【扶贫开发】认真开展贫困村、贫困户、贫困人口建档立卡工作，做到底子清楚、方向明确、措施精准。以实施的20个重点贫困村为主攻方向，全县共落实各类政策资金5.21亿元，受惠贫困群众9331户、43236人。围绕培育产业，提高建档立卡贫困户“造血”能力，从县级财力筹措资金2780万元，在暖棚补助、危旧房改造、一事一议自筹资金减半、特困残疾人救助、专项贷款保险补助、饲草料补助等方面制定具体扶持政策，受益贫困户5341户。投资1.33亿元，在20个重点村硬化和改造道路387.9公里，村社道路硬化率达到100%，通户道路硬化率达到50%以上；实施易地搬迁项目，搬迁群众272户，改造危旧房1438户；实施薄改项目6所，新建幼儿园7所；贫困村卫生室、文化广场、老年人日间照料中心、自来水和电网改造等，实现全覆盖。通过开展“人大代表在行动”、“政协委员助推双联”等活动，各级人大代表帮扶贫困户180多户，捐赠基础母羊200多只，帮助发展特色养殖户102户；非在职政协委员联系贫困户230户，累计捐助基础母羊400多只，捐资400多万元硬化村社道路9.6公里。县内22名企业家捐助510万元，帮助贫困户修建住房140户。民营企业家投资1470万元在广通河修建大桥一座，捐资320万元修建县第三幼儿园，捐款捐物3000多万元。

【环境保护】对华洋毛纺公司、兰广洗毛厂和伟海淀粉厂进行停产整顿，目前3家企业均已安装污处设备。完成14家洗毛企业治理任务，其中关闭4家，10家安装污处设备，所有洗毛企业已从国控企业名单中予以核销。建成一处机动车尾气监测点，实时进行机动车尾气监测，淘汰老旧公交车20辆，黄标车14辆，核发机动车环保标志7246张。制定《关于进一步加强危险废物监督管理工作的实施方案》，对辖区内产生危险废物的两家企业加强监控，督促企业与省危废中心签订危废处置协议，对产生的危险废物进行规范处置。加强县城集中式饮用水源地和4个乡镇集中式饮用水源地的日常监管，严防废水企业落户水源地保护区，坚持每季度定期监测饮用水质，确保饮水安全。

【社会保障】全县城镇职工基本养老保险参加人数2255人，参加失业保险人数3316人，参加医疗保险人数7075人。企业离退休人员养老金发放率达100%，全县城镇居民最低生活保障人数4811人；农村居民最低生活保障人数59623人。新型农村合作医疗工作正常运行，共有18.48万人参加新型农村合作医疗，参合率达到98.53%。2015年新增城镇就业6138人，城镇登记失业率3.15%以内，有组织输转劳务12批，2073人。

【社会事业】全县现有各级各类学校177所，中小学在校生34818人，在园幼儿7863人。现有适龄儿童21883人，已入学21554人，入学率为98.5%。学前教育毛入学率为65.9%，九年义务教育巩固率78%，高中阶段毛入学率为47.8%。中小学教职工2759人，幼儿园专任教师249人。2015年，实施学校项目18所，投资4348万元（县级配套960万元），建筑面积15586平方米。新建广河七中、水家小学周转房。规划修建三甲集中学公寓楼、运动场、广河三中周转房、运动场及附属、县第一幼儿园教学楼，总投资5487万元，面积达44545平方米。卫生机构14个，村卫生所93所。县内10家公立医疗机构共有医疗床位812张。有文化馆1所，博物馆1所，陈列各类文物1436多件；公共图书馆1所，各类藏书3.5万多册，农家书屋102家。电视覆盖率达到93.5%；电视卫星地面接收站47座，其中村村通47座；有线电视入户5430户，转播标清节目135套，转播高清节目196套；农村电影放映范围覆盖全县102个行政村。

（范学华）

和政县

【现任主要领导】

中共和政县县委书记：李国辉

和政县人大常委会

主任：马进宝（东乡族）

和政县人民政府县长：蒋建民（回族）

政协和政县委员会主席：蔡映山

中共和政县纪律检查委员会

书记：张珂

【基本情况】和政历史悠久，古为羌戎之地，前凉设金剑县，宋崇宁四年称宁河县，明嘉靖十年设和政驿，和政之名自此而始。县域位于临夏回族自治州南部，地处黄土高原与青藏高原交汇地带，东与广河县、康乐县接壤，南与甘南州卓尼县、夏河县相邻，西与临夏县毗连，北与临夏县、东乡县交界，总面积960平方公里。平均海拔2200米，年平均气温6.4摄氏度，无霜期149天，年平均降水量505.5毫米。全县辖6个镇，7个乡，122个行政村，1个居委会，常住人口19.13万人，有汉、回、东乡等9个民族。

【旅游资源】境内比较有名的旅游景点有：国家4A级风景名胜区松鸣岩；全国4A级旅游景区国家二级博物馆和政县古动物化石博物馆；铁沟风景区，三岔沟风景区，柳梅滩风景区，南阳山森林公园，滴珠山公园，清虚观等。被誉为民族奇葩的“花儿”，在全县有一定的群众基础，每年举行“花儿”演唱比赛，特别是农历四月二十六至二十八三天，松鸣岩到处是“花儿”的海洋，丰富了广大人民群众的文化生活，被联合国教科文卫组织评为世界民俗（花儿）采录基地。

【名优特产】“甘肃省十大名果”“和政啤特果”；林产品加工类“金奖”“88啤特果饮料”；“甘肃省名牌产品”“滴珠山牌白酒”（华夏禹王系列）；大红蒜、蕨菜、乌龙头，党参、当归、黄芪，蚕豆、双低杂交油菜等品质好，在国内外市场享有盛誉。

【国民经济】2015年，全县实现生产总值14.99亿元，比上年增长11%。其中，第一产业增加值3.93亿元，增长5.5%；第二产业增加值3.22亿元，增长26.1%；第三产业增加值7.84亿元，增长5.8%。完成工业增加值1.37亿元，增长42.3%，其中，规模以上工业企业实现增加值1.22亿元，增长49.7%；固定资产投资37.99亿元，增长15.38%；社会消费品零售总额3.37亿元，增长9.2%；人均生产总值7848元，增长12.4%。

【“三农”工作】全年完成农林牧渔业总产值58532.23万元，比上年增长5.58%。全年完成造林面积4.3万亩，育苗1.28万亩。年末农田有效灌溉面积4.96万亩，与上年持平；年末保证灌溉面积4.83万亩，与上年持平，化肥施用量（折纯）711.02吨，下降9.06%。全年粮食播种面积17.71万亩，增长10.27%，其中夏粮播种面积

7.53万亩，增长2.45%，秋粮播种面积10.18万亩，比上年增长16.88%。油料种植面积8.22亩，下降17.96%，蔬菜种植面积0.62万亩，增长，8.77%。药材播种面积1.55万亩，增长14.81%。通过农村通畅工程、“一事一议”财政奖补等项目，硬化道路113条212公里；完成投资2157万元的新庄乡奋斗、松鸣镇新集等12个整村推进项目；实施投资4782万元的“五小水利”工程等9项水利水电项目；建成农村危旧房改造工程2800户、棚户区改造500户、易地扶贫搬迁项目386户。

【项目建设】全年实施重点项目140项、总投资204.7亿元，其中，新开工项目67项、投资98.4亿元；续建项目29项、投资69.7亿元；开展前期项目44项、投资36.6亿元。29个续建项目中，滨河路水车园艺博览生态园等21个项目已建成，鸿瑞佳苑二期等8个项目完成年度建设任务。67个新建项目中，临夏海螺公司余热发电、高中综合教学楼等33个项目已建成，三合镇石虎家至松鸣镇狼土泉战备公路等项目完成年度建设任务。全年在建项目83个。

【优势产业】抓住松鸣岩——古生物化石地质公园大景区列入全省20个重点景区的有利契机，编制完成《和政县松鸣岩－古生物化石地质公园大景区核心区修建性详细规划》，出台《关于促进全县旅游业改革发展的意见》。实施松鸣岩户外健身训练基地、松鸣岩景区和桦林地质公园旅游基础设施等项目，其中松鸣岩户外健身训练基地一期已建成运营。和政县古动物化石博物馆被中国科协命名为“2015—2019年全国科普教育基地”，成功举办第四届全国地层委员会第二次常委扩大会暨中国·和政古动物化石保护与利用学术研讨会，承办第十四届环青海湖国际公路自行车赛和政赛段赛事、全省第一季度文化产业发展调度会以及甘肃省2015冬春季旅游活动暨松鸣岩户外滑雪活动启动仪式。和政县被农业部、国家旅游局评为全国休闲农业与乡村旅游示范县，全年接待游客226万人（次），比上年增长24%，旅游综合收入达到9.4亿元，增长27.9%。

依托中国工程院建立的油菜北繁试验研究基地，建成标准化程度高、辐射带动力强的大南岔河流域和麻藏川两个万亩创建示范基地，粮经比达到57 ：43。引进建设八八啤特果6万吨果汁饮料生产线、甘肃复兴厚中藏医药文化旅游产业园、奇胜源生态养殖科技苑等农业产业化龙头企业，带动中药材、油菜、啤特果、畜牧养殖产业快速发展。目前，油菜种植面积稳定在15万亩以上，年产值达到1.4亿元；中药材种植面积5.8万亩，年产值1.2亿元；啤特果栽培面积15.1万亩、挂果面积6.5万亩，年产值1.2亿元；规模养殖场105个、规模养殖户3890户，增加值1.3亿元。加大劳务培训输转力度，积极拓宽输出渠道，在福建、天津等省市建立了固定的劳务输出基地。全年开展各类技能培训7200人（次），输转劳务人员5.42万人（次），劳务创收7.64亿元。

【人民生活】全年城镇居民人均可支配收入16261元，比上年增长9.1%；农民人均可支配收入5000元，增长12.7%。城镇居民人均消费支出10029元；农村居民人均消费支出4146元。

【扶贫开发】整合各类项目资金1.87亿元实施56个贫困村基础设施、产业扶持等项目，对当年整体脱贫的4个贫困村，投资4210万元在道路硬化、危旧房改造、安全饮水、卫生室建设等方面进行了重点倾斜扶持。加大产业扶贫力度，新建啤特果基地1.2万亩，新建规模养殖场（小区）15个，发展规模养殖户135户，在松鸣镇和新营乡建成2个千亩中药材示范基地。建成了7个乡镇电子商务服务站，和政县被省上列入电子商务扶贫先行先试试点县。促进双联扶贫深度融合，全县122个村组建了双联、扶贫、党建“三位一体”帮扶工作队，驻村开展精准扶贫各项工作。省州县联村单位共协调落实项目28个、投资3270万元，干部捐资捐物430万元，开展各类培训211期、受训人数达1.8万人次。强化金融扶贫作用，发放精准扶贫专项贷款1.81亿元。2015年按计划完成4个村整村脱贫和10710人的脱贫任务。

【环境保护】大力实施植绿补绿工程，投资4192万元完成造林4.58万亩，行道树绿化60公里，栽植各类苗木502.6万株。全力推进美丽乡村建设，实施了投资1000万元的美丽乡村建设项目，创建省级美丽乡村示范村2个、省级旅游扶贫示范村1个、环境整洁示范村26个。年末全县共有环境监测站1个，环境监测人员10人，城市污水集中处理率80%，城市生活垃圾无害化处理率95%。

【社会保障】落实各项惠民资金3.3亿元，城乡低保覆盖率达30%，城乡居民养老保险参保率达96.6%，新农合参合率达98.86%。年末全县参加失业保险的人数3545人；参加基本养老保险的职工人数2245人；参加基本医疗保险的人数15276人，其中城镇职工8340人；新型农村合作医疗参合人数170384人，参合率达98.89%。全社会低保户数20333户，其中农村14791户，城镇5542户；低保人数62814人，其中农村50474人，城镇12340人。农村低保金额8402.05万元，城镇5062万元。

【社会事业】加大教育基建投入，实施投资8992.8万元的松树村等25所村级幼儿园建设、西关小学综合楼等34所薄改、罗家集等3所学校教师周转宿舍及和政中学综合楼等项目，顺利通过省政府教育督导评估验收，实现了国家三类城市语言文字创建达标。着力改善医疗条件，筹措资金1600多万元，为县医院购置核磁共振、重症监护、心电监护仪等医疗设备，实施投资240万元的罗家集、梁家寺乡计生服务所和新营乡山城等14所标准化村卫生室建设。年末全县共有医疗卫生机构146个，其中县级医院1个，乡（镇）卫生院14个，村卫生室124个，民营医院2个，其他医疗卫生机构5个，病床1035张，专业卫生技术人员375人。大力发展文化体育事业，组织开展了“中国梦、庆七一、铸党魂”干部职工文艺大奖赛、书画笔会等丰富多彩的文化体育活动，建成和政县城数字影院、三合镇虎家村体育惠民工程和12个村一村一场项目，新建乡村舞台32个。全年完成文化产业增加值3756万元，比上年增长19.12%；文化产业从业人员622人，下降30.1%；文化产业完成投资25917万元，增长139%。

（孟小军）

东乡族自治县

【现任主要领导】

中共东乡族自治县县委

书记：马生荣　（回族）

东乡族自治县人大常委会

主任：马福荣（东乡族）

东乡族自治县人民政府

县长：张忠学（东乡族）

政协东乡族自治县委员会

主席：刘玉源　（汉族）

中共东乡族自治县纪律检查委员会

书记：马振华（东乡族）

【基本情况】东乡族自治县是全国唯一的以东乡族为主的少数民族自治县，是国列省扶的重点县。总面积1510平方公里，海拔1735~2664米之间。年平均气温为5～9℃，年降水量216～600毫米，年蒸发量1400多毫米，无霜期138天，无霜期短，日照丰富，降水量少，蒸发量大。全县经济以农业为主，主要农作物有春小麦、洋芋、玉米、油菜等，名牌产品有东乡洋芋，东乡手抓羊肉，唐汪大接杏，唐汪葵花籽，唐汪大红枣，河滩花椒，东乡天然地耳等。2015年，全县共有19个乡，5个镇，229个村民委员会，年末常住人口29.72万人，其中农业人口28.61万人，城镇化率为18.56%。

【国民经济】2015年，全县实现生产总值16.27亿元，比去年增长9.6%。其中，第一产业增加值4.24亿元，增长5.4%，第二产业增加值3.10亿元，增长12.8%，第三产业增加值8.93亿元，增长10.8%。三次产业所占比重分别为26.05∶19.07∶54.89；农业增加值4.32亿元，增长5.6%；工业增加值达到1.04亿元，增长16.1%，其中规模以上工业增加值0.33亿元，增长7.1%；全县社会消费品零售总额达到2.45亿元，增长9.4%。

【项目建设】2015年全县共列500万元以上建设项目52项，总投资34.6亿元，其中续建项目4项、投资5.99亿元，新建项目48项、投资28.61亿元，新建项目完成投资15.09亿元。全县固定资产投资达到26.13亿元，比上年增长14.14%；招商引资到位资金11.5亿元，比上年同期增长30.5%。按照打造开发商贸区、拓展县城发展空间，在县城南区规划实施总投资23.65亿元的新区开发，已完成征地1360亩，填挖土方80万方，建成排水工程1700米、盲沟950米，开挖集水廊道、雨污排水管沟3700米，完成投资9000万元，总投资9034万元的棚户区改造项目已开工建设。以旅游综合开发和生态示范建设为核心，投资1.5亿元的盛世旅游度假村已投入运营，投资990万元的河滩旧城街道改造项目正在加紧实施。实施了投资2000万元的拉沙沟及洮河河岸综合治理工程、投资500万元的开发区雨污水排放项目，整修改造了园区道路，进一步完善了基础设施。开工建设了总投资2.7亿元的东升伟业塑料有限公司、达板伊康源农牧循环产业园2个招商引资项目，总投资1亿元的金强玻璃生产线项目和加气块生产线项目已建成，总投资6000万元的金强洮河生态度假村项目已基本建成。

【“三农”工作】2015年，粮食播种面积为37.46万亩，其中夏粮5.57万亩，秋粮31.89万亩，夏秋作物比例由1∶5.63调整为1∶5.73，粮食总产量达到77006.05吨，比上年下降12.65%，农民人均占有粮269.55公斤，下降13.25%。全县农业总产值72553.93万元，增长1.24%；农业增加值43198.38万元，增长5.6%；造林面积5.72万亩，增长1.74%；花椒产量241吨，增长3%，水果产量11428.4吨，增长0.32%；大小牲畜存栏54.92万头（只），下降0.99%，其中，大牲畜、牛、羊、猪存栏分别5.89万头、3.83万头、48.64万只和0.38万头，分别下降0.18%、0.78%、1.03%和7.51%；大小牲畜出栏64.88万头（只），增长9.37%，其中牛、羊、猪出栏分别为1.34万头、62.94万只和0.6万头，分别增长4.42%、9.67%和–7.48%；肉类总产量15119.7吨，增长7.74%；全县农业机械总动力16.85万千瓦，增长6.8%；化肥施用实物量达到12248.07吨，折纯量2931.43吨，有效灌溉面积累计11.57万亩，保证灌溉面积累计9.48万亩，完成以机修为主高标准梯田2.4万亩，累计建成户用沼气18820户。

【优势产业】2015年全县四大支柱产业人均可支配收入达到2391元，占可支配收入比重达到64.1%，比上年增长12.01%，支柱产业发展有力地促进了农民增收。在洋芋产业方面，合理调整种植结构，大力推广脱毒洋芋良种，培育脱毒苗305万株，加快品种改良步伐，全县25.57万亩洋芋种植实现了良种化，人均洋芋收入为219元，占农民人均可支配收入的5.87%；在养羊产业方面，围绕加快养殖业发展，采取以稳定存栏，扩大出栏，提高商品率，增加农民收入为目标，投资3616.5万元，扶持贫困户修建暖棚圈舍5226座，新办养殖场29家、发展养殖大户840户，投资464万元在县繁育中心引进中天湖羊1600只，规模养殖户不断增加，规模养殖快速发展，养羊规模进一步扩大，品牌优势进一步增强，人均畜牧业收入902元，增长9.3%，占全县农民人均可支配收入的21.7%，其中养羊收入741.6元，增长11.52%，占全县农民人均可支配收入的17.86%。水产品产量211吨，比上年下降1.86%；在劳务产业方面，进一步拓展劳务产业发展空间，加大劳务技能培训力度，整合资金420万元共开展清真餐饮、电焊驾驶、农技等技能培训8555人，发展牛肉拉面、东乡手抓等清真餐饮实体和农家乐158家，输转劳务6.8万人次，实现劳务创收9.65亿元，人均劳务收入达到1346.8元，占农民人均可支配收入的36.12%，比上年增长16.4%，劳务收入占工资性收入的比例高达90%；在花椒林果产业方面，在巩固经济林基地规模的基础上，坚持适地适树、集中连片、稳步推进，建设经济林16600亩、110万株（其中，啤特果8100亩、49万株，花椒3000亩、18万株，唐汪大接杏及包核杏200亩、12万株，软儿梨、皇冠梨1500亩、9万株，核桃1500亩、9万株，黑枸杞230亩、11万株，苹果、大枣、美国大樱桃等270亩、1.6万株，花椒林果基地面积不断扩大，花椒林果人均收入花椒林果收入84元，占农民人均可支配收入的2.25%，比上年增长13.51%。

【人民生活】全县各级各类单位从业人员12542人，年末从业人员劳动报酬52307.6万元，年平均工资为46074元，增长15.3%。年末在岗职工12396人，年末在岗职工工资52087.5万元，年平均工资为46132元，增长15%。农民人均可支配收入4152元，增长12.1%；城镇居民可支配收入15850元，增长9%。

【扶贫开发】按照“教育生态打基础、解难盯住水路房、羊（洋）果劳务育产业、餐饮旅游创新路、流域推进求突破、力争同步进小康”的精准扶贫精准脱贫工作布局，以突出增加贫困人口收入、改善民生、加快发展为主线，以增强贫困人口自我发展能力为突破口，把帮扶思路转移到“拔穷根”上，全力实施精准扶贫精准脱贫的全县“一号工程”，着力重点，精准聚焦发力，形成了上下联动、聚焦发力的扶贫工作合力，积极整合资金，因户施策、精心帮扶，精准实施了一批扶贫项目，全县共发放精准扶贫专项贷款10078户、4.7亿元，双联惠农贷款39户、2240万元，妇小贷431户、2080万元，村级互助借款5676万元，拓宽了农民的增收渠道，有效增加了农民收入，有力地支撑了精准扶贫任务落实，广大群众的生产生活有了明显改善，实现了2015年7个乡镇、21个贫困村、40个非贫困村、4664户、2.11万人的年度脱贫目标。

【社会保障】围绕行路、吃水、住房、最低生活保障等问题，投资2055万元的“五唐”路改建铺油工程已完工通车，投资8.75亿元的“折红”二级公路已开工建设，硬化村道39公里，拓宽改造4.2公里，建成农村客运停靠站点121个；自来水入户率达到83%，安全率达到87%；实施了投资1.85亿元的东乡县2014年幸福小区B区公租房项目和投资2.77亿元的棚户区改造项目，共完成危房改造5461户；享受城镇低保12631人，享受农村低保10.28万人，五保3460人，孤儿1614人；城镇职工养老保险961人，失业保险3179人，城乡居民养老保险95663人，基本实现了应保尽保，均按政策标准落实了补助金，不折不扣落实各类惠民政策55项、6.14亿元，有效保障了广大群众的生产生活，社会保障能力不断增强，民生问题不断改善。

【社会事业】着眼于实现人的全面发展，统筹推进教育、卫生人口、文化等各项社会事业。全县大力推广地膜覆盖、全膜双垄沟播旱作农业、马铃薯良种繁育、日光温室、塑料大棚等高效农业增产项目，深入开展文化、科技、卫生“三下乡”活动，加大科技推广和应用的力度，人才总量稳步上升。2015年，财政收入12875万元，增长4.9%，其中县级公共财政收入6878万元，增长24.6%；全县含基金财政支出239835万元，增长24%；各项存款余额288334万元，增长25.23%；各项贷款余额238256万元，增长23.55%；全县现有各级各类学校256所，教职工3366人，在校学生47369人，幼儿阶段毛入园率为71%，九年义务巩固率为51.4%，高中阶段毛入学率为38.02%；各类医疗机构35所，标准化村卫生室165所，医务人员492人，病床510张，平均每千人拥有病床1.7张，新农合参合率98.6%，住院报销比例61.15%。文化事业以统筹城乡协调发展，认真实施实施“2131”农村电影放映工程，狠抓文化遗产保护工作，开展了民族文化资源的挖掘、整理、开发、包装工作，出版发行了反映东乡风情、民族民俗、精神风貌的散文集《东乡纪事》、诗词集《东乡放歌》，配合央视音乐频道《争奇斗艳》栏目组举办了东乡族歌王争霸赛。重视公共文化建设，乡镇综合文化站达到24个，农家书屋229个，有线数字电视用户1849户，乡村舞台60个，村级文化广场7处，面积140平米的县城数字影院，举办了各种体育健身活动，制定出台了《关于进一步加快旅游产业发展的意见》，开展了东乡民俗风情园、林家遗址彩陶园可研编制工作，启动了古生物化石河博物馆、曳湖峡谷地质公园谋划论证工作，完成了布楞沟村史馆布展工作，组建了东乡民族文化艺术团，摄制完成了《东乡旅游》宣传片，在文化旅游产业发展方面取得了新的突破。

【环境保护】环境影响评价和环保“三同时”制度，经常性的严格监督监察，对2015年开工的所有建设项目，全部进行了环境影响评价，环评执行率100%，建设项目“三同时”执行率100%，严格控制污染物排放总量，确保污染治理设施的正常运行，做到了达标排放，没有超指标排放的现象生产企业，化学需氧量、氨氮两项主要污染物控制在了规定的指标以内。

（唐占英）

积石山保安族东乡族撒拉族自治县

【现任主要领导】

中共积石山保安族东乡族撒拉族自治县县委书记：

马国兴（东乡族）（5月止）

马正业（回族）（5月任）

积石山保安族东乡族撒拉族自治县人大常委会主任：喇正彪（回族）

积石山保安族东乡族撒拉族自治县人民政府县长：马邦才（保安族）

政协积石山保安族东乡族撒拉族自治县委员会主席：李耀林（汉族）

中共积石山保安族东乡族撒拉族自治县纪律检查委员会书记：马海明（回族）

【基本情况】积石山保安族东乡族撒拉族自治县成立于1981年，是国列省列扶贫开发重点县，也是甘肃省唯一的多民族自治县，位于甘肃省西南部，地处黄土高原与青藏高原的过渡地带。东南与临夏县相连，西与青海省循化县接壤，北与青海省民和县隔河相望，东北与永靖县以黄河为界。东西长37公里，南北宽33公里，总面积910平方公里。地势西南高、东北低，平均海拔1787米。属典型的大陆性季风气候。冬春季干燥，夏秋季湿润，年平均气温6.3℃，年日照时数2278小时，年降水量667.2毫米，无霜期为158天。全县共有4个镇，13个乡，6个居委会，145个村民委员会。常住人口24.27万人，有保安、东乡、撒拉、回、汉、土、藏、维吾尔、羌、蒙古等10个民族，少数民族人口占总人口比重为53.94%，其中保安族是我县独有的民族，总人口18143人，占全国保安族人口的80.3%以上。

【国民经济】2015年，全县实现生产总值13.31亿元，比上年增长4.2%。其中，第一产业增加值3.52亿元，增长6%;第二产业增加值0.71亿元，增长15.2%;第三产业增加值9.09亿元，增长1.5%。全县人均生产总值5495.6元。全县三次产业的比重由2014年的24.94 ：11.76 ：63.3调整为26.41 ：5.32 ：68.27。工业增加值7082万元，增长15.2%。全年共实施各类重点建设项目107项，其中新开工项目90项，续建13项，固定资产完成投资24.05亿元，增长12.86%。全年完成社会消费品零售总额4.88亿元，增长9.1%。地方财政收入1.25亿元，增长18.51%，全年完成财政支出18.67亿元，增长2.26%。金融机构各项存款余额25.62亿元，增长11.2%，其中，城乡居民存款余额18.68亿元，增长23.4%；金融机构各项贷款余额23.64亿元，增长33.57%。

【“三农”工作】着力发展富民产业，全力推进农村经济发展。2015年，全年农作物播种面积为38.4万亩，比上年增长4.12%，大力推广旱作农业，种植全膜双垄沟播玉米25万亩，膜侧油菜3万亩，新修梯田1.33万亩，农业总产值达到68.44亿元，增长2.95%。粮食产量达10.38万吨；油料产量达15902万吨，增长0.01%；加快推进植树造林、退耕还林、水土保持和美丽乡村建设等生态文明工程，投资2400万元打造大河家核桃产业园，全县核桃、花椒总面积达到30万亩和12万亩。完成造林7.44万亩，绿色通道130公里，治理水土流失20平方公里，新修梯田0.66万亩，建成“千村美丽示范村”4个、“万村整洁村”15个。扎实开展全国羊产业发展试点县工作，建成规模养殖场20个，年末大牲畜存栏7.02万头，羊存栏17.32万只，肉产量4162.79万吨，畜牧业总产值1.17亿元。

【项目建设】全县实施500万元以上重点项目122项，完成投资29.86亿元。加大招商引资力度，共引进落地建设招商引资项目16项，完成投资12.2亿元。积石山引水工程完成总工程量的82%；民族中学、刘坊桥至民俗村道路、吹麻滩至安集公路、柳三二公路等项目建成投入使用；公租房、大河家镇污水处理厂等项目加快建设。总投资200多亿元的临夏至大河家高速公路项目、沿黄旅游一级公路项目已列入省州规划。积石山引水工程二期前期工作扎实推进。

【人民生活】2015年，农民人均可支配收入达到4434元，比上年增长12.6%。城镇居民可支配收入为16255元，增长9%。金融机构各项存款余额256229万元，增长11.2%，其中，城乡居民存款余额186754万元，增长23.4%；金融机构各项贷款余额236362万元，增长33.57%。投入1.81亿元硬化农村道路139条300公里，实现农村道路通村硬化率100%，村社巷道硬化率62%，联通县内外的初级公路网。全县自来水入户率达到74%，吃水难、饮用水不达标的问题得到有效解决。扎实开展城乡医疗救助工作，发放医疗救助金1766万元、救灾救助款819万元。

【社会保障】2015年，全县参加新型农村合作医疗人数182047人，参合资金8556.2万元。医疗参保人数7553人，参保金额71万元。确定城市低保对象1876户，6454人。农村低保对象19491户，72816人。加大劳务技能培训和组织输转力度，完成各类培训2.5万人（次），组织输转6.81万人（次），实现劳务收入9.69亿元。

【扶贫开发】因地制宜确立“大扶贫”思路，创造性地通过项目大集中、资金大捆绑的方式，集中合力攻坚，率先在全省民族地区探索出一条“输血”与“造血”并重，长期与短期结合，自力更生与政府扶持并举，基础设施建设与扶持特色产业两手抓，项目扶贫、产业扶贫、智力扶贫、观念扶贫同步推进的扶贫开发新路子。坚持把脱贫攻坚作为最大政治任务和“一号工程”，突出重点，强化措施，狠抓落实。抓点带面，整体推进，建成肖家、阳山、芦家庄3个小康建设示范村和吊地洼、地合、肖红坪3个精准扶贫综合开发示范村。投入2.09亿元实施整村推进项目17个，投入3380万元在14个村实施集便民服务中心、文化广场、幼儿园、卫生室、超市、日间照料中心等综合功能于一体的“六位一体”项目。实施危旧房改造项目4071户，实施易地扶贫搬迁项目6个496户。2015年，完成10个村4499户2.07万人的脱贫任务，贫困面下降到19.35%。

【社会事业】开展“教育质量提升年”活动，向先进地区看齐，学习会宁的“三苦一乐”精神，不断夯实基础教育，打好教育质量提升攻坚战，推进均衡义务教育发展。加大控辍保学力度，提高适龄少年儿童入学率，落实支教机制，创新教育管理模式，提升人口整体素质。加快中小学、乡村幼儿园、教师周转房等教育基础设施建设，新建、改扩建幼儿园71所。2015年末，共有卫生机构361个，其中县级机构5个，乡级机构16个，其他机构340个，县、乡两级共有在编在岗医疗卫生人员362名，医护人员持证率54.42%，拥有病床数1017张。人口与计划生育管理服务水平提高。改扩建17个乡镇计生服务站，完成17个乡镇服务站设备更新，实行更加优惠的计划生育奖励政策，优质服务县创建工作进展顺利，全县人口出生率14.59‰，人口自增率7.11‰。围绕华夏文明传承创新区建设，突出地域和民族特色，加强保安族特色村寨建设，建成村文化室10个、乡村舞台38个。成立积石山县艺术团，组织开展送文化下乡活动，丰富群众精神文化生活。深度挖掘文化潜力，积极整合文化资源，着力打造以保安族文化为核心的大河家民族民俗文化区、以银川新庄坪遗址、安集三坪遗址、石塬元山遗址等历史遗迹为核心的黄河沿岸彩陶遗迹文化区、以花儿文化为核心的积石山麓绿色生态文化区。推动旅游与文化产业融合发展，支持民间力量开发旅游景区，旅游基础设施和综合服务功能不断完善，全县年接待游客量达45.08万人（次），实现旅游收入1.91亿元。

【环境保护】全县共有环境监测站1个，环境保护监测人员13人，建成农村户用沼气1000座，户均节约煤炭消费1.5吨，全年节约煤炭1500吨，削减二氧化硫36.8吨、氮氧化物6.76吨；县城污水处理厂稳定运行，削减COD：151.65吨、氨氮21.62吨，填埋垃圾16500吨，生活垃圾得到了及时有效的处理。

（韩英明）

甘南藏族自治州

【现任主要领导】

中共甘南藏族自治州州委

书记：俞成辉

甘南藏族自治州人大常委会主任：

李　钰　　　　（3月止）

安锦龙（藏族）（3月任）

甘南藏族自治州人民政府

州长：赵凌云（藏族）

政协甘南藏族自治州委员会主席：

安锦龙（藏族）（3月止）

杨继军　　　　（10月任）

中共甘南藏族自治州纪律检查委员会

书记：王勇（回族）

【基本情况】甘南藏族自治州是全国十个藏族自治州之一，地处青藏高原东北边缘，甘肃省西南部，甘、青、川交界处。全州总面积4.5万平方公里，处于青藏高原和黄土高原过渡地带，地势西北部高，东南部低。境内海拔1100～4900米，大部分地区在3000米以上。全州分为三个自然类型区，南部为岷迭山区，山大沟深，气候比较温和，是全省重要林区之一；东部为丘陵山地，高寒阴湿，农林牧兼营；西北部为广阔的草甸草原，是全省主要牧区。甘南州成立于1953年，现辖7县1市，95个乡镇、4个街道。其中，玛曲县、碌曲县、夏河县、卓尼县、临潭县和合作市是黄河重要水源补给生态功能区，土地总面积3.06万平方公里，占全州土地总面积的67.9%。舟曲和迭部两县位于长江支流白龙江上游，是长江上游“两江一水”流域水土保持与生物多样性生态功能区和长江上游重要的水源涵养林区。2015年，全州常住人口70.50万人，其中，城镇人口21.50万人，城镇化率30.5%。州内有藏、汉、回、土、蒙等24个民族，其中，藏族人口40.34万人，占总人口的55.4%。

【国民经济】2015年，全州实现生产总值126.54亿元，比上年增长7.5%。其中，第一产业增加值27.01亿元，增长5.4%；第二产业增加值20.70亿元，增长2.2%；第三产业增加值78.84亿元，增长10.4%。三次产业结构比由2014年的20.68∶22.70∶56.62调整为21.34∶16.36∶62.30。人均生产总值17990元，增长6.9%。完成全部工业增加值17.27亿元，增长1.4%。实现社会消费品零售总额41.58亿元，增长8.3%。完成公共财政收入9.17亿元，下降11.3%。完成公共财政支出143.81亿元，增长23.2%。金融机构人民币各项存款余额为296.12亿元，增长20.0%；各项贷款余额为205.36亿元，增长21.1%。

【“三农”工作】全年完成农林牧渔业及农林牧渔服务业增加值27.13亿元，比上年增长5.4%。农作物种植面积108.63万亩，增长0.8%，粮、经、饲比重由2014年的49.6∶38.2∶12.2调整为49.4∶38.7∶11.9。粮食总产量9.06万吨，增长2.2%；油料总产量2.05万吨，增长3.1%；药材产量4.32万吨，增长7.9%；蔬菜产量2万吨，增长1.3%。全州各类牲畜年末存栏373.91万头、只，比2014年年末减少7.48万头、只。其中，大牲畜减少1.57万头；绵山羊减少5.11万只，猪减少0.80万头。肉类总产量7.22万吨，增长4.9%；牛奶产量8.20万吨，下降5.7%；绵羊毛产量0.21万吨，与上年持平。现代农牧业产业化进程加快，组建牦牛、藏羊繁育核心群40个，牲畜良种率达到48.0%，存栏适龄母畜150万头（只），育肥出栏牛羊16万个羊单位。建成藏中药材标准化生产基地2万亩，临潭、卓尼列入全省当归全产业链建设区域。示范种植玛卡500亩、羊肚菌220亩，推广杂交油菜8.60万亩，新增经济林果5000亩。推进农产品“三品一标”认证，认定无公害农畜产品产地47个，甘加藏羊被批准为国家地理标志保护产品。规范提升专业合作社，省级示范社达到49个。投资34.60亿元，实施重点龙头企业技改等项目157个。

【项目建设】全州完成固定资产投资186.24亿元，比上年增长4.5%。共实施各类项目882个，增加234个，其中，新开工项目732个，增加354个。全年争取中央预算内投资项目1083个，落实投资41亿元。启动“6955”交通突破行动，完成投资17.19亿元，尕秀至玛曲、合作至冶力关二级公路通车，夏河至同仁、碌曲至河南二级及玛曲至玛沁三级公路进展顺利，康乐至卓尼等7条国省道项目开工建设。与阿坝州签署了公路互联互通建设协议。兰合铁路征地拆迁工作有序推进，西宁经合作至成都铁路完成预可研审查。夏河机场新开通成都—夏河—银川航线。投资14.72亿元，实施城区道路、给排水、集中供热、垃圾填埋等项目78个。投资6.89亿元，开工建设公租房2990套，改造城市棚户区7703户、农牧村危房1.30万户。投资2.37亿元，解决19.30万人的饮水安全问题，新增灌溉面积2.28万亩，治理水土流失11.44平方公里。

【优势产业】全年共接待国内外游客770.02万人次，比上年增长54.2%，其中，国内游客763.74万人次，增长56.1%，入境游客6.29万人次，下降38.7%。实现旅游综合收入34.03亿元，增长51.3%。实现文化产业增加值1.98亿元，占全州生产总值的1.6%。投入4.22亿元，实施旅游基础设施建设项目29个、新建旅游厕所47座、观景台25处，新增农（牧、藏、林）家乐151户。成功举办“红色火炬·绿色长征”大型火炬传递仪式、“中国生态文明腊子口论坛”、“心中有党”中国·甘南红色旅游电视大赛等20余项大型节庆赛事活动，南木特藏戏《唐东杰布》在首都成功演出，在北京、天津等10个一线城市集中进行宣传推介，九色甘南香巴拉旅游品牌的知名度、美誉度和影响力大幅提升。

【人民生活】全州城镇居民人均可支配收入19656元，比上年增长9.2%。城镇居民家庭恩格尔系数为38.9%，下降0.2个百分点。农村居民人均可支配收入5928元，增长12.0%。农村居民家庭恩格尔系数为46.3%，下降1.2个百分点。年末固话用户5.15万户，下降15.0%。移动电话用户56.97万户，增长0.1%。互联网用户4.84万户，增长20.0%。全年整合各类资金5.63亿元，大力实施“生态人居、生态经济、生态环境、生态文化”四大工程，创建生态文明示范村103个。

【扶贫开发】全面完成284个贫困村、2.99万户、12.58万贫困人口的建档立卡工作。新建村道744公里，改造贫困户危房8688户，解决1.74万贫困人口的饮水安全问题。实施易地扶贫搬迁1293户7794人。州、县市两级按照地方财政收入增量的10%和20%增列了扶贫专项预算，各类援助资金全部用于扶贫开发，发放精准扶贫贷款7.40亿元，贫困村互助社资金总规模达到1.48亿元。当年减贫4.20万人。车巴河流域扶贫发展规划全面实施，开工项目54个，完成投资1.32亿元。阿木去乎片区扶贫发展规划编制完成。全年劳动力输转12.65万人，实现创收18.80亿元。

【环境保护】州政府所在地合作市饮用水水质达标率为100%；空气自动站运行联网率达到85.0%；环境空气质量优良天数312天，占总天数的85.5%；细颗粒物年均值（PM2.5）38.4微克/立方米；臭氧年均值91.4微克/立方米；一氧化碳年均值1.22毫克/立方米；PM10年均值79微克/立方米。全州造林面积9.02万亩，封山育林面积207.69万亩。当年零星（四旁）植树269.22万株，增加20.43万株。实有育苗面积3.73万亩，其中，本年新育苗面积0.32万亩。

【社会保障】全州城乡各项社会保险参保人数61.15万人。其中，城镇各项社保参保人数25.29万人，平均缴费率92%以上。各项社保基金征缴4.65亿元，净增6200万元，支付各项待遇3.95亿元。城乡居民基本养老保险参保人数35.86万人，参保率98.12%，续保率98.89%，养老金发放率100%。7.82万60周岁以上人员按时足额享受基础养老金补助，养老金发放率100%。启动建筑业农民工参加工伤保险专项扩面行动，参保3481人，缴费154万元。

全年城镇新增就业人数6272人，失业人员再就业2606人，困难人员再就业1535人。民生实事”和“三支一扶”、进村社区项目共录取高校毕业生514人，选拔260名高校毕业生到企业服务，公益性岗位安置未就业大中专毕业生3109人，安置零就业家庭2480人。新增小额担保贷款额5570万元；新增小额担保贷款基金720万元；就业技能培训13259人；创业培训952人；岗位技能提升培训498人；职业技能鉴定11208人，城镇登记失业率为3.48%。

全州新农合参合农牧民52.87万人，参合率99.1%，人均筹资470元，共筹集新农合资金2.48亿元。新农合政府补助标准从人均320元增加到人均380元。全面开展农牧村50种重大疾病按病种限额付费制度，为644名肝癌、儿童白血病等重大疾病患者补偿965万元。

年末全州享受城市居民最低生活保障的人数为3.66万人，享受农村最低生活保障的人数为16.80万人，五保供养4222人。全州全年城乡医疗救助20.98万人，临时困难救助3.80万人次，救助流浪乞讨人员1793人次，为865名孤儿发放生活补助金497万元，为23名困难群众提供免费火化服务。全州24名孤儿和重残儿童实现了集中供养，12名唇腭裂儿童、8名疝气儿童和11名脑瘫患儿得到了明天计划康复救助。全州新建成村级综合服务中心96个，新发展社会组织99家，各类养老床位达到了1730张，千名老人床位数达到25张。全年筹集公益金423万元，争取省级福彩公益金275万。

【社会事业】全州共有各级各类学校506所。在校学生11.25万人。幼儿园185所，在园幼儿1.67万人。全州各级各类学校校舍面积161.31万平方米，危房面积2.07万平方米。实行藏汉双语教学的中小学132所，占全州中小学数的26.6%；实行藏汉双语教学的中小学生4.83万人，占全州中小学生数的43.9%。寄宿制学校207所，占全州中小学数的41.7%；寄宿学生8.18万人，占中小学生数的74.3%。九年义务教育巩固率85.0%，高中阶段毛入学率79.0%。学前教育一年、二年、三年毛入园率分别为98.2%、72.0%、57.9%。

全年研究与试验发展（R&D）经费支出2381.28万元，占全州生产总值的0.2%。全年共推荐省列科技计划项目35项，落实5项，落实资金118万元；全年专利申请108件，其中，发明专利4件，实用新型10件，外观设计94件；全年发明专利24件，万人发明专利拥有量达到0.31件；全年培训党支部书记和村委会主任1466人次，农牧村党员1105人次，农牧民技术骨干4125人次，培训农牧民5.55万人次，下派科技特派员337名；全年技术合同交易额4715万元，登记技术成果6项。全州有文化产业法人单位224个，比上年增加38个，有艺术表演团体8个，演出633场，观众约28万人次，其中，农牧村演出306场，观众约19万人次。全州群艺（文化）馆9个，组织文艺活动59次，举办展览27个；博物馆（纪念馆）13个，藏品4840件、套；公共图书馆9个，总藏量37.64万册、件，接待读者约6.50万人次。

全州广播综合覆盖率100%，无线广播综合覆盖率90.0%。电视综合覆盖率100%，无线电视综合覆盖率87.3%。广播电视农村直播卫星用户15.29万户。有线电视用户3.64万户，比上年增加0.24万户。全年出版发行藏汉两文《甘南日报》363.24万份。其中，藏文报纸38.76万份；汉文报纸324.48万份。年末全州共有各级各类医疗卫生和计划生育服务机构 1566 所。各类医疗卫生专业技术人员 3698 名，计划生育技术服务人员 579 名。

（蔡春辉）

合作市

【现任主要领导】

中共合作市市委书记：刘永革

合作市人大常委会主任：党智（藏族）

合作市人民政府市长：周梅（藏族）

政协合作市委员会主席：周恒亮

中共合作市纪律检查委员会

书记：陈生

【基本情况】合作藏语为“黑措”，意为羚羊聚居的地方，地处青藏高原的东南端，甘、青、川三省交界处，位于甘肃省西南部，是甘南藏族自治州州府所在地。东连卓尼，南靠碌曲，西接夏河，北倚临夏州和政、临夏两县。距省府兰州 265 公里，国道 213 线，省道 306 线中贯合作，形成甘青川藏区与内地联系较为便捷的公路网络，是内地通往青海、西藏的枢纽。境内大部分地区海拔在 3000 ~ 4000 米之间，平均海拔 2936 米，年均气温 3.8℃，没有绝对无霜期，属高寒阴湿地区。全市总面积 2670 平方公里，辖 6 个乡，4 个街道，38 个村民委员会，8 个社区（居委会）。2015 年，全市常住人口 9.34 万人，其中，城镇人口 5.91 万人，城镇化率为 63.3%。

【国民经济】2015 年，全市实现生产总值 33.43 亿元，比上年增长 9%。其中，第一产业实现增加值 1.99 亿元，增长 5.2%；第二产业实现增加值 5.74 亿元，下降 3.4%；第三产业实现增加值 25.7 亿元，增长 13.2%。三次产业结构比为 5.95 ： 17.2 ： 76.85。全部工业实现增加值 4.7 亿元，下降 6.4%。其中，规模以上工业实现增加值 3.73 亿元，下降 10.4%。主要工业产品产量增加，全年生产干酪素 1319 吨，下降 53.8%；奶粉 1642 吨，增长 14.7%；黄金 2690 千克，下降 0.2%。实现社会消费品零售总额 16.33 亿元，增长 8%。一般预算收入 1.75 亿元，下降 2.9%；一般预算支出 15.7 亿元，增长 44.9%。

【“三农”工作】全市建设牲畜暖棚 3207 座，组建牦牛繁育核心群 66 个、养殖合作社 367 个。年末存栏各类牲畜 28.2 万头，各类牲畜总增率 33.8%、出栏率 43.7%、商品率 41.2%。那吾乡兴盛奶牛养殖专业合作社被评为省级科普示范基地。特色种植业加快发展，引进玛咖、羊肚菌等种植新品种。兑现青稞、牦牛、藏羊保险理赔资金 1395.9 万元。农牧村土地承包经营权确权颁证全面完成。农牧民劳务技能和实用技术培训 1459 人次，劳务输转 5000 人次，创收 8300 万元。全年实现农牧业增加值 1.9 亿元，增长 4%。

【项目建设】2015 年，全市实施各类建设项目 138 个，其中投资亿元以上项目 4 个、5000 万元以上 21 个。重点实施景区、园区基础设施和临合高速北口连接线、央德公路等建设项目。签约招商引资项目 17 个，合同引资 14 亿元。新签约项目当年到位资金 0.7 亿元；当年续建项目 26 个，累计到位资金 3.9 亿元。

【优势产业】依托生态畜产品资源优势，加快发展特色畜产品加工龙头产业，大力扶持华羚、燎原等畜产品加工龙头企业“出城入园”，进一步加快企业入园步伐。截至 2015 年底，登记入园企业达到 26 户，其中 10 户企业入场建设，2 户企业进入试生产阶段，园区被省科技厅批准为省级农业科技园区。早子沟、燎原、华羚等工业企业产量稳中有增，实现工业增加值 4 亿元。成立了合作市电子商务协会和电商人才孵化基地，被省商务厅纳入全省电子商务示范县（市），培育网店 540 余家，农特产品、酒店网上销售额达到 6550 万元。非公经济快速发展，全市非公经济主体达到 5325 户，实现增加值 12.6 亿元。全市深入开展“旅游发展年”活动，设立旅游发展专项资金，成立文化旅游发展委员会。录豆昂、卡布嘉梁观景台建成投用。成功举办“香浪节”、“第六届民族运动会”、“红色火炬、绿色长征”火炬传递、“2015 洲际国际职业拳王争霸赛”等一系列节会和赛事活动。组织开展了“中国梦·幸福羚城”、“争创文明城市、共建幸福合作”等群众性文化和主题实践活动。拍摄《遇见羚城》首部微电影。自驾游等旅游新业态快速兴起。赴天津等地开展文化旅游宣传推介活动，当周神山藏文化国际生态旅游体验区、勒秀藏家水乡、岗岔溶洞等景区相继签订开发协议。全年接待游客人数在 2014 年首次突破百万人次的基础上，达到 125.5 万人次，实现旅游综合收入 6.3 亿元，分别增长 23% 和 26%。实现文化产业增加值 5330 万元，增长 39%。

【人民生活】全市城镇居民人均可支配收入 19796 元，同比增长 9.1%；人均消费支出 17262 元，增长 8.12%。城镇居民恩格尔系数为 37.1%，下降 1.65 个百分点。农村居民人均可支配收入 6116 元，增长 11.72%；人均生活消费支出 4906 元，增长 8.46%；农村居民恩格尔系数为 45.23%，下降 4.45 个百分点。居民消费价格指数控制在 103% 以内，城镇登记失业率控制在 3.8% 以内。

【扶贫开发】按照 2015 年底实现基本脱贫、2016 年实现整体脱贫、2020 年消除绝对贫困的“三步走”战略，大力实施基本设施建设、富民产业发展、公共服务保障各类项目，精准脱贫，年内减贫人口 5680 人，超额完成脱贫人数 2280 人，完成减贫计划任务的 167%，贫困面由年初的 22.39% 降低到 5.87%。完成 38 个行政村 1416 户贫困户 7700 贫困人口的建档立卡及精准扶贫大数据录入工作。筹资 1000 万元对 2014 年脱贫人口和 2015 年预脱贫人口中未享受入户扶持项目的 460 户贫困户进行精准扶持。投资 1727 万元实施整村推进项目 10 个，硬化村道 13.7 公里、建设沙路 10.2 公里、护村护田河堤 2480 米、养畜暖棚 88 座、投放良种牛 935 头。发展扶贫资金互助协会 39 家，受益贫困户 670 户。发放精准扶贫专项贷款 4550 万元，占建档立卡贫困户的 50%。

【环境保护】全市地面水水质达标率为 100%。饮用水水源水质达标率为 100%。可吸入颗粒物年平均值为 79.4ug/m3；二氧化硫年平均值 24.5ug/m3；二氧化氮平均值为 20.5ug/m3；优良以上空气质量达标率为84.9%。城区环境噪声平均值为54.7[dB(A)]，交通干线噪声平均值为68.3[dB(A)]。全面启动国家生态文明示范工程试点市创建工作，加快推进城区生态环境修复与保护工程建设，实施城区生态修复与保护工程，完成面山造林1500亩、退耕还林配套荒山造林3000亩、补植补造1074亩、封山育林6000亩、森林抚育8000亩。3万亩的新一轮退耕还林实施方案通过省级评审并纳入国家计划。大力开展城区燃煤锅炉改造治理和建筑工地扬尘、垃圾焚烧、烟花燃放专项整治，拆除改造燃煤锅炉42台。PM10、PM2.5等颗粒物污染均控制在目标范围以内。整合平凉援建、中海油帮扶、财政“一事一议”等项目资金6756万元，实施10个生态文明示范村基础设施建设，生态文明示范村创建成效明显。

【社会保障】全市城镇新增就业人数为705人，城镇登记失业率3.8%。城镇企业职工基本养老保险参保人数2035人，缴费人数1685人，征缴养老保险基金2283万元。城镇职工基本医疗保险参保人数为6489人，征缴基本医疗保险基金2800万元。城镇居民基本医疗保险参保19439人，参保率95.64%；征缴个人保险费165万元。失业保险参保人数2400人，征缴失业保险基金348.32万元。工伤保险参保人数位3430人，征缴工伤保险基金123.08万元。生育保险参保人数位4891人，其中女性2750人。征缴生育保险金316.96万元。城乡居民社会养老保险参保人数为31407人，参保率为95.86%，其中，农牧民已参保23180人，参保率为95.43%。

【社会事业】全市新建改建“双语”幼儿园17所。九年义务教育巩固率达到79.1%，高中阶段毛入学率达到77.1%。投资3105万元建设校舍6128平方米、运动场地2.3万平方米。落实寄宿生生活补助、营养改善计划、高中免费教育等专项资金2984万元。教育督导评估顺利通过省政府验收。市中藏医院项目开工建设，新建维修村级卫生室11个，新农合参合率达到98.3%。建成乡村舞台7个、文化广场4个。深入开展社会治安严打整治专项行动，妥善处置群体性事件8起，破获各类刑事案件45起。接待群众来访来诉87件419人次。调处各类矛盾纠纷191起。

（奚青恒）

临潭县

【现任主要领导】

中共临潭县县委书记：宋健

临潭县人大常委会主任：何子彪（藏族）

临潭县人民政府县长：李生文

政协临潭县委员会主席：

牛汝霖（12月止）

徐　进（12月任）

中共临潭县纪律检查委员会

书记：张羽（藏族）

【基本情况】临潭县，古称洮州，位于甘肃省南部，甘南藏族自治州东部，北接临夏回族自治州康乐县和定西市渭源县，东临定西市岷县与甘南州卓尼县，西南两侧均与卓尼县接壤。总面积1557.7平方公里，地貌大致可分为河谷川塬、低山丘陵、高山深谷三种类型，平均海拔2825米，属典型的高寒阴湿地区。2015年年平均气温4.6℃，全年降水量467.3mm，总日照时数为2358.8小时。辖3个镇、13个乡，3个社区居委会、141个村委会，全县常住人口13.89万人，城镇化率30.4%。有汉、回、藏、蒙古等15个民族，擅长手工竹柳编制、首饰及马拢头、银铜器加工铸造工艺。耕地17677公顷，主要种植小麦、青稞、蚕豆、豌豆、洋芋、油菜、药材等农作物；林地蕴藏着蕨菜、人参果、鹿角菜、羊肚菌、木耳、当归等丰富的野生菜、名贵药材。

【国民经济】2015年，全县实现生产总值16.92亿元，比上年增长5.8%。其中，第一产业3.11亿元，增长5.6%；第二产业1.87亿元，下降2.4%；第三产业11.94亿元，增长8%。三次产业比例为18.4 ∶ 11 ∶ 70.6。全县完成500万以上固定资产投资29.01亿元，增长15.8%。一般预算收入9416万元，增长3.5%；公共财政支出182645万元，增长4%。金融机构各项存款余额34.7亿元，增长14.8%；各项贷款余额25.6亿元，增长49.9%。

【“三农”工作】2015年，全县农作物播种面积为17681公顷，粮、经、饲比例为28 ∶ 61 ∶ 11；粮食总产量13853吨，下降0.3%；油料产量6595吨，增长4.1%；中药材产量21059吨，增长1.7%，蔬菜产量1496吨，增长0.9%。年末各类牲畜存栏23.73万头，总增率、出栏率、商品率分别为34.51%、64.5%、35.09%；肉类总产量6434吨，增长0.9%；牛奶产量6816吨，增长5%。141个行政村实现电通到户、水通到户、电话通到个人、公路通到村，村级文化室、卫生室，“村村通、户户通”全覆盖。

【项目建设】2015年，争取项目15项，总投资1.61亿元。农牧村村级综合服务中心、职业中学教学楼、城关四小教学楼等10个项目已争取到位资金6296万元。临潭县城关镇青崖沟综合治理工程、临潭县2015年护村护田河堤、党校教学业务用房和畜牧业技术服务体系建设等4个项目已列入2015年藏族地区专项建议计划中；临潭县第二人民医院住院部楼建设项目已列入今年卫生项目既有专项计划。累计争取各类建设项目106项，总投资24.81亿元，累计争取到位资金4.01亿元（含第一、第二批藏族地区专项2.45亿元），同比增长2.64%。其中，农牧业13项；水利电力4项；工业、产业2项；城镇基础设施13项；旅游1项；社会事业38项；基层政权及公检法司13项；以工代赈及易地搬迁项目16项；灾后重建项目6项。所有当年安排投资项目前期合格率为100%，按开工时限要求开工率达到87.8%。

【优势产业】2015年，全县进一步加大旅游宣传推介工作力度。通过电视网络、户外广告、旅游节会、短信彩铃、报刊杂志、宣传品等传播媒介全方位、多渠道的开展临潭旅游宣传推介和促销。开通CCTV–7、腾讯旅游网、人民网宣传广告，加大在冶力关旅游门户网、甘南网的宣传力度；

开通冶力关旅游景区官方微博、微信公众号。成功举办临潭县第八届洮州民俗文化节旅游节、筹办纪念长征胜利 79 周年暨“红色火炬、绿色长征”火炬传递活动；举办第十七届临潭花儿大奖赛。联合兰州交通广播电台 FM103.5、自驾游联盟、金岛旅行社举办三次“相约冶力关、激情拔河赛”自驾游活动；开展尼康公司采风团赴冶力关摄影活动；邀请北京阳光远波文化传媒公司拍摄旅游形象宣传片，邀请甘肃省电视台来冶力关拍摄纪录片；参加“2015 中国旅游商品大赛”、“青洽会”、第五届“中国·兰州黄河文化旅游节”等国内旅交会；举办《中国国家地理》杂志社寻找最美观景点冶力关竖牌仪式，成功上报最美观景点 20 个。2015 年全县全年共接待游客 136.99 万人次，创旅游综合收入 6.3 亿元，分别增长 22.4%、28.6%。

【人民生活】2015 年，全年劳务输出 4.57 万人次，创劳务收入 6.4 亿元；城乡居民人均储蓄存款 14470 元，增长 16%；全县城镇在岗职工年平均工资 51321 元，增长 8.7%。地区人均生产总值 12228 元，增长 5.2%。全年城镇居民人均可支配收入 19295 元，增长 9.4%；农村居民人均可支配收入 5608 元，增长 12%。

【扶贫开发】2015 年，省、州、县共下达专项扶贫资金 6161.58 万元。全县共实施 15 个整村推进项目，落实财政专项扶贫资金 2375 万元。16 个乡镇建档立卡贫困家庭“两后生”培训及非贫困家庭“雨露计划”分别培训 560 人、2025 人，发放补助资金 84 万元、303.75 万元。冶力关镇岗沟等 4 个村筛选 200 户建档立卡贫困户，建设 3KW 户用分布式光伏发电站 200 个。当年建成村级互助社 70 个，累计达 141 个，实现了行政村全覆盖；互助资金总规模 3697.35 万元，向农户发放借款 1455.25 万元。完成 11 个村的饮水安全项目，投入资金 331 万元，解决 1786 户 7620 人的饮水安全问题。

【环境保护】认真实施农村环境连片整治项目，购置手推式保洁车 30 辆、分类式垃圾箱 70 个、3T 压缩式垃圾车配套垃圾斗 30 个，建设饮用水源地保护防护栏 1439 米，设置水源地标志牌等 6 个；加大造林绿化力度，今年共完成退耕还林 1.5 万亩，义务植树 5500 亩，荒山造林 1000 亩；深入推进生态文明示范村建设，对全县基础条件好的 17 个自然村社通过基础设施建设、环境综合整治等开展生态文明示范村建设，提升农村生活质量。县 SO2 排放量控制在 195.8 吨，下降 0.6%。COD 排放量 328.5 吨，增长 8.1%；氨氮排放量 51.8 吨，增长 23.6%；氮氧化物排放量 176.9 吨，下降 7.5%。

【社会保障】2015 年末，全县城乡居民养老保险参保人 91029 人，征缴保金 674.8 万元。城镇职工医疗保险、居民医疗保险、居民失业保险、居民工伤保险、居民生育保险分别参保 7303 人、8655 人、3277 人、4189 人、3185 人，征缴各项保险费 2483 万元；享受城镇居民最低生活保障人数 8.12 万人。农村新型合作医疗保险参保人数 12.63 万人，参合率 99.1%。全年共为 5672285 人农村低保对象发放农村低保金 7448.7 万元；为全县 1007 名分散供养五保对象五保供养金 428 万元，为全县 40245 人农村低保对象代缴 2016 年参合金 130.6 万元，为符合临时救助条件的 2310 户发放救助资金 141.2 万元。

【社会事业】2015 年，全县有各级各类学校 157 所，其中完全中学 2 所，独立初中 3 所，职业技术中学 1 所，九年制学校 5 所，小学 119 所，幼儿园（含学前教学点）27 所。在校学生 23215 人，增长 2.9%；在校教职工 2230 人，增长 6.1%。九年义务教育巩固率达到 79% 以上，小学适龄儿童入学率达到 100%。全县有各类医疗卫生机构 33 个，其中，县级综合医院 2 个，中医医院 1 个，民营医院 1 个，卫生院 17 个，妇幼保健站 1 个，疾控中心 1 个，卫生监督所 1 个，社区服务中心（站）4 个，新农合、爱卫会、红十字会等其它卫生行政事业管理单位 5 个。建成标准化村级卫生室 4 个。全县住院分娩率 98%，比上年提高 0.3 个百分点；婴儿死亡率 12‰，下降 3.7 个千分点；5 岁以下儿童死亡率 14‰，下降 3.2 个千分点。全县共有文化企业事业单位 31 家，从业人员 714 人，实现文化产业增加值 2395 万元，比 2014 年增长 17.2%。全县有博物馆 2 个、纪念馆 1 个、公共图书馆 1 个，藏书 29784 册。乡镇综合文化站 16 个，乡村文化舞台 106 个，公路沿线观景台 2 个。

（焦振华　杜元恒）

卓尼县

【现任主要领导】

中共卓尼县县委书记：杨武（藏族）
卓尼县人大常委会主任：王忠（藏族）
卓尼县人民政府县长：韩明生（藏族）
政协卓尼县委员会主席：朱凤翔（藏族）
中共卓尼县纪律检查委员会
书记：杨志荣

【基本情况】卓尼县位于甘肃省南部，甘南藏族自治州东南部。东邻定西市岷县、漳县和渭源县，北靠临夏回族自治州康乐县、和政县，西连本州合作市、碌曲县和夏河县，南接迭部县和四川省若尔盖县。海拔高度 2000 至 4972 米，年均气温 6.4℃，全年降水量 470.9mm，属大陆性气候。现辖 3 个镇，12 个乡，3 个居委会，97 个村委会。总面积 5419.68 平方公里，耕地面积 11333 公顷，林地面积 240650 公顷，草场面积 273956 公顷。户籍总人口 10.93 万人，有藏、汉、回、土、满、苗等 10 多个民族，其中藏族人口 7.63 万人，占总人口的 69.5%。常住人口 10.38 万人。

【国民经济】2015 年，全县实现生产总值 14.18 亿元，比上年增长 4.6%，其中，第一产业增加值 3.95 亿元，增长 5.5%；第二产业增加值 2.22 亿元，下降 3.5%；第三产业增加值 8.01 亿元，增长 7.9%。完成固定资产投资完成 28.28 亿元，增长 19.2%。一般预算收入 0.72 亿元，下降 37.32%；一般预算支出 19.66 亿元，增长 11.15%。完成社会消费品总额 3.87 亿元，增长 10.7%。金融机构各项存款余额为 27.31 亿元，增长 23.4%，各项贷款余额为 19.46 亿元，增长 22.5%。

【“三农”工作】2015年底，全县各类牲畜存栏50.78万头（匹、只），总增率、出栏率、商品率分别达到35.95%、39%、45.84%，肉产量达10921吨，奶产量达4562吨，农牧业增加值达3.95亿元，增长5.5%。进一步加大产业结构调整，积极拓宽农牧民群众增收渠道，群众各项收入不断增加。全年农作物播种面积达到15.88万亩，其中粮食作物4.77万亩，油料2.1万亩，青饲料1.96万亩，蔬菜0.22万亩，药材6.84万亩。粮经饲三元比从2014年的31.8 ∶ 55.8 ∶ 12.4调整为30.04 ∶ 57.64 ∶ 12.32，粮食产量达0.79万吨、油料产量达0.23万吨、药材产量达1.34万吨、蔬菜产量达0.31万吨。组织实施农牧村土地承包经营权确权登记颁证，确权面积1.11万公倾，涉及5个乡镇8751户3.92万人。共调查集体所有权土地103宗、面积达31.2万公顷，宅基地登记发证1.8万宗。九甸峡库区网箱养鱼初具规模，成为全省第二大淡水养殖基地，网箱养鱼规模达65亩，年产量达25吨。同时，全面完成尼江两村牲畜秋季防疫工作，核实牲畜基数，为实施尼江两村减畜方案提供了必要的数据基础。

【项目建设】2015年共组织实施项目237项，其中续建72项，竣工61项；新建165项，竣工32项。完成固定资产投资28.28亿元，增长19.2%。涉及的农业项目、车巴河流域项目、市政基础、水利水电、生态文明示范村、交通设施和易地扶贫搬迁等重点项目有序推进。城南滨河东路步行街及给排水工程、新城区滨河路及给排水工程、新城区道路及排水工程、保障性安居工程、通畅公路、旗布林卡旅游景区、佳美商贸市场、灾后恢复重建等建设项目相继建成并投入使用。2015年与州政府签订的15个项目前期工作已全部通过评审，部分项目已开工建设，15个重点争取项目已全部争取到位。同时，组织参加“兰洽会”及各类节庆活动，新签约项目2项，均已落地实施，合同引资1.7亿元。

【优势产业】2015年，制定《卓尼县关于促进旅游业改革发展的实施意见》，将旅游发展资金纳入财政预算，下拨800万元资金用于旅游产业发展。完成两处具有民族特色的观景台和塔古滩自驾车露营地项目建设，总投资2705万元的大峪沟旗布林卡景区内旅游基础设施建设，新建栈道13.8公里、三星级厕所3座、蓄水池3个、景区桥梁3座等相关旅游配套设施，为打造大峪沟旅游景区品牌提供了基础设施保障。总投资2950万元的大峪沟旗布林卡至月亮门景区旅游环线基础设施、总投资3900万元的九甸峡库区景区基础设施建设和车巴沟旅游景区发展规划已通过评审。加大旅游资源推介力度，2015年成功举办以“发现卓尼·重走洛克路”为主题的第二届卓尼国际自驾狂欢节活动，并持续开展为期1个月的卓尼国际自驾狂欢节主题周活动，倾力打造“藏王故里、洮砚之乡”和“九色甘南香巴拉、五彩卓尼大峪沟”品牌。圆满完成纪念长征胜利79周年暨“红色火炬、绿色长征”卓尼站火炬传递活动。全县旅游接待人数达50.03万人次，增长31%；旅游综合收入达2.14亿元，增长39.98%。

【人民生活】2015年，全县城镇居民家庭人均可支配收入19515元，增长9.17%，城镇居民家庭人均现金消费性支出12823元，增长7.96%。农村居民人均可支配收入5802元，增长12.63%，农村居民人均现金消费性支出4105元，增长7.95%。

【扶贫开发】制定精准扶贫精准脱贫意见方案，深入实施扶贫攻坚计划，整合涉农资金2.29亿元用于中部5乡扶贫攻坚。兰州市对口援建资金2600万元、中建帮扶资金用于贫困村基础设施和生态文明示范村建设，投入财政专项资金5157万元用于11个贫困村整村推进，县级财政收入增量的10%和各部门单位公务经费的10%用于扶贫攻坚，通过集中整合资金，使有限的扶贫资金发挥了更大的效益。全面做好扶贫建档立卡工作，全县42个贫困村5447户24771人已录入大数据平台。整合力量组建42个贫困村驻村帮扶工作队、成立了33个非贫困村驻村帮扶工作队长期蹲守一线，积极指导开展扶贫攻坚工作。高度重视贫困人口工作，超额完成8400人的年度减贫目标任务。切实加大精准扶贫贷款力度，已发放精准扶贫专项贷款1890户9450万元，为实现全县整体脱贫和到2020年全面建成小康社会奠定了坚实的基础。

【环境保护】在全县范围内集中开展环境卫生大整治，制定环境卫生集中整治实施方案，开展环境卫生整治“百日大会战”，积极筹措300万元资金用于环境卫生专项整治，各乡镇、各部门单位对各自辖区和区域内的环境卫生清理形成了常态化机制，加大城区主街道、背街小巷、城乡结合部、公路沿线、旅游景区、洮河沿岸等环境卫生的清扫和垃圾清运力度，建立健全环境卫生整治工作长效机制，人人关注环境卫生的氛围已初步形成，城乡环境得到有效改善，提升了对外形象。

【民生工作】2015年全县完成民生实事共32件，其中省列23件、州列9件。涉及项目类民生实事13件，总投资1700万元的护村护田河堤建设、总投资3880万元的农村饮水安全工程、乡村便民市场、食品安全放心工程、社区体育健身中心和农民体育健身工程等项目已全部竣工并投入使用，易地扶贫搬迁、集中供热、农村公路通畅工程、城市棚户区改造、危旧房改造工程等项目有序推进。涉及非项目类民生实事共19件，城乡居民社会养老保险基础养老金省级补助提标、城镇居民基本医疗保险政府补助提标、低保和五保提标、重度残疾人护理补贴提标、城乡居民职业技能培训、出彩工程、60周岁以上老人养老金、提高工伤职工伤残待遇、提高企业退休人员基本养老金、城乡居民大病保险资金划拨、落实班主任岗位补贴等民生工作全面完成，扶持高校毕业生就业工程招聘企业服务人员90人，“三支一扶、进村社区”服务人员86人，及时发放临时救助和医疗救助资金。2015年共发放城市最低生活保障金1232.08万元、农牧村最低生活保障金4483.3万元、五保供养金205万元。

【社会保障】全县享受城镇低保

3434人，农村低保27203人；养老保险人数55932人，参保率97.4%。其中，参保离退休人员524人；参保城乡居民人数54637人；参保机关事业单位人数1295人。参加医疗保险人数99663人，参保率99.9%。其中，城镇职工医疗保险参保人数10130人；城镇居民医疗保险参保人数5169人；参加农村新型合作医疗保险人数84231人。

【社会事业】“两免一补”政策得到全面落实，全年共发放补助资金2529万元；组织实施农牧村义务教育阶段和学前幼儿营养改善计划，发放营养改善补助资金996.7万元，受益学生14065人；规范生源地助学贷款工作，为903名学生发放贷款484.8万元。2015年教育工作顺利通过省政府教育督导评估验收。全面落实国家基本公共卫生服务项目，建立健全公共卫生服务体系，医疗服务水平稳步提升。共建立居民健康档案93040人，建档率92%；新农合参合人数84231人，参合率99.3%，收缴医疗基金3842.3万元，报销各类住院和门诊医疗费用2296.9万元。全面落实计划生育奖励扶助、少生快富、特别扶助和特困家庭救助政策，积极构建和谐幸福家庭。全县人口出生率10.42‰，农牧村符合政策生育率达到98.62%，人口自增率5.98‰。97个行政村农家书屋图书得到更新，举办了第四届和谐杯暨佳美杯篮球运动会，开展文化下乡演出78场次，五彩藏族风情演艺公司被中宣部、文化部、国家新闻出版广电总局授予第六届全国服务农民服务基层文化建设先进集体荣誉称号，为活跃群众文化生活和社会和谐稳定奠定了基础。安装“舍舍通”996套，农牧村放映电影1310场次，观众达15.3万人次。全县文化市场经营单位40家、从业人员805人。

（何建明　刘建福）

舟曲县

【现任主要领导】

中共舟曲县县委书记：石华雄（汉族）

舟曲县人大常委会主任：杨永海（藏族）

舟曲县人民政府县长：　郭子文（藏族）

政协舟曲县委员会主席：梁吉效（藏族）

中共舟曲县纪律检查委员会

书记：马全才（藏族）

【基本情况】舟曲县地处青藏高原东端南秦岭山区，东西至西北走向的岷山山系贯穿全境。位于甘肃省南部，甘南藏族自治州东南部，东邻陇南市武都区，北接宕昌县，西南与迭部县、文县以及四川省九寨沟县接壤。气候属暖温带区，海拔高度在1173～4504米之间。地势西北高，东南低，境内山大沟深，地形复杂，沟壑纵横，高差悬殊，是典型的高山峡谷区，气候垂直变化明显，“一山有四季，十里不同天”的气温特征十分显著。年平均气温14.2℃，年降雨量404.9毫米，年日照时数1826小时，总面积3010平方公里。辖16个乡，3个镇，有208个村委会，5个社区居委会。全县总人口14.17万人，其中，藏族人口5.09万人，占总人口的35.9%，是新阶段国列重点扶持的贫困县。

【国民经济】2015年，全县实现生产总值14.26亿元，比上年增长8.0%，其中，第一产业增加值3.66亿元，增长5.6%；第二产业增加值2.25亿元，增长8.1%；第三产业增加值8.35亿元，增长9.0%。公共财政收入0.89亿元，下降26.1%；公共财政预算支出17.28亿元，增长22.4%。金融机构各项存款余额53.35亿元，增长11.7%，金融机构各项贷款余额30.16亿元，增长25.8%。社会消费品零售总额3.23亿元，增长6.3%。

【“三农”工作】2015年，全县完成农林牧渔业增加值3.69亿元，同比增长5.6%。粮食产量34933吨，增长3.28%；油料产量4602吨，增长8.67%；中药材产量5286吨，增长8.58%；蔬菜产量8913吨，增长0.01%。各类牲畜存栏94250头只，下降9.51%；总增率、出栏率、商品率分别达到27.5%、75.49%、37.02%，比上年分别提高了0.63、0.93、1.82个百分点。肉类产量5720吨，下降1.85%。牛奶产量197吨，增长21.75%；绵羊毛产量9.77吨，下降3.27%。苹果产量5343吨，增长7.36%；花椒产量684吨，增长3.7%；核桃产量813吨，增长1.8%。

【项目建设】2015年，全年完成固定资产投资16.2亿元，比上年增长14.8%。投资1.075亿元完成了建制村道路通畅项目，投资4326万元对全县安全饮水进行了提升改造，投资1005万元实施农田灌溉工程，投资2170万元实施易地搬迁项目，投资2375万元实施整村推进项目，对全县农村2400户危旧房进行了改造，全面完成三眼峪备用水源工程。签约招商引资项目6个，签约资金5.53亿元，其中开工4个，到位资金6836万元。投资1862万元实施“一事一议”财政奖补项目119个，投资300万元实施农村公共服务运行维护机制建设试点项目96个，投资300万元实施新型农业社会化服务体系建设试点项目30个，争取省财政专项扶贫资金649万元，在重点贫困村实施基础设施建设项目39个。

【优势产业】把水电、药材、林果、特色养殖、设施种植、劳动力六大资源优势通过强化基础产业发展、基础设施建设、基础工作落实来努力打造为优势产业。通过灾后重建，加快工农业发展，大力发展现代农业，积极推进高半山地带中藏药材、畜牧业、草产业发展步伐。扩大全膜双垄沟播为主的旱作农业种植推广，在河川地带大力发展精品高效设施农业，农村经济得到不断壮大。加快电力输送网络配套建设力度，最大限度的把水电资源优势转化为经济优势，加大农产品加工龙头企业建设的扶持力度，畅通物流和销售渠道，延长产业链，加快工业发展，全县全部工业增加值1.85亿元，增长7.0%。坚持技能培训和引导培训、县内务工和向外输转相结合，劳务经济不断增强。全年完成各类培训1.46万人次，职业技能鉴定3393人，贫困家庭“两后生”培训640人。累计创建劳务中介机构15个，在有组织输转务工队伍中成立临时党支部25个，培育“龙江汉子”劳务品牌1个。

【人民生活】2015年，全县城镇居民人均可支配收入19277元，比上年增长9.5%。城镇居民家庭人均生活消费支出13094元，增长9.1%。农村居民人均可支配收入5724元，增长11.9%；农村居民家庭人均生活消费支出3833元，增长9.2%。

【扶贫开发】完成全县贫困人口建档立卡工作，精准识别贫困人口5971户2.17万人，建立精准扶贫大数据平台。向贫困村选派第一书记87名，抽调1344名机关干部组建208个工作队助推扶贫工作，因村施策、因户施法，科学制定精准扶贫保障网、路线图、作战图、时间表、任务书。为2015年预脱贫户按照人均1000元的标准落实富民增收产业项目。208个行政村互助资金实现全覆盖。发放各类扶贫惠农贷款5.37亿元，其中精准扶贫专项贷款1.44亿元。各级双联单位为贫困户帮扶生产生活物资386.5万元，发放慰问金325.7万元，帮办实事489件，实施总投资1434.9万元的各类项目129个。

【环境保护】编制了义务植树、荒山造林等20个造林绿化方案，完成新一轮退耕还林4万亩、义务植树6365亩，兑现造林补助4520.69万元。投资857.75万元实施新老城区、立节杰迪村南北两山造林绿化。全面完成草场规范化承包和基本草原划定，划定草原禁牧50万亩，推行草畜平衡32.43万亩，核实到户良种牧草11.32万亩，发放草原修复补助1185万元。投资2500万元实施坪城区和东山坡耕地小流域综合治理试点工程。完成峰迭镇土地整理1650亩。投资258.3万元编制了生态文明示范村建设规划，通过融资贷款、乡村自筹等办法筹措资金5292万元，全力推进19个生态文明示范村建设。完成7个乡镇、11.7万亩农村土地承包经营权确权登记颁证工作，宅基地使用确权登记发证加快推进。开展了为期两个月的环境保护、安全生产、矿山企业、土地管理专项整治行动，严厉打击破坏环境行为。主要污染物排放量控制在目标范围内。

【社会保障】县财政落实3631万元配套资金，全面实施省州确定的35件民生实事。新增城镇就业1023人。“五项保险”征缴均完成年度目标任务。将26种重特大疾病救助范围扩大到50种，启用城乡医疗救助“一站式”即时结算服务，救助城乡医疗对象625人，发放医疗救助金289.2万元，救助临时困难对象3633人，发放救助金239.7万元。为3076户6155人发放城镇低保金2422.65万元，为12192户37302人发放农村低保金7517.2万元。东城社区建立全州第一个居家养老服务中心。为853人发放农村五保供养金350.1万元，为199名城乡孤儿发放基本生活费152.88万元，为各类优抚对象发放资金166.18万元，为75岁以上的4104名高龄老人发放补贴128.62万元，为1576名困难和重度残疾人发放慰问及救助金216.62万元。为各乡镇下拨冬春生活困难救助等各类补助资金1503.5万元。通过“一折通”发放各类支农惠农资金1.34亿元。

【社会事业】新建乡镇中心幼儿园11所，新建农村“双语”幼儿园18所，改造薄弱学校5所、为86所学校购置教学设备仪器，实施校舍维修改造及附属工程项目17个。为舟曲一中招录23名高学历紧缺学科教师，通过事业单位招考充实138名中小学及幼儿教师。振兴教育促进会累计为249名优秀师生、678名孤儿、单亲和特困家庭大学生发放奖金和资助金156.89万元。全县九年义务教育巩固率86.04%，高考录取率90.66%，其中本科录取率16.7%，增长3.6%。全县顺利完成卫生与计生职能整合。扎实开展医务人员培训，不断强化卫计系统综合服务能力建设。新农合人均筹资标准由360元提标到470元，参合率达到99.4%，住院实际补偿比63.49%，政策性补偿比72.7%。严格落实各级医疗机构督导制度，规范新农合便民服务中心工作。投入计划生育事业费200万元，足额落实各项优惠奖励资金201万元。为161名“两户”家庭学生发放助学资金34.3万元。全县出生人口1372人，出生率10.07‰，符合政策生育率98.4%，自增率4.34‰。

【文化旅游】投资2930万元着力打造翠峰山景区，总投资3900万元的沙滩国家森林公园建设项目已启动，投资585万元进一步完善观景台、旅游厕所、文化广场等旅游基础设施，投资343万元新建城关镇庙沟景区公路。巴寨沟、赛尔布景区被评为国家3A级旅游景区，扶持发展农家乐107户，发展旅游专业村1个。对甘肃舟曲泥石流纪念馆进行改造提升，全年接待参观人数达12.5万人次，泥石流灾害纪念馆和藏民俗博物馆被列入全省第一批文化遗产“历史再现”工程博物馆名录。建成“一村一场”农民健身场所40个、标准化村级文化广场38个，扶持组建村级自办文化社团38个。组织召开巴藏朝水文化等五个区域旅游专题研讨会。全面启动苯教文化遗产抢救保护和第四世嘉木样大师修行地开发保护工作。

（张云霞　高忠明）

迭部县

【现任主要领导】

中共迭部县县委书记：仁青东珠（藏族）

迭部县人大常委会主任：段庆发

迭部县人民政府县长：焦维忠

政协迭部县委员会主席：宝珠（藏族）

中共迭部县纪律检查委员会

书记：杨晓梅（女）

【基本情况】迭部县位于甘肃省南部，地处白龙江上游的甘肃和四川两省结合部，总面积5108平方公里。古称“叠州”，藏语的意思是“大拇指”，被称为是山神“摁”开的地方，境内重峦叠嶂，群山连绵，森林广袤，河流纵横，冬无严寒，夏无酷暑。矿产资源20余种；有藏中药药用植物127种，主要有红景天、雪莲、冬虫夏草、贝母、猪苓、羌活、大黄、黄芪等。与驰名中外的九寨沟山水相连，是得天独厚的天然“氧吧”。全县辖11个乡镇、52个村委会，常住人口5.31万人。

【国民经济】2015年，全县实现生产总值10.47亿元，比上年增长5.0%。其中，第一产业增加值2.47亿元，增长6.2%；第二产业增加值2.20亿元，下降2.9%；第三产业增加值5.80亿元，增长8.7%。实现社会消费品零售总额

2.95亿元，增长8.9%。

【“三农”工作】全县完成农林牧业生产总产值33785.91万元，比上年增长6%。农林牧渔及服务业完成增加值2.47万元，增长6.23%。农作物总播种面积8.4万亩，其中粮食作物面积6.08万亩，增长2.7%；产量达10710.38吨，增长5%；油料面积0.64万亩，下降12.32%；产量627吨，下降5.91%；蔬菜面积0.32万亩，下降3.3%，产量4835.5吨，增长0.71%；中药材总面积1.36万亩，增长13.33%，产量2737.68吨，增长29.87%。逐力提升壮大特色养殖、经济林果、苗木、设施蔬菜、藏中药材等优势产业。种植藏中药材1.36万亩，推广杂交油菜0.51万亩、经济林0.86万亩，试种羊肚菌35.5亩。建成犏雌牛养殖示范点5个、牛羊育肥示范点8个，存栏奶牛298头，育肥出栏牛羊1069头（只）。修建牲畜暖棚5690平方米，实施草原禁牧55万亩，种植牧草1023亩，草畜平衡149.74万亩。完善204.74万亩基本草原分布图，设立了基本草原标识牌。全面落实牛羊保险费86.94万元。免疫各类牲畜35.4万头（只、口），免疫密度达100%。农牧村土地确权登记工作有序推进，完成12个乡镇（站）耕地区域实测和航测工作，已完成土地权属调查5.62万亩。土地经营权有序流转，流转土地3690亩。

【项目建设】全年共争取国家投资项目84个，总投资16.5亿元，其中中央预算内投资和国家专项投资3.4亿元。年内完成固定资产投资27.42亿元，同比增长14%。投资1.36亿元实施了12个乡镇（站）干部职工周转房、2个乡办公用房、县直机关业务用房和审判法庭建设项目，投资3374万元的桑坝路道路改造和尼傲大桥建设项目正在有序推进，投资2.5亿元的勾洁寺水电站并网发电，投资4788万元完成了城区供水和农村饮水不安全项目，投资344.5万元实施水泊沟村和亚日村高标准农田建设项目，投资6588万元实施13项建制村通畅项目，总里程达131.76公里。投资1508万元的“一事一议”财政奖补项目覆盖11个乡镇29个自然村，投资5500万元的中心广场地下商贸城投入使用，投资498万元的县城主街道204套LED路灯全面更换升级。“7·22”岷县漳县地震灾后重建工作通过县级验收，多儿台力傲村“7·16”火灾灾后重建工作进展顺利。共签约招商引资项目3个、签约金额11.32亿元，签约协议项目2个、签订金额7000万元。

【优势产业】迭部是甘肃南部最大的天然林区，是国家级天然林保护区。林地面积30.07万公顷，占全县土地面积的58.86%。森林覆盖率达到60%以上，植被覆盖率达到87%。培育的苗木销量占州内销售市场的60%，品牌影响力不断扩大，在西部地区的销售总量稳步上升。培育种苗多样化，有云杉、冷杉、柏树等造林绿化种苗，其中，云杉面积占全县苗木总面积的90%以上，花椒、核桃等经济林种苗，育苗面积逐年扩大。全县水能资源也十分雄厚。共有大小支流30多条，其中流域面积超过100平方公里的江河有15条，其中流域面积超过200平方公里的有2条。境内年平均自产水总量为15.92亿立方米，年平均入境水总量9.586亿立方米，年平均出境水总量24.936亿立方米。全县水能理论蕴藏量80.74万千瓦，可开发利用量为65万千瓦，已形成以水电工业为主的新的支柱产业体系。境内举世闻名的天险腊子口、俄界会议遗址、次日那毛主席旧居、翠谷仓开仓放粮遗址、巧夺天工的大峡谷等人文、自然景观以及浓厚纯朴的民族风情形成了一道壮丽无比的风景线。

【人民生活】2015年，全县城镇居民人均可支配收入19358元，比上年增长9.45%；消费支出15167元，增长7.23%。农民人均可支配收入5636元，增长11.86%；生活消费支出4716元，增长7.81%。

【扶贫开发】坚持“双联”行动和精准扶贫精准脱贫有机结合，整合各类涉农资金3.01亿元，其中，行业扶贫资金2.54亿元、社会扶贫资金2387万元、财政专项扶贫资金2327万元，实施10个贫困村参与式整村推进、种养殖产业、技能培训、贫困户贷款贴息等扶贫项目。全县52个行政村扶贫互助协会实现全覆盖。积极开展电商扶贫试点工作，大力发展电子商务，提高了农副产品附加值和农牧民增收致富的积极性。发放“双联”惠农贷款1876万元、精准扶贫专项贷款6237万元。不断完善建档立卡和大数据管理平台录入工作。完成《迭部县片区规划与扶贫攻坚“十三五”精准扶贫规划》编制。

【环境保护】坚持保护与建设并重，大力实施“生态立县”战略，有效管护天然林159.53万亩、公益林41.42万亩，完成封山育林、中幼林抚育、新一轮退耕还林、荒山造林4.18万亩，义务植树55万株。全面加强森林防火工作，大力开展非法占用林地、偷伐盗运林木专项整治行动，严厉打击乱捕滥猎、乱采乱挖珍稀野生动植物违法行为。完成了第二次全国重点保护野生植物资源调查和林地“一张图”落界工作。加强生态主体功能区保护工作，多儿自然保护区成功晋升为国家级自然保护区。协助举办第六届“中国生态文明腊子口论坛”。实施电尕恰告、洛大达尕坪小流域综合治理工程。推进11个生态文明示范村建设。全年投入环境整治资金600余万元，大力开展“两线两边”环境综合整治行动，组织干部群众5.32万人次，出动各类清运设备773台次，清运垃圾1000余吨，清理大小广告牌428处5000余条，城乡环境卫生综合整治取得成效。

【社会保障】城镇新增就业723人，劳务输转5021人次，创收8033.6万元。公益性岗位安置271人，就业技能培训500人，职业技能鉴定500人。投资1600万元修建了城东和城西社区日间照料中心、洛大乡和电尕镇敬老院、县老年人综合福利中心、阿夏乡老年人活动中心以及桑坝赛当寺和多儿白古寺特困僧供养点。民政救助工作有效实施，发放救助款405万元。全面完成城乡低保、“五保”补助提标任务，发放保障金3253.93万元。加强扶残助残力度，发放补助金141.75万元。各类社保资金征缴完成率达100%。学生宿舍楼、教师周转房、

“全面改薄”项目校舍建设、乡村幼儿园等项目进展顺利。落实各项教育保障经费、教育民生实事资金3030.67万元。县医院成为全国首家与乌镇互联网医院对接的县级医院，县内一名白血病患儿接受三方“网络会诊”，开创县级医院利用互联网与大城市三甲医院专家会诊的先河。食品安全示范街（店）创建活动成效明显。大力推行摩托车、农用三轮车证照免费办理工作，年内办理4616辆。

【社会事业】全县有各类学校72所，占地面积34.84万平方米，在校中小学生9003人，各类学校专任教师1126名。全县综合医院1个，民族医院1个，妇幼保健站1个，疾病预防控制中心1个，卫生监督机构1个，新型农村合作医疗办公室1个，乡镇卫生院12个，村医疗室52个，个体诊所15个。现有病床247张，每千人拥有病床3.1张，其中乡镇卫生院84张。现有卫生技术人员315人，每千人拥有卫生技术人员2.6人。农牧民新农合参合率达到99.92%，对7261名农牧民进行三病普查。儿童基础免疫“五苗”合格接种率达100%，建卡率为100%。新农合实际补偿比例达66.9%，较去年提高3%。全县新农合“一卡通”以县乡为单位实现全覆盖，发卡率达100%。积极做好华夏文明传承保护创新区建设项目跟进和衔接工作，以项目带动全县文化事业和文化产业的发展。扎尕那景区和电尕景区旅游基础设施建设项目正在招投标，益哇沟口至扎尕那景区公路基本建成，新建5个观景台、2个旅游星级厕所和1个游客服务中心，实施了扎尕那景区4个自然村50兆宽带入户项目，实施扎尕那业日村美丽乡村建设项目。积极落实旅游发展资金认购甘肃卫视“天气预报”开窗广告，实施了旅游宣传、景区规划、设施建设、人员培训等工作。成功举办2015迭部国际大力士中国公开赛暨首届安多地区腊子口杯“则巴”邀请赛、第五届迭部腊子口红色旅游艺术节和纪念俄界会议80周年研讨会“三大节会”，积极参加省内外文化旅游暨招商项目推介会，邀请中央电视台拍摄了《徒步扎尕那》、《筑梦路上》、《文明密码》、《红星耀甘肃之更喜岷山千里雪》等专题片，参与“心中有党—纪念长征胜利79周年暨‘红色火炬·绿色长征’万人火炬传递”活动，举办“绿色骑行·美丽家园”、红色文化主题展、千人锅庄表演、民歌大赛等系列活动，出版《光影迭部》画册，进一步提升了迭部的知名度和影响力。2015年接待旅游人数44.15万人次，旅游综合收入1.99亿元。

（马育宏　桑杰次力）

玛曲县

【现任主要领导】

中共玛曲县县委书记：王力（藏族）

玛曲县人大常委会

主任：卢雪梅（藏族）

玛曲县人民政府县长：严和平（汉族）

政协玛曲县委员会主席：王永祯（藏族）

中共玛曲县纪律检查委员会

书记：姜鸿信（藏族）

【基本情况】玛曲县位于甘南藏族自治州西南部，青藏高原东端，甘、青、川三省结合部，境内海拔3300～4806米，年降水量592.7毫米，日照时间为2663.4小时，年平均气温3.0℃，全年没有绝对的无霜期。境内河流纵横，黄河从青海久治县门堂乡流入县境木西合乡，经西、南、东、北环流全县，最后返流至青海河南蒙古族自治县，形成久负盛名的“天下黄河第一弯”，全境流程433.7公里，流域面积10190平方公里，入境流量137亿立方米/年，出境流量164.1亿立方米/年。全县辖7乡1镇1场1站，2个居民委员会，36个村民委员会。2015年，全县常住人口5.7万人。

【国民经济】2015年，实现生产总值13.46亿元，同比增长7%，其中，第一产业增加值4.68亿元，增长5%；第二产业增加值2.36亿元，下降0.4%；第三产业增加值6.41亿元，增长13.5%。财政支出12.44亿元，增长24.4 %。完成全社会固定资产投资13.97亿元，增长14.8%。实现社会消费品零售总额3.18亿元，增长6.2%。

【“三农”工作】投资2586万元，新建暖棚1457座、储草棚22座，投放良种畜2600余头（只）。综合治理沙化草原面积39700亩，发放草原生态奖补资金8040万元，落实牦牛藏羊保险7752万元，创建国家级示范专业合作社3家、省级6家、州级7家，完成昌翔公司2500吨牦牛肉制品生产线、雪原公司熟肉制品生产线等技改项目，畜牧产业化进程加快。年末各类牲畜存栏达100万头（只、匹），总增率、出栏率、商品率分别达到30.32%、35.89%、33.89%，实现牧业增加值4.68亿元。

【项目建设】全年开工建设各类项目98项，完成全社会固定资产投资13.97亿元，一大批基础设施建设、生态环境保护、基层政权建设、社会事业发展、特色产业开发项目落地实施。玛曲至青海久治二级公路、玛曲至青海玛沁三级公路、黄河干流玛曲段塌岸综合治理等亿元以上项目开工建设。

【优势产业】全县有天然草场85.9万公顷，其中可利用草场面积83.0万公顷，占草场面积的96.7%。天然草场植被覆盖良好，植物种类丰富，素有“亚洲第一草场”美誉。主要畜种有牦牛、欧拉羊和河曲马，2015年年末各类牲畜存栏100万头（只、匹）。均为适应高寒草场放牧条件的世栖土种畜。县政府将畜牧业作为首位产业优先发展，甘肃天玛生态科技食品有限责任公司、玛曲县雪原肉业有限公司、玛曲县昌翔清真肉业有限公司、玛曲县宏达实业有限责任公司等四家规模以上畜产品加工企业当年完成增加值3315万元。生态环境优越，高寒草原特有的野生动植物种类丰富。境内栖息着梅花鹿、马鹿、白唇鹿、棕熊、香獐、麝香、雪豹、猞猁、水獭、白天鹅、黑颈鹤、白肩雕、蓝马鸡、雪鸡、藏原羚等10多种珍禽异兽；伴生有47科、413种优生野生植物，其中39科，151种具有良好的药用价值，特别是分布面积广、数量多，药用和经济价值较高的有冬虫夏草、水母雪莲、红景天、甘肃贝母等20多种。建设阿万仓贡赛尔喀木道景区等基础设施，新建5处观景台。成功举办"第九届格萨尔赛马节"和"红色火炬传递"等大型活动。接待游客32万人次，旅游综合收入达到1.53亿元，创历史新高。文化产业从业人员达330人，实现文化产业增加值1888万元。

【人民生活】 2015年，全县农村居民人均可支配收入7139元，比上年增长11.84%，农村居民人均消费性支出6300元，增长10.41 %；城镇居民人均可支配收入20738元，比上年增长9.02%；城镇居民人均消费性支出13114元，增长11.81%；农村居民家庭恩格尔系数为47.72%，下降2.83个百分点；城镇居民家庭恩格尔系数为34.08%，上涨0.18个百分点。

【扶贫开发】 实施4个整村推进项目，完成易地扶贫搬迁332户，改造危旧房1100户，新建乡镇"双语"幼儿园4个，实现乡镇双语幼儿园全覆盖。安装5974套户用型光伏电源，牧村广播电视"村村通"、"户户通"和牧村书屋实现全覆盖。整合涉牧资金1.49亿元，争取专项资金1625万元，实施各类扶贫项目13个。培训"两后生"和青壮年劳动力2620人，发展村级扶贫互助社35个，发放精准扶贫专项贷款2890万元，实现3800人的脱贫目标。

【环境保护】 持续推进草原生态环境修复治理工作，治理流动沙丘3951亩、沙化草地9281亩，黑土滩草地人工改良7.14万亩。种植树木7万余株，兑现林业管护补助资金196万元。草原湿地、饮用水源、野生动植物和土著鱼类保护力度进一步加大，增殖放流土著鱼类鱼苗38.5万尾。投资4900万元，实施了8个生态文明示范村创建工程。扎实开展城乡环境卫生大整治行动，投资535万元购置各类垃圾车220辆，清运垃圾320吨。

【社会保障】 城镇新增就业592人。全面落实养老、医疗、城乡低保、高龄补贴等8项民生调标扩面政策，累计发放养老金518.5万元，发放城乡低保金1963.7万元，发放医疗救助金54.5万元，为全县城乡低保户、农村五保、政府规定的特殊人群资助缴纳医疗保险参合金82.7万元。宗教教职人员社会救助率实现全覆盖。筹资改善了4座寺院基础设施。

【社会事业】 全县小学适龄儿童入学率100%，完成九年义务教育巩固率79.01%，高中阶段毛入学率79.2%，学前一年毛入园率71.26%。投资2374万元继续实施薄弱学校改造项目，引进紧缺教师35名。国家三类城市语言文字达标评估工作已全面完成。全县新型农牧村合作医疗参合率达到99.5%，为1.8万名患者报销医疗费用900多万元。开展肝炎、包虫病、结核病普查7292例，为4.55万人建立电子健康档案。藏药方剂年产量达到2500多公斤，产值50万元。全县落实计划生育政策性补助资金213万元、受益群众3184人。巩固计划生育国家级优质服务县工作，加强流动人口服务管理，落实"少生快富"奖励资金38户14.7万元，兑现计划生育家庭奖励扶助对象257人25.67万元，人口出生率为14.45‰，自增率为10.85‰，符合政策生育率为100%、出生人口性别比为106.87。

（马彪）

碌曲县

【现任主要领导】

中共碌曲县县委书记：梁明光（藏族）

碌曲县人大常委会主任：张忠

碌曲县人民政府县长：杨永华（藏族）

政协碌曲县委员会

主席：尕藏南杰（藏族）

中共碌曲县纪律检查委员会

书记：汪学军

【基本情况】 碌曲县地处青藏高原东部，位于甘南藏族自治州西南部，在甘、青、川三省交界处，南邻四川省若尔盖县，西界青海省河南县，西南与本州玛曲县接壤，东连本州卓尼县，北部与本州夏河县毗邻。地势西高东低，东西长126公里，南北宽93公里，平均海拔在3000米以上，年均气温3.2℃，年降水量498.3mm，全年无夏，气候高寒、阴湿，降温频繁。县内溪流清泉遍布，河流纵横，水能蕴藏量大，开发前景广。境内金矿、铁矿、锑矿、煤炭、白云岩等矿产资源丰富。全县总面积5299平方公里。现辖5个乡、2个镇，24个村委会。常住人口3.72万人，其中牧业人口2.86万人，藏族人口3.23万人，是一个以藏族为主多民族杂居的纯牧业县。

【国民经济】 2015年，全县实现生产总值9.1亿元，比上年增长8.2%。其中，第一产业增加值2.6亿元，增长5.2%；第二产业增加值2.5亿元，增长2.2%；第三产业增加值4.0亿元，增长16.5%。三次产业结构比由2014年的28.6 ：34.5：36.9调整为29.0 ：27.1 ：43.9。完成工业增加值2.1亿元，增长1.8%；建筑企业增加值0.4亿元，增长5.4%；固定资产投资12.3亿元，增长16.4%；社会消费品零售总额2.8亿元，增长10.9%；地方财政收入0.5亿元，下降0.44%；财政总支出12.0亿元，增长44.5%；金融机构各项存款余额14.0亿元，增长40.3%；各项贷款余额8.4亿元，增长18.0%。

【"三农"工作】 2015年，全县完成农业增加值559万元，同比下降24.6%；林业增加值942万元，下降2.6%；畜牧业增加值24915万元，增长6.35%。农作物种植面积4.0万亩，增长0.36%。粮食产量3048吨，增长0.16%；油料产量355吨，下降0.28%；药材产量5.4吨，下降94.91%。全县各类牲畜年末存栏58.12万头只，比上年减少3.11万头只，下降5.08%；总增率、出栏率、商品率分别达到35.41%、45.66%、43.58%，分别提高了3.23、4.44、4.31个百分点。全县肉类产量8793吨，增长18.60%，牛奶产量14635吨，下降4.52%；绵羊毛产量377吨，下降7.14%。落实青稞牦牛藏羊保险保费补贴政策，中央、省级财政补贴2186万元，县级财政补贴625万元。

【项目建设】 完成43个项目的前期工作，争取项目83个，国家投资3.52亿元。争取藏族地区专项项目55个，下达专项资金2.55亿元。年内开工建设项目70个，其中续建项目19个，新建项目51个。投资620万元，完成尕秀、唐科村村道硬化工程；G213线赛尔龙至碌曲段公路改建完成投资1.84亿元，郎木寺镇沿江路建设累计完成投资2000万元。投资8371万元新建和改造舟高路、城区主街道、勒尔路南路、滨河南北路等城区道路11公里，安装190盏佛手玉兰路灯和158盏中华灯。投资1050万元建成双岔集中供热和垃圾填埋场；投资1349万元建成巴吾至博拉防洪段治理工程。2014年保障性住房320套完成主体框架、180套完成地基工程；2015年新争取保障性住房1000套，棚户区改造709户。招商引资签约了4个项目，签约额达3.78亿元，2个当年开工项目完成投资1700万元。

【优势产业】高原特色生态畜牧业项目建设完成投资1260万元，建成州级示范合作社16个，省级示范合作社3个，特色养殖示范点7个。加强饲料基地建设，新增优质牧草人工草地1.09万亩，建成人工刈割草场46万亩，圈滩种草2.2万亩，储备越冬饲草料800吨。加大畜产品加工龙头产业扶持培育，落实补助资金190万元，泰霖、大河公司生产鲜冻畜肉4852吨。落实旅游发展资金705万元，多种形式宣传碌曲旅游资源。投资875万元修建郭莽梁等3处旅游观景台，新建、维修旅游厕所17座。游客集散中心完成投资1300万元。依托"九色甘南香巴拉－高原明珠·碌曲"和"锅庄舞之乡－碌曲"特色旅游文化品牌，全面提升碌曲旅游知名度。全年接待国内外游客70.8万人次，增长29.0%，实现旅游综合收入3.3亿元，增长29.1%。

【人民生活】落实各类民生资金2.36亿元，完成省州确定的32项民生实事。财政"一事一议"项目投资725万元，组织实施群众急盼、急需项目23个。投资1931万元，修建10处农村饮水点，解决2576户，12878人的饮水问题。争取藏族地区规划外投资67万元，解决8座寺院818名僧人饮水问题。县财政落实集中供热补助1200万元。全县输转农村富余劳动力1900人，创劳务经济收入4000万元。全县城镇居民人均可支配收入20342元，增长9.0%，城镇居民家庭人均生活消费支出16120元，增长7.6%，城镇居民恩格尔系数为40.3%；全县农村居民人均可支配收入7032元，增长12.2%，农村居民家庭人均生活消费支出4364元，增长7.7%，农村居民恩格尔系数为44.0%。

【扶贫开发】严格识别贫困户1295户、5400人，准确分析致贫因素，逐户制定精准扶贫卡册，做到"一户一档案"，建立与省州互联互通、数据共享的精准扶贫大数据平台。年内整合各类涉农资金1.34亿元，县级财政安排扶贫专项资金1320元，全县78个帮扶单位筹措资金371万元，省、州11个帮扶单位落实资金138万元，白银市帮扶1000万元，全部用于精准扶贫精准脱贫。投资1214万元实施10个整村推进项目，精准扶持681户3418人，引进良种牛1723头。投资160万元修建华格村、玛日村牧道11公里。投资650万元实施农牧村危旧房改造500户。完成尕秀、唐科、玛艾、泼海安置点405户异地搬迁建设任务，累计投资达6548万元。投资1800万元在玛日村、多拉村、尖板村、苏乎达村、吉扎村实施204户异地搬迁工程。推进乡村旅游扶贫建设，扶持贫困户发展牧家乐111户。投资111万元资金对贫困户劳动力进行精准培训。发放双联惠农贷款308户、1489万元和精准扶贫专项贷款1140户、5700万元。实现全县整体脱贫，全年脱贫1087户、4597人。

【环境保护】大力构筑生态安全屏障，严格落实环保各项要求，主要污染物总量四项指标均控制在省州下达的范围以内，万元生产总值能耗降低2.62%，单位工业增加值用水量下降5.45%。依法关闭5个采砂场、6个石料场，收取植被恢复保证金71万元，征收排污费59万元。累计投资4195万元，推进7个生态文明示范村建设，优化美化生态人居环境。"黄河项目"累计投资2566万元，实施"退草还牧、退化草原治理、转变畜牧业生产方式"等草原生态项目。新建、维修牲畜暖棚及舍饲棚圈1264座，建成人工饲草地3万亩，黑土滩退化草地综合治理8.1万亩，补播改良草地10万亩，种植饲草料2640亩。投资180万元完成泰霖公司污水处理站及尕海乡秀哇村、贡巴村齐木齐沟和西仓乡桑德沟水源地保护项目。实施天然林管护42600公顷，公益林保护34360公顷，封山育林3617公顷，森林抚育667公顷、荒山造林137公顷，面山绿化造林17.3公顷，植被恢复项目造林30.7公顷、义务植树造林9.6万株。发放天保、公益林生态效益补偿金280万元、兑现草原补奖资金6366万元。

【社会保障】农村年保障标准提高11%，由2193元提高到2434元；城市低保标准提高10%，由348元提高到383元。农村五保年供养标准达到4114元。全年安置大中专毕业生1096名，城镇新增就业人员592人，城镇登记失业率控制在3.05%以内。养老保险参保人数813人，实际征缴基本养老金773万元；失业保险参保人数1507人，实际征缴失业保险基金85.46万元；城镇职工基本医疗保险参保人数3914人，实际征缴医疗保险基金1450万元；城镇居民基本医疗保险参保人数3119人，征缴居民医疗保险基金145万元；全县工伤保险参保职工人数2056人，实际征缴工伤保险基金50.5万元；1632名城镇职工纳入生育保险范围，征缴生育保险基金72万元；城乡居民养老保险参保人数16596人，参保率达到99.53%，为3645名待遇享受人员累计发放养老金433.88万元，发放率达100%。全县农牧村新农合参合人数27743人，参合率99.0%。

【社会事业】全面落实各项教育惠民政策，拨付教育专项资金9671万元。落实各类学校公用经费484万元，寄宿生活费1003万元，取暖费172万元，营养改善计划提高标准并覆盖学前教育，落实资金453万元。积极开展贫困学生资助和助学贷款，发放各类助学金75万元、助学贷款223万元。落实班主任岗位津贴和乡村教师生活补助154万元。建成12所双语幼儿园，有各类学校33所，专任教师870名，在校学生6455人。适龄儿童入学率100%，九年义务教育巩固率

91.3%，学前一年入园率93.0%，高考录取率达82.5%，“9+3”藏区免费中等职业学校录取20人。积极推广普通话，语言文字工作通过省级评估验收。医疗卫生单位37个，床位263张，卫生技术人员320人，儿童基础免疫“五苗”合格接种率95.54%以上，建卡率为99.59%，婴儿死亡率31.78‰。落实基本公共卫生经费118万元，开展“三病”普查4225人，累计发放计生奖励、扶助资金65万元。开展各类文化活动，承办“中国·碌曲第四届锅庄舞大赛”、“甘肃省原声民歌歌手大赛”、红军长征胜利79年“黑色火炬、绿色长征”火炬传递、国家非物质文化遗产保护－“南木特”藏戏展示展演等活动，被中国舞协授予“锅庄舞传习与创研基地”称号；召开首届“锅庄舞文化研讨会”。全年文化产业增加值1653万元，增长17.2%。免费为1039辆三轮车和3442辆摩托车挂牌，发放“三证合一”营业执照80份、“一照一码”营业执照20份，全县市场主体总数达到1930户，增长26.7%，注册资本13.8亿元，增长43.65%。

（刘鹏）

夏河县

【现任主要领导】

中共夏河县县委书记：杨雄（藏族）

夏河县人大常委会主任：才高（藏族）

夏河县人民政府县长：张志红（藏族）

政协夏河县委员会主席：楞本塔（藏族）

中共夏河县纪律检查委员会

书记：李青为

【基本情况】夏河县位于甘肃省西南部，甘南藏族自治州西北部，地处青藏高原的东部边缘，处于甘南高原和黄土高原的过渡带，东南面分别与州属合作市、碌曲县相邻，北依临夏州临夏县及青海省循化县、同仁县，全县总面积为6274平方公里，大部分地区海拔高度在3000～4200米之间。气候寒冷湿润，年平均温4.4度，年均降水量410毫米，平均无霜期56天，日照时间2296小时。辖10个乡、3个镇、65个村委会、4个社区（居委会），常住人口89万人，有藏、汉、回、撒拉、蒙古、朝鲜、土等14个民族。

【国民经济】2015年，全县实现生产总值15.14亿元，比上年增长7.7%。其中，第一产业增加值4.49亿元，增长5.1%；第二产业增加值1.59亿元，增长9.3%；第三产业增加值9.06亿元，增长8.2%。财政支出10.28亿元，增长20.5%。完成固定资产投资24.28亿元，下降27.2%；完成工业增加值1.56亿元，增长9.4%；实现社会消费品零售总额5.36亿元，增长8.1%。人口自然增长率为8.7‰。

【“三农”工作】2015年，全县高原特色生态畜牧业稳步发展，完成犏牛繁育带、藏羊繁育带、犏雌牛养殖带建设任务。牲畜总增率、出栏率、商品率分别比“十一五”末增长9.7、11.2和13.6个百分点。全县肉类、奶类总产量分别达到6.2万吨和6.4万吨，增长25%和9.6%。加大对企业的扶持力度，培育安多、雪顿等畜产品加工龙头企业。健全完善“公司＋基地＋农牧户”的产销模式，支持专业合作社发展，全县养殖专业合作社总数达到364个。争取“一事一议”财政奖补资金3799万元，实施一批惠民项目。兑付各类强农惠农直补资金5亿元。建成新农村试点村15个。投入资金3.1亿元，完成干旱草场节水灌溉项目、大夏河流域治理以及人饮工程。加大金融服务“三农”力度，发放“双联”贷款、中小企业贷款、妇女小额担保贷款2.9亿元，解决产业发展资金筹措难问题。完成农牧民技术培训1.4万人次，劳务输转3.8万人次，实现劳务收入4.3亿元。争取财政资金9590万元，开展政策性农牧业保险工作，承保牲畜262万头（只）、青稞13.7万亩。狠抓抗灾保畜，投资2177万元，为受灾乡村调运饲草料13390吨。农牧业增加值从2.1亿元增加到3.7亿元，年均增长7.3%。

【项目建设】2015年，全县累计完成固定资产投资24.28亿元，完成投资总额的64.4%。夏同公路、拉卜楞寺文物保护工程完成投资1.4亿元，省佛学院搬迁项目建成主体，完成投资6408万元；投资5036万元，建成农村公路、河堤治理、农村人饮、保障性住房等一批项目；投资2584万元，实施寺庙基础设施建设项目，投资1740万元的夏河县社会综合福利中心完成主体。

【优势产业】2015年，全县实施“以草促畜”，种植饲草56.6万亩；投资5590万元，补播改良草地10万亩，建设暖棚376座，购入良种畜1613头（只）；加快发展畜产品加工业，安多清真食品公司建成投产，雪顿乳业公司正在进行运行前的设备调试。按照“一心四区”发展布局，积极推进大景区建设，编制完成《甘肃省丝绸之路经济带拉卜楞（桑科草原）大景区规划》；桑科草原湿地公园和达宗湖旅游基础设施建设项目正式启动；建成桑科水坝、阿木去乎和甘加梁观景台和熊猫沟3A级景区，安放移动式星级厕所8座，并在拉卜楞寺环寺南路统一安装休闲椅40组，设立旅游纪念品零售摊位46处。赴太原等地开展文化旅游推介活动，在兰州市电视台滚动播出《大美夏河》形象宣传片，提高知名度。全年接待游客137.1万人次，增长22.6%；旅游综合收入达6.5亿元，增长25.5%。

【人民生活】2015年，全县城镇居民人均可支配收入1.96万元，增长9.2%；全县农村居民人均可支配收入0.6万元，增长11.7%。

【扶贫开发】组建27个驻村帮扶工作队，开展摸底调研，共建档立卡3018户1.37万人，将脱贫人口精准核定到乡、村、户；坚持“项目资金向贫困村户倾斜”的原则，整合涉农项目228个、资金4.7亿元，实施8个贫困村整村推进等基础设施建设项目，在27个贫困村实施1093户危旧房改造项目；大力实施养殖暖棚、牛羊育肥、种养业基地建设等项目，拓宽农牧民增收渠道，新建专业合作社及农（牧、藏）家乐72个，为65个行政村村级扶贫互助协会注入资金612万元。发放精准扶贫专项贷款529户2613万元，加大社会帮扶援助支持力度，争取落实庆阳市援建资金3500万元、中海油公司援建资金500万元，各级双联单位帮办实事700多件，总金额达1.7亿元，发放困难群众生活补助671.5万元，全年预计减贫1557户6921人。

【环境保护】2015年，全县大力实施黄河上游生态保护与建设项目，治理退化草原6.5万亩，划定草原禁牧155万亩，草畜平衡面积604万亩。造林3600亩，封山育林8000亩，巩固退耕还林成果446亩。投入财政资金并整合其他资金共6750万元，完成13个生态文明示范村和4个美丽乡村建设任务，开展曲奥乡和桑科乡国家级生态乡创建工作，实施博拉乡环境整治项目；投资1436.5万元，购置垃圾清运收容设施；发动干部职工和僧俗群众定期开展城乡卫生大清扫活动，集中整治违章建筑、乱贴广告、占道经营、乱摆摊点、车载经营等突出问题，城乡环境脏乱差问题得到有效治理。开展水电站、公路建设、矿山地质环境生态植被恢复治理和饮用水水源地保护工作。

【社会保障】2015年，全县城乡居民参加各项社会保险人数7.6万人。其中，年末全县城镇基本养老保险参保人数0.8万人，覆盖率为95%；城镇职工基本医疗保险参保人数0.7万人，覆盖率为98%；城镇居民基本医疗保险参保人数0.9万人，参保率为95%；失业保险参保人数0.3万人，覆盖率为100%；工伤保险参保人数0.6万人，覆盖率为100%；生育保险参保人数0.2万人，参保率为98%；全年各项社会保险基金征缴0.79亿元；各项社会保险费支出0.61亿元。年末新型农村社会养老保险参保人数4.1万人，参保率97%；全年征缴个人养老保险费335万元，有0.9万人领取养老金1191万元。

【社会事业】2015年，总投资1.2亿元的藏中新校区建成使用；全面落实义务教育阶段“两免一补”政策，累计免除费用和提供补贴2333万元，受益学生1万余人；免除高中阶段学生学杂费190万元；发放乡村教师生活补助及班主任津贴398万元。改善基础条件，开展乡镇卫生院业务用房、职工周转房、村级卫生室等项目建设；引进了18名临床、检验、影像等专业人员，争取兰州大学附属一院援藏医疗队到县医院开展医疗服务；全力推进国家人口计生利益导向政策体系示范县建设，计生服务管理水平进一步提高。县体育中心和数字影院建成投用，干部群众的精神文化生活更加丰富；加大非物质文化遗产保护与项目申报力度，56名非遗项目传承人被确定为县级传承人。完成30件民生实事，发放城乡最低生活保障金、城乡医疗救助、特困群众生活临时救助、五保供养金、孤儿补助、优抚对象抚恤金和生活补助6102万元。完善机关事业单位工资制度，落实藏区干部职工相关待遇，全面推行县以下机关公务员职务与职级并行制度；及时足额落实艰苦边远地区津贴和地区附加津贴。

（祁荣龙）

1

综 合

General Survey

简要说明

一、本篇资料要内容

本篇资料主要包括行政区划、河流基本情况、国民经济和社会发展综合资料、私营个体经济基本情况及法人单位与产业活动单位基本情况资料。

二、本篇资料来源

1. 甘肃行政区划资料是截止 2015 年末全省行政区划变更情况汇总，由省民政厅提供。

2. 河流资料由省水利厅提供。

3. 国民经济和社会发展综合资料是由省统计局国民经济综合处抽取全书的精华，通过对各篇章主要统计指标及其速度、结构、比例和效益等加工计算，来反映国民经济和社会发展的总体情况。

4. 全省私营个体经济资料来自省工商行政管理局。

5. 全省法人单位与产业活动单位资料由省统计局普查中心汇总、加工整理。

1-1 行政区划（2015）
Divisions Administrative Areas in Gansu(2015)

单位：个 (unit)

地级区划名称	Prefectural Regions and Autonomous Regions	地级 City	县级 County Level 合计 Numbers of Regions at County Level	县 Counties	自治县 Autonomous Counties	市 Cities	市辖区 Districts under the Jurisdiction of Cites	乡镇级 Townships Level 合计 Number of Regions at Townships Level	镇 Towns	乡 Townships	民族乡 Ethnic Community Townships	街道办事处 Street Communites
甘肃省	**Gansu**	**14**	**86**	**58**	**7**	**4**	**17**	**1351**	**628**	**600**	**34**	**123**
兰州市	Lanzhou	1	8	3			5	114	40	21		53
嘉峪关市	Jiayuguan	1						3	3			
金昌市	Jinchang	1	2	1			1	18	8	4		6
白银市	Baiyin	1	5	3			2	78	36	33	1	9
天水市	Tianshui	1	7	4	1		2	123	78	35		10
武威市	Wuwei	1	4	2	1		1	102	61	32		9
张掖市	Zhangye	1	6	4	1		1	65	43	17	4	5
平凉市	Pingliang	1	7	6			1	105	47	55	9	3
酒泉市	Jiuquan	1	7	2	2	2	1	75	39	28	7	8
庆阳市	Qingyang	1	8	7			1	119	63	53	1	3
定西市	Dingxi	1	7	6			1	121	60	59		2
陇南市	Longnan	1	9	8			1	199	85	110	4	4
临夏州	Linxia	1	8	5	2	1		130	46	77	4	7
甘南州	Gannan	1	8	7		1		99	19	76	4	4

注：街道办事处不包括矿区街道。

a) Street communites excluding the street of Mining Area.

1-2 河流基本情况
Major Rivers

名称	River	境内流域面积（万平方公里） Drainage Area within Borders (10 000 sq.km)	境内河流长度（公里） Length within Borders (km)	年径流量（亿立方米） Annual Flow (100 million cu.m)
长江	Yangtze River	3.85	3484.66	63.10
#白龙江	Bailong River	1.81	450.00	62.44
黄河	Huanghe River (Yellow River)	14.59	7752.46	66.13
#洮河	Taohe River	2.52	673.00	23.69
内陆河	Inland Rivers	27.00	1175.60	62.31
疏勒河	Shulehe River	17.00	583.00	24.29
黑河	Heihe River	5.94	413.00	23.82
石羊河	Shiyanghe River	4.07	179.60	14.20

1-3 国民经济和社会发展总量与速度指标

指标	Item	1995	2000	2005
人口	**Population**			
年末总人口（万人）	Total Population at Year-end (10 000 persons)	2437.95	2515.31	2545.10
城镇人口	Urban	562.06	603.93	764.04
乡村人口	Rural	1875.89	1911.38	1781.06
就业	**Employment**			
就业人员数（万人）	Total Number of Employed Persons (10 000 persons)	1483.32	1476.45	1391.36
#在岗职工人数	Number of Staff and Workers		201.20	188.49
城镇登记失业人数（万人）	Number of Registered Unemployed Persons in Urban Areas (10 000 persons)	9.13	7.35	9.26
国民经济核算	**National Accounts**			
生产总值（亿元）	Gross Regional Product (100 million yuan)	557.76	1052.88	1933.98
第一产业	Primary Industry	110.65	194.10	308.06
第二产业	Secondary Industry	256.83	421.65	838.56
#工业	Industry	226.29	327.60	685.80
第三产业	Tertiary Industry	190.28	437.13	787.36
支出法生产总值（亿元）	Gross Regional Product by Expenditure Approach (100 million yuan)	557.76	1052.88	1933.98
#最终消费	Final Consumption Expenditure	385.35	635.71	1217.63
居民消费	Household Consumption Expenditures	291.08	496.35	893.15
政府消费	Government Consumption Expenditures	94.27	139.37	324.48
资本形成总额	Gross Capital Formation	221.20	453.44	916.96
固定资本形成	Gross Fixed Capital Formation	146.35	373.90	874.52
存货变动	Changes in Inventories	74.84	79.54	42.44
固定资产投资	**Investment in Fixed Assets**			
固定资产投资总额（亿元）	Total Investment in Fixed Assets (100 million yuan)	194.67	441.35	874.53
第一产业	Primary Industry			
第二产业	Secondary Industry			
第三产业	Tertiary Industry			
财政（亿元）	**Finance (100 million yuan)**			
财政收入	Revenue	68.41	108.38	254.57
一般公共预算收入	General Public Budget Revenue	33.92	61.28	123.50
一般公共预算支出	General Public Budget Expenditure	81.39	188.23	429.35
物价总指数（上年=100）	**Price Indices (preceding year=100)**			
商品零售价格指数	Retail Price Index	116.5	99.1	99.9
居民消费价格指数	Consumer Price Index	119.8	99.5	101.7
工业生产者出厂价格指数	Producer Price Indices for Industrial Products	115.0	107.2	109.6
工业生产者购进价格指数	Purchasing Price Index for Industrial Producers	113.7	111.8	109.9
农业生产资料价格指数	Price Indices for Farm Products	129.6	103.9	109.0
能源（万吨标煤）	**Energy (10 000 tons of SCE)**			
能源生产总量	Total Energy Production	2276.89	1914.59	3605.12
能源消费总量	Total Energy Consumption	2737.59	3011.62	4300.88

注：1.2010年度以前（含2010年）固定资产投资数据为全社会口径，全社会口径中包含农户投资和跨区域项目投资，与2011年以后数据不可比（下表同）。
2.从2011年起，固定资产投资的起点标准从计划总投资50万元提高到500万元，500万元以下项目不再纳入固定资产投资统计范围(下表同)。
3.2000年及以后年末总人口按常住人口口径统计（下表同）。

Principal Aggregate Indicators on National Economic and Social Development and Their Related Indices and Growth Rates

总量指标 Aggregate Data			速度指标（%） Indices and Growth Rates							
			指 数（2015 年为以下各年 %） Index (2015 as Percentage of the Following Years)					年平均增长速度 Average Annual Growth Rate		
2010	2014	2015	1995	2000	2005	2010	2014	"十五"时期 2001–2005	"十一五"时期 2006–2010	"十二五"时期 2011–2015
2559.98	2590.78	2599.55	106.63	103.35	102.14	101.55	100.34	0.24	0.12	0.31
924.66	1079.84	1122.75	199.76	185.91	146.95	121.42	103.97	4.82	3.89	3.96
1635.32	1510.94	1476.80	78.73	77.26	82.92	90.31	97.74	-1.40	-1.69	-2.02
1499.56	1519.86	1535.69	103.53	104.01	110.37	102.41	101.04	-1.18	1.51	0.48
187.96	231.88	228.97		113.80	121.48	121.82	98.75	-1.30	-0.06	4.03
10.72	9.70	9.48	103.83	128.98	102.38	88.43	97.73	4.73	2.97	-2.43
4135.86	6836.82	6790.32	749.30	467.53	280.74	165.09	108.08	10.74	11.20	10.55
599.28	900.76	954.09	266.09	232.46	172.72	132.73	105.39	6.12	5.41	5.83
1937.39	2926.45	2494.77	847.41	536.79	313.36	172.29	107.38	11.37	12.71	11.50
1551.59	2263.20	1778.10	806.55	572.66	316.64	172.47	106.99	12.58	12.92	11.52
1599.20	3009.61	3341.46	983.88	513.19	291.26	168.17	109.73	12.00	11.61	10.95
4135.86	6836.82	6790.32	749.30	467.53	280.74	165.09	108.08	10.74	11.20	10.55
2462.03	4035.59	4374.19	686.76	471.94	273.72	163.20	108.50	11.51	10.90	10.29
1594.37	2761.81	3079.86	585.51	411.23	255.22	171.54	109.90	10.01	8.27	11.40
867.66	1273.78	1294.33	1054.77	684.40	322.09	146.97	105.40	16.27	16.99	8.01
2343.52	4150.35	4448.84	1195.45	682.87	369.82	180.75	108.30	13.05	15.39	12.57
2177.89	4116.72	4412.26	1677.04	817.20	384.25	192.75	108.20	16.29	14.79	14.03
165.63	33.63	36.58	42.81	41.95	78.73	25.01	119.10	-11.83	25.78	-24.21
3378.10	7759.62	8626.60	4431.40	1954.59	986.43	289.24	111.17	14.66	31.03	23.67
137.99	409.09	534.89				475.12	130.75			36.57
1597.61	3531.53	3434.90				225.75	97.26			17.69
1642.50	3819.00	4656.81				345.36	121.94			28.13
745.25	1234.24	1386.28	2026.31	1279.15	544.57	186.02	112.32	18.62	23.97	13.22
353.58	672.67	743.86	2192.91	1213.77	602.30	210.38	110.58	15.04	23.41	16.04
1468.58	2541.49	2958.31	3634.74	1571.65	689.02	201.44	116.40	17.93	27.88	15.03
104.6	101.7	101.0								
104.1	102.1	101.6								
115.0	96.7	87.0								
114.4	97.6	87.0								
101.7	99.0	98.6								
4631.59	5926.50	5816.78	255.47	303.81	161.35	125.59	98.15	13.49	5.14	4.66
5829.85	7521.45	7522.85	274.80	249.79	174.91	129.04	100.02	7.72	6.27	5.23

a) Before 2010(including 2010),data of fixed asset investment are the caliber of total society. Farm households investment and cross-regional project investment is included in the caliber of total society and different from the data of 2011 .The same applies to all tables following.

b) Since 2011, the standards of starting point of investment in fixed assets statistics is changed from a planned total investment of 500,000 yuan to 500 million.Project of below 500 million is no longer included in the investment in fixed assets statistics range .The same applies to all tables following.

c) Since 2000,total population at year-end are obtained from the standand of permanent population.The same applies to all tables following.

1-3 续表 1

指标	Item	1995	2000	2005
农业	**Agriculture**			
耕地面积（千公顷）	Cultivated Areas (1 000 hectares)	3482.49	3433.20	3421.05
农林牧渔业从业人员（万人）	Employed Persons of Agriculture, Forestry, Animal, Husbandry & Fishery (10 000 persons)	667.45	697.53	761.37
农林牧渔业总产值（亿元）	Gross Output Value of Agriculture Forestry, Animal Husbandry and Fishery (100 million yuan)	269.45	320.12	549.71
主要农产品产量（万吨）	Output of Major Farm Products (10 000 tons)			
粮食	Grain	626.78	713.48	836.89
棉花	Cotton	2.29	5.75	11.05
油料	Oil-bearing Crops	31.69	41.68	50.31
甜菜	Beet Roots	107.01	37.90	14.54
园林水果	Garden Fruits	80.36	121.59	172.45
肉类	Meat	47.33	57.33	69.81
猪牛羊肉	Pork,Beef,Mutton	44.02	52.77	64.09
工业	**Industry**			
规模以上工业增加值（亿元）	Value-added of Industry above Designated Size (100 million yuan)		263.42	601.80
规模以上工业主要产品产量	Main Product Output of Industry above Designated Size			
原煤（万吨）	Coal (10 000 tons)	2466.13	1632.71	3619.84
天然原油（万吨）	Natural Crude Oil (10 000 tons)	267.83	250.15	304.55
发电量（亿千瓦小时）	Electricity (100 million kwh)	237.75	280.27	506.17
粗钢（万吨）	Crude Steel (10 000 tons)	131.95	229.94	458.44
水泥（万吨）	Cement (10 000 tons)	561.48	732.10	1553.29
乙烯（万吨）	Ethene (10 000 tons)	7.28	16.72	24.57
卷烟（万箱）	Cigarettes (10 000 pack)	28.75	28.99	71.00
建筑业	**Construction**			
建筑业从业人员（万人）	Number of Employed Persons (10 000 persons)		33.17	42.77
建筑业增加值（亿元）	Value-added (100 million yuan)	30.54	94.04	152.76
施工房屋面积（万平方米）	Floor Space of Buildings under Construction (10 000 sq.m)	958.98	1914.12	3008.48
竣工房屋面积（万平方米）	Floor Space of Buildings Completed (10 000 sq.m)	408.68	1066.18	1455.17
交通运输	**Transportation**			
货运量（万吨）	Freight Traffic (10 000 tons)	20275.00	22722.09	25843.07
# 铁路	Railways	2555.00	2885.00	3274.00
公路	Highways	17719.00	19800.00	22520.00
空运	Civil Aviation	1.00	1.09	1.08

注：从 2011 年开始，规模以上工业统计范围的工业企业起点标准从年主营业务收入在 500 万元提高到 2000 万元（下表同）。

continued

总量指标 Aggregate Data			速度指标（%） Indices and Growth Rates							
			指 数（2015年为以下各年%） Index (2015 as Percentage of the Following Years)					年平均增长速度 Average Annual Growth Rate		
2010	2014	2015	1995	2000	2005	2010	2014	"十五"时期 2001-2005	"十一五"时期 2006-2010	"十二五"时期 2011-2015
3493.81	3546.80	3553.34	102.03	103.50	103.87	101.70	100.18	-0.07	0.42	0.34
724.82	674.52	668.07	100.09	95.78	87.75	92.17	99.04	1.77	-0.98	-1.62
1057.02	1618.80	1722.09	321.47	237.31	171.47	130.92	105.70	6.72	5.54	5.52
958.30	1158.65	1171.13	186.85	164.14	139.94	122.21	101.08	3.24	2.75	4.09
7.56	6.47	4.25	185.80	74.00	38.51	56.29	65.76	13.96	-7.31	-10.88
64.05	72.42	71.57	225.83	171.70	142.25	111.73	98.82	3.84	4.95	2.25
22.02	27.42	16.05	15.00	42.34	110.37	72.90	58.53	-17.44	8.65	-6.12
299.46	425.23	461.80	574.67	379.80	267.79	154.21	108.60	7.24	11.67	9.05
86.78	99.73	100.55	212.44	175.38	144.03	115.86	100.82	4.02	4.45	2.99
80.77	93.39	94.05	213.64	178.22	146.74	116.43	100.70	3.96	4.74	3.09
1376.34	2070.00	1662.00		637.23	333.39	171.90	106.80	13.83	14.17	11.44
4547.20	4691.73	4390.27	178.02	268.89	121.28	96.55	93.57	17.26	4.67	-0.70
382.14	771.97	820.09	306.20	327.84	269.28	214.60	106.23	4.01	4.64	16.50
791.53	1129.93	1139.45	479.26	406.55	225.11	143.96	100.84	12.55	9.35	7.56
662.25	1073.98	852.10	645.77	370.57	185.87	128.67	79.34	14.80	7.63	5.17
2414.11	4925.52	4764.30	848.53	650.77	306.72	197.35	96.73	16.23	9.22	14.56
69.48	62.99	64.20	881.80	383.94	261.27	92.39	101.92	8.00	23.11	-1.57
80.00	100.00	103.00	358.26	355.29	145.07	128.75	103.00	19.62	2.42	5.18
45.76	58.89	55.10		166.11	128.83	120.40	93.56	5.22	1.36	3.78
385.80	681.34	730.88	1146.74	414.07	299.98	171.76	109.13	6.65	11.80	11.42
5032.63	11531.10	10757.08	1121.72	561.99	357.56	213.75	93.29	9.47	10.84	16.41
2013.88	4172.00	4082.94	999.06	382.95	280.58	202.74	97.87	6.42	6.71	15.18
29008.83	57246.75	58258.00	287.34	256.39	225.43	200.83	101.77	2.61	2.34	14.96
4926.00	6450.30	5936.00	232.33	205.75	181.31	120.50	92.03	2.56	8.51	3.80
24050.00	50780.00	52281.00	295.06	264.05	232.15	217.38	102.96	2.61	1.32	16.80
1.13	5.96	6.55	655.00	600.92	606.48	579.65	109.90	-0.18	0.91	42.11

a) Since 2011,the cut-off point of Industrial enterprises covered by statistics of industrial enterprises above designated size are raised from revenue from principal business of 5 million yuan to 20 million yuan. The same applies to the tables following.

1-3 续表 2

指标	Item	1995	2000	2005
客运量（万人）	Passenger Traffic (10 000 persons)	10547	12907	17803
#铁路	Railways	942	1039	1230
公路	Highways	9563	11600	16247
民航	Civil Aviation	42	76	85
邮电通信业	**Postal and Telecommunication Services**			
邮电业务总量（亿元）	Business Volume of Postal and Telecommunication Services (100 million yuan)	7	42	136
函件（万件）	Number of Letters Delivered (10 000 pieces)	9104	9919	5071
报刊期发数（万份）	Number of Newspapers and Magazines Distributed (10 000 copies)	496	679	175
移动电话年末用户（万户）	Number of Mobile Telephone Subscribers at Year-end(10 000 subscribers)	2	65	408
固定电话年末用户（万户）	Number of Fixed Telephone Subscribers at Year-end (10 000 subscribers)	43	180	548
局用交换机容量（万门）	Capacity of Local Telephone Exchanges (10 000 lines)			712
国内商业	**Domestic Trade**			
社会消费品零售总额（亿元）	Total Retail Sales of Consumer Goods (100 million yuan)	240.65	379.61	638.08
对外经济贸易	**Foreign Trade**			
进出口总额（万美元）	Total Value of Exports and Imports (USD 10 000)	30494	56953	263136
进口额	Imports	8542	15458	154038
出口额	Exports	21951	41495	109098
利用外资额	**Utilization of Foreign Capital**			
签订利用外资协议额（万美元）	Foreign Capital Signed by Contracts (USD 10 000)	44199	32250	53996
实际利用外资额（万美元）	Utilization of Foreign Capital (USD 10 000)	35854	20122	25639
金融业	**Financial Intermediation**			
金融机构人民币各项存款（亿元）	Deposits of National Banking System (100 million yuan)	628.28	1402.93	2895.86
金融机构人民币各项贷款（亿元）	Loans of National Banking System (100 million yuan)	681.08	1171.14	1923.46
保险公司保费收入（亿元）	Insurance Premium of Insurance Companies (100 million yuan)	6.42	19.05	48.24
保险公司赔付支出（亿元）	Indemnity Expenditure and Payment of Insurance Companies (100 million yuan)	3.90	6.49	11.83
教育	**Education**			
专任教师数（人）	Number of Full-time Teachers (person)			
#普通高等学校	Institutions of Higher Education	6284	7208	14816
普通中学	Secondary Schools	62669	74082	99150
普通小学	Primary Schools	130032	125172	130841
在校学生数（万人）	Students Enrollment (10 000 persons)			
#普通高等学校	Institutions of Higher Education	4.55	8.17	22.95
普通中学	Secondary Schools	91.53	131.47	194.38
普通小学	Primary Schools	273.71	316.46	303.58
地方财政用于教育的支出（亿元）	Government Expenditures on Education (100 million yuan)	14.68	31.15	75.22
科技	**Science and Technology**			
R&D 经费内部支出（亿元）	Internal Expenditures on R & D (100 million yuan)			19.49

注:1. 邮电业务总量 2010 年按 2000 年可比价格计算，2011 年按 2010 年可比价格计算。

continued

总量指标 Aggregate Data			速度指标（%） Indices and Growth Rates							
			指 数（2015 年为以下各年 %） Index (2015 as Percentage of the Following Years)					年平均增长速度 Average Annual Growth Rate		
2010	2014	2015	1995	2000	2005	2010	2014	“十五”时期 2001-2005	“十一五”时期 2006-2010	“十二五”时期 2011-2015
53776	39852	41516	393.63	321.65	233.20	77.20	104.18	6.64	24.74	-5.04
2178	2672	3123	331.53	300.58	253.90	143.39	116.86	3.43	12.11	7.47
51404	36224	37242	389.44	321.05	229.22	72.45	102.81	6.97	25.91	-6.24
100	866	1061	2526.19	1396.05	1248.24	1058.78	122.46	2.26	3.35	60.31
453	278	364	5135.73	863.68	267.52	80.22	131.02	26.42	27.24	-4.31
3806	2664	1582	17.38	15.95	31.21	41.58	59.40	-12.56	-5.58	-16.10
210	210	124	25.00	18.25	70.86	59.02	59.05	-23.76	3.72	-10.01
1390	2059	2108	113945.95	3243.08	516.11	151.65	102.38	44.43	27.76	8.69
412	341	326	752.52	180.93	59.48	79.14	95.51	24.92	-5.55	-4.57
439	361	278			39.06	63.35	77.04		-9.22	-8.73
1435.53	2668.33	2907.22	1208.07	765.84	455.62	202.52	108.95	10.95	17.61	15.16
736975	864894	795253	2607.90	1396.33	302.22	107.91	91.95	35.81	22.87	1.53
573178	331817	214075	2506.15	1384.88	138.98	37.35	64.52	58.38	30.06	-17.88
163797	533077	581178	2647.62	1400.60	532.71	354.82	109.02	21.33	8.47	28.83
44015		78603	177.84	243.73	145.57	178.58		10.86	-4.01	12.30
51921	45542	46036	128.40	228.78	179.55	88.67	101.08	4.97	15.16	-2.38
7115.37	13921.36	16141.19	2569.11	1150.53	557.39	226.85	115.95	15.60	19.70	17.80
4433.05	10681.63	13292.18	1951.63	1134.98	691.06	299.84	124.44	10.43	18.17	24.56
146.34	208.44	256.89	4001.37	1348.49	532.52	175.55	123.24	20.42	24.85	11.91
31.18	84.42	92.75	2378.21	1429.12	784.02	297.44	109.87	12.76	21.39	24.36
20761	25283	26132	415.85	362.54	176.38	125.87	103.36	15.50	6.98	4.71
120689	128599	128621	205.24	173.62	129.72	106.57	100.02	6.00	4.01	1.28
140381	140476	140320	107.91	112.10	107.24	99.96	99.89	0.89	1.42	-0.01
38.15	45.23	45.05	990.03	551.36	196.28	118.07	99.59	22.95	10.70	3.38
203.10	162.53	153.86	168.10	117.03	79.16	75.76	94.66	8.13	0.88	-5.40
237.04	180.24	180.24	65.85	56.96	59.37	76.04	100.00	-0.83	-4.83	-5.33
228.23	401.26	498.33	3395.09	1599.82	662.53	218.34	124.19	19.28	24.86	16.90
41.59	76.87	82.72			424.38	198.90	107.61		16.37	14.74

a) Business volume of telecommunication services in 2010 was calculted at 2000 constant prices,and that in 2011 was calculated at 2010 constant prices.

1–3 续表 3

指标	Item	1995	2000	2005
文化	Culture			
图书（万册）	Number of Books Published (10 000 Volumes)	6180	7218	5895
杂志（万册）	Number of Magazines Issued (10 000 Volumes)	6214	8064	14766
报纸（万份）	Number of Newspapers Issue (10 000 Copies)	22556	25661	37900
家庭	Family			
家庭总户数（万户）	Total Number of Households (10 000 households)	554.3	615.3	682.8
城镇居民平均每户家庭人口（人）	Average Household Size in Urban Areas (person)	3.3	3.1	2.9
农村居民平均每户家庭人口（人）	Average Household Size in Rural Areas (person)	5.1	4.7	4.7
婚姻	Marriages and Divorces			
结婚登记总数（对）	Registered Number of Marriages (couples)	155553	127799	114554
离婚数（对）	Number of Divorces (couples)			22260
居住	Housing			
城镇居民人均居住面积（平方米）	Per Capita Net Floor Space of Urban Residents (sq.m)	10.74	15.21	24.16
农村居民人均居住面积（平方米）	Per Capita Net Floor Space of Rural Residents (sq.m)	15.64	18.00	18.71
生活	People's Livelihood			
城镇居民人均可支配收入（元）	Per Capita Disposable Income of Urban Households (yuan)	3153	4916	8087
农村居民人均可支配收入（元）	Per Capita Disposable Income of Rural Households (yuan)	880	1429	1980
城乡居民人民币储蓄存款余额（亿元）	Outstanding Amount of Saving Deposits in Urban and Rural Areas (100 million yuan)	380	819	1587
工资	Wages			
在岗职工工资总额（亿元）	Total Wages of Fully-employed staff and workers(100 million yuan)	136.70	179.98	290.22
在岗职工平均工资（元）	Average Wage of Fully-employed Staff and Workers (yuan)			14939
卫生	Health Care			
卫生机构数（个）	Number of Health Care Institutions (unit)	4131	7191	11849
#医院、卫生院	Number of Hospitals	1843	1867	1741
卫生机构床位数（张）	Number of Beds in Health Care Institutions (unit)	56378	59441	63638
#医院、卫生院	Number of Hospital Beds	52788	56557	59856
卫生技术人员（人）	Number of Medical Tenchnical Personnel (person)			66926
#执业（助理）医师	Number of Licensed (Assistant) Doctors			29701

注:1. 从 2011 年起卫生机构包括村卫生室。
2. 家庭总户数为公安厅户籍统计人口数。
3. 从 2013 年起，国家统计局开展了城乡一体化的住户收支和生活状况调查，甘肃省自 2015 年起发布城乡一体化住户收支与生活状况调查数据，表中涉及 2015 年的居民收支数据均来源于此调查，2014 年及以前的数据来源于城镇住户调查及农村住户调查，2015 年数据与历年数据不可比（下表同）。
4.2014 年以前农村居民收入指标为农民人均纯收入（下表同）。

continued

总量指标 Aggregate Data			速度指标（%） Indices and Growth Rates							
			指数（2015 年为以下各年 %） Index (2015 as Percentage of the Following Years)					年平均增长速度 Average Annual Growth Rate		
2010	2014	2015	1995	2000	2005	2010	2014	"十五"时期 2001-2005	"十一五"时期 2006-2010	"十二五"时期 2011-2015
6737	5312	6650	107.61	92.12	112.81	98.71	125.18	-3.97	2.71	-0.26
11082	10871	9672	155.64	119.94	65.50	87.28	88.97	12.86	-5.58	-2.69
40714	50982	50828	225.34	198.08	134.11	124.84	99.70	8.11	1.44	4.54
777.2	828.6	834.49	150.56	135.63	122.22	107.37	100.71	2.10	0.21	1.43
2.8	3.5	3.2	97.26	103.90	110.73	115.94	91.43	-1.27	-0.92	3.00
4.6	4.0	4.5	87.55	95.14	96.77	97.83	113.92	-0.34	-0.22	-0.44
142294	201813	220327	141.64	172.40	192.33	154.84	109.17	-2.16	4.43	9.14
27926	42231	46185			207.48	165.38	109.36		4.64	10.59
27.89	30.60	34.00	316.57	223.54	140.73	121.91	111.11	9.70	2.91	4.04
20.96	28.60	29.30	187.34	162.78	156.60	139.79	102.45	0.78	2.30	6.93
13189	20804	23767	753.91	483.44	293.90	171.96	109.00	10.47	10.28	11.50
3425	5736	6936	787.90	485.49	350.31	202.53	120.92	6.74	11.58	13.10
3598	6675	7580	1993.93	925.83	477.75	210.67	113.57	14.15	17.79	16.07
560.63	1247.26	1259.57	921.41	699.84	434.00	224.67	100.99	10.03	14.07	17.57
29588	48470	54454			364.51	184.04	112.35			12.98
10267	27902	27606	668.26	383.90	232.98	268.88	98.94	10.50	-2.83	21.87
1728	1805	1793	97.29	96.04	102.99	103.76	99.34	-1.39	-0.15	0.74
94883	122375	127011	225.28	213.68	199.58	133.86	103.79	1.37	8.32	6.01
82422	114313	118609	224.69	209.72	198.16	143.90	103.76	1.14	6.61	7.55
97387	126294	129523			193.53	133.00	102.56		7.79	5.87
38249	47791	49663			167.21	129.84	103.92		5.19	5.36

a) Since 2011, included of villages clinics.

b) The total number of households are the household registration population counted by Gansu Provincial Public Security Department.

c) Since 2013,the NBS started an integrated household income and expenditure survey,including both urban and rural households.Gansu published the data of integrated household income and expenditure survey,including both urban and rural households in 2015.The 2015 data of this table are come from this survey,the data prior to 2014 are compiled on the basis of the urban household surveys and the rural household surveys. Data of 2015 are not comparable with the historical data. The same applies to the tables following.

d) Indicator of rural households income are the net income of rural households.The same applies to the tables following.

1-4 国民经济和社会发展结构指标

Structural Indicators on National Economic and Social Development

单位：% (%)

指 标	Item	2000	2005	2010	2011	2012	2013	2014	2015
人口	**Population**								
城乡结构	Urban and Rural Composition								
城镇	Urban	24.01	30.02	36.12	37.15	38.75	40.13	41.68	43.19
乡村	Rural	75.99	69.98	63.88	62.85	61.25	59.87	58.32	56.81
性别结构	Sexual Composition								
男	Male	51.83	51.44	51.08	51.05	51.09	51.07	51.06	51.04
女	Female	48.17	48.56	48.92	48.95	48.91	48.93	48.94	48.96
就业	**Employment**								
产业结构	Industrial Composition								
第一产业	Primary Industry	59.64	63.67	61.61	61.26	60.45	59.26	58.02	57.06
第二产业	Secondary Industry	18.95	14.66	15.36	15.43	15.64	16.05	16.10	16.11
第三产业	Tertiary Industry	21.41	21.67	23.03	23.31	23.91	24.69	25.88	26.83
国民经济核算	**National Accounts**								
生产总值产业结构	Industrial Composition								
第一产业	Primary Industry	18.44	15.93	14.49	13.57	13.75	13.34	13.18	14.05
第二产业	Secondary Industry	40.05	43.36	46.84	46.07	44.91	43.37	42.80	36.74
第三产业	Tertiary Industry	41.52	40.71	38.67	40.36	41.34	43.29	44.02	49.21
投资	**Investment in Fixed Assets**								
固定资产投资结构	Composition of Total Investment in Fixed Assets								
产业结构	Industrial Composition								
第一产业	Primary Industry			4.08	4.58	3.37	3.63	5.27	6.20
第二产业	Secondary Industry			47.29	48.63	53.67	50.65	45.51	39.82
第三产业	Tertiary Industry			48.62	46.79	42.96	45.72	49.22	53.98
资金来源结构	Composition of Funding Sources								
国家预算内资金	State Budget	12.33	9.62	16.41	17.99	14.68	12.78	11.33	13.04
国内贷款	Domestic Loans	26.37	19.90	18.36	12.02	12.78	12.35	12.72	11.72
利用外资	Foreign Investment	1.74	1.65	0.53	0.43	0.30	0.42	0.46	0.25
自筹资金	Self-raising Funds	44.67	55.31	52.54	59.30	62.08	63.39	65.15	64.95
其他投资	Other Investments	14.89	13.52	12.16	10.25	10.16	11.06	10.34	10.04
农业	**Agriculture**								
农林牧渔业产值结构	Composition of Gross Output Value of Agriculture								
农业	Agriculture	69.60	66.01	71.67	71.43	72.47	72.77	72.58	72.73
林业	Forestry	3.48	2.89	1.75	1.45	1.48	1.48	1.58	1.66
牧业	Animal Husbandry	21.50	20.80	17.20	17.73	17.06	16.70	16.58	16.23
渔业	Fishery	0.37	0.19	0.11	0.13	0.13	0.13	0.13	0.13
农林牧渔服务业	Service for Agriculture,Forestry, Animal Husbandry and Fishery		10.11	9.27	9.25	8.86	8.92	9.13	9.25
工业	**Industry**								
规模以上工业总产值结构	Composition of Industry above Designated Size								
轻工业	Light Industry	24.03	18.77	14.09	12.57	14.43	16.35	15.85	19.24
重工业	Heavy Industry	75.97	81.23	85.91	87.43	85.57	83.65	84.15	80.76

1-4 续表 1 continued

单位：% (%)

指 标	Item	2000	2005	2010	2011	2012	2013	2014	2015
建筑业	**Construction**								
建筑业总产值结构	Composition of Gross Output Value of Construction Industry								
国有经济	State-owned Enterprise	42.13	37.22	17.33	24.44	23.48	15.68	15.53	14.77
城镇集体经济	Collective-owned Enterprises	27.43	11.97	7.72	8.04	7.92	7.22	7.33	6.74
其他	Others	30.44	50.81	74.95	67.52	68.61	77.10	77.14	78.49
运输业	**Transportation**								
货运量结构	Composition of Freight Traffic								
# 铁路	Railways	12.70	12.67	16.98	15.67	13.77	12.42	11.27	10.19
公路	Highways	87.14	87.14	82.91	84.23	86.18	87.55	88.70	89.74
国内商业	**Domestic Trade**								
社会消费品零售总额构成	Composition of Retail Sales of Consumer Goods								
城镇	Urban			80.55	80.28	80.25	80.34	80.30	79.69
# 城区	# City Subdivision			59.82	60.20	62.49	59.02	59.45	58.79
乡村	Rural			19.45	19.72	19.75	19.66	19.70	20.31
对外经济贸易	**Foreign Trade**								
进出口总值构成	Composition of Imports and Exports								
进口	Imports	27.14	58.54	77.77	75.03	59.84	54.49	38.37	26.92
出口	Exports	72.86	41.46	22.23	24.97	40.16	45.51	61.63	73.08
教育	**Education**								
普通学校在校学生结构	Composition of Student Enrollment in Regular Schools								
大学	Colleges and Universities	1.79	4.40	7.98	8.91	9.93	11.04	11.66	11.88
中学	Secondary Schools	28.82	37.32	42.46	42.71	42.52	42.43	41.89	40.58
小学	Primary Schools	69.38	58.28	49.56	48.38	47.55	46.53	46.45	47.54
普通学校专任教师结构	Composition of Full-time Teachers in Regular Schools								
大学	Colleges and Universities	3.49	6.05	7.37	7.70	8.06	8.35	8.59	8.86
中学	Secondary Schools	35.88	40.50	42.82	42.96	43.30	43.49	43.69	43.59
小学	Primary Schools	60.63	53.45	49.81	49.34	48.64	48.16	47.72	47.55
科技	**Science and Technology**								
R&D 经费内部支出结构	Composition of Intramural Expenditure on R&D by Sources								
基础研究	Basic Research			13.58	14.10	13.72	13.41	14.51	15.45
应用研究	Applied Research			21.05	18.93	19.80	14.95	15.10	15.59
试验发展	Experimental Development			65.37	66.97	66.48	71.64	70.39	68.95

1-4 续表 2 continued

单位：% (%)

指 标	Item	2000	2005	2010	2011	2012	2013	2014	2015
生活	**People's Living Conditions**								
农村居民消费结构	Consumption Composition of Urban Residents								
食品烟酒	Food,Tobacco and Liquor	48.45	47.20	44.71	42.24	39.76	37.09	37.56	32.86
衣着	Clothing	5.58	5.07	6.26	6.73	7.31	7.27	7.33	6.83
居住	Residence	15.79	13.23	18.75	16.28	16.46	16.37	16.75	17.88
生活用品及服务	Living Supplies and Services	3.90	4.07	4.99	5.40	6.04	6.24	6.14	6.52
交通通讯	Transport and Communications	4.04	8.52	8.73	10.00	10.52	12.34	11.89	11.88
教育文化娱乐	Education, Cultural and Entertainment	13.27	14.17	8.09	7.99	7.89	7.56	7.87	12.50
医疗保健	Health Care and Medical Services	6.51	6.26	6.90	9.26	9.60	10.58	10.05	9.81
其他商品和服务	Miscellaneous Goods and Services	2.46	1.48	1.57	2.10	2.42	2.55	2.41	1.73
城镇居民消费结构	Consumption Composition of Urban Residents								
食品烟酒	Food,Tobacco and Liquor	37.63	36.04	37.41	37.38	35.82	36.82	36.83	30.63
衣着	Clothing	12.53	12.35	12.69	13.14	12.70	12.46	12.41	10.08
居住	Residence	7.33	10.43	9.20	10.19	10.03	11.38	11.48	20.28
生活用品及服务	Living Supplies and Services	9.74	5.61	6.04	5.90	6.49	6.70	7.24	6.45
医疗保健	Health Care and Medical Services	6.60	7.54	8.37	7.81	8.17	7.97	7.67	7.97
交通通讯	Transport and Telecommunications	6.43	9.78	10.88	11.53	12.26	10.72	10.64	10.60
教育文化娱乐	Education, Cultural and Entertainment	13.65	14.44	11.49	10.35	10.81	11.04	10.84	11.72
其他商品及服务	Other Goods and Services	6.09	3.82	3.92	3.69	3.73	2.90	2.90	2.27
卫生	**Health Care**								
卫生机构人员结构	Composition of Health Agency Personnel								
# 执业医师	Licensed Doctors		28.65	27.14	22.82	23.10	22.43	21.61	22.04
执业助理医师	Licensed (Assistant) Doctors		7.99	6.02	5.29	5.34	4.78	5.10	5.20
注册护士	Registered Nurses		27.64	25.70	23.05	24.43	25.47	25.26	26.24
药师（士）	Pharmacist		6.20	4.38	3.63	3.67	3.64	3.38	3.36
检验技师（士）	Laboratory Technician		4.27	4.79	3.97	3.81	3.78	3.59	3.68
医院床位结构	Composition of Hospital Beds								
# 医院	Hospitals	73.20	73.97	64.25	66.57	68.14	72.80	73.95	74.48
卫生院	Health Centers	21.95	20.09	22.62	22.03	20.26	20.20	19.46	18.91

注：2014 年以前城乡居民食品烟酒支出为食品支出（下表同）。

a) Expenditures of food ,tobacco and liquor are the expenditures of food before 2014.The same applies to the tables following.

1-5 国民经济和社会发展比例及效益指标

Indicators on Proportions and Efficiency in National Economic and Social Development

指 标	Item	2000	2005	2010	2011	2012	2013	2014	2015
人口与就业	**Population and Employment**								
出生率（‰）	Birth Rate (‰)	14.38	12.59	12.05	12.08	12.11	12.16	12.21	12.36
死亡率（‰）	Death Rate (‰)	6.41	6.57	6.02	6.03	6.05	6.08	6.11	6.15
自然增长率（‰）	Natural Growth Rate (‰)	7.97	6.02	6.03	6.05	6.06	6.08	6.10	6.21
城镇登记失业率（%）	Registered Unemployment Rate in Urban Areas(%)	2.70	3.26	3.21	3.11	2.68	2.35	2.19	2.14
国民经济核算	**National Accounts**								
全社会劳动生产率（元/人）	Overall Labor Productivity (yuan/person)	7101	13284	27681	33351	37938	42253	45205	44446
第一产业	Primary Industry	2207	3468	6489	7366	8573	9419	10157	10853
第二产业	Secondary Industry	14601	34326	84696	99808	109678	115635	120366	101393
第三产业	Tertiary Industry	13903	24346	46779	58095	66424	75272	78700	82987
人均生产总值（元）	Per Capita GDP (yuan)	4129	7477	16172	19525	22075	24539	26433	26165
固定资产投资	**Investment in Fixed Assets**								
全社会房屋建筑面积竣工率（%）	Rate of Total Floor Space of Buildings Completed in Construction (%)	61.00	45.82	25.59	23.65	21.16	17.22	16.93	18.23
财政	**Government Finance**								
财政收入相当于生产总值比例（%）	Proportion of Government Revenue to Gross Regional Product (%)	10.29	13.16	18.02	18.66	19.03	18.08	18.05	20.42
一般公共预算支出相当于生产总值比例（%）	Proportion of General Public Budget Expenditure to Gross Regional Product (%)	17.88	22.20	35.51	35.81	36.29	36.48	37.17	43.57
农业	**Agriculture**								
人均耕地面积（公顷）	Per Capita Cultivated Land (hectare)	0.14	0.13	0.14	0.14	0.14	0.14	0.14	0.14
每公顷耕地用电量（千瓦小时）	Electric Consumption per Hectare of Cultivated Land (kwh)	605	687	789	828	862	896	884	936
每公顷耕地化肥施用量（千克）	Chemical Fertilizer Consumption per Hectare of Cultivated Land (kg)	188	222	244	249	261	268	275	276
每公顷耕地生产的农业产值（元）	Agricultural Output Value per Hectare of Cultivated Land (yuan)	9324	16068	30254	33907	38465	42899	45641	48464
农业从业者人均农产品产量（千克）	Output of Farm Corps per Agricultural Laborer (kg)								
粮食	Grain	1022.9	1099.2	1322.1	1418.2	1590.6	1677.6	1717.7	1753.0
棉花	Cotton	8.2	14.5	10.4	10.6	11.6	10.4	9.6	6.4
油料	Oil-bearing Crops	59.8	66.1	88.4	88.8	96.0	102.7	107.4	107.1
猪牛羊肉	Pork,Beef and Mutton	75.7	84.2	111.4	115.3	123.5	131.3	138.5	140.8
每公顷播种面积农产品产量（千克）	Output of Farm Crops Per Hectare of Sown Area (kg)								
粮食	Grain	2550	3235	3423	3581	3908	3984	4076	4110
棉花	Cotton	1657	1728	1578	1585	1682	1732	1699	1656

1-5 续表 continued

指 标	Item	2000	2005	2010	2011	2012	2013	2014	2015
工业	**Industry**								
总资产贡献率（%）	Ratio of Total Assets to Industrial Output Value (%)	5.10	8.37	11.01	10.61	10.03	8.93	8.75	5.65
资产负债率（%）	Assets-Liability Ratio (%)	65.05	58.70	62.32	64.04	62.34	64.16	63.49	65.37
流动资产周转次数（次/年）	Number of Times of Annual of Turnover Circulating Funds (times/year)	1.08	1.96	2.05	2.19	2.21	2.19	2.22	2.08
成本费用利润率（%）	Ratio of Profits to Industrial Cost (%)	1.35	3.49	4.73	4.38	3.89	3.64	2.73	-1.08
产品销售率（%）	Proportion of Products Sold (%)			95.15	95.48	93.14	93.30	93.93	94.78
建筑业	**Construction**								
产值利税率（%）	Ratio of Pre-tax Profits to Gross Output Value (%)	5.52	3.80	8.10	7.40	8.07	7.49	7.68	7.48
全员劳动生产率（元/人）（按总产值计算）	Overall Labor Productivity (yuan/person) (By Gross Output Value)	38234	73456	164323	183754	261487	295330	296865	303474
对外经济贸易	**Foreign Trade**								
进出口总额相当于生产总值比例（%）	Proportion of Total Value of Imports & Exports to Gross Product (%)	4.48	11.16	12.06	11.30	9.90	10.06	7.69	7.28
金融	**Financial Intermediation**								
金融机构人民币存款相当于生产总值比例（%）	Deposits of Financial Institutions as Percentage of GDP (Renminbi) (%)	133.25	149.74	172.04	167.80	176.79	190.02	203.62	237.71
金融机构人民币贷款相当于生产总值比例（%）	Loans of Financial Institutions as Percentage of GDP(Renminbi) (%)	111.23	99.46	107.19	109.32	120.34	133.16	156.24	195.75
教育	**Education**								
学龄儿童净入学率（%）	Net Enrollment Ratio of Primary Schools (%)	98.83	98.87	99.46	99.56	99.68	99.78	99.80	99.83
小学升学率（%）	Promotion Rate from Primary Schools to Junior Secondary Schools (%)	90.98	96.67	95.67	95.41	94.29	90.20	97.06	96.90
初中升学率（%）	Promotion Rate from Junior Secondary Schools to Senior Secondary Schools (%)	33.48	48.58	48.31	48.35	51.08	52.00	59.18	60.00
平均每个教师负担学生数（人）	Students Taught Each Teacher (person)								
普通高等学校	Colleges and Universities	12	15	18	19	19	18	18	18
普通中等学校	Regular Institutions of Secondary Education	12	20	23	21	21	15	17	17
普通中学	Secondary Schools	18	20	17	16	15	13	13	12
普通小学	Primary Schools	25	23	17	15	15	13	13	13
科技	**Science and Technology**								
R&D 经费内部支出相当于生产总值比例 (%)	Proportion of Intramural Expenditure on R&D to GDP (%)		1.01	1.01	0.97	1.07	1.06	1.12	1.22
卫生	**Health Care**								
每万人执业（助理）医师（人）	Number of Doctors per 10 000 Persons (person)	14.7	13.6	15.0	16.1	16.8	17.4	18.5	19.1
每万人医院、卫生院床位数（张）	Number of Beds of Hospitals and Health Centers per 10 000 Population(unit)	23.2	24.5	32.2	35.1	38.4	46.3	44.1	45.6
婚姻	**Marriages and Divorces**								
离婚率（‰）	Divorce Rate (‰)	0.43	1.72	2.18	2.38	2.55	2.98	3.27	3.56

1-6 甘肃国民经济主要指标占全国比重（2015）

Percentage of Gansu's National Economy in the Whole Nation(2015)

指 标	Item	全 国 Whole Nation	甘 肃 Gansu	甘肃省占全国% As Percentage of the Whole Nation
年末总人口（万人）	Total Population at Year-end (10 000 persons)	137462	2600	1.89
就业人员（万人）	Employment at the Year-end (10 000 persons)	77451	1536	1.98
国内生产总值（亿元）	Gross Regional Product (100 million yuan)	676707.8	6790.3	1.00
第一产业	Primary Industry	60863.0	954.1	1.57
第二产业	Secondary Industry	274277.8	2494.8	0.91
第三产业	Tertiary Industry	341566.9	3341.5	0.98
固定资产投资（亿元）	Total Investment in Fixed Assets (100 million yuan)	561999.8	8626.6	1.53
一般公共预算收入（亿元）	General Public Budget Revenue (100 million yuan)	152216.7	743.9	0.49
一般公共预算支出（亿元）	General Public Budget Expenditure (100 million yuan)	175767.8	2958.3	1.68
在岗职工平均工资（元）	Average Wage of Fully Employed Staff and Workers (yuan)		54454	
城镇居民人均可支配收入（元）	Per Capita Disposable Income of Urban Residents (yuan)	31195	23767	-7427.75 元
农村居民人均可支配收入（元）	Per Capita Net Income of Rural Residents (yuan)	11422	6936	-4485.51 元
主要农产品产量（万吨）	Output of Major Agricultural Products (10 000 tons)			
粮食	Grain	62143.9	1171.1	1.88
棉花	Cotton	560.3	4.3	0.76
油料	Oil-Bearing Crops	3537.0	71.6	2.02
肉类	Output of Meat	8625.0	100.5	1.17
主要工业产品产量	Output of Major Industry Products			
农用化肥（万吨）	Chemical Fertilizers (10 000 tons)	7432.0	46.7	0.63
原煤（亿吨）	Coal (100 million tons)	37.5	0.4	1.17
天然原油（万吨）	Natural Crude Oil (10 000 tons)	21455.6	820.1	3.82
发电量（亿千瓦小时）	Electricity (100 million kwh)	58105.8	1139.5	1.96
粗钢（万吨）	Crude Steel (10 000 tons)	80382.5	852.1	1.06
水泥（万吨）	Cement (10 000 tons)	235939.6	4764.3	2.02
邮电业务总量（亿元）	Business Volume of Postal and Telecommunication Services (100 million yuan)	28220.4	363.6	1.29
社会消费品零售总额（亿元）	Total Retail Sales of Consumer Goods (100 million yuan)	300930.8	2907.2	0.97
进出口总额（亿美元）	Totel Exports and Imports (USD 100 million)	39569.0	79.5	0.20
#出口额	Exports	22749.5	58.1	0.26
普通高等学校在校学生数（万人）	Students Enrollment in Institutions of Higher Education (10 000 persons)	2625.3	45.0	1.72
医疗卫生机构数（万个）	Number of Health Care Institutions(10 000 units)	98.4	2.8	2.81
医疗卫生机构床位数（万张）	Number of Hospital Beds(10 000 units)	701.5	12.7	1.81
执业（助理）医师（万人）	Licensed (Assistant) Doctors (10 000 persons)	303.9	5.0	1.63

注：国家数据来源于《中国统计摘要 -2016》。

a) Data of national are from the China Statistical Abstract -2016.

1-7 甘肃的一天

Average Daily Social and Economic Activities in Gansu

指　标	Item	2000	2005	2010	2011	2012	2013	2014	2015
每天创造的财富	**Daily Production**								
生产总值（万元）	Gross Regional Product (10 000 yuan)	28846	52986	113311	137052	155484	173444	187310	186036
第一产业	Primary Industry	5318	8440	16419	18596	21384	23142	24678	26139
第二产业	Secondary Industry	11552	22974	53079	63142	69829	75215	80177	68350
#工业	Industry	8975	18789	42509	50533	55062	59047	62005	48715
第三产业	Tertiary Industry	11976	21572	43814	55315	64272	75086	82455	91547
财政收入（万元）	Government Revenue (10 000 yuan)	2969	6974	20418	25579	29586	31365	33815	37980
一般公共预算支出（万元）	General Public Budget Expenditure (10 000 yuan)	5157	11763	40235	49075	56426	63277	69630	81050
粮食（万吨）	Grain (10 000 tons)	1.95	2.29	2.63	2.78	3.04	3.12	3.17	3.21
棉花（吨）	Cotton (ton)	158	303	207	208	222	193	177	117
油料（吨）	Oil-bearing Crops (ton)	1142	1378	1755	1740	1836	1910	1984	1961
肉类（吨）	Meat (ton)	1571	1913	2378	2424	2528	2605	2732	2755
原煤（万吨）	Coal (10 000 tons)	4.47	9.92	12.46	14.24	13.36	12.32	12.85	12.03
发电量(万千瓦小时)	Electricity (10 000 kwh)	7679	13868	21686	28162	29678	31468	30957	31218
卷烟（箱）	Cigarette (pack)	794	1945	2192	2247	2411	2575	2740	2822
粗钢（吨）	Crude Steel (ton)	6300	12560	18144	22460	22196	28064	29424	23345
水泥（吨）	Cement (ton)	20058	42556	66140	75255	96303	120897	134946	130529
每天消费量	**Daily National Consumption**								
最终消费（万元）	Final Consumption Expenditure (10 000 yuan)	17417	33360	67453	81288	91177	101601	110564	119841
居民消费	Resident Consumption	13599	24470	43681	52594	60165	67965	75666	84380
城镇居民	Urban Households	7953	15395	29557	34906	40225	45515	51961	58778
农村居民	Rural Households	5646	9075	14124	17688	19941	22449	23705	25602

1-7 续表 continued

指　标	Item	2000	2005	2010	2011	2012	2013	2014	2015
政府消费	Government Consumption Expenditure	3818	8890	23772	28694	31012	33636	34898	35461
城镇居民每人消费支出（元）	Per Capita Living Expenditare of Urban Residents (yuan)	11.31	17.89	27.11	30.65	35.20	38.41	42.48	47.81
# 食品烟酒	Food Consumption	4.25	6.45	10.14	11.46	12.61	14.14	15.65	14.65
农村居民每人消费支出（元）	Per Capita Living Expenditare of Rural Residents (yuan)	2.97	4.99	8.06	10.04	11.36	13.29	14.44	18.71
# 食品烟酒	Food Consumption	1.44	2.35	3.60	4.24	4.52	4.93	5.43	6.15
社会消费品零售总额（万元）	Total Retail Sales of Consumer Goods (10 000 yuan)	10400	17482	39330	48574	56560	64899	73105	79650
每天其他经济活动	**Other Daily Economic Activities**								
房屋建筑竣工面积（万平方米）	Floor Space of Buildings Completed (10 000 sq.m)	5.03	6.53	6.31	6.47	7.76	6.69	6.95	7.83
# 住宅	Residential Buildings	3.68	4.40	3.61	4.10	4.12	3.45	3.62	3.38
货运量（万吨）	Freight Traffic (10 000 tons)	62.25	70.80	79.48	93.64	125.63	141.05	156.84	159.61
客运量（万人）	Passenger Traffic (10 000 persons)	35.36	48.78	147.33	166.87	176.65	101.19	109.18	113.74
函件（万件）	Letters Delivered (10 000 copies)	27.17	13.89	10.43	8.98	9.75	8.74	7.30	4.34
出版报纸（万份）	Newspaper Published (10 000 copies)	70.30	103.84	111.55	125.41	136.96	141.23	139.68	139.25
居民储蓄额（万元）	Amount of Savings Deposit (10 000 yuan)	22432	43470	98582	115929	138358	161054	182868	207680
每天人口变动和婚姻	**Daily Population Changes and Marriages**								
出　生（人）	Births (person)	1007	892	844	850	853	860	867	867
死　亡（人）	Deaths (person)	449	466	422	424	426	430	434	431
结　婚（对）	Marriages (couples)	350	314	390	463	459	511	553	604
离　婚（对）	Divorces (couples)	15	61	77	83	90	105	116	127

1-8 人均国民经济主要指标
Per Capita Major Indicators of National Economy

指　标	Item	2000	2005	2010	2011	2012	2013	2014	2015
生产总值（元）	Per Capita GDP (yuan)	4129	7477	16172	19525	22075	24539	26433	26165
第一产业	Primary Industry	761	1191	2343	2649	3036	3274	3483	3676
第二产业	Secondary Industry	1654	3242	7575	8995	9914	10641	11314	9613
第三产业	Tertiary Industry	1714	3044	6253	7880	9125	10623	11636	12876
主要工农业产品产量	Output of Major Industry and Agricultural Products								
粮食（千克）	Grain (kg)	282	329	375	396	431	441	448	451
棉花（千克）	Cotton (kg)	2	4	3	3	3	3	3	2
油料（千克）	Oil-Bearing (kg)	16	20	25	25	26	27	28	28
禽蛋（千克）	Eggs (kg)	4	4	4	4	4	4	4	5
牛奶（千克）	Milk (kg)	5	12	17	18	19	20	21	23
粗钢（千克）	Crude Steel (kg)	91	180	259	320	315	397	415	328
原煤（千克）	Coal (kg)	646	1423	1778	1835	1897	1743	1814	1692
发电量（千瓦小时）	Electricity (kw·h)	1108	1990	3095	4012	4214	4452	4369	4391
固定资产投资额（元）	Total Investment in Fixed Assets (yuan)	1745	3439	13209	16316	23391	24835	30001	33241
社会消费品零售总额（元）	Total Retail Sales of Consumer Goods (yuan)	1501	2509	5613	6920	8030	9182	10316	11202
财政收入（元）	Financial Revenue (yuan)	429	1001	2914	3644	4201	4438	4772	5342
一般公共预算支出（元）	General Public Budget Expenditure (yuan)	744	1688	5742	6991	8011	8952	9826	11399
职工平均工资（元）	Average Annual Wage of Staff and Workers (yuan)	7913	14172	28963	32906	38440	44109	48470	54454
城镇居民人均可支配收入(元）	Per Capita Disposable Income of Urban Residents (yuan)	4916	8087	13189	14989	17157	18965	20804	23767
农村居民人均可支配收入(元）	Per Capita Disposable Income of Rural Households (yuan)	1429	1980	3425	3909	4507	5108	5736	6936
城乡居民储蓄存款余额（元）	Saving Depositin Urban and Rural Areas (yuan)	3238	6239	14070	16515	19643	22786	25806	29209

注：从 2011 年起职工平均工资为在岗职工平均工资。

a) Since 2011, average annual wage of staff and workers of are average wage of staff and workers.

1-9 个体工商业基本情况（2015）
Basic Statistics on Individual Industrial and Commercial Business (2015)

行 业	Itme	户 数（户） Number of Household (household)	从业人员（人） Number of Engaged Persons (person)	资金数额（万元） Amount of Funds (10 000yuan)
合 计	**Total**	**978882**	**1915891**	**6870920**
农、林、牧、渔业	Agriculture,Forestry,Animal Husbandry and Fishery	21475	128731	637033
采矿业	Mining	752	4388	42362
制造业	Manufacturing	43590	102891	361290
电力、热力、燃气及水的生产和供应业	Production and Supply of Electricity, Heat Gas and Water	118	301	5693
建筑业	Construction	1388	6570	58770
批发和零售业	Wholesale and Retail Trades	641412	1055061	3681293
交通运输、仓储和邮政业	Transport,Storage and Post	4554	9296	43420
住宿和餐饮业	Hotels and Catering Services	133842	355874	1233132
信息传输、软件和信息技术服务业	Information Transmission,Software and Information Technology	5720	10524	53421
金融业	Financial Intermediation	2	2	105
房地产业	Real Estate	257	513	1606
租赁和商务服务业	Leasing and Business Services	8022	17941	74407
科学研究和技术服务业	Scientific Research and Technical Services	2153	3797	8995
水利、环境和公共设施管理业	Management of Water Conservancy, Environment and Public Facilities	48	98	673
居民服务、修理和其他服务业	Services to Households Repair and Other Services	101915	189640	516483
教育	Education	140	503	3936
卫生和社会工作	Health and Social Service	5978	12380	42242
文化、体育和娱乐业	Culture, Sports and Entertainment	6569	15537	103003
其他	others	947	1844	3055

1-10 私营企业基本情况（2015）
Basic Conditions of Private Enterprises (2015)

行业	Item	户数（户） Number of Enterprises (unit)	投资者人数（人） Number of Investor (person)	雇工人数（人） Number of Engaged Persons (person)	注册资本(金)（万元） Registered Capital (10 000 yuan)
合计	**Total**	**208856**	**404970**	**1382636**	**114625884**
农、林、牧、渔业	Agriculture,Forestry,Animal Husbandry and Fishery	22384	35874	141386	9273607
采矿业	Mining	2035	4712	29456	3386395
制造业	Manufacturing	16553	37288	190890	10582992
电力、热力、燃气及水的生产和供应业	Production and Supply of Electricity, Heat, Gas and Water	1734	4105	15297	4939961
建筑业	Construction	15221	39237	160756	12225082
批发和零售业	Wholesale and Retail Trades	84655	159972	455523	29001406
交通运输、仓储和邮政业	Transport,Storage and Post	5569	10024	37464	6960726
住宿和餐饮业	Hotels and Catering Services	5780	9391	43444	1743877
信息传输、软件和信息技术服务业	Information Transmission,Software and Information Technology	8011	13365	36237	2126518
金融业	Financial Intermediation	1682	5978	8522	6290907
房地产业	Real Estate	6967	14421	58271	6230291
租赁和商务服务业	Leasing and Business Services	18456	36681	91490	13661698
科学研究和技术服务业	Scientific Research and Technical Services	3726	7788	17974	2568504
水利、环境和公共设施管理业	Management of Water Conservancy, Environment and Public Facilities	897	1796	5833	934299
居民服务、修理和其他服务业	Services to Households Repair and Other Services	9201	14866	53643	2699269
教育	Education	1000	1475	6703	154485
卫生和社会工作	Health and Social Service	444	656	4138	277202
文化、体育和娱乐业	Culture, Sports and Entertainment	4285	6827	23896	1539475
其他	others	256	514	1713	29191

1-11 按登记注册类型分法人单位与产业活动单位数（2015）

Number of Legal Entities and Industrial Active Units by Status of Registration(2015)

单位：个 （Unit）

登记注册类型	Status of Registration	法人单位数 Number of Legal Entities	产业活动单位数 Number of Industrial Active Units
合计	**Total**	**196180**	**252330**
内资企业	**Domestic Funded Enterprises**	**195922**	**251729**
国有企业	State-owned Enterprises	29864	66033
集体企业	Collective-owned Enterprises	3528	6863
股份合作企业	Share-holding Corporations	1280	2309
联营企业	Joint Ownership Enterprises	320	510
国有联营企业	State Joint Ownership Enterprises	40	106
集体联营企业	Collective Joint Ownership Enterprises	147	211
国有与集体联营企业	Joint State-collective Enterprises	24	46
其他联营企业	Other Joint Ownership Enterprises	109	147
有限责任公司	Limited Liability Corporations	23957	26712
国有独资公司	State Sole Funded Corporations	376	521
其他有限责任公司	Other Limited Liability Corporations	23581	26191
股份有限公司	Share-holding Corporations Limited	2523	5087
私营企业	Private Enterprises	60168	62390
私营独资	Private-funded Enterprises	21626	22193
私营合伙	Private Partnership Enterprises	2422	2506
私营有限责任公司	Private Limited Liability Corporations	33970	35405
私营股份有限公司	Private Share-holding Corporations Ltd.	2150	2286
其他内资企业	Other Domestic Funded Enterprises	74282	81825
港澳台商投资企业	**Enterprises with Funds from Hong Kong, Macao and Taiwan**	**103**	**180**
与港澳台商合资经营	Joint-venture Enterprises	42	50
与港澳台商合作经营	Cooperative Enterprises	2	5
港澳台商独资	Enterprises with Sole Investment	50	106
港澳台商投资股份有限公司	Share-holding Corporations Ltd.	6	16
其他港、澳、台商投资	Other Enterprises with Funds from Hong Kong, Macao and Taiwan	3	3
外商投资企业	**Foreign Funded Enterprises**	**155**	**421**
中外合资经营	Joint-venture Enterprises	75	131
中外合作经营	Cooperation Enterprises	8	17
外资企业	Enterprises with Sole Funds	48	173
外商投资股份有限公司	Share-holding Corporations Ltd.	11	74
其他外商投资	Other Foreign Funded Enterprises	13	26

1-12 按机构类型和行业分法人单位与产业活动单位数（2015）

Number of Legal Entities and Industrial Active Units by Type of Institutions and Sectors(2015)

单位：个 (Unit)

类别	Item	法人单位数 Number of Legal Entities	产业活动单位数 Number of Industrial Active Units
总计	**Total**	**196180**	**252330**
按机构类型分	**By Type of Institutions**		
企业	Enterprise	115556	134138
事业单位	Institution Entity	19976	46289
机关	Government Entity	7011	12369
社会团体	Social Organization	9998	10731
其他	Others	43639	48803
按行业分	**By Sector**		
农、林、牧、渔业	Agriculture, Forestry, Animal Husbandry and Fishery	32849	33693
采矿业	Mining	2308	2391
制造业	Manufacturing	16692	17091
电力、热力、燃气及水的生产和供应业	Production and Supply of Electricity,Heat, Gas and Water	1774	2865
建筑业	Construction	4529	5772
批发和零售业	Wholesale and Retail Trades	36703	42347
交通运输、仓储和邮政业	Transport, Storage and Post	3361	5030
住宿和餐饮业	Hotels and Catering Services	3544	4056
信息传输、软件和信息技术服务业	Information Transmission, Software and Information Technology	1756	3149
金融业	Financial Intermediation	2221	8122
房地产业	Real Estate	4978	5328
租赁和商务服务业	Leasing and Business Services	9350	10156
科学研究和技术服务业	Scientific Research and Technical Services	4874	6831
水利、环境和公共设施管理业	Management of Water Conservancy, Environment and Public Facilities	1507	2302
居民服务、修理和其他服务业	Service to Households, Repair and Other Services	2723	2973
教育	Education	10503	19462
卫生和社会工作	Health and Social Service	4240	10625
文化、体育和娱乐业	Culture, Sports and Entertainment	4818	5471
公共管理、社会保障和社会组织	Public Management,Social Security ana Social Organizations	47450	64666
国际组织	International organizations		

1-13 各地区私营和个体工商业从业人数(2015)
Number of Employed Persons of Private and Self-employed Individuals Industry & Commerce by Region(2015)

地 区	Region	私营 Private			个体 Self-employed Individuals	
		户数(户) Number of Enterprises (unit)	投资者人数(人) Number of Investor (person)	雇工人数(人) Number of Engaged Persons (person)	个体户数(户) Number of Households (unit)	个体从业人员(人) Number of Engaged Persons (person)
兰州市	Lanzhou	89382	162925	402070	181755	394079
嘉峪关市	Jiayuguan	4289	7852	18392	20435	33104
金昌市	Jinchang	4348	11035	40689	22134	41667
白银市	Baiyin	12737	22288	97169	62983	129412
天水市	Tianshui	12184	41531	136964	89891	203375
武威市	Wuwei	9820	15781	57236	81081	133814
张掖市	Zhangye	11640	24056	100642	54727	121544
平凉市	Pingliang	8303	15192	62747	75748	134621
酒泉市	Jiuquan	12333	23380	85925	55077	94165
庆阳市	Qingyang	14010	23312	116860	71801	139967
定西市	Dingxi	9244	16091	89423	96355	227100
陇南市	Longnan	8213	16092	77192	86883	134852
临夏州	Linxia	6758	12853	75027	55644	86260
甘南州	Gannan	2902	5120	20966	24256	41698

1-14 各地区法人单位与产业活动单位数(2015)
Number of Legal Entities and Industrial Active Units by Region(2015)

单位：个 (Unit)

地 区	Region	法人单位数 Number of Legal Entities	产业活动单位数 Number of Industrial Active Units
甘肃省	**Gansu**	**196180**	**252330**
兰州市	Lanzhou	42961	50063
嘉峪关市	Jiayuguan	3386	4148
金昌市	Jinchang	4904	6131
白银市	Baiyin	17863	21530
天水市	Tianshui	14716	20394
武威市	Wuwei	11615	15644
张掖市	Zhangye	16665	20881
平凉市	Pingliang	12201	17465
酒泉市	Jiuquan	10809	13597
庆阳市	Qingyang	15147	19158
定西市	Dingxi	13441	18249
陇南市	Longnan	12769	18970
临夏州	Linxia	13285	17030
甘南州	Gannan	6418	9070

主要指标解释

行政区划 指国家对行政区域的划分。根据有关法规规定，我国的行政区域划分如下：(1)全国分为省、自治区、直辖市；(2)省、自治区分为自治州、县、自治县、市；(3)自治州分为县、自治县、市；(4)县、自治县分为乡、民族乡、镇；(5)直辖市和较大的市分为区、县；(6)国家在必要时设立的特别行政区。

企业（单位）登记注册类型 是以在工商行政管理机关登记注册的各类企业为划分对象，以工商行政管理部门对企业登记注册的类型为依据，将企业登记注册类型分为内资企业、港澳台商投资企业和外商投资企业三大类。内资企业包括国有企业、集体企业、股份合作企业、联营企业、有限责任公司、股份有限公司、私营公司和其他企业；港澳台商投资企业和外商投资企业分别包括合资经营企业、合作经营企业、独资经营企业和股份有限公司。对不在工商行政管理部门进行登记注册的行政机关、事业单位和社会团体，主要按其经费来源和管理方式进行划分。

国有企业 指企业全部资产归国家所有，并按《中华人民共和国企业法人登记管理条例》规定登记注册的非公司制的经济组织。不包括有限责任公司中的国有独资公司。

集体企业 指企业资产归集体所有，并按《中华人民共和国企业法人登记管理条例》规定登记注册的经济组织。

股份合作企业 指以合作制为基础，由企业职工共同出资入股，吸收一定比例的社会资产投资组建，实行自主经营，自负盈亏，共同劳动，民主管理，按劳分配与按股分红相结合的一种集体经济组织。

联营企业 指两个及两个以上相同或不同所有制性质的企业法人或事业单位法人，按自愿、平等、互利的原则，共同投资组成的经济组织。联营企业包括国有联营企业、集体联营企业、国有与集体联营企业和其他联营企业。

有限责任公司 指根据《中华人民共和国公司登记管理条例》规定登记注册，由两个以上、五十个以下的股东共同出资，每个股东以其所认缴的出资额对公司承担有限责任，公司以其全部资产对其债务承担责任的经济组织。有限责任公司包括国有独资公司以及其他有限责任公司。

股份有限公司 指根据《中华人民共和国公司登记管理条例》规定登记注册，其全部注册资本由等额股份构成并通过发行股票筹集资本，股东以其认购的股份对公司承担有限责任，公司以其全部资产对其债务承担责任的经济组织。

私营企业 指由自然人投资设立或由自然人控股，以雇佣劳动为基础的营利性经济组织。包括按照《公司法》、《合伙企业法》、《私营企业暂行条例》规定登记注册的私营有限责任公司、私营股份有限公司、私营合伙企业和私营独资企业。

其他内资企业 指上述企业之外的其他内资经济组织。

与港澳台商合资经营企业 指港澳台地区投资者与内地企业依照《中华人民共和国中外合资经营企业法》及有关法律的规定，按合同规定的比例投资设立、分享利润和分担风险的企业。

与港澳台商合作经营企业 指港澳台地区投资者与内地企业依照《中华人民共和国中外合作经营企业法》及有关法律的规定，依照合作合同的约定进行投资或提供条件设立、分配利润和分担风险的企业。

港澳台商独资经营企业 指依照《中华人民共和国外资企业法》及有关法律的规定，在内地由港澳台地区投资者全额投资设立的企业。

港澳台商投资股份有限公司 指根据国家有关规定，经原外经贸部依法批准设立，其中港、澳、台商的股本占公司注册资本的比例达25%以上的股份有限公司。凡其中港、澳、台商的股本占公司注册资本的比例小于25%的，属于内资企业中的股份有限公司。

中外合资经营企业 指外国企业或外国人与中国内地企业依照《中华人民共和国中外合资经营企业法》及有关法律的规定，按合同规定的比例投资设立、分享利润和分担风险的企业。

中外合作经营企业 指外国企业或外国人与中国内地企业依照《中华人民共和国中外合作经营企业法》及有关法律的规定，依照合作合同的约定进行投资或提供条件设立、分配利润和分担风险的企业。

外资企业 指依照《中华人民共和国外资企业法》及有关法律的规定，在中国内地由外国投资者全额投资设立的企业。

外商投资股份有限公司 指根据国家有关规定，经原外经贸部依法批准设立，其中外资的股本占公司注册资本的比例达25%以上的股份有限公司。凡其中外资股本占公司注册资本的比例小于25%的，属于内资企业中的股份有限公司。

2

人口

Population

简要说明

一、本篇资料主要内容

本篇资料主要包括人口方面的基本情况；计划生育情况。

二、本篇资料来源

1. 本篇资料由省统计局人口与就业处整理。
2. 总人口指当地户籍人口与户口待定人口之和，包括户籍外出人口，不包括外来人口。
3. 常住人口是指实际经常居住在某地区半年以上的人口，包括离开户籍地半年以上的外来人口，不包括当地户籍外出半年以上的外出人口。常住人口包括: 居住在本乡镇街道、户口在本乡镇街道或户口待定的人；居住在本乡镇街道、离开户口所在乡镇街道半年以上的人；户口在本乡镇街道、外出不满半年或在境外工作学习的人。
4. 家庭户是指以家庭成员关系为主、居住一处共同生活的人组成的户。
5. 城乡人口是指居住在城镇、乡村地域上的人口，城镇、乡村是按 2008 年国家统计局《统计上划分城乡的规定》划分的。
6. 计划生育资料来源于省卫生和计划生育委员会。
7. 户籍总人口资料来源于省公安厅。

2-1 历年人口数及构成
Population and Its Composition

单位：万人 (10 000 persons)

年 份 Year	年末总人口 Total Population (year-end)	按性别分 By Sex				按城乡分 By Urban and Rural			
		男 Male		女 Female		城镇人口 Urban		乡村人口 Rural	
		人口数 Population	比重 (%) Proportion	人口数 Population	比重 (%) Proportion	人口数 Population	比重 (%) Proportion	人口数 Population	比重 (%) Proportion
1978	1870.05	965.88	51.65	904.17	48.35	269.44	14.41	1600.61	85.59
1979	1893.79	977.39	51.61	916.40	48.39	279.89	14.78	1613.90	85.22
1980	1918.43	989.72	51.59	928.71	48.41	290.65	15.15	1627.78	84.85
1981	1941.40	1004.29	51.73	937.11	48.27	304.72	15.70	1636.68	84.30
1982	1974.88	1021.41	51.72	953.47	48.28	305.83	15.49	1669.05	84.51
1983	1999.84	1034.52	51.73	965.32	48.27	324.91	16.25	1674.93	83.75
1984	2025.88	1047.58	51.71	978.30	48.29	345.18	17.04	1680.70	82.96
1985	2052.89	1063.19	51.79	989.70	48.21	366.71	17.86	1686.18	82.14
1986	2085.39	1078.36	51.71	1007.03	48.29	389.58	18.68	1695.81	81.32
1987	2115.73	1093.41	51.68	1022.32	48.32	413.88	19.56	1701.85	80.44
1988	2148.15	1110.38	51.69	1037.77	48.31	439.69	20.47	1708.46	79.53
1989	2184.86	1128.92	51.67	1055.94	48.33	467.12	21.38	1717.74	78.62
1990	2254.67	1151.95	51.09	1102.72	48.91	496.25	22.01	1758.42	77.99
1991	2284.92	1180.85	51.68	1104.07	48.32	508.76	22.27	1776.16	77.73
1992	2314.19	1197.59	51.75	1116.60	48.25	521.59	22.54	1792.60	77.46
1993	2345.23	1194.25	50.92	1150.98	49.08	534.75	22.80	1810.48	77.20
1994	2387.25	1222.27	51.20	1164.98	48.80	548.23	22.96	1839.02	77.04
1995	2437.95	1256.49	51.54	1181.46	48.46	562.06	23.05	1875.89	76.95
1996	2466.86	1276.67	51.75	1190.19	48.25	572.07	23.19	1894.79	76.81
1997	2494.20	1278.57	51.26	1215.63	48.74	582.26	23.34	1911.94	76.66
1998	2519.37	1289.16	51.17	1230.21	48.83	592.63	23.52	1926.74	76.48
1999	2542.58	1292.05	50.82	1250.53	49.18	603.18	23.72	1939.40	76.28
2000	2515.31	1303.69	51.83	1211.62	48.17	603.93	24.01	1911.38	75.99
2001	2523.35	1307.85	51.83	1215.50	48.17	618.47	24.51	1904.88	75.49
2002	2530.76	1311.95	51.84	1218.81	48.16	656.99	25.96	1873.77	74.04
2003	2537.19	1313.00	51.75	1224.19	48.25	694.68	27.38	1842.51	72.62
2004	2541.48	1314.45	51.72	1227.03	48.28	727.12	28.61	1814.36	71.39
2005	2545.10	1309.20	51.44	1235.90	48.56	764.04	30.02	1781.06	69.98
2006	2546.79	1308.54	51.38	1238.25	48.62	791.80	31.09	1754.99	68.91
2007	2548.19	1308.50	51.35	1239.69	48.65	804.97	31.59	1743.22	68.41
2008	2550.88	1309.11	51.32	1241.77	48.68	820.11	32.15	1730.77	67.85
2009	2554.91	1310.16	51.28	1244.75	48.72	834.18	32.65	1720.73	67.35
2010	2559.98	1307.64	51.08	1252.34	48.92	924.66	36.12	1635.32	63.88
2011	2564.19	1309.02	51.05	1255.17	48.95	952.60	37.15	1611.59	62.85
2012	2577.55	1316.87	51.09	1260.68	48.91	998.80	38.75	1578.75	61.25
2013	2582.18	1318.72	51.07	1263.46	48.93	1036.23	40.13	1545.95	59.87
2014	2590.78	1322.85	51.06	1267.93	48.94	1079.84	41.68	1510.94	58.32
2015	2599.55	1326.81	51.04	1272.74	48.96	1122.75	43.19	1476.80	56.81

注：1.2001−2009 年数据根据 2010 年人口普查结果进行了数据调整。
2.2000 年及以后数据为常住人口口径。

a) Data of 2001 to 2009 are adjusted according to the results of 2010 National Population Census.
b) Data since 2000 are obtained from the standand of permanent population.

2-2 人口出生率、死亡率和自然增长率

Birth Rate, Death Rate and Natural Growth Rate of Population

单位：‰ (‰)

年 份 Year	出生率 Birth Rate	死亡率 Death Rate	自然增长率 Natural Growth Rate
1978	17.77	5.87	11.90
1980	16.53	5.15	11.38
1985	18.31	5.46	12.85
1986	21.14	5.91	15.23
1987	20.55	5.71	14.84
1988	20.41	5.06	15.35
1989	22.57	5.60	16.97
1990	20.68	6.08	14.60
1991	19.38	6.05	13.33
1992	19.37	6.64	12.73
1993	20.16	6.84	13.32
1994	20.82	6.84	13.98
1995	20.65	6.49	14.16
1996	18.43	6.64	11.79
1997	17.22	6.20	11.02
1998	16.45	6.41	10.04
1999	15.61	6.44	9.17
2000	14.38	6.41	7.97
2001	13.58	6.43	7.15
2002	13.16	6.45	6.71
2003	12.58	6.46	6.12
2004	12.43	6.52	5.91
2005	12.59	6.57	6.02
2006	12.86	6.62	6.24
2007	13.14	6.65	6.49
2008	13.22	6.68	6.54
2009	13.32	6.71	6.61
2010	12.05	6.02	6.03
2011	12.08	6.03	6.05
2012	12.11	6.05	6.06
2013	12.16	6.08	6.08
2014	12.21	6.11	6.10
2015	12.36	6.15	6.21

2-3　六次人口普查基本情况
Basic Statistics on National Population Census in 1953, 1964, 1982, 1990, 2000 and 2010

指标	Item	1953	1964	1982	1990	2000	2010
总人口（万人）	**Total population (10 000 persons)**	**1109.36**	**1263.06**	**1956.93**	**2237.11**	**2512.43**	**2557.53**
男	Male	580.80	657.17	1012.37	1159.28	1302.17	1306.41
女	Female	528.56	605.89	944.56	1077.83	1210.26	1251.11
性别比（以女性为 100）	Sex Ratio (female=100)	109.88	108.46	107.18	107.56	107.59	104.42
家庭户规模（人／户）	**Average Family Household Size (person/household)**	**5.40**	**4.95**	**5.17**	**4.58**	**3.99**	**3.49**
各年龄组人口（%）	**Population by Age Group (%)**						
0-14 岁	Aged 0-14	39.56	40.18	36.32	27.97	27.00	18.16
15-64 岁	Aged 15-64	57.35	57.75	60.19	67.97	68.00	73.61
65 岁及以上	Aged 65 and Over	3.09	2.07	3.49	4.06	5.00	8.23
民族人口	**Population by Ethnicity**						
汉族（万人）	Han (10 000 persons)	1013.18	1167.50	1802.03	2051.50	2292.51	2316.48
占总人口比重（%）	Percentage to Total Population (%)	91.33	92.43	92.08	91.70	91.25	90.57
少数民族（万人）	Ethnic Minorities (10 000 persons)	96.18	95.56	154.90	185.61	219.92	241.05
占总人口比重（%）	Percentage to Total Population (%)	8.67	7.57	7.92	8.30	8.75	9.43
每十万人拥有的各种受教育程度人口（人）	**Population with Various Education Attainments Per 100 000 Persons (person)**						
大专及以上	Junior College and Above			551	1104	2665	7520
高中和中专	Senior Secondary School and Technical Secondary School			6246	7825	9863	12686
初　中	Junior Secondary School			12190	16851	23925	31213
小　学	Primary School			27679	29127	36907	32504
文盲人口及文盲率	**Illiterate Population and Illiterate Rate**						
文盲人口（万人）	Illiterate Population (10 000 persons)			634.48	631.06	361.32	222.22
文盲率（%）	Illiterate Rate (%)			50.91	39.17	19.68	8.69
城乡人口（万人）	**Population by Residence (10 000 persons)**						
城镇人口	Urban Population	111.27	140.58	300.19	493.06	603.23	923.66
乡村人口	Rural Population	998.09	1122.48	1656.74	1744.05	1909.20	1633.87
平均预期寿命（岁）	**Life Expectancy (year old)**			**65.75**	**68.25**	**70.39**	**72.23**
男	Male			65.05	67.42	69.28	70.60
女	Female			66.49	69.17	71.88	74.06

注：1. 1953 年、1964 年、1982 年及 1990 年全国人口普查标准时点为当年 7 月 1 日零时，2000 年和 2010 年全国人口普查标准时点为当年 11 月 1 日零时。

2. 2000 年、2010 年人口为常住人口。

a) Standard reference time of national population census in 1953,1964,1982 and 1990 was zero hour of July 1st, and in 2000 and 2010 was zero hour of November 1st.

b) Total population of 2000 and 2010 are permanent population.

2-4 各地区人口年龄构成和抚养比（2015）
Age Composition and Dependency Ratio of Population by Region (2015)

地区	Region	年末常住人口（万人） Permanent Population at Year-end (10 000 persons)	0-14 岁 Aged 0-14	15-64 岁 Aged 15-64	65 岁及以上 Aged 65 and Over	总抚养比（%） Gross Dependency Ratio (%)	少年儿童抚养比 Children Dependency Ratio	老年人口抚养比 Old Dependency Ratio
甘肃省	**Gansu**	**2599.55**	**455.85**	**1888.16**	**255.54**	**37.68**	**24.14**	**13.53**
兰州市	Lanzhou	369.31	53.10	275.11	41.09	34.24	19.30	14.94
嘉峪关市	Jiayuguan	24.39	3.71	18.29	2.40	33.36	20.26	13.10
金昌市	Jinchang	47.05	6.84	35.75	4.46	31.62	19.14	12.48
白银市	Baiyin	170.99	26.85	125.84	18.29	35.88	21.34	14.54
天水市	Tianshui	331.17	63.08	236.46	31.64	40.05	26.67	13.38
武威市	Wuwei	181.64	29.78	135.34	16.52	34.21	22.00	12.21
张掖市	Zhangye	121.98	18.99	92.46	10.53	31.92	20.53	11.39
平凉市	Pingliang	209.80	36.13	152.44	21.23	37.63	23.70	13.93
酒泉市	Jiuquan	111.54	16.80	84.46	10.28	32.07	19.89	12.17
庆阳市	Qingyang	223.05	43.23	158.87	20.95	40.39	27.21	13.18
定西市	Dingxi	277.83	47.01	203.15	27.67	36.76	23.14	13.62
陇南市	Longnan	259.09	46.69	186.55	25.85	38.89	25.03	13.86
临夏州	Linxia	201.21	48.59	133.81	18.82	50.37	36.31	14.06
甘南州	Gannan	70.50	15.06	49.63	5.81	42.05	30.33	11.71

2-5 各地区城乡人口及构成（2015）
Population of Urban and Rural and Its composition by Region (2015)

单位：万人　　(10 000 persons)

地 区	Region	年末常住人口 Permanent Population at Year-end	城镇人口 Urban Population		乡村人口 Rural Population	
			人口数 Population	比重 (%) Proportion (%)	人口数 Population	比重 (%) Proportion (%)
甘肃省	**Gansu**	**2599.55**	**1122.75**	**43.19**	**1476.80**	**56.81**
兰州市	Lanzhou	369.31	298.96	80.95	70.35	19.05
嘉峪关市	Jiayuguan	24.39	22.79	93.42	1.60	6.58
金昌市	Jinchang	47.05	31.98	67.96	15.07	32.04
白银市	Baiyin	170.99	79.56	46.53	91.43	53.47
天水市	Tianshui	331.17	116.90	35.30	214.27	64.70
武威市	Wuwei	181.64	65.25	35.92	116.39	64.08
张掖市	Zhangye	121.98	51.46	42.19	70.52	57.81
平凉市	Pingliang	209.80	76.09	36.27	133.71	63.73
酒泉市	Jiuquan	111.54	63.43	56.87	48.11	43.13
庆阳市	Qingyang	223.05	74.63	33.46	148.42	66.54
定西市	Dingxi	277.83	84.46	30.40	193.37	69.60
陇南市	Longnan	259.09	72.96	28.16	186.13	71.84
临夏州	Linxia	201.21	62.80	31.21	138.41	68.79
甘南州	Gannan	70.50	21.50	30.50	49.00	69.50

2-6 各地、县人口（2015）
Population by Region,County(2015)

单位：万人 (10 000 persons)

地　区	Region	年末常住人口 Permanent Population at Year-end	#女　性 Female	出生率 (‰) Birth Rate (‰)	死亡率 (‰) Death Rate (‰)	自然增长率 (‰) Natural Growth Rate (‰)
兰州市	**Lanzhou**	**369.31**	**180.78**	**9.79**	**4.71**	**5.08**
城关区	Chengguan	130.19	64.28	8.64	3.65	4.99
七里河区	Qilihe	56.82	27.59	9.73	4.72	5.01
西固区	Xigu	36.69	18.06	8.16	4.23	3.93
安宁区	Anning	28.21	14.08	7.21	3.36	3.85
红古区	Honggu	14.00	6.75	10.98	5.50	5.48
永登县	Yongdeng	34.40	16.68	12.92	6.58	6.34
皋兰县	Gaolan	10.64	5.15	12.90	6.61	6.29
榆中县	Yuzhong	44.30	21.43	12.46	6.36	6.10
兰州新区	Lanzhou New Area	14.06	6.76	11.74	4.95	6.79
嘉峪关市	**Jiayuguan**	**24.39**	**12.13**	**10.15**	**4.41**	**5.74**
金昌市	**Jinchang**	**47.05**	**23.03**	**9.98**	**4.96**	**5.02**
金川区	Jinchuan	23.36	11.47	9.15	4.01	5.14
永昌县	Yongchang	23.69	11.56	10.79	5.89	4.90
白银市	**Baiyin**	**170.99**	**83.70**	**11.04**	**5.31**	**5.73**
白银区	Baiyin	29.97	14.79	9.88	4.99	4.89
平川区	Pingchuan	19.50	9.28	9.95	4.71	5.24
靖远县	Jingyuan	45.42	22.07	11.31	5.30	6.01
会宁县	Huining	53.75	26.83	11.69	5.52	6.17
景泰县	Jingtai	22.35	10.72	11.43	5.78	5.65
天水市	**Tianshui**	**331.17**	**162.97**	**12.91**	**5.98**	**6.93**
秦州区	Qinzhou	65.60	32.16	11.93	5.50	6.43
麦积区	Maiji	56.35	27.19	12.33	5.61	6.72
清水县	Qingshui	27.24	13.57	12.90	5.81	7.09
秦安县	Qinan	52.39	26.12	12.93	5.82	7.11
甘谷县	Gangu	56.68	27.74	12.76	5.65	7.11
武山县	Wushan	43.68	21.48	12.79	5.74	7.05
张家川县	Zhangjiachuan	29.23	14.70	13.95	6.27	7.68
武威市	**Wuwei**	**181.64**	**88.19**	**10.81**	**5.31**	**5.50**
凉州区	Liangzhou	101.15	48.85	10.35	4.89	5.46
民勤县	Minqin	24.12	11.69	9.85	6.10	3.75
古浪县	Gulang	38.78	19.02	11.99	5.50	6.49
天祝县	Tianzhu	17.59	8.63	12.21	6.22	5.99
张掖市	**Zhangye**	**121.98**	**59.79**	**11.58**	**6.25**	**5.33**

2-6 续表 1 continued

单位：万人 (10 000 persons)

地区	Region	年末常住人口 Permanent Population at Year-end	# 女性 Female	出生率 (‰) Birth Rate (‰)	死亡率 (‰) Death Rate (‰)	自然增长率 (‰) Natural Growth Rate (‰)
甘州区	Ganzhou	51.36	25.18	10.92	5.63	5.29
肃南县	Sunan	3.45	1.71	11.66	5.45	6.21
民乐县	Minle	22.31	10.87	12.08	5.98	6.10
临泽县	Linze	13.60	6.68	11.73	6.52	5.21
高台县	Gaotai	14.53	7.16	11.62	6.43	5.19
山丹县	Shandan	16.73	8.19	11.68	5.62	6.06
平凉市	**Pingliang**	**209.80**	**103.18**	**12.31**	**6.23**	**6.08**
崆峒区	Kongtong	52.20	25.22	11.45	4.71	6.74
泾川县	Jingchuan	28.47	14.26	12.73	7.81	4.92
灵台县	Lingtai	18.33	9.11	12.70	6.00	6.70
崇信县	Chongxin	10.33	4.87	12.94	5.33	7.61
华亭县	Huating	19.60	9.29	11.48	5.60	5.88
庄浪县	Zhuanglang	38.37	19.31	12.81	7.62	5.19
静宁县	Jingning	42.50	21.12	12.68	6.38	6.30
酒泉市	**Jiuquan**	**111.54**	**53.93**	**9.93**	**5.51**	**4.42**
肃州区	Suzhou	43.83	20.84	9.59	4.85	4.74
金塔县	Jinta	14.88	7.26	8.06	4.60	3.46
瓜州县	Guazhou	14.89	7.12	11.18	5.05	6.13
肃北县	Subei	1.52	0.69	12.61	5.95	6.66
阿克塞县	Akesai	1.05	0.50	11.40	3.57	7.83
玉门市	Yumen	16.48	8.08	11.16	7.02	4.14
敦煌市	Dunhuang	18.89	9.42	9.83	6.87	2.96
庆阳市	**Qingyang**	**223.05**	**109.16**	**13.65**	**6.49**	**7.16**
西峰区	Xifeng	38.32	18.53	13.46	6.13	7.33
庆城县	Qingcheng	26.45	12.78	13.57	6.48	7.09
环　县	Huanxian	30.68	14.88	13.97	6.40	7.57
华池县	Huachi	12.39	5.93	13.15	5.92	7.23
合水县	Heshui	14.82	7.16	13.28	6.24	7.04
正宁县	Zhengning	18.21	9.03	13.50	6.34	7.16
宁　县	Ningxian	40.30	20.00	13.78	6.84	6.94
镇原县	Zhenyuan	41.88	20.82	13.89	6.98	6.91
定西市	**Dingxi**	**277.83**	**135.98**	**12.45**	**6.75**	**5.70**
安定区	Anding	42.55	20.84	12.39	6.77	5.62
通渭县	Tongwei	40.35	19.76	12.32	6.59	5.73

2-6 续表 2 continued

单位：万人 (10 000 persons)

地区	Region	年末常住人口 Permanent Population at Year-end	# 女性 Female	出生率 (‰) Birth Rate (‰)	死亡率 (‰) Death Rate (‰)	自然增长率 (‰) Natural Growth Rate (‰)
陇西县	Longxi	45.84	22.45	12.48	6.76	5.72
渭源县	Weiyuan	32.74	16.01	12.46	6.73	5.73
临洮县	Lintao	51.28	25.32	12.49	6.80	5.70
漳　县	Zhangxian	19.57	9.54	12.48	6.65	5.83
岷　县	Minxian	45.51	22.06	12.54	6.59	5.94
陇南市	**Longnan**	**259.09**	**125.17**	**13.18**	**6.85**	**6.33**
武都区	Wudu	56.23	27.11	13.54	7.05	6.49
成　县	Chengxian	24.35	11.95	12.55	6.47	6.08
文　县	Wenxian	22.01	10.90	12.92	6.65	6.27
宕昌县	Tanchang	27.62	13.28	13.27	6.26	7.01
康　县	Kangxian	17.95	8.49	12.13	8.02	4.11
西和县	Xihe	39.75	18.98	13.81	7.43	6.38
礼　县	Lixian	46.67	22.52	13.67	7.49	6.18
徽　县	Huixian	20.13	9.87	12.09	4.43	7.66
两当县	Liangdang	4.38	2.04	11.21	5.31	5.90
临夏州	**Linxia**	**201.21**	**99.39**	**14.88**	**7.09**	**7.79**
临夏市	Linxia	28.18	14.02	11.96	5.51	6.45
临夏县	Linxia	33.66	16.51	14.77	7.39	7.38
康乐县	Kangle	24.10	12.20	15.06	7.47	7.59
永靖县	Yongjing	18.38	9.16	11.64	5.95	5.69
广河县	Guanghe	23.78	11.47	17.09	7.29	9.80
和政县	Hezheng	19.13	9.29	15.47	7.59	7.88
东乡县	Dongxiang	29.72	14.71	17.73	7.85	9.88
积石山县	Jishishan	24.27	12.03	14.59	7.48	7.11
甘南州	**Gannan**	**70.50**	**35.07**	**14.99**	**7.12**	**7.87**
合作市	Hezuo	9.34	4.63	12.85	5.03	7.82
临潭县	Lintan	13.89	6.92	14.36	6.98	7.38
卓尼县	Zhuoni	10.38	5.16	16.28	8.19	8.09
舟曲县	Zhouqu	13.26	6.60	13.88	7.39	6.49
迭部县	Diebu	5.31	2.65	12.99	7.72	5.27
玛曲县	Maqu	5.70	2.82	19.31	7.02	12.29
碌曲县	Luqu	3.72	1.85	16.94	8.06	8.87
夏河县	Xiahe	8.90	4.43	15.96	7.19	8.77

2-7 各地、县总户数及总人口（2015）

Total Household and Total Population by Region,County (2015)

地区	Region	年末总户数(户) Number of Total Households (year-end)(household)	年末总人口(人) Total Population (year-end)(person)
甘肃省	**Gansu**	**8344897**	**27420800**
兰州市	**Lanzhou**	**1076535**	**3218984**
城关区	Chengguan	323338	929148
七里河区	Qilihe	163048	466328
西固区	Xigu	115388	322302
安宁区	Anning	65860	185548
红古区	Honggu	53855	144110
永登县	Yongdeng	164671	536133
皋兰县	Gaolan	61957	188712
榆中县	Yuzhong	128418	446703
嘉峪关市	**Jiayuguan**	**73683**	**202544**
金昌市	**Jinchang**	**172414**	**456859**
金川区	Jinchuan	81490	207549
永昌县	Yongchang	90924	249310
白银市	**Baiyin**	**562068**	**1807636**
白银区	Baiyin	109074	287204
平川区	Pingchuan	68876	207167
靖远县	Jingyuan	144814	498339
会宁县	Huining	167816	575872
景泰县	Jingtai	71488	239054
天水市	**Tianshui**	**1001624**	**3671723**
秦州区	Qinzhou	198066	692192
麦积区	Maiji	178551	613700
清水县	Qingshui	88950	323211
秦安县	Qinan	157334	585944
甘谷县	Gangu	169132	634091
武山县	Wushan	122699	463111
张家川县	Zhangjiachuan	86892	359474
武威市	**Wuwei**	**593803**	**1900427**
凉州区	Liangzhou	326934	1031509
民勤县	Minqin	79521	273631
古浪县	Gulang	120841	386464
天祝县	Tianzhu	66507	208823
张掖市	**Zhangye**	**455275**	**1300726**

注：本表为省公安厅户籍统计人口数据。

a)Data from household registration of Gansu Provincial Public Security Department.

2-7 续表 1 continued

地 区	Region	年末总户数（户）Number of Total Households (year-end)(household)	年末总人口（人）Total Population (year-end)(person)
甘州区	Ganzhou	176647	508170
肃南县	Sunan	15280	38414
民乐县	Minle	82195	246940
临泽县	Linze	54381	149332
高台县	Gaotai	54837	157654
山丹县	Shandan	71935	200216
平凉市	**Pingliang**	**723756**	**2330761**
崆峒区	Kongtong	174815	512474
泾川县	Jingchuan	113569	359540
灵台县	Lingtai	79254	233027
崇信县	Chongxin	32580	100740
华亭县	Huating	63391	188014
庄浪县	Zhuanglang	123904	449203
静宁县	Jingning	136243	487763
酒泉市	**Jiuquan**	**338035**	**1013170**
肃州区	Suzhou	134656	409776
金塔县	Jinta	48632	147298
瓜州县	Guazhou	38991	126949
肃北县	Subei	5030	11980
阿克塞县	Akesai	15230	33696
玉门市	Yumen	44893	140913
敦煌市	Dunhuang	50603	142558
庆阳市	**Qingyang**	**819377**	**2673111**
西峰区	Xifeng	117834	382412
庆城县	Qingcheng	95845	289035
环 县	Huanxian	102863	353666
华池县	Huachi	44703	133636
合水县	Heshui	58322	179637
正宁县	Zhengning	77708	244485
宁 县	Ningxian	161616	558699
镇原县	Zhenyuan	160486	531541
定西市	**Dingxi**	**874005**	**3008745**
安定区	Anding	149812	460706
通渭县	Tongwei	122963	439752

2–7 续表 2 continued

地区	Region	年末总户数（户）Number of Total Households (year-end)(household)	年末总人口（人）Total Population (year-end)(person)
陇西县	Longxi	144453	519274
渭源县	Weiyuan	105017	346971
临洮县	Lintao	163438	547160
漳　县	Zhangxian	58670	209441
岷　县	Minxian	129652	485441
陇南市	**Longnan**	**835891**	**2857608**
武都区	Wudu	186318	591971
成　县	Chengxian	80637	260325
文　县	Wenxian	89789	245323
宕昌县	Tanchang	83012	311922
康　县	Kangxian	64567	199326
西和县	Xihe	111617	437633
礼　县	Lixian	133742	538665
徽　县	Huixian	68664	223495
两当县	Liangdang	17545	48948
临夏州	**Linxia**	**609119**	**2250230**
临夏市	Linxia	77934	255436
临夏县	Linxia	112716	408975
康乐县	Kangle	78162	285533
永靖县	Yongjing	65241	205001
广河县	Guanghe	63985	272306
和政县	Hezheng	63399	221031
东乡县	Dongxiang	88035	335328
积石山县	Jishishan	59647	266620
甘南州	**Gannan**	**209312**	**728276**
合作市	Hezuo	26360	85989
临潭县	Lintan	46629	157251
卓尼县	Zhuoni	29509	109278
舟曲县	Zhouqu	43339	141722
迭部县	Diebu	15025	57052
玛曲县	Maqu	16064	52040
碌曲县	Luqu	9727	36517
夏河县	Xiahe	22659	88427

2-8 计划生育情况
Statistics of Family Planning

项　目	Item	2010	2011	2012	2013	2014	2015
全省计划生育状况	**Situation of Family Planning of Gansu**						
政策计划内生育（万人）	Births under Control (10 000 persons)	24.48	25.31	26.85	26.29	28.03	23.51
符合政策计划生育率（%）	Family Planning Rate that Consistent with the Policy (%)	91.36	91.76	92.71	93.27	93.19	92.58
已婚育龄妇女人数（万人）	Married Women at Childbearing Age (10 000 persons)	562.33	562.99	578.95	572.18	577.39	571.76
实际采取节育措施的人数（万人）	Number of Married People Adopting Birth Control Measures (10 000 persons)	490.28	494.03	506.97	499.49	501.51	493.58
独生子女领证率（%）	Coverage Rate of One-child Certificate (%)	9.75	11.36	11.65	11.53	11.95	11.86
城市计划生育状况	**Situation of Family Planning of Urban**						
政策计划内生育（万人）	Births Under Control (10 000 persons)	3.75	4.42	4.39	4.50	5.36	3.92
符合政策计划生育率（%）	Family Planning Rate that Consistent with the Policy (%)	99.03	98.65	99.07	99.03	98.97	98.02
已婚育龄妇女人数（万人）	Married Women at Childbearing Age (10 000 persons)	113.69	114.31	121.27	118.11	125.47	125.22
实际采取节育措施的人数（万人）	Number of Married People Adopting Birth Control Measures (10 000 persons)	93.89	95.30	101.13	98.38	104.25	103.29
独生子女领证率（%）	Coverage Rate of One-child Certificate (%)	33.06	38.38	37.57	36.35	35.84	34.75
农村计划生育状况	**Situation of Family Planning of Rural**						
政策计划内生育（万人）	Births under Control (10 000 persons)	20.65	20.89	21.53	20.88	21.69	18.92
符合政策计划生育率（%）	Family Planning Rate that Consistent with the Policy (%)	90.08	90.42	91.29	92.02	91.72	91.44
已婚育龄妇女人数（万人）	Married Women at Childbearing Age (10 000 persons)	436.70	434.48	439.10	434.24	431.08	425.65
实际采取节育措施的人数（万人）	Number of Married People Adopting Birth Control Measures (10 000 persons)	388.58	388.16	391.70	385.73	381.17	374.35
独生子女领证率（%）	Coverage Rate of One-child Certificate (%)	3.93	4.40	4.76	5.05	5.28	5.42

主要指标解释

人口数 指一定时点、一定地区范围内有生命的个人总和。年末统计的年末人口数指每年12月31日24时的人口数。

城镇人口和乡村人口 城镇人口是指居住在城镇地域内的全部常住人口;乡村人口是除上述人口以外的全部人口。

出生率(又称粗出生率) 指在一定时期内(通常为一年)一定地区的出生人数与同期内平均人数(或期中人数)之比,用千分率表示。本资料中的出生率指年出生率,其计算公式为:

$$出生率=\frac{年出生人数}{年平均人数}\times1000‰$$

式中:出生人数指活产婴儿,即胎儿脱离母体时(不管怀孕月数),有过呼吸或其他生命现象。年平均人数指年初、年底人口数的平均数,也可用年中人口数代替。

死亡率(又称粗死亡率) 指在一定时期内(通常为一年)一定地区的死亡人数与同期内平均人数(或期中人数)之比,用千分率表示。本资料中的死亡率指年死亡率,其计算公式为:

$$死亡率=\frac{年死亡人数}{年平均人数}\times1000‰$$

人口自然增长率 指在一定时期内(通常为一年)人口自然增加数(出生人数减死亡人数)与该时期内平均人数(或期中人数)之比,用千分率表示。

总抚养比 也称总负担系数。指人口总体中非劳动年龄人口数与劳动年龄人口数之比。通常用百分比表示。说明每100名劳动年龄人口大致要负担多少名非劳动年龄人口。用于从人口角度反映人口与经济发展的基本关系。计算公式为:

$$GDR=\frac{P_{0\sim14}+P_{65^+}}{P_{15\sim64}}\times100\%$$

其中:GDR为总抚养比;

$P_{0\sim14}$为0~14岁少年儿童人口数;

P_{65+}为65岁及65岁以上的老年人口数;

$P_{15\sim64}$为15~64岁劳动年龄人口数。

老年人口抚养比 也称老年人口抚养系数。指某一人口中老年人口数与劳动年龄人口数之比。通常用百分比表示。用以表明每100名劳动年龄人口要负担多少名老年人。老年人口抚养比是从经济角度反映人口老化社会后果的指标之一。计算公式为:

$$ODR=\frac{P_{65^+}}{P_{15\sim64}}\times100\%$$

其中:ODR为老年人口抚养比;

P_{65+}为65岁及65岁以上的老年人口数;

$P_{15\sim64}$为15~64岁的劳动年龄人口数。

少年儿童抚养比 也称少年儿童抚养系数。指某一人口中少年儿童人口数与劳动年龄人口数之比。通常用百分比表示。以反映每100名劳动年龄人口要负担多少名少年儿童。计算公式为:

$$CDR=\frac{P_{0\sim14}}{P_{15\sim64}}\times100\%$$

其中:CDR为少年儿童抚养比;

$P_{0\sim14}$为0~14岁少年儿童人口数;

$P_{15\sim64}$为15~64岁劳动年龄人口数。

3

国民经济核算

National Accounts

简要说明

一、本篇资料主要内容

本篇资料主要包括国民经济核算基本情况资料。

二、本篇资料来源

本篇资料由省统计局国民经济核算处汇总、加工整理。

1. 地区生产总值数据是由省统计局国民经济核算处根据不同产业部门、不同支出构成的特点和资料来源情况而采用不同方法计算的。2013 年是第三次经济普查年度，按照《中国第三次经济普查年度国内生产总值核算方法》的要求，重新计算了经济普查年度的地区生产总值，修订了 2009-2013 年地区生产总值历史数据。本年鉴表中的数据是修订后数据。

2. 由于采取分级核算，各市州数据相加不等于全省总计。

3-1 历年生产总值
Gansu Gross Regional Product

单位：亿元　　本表按当年价格计算。Data in this table are caculated at current prices.　　(100 million yuan)

年 份 Year	生产总值 Gross Regional Product	第一产业 Primary Industry	第二产业 Secondary Industry	工 业 Industry	建筑业 Construction	第三产业 Tertiary Industry	人均生产总值（元） Per Capita GDP (yuan)
1978	64.73	13.21	39.04	34.66	4.38	12.48	348
1979	67.51	12.89	40.98	36.90	4.08	13.64	359
1980	73.90	16.46	39.85	35.25	4.60	17.59	388
1981	70.89	17.63	35.30	31.33	3.97	17.96	367
1982	76.88	19.68	38.54	33.63	4.91	18.66	393
1983	91.50	27.65	42.92	37.52	5.40	20.93	462
1984	103.17	27.83	49.98	43.65	6.33	25.36	515
1985	123.39	33.08	58.81	50.54	8.27	31.50	608
1986	140.74	38.02	65.27	56.01	9.26	37.45	684
1987	159.52	45.27	68.40	58.26	10.14	45.85	764
1988	191.84	52.77	81.33	67.28	14.05	57.74	905
1989	216.84	59.01	91.79	77.62	14.17	66.04	1007
1990	242.80	64.06	98.33	83.93	14.40	80.41	1099
1991	271.39	66.55	111.91	97.19	14.72	92.93	1204
1992	317.79	74.20	128.66	110.21	18.45	114.93	1384
1993	372.24	87.43	159.96	136.74	23.22	124.85	1600
1994	453.61	103.87	198.67	174.56	24.11	151.07	1921
1995	557.76	110.65	256.83	226.29	30.54	190.28	2316
1996	722.52	188.12	311.98	276.37	35.61	222.42	2946
1997	793.57	190.21	337.79	286.70	51.09	265.58	3199
1998	887.67	202.76	373.43	311.25	62.17	311.48	3541
1999	956.32	191.84	410.07	326.99	83.08	354.42	3778
2000	1052.88	194.10	421.65	327.60	94.04	437.13	4129
2001	1125.37	207.96	458.08	355.51	102.56	459.34	4386
2002	1232.03	215.51	501.69	389.38	112.31	514.83	4768
2003	1399.83	237.91	572.02	448.23	123.78	589.91	5429
2004	1688.49	286.78	713.30	574.00	139.30	688.41	6566
2005	1933.98	308.06	838.56	685.80	152.76	787.36	7477
2006	2277.35	334.00	1043.19	868.13	175.06	900.16	8945
2007	2703.98	387.55	1279.32	1063.84	215.48	1037.11	10614
2008	3166.82	462.27	1470.34	1188.78	281.56	1234.21	12421
2009	3478.07	497.05	1585.59	1260.50	325.08	1395.43	13624
2010	4135.86	599.28	1937.39	1551.59	385.80	1599.20	16172
2011	5002.41	678.75	2304.67	1844.46	460.21	2018.99	19525
2012	5675.18	780.50	2548.75	2009.77	538.98	2345.93	22075
2013	6330.69	844.69	2745.35	2155.22	607.37	2740.65	24539
2014	6836.82	900.76	2926.45	2263.20	681.34	3009.61	26433
2015	6790.32	954.09	2494.77	1778.10	730.88	3341.46	26165

注：1.1994年至2004年根据第一次经济普查结果进行了数据调整。

2.2003年及以前年份第一产业不包括农林牧渔服务业；交通运输仓储和邮政业包括电信业，不包括城市公共交通业；批发与零售业包括餐饮业（下表同）。

3.2006年、2007年根据农业普查结果进行了数据调整。

4.2008年根据第二次经济普查结果进行了数据调整。

5.2013年起，数据根据新国民经济行业划分，第一产业不包括农林渔服务业，第二产业不包括开采辅助活动及金属制品、机械和设备修理业，归入第三产业。

6.2009年至2013年根据第三次经济普查结果进行了数据调整。（以下相关表同）。

a) Data of 1994 to 2004 were adjusted according to the First National Economic Census.

b) In 2003 and preceding years, the primary industry did not include service of agriculture, forestry, animal husbandry and fishery; Transport, storage and post included telecommunication services, but did not include urban public transport; Wholesale and retail trades included catering services. The same as the following table.

c) Data of 2006 and 2007 were adjusted according to the Second National Agricultural Census.

d) Data of 2008 were adjusted according to the Second National Economic Census.

e) Since 2013,data are divided according to the new National Economic Sectors,the first industry excludes Agriculture, forestry and fishery industry and the second industry excludes mining ancillary activities, metal products, machinery and equipment repair industry,they are included in the third industry.

f) Data of 2009 to 2013 are adjusted according to the Third National Economic Census.The same applies to the relevant tables following.

3-2 历年生产总值构成
Composition of Gansu Gross Regional Product

单位：%　　本表按当年价格计算。Data in this table are caculated at current prices.　　(%)

年份 Year	生产总值 Gross Regional Product	第一产业 Primary Industry	第二产业 Secondary Industry	工业 Industry	建筑业 Construction	第三产业 Tertiary Industry
1978	100	20.41	60.31	53.55	6.77	19.28
1979	100	19.09	60.70	54.66	6.04	20.20
1980	100	22.27	53.92	47.70	6.22	23.80
1981	100	24.87	49.80	44.20	5.60	25.34
1982	100	25.60	50.13	43.74	6.39	24.27
1983	100	30.22	46.91	41.01	5.90	22.87
1984	100	26.97	48.44	42.31	6.14	24.58
1985	100	26.81	47.66	40.96	6.70	25.53
1986	100	27.01	46.38	39.80	6.58	26.61
1987	100	28.38	42.88	36.52	6.36	28.74
1988	100	27.51	42.39	35.07	7.32	30.10
1989	100	27.21	42.33	35.80	6.53	30.46
1990	100	26.38	40.50	34.57	5.93	33.12
1991	100	24.52	41.24	35.81	5.42	34.24
1992	100	23.35	40.49	34.68	5.81	36.17
1993	100	23.49	42.97	36.73	6.24	33.54
1994	100	22.90	43.80	38.48	5.31	33.31
1995	100	19.84	46.05	40.57	5.48	34.12
1996	100	26.04	43.18	38.25	4.93	30.78
1997	100	23.97	42.57	36.13	6.44	33.47
1998	100	22.84	42.07	35.06	7.00	35.09
1999	100	20.06	42.88	34.19	8.69	37.06
2000	100	18.44	40.05	31.11	8.93	41.52
2001	100	18.48	40.70	31.59	9.11	40.82
2002	100	17.49	40.72	31.60	9.12	41.79
2003	100	17.00	40.86	32.02	8.84	42.14
2004	100	16.99	42.24	33.99	8.25	40.77
2005	100	15.93	43.36	35.46	7.90	40.71
2006	100	14.67	45.81	38.12	7.69	39.53
2007	100	14.33	47.31	39.34	7.97	38.35
2008	100	14.60	46.43	37.54	8.89	38.97
2009	100	14.29	45.59	36.24	9.35	40.12
2010	100	14.49	46.84	37.52	9.33	38.67
2011	100	13.57	46.07	36.87	9.20	40.36
2012	100	13.75	44.91	35.41	9.50	41.34
2013	100	13.34	43.37	34.04	9.59	43.29
2014	100	13.18	42.80	33.10	9.97	44.02
2015	100	14.05	36.74	26.19	10.76	49.21

3-3 历年生产总值指数（上年 =100）

Indices of Gansu Gross Regional Product (preceding year=100)

本表按不变价格计算。Data in this table are caculated at constant prices.

年份 Year	生产总值 Gross Regional Product	第一产业 Primary Industry	第二产业 Secondary Industry	工业 Industry	建筑业 Construction	第三产业 Tertiary Industry	人均生产总值 Per Capita GDP
1978	113.21	95.97	115.05	109.61	129.24	131.00	112.05
1979	101.41	87.43	104.89	106.45	97.21	108.88	100.04
1980	109.08	123.87	98.00	95.92	112.14	127.91	107.79
1981	91.56	93.83	85.90	84.07	86.29	102.79	90.32
1982	108.92	116.13	108.25	107.21	113.28	103.39	107.09
1983	114.86	112.64	113.14	112.07	119.42	110.13	113.41
1984	113.76	111.18	112.91	111.96	110.92	118.66	112.73
1985	113.19	108.13	113.51	110.30	129.78	118.20	111.81
1986	111.03	106.88	106.16	106.08	113.21	124.86	109.66
1987	108.92	106.54	102.41	101.94	103.42	122.05	107.21
1988	113.65	107.64	113.94	111.20	118.77	117.84	112.21
1989	108.75	105.99	109.75	108.79	108.23	109.33	106.52
1990	105.63	104.97	105.36	106.10	102.40	106.45	103.43
1991	106.57	101.61	108.99	108.90	108.90	107.70	104.49
1992	109.89	105.80	110.22	109.10	109.90	112.78	107.88
1993	111.57	108.81	113.58	114.10	110.20	111.09	110.08
1994	110.78	106.08	111.02	111.25	109.42	113.99	109.28
1995	110.36	103.15	109.99	110.09	109.29	115.87	108.23
1996	111.96	109.90	110.41	110.48	109.91	115.14	114.45
1997	109.08	98.06	110.02	110.26	108.31	114.52	103.59
1998	109.72	105.13	108.83	107.46	118.60	113.05	108.57
1999	109.03	99.48	108.48	97.67	178.65	114.15	107.99
2000	109.70	101.56	110.08	110.16	109.80	112.67	108.89
2001	109.76	107.56	109.51	109.99	107.84	110.99	109.07
2002	109.86	105.86	110.22	110.86	107.94	111.25	109.11
2003	110.74	105.48	111.73	112.86	107.62	111.96	110.98
2004	111.51	105.92	112.26	114.03	105.47	112.97	111.80
2005	111.84	105.80	113.15	115.25	104.47	112.82	111.20
2006	111.51	105.18	114.25	115.25	109.77	111.06	111.39
2007	112.30	104.18	116.80	116.50	118.50	110.50	112.28
2008	110.14	107.12	108.43	109.45	103.70	113.17	110.05
2009	110.30	105.10	110.63	109.88	114.34	111.64	110.15
2010	111.78	105.48	113.62	113.70	113.24	111.70	111.58
2011	112.52	105.90	115.30	116.34	111.09	111.65	112.32
2012	112.56	106.84	114.62	114.89	113.50	112.02	112.18
2013	110.76	105.50	111.15	110.99	111.81	111.95	110.37
2014	108.89	105.51	109.23	108.66	111.64	109.46	108.61
2015	108.08	105.39	107.38	106.99	109.13	109.73	107.72

3-4 历年生产总值指数 (1978=100)

Indices of Gansu Gross Regional Product (year of 1978=100)

本表按不变价格计算。Date in this table are calculated at constant prices.

年份 Year	生产总值 Gross Regional Product	第一产业 Primary Industry	第二产业 Secondary Industry	工业 Industry	建筑业 Construction	第三产业 Tertiary Industry	人均生产总值 Per Capita GDP
1979	101.41	87.43	104.89	106.45	97.21	108.88	100.04
1980	110.62	108.30	102.79	102.11	109.01	139.27	107.79
1981	101.28	101.62	88.30	85.84	94.07	143.15	97.39
1982	110.32	118.01	95.58	92.03	106.56	148.01	104.30
1983	126.71	132.92	108.14	103.14	127.25	163.00	118.29
1984	144.14	147.79	122.10	115.47	141.15	193.42	133.34
1985	163.16	159.80	138.60	127.37	183.18	228.62	149.08
1986	181.15	170.79	147.14	135.11	207.38	285.45	163.48
1987	197.31	181.96	150.68	137.73	214.47	348.39	175.26
1988	224.25	195.87	171.69	153.16	254.73	410.55	197.54
1989	243.87	207.60	188.43	166.62	275.69	448.85	210.42
1990	257.60	217.92	198.53	176.79	282.31	477.80	217.65
1991	274.52	221.43	216.38	192.52	307.43	514.59	227.41
1992	301.67	234.27	238.49	210.04	337.87	580.36	245.32
1993	336.57	254.91	270.88	239.65	372.33	644.72	270.05
1994	372.85	270.40	300.73	266.63	407.40	734.89	295.10
1995	411.47	278.92	330.76	293.52	445.24	851.50	319.40
1996	460.70	306.53	365.20	324.29	489.38	980.43	365.55
1997	502.53	300.58	401.79	357.58	530.03	1122.79	378.69
1998	551.38	316.01	437.26	384.26	628.61	1269.37	411.15
1999	601.19	314.36	474.33	375.31	1123.01	1448.94	444.00
2000	659.51	319.24	522.13	413.42	1233.08	1632.51	483.49
2001	723.91	343.37	571.80	454.73	1329.81	1811.86	527.32
2002	795.32	363.48	630.23	504.11	1435.41	2015.76	575.34
2003	880.74	383.39	704.17	568.93	1544.75	2256.85	638.53
2004	982.12	406.08	790.48	648.76	1629.28	2549.45	713.90
2005	1098.47	429.88	894.45	747.71	1702.06	2876.38	793.86
2006	1224.87	452.14	1021.89	861.71	1868.29	3194.61	884.29
2007	1375.50	470.23	1193.60	1004.00	2214.00	3530.00	992.86
2008	1514.98	503.71	1294.22	1098.88	2295.92	3994.90	1092.62
2009	1671.02	529.40	1431.80	1207.45	2625.15	4459.91	1203.52
2010	1867.87	558.41	1626.81	1372.87	2972.72	4981.72	1342.89
2011	2101.73	591.36	1875.71	1597.20	3302.39	5562.09	1508.33
2012	2365.71	631.81	2149.94	1835.02	3748.21	6230.65	1692.04
2013	2620.26	666.56	2389.66	2036.69	4190.87	6975.21	1867.50
2014	2853.20	703.29	2610.23	2213.07	4678.69	7635.06	2028.29
2015	3083.74	741.20	2802.86	2367.76	5105.85	8377.95	2184.87

3-5 历年第三产业增加值
Value-added of the Tertiary Industry

单位：亿元　　本表按当年价格计算。Data in this table are calculated at current prices.　　(100 million yuan)

年份 Year	第三产业 Tertiary Industry	#交通运输、仓储和邮政业 Transport,Storage and Post	#批发和零售业 Wholesale and Retail Trades	#住宿和餐饮业 Hotels and Catering Services	#金融业 Financial Intermediation	#房地产业 Real Estate
1978	12.48	3.23	4.55			
1979	13.64	3.26	4.83			
1980	17.59	3.27	6.86			
1981	17.96	3.50	7.07			
1982	18.66	3.74	7.18			
1983	20.93	4.07	8.63			
1984	25.36	5.14	10.16			
1985	31.50	7.36	11.40			
1986	37.45	9.33	12.71			
1987	45.85	10.67	15.67			
1988	57.74	10.94	22.55			
1989	66.04	11.82	29.08			
1990	80.41	12.01	30.64			
1991	92.93	12.45	31.17			
1992	114.93	14.18	39.15			
1993	124.85	15.03	43.11			
1994	151.07	21.40	50.17			
1995	190.28	28.72	66.99			
1996	222.42	33.66	78.86			
1997	265.58	43.74	89.54			
1998	311.48	52.20	98.34			
1999	354.42	60.26	107.15			
2000	437.13	78.38	112.81			
2001	459.34	89.00	121.28			
2002	514.83	107.01	129.91			
2003	589.91	124.99	140.18			
2004	688.41	121.91	117.54			
2005	787.36	144.70	130.78	53.53	44.73	63.78
2006	900.16	169.58	145.89	59.56	50.51	73.21
2007	1037.11	181.24	166.85	68.21	61.60	83.52
2008	1234.21	211.11	196.93	77.21	72.49	93.80
2009	1395.43	212.15	231.21	88.52	94.13	108.40
2010	1599.20	220.20	272.13	97.40	116.43	125.09
2011	2018.99	239.63	351.97	123.61	170.60	162.18
2012	2345.93	254.60	398.52	141.68	225.97	189.32
2013	2740.65	267.18	440.31	159.64	294.18	218.39
2014	3009.61	280.73	491.68	178.23	364.84	234.14
2015	3341.46	274.65	508.00	196.37	443.12	244.82

3-6 历年第三产业增加值构成
Composition of Value-added of the Tertiary Industry

单位：%　　本表按当年价格计算。Data in this table are calculated at current prices.　　(%)

年份 Year	第三产业 Tertiary Industry	#交通运输、仓储和邮政业 Transport,Storage and Post	#批发和零售业 Wholesale and Retail Trades	#住宿和餐饮业 Hotels and Catering Services	#金融业 Financial Intermediation	#房地产业 Real Estate
1978	100.00	25.88	36.46			
1979	100.00	23.90	35.41			
1980	100.00	18.59	39.00			
1981	100.00	19.49	39.37			
1982	100.00	20.04	38.48			
1983	100.00	19.45	41.23			
1984	100.00	20.27	40.06			
1985	100.00	23.37	36.19			
1986	100.00	24.91	33.94			
1987	100.00	23.27	34.18			
1988	100.00	18.95	39.05			
1989	100.00	17.90	44.03			
1990	100.00	14.94	38.10			
1991	100.00	13.40	33.54			
1992	100.00	12.34	34.06			
1993	100.00	12.04	34.53			
1994	100.00	14.16	33.21			
1995	100.00	15.09	35.20			
1996	100.00	15.14	35.46			
1997	100.00	16.47	33.72			
1998	100.00	16.76	31.57			
1999	100.00	17.00	30.23			
2000	100.00	17.93	25.81			
2001	100.00	19.38	26.40			
2002	100.00	20.79	25.23			
2003	100.00	21.19	23.76			
2004	100.00	17.71	17.07			
2005	100.00	18.38	16.61	6.80	5.68	8.10
2006	100.00	18.84	16.21	6.62	5.61	8.13
2007	100.00	17.48	16.09	6.58	5.94	8.05
2008	100.00	17.10	15.96	6.26	5.87	7.60
2009	100.00	15.20	16.57	6.34	6.75	7.77
2010	100.00	13.77	17.02	6.09	7.28	7.82
2011	100.00	11.87	17.43	6.12	8.45	8.03
2012	100.00	10.85	16.99	6.04	9.63	8.07
2013	100.00	9.75	16.07	5.82	10.73	7.97
2014	100.00	9.33	16.34	5.92	12.12	7.78
2015	100.00	8.22	15.20	5.88	13.26	7.33

3-7 历年第三产业增加值指数（上年＝100）

Indices of Value-added of the Tertiary Industry (preceding year=100)

本表按不变价格计算。Data in this table are calculated at constant prices.

年份 Year	第三产业 Tertiary Industry	#交通运输、仓储和邮政业 Transport,Storage and Post	#批发和零售业 Wholesale and Retail Trades	#住宿和餐饮业 Hotels and Catering Services	#金融业 Financial Intermediation	#房地产业 Real Estate
1978	131.00	105.47	122.01			
1979	108.88	99.98	104.99			
1980	127.91	104.36	136.72			
1981	102.79	105.21	106.03			
1982	103.39	102.97	101.84			
1983	110.13	113.70	112.24			
1984	118.66	120.99	117.92			
1985	118.20	129.54	112.04			
1986	124.86	109.69	150.03			
1987	122.05	110.21	135.24			
1988	117.84	111.10	124.30			
1989	109.33	112.20	114.20			
1990	106.45	97.30	105.60			
1991	107.70	105.40	109.20			
1992	112.78	108.00	120.10			
1993	111.09	109.60	116.70			
1994	113.99	121.07	115.19			
1995	115.87	122.91	116.16			
1996	115.14	121.77	115.38			
1997	114.52	124.56	109.34			
1998	113.05	119.04	109.61			
1999	114.15	116.58	111.29			
2000	112.67	119.80	108.21			
2001	110.99	114.42	108.51			
2002	111.25	121.77	108.74			
2003	111.96	121.77	108.13			
2004	112.97	122.88	108.86			
2005	112.82	114.28	111.02	111.90	102.10	107.80
2006	111.06	107.57	110.23	110.00	110.20	110.70
2007	110.50	106.40	109.50	104.90	107.50	110.10
2008	113.17	107.99	109.38	99.11	109.38	101.38
2009	111.64	100.10	115.33	108.94	122.31	110.77
2010	111.70	101.19	112.73	103.72	121.85	111.90
2011	111.65	101.38	113.29	108.11	121.52	113.85
2012	112.02	100.21	110.38	108.63	124.08	112.09
2013	111.95	100.53	107.69	104.24	124.02	110.85
2014	109.46	104.57	110.52	108.25	121.76	105.37
2015	109.73	99.67	102.30	107.36	121.52	105.59

3-8 历年第三产业增加值指数（1978 年 = 100）

Indices of Value-added of the Tertiary Industry (year of 1978=100)

本表按不变价格计算。Data in this table are calculated at constant prices.

年份 Year	第三产业 Tertiary Industry	#交通运输、仓储和邮政业 Transport,Storage and Post	#批发和零售业 Wholesale and Retail Trades	#住宿和餐饮业 Hotels and Catering Services	#金融业 Financial Intermediation	#房地产业 Real Estate
1979	108.9	100.0	105.0			
1980	139.3	104.3	143.5			
1981	143.2	109.8	152.2			
1982	148.0	113.0	155.0			
1983	163.0	128.5	174.0			
1984	193.4	155.5	205.1			
1985	228.6	201.4	229.8			
1986	285.5	221.0	344.8			
1987	348.4	243.5	466.4			
1988	410.6	270.5	579.7			
1989	448.9	303.5	662.0			
1990	477.8	295.3	699.1			
1991	514.6	311.3	763.4			
1992	580.4	336.2	916.8			
1993	644.7	368.5	1069.9			
1994	734.9	446.1	1232.5			
1995	851.5	548.3	1431.7			
1996	980.4	667.7	1651.9			
1997	1122.8	831.7	1806.1			
1998	1269.4	990.0	1979.7			
1999	1448.9	1154.2	2203.2			
2000	1632.5	1382.6	2384.0			
2001	1811.9	1582.0	2586.7			
2002	2015.8	1926.4	2812.9			
2003	2256.9	2345.8	3041.5			
2004	2549.5	2882.4	3310.9			
2005	2876.4	3294.1	3675.9	100.0	100.0	100.0
2006	3194.6	3543.3	4051.9	110.0	110.2	110.7
2007	3530.0	3770.1	4436.9	115.4	118.5	121.9
2008	3994.9	4071.3	4853.0	114.4	129.6	123.6
2009	4459.9	4075.4	5597.0	124.6	158.5	136.9
2010	4981.7	4123.9	6309.5	129.2	193.1	153.2
2011	5562.1	4180.8	7148.0	139.7	234.7	174.4
2012	6230.7	4189.6	7890.0	151.8	291.2	195.5
2013	6975.3	4211.8	8496.7	158.2	361.1	216.7
2014	7635.1	4404.3	9390.6	171.3	439.7	228.3
2015	8378.0	4389.8	9606.6	183.9	534.3	241.1

注：住宿和餐饮业、金融业、房地产业均以 2005 年为不变价格计算（2005 年 =100）。

a) Hotels and catering services, financial intermediation, real estate are all calculated at constant prices of 2005(year of 2005=100).

3-9 生产总值项目构成（2015）

Composition of Gansu Gross Regional Product by Item (2015)

单位：亿元 (100 million yuan)

项目	Item	增加值 Added Value	劳动者报酬 Compensation of Employees	生产税净额 Net Taxes on Production	固定资产折旧 Depreciation of Fixed Asset	营业盈余 Operating Surplus
生产总值	**Gross Regional Product**	**6790.32**	**3473.12**	**985.64**	**1049.38**	**1282.17**
按照国民经济行业分	**By Sector**					
农、林、牧、渔业	Agriculture, Forestry, Animal, Husbandry and Fishery	995.52	923.55		71.97	
工业	Industry	1778.10	464.45	458.56	408.86	446.23
建筑业	Construction	730.88	406.88	138.60	32.32	153.07
批发和零售业	Wholesale and Retail Trades	508.00	101.65	200.25	25.79	180.31
交通运输、仓储和邮政业	Transport,Storage and Post	274.65	131.96	23.15	51.91	67.63
住宿和餐饮业	Hotels and Catering Services	196.37	94.13	33.86	24.88	43.49
信息传输、软件和信息技术服务业	Information Transmission,Computer Services and Software	173.82	15.02	22.90	82.21	53.69
金融业	Financial Intermediation	443.12	117.83	46.30	19.07	259.92
房地产业	Real Estate	244.82	33.14	35.89	153.62	22.16
租赁和商务服务业	Leasing and Business Services	250.02	147.47	13.93	72.54	16.09
科学研究和技术服务业	Scientific Research,Technical Services	94.99	52.91	3.37	30.63	8.07
水利、环境和公共设施管理业	Management of Water Conservancy, Environment and Public Facilities	41.85	27.09	0.28	10.64	3.84
居民服务、修理和其他服务业	Services to Households and Other Services	113.73	95.15	4.19	4.90	9.48
教育	Education	280.25	254.64	0.37	25.24	
卫生和社会工作	Health,Social Security and Social Welfare	128.02	121.16	0.41	0.34	6.11
文化、体育和娱乐业	Culture, Sports and Entertainment	56.38	40.42	2.61	9.19	4.15
公共管理、社会保障和社会组织	Public Management and Social Organizations	479.81	445.66	0.97	25.27	7.91
按产业分	**By Industry**					
第一产业	Primary Industry	954.09	885.11		68.98	
第二产业	Secondary Industry	2494.77	866.17	595.34	440.45	592.81
第三产业	Tertiary Industry	3341.46	1721.85	390.30	539.95	689.36

注：本表按2012年国民经济行业划分标准统计。

a) Data in this table are counted according to the 2012 classification criteria of national economy sector.

3-10 三次产业贡献率

Share of the Contributions of the Three Strata of Industry to the Increase of Gross Regional Product

单位：%　　本表按不变价格计算。Date in this table are calculated at constant prices.　　(%)

年份 Year	生产总值 Gross Regional Product	第一产业 Primary Industry	第二产业 Secondary Industry	#工业 Industry	第三产业 Tertiary Industry
1995	100	7.12	41.52	36.70	51.36
1996	100	18.10	37.35	32.90	44.55
1997	100	-4.59	46.70	41.88	57.89
1998	100	10.20	38.76	28.75	51.05
1999	100	-1.07	39.74	-9.50	61.33
2000	100	2.71	43.75	34.40	53.54
2001	100	14.27	39.00	31.84	46.71
2002	100	10.72	41.39	34.32	47.89
2003	100	8.90	43.78	37.67	47.34
2004	100	8.52	43.07	39.08	48.41
2005	100	7.89	45.20	42.21	46.91
2006	100	7.17	53.69	46.98	39.14
2007	100	4.87	60.57	48.93	34.56
2008	100	9.77	38.42	35.43	51.81
2009	100	6.71	46.96	36.21	46.33
2010	100	6.01	52.76	43.77	41.23
2011	100	6.83	57.21	48.95	35.96
2012	100	7.42	55.87	45.97	36.71
2013	100	6.34	50.31	40.43	43.35
2014	100	7.32	50.66	38.67	42.02
2015	100	7.63	44.64	34.26	47.74

注：产业贡献率指各产业增加值增量与生产总值增量之比。

a) Share of the contributions of the three strata of industry to the increase of gross regional product refers to the proportion of the increment of the value-added of each industry to the increment of GDP.

3-11 三次产业对生产总值增长的拉动

Contribution of the Three Strata of Industry to GDP Growth

单位：百分点　　本表按不变价格计算。Date in this table are calculated at constant prices.　　(perecentage points)

年份 Year	生产总值 Gross Regional Product	第一产业 Primary Industry	第二产业 Secondary Industry	#工业 Industry	第三产业 Tertiary Industry
1995	10.36	0.74	4.30	3.80	5.32
1996	11.96	2.17	4.47	3.94	5.33
1997	9.08	-0.42	4.24	3.80	5.26
1998	9.72	0.99	3.77	2.79	4.96
1999	9.03	-0.10	3.59	-0.85	5.54
2000	9.70	0.26	4.24	3.34	5.19
2001	9.76	1.39	3.81	3.11	4.56
2002	9.86	1.06	4.08	3.39	4.72
2003	10.74	0.95	4.70	4.05	5.08
2004	11.51	0.98	4.96	4.50	5.57
2005	11.84	0.93	5.35	5.00	5.55
2006	11.51	0.82	6.18	5.41	4.51
2007	12.30	0.60	7.45	6.02	4.25
2008	10.14	0.99	3.90	3.59	5.25
2009	10.30	0.69	4.84	3.73	4.77
2010	11.78	0.71	6.22	5.16	4.86
2011	12.52	0.86	7.16	6.13	4.50
2012	12.56	0.93	7.02	5.77	4.61
2013	10.76	0.68	5.41	4.35	4.66
2014	8.89	0.65	4.50	3.44	3.74
2015	8.08	0.62	3.61	2.77	3.86

注：三次产业拉动指生产总值增长速度与各产业贡献率之乘积。

a) Contribution of the three strata of industry to GDP growth refers to the growth rate of GDP multiplied by the contribution share of every industry.

3-12 历年按支出法计算的生产总值

Gansu Gross Regional Product by Expenditure Approach

本表按当年价格计算。Data in this table are caculated at current prices.

年份 Year	支出法生产总值（亿元） Gross Regional Product by Expenditure Approach (100 million yuan)	最终消费 Final Consumption Expenditures	资本形成总额 Gross Capital Formation	货物和服务净出口 Net Exports of Goods and Services	投资率（%） Capital Formation Rate (%)	消费率（%） Final Corsumption Rate (%)
1978	64.73	43.12	30.73	-9.12	47.47	66.62
1979	67.51	46.57	30.04	-9.10	44.50	68.98
1980	73.90	53.77	24.38	-4.25	32.99	72.76
1981	70.89	57.24	22.32	-8.67	31.49	80.74
1982	76.88	61.32	25.34	-9.78	32.96	79.76
1983	91.50	68.10	31.58	-8.18	34.51	74.43
1984	103.17	73.43	35.46	-5.72	34.37	71.17
1985	123.39	86.23	47.16	-10.00	38.22	69.88
1986	140.74	104.24	60.02	-23.52	42.65	74.07
1987	159.52	119.56	62.02	-22.06	38.88	74.95
1988	191.84	139.60	77.57	-25.33	40.43	72.77
1989	216.84	158.00	90.06	-31.22	41.53	72.86
1990	242.80	170.20	104.91	-32.31	43.21	70.10
1991	271.39	195.73	113.17	-37.51	41.70	72.12
1992	317.79	227.96	130.90	-41.07	41.19	71.73
1993	372.24	263.00	152.27	-43.03	40.91	70.65
1994	453.61	322.59	177.10	-46.09	39.04	71.12
1995	557.76	385.35	221.20	-48.78	39.66	69.09
1996	722.52	503.16	277.46	-58.10	38.40	69.64
1997	793.57	543.95	323.18	-73.56	40.72	68.54
1998	887.67	563.03	366.34	-41.70	41.27	63.43
1999	956.32	592.61	413.12	-49.41	43.20	61.97
2000	1052.88	635.71	453.44	-36.27	43.07	60.38
2001	1125.37	702.29	523.05	-99.97	46.48	62.41
2002	1232.03	770.54	586.44	-124.95	47.60	62.54
2003	1399.83	863.46	672.98	-136.61	48.08	61.68
2004	1688.49	1047.66	817.23	-176.40	48.40	62.05
2005	1933.98	1217.63	916.96	-200.61	47.41	62.96
2006	2277.35	1367.12	1090.73	-180.50	47.89	60.03
2007	2703.98	1593.89	1322.52	-212.43	48.91	58.95
2008	3166.82	1897.06	1621.28	-351.52	51.20	59.90
2009	3478.07	2127.01	1915.97	-564.91	55.09	61.15
2010	4135.86	2462.03	2343.52	-669.69	56.66	59.53
2011	5002.41	2967.02	2872.27	-836.88	57.42	59.31
2012	5675.18	3327.97	3298.05	-950.84	58.11	58.64
2013	6330.69	3708.44	3778.97	-1156.72	59.69	58.58
2014	6836.82	4035.59	4150.35	-1349.12	60.71	59.03
2015	6790.32	4374.19	4448.84	-2032.71	65.52	64.42

3-13 历年最终消费及构成
Final Consumption Expenditures and Its Composition

本表按当年价格计算。Data in this table are caculated at current prices.

年份 Year	最终消费（亿元） Final Consumption Expenditures (100 million yuan)	居民消费支出 Household Consumption Expenditures	城镇居民 Urban Household	农村居民 Rural Household	政府消费支出 Government Consumption Expenditures	最终消费支出 = 100 Final Consumption Expenditures=100 居民消费 Household Consumption	政府消费 Government Consumption	居民消费支出 = 100 Resident Consumption Expenditures=100 城镇居民 Urban Household	农村居民 Rural Household
1978	43.12	31.90	13.92	17.98	11.22	73.98	26.02	43.64	56.36
1979	46.57	34.98	15.24	19.74	11.59	75.11	24.89	43.57	56.43
1980	53.77	39.81	17.99	21.82	13.96	74.04	25.96	45.19	54.81
1981	57.24	42.74	18.24	24.50	14.50	74.67	25.33	42.68	57.32
1982	61.32	47.05	20.53	26.52	14.27	76.73	23.27	43.63	56.37
1983	68.10	51.54	22.10	29.44	16.56	75.68	24.32	42.88	57.12
1984	73.43	55.99	24.26	31.73	17.44	76.25	23.75	43.33	56.67
1985	86.23	66.10	28.12	37.98	20.13	76.66	23.34	42.54	57.46
1986	104.24	77.82	34.98	42.84	26.42	74.65	25.35	44.95	55.05
1987	119.56	90.63	40.69	49.94	28.93	75.80	24.20	44.90	55.10
1988	139.60	107.43	48.70	58.73	32.17	76.96	23.04	45.33	54.67
1989	158.00	120.26	52.92	67.34	37.74	76.11	23.89	44.00	56.00
1990	170.20	130.36	58.22	72.14	39.84	76.59	23.41	44.66	55.34
1991	195.73	147.60	65.05	82.55	48.13	75.41	24.59	44.07	55.93
1992	227.96	170.10	73.25	96.85	57.86	74.62	25.38	43.06	56.94
1993	263.00	194.69	89.21	105.48	68.31	74.03	25.97	45.82	54.18
1994	322.59	239.33	111.35	127.98	83.26	74.19	25.81	46.53	53.47
1995	385.35	291.08	139.69	151.39	94.27	75.54	24.46	47.99	52.01
1996	503.16	397.93	200.59	197.35	105.23	79.09	20.91	50.41	49.59
1997	543.95	430.74	234.37	196.38	113.21	79.19	20.81	54.41	45.59
1998	563.03	437.87	243.54	194.33	125.16	77.77	22.23	55.62	44.38
1999	592.61	460.49	264.66	195.83	132.13	77.70	22.30	57.47	42.53
2000	635.71	496.35	290.28	206.07	139.37	78.08	21.92	58.48	41.52
2001	702.29	538.73	320.46	218.26	163.57	76.71	23.29	59.49	40.51
2002	770.54	594.61	374.50	220.11	175.92	77.17	22.83	62.98	37.02
2003	863.46	668.37	423.52	244.85	195.08	77.41	22.59	63.37	36.63
2004	1047.66	775.53	498.44	277.09	272.13	74.02	25.98	64.27	35.73
2005	1217.63	893.15	561.93	331.22	324.48	73.35	26.65	62.92	37.08
2006	1367.12	970.01	637.11	332.90	397.11	70.95	29.05	65.68	34.32
2007	1593.89	1094.83	738.26	356.57	499.06	68.69	31.31	67.43	32.57
2008	1897.06	1261.14	836.85	424.29	635.92	66.48	33.52	66.36	33.64
2009	2127.01	1406.38	940.55	465.83	720.63	66.12	33.88	66.88	33.12
2010	2462.03	1594.37	1078.83	515.54	867.66	64.76	35.24	67.66	32.34
2011	2967.02	1919.68	1274.08	645.60	1047.34	64.70	35.30	66.37	33.63
2012	3327.97	2196.03	1468.20	727.83	1131.94	65.99	34.01	66.86	33.14
2013	3708.44	2480.71	1661.31	819.40	1227.73	66.89	33.11	66.97	33.03
2014	4035.59	2761.81	1896.57	865.24	1273.78	68.44	31.56	68.67	31.33
2015	4374.19	3079.86	2145.38	934.48	1294.33	70.41	29.59	69.66	30.34

3-14 历年资本形成及构成
Gross Capital Formation and Its Composition

本表按当年价格计算。Data in this table are caculated at current prices.

年份 Year	资本形成总额（亿元） Gross Capital Formation (100 million yuan)	固定资本形成总额 Gross Fixed Capital Formation	存货变动 Change in Inventories	构成（资本形成总额为100） Composition（Total=100） 固定资本形成总额 Gross Fixed Capital Formation	存货变动 Change in Inventories
1978	30.73	28.16	2.57	91.64	8.36
1979	30.04	27.42	2.62	91.28	8.72
1980	24.38	22.18	2.20	90.98	9.02
1981	22.32	19.79	2.53	88.66	11.34
1982	25.34	21.87	3.47	86.31	13.69
1983	31.58	26.84	4.74	84.99	15.01
1984	35.46	29.65	5.81	83.62	16.38
1985	47.16	39.17	7.99	83.06	16.94
1986	60.02	45.83	14.19	76.36	23.64
1987	62.02	52.19	9.83	84.15	15.85
1988	77.57	53.64	23.93	69.15	30.85
1989	90.06	59.78	30.28	66.38	33.62
1990	104.91	67.19	37.72	64.05	35.95
1991	113.17	76.47	36.70	67.57	32.43
1992	130.9	85.73	45.17	65.49	34.51
1993	152.27	98.42	53.85	64.64	35.36
1994	177.10	116.57	60.54	65.82	34.18
1995	221.20	146.35	74.84	66.16	33.84
1996	277.46	188.67	88.79	68.00	32.00
1997	323.18	229.49	93.69	71.01	28.99
1998	366.34	258.10	108.24	70.45	29.55
1999	413.12	310.90	102.22	75.26	24.74
2000	453.44	373.90	79.54	82.46	17.54
2001	523.05	463.13	59.91	88.55	11.45
2002	586.44	534.75	51.70	91.18	8.82
2003	672.98	617.62	55.37	91.77	8.23
2004	817.23	756.02	61.21	92.51	7.49
2005	916.96	874.52	42.44	95.37	4.63
2006	1090.73	1027.78	62.95	94.23	5.77
2007	1322.52	1221.96	100.56	92.40	7.60
2008	1621.28	1493.47	127.81	92.12	7.88
2009	1915.97	1788.34	127.63	93.34	6.66
2010	2343.52	2177.89	165.63	92.93	7.07
2011	2872.27	2685.76	186.51	93.51	6.49
2012	3298.05	3128.68	169.37	94.86	5.14
2013	3778.97	3649.14	129.83	96.56	3.44
2014	4150.35	4116.72	33.63	99.19	0.81
2015	4448.84	4412.26	36.58	99.18	0.82

3-15 居民消费支出
Household Consumption Expenditure

单位：亿元　　本表按当年价格计算。Data in this table are caculated at current prices.　　(100 million yuan)

指　标	Item	2010	2011	2012	2013	2014	2015
居民消费	**Resident Consumption**	**1594.37**	**1919.68**	**2196.03**	**2480.71**	**2761.81**	**3079.86**
城镇居民	**Urban Household**	**1078.83**	**1274.08**	**1468.20**	**1661.31**	**1896.57**	**2145.38**
食品烟酒	Foods,Tobacco&Wine	336.16	400.90	444.33	516.11	598.17	663.58
衣　着	Clothing	114.02	140.93	157.50	175.35	201.64	220.78
居住（含自有住房服务）	Residence(Include the Owned Housing Services)	152.37	215.87	239.67	289.92	332.46	352.79
生活用品及服务	Household Facilities,Articles and Services	54.31	64.40	80.44	94.28	117.52	124.92
交通和通信	Transportation and Communications	97.80	123.63	152.12	150.90	172.73	202.11
教育文化娱乐	Recreation,Education and Culture Articles	103.25	111.03	134.03	155.32	175.98	225.49
医疗保健	Health Care and Personal Articles	102.56	88.76	106.16	116.95	124.55	160.24
银行中介服务	Financial Service	41.03	46.51	60.68	72.64	82.21	94.34
保险服务	Insurance Service	22.76	25.10	26.40	30.17	32.13	36.87
其他商品和服务	Others	54.57	56.95	66.87	59.67	59.18	64.25
农村居民	**Rural Household**	**515.54**	**645.60**	**727.83**	**819.40**	**865.24**	**934.48**
食品烟酒	Foods,Tobacco&Wine	216.90	242.77	257.40	279.71	296.17	298.89
衣着	Clothing	30.38	38.68	47.33	52.33	57.15	62.53
居住（含自有住房服务）	Residence(Include the Owned Housing Services)	87.15	101.78	110.49	123.29	133.95	146.17
生活用品及服务	Household Facilities,Articles and Services	27.12	33.42	41.10	47.28	46.81	52.44
交通和通信	Transportation and Communications	18.97	57.49	68.08	84.49	91.46	98.04
教育文化娱乐	Recreation,Education and Culture Articles	39.25	45.90	51.10	56.76	58.55	64.00
医疗保健	Health Care and Personal Articles	65.27	89.20	107.73	125.10	126.12	149.18
银行中介服务	Financial Service	13.64	14.53	18.75	21.13	23.94	27.29
保险服务	Insurance Service	9.28	9.77	10.17	11.39	11.97	13.65
其他商品和服务	Others	7.58	12.06	15.68	17.92	19.12	22.30

3-16 历年居民消费水平及指数

Household Consumption Level and Indices

本表绝对数按当年价格计算，指数按不变价格计算。

Level in this table are calculated at current prices, while indices are calculated at constant prices.

年份 year	居民消费水平（元/人） Household Consumption Level (yuan/person)	城镇居民 Urban Household	农村居民 Rural Household	指数（1978年=100） Index (1978=100)	城镇居民 Urban Household	农村居民 Rural Household	指数（上年=100） Index (precceding year=100)	城镇居民 Urban Household	农村居民 Rural Household
1978	168	535	112	100.0	100.0	100.0	112.8	102.2	103.3
1980	208	647	133	115.1	122.0	120.4	111.6	114.7	103.7
1985	323	881	220	171.7	150.2	192.5	105.4	102.6	109.2
1990	590	1608	392	194.3	160.2	227.0	99.4	98.6	99.3
1991	655	1730	440	203.6	170.6	234.3	104.8	106.5	103.2
1992	741	1888	508	218.3	186.8	244.2	107.2	109.5	104.2
1993	837	2241	547	231.4	201.4	251.5	106.0	107.8	103.0
1994	1013	2245	686	248.4	206.9	278.2	107.4	102.7	110.6
1995	1209	2516	817	268.5	208.2	303.5	108.1	100.7	109.1
1996	1623	3510	1049	298.9	233.4	334.2	111.3	112.1	110.1
1997	1737	4010	1036	307.7	259.5	319.4	103.0	111.2	95.6
1998	1747	4088	1017	310.4	267.1	313.9	100.9	102.9	98.3
1999	1819	4365	1018	330.8	319.8	290.0	106.6	119.7	92.4
2000	1947	4736	1064	361.0	356.7	306.0	109.1	111.5	105.5
2001	2099	5148	1123	384.7	385.8	315.9	106.6	108.2	103.3
2002	2301	5743	1139	424.9	433.6	322.7	110.5	112.4	102.2
2003	2592	6160	1295	473.5	460.8	361.7	111.4	106.3	112.1
2004	3016	6923	1497	523.2	492.0	396.7	110.5	106.8	109.7
2005	3453	7410	1812	573.3	512.1	447.2	109.6	104.1	112.7
2006	3810	8190	1883	624.4	559.2	458.4	108.9	109.2	102.5
2007	4298	9150	2048	667.5	593.9	468.9	106.9	106.2	102.3
2008	4947	9975	2480	709.5	599.2	522.4	106.3	100.9	111.4
2009	5509	10765	2774	779.7	641.2	571.5	109.9	107.0	109.4
2010	6234	11881	3126	847.6	677.7	621.7	108.7	105.7	108.8
2011	7493	13574	3977	945.9	719.0	734.3	111.6	106.1	118.1
2012	8542	15048	4563	1057.5	780.9	828.3	111.8	108.6	112.8
2013	9616	16327	5245	1181.2	844.1	938.4	111.7	108.1	113.3
2014	10678	17925	5661	1308.8	925.1	1006.9	110.8	109.6	107.3
2015	11868	19480	6255	1434.4	990.8	1097.5	109.6	107.1	109.0

3-17 各地区生产总值（2015）
Gross Regional Product by Region(2015)

单位：万元 (10 000 yuan)

地区	Region	地区生产总值 Gross Regional Product	第一产业 Primary Industry	第二产业 Secondary Industry	工业 Industry	建筑业 Construction	第三产业 Tertiary Industry	#交通运输、仓储和邮政业 Transport, Storage and Post	#信息传输、软件和信息技术服务业 Information Transmission, Software and Information Technology Services	#批发和零售业 Wholesale and Retail Trades
兰州市	Lanzhou	20959920	562233	7826545	5350400	2515247	12571142	1221829	463278	2022728
嘉峪关市	Jiayuguan	1900442	41754	1083579	989700	95906	775109	82581	50535	141679
金昌市	Jinchang	2245161	179786	1306969	1012000	300672	758406	42748	44692	107057
白银市	Baiyin	4342749	590257	1942477	1444300	501984	1810015	185796	76605	355273
天水市	Tianshui	5537728	974899	1855475	1264800	659340	2707354	272570	190991	580167
武威市	Wuwei	4161873	997860	1525442	974100	571376	1638571	202164	64202	244366
张掖市	Zhangye	3735251	950192	1098379	727000	388218	1686680	224430	59880	245069
平凉市	Pingliang	3476994	942088	969541	570300	399470	1565365	106783	57596	166077
酒泉市	Jiuquan	5447962	785892	2018936	1342299	680260	2643134	444197	43402	460727
庆阳市	Qingyang	6094314	822519	3212595	2923100	391494	2059200	87175	118414	321599
定西市	Dingxi	3049178	769718	664883	362700	302183	1614577	84414	86774	233335
陇南市	Longnan	3151353	703091	729324	453600	275724	1718938	90276	84070	221996
临夏州	Linxia	2114087	361386	448267	255600	192667	1304434	30523	58792	168561
甘南州	Gannan	1265416	270060	207004	172700	34304	788352	21897	26915	62810

3-17 续表 continued

单位：万元 (10 000 yuan)

地区	Region	#住宿和餐饮业 Hotels and Catering Services	#金融业 Financial Intermediation	#房地产业 Real Estate	#科学研究、技术服务和地质勘查业 Scientific Research,Technical Service and Geologic Prospecting	#水利、环境和公共设施管理业 Management of Water Conservancy, Environment and Public Facilities	#教育 Education	#卫生、社会保障和社会福利业 Health,Social Security and Social Welfare	人均生产总值（元） Per Capita GDP (yuan)
兰州市	Lanzhou	556244	1681819	895237	632317	97334	885696	333756	56972
嘉峪关市	Jiayuguan	26890	82145	56746	9383	13536	31978	29012	78336
金昌市	Jinchang	35428	121183	40406	9011	5559	47849	33177	47739
白银市	Baiyin	100994	198188	99896	22511	31918	183495	112057	25410
天水市	Tianshui	135367	200952	213988	41513	17299	276159	95190	16743
武威市	Wuwei	61844	167478	126736	33059	32923	185098	86944	22931
张掖市	Zhangye	110055	168994	113995	17940	45102	139500	62810	30704
平凉市	Pingliang	94922	259473	184094	27681	11573	145920	64907	16595
酒泉市	Jiuquan	155956	257827	257933	56831	80475	144934	160080	48918
庆阳市	Qingyang	175325	222104	130536	21313	16565	277195	61973	27366
定西市	Dingxi	90402	183681	161693	50226	7287	229904	78617	10987
陇南市	Longnan	118403	225768	271279	17193	15764	191033	75515	12172
临夏州	Linxia	101854	143168	102361	9756	9721	128427	38963	10527
甘南州	Gannan	76076	97139	31543	7900	5027	105713	39786	17990

3-18 各地区生产总值构成（2015）

Composition of Gross Regional Product by Region(2015)

单位：%　　(%)

地区	Region	地区生产总值 Gross Regional Product	第一产业 Primary Industry	第二产业 Secondary Industry	工业 Industry	建筑业 Construc-tion	第三产业 Tertiary Industry	#交通运输、仓储和邮政业 Transport, Storage and Post	#批发和零售业 Wholesale and Retail Trades	#住宿和餐饮业 Hotels and Catering Services
兰州市	Lanzhou	100	2.68	37.34	25.53	12.00	59.98	5.83	9.65	2.65
嘉峪关市	Jiayuguan	100	2.20	57.02	52.08	5.05	40.78	4.35	7.46	1.41
金昌市	Jinchang	100	8.01	58.21	45.07	13.39	33.78	1.90	4.77	1.58
白银市	Baiyin	100	13.59	44.73	33.26	11.56	41.68	4.28	8.18	2.33
天水市	Tianshui	100	17.60	33.51	22.84	11.91	48.89	4.92	10.48	2.44
武威市	Wuwei	100	23.98	36.65	23.41	13.73	39.37	4.86	5.87	1.49
张掖市	Zhangye	100	25.44	29.41	19.46	10.39	45.15	6.01	6.56	2.95
平凉市	Pingliang	100	27.10	27.88	16.40	11.49	45.02	3.07	4.78	2.73
酒泉市	Jiuquan	100	14.42	37.06	24.64	12.49	48.52	8.15	8.46	2.86
庆阳市	Qingyang	100	13.50	52.71	47.96	6.42	33.79	1.43	5.28	2.88
定西市	Dingxi	100	25.24	21.81	11.90	9.91	52.95	2.77	7.65	2.96
陇南市	Longnan	100	22.31	23.14	14.39	8.75	54.55	2.86	7.04	3.76
临夏州	Linxia	100	17.10	21.20	12.09	9.11	61.70	1.44	7.97	4.82
甘南州	Gannan	100	21.34	16.36	13.65	2.71	62.30	1.73	4.96	6.01

3-19 各地区生产总值指数（2015）

Indices of Gross Regional Product by Region(2015)

（上年 =100）　　(preceding year=100)

地区	Region	地区生产总值 Gross Regional Product	第一产业 Primary Industry	第二产业 Second-ary Industry	工业 Industry	建筑业 Construc-tion	第三产业 Tertiary Industry	#交通运输、仓储和邮政业 Transport, Storage and Post	#批发和零售业 Wholesale and Retail Trades	#住宿和餐饮业 Hotels and Catering Services	人均生产总值 Per Capita GDP
兰州市	Lanzhou	109.1	105.9	106.8	106.1	108.6	111.2	104.0	102.7	107.0	108.4
嘉峪关市	Jiayuguan	109.0	105.0	105.4	105.2	108.6	119.1	100.2	86.6	110.7	106.8
金昌市	Jinchang	103.2	105.2	102.0	101.3	109.9	108.5	105.1	107.7	106.8	103.0
白银市	Baiyin	106.8	105.3	106.0	105.3	109.9	108.7	102.7	106.4	107.7	106.8
天水市	Tianshui	109.2	106.1	110.0	110.0	109.9	109.6	99.4	108.3	108.3	108.8
武威市	Wuwei	108.7	106.0	106.7	105.8	109.1	111.3	103.0	108.4	107.3	108.4
张掖市	Zhangye	107.5	105.7	106.1	105.2	108.6	109.5	103.6	110.3	113.0	107.0
平凉市	Pingliang	107.6	105.8	105.7	104.8	109.4	111.3	105.3	105.5	107.5	107.3
酒泉市	Jiuquan	105.3	105.5	104.3	103.1	109.4	106.3	102.3	104.4	108.6	105.0
庆阳市	Qingyang	109.0	105.6	109.7	109.8	109.1	108.9	105.3	106.7	106.2	108.8
定西市	Dingxi	108.7	105.5	109.5	109.5	109.4	109.7	101.0	107.4	108.7	108.5
陇南市	Longnan	109.5	106.0	109.9	109.9	109.9	110.8	105.6	105.3	108.7	109.2
临夏州	Linxia	109.0	105.8	111.1	112.4	108.6	108.9	105.0	109.4	108.8	108.4
甘南州	Gannan	107.5	105.4	102.2	101.4	109.1	110.4	105.3	105.3	106.6	106.9

3-20 各地县生产总值（2015）
Gross Regional Product by Region, County (2015)

单位：万元 (10 000 yuan)

地区	Region	地区生产总值 Gross Regional Product	第一产业 Primary Industry	第二产业 Secondary Industry	工业 Industry	建筑业 Construction
兰州市	**Lanzhou**	**20959920**	**562233**	**7826545**	**5350400**	**2515247**
城关区	Chengguan	7751932	17420	1150601	517000	639800
七里河区	Qilihe	4035952	49787	1799725	1422203	388500
西固区	Xigu	2978095	42573	1663600	1332900	330700
安宁区	Anning	1551518	3039	754768	544300	213800
红古区	Honggu	1097971	92820	668314	575800	104700
永登县	Yongdeng	965626	105273	354530	261964	92700
皋兰县	Gaolan	452003	61145	216043	168478	47600
榆中县	Yuzhong	881611	151842	272779	184000	89200
嘉峪关市	**Jiayuguan**	**1900442**	**41754**	**1083579**	**989700**	**95906**
金昌市	**Jinchang**	**2245161**	**179786**	**1306969**	**1012000**	**300672**
金川区	Jinchuan	1607042	38337	1114743	862600	256672
永昌县	Yongchang	638121	141449	192226	149400	44000
白银市	**Baiyin**	**4342749**	**590257**	**1942477**	**1444300**	**501984**
白银区	Baiyin	1917940	56214	980684	851267	130306
平川区	Pingchuan	722865	28272	525210	381725	143485
靖远县	Jingyuan	633857	221647	157297	38690	118607
会宁县	Huining	570721	174706	133953	60177	73804
景泰县	Jingtai	503726	109418	145342	112449	35782
天水市	**Tianshui**	**5537728**	**974899**	**1855475**	**1264800**	**659340**
秦州区	Qinzhou	1663734	126006	607242	373031	244251
麦积区	Maiji	1621401	126340	770625	659955	114665
清水县	Qingshui	387686	113550	50956	18733	32714
秦安县	Qinan	526009	169265	114103	52600	65949
甘谷县	Gangu	588279	169439	185241	75398	114055
武山县	Wushan	512145	196912	92995	39649	55947
张家川县	Zhangjiachuan	249793	64210	26169	24085	15907
武威市	**Wuwei**	**4161873**	**997860**	**1525442**	**974100**	**571376**
凉州区	Liangzhou	2611580	571934	982754	558000	435300
民勤县	Minqin	695614	237073	219468	153900	68800
古浪县	Gulang	408505	124772	116320	73800	44070
天祝县	Tianzhu	446583	64079	206900	188400	23210
张掖市	**Zhangye**	**3735251**	**950192**	**1098379**	**727000**	**388218**

3-20 续表 1 continued

单位：万元 (10 000 yuan)

地区	Region	地区生产总值 Gross Regional Product	第一产业 Primary Industry	第二产业 Secondary Industry	工业 Industry	建筑业 Construction
甘州区	Ganzhou	1567485	355876	379341	216890	177342
肃南县	Sunan	288053	47321	168270	151632	16818
民乐县	Minle	457991	147394	141509	110306	31203
临泽县	Linze	467126	134872	134396	85755	48641
高台县	Gaotai	524113	168127	161524	112054	50285
山丹县	Shandan	430009	96602	113895	50478	63929
平凉市	**Pingliang**	**3476994**	**942088**	**969541**	**570300**	**399470**
崆峒区	Kongtong	1200136	171543	298806	162026	136780
泾川县	Jingchuan	474368	196418	96885	26042	70850
灵台县	Lingtai	291379	124338	54555	11759	42800
崇信县	Chongxin	254257	65524	110690	97969	12821
华亭县	Huating	402890	77922	179629	155801	23920
庄浪县	Zhuanglang	360861	142521	58173	12633	45550
静宁县	Jingning	451515	163822	111012	44103	66930
酒泉市	**Jiuquan**	**5447962**	**785892**	**2018936**	**1342299**	**680260**
肃州区	Suzhou	1609850	251833	445798	261267	184920
金塔县	Jinta	696349	182694	175934	109084	66850
瓜州县	Guazhou	679066	99166	333275	141638	191950
肃北县	Subei	202310	5041	128308	119730	10650
阿克塞县	Akesai	148538	5478	96255	89125	7130
玉门市	Yumen	1095639	105672	547133	441557	109110
敦煌市	Dunhuang	1021740	136008	289205	179905	109650
庆阳市	**Qingyang**	**6094314**	**822519**	**3212595**	**2923100**	**391494**
西峰区	Xifeng	1547638	102014	643805	556760	172111
庆城县	Qingcheng	882445	94014	586420	578452	58304
环　县	Huanxian	770790	90027	437148	433411	7157
华池县	Huachi	833399	54549	664972	626551	38622
合水县	Heshui	533688	76986	344451	344096	355
正宁县	Zhengning	258945	91391	18059	12173	5886
宁　县	Ningxian	634830	151092	225355	120252	106458
镇原县	Zhenyuan	635701	162445	251444	251361	2607
定西市	**Dingxi**	**3049178**	**769718**	**664883**	**362700**	**302183**
安定区	Anding	702111	130977	197527	131303	66224
通渭县	Tongwei	368308	109662	43985	16850	27135

3-20 续表 2 continued

单位：万元 (10 000 yuan)

地区	Region	地区生产总值 Gross Regional Product	第一产业 Primary Industry	第二产业 Secondary Industry	工业 Industry	建筑业 Construction
陇西县	Longxi	574385	139970	104576	55828	48748
渭源县	Weiyuan	276219	95332	34664	14243	20421
临洮县	Lintao	589067	141991	166958	76043	90915
漳　县	Zhangxian	207979	57737	39531	26816	12715
岷　县	Minxian	331109	94049	77642	41617	36025
陇南市	**Longnan**	**3151353**	**703091**	**729324**	**453600**	**275724**
武都区	Wudu	935523	163213	134088	37240	96848
成　县	Chengxian	511262	92819	176052	114562	61490
文　县	Wenxian	235775	53015	63411	51872	11539
宕昌县	Tanchang	211569	52407	42402	24213	18189
康　县	Kangxian	192207	45906	55653	51231	4422
西和县	Xihe	304263	65426	69611	56271	13340
礼　县	Lixian	309540	94613	62374	48458	13916
徽　县	Huixian	420629	113539	118635	64259	54376
两当县	Liangdang	66060	22151	7083	5479	1604
临夏州	**Linxia**	**2114087**	**361386**	**448267**	**255600**	**192667**
临夏市	Linxia	614251	33106	103856	54422	49434
临夏县	Linxia	326288	72551	49645	22197	27448
康乐县	Kangle	187520	48310	20852	6606	14246
永靖县	Yongjing	356181	59429	168385	119346	49039
广河县	Guanghe	178721	31168	32640	21842	10798
和政县	Hezheng	149876	39274	32220	13726	18494
东乡县	Dongxiang	162743	42392	31028	10378	20650
积石山县	Jishishan	133132	35155	7082	7082	
甘南州	**Gannan**	**1265416**	**270060**	**207004**	**172700**	**34304**
合作市	Hezuo	334245	19901	57395	46957	10438
临潭县	Lintan	169235	31129	18678	14616	4062
卓尼县	Zhuoni	141786	39522	22234	21717	517
舟曲县	Zhouqu	142611	36641	22519	18528	3991
迭部县	Diebu	104699	24700	21957	11336	10621
玛曲县	Maqu	134564	46826	23610	23198	412
碌曲县	Luqu	91138	26416	24700	20698	4002
夏河县	Xiahe	151397	44923	15869	15608	261

3-20 续表 3 continued

单位：万元 (10 000 yuan)

地区	Region	第三产业 Tertiary Industry	# 交通运输、仓储和邮政业 Transport,Storage and Post	# 批发和零售业 Wholesale and Retail Trades	# 住宿和餐饮业 Hotels and Catering Services	人均生产总值（元） Per Capita GDP (yuan)
兰州市	**Lanzhou**	**12571142**	**1221829**	**2022728**	**556244**	**56972**
城关区	Chengguan	6583912	412971	1186057	302451	59562
七里河区	Qilihe	2186440	297565	326804	75892	70893
西固区	Xigu	1271922	164585	286087	60284	81059
安宁区	Anning	793711	3320	89244	26765	55087
红古区	Honggu	336837	84478	34670	20882	78708
永登县	Yongdeng	505823	184639	53774	20862	28038
皋兰县	Gaolan	174815	40835	19979	7229	43254
榆中县	Yuzhong	456990	41400	74712	26278	19932
嘉峪关市	**Jiayuguan**	**775109**	**82581**	**141679**	**26890**	**78336**
金昌市	**Jinchang**	**758406**	**42748**	**107057**	**35428**	**47739**
金川区	Jinchuan	453962	20263	71419	22034	69046
永昌县	Yongchang	304446	22485	35639	13394	26863
白银市	**Baiyin**	**1810015**	**185796**	**355273**	**100994**	**25410**
白银区	Baiyin	881042	74471	165773	40989	63974
平川区	Pingchuan	169383	8868	28291	7763	37165
靖远县	Jingyuan	254913	35623	59754	24701	13957
会宁县	Huining	262062	25205	41622	11668	10626
景泰县	Jingtai	248966	42640	60154	16194	22538
天水市	**Tianshui**	**2707354**	**272570**	**580167**	**135367**	**16743**
秦州区	Qinzhou	930486	46807	205046	58821	25404
麦积区	Maiji	724436	80336	181082	43113	28804
清水县	Qingshui	223180	35608	37413	7123	14258
秦安县	Qinan	242641	34577	59203	8876	10052
甘谷县	Gangu	233599	32177	64982	18404	10388
武山县	Wushan	222238	44448	38847	12989	11740
张家川县	Zhangjiachuan	159414	19492	18925	3743	8560
武威市	**Wuwei**	**1638571**	**202164**	**244366**	**61844**	**22931**
凉州区	Liangzhou	1056892	334362	131404	22634	25852
民勤县	Minqin	239073	20111	37241	10239	28846
古浪县	Gulang	167413	19519	14453	4147	10523
天祝县	Tianzhu	175604	13633	37525	15207	25446
张掖市	**Zhangye**	**1686680**	**224430**	**245069**	**110055**	**30704**

3-20 续表 4 continued

单位：万元 (10 000 yuan)

地区	Region	第三产业 Tertiary Industry	#交通运输、仓储和邮政业 Transport,Storage and Post	#批发和零售业 Wholesale and Retail Trades	#住宿和餐饮业 Hotels and Catering Services	人均生产总值（元） Per Capita GDP (yuan)
甘州区	Ganzhou	832268	114582	148038	52088	30537
肃南县	Sunan	72462	4215	10538	4466	83615
民乐县	Minle	169088	13121	20841	7425	20584
临泽县	Linze	197858	34891	20237	11326	34348
高台县	Gaotai	194462	25514	21473	14583	36120
山丹县	Shandan	219512	38420	23074	15788	26006
平凉市	**Pingliang**	**1565365**	**106783**	**166077**	**94922**	**16595**
崆峒区	Kongtong	729787	40954	77531	45843	23067
泾川县	Jingchuan	181065	13918	16041	11397	16683
灵台县	Lingtai	112486	8747	8753	4437	15901
崇信县	Chongxin	78043	5177	5653	3741	24637
华亭县	Huating	145339	10970	14042	6170	20613
庄浪县	Zhuanglang	160167	10699	17831	7810	9406
静宁县	Jingning	176681	12833	23261	11964	10625
酒泉市	**Jiuquan**	**2643134**	**444197**	**460727**	**155956**	**48918**
肃州区	Suzhou	912219	166304	145721	56759	36792
金塔县	Jinta	337721	59227	62504	11347	46798
瓜州县	Guazhou	246625	60814	47971	15439	45698
肃北县	Subei	68961	28645	8216	2046	133538
阿克塞县	Akesai	46805	9788	5130	1475	141465
玉门市	Yumen	442834	33085	55525	17162	66645
敦煌市	Dunhuang	596527	104595	128943	55622	71601
庆阳市	**Qingyang**	**2059200**	**87175**	**321599**	**175325**	**27366**
西峰区	Xifeng	801819	41149	121228	73598	40456
庆城县	Qingcheng	202011	9839	22781	12324	33451
环 县	Huanxian	243615	4775	35031	16315	25140
华池县	Huachi	113878	4345	12154	8521	67482
合水县	Heshui	112251	2306	15498	9096	36072
正宁县	Zhengning	149495	6500	20074	10051	14236
宁 县	Ningxian	258383	16626	50042	24356	15774
镇原县	Zhenyuan	221812	3915	33155	17083	15199
定西市	**Dingxi**	**1614577**	**84414**	**233335**	**90402**	**10987**
安定区	Anding	373607	18745	29776	16469	16524
通渭县	Tongwei	214661	11022	33097	17570	9138

3-20 续表 5 continued

单位：万元 (10 000 yuan)

地区	Region	第三产业 Tertiary Industry	# 交通运输、仓储和邮政业 Transport,Storage and Post	# 批发和零售业 Wholesale and Retail Trades	# 住宿和餐饮业 Hotels and Catering Services	人均生产总值（元） Per Capita GDP (yuan)
陇西县	Longxi	329839	25588	72211	17936	12545
渭源县	Weiyuan	146223	15976	24970	7866	8445
临洮县	Lintao	280118	11427	48734	18851	11500
漳　县	Zhangxian	110711	3851	13222	3346	10638
岷　县	Minxian	159418	5720	18356	8603	7282
陇南市	**Longnan**	**1718938**	**90276**	**221996**	**118403**	**12172**
武都区	Wudu	638222	43957	97333	40519	16630
成　县	Chengxian	242391	14320	34437	21441	20876
文　县	Wenxian	119349	3185	11076	6443	10803
宕昌县	Tanchang	116760	2954	17855	6773	7696
康　县	Kangxian	90648	3510	9638	5286	10678
西和县	Xihe	169226	7548	11674	8367	7629
礼　县	Lixian	152553	4105	18192	10991	6681
徽　县	Huixian	188455	11447	19857	16702	20828
两当县	Liangdang	36826	821	2297	1787	14862
临夏州	**Linxia**	**1304434**	**30523**	**168561**	**101854**	**10527**
临夏市	Linxia	477289	9586	69773	49689	21828
临夏县	Linxia	204092	4659	18570	5825	9717
康乐县	Kangle	118358	3517	11379	9962	7794
永靖县	Yongjing	128367	4329	20287	16942	19421
广河县	Guanghe	114913	2185	20542	7643	7535
和政县	Hezheng	78382	2143	11816	3889	7851
东乡县	Dongxiang	89323	2467	1946	2699	5430
积石山县	Jishishan	90895	2105	15009	4827	5495
甘南州	**Gannan**	**788352**	**21897**	**62810**	**76076**	**17990**
合作市	Hezuo	256949	4877	16868	20216	35863
临潭县	Lintan	119428	5226	11651	10754	12228
卓尼县	Zhuoni	80030	1614	7502	8012	13686
舟曲县	Zhouqu	83451	3928	7964	5754	10779
迭部县	Diebu	58042	1262	5148	8310	19755
玛曲县	Maqu	64128	478	5454	7761	23649
碌曲县	Luqu	40022	618	3876	2606	24565
夏河县	Xiahe	90605	4189	8125	14110	17030

3-21 各地县生产总值指数（2015）

Indices of Gross Regional Product by Region, County(2015)

（上年 =100）　　(preceding year=100)

地区	Region	地区生产总值 Gross Regional Product	第一产业 Primary Industry	第二产业 Secondary Industry	工业 Industry	建筑业 Construction
兰州市	**Lanzhou**	**109.1**	**105.9**	**106.8**	**106.1**	**108.6**
城关区	Chengguan	109.6	103.7	106.9	105.8	108.4
七里河区	Qilihe	108.4	105.9	106.2	105.4	108.8
西固区	Xigu	105.5	105.8	103.0	102.1	108.3
安宁区	Anning	107.9	96.5	105.4	104.6	108.6
红古区	Honggu	112.1	106.3	112.9	113.4	108.3
永登县	Yongdeng	108.7	106.3	106.0	105.5	108.6
皋兰县	Gaolan	113.7	105.7	113.9	114.9	108.7
榆中县	Yuzhong	104.8	106.2	98.1	96.3	109.0
嘉峪关市	**Jiayuguan**	**109.0**	**105.0**	**105.4**	**105.2**	**108.6**
金昌市	**Jinchang**	**103.2**	**105.2**	**102.0**	**101.3**	**109.9**
金川区	Jinchuan	103.8	105.1	102.7	102.5	103.7
永昌县	Yongchang	100.8	105.5	94.3	92.7	110.7
白银市	**Baiyin**	**106.8**	**105.3**	**106.0**	**105.3**	**109.9**
白银区	Baiyin	107.1	104.7	106.6	105.9	109.9
平川区	Pingchuan	105.3	105.6	105.2	104.3	109.4
靖远县	Jingyuan	107.7	105.5	108.8	107.3	110.4
会宁县	Huining	107.5	105.8	107.3	105.6	110.1
景泰县	Jingtai	105.8	105.0	105.0	104.5	109.1
天水市	**Tianshui**	**109.2**	**106.1**	**110.0**	**110.0**	**109.9**
秦州区	Qinzhou	109.9	106.5	111.3	113.0	108.3
麦积区	Maiji	109.5	106.2	110.0	109.9	110.3
清水县	Qingshui	108.2	106.2	114.5	116.1	111.7
秦安县	Qinan	108.2	105.7	109.4	108.1	110.8
甘谷县	Gangu	108.0	105.3	109.9	107.2	112.0
武山县	Wushan	108.0	106.6	108.0	107.5	108.7
张家川县	Zhangjiachuan	109.4	105.5	110.0	109.1	111.8
武威市	**Wuwei**	**108.7**	**106.0**	**106.7**	**105.8**	**109.1**
凉州区	Liangzhou	108.2	106.0	107.0	104.8	112.8
民勤县	Minqin	108.9	105.9	107.7	107.1	109.0
古浪县	Gulang	107.4	105.9	104.9	105.9	102.5
天祝县	Tianzhu	108.3	106.1	106.5	110.1	94.8
张掖市	**Zhangye**	**107.5**	**105.7**	**106.1**	**105.2**	**108.6**

3-21 续表 1 continued

（上年 =100） (preceding year=100)

地区	Region	地区生产总值 Gross Regional Product	第一产业 Primary Industry	第二产业 Secondary Industry	工业 Industry	建筑业 Construction
甘州区	Ganzhou	107.8	105.7	106.8	105.7	108.9
肃南县	Sunan	105.5	106.0	104.3	103.8	110.9
民乐县	Minle	107.3	106.2	106.0	105.6	108.1
临泽县	Linze	107.5	105.9	106.3	105.6	108.7
高台县	Gaotai	107.9	106.1	108.1	108.2	107.8
山丹县	Shandan	107.0	105.8	103.8	102.1	108.3
平凉市	**Pingliang**	**107.6**	**105.8**	**105.7**	**104.8**	**109.4**
崆峒区	Kongtong	109.2	106.1	106.2	104.4	109.5
泾川县	Jingchuan	108.8	106.1	109.9	105.7	109.8
灵台县	Lingtai	108.2	105.6	107.5	106.1	109.4
崇信县	Chongxin	105.6	105.1	103.7	103.4	109.3
华亭县	Huating	104.3	105.6	102.8	102.6	109.2
庄浪县	Zhuanglang	108.0	106.2	106.1	104.0	109.7
静宁县	Jingning	108.2	106.1	107.0	105.6	109.6
酒泉市	**Jiuquan**	**105.3**	**105.5**	**104.3**	**103.1**	**109.4**
肃州区	Suzhou	106.2	106.4	105.3	104.5	110.1
金塔县	Jinta	105.4	106.3	104.9	103.5	108.1
瓜州县	Guazhou	104.8	104.0	105.4	102.2	109.4
肃北县	Subei	102.7	110.8	102.2	102.1	107.2
阿克塞县	Akesai	105.7	104.9	106.2	106.1	107.5
玉门市	Yumen	102.7	105.6	103.2	102.5	108.5
敦煌市	Dunhuang	106.4	106.3	106.5	104.4	110.5
庆阳市	**Qingyang**	**109.0**	**105.6**	**109.7**	**109.8**	**109.1**
西峰区	Xifeng	103.8	105.6	99.9	98.6	106.5
庆城县	Qingcheng	108.0	105.1	107.4	108.2	98.0
环 县	Huanxian	109.8	105.4	109.7	110.7	78.2
华池县	Huachi	108.2	105.9	108.1	108.3	103.6
合水县	Heshui	110.9	105.5	114.5	114.7	42.3
正宁县	Zhengning	109.0	105.3	103.2	106.9	94.0
宁 县	Ningxian	110.8	105.6	115.7	109.7	131.0
镇原县	Zhenyuan	109.8	105.7	115.4	115.3	123.4
定西市	**Dingxi**	**108.7**	**105.5**	**109.5**	**109.5**	**109.4**
安定区	Anding	109.1	105.9	109.9	110.2	109.4
通渭县	Tongwei	109.2	105.5	108.2	106.3	109.7

3-21 续表 2 continued

（上年 =100） (preceding year=100)

地区	Region	地区生产总值 Gross Regional Product	第一产业 Primary Industry	第二产业 Secondary Industry	工业 Industry	建筑业 Construction
陇西县	Longxi	108.5	105.6	108.6	108.5	109.2
渭源县	Weiyuan	108.7	105.4	109.4	109.1	109.7
临洮县	Lintao	108.9	105.0	110.9	112.2	109.2
漳 县	Zhangxian	112.2	106.0	107.8	106.8	110.0
岷 县	Minxian	108.7	106.1	110.1	110.6	109.4
陇南市	**Longnan**	**109.5**	**106.0**	**109.9**	**109.9**	**109.9**
武都区	Wudu	109.6	106.8	106.9	102.0	109.8
成 县	Chengxian	109.5	105.7	108.9	108.5	109.9
文 县	Wenxian	110.3	106.5	113.7	114.3	110.1
宕昌县	Tanchang	108.9	106.0	111.9	113.3	110.0
康 县	Kangxian	109.2	106.6	109.5	109.4	110.5
西和县	Xihe	109.1	106.2	106.8	106.4	109.4
礼 县	Lixian	109.8	106.3	113.7	115.0	109.6
徽 县	Huixian	108.5	105.6	107.3	105.9	110.2
两当县	Liangdang	106.5	105.3	98.7	96.5	110.4
临夏州	**Linxia**	**109.0**	**105.8**	**111.1**	**112.4**	**108.6**
临夏市	Linxia	111.1	106.4	109.6	118.1	97.4
临夏县	Linxia	107.2	106.7	114.4	118.2	109.7
康乐县	Kangle	107.3	106.3	110.3	112.4	108.4
永靖县	Yongjing	106.7	105.8	104.9	102.1	114.3
广河县	Guanghe	109.4	105.7	117.1	115.9	122.1
和政县	Hezheng	111.0	105.4	126.1	142.3	106.4
东乡县	Dongxiang	109.7	105.5	112.8	116.1	109.4
积石山县	Jishishan	104.2	106.0	115.2	115.2	
甘南州	**Gannan**	**107.5**	**105.4**	**102.2**	**101.4**	**109.1**
合作市	Hezuo	109.0	105.2	96.3	93.6	112.9
临潭县	Lintan	105.8	105.6	97.6	95.4	111.2
卓尼县	Zhuoni	104.6	105.5	96.5	96.4	103.9
舟曲县	Zhouqu	108.0	105.6	108.1	107.0	113.9
迭部县	Diebu	105.0	106.2	97.1	92.3	105.5
玛曲县	Maqu	107.0	105.0	99.6	99.4	116.1
碌曲县	Luqu	108.2	105.2	102.2	101.8	105.4
夏河县	Xiahe	107.7	105.1	109.3	109.4	102.9

3-21 续表 3 continued

（上年 =100） (preceding year=100)

地区	Region	第三产业 Tertiary Industry	#交通运输、仓储和邮政业 Transport,Storage and Post	#批发和零售业 Wholesale and Retail Trades	#住宿和餐饮业 Hotels and Catering Services	人均生产总值 Per Capita GDP
兰州市	**Lanzhou**	**111.2**	**104.0**	**102.7**	**107.0**	**108.4**
城关区	Chengguan	110.2	106.5	104.1	106.3	109.2
七里河区	Qilihe	110.5	98.7	102.7	106.5	108.6
西固区	Xigu	110.1	103.7	106.2	107.2	105.5
安宁区	Anning	111.0	111.5	104.1	110.5	107.5
红古区	Honggu	111.1	106.9	110.3	108.0	111.4
永登县	Yongdeng	112.8	105.6	108.6	109.2	107.8
皋兰县	Gaolan	116.0	116.5	109.6	108.1	111.6
榆中县	Yuzhong	113.2	107.1	117.9	111.0	104.3
嘉峪关市	**Jiayuguan**	**119.1**	**100.2**	**86.6**	**110.7**	**106.8**
金昌市	**Jinchang**	**108.5**	**105.1**	**107.7**	**106.8**	**103.0**
金川区	Jinchuan	108.4	104.8	107.2	106.6	103.8
永昌县	Yongchang	108.2	105.2	108.8	106.9	100.8
白银市	**Baiyin**	**108.7**	**102.7**	**106.4**	**107.7**	**106.8**
白银区	Baiyin	108.3	98.4	106.6	108.1	106.9
平川区	Pingchuan	106.0	102.6	105.9	106.5	105.0
靖远县	Jingyuan	108.8	104.4	107.1	109.1	107.8
会宁县	Huining	108.9	105.4	106.3	105.9	107.8
景泰县	Jingtai	107.1	101.7	107.1	107.4	105.8
天水市	**Tianshui**	**109.6**	**99.4**	**108.3**	**108.3**	**108.8**
秦州区	Qinzhou	109.3	108.5	109.7	108.9	109.6
麦积区	Maiji	109.8	99.9	107.6	109.7	109.2
清水县	Qingshui	106.6	106.2	109.1	107.3	108.0
秦安县	Qinan	109.2	113.0	110.8	107.9	107.8
甘谷县	Gangu	107.9	105.2	108.5	105.4	107.7
武山县	Wushan	109.1	93.9	114.4	128.9	107.7
张家川县	Zhangjiachuan	110.6	112.8	111.3	109.5	109.1
武威市	**Wuwei**	**111.3**	**103.0**	**108.4**	**107.3**	**108.4**
凉州区	Liangzhou	111.2	111.0	107.2	108.1	107.9
民勤县	Minqin	113.7	117.3	112.8	114.5	108.9
古浪县	Gulang	111.6	102.7	109.8	102.9	107.9
天祝县	Tianzhu	111.9	110.7	110.9	107.0	107.6
张掖市	**Zhangye**	**109.5**	**103.6**	**110.3**	**113.0**	**107.0**

3–21 续表 4 continued

（上年 =100） (preceding year=100)

地区	Region	第三产业 Tertiary Industry	#交通运输、仓储和邮政业 Transport,Storage and Post	#批发和零售业 Wholesale and Retail Trades	#住宿和餐饮业 Hotels and Catering Services	人均生产总值 Per Capita GDP
甘州区	Ganzhou	109.2	102.5	105.4	115.0	107.6
肃南县	Sunan	109.0	105.2	111.9	101.8	105.0
民乐县	Minle	109.8	105.3	106.3	108.9	106.9
临泽县	Linze	109.7	104.4	106.7	107.4	107.2
高台县	Gaotai	109.4	101.2	107.2	104.5	107.7
山丹县	Shandan	110.8	101.8	107.5	111.9	105.6
平凉市	**Pingliang**	**111.3**	**105.3**	**105.5**	**107.5**	**107.3**
崆峒区	Kongtong	111.4	105.3	105.7	109.1	108.7
泾川县	Jingchuan	110.8	105.4	96.5	104.4	108.5
灵台县	Lingtai	111.7	105.5	108.9	107.0	108.0
崇信县	Chongxin	111.5	105.3	117.9	116.8	105.2
华亭县	Huating	110.7	105.4	105.0	97.7	103.9
庄浪县	Zhuanglang	111.0	105.6	107.5	104.3	107.8
静宁县	Jingning	111.3	106.1	105.2	105.3	108.0
酒泉市	**Jiuquan**	**106.3**	**102.3**	**104.4**	**108.6**	**105.0**
肃州区	Suzhou	107.2	106.2	103.7	109.0	105.8
金塔县	Jinta	105.3	111.3	117.2	110.8	105.3
瓜州县	Guazhou	104.0	102.3	107.2	108.1	104.3
肃北县	Subei	105.0	113.9	96.6	107.0	102.8
阿克塞县	Akesai	104.7	110.3	90.4	107.8	105.2
玉门市	Yumen	101.1	104.9	83.9	104.6	102.1
敦煌市	Dunhuang	106.4	108.0	103.4	116.8	106.4
庆阳市	**Qingyang**	**108.9**	**105.3**	**106.7**	**106.2**	**108.8**
西峰区	Xifeng	108.8	105.5	105.6	107.6	103.7
庆城县	Qingcheng	111.4	105.2	109.1	109.4	107.7
环　县	Huanxian	111.3	105.2	108.4	105.5	109.7
华池县	Huachi	111.0	105.2	105.5	102.9	107.8
合水县	Heshui	105.5	100.5	106.2	105.3	110.7
正宁县	Zhengning	112.7	105.9	111.1	102.8	108.8
宁　县	Ningxian	107.9	105.2	109.4	106.7	110.6
镇原县	Zhenyuan	107.1	105.2	111.4	106.8	109.6
定西市	**Dingxi**	**109.7**	**101.0**	**107.4**	**108.7**	**108.5**
安定区	Anding	109.6	97.7	105.5	109.1	108.9
通渭县	Tongwei	111.2	105.2	112.0	110.7	109.0

3–21 续表 5 continued

（上年 =100） (preceding year=100)

地区	Region	第三产业 Tertiary Industry	#交通运输、仓储和邮政业 Transport,Storage and Post	#批发和零售业 Wholesale and Retail Trades	#住宿和餐饮业 Hotels and Catering Services	人均生产总值 Per Capita GDP
陇西县	Longxi	109.5	94.6	106.3	105.5	108.4
渭源县	Weiyuan	110.7	105.4	114.5	110.0	108.5
临洮县	Lintao	109.5	105.2	111.7	110.4	108.8
漳　县	Zhangxian	117.1	105.3	112.3	110.7	112.0
岷　县	Minxian	109.4	105.4	111.3	108.6	108.6
陇南市	**Longnan**	**110.8**	**105.6**	**105.3**	**108.7**	**109.2**
武都区	Wudu	110.8	106.3	102.1	107.9	109.7
成　县	Chengxian	111.7	106.2	109.8	109.8	109.8
文　县	Wenxian	110.3	106.6	107.9	107.8	109.0
宕昌县	Tanchang	109.0	106.3	110.2	109.2	108.1
康　县	Kangxian	110.3	106.1	108.2	107.5	109.4
西和县	Xihe	111.4	106.1	106.8	112.1	109.2
礼　县	Lixian	110.3	106.3	107.7	108.2	108.8
徽　县	Huixian	111.6	106.5	102.0	107.9	108.5
两当县	Liangdang	109.5	106.2	105.8	108.9	107.7
临夏州	**Linxia**	**108.9**	**105.0**	**109.4**	**108.8**	**108.4**
临夏市	Linxia	111.9	109.9	109.7	108.5	110.6
临夏县	Linxia	105.3	109.2	109.0	108.7	106.6
康乐县	Kangle	107.1	108.9	109.6	108.2	106.7
永靖县	Yongjing	110.0	108.0	109.9	109.0	106.3
广河县	Guanghe	107.3	109.4	109.4	108.6	108.6
和政县	Hezheng	105.9	109.8	110.2	110.3	110.4
东乡县	Dongxiang	110.7	110.0	108.7	114.7	108.2
积石山县	Jishishan	101.4	109.4	109.1	107.2	103.6
甘南州	**Gannan**	**110.4**	**105.3**	**105.3**	**106.6**	**106.9**
合作市	Hezuo	113.2	105.7	109.2	110.4	108.7
临潭县	Lintan	108.0	105.2	97.6	117.5	105.2
卓尼县	Zhuoni	107.9	105.2	99.0	99.2	104.1
舟曲县	Zhouqu	109.0	105.2	108.1	102.2	107.5
迭部县	Diebu	108.7	105.2	101.0	105.7	104.1
玛曲县	Maqu	113.5	105.2	107.7	108.0	106.4
碌曲县	Luqu	116.5	105.2	105.2	116.1	107.2
夏河县	Xiahe	108.2	105.2	102.4	109.5	107.2

主要指标解释

国内生产总值(GDP) 指按市场价格计算的一个国家(或地区)所有常住单位在一定时期内生产活动的最终成果。国内生产总值有三种表现形态，即价值形态、收入形态和产品形态。从价值形态看，它是所有常住单位在一定时期内生产的全部货物和服务价值超过同期投入的全部非固定资产货物和服务价值的差额，即所有常住单位的增加值之和；从收入形态看，它是所有常住单位在一定时期内创造并分配给常住单位和非常住单位的初次收入之和；从产品形态看，它是所有常住单位在一定时期内最终使用的货物和服务价值减去货物和服务进口价值。在实际核算中，国内生产总值有三种计算方法，即生产法、收入法和支出法。三种方法分别从不同的方面反映国内生产总值及其构成。

对于一个地区来说，称为地区生产总值或地区 GDP。

三次产业 三产业的划分是世界上较为常用的产业结构分类，但各国的划分不尽一致。根据《国民经济行业分类》(GB/T 4754—2011)，我国的三次产业划分是：第一产业是指农、林、牧、渔业(不含农、林、牧、渔服务业)。第二产业是指采矿业(不含开采辅助活动)，制造业(不含金属制品、机械和设备修理业)，电力、热力、燃气及水生产和供应业，建筑业。第三产业即服务业，是指除第一产业、第二产业以外的其他行业。

劳动者报酬 指劳动者因从事生产活动所获得的全部报酬。包括劳动者获得的各种形式的工资、奖金和津贴，既包括货币形式的，也包括实物形式的，还包括劳动者所享受的公费医疗和医药卫生费、上下班交通补贴、单位支付的社会保险费、住房公积金等。

生产税净额 指生产税减生产补贴后的余额。生产税指政府对生产单位从事生产、销售和经营活动以及因从事生产活动使用某些生产要素(如固定资产、土地、劳动力)所征收的各种税、附加费和规费。生产补贴与生产税相反，指政府对生产单位的单方面转移支出，因此视为负生产税，包括政策亏损补贴、价格补贴等。

固定资产折旧 指一定时期内为弥补固定资产损耗按照规定的固定资产折旧率提取的固定资产折旧，或按国民经济核算统一规定的折旧率虚拟计算的固定资产折旧。它反映了固定资产在当期生产中的转移价值。各类企业和企业化管理的事业单位的固定资产折旧是指实际计提的折旧费；不计提折旧的政府机关、非企业化管理的事业单位和居民住房的固定资产折旧是按照统一规定的折旧率和固定资产原值计算的虚拟折旧。原则上，固定资产折旧应按固定资产的重置价值计算，但是目前我国尚不具备对全社会固定资产进行重估价的基础，所以暂时只能采用上述办法。

营业盈余 指常住单位创造的增加值扣除劳动者报酬、生产税净额和固定资产折旧后的余额。它相当于企业的营业利润加上生产补贴，但要扣除从利润中开支的工资和福利等。

支出法国内生产总值 是从最终使用的角度反映一个国家(或地区)一定时期内生产活动最终成果的一种方法，包括最终消费支出、资本形成总额及货物和服务净出口三部分。计算公式为：

支出法国内生产总值 = 最终消费支出 + 资本形成总额 + 货物和服务净出口

最终消费支出 指常住单位为满足物质、文化和精神生活的需要，从本国经济领土和国外购买的货物和服务的支出。它不包括非常住单位在本国经济领土内的消费支出。最终消费支出分为居民消费支出和政府消费支出。

资本形成总额 指常住单位在一定时期内获得减去处置的固定资产和存货的净额，包括固定资本形成总额和存货变动两部分。

固定资本形成总额 指常住单位在一定时期内获得的固定资产减处置的固定资产的价值总额。固定资产是通过生产活动生产出来的，且其使用年限在一年以上、单位价值在规定标准以上的资产，不包括自然资产。可分为有形固定资本形成总额和无形固定资本形成总额。有形固定资本形成总额包括一定时期内完成的建筑工程、安装工程和设备工器具购置(减处置)价值，以及土地改良、新增役、种、奶、毛、娱乐用牲畜和新增经济林木价值。无形固定资本形成总额包括矿藏的勘探、计算机软件等获得减处置。

存货变动 指常住单位在一定时期内存货实物量变动的市场价值，即期末价值减期初价值的差额，再扣除当期由于价格变动而产生的持有收益。存货变动可以是正值，也可以是负值，正值表示存货上升，负值表示存货下降。存货包括生产单位购进的原材料、燃料和储备物资等存货，以及生产单位生产的产成品、在制品和半成品等存货。

货物和服务净出口 指货物和服务出口减货物和服务进口的差额。出口包括常住单位向非常住单位出售或无偿转让的各种货物和服务的价值；进口包括常住单位从非常住单位购买或无偿得到的各种货物和服务的价值。由于服务活动的提供与使用同时发生，一般把常住单位从非常住单位得到的服务作为进口，非常住单位从常住单位得到的服务作为出口。货物的出口和进口都按离岸价格计算。

4

就业和工资

Employment and Wages

简要说明

一、本篇资料主要内容

本篇资料反映劳动就业方面基本情况，主要包括经济活动人口数、就业人员及职工人数、城镇登记失业人数、职工工资总额、平均工资及指数变化等情况。

二、本篇资料来源

1. 本篇资料中劳动就业和工资等资料由省统计局人口与就业处整理提供。

2. 城镇登记失业与新增就业等资料来源于省人力资源和社会保障厅。

4-1 就业基本情况

Employment

单位：万人 (10 000 persons)

项 目	Item	2010	2011	2012	2013	2014	2015
经济活动人口	**Economically Active Population**	**1510.28**	**1511.06**	**1501.29**	**1514.25**	**1529.56**	**1545.19**
就业人员	**Total Number of Employed Persons**	**1499.56**	**1500.26**	**1491.59**	**1504.97**	**1519.86**	**1535.69**
第一产业	Primary Industry	923.88	919.06	901.67	891.86	881.88	876.27
第二产业	Secondary Industry	230.33	231.49	233.28	241.55	244.71	247.39
第三产业	Tertiary Industry	345.35	349.71	356.64	371.56	393.27	412.03
就业人员构成（合计 =100）	**Composition of Employed Persons (total=100)**						
第一产业	Primary Industry	61.61	61.26	60.45	59.26	58.02	57.06
第二产业	Secondary Industry	15.36	15.43	15.64	16.05	16.10	16.11
第三产业	Tertiary Industry	23.03	23.31	23.91	24.69	25.88	26.83
按城乡分就业人员	**Number of Employed Persons by Urban and Rural Areas**						
城镇就业人员	Urban Employed Persons	433.64	452.24	492.71	514.55	539.07	567.46
单位就业人员	Unit Employed Persons	194.29	199.29	211.33	256.64	264.75	261.76
国有单位	State-owned Units	147.36	150.05	158.62	148.27	153.69	153.88
城镇集体单位	Urban Collective-owned Units	6.88	7.46	8.06	10.74	10.29	10.17
股份合作单位	Cooperative Units	1.03	0.87	0.92	1.08	0.79	0.70
联营单位	Joint Ownership Units	0.46	1.68	0.16	0.28	0.23	0.10
有限责任公司	Limited Liability Corporations	23.84	23.96	28.06	69.07	72.80	70.65
股份有限公司	Share-holding Corporations Ltd.	10.36	11.16	11.31	22.59	22.30	22.05
港澳台商投资单位	Units with Funds from Hong Kong, Macao & Taiwan	0.47	0.29	0.40	0.97	0.86	0.85
外商投资单位	Foreign Funded Units	0.77	0.89	0.93	1.98	2.00	1.56
其他	Others	3.12	2.93	2.87	1.65	1.79	1.82
私营企业	Privite Enterprises	79.96	80.64	82.14	84.96	88.34	91.02
个 体	Self-employed Individuals	159.39	172.31	199.24	172.96	185.99	214.68
乡村就业人员	Rural Employed Persons	1065.92	1048.02	998.88	990.42	980.78	968.23
在岗职工人数	**Number of Staff and Workers**	**187.96**	**188.33**	**194.23**	**225.48**	**231.88**	**228.97**
国有单位	State-owned Units	142.46	142.44	146.65	134.42	138.00	137.97
城镇集体单位	Urban Collective-owned Units	6.76	6.98	7.28	9.08	9.12	9.14
其他单位	Units of Other Types of Ownership	38.74	38.91	40.30	81.98	84.76	81.87
城镇单位女性就业人员	**Number of Female Employed Persons in Urban Units**	**63.56**	**67.43**	**71.69**	**80.71**	**85.98**	**86.29**
城镇新增就业人员	**New Increased Urban Employed Persons**	**29.30**	**30.00**	**36.00**	**43.46**	**43.50**	**43.70**
城镇登记失业人数	**Number of Registered Unemployed Persons in Urban Areas**	**10.72**	**10.80**	**9.78**	**9.28**	**9.70**	**9.48**
城镇登记失业率（%）	**Registered Unemployment Rate in Urban Areas (%)**	**3.21**	**3.11**	**2.68**	**2.35**	**2.19**	**2.14**

注：就业人员按常住人口口径统计。

a) Data of employed persons are counted according to the caliber of permanent population.

4-2 就业人员
Employed Persons

单位：万人

(10 000 persons)

年份 Year	经济活动人口 Economically Active Population	就业人员 Total Employed Persons	按三次产业分 By Three Strata of Industry			按城乡分 By Urban and Rural Areas	
			第一产业 Primary Industry	第二产业 Secondary Industry	第三产业 Tertiary Industry	城镇 Urban Areas	乡村 Rural Areas
1978		694.00				160.40	533.60
1979		713.00				164.00	549.00
1980	804.60	796.00				172.90	623.10
1981	852.80	842.00				182.30	659.70
1982	879.00	870.00				186.80	683.20
1983	998.90	993.80	797.10	108.10	88.60	191.00	802.80
1984	1051.30	1047.00	803.30	124.30	119.40	205.30	841.70
1985	1088.60	1081.40	785.90	153.00	142.50	211.30	870.10
1986	1106.00	1098.90	789.50	178.70	130.70	221.00	877.90
1987	1150.50	1139.70	753.70	171.20	214.80	231.20	908.50
1988	1190.80	1178.80	798.30	188.90	191.60	236.30	942.50
1989	1227.70	1214.00	824.20	183.60	206.20	237.30	976.70
1990	1304.90	1292.40	899.40	186.30	206.70	240.20	1052.20
1991	1313.70	1302.40	900.00	197.60	204.80	257.10	1045.30
1992	1315.40	1305.90	898.50	205.00	202.40	264.10	1041.80
1993	1427.90	1417.80	973.94	232.26	211.60	271.10	1146.70
1994	1449.20	1438.81	936.37	256.80	245.64	281.81	1157.00
1995	1492.40	1483.32	942.30	281.50	259.52	283.33	1199.99
1996	1531.00	1521.46	961.30	288.80	271.36	288.28	1233.18
1997	1538.70	1530.32	945.55	308.47	276.30	284.47	1245.85
1998	1548.10	1539.80	922.30	310.50	307.00	320.10	1219.70
1999	1496.80	1489.00	878.50	297.80	312.70	336.00	1153.00
2000	1484.19	1476.45	880.56	279.78	316.11	320.19	1156.26
2001	1496.33	1488.93	886.66	274.85	327.42	324.37	1164.56
2002	1509.25	1500.59	888.80	278.36	333.43	326.91	1173.68
2003	1520.15	1510.85	890.04	282.23	338.58	332.71	1178.14
2004	1529.99	1520.46	890.61	284.63	345.22	339.27	1181.19
2005	1400.61	1391.36	885.82	203.96	301.58	364.07	1027.29
2006	1411.05	1401.36	886.08	207.26	308.02	371.73	1029.63
2007	1424.27	1414.76	886.48	212.26	316.02	382.73	1032.03
2008	1455.77	1446.34	901.79	218.63	325.92	397.74	1048.60
2009	1498.91	1488.63	923.09	227.16	338.38	413.84	1074.79
2010	1510.28	1499.56	923.88	230.33	345.35	433.64	1065.92
2011	1511.06	1500.26	919.06	231.49	349.71	452.24	1048.02
2012	1501.29	1491.59	901.67	233.28	356.64	492.71	998.88
2013	1514.25	1504.97	891.86	241.55	371.56	514.55	990.42
2014	1529.56	1519.86	881.88	244.71	393.27	539.07	980.78
2015	1545.19	1535.69	876.27	247.39	412.03	567.46	968.23

注 :2005 年及以后，就业人员按常住人口口径统计。

a) Since 2005, data of employed persons are counted according to the caliber of permanent population.

4-3 按行业分城镇单位就业人员数（2015）

Number of Employed Persons in Urban Units at Year-end by Sector (2015)

单位：万人 (10 000 persons)

项 目	Item	合 计 Total	国有单位 State-owned Units	城镇集体单位 Urban Collective-owned Units	其他单位 Units of Other Types of Ownership
城镇单位就业人员	**Urban Unit Employed Persons**	**261.76**	**153.88**	**10.17**	**97.71**
按企、事业和机关分	**By Enterprises, Institutions and Agencies**				
企业	Enterprises	150.03	42.85	9.77	97.41
事业	Institutions	74.70	74.23	0.36	0.12
机关	Agencies & Organizations	36.61	36.60	0.01	
民间非盈利组织	Folk Non-profit Organization	0.03	0.01		0.02
其他	Other	0.39	0.20	0.03	0.16
按国民经济行业分	**By Sector**				
农、林、牧、渔业	Agriculture, Forestry, Animal Husbandry and Fishery	4.97	4.81	0.01	0.15
采矿业	Mining	11.86	3.21	0.50	8.14
制造业	Manufacturing	35.62	3.02	0.58	32.02
电力、热力、燃气及水的生产和供应业	Production and Supply of Electricity, Heat,Gas and Water	12.06	8.98	0.03	3.05
建筑业	Construction	43.82	7.60	6.08	30.14
批发和零售业	Wholesale and Retail Trades	8.17	1.35	0.45	6.37
交通运输、仓储和邮政业	Transport,Storage and Post	12.57	8.84	0.24	3.49
住宿和餐饮业	Hotels and Catering Services	3.34	0.96	0.06	2.32
信息传输、软件和信息技术服务业	Information Transmission,Software and Information Technology Services	2.73	0.78		1.95
金融业	Financial Intermediation	7.47	2.89	1.38	3.20
房地产业	Real Estate	4.49	0.72	0.04	3.72
租赁和商务服务业	Leasing and Business Services	2.99	1.80	0.39	0.80
科学研究和技术服务业	Scientific Research and Technical Services	6.97	5.63	0.03	1.30
水利、环境和公共设施管理业	Management of Water Conservancy, Environment and Public Facilities	5.94	5.68		0.26
居民服务、修理和其他服务业	Services to Households,Repair and Other Services	0.31	0.23	0.02	0.05
教育	Education	38.88	38.68	0.05	0.15
卫生和社会工作	Health and Social Service	14.28	13.68	0.25	0.35
文化、体育和娱乐业	Culture, Sports and Entertainment	2.51	2.25	0.04	0.22
公共管理、社会保障和社会组织	Public Management,Social Security and Social Organization	42.76	42.75		

4-4 城镇单位年末在岗职工人数

Number of Staff and Workers in Urban Units at Year-end

单位：万人 (10 000 persons)

行业	Sector	2013	2014	2015
在岗职工人数	**Number of Staff and Workers**	**225.48**	**231.88**	**228.97**
农、林、牧、渔业	Agriculture, Forestry, Animal Husbandry and Fishery	4.84	4.61	4.52
采矿业	Mining	9.20	11.26	10.48
制造业	Manufacturing	35.67	34.31	32.51
电力、热力、燃气及水的生产和供应业	Production and Supply of Electricity, Heat,Gas and Water	9.50	11.75	11.02
建筑业	Construction	32.88	32.02	30.25
批发和零售业	Wholesale and Retail Trades	6.85	7.22	7.30
交通运输、仓储和邮政业	Transport,Storage and Post	11.31	11.27	11.48
住宿和餐饮业	Hotels and Catering Services	3.02	2.87	2.88
信息传输、软件和信息技术服务业	Information Transmission,Software and Information Technology Services	1.94	1.77	2.13
金融业	Financial Intermediation	6.65	6.74	6.52
房地产业	Real Estate	3.39	3.88	4.00
租赁和商务服务业	Leasing and Business Services	1.66	2.13	1.99
科学研究和技术服务业	Scientific Research and Technical Services	6.47	6.44	6.43
水利、环境和公共设施管理业	Management of Water Conservancy, Environment and Public Facilities	4.86	5.14	5.03
居民服务、修理和其他服务业	Services to Households,Repair and Other Services	0.32	0.29	0.29
教育	Education	35.20	36.54	37.25
卫生和社会工作	Health and Social Services	11.31	11.83	12.43
文化、体育和娱乐业	Culture, Sports and Entertainment	2.33	2.30	2.29
公共管理、社会保障和社会组织	Public Management,Social Security and Social Organization	38.08	39.51	40.17

注：本表中的行业分类按照《国民经济行业分类》（GB/T 4754−2011）划分。

a) Classification of industry in this table are according to the "National Industry Classification"(GB/T 4754-2011).

4-5 按行业分城镇单位年末在岗职工人数（2015）

Number of Staff and Workers in Urban Units at Year-end by Status of Registration and Sector in Detail (2015)

单位：人 (person)

项目	Item	合计 Total	国有单位 State-owned Units	城镇集体单位 Urban Collective-owned Units	其他单位 Units of Other Types
在岗职工人数	**Number of Staff and Workers**	**2289723**	**1379659**	**91411**	**818653**
按企、事业和机关分	**By Enterprises, Institutions and Agencies**				
企业	Enterprises	1247064	343501	87749	815814
事业	Institutions	697578	693171	3275	1132
机关	Agencies & Organizations	342354	342287	52	15
民间非盈利组织	Folk Non-profit Organizations	288	76		212
其他	Other	2439	624	335	1480
按国民经济行业分	**By Sector**				
农、林、牧、渔业	**Agricultrue,Forestry,Animal Husbadry and Fishery**	**45178**	**43535**	**133**	**1510**
农业	Agricultrue	18189	17277	18	894
林业	Forestry	12343	12251	44	48
畜牧业	Animal Husbandry	752	716	36	
渔业	Fishery	17	17		
农、林、牧、渔服务业	Services in Support of Agriculture	13877	13274	35	568
采矿业	**Mining**	**104818**	**24239**	**4786**	**75793**
煤炭开采及洗选业	Mining and Washing of Coal	69269	5863	1735	61671
石油和天然气开采业	Extraction of Petroleum and Natural Gas	17861	17583		278
黑色金属矿采选业	Mining and Processing of Ferrous Metal Ores	2885			2885
有色金属矿采选业	Mining and Processing of Non-Ferrous Metal Ores	8323	662	861	6800
非金属矿采选业	Mining and Processing of Non-metal Ores	3014		45	2969
开采辅助活动	Support Activities for Mining	3341	6	2145	1190
其他采矿业	Mining of Other Ores	125	125		
制造业	**Manufacturing**	**325139**	**26859**	**4960**	**293320**
农副食品加工业	Processing of Food from Agricultural Products	15456	790	171	14495
食品制造业	Manufacture of Foods	5278	2		5276
酒、饮料和精茶制造业	Manufacture of Liquor, Beverages and Refined Tea	12816	277	62	12477
烟草制品业	Manufacture of Tobacco	2937	676		2261
纺织业	Manufacture of Textile	3610		5	3605

4-5 续表 1 continued

单位：人 (person)

项　目	Item	合　计 Total	国有单位 State-owned Units	城镇集体单位 Urban Collective-owned Units	其他单位 Units of Other Types
纺织服装、服饰业	Manufacture of Textile, Wearing Apparel and Accessories	1268		74	1194
皮革、毛皮、羽毛(绒)及其制品和制鞋业	Manufacture of Leather, Fur, Feather and Related Products and Footwear	2125		327	1798
木材加工及木、竹、藤、棕、草制品业	Processing of Timber, Manufacture of Wood, Bamboo, Rattan, Palm and Straw Products	238			238
家具制造业	Manufacture of Furniture	336	29	12	295
造纸及纸制品业	Manufacture of Paper and Paper Products	692			692
印刷业和记录媒介复制业	Printing and Reproduction of Recording Media	4478	3564	218	696
文教、工美、体育和娱乐用品制造业	Manufacture of Articles for Culture, Education, Arts and Crafts, Sport and Entertainment Activities	796		51	745
石油加工、炼焦和核燃料加工业	Processing of Petroleum, Coking and Processing of Nucleus Fuel	29826	4406	48	25372
化学原料及化学制品制造业	Manufacture of Raw Chemical Materials and Chemical Products	30364	600	1847	27917
医药制造业	Manufactare of Medicines	9742	1476		8266
化学纤维制造业	Manufacture of Chemical Fibres	520	320		200
橡胶和塑料制品业	Manufacture of Rubber and Plastic Products	6247	353	350	5544
非金属矿物制品业	Manufacture of Non-metallic Mineral Products	31440	1220	148	30072
黑色金属冶炼和压延 加工业	Smelting and Pressing of Ferrous Metals	30848		857	29991
有色金属冶炼和压延 加工业	Smelting and Pressing of Non-ferrous Metals	69151	6104		63047
金属制品业	Manufacture of Metal Products	4492	606	45	3841
通用设备制造业	Manufacture of General Purpose Machinery	11620	1083	322	10215
专用设备制造业	Manufacture of Special Purpose Machinery	18307	265	13	18029
汽车制造业	Manufacture of Automobile	1106			1106
铁路、船舶、航空航天和其他运输设备制造业	Manufacture of Railway, Ships, Aerospace and Other Transport Equipments	5630	3275	43	2312

4-5 续表 2 continued

单位：人 (person)

项　目	Item	合　计 Total	国有单位 State-owned Units	城镇集体单位 Urban Collective-owned Units	其他单位 Units of Other Types
电气机械及器材制造业	Manufacture of Electrical Machinery and Apparatus	12166	943	120	11103
计算机、通讯和其他电子设备制造业	Manufacture of Computers,Communication and Other Electronic Equipment	7989	129		7860
仪器仪表制造业	Manufacture of Measuring Instruments and Machinery	1416		135	1281
其他制造业	Other Manufacture	155	111		44
废弃资源综合利用业	Utilization of Waste Resources	826		112	714
金属制品、机械和设备修理业	Repair Service of Metal Products, Machinery and Equipment	3264	630		2634
电力、燃气及水的生产和供应业	**Production and Supply of Electricity, Heat, Gas and Water**	**110227**	**82517**	**324**	**27386**
电力、热力生产和供应业	Production and Supply of Electric Power and Heat Power	97084	74873	286	21925
燃气生产和供应业	Production and Supply of Gas	3017			3017
水的生产和供应业	Production and Supply of Water	10126	7644	38	2444
建筑业	**Construction**	**302455**	**33919**	**53705**	**214831**
房屋建筑业	Construction of Buildings	220720	14929	48537	157254
土木工程建筑业	Civil Engineering	53444	12003	2260	39181
建筑安装业	Building Installation	21134	4918	2732	13484
建筑装饰业和其他建筑业	Building Decoration and Other Construction	7157	2069	176	4912
批发和零售业	**Wholesale and Retail Trades**	**73006**	**12508**	**4067**	**56431**
批发业	Wholesale Trade	29234	9181	1843	18210
零售业	Retail Trade	43772	3327	2224	38221
交通运输、仓储和邮政业	**Transport, Storage and Post**	**114773**	**82217**	**2272**	**30284**
铁路运输业	Railway Transport	53864	53156	56	652
道路运输业	Road Transport	44793	18129	2054	24610
水上运输业	Water Transport	24	24		
航空运输业	Air Transport	1257	114		1143
管道运输业	Transport Via Pipelines	70			70
装卸搬运与运输代理业	Loading, Unloading and Forwarding Agency	819	60		759
仓储业	Storage	4583	1820	162	2601
邮政业	Post	9363	8914		449

4-5 续表 3 continued

单位：人 (person)

项　目	Item	合　计 Total	国有单位 State-owned Units	城镇集体单位 Urban Collective-owned Units	其他单位 Units of Other Types
住宿和餐饮业	**Hotels and Catering Services**	**28829**	**8434**	**504**	**19891**
住宿业	Hotels	18986	7620	449	10917
餐饮业	Catering Services	9843	814	55	8974
信息传输、软件和信息技术服务业	**Information Transmission,Software and Information Technology Services**	**21305**	**6670**	**39**	**14596**
电信、广播电视和卫星传输服务	Telecommunication,Radio and Television, Satellite Transmission Services	19707	6320	39	13348
互联网和相关服务	Internet and Related Services	267	205		62
软件和信息技术服务业	Software and Information Technology Services	1331	145		1186
金融业	**Financial Intermediation**	**65226**	**26128**	**13120**	**25978**
货币金融服务	Monetary and Financial Service	53070	23848	12938	16284
资本市场服务	Capital Markets Service	38	30		8
保险业	Insurance	12022	2154	182	9686
其他金融活动	Other Financial Activities	96	96		
房地产业	**Real Estate**	**39967**	**6872**	**309**	**32786**
租赁和商务服务业	**Leasing and Business Services**	**19864**	**10760**	**3680**	**5424**
租赁业	Leasing	261	56	78	127
商务服务业	Business Services	19603	10704	3602	5297
科学研究和技术服务业	**Scientific Research and Technical Services**	**64313**	**52984**	**273**	**11056**
研究与试验发展	Research and Experimental Development	13678	12901		777
专业技术服务业	Professional Technical Services	38943	28861	236	9846
科技推广和应用服务业	Science and Technology Popularization and Application Services	11692	11222	37	433
水利、环境和公共设施管理业	**Management of Water Conservancy, Environment and Public Facilities**	**50280**	**48072**		**2208**
水利管理业	Management of Water Conservancy	20451	20373		78
生态保护和环境治理业	Ecological Protection and Environmental Treatment	3750	3750		
公共设施管理业	Management of Public Facilities	26079	23949		2130

4-5 续表 4 continued

单位：人 (person)

项　目	Item	合　计 Total	国有单位 State-owned Units	城镇集体单位 Urban Collective-owned Units	其他单位 Units of Other Types
居民服务、修理和其他服务业	**Service to Households, Repair and Other Services**	**2880**	**2273**	**108**	**499**
居民服务业	Services to Households	2137	1693	53	391
机动车、电子产品和日用产品修理业	Repair of Motor Vehicle, Electronics and Household Products	682	574	55	53
其他服务业	Other Services	61	6		55
文化、体育和娱乐业	**Culture,Sports and Entertainment**	**22890**	**20544**	**396**	**1950**
新闻和出版业	Journalism and Publishing Activities	2732	2090	323	319
广播、电视、电影和影视录音制作业	Radio, Television, Motion Picture and Videotape Programme	6855	6383	7	465
文化艺术业	Cultural and Art Activities	11270	10446	66	758
体　育	Sports Activities	1413	1413		
娱乐业	Entertainment	620	212		408
公共管理、社会保障和社会组织	**Public Management,Social Security and Social Organization**	**401738**	**401686**	**19**	**33**
中国共产党机关	Organs of Communist Party of China	21957	21957		
国家机构	Government Agencies	367320	367320		
人民政协和民主党派	People's Political Consultative Conference and Democratic Parties	3557	3557		
社会保障	Social Security	1793	1793		
群众团体、社会团体和其他成员组织	Non-Governmental Organizations, Social Organizations and Other Member Organizations	6837	6785	19	33
基层群众自治组织	Grass Roots Self-Governing Organizations				

4-6 城镇登记失业人数及失业率

Registered Unemployment Persons and Unemployment Rate in Urban Areas

单位：万人 (10 000 persons)

年份 Year	本年失业人员就业人数 Number of Re-employment Persons This Year	城镇登记失业人数 Number of Registered Unemployed Persons in Urban Areas	城镇登记失业率（%） Registered Unemployment Rate in Urban Areas (%)	城镇新增就业人员 Newly Increased Urban Employee	城镇下岗失业人员实现再就业人数 Number of Re-employment of Urban Laid-off Workers	城镇就业困难对象再就业人数 Number of Re-employment of the Object of Urban Employment Difficulties
2006	12.32	9.69	3.63	18.40	7.40	2.50
2007	13.56	9.51	3.34	22.70	9.20	3.60
2008	14.53	9.43	3.20	25.60	11.70	4.80
2009	18.32	10.28	3.25	27.80	10.90	4.40
2010	19.69	10.72	3.21	29.30	10.90	4.70
2011	17.60	10.80	3.11	29.55	11.70	4.60
2012	26.05	9.78	2.68	36.00	13.60	5.20
2013	29.12	9.28	2.35	43.46	16.10	5.89
2014	31.04	9.71	2.19	43.50	15.81	5.19
2015		9.48	2.14	43.70	16.80	4.80

4-7 城镇单位就业人员工资总额

Total Wage Bill of Employed Persons in Urban Units

单位：万元 (10 000 yuan)

年份 Year	工资总额 Total Wage Bill	国有单位 State-owned Units	城镇集体单位 Urban Collective-owned Units	其他单位 Units of Other Types of Ownership
2005	2838270	2450917	117662	269691
2006	3296705	2552452	104095	640158
2007	3925014	3104484	107857	712673
2008	4610436	3613034	116787	880615
2009	5177207	4129160	139368	908679
2010	5689458	4443116	155806	1090536
2011	6240152	4775310	197167	1267675
2012	7967933	6066343	264201	1637389
2013	11105296	6735143	374031	3996122
2014	12472598	7628223	375881	4468494
2015	13851432	8860878	390032	4600522

4-8 城镇单位就业人员工资总额指数

Indices of Total Wage Bill of Employed Persons in Urban Units

（上年 =100） (preceding year=100)

年 份 Year	工资总额指数 Indices of Total Wage Bill	国有单位 State-owned Units	城镇集体单位 Urban Collective-owned Units	其他单位 Units of Other Types of Ownership
2005	111.99	169.56	95.74	110.45
2006	116.15	104.14	88.47	237.37
2007	119.06	121.63	103.61	111.33
2008	117.46	116.38	108.28	123.57
2009	112.29	114.29	119.34	103.19
2010	109.89	107.60	111.79	120.01
2011	109.68	107.48	126.55	116.24
2012	127.69	127.04	134.00	129.16
2013	139.37	111.02	141.57	244.05
2014	112.31	113.26	100.49	111.82
2015	111.05	116.16	103.76	102.95

4-9 城镇单位就业人员平均工资

Average Wage of Employed Persons in Urban Units

单位：元 (yuan)

年 份 Year	平均工资 Average Wage	# 在岗职工 Staff and Workers	国有单位 State-owned Units	城镇集体单位 Urban Collective-owned Units	其他单位 Units of Other Types of Ownership
2005	14654	14939	15840	9089	11626
2006	16843	17246	17108	11411	15313
2007	20657	20987	21968	12858	17681
2008	23524	24017	24625	15761	20801
2009	26743	27177	28082	18914	23191
2010	29096	29588	29889	22084	27375
2011	32092	32906	33232	28129	32565
2012	37679	38440	38401	32580	36074
2013	42833	44109	45636	32822	39834
2014	46960	48470	49614	34257	44297
2015	52942	54454	57888	37465	46869

4-10 城镇单位就业人员平均工资指数

Indices of Average Wage of Employed Persons in Urban Units

(上年 =100) (preceding year=100)

年份 Year	平均工资指数 Indices of Average Wage					平均实际工资指数 Indices of Average Real Wage				
	合计 Total	#在岗职工 Staff and Workers	国有单位 State-owned Units	城镇集体单位 Urban Collective-owned Units	其他单位 Units of Other Types of Ownership	合计 Total	#在岗职工 Staff and Workers	国有单位 State-owned Units	城镇集体单位 Urban Collective-owned Units	其他单位 Units of Other Types of Ownership
2005	109.95	109.66	110.05	110.96	101.14	108.11	107.83	108.21	109.11	99.45
2006	114.94	115.44	108.01	125.55	131.71	113.46	113.96	106.62	123.94	130.02
2007	122.64	121.69	128.41	112.68	115.46	116.25	115.35	121.72	106.81	109.44
2008	113.88	114.44	112.09	122.58	117.65	105.25	105.77	103.60	113.29	108.73
2009	113.68	113.16	114.04	120.01	111.49	112.22	111.71	112.58	118.47	110.06
2010	108.80	108.87	106.43	116.76	118.04	104.51	104.58	102.24	112.16	113.39
2011	110.30	111.21	111.18	127.37	118.96	104.15	105.01	104.99	120.27	112.33
2012	117.41	117.21	115.55	115.82	110.78	114.32	114.13	112.51	112.78	107.87
2013	113.70	114.70	118.80	100.70	110.40	110.17	111.14	115.12	97.58	106.98
2014	109.64	109.89	108.72	104.37	111.20	107.38	107.63	106.48	102.23	108.92
2015	112.74	112.35	116.68	109.36	105.81	110.96	110.58	114.84	107.64	104.14

4-11 按行业分城镇单位就业人员工资总额（2015）

Total Wage Bill of Employed Persons in Urban Units by Sector (2015)

单位：万元 (10 000 yuan)

项　目	Item	合　计 Total	国有单位 State-owned Units	城镇集体单位 Urban Collective-owned Units	其他单位 Units of Other Types of Ownership
城镇单位就业人员工资总额	**Total Wage Bill of Employed Persons in Urban Units**	**13851432**	**8860878**	**390032**	**4600522**
按企、事业和机关分	**By Enterprises, Institutions and Agencies**				
企业	Enterprises	7504001	2544719	372466	4586817
事业	Institutions	4252759	4230669	15813	6277
机关	Agencies & Organizations	2079393	2078894	391	108
民间非盈利组织	Folk Non-profit Organization	1133	538		595
其他	Other	14146	6059	1362	6725
按国民经济行业分	**By Sector**				
农、林、牧、渔业	Agriculture, Forestry, Animal Husbandry and Fishery	182406	175837	643	5926
采矿业	Mining	767850	234550	24165	509136
制造业	Manufacturing	1810956	168548	30686	1611723
电力、热力、燃气及水的生产和供应业	Production and Supply of Electricity, Heat, Gas and Water	771735	589948	1067	180720
建筑业	Construction	1791508	351773	210074	1229661
批发和零售业	Wholesale and Retail Trades	321228	81026	11940	228263
交通运输、仓储和邮政业	Transport,Storage and Post	754664	604629	5761	144274
住宿和餐饮业	Hotels and Catering Services	107620	35358	1663	70599
信息传输、软件和信息技术服务业	Information Transmission,Software and Information Technology Services	149414	40167	192	109055
金融业	Financial Intermediation	439370	181150	70676	187544
房地产业	Real Estate	197888	42197	1295	154396
租赁和商务服务业	Leasing and Business Services	132772	91259	13216	28298
科学研究和技术服务业	Scientific Research and Technical Services	464780	362957	1850	99974
水利、环境和公共设施管理业	Management of Water Conservancy, Environment and Public Facilities	267253	257159		10094
居民服务、修理和其他服务业	Service to Households, Repair and Other Services	12546	10249	836	1460
教育	Education	2380491	2370777	2627	7088
卫生和社会工作	Health and Social Service	793384	768123	11714	13547
文化、体育和娱乐业	Culture, Sports and Entertainment	138447	128406	1500	8541
公共管理、社会保障和社会组织	Public Management,Social Security and Social Organization	2367120	2366766	129	224

4-12 按行业分城镇单位就业人员平均工资（2015）
Average Wage of Employed Persons in Urban Units by Sector (2015)

单位：元 (yuan)

项目	Item	合计 Total	国有单位 State-owned Units	城镇集体单位 Urban Collective-owned Units	其他单位 Units of Other Types of Ownership
城镇单位就业人员平均工资	**Average Wage of Employed Persons in Urban Units**	**52942**	**57888**	**37465**	**46869**
按企、事业和机关分	**By Enterprises, Institutions and Agencies**				
企业	Enterprises	49888	59819	37203	46870
事业	Institutions	57171	57239	44012	54252
机关	Agencies & Organizations	57073	57070	75173	60222
民间非盈利组织	Folk Non-profit Organization	41498	70816		30188
其他	Other	37914	33180	39605	43079
按国民经济行业分	**By Sector**				
农、林、牧、渔业	Agriculture, Forestry, Animal Husbandry and Fishery	37179	37236	47257	34778
采矿业	Mining	63590	72032	48436	61195
制造业	Manufacturing	50458	54488	48051	50118
电力、热力、燃气及水的生产和供应业	Production and Supply of Electricity, Heat, Gas and Water	63245	64616	32923	59447
建筑业	Construction	40551	47873	33461	40247
批发和零售业	Wholesale and Retail Trades	39109	60041	26433	35597
交通运输、仓储和邮政业	Transport,Storage and Post	61318	69973	24462	42051
住宿和餐饮业	Hotels and Catering Services	32698	36900	27085	31078
信息传输、软件和信息技术服务业	Information Transmission,Software and Information Technology Services	54916	51755	47950	56194
金融业	Financial Intermediation	59923	63006	51453	60822
房地产业	Real Estate	44302	57576	31210	41815
租赁和商务服务业	Leasing and Business Services	44895	51468	34577	35280
科学研究和技术服务业	Scientific Research and Technical Services	67352	64720	59099	79256
水利、环境和公共设施管理业	Management of Water Conservancy, Environment and Public Facilities	45312	45628		38514
居民服务、修理和其他服务业	Service to Households, Repair and Other Services	41777	44083	39640	31263
教育	Education	61396	61478	48108	45757
卫生和社会工作	Health and Social Service	56180	56723	47713	40427
文化、体育和娱乐业	Culture, Sports and Entertainment	55246	57229	33635	39233
公共管理、社会保障和社会组织	Public Management,Social Security and Social Organization	55574	55573	68053	64029

4-13 按行业分城镇私营单位就业人员平均工资
Average Wage of Employed Persons in Urban Private Units by Sector

单位：元　　(yuan)

项　目	Item	2013	2014	2015
甘肃省	**Gansu**	**24334**	**27273**	**31091**
农、林、牧、渔业	Agriculture, Forestry, Animal Husbandry and Fishery	19319	23011	26297
采矿业	Mining	29127	35228	34446
制造业	Manufacturing	24212	27507	32110
电力、热力、燃气及水的生产和供应业	Production and Supply of Electricity, Heat, Gas and Water	24873	31371	33692
建筑业	Construction	25256	28051	30687
批发和零售业	Wholesale and Retail Trades	26544	28350	33872
交通运输、仓储和邮政业	Transport,Storage and Post	25435	25820	30261
住宿和餐饮业	Hotels and Catering Services	18656	21748	26854
信息传输、软件和信息技术服务业	Information Transmission,Software and Information Technology Services	25994	29282	30890
金融业	Financial Intermediation	21144	26392	29668
房地产业	Real Estate	18383	21340	27716
租赁和商务服务业	Leasing and Business Services	27761	30711	33373
科学研究和技术服务业	Scientific Research and Technical Services	25220	29440	35573
水利、环境和公共设施管理业	Management of Water Conservancy, Environment and Public Facilities	21640	24935	32320
居民服务、修理和其他服务业	Service to Households, Repair and Other Services	17945	19572	25121
教育	Education	26742	28089	29412
卫生和社会工作	Health and Social Service	23149	25354	30324
文化、体育和娱乐业	Culture, Sports and Entertainment	19808	20419	26491
公共管理、社会保障和社会组织	Public Management,Social Security and Social Organization			

4-14 历年职工平均工资及指数
Average Wage of Staff and Workers and Related Indices

年份 Year	平均货币工资（元） Average Money Wage (yuan)				指数（上年=100） Indices (preceding year=100) 货币工资 Average Money Wage				实际工资 Average Real Wage			
	合计 Total	国有单位 State-owned Units	城镇集体单位 Urban Collective-owned Units	其他单位 Other Owner-ship Units	合计 Total	国有单位 State-owned Units	城镇集体单位 Urban Collective-owned Units	其他单位 Other Owner-ship Units	合计 Total	国有单位 State-owned Units	城镇集体单位 Urban Collective-owned Units	其他单位 Other Owner-ship Units
1978	708	751	437									
1979	792	824	557		111.8	109.7	127.5		110.7	108.6	126.2	
1980	875	896	676		110.5	108.7	121.4		105.0	103.3	115.4	
1981	878	904	676		100.3	100.9	100.0		98.1	98.7	97.8	
1982	907	937	649		103.3	103.6	96.0		102.2	102.5	95.0	
1983	944	973	702		104.1	103.8	108.2		103.7	103.4	107.8	
1984	1200	1251	866		127.1	128.6	123.4		123.0	124.5	119.5	
1985	1363	1400	1116	1640	113.6	111.9	128.9		102.7	101.2	116.5	
1986	1555	1630	1090	1848	114.1	116.4	97.7	112.7	106.6	108.8	91.3	105.3
1987	1680	1761	1188	1880	108.0	108.0	109.0	101.7	99.6	99.6	100.6	93.8
1988	1949	2040	1400	2331	116.0	115.8	117.8	124.1	96.2	96.0	97.7	102.9
1989	2207	2317	1577	1927	113.2	113.5	112.6	82.7	95.8	96.0	95.3	70.0
1990	2407	2546	1675	2058	109.1	109.9	106.2	106.8	107.1	107.9	104.2	104.8
1991	2566	2706	1918	2155	106.6	106.3	114.5	104.7	100.9	100.6	108.3	99.1
1992	2902	3077	2127	2205	113.1	113.7	110.9	102.3	105.4	106.0	103.4	95.3
1993	3422	3627	2457	3389	117.9	117.9	115.5	153.7	102.3	102.3	100.3	133.4
1994	4796	5059	3506	4409	140.2	139.5	142.7	130.1	112.5	112.0	114.5	104.4
1995	5493	5747	3944	6534	114.5	113.6	112.5	148.2	96.3	95.5	94.6	124.6
1996	5882	6131	4471	6734	107.1	106.7	113.4	103.1	97.1	96.7	102.8	93.5
1997	6182	6445	4598	6703	105.1	105.1	102.8	99.5	102.2	102.2	100.0	96.8
1998	6418	6757	4774	5528	103.8	104.8	103.8	82.5	104.8	105.9	104.8	83.3
1999	6928	7311	5118	5837	107.9	108.2	107.2	105.6	111.0	111.3	110.3	108.6
2000	7913	8278	6228	6504	114.2	113.2	121.7	111.4	115.1	114.1	122.7	112.3
2001	9177	9690	5929	8244	116.0	113.2	95.2	126.8	112.6	109.9	92.4	123.1
2002	10272	10925	6127	8712	111.9	112.7	103.3	105.7	112.7	113.5	104.0	106.4
2003	11419	12079	6674	10115	111.2	110.6	108.9	116.1	110.2	109.6	107.9	115.1
2004	12711	13427	7676	10957	111.3	111.2	115.0	108.3	109.9	109.8	113.5	106.9
2005	14939	15840	9291	11827	117.5	118.0	121.0	107.9	116.1	116.6	119.6	106.6
2006	17246	18108	11514	15515	115.4	114.3	123.9	131.2	114.1	112.9	122.4	129.6
2007	20987	22314	12979	17948	121.7	123.2	112.7	115.7	115.7	117.1	107.1	110.0
2008	24017	25284	16179	20966	114.4	113.3	124.7	116.8	105.9	104.9	115.5	108.1
2009	27177	28565	19453	23360	113.2	113.0	120.2	111.4	112.2	112.0	119.1	110.4
2010	29588	30475	22249	27616	108.9	106.7	114.4	118.2	104.3	102.2	109.6	113.2
2011	32906	33232	28129	32565	111.2	109.0	126.4	117.9	104.9	102.8	119.2	111.2
2012	38440	39177	32524	36896	116.8	117.9	115.6	113.3	113.7	114.8	112.6	110.3
2013	44109	47050	33040	40833	114.7	120.1	101.6	110.7	111.1	116.4	98.4	107.3
2014	48470	51366	34978	45437	109.9	109.2	105.9	111.3	107.6	106.9	103.7	109.0
2015	54454	59989	37625	47365	112.3	116.8	107.6	104.2	110.6	114.9	105.9	102.6

注：2005 年起职工工资为在岗职工平均工资。

a) Since 2005 , data in this table are average wage of staff and workers.

4-15 按行业分在岗职工工资总额（2015）

Total Wages of Staff and Workers by Sector (2015)

单位：万元 (10 000 yuan)

项 目	Item	合 计 Total	国有单位 State-owned Units	城镇集体单位 Urban Collective-owned Units	其他单位 Others Units
工资总额	**Total**	**12595660**	**8321908**	**346885**	**3926867**
按企、事业和机关分	**By Enterprises, Institutions and Agencies**				
企业	Enterprises	6439724	2195275	330764	3913685
事业	Institutions	4117663	4097054	14402	6207
机关	Agencies & Organizations	2026390	2025898	391	101
民间非盈利组织	Folk Non-profit Organization	1133	538		595
其他	Other	10750	3144	1328	6279
按国民经济行业分	**By Sector**				
农、林、牧、渔业	Agriculture,Forestry,Animal Husbandry and Fishery	170682	164917	637	5128
采矿业	Mining	700088	192364	22714	485009
制造业	Manufacturing	1687080	151205	26172	1509704
电力、热力、燃气及水的生产和供应业	Production and Supply of Electricity, Heat, Gas and Water	729293	560738	1067	167488
建筑业	Construction	1209023	182206	178698	848119
批发和零售业	Wholesale and Retail Trades	292411	76618	10825	204969
交通运输、仓储和邮政业	Transport,Storage and Post	713016	578283	5564	129170
住宿和餐饮业	Hotels and Catering Services	96712	31808	1551	63353
信息传输、软件和信息技术服务业	Information Transmission,Software and Information Technology Services	113801	36335	192	77274
金融业	Financial Intermediation	386918	171519	68816	146582
房地产业	Real Estate	182382	41011	1137	140234
租赁和商务服务业	Leasing and Business Services	102981	68888	12888	21206
科学研究和技术服务业	Scientific Research and Technical Services	438579	345855	1681	91043
水利、环境和公共设施管理业	Management of Water Conservancy, Environment and Public Facilities	247545	238710		8835
居民服务、修理和其他服务业	Service to Households, Repair and Other Services	12016	10051	530	1435
教育	Education	2340526	2332254	1722	6550
卫生和社会工作	Health and Social Service	730738	706644	11225	12869
文化、体育和娱乐业	Culture, Sports and Entertainment	131406	122384	1338	7684
公共管理、社会保障和社会组织	Public Management,Social Security and Social Organization	2310463	2310117	129	217

4-16 按行业分在岗职工平均工资（2015）
Average Wage of Staff and Workers by Sector(2015)

单位：元 (yuan)

项 目	Item	合计 Total	国有单位 State-owned Units	城镇集体单位 Urban Collective-owned Units	其他单位 Others Units
职工平均工资	**Per Capita Wage of Staff and Workers**	**54454**	**59989**	**37625**	**47365**
按企、事业和机关分	**By Enterprises, Institutions and Agencies**				
企业	Enterprises	50901	62268	37316	47365
事业	Institutions	59092	59165	45332	54722
机关	Agencies & Organizations	59233	59230	75173	67467
民间非盈利组织	Folk Non-profit Organization	41498	70816		30188
其他	Other	38389	33519	40124	43521
按国民经济行业分	**By Sector**				
农、林、牧、渔业	Agriculture,Forestry,Animal Husbandry and Fishery	38502	38606	47917	34646
采矿业	Mining	64853	75703	48244	62077
制造业	Manufacturing	51086	55236	48413	50739
电力、热力、燃气及水的生产和供应业	Production and Supply of Electricity, Heat, Gas and Water	63747	65149	32923	59838
建筑业	Construction	39975	51400	32952	38988
批发和零售业	Wholesale and Retail Trades	39994	60754	26870	36392
交通运输、仓储和邮政业	Transport,Storage and Post	62686	70784	24539	43445
住宿和餐饮业	Hotels and Catering Services	33675	37655	30590	32071
信息传输、软件和信息技术服务业	Information Transmission,Software and Information Technology Services	56035	53492	47950	57035
金融业	Financial Intermediation	60209	65363	52529	58797
房地产业	Real Estate	45234	58649	35391	42533
租赁和商务服务业	Leasing and Business Services	47322	55945	35429	36792
科学研究和技术服务业	Scientific Research and Technical Services	68952	66217	59911	81095
水利、环境和公共设施管理业	Management of Water Conservancy, Environment and Public Facilities	49585	50016		40368
居民服务、修理和其他服务业	Service to Households, Repair and Other Services	42725	44510	52802	31281
教育	Education	62910	62986	48108	48178
卫生和社会工作	Health and Social Service	58946	59594	49515	40536
文化、体育和娱乐业	Culture, Sports and Entertainment	56817	58773	33790	39938
公共管理、社会保障和社会组织	Public Management,Social Security and Social Organization	57560	57559	68053	67781
国际组织	International Organizations				

4-17 各地区就业再就业工作情况（2015）

Work Situation of Employment and Re-employment by Region (2015)

单位：人 (person)

地 区	Region	城镇新增就业人员 Newly Increased Urban Employee	城镇下岗失业人员再就业人数 Number of Re-employment of Urban Laid-off Workers	城镇就业困难对象再就业人数 Number of Re-employment of the Object of Urban Employment Difficulties	城镇登记失业率（%） Registered Unemployment Rate in Urban Areas (%)
兰州市	Lanzhou	118640	24970	9357	1.77
嘉峪关市	Jiayuguan	8105	1639	415	2.68
金昌市	Jinchang	26559	18977	4142	3.10
白银市	Baiyin	56491	9993	4214	2.36
天水市	Tianshui	103000	15346	6443	3.12
武威市	Wuwei	23612	9318	3668	3.05
张掖市	Zhangye	42748	30781	2466	2.57
平凉市	Pingliang	36300	13400	5250	3.63
酒泉市	Jiuquan	37032	9045	3453	2.53
庆阳市	Qingyang	77220	16397	2406	2.07
定西市	Dingxi	32050	7110	2880	3.16
陇南市	Longnan	33305	4611	1029	2.51
临夏州	Linxia	46681	2180	1348	3.15
甘南州	Gannan	6314	2606	1535	3.44

4-18 各地区按行业分城镇单位就业人员数（2015）

Number of Employed Persons in Urban Units at Year-end by Sector and Region(2015)

单位：万人 (10 000 persons)

地 区	Region	合 计 Total	农、林、牧、渔业 Agriculture, Forestry, Animal Husbandry and Fishery	采矿业 Mining	制造业 Manufacturing	电力、热力、燃气及水的生产和供应业 Production and Supply of Electricity, Heat, Gas and Water	建筑业 Construction	批发和零售业 Wholesale and Retail Trades
甘肃省	**Gansu**	**261.76**	**4.97**	**11.86**	**35.62**	**12.06**	**43.82**	**8.17**
兰州市	Lanzhou	70.35	0.07	1.28	11.07	5.75	15.59	2.83
嘉峪关市	Jiayuguan	6.12	0.01		3.48	0.31	0.39	0.14
金昌市	Jinchang	11.08	0.15	0.03	4.72	0.23	2.76	0.22
白银市	Baiyin	17.92	0.24	2.02	3.25	0.69	2.54	0.23
天水市	Tianshui	22.79	0.46	0.08	3.64	0.46	2.77	1.40
武威市	Wuwei	12.89	0.27	0.33	1.44	0.43	2.58	0.30
张掖市	Zhangye	13.22	1.20	0.43	1.29	0.66	1.45	0.43
平凉市	Pingliang	18.20	0.19	3.31	0.60	0.58	3.38	0.48
酒泉市	Jiuquan	12.80	0.45	0.53	2.68	0.56	1.26	0.58
庆阳市	Qingyang	18.01	0.05	2.96	0.41	0.55	2.87	0.56
定西市	Dingxi	15.52	0.13	0.07	1.04	0.42	2.98	0.24
陇南市	Longnan	14.25	0.42	0.76	0.83	0.55	1.38	0.40
临夏州	Linxia	13.12	0.13		0.60	0.46	2.58	0.20
甘南州	Gannan	7.56	0.97	0.02	0.32	0.24	0.42	0.08

4–18 续表 1 continued

单位：万人 (10 000 persons)

地 区	Region	交通运输、仓储和邮政业 Transport, Storage and Post	住宿和餐饮业 Hotels and Catering Services	信息传输、软件和信息技术服务业 Information Transmission, Software and Information Technology Services	金融业 Financial Intermediation	房地产业 Real Estate	租赁和商务服务业 Leasing and Business Services	科学研究和技术服务业 Scientific Research and Technical Services
甘肃省	**Gansu**	**12.57**	**3.34**	**2.73**	**7.47**	**4.49**	**2.99**	**6.97**
兰州市	Lanzhou	2.21	1.34	0.89	2.37	2.42	2.09	3.62
嘉峪关市	Jiayuguan	0.11	0.13	0.04	0.17	0.03	0.02	0.06
金昌市	Jinchang	0.23	0.06	0.11	0.19	0.06	0.08	0.09
白银市	Baiyin	0.39	0.02	0.12	0.67	0.17	0.06	0.16
天水市	Tianshui	0.61	0.35	0.30	0.47	0.30	0.08	0.75
武威市	Wuwei	0.26	0.08	0.14	0.41	0.14	0.04	0.26
张掖市	Zhangye	0.46	0.11	0.14	0.41	0.21	0.07	0.53
平凉市	Pingliang	0.59	0.20	0.19	0.44	0.29	0.04	0.28
酒泉市	Jiuquan	0.39	0.27	0.11	0.60	0.12	0.22	0.25
庆阳市	Qingyang	0.38	0.19	0.18	0.49	0.08	0.03	0.21
定西市	Dingxi	0.37	0.18	0.10	0.37	0.24	0.08	0.18
陇南市	Longnan	0.69	0.11	0.17	0.37	0.13	0.03	0.16
临夏州	Linxia	0.26	0.05	0.12	0.31	0.11	0.11	0.18
甘南州	Gannan	0.15	0.04	0.10	0.20	0.02	0.01	0.12

4–18 续表 2 continued

单位：万人 (10 000 persons)

地 区	Region	水利、环境和公共设施管理业 Management of Water Conservancy, Environment and Public Facilities	居民服务、修理和其他服务业 Service to Households, Repair and Other Services	教育 Education	卫生和社会工作 Health and Social Service	文化、体育和娱乐业 Culture,Sports and Entertainment	公共管理、社会保障和社会组织 Public Management, Social Security and Social Organization
甘肃省	**Gansu**	**5.94**	**0.31**	**38.88**	**14.28**	**2.51**	**42.76**
兰州市	Lanzhou	1.68	0.09	6.70	3.11	0.94	6.31
嘉峪关市	Jiayuguan	0.20		0.26	0.19	0.04	0.53
金昌市	Jinchang	0.24	0.01	0.58	0.33	0.02	0.96
白银市	Baiyin	0.39	0.01	2.86	0.83	0.06	3.20
天水市	Tianshui	0.27	0.03	4.37	1.61	0.17	4.67
武威市	Wuwei	0.56	0.02	2.47	1.01	0.06	2.08
张掖市	Zhangye	0.48	0.02	2.22	0.81	0.15	2.15
平凉市	Pingliang	0.30	0.04	3.31	1.09	0.14	2.74
酒泉市	Jiuquan	0.45	0.01	1.51	0.69	0.23	1.89
庆阳市	Qingyang	0.28		3.67	1.01	0.17	3.93
定西市	Dingxi	0.41	0.01	3.77	1.28	0.14	3.51
陇南市	Longnan	0.17	0.01	3.09	0.90	0.12	3.98
临夏州	Linxia	0.28	0.04	2.62	0.88	0.16	4.04
甘南州	Gannan	0.11		1.46	0.48	0.10	2.72

4-19 各地县在岗职工人数（2015）
Number of Staff and Workers by Region,County(2015)

单位：人 (person)

地区	Region	在岗职工人数 Number of Staff and Workers	国有单位 State-owned Units	城镇集体单位 Urban Collective-owned Units	其他单位 Units of Other Types
兰州市	**Lanzhou**	**583672**	**289716**	**16440**	**277516**
城关区	Chengguan	292078	173484	7172	111422
七里河区	Qilihe	79329	33765	224	45340
西固区	Xigu	78563	25637	4472	48454
安宁区	Anning	37405	20225	572	16608
红古区	Honggu	24339	6470	320	17549
永登县	Yongdeng	22481	12258	1243	8980
皋兰县	Gaolan	11088	6046	797	4245
榆中县	Yuzhong	19830	9569	1237	9024
嘉峪关市	**Jiayuguan**	**50736**	**12640**	**2002**	**36094**
金昌市	**Jinchang**	**80481**	**20715**	**359**	**59407**
金川区	Jinchuan	61888	11833	233	49822
永昌县	Yongchang	18593	8882	126	9585
白银市	**Baiyin**	**164679**	**77802**	**7774**	**79103**
白银区	Baiyin	63940	23935	2983	37022
平川区	Pingchuan	39984	10932	3804	25248
靖远县	Jingyuan	25326	14688	373	10265
会宁县	Huining	18865	16715	342	1808
景泰县	Jingtai	16564	11532	272	4760
天水市	**Tianshui**	**189295**	**125881**	**4706**	**58708**
秦州区	Qinzhou	61090	35215	303	25572
麦积区	Maiji	52439	28958	613	22868
清水县	Qingshui	10461	8864	157	1440
秦安县	Qinan	15966	13063	477	2426
甘谷县	Gangu	22853	17322	1886	3645
武山县	Wushan	13125	11749	77	1299
张家川县	Zhangjiachuan	13361	10710	1193	1458
武威市	**Wuwei**	**118725**	**79716**	**2443**	**36566**
凉州区	Liangzhou	79407	50407	2259	26741
民勤县	Minqin	12441	9229		3212
古浪县	Gulang	13095	10211	176	2708
天祝县	Tianzhu	13782	9869	8	3905
张掖市	**Zhangye**	**110714**	**74810**	**3795**	**32109**

4-19 续表 1 continued

单位：人 (person)

地区	Region	在岗职工人数 Number of Staff and Workers	国有单位 State-owned Units	城镇集体单位 Urban Collective-owned Units	其他单位 Units of Other Types
甘州区	Ganzhou	55309	34416	1712	19181
肃南县	Sunan	5871	3592	88	2191
民乐县	Minle	10210	7747	0	2463
临泽县	Linze	8523	6003	174	2346
高台县	Gaotai	9352	6959	313	2080
山丹县	Shandan	21449	16093	1508	3848
平凉市	**Pingliang**	**170679**	**98345**	**11427**	**60907**
崆峒区	Kongtong	51454	29584	1054	20816
泾川县	Jingchuan	15506	10894	1344	3268
灵台县	Lingtai	8355	7934	18	403
崇信县	Chongxin	13240	9463	245	3532
华亭县	Huating	36484	10029	1757	24698
庄浪县	Zhuanglang	21258	16049	2379	2830
静宁县	Jingning	24382	14392	4630	5360
酒泉市	**Jiuquan**	**128085**	**60236**	**7563**	**60286**
肃州区	Suzhou	48882	22058	3313	23511
金塔县	Jinta	11212	6792	673	3747
瓜州县	Guazhou	10058	6014	180	3864
肃北县	Subei	5429	2287	68	3074
阿克塞县	Akesai	4708	1947	29	2732
玉门市	Yumen	31012	11594	2940	16478
敦煌市	Dunhuang	16784	9544	360	6880
庆阳市	**Qingyang**	**158659**	**119010**	**7870**	**31779**
西峰区	Xifeng	64467	47701	2953	13813
庆城县	Qingcheng	12981	9461	1334	2186
环　县	Huanxian	13671	11209	169	2293
华池县	Huachi	8542	7189	277	1076
合水县	Heshui	7595	7196	174	225
正宁县	Zhengning	9357	8503	186	668
宁　县	Ningxian	27119	13466	2629	11024
镇原县	Zhenyuan	14927	14285	148	494
定西市	**Dingxi**	**145927**	**103552**	**5676**	**36699**
安定区	Anding	43753	26336	713	16704
通渭县	Tongwei	19186	14504	217	4465

4-19 续表 2 continued

单位：人 (person)

地区	Region	在岗职工人数 Number of Staff and Workers	国有单位 State-owned Units	城镇集体单位 Urban Collective-owned Units	其他单位 Units of Other Types
陇西县	Longxi	23812	19620	1129	3063
渭源县	Weiyuan	9945	9580	192	173
临洮县	Lintao	27771	16319	3066	8386
漳　县	Zhangxian	8274	6329	112	1833
岷　县	Minxian	13186	10864	247	2075
陇南市	**Longnan**	**135819**	**101796**	**4179**	**29844**
武都区	Wudu	39256	28856	848	9552
成　县	Chengxian	16901	11030	611	5260
文　县	Wenxian	12186	9473	495	2218
宕昌县	Tanchang	11002	9722	189	1091
康　县	Kangxian	7752	6067	497	1188
西和县	Xihe	15420	11417	820	3183
礼　县	Lixian	16527	14343	260	1924
徽　县	Huixian	13063	8376	328	4359
两当县	Liangdang	3712	2512	131	1069
临夏州	**Linxia**	**122559**	**92261**	**9696**	**20602**
临夏市	Linxia	34230	22987	3616	7627
临夏县	Linxia	11645	10697	288	660
康乐县	Kangle	9703	8858	438	407
永靖县	Yongjing	26427	15996	2480	7951
广河县	Guanghe	9507	8102	94	1311
和政县	Hezheng	9843	7560	273	2010
东乡县	Dongxiang	12396	9646	2338	412
积石山县	Jishishan	8808	8415	169	224
甘南州	**Gannan**	**69407**	**61123**	**896**	**7388**
合作市	Hezuo	17068	14160	153	2755
临潭县	Lintan	8091	7590	132	369
卓尼县	Zhuoni	10342	9722	94	526
舟曲县	Zhouqu	9611	9106	200	305
迭部县	Diebu	8734	7657	107	970
玛曲县	Maqu	5043	3997	66	980
碌曲县	Luqu	4251	3872	58	321
夏河县	Xiahe	6267	5019	86	1162

4-20 各地区在岗职工平均工资(2015)
Average Wage of Staff and Workers by Region (2015)

单位：元 (yuan)

地 区	Region	合计 Total	国有单位 State-owned Units	城镇集体单位 Urban Collective-owned Units	其他单位 Others Units
甘肃省	**Gansu**	**54454**	**59989**	**37625**	**47365**
兰州市	Lanzhou	60330	78237	44934	57561
嘉峪关市	Jiayuguan	59967	68399	47253	58613
金昌市	Jinchang	52683	60834	42863	50281
白银市	Baiyin	49856	55313	31191	46273
天水市	Tianshui	45546	52050	34358	32729
武威市	Wuwei	52384	59039	44812	39025
张掖市	Zhangye	51569	58866	33348	38958
平凉市	Pingliang	53028	54838	26718	47545
酒泉市	Jiuquan	54609	57422	40779	53571
庆阳市	Qingyang	56002	62785	46938	34506
定西市	Dingxi	49583	55054	40858	35728
陇南市	Longnan	46608	49067	36333	39532
临夏州	Linxia	45663	49610	36557	33558
甘南州	Gannan	57029	57872	55211	50711

4-21 各地区按行业分在岗职工平均工资(2015)
Average Wage of Staff and Workers by Sector and Region (2015)

单位：元 (yuan)

地 区	Region	合 计 Total	农、林、牧、渔业 Agriculture, Forestry, Animal Husbandry and Fishery	采矿业 Mining	制造业 Manufacturing	电力、热力、燃气及水的生产和供应业 Production and Supply of Electricity, Heat, Gas and Water	建筑业 Construction	批发和零售业 Wholesale and Retail Trades
甘肃省	**Gansu**	**54454**	**38502**	**64853**	**51086**	**63747**	**39975**	**39994**
兰州市	Lanzhou	60330	52471	46446	60112	74496	65519	44947
嘉峪关市	Jiayuguan	59967	82464		57770	77876	44039	57798
金昌市	Jinchang	52683	29876	40350	54923	42597	42856	35411
白银市	Baiyin	49856	45838	60239	42657	67175	29282	45571
天水市	Tianshui	45546	44244	32422	34048	56489	37479	28277
武威市	Wuwei	52009	44406	54385	39015	54896	39355	44670
张掖市	Zhangye	51569	32419	48582	37184	48620	35043	35857
平凉市	Pingliang	53028	39450	79919	36559	51964	30572	39744
酒泉市	Jiuquan	54609	31372	50749	66118	73641	37461	39222
庆阳市	Qingyang	56002	57785	74296	49041	69991	31081	42076
定西市	Dingxi	49583	42217	21248	36756	52334	36162	46666
陇南市	Longnan	46573	47259	38776	40575	48466	37111	43548
临夏州	Linxia	45663	45446		40767	69296	29400	39132
甘南州	Gannan	57029	36797	62293	52849	57477	45299	68268

4-21 续表 1 continued

单位：元 (yuan)

地 区	Region	交通运输、仓储和邮政业 Transport, Storage and Post	住宿和餐饮业 Hotels and Catering Services	信息传输、软件和信息技术服务业 Information Transmission, Software and Information Technology Services	金融业 Financial Intermediation	房地产业 Real Estate	租赁和商务服务业 Leasing and Business Services	科学研究和技术服务业 Scientific Research and Technical Services
甘肃省	**Gansu**	**62686**	**33675**	**56035**	**60209**	**45234**	**47322**	**68952**
兰州市	Lanzhou	56713	36243	74085	76730	51312	67064	87031
嘉峪关市	Jiayuguan	59013	36911	75961	89458	56547	49271	74887
金昌市	Jinchang	33719	30137	70654	63607	36696	23516	75375
白银市	Baiyin	35971	25663	68577	51034	35354	38299	66844
天水市	Tianshui	48901	25630	46165	47134	34384	45467	39546
武威市	Wuwei	48669	27667	63879	79451	37229	35031	60109
张掖市	Zhangye	49712	30526	59738	55274	40079	31325	60011
平凉市	Pingliang	28469	31647	39804	41899	34029	34675	49369
酒泉市	Jiuquan	49593	32538	55408	54680	40878	32355	61450
庆阳市	Qingyang	41254	28245	48009	48028	44240	45495	57330
定西市	Dingxi	45249	27267	58965	61580	36752	62220	53688
陇南市	Longnan	41666	25555	66087	54869	38480	27071	47338
临夏州	Linxia	46720	29515	53156	53240	37765	34311	52543
甘南州	Gannan	48231	35173	50470	54241	30060	34113	66333

4-21 续表 2 continued

单位：元 (yuan)

地 区	Region	水利、环境和公共设施管理业 Management of Water Conservancy, Environment and Public Facilities	居民服务、修理和其他服务业 Service to Households, Repair and Other Services	教 育 Education	卫生和社会工作 Health and Social Service	文化、体育和娱乐业 Culture,Sports and Entertainment	公共管理、社会保障和社会组织 Public Management, Social Security and Social Organization
甘肃省	**Gansu**	**49585**	**42725**	**62910**	**58946**	**56817**	**57560**
兰州市	Lanzhou	59307	59126	82387	85634	66768	71946
嘉峪关市	Jiayuguan	44575	73774	72636	68209	63493	68013
金昌市	Jinchang	58786	53240	66266	61073	56929	61174
白银市	Baiyin	44860	47164	59054	57937	60062	52033
天水市	Tianshui	44439	32949	56787	55579	46630	50035
武威市	Wuwei	51806	61191	63002	55741	54395	60869
张掖市	Zhangye	51175	38879	67644	66233	59632	64726
平凉市	Pingliang	42465	24450	60902	55079	47573	54092
酒泉市	Jiuquan	43690	24308	62641	53090	61498	60429
庆阳市	Qingyang	51035	62000	63078	54971	53235	57619
定西市	Dingxi	38431	61615	58772	54156	50186	55611
陇南市	Longnan	43439	25135	50001	48513	49144	49408
临夏州	Linxia	40670	28649	50656	44680	51760	50392
甘南州	Gannan	48070	39256	60916	62138	60161	63551

主要指标解释

经济活动人口 指在16周岁及以上，有劳动能力，参加或要求参加社会经济活动的人口。包括就业人员和失业人员。

就业人员 指在一定年龄以上，有劳动能力，为取得劳动报酬或经营收入而从事一定社会劳动的人员。具体指年满16周岁，为取得报酬或经营利润，在调查周内从事了1小时（含1小时）以上的劳动或由于学习、休假等原因在调查周内暂时处于未工作状态，但有工作单位或场所的人口。

单位就业人员 指报告期末最后一日24时在本单位中工作，并取得工资或其他形式劳动报酬的人员数。该指标为时点指标，不包括最后一日当天及以前已经与单位解除劳动合同关系的人员，是在岗职工、劳务派遣人员及其他就业人员之和。就业人员不包括：

(1) 离开本单位仍保留劳动关系，并定期领取生活费的人员；

(2) 利用课余时间打工的学生及在本单位实习的各类在校学生；

(3) 本单位因劳务外包而使用的人员。

城镇私营和个体就业人员 城镇私营就业人员指在工商管理部门注册登记，其经营地址设在县城关镇（含县城关镇）以上的私营企业就业人员，包括私营企业投资者和雇工。城镇个体就业人员指在工商管理部门注册登记，并持有城镇户口或在城镇长期居住，经批准从事个体工商经营的就业人员，包括个体经营者和在个体工商户劳动的家庭帮工和雇工。

在岗职工 指在本单位工作且与本单位签订劳动合同，并由单位支付各项工资和社会保险、住房公积金的人员，以及上述人员中由于学习、病伤、产假等原因暂未工作仍由单位支付工资的人员。在岗职工还包括：

(1) 应订立劳动合同而未订立劳动合同人员（如使用的农村户籍人员）；

(2) 处于试用期人员；

(3) 编制外招用的人员；

(4) 派往外单位工作，但工资仍由本单位发放的人员（如挂职锻炼、外派工作等情况）。

城镇登记失业人员 指有非农业户口，在一定的劳动年龄内（16周岁至退休年龄），有劳动能力，无业而要求就业，并在当地劳动保障部门进行求职登记的人员。

城镇登记失业率 城镇登记失业人员与城镇单位就业人员（扣除使用的农村劳动力、聘用的离退休人员、港澳台及外方人员）、城镇单位中的不在岗职工、城镇私营业主、个体户主、城镇私营企业和个体就业人员、城镇登记失业人员之和的比。计算公式为：

$$\text{城镇登记失业率}=\frac{\text{城镇登记失业人数}}{\text{城镇单位就业人员}-\text{使用的农村劳动力}-\text{聘用的离退休人员}-\text{聘用的港澳台及外方人员}+\text{不在岗职工}+\text{城镇私营业主}+\text{城镇个体户主}+\text{城镇私营企业及个体就业人员}+\text{城镇登记失业人数}}\times 100\%$$

工资总额 指根据《关于工资总额组成的规定》（1990年1月1日国家统计局发布的一号令）进行修订，在报告期内（季度或年度）直接支付给本单位全部就业人员的劳动报酬总额。包括计时工资、计件工资、奖金、津贴和补贴、加班加点工资、特殊情况下支付的工资，是在岗职工工资总额、劳务派遣人员工资总额和其他就业人员工资总额之和。

工资总额是税前工资，包括单位从个人工资中直接为其代扣或代缴的房费、水费、电费、住房公积金和社会保险基金个人缴纳部分等。

工资总额不论是计入成本的还是不计入成本的，不论是以货币形式支付的还是以实物形式支付的，均应列入工资总额的计算范围。

平均工资 指单位就业人员在一定时期内平均每人所得的工资额。它表明一定时期工资收入的高低程度，是反映就业人员工资水平的主要指标。计算公式为：

$$\text{平均工资}=\frac{\text{报告期实际支付的全部就业人员工资总额}}{\text{报告期全部就业人员平均人数}}$$

平均工资指数 指报告期就业人员平均工资与基期就业人员平均工资的比率，是反映不同时期就业人员货币工资水平变动情况的相对数。计算公式为：

$$\text{平均工资指数}=\frac{\text{报告期就业人员平均工资}}{\text{基期就业人员平均工资}}\times 100\%$$

平均实际工资指数 就业人员平均实际工资指扣除物价变动因素后的就业人员平均工资。就业人员平均实际工资指数是反映实际工资变动情况的相对数，表明就业人员实际工资水平提高或降低的程度。计算公式为：

$$\text{平均实际工资指数}=\frac{\text{报告期就业人员平均工资指数}}{\text{报告期城镇居民消费价格指数}}\times 100\%$$

5

价格

Prices

简要说明

一、本篇资料的主要内容

本篇资料反应生产、流通、消费与投资等环节的价格变动趋势和变动幅度。主要包括居民消费价格指数、商品零售价格指数、农业生产资料价格指数、农产品生产价格指数、工业生产者出厂价格指数、工业生产者购进价格指数、固定资产投资价格指数等。

二、本篇资料的来源

1. 居民消费、商品零售和农业生产资料价格指数由国家统计局甘肃调查总队消费价格调查处整理提供。

2. 工业生产者出厂、工业生产者购进、固定资产投资、房地产等价格指数由国家统计局甘肃调查总队生产投资价格调查处整理提供。

5-1 历年各种价格指数

Price Indices

(上年 =100) (preceding year=100)

年 份 Year	居民消费价格指数 Consumer Price Index	城 市 Urban Indices	农 村 Rural Indices	商品零售价格指数 Retail Price Index	农业生产资料价格指数 Price Index for Means of Agricultural Production	工业生产者出厂价格指数 Producer Price Index for Industrial Products	工业生产者购进价格指数 Purchasing Price Index for Industrial Producers	固定资产投资价格指数 Price Index for Investment in Fixed Assets
1978	100.6	100.8		100.5	100.2			
1979	101.1	101.1	101.0	100.8	100.2			
1980	104.2	105.2	102.7	104.1	100.2			
1981	101.7	102.2	100.7	101.6	99.8			
1982	101.1	101.1	101.1	101.2	101.3			
1983	100.4	100.4	100.4	100.6	104.4			
1984	102.5	103.3	101.5	103.0	108.3			
1985	109.2	110.6	107.1	108.5	104.6			
1986	106.6	107.0	106.0	106.0	100.6			
1987	107.6	108.4	106.5	107.4	104.8			
1988	119.1	120.6	116.0	118.6	114.3			
1989	117.9	118.2	117.6	116.4	113.7			
1990	103.2	101.9	104.7	103.4	111.2			105.6
1991	104.9	105.7	104.5	104.6	104.5	104.2		109.0
1992	107.2	107.3	106.4	105.8	106.7	110.3		117.4
1993	115.4	115.2	115.8	113.0	120.1	125.3		126.2
1994	123.7	124.6	123.5	122.5	123.2	121.2		112.6
1995	119.8	118.9	120.3	116.5	129.6	115.0	113.7	109.4
1996	110.2	110.3	109.7	106.6	110.7	104.4	107.6	104.9
1997	102.9	102.8	102.9	101.6	101.4	105.0	102.2	102.7
1998	99.0	99.0	98.9	98.2	96.3	95.2	96.4	100.3
1999	97.6	97.2	98.2	97.2	95.8	98.2	98.3	101.0
2000	99.5	99.2	100.1	99.1	103.9	107.2	111.8	102.5
2001	104.0	103.0	105.5	99.6	98.6	98.5	101.4	102.0
2002	100.0	99.3	100.9	98.9	100.4	97.9	98.4	100.2
2003	101.1	100.9	101.4	100.2	101.8	110.0	105.6	101.7
2004	102.3	101.3	104.3	102.1	107.4	114.3	112.5	105.5
2005	101.7	101.2	103.0	99.9	109.0	109.6	109.9	102.2
2006	101.3	101.2	101.4	101.2	104.4	109.8	108.8	104.1
2007	105.5	105.2	106.3	104.4	107.1	105.5	104.3	102.8
2008	108.2	108.0	108.7	107.9	114.7	104.9	110.2	106.7
2009	101.3	100.9	102.2	101.8	99.0	91.0	90.5	101.5
2010	104.1	104.4	103.6	104.6	101.7	115.0	114.4	103.5
2011	105.9	106.0	105.7	105.4	107.6	111.0	115.1	104.7
2012	102.7	102.5	103.1	102.6	105.2	96.8	98.7	102.1
2013	103.2	103.0	103.4	102.6	102.1	96.9	97.8	100.4
2014	102.1	102.2	102.1	101.7	99.0	96.7	97.6	100.1
2015	101.6	101.4	101.8	101.0	98.6	87.0	87.0	97.7

注：2011 年以前，工业生产者出厂价格指数为工业品出厂价格指数，工业生产者购进价格指数为原材料、燃料和动力购进价格指数。（下表同）

a) Before 2011,data of industrial producer price index data refer to producer price index for manufactured goods, data of industrial producer purchase price index refer to purchasing price index for raw material,fuel and power, The same applies to the tables following.

5-2 历年各种价格定基指数

Fixed-based Price Indices

（1978 年 =100）　　(year of 1978 =100)

年 份 Year	居民消费价格指数 Consumer Price Index	城 市 Urban Indices	农 村 Rural Indices	商品零售价格指数 Retail Price Index	农业生产资料价格指数 Price Index for Means of Agricultural Production
1978	100.0	100.0	100.0	100.0	100.0
1979	101.1	101.1	101.0	100.8	100.2
1980	105.3	106.4	103.7	104.9	100.4
1981	107.1	108.7	104.5	106.6	100.2
1982	108.3	109.9	105.6	107.9	101.5
1983	108.7	110.3	106.0	108.5	106.0
1984	111.5	113.9	107.6	111.7	114.8
1985	121.7	126.1	115.3	121.2	120.0
1986	129.8	134.9	122.2	128.5	120.8
1987	139.6	146.2	130.1	137.9	126.6
1988	166.3	176.3	150.9	163.6	144.7
1989	196.1	208.4	177.5	190.5	164.5
1990	202.3	212.4	185.8	196.9	182.9
1991	212.2	224.5	194.2	206.0	191.1
1992	227.5	240.9	206.6	217.9	203.9
1993	262.6	277.5	239.3	246.4	244.9
1994	324.8	345.7	295.5	301.8	301.8
1995	389.1	411.1	355.5	351.6	391.1
1996	428.8	453.4	389.9	374.8	432.9
1997	441.2	466.1	401.3	380.8	439.0
1998	436.8	461.5	396.9	373.9	422.7
1999	426.3	448.5	389.7	363.2	405.0
2000	424.2	444.9	390.1	360.2	420.8
2001	441.2	458.3	411.6	358.8	414.9
2002	441.2	455.1	415.3	354.9	416.5
2003	446.1	459.2	421.1	355.6	424.0
2004	456.4	465.2	439.2	363.1	455.4
2005	464.2	470.8	452.4	362.7	496.4
2006	470.2	476.4	458.7	367.1	518.2
2007	496.1	501.2	487.1	383.4	555.0
2008	536.8	541.3	529.5	413.7	636.6
2009	543.8	546.2	541.2	421.2	630.2
2010	566.1	570.2	560.7	440.6	640.9
2011	599.5	604.4	592.7	464.4	689.6
2012	615.7	619.5	611.1	476.5	725.5
2013	635.4	638.1	631.9	488.9	740.7
2014	648.7	652.1	645.1	497.2	739.9
2015	659.1	661.2	656.7	502.1	729.5

5-3 居民消费价格分类指数（2015）
Consumer Price Indices by Category(2015)

（上年 =100） (preceding year =100)

项 目	Item	全 省 Provincal Indices	城 市 Urban Indices	农 村 Rural Indices
居民消费价格指数	**Consumer Price Index**	**101.6**	**101.4**	**101.8**
食品	**Food**	**101.7**	**101.3**	**102.3**
粮食	Grain	101.5	101.7	101.3
#大米	Rice	100.8	100.1	101.6
面粉	Flour	100.3	100.1	100.4
淀粉及制品	Starches and Tubers	102.7	101.0	104.7
干豆类及豆制品	Beans and Bean Products	103.6	104.3	102.4
油脂	Oil or Fat	98.7	99.3	97.7
肉禽及其制品	Meal, Poultry and Processed Products	103.0	103.4	102.3
蛋	Eggs	92.5	90.7	96.7
水产品	Aquatic Products	99.6	99.5	100.0
菜	Vegetables	106.2	104.9	109.0
#鲜菜	Fresh Vegetables	106.6	105.0	110.7
调味品	Flavoring	101.6	103.4	100.6
糖	Carbohydrate	99.7	100.4	98.9
茶及饮料	Tea and Beverages	101.4	101.1	101.7
茶叶	Tea	100.6	101.3	99.9
饮料	Beverages	101.9	100.9	103.2
干鲜瓜果	Dried and Fresh Melons and Fruits	96.6	96.1	97.7
#鲜果	Fresh Fruits	94.1	93.6	95.2
糕点饼干面包	Cake, Biscuit and Bread	102.6	101.8	103.9
液体乳及乳制品	Milk and Its Products	100.6	99.6	103.4
在外用膳食品	Dining Out	102.5	101.8	103.8
其它食品	Other Foods	102.4	102.5	102.1
烟酒	**Tobacco,Liquor**	**103.1**	**102.9**	**103.3**
烟草	Tobacco	106.0	106.6	105.6
酒	Liquor	98.6	97.7	99.4
衣着	**Clothing**	**103.1**	**102.5**	**104.1**
服装	Garments	103.2	102.9	103.6
衣着材料	Clothing Material	102.1	102.0	102.1
鞋袜帽	Footgear and Hats	103.0	101.1	105.8
#鞋	Shoes	103.1	101.1	106.1
衣着加工服务费	Clothing Manufacturing Services	102.9	103.0	102.6
家庭设备用品及维修服务	**Household Facilities,Articles and Services**	**101.6**	**101.5**	**101.9**
耐用消费品	Durable Consumer Goods	100.6	100.6	100.5
家具	Furniture	101.2	101.2	101.2
家庭设备	Household Facilities	100.0	100.2	99.8

5-3 续表 continued

（上年 =100） (preceding year =100)

项目	Item	全省 Provincal Indices	城市 Urban Indices	农村 Rural Indices
室内装饰品	Interior Decorations	101.1	100.7	101.7
床上用品	Bed Articles	99.3	98.1	102.0
家庭日用杂品	Daily Use Household Articles	101.8	101.9	101.5
家庭服务及加工维修服务	Household Services and Maintenance and Renovation	107.1	112.1	105.3
医疗保健和个人用品	**Health Care and Personal Articles**	**101.6**	**101.7**	**101.6**
医疗保健	Health Care	102.0	102.7	101.2
医疗器具及用品	Medical Instrument and Articles	101.2	101.2	101.1
中药材及中成药	Traditional Chinese Medicine	101.7	101.9	101.4
西药	Western Medicine	103.9	105.7	100.6
保健器具及用品	Health Care Appliances and Articles	103.1	103.3	101.5
医疗保健服务	Health Care Services	101.0	100.7	101.3
个人用品及服务	Personal Articles and Services	100.5	99.3	103.6
化妆美容用品	Cosmetics	101.4	101.5	101.4
清洁化妆用品	Sanitation Articles	101.3	100.2	103.0
个人饰品	Personal Ornaments	97.9	97.2	100.5
个人服务	Personal Services	105.9	103.4	110.4
交通和通信	**Transportation and Communication**	**98.6**	**98.9**	**98.0**
交通	Transportation	97.6	98.3	96.6
交通工具	Transportation Facility	100.7	99.8	101.3
车用燃料及零配件	Fuels and Parts	86.8	85.2	87.5
车辆使用及维修费	Fees for Vehicles Use and Maintenance	106.4	109.2	102.5
市区公共交通费	Incity Traffic Fare	100.2	100.0	101.4
城市间交通费	Intercity Traffic Fare	98.3	98.0	98.8
通信	Communication	99.6	99.4	99.8
通信工具	Communication Facility	98.2	96.2	100.5
通信服务	Communication Service	99.7	99.8	99.6
娱乐教育文化用品及服务	**Recreation, Education and Culture Articles**	**100.6**	**100.3**	**101.1**
文娱用耐用消费品及服务	Durable Consumer Goods for Cultural and Recreational Use and Services	98.7	98.3	99.5
教育	Education	101.2	100.9	101.4
教材及参考书	Teaching Materials and Reference Books	100.3	99.8	101.0
教育服务	Educational Services	101.2	100.9	101.4
文化娱乐	Cultural and Recreational Articles	100.9	100.9	100.9
文化娱乐用品	Cultural Articles	100.2	99.0	101.2
书报杂志	Newspapers and Magazines	102.6	103.9	100.3
文娱费	Expenditure on Culture and Recreation	100.7	100.7	100.6
旅游	Touring and Outing	99.7	99.6	101.3
居住	**Residence**	**101.9**	**102.6**	**100.8**
建房及装修材料	Building and Building Decoration Materials	101.6	99.5	102.5
住房租金	Renting	102.7	104.6	99.9
自有住房	Private Housing	103.1	103.8	100.6
水、电、燃料	Water, Electricity and Fuels	99.3	99.9	98.4

5-4 历年居民消费价格指数
Consumer Price Index

（上年 =100）　　(preceding year =100)

项　目	Item	2010	2011	2012	2013	2014	2015
居民消费价格指数	**Consumer Price Index**	**104.1**	**105.9**	**102.7**	**103.2**	**102.1**	**101.6**
食品	**Food**	**109.4**	**111.4**	**104.1**	**105.6**	**103.6**	**101.7**
#粮食	Grain	120.8	110.5	102.3	106.9	104.2	101.5
油脂	Oil or Fat	101.0	114.1	104.5	101.0	98.3	98.7
肉禽及其制品	Meal, Poultry and Processed Products	105.2	122.4	104.2	104.4	100.3	103.0
蛋	Eggs	109.1	116.0	97.4	107.3	109.1	92.5
水产品	Aquatic Products	108.8	109.1	105.2	101.4	103.2	99.6
菜	Vegetables	109.8	103.4	108.5	108.4	102.2	106.2
干鲜瓜果	Dried and Fresh Melons and Fruits	117.1	115.1	98.0	102.9	114.2	96.6
烟酒	**Tobacco,Liquor**	**102.8**	**101.8**	**103.0**	**101.0**	**99.9**	**103.1**
衣着	**Clothing**	**100.0**	**101.3**	**102.6**	**102.7**	**102.4**	**103.1**
家庭设备用品及维修服务	**Household Facilities,Articles and Services**	**100.6**	**101.6**	**101.1**	**101.8**	**102.2**	**101.6**
医疗保健和个人用品	**Health Care and Personal Articles**	**103.5**	**105.8**	**103.8**	**102.1**	**101.2**	**101.6**
交通和通信	**Transportation and Communication**	**99.3**	**101.1**	**100.4**	**100.0**	**100.0**	**98.6**
#交通工具	Transportations Facility	99.5	100.5	100.4	100.4	101.5	100.7
通信工具	Communication Facility	84.1	92.8	94.2	92.7	93.4	98.2
通信服务	Communication Services	99.7	100.1	99.8	99.1	99.8	99.7
娱乐教育文化用品及服务	**Recreation, Education and Culture Articles**	**100.4**	**102.9**	**101.0**	**101.6**	**101.4**	**100.6**
#教材及参考书	Teaching Materials and Reference Books	105.0	104.8	100.3	100.8	101.6	100.3
文化娱乐用品	Cultural and Recreational Articles	99.8	99.9	100.4	99.7	100.2	100.2
居住	**Residence**	**104.1**	**105.7**	**101.8**	**102.7**	**101.5**	**101.9**

5-5 各地区居民消费价格指数（2015）

Consumer Price Indices by Prefecture (2015)

(上年 =100) (preceding year =100)

地 区	Region	居民消费价格指数 Consumer Price Index	食品 Food	烟酒 Tobacco and Liquor	衣着 Clothing	家庭设备用品及维修服务 Household Facilities,Articles and Services	医疗保健和个人用品 Health Care and Personal Articles	交通和通讯 Transpor-ta-tion and Communi-ca-tion	娱乐教育文化用品及服务 Recreation,Education and Culture	居住 Residence
兰州市	Lanzhou	101.3	101.2	101.0	103.1	100.3	101.0	98.9	100.2	103.9
嘉峪关市	Jiayuguan	99.7	99.5	102.9	99.6	99.5	100.5	98.4	99.3	100.7
金昌市	Jinchang	101.2	102.2	103.4	100.7	100.3	101.1	99.3	100.6	100.0
白银市	Baiyin	100.3	100.0	102.5	100.2	99.5	100.1	100.0	100.2	102.0
天水市	Tianshui	102.0	101.9	107.5	101.0	102.8	102.3	100.3	102.6	101.0
武威市	Wuwei	101.5	102.1	102.4	103.2	100.0	102.1	99.8	101.3	99.3
张掖市	Zhangye	101.4	101.6	103.9	97.3	103.2	102.1	100.7	103.8	100.6
平凉市	Pingliang	101.1	101.5	100.0	99.8	101.7	99.2	100.4	98.7	104.4
酒泉市	Jiuquan	101.5	101.2	103.1	102.7	104.0	106.0	97.4	100.4	99.2
庆阳市	Qingyang	101.7	102.0	103.4	103.9	103.5	102.5	97.1	102.1	99.3
定西市	Dingxi	101.6	103.3	100.8	104.4	100.5	99.7	99.2	100.5	99.7
陇南市	Longnan	101.5	102.5	103.6	100.4	100.6	101.8	100.3	100.9	100.1
临夏州	Linxia	100.7	103.2	103.6	97.5	99.3	109.2	97.3	94.6	96.5
甘南州	Gannan	101.7	100.3	102.0	104.1	101.8	106.1	100.1	99.9	102.2

注：本表数据为各市、州调查点数据，不完全代表各市、州价格总水平。

a) Data in this table are obtained from the sampling points in municipalities and prefectures, not entirely represent the general level of prices of them .

5-6 商品零售价格分类指数（2015）

Retail Price Indices by Category of Commodities（2015）

（上年 =100）　　(preceding year =100)

项　目	Item	全省 Provincal	城市 Urban Indices	农村 Rural Indices
商品零售价格指数	**Retail Price Index**	**101.0**	**100.8**	**101.5**
食品	**Food**	**101.6**	**101.4**	**102.1**
# 粮食	Grain	101.3	101.5	101.1
油脂	Oil or Fat	99.4	100.5	96.7
肉禽及其制品	Meats, Poultry and Processed Products	103.4	103.6	102.6
蛋	Eggs	92.8	91.0	96.8
水产品	Aquatic Products	98.9	99.1	98.5
菜	Vegetables	105.8	105.2	108.2
调味品	Flavoring	101.8	102.7	100.6
糖	Sugar	99.8	100.2	99.1
干鲜瓜果	Dried and Fresh Melons and Fruits	95.7	95.3	97.3
糕点饼干面包	Cake, Biscuit and Bread	102.6	102.0	104.5
液体乳及乳制品	Milk and Its Products	100.7	99.9	104.4
在外用餐食品	Outward Dinner Food	101.9	101.5	103.1
饮料、烟酒	**Beverages, Tobacco and Liquor**	**102.2**	**101.9**	**103.0**
茶及饮料	Tea and Beverages	101.3	101.0	102.4
烟草	Tobacco	105.8	106.0	105.3
酒	Liquor	97.4	96.7	99.4
服装、鞋帽	**Garments, Shoes and Hats**	**103.0**	**102.5**	**104.1**
# 服装	Garments	103.1	103.0	103.3
鞋袜帽	Footgear and Hats	103.1	101.2	106.9
纺织品	**Textiles**	100.2	99.4	101.6
衣着材料	Clothing Material	102.7	103.1	101.9
床上用品	Bed Articles	98.4	96.4	101.5
家用电器及音像器材	**Household Appliances,Music and Video Equipment**	**99.6**	**99.6**	**99.5**
文化办公用品	**Cultural and Office Appliances**	**100.1**	**99.3**	**102.3**
日用品	**Articles for Daily Use**	**101.6**	**100.9**	**103.0**
# 日用百货	General Merchandise for Daily Use	101.9	100.3	103.3
日用杂品	Miscellaneous for Daily Use	102.2	102.2	102.0
体育娱乐用品	**Sports and Recreation Articles**	100.8	100.7	101.1
交通、通信用品	**Transportation and Communication Appliances**	**99.2**	**98.5**	**100.5**
家具	**Furniture**	**100.7**	**100.7**	**100.8**
化妆品	**Cosmetics**	**101.6**	**101.1**	**102.6**
金银珠宝	**Jewelry**	**92.7**	**91.6**	**95.9**
中西药品及医疗保健用品	**Traditional Chinese and Western Medicines and Health Care Articles**	**102.4**	**103.2**	**100.7**
# 中药材及中成药	Traditional Chinese Medicine	101.3	101.7	100.5
西药	Western Medicine	103.6	105.1	100.8
书报杂志及电子出版物	**Books,Newpapers,Magazines and Electronic Publications**	**100.9**	**101.0**	**100.9**
燃料	**Fuels**	**95.8**	**96.4**	**94.3**
建筑材料及五金电料	**Building Materials and Hardware**	**100.0**	**99.4**	**101.3**

5-7 历年商品零售价格指数
Retail Price Indices

（上年 =100） (preceding year =100)

项　目	Item	2010	2011	2012	2013	2014	2015
商品零售价格指数	**Retail Price Index**	**104.6**	**105.4**	**102.6**	**102.6**	**101.7**	**101.0**
食品	**Food**	**109.7**	**111.3**	**104.3**	**106.2**	**103.8**	**101.6**
#粮食	Grain	122.2	110.8	102.4	107.4	104.1	101.3
油脂	Oil or Fat	99.4	112.5	104.5	100.6	98.3	99.4
肉禽及其制品	Meats, Poultry and Processed Products	104.6	122.5	103.8	104.2	100.0	103.4
蛋	Eggs	109.3	114.5	97.7	107.5	110.1	92.8
水产品	Aquatic Products	108.3	108.7	105.2	101.4	101.8	98.9
菜	Vegetables	110.8	103.6	109.6	108.8	103.1	105.8
调味品	Flavoring	105.2	105.5	105.9	108.2	111.5	101.8
糖	Sugar	109.3	115.2	103.2	100.6	99.7	99.8
干鲜瓜果	Dried and Fresh Melons and Fruits	117.0	116.1	98.1	102.9	114.9	95.7
糕点饼干面包	Cake, Biscuit and Bread	102.9	109.9	102.7	102.5	102.4	102.6
液体乳及乳制品	Milk and Its Products	102.4	102.3	102.6	105.8	110.3	100.7
在外用餐食品	Outward Dinner Food	106.2	110.0	106.5	108.7	102.4	101.9
饮料、烟酒	**Beverages, Tobacco and Liquor**	**103.6**	**103.2**	**103.6**	**100.7**	**99.4**	**102.2**
茶及饮料	Tea and Beverages	102.0	103.5	102.9	102.1	99.7	101.3
烟草	Tobacco	100.2	100.1	100.1	99.9	100.1	105.8
酒	Liquor	108.3	108.4	109.6	101.3	98.4	97.4
服装、鞋帽	**Garments, Shoes and Hats**	**99.7**	**100.5**	**103.2**	**102.8**	**102.5**	**103.0**
#服装	Garments	100.4	100.5	103.8	103.4	103.0	103.1
鞋袜帽	Footgear and Hats	97.9	100.6	101.9	101.5	101.1	103.1
纺织品	**Textiles**	100.8	102.1	101.8	101.5	102.6	100.2
衣着材料	Clothing Material	101.7	106.6	102.1	102.7	105.5	102.7
床上用品	Bed Articles	100.1	99.2	101.7	100.8	100.6	98.4
家用电器及音像器材	**Household Appliances,Music and Video Equipment**	**98.0**	**98.1**	**98.7**	**97.8**	**99.5**	**99.6**
文化办公用品	**Cultural and Office Appliances**	**98.6**	**99.7**	**99.9**	**99.9**	**99.6**	**100.1**
日用品	**Articles for Daily Use**	**100.2**	**102.9**	**102.3**	**102.1**	**101.8**	**101.6**
#日用百货	General Merchandise for Daily Use	100.7	102.9	101.6	101.5	102.3	101.9
日用杂品	Miscellaneous for Daily Use	100.7	104.9	101.1	101.3	100.8	102.2
体育娱乐用品	**Sports and Recreation Articles**	**100.1**	**100.1**	**100.2**	**101.3**	**100.7**	**100.8**
交通、通信用品	**Transportation and Communication Appliances**	**103.4**	**95.7**	**95.1**	**96.1**	**96.9**	**99.2**
家具	**Furniture**	**100.2**	**100.5**	**100.5**	**102.7**	**102.0**	**100.7**
化妆品	**Cosmetics**	**100.4**	**101.5**	**103.0**	**102.3**	**102.4**	**101.6**
金银珠宝	**Jewelry**	**111.4**	**114.5**	**105.6**	**91.4**	**92.2**	**92.7**
中西药品及医疗保健用品	**Traditional Chinese and Western Medicines and Health Care Articles**	**103.6**	**108.7**	**104.9**	**102.9**	**103.2**	**102.4**
#中药材及中成药	Traditional Chinese Medicine	106.9	119.8	108.3	104.2	105.6	101.3
西药	Western Medicine	101.9	101.9	102.7	101.9	101.1	103.6
书报杂志及电子出版物	**Books,Newpapers,Magazines and Electronic Publications**	**102.3**	**104.4**	**100.6**	**100.1**	**100.8**	**100.9**
燃料	**Fuels**	**111.1**	**110.7**	**102.6**	**100.5**	**99.0**	**95.8**
建筑材料及五金电料	**Building Materials and Hardware**	**102.3**	**101.8**	**100.4**	**100.8**	**100.4**	**100.0**

5-8 各地区商品零售价格指数（2015）

Retail Price Indices by Region (2015)

（上年 =100） (preceding year =100)

地 区	Region	商品零售价格指数 Retail Price Index	食品 Food	饮料、烟酒 Beverages, Tobacco and Liquor	服装、鞋帽 Clothing, Shoes and Hats	纺织品 Textiles	家用电器及音像器材 Household Appliances,Music and Video Equipment	文化办公用品 Cultural and Office Appliances	日用品 Articles for Daily Use	体育娱乐用品 Sports and Recreation Articles
兰州市	Lanzhou	100.6	101.2	101.1	102.8	95.7	98.2	98.9	100.9	100.6
嘉峪关市	Jiayuguan	98.7	99.6	102.3	99.2	99.5	98.5	99.5	99.5	99.8
金昌市	Jinchang	101.2	102.5	103.1	100.7	99.9	100.0	100.5	101.0	100.0
白银市	Baiyin	98.7	100.0	101.6	100.3	101.7	99.6	100.0	100.2	100.3
天水市	Tianshui	101.3	102.2	105.8	100.7	101.6	102.3	99.2	100.4	99.4
武威市	Wuwei	100.7	102.1	102.0	102.5	100.0	98.7	100.1	99.2	100.8
张掖市	Zhangye	100.8	101.5	103.0	96.4	101.2	97.8	106.1	100.9	100.9
平凉市	Pingliang	100.3	101.0	101.4	99.4	103.1	99.9	99.8	100.6	99.9
酒泉市	Jiuquan	101.6	101.2	101.5	102.9	102.7	100.8	98.9	101.9	102.2
庆阳市	Qingyang	101.8	100.4	104.2	104.4	99.8	99.6	103.3	111.6	102.5
定西市	Dingxi	101.3	103.8	101.4	104.4	103.6	99.3	101.3	101.1	100.0
陇南市	Longnan	100.9	102.2	102.8	99.3	101.4	100.1	102.6	101.3	97.4
临夏州	Linxia	101.0	103.0	104.6	95.4	99.5	86.1	97.8	102.7	104.5
甘南州	Gannan	101.5	100.2	101.3	104.5	101.6	100.2	102.4	101.7	101.3

注：本表数据为各市、州调查点数据，不完全代表各市、州价格总水平。

a) Data in this table are obtained from the sampling points in municipalities and prefectures, not entirely represent the general level of prices of them.

5-8 续表 continued

（上年 =100） (preceding year =100)

地 区	Region	交通、通信用品 Transportation and Communication Appliances	家具 Furniture	化妆品 Cosmetics	金银珠宝 Gold,Sliver and Jewelery	中西药品及医疗保健用品 Traditional Chinese and Western Medicines and Health Care Articles	书报杂志及电子出版物 Books, Newpapers, Magazines and Electronic Publications	燃料 Fuels	建筑材料及五金电料 Building Materials and Hardware
兰州市	Lanzhou	98.4	100.1	101.5	86.2	104.5	101.0	98.8	100.2
嘉峪关市	Jiayuguan	96.4	99.5	99.7	97.9	101.4	100.2	90.0	98.8
金昌市	Jinchang	99.0	103.6	100.2	97.9	101.5	101.3	94.9	100.1
白银市	Baiyin	99.9	100.0	100.1	99.2	99.8	99.9	86.2	98.8
天水市	Tianshui	104.6	99.9	100.9	96.1	102.0	99.1	93.6	98.8
武威市	Wuwei	99.4	100.0	99.1	95.4	102.2	97.2	95.0	98.5
张掖市	Zhangye	94.6	106.1	99.7	95.6	103.5	109.8	92.7	100.1
平凉市	Pingliang	98.1	100.0	100.2	99.6	97.4	101.4	99.3	100.8
酒泉市	Jiuquan	99.6	101.7	103.0	97.7	106.8	104.5	93.5	99.0
庆阳市	Qingyang	98.3	104.0	100.9	98.0	102.8	101.3	92.0	102.4
定西市	Dingxi	100.1	100.2	101.4	92.8	98.1	99.9	92.7	99.9
陇南市	Longnan	100.6	100.0	108.0	96.6	99.9	104.6	92.1	99.8
临夏州	Linxia	94.6	100.8	101.6	99.6	110.6	100.4	95.6	96.4
甘南州	Gannan	100.2	99.1	101.9	95.5	110.0	101.3	97.7	105.5

5-9 农业生产资料价格指数

Price Indices of Means Agricultural Production

（上年 =100） (preceding year =100)

项 目	Item	2010	2011	2012	2013	2014	2015
农业生产资料价格指数	**General Index**	**101.7**	**107.6**	**105.2**	**102.1**	**99.0**	**98.6**
#农用手工工具	Farm Handtools	104.4	104.3	103.2	106.5	108.7	101.7
饲料	Forage	126.3	114.5	103.8	102.5	102.7	100.8
产品畜	Commodity Animals	82.6	117.3	136.5	108.0	97.5	94.8
半机械化农具	Semi-mechanized Farm Tools	98.6	100.1	100.8	100.3	100.1	100.0
机械化农具	Mechanized Farm Machinery	101.8	101.1	100.4	100.3	100.1	100.0
化学肥料	Chemical Fertilizer	97.8	110.5	103.1	100.3	93.3	97.7
农药及农药器械	Pesticide and Its Appliances	102.1	103.5	106.5	103.5	101.4	101.0
农用机油	Oil for Farm Machinery	108.1	107.4	101.7	100.2	98.8	87.7
其他农业生产资料	Other Means of Agricultural Production	103.8	103.2	102.8	103.3	101.9	100.7
农业生产服务	Service for Agricultural Production	101.8	104.0	100.9	100.9	103.1	104.8

5-10 固定资产投资价格指数

Price Index for Investment in Fixed Assets

（上年 =100） (preceding year =100)

项 目	Item	2010	2011	2012	2013	2014	2015
固定资产投资价格指数	**Price Index for Investment in Fixed Assets**	**103.5**	**104.7**	**102.1**	**100.4**	**100.1**	**97.7**
建筑安装工程	Construction and Installtion	105.0	106.7	102.5	101.0	100.2	97.5
#人工费	Labour Cost	108.0	112.2	111.3	111.2	106.0	103.3
材料费	Materials	104.2	105.2	98.8	96.9	97.7	95.5
机械使用费	Usage in Machinary	103.7	105.6	105.5	103.3	103.1	97.4
设备工器具购置	Purchase of Equipment and Instruments	100.8	99.0	100.3	97.1	99.1	97.9
其他费用	Others	103.1	103.3	102.3	101.9	101.6	99.6

5-11 农产品生产价格指数
Producer Price Indices for Farm Products

（上年 =100）　　(preceding year=100)

指　标	Item	2010	2011	2012	2013	2014	2015
农产品生产价格指数	**Producer Price Indices for Farm Products**	**113.8**	**112.9**	**106.4**	**105.6**	**102.8**	**98.5**
种植业产品	**Planting Products**	**119.5**	**111.7**	**106.9**	**105.6**	**105.3**	**99.8**
谷物（原粮）	Cereal (Unprocessed Food Grains)	110.8	117.7	101.9	102.5	108.8	99.7
#小麦	Wheat	106.8	116.9	102.3	104.4	109.9	99.6
稻谷	Rice						
玉米	Corn	119.4	109.9	105.3	101.9	101.7	97.2
豆类	Beans	109.4	104.8	96.7	107.2	98.1	99.3
#大豆	Beans	106.3	105.4	104.2	113.7	92.9	91.0
蚕豆	Broad Bean	154.8	106.6	77.1	105.3	104.4	104.9
薯类	Tubers	185.0	99.5	97.8	117.8	92.7	94.0
油料	Oil-bearing Crops	107.1	104.7	103.4	104.2	104.2	100.3
#油菜籽	Rapeseeds	103.9	109.3	106.3	103.7	110.6	100.3
胡麻籽	Benne	104.9	99.6	94.2	102.5	96.4	96.7
棉花（籽棉）	Cotton (Unginned Cotton)	176.2	113.1	87.3	107.1	83.7	103.0
糖料	Sugar				102.4		
蔬菜	Vegetable	114.2	103.3	115.1	111.1	108.4	104.5
水果（含果用瓜）	Fruit (Fruit Included Melons)	127.6	109.3	119.5	106.9	110.8	100.5
#苹果	Apple	142.9	108.5	117.2	111.1	117.4	97.2
梨	Pear	105.8	93.3	86.7	100.0	89.8	100.0
桃	Peach	151.9	120.0	115.5	110.1	117.8	91.4
杏	Apricot	116.3	93.1	95.2	100.0	89.8	
西瓜	Water Melon	103.3	121.6	137.8	87.6	107.8	128.6
中药材	Traditional Chinese Medicinal Materials	124.1	145.3	113.1	99.2	76.3	96.3
#党参	Codonopsis	156.9	154.7	151.5	85.8	64.0	95.2
当归	Angelica	92.7	194.4	56.7	118.0	69.6	
黄芪	Astragalus	127.9	160.3	92.2	101.1	92.6	92.0
甘草	Licorice	122.9	123.1	125.0	100.0	100.0	
林业产品	**Forestry Products**	**144.9**	**123.5**	**98.9**			
畜牧业产品	**Animal Husbandry Products**	**101.6**	**117.8**	**102.7**	**106.0**	**98.1**	**98.1**
#牛的饲养	Cattle Raising	104.6	103.6	109.5	117.8	107.3	103.4
羊的饲养	Sheep Raising	103.5	118.8	106.6	105.4	95.5	79.3
猪的饲养	Pig Raising	92.1	122.2	95.0	101.7	93.5	104.3
鸡	Chicken	118.7	104.0	117.3	109.4	100.7	100.6
奶产品	Milk Products	129.2	114.4	117.7	118.2	105.1	99.2
鸡蛋	Eggs	110.1	110.1	96.5	107.6	107.3	98.2
渔业产品	**Fishing Products**	**115.5**	**120.3**	**108.7**	**106.5**	**84.1**	**100.6**

注：2012年起，国家统计局实行新方法制度，对分类进行调整并增加了品种。

a)Since 2012,National Bureau of Statistics implemented the new method system, adjusted the classification of producer price indices for farm products and increased the breed.

5-12 工业生产者购进价格指数
Purchasing Price Index for Industrial Producers

（上年 =100） (preceding year =100)

类 别	Types	2010	2011	2012	2013	2014	2015
工业生产者购进价格指数	**Purchasing Price Index for Industrial Producers**	**114.4**	**115.1**	**98.7**	**97.8**	**97.6**	**87.0**
燃料、动力类	Fuel and Power	118.4	110.0	98.2	98.4	98.5	81.5
黑色金属材料类	Ferrous Metals	109.4	108.3	92.7	94.8	93.4	86.9
# 钢材	Rolled Steel	103.7	105.7	95.0	93.9	93.2	91.1
有色金属材料和电线类	Nonferrous Metals and Electric Wire	118.8	109.3	96.5	95.1	95.3	94.0
化工原料类	Raw Chemical Materials	112.0	112.8	98.7	95.7	96.1	96.1
木材及纸浆类	Timber and Paper Pulp	104.4	103.8	102.6	99.0	99.2	99.4
建筑材料及非金属矿类	Building Materials and Nonmetal Mine	102.3	110.8	105.5	99.5	98.2	93.8
其他工业原材料及半成品类	Other Industrial Raw and Processed Materials	103.6	111.5	104.7	102.1	100.4	96.5
农副产品类	Farm and Sideline Products	111.5	116.3	99.2	103.0	104.2	101.6
纺织原料类	Textile Materials	108.0	128.5	106.7	99.2	99.7	102.5

5-13 工业生产者出厂价格指数
Producer Price Index for Industrial Products

（上年 =100） (preceding year =100)

项 目	Item	2010	2011	2012	2013	2014	2015
工业生产者出厂价格指数	**Producer Price Index for Industrial Products**	**115.0**	**111.0**	**96.8**	**96.9**	**96.7**	**87.0**
按轻重工业分	**Grouped by Light & Heavy Industry**						
轻工业	Light Industry	104.0	105.6	102.5	102.5	101.3	100.1
以农产品为原料	Using Farm Products as Raw Materials	103.2	106.2	102.4	102.7	101.6	100.0
以非农产品为原料	Using Non-farm Products as Raw Materials	105.1	101.9	102.9	101.2	99.4	100.6
重工业	Heavy Industry	116.7	111.5	96.2	96.3	96.2	85.6
采掘工业	Mining & Quarrying Industry	116.3	127.7	100.4	93.8	93.3	69.3
原料工业	Raw Materials Industry	118.5	111.6	96.3	96.6	97.6	87.6
加工工业	Manufacturing Industry	102.4	104.8	94.1	96.7	94.2	88.1
按两大部类分	**Grouped by Division**						
生产资料	Means of Production	116.1	111.6	96.2	96.3	96.1	85.6
采掘工业	Mining & Quarrying Industry	113.6	127.7	100.4	93.8	93.2	69.3
原料工业	Raw Materials Industry	118.8	111.6	96.3	96.6	97.7	87.6
加工工业	Manufacturing Industry	103.9	105.2	94.1	96.6	94.1	88.1
生活资料	Consumer Goods	102.4	104.5	102.5	103.0	101.5	100.2
食品	Food	102.7	104.9	102.6	102.8	101.7	100.2
衣着	Clothing	105.4	112.1	107.6	105.0	103.2	90.5
一般日用品	Articles for Daily Use	102.9	103.1	101.6	102.8	100.3	100.2
耐用消费品	Durable Consumer Goods	90.5	97.6	102.5	107.5	100.4	99.9
按工业部门分	**Grouped by Industry Sector**						
冶金工业	Metallurgical Industry	122.0	107.4	85.4	93.5	95.5	86.1
电力工业	Power Industry	100.7	105.2	103.7	99.7	97.4	99.8
煤炭及炼焦工业	Coal Industry	101.7	120.6	104.4	90.0	90.1	90.0
石油工业	Petroleum Industry	120.1	121.4	102.7	98.2	96.4	73.7
化学工业	Chemical Industry	107.9	113.7	103.0	97.5	97.7	95.7
机械工业	Machine Manufacturing Industry	101.4	99.0	101.0	96.5	96.8	96.9
建筑材料工业	Building Materials Industry	104.6	99.9	92.5	101.1	98.6	89.8
森林工业	Timber Industry	102.1	101.0	102.6	105.8	100.1	95.8
食品工业	Food Industry	103.0	105.5	103.0	103.0	101.8	100.1
纺织工业	Textile Industry	111.4	120.5	95.1	100.1	100.1	97.5
缝纫工业	Tailoring Industry	104.2	111.4	107.0	105.4	103.4	89.9
皮革工业	Leather Industry	103.6	103.4	94.9	101.4	101.3	101.6
造纸工业	Paper Industry	104.7	110.2	100.5	96.0	98.9	100.6
文教艺术用品工业	Cultural,Educational & Handicrafts Articles	102.6	107.3	105.9	105.5	100.0	100.0
其他工业	Others	108.5	101.8	101.8	99.1	100.9	96.6

5-14 按行业分工业生产者出厂价格指数

Producer Price Indices for Industrial Products by Sector

(上年 = 100) (preceding year =100)

行业	Sector	2010	2011	2012	2013	2014	2015
工业生产者出厂价格指数	**Producer Price Indices for Industrial Products**	**115.0**	**111.0**	**96.8**	**96.9**	**96.7**	**87.0**
煤炭开采和洗选业	Mining and Washing of Coal	101.2	120.8	104.5	90.0	90.1	90.0
石油和天然气开采业	Extraction of Petroleum and Natural Gas	122.6	137.1	98.1	94.6	94.8	52.2
黑色金属矿采选业	Mining and Processing of Ferrous Metal Ores	110.6	106.6	104.5	102.9	92.8	73.9
有色金属矿采选业	Mining and Processing of Non-Ferrous Metal Ores	113.0	111.5	100.8	99.3	99.2	98.8
非金属矿采选业	Mining and Processing of Nonmetal Ores	98.0	107.6	101.3	102.1	96.5	97.8
农副食品加工业	Processing of Food from Agricultural Products	104.3	108.2	104.7	102.0	100.4	100.5
食品制造业	Processing of Foodstuff	104.6	104.3	100.8	107.4	106.6	98.6
饮料制造业	Manufacture of Beverages	102.4	106.6	102.8	100.9	102.9	100.3
烟草制品业	Manufacture of Tobacco	101.4	100.0	100.8	104.5	100.4	100.0
纺织业	Manufacture of Textile	111.3	120.6	95.1	100.2	100.1	97.6
纺织服装、鞋、帽制造业	Manufacture of Textile Wearing Apparel,Footware, and Caps	103.8	109.6	108.1	105.7	103.5	88.9
皮革、毛皮、羽毛(绒)及其制品业	Manufacture of Leather, Fur, Feather and Related Products	103.6	103.4	94.9	101.4	101.3	101.6
木材加工及木、竹、藤、棕、草制品业	Processing of Timber, Manufacture of Wood, Bamboo, Rattan, Palm and Straw Products	100.3	102.4	109.5	93.7	99.8	82.6
家具制造业	Manufacture of Furniture	103.3	100.6	100.6	109.3	100.2	99.4
造纸及纸制品业	Manufacture of Paper and Paper Products	104.7	110.2	100.5	96.0	98.9	100.6
印刷业和记录媒介的复制	Printing, Reproduction of Recording Media	102.6	107.3	105.9	105.5	100.0	100.0
文教体育用品制造业	Manufacture of Articles for Culture, Education and Sport Activities	99.9					
石油加工、炼焦及核燃料加工业	Processing of Petroleum, Coking, Processing of Nuclear Fuel	119.8	117.3	103.9	99.1	96.6	79.0
化学原料及化学制品制造业	Manufacture of Raw Chemical Materials and Chemical Products	109.0	116.6	104.0	96.3	97.1	94.2
医药制造业	Manufacture of Medicines	106.0	102.9	98.5	102.0	99.5	101.0
化学纤维制造业	Manufacture of Chemical Fibers	103.5					
橡胶制品业	Manufacture of Rubber	106.6	121.4	100.4	98.0	98.0	95.2
塑料制品业	Manufacture of Plastics	101.4	106.4	101.0	100.2	99.1	99.9
非金属矿物制品业	Manufacture of Non-metallic Mineral Products	109.2	100.6	94.5	99.5	99.1	89.9
黑色金属冶炼及压延加工业	Smelting and Pressing of Ferrous Metals	107.5	107.4	88.1	95.2	90.7	80.3
有色金属冶炼及压延加工业	Smelting and Pressing of Non-ferrous Metals	133.1	107.4	81.6	91.4	98.4	89.2
金属制品业	Manufacture of Metal Products	105.0	106.4	103.5	103.3	98.7	95.8
通用设备制造业	Manufacture of General Purpose Machinery	100.9	106.6	98.2	98.8	99.8	100.6
专用设备制造业	Manufacture of Special Purpose Machinery	93.0	81.4	112.2	86.7	97.4	93.1
交通运输设备制造业	Manufacture of Transport Equipment	96.1	94.1	98.9	102.6	100.7	100.3
电气机械及器材制造业	Manufacture of Electrical Machinery and Equipment	111.8	104.3	94.2	97.1	95.2	95.1
通信设备、计算机及其他电子设备制造业	Manufacture of Communication Equipment, Computers and Other Electronic Equipment	100.0	113.2	108.2	104.6	86.5	99.9
仪器仪表及文化、办公用机械制造业	Manufacture of Measuring Instruments and Machinery for Cultural Activity and Office Work	101.8	96.5	100.1	100.2	100.1	100.0
工艺品及其他制造业	Manufacture of Artwork and Other Manufacturing	96.6	100.0	100.3	102.9	100.9	99.9
废弃资源和废旧材料回收加工业	Recycling and Disposal of Waste	106.9					
电力、热力的生产和供应业	Production and Supply of Electric Power and Heat Power	100.7	105.2	103.7	99.7	97.4	99.8
燃气生产和供应业	Production and Supply of Gas	106.9	114.2	100.8	108.3	117.7	102.7
水的生产和供应业	Production and Supply of Water	98.6	96.3	102.5	102.2	104.9	102.9

5-15 房地产价格指数
Price Indices of Real Estate

(上年 =100) (preceding year =100)

项 目	Item	2005	2006	2007	2008	2009
房屋销售价格指数	**Selling Price Indices of Houses**	**105.6**	**104.7**	**106.0**	**109.8**	**104.1**
# 新建住宅	Newly Built Residential Building	106.8	105.7	107.7	109.8	104.0
二手住宅	Second-hand House	101.7	102.1	103.5	113.2	105.1
房屋租赁价格指数	**Renting Price Indices of Houses**	**100.0**	**99.7**	**100.3**	**101.5**	**102.7**
# 住宅租赁	Renting Price Indices of Residential Buildings	101.6	100.4	100.5	102.8	104.6
物业管理价格指数	**Property Management Price Indices**	**101.4**	**100.2**	**101.7**	**100.1**	**101.4**
土地交易价格指数	**Transactions Price Indices of Land**	**100.0**	**100.0**	**100.0**	**100.0**	**100.0**

5-15 续表 continued

项 目	Item	2010	2011	2012	2013	2014	2015
房屋销售价格指数	**Selling Price Indices of Houses**	**107.3**					
# 新建住宅	Newly Built Residential Building	106.5	107.1	100.1	105.1	102.1	96.4
二手住宅	Second-hand House	110.5	101.1	96.5	101.2	100.8	96.9
房屋租赁价格指数	**Renting Price Indices of Houses**	**102.3**					
# 住宅租赁	Renting Price Indices of Residential Buildings	103.0	117.6	102.9	111.4		
物业管理价格指数	**Property Management Price Indices**	**101.0**	**101.4**	**101.4**	**104.3**		
土地交易价格指数	**Transactions Price Indices of Land**	**100.0**	**100.0**	**100.0**	**100.0**		

注：房地产价格指数为兰州市城市房地产价格数据。

a) Real estate price indices are the data of urban real estate prices of Lanzhou City.

主要指标解释

居民消费价格指数 是反映一定时期内城乡居民所购买的生活消费品价格和服务项目价格变动趋势和程度的相对数，是对城市居民消费价格指数和农村居民消费价格指数进行综合汇总计算的结果。该指数可以观察和分析消费品的零售价格和服务价格变动对城乡居民实际生活费支出的影响程度。

城市居民消费价格指数 是反映一定时期内城市居民家庭所购买的生活消费品价格和服务项目价格变动趋势和程度的相对数。该指数可以观察和分析消费品的零售价格和服务项目价格变动对城镇居民收入和消费支出的影响。

农村居民消费价格指数 是反映一定时期内农村居民家庭所购买的生活消费品价格和服务项目价格变动趋势和程度的相对数。该指数可以观察农村消费品的零售价格和服务项目价格变动对对农村居民收入和生活消费支出的影响。

商品零售价格指数 是反映一定时期内城乡商品零售价格变动趋势和程度的相对数。商品零售价格的变动与国家的财政收入、市场供需的平衡、消费与积累的比例关系有关。因此，该指数可以从一个侧面对上述经济活动进行观察和分析。

农业生产资料价格指数 指反映一定时期内农业生产资料价格变动趋势和程度的相对数。农业生产资料价格指数 分为小农具、饲料、幼禽家畜、半机械化农具、机械化农具、化学肥料、农药及农药械、农机用油等八大类。其编制目的是了解农业生产中物质资料投入价格的变动状况，服务于国民经济核算。1994 年以前，农业生产资料价格指数仅仅是商品零售价格指数的一个类别，此后，从商品零售价格指数中分离出来，单独编制。

农产品生产价格指数 是反映一定时期内，农产品生产者出售农产品价格水平变动趋势及幅度的相对数。该指数可以客观反映全国农产品生产价格水平和结构变动情况，满足农业与国民经济核算需要。其中某代表品生产价格指数是通过对全部有出售该产品行为的调查单位的个体指数进行几何平均求得的，类价格指数是通过对其所属的类（或代表品）的价格指数进行加权平均求得的。季度累计价格指数的计算方法与分季指数的计算方法相同。

工业生产者出厂价格指数 是反映一定时期内全部工业产品出厂价格总水平的变动趋势和程度的相对数，包括工业企业售给本企业以外所有单位的各种产品和直接售给居民用于生活消费的产品。该指数可以观察出厂价格变动对工业总产值及增加值的影响。

工业生产者购进价格指数 是反映工业企业作为生产投入，而从物资交易市场和能源、原材料生产企业购买原材料、燃料和动力产品时，所支付的价格水平变动趋势和程度的统计指标，是扣除工业企业物质消耗成本中的价格变动影响的重要依据。目前，我国编制的工业生产者购进价格指数所调查的产品包括燃料动力、黑色金属、有色金属、化工、建材等九大类。

固定资产投资价格指数 是反映一定时期内固定资产投资品及取费项目的价格变动趋势和程度的相对数。固定资产投资额是由建筑安装工程投资完成额、设备工器具购置投资完成额和其他费用投资完成额三部分组成的。编制固定资产投资价格指数应首先分别编制上述三部分投资的价格指数，然后采用加权算术平均法求出固定资产投资价格总指数。该指数可以准确地反映固定资产投资中涉及的各类投资品和取费项目价格变动趋势和变动幅度，消除按现价计算的固定资产投资指标中的价格变动因素，真实地反映固定资产投资的规模、速度、结构和效益，为国家科学地制定、检查固定资产投资计划并提高宏观调控水平，为完善国民经济核算体系提供科学的、可靠的依据。

房地产价格指数 是反映一定时期内房地产价格变动趋势和程度的相对数，包括房屋销售价格指数、房屋租赁价格指数、土地交易价格指数和物业管理价格指数。这四套指数的计算方法相似，均采用由下到上逐级汇总的方法。

6

人民生活

People's Living Conditions

简要说明

一、本篇资料的主要内容

本篇资料反映了城乡居民储蓄存款；城镇、农村居民的家庭收支、居住、耐用消费品拥有、生产和生活等方面的情况。

二、本篇资料的来源

1. 城乡居民储蓄存款数据取自中国人民银行兰州中心支行，由省统计局国民经济核算处提供。

2. 城镇、农民家庭相关资料由国家统计局甘肃调查总队居民收支调查处整理提供。

3. 自 2015 年起甘肃省发布城乡一体化住户收支与生活状况调查数据，即发布城镇、农村居民可支配收入，原农村居民纯收入数据以后不再发布，本年鉴中涉及 2015 年的居民有关数据均来源于此调查。为了保持历史数据的可比，2014 年及以前年份的居民有关数据和指标解释仍保持了原城镇住户调查和农村住户调查方案的原貌。

6-1 人民物质文化生活情况

Basic Statistics on People's Living Conditions

项目	Item	2010	2011	2012	2013	2014	2015
就 业	**Employment**						
每一城镇就业者负担人数（人）	Number of Dependents per Urban Employee (person)	2.01	2.07	2.04	2.07	1.84	1.46
每一农村劳动力负担人数（人）	Number of Dependents per Rural Laborer (person)	1.56	1.54	1.54	1.59	1.60	1.60
城镇登记失业率（%）	Registered Urban Unemployment Rate (%)	3.21	3.11	2.68	2.35	2.19	2.14
收 入	**Income of Rural and Urban Residents**						
城镇居民人均可支配收入（元）	Annual per Capita Disposable Income of Urban Households (yuan)	13189	14989	17157	18965	20804	23767
农村居民人均可支配收入（元）	Annual per Capita Net Income of Rural Households (yuan)	3425	3909	4507	5108	5736	6936
在岗职工平均工资（元）	Average Wage of Staff and Workers (yuan)	29588	32906	38440	44109	48470	54454
支 出	**Expenditure**						
城镇居民人均消费支出（元）	Per Capita Consumption Expenditures of Urban Households (yuan)	9895	11189	12847	14021	15507	17451
# 食品烟酒	Food ,Tobacco and Liquor	3702	4182	4602	5163	5712	5346
农村居民人均消费支出（元）	Per Capita Annual Expenditure for Consumption (yuan)	2942	3665	4146	4850	5272	6830
# 食品烟酒	Food,Tobacco and Liquor	1315	1548	1649	1799	1980	2244
消费水平（元）	**Annual per Capita Consumption (yuan)**						
全体居民	Per Capita Consumption of All Residents	6234	7493	8542	9616	10678	11868
城镇居民	Urban Households	11881	13574	15048	16327	17925	19480
农村居民	Rural Households	3126	3977	4563	5245	5661	6255

注：1. 从 2013 年起，国家统计局开展了城乡一体化的住户收支和生活状况调查，甘肃省自 2015 年起发布城乡一体化住户收支与生活状况调查数据，表中涉及 2015 年的数据均来源于此调查，2014 年及以前的数据来源于城镇住户调查及农村住户调查（下表同）。

2.2014 年以前农村居民收入指标为农民人均纯收入（下表同）。

a) Since 2013,the NBS started an integrated household income and expenditure survey,including both urban and rural households.Gansu published the data of integrated household income and expenditure survey,including both urban and rural households in 2015.The 2015 data of this table are come from this survey,the data prior to 2012 are compiled on the basis of the urban household surveys and the rural household surveys. The same applies to the tables following.

b) Indicator of rural households income are the net income of rural households.The same applies to the tables following.

6-1 续表 continued

项目	Item	2010	2011	2012	2013	2014	2015
储　蓄	**Savings Deposit**						
城乡居民年底储蓄存款余额（亿元）	Balance of Savings Deposit of Rural and Urban Households (year-end)(100 million yuan)	3598	4231	5050	5878	6675	7580
人均储蓄存款余额（元）	Per Capita Balance of Saving Deposit (yuan)	14070	16515	19643	22786	25806	29209
住房面积（平方米）	**Per Capita Floor Space of Residential Buildings (sq.m)**						
城镇居民人均居住面积	Per Capita Living Space of Urban Households	27.89	28.04	28.45	29.82	30.60	34.00
农村居民人均居住面积	Per Capita Living Space of Rural Households	20.96	23.70	24.10	24.66	28.60	29.30
文　化	**Culture**						
城镇每百户有彩色电视机（台）	Number of Color TV Sets per 100 Urban Households (set)	110.0	106.7	108.2	100.6	102.2	104.6
农村每百户有彩色电视机（台）	Number of Color TV Sets per 100 Rural Households (set)	104.0	104.4	106.3	105.9	109.8	109.0
广播人口覆盖率（%）	Radio Coverage Rate of the Population (%)	93.47	93.70	96.89	97.69	97.89	98.01
电视人口覆盖率（%）	TV Coverage Rate of the Population (%)	93.72	94.05	97.56	98.04	98.35	98.47
教　育	**Education**						
学龄儿童入学率（%）	Enrollment Ratio of School-age Children (%)	99.46	99.56	99.68	99.78	99.80	99.83
每万人口中在校大学生数（人）	Number of University Students per 10 000 Population (person)	149	158	168	172	175	173
卫　生	**Public Health**						
每万人口医院、卫生院床位数（张）	Number of Beds of Hospitals and Health Centers per 10 000 Population (bed)	32	35	38	46	44	46
每万人口执业（助理）医师数（人）	Number of Licensed (Assistant) Doctors per 10 000 Population (person)	15	16	17	17	18	19

6-2 城乡居民人民币储蓄存款年底余额

Savings Deposit Balance of Urban and Rural Households at Year-end

单位：万元 (10 000 yuan)

年份 Year	年底余额 Balance at Year-end			年增加额 Year-on-year Increase		
	总计 Total	城镇 Urban	农户 Rural	总计 Total	城镇 Urban	农户 Rural
2000	8187607	7093513	1094094	814000	675776	138224
2001	9207078	7995286	1211792	1020647	902950	117697
2002	10422181	8979129	1443052	1213625	984936	228689
2003	12173882	10517505	1656377	1749967	1536641	213326
2004	13831098	11914297	1916801	1657216	1396792	260424
2005	15866560	13520146	2346414	2035462	1605849	429613
2006	18254366	15388163	2866203	2387806	1868017	519789
2007	19152386	15532987	3619399	898020	144824	753196
2008	24618977	19548344	5070633	5466591	4015357	1451234
2009	30269418	23420414	6849004	5650441	3872070	1778371
2010	35982361	27355167	8627194	5712943	3934753	1778190
2011	42314086	31343529	10970557	6331725	3988362	2343363
2012	50500815	36867737	13633078	8186729	5524208	2662521
2013	58784741	41753886	17030855	8283926	4886149	3397777
2014	66746775	47034797	19711978	7962034	5280911	2681123
2015	75803110	52103307	23699803	9056335	5068510	3987825

6-3 各地县金融机构城乡居民人民币储蓄存款（2015）

Savings Deposit of Financial Institutions of Urban and Rural Households by Region, County(2015)

单位：万元　　(10 000 yuan)

地区	Region	城乡居民储蓄存款 Savings Deposit of Urban and Rural Households	地区	Region	城乡居民储蓄存款 Savings Deposit of Urban and Rural Households
兰州市	**Lanzhou**	**24772602**	瓜州县	Guazhou	342375
城关区	Chengguan	13070959	肃北县	Subei	53604
七里河区	Qilihe	3719756	阿克塞县	Akesai	45394
西固区	Xigu	2629928	玉门市	Yumen	503982
安宁区	Anning	1823419	敦煌市	Dunhuang	1291726
红古区	Honggu	569793	**庆阳市**	**Qingyang**	**5465414**
永登县	Yongdeng	841127	西峰区	Xifeng	1773067
皋兰县	Gaolan	535481	庆城县	Qingcheng	650619
榆中县	Yuzhong	1206546	环　县	Huanxian	419029
兰州新区	Lanzhou New Area	194764	华池县	Huachi	263226
嘉峪关市	**Jiayuguan**	**1412344**	合水县	Heshui	358663
金昌市	**Jinchang**	**1925920**	正宁县	Zhengning	489788
金川区	Jinchuan	1326636	宁　县	Ningxian	801173
永昌县	Yongchang	599284	镇原县	Zhenyuan	709849
白银市	**Baiyin**	**3731056**	**定西市**	**Dingxi**	**4268609**
白银区	Baiyin	1498124	安定区	Anding	1109158
平川区	Pingchuan	623867	通渭县	Tongwei	393039
靖远县	Jingyuan	576750	陇西县	Longxi	761644
会宁县	Huining	613372	渭源县	Weiyuan	351429
景泰县	Jingtai	418943	临洮县	Lintao	990010
天水市	**Tianshui**	**7106388**	漳　县	Zhangxian	201344
秦州区	Qinzhou	2764196	岷　县	Minxian	461985
麦积区	Maiji	1383639	**陇南市**	**Longnan**	**4410625**
清水县	Qingshui	362042	武都区	Wudu	1014050
秦安县	Qinan	868025	成　县	Chengxian	637807
甘谷县	Gangu	761408	文　县	Wenxian	345361
武山县	Wushan	561039	宕昌县	Tanchang	339968
张家川县	Zhangjiachuan	406039	康　县	Kangxian	280656
武威市	**Wuwei**	**5305622**	西和县	Xihe	607034
凉州区	Liangzhou	3270944	礼　县	Lixian	626646
民勤县	Minqin	956387	徽　县	Huixian	445739
古浪县	Gulang	615193	两当县	Liangdang	113366
天祝县	Tianzhu	463098	**临夏州**	**Linxia**	**3215709**
张掖市	**Zhangye**	**3323404**	临夏市	Linxia	1415546
甘州区	Ganzhou	1680558	临夏县	Linxia	335880
肃南县	Sunan	93917	康乐县	Kangle	232465
民乐县	Minle	328380	永靖县	Yongjing	443870
临泽县	Linze	378989	广河县	Guanghe	219078
高台县	Gaotai	393160	和政县	Hezheng	215846
山丹县	Shandan	448400	东乡县	Dongxiang	166384
平凉市	**Pingliang**	**4615581**	积石山县	Jishishan	186640
崆峒区	Kongtong	1586706	**甘南州**	**Gannan**	**1351747**
泾川县	Jingchuan	663217	合作市	Hezuo	360897
灵台县	Lingtai	410088	临潭县	Lintan	200309
崇信县	Chongxin	223097	卓尼县	Zhuoni	131317
华亭县	Huating	609983	舟曲县	Zhouqu	311109
庄浪县	Zhuanglang	545655	迭部县	Diebu	116697
静宁县	Jingning	576835	玛曲县	Maqu	70438
酒泉市	**Jiuquan**	**4898089**	碌曲县	Luqu	50573
肃州区	Suzhou	2146909	夏河县	Xiahe	110407
金塔县	Jinta	346402			

6-4 历年城镇居民家庭生活基本情况
Basic Conditions of Urban Households

年份 Year	每一城镇就业者负担人数（人） Number of Dependents Per Urban Employee (person)	城镇居民人均可支配收入（元） Per Capita Disposable Income of Urban Households (yuan)	城镇居民人均消费支出（元） Per Capita Consumption Expenditures of Urban Households (yuan)	# 食品烟酒 Food ,Tobacco and Liquor	恩格尔系数（%） Engle's Coefficient (%)	人均居住面积（平方米） Per Capita Living Space (sq.m)
1978		408				
1979		418				4.63
1980	2.64	403	399	212	53.10	4.82
1981	1.80	448	433	238	54.96	5.60
1982	1.75	474	447	252	56.41	6.01
1983	1.74	491	482	274	56.78	6.74
1984	1.70	572	552	310	56.22	7.11
1985	1.83	641	625	316	50.59	7.44
1986	1.83	777	737	376	50.96	7.51
1987	1.82	871	829	431	51.97	7.65
1988	1.84	979	1027	502	48.87	8.29
1989	1.82	1133	1065	586	55.05	8.55
1990	1.87	1197	1031	557	54.02	8.86
1991	1.85	1369	1235	666	53.91	9.09
1992	1.75	1708	1457	765	52.51	8.99
1993	1.73	2003	1680	852	50.71	8.96
1994	1.84	2658	2209	1117	50.57	10.44
1995	1.86	3153	2618	1353	51.69	10.74
1996	1.82	3354	2839	1443	50.84	11.10
1997	1.89	3592	2946	1439	48.85	12.70
1998	1.91	4010	3099	1433	46.23	13.30
1999	1.71	4475	3682	1526	41.44	15.16
2000	1.80	4916	4126	1553	37.63	15.21
2001	1.86	5383	4420	1639	37.08	15.54
2002	1.96	6151	5064	1793	35.40	21.55
2003	1.98	6657	5299	1908	36.01	22.27
2004	1.85	7377	5937	2204	37.12	22.90
2005	1.90	8087	6529	2353	36.04	24.16
2006	1.92	8921	6974	2408	34.53	25.60
2007	1.87	10012	7876	2824	35.86	27.04
2008	2.00	10969	8309	3184	38.32	27.19
2009	1.99	11930	8891	3359	37.78	27.35
2010	2.01	13189	9895	3702	37.41	27.89
2011	2.07	14989	11189	4182	37.38	28.04
2012	2.04	17157	12847	4602	35.82	28.45
2013	2.07	18965	14021	5163	36.82	29.82
2014	1.84	20804	15507	5712	36.83	30.60
2015	1.46	23767	17451	5346	30.63	34.00

注：2014 年及以前食品烟酒支出为食品支出（下表同）。

a) Expenditures of food ,tobacco and liquor are the expenditures of food since 2014.The same applies to the tables following.

6-5 城镇居民家庭生活基本情况
Basic Conditions of Urban Households

指标	Item	2015
调查户数（户）	**Number of Households Surveyed (household)**	**1500**
平均每户家庭人口（人）	Average Household Size (person)	3.2
平均每户就业人口（人）	Average Number of Employed Persons per Household (person)	1.8
平均每户就业面（%）	Proportion of Employment per Household (%)	56.3
平均每一就业者负担人数（含就业者本人）（人）	Number of Dependents per Employee (including the employee himself or herself)(person)	1.46
人均可支配收入（元）	**Per Capita Disposable Income (yuan)**	**23767**
工资性收入	Income from Wages and Salaries	15189
#工资	Wage and Subsidies	14201
经营净收入	Net Business Income	1805
财产净收入	Net Income from Properties	2295
#利息净收入	Interest Income	32
红利收入	Bonus Income	84
转移净收入	Net Income from Transfers	4478
#养老金或离退休金	Endowment Insurance or Pension	4459
消费支出（元）	**Per Capita Annual Consumption Expenditure (yuan)**	**17451**
食品烟酒	Food,Tobacco and Liquor	5346
衣 着	Clothing	1759
居 住	Residence	3540
生活用品及服务	Household Facilities,Articles and Services	1125
交通通信	Transport and Communications	1850
教育文化娱乐	Education, Cultural and Recreation	2045
医疗保健	Health Care and Medical Services	1391
其他用品及服务	Other Goods and Services	395

6-5 续表 continued

指标	Item	2010	2011	2012	2013	2014
调查户数（户）	**Number of Households Surveyed (household)**	**880**	**880**	**880**	**1100**	**1500**
平均每户家庭人口（人）	Average Household Size (person)	2.8	2.8	2.8	3.0	3.5
平均每户就业人口（人）	Average Number of Employed Persons per Household (person)	1.4	1.4	1.4	1.4	1.9
平均每户就业面（%）	Proportion of Employment per Household (%)	49.6	48.4	49.1	48.3	54.3
平均每一就业者负担人数（含就业者本人）（人）	Number of Dependents per Employee (including the employee himself or herself)(person)	2.0	2.1	2.0	2.1	1.8
总收入	**Per Capita Annual Income (yuan)**	**14307**	**16267**	**18498**	**20149**	**22052**
工资性收入	Income from Wages and Salaries	9883	11195	12515	13330	14489
#工资及补贴收入	Wage and Subsidies	9508	10858	12250	12867	14300
经营性收入	Net Business Income	688	914	1126	1302	1488
财产性收入	Income from Properties	72	162	260	365	406
#利息收入	Interest Income	23	21	25	22	17
股息与红利收入	Capital Bonus Income	11	15	21	11	19
转移性收入	Income from Transfers	3665	3996	4598	5152	5669
#养老金或离退休金	Endowment Insurance or Pension	3209	3509	4056	4484	4867
人均可支配收入（元）	**Per Capita Disposable Income (yuan)**	**13189**	**14989**	**17157**	**18965**	**20804**
消费支出（元）	**Per Capita Annual Consumption Expenditure (yuan)**	**9895**	**11189**	**12847**	**14021**	**15507**
食品	Food	3702	4182	4602	5163	5712
衣着	Clothing	1256	1470	1631	1747	1925
居住	Residence	910	1140	1288	1596	1781
家庭设备用品及服务	Household Facilities and Articles	598	660	833	939	1122
交通和通信	Transport and Communications	1077	1290	1576	1504	1649
教育文化娱乐服务	Education, Cultural and Recreation Services	1137	1158	1388	1548	1680
医疗保健	Health Care and Medical Services	829	874	1050	1117	1189
其他商品及服务	Other Goods and Services	388	413	479	406	450

6-6 按收入等级分城镇居民家庭人均可支配收入及构成（2015）
Per Capita Disposable Income of Urban Households and Its Composition by Level of Income(2015)

指标	Item	全省平均 Average	低收入户 Low Income Households	中低收入户 Low and Middle Income Households	中等收入户 Middle Income Households	中高收入户 Middle and High Income Households	高收入户 High Income Households
人均可支配收入（元）	**Per Capita Disposable Income(yuan)**	**23767**	**9685**	**17705**	**23687**	**30993**	**44934**
工资性收入	Income from Wages and Salaries	15189	5773	11633	16330	20480	26648
#工资	Wage and Subsidies	14201	5120	10940	15495	19211	24901
经营净收入	Net Business Income	1805	1732	1541	1764	1766	2360
财产净收入	Net Income from Properties	2295	755	1685	2322	3512	3985
转移净收入	Net Income from Tranfers	4478	1426	2845	3271	5235	11940
人均可支配收入构成（%）	**Per Composition of Disposable Income (%)**						
工资性收入	Income from Wages and Salaries	63.91	59.61	65.71	68.94	66.08	59.31
经营净收入	Net Business Income	7.59	17.88	8.70	7.45	5.70	5.25
财产净收入	Net Income from Properties	9.65	7.79	9.52	9.80	11.33	8.87
转移净收入	Net Income from Tranfers	18.85	14.72	16.07	13.81	16.89	26.57

6-7 城镇居民家庭平均每人总支出
Per Capita Annual Expenditure of Urban Households

单位：元 (yuan)

指标	Item	2015
总支出	**Per Capita Annual Expenditure**	**22564**
消费支出	Consumption Expenditure	17451
生产经营费用支出	Production Operations Fee Expenditure	607
第一产业经营费用支出	Primary Industry	107
第二产业经营费用支出	Secondary Industry	14
第三产业经营费用支出	Tertiary Industry	486
财产性支出	Property Expenditure	31
转移性支出	Transfer Expenditure	1031
部分商业保险支出	Expenditure of Part of Commercial Insurance	140
购置资产及非经常性转移支出	Purchase of Assets and Transfer of Non-recurring Expenditure	2043
借贷性支出	Debit and Credit Expenditure	1261

6-7 续表 continued

单位：元 (yuan)

指标	Item	2010	2011	2012	2013	2014
总支出	**Per Capita Annual Expenditure**	**12552**	**14311**	**16767**	**16721**	
# 消费性支出	Consumption Expenditure	9895	11189	12847	14021	15507
财产性支出	Property Expenditure	17	25	27	10	10
转移性支出	Transfer Expenditure	1298	1568	1648	1418	1650
社会保障支出	Social Security Expenditure	1009	1176	1242	1031	1152
# 个人交纳的养老基金	Annuities	387	454	438	417	435
个人交纳的医疗基金	Iatrical Accumulation Fund	134	159	174	189	224
# 购房	House Purchase	333	354	1004	241	59
借贷性支出	Debit and Credit Expenditure	5982	5169	6747	2320	1271
# 存入储蓄款	Deposit Money in Bank	5622	4680	6267	1753	711
归还借款	Returning Loans	73	113	79	75	117
归还住房贷款	Return the Housing Loans	137	136	190	330	420

6-8 按收入等级分城镇居民家庭平均每人全年购买主要商品数量（2015）

Per Capita Annual Purchases of Major Commodities of Urban Households by Level of Income (2015)

指标	Item	全省平均 Average	低收入户 Low Income Households	中低收入户 Low and Middle Income Households	中等收入户 Middle Income Households	中高收入户 Middle and High Income Households	高收入户 High Income Households
大米（千克）	Rice (kg)	20.6	16.1	22.0	23.2	21.4	21.4
面粉（千克）	Flour (kg)	36.6	38.8	39.7	38.0	32.2	32.7
鲜菜（千克）	Fresh Vegetables (kg)	99.0	68.9	99.7	107.0	105.6	126.9
食用植物油（千克）	Edible Vegetable Oil (kg)	11.7	10.0	12.4	12.6	12.4	11.6
猪肉（千克）	Pork (kg)	12.6	9.6	11.6	13.8	13.6	15.9
牛肉（千克）	Beef (kg)	2.7	1.9	2.9	2.8	2.7	3.7
羊肉（千克）	Mutton (kg)	3.1	2.0	2.8	3.1	3.3	4.7
禽类（千克）	Poultry (kg)	4.6	3.1	4.4	5.4	5.2	5.7
鲜蛋（千克）	Fresh Eggs (kg)	9.2	6.6	9.0	10.4	10.0	10.9
鱼（千克）	Fish (kg)	3.1	1.4	2.9	3.2	3.7	5.2
白酒（千克）	Liquor (kg)	1.6	0.9	1.5	1.3	1.8	3.2
啤酒（千克）	Beer (kg)	3.3	3.0	3.2	2.7	4.1	3.5
糕点（千克）	Cake (kg)	3.1	1.6	2.7	3.3	3.6	5.2
鲜奶（千克）	Fresh Milk (kg)	16.6	9.3	14.9	16.6	19.4	26.4
奶粉（千克）	Milk Powder (kg)	0.5	0.3	0.4	0.9	0.6	0.2
鞋类（双）	Shoes (pair)	2.8	2.5	2.5	3.0	3.1	3.2
水（吨）	Water (ton)	34.3	23.1	29.5	42.7	38.6	41.9
电（度）	Electricity (kw.h)	559.7	390.8	492.5	603.5	651.3	744.5
灌装液化石油气（千克）	Liquefied Petroleum Gas(kg)	8.1	6.8	8.1	10.4	7.9	7.3
管道天然气（立方米）	Piped Natural Gas (cu.m)	41.3	9.3	37.0	49.6	61.0	62.4

6-9 城镇居民家庭平均每人全年购买的主要商品数量
Per Capita Annual Purchases of Major Commodities in Urban Households

项目	Item	2010	2011	2012	2013	2014	2015
大米（千克）	Rice (kg)	21.7	19.7	18.5	26.3	22.7	20.6
面粉（千克）	Flour (kg)	37.6	38.0	34.7	51.9	39.5	36.6
食用植物油（千克）	Edible Vegetable Oil (kg)	10.3	9.9	10.2	14.2	12.7	11.7
猪肉（千克）	Pork (kg)	11.7	11.2	12.7	14.2	12.8	12.6
牛肉（千克）	Beef (kg)	2.3	2.3	2.0	3.0	2.4	2.7
羊肉（千克）	Mutton (kg)	1.5	1.5	1.3	3.1	2.5	3.1
禽类（千克）	Poultry (kg)	5.0	5.2	5.5	4.7	4.9	4.6
鲜蛋（千克）	Fresh Eggs (kg)	8.3	8.7	9.1	8.6	8.3	9.2
鱼（千克）	Fish (kg)	3.2	3.1	2.9	3.3	3.1	3.1
鲜菜（千克）	Fresh Vegetables (kg)	115.3	110.3	106.3	103.4	97.9	99.0
啤酒（千克）	Beer (kg)	3.1	3.5	3.6	4.1	3.9	3.3
鲜乳品（千克）	Fresh Dairy Products (kg)	19.8	16.7	17.8	16.4	15.7	16.6
灌装液化石油气（千克）	Liquefied Petroleum Gas(kg)	8.2	9.6	8.4	15.4	9.1	8.1
管道天然气（立方米）	Piped Natural Gas (cu.m)	26.6	27.6	35.8	45.1	39.2	41.3
水（吨）	Water (ton)	22.3	26.4	29.7	31.1	32.3	34.3
电（千瓦时）	Electricity (kw·h)	410.9	463.7	506.1	582.4	549.9	559.7

注："灌装液化石油气"在2007年以前为"液化石油气"，"管道天然气"在2006之前为"管道煤气"。

a) Before 2007,filling liquefied petroleum gas is liquefied petroleum gas. Before 2006, pipeline natural gas is pipeline gas.

6-10 城镇居民家庭平均每百户年底耐用消费品拥有量
Number of Major Durable Consumer Goods Owned Per 100 Urban Households at Year-end

项目	Item	2010	2011	2012	2013	2014	2015
摩托车（辆）	Motorcycle (unit)	7.8	10.2	11.2	11.9	21.0	20.1
家用汽车（辆）	Automobile (unit)	3.5	7.3	9.8	7.1	13.8	18.2
洗衣机（台）	Washing Machine (set)	98.1	97.9	98.9	97.1	97.4	99.0
电冰箱（台）	Refrigerator (set)	85.8	87.8	90.3	86.7	89.4	92.8
彩色电视机（台）	Color TV Set (set)	110.0	106.7	108.2	100.6	102.2	104.6
照相机（架）	Camera (set)	26.5	24.0	27.4	30.3	32.2	29.8
计算机（台）	Computer (set)	42.9	56.1	63.2	51.6	55.5	64.7
摄像机（架）	Video Camera (unit)	3.4	5.4	5.7	4.8	4.4	4.6
空调（台）	Air Conditioner (unit)	5.4	5.2	6.7	8.4	10.8	10.5
淋浴热水器（台）	Water Heater Shower (unit)	62.3	64.6	66.4	69.1	69.5	71.5
固定电话（部）	Fixed Telephone (unit)	61.3	55.3	53.3	46.5	60.8	55.0
移动电话（部）	Mobile Telephone (unit)	159.6	186.5	197.3	188.5	205.3	224.5

6-11 各地区城镇居民家庭平均每人全年可支配收入（2015）
Per Capita Annual Total Income of Urban Households by Region (2015)

单位：元 (yuan)

地区	Region	可支配收入 Disposable Income	工资性收入 Income from Wages and Salaries	经营净收入 Net Business Income	财产净收入 Net Income from Properties	转移净收入 Net Income from Transfers
兰州市	Lanzhou	27088	15128	689	3567	7704
嘉峪关市	Jiayuguan	30714	23276	1016	2505	3917
金昌市	Jinchang	29670	22718	2440	1365	3148
白银市	Baiyin	23438	16052	2253	1072	4061
天水市	Tianshui	20809	14139	2264	1582	2825
武威市	Wuwei	21702	16288	1369	1113	2932
张掖市	Zhangye	19673	11921	2307	1535	3911
平凉市	Pingliang	21490	13683	2276	1569	3962
酒泉市	Jiuquan	27793	17504	5202	1628	3460
庆阳市	Qingyang	23426	16701	2573	2030	2122
定西市	Dingxi	19167	13317	2102	1057	2691
陇南市	Longnan	18915	13745	2004	1003	2162
临夏州	Linxia	16508	9328	2412	1044	3725
甘南州	Gannan	19656	15225	2821	639	971

6-12 各地区城镇居民家庭平均每人全年消费支出(2015)
Per Capita Annual Consumption Expenditure of Urban Households by Region (2015)

单位：元 (yuan)

地区	Region	消费支出 Consumption Expenditures	食品烟酒 Food, Tobacco and Liquor	衣着 Clothing	居住 Residence	生活用品及服务 Household Facilities,Articles and Services	交通通信 Transport and Communications	教育文化娱乐 Education, Culture and Recreation	医疗保健 Health Care and Medical Services	其他用品和服务 Miscellaneous Goods and Services	恩格尔系数（%）Engle's Coefficient (%)
兰州市	Lanzhou	20156	6278	1822	4804	1398	1876	2273	1261	445	31.15
嘉峪关市	Jiayuguan	21443	7171	2003	3609	1071	3622	2257	1184	526	33.44
金昌市	Jinchang	19210	5183	2444	2503	976	2674	3359	1306	764	29.20
白银市	Baiyin	13885	4784	1741	2353	1059	1276	1509	804	360	34.45
天水市	Tianshui	12371	3649	1357	2643	859	1455	1456	662	291	31.80
武威市	Wuwei	15185	4971	1712	3023	809	1536	1857	1069	208	32.74
张掖市	Zhangye	17167	5293	1918	3699	1012	1368	1966	1698	212	30.83
平凉市	Pingliang	14097	3947	1310	3244	854	1570	1356	1422	394	32.90
酒泉市	Jiuquan	21655	5929	2506	3824	1458	2907	2953	1514	565	30.90
庆阳市	Qingyang	14298	4574	1689	2898	953	1391	1257	1185	352	31.99
定西市	Dingxi	12925	4227	1434	2769	852	1052	1540	785	267	32.70
陇南市	Longnan	12190	3808	1345	2225	994	1185	1471	920	242	31.24
临夏州	Linxia	12879	4179	1289	2906	1008	1301	983	892	319	32.45
甘南州	Gannan	13405	5212	1495	2632	1002	1318	840	593	312	38.88

6-13 各地县城镇居民人均可支配收入及消费（2015）
Per Capita Disposable Income and Consumption Expenditure of Urban Households by Region, County (2015)

单位：元 (yuan)

地 区	Region	城镇居民人均可支配收入 Per Capita Disposable Income of Urban Households	城镇居民人均消费支出 Per Capita Consumption Expeniture Of Urban Households
兰州市	**Lanzhou**	**27088**	**20156**
城关区	Chengguan	30535	22918
七里河区	Qilihe	25737	17705
西固区	Xigu	29677	23366
安宁区	Anning	27232	21388
红古区	Honggu	23559	15226
永登县	Yongdeng	15246	9642
皋兰县	Gaolan	14099	10851
榆中县	Yuzhong	14025	11208
嘉峪关市	**Jiayuguan**	**30714**	**21443**
金昌市	**Jinchang**	**29670**	**19210**
金川区	Jinchuan	33205	22340
永昌县	Yongchang	22646	12990
白银市	**Baiyin**	**23438**	**13885**
白银区	Baiyin	28367	16376
平川区	Pingchuan	28766	14527
靖远县	Jingyuan	19912	13285
会宁县	Huining	14323	11820
景泰县	Jingtai	20705	10432
天水市	**Tianshui**	**20809**	**12371**
秦州区	Qinzhou	22480	18888
麦积区	Maiji	21145	9410
清水县	Qingshui	19732	10670
秦安县	Qinan	20565	13155
甘谷县	Gangu	20537	9884
武山县	Wushan	19742	11665
张家川县	Zhangjiachuan	19133	8205
武威市	**Wuwei**	**21702**	**15185**
凉州区	Liangzhou	22885	15610
民勤县	Minqin	18661	14901
古浪县	Gulang	17782	11468
天祝县	Tianzhu	19131	14318
张掖市	**Zhangye**	**19673**	**17167**
甘州区	Ganzhou	20237	18528
肃南县	Sunan	20858	19896
民乐县	Minle	18074	14953
临泽县	Linze	19135	14984
高台县	Gaotai	19050	15561
山丹县	Shandan	19445	15641
平凉市	**Pingliang**	**21490**	**14097**
崆峒区	Kongtong	21129	15046
泾川县	Jingchuan	19811	11379
灵台县	Lingtai	17510	11419
崇信县	Chongxin	25620	21475
华亭县	Huating	25448	14363
庄浪县	Zhuanglang	21390	13769
静宁县	Jingning	19667	12076
酒泉市	**Jiuquan**	**27793**	**21655**
肃州区	Suzhou	29336	22789
金塔县	Jinta	26444	19858
瓜州县	Guazhou	25050	20876
肃北县	Subei	29311	26579
阿克塞县	Akesai	31178	23704
玉门市	Yumen	25608	18014
敦煌市	Dunhuang	27158	21924
庆阳市	**Qingyang**	**23426**	**14298**
西峰区	Xifeng	23847	14122
庆城县	Qingcheng	23281	14694
环 县	Huanxian	23256	18186
华池县	Huachi	23576	14916
合水县	Heshui	22744	11475
正宁县	Zhengning	22475	15695
宁 县	Ningxian	23168	13801
镇原县	Zhenyuan	22741	12860
定西市	**Dingxi**	**19167**	**12925**
安定区	Anding	19890	13287
通渭县	Tongwei	18078	15445
陇西县	Longxi	18840	11121
渭源县	Weiyuan	18538	14282
临洮县	Lintao	19203	14935
漳 县	Zhangxian	18519	9979
岷 县	Minxian	18781	13087
陇南市	**Longnan**	**18915**	**12190**
武都区	Wudu	19768	13778
成 县	Chengxian	18948	15932
文 县	Wenxian	18195	10883
宕昌县	Tanchang	18016	12486
康 县	Kangxian	18258	10569
西和县	Xihe	18129	7201
礼 县	Lixian	17899	11302
徽 县	Huixian	19154	10928
两当县	Liangdang	19443	7529
临夏州	**Linxia**	**16508**	**12879**
临夏市	Linxia	16757	14948
临夏县	Linxia	16452	8949
康乐县	Kangle	16409	10566
永靖县	Yongjing	16242	10557
广河县	Guanghe	15738	6803
和政县	Hezheng	16261	10029
东乡县	Dongxiang	15850	12125
积石山县	Jishishan	16255	13362
甘南州	**Gannan**	**19656**	**13405**
合作市	Hezuo	19796	17262
临潭县	Lintan	19295	9988
卓尼县	Zhuoni	19515	12823
舟曲县	Zhouqu	19277	13094
迭部县	Diebu	19358	15167
玛曲县	Maqu	20738	13114
碌曲县	Luqu	20342	16120
夏河县	Xiahe	19589	8989

6-14 历年农村居民家庭生活基本情况
Basic Conditions of Rural Households

年份 Year	每个农村劳动力负担人数（人） Average Number of Dependents per Labour Force (person)	农村居民人均可支配收入（元） Per Capita Disposable Income of Rural Households (yuan)	农村居民人均消费支出（元） Per Capita Annual Expenditure for Consumption (yuan)	# 食品烟酒 Food,Tobacco and Liquor	恩格尔系数（%） Engle's Coefficient (%)	人均居住面积（平方米） Per Capita Living Space (sq.m)
1978	2.42	101	88	66	74.82	
1979	2.36	112	97	70	72.08	
1980	2.32	153	126	81	64.80	13.87
1981	2.25	159	135	93	68.76	12.75
1982	2.14	174	141	96	67.81	13.53
1983	1.95	213	163	104	63.70	12.95
1984	1.91	221	178	113	63.35	12.96
1985	1.75	257	205	124	60.37	13.24
1986	1.73	283	233	138	59.21	13.44
1987	1.73	303	253	144	57.12	13.93
1988	1.70	345	277	152	54.96	14.32
1989	1.69	376	296	164	55.27	14.67
1990	1.67	431	339	205	60.49	11.88
1991	1.68	446	403	238	59.05	12.85
1992	1.69	489	420	248	59.04	13.13
1993	1.67	551	538	297	55.27	13.77
1994	1.57	724	674	444	65.85	14.54
1995	1.66	880	915	649	70.94	15.64
1996	1.63	1101	986	669	67.86	14.15
1997	1.67	1210	976	561	57.50	14.56
1998	1.65	1393	940	557	59.27	16.47
1999	1.65	1413	945	531	56.22	18.22
2000	1.72	1429	1084	525	48.45	18.00
2001	1.69	1509	1127	520	46.11	17.58
2002	1.69	1590	1153	531	46.07	17.58
2003	1.66	1673	1337	586	43.86	17.60
2004	1.64	1852	1464	703	48.04	17.88
2005	1.67	1980	1820	859	47.20	18.71
2006	1.64	2134	1855	866	46.67	19.12
2007	1.60	2329	2017	944	46.80	19.46
2008	1.59	2724	2401	1133	47.17	19.87
2009	1.57	2980	2766	1142	41.28	20.55
2010	1.56	3425	2942	1315	44.71	20.96
2011	1.54	3909	3665	1548	42.24	23.65
2012	1.54	4507	4146	1649	39.76	24.08
2013	1.59	5108	4850	1799	37.08	24.66
2014	1.60	5736	5272	1980	37.56	28.60
2015	1.60	6936	6830	2244	32.86	29.30

注：2014 年以前农村居民人均可支配收入为农民人均纯收入；食品烟酒支出为食品支出（下表同）。

a) Since 2014, per capita disposable income of rural households are the net income of rural households,expenditures of food ,tobacco and liquor are the expenditures of food .The same applies to the tables following.

6-15 农村居民家庭生活基本情况
Basic Conditions of Rural Households

指标	Item	2015
调查户数（户）	**Number of Households Surveyed (household)**	**2500**
平均每户常住人口（人）	Average Number of Permanent Residents per Household (person)	4.5
平均每户整半劳动力（人）	Average Number of Full/Semi Labor Force per Household (person)	2.5
平均每个劳动力负担人口（含本人）（人）	Average Number of Dependents per Labour Force (including the laborer himself or herself) (person)	1.6
人均可支配收入（元）	**Per Capita Disposable Income**	**6936**
工资性收入	Income from Wages and Salaries	1975
经营净收入	Net Business Income	3025
财产净收入	Net Income from Properties	128
转移净收入	Net Income from Transfers	1808
消费支出（元）	**Consumption Expenditure**	**6830**

6-15 续表 continued

指标	Item	2010	2011	2012	2013	2014
调查户数（户）	**Number of Households Surveyed (household)**	**1800**	**1800**	**1800**	**2900**	**2500**
平均每户常住人口（人）	Average Number of Permanent Residents per Household (person)	4.6	4.4	4.4	4.4	4.0
平均每户整半劳动力（人）	Average Number of Full/Semi Labor Force per Household (person)	2.9	2.9	2.9	2.8	2.4
平均每个劳动力负担人口（含本人）（人）	Average Number of Dependents per Labour Force (including the laborer himself or herself) (person)	1.6	1.5	1.5	1.6	1.6
总收入（元）	**Total Revenue (yuan)**	4772	5878	6705	7352	8295
工资性收入	Income from Wages and Salaries	1199	1562	1788	2203	2617
家庭经营收入	Income from Household Operations	3194	3779	4260	4211	4723
财产性收入	Income from Properties	40	82	112	133	97
转移性收入	Income from Transfers	339	455	546	805	857
农村居民人均纯收入（元）	**Per Capita Net Income of Rural Households (yuan)**	**3425**	**3909**	**4507**	**5108**	**5736**
总支出（元）	**Total Expenditure (yuan)**	**4529**	**5932**	**6657**	**7204**	**7834**
#家庭经营费用支出	Expenditure for Household Operations	1192	1626	1850	1702	1965
生活消费支出	Expenses on Consumption	2942	3665	4146	4850	5272
财产性支出	Expenses on Properties	8	8	7	2	2
转移性支出	Expenses on Transfers	205	414	473	389	422

6-16 农村居民家庭人均可支配收入及构成
Per Capita Disposable Income of Rural Households and Its Composition

指标	Item	2015
农村居民人均可支配收入（元）	**Per Capita Disposable Income of Rural Households(yuan)**	**6936**
工资性收入	Income from Wages and Salaries	1975
经营净收入	Net Business Income	3025
第一产业经营净收入	Net Income from Primary Industry	2509
# 农业收入	Farming	2003
牧业收入	Animal Husbandry	503
第二产业净收入	Net Income from Secondary Industry	36
第三产业净收入	Net Income from Tertiary Industry	480
财产净收入	Net Income from Properties	128
转移净收入	Net Income from Transfers	1808
构成（农村居民人均可支配收入 =100）	**Composition (Per Capita Net Income of Rural Households = 100)**	
工资性收入	Income from Wages and Salaries	28.47
经营净收入	Net Income from Household Operations	43.62
财产净收入	Net Income from Properties	1.84
转移净收入	Net Income from Transfers	26.07

6–16 续表 continued

指标	Item	2010	2011	2012	2013	2014
农村居民人均纯收入（元）	**Per Capita Net Income of Rural Households(yuan)**	**3425**	**3909**	**4507**	**5108**	**5736**
工资性收入	Income of Wages and Salaries	1199	1562	1788	2203	2485
家庭经营纯收入	Net Income from Household Operations	1856	1867	2115	2231	2456
第一产业经营收入	Net Income from Primary Industry	1586	1564	1792	1907	2040
# 农业收入	Farming	1377	1248	1442	1524	1635
牧业收入	Animal Husbandry	182	255	273	367	389
第二产业收入	Net Income from Secondary Industry	52	35	36	39	70
第三产业收入	Net Income from Tertiary Industry	218	268	286	285	346
财产性纯收入	Net Income from Properties	40	82	112	133	167
转移性收入	Net Income from Transfers	329	398	492	541	629
构成（农村居民人均纯收入 =100）	**Composition (Per Capita Net Income of Rural Households = 100)**					
工资性收入	Income of Wages and Salaries	35.02	39.95	39.67	43.14	43.32
家庭经营纯收入	Net Income from Household Operations	54.20	47.75	46.92	43.68	42.82
财产性纯收入	Net Income from Properties	1.20	2.11	2.49	2.60	2.90
转移性纯收入	Income from Transfers	9.60	10.19	10.92	10.58	10.96

6-17 农村住户总支出及构成
Total Expenditure of Rural Households and Its Composition

指标	Item	2015
总支出（元）	**Total Expenditure(yuan)**	**11761**
消费支出	Consumption Expenditure	6830
生产经营费用支出	Production Operations Fee Expenditure	2186
第一产业经营费用支出	Primary Industry	1970
第二产业经营费用支出	Secondary Industry	16
第三产业经营费用支出	Tertiary Industry	199
财产性支出	Property Expenditure	21
转移性支出	Transfer Expenditure	198
部分商业保险支出	Expenditure of Part of Commercial Insurance	47
购置资产及非经常性转移支出	Purchase of Assets and Transfer of Non-recurring Expenditure	1912
购置资产支出	Purchase of Assets Expenditure	939
非经常性转移支出	Purchase of Transfer of Non-recurring Expenditure	973
借贷性支出	Debit and Credit Expenditure	567
存入储蓄款	Deposit Money in Bank	186
借出款	Lending Money	21
归还借款	Returning Loans	242
购买有价证券	Purchase Marketable Securities	
其他投资支出	Other Investment Expenditures	
归还住房贷款	Return the Housing Loans	13
归还汽车贷款	Return the Car Loans	1
归还教育贷款	Return the Education Loans	6
归还其他贷款	Return the Other Loans	91
其他借贷支出	Other Debit and Credit Expenditure	6
总支出构成（%）	**Composition of Total Expenditure(%)**	**100.00**
消费支出	Consumption Expenditure	58.07
生产经营费用支出	Production Operations Fee Expenditure	18.59
财产性支出	Property Expenditure	0.18
转移性支出	Transfer Expenditure	1.68
部分商业保险支出	Expenditure of Part of Commercial Insurance	0.40
购置资产及非经常性转移支出	Purchase of Assets and Transfer of Non-recurring Expenditure	16.26
借贷性支出	Debit and Credit Expenditure	4.82

6-17 续表 continued

指标	Item	2010	2011	2012	2013	2014
总支出（元）	**Total Expenditure(yuan)**	**4529**	**5932**	**6657**	**7204**	**7834**
#家庭经营费用支出	Household Operations Fee Expenditure	1192	1626	1850	1702	1965
农业生产支出	Farming Production Expenditure	817	1087	1184	1007	1233
牧业生产支出	Animal Husbandry Production Expenditure	299	410	492	503	484
生活消费支出	Living Consumption Expenditure	2942	3665	4146	4850	5272
财产性支出	Property Expenditure	8	8	7	2	2
转移性支出	Transfer Expenditure	205	414	473	389	422
构成（总支出=100）	**Composition (Total Expenditure=100)**					
#家庭经营费用支出	Household Operations Fee Expenditure	26.33	27.41	27.78	23.63	25.08
农业生产支出	Farming Production Expenditure	18.04	18.32	17.79	13.97	15.74
牧业生产支出	Animal Husbandry Production Expenditure	6.61	6.90	7.38	6.98	6.18
生活消费支出	Living Consumption Expenditure	64.97	61.78	62.28	67.32	67.30
财产性支出	Property Expenditure	0.17	0.13	0.10	0.02	0.02
转移性支出	Transfer Expenditure	4.52	6.98	7.11	5.39	5.39

6-18 农村居民平均每人消费支出

Per Capita Living Expenditure of Rural Households

单位：元 (yuan)

指标	Item	2015
消费支出	**Expenses on Consumption**	**6830**
食品烟酒	Food,Tobacco and Liquor	2244
衣　着	Clothing	466
居　住	Residence	1221
生活用品及服务	Household Facilities,Articles and Services	445
交通通讯	Transport and Communication	812
教育文化娱乐	Education,Cultural and Recreation	854
医疗保健	Health Care and Medical Services	670
其他用品及服务	Other Commodities and Serveics	118

6-18 续表 continued

单位：元 (yuan)

指标	Item	2010	2011	2012	2013	2014
生活消费支出	**Living Consumption Expenditure**	**2942**	**3665**	**4146**	**4850**	**5272**
食　品	Food	1315	1548	1649	1799	1980
衣　着	Clothing	184	247	303	353	386
居　住	Residence	552	597	682	794	883
家庭设备用品及服务	Household Facilities and Services	147	198	250	303	324
交通和通讯	Transport and Communication	257	367	436	598	627
文化教育、娱乐用品及服务	Culture,Education Recreation and Services	238	293	327	367	415
医疗保健	Health Care and Medical Services	203	339	398	513	530
其他商品和服务	Other Commodities and Serveics	46	77	100	124	127

6-19 农村居民家庭平均每人消费支出构成

Composition of Per Capita Living Expenditure of Rural Households

单位：%　　　　(%)

指标	Item	2015
消费支出	**Consumption Expenditure**	**100.00**
食品烟酒	Food,Tobacco and Liquor	32.86
衣着	Clothing	6.83
居住	Residence	17.88
生活用品及服务	Household Facilities,Articles and Services	6.52
交通通讯	Transport and Communications	11.88
教育文化娱乐	Education,Cultural and Recreation	12.50
医疗保健	Health Care and Medical Services	9.80
其他用品及服务	Other Goods and Services	1.73

6–19 续表 continued

单位：%　　　　(%)

指标	Item	2010	2011	2012	2013	2014
生活消费支出	**Living Consumption Expenditure**	**100.00**	**100.00**	**100.00**	**100.00**	**100.00**
食 品	Food	44.71	42.24	39.76	37.09	37.56
衣 着	Clothing	6.25	6.73	7.31	7.27	7.33
居 住	Residence	18.75	16.28	16.46	16.37	16.75
家庭设备用品及服务	Household Facilities and Articles	5.00	5.40	6.04	6.24	6.14
交通和通讯	Transport and Communications	8.73	10.00	10.52	12.34	11.89
文化教育、娱乐用品及服务	Cultural,Educational and Recreation	8.09	7.99	7.89	7.56	7.87
医疗保健	Health Care and Medical Services	6.90	9.26	9.60	10.58	10.04
其他商品和服务	Other Goods and Services	1.57	2.10	2.42	2.54	2.42

6-20　按收入等级分农村居民家庭基本情况 (2015)

Basic Conditions of Rural Households of Income Quintile (2015)

指标	Item	全省平均 Average	低收入户 Low Income Households	中低收入户 Lower Middle Income Households	中等收入户 Middle Income Households	中高收入户 Middle and High Income Households	高收入户 High Income Households
平均每户常住人口（人）	Average Number of Usual Residents per Household (person)	3.8	4.5	4.3	4.0	3.6	3.1
平均每户整半劳动力（人）	Average Number of Full/Semi Labour Force Per Household (person)	2.4	2.6	2.6	2.4	2.4	2.3
平均每个劳动力负担人口（人）	Average Number of Dependents Per Labour Force (person)	1.6	1.7	1.7	1.7	1.5	1.3
平均每人消费支出（元）	Per Capita Annual Expenditures (yuan)	6830	4977	5549	6717	7735	10452
平均每人可支配收入（元）	Per Capita Annual Net Income (yuan)	6936	2016	4393	6350	9011	16100
工资性收入	Income from Wages and Salaries	1975	718	1366	1844	2684	4022
经营净收入	Net Business Income	3025	543	1717	2519	3784	8300
财产净收入	Net Income from Properties	128	52	52	119	163	318
转移净收入	Net Income from Transfers	1808	704	1259	1868	2379	3460

6-21　按收入等级分农村居民家庭平均每人消费支出 (2015)

Per Capita Consumption Expenditure of Rural Households by Income Quintile (2015)

单位：元　　(yuan)

指标	Item	全省平均 Average	低收入户 Low Income Households	中低收入户 Lower Middle Income Households	中等收入户 Middle Income Households	中高收入户 Middle and High Income Households	高收入户 High Income Households
消费支出	**Consumption Expenditure**	**6830**	**4977**	**5549**	**6717**	**7735**	**10452**
食品烟酒	Food,Tobacco and Liquor	2244	1785	1855	2213	2497	3215
衣着	Clothing	466	368	372	460	519	691
居住	Residence	1221	961	982	1083	1288	2044
生活用品及服务	Household Facilities,Articles and Services	445	330	356	458	535	616
交通通信	Transport and Communications	812	520	654	918	862	1257
教育文化娱乐	Education, Cultural and Recreation	854	570	755	880	966	1244
医疗保健	Health Care and Medical Services	670	348	479	596	934	1198
其他商品及服务	Other Goods and Services	118	95	95	109	133	179

6-22 农村居民家庭平均每人主要消费品消费量

Per Capita Consumption of Major Consumer Goods by Rural Households

单位：千克 (kg)

品名	Item	2010	2011	2012	2013	2014	2015
粮食（原粮）	Grain (Unprocessed)	229.03	192.02	189.12	162.21	158.91	181.34
豆类及豆制品	Beans and Bean Products	5.15	3.14	3.05	4.98	4.10	4.31
蔬菜	Vegetables	43.14	49.43	44.39	42.71	49.75	55.37
食油	Edible Oil	4.13	5.99	6.40	6.76	12.02	8.47
猪肉	Pork	12.30	12.71	10.87	9.51	12.70	12.46
牛肉	Beef	0.35	0.42	0.36	0.35	0.63	0.61
羊肉	Mutton	0.80	1.27	0.91	1.11	1.29	1.98
家禽	Poultry	1.29	1.41	1.48	2.56	3.42	3.53
蛋及蛋制品	Eggs and Processed Products	2.58	3.42	3.93	4.12	5.04	6.40
奶和奶制品	Milk and Processed Products	2.72	4.67	4.51	4.85	6.58	6.51
水产品	Aquatic Products	0.30	0.42	0.54	0.57	0.81	0.75
瓜果	Melons and Fruits	16.39	18.97	21.89	21.93	30.82	35.13
食糖	Sugar	0.97	1.08	1.11	1.13	1.67	1.73
酒	Liquor	7.28	8.24	8.86	7.32	10.39	9.82

6-23 农村居民家庭平均每百户年底耐用消费品拥有量（2015）

Number of Durable Consumer Goods Owned Per 100 Rural Households at Year-end(2015)

品名	Item	2015
家用汽车（辆）	Automobile (unit)	10.0
摩托车（台）	Motorcycle (set)	88.6
电冰箱（台）	Refrigerator(set)	55.3
洗衣机（台）	Washing Machine(set)	86.0
热水器（台）	Water Heater(set)	20.3
空调（台）	Air Conditioner(set)	0.7
彩色电视机（台）	Color Tv Set(set)	109.0
摄像机（台）	Vedio Camera(set)	0.2
照相机（架）	Camera (set)	2.5
家用计算机（台）	Computer(set)	14.2
中高档乐器（件）	Medium and High Grades Musical Instruments(unit)	0.5
固定电话（部）	Telephone (set)	26.4
移动电话（部）	Mobile Telephone(set)	244.6

6–23 续表 continued

品名	Item	2010	2011	2012	2013	2014
洗衣机（台）	Washing Machine (set)	60.1	73.7	79.7	78.1	84.8
电冰箱（台）	Refrigerator (set)	17.4	26.5	32.9	39.3	51.7
热水器（台）	Water Heater (unit)	8.3	12.6	17.0	15.7	17.5
摩托车（辆）	Motorcycle (unit)	55.2	67.9	71.9	69.1	85.4
彩色电视机（台）	Color TV Set (set)	104.0	104.4	106.3	105.9	109.8
照相机（架）	Camera (set)	2.1	1.7	2.7		2.2
固定电话（部）	Fixed Telephone (unit)	54.9	30.4	29.0	17.7	38.5
移动电话（部）	Mobile Telephone (unit)	112.4	177.4	192.7	203.5	227.5
计算机（台）	Computer (set)	4.4	9.0	11.4	10.1	13.9

6-24 各地县农村居民人均可支配收入（2015）

Per Capita Net Income of Rural Households by Region, County(2015)

单位：元 (yuan)

地区	Region	农村居民人均可支配收入 Per Capita Disposable Income of Rural Households	工资性收入 Income from Wages and Salaries	经营净收入 Net Business Income	财产净收入 Net Income from Properties	转移净收入 Net Income from Transfers
兰州市	**Lanzhou**	**9621**	**4674**	**3438**	**132**	**1377**
城关区	Chengguan	19252	9988	2740	3314	3210
七里河区	Qilihe	14365	6848	6414	229	875
西固区	Xigu	14290	8780	3587	159	1764
安宁区	Anning					
红古区	Honggu	15023	7015	6850	237	920
永登县	Yongdeng	8287	3410	2689	63	2124
皋兰县	Gaolan	8375	3931	3960	51	433
榆中县	Yuzhong	8100	4315	2670	30	1086
嘉峪关市	**Jiayuguan**	**15371**	**6743**	**7527**	**504**	**597**
金昌市	**Jinchang**	**11459**	**3815**	**5882**	**701**	**1061**
金川区	Jinchuan	14282	4965	7364	1678	275
永昌县	Yongchang	10679	3497	5473	432	1278
白银市	**Baiyin**	**7065**	**2862**	**3273**	**57**	**874**
白银区	Baiyin	11270	2192	8846	122	110
平川区	Pingchuan	7571	3367	3048	38	1117
靖远县	Jingyuan	7498	2851	4044	65	539
会宁县	Huining	5834	2798	1926	55	1055
景泰县	Jingtai	8309	2972	4025	33	1279
天水市	**Tianshui**	**6007**	**1903**	**2133**	**116**	**1855**
秦州区	Qinzhou	6963	3011	2021	130	1801
麦积区	Maiji	5994	2468	1541	265	1721
清水县	Qingshui	5487	895	1780	42	2770
秦安县	Qinan	6068	919	3119	133	1898
甘谷县	Gangu	5964	2465	1957	77	1464
武山县	Wushan	6223	1655	2379	137	2053
张家川县	Zhangjiachuan	5400	1136	1995	21	2247
武威市	**Wuwei**	**9101**	**2596**	**5179**	**144**	**1181**
凉州区	Liangzhou	11178	3272	6050	224	1633
民勤县	Minqin	10519	1938	7529	60	992
古浪县	Gulang	5412	1984	2888	94	447
天祝县	Tianzhu	5916	2040	2615	36	1224
张掖市	**Zhangye**	**10823**	**3855**	**5879**	**226**	**863**

6-24 续表 1 continued

单位：元 (yuan)

地区	Region	农村居民人均可支配收入 Per Capita Disposable Income of Rural Households	工资性收入 Income from Wages and Salaries	经营净收入 Net Business Income	财产净收入 Net Income from Properties	转移净收入 Net Income from Transfers
甘州区	Ganzhou	11320	3896	6414	100	910
肃南县	Sunan	13432	2697	8162	261	2312
民乐县	Minle	9285	3313	4601	431	941
临泽县	Linze	11517	2845	7457	354	860
高台县	Gaotai	10890	4968	5073	164	685
山丹县	Shandan	10527	4364	5465	188	509
平凉市	**Pingliang**	**6501**	**2501**	**2418**	**92**	**1490**
崆峒区	Kongtong	8205	3197	2454	208	2347
泾川县	Jingchuan	7533	2237	2871	316	2108
灵台县	Lingtai	6506	3254	1779	47	1427
崇信县	Chongxin	6231	2420	2989	-101	922
华亭县	Huating	7105	2890	2248	-2	1969
庄浪县	Zhuanglang	5312	2999	1686	76	551
静宁县	Jingning	5973	1167	3198	3	1604
酒泉市	**Jiuquan**	**13603**	**2977**	**9240**	**264**	**1121**
肃州区	Suzhou	13259	3231	8750	353	925
金塔县	Jinta	13604	3373	8825	175	1232
瓜州县	Guazhou	13281	2235	9476	156	1412
肃北县	Subei	20087	1352	6991	191	11554
阿克塞县	Akesai	21463	3775	11400	198	6090
玉门市	Yumen	13421	3259	9367	325	470
敦煌市	Dunhuang	14310	2765	10481	285	779
庆阳市	**Qingyang**	**6945**	**2326**	**2872**	**168**	**1578**
西峰区	Xifeng	7878	3737	2758	617	766
庆城县	Qingcheng	6730	2622	2598	150	1360
环　县	Huanxian	6537	1888	2905	208	1536
华池县	Huachi	6700	2876	2701	56	1067
合水县	Heshui	6815	2564	2839	42	1369
正宁县	Zhengning	7634	1934	4207	198	1294
宁　县	Ningxian	6824	1819	2414	42	2550
镇原县	Zhenyuan	6629	2055	2805	51	1719
定西市	**Dingxi**	**5823**	**1442**	**2843**	**102**	**1436**
安定区	Anding	6037	1001	2335	141	2560
通渭县	Tongwei	5289	1068	2255	-56	2022

6-24 续表 2 continued

单位：元 (yuan)

地区	Region	农村居民人均可支配收入 Per Capita Disposable Income of Rural Households	工资性收入 Income from Wages and Salaries	经营净收入 Net Business Income	财产净收入 Net Income from Properties	转移净收入 Net Income from Transfers
陇西县	Longxi	6388	2596	2783	82	928
渭源县	Weiyuan	5771	734	3004	345	1688
临洮县	Lintao	6107	1167	4454	41	445
漳　县	Zhangxian	5507	1508	1998	31	1970
岷　县	Minxian	5503	1992	2054	125	1332
陇南市	**Longnan**	**5405**	**2189**	**2003**	**133**	**1079**
武都区	Wudu	5656	2315	2504	50	786
成　县	Chengxian	6494	3327	2361	118	688
文　县	Wenxian	4962	1715	1949	59	1239
宕昌县	Tanchang	4830	2326	1792	160	552
康　县	Kangxian	5032	2191	1652	315	875
西和县	Xihe	4974	2148	1484	101	1241
礼　县	Lixian	5074	1111	1680	60	2224
徽　县	Huixian	6559	2982	2740	434	404
两当县	Liangdang	4973	2212	1511	74	1175
临夏州	**Linxia**	**5245**	**1448**	**2210**	**87**	**1501**
临夏市	Linxia	10388	5161	3612	461	1154
临夏县	Linxia	5474	1940	2192	137	1206
康乐县	Kangle	5425	933	2605	73	1815
永靖县	Yongjing	5212	1451	2272	50	1439
广河县	Guanghe	5756	1274	2517	42	1923
和政县	Hezheng	5000	1002	2318	102	1578
东乡县	Dongxiang	4152	909	1821	25	1396
积石山县	Jishishan	4434	1308	1562	53	1511
甘南州	**Gannan**	**5928**	**2490**	**2518**	**72**	**847**
合作市	Hezuo	6116	3961	1720	5	430
临潭县	Lintan	5608	2996	1530	9	1073
卓尼县	Zhuoni	5802	1563	3980	21	238
舟曲县	Zhouqu	5724	3765	1327	21	612
迭部县	Diebu	5636	2511	2418	71	635
玛曲县	Maqu	7139	58	4898	23	2160
碌曲县	Luqu	7032	967	3942	550	1572
夏河县	Xiahe	5974	1588	3020	333	1033

6-25 各地县农村居民平均每人消费支出（2015）

Per Capita Consumption Expenditure of Rural Households by Region, County(2015)

单位：元 (yuan)

地区	Region	消费支出 Consumption Expenditures	食品烟酒 Food, Tobacco and Liquor	衣着 Clothing	居住 Residence	生活用品及服务 Household Facilities, Articles and Services	交通通讯 Transport and Communications	教育文化娱乐 Education, Cultural and Recreation	医疗保健 Health Care and Medical Services	其他用品及服务 Miscellaneous Goods and Services
兰州市	**Lanzhou**	**7940**	**2721**	**590**	**1720**	**420**	**842**	**841**	**652**	**154**
城关区	Chengguan	19829	6535	1356	7595	1155	1356	928	724	181
七里河区	Qilihe	7436	2241	603	1432	447	1109	750	682	172
西固区	Xigu	14047	5005	1386	2363	815	2477	1077	730	194
安宁区	Anning									
红古区	Honggu	10143	3358	837	2179	634	1307	991	623	213
永登县	Yongdeng	7517	2652	583	1720	384	846	593	575	164
皋兰县	Gaolan	6399	1980	518	1202	363	588	951	597	200
榆中县	Yuzhong	7310	2596	442	1559	349	540	995	718	112
嘉峪关市	**Jiayuguan**	**11879**	**3773**	**804**	**2287**	**453**	**2568**	**1135**	**708**	**152**
金昌市	**Jinchang**	**8813**	**2352**	**761**	**1621**	**340**	**1445**	**1443**	**620**	**231**
金川区	Jinchuan	11573	2543	879	2264	530	2498	1887	718	254
永昌县	Yongchang	8050	2299	728	1444	287	1154	1320	593	225
白银市	**Baiyin**	**5498**	**2233**	**376**	**995**	**297**	**512**	**664**	**319**	**103**
白银区	Baiyin	7987	2853	632	1570	297	983	1137	269	246
平川区	Pingchuan	5540	2006	459	1220	266	697	528	305	59
靖远县	Jingyuan	5325	1770	491	1287	374	411	541	269	181
会宁县	Huining	5505	2753	208	708	223	474	726	365	48
景泰县	Jingtai	5299	1869	463	816	330	679	763	333	46
天水市	**Tianshui**	**7074**	**2194**	**487**	**1641**	**659**	**792**	**637**	**529**	**135**
秦州区	Qinzhou	7685	2718	567	1803	562	750	524	690	69
麦积区	Maiji	5939	2032	480	1533	309	538	389	591	67
清水县	Qingshui	5667	1836	372	983	391	548	494	970	74
秦安县	Qinan	7966	2761	483	1596	765	1003	633	504	222
甘谷县	Gangu	7973	1857	490	2221	967	943	929	397	169
武山县	Wushan	6824	2268	640	1217	535	827	713	460	164
张家川县	Zhangjiachuan	5224	2357	329	928	447	501	153	468	41
武威市	**Wuwei**	**6756**	**2352**	**384**	**1042**	**260**	**989**	**1152**	**507**	**70**
凉州区	Liangzhou	7214	2616	372	1162	230	1030	1111	633	60
民勤县	Minqin	9506	2834	498	969	309	1806	2348	618	125
古浪县	Gulang	4330	1614	345	1014	278	426	402	219	31
天祝县	Tianzhu	5905	2121	345	644	268	792	1172	441	123
张掖市	**Zhangye**	**9527**	**3366**	**752**	**1449**	**545**	**1140**	**1315**	**829**	**131**

6-25 续表 1 continued

单位：元 (yuan)

地区	Region	消费支出 Consumption Expenditures	食品烟酒 Food, Tobacco and Liquor	衣着 Clothing	居住 Residence	生活用品及服务 Household Facilities, Articles and Services	交通通讯 Transport and Communications	教育文化娱乐 Education, Cultural and Recreation	医疗保健 Health Care and Medical Services	其他用品及服务 Miscellaneous Goods and Services
甘州区	Ganzhou	10060	3627	829	1405	410	1311	1328	1072	79
肃南县	Sunan	13330	4503	1148	2673	957	1121	2002	749	176
民乐县	Minle	9006	3024	741	1723	503	1044	1348	538	86
临泽县	Linze	10419	3574	697	1639	807	1298	1395	919	90
高台县	Gaotai	8801	3065	683	1177	489	792	1472	876	247
山丹县	Shandan	8167	3135	618	1030	676	1145	814	543	206
平凉市	**Pingliang**	**6833**	**2034**	**406**	**1213**	**397**	**906**	**890**	**881**	**105**
崆峒区	Kongtong	6737	1782	507	1285	286	833	657	1187	201
泾川县	Jingchuan	9536	2986	438	1784	491	1299	1099	1318	121
灵台县	Lingtai	5971	1294	229	1067	273	943	946	1147	71
崇信县	Chongxin	6631	1719	490	1161	386	888	844	954	189
华亭县	Huating	7087	2105	372	1587	308	1209	796	574	134
庄浪县	Zhuanglang	5003	1929	401	875	375	492	573	326	33
静宁县	Jingning	7821	2258	416	1206	536	1079	1267	954	105
酒泉市	**Jiuquan**	**10407**	**3186**	**689**	**1647**	**698**	**1536**	**1390**	**1028**	**233**
肃州区	Suzhou	10363	4031	584	1512	675	1285	1096	1054	126
金塔县	Jinta	10275	3024	748	1420	352	1905	1701	993	132
瓜州县	Guazhou	11575	2653	740	2174	938	1694	1268	1644	464
肃北县	Subei	19618	9745	820	1895	1072	2070	2035	271	1712
阿克塞县	Akesai	17262	8407	756	3725	682	1189	1821	523	160
玉门市	Yumen	8510	2581	590	1551	706	1396	1007	559	119
敦煌市	Dunhuang	10209	2411	841	1609	844	1461	2023	749	271
庆阳市	**Qingyang**	**6941**	**2540**	**493**	**1260**	**827**	**406**	**623**	**683**	**110**
西峰区	Xifeng	10326	3914	853	1754	1265	624	802	914	201
庆城县	Qingcheng	8270	3153	432	1393	1257	383	488	1046	117
环　县	Huanxian	5796	2205	372	1230	729	291	614	309	46
华池县	Huachi	5067	1909	380	756	780	240	424	458	120
合水县	Heshui	6633	2400	429	1503	833	429	391	560	88
正宁县	Zhengning	5148	1865	411	897	639	377	475	416	67
宁　县	Ningxian	6660	2319	627	1095	709	416	668	703	123
镇原县	Zhenyuan	6901	2431	372	1317	635	410	764	859	113
定西市	**Dingxi**	**5319**	**2094**	**318**	**1013**	**353**	**467**	**617**	**391**	**66**
安定区	Anding	6024	2398	257	915	390	687	779	499	99
通渭县	Tongwei	5921	2573	286	679	419	495	972	420	77

6-25 续表 2 continued

单位：元 (yuan)

地区	Region	消费支出 Consumption Expenditures	食品烟酒 Food,Tobacco and Liquor	衣着 Clothing	居住 Residence	生活用品及服务 Household Facilities, Articles and Services	交通通讯 Transport and Communications	教育文化娱乐 Education,Cultural and Recreation	医疗保健 Health Care and Medical Services	其他用品及服务 Miscellaneous Goods and Services
陇西县	Longxi	6138	2243	355	1268	334	508	750	605	76
渭源县	Weiyuan	6441	2633	464	1157	456	675	552	404	99
临洮县	Lintao	4460	1512	161	1128	237	315	696	366	46
漳　县	Zhangxian	5461	1926	373	970	437	538	458	685	75
岷　县	Minxian	3692	1647	398	924	307	243	115	34	23
陇南市	**Longnan**	**5143**	**1908**	**461**	**987**	**400**	**539**	**386**	**386**	**75**
武都区	Wudu	6053	2181	661	1111	540	561	503	368	128
成　县	Chengxian	6674	2169	672	1143	394	726	723	730	118
文　县	Wenxian	4916	2063	315	1140	304	520	197	281	95
宕昌县	Tanchang	3669	1377	281	877	340	362	203	217	14
康　县	Kangxian	4660	2002	336	956	261	457	237	283	128
西和县	Xihe	4350	1401	369	963	405	508	325	312	68
礼　县	Lixian	4655	2021	341	754	299	493	396	329	22
徽　县	Huixian	6459	2240	698	1044	540	772	414	692	59
两当县	Liangdang	4534	1564	279	1115	648	448	149	316	14
临夏州	**Linxia**	**4821**	**1659**	**409**	**1128**	**401**	**446**	**222**	**502**	**54**
临夏市	Linxia	9221	2709	880	1960	553	887	811	1232	190
临夏县	Linxia	5356	1879	497	1518	355	549	237	295	26
康乐县	Kangle	5766	1630	401	1406	442	443	189	1215	39
永靖县	Yongjing	5117	1800	466	1215	318	385	492	359	81
广河县	Guanghe	4273	1712	491	771	360	525	93	294	26
和政县	Hezheng	4146	1301	447	816	572	607	104	276	22
东乡县	Dongxiang	3475	1229	211	869	421	205	82	429	30
积石山县	Jishishan	4122	1677	263	751	350	352	212	388	128
甘南州	**Gannan**	**4643**	**2149**	**347**	**1043**	**279**	**416**	**177**	**138**	**94**
合作市	Hezuo	4906	2219	434	1067	288	484	158	177	80
临潭县	Lintan	5533	2487	453	1679	378	376	64	78	17
卓尼县	Zhuoni	4105	1872	357	953	266	272	161	127	97
舟曲县	Zhouqu	3833	1826	172	904	89	342	319	158	22
迭部县	Diebu	4716	2200	261	1384	224	298	95	131	122
玛曲县	Maqu	6300	3007	621	264	541	1011	219	247	391
碌曲县	Luqu	4364	1920	306	395	533	613	382	132	82
夏河县	Xiahe	4179	1949	340	900	311	375	81	103	120

主要指标解释

一、城乡住户一体化调查主要指标解释

从 2013 年起，国家统计局对分别进行的城乡住户调查实施了一体化改革，规范了城乡划分范围，统一了城乡居民收入指标名称、分类和统计标准，建立了城乡统一的一体化住户调查，并据此采集全国居民有关数据。甘肃省自 2015 年起发布城乡一体化住户收支与生活状况调查数据，即发布城镇、农村居民可支配收入，原农村居民纯收入数据以后不再发布，表中涉及 2015 年的居民有关数据均来源于此调查。

可支配收入 指调查户在调查期内获得的、可用于最终消费支出和储蓄的总和，即调查户可以用来自由支配的收入。可支配收入既包括现金，也包括实物收入。按照收入的来源，可支配收入包含四项，分别为：工资性收入、经营净收入、财产净收入和转移净收入。计算公式为：

可支配收入 = 工资性收入 + 经营净收入 + 财产净收入 + 转移净收入

其中：经营净收入 = 经营收入 − 经营费用 − 生产性固定资产折旧 − 生产税

财产净收入 = 财产性收入 − 财产性支出

转移净收入 = 转移性收入 − 转移性支出

工资性收入 指就业人员通过各种途径得到的全部劳动报酬和各种福利，包括受雇于单位或个人、从事各种自由职业、兼职和零星劳动得到的全部劳动报酬和福利。

经营净收入 指住户或住户成员从事生产经营活动所获得的净收入，是全部经营收入中扣除经营费用、生产性固定资产折旧和生产税之后得到的净收入。

财产净收入 指住户或住户成员将其所拥有的金融资产、住房等非金融资产和自然资源交由其他机构单位、住户或个人支配而获得的回报并扣除相关的费用之后得到的净收入。财产净收入包括利息净收入、红利收入、储蓄性保险净收益、转让承包土地经营权租金净收入、出租房屋净收入、出租其他资产净收入和自有住房折算净租金等。

转移性收入 指国家、单位、社会团体对住户的各种经常性转移支付和住户之间的经常性收入转移。包括政府、非行政事业单位、社会团体对居民转移的养老金或退休金、社会救济和补助、惠农补贴、政策性生活补贴、救灾款、经常性捐赠和赔偿以及报销医疗费等；住户之间的赡养收入、经常性捐赠和赔偿以及农村地区（村委会）在外（含国外）工作的本住户非常住成员寄回带回的收入等。

转移性支出 指调查户对国家、单位、住户或个人的经常性或义务性转移支付。包括缴纳的税款、各项社会保障支出、赡养支出、经常性捐赠和赔偿支出以及其他经常转移支出等。

消费支出 指住户用于满足家庭日常生活消费需要的全部支出，包括用于消费品的支出和用于服务性消费的支出。根据用途不同，消费支出可划分为食品烟酒、衣着、居住、生活用品及服务、交通通信、教育文化娱乐、医疗保健、其他用品及服务八大类。

二、城镇住户调查和农村住户调查指标解释

2014 年及以前年份甘肃省住户调查分城乡分别开展，城镇与农村居民收入、支出等指标的统计口径有所不同，数据不完全可比，城镇调查城镇居民可支配收入，农村调查农村居民纯收入。为了保持历史数据的可比，本年鉴中 2014 年及以前年份的数据和指标解释仍保持了原城镇住户调查和农村住户调查方案的原貌。

城镇家庭人口 指居住在一起，经济上合在一起共同生活的家庭成员。凡计算为家庭人口的成员其全部收支都包括在本家庭中。

城镇就业面 指就业人口占家庭人口的百分比。

城镇就业者负担人数 指家庭人口与就业人口之比。

城镇家庭总收入 指家庭成员得到的工资性收入、经营净收入、财产性收入、转移性收入之和，不包括出售财物收入和借贷收入。

城镇居民家庭可支配收入 指家庭成员得到可用于最终消费支出和其它非义务性支出以及储蓄的总和，即居民家庭可以用来自由支配的收入。它是家庭总收入扣除交纳的所得税、个人交纳的社会保障支出以及记账补贴后的收入。计算公式为：

城镇居民家庭可支配收入 = 家庭总收入 − 交纳所得税 − 个人交纳的社会保障支出 − 记帐补贴

城镇家庭总支出 指家庭除借贷支出以外的全部实际支出。包括现金消费支出、财产性支出、转移性支出、社会保障支出、购房与建房支出。

城镇家庭现金消费支出 指家庭用于日常生活的支出，包括食品、衣着、家庭设备用品及服务、医疗保健、交通和通信、娱乐教育文化服务、居住、杂项商品和服务等八大类支出。

农村住户 指农村常住户。农村常住户指长期（一年

以上）居住在乡镇（不包括城关镇）行政管理区域内的住户，以及长期居住在城关镇所辖行政村范围内的农村住户。户口不在本地而在本地居住一年及以上的住户也包括在本地农村常住户范围内；有本地户口，但举家外出谋生一年以上的住户，无论是否保留承包耕地都不包括在本地农村住户范围内。

总收入 指调查期内农村住户和住户成员从各种来源渠道得到的收入总和。按收入的性质划分为工资性收入、家庭经营收入、财产性收入和转移性收入。

工资性收入 指农村住户成员受雇于单位或个人，靠出卖劳动而获得的收入。

家庭经营收入 指农村住户以家庭为生产经营单位进行生产筹划和管理而获得的收入。农村住户家庭经营活动按行业划分为农业、林业、牧业、渔业、工业、建筑业、交通运输业邮电业、批发和零售贸易餐饮业、社会服务业、文教卫生业和其他家庭经营。

财产性收入 指金融资产或有形非生产性资产的所有者向其他机构单位提供资金或将有形非生产性资产供其支配，作为回报而从中获得的收入。

转移性收入 指农村住户和住户成员无须付出任何对应物而获得的货物、服务、资金或资产所有权等，不包括无偿提供的用于固定资本形成的资金。一般情况下，是指农村住户在二次分配中的所有收入。

现金收入 指农村住户和住户成员在调查期内得到以现金形态表现的收入。按来源分成工资性收入、家庭经营现金收入、财产性收入、转移性收入。

总支出 指农村住户用于生产、生活和再分配的全部支出。家庭经营费用支出、购置生产性固定资产支出、生产性固定资产折旧、税费支出、生活消费支出、财产性支出和转移性支出。

7

财政和金融业

Government Finance and Financial Intermediation

简要说明

一、本篇资料主要内容

本篇反映财政收支状况；金融业的发展情况。主要包括地方财政收支、政府性基金收支资料；金融机构存贷及现金收支等活动；保险业务情况。

二、本篇资料来源

本篇资料由省统计局国民经济核算处搜集、加工整理：

1. 财政收支资料来源于省财政厅。

2. 金融资料来源于中国人民银行兰州中心支行。

3. 保险数据来源于中国保监会甘肃监管局。

7-1 历年财政收支

Government Revenue and Expenditure

单位：万元 (10 000 yuan)

年份 Year	财政收入 Government Revenue	#一般公共预算收入 General Public Budget Revenue	税收收入 Total Tax Revenue	#附：上划中央税收 Tax Revenue Turned Over to the Central	一般公共预算支出 General Public Budget Expenditure
1978	205280		79168		143429
1979	184606		79407		141810
1980	149348		44606		123045
1981	129859		43143		111955
1982	124713		82870		127857
1983	109003		92004		155256
1984	132338		114322		211510
1985	163814		189074		239971
1986	197635		210832		300125
1987	225831		235266		317747
1988	249786		267766		363835
1989	315242		317768		412645
1990	342065		341541		459395
1991	399801		359225		513188
1992	399736		393208		534786
1993	521132		520393		631676
1994	626198	290797	270086	335401	723817
1995	684142	339211	302594	344931	813908
1996	822714	433733	367663	388981	909538
1997	919259	494108	416575	425151	1067215
1998	974793	540253	465578	434540	1253382
1999	1030025	583657	490034	446368	1477868
2000	1083752	612849	516624	470903	1882322
2001	1241396	699485	587853	541911	2354643
2002	1503365	762432	654283	740933	2740111
2003	1771750	876561	722434	895189	3000070
2004	2158581	1041600	823382	1104105	3569366
2005	2545665	1235026	919615	1310639	4293479
2006	2949750	1412152	1108360	1537598	5285946
2007	3918687	1909107	1420532	2009580	6753372
2008	4709361	2649650	1628049	2059711	9684336
2009	6039849	2865898	1760411	3173951	12462817
2010	7452511	3535833	2202883	3916678	14685810
2011	9336165	4501188	2840435	4834977	17912432
2012	10798983	5203993	3477792	5594990	20595638
2013	11448265	6072717	4177266	5375548	23096230
2014	12342376	6726698	4902596	5615678	25414935
2015	13862830	7438604	5297863	6424226	29583117

注：财政收入不含基金收入。

a) Revenue does not include the fund's income.

7-2 税收收入

Total Taxes Revenue

单位 ：万元 (10 000 yuan)

年 份 Year	税收收入 Total Tax Revenue	#增值税 Value-added Tax	#营业税 Business Tax	#企业所得税 Corporate Income Tax	#个人所得税 Individual Income Tax
1994	270086	86783	63912	27011	4471
1995	302594	90356	77345	33393	6242
1996	367663	93094	101939	32494	8706
1997	416575	104079	120340	39864	10271
1998	465578	108318	142508	44537	14399
1999	490034	111778	147031	66686	18349
2000	516624	119471	158995	60957	25921
2001	587853	133758	173483	104045	38788
2002	654283	150720	209747	66054	40920
2003	722434	181230	240705	53111	36776
2004	823382	216152	270531	63182	43112
2005	919615	253337	315890	84320	51793
2006	1108360	314071	372674	106902	57884
2007	1420532	403624	434006	179740	71513
2008	1628049	379120	531536	206233	81306
2009	1760411	371096	652494	169511	89876
2010	2202883	440902	868425	199868	111253
2011	2840435	489460	1100499	285861	140563
2012	3477792	605180	1367172	365313	135407
2013	4177266	636506	1765945	400978	147793
2014	4902596	884047	1949794	459990	158097
2015	5297863	897868	2071529	592025	189368

7-3 财政收入情况

Government Revenue

单位：万元 (10 000 yuan)

项目	Item	2011	2012	2013	2014	2015
财政收入	**Government Revenue**	**9336165**	**10798983**	**11448265**	**12342376**	**13862830**
一般公共预算收入	**General Public Budget Revenue**	**4501188**	**5203993**	**6072717**	**6726698**	**7438604**
税收收入	Total Tax Revenue	2840435	3477792	4177266	4902596	5297863
增值税	Domestic Value-added Tax	489460	605180	636506	884047	897868
营业税	Business Tax	1100499	1367172	1765945	1949794	2071529
企业所得税	Corporate Income Tax	285861	365313	400978	459990	592025
企业所得税退税	Tax Rebate for Corporate Income Tax	-124	-12	-19		
个人所得税	Individual Income Tax	140563	135407	147793	158097	189368
资源税	Resource Tax	143586	166232	194864	229796	168137
城市维护建设税	City Maintenance and Construction Tax	236219	289096	321405	376947	441658
房产税	House Property Tax	89644	111672	129991	142753	177057
印花税	Stamp Tax	46099	60355	80263	78574	84253
城镇土地使用税	Urban Land Use Tax	100087	136800	144559	160623	188420
土地增值税	Land Appreciation Tax	54596	67649	101594	143493	169708
车船税	Tax on Vehicles and Boat Operation	32752	49885	63433	77223	92186
耕地占用税	Farm Land Occupation Tax	31656	23302	41064	48770	54640
契税	Deed Tax	88214	97605	146159	190597	168466
烟叶税	Tobacco Leaf Tax	1323	2136	2731	1892	2548
其他税收收入	Other Tax Revenue					
非税收入	Total Non-tax Revenue	1660753	1726201	1895451	1824102	2140741
专项收入	Special Program Receipts	848417	754587	607860	426449	651409
行政事业性收费收入	Charge of Administrative and Institutional Units	376888	432750	521169	543353	534371
罚没收入	Penalty Receipts	105620	124586	162571	169268	177164
国有资本经营收入	Operation Income of Stat-owned Assets	49831	97321	52155	31515	16915
国有资源（资产）有偿使用收入	Income from Use of State-owned Resources (Assets)	130247	207438	355149	432869	515385
其他收入	Other Non-tax Receipts	149750	109519	196547	220648	245497
上划中央税收收入	**Tax Revenue Turned Over to the Central**	**4834977**	**5594990**	**5375548**	**5615678**	**6424226**
# 增值税	Value Added Tax	1660425	2008789	2178146	2100011	2109173
消费税	Consumption Tax	1839848	2053533	1942032	1998581	2634996
企业所得税	Corporate Income Tax	453617	541650	579505	699451	884729
个人所得税	Individual Income Tax	210843	203114	221687	237146	284050
车辆购置税	Vehicle Purchase Tax	202238	239778	307193	343012	339729

7-4 财政支出情况
Government Expenditure

单位：万元 (10 000 yuan)

项　目	Item	2011	2012	2013	2014	2015
一般公共预算支出	**General Public Budget Expenditure**	**17912432**	**20595638**	**23096230**	**25414935**	**29583117**
一般公共服务	Expenditures for General Public Pervices	1749150	2295005	2785954	3004798	2720127
外交	Expenditures for Foreign Affairs					
国防	Expenditures for National Defense	18539	18503	19455	28926	30301
公共安全	Expenditures for Public Security	803139	952174	1021196	1074211	1231006
#公安	Police	428142	502830	562560	608266	692730
检察	Procuratorate	81575	96614	94851	94798	106254
法院	Court	117076	137380	154855	145793	160151
监狱	Prison	52635	58398	56288	60166	67447
教育	Expenditures for Education	2843320	3679154	3770553	4012557	4983251
#教育管理事务	Education Management Affairs	52107	46720	61477	73157	79575
普通教育	General Education	2363686	3119137	3131252	3335299	4080615
科学技术	Expenditures for Science and Technology	132215	161855	197581	211583	298471
文化体育与传媒	Expenditures for Culture, Sport and Media	330710	498667	597636	495976	627640
#文化	Culture	105427	135454	231197	152194	168672
体育	Sport	38618	43157	40331	69916	82846
广播影视	Broadcasting, Film and Television	80506	152550	131962	90967	146735
社会保障和就业	Expenditures for Social Safety Net and Employment Effort	2792219	2946396	3467666	3762231	4213133
#行政事业单位离退休	Administrative Institutions Retired	728072	765935	797388	892778	1155418
就业补助	Employment Subsidies	184055	207339	300494	356097	208377

注：债务付息支出 2014 年之前为国债还本付息支出。

a) Before 2014,data of expenditure for principal and interest of debts were the interest payment for domestic and foreign debts.

7-4 续表 continued

单位：万元 (10 000 yuan)

项 目	Item	2011	2012	2013	2014	2015
医疗卫生	Expenditures for Medical and Health Care	1431803	1482095	1658628	2041944	2500965
#医疗保障	Medical Security	696451	749177	845894	956964	1139897
食品药品监督管理事务	Food and Drug Regulatory Affairs	24935	30266	34195	79179	109139
节能环保	Expenditures for Energy Saving and Environment Protection	849919	720006	698222	732115	953513
#污染防治	Pollution Prevention	164396	146958	146802	146978	137542
城乡社区事务	Expenditure for Urban and Rural Communities Affairs	658825	805161	731853	787468	1216135
农林水事务	Expenditure for Agriculture, Forestry and Water Conservancy Affairs	2376560	3023726	3465804	3661710	4970520
#农业	Agriculiture	900828	1094227	1143795	1194353	1424715
林业	Forestry	254795	316088	331337	375319	461337
水利	Water Conservancy	670368	894945	908172	891745	1044241
扶贫	Poverty Alleviation	267833	354431	626679	676796	1279444
交通运输	Expenditure for Transportation	1589122	1264299	2079441	2571176	2782433
资源勘探电力信息等事务	Expenditure for Affairs of Exploration, Power and Information	293099	383668	386234	433956	477300
商业服务业等事务	Expenditure for Affairs of Commerce and Services	169520	191257	176174	176294	296858
金融监管等事务	Expenditure for Affairs of Financial Supervision	24653	80978	1616	18919	21591
地震灾后恢复重建支出	Expenditure for Post-earthquake Recovery and Reconstruction	87665	170226	23675		
国土资源气象等事务	Expenditure for Affairs of Land and Weather	410584	439116	419107	410203	352034
住房保障支出	Expenditure for Affairs of Housing Security	925756	1021656	1028191	1136581	1278705
粮油物资管理事务	Expenditure for Affairs of Management of Grain & Oil Reserves	79195	95645	98862	97568	133170
债务付息支出	Expenditure for Principal and Interest of Debts	88301	116443	153145	416725	150947
其他支出	Other Expenditure	258138	249608	315237	339994	345017

7-5 政府性基金收支情况

Revenue and Expenditure of Government Fund

单位：万元 (10 000 yuan)

项目	Item	2012	2013	2014	2015
政府性基金收入合计	**Total Renvenue of Government Funds**	**1919200**	**3749133**	**4951230**	**6217220**
#地方教育附加收入	Additional Revenue of Local Education	92128	106018	154209	
新增建设用地土地有偿使用费收入	Add the Land Compensation for the Use of Land for Building Fee Income	74840	109184	282697	262039
地方水利建设基金收入	Revenue of Local Water Conservancy Construction Funds	28218	29483	21135	
残疾人就业保障金收入	Income of Disabled Person Employment Security Payments	11743	20392	43588	
政府住房基金收入	Government Housing Fund Income	53749	66130	98605	177388
城市公用事业附加收入	Additional Income of Urban Public Utilities	2880	19153	13615	12651
国有土地收益基金收入	Fund Revenue Receipts of State-owned Land	5777	19199	48221	46526
农业土地开发资金收入	Revenue of Agricultural Land Development Capital	8504	17767	51681	56049
国有土地使用权出让收入	Income of State-owned Land Use Right Transfer	1109668	2460148	2728829	3781074
彩票公益金收入	Lottery and Public Welfare Funds Revenue	47999	74311	352498	361591
城市基础设施配套费收入	Revenue of Urban Infrastructure Fee	60948	87176	148595	189237
车辆通行费	Revenue of Vehicle Tolls	341233	630931	708838	791216
政府性基金支出合计	**Total Expenditure of Government Fund**	**2012582**	**3859789**	**3800651**	**5595333**
#地方教育附加安排的支出	Additional Arrangements Expenditure for Local Education	85030	106269	115797	
新增建设用地有偿使用费安排的支出	Arrangements Expenditure for the Use of Land for Building Fee Income	119193	189364	186776	166001
地方水利建设基金支出	Expenditure for Local Water Conservancy Construction Funds	46362	35646	20194	
残疾人就业保障金支出	Expenditure for Disabled Person Employment Security Payments	8307	15426	22474	
政府住房基金支出	Government Housing Fund Expenditure	45350	65220	63950	159395
城市公用事业附加安排的支出	Additional Arrangements Expenditure of Urban Public Utilities	2757	17170	3665	11979
国有土地收益基金支出	Fund Expenditure Receipts of State-owned Land	1469	12965	25195	43806
农业土地开发资金支出	Expenditure for Agricultural Land Development Capital	4933	4764	12717	53850
国有土地使用权出让收入安排的支出	Arrangements Expenditure for State-owned Land Use Right Transfer	1110831	2254555	2187486	3512432
彩票公益金安排的支出	Lottery and Public Welfare Funds Expenditure	85455	83980	223869	259389
城市基础设施配套费安排的支出	Arrangements Expenditure for Urban Infrastructure Fee	62737	68885	111996	158501
车辆通行费安排的支出	Expenditure for Vehicle Tolls	326991	645789	674787	768892

7-6 各地区财政收入（2015）
Government Revenue by Region(2015)

单位：万元 (10 000 yuan)

地 区	Region	一般公共预算收入 General Public Budget Revenue	#税收收入 Total Tax Revenue	#增值税 Domestic Value Added Tax	#营业税 Business Tax	#企业所得税 Company Income Tax	#个人所得税 Individual Income Tax
兰州市	Lanzhou	1851917	1446701	239829	431860	140048	50858
嘉峪关市	Jiayuguan	151302	122127	26423	23533	5029	3131
金昌市	Jinchang	184802	138274	24949	29145	6869	3606
白银市	Baiyin	254908	167450	27947	44090	9638	3445
天水市	Tianshui	366939	225927	44012	69527	15266	4361
武威市	Wuwei	268422	149314	16682	59999	11148	3958
张掖市	Zhangye	241363	140680	16114	54678	11870	3542
平凉市	Pingliang	247157	171006	38003	52654	10205	3598
酒泉市	Jiuquan	345580	203980	24965	59782	16708	4821
庆阳市	Qingyang	553993	336127	112269	64742	11898	4634
定西市	Dingxi	243489	154532	19192	66480	11449	2997
陇南市	Longnan	254542	138862	32720	49406	15056	2718
临夏州	Linxia	165887	100812	12250	39760	7996	1323
甘南州	Gannan	91654	44548	7226	21465	3903	1419

7-7 各地区财政支出（2015）
Government Expenditure by Region(2015)

单位：万元 (10 000 yuan)

地 区	Region	一般公共预算支出 General Public Budget Expenditure	#一般公共服务 General Public Service	#教育 Education	#社会保障和就业 Social Security and Emploment Effort	#医疗卫生 Medical and Health Care	#农林水利事务 Agriculture,Forestry and Water Conservancy
兰州市	Lanzhou	3440019	470881	671067	326832	317352	279445
嘉峪关市	Jiayuguan	250996	17925	35925	36970	20423	22286
金昌市	Jinchang	521734	57137	71390	65322	35994	74403
白银市	Baiyin	1308566	94927	260036	235977	147085	231479
天水市	Tianshui	2239238	176135	465357	457240	266757	373373
武威市	Wuwei	1718832	119543	269953	221245	152755	448144
张掖市	Zhangye	1234755	109056	197495	168853	112797	292896
平凉市	Pingliang	1612375	139694	362120	269294	184079	275480
酒泉市	Jiuquan	1101950	139179	207213	107360	115890	198658
庆阳市	Qingyang	2074320	269790	424359	339907	217475	335031
定西市	Dingxi	1978548	158764	402559	429064	210080	390604
陇南市	Longnan	1954008	189925	335671	343225	246777	347583
临夏州	Linxia	1755771	297866	339121	314994	194542	260241
甘南州	Gannan	1438135	201692	231398	191974	98800	260518

7-8 各地县财政收支（2015）

Government Revenue and Expenditure by Region ,County(2015)

单位：万元 (10 000 yuan)

地 区	Region	一般公共预算收入 General Public Budget Revenue	一般公共预算支出 General Public Budget Expenditure
兰州市	**Lanzhou**	**1851917**	**3440019**
城关区	Chengguan	292635	458511
七里河区	Qilihe	143732	235179
西固区	Xigu	116481	249468
安宁区	Anning	115639	144246
红古区	Honggu	24950	112665
永登县	Yongdeng	40395	201838
皋兰县	Gaolan	34648	122112
榆中县	Yuzhong	48915	236493
嘉峪关市	**Jiayuguan**	**151302**	**250996**
金昌市	**Jinchang**	184802	521734
金川区	Jinchuan	40672	107839
永昌县	Yongchang	32402	208464
白银市	**Baiyin**	**254908**	**1308566**
白银区	Baiyin	66955	172377
平川区	Pingchuan	26585	118878
靖远县	Jingyuan	30269	266866
会宁县	Huining	24114	319969
景泰县	Jingtai	19908	159020
天水市	**Tianshui**	**366939**	**2239238**
秦州区	Qinzhou	74124	348869
麦积区	Maiji	45075	320000
清水县	Qingshui	14796	186057
秦安县	Qinan	20439	271246
甘谷县	Gangu	34502	266631
武山县	Wushan	17643	213881
张家川县	Zhangjiachuan	13329	198583
武威市	**Wuwei**	**268422**	**1718832**
凉州区	Liangzhou	105200	617500
民勤县	Minqin	33713	259413
古浪县	Gulang	22378	320826
天祝县	Tianzhu	39483	345302
张掖市	**Zhangye**	**241363**	**1234755**
甘州区	Ganzhou	76415	318896
肃南县	Sunan	20529	112378
民乐县	Minle	22924	174386
临泽县	Linze	24608	138290
高台县	Gaotai	24143	150899
山丹县	Shandan	31160	165261
平凉市	**Pingliang**	**247157**	**1612375**
崆峒区	Kongtong	49695	290022
泾川县	Jingchuan	18519	192412
灵台县	Lingtai	9364	152531
崇信县	Chongxin	25272	97248
华亭县	Huating	50266	145793
庄浪县	Zhuanglang	17136	254881
静宁县	Jingning	21401	290116
酒泉市	**Jiuquan**	**345580**	**1101950**
肃州区	Suzhou	52485	207907
金塔县	Jinta	19740	122662

地 区	Region	一般公共预算收入 General Public Budget Revenue	一般公共预算支出 General Public Budget Expenditure
瓜州县	Guazhou	37833	132824
肃北县	Subei	23438	79428
阿克塞县	Akesai	11915	45104
玉门市	Yumen	48203	155170
敦煌市	Dunhuang	53007	149914
庆阳市	**Qingyang**	**553993**	**2074320**
西峰区	Xifeng	77244	261666
庆城县	Qingcheng	50576	205411
环 县	Huanxian	41500	330320
华池县	Huachi	57441	191937
合水县	Heshui	22754	139626
正宁县	Zhengning	17967	158510
宁 县	Ningxian	16659	242380
镇原县	Zhenyuan	31907	263796
定西市	**Dingxi**	**243489**	**1978548**
安定区	Anding	38175	307451
通渭县	Tongwei	15994	245368
陇西县	Longxi	49648	285889
渭源县	Weiyuan	18741	221244
临洮县	Lintao	39454	273396
漳 县	Zhangxian	15621	151601
岷 县	Minxian	23816	298330
陇南市	**Longnan**	**254542**	**1954008**
武都区	Wudu	41310	316369
成 县	Chengxian	42744	175430
文 县	Wenxian	21184	171908
宕昌县	Tanchang	15078	192402
康 县	Kangxian	14917	158536
西和县	Xihe	18114	214290
礼 县	Lixian	20956	281816
徽 县	Huixian	36787	150167
两当县	Liangdang	5897	68163
临夏州	**Linxia**	**165887**	**1755771**
临夏市	Linxia	45257	246961
临夏县	Linxia	14789	228903
康乐县	Kangle	10481	173008
永靖县	Yongjing	36053	212526
广河县	Guanghe	11333	162079
和政县	Hezheng	13525	150259
东乡县	Dongxiang	6878	217323
积石山县	Jishishan	12500	184173
甘南州	**Gannan**	**91654**	**1438135**
合作市	Hezuo	17456	158130
临潭县	Lintan	9416	181142
卓尼县	Zhuoni	7211	196579
舟曲县	Zhouqu	8937	172820
迭部县	Diebu	9135	119563
玛曲县	Maqu	9600	124358
碌曲县	Luqu	5379	120283
夏河县	Xiahe	11297	156505

7-9 金融机构本外币信贷资金平衡表
Balance Sheet of RMB and Foreign Currency Credit Funds of Financial Institutions

单位：亿元　　（年末余额）(year-end balance)　　(100 million yuan)

项　目	Item	2010	2014	2015
资金来源合计	**Funds Sources**	**4808.35**	**13757.12**	**16451.35**
#各项存款	Total Deposits	7146.66	13957.98	16299.50
境内存款	Domestic Deposits			16297.66
住户存款	Household Deposits			7804.53
活期存款	Demand Deposits			3120.90
定期及其他存款	Time and other Deposits			4683.63
非金融企业存款	Non-financial Enterprises Deposits			5288.88
活期存款	Demand Deposits			3024.93
定期及其他存款	Time and other Deposits			2263.95
广义政府存款	General Government Deposits			2874.35
财政性存款	Fiscal Deposits			228.00
机关团体存款	Government Agencies & Organizations Deposits			2646.35
非银行业金融机构存款	Non-banking Financial Institutions Deposit			329.90
境外存款	Offshore Deposits			1.84
金融债券	Financial Bonds		59.90	73.81
各项准备	Total Reserve Funds		320.75	417.52
所有者权益	Owner's Equity		761.30	961.92
#实收资本	# Paid-in Capital		317.54	425.64
资金运用合计	**Funds Uses**	**4808.35**	**13757.12**	**16451.35**
#各项贷款	# Total Loans	4576.68	11075.78	13728.89
境内贷款	Domestic Loans		11021.75	13649.02
住户贷款	Household Loans			3551.09
短期贷款	Short-term Loans			1374.61
中长期贷款	Medium and Long Term Loans			2176.48
非金融企业及机关团体贷款	Loans of Non-financial Enterprises and Government Agencies & Organizations			10097.93
短期贷款	Short-term Loans			3287.73
中长期贷款	Medium and Long Term Loans			5890.12
票据融资	Bill Financing			458.16
融资租赁	Finance Lease			446.72
各项垫款	Advances			15.20
境外贷款	Overseas Loans		54.04	79.88

注：1. 2010、2014 年、2015 年的汇率分别为 6.62279、6.1190、6.4936。

a) The exchange rate of 2010,2014,2015were 6.6227,6.1190,6.4936.

7-10 金融机构人民币信贷资金平衡表
Balance Sheet of RMB Credit Funds of Financial Institutions

单位：亿元　　（年末余额）(year-end balance)　　(100 million yuan)

项　目	Item	2010	2014	2015
资金来源合计	**All Sources**	**7032.92**	**13607.65**	**16285.80**
# 各项存款	Total Deposits	7115.37	13921.36	16141.19
境内存款	Domestic Deposits			16139.48
住户存款	Household Deposits			7776.80
活期存款	Demand Deposits			3104.36
定期及其他存款	Time and other Deposits			4672.44
非金融企业存款	Non-financial Enterprises Deposits			5163.05
活期存款	Demand Deposits			2970.71
定期及其他存款	Time and other Deposits			2192.34
广义政府存款	General Government Deposits			2869.89
财政性存款	Fiscal Deposits			228.00
机关团体存款	Government Agencies & Organizations Deposits			2641.89
非银行业金融机构存款	Non-banking Financial Institutions Deposit			329.74
境外存款	Offshore Deposits			1.72
金融债券	Financial Bonds		59.90	73.81
各项准备	Total Reserve Funds		305.75	395.43
所有者权益	Owner's Equity		753.79	961.76
# 实收资本	Paid-in Capital		317.54	425.64
资金运用合计	**Funds Uses**	**7032.92**	**13607.65**	**16285.80**
# 各项贷款	Total Loans	4433.05	10681.63	13292.18
境内贷款	Domestic Loans	4433.05	10681.62	13292.11
住户贷款	Household Loans			3550.91
短期贷款	Short-term Loans			1374.51
中长期贷款	Medium and Long Term Loans			2176.40
非金融企业及机关团体贷款	Loans of Non-financial Enterprises and Government Agencies&Organizations			9741.20
短期贷款	Short-term Loans			2982.57
中长期贷款	Medium and Long Term Loans			5838.74
票据融资	Bill Financing			458.16
融资租赁	Finance Lease			446.72
各项垫款	Advances			15.01
境外贷款	Overseas Loans		0.01	0.07

7-11 金融机构外汇信贷资金平衡表

Balance Sheet of Foreign Exchange Credit Funds of Financial Institutions

单位：万美元 （年末余额）(year-end balance) (USD 10 000)

项 目	Item	2010	2014	2015
资金来源合计	**All Sources**	**220158**	**802896**	**674727**
# 各项存款	Total Deposits	47250	59836	243783
境内存款	Domestic Deposits			243600
住户存款	Household Deposits			42701
活期存款	Demand Deposits			25467
定期及其他存款	Time and other Deposits			17233
非金融企业存款	Non-financial Enterprises Deposits			193776
活期存款	Demand Deposits			83499
定期及其他存款	Time and other Deposits			110277
广义政府存款	General Government Deposits			6877
财政性存款	Fiscal Deposits			6
机关团体存款	Government Agencies & Organizations Deposits			6871
非银行业金融机构存款	Non-banking Financial Institutions Deposit			247
境外存款	Offshore Deposits			183
金融债券	Financial Bonds			
各项准备	Total Reserve Funds		24518	34004
所有者权益	Owner's Equity		12279	246
# 实收资本	Paid-in Capital			
资金运用合计	**Funds Uses**	**220158**	**802896**	**674727**
各项贷款	Total Loans	216879	644139	672522
境内贷款	Domestic Loans	196887	555850	549623
住户贷款	Household Loans			277
短期贷款	Short-term Loans			154
中长期贷款	Medium and Long Term Loans			123
非金融企业及机关团体贷款	Loans of Non-financial Enterprises and Government Agencies&Organizations			549346
短期贷款	Short-term Loans			469946
中长期贷款	Medium and Long Term Loans			79122
票据融资	Bill Financing			
融资租赁	Finance Lease			
各项垫款	Advances			278
境外贷款	Overseas Loans	19993	88289	122899

注：2010、2014、2015 年的汇率分别为 6.6227、6.1190、6.4936 。

a) The exchange rate of 2010,2014,2015 were 6.6227,6.1190,6.4936.

7-12 各地区金融机构人民币存款（2015）
RMB Deposits of Financial Institutions by Region(2015)

单位：万元 (10 000 yuan)

地区	Region	各项存款 Total Deposits	境内存款 Domestic Deposits	住户存款 Household Deposits	非金融企业存款 Non-financial Enterprises Deposits	广义政府存款 General Government Deposits	非银行业金融机构存款 Non-banking Financial Institutions Deposit	境外存款 Offshore Deposits
兰州市	Lanzhou	78031226	78019616	26085399	34371548	14414700	3147970	11610
嘉峪关市	Jiayuguan	3212194	3212107	1460411	1104488	647060	147	88
金昌市	Jinchang	3245880	3245785	2012692	617242	609765	6087	94
白银市	Baiyin	6274402	6273627	3774361	1589258	908308	1700	774
天水市	Tianshui	10323960	10323596	7193404	1831630	1291908	6654	364
武威市	Wuwei	8155317	8155256	5376376	1556388	1209250	13241	61
张掖市	Zhangye	5697169	5696862	3399181	1250737	1031741	15204	307
平凉市	Pingliang	7017313	7016444	4651643	1252256	1108481	4065	869
酒泉市	Jiuquan	9349102	9348569	5003023	2494783	1816900	33863	533
庆阳市	Qingyang	8146661	8146498	5519102	1527006	1048104	52286	162
定西市	Dingxi	6969440	6969225	4278371	1433586	1244096	13171	216
陇南市	Longnan	7229635	7227596	4426635	1414663	1386157	141	2039
临夏州	Linxia	4798480	4798436	3226168	660416	909696	2157	44
甘南州	Gannan	2961163	2961150	1361227	526534	1072713	675	14

7-13 各地区金融机构人民币贷款（2015）
RMB Loans of Financial Institutions by Region(2015)

单位：万元 (10 000 yuan)

地区	Region	各项贷款 Total Loans	境内贷款 Domestic Loans	住户贷款 Household Loans	短期贷款 Short-term Loans	中长期贷款 Medium and Long Term Loans	非金融企业及机关团体贷款 Loans of Non-financial Enterprises and Government Agencies & Organizations	短期贷款 Short-term Loans	中长期贷款 Medium and Long Term Loans	境外贷款 Overseas Loans
兰州市	Lanzhou	68920175	68919527	9622072	3556652	6065420	59297456	14388224	36584776	648
嘉峪关市	Jiayuguan	4046502	4046502	497225	154488	342737	3549277	2773721	661383	
金昌市	Jinchang	3343966	3343966	907714	444128	463586	2436251	1011729	786965	
白银市	Baiyin	4952286	4952286	1775541	588078	1187462	3176746	1852045	1290318	
天水市	Tianshui	6423446	6423394	2365902	689453	1676449	4057492	1258728	2796063	52
武威市	Wuwei	6962008	6962008	2336772	821319	1515453	4625236	1352385	3268183	
张掖市	Zhangye	4855322	4855322	2518456	1163029	1355427	2336866	1091222	1233264	
平凉市	Pingliang	4702368	4702368	2126345	551697	1574648	2576023	1107473	1463259	
酒泉市	Jiuquan	6596586	6596586	2165504	1333967	831536	4431082	1601627	2771326	
庆阳市	Qingyang	5850422	5850418	2654457	842032	1812425	3195961	762286	2433530	4
定西市	Dingxi	5565666	5565666	2616900	1269227	1347672	2948767	1203770	1741274	
陇南市	Longnan	4786576	4786576	2653899	520937	2132962	2132677	701803	1429556	
临夏州	Linxia	3862886	3862886	2288517	1583097	705419	1574370	583929	990420	
甘南州	Gannan	2053617	2053617	979795	226970	752826	1073822	136745	937076	

7-14　保险事业发展情况
Insurance Business Development

项　目	Item	2010	2011	2012	2013	2014	2015
保险事业机构（个）	**Number of Insurance Institution(unit)**	**1242**	**1276**	**1300**	**1409**	**1489**	**1567**
省　级	Provincial	21	23	23	23	24	24
地市级	Prefecture	146	156	175	203	216	226
县　级	County	1075	1097	1102	1183	1249	1317
财产保险	Property Insurance	491	512	547	636	704	751
人身保险	Life Insurance	751	764	753	773	785	816
年末实有职工人数（人）	**Number of Employed Persons at Year-end (person)**	**53787**	**57497**	**55237**	**60632**	**66680**	**91298**
财产保险	Property Insurance	10357	12700	13749	15198	17309	22267
人身保险	Life Insurance	43430	44797	41488	45434	49371	69031

注：本表指标均按公司类型划分。
a)Indicators of this table are divided on the type of companies.

7-15　保险业务情况
Major Indicators of Insurance Business

单位：万元　　(10 000 yuan)

项　目	Item	2010	2011	2012	2013	2014	2015
保费收入	**Premium Income**	**1463354**	**1409270**	**1587675**	**1801518**	**2084377**	**2568881**
财产保险	Property Insurance	388224	464949	559391	683428	799952	902985
# 机动车辆险	Motor Vehicle Insurance	314573	369357	435063	524060	619364	709018
企业财产险	Enterprise Property Insurance	30129	36633	38303	40501	38852	36672
家庭财产险	Family Property Insurance	1165	1248	890	1352	1729	2060
人身保险	Life Insurance	1075130	944321	1028284	1118090	1284425	1665896
寿　险	Life Insurance	989821	841570	908419	957826	1064392	1327356
健康险	Health Insurance	58756	68436	82566	110899	156592	259611
意外伤害险	Accidents Insurance	26553	34315	37300	49365	63441	78928
赔付支出	**Payment**	**311829**	**381962**	**481825**	**671386**	**844192**	**927501**
财产保险	Property Insurance	163246	193968	269345	326586	389215	456811
# 机动车辆险	Motor Vehicle Insurance	132848	156905	209064	251538	304283	357410
企业财产险	Enterprise Property Insurance	14974	16223	19738	19812	18736	17575
家庭财产险	Family Property Insurance	253	241	322	448	508	793
人身保险	Life Insurance	148583	187994	212480	344800	454977	470691
寿　险	Life Insurance	118911	156872	176974	293814	387742	330579
健康险	Health Insurance	21221	21399	24541	38561	49723	116664
意外伤害险	Accidents Insurance	8451	9723	10966	12424	17512	23448

主要指标解释

一般公共预算收入 指国家财政参与社会产品分配所取得的收入，是实现国家职能的财力保证。主要包括：（1）各项税收：包括国内增值税、国内消费税、进口货物增值税和消费税、出口货物退增值税和消费税、营业税、企业所得税、个人所得税、资源税、城市维护建设税、房产税、印花税、城镇土地使用税、土地增值税、车船税、船舶吨税、车辆购置税、关税、耕地占用税、契税、烟叶税等。（2）非税收入：包括专项收入、行政事业性收费、罚没收入和其他收入。财政收入按现行分税制财政体制划分为中央本级收入和地方本级收入。

一般公共预算支出 指国家财政将筹集起来的资金进行分配使用，以满足经济建设和各项事业的需要。主要包括：一般公共服务、外交、国防、公共安全、教育、科学技术、文化体育与传媒、社会保障和就业、医疗卫生与计划生育、节能环保、城乡社区、农林水、交通运输、资源勘探信息等、商业服务业等、金融、援助其他地区、国土海洋气象等、住房保障、粮油物资储备、政府债务付息等方面的支出。财政支出根据政府在经济和社会活动中的不同职权，划分为中央财政支出和地方财政支出。

信贷资金 指金融机构以信用方式积聚和分配的货币资金。金融机构信贷资金的来源有各项存款、金融债券、对国际金融机构负债、流通中现金、其他项目等；信贷资金的运用有各项贷款、有价证券及投资、金银占款、外汇占款、财政借款及在国际金融机构中的资产等。

存款 指企业、机关、团体或居民根据资金必须收回的原则，把货币资金存入银行或其他信贷机构保管并取得一定利息的一种信用活动形式。根据存款对象或性质的不同可划分为企业存款、财政存款、机关团体存款、城乡储蓄存款、农业存款、信托及委托类存款、其他存款等科目。它是银行信贷资金的主要来源。

贷款 指银行或其他信贷机构根据资金必须归还的原则，按一定利率，为企业、个人等提供资金的一种信用活动形式。我国银行贷款分为短期贷款、委托及信托类贷款、其他类贷款等。

保险公司 在中国境内的、经过保险监督管理部门批准设立，并依法登记注册的各类商业保险公司。

保险金额 指保险人承担赔偿或者给付保险金责任的最高限额。

保费 指投保人为取得保险人在约定范围内所承担赔偿责任而支付给保险人的费用。

赔款 指保险人根据保险合同的规定，向被保险人支付的赔偿保险责任损失的金额。

给付 包括死伤医疗给付和满期给付。死伤医疗给付是指保险人根据人寿保险及长期健康保险合同的规定，因被保险人在保险期内发生保险责任范围内的保险事故支付给被保险人（或受益人）的金额。满期给付是指被保险人生存期满，保险人按人寿保险合同规定支付给被保险人的满期保险金额。

8

资源和环境

Resources and Environment

简要说明

一、本篇资料主要内容

本篇资料主要反映自然资源状况和环境保护事业发展情况。自然资源状况包括气候、矿产、水资源、土地情况等。环境保护事业发展情况包括自然保护、工业废水和生活污水的排放及治理情况；废气排放及处理情况；工业固体废物的产生、处理及利用情况；环境污染与破坏事故情况；环境污染治理投资；城市空气质量等内容。

二、本篇资料来源

本篇资料中气候情况由省气象局提供；矿产、土地情况由省国土资源厅提供；水资源、供水用水情况由省水利厅提供；其余资料由省环境保护厅提供。

8-1 气候情况（2015）
Climate Conditions(2015)

指 标	Indicators	2015	指 标	Indicators	2015
年平均气温（℃）	Annual Average Temperature (℃)	9.3	年蒸发量（毫米）	Annual Exaporation (mm)	706.5
年最高气温（℃）	Annual Utmost Highest Air Temperature (℃)	16.3	年降水量（毫米）	Annual Preciptation (mm)	368.2
年最低气温（℃）	Annual Utmost Lowest Air Temperature (℃)	3.7	年降雨日数（天）	Annual Rainy Days (day)	100.1
年日照时数（小时）	Annual Sunshine Time (hour)	2425.8	年无霜期（天）	Annual Frost-free Period(day)	299.4

月 份	Month	平均气温（℃） Monthly Average Temperature(℃)	日照时数（小时） Sunshine Time (hour)	降雨量（毫米） Preciptation (mm)
1 月	Jan.	-3.4	184.5	3.8
2 月	Feb.	-0.7	177.9	3.4
3 月	Wen.	5.3	203.0	17.7
4 月	Apr.	10.7	223.9	43.9
5 月	May.	15.1	244.1	50.5
6 月	Jun.	18.3	187.4	53.6
7 月	Jul.	20.4	271.8	48.6
8 月	Aug.	19.7	259.8	47.9
9 月	Sep.	14.9	151.3	61.3
10 月	Oct.	9.7	197.3	23.3
11 月	Nov.	4.1	144.8	15.2
12 月	Dec.	-3.3	182.3	5.1
年（平均）	Annual (Average)	9.3	2425.8	368.2

8-2 主要矿产保有资源储量
Identified Reserves of Major Mineral

项　目	Item	2009	2010	2011	2012	2013	2014
石油 (万吨)	Petroleum (10 000 tons)	13798.8	16085.4	15529.2	19184.3	21150.0	21878.4
天然气 (亿立方米)	Natural Gas (100 million cu.m)	163.6	191.8	191.6	224.6	241.3	256.1
煤炭 (亿吨)	Coal (100 million tons)	140.5	150.7	181.6	201.4	225.8	227.7
铁矿 (矿石，亿吨)	Iron (Ore, 100 million tons)	9.0	8.7	10.5	9.1	9.0	9.0
锰矿 (矿石，万吨)	Manganese (Ore, 10 000 tons)	433.3	920.0	817.8	3196.8	3196.8	3196.6
铬矿 (矿石，万吨)	Chromium Ore (Ore, 10 000 tons)	189.4	212.1	212.1	211.8	210.6	242.6
钒矿 (V_20_5，万吨)	Vanadium (V_20_5, 10 000 tons)	156.3	157.2	157.2	157.2	157.2	157.2
原生钛铁矿 (万吨)	Titanium Ore (10 000 tons)	0.1	0.1	0.1	0.1	0.1	0.1
铜矿 (铜，万吨)	Copper (Metal, 10 000 tons)	352.7	355.2	356.4	355.1	349.4	346.0
铅矿 (铅，万吨)	Lead (Metal, 10 000 tons)	300.3	342.0	334.9	349.5	347.5	355.4
锌矿 (锌，万吨)	Zinc (Metal, 10 000 tons)	948.5	1068.5	1015.6	1094.7	1075.0	1078.6
铝土矿 (矿石，万吨)	Bauxite (Ore, 10 000 tons)						
镍矿 (镍，万吨)	Nickel (Metal, 10 000 tons)	426.1	426.9	426.8	416.8	407.3	397.1
钨矿 (WO_3，万吨)	Tungsten (WO_3, 10 000 tons)	39.3	39.3	40.3	40.3	40.3	40.3
锡矿 (锡，万吨)	Tin (Metal, 10 000 tons)	0.7	0.7	0.7	0.7	0.7	0.7
钼矿 (钼，万吨)	Molybdenum (Metal, 10 000 tons)	12.4	12.5	11.6	11.6	11.6	11.6
锑矿 (锑，万吨)	Antimony (Metal, 10 000 tons)	23.1	22.8	13.7	13.7	13.5	13.4
金矿 (金，吨)	Gold (Metal, ton)	511.8	564.9	543.5	682.1	795.3	842.4
银矿 (银，吨)	Silver (Metal, ton)	6850.4	7268.7	7453.3	7616.2	7182.0	7411.9
稀土矿 (氧化物，万吨)	Rare Earths (REO, 10 000 tons)	2.4	2.6	2.6	2.6	2.6	2.6
菱镁矿 (矿石，万吨)	Magnesite Ore (Ore, 10 000 tons)	467.3	466.5	3075.6	3075.6	3075.6	3075.2
普通萤石 (矿物，万吨)	Fluorspar Mineral (Mineral, 10 000 tons)	14.1	14.1	82.2	129.9	57.8	56.7
硫铁矿 (矿石，万吨)	Pyrite Ore (Ore, 10 000 tons)	500.0	500.0	496.9	499.9	499.9	499.9
磷矿 (矿石，亿吨)	Phosphorus Ore (Ore,100 million tons)	0.5	0.5	0.5	0.5	0.5	0.5
钾盐 (KCl，万吨)	Potassium KCl (KCl, 10 000 tons)	25.9	25.2	26.1	26.1	26.1	26.1
盐矿 (NaCl，亿吨)	Sodium Salt NaCl (NaCl, 100 million tons)	0.1	0.1	0.1	0.1	0.1	0.1
芒硝 (Na_2SO_4，亿吨)	Mirabilite (Na_2SO_4, 100 million tons)	0.6	0.6	0.6	0.5	0.5	0.5
重晶石 (矿石，万吨)	Barite Ore (Ore, 10 000 tons)	4228.9	4219.0	2634.6	2411.4	2423.0	2413.0
玻璃硅质原料 (矿石，万吨)	Silicon Materials for Glass Ore (Ore, 10 000 tons)						
石墨 (矿物，万吨)	Graphite Mineral (Crystal) (Mineral, 10 000 tons)	102.2	102.2	102.2	102.2	102.5	102.5
滑石 (矿石，万吨)	Talc Ore (Ore, 10 000 tons)	10.4	10.4	10.4	10.4	10.4	10.4
高岭土 (矿石，万吨)	Kaolin Ore (Ore, 10 000 tons)	2937.0	2937.0	2937.0	2937.0	2937.0	2937.0

8-3 水资源情况
Water Resources

年份 Year	水资源总量（亿立方米） Total Amount of Water Resources (100 million cu.m)	地表水资源量 Surface Water Resources	地下水资源量 Groundwater Resources	地表水与地下水资源重复量 Duplicated Measurement Between Surface Water and Groundwater	人均水资源量（立方米/人） Per Capita Water Resources (cu.m/person)
2000	218.7	207.1	145.8	134.1	855.5
2001	221.7	210.5	136.5	125.3	861.1
2002	190.4	178.6	139.5	127.7	734.2
2003	279.5	269.6	136.9	126.9	1073.8
2004	199.7	191.0	105.2	96.5	762.4
2005	304.4	295.2	150.2	140.9	1173.5
2006	220.9	212.2	128.8	120.1	846.8
2007	268.9	259.2	136.9	127.3	1027.4
2008	217.7	210.6	113.2	106.2	828.4
2009	244.1	236.9	123.6	116.4	926.3
2010	254.4	245.9	124.2	115.7	987.8
2011	272.1	263.8	128.4	120.1	1061.3
2012	300.7	292.7	139.1	131.2	1166.6
2013	303.2	295.5	139.1	131.4	1174.2
2014	230.8	222.9	112.6	104.7	891.0
2015	198.8	191.5	100.7	93.5	765.0

8-4 供水用水情况
Water Supply and Water Use

年份 Year	供水总量（亿立方米） Water Supply (100 million cu.m)	地表水 Surface Water	地下水 Groundwater	其他 Others	用水总量（亿立方米） Water Use (100 million cu.m)	农业 Agriculture	城镇公共 Urban Public	工业 Industry	生活 Consumption	生态 Ecological Protection	人均用水量（立方米/人） Per Capita Water Use (cu.m/person)
2000	123.1	93.9	28.8	0.4	123.1	97.8	1.4	17.2	6.3		481.3
2001	121.8	93.5	27.8	0.5	121.8	96.7	1.7	16.5	6.7		473.0
2002	122.6	94.0	28.2	0.5	122.6	97.2	1.7	16.6	6.8		473.1
2003	122.0	93.4	28.2	0.4	122.0	97.5	1.6	16.7	5.9	0.2	468.5
2004	121.5	92.8	28.3	0.4	121.5	97.8	1.6	16.8	6.1	0.2	463.8
2005	123.0	92.4	28.9	1.7	123.0	97.5	1.7	14.7	6.2	3.1	474.0
2006	123.4	93.0	28.8	1.6	123.4	98.4	1.8	14.4	6.3	2.7	473.0
2007	123.1	93.3	27.9	2.0	123.1	98.5	1.9	13.4	6.4	2.9	470.4
2008	121.5	93.7	25.9	1.9	121.5	97.0	1.9	13.2	6.5	3.0	462.3
2009	120.6	95.2	24.0	1.4	120.6	95.6	2.0	13.1	7.0	3.0	457.7
2010	121.8	96.1	24.2	1.5	121.8	95.8	2.0	13.9	7.2	3.0	473.0
2011	122.9	97.0	24.4	1.5	122.9	95.3	2.0	15.4	7.2	3.0	479.0
2012	123.1	95.9	25.7	1.5	123.1	95.2	2.0	15.7	7.3	3.0	478.0
2013	122.0	91.1	29.4	1.5	122.0	99.2	2.9	13.1	5.0	1.8	472.5
2014	120.6	90.9	28.1	1.6	120.6	97.8	3.1	12.8	5.1	1.8	465.4
2015	119.2	90.0	26.9	2.3	119.2	96.2	3.0	11.6	5.3	3.1	458.0

8-5 土地状况（2015）
Land Characteristics(2015)

项 目	Item	面积 Area	占总面积（%） Percentage to Total Area (%)
总 面 积（万平方公里）	Total Land Area (10 000 sq.km)	42.59	
按特征分（万公顷）	By Land Use (10 000 hectares)		
农用地	Land for Agriculture Use	1855.32	43.56
建设用地	Land for Construction	88.30	2.08
城镇村及工矿	Land for City,Town and Village,Mining and Manufacturing	76.47	1.80
交通运输	Land for Transportation Facilities	7.97	0.19
水域及水利设施	Land for Waters,Water Conservancy Facilities	3.86	0.09
未利用地	Unused Land	2315.27	54.36

8-6 土地利用情况
Land Use

单位：万公顷 (10 000 hectares)

年 份 Year	土地调查面 积 Area under Land Survey	农用地 Land for Agriculture Use	#耕 地 Arable Land	#园 地 Garden Land"	#牧草地 Grazing and Pasture Land	建设用地 Land for Construction	居民点及工矿用地 Land for Inhabitation, Mining and Manufacturing	交通运输用 地 Land for Transport Facilities	水利设施用 地 Land for Water Conservancy Facilities
2003	4540	2536.38	487.99	19.10	1417.87	95.76	87.01	5.95	2.80
2004	4540	2540.89	466.12	20.17	1412.68	96.37	87.30	6.25	2.82
2005	4540	2541.44	463.26	20.46	1411.29	96.66	87.41	6.41	2.83
2006	4540	2541.73	462.71	20.54	1410.99	96.93	87.60	6.47	2.86
2007	4540	2541.79	462.47	20.54	1410.84	97.19	87.81	6.51	2.87
2008	4540	2541.66	462.37	20.60	1410.69	97.67	88.17	6.63	2.88
2009	4540	2541.66	462.37	20.60	1410.69	97.67	88.17	6.63	2.88
2010	4540	2541.22	462.17	20.56	1410.53	98.17	88.57	6.73	2.87
2011	4540	2541.22	461.43	20.56	1410.53	98.17	88.57	6.73	2.87
2012	4258	2544.87	465.93	20.43	1410.99	101.43	90.94	7.61	2.88
2013	4259	1856.45	538.56	26.00	592.43	83.94	73.10	7.02	3.83
2014	4259	1855.61	537.88	25.86	592.28	86.44	75.09	7.51	3.84
2015	4259	1855.32	537.79	25.79	592.17	88.30	76.47	7.97	3.86

8-7 自然保护情况
Basic Statistics on of Natural Protection

指 标	Item	2011	2012	2013	2014	2015
自然保护区情况	**Nature Reserves**					
自然保护区个数(个)	Number of Nature Reserves (unit)	60	60	60	60	60
# 国家级	National Level	16	17	19	20	20
省 级	Provincal Level	41	40	37	36	36
自然保护区面积（万公顷）	Area of Nature Reserves (10 000 hectares)	976	976	975	914	914
# 国家级	National Level	724	724	754	677	687
省 级	Provincal Level	244	244	221	216	216
生态功能保护区个数（个）	Number of Ecological Functional Conservation Areas (unit)	2	2	2	2	2
生态功能保护区面积（万公顷）	Area of EFCAs (10 000 hectares)	766	766	766	766	766
集中式饮用水水源情况	**Centralized Drinking Water Sources**					
地表水集中式饮用水源保护区个数（个）	Number of Protected Areas of Surface Water Source for Centralized Drinking Water (unit)	166	54	54	55	61
地表水集中式饮用水源保护区面积（平方公里）	Protection Area of Surface Water Source for Centralized Drinking-water (sq.km)	2565	4482	4483	4500	4298
地下水集中式饮用水源保护区个数（个）	Number of Protected Areas of Groundwater Source for Centralized Drinking Water (unit)	198	72	73	73	68
地下水集中式饮用水源保护区面积（平方公里）	Protection Area of Groundwater Source for Centralized Drinking-water (sq.km)	1962	7101	7111	7111	6967
集中式饮用水源服务人口（万人）	Service Population of Centralized Drinking Water Source (10 000 persons)	1188	776	1059	1059	1059

8-8 “三废”排放、处理及综合利用情况
Emission,Disposal and Comprehensive Utilization of Waste Water, Waste Gas and Solid Wastes

项 目	Item	2012	2013	2014	2015
废水	**Waste Water**				
废水排放量（万吨）	Waste Water Emissions (10 000 tons)	62813	64969	65973	67072
工业废水	Industry Waste Water	19188	20171	19742	18760
生活污水	Consumption Waste Water	43589	44769	46209	48275
化学需氧量排放量（万吨）	Discharge Amount of COD (10 000 tons)	38.93	37.91	37.32	36.57
工业废水	Industry Waste Water	9.30	9.05	8.86	8.36
生活污水	Consumption Waste Water	14.99	14.54	14.41	14.66
农业污染源	Agricultural Pollution Source	14.48	14.16	13.89	13.38
集中式治理设施	Centralized Treatment Facilities	0.16	0.16	0.16	0.16
氨氮排放量（万吨）	Ammonia Nitrogen Emissions (10 000 tons)	4.10	3.92	3.81	3.72
工业	Industry	1.39	1.26	1.18	1.14
生活	Consumption	2.13	2.09	2.08	2.04
农业	Agriculture	0.57	0.55	0.54	0.53
集中式治理设施	Centralized Treatment Facilities	0.01	0.01	0.01	0.01
其他主要污染物排放量（吨）	Other Major Pollutant Emissions (ton)				
#石油类	Oil	264.36	295.16	281.03	728.43
挥发酚	Volatile Phenols	2.51	2.75	4.42	21.09
氰化物	Cyanide	0.18	0.07	0.68	0.87
铅	Plumbum	6.79	8.09	4.38	5.84
汞	Mercury	0.09	0.09	0.09	0.11
镉	Cadmium	1.30	1.29	0.08	1.16
六价铬	Hexavalent Chromium	0.40	0.42	0.50	0.72
总铬	Total Chromium	5.02	6.14	3.41	1.64
砷	Arsenic	3.75	4.29	3.26	4.70
工业废水治理设施数（套）	Number of Facilities for Treatment of Industrial Waste Water(set)	631	596	618	666
工业废水处理量（万吨）	Disposal Capacity of Industrial Waste Water (10 000 tons)	33001	30816	21827	19917
生活污水处理量（万吨）	Disposal Capacity of Consumption Waste Water (10 000 tons)	21929	26060	29459	32576
废气	**Waste Gas**				
工业废气排放量（亿立方米）	Industrial Waste Gas Emission (100 million cu.m)	13900	12677	12290	13293
二氧化硫排放量（万吨）	Sulphur Dioxide Emissions (10 000 tons)	57.25	56.20	57.56	57.06
工业	Industry	47.99	47.28	47.70	46.70
生活	Consumption	9.24	8.92	9.87	10.36
氮氧化物排放量（万吨）	Nitrogen Oxide Emissions (10 000 tons)	47.34	44.29	41.84	38.72
#工业	Industry	34.10	30.64	27.96	24.65
生活	Consumption	1.44	1.44	1.62	1.58
烟（粉）尘排放量（万吨）	Soot and Dust Emissions (10 000 tons)	20.76	22.66	34.58	29.54
#工业	Industry	15.66	17.46	26.09	20.78
生活	Consumption	4.25	4.36	7.64	7.86

8-8 续表 continued

项　目	Item	2012	2013	2014	2015
工业二氧化硫去除量（万吨）	Industrial Sulphur Dioxide Removed (10 000 tons)	234.21	213.74	204.11	221.95
固体废物	**Solid Wastes**				
工业固体废物产生量（万吨）	Industrial Solid Wastes Produced (10 000 tons)	6671.17	5907.22	6140.58	5823.87
#危险废物	Hazardous Wastes	29.09	30.72	35.00	54.20
工业固体废物综合利用量（万吨）	Industrial Solid Wastes Comprehensive Utilized (10 000 tons)	3593.44	3299.79	3086.26	3078.71
工业固体废物处置量（万吨）	Volume of Industrial Solid Wastes Disposed (10 000 tons)	2109.73	1858.81	2044.09	2259.61
环境污染	**Pollution**				
突发环境事件次数（次）	Number of Environmental Emergencies (times)		11	22	
环境污染治理投资总额（亿元）	Investment in Pollution Treatment (100 million yuan)	48.04	24.06	18.91	6.47
工业污染源治理投资	Control Investment for Pollution Source of Inderstry	28.48	22.40	17.83	5.23
建设项目“三同时”环保投资	Environmental Investment for Construction Projects of "Three Simultaneous"	19.56	1.66	1.08	1.24
工业污染治理项目及投资情况	**Industrial Pollution Treatment Projects**				
当年施工污染治理项目数（个）	Projects under Construction of the Year (unit)	85	54	88	81
污染治理项目本年完成投资（万元）	Investment Completed in the Treatment Projects of Pollution (10 000 yuan)	179384	182144	176244	40525
治理废水	Treatment of Waste Water	31085	21783	19548	5703
治理废气	Treatment of Waste Gas	62224	138315	137981	23862
治理固体废物	Treatment of Solid Waste	53499	400	230	40
治理噪声	Treatment of Noise Pollution	51			200
治理其他	Treatment of Other Pollution	32525	21647	18485	10721

8-9 各地区城市空气质量指标（2015）
Ambient Air Quality by Region (2015)

单位：毫克 / 立方米　　(mg/m³)

地 区	Region	可吸入颗粒物 Particulate Matters	二氧化硫 Sulphur Dioxide	二氧化氮 Nitrogen Dioxide	空气质量达到及好于二级的天数（天） Days of Air Quality Equal to or Above Grade II (day)	空气质量达到二级以上天数占全年比重 (%) Proportion of Days of Air Quality Equal to or above Grade II in the Whole Year (%)
兰州市	Lanzhou	0.120	0.023	0.053	252	69.0
嘉峪关市	Jiayuguan	0.098	0.032	0.027	302	82.7
金昌市	Jinchang	0.106	0.045	0.019	301	82.5
白银市	Baiyin	0.108	0.050	0.026	280	76.7
天水市	Tianshui	0.079	0.032	0.039	293	80.3
武威市	Wuwei	0.102	0.032	0.028	291	79.7
张掖市	Zhangye	0.097	0.045	0.023	282	77.3
平凉市	Pingliang	0.095	0.022	0.045	290	79.5
酒泉市	Jiuquan	0.120	0.014	0.031	288	78.9
庆阳市	Qingyang	0.080	0.038	0.022	293	80.3
定西市	Dingxi	0.085	0.025	0.024	297	81.4
陇南市	Longnan	0.068	0.025	0.026	312	85.5
临夏州	Linxia	0.095	0.036	0.053	289	79.2
甘南州	Gannan	0.079	0.024	0.021	312	85.5

注：临夏州空气质量监测数据为临夏市数据，甘南州空气质量监测数据为合作市数据。

a)Data of air quality monitoring of Linxia Autonomous prefecture are data of Linxia city,data of air quality monitoring of Gannan Autonomous prefecture are data of Hezuo city.

8-10 各地区工业固体废物产生及处理利用情况（2015）
Production, Disposal and Utilization of Industrial Solid Wastes by Region (2015)

单位：万吨　　(10 000 tons)

地 区	Region	工业固体废物产生量 Volume of Industrial Solid Wastes Produced	#危险废物 Hazardous Wastes	工业固体废物综合利用量 Volume of Industrial Solid Wastes Comprehensively Utilized	工业固体废物贮存量 Stock of Industrial Solid Wastes	工业固体废物处置量 Volume of Industrial Solid Wastes Disposed
甘肃省	**Gansu**	**5823.87**	**54.20**	**3078.71**	**914.00**	**2259.61**
兰州市	Lanzhou	607.75	6.09	598.41	2.07	7.40
嘉峪关市	Jiayuguan	886.31	4.04	428.47		461.25
金昌市	Jinchang	1229.23	6.49	160.88	116.24	952.30
白银市	Baiyin	526.46	19.81	304.53	65.33	157.68
天水市	Tianshui	69.22	0.01	58.46	10.74	0.01
武威市	Wuwei	65.75	0.01	59.37	3.55	5.43
张掖市	Zhangye	911.93	0.93	691.19	39.77	181.03
平凉市	Pingliang	491.81	0.58	309.29	19.12	295.11
酒泉市	Jiuquan	312.27	0.37	355.71	53.41	192.40
庆阳市	Qingyang	16.06	1.32	15.67		0.39
定西市	Dingxi	21.54	0.01	19.47	2.07	
陇南市	Longnan	557.33	14.21	18.58	532.17	6.58
临夏州	Linxia	14.38	0.01	14.38		
甘南州	Gannan	98.66		36.94	61.67	0.04

注：全省数据中包含甘肃矿区数据。

a) The provincial data contained the data of gansu mining area.

8-11 各地区废水排放及处理情况（2015）
Emission and Disposal of Waste Water by Region (2015)

地 区	Region	废水治理设施数（套） Number of Facilities for Treatment of Waste Water (set)	废水排放量（万吨） Waste Water Emissions Amount (10 000 tons)	#工业废水排放总量 Total Volume of Industrial Waste Water Emissions	#生活污水排放量 Volume of Consumption Waste Water Emissions
甘肃省	**Gansu**	**666**	**67071.51**	**18760.36**	**48275.16**
兰州市	Lanzhou	94	18325.74	4138.48	14185.65
嘉峪关市	Jiayuguan	1	3616.29	2742.81	873.43
金昌市	Jinchang	66	3720.19	2026.90	1692.54
白银市	Baiyin	71	4100.11	569.22	3527.99
天水市	Tianshui	47	5003.38	495.00	4500.89
武威市	Wuwei	29	3660.79	946.29	2712.84
张掖市	Zhangye	74	4227.59	1917.91	2308.45
平凉市	Pingliang	62	5226.70	1886.47	3332.74
酒泉市	Jiuquan	42	3711.15	947.01	2763.84
庆阳市	Qingyang	29	3391.73	252.48	3138.06
定西市	Dingxi	40	3484.54	246.07	3236.93
陇南市	Longnan	80	4012.87	1214.07	2796.19
临夏州	Linxia	26	3044.37	646.26	2397.72
甘南州	Gannan	2	844.98	30.29	807.89

8–11 续表 continued

地 区	Region	化学需氧量排放量（万吨） Emissions Amount of COD (10 000 tons)	#生活污水中化学需氧量排放量 COD Emissions from Consumption Waste Water	#工业废水中化学需氧量排放量 COD Emissions from Industrial Waste Water	#农业化学需氧量排放量 Agricultural Chemical Oxygen Demand Emissions	氨氮排放量（万吨） Nitrogen Oxide Emissions (10 000 tons)	#工业废水中氨氮排放量 Ammonia Nitrogen Emissions from Industrial Waste Water	#生活污水中氨氮排放量 Ammonia Nitrogen Emissions from Consumption Waste Water	#农业氨氮排放量 Agricultural Chemical Oxygen Demand Emissions
甘肃省	**Gansu**	**36.57**	**14.66**	**8.36**	**13.38**	**3.72**	**1.14**	**2.04**	**0.53**
兰州市	Lanzhou	4.34	3.29	0.33	0.67	0.77	0.27	0.46	0.04
嘉峪关市	Jiayuguan	0.37	0.05	0.20	0.11	0.07	0.06		
金昌市	Jinchang	1.30	0.23	0.38	0.69	0.46	0.39	0.05	0.01
白银市	Baiyin	2.32	1.44	0.38	0.49	0.52	0.30	0.19	0.03
天水市	Tianshui	2.18	1.64	0.11	0.40	0.27	0.01	0.23	0.03
武威市	Wuwei	4.46	0.58	0.67	3.21	0.20	0.01	0.10	0.09
张掖市	Zhangye	3.40	0.49	1.96	0.92	0.15	0.02	0.10	0.03
平凉市	Pingliang	4.14	1.36	1.31	1.46	0.25	0.02	0.17	0.05
酒泉市	Jiuquan	2.75	0.68	1.11	0.95	0.13	0.01	0.09	0.02
庆阳市	Qingyang	1.47	1.03	0.07	0.37	0.18	0.01	0.14	0.03
定西市	Dingxi	2.01	1.23	0.63	0.15	0.18	0.01	0.15	0.02
陇南市	Longnan	3.74	1.28	0.27	2.18	0.30		0.17	0.13
临夏州	Linxia	3.01	1.03	0.70	1.28	0.18	0.01	0.14	0.02
甘南州	Gannan	0.86	0.33	0.02	0.50	0.06		0.04	0.01

8-12 各地区废气及主要污染物排放情况（2015）
Emission of Waste Gas and Major Pollutants by Region (2015)

地 区	Region	工业废气排放量（亿立方米）Emission of Industrial Waste Gas (100 million cu.m)	二氧化硫（万吨）Sulphur Dioxide (10 000 tons)	# 工业二氧化硫 Industrial Sulphur Dioxide
甘肃省	**Gansu**	**13293.37**	**57.06**	**46.70**
兰州市	Lanzhou	3576.57	6.98	6.12
嘉峪关市	Jiayuguan	3752.40	7.25	7.22
金昌市	Jinchang	935.71	10.59	10.20
白银市	Baiyin	1003.30	9.37	9.11
天水市	Tianshui	264.06	1.18	0.67
武威市	Wuwei	321.34	3.38	1.75
张掖市	Zhangye	758.90	4.83	2.53
平凉市	Pingliang	1205.19	3.74	2.78
酒泉市	Jiuquan	343.35	3.47	2.46
庆阳市	Qingyang	116.15	1.62	0.62
定西市	Dingxi	391.15	1.35	0.94
陇南市	Longnan	320.70	1.38	0.68
临夏州	Linxia	174.24	1.21	0.96
甘南州	Gannan	41.23	0.32	0.24

8-12 续表 continued

地 区	Region	氮氧化物（万吨）Nitrogen Oxides (10 000 tons)	# 工业氮氧化物 Industrial Nitrogen Oxides	烟（粉）尘（万吨）Soot and Dust (10 000 tons)	# 工业烟（粉）尘 Industrial Soot and Dust
甘肃省	**Gansu**	**38.72**	**24.65**	**29.54**	**20.78**
兰州市	Lanzhou	8.06	5.41	5.17	4.52
嘉峪关市	Jiayuguan	4.88	4.64	4.96	4.90
金昌市	Jinchang	1.99	1.53	1.33	1.03
白银市	Baiyin	5.25	3.75	1.38	0.99
天水市	Tianshui	1.85	0.81	1.30	0.70
武威市	Wuwei	1.69	0.79	1.87	0.86
张掖市	Zhangye	1.64	0.92	2.63	1.15
平凉市	Pingliang	4.57	3.36	4.63	3.47
酒泉市	Jiuquan	2.20	1.25	1.68	0.84
庆阳市	Qingyang	1.59	0.33	1.42	0.43
定西市	Dingxi	1.59	0.41	0.78	0.46
陇南市	Longnan	1.30	0.71	1.11	0.49
临夏州	Linxia	1.47	0.41	0.62	0.42
甘南州	Gannan	0.38	0.07	0.29	0.13

主要指标解释

气候 指地球与大气之间长期能量交换与质量交换所形成的一种自然环境状态，它是多种因素综合作用的结果。气候既是人类生活和生产的环境要素之一，又是供给人类生活和生产的重要资源。气温、降水、湿度等气象要素的多年平均值是用来描述一个地区气候状况的主要参数，而各种气象要素某年、某月的平均值（或总量）则可以反映出该时期天气气候状况的重要特征。

自然资源 指人类可以直接从自然界获得，并用于生产和生活的物质资源。自然资源一般可以分成可再生资源和非再生资源两大类。可再生资源指在较短时间内可以再生、可以循环利用的资源，包括土地资源、水资源、气候资源、生物资源和海洋资源等。非再生资源指在使用后不能再生的资源，包括矿产资源和地热能源。

土地资源 土地指陆地的表层部分，它主要由岩石、岩石的风化物和土壤构成。土地资源按利用类型可以分为农用地、建筑用地和未利用地。农用地包括耕地、园地、林地、牧草地和水面。建筑用地包括居民点及工矿用地、交通用地和水利设施用地。未利用地指农用地和建筑用地以外的土地，包括滩涂、荒漠、戈壁、冰川和石山等。

矿产资源 矿产资源指由地质作用形成的，具有利用价值的，呈固态、液态、气态的自然资源，是社会生产发展的重要物质基础。目前我国已发现矿种有170多种，按其特点和用途，可分为能源矿产（如煤炭、石油、天然气、地热）、金属矿产（如铁矿、锰矿、铜矿、铅矿、铝土矿）、非金属矿产（如金刚石、石灰岩、粘土）和水气矿产（如地下水、矿泉水、二氧化碳气）四大类。其中：金属矿产按其物质成份和性质又可分为：黑色金属矿产、有色金属矿产、贵金属矿产、稀有金属矿产、稀土金属矿产、分散元素金属矿产六类。

矿产基础储量 基础储量是查明矿产资源的一部分。它能满足现行采矿和生产所需的指标要求，是控制的、探明的并通过可行性或预可行性研究认为属于经济的、边界经济的部分，用未扣除设计、采矿损失的数量表示。

平均气温 指空气的温度，我国一般以摄氏度（℃）为单位表示。气象观测的温度表是放在离地面约1.5米处通风良好的百叶箱里测量的，因此，通常说的气温指的是离地面1.5米处百叶箱中的温度。其统计计算方法为：

月平均气温是将全月各日的平均气温相加，除以该月的天数而得。

年平均气温是将12个月的月平均气温累加后除以12而得。

年平均相对湿度 指空气中实际水气压与当时气温下的饱和水气压之比。其统计方法与气温相同。

降水量 指从天空降落到地面的液态或固态（经融化后）水，未经蒸发、渗透、流失而在地面上积聚的深度。其统计计算方法为：

月降水量是将全月各日的降水量累加而得。

年降水量是将12个月的月降水量累加而得。

水资源总量 指当地降水形成的地表和地下产水总量，即地表径流量与降水入渗补给量之和。

地表水资源量 指河流、湖泊、冰川等地表水体中可以逐年更新的动态水量，即天然河川径流量。

地下水资源量 指地下饱和含水层逐年更新的动态水量，即降水和地表水入渗对地下水的补给量。

地表水与地下水资源重复量 指地表水和地下水相互转化的部分，即天然河川径流量中的地下水排泄量和地下水补给量中来源于地表水的入渗补给量。

供水总量 指各种水源为用水户提供的包括输水损失在内的毛水量。

地表水源供水量 指地表水体工程的取水量，按蓄、引、提、调四种形式统计。从水库、塘坝中引水或提水，均属蓄水工程供水量；从河道或湖泊中自流引水的，无论有闸或无闸，均属引水工程供水量；利用扬水站从河道或湖泊中直接取水的，属提水工程供水量；跨流域调水指水资源一级区或独立流域之间的跨流域调配水量，不包括在蓄、引、提水量中。

地下水源供水量 指水井工程的开采量，按浅层淡水、深层承压水和微咸水分别统计。城市地下水源供水量包括自来水厂的开采量和工矿企业自备井的开采量。

其他水源供水量 包括污水处理再利用、集雨工程、海水淡化等水源工程的供水量。

用水总量 指各类用户取用的包括输水损失在内的毛用水量之和。

农业用水 指农田灌溉用水、林果地灌溉用水、草地灌溉用水、鱼塘补水和畜禽用水。

工业用水 指工矿企业在生产过程中用于制造、加工、冷却、空调、净化、洗涤等方面的用水，按新水取用量计，不包括企业内部的重复利用水量。

生活用水 包括城镇生活用水和农村生活用水。城镇生活用水由居民用水和公共用水（含第三产业及建筑业等用水）组成；农村生活用水指居民生活用水。

自然保护区 指对有代表性的自然生态系统、珍稀濒危野生动植物物种的天然分布区、水源涵养区、有特殊意义的自然历史遗迹等保护对象所在的陆地、陆地水体或海域，依法划出一定面积进行特殊保护和管理的区域。以县及县以上各级人民政府正式批准建立的自然保护区为准（包括“六五”以前由部门或“革委会”批准且现仍存在的自然保护区）。风景名胜区、文物保护区不计在内。

生态示范区 指省级以上环境保护行政主管部门批准，以省、地、县政府为主按批准的生态示范区建设规划实施的行政区域。包括已经过国家或省级环境保护行政主管部门验收的和正在开展试点工作的。

环境污染治理投资 指在工业污染源治理和城市环境基础设施建设的资金投入中，用于形成固定资产的资金。包括工业新老污染源治理工程投资、建设项目“三同时”环保投资，以及城市环境基础设施建设所投入的资金。

工业固体废物产生量 指未被列入《国家危险废物名录》或者根据国家规定的危险废物鉴别标准（GB5085）、固体废物浸出毒性浸出方法（GB5086）及固体废物浸出毒性测定方法（GB / T 15555）鉴别方法判定不具有危险特性的工业固体废物。计算公式是：

一般工业固体废物产生量 =（一般工业固体废物综合利用量 - 其中：综合利用往年贮存量）+ 一般工业固体废物贮存量 +（一般工业固体废物处置量 - 其中：处置往年贮存量）+ 一般工业固体废物倾倒丢弃量

危险废物 指列入国家危险废物名录或根据国家规定的危险废物鉴别标准和鉴别方法认定的，具有爆炸性、易燃性、易氧化性、毒性、腐蚀性、易传染疾病等危险特性之一的废物。

工业固体废物综合利用量 指报告期内企业通过回收、加工、循环、交换等方式，从固体废物中提取或者使其转化为可以利用的资源、能源和其他原材料的固体废物量（包括当年利用往年的工业固体废物贮存量），如用作农业肥料、生产建筑材料、筑路等。综合利用量由原产生固体废物的单位统计。

工业固体废物处置量 指报告期内企业将工业固体废物焚烧和用其他改变工业固体废物的物理、化学、生物特性的方法，达到减少或者消除其危险成分的活动，或者将工业固体废物最终置于符合环境保护规定要求的填埋场的活动中，所消纳固体废物的量。

9

能源

Energy

简要说明

一、本篇资料主要内容

本篇包括的主要内容有能源生产、消费及品种构成，综合能源平衡表和主要能源品种的单项平衡表，能源生产和消费弹性系数等。

二、本篇资料的统计范围

本篇资料的统计范围为全社会。

三、本篇资料来源

本篇资料由省统计局能源处搜集、加工整理，来自能源生产、消费统计及能源平衡表。

本篇根据第三次经济普查结果，对 2005-2013 年有关能源数据进行了修订。

9-1 能源生产总量及构成

Total Production of Energy and Its Composition

年份 Year	能源生产总量（万吨标准煤） Total Energy Production (10 000 tons of SCE)	占能源生产总量的比重 (%) As Percentage of Total Energy Production (%)			
		原煤 Coal	原油 Crude Oil	天然气 Natural Gas	水电、风电、太阳能发电 Hydro-power, Wind Power,Solar Energy Power
2005	3605.12	71.72	12.07	0.57	15.64
2006	3798.83	71.88	12.50	0.52	15.10
2007	3985.59	70.78	12.61	0.49	16.13
2008	4069.28	68.71	12.82	0.42	18.06
2009	4232.34	67.10	12.15	0.46	20.29
2010	4631.59	68.37	11.79	0.28	19.56
2011	4884.56	64.64	14.70	0.22	20.45
2012	5362.84	60.29	16.77	0.31	22.63
2013	5538.21	55.48	18.32	0.25	25.95
2014	5926.50	54.64	18.61	0.27	26.48
2015	5816.78	52.02	20.14	0.27	27.57

注：电力折算标准煤的系数根据当年平均发电煤耗计算（下表同）。

a) The coefficient for conversion of electric power into SCE (standard coal equivalent) is calculated on the basis of the data on average coal consumption in generating electric power in the same year. The same applies to the tables following.

9-2 能源消费总量及构成

Total Consumption of Energy and Its Composition

年份 Year	能源消费总量（万吨标准煤） Total Energy Consumption (10 000 tons of SCE)	占能源消费总量的比重 (%) As Percentage of Total Energy Consumption (%)			
		煤炭 Coal	石油 Crude Oil	天然气 Natural Gas	水电、风电、太阳能发电 Hydro-power, Wind Power, Solar Energy Power
2005	4300.88	67.84	16.17	2.88	13.11
2006	4670.33	69.09	15.30	3.33	12.28
2007	5031.35	68.78	15.09	3.35	12.78
2008	5264.80	68.54	14.53	2.97	13.96
2009	5398.00	66.15	14.95	2.99	15.91
2010	5829.85	64.08	16.99	3.39	15.54
2011	6393.69	63.35	17.18	3.85	15.62
2012	6893.76	61.85	16.48	4.06	17.61
2013	7286.72	60.63	16.70	3.98	18.69
2014	7521.45	60.41	16.34	4.19	19.06
2015	7522.85	60.03	16.52	4.43	19.02

9-3 综合能源平衡表
Overall Energy Balance Sheet

单位：万吨标准煤 (10 000 tons of SCE)

项目	Item	2010	2011	2012	2013	2014	2015
可供消费的能源总量	**Total Energy Available for Consumption**	**5829.85**	**6393.69**	**6893.76**	**7308.04**	**7521.45**	**7566.72**
一次能源生产量	Primary Energy Output	4631.59	4884.56	5362.84	5538.21	5926.50	5816.78
调入量	Imports	4003.51	4041.88	5097.21	4968.15	4763.76	4579.34
调出量（-）	Exports (-)	2823.88	2374.01	3451.31	3181.73	2886.56	2854.00
年初年末库存差额	Stock Changes in the Year	18.64	-158.75	-114.98	-16.59	-282.25	24.59
能源消费总量	**Total Energy Consumption**	**5829.85**	**6393.69**	**6893.76**	**7286.72**	**7521.45**	**7522.85**
在总量中：	Consumption by Sector						
农、林、牧、渔业	Agriculture,Forestry,Animal Husbandry,Fishery	252.38	255.40	260.19	249.98	240.61	226.64
工 业	Industry	4258.42	4674.14	5052.57	5365.60	5516.83	5428.97
建筑业	Construction	79.77	82.84	91.71	102.81	116.73	103.67
交通运输、仓储和邮政业	Transport,Storage and Post	466.19	519.05	561.89	603.18	621.63	601.25
批发、零售业和住宿、餐饮业	Wholesale and Retail Trades,Hotels and Catering Services	77.58	86.42	95.51	103.47	120.99	141.14
其他	Others Sectors	162.65	191.87	204.83	218.88	242.23	288.69
生活消费	Household Consumption	532.86	583.97	627.06	642.80	662.43	732.49
在总量中：	Consumption by Usage						
终端消费	End-use Consumption	5655.94	6188.20	6710.13	7068.25	7334.53	7230.48
#工 业	Industry	4084.51	4468.65	4868.95	5147.12	5329.91	5136.59
加工转换损失量	Losses During the Process of Energy Conversion	216.72	297.58	264.70	313.10	299.27	360.16
#炼 焦	Coking	46.75	43.02	53.78	56.17	63.06	70.07
炼 油	Petroleum Refining	99.88	175.27	139.07	158.55	140.05	182.38
损失量	Energy Losses	136.03	132.12	143.66	150.97	150.03	161.53
回收能（-）	Recovery of Energy (-)	178.83	224.21	224.73	245.60	262.38	229.32
平衡差额	**Balance**				**21.31**		**43.86**

注：电力按等价热值折算，因此加工转换损失量中不包括发电损失量。

a) Electric Power is converted on the basis of equivalent caloric value.Therefore,losses during the process of energy conversion do not include losses in power generation.

9-4 石油平衡表
Petroleum Balance Sheet

单位：万吨 (10 000 tons)

项目	Item	2010	2011	2012	2013	2014	2015
可供量	**Total Energy Available for Consumption**	**703.52**	**787.54**	**813.47**	**872.34**	**880.66**	**887.47**
生产量	Output	382.14	502.66	629.52	710.39	771.97	820.09
调入量	Imports	1062.56	1146.72	943.58	888.14	724.31	665.79
调出量（-）	Exports (-)	779.25	852.5	745.49	723.47	574.3	595.51
年初年末库存差额	Stock Changes in the Year	38.07	-9.34	-14.14	-2.72	-41.32	-2.90
消费量	**Total Energy Consumption**	**703.52**	**787.54**	**813.47**	**872.34**	**880.66**	**887.47**
在消费量中：	Consumption by Sector						
农、林、牧、渔业	Agriculture, Forestry, Animal Husbandry,Fishery	32.90	32.32	34.02	36.30	37.00	37.00
工 业	Industry	357.15	386.13	370.48	393.79	391.72	397.86
建筑业	Construction	22.80	24.50	27.30	30.40	32.40	34.00
交通运输、仓储和邮政业	Transport, Storage and Post	212.72	254.90	280.91	299.17	303.88	280.65
批发、零售业和住宿、餐饮业	Wholesale and Retail Trades, Hotels and Catering Services	7.71	9.02	10.35	11.85	12.36	14.16
其他行业	Other Sectors	35.01	39.00	44.00	49.00	50.70	57.00
生活消费	Household Consumption	35.23	41.67	46.42	51.83	52.6	66.80
在消费量中：	Consumption by Usage						
终端消费	End-use Consumption	598.66	618.1	673.25	717.43	736.98	714.4
#工 业	Industry	252.29	216.69	230.25	238.88	248.04	224.79
中间消费	Intermediate Consumption	104.86	169.44	140.22	154.91	143.68	173.07
（用于加工转换）	(Consumed in Conversion)						
发 电	Power Generation	0.59	0.62	1.99	2.32	2.59	1.11
供 热	Heating	11.35	13.04	11.28	11.32	11.63	12.66
制 气	Gas Production						
炼油损失量	Losses in Petroleum Refining	92.92	155.78	126.95	141.27	129.46	159.3
损失量	Energy Losses						
平衡差额	**Balance**						

注：生产量为原油产量。

a) Data on output refer to the output of crude oil.

9-5 煤炭平衡表
Coal Balance Sheet

单位：万吨 (10 000 tons)

项目	Item	2010	2011	2012	2013	2014	2015
可供量	**Total Energy Available for Consumption**	**5301.89**	**5997.62**	**6211.92**	**6541.07**	**6715.87**	**6557.06**
生产量	Outputs	4688.25	4700.65	4878.08	4520.90	4753.04	4399.63
调入量	Imports	2255.30	2668.09	3699.83	3816.77	4035.19	3933.63
调出量(-)	Exports (-)	1600.10	1172.58	2222.20	1789.10	1735.28	1785.12
年初年末库存差额	Stock Changes in the Year	-41.56	-198.54	-143.79	-7.50	-337.08	8.92
消费量	**Total Energy Consumption**	5301.89	5997.62	6211.92	6541.07	6715.87	6557.06
在消费量中:	Consumption by Sector						
农、林、牧、渔业	Agriculture,Forestry,Animal Husbandry, Fishery	48.10	47.00	48.50	48.50	49.60	51.10
工 业	Industry	4787.79	5543.82	5735.02	6063.97	6234.77	6030.96
建筑业	Construction	28.00	15.00	17.00	16.00	17.00	17.00
交通运输、仓储和邮政业	Transport,Storage and Post	49.00	37.00	36.00	33.00	29.00	28.00
批发、零售业和住宿、餐饮业	Wholesale and Retail Trades,Hotels and Catering Services	33.00	16.20	17.60	18.00	19.00	22.00
其他	Other Sectors	22.00	17.20	19.50	20.00	21.00	30.00
生活消费	Household Consumption	334.00	321.40	338.30	341.60	345.50	378.00
在消费量中:	Consumption by Usage						
终端消费	End-use Consumption	1646.57	1609.46	1807.77	1826.36	1953.91	2007.85
#工 业	Industry	1132.47	1155.66	1330.87	1349.26	1472.81	1481.75
中间消费	Intermediate Consumption	3655.32	4388.16	4404.15	4714.71	4761.96	4549.21
(用于加工转换)	(Consumed in Conversion)						
发 电	Power Generation	2775.80	3427.40	3445.38	3426.30	3321.54	3168.96
供 热	Heating	445.30	496.02	430.57	503.44	496.99	534.68
炼 焦	Coking	389.93	413.24	470.56	629.11	765.71	699.18
制 气	Gas Production	9.29	7.61	5.73	5.13	4.68	5.08
洗选损耗	Losses in Coal Washing and Dressing	35.00	43.89	51.91	150.73	173.04	141.31
平衡差额	**Balance**						

注：生产量为原煤产量。

a) Data on output refer to the output of raw coal.

9-6 电力平衡表
Electricity Balance Sheet

单位：亿千瓦小时 (100 million kw·h)

项目	Item	2010	2011	2012	2013	2014	2015
可供量	**Total Energy Available for Consumption**	**804.43**	**923.45**	**994.56**	**1080.18**	**1095.48**	**1112.99**
生产量	Output	874.51	1027.91	1107.04	1201.94	1241.08	1242.20
水电、风电及其他发电	Hydropower,Wind Power and other Power	283.16	318.00	389.53	467.30	510.08	521.79
火 电	Thermal Power	591.35	709.91	717.51	734.64	731.00	720.41
调入量	Imports	119.73		167.39	167.60	129.97	114.85
调出量 (-)	Exports (-)	189.81	104.46	279.87	289.36	275.57	244.06
消费量	**Total Energy Consumption**	**804.43**	**923.45**	**994.56**	**1073.25**	**1095.48**	**1098.72**
在消费量中：	Consumption by Sector						
农、林、牧、渔业	Agriculture,Forestry,Animal Husbandry, Fishery	54.37	55.89	56.47	53.24	49.53	44.38
工 业	Industry	617.13	712.53	774.87	841.37	854.38	860.21
建筑业	Construction	8.33	11.55	12.60	14.90	18.26	13.05
交通运输、仓储和邮政业	Transport,Storage and Post	32.57	31.89	33.29	38.96	40.01	41.04
批发、零售业和住宿、餐饮业	Wholesale and Retail Trades, Hotels and Catering Services	11.41	14.83	16.29	18.32	21.02	23.55
其他	Other Sectors	27.11	34.31	35.04	37.39	39.21	39.87
生活消费	Household Consumption	53.52	62.45	66.00	69.07	73.07	76.62
在消费量中：	Consumption by Usage						
终端消费	End-use Consumption	761.91	881.38	948.46	1024.16	1046.72	1046.17
# 工 业	Industry	574.61	670.46	728.77	792.28	805.62	807.66
输配电损失量	Losses in Transmission	42.52	42.07	46.10	49.09	48.76	52.55
平衡差额	**Balance**				**6.93**		**14.27**

9-7 分行业能源消费量（2015）

行业	Sector	能源消费总量（万吨标准煤）Total Energy Consumption (10000 tons of SCE)	煤 炭（万吨）Coal (10 000 tons)
消 费 总 计	**Total Consumption**	**7522.85**	**6557.06**
农、林、牧、渔业	**Agricultrue,Forestry,Animal Husbadry and Fishery**	**226.64**	**51.10**
工业	**Industry**	**5428.97**	**6030.96**
采矿业	**Mining**	**358.00**	**458.89**
煤炭开采和洗选业	Mining and Washing of Coal	245.64	443.09
石油和天然气开采业	Extraction of Petroleum and Natural Gas	56.47	6.50
黑色金属矿采选业	Mining and Processing of Ferrous Metal Ores	20.88	2.55
有色金属矿采选业	Mining and Processing of Non-Ferrous Metal Ores	26.30	3.13
非金属矿采选业	Mining and Processing of Nonmetal Ores	7.53	3.22
开采辅助活动	Support Activities for Mining	1.11	0.40
其他采矿业	Mining of Other Ores	0.07	
制造业	**Manufacturing**	**4637.77**	**2608.02**
农副食品加工业	Processing of Food from Agricultural Products	41.26	28.21
食品制造业	Manufacture of Foods	16.04	23.62
酒、饮料和精制茶制造业	Manufacture of Liquor, Beverages and Refined Tea	29.84	21.29
烟草制品业	Manufacture of Tobacco	2.94	0.40
纺织业	Manufacture of Textile	3.95	1.10
纺织服装、服饰业	Manufacture of Textile, Wearing Apparel and Accessories	1.68	0.66
皮革、毛皮、羽毛及其制品和制鞋业	Manufacture of Leather, Fur, Feather and Related Products and Footwear	1.04	0.25
木材加工及木、竹、藤、棕、草制品业	Processing of Timber, Manufacture of Wood, Bamboo, Rattan, Palm and Straw Products	0.27	0.01
家具制造业	Manufacture of Furniture	0.53	
造纸及纸制品业	Manufacture of Paper and Paper Products	15.70	16.00
印刷和记录媒介复制业	Printing and Reproduction of Recording Media	1.93	1.10
文教、工美、体育和娱乐用品制造业	Manufacture of Articles for Culture, Education, Arts and Crafts, Sport and Entertainment Activities	1.41	0.80
石油加工、炼焦和核燃料加工业	Processing of Petroleum, Coking and Processing of Nuclear Fuel	683.72	249.47
化学原料和化学制品制造业	Manufacture of Raw Chemical Materials and Chemical Products	519.94	141.93
医药制造业	Manufactare of Medicines	18.03	12.06
化学纤维制造业	Manufacture of Chemical Fibres	1.00	0.40
橡胶和塑料制品业	Manufacture of Rubber and Plastics Products	7.70	0.51
非金属矿物制品业	Manufacture of Non-metallic Mineral Products	738.16	668.27
黑色金属冶炼和压延加工业	Smelting and Pressing of Ferrous Metals	1608.98	1023.79
有色金属冶炼和压延加工业	Smelting and Pressing of Non-ferrous Metals	874.45	404.77
金属制品业	Manufacture of Metal Products	13.83	1.27
通用设备制造业	Manufacture of General Purpose Machinery	10.57	4.32
专用设备制造业	Manufacture of Special Purpose Machinery	10.15	1.90
汽车制造业	Manufacture of Automobiles	0.92	0.80
铁路、船舶、航空航天和其他运输设备制造业	Manufacture of Railway, Ship, Aerospace and Other Transport Equipments	1.06	
电气机械和器材制造业	Manufacture of Electrical Machinery and Apparatus	6.65	0.72
通信设备、计算机和其他电子设备制造业	Manufacture of Communication Equipment, Computers and Other Electronic Equipment	5.30	0.40
仪器仪表制造业	Manufacture of Measuring Instruments and Machinery	0.54	
其他制造业	Other Manufacturing	3.18	
废弃资源综合利用业	Utilization of Waste Resources	15.44	3.97
金属制品、机械和设备修理业	Repair Service of Metal Products, Machinery and Equipment	1.56	
电力、燃气及水的生产和供应业	**Electric Power, Gas and Water Production and Supply**	**433.19**	**2964.05**
电力、热力的生产和供应业	Production and Supply of Electric Power and Heat Power	423.78	2963.94
燃气生产和供应业	Production and Supply of Gas	3.75	
水的生产和供应业	Production and Supply of Water	5.66	0.11
建筑业	**Construction**	**103.67**	**17.00**
交通运输储运业和邮政业	**Transport, Storage and Post**	**601.25**	**28.00**
批发、零售业和住宿、餐饮业	**Wholesale, Retail Trade and Hotel,Restraurants**	**141.14**	**22.00**
其他行业	**Others**	**288.69**	**30.00**
城乡居民生活	**Urban and Rural Residential Consumption**	**732.49**	**378.00**

Consumption of Energy by Sector（2015）

焦 炭（万吨） Coke (10 000 tons)	原 油（万吨） Crude Oil (10 000 tons)	汽 油（万吨） Gasoline (10 000 tons)	煤 油（万吨） Kerosene (10 000 tons)	柴 油（万吨） Diesel Oil (10 000 tons)	燃料油（万吨） Fuel Oil (10 000 tons)	液化石油气（万吨） Liquefied Petroleum Gas (10 000 tons)	天然气（亿立方米） Natural Gas (100 million cu.m)	电 力（亿千瓦小时） Electricity (100 million kw·h)
614.92	**1446.50**	**158.20**	**5.86**	**335.60**	**4.97**	**9.19**	**25.96**	**1098.72**
		5.00		**32.00**				**44.38**
614.92	**1446.50**	**8.70**	**0.21**	**18.30**	**4.97**	**0.03**	**12.46**	**860.21**
11.15	**20.90**	**1.51**		**6.88**			**0.82**	**29.27**
2.00		0.37		2.04			0.36	14.30
	20.90	0.75		1.98			0.46	3.79
9.00		0.13		0.68				2.85
		0.12		0.41				7.48
0.15		0.06		1.59				0.77
		0.06		0.15				0.07
		0.02		0.03				
603.77	**1425.60**	**6.20**	**0.19**	**10.72**	**4.94**	**0.03**	**11.55**	**719.65**
		0.80		0.33			0.16	4.96
		0.40		0.04			0.01	1.60
		0.24	0.03	0.04			0.25	3.17
		0.08		0.02			0.07	0.43
		0.01		0.01			0.02	0.71
		0.01					0.03	0.20
							0.03	0.09
		0.01						0.01
		0.01		0.01			0.01	0.02
		0.02		0.01			0.01	0.96
		0.03		0.01			0.02	0.15
		0.01						0.15
	1425.60	2.20		0.87	2.33	0.03	3.05	27.12
116.00		0.49	0.13	0.55			4.52	73.64
		0.18		0.09			0.16	2.00
		0.02		0.01				0.05
0.05		0.12		0.06				2.22
7.00		0.36		4.20			0.73	66.39
453.16		0.39	0.01	1.14			0.39	301.99
18.86		0.30	0.01	2.89	2.60		1.56	223.01
1.30		0.19		0.10			0.04	3.24
0.05		0.08	0.01	0.07			0.06	1.92
0.02		0.10		0.04			0.21	1.41
				0.03				0.08
							0.08	0.01
0.03		0.04		0.02			0.08	1.50
		0.02					0.01	1.41
		0.02						0.05
		0.02						0.03
7.30		0.02		0.08				1.01
		0.02		0.09			0.05	0.13
		0.99	**0.02**	**0.70**	**0.03**		**0.09**	**111.29**
		0.83	0.02	0.66	0.03		0.08	108.57
		0.10		0.02			0.01	1.01
		0.06		0.02				1.71
		11.00		**15.00**				**13.05**
		41.00	**5.65**	**234.00**			**2.80**	**41.04**
		8.50		**5.00**		**0.66**	**2.20**	**23.55**
		32.00		**25.00**			**4.50**	**39.87**
		52.00		**6.30**		**8.50**	**4.00**	**76.62**

9-8 能源生产弹性系数
Elasticity Ratio of Energy Production

年份 Year	能源生产比上年增长（%） Growth Rate of Energy Production over Preceding Year (%)	电力生产比上年增长（%） Growth Rate of Electricity Production over Preceding Year (%)	生产总值比上年增长（%） Growth Rate of Gansu Gross Product over Preceding Year (%)	能源生产弹性系数 Elasticity Ratio of Energy Production	电力生产弹性系数 Elasticity Ratio of Electricity Production
2000	-13.06	6.83	9.70		0.70
2001	5.39	8.26	9.76	0.55	0.85
2002	37.66	12.53	9.86	3.82	1.27
2003	16.84	18.71	10.74	1.57	1.74
2004	17.71	13.18	11.51	1.54	1.15
2005	7.29	10.70	11.84	0.62	0.90
2006	5.37	5.08	11.51	0.47	0.44
2007	4.92	16.33	12.30	0.40	1.33
2008	2.10	11.58	10.14	0.21	1.14
2009	4.01	1.86	10.30	0.39	0.18
2010	9.43	24.35	11.78	0.80	2.07
2011	5.46	17.54	12.52	0.44	1.40
2012	9.79	7.70	12.56	0.78	0.61
2013	3.27	8.57	10.76	0.30	0.80
2014	7.01	3.26	8.89	0.79	0.37
2015	-1.85	0.09	8.08		0.01

9-9 能源消费弹性系数
Elasticity Ratio of Energy Consumption

年份 Year	能源消费比上年增长（%） Growth Rate of Energy Consumption over Preceding Year (%)	电力消费比上年增长（%） Growth Rate of Electricity Consumption over Preceding Year (%)	生产总值比上年增长（%） Growth Rate of Gross Product of Gansu over Preceding Year (%)	能源消费弹性系数 Elasticity Ratio of Energy Consumption	电力消费弹性系数 Elasticity Ratio of Electricity Consumption
2000	3.23	1.29	9.70	0.33	0.13
2001	1.88	1.58	9.76	0.19	0.16
2002	4.36	11.84	9.86	0.44	1.20
2003	11.82	16.36	10.74	1.10	1.52
2004	15.78	13.47	11.51	1.37	1.17
2005	10.06	8.29	11.84	0.85	0.70
2006	8.59	9.57	11.51	0.75	0.83
2007	7.73	14.62	12.30	0.63	1.19
2008	4.64	10.25	10.14	0.46	1.01
2009	2.53	4.09	10.30	0.25	0.40
2010	8.00	14.02	11.78	0.68	1.19
2011	9.67	14.79	12.52	0.77	1.18
2012	7.82	7.70	12.56	0.62	0.61
2013	5.70	7.91	10.76	0.53	0.74
2014	3.22	2.07	8.89	0.36	0.23
2015	0.02	0.30	8.08	0.002	0.04

9-10 能源加工转换效率
Efficiency of Energy Conversion

单位：%　　　　(%)

年份 Year	总效率 Total Efficiency	火力发电效率 Generation Efficiency of Thermal Power	炼焦 Coking	炼油 Petroleum Refining
2005	72.97	36.30	97.74	90.13
2006	73.11	36.78	84.54	91.67
2007	73.40	37.17	97.70	89.31
2008	72.81	37.29	94.76	93.25
2009	73.61	37.53	94.00	93.06
2010	70.60	38.42	86.70	94.88
2011	69.41	39.13	88.35	92.41
2012	70.08	39.44	87.88	93.60
2013	72.14	39.96	90.10	92.86
2014	72.55	39.94	91.01	93.22
2015	70.89	39.98	89.27	91.04

9-11 生活能源消费量
Average Annual Energy Consumption for Households

品种	Item	2010	2011	2012	2013	2014	2015
合计（万吨标准煤）	**Total (10 000 tons of SCE)**	**532.86**	**583.97**	**627.06**	**642.80**	**662.43**	**732.49**
煤炭（万吨）	Coal (10 000 tons)	334.00	321.40	338.30	341.60	345.50	378.00
煤油（万吨）	Kerosene (10 000 tons)						
液化石油气（万吨）	Liquefied Petroleum Gas (10 000 tons)	5.52	5.77	6.22	6.33	6.40	8.50
焦炉煤气（亿立方米）	Coke Oven Gas (100 million cu.m)	0.15	0.15	0.15	0.16	0.16	0.16
天然气（亿立方米）	Natural Gas (100 million cu.m)	1.90	2.80	3.05	3.55	3.60	4.00
热力（万百万千焦）	Heat (10 billion kilo-joule)	1741.92	1800.00	1881.61	1980.00	2030.00	2260.00
电力（亿千瓦小时）	Electricity (100 million kw·h)	53.52	62.45	66.00	69.07	73.07	76.62

9-12 平均每天能源消费量
Average Daily Energy Consumption by Type of Energy

品种	Item	2010	2011	2012	2013	2014	2015
合计（万吨标准煤）	**Total (10 000 tons of SCE)**	**15.97**	**17.52**	**18.89**	**19.96**	**20.61**	**20.61**
煤炭（万吨）	Coal (10 000 tons)	14.53	16.43	17.02	17.92	18.40	17.96
焦炭（万吨）	Coke (10 000 tons)	1.48	1.62	1.68	1.83	1.90	1.68
原油（万吨）	Crude Oil (10 000 tons)	3.84	4.47	4.22	4.32	4.02	3.96
燃料油（万吨）	Fuel Oil (10 000 tons)	0.04	0.03	0.02	0.01	0.02	0.01
汽油（万吨）	Gasoline (10 000 tons)	0.24	0.27	0.31	0.34	0.35	0.43
煤油（万吨）	Kerosene (10 000 tons)	0.01	0.01	0.01	0.01	0.02	0.02
柴油（万吨）	Diesel Oil (10 000 tons)	0.76	0.87	0.96	1.03	1.03	0.92
天然气（亿立方米）	Natural Gas (100 million cu.m)	0.04	0.05	0.06	0.06	0.07	0.07
电力（亿千瓦小时）	Electricity (100 million kw·h)	2.20	2.53	2.72	2.94	3.00	3.01

9-13 人均生活能源消费量
Annual per Capita Energy Consumption of Households

年份 Year	平均每人生活消费能源（千克标准煤）Annual per Capita Consumption for Households (kg of SCE)	#煤炭（千克）Coal (kg)	#电力（千瓦小时）Electricity (kw·h)	#液化石油气（千克）Liquefied Petroleum Gas (kg)	#天然气（立方米）Natrual Gas (cu.m)	#煤气（立方米）Coal Gas (cu.m)
2000	164.00	155.00	84.00	2.09		
2001	174.00	152.00	88.31	1.60		
2002	156.00	150.00	89.49	1.50		
2003	172.00	149.00	91.34	1.62		
2004	169.00	147.00	105.29	1.61		
2005	184.13	155.48	127.54	1.93	1.57	1.53
2006	186.52	156.71	132.32	1.96	2.75	1.61
2007	198.58	159.72	142.45	1.96	2.83	1.73
2008	210.37	169.75	159.28	2.14	2.98	2.27
2009	227.94	172.02	181.34	2.16	3.05	2.86
2010	208.36	130.60	209.27	2.16	7.43	0.59
2011	227.93	125.44	243.75	2.25	10.93	0.59
2012	243.91	131.59	256.72	2.42	11.86	0.58
2013	249.16	132.41	267.73	2.45	13.76	0.62
2014	256.11	133.58	282.51	2.47	13.92	0.62
2015	282.25	145.66	295.24	3.28	15.41	0.62

注：计算消费量所使用的人口数为平均人口数。

a) Data in the table are calculated with the data on the annual average population.

9-14 能源消耗
Energy Consumption

年份 Year	单位生产总值能耗 Energy Consumption per Unit of GRP		单位生产总值电耗 Electricity Consumption per Unit of GRP		单位工业增加值能耗 Energy Consumption per Unit of Industrial Value-added
	绝对值（吨标准煤／万元）Absolute Value（ton of SCE/10 000 yuan）	上升或下降（±%）Change (±%)	绝对值（千瓦小时／万元）Absolute Value (kw·h/10 000yuan)	上升或下降（±%）Change(±%)	上升或下降（±%）Change(±%)
2000	2.86		2805		
2001	2.72		2720		
2002	2.57		2779		
2003	2.52		2846		
2004	2.31		2677		
2005	2.22		2531		
2006	2.17	-2.61	2487	-1.74	-3.03
2007	2.08	-4.09	2537	2.02	-6.53
2008	1.97	-5.00	2539	0.09	-5.66
2009	1.84	-6.97	2399	-5.55	-12.84
2010	1.77	-3.40	2445	2.01	-7.94
2011	1.37	-2.51	1984	2.02	-1.96
2012	1.32	-4.21	1899	-4.31	-8.10
2013	1.26	-4.56	1850	-2.57	-7.25
2014	1.19	-5.21	1734	-6.26	-7.02
2015	1.10	-7.46	1609	-7.20	-10.66

注：1.2000−2004 年地区生产总值和工业增加值是按当年价格计算，2005−2010 年地区生产总值和工业增加值按 2005 年价格计算，2011−2015 年地区生产总值和工业增加值按 2010 年价格计算。
2. 工业增加值为规模以上工业增加值。
a) GDP and industrial added value of 2000-2004 is calculated on current prices.GDP and industrial added value of 2005-2010 is calculated on price of 2005. GDP and industrial added value of 2011-2015 is calculated on price of 2010.
b) Industrial added value refers to the designated industrial added value.

9-15 重点耗能企业单位产品能源消费
Energy Consumption of Per Unit of Product for Key Energy-consuming Enterprises

项目	Item	2014	2015
吨原煤生产综合能耗（千克标准煤 / 吨）	Comprehensive Energy Consumption of Tonne Coal Production (kg of SCE/ton)	4.22	4.32
单位油气产量综合能耗（千克标准煤 / 吨）	Comprehensive Energy Consumption of Unit Oil and Gas Output (kg of SCE/ton)	72.65	71.87
铁矿选矿工序单位能耗（千克标准煤 / 吨）	Unit Energy Consumption of Iron Ore Beneficiation Process (kg of SCE/ton)	14.16	13.94
机制纸及纸板综合能耗（千克标准煤 / 吨）	Comprehensive Energy Consumption of Paper Mechanisms and Paperboard (kg of SCE/ton)	1040.70	802.07
炼焦工序单位能耗（千克标准煤 / 吨）	Unit Energy Consumption of Coking Process (kg of SCE/ton)	121.80	121.25
原油加工单位综合能耗（千克标准油 / 吨）	Unit Comprehensive Energy Consumption of Crude Oil Processing (kg of Standard Oil Equivalent/ton)	65.52	66.73
单位烧碱生产综合能耗（千克标准煤 / 吨）	Comprehensive Energy Consumption of Unit Caustic Soda Production (kg of SCE/ton)	315.57	338.14
单位纯碱生产能耗（千克标准煤 / 吨）	Energy Consumption of Unit Soda Ash Production(kg of SCE/ton)	246.00	242.00
单位电石生产综合能耗（千克标准煤 / 吨）	Comprehensive Energy Consumption of Unit Calcium Carbide Production (kg of SCE/ton)	1002.11	1027.42
单位乙烯生产综合能耗（千克标准煤 / 吨）	Comprehensive Energy Consumption of Unit Ethylene Production (kg of SCE/ton)	912.64	918.83
单位合成氨生产综合能耗（千克标准煤 / 吨）	Comprehensive Energy Consumption of Unit Synthetic Ammonia Production (kg of SCE/ton)	1278.25	1264.23
吨水泥综合能耗（千克标准煤 / 吨）	Comprehensive Energy Consumption of Tonne Cement (kg of SCE/ton)	97.72	90.48
吨钢综合能耗（千克标准煤 / 吨）	Comprehensive Energy Consumption of Tonne Rolled Steel (kg of SCE/ton)	602.37	593.58
单位粗铜综合能耗（千克标准煤 / 吨）	Comprehensive Energy Consumption of Unit Blister Copper (kg of SCE/ton)	197.94	180.10
单位铜精炼综合能耗（千克标准煤 / 吨）	Comprehensive Energy Consumption of Unit Copper Refining (kg of SCE/ton)	169.17	164.68
单位铜冶炼综合能耗（千克标准煤 / 吨）	Comprehensive Energy Consumption of Unit Copper Smelting (kg of SCE/ton)	538.11	509.17
单位电解铝综合能耗（千克标准煤 / 吨）	Comprehensive Energy Consumption of Unit Electrolytic Aluminum (kg of SCE/ton)	1702.95	1695.01
单位粗铅综合能耗（千克标准煤 / 吨）	Comprehensive Energy Consumption of Unit Crude Lead (kg of SCE/ton)	283.91	340.22
单位铅冶炼综合能耗（千克标准煤 / 吨）	Comprehensive Energy Consumption of Unit Lead Smelting (kg of SCE/ton)	549.59	537.91
蒸馏锌综合标准煤耗单耗（千克标准煤 / 吨）	Comprehensive Standard Coal Consumption Unit Consumption of Distillation Zinc (kg of SCE/ton)	1903.66	1945.23
单位精锌（电锌）综合能耗（千克标准煤 / 吨）	Comprehensive Energy Consumption of Unit Refined Zinc (Electrolytic Zinc) (kg of SCE/ton)	656.58	661.21
电厂火力发电标准煤耗（克标准煤 / 千瓦时）	Standard Coal Consumption of Thermal Power of Power Plant (g of SCE/kw · h)	308.96	306.70

主要指标解释

能源生产总量 指一定时期内，本地区一次能源生产量的总和。该指标是观察能源生产水平、规模、构成和发展速度的总量指标。一次能源生产量包括原煤、原油、天然气、水电、核能及其他动力能（如风能、太阳能、地热能等）发电量，不包括低热值燃料生产量、太阳热能等的利用和由一次能源加工转换而成的二次能源产量。

能源消费总量 指一定地域内，国民经济各行业和居民家庭在一定时间消费的各种能源的总和。包括：原煤、原油、天然气、水能、核能、风能、太阳能、地热能、生物质能等一次能源；一次能源通过加工转换产生的洗煤、焦炭、煤气、电力、热力、成品油等二次能源和同时产生的其他产品；其他化石能源、可再生能源和新能源。其中水能、风能、太阳能、地热能、生物质能等可再生能源，是指人们通过一定技术手段获得的，并作为商品能源使用的部分。在核算过程中，一次能源、二次能源消费不能重复计算。能源消费总量分为终端能源消费量、能源加工转换损失量和能源损失量三部分。

(1) 终端能源消费量：指一定时期内，本地区生产和生活消费的各种能源在扣除了用于加工转换二次能源消费量和损失量以后的数量。

(2) 能源加工转换损失量：指一定时期内，本地区投入加工转换的各种能源数量之和与产出各种能源产品之和的差额。该指标是观察能源在加工转换过程中损失量变化的指标。

(3) 能源损失量：指一定时期内，能源在输送、分配、储存过程中发生的损失和由客观原因造成的各种损失量，不包括各种气体能源放空、放散量。

能源生产弹性系数 是研究能源生产增长速度与生产总值增长速度之间关系的指标。计算公式：

$$\text{能源生产弹性系数}=\frac{\text{能源生产总量年平均增长速度}}{\text{国内（地区）生产总值年平均增长速度}}$$

电力生产弹性系数 是研究电力生产增长速度与生产总值增长速度之间关系的指标。一般来说，电力的发展应当快于国民经济的发展，也就是说电力应超前发展。计算公式为：

$$\text{电力生产弹性系数}=\frac{\text{电力生产量年平均增长速度}}{\text{国内（地区）生产总值年平均增长速度}}$$

能源消费弹性系数 反映能源消费增长速度与生产总值增长速度之间比例关系的指标。计算公式为：

$$\text{能源消费弹性系数}=\frac{\text{能源消费量年平均增长速度}}{\text{国内（地区）生产总值年平均增长速度}}$$

电力消费弹性系数 反映电力消费增长速度与生产总值增长速度之间比例关系的指标。计算公式为：

$$\text{电力消费弹性系数}=\frac{\text{电力消费量年平均增长速度}}{\text{国内（地区）生产总值年平均增长速度}}$$

能源加工转换效率 指一定时期内，能源经过加工、转换后，产出的各种能源产品的数量与同期内投入加工转换的各种能源数量的比率。该指标是观察能源加工转换装置和生产工艺先进与落后、管理水平高低等的重要指标。计算公式为：

$$\text{能源加工转换效率}=\frac{\text{能源加工转换产出量}}{\text{能源加工转换投入量}}\times 100\%$$

单位生产总值能耗 指一定时期内，一个国家（地区）每生产一个单位的国内（地区）生产总值所消耗的能源。计算公式为：

$$\text{单位生产总值能耗}=\frac{\text{能源消费总量}}{\text{国内（地区）生产总值}}$$

单位生产总值电耗 指一定时期内，一个国家（地区）每生产一个单位的国内（地区）生产总值所消耗的能源。计算公式为：

$$\text{单位国内生产总值电耗}=\frac{\text{全社会用电量}}{\text{国内（地区）生产总值}}$$

单位工业增加值能耗 指一定时期内，一个国家（地区）每生产一个单位的工业增加值所消耗的能源。

10

固定资产投资

Investment in Fixed Assets

简要说明

一、本篇资料主要内容

本篇资料主要内容包括：固定资产投资及其主要分组；分地区500万元及以上项目个数、新增固定资产、施工和竣工房屋面积、投资规模、投资效率以及500万元及以上项目能源工业投资情况；房地产开发企业基本情况等。

二、本篇资料的统计范围

固定资产投资的统计范围包括：500万元及以上固定资产投资项目投资（不含军工、国防、人防建设项目）和房地产开发投资。从2011年起，固定资产投资的起点标准从计划总投资50万元提高到500万元，500万元以下项目不再纳入固定资产投资统计范围。

三、本篇资料来源

本篇资料由省统计局固定资产投资处汇总、加工整理。

10-1 固定资产投资
Investment in Fixed Assets

单位：亿元 (100 million yuan)

指　标	Item	2011	2012	2013	2014	2015	2015年比上年增长（%） Growth Rate in 2015 over 2014（%）
固定资产投资	**Investment in Fixed Assets**	**4180.24**	**5040.53**	**6407.20**	**7759.62**	**8626.60**	**11.17**
项目投资	Project Investment	3817.36	4479.51	5682.55	7038.15	7858.53	11.66
房地产开发	Real Estate Development	362.88	561.02	724.65	721.47	768.06	6.46
按隶属关系分	**By Subordination**						
中央项目	Central	280.95	289.93	329.51	360.92	233.02	-35.44
地方项目	Local	3899.29	4750.60	6077.69	7398.70	8393.58	13.45
按构成分	**Group by Structure**						
建筑安装工程	Construction and Installation	3077.78	3694.21	4935.80	6266.45	7164.73	14.33
设备工具器具购置	Purchase of Equipment and Instruments	716.34	900.37	935.26	1027.50	962.24	-6.35
其他费用	Others	386.12	445.95	536.14	465.67	499.63	7.29
按产业分	**By Industry**						
第一产业	Primary Industry	191.45	169.94	232.64	409.09	534.89	30.75
第二产业	Secondary Industry	2032.99	2705.18	3245.02	3531.53	3434.90	-2.74
第三产业	Tertiary Industry	1955.80	2165.41	2929.54	3819.00	4656.81	21.94
本年实际到位资金	**Actual Funds This Year**	**4064.71**	**5318.99**	**7272.24**	**7474.91**	**8469.94**	**13.31**
国家预算资金	State Budget	731.12	780.90	928.50	844.49	1101.91	30.48
国内贷款	Domestic Loans	488.68	679.61	897.31	948.56	990.33	4.40
债券	Bonds	0.56	0.41	6.45	20.40	17.63	-13.56
利用外资	Foreign Investment	17.63	15.80	30.32	34.48	21.39	-37.98
自筹资金	Self-raising Funds	2410.08	3301.78	4605.80	4856.44	5489.68	13.04
其他资金	Others	416.64	540.49	803.86	770.54	849.00	10.18

注：2011 年起，固定资产投资的起点标准从计划总投资 50 万元提高到 500 万元，500 万元以下项目不再纳入固定资产投资统计范围（以下相关表同）。

a) Since 2011, the cut-off size of fixed assets investment projected rose from 500 thousand yuan to 5 million yuan.Project of below 500 million is no longer included in the investment in fixed assets statistics range The same applies to the relevant tables following.

10–1 续表 continued

指 标	Item	2011	2012	2013	2014	2015	2015年比上年增长（%） Growth Rate in 2015 over 2014 （%）
按登记注册类型分	**By Registration Categories**						
内 资	Domestic Funded Enterprises	4127.66	4976.58	6384.51	7706.92	8565.44	11.14
国 有	State-owned Enterprises	2186.61	2323.71	3009.49	3219.82	3635.01	12.89
集 体	Collective-owned Enterprises	128.88	144.05	199.35	301.68	333.96	10.70
股份合作	Cooperative Enterprises	11.12	26.00	38.37	62.19	18.07	-70.94
联营企业	Joint Ownership Enterprises	9.13	29.12	30.05	54.63	40.38	-26.09
国有联营	State Joint Ownership Enterprises	0.50	3.98	8.13	34.70	14.62	-57.88
集体联营	Collective Joint Ownership Enterprises	3.25	0.92	6.14	10.74	5.06	-52.90
国有与集体联营	Joint State-collective Enterprises		5.47	2.38	1.95	3.39	74.49
其他联营	Other Joint Ownership Enterprises	5.39	18.76	13.40	7.25	17.31	138.64
有限责任公司	Limited Liability Corporations	861.87	1063.12	1277.60	1680.05	1683.76	0.22
国有独资公司	State Sole Funded Corporations	48.57	57.15	115.72	293.68	333.82	13.67
其他有限责任公司	Other Limited Liability Corporations	813.30	1005.97	1161.87	1386.37	1349.95	-2.63
股份有限公司	Share-holding Corporations Limited	295.40	287.59	329.45	265.43	258.58	-2.58
私 营	Private Enterprises	498.96	752.98	1120.17	1616.39	1898.07	17.43
其 他	Other Enterprises	135.67	350.01	380.03	506.73	697.61	37.67
港澳台商投资	Enterprises with Funds from Hong Kong ,Macao and Taiwan	19.28	9.11	7.27	17.05	20.36	19.38
外商投资经济	Foreign Funded Enterprises	19.52	26.69	10.44	16.37	16.50	0.76
个体经营	Individual Management	13.79	28.15	4.98	19.28	24.31	26.11
房屋建筑面积（万平方米）	**Floor Space of Buildings (10 000 sq.m)**						
施工面积	Floor Space under Construction	9980.70	11527.59	14188.96	14988.35	15683.12	4.64
#住 宅	Residential Buildings	6686.04	6810.18	7436.90	7826.99	7459.52	-4.69
竣工面积	Floor Space Completed	2360.92	2438.95	2443.43	2537.50	2858.46	12.65
#住 宅	Residential Buildings	1496.24	1403.04	1260.17	1322.98	1233.42	-6.77

10-2 历年固定资产投资
Calendar Year Investment in Fixed Assets

单位：亿元 (100 million yuan)

指 标 Item	固定资产投资 Investment in Fixed Assets 绝对数 Absolute Number	比上年增长（%）Growth Rate（%）	国有经济 State-owned Units	集体经济 Collective-owned Units	个体经济 Individual Ecomomy	其他经济 Others
1978	9.30		9.26	0.04		
1979	11.22	20.63	11.15	0.07		
1980	12.65	12.74	12.57	0.08		
1981	14.10	11.52	11.73	0.76	1.61	
1982	15.69	11.23	13.36	1.07	1.26	
1983	18.91	20.53	16.42	0.92	1.57	
1984	24.51	29.62	19.98	1.71	2.81	
1985	33.90	38.32	25.97	3.95	3.97	
1986	40.42	19.26	31.09	3.99	5.34	
1987	47.91	18.51	38.39	3.11	6.41	
1988	59.54	24.29	47.00	4.76	7.78	
1989	51.19	-14.02	40.65	3.33	7.22	
1990	59.35	15.93	49.27	3.06	7.02	
1991	68.59	15.57	57.03	3.48	8.09	
1992	85.13	24.11	71.76	4.45	8.93	
1993	122.08	43.41	95.70	14.17	12.21	
1994	159.05	30.28	125.18	9.93	13.66	10.29
1995	194.67	22.39	156.61	7.71	17.71	12.65
1996	214.83	10.36	153.90	12.70	21.68	26.55
1997	264.39	23.07	186.03	13.58	35.07	29.70
1998	331.01	25.20	224.67	16.74	50.68	38.92
1999	384.08	16.03	255.85	23.36	51.77	53.10
2000	441.35	14.91	297.30	27.70	54.13	62.21
2001	505.42	14.52	337.88	28.33	56.31	82.90
2002	575.83	13.93	382.12	35.48	50.94	107.29
2003	655.07	13.76	407.18	41.32	50.90	155.67
2004	756.01	15.41	468.53	49.68	53.48	184.31
2005	874.53	15.68	510.76	58.06	54.00	251.71
2006	1024.87	17.19	567.67	25.25	62.33	369.61
2007	1310.38	27.86	700.09	48.29	67.06	494.93
2008	1735.79	32.47	961.33	53.41	97.21	623.85
2009	2479.60	42.85	1430.94	62.86	124.49	861.31
2010	3378.10	36.24	1953.88	71.28	110.91	1242.03
2011	4180.24	40.16	2235.68	143.25	13.79	1787.52
2012	5040.53	30.20	2384.84	170.97	28.15	2456.57
2013	6407.20	27.11	3133.34	243.86	4.98	3025.02
2014	7759.62	21.11	3548.20	374.61	19.28	3817.53
2015	8626.60	11.17	3983.44	357.09	24.31	4261.76

注：1. 本表国有经济为大口径，含国有、国有联营和国有独资公司；集体经济为大口径，含集体、集体联营和股份合作。
2. 2010 年及以前，固定资产投资数据为全社会口径，全社会口径中包含农户投资和跨区域项目投资。
3. 2011 年起固定资产投资包括 500 万元及以上城镇项目、非农户项目和房地产开发投资，未包含农村农户投资和跨区域项目投资。
4. 2012 年起固定资产投资包括 500 万元及以上项目投资和房地产开发投资，2012 年城镇项目和非农户项目合并为项目投资。

a) Data of state-owned units in this table are based on wide coverage,including state-owned, state joint ownership and state sole funded corporations; collective-owned enterprises are based on wide coverage,including collective-owned enterprises, collective joint ownership enterprises and cooperative enterprises.

b) Data of fixed asset investment are the caliber of total society before 2010.Farm households investment and cross-regional project investment is included in the caliber of total society.

c) Since 2011, data of investment in fixed assets in this table are the caliber of urban ,rural non-farm households and real estate development investment in fixed assets with the standard of more than 5 million yuan, not include farm households of rural area and cross-regional project investment.

d) Since 2012,data of investment in fixed assets in this table are the caliber of project investment and real estate development investment in fixed assets with the standard of more than 5 million yuan,urban and rural non-farm households of 2012 are combined into project investment.

10-3 项目固定资产投资
Investment in Fixed Assets of Project
(Excluding Investment in Real Estate Development)

单位：亿元 (100 million yuan)

指 标	Item	2010	2011	2012	2013	2014	2015
投资额	**Total Investment**	**2716.14**	**3817.36**	**4479.51**	**5682.55**	**7038.15**	**7858.53**
按隶属关系分	**By Subordination**						
中央	Central	292.41	268.52	272.96	313.36	345.15	228.23
地方	Local	2423.73	3548.84	4206.55	5369.19	6693.00	7630.30
按构成分	**By Structure**						
建筑安装工程	Construction and Installation	1869.54	2788.61	3229.51	4318.81	5618.61	6486.24
设备工具器具购置	Purchase of Equipment and Instruments	600.27	714.28	893.69	924.97	1015.20	951.07
其他费用	Others	246.33	314.47	356.31	438.77	404.34	421.22
按产业分	**By Industry**						
第一产业	Primary Industry	112.57	191.45	169.94	232.64	409.09	534.89
第二产业	Secondary Industry	1521.59	2032.99	2705.18	3245.02	3531.53	3434.90
#工 业	Industry	1214.22	1519.03	1889.98	2334.21	2665.98	2301.46
第三产业	Tertiary Industry	1081.98	1592.92	1604.39	2204.89	3097.53	3888.74
本年实际到位资金	**Actual Funds This Year**	**2748.26**	**3673.50**	**4667.76**	**6308.89**	**6620.26**	**7530.29**
国家预算内资金	State Budgetary Appropriation	527.67	731.12	780.90	928.50	844.49	1101.91
国内贷款	Domestic Loans	443.13	421.65	550.53	728.55	828.05	837.31
债 券	Bonds		0.56	0.41	6.45	20.40	17.63
利用外资	Foreign Investment	18.55	17.63	15.80	30.32	34.48	21.39
自筹资金	Self-raising Funds	1529.72	2240.27	2996.81	4174.72	4444.99	5059.75
其他资金	Others	229.19	262.25	323.30	440.33	447.86	492.30

注：本表固定资产投资口径为500万元及以上项目投资，不含房地产开发投资。

a) Data of investment in fixed assets in this table are the caliber of project investment with the standard of more than 5 million yuan, excluding real estate development investment.

10-3 续表 continued

指 标	Item	2010	2011	2012	2013	2014	2015
按登记注册类型分	**By Registration Categories**						
内 资	Domestic Funded Enterprises	2665.86	3779.48	4423.48	5662.94	6986.35	7804.15
国 有	State-owned Enterprises	1606.96	2146.37	2258.95	2929.14	3177.10	3609.99
集 体	Collective-owned Enterprises	53.71	127.60	138.35	196.82	299.61	333.72
股份合作	Cooperative Enterprises	10.45	10.24	24.65	38.37	62.09	18.07
联营企业	Joint Ownership Enterprises	8.84	9.13	29.12	30.05	54.63	40.38
国有联营	State Joint Ownership Enterprises	0.60	0.50	3.98	8.13	34.70	14.62
集体联营	Collective Joint Ownership Enterprises	1.02	3.25	0.92	6.14	10.74	5.06
国有与集体联营	Joint State-collective Enterprises	0.09		5.47	2.38	1.95	3.39
其他联营	Other Joint Ownership Enterprises	7.14	5.39	18.76	13.40	7.25	17.31
有限责任公司	Limited Liability Corporations	498.48	707.41	786.33	943.11	1280.82	1264.36
国有独资公司	State Sole Funded Corporations	47.43	48.57	56.10	109.75	262.96	276.89
其他有限责任公司	Other Limited Liability Corporations	451.05	658.84	730.23	833.36	1017.86	987.47
股份有限公司	Share-holding Corporations Limited	158.79	279.44	273.46	316.29	253.83	244.66
私 营	Private Enterprises	218.48	366.59	566.12	848.62	1357.34	1599.86
其 他	Other Enterprises	110.15	132.69	346.49	360.54	500.93	693.10
港澳台商投资	Enterprises with Funds from Hong Kong ,Macao and Taiwan	34.80	15.16	4.54	6.36	16.55	17.62
外商投资经济	Foreign Funded Enterprises	8.82	8.93	23.34	8.26	15.97	12.46
个体经营	Individual Management	6.66	13.79	28.16	4.99	19.28	24.31
房屋建筑面积（万平方米）	**Floor Space of Buildings (10 000 sq.m)**						
施工面积	Floor Space under Construction	5552.84	6170.70	5892.64	7340.57	7328.05	7096.94
#住 宅	Residential Buildings	2656.29	3544.77	2378.97	2112.41	2182.64	1371.82
竣工面积	Floor Space Completed	1562.15	1704.93	1594.45	1527.87	1724.28	1896.22
#住 宅	Residential Buildings	772.05	942.09	693.01	491.10	670.95	468.30

10-4 按行业分项目固定资产投资

Investment in Fixed Assets of Project by Sector

单位：亿元 (100 million yuan)

指 标	Item	2010	2011	2012	2013	2014	2015
甘肃省	**Gansu**	**2716.14**	**3817.36**	**4479.52**	**5682.55**	**7038.15**	**7858.53**
农、林、牧、渔业	Agriculture,Forestry,Animal Husbandry and Fishery	112.57	191.45	169.94	232.64	409.09	534.89
采矿业	Mining	141.41	223.26	336.13	452.23	401.42	306.29
制造业	Manufacturing	520.67	787.15	930.67	1111.67	1358.90	1232.45
电力、热力、燃气及水的生产和供应业	Production and Supply of Electricity, Heat, Gas and Water	552.13	508.61	623.18	770.32	905.66	762.72
建筑业	Construction	307.37	513.96	815.20	910.81	865.55	1133.44
批发和零售业	Wholesale and Retail Trades	62.32	103.65	147.51	220.39	282.51	472.14
交通运输、仓储和邮政业	Transport,Storage and Post	195.29	237.79	274.94	389.64	787.51	814.89
住宿和餐饮业	Hotels and Catering Services	25.78	43.38	63.50	78.67	105.32	170.01
信息传输、软件和信息技术服务业	Information Transmission,Software and Information Technology Services	22.27	36.10	32.94	49.75	54.10	72.21
金融业	Financial Intermediation	3.01	8.89	8.89	9.58	16.64	13.29
房地产业	Real Estate	160.87	278.07	270.99	365.82	377.78	428.66
租赁和商务服务业	Leasing and Business Services	25.57	18.21	27.99	57.99	77.56	126.58
科学研究和技术服务业	Scientific Research and Technical Services	23.68	26.32	27.93	39.06	70.83	58.45
水利、环境和公共设施管理业	Management of Water Conservancy, Environment and Public Facilities	135.34	281.65	392.30	481.00	608.13	762.60
居民服务、修理和其他服务业	Service to households, Repair and Other Services	10.03	12.01	38.82	67.04	81.27	154.48
教育	Education	61.63	70.57	69.19	92.60	107.19	205.27
卫生和社会工作	Health and Social Work	38.90	52.92	42.12	52.37	69.25	102.24
文化、体育和娱乐业	Culture, Sports and Entertainment	25.27	39.09	58.49	121.33	142.79	203.85
公共管理、社会保障和社会组织	Public Management,Social Security and Social Organization	292.01	384.27	148.79	179.66	316.64	304.08
国际组织	International Organizations						

注：本表固定资产投资口径为500万元及以上项目投资，不含房地产开发投资。

a) Caliber of investment in fixed assets in this table are the project investment of 5 million yuan or more, do not include real estate development.

10-5 按行业、建设性质分项目固定资产投资（2015）

Investment in Fixed Assets of Project by Sector and Type of Construction (2015)

单位：亿元 (100 million yuan)

行业	Sector	投资额 Total Investment	#新建 New Construction	#扩建 Expansion	#改建和技术改造 Reconstruction and Technical Transformation
甘肃省	**Gansu**	**7858.53**	**6896.92**	**439.92**	**362.61**
农、林、牧、渔业	Agriculture,Forestry,Animal Husbandry and Fishery	534.89	495.39	32.15	6.80
采矿业	Mining	306.29	258.76	24.82	19.23
制造业	Manufacturing	1232.45	983.56	105.81	126.74
电力、热力、燃气及水的生产和供应业	Production and Supply of Electricity, Heat, Gas and Water	762.72	703.54	34.63	21.35
建筑业	Construction	1133.44	1060.26	31.01	23.09
批发和零售业	Wholesale and Retail Trades	472.14	422.73	26.71	19.08
交通运输、仓储和邮政业	Transport,Storage and Post	814.89	701.59	32.36	62.83
住宿和餐饮业	Hotels and Catering Services	170.01	151.81	5.35	11.59
信息传输、软件和信息技术服务业	Information Transmission,Software and Information Technology Services	72.21	52.30	7.94	10.02
金融业	Financial Intermediation	13.29	7.89		1.71
房地产业	Real Estate	428.66	394.51	10.80	4.56
租赁和商务服务业	Leasing and Business Services	126.58	112.12	6.03	3.32
科学研究和技术服务业	Scientific Research and Technical Services	58.45	48.19	6.23	0.33
水利、环境和公共设施管理业	Management of Water Conservancy, Environment and Public Facilities	762.60	674.74	27.90	30.51
居民服务、修理和其他服务业	Service to households, Repair and Other Services	154.48	136.50	15.00	1.31
教育	Education	205.27	173.74	13.77	9.20
卫生和社会工作	Health and Social Work	102.24	76.54	9.07	2.96
文化、体育和娱乐业	Culture, Sports and Entertainment	203.85	188.63	9.19	1.51
公共管理、社会保障和社会组织	Public Management,Social Security and Social Organization	304.08	254.13	41.12	6.48
国际组织	International Organizations				

注：本表数据不含房地产开发投资。

a) Data in this table do not include real estate development.

10-6 按行业、构成分项目固定资产投资（2015）
Investment in Fixed Assets of Projects by Sector and Structure (2015)

单位：亿元 (100 million yuan)

行 业	Sector	投资额 Investment	建筑工程 Construction	安装工程 Installation	设备工器具购置 purchase of Equipment and Instruments	其他 Others
甘肃省	**Gansu**	**7858.53**	**5965.50**	**520.74**	**951.07**	**421.23**
农、林、牧、渔业	Agriculture,Forestry,Animal Husbandry and Fishery	534.89	410.00	26.03	43.22	55.64
采矿业	Mining	306.29	211.17	19.53	59.36	16.23
制造业	Manufacturing	1232.45	755.10	119.59	300.10	57.65
电力、热力、燃气及水的生产和供应业	Production and Supply of Electricity, Heat,Gas and Water	762.72	364.16	113.15	257.51	27.90
建筑业	Construction	1133.44	972.18	67.31	48.61	45.34
批发和零售业	Wholesale and Retail Trades	472.14	364.69	33.66	41.72	32.06
交通运输、仓储和邮政业	Transport,Storage and Post	814.89	700.76	21.87	36.93	55.33
住宿和餐饮业	Hotels and Catering Services	170.01	142.78	11.38	9.72	6.13
信息传输、软件和信息技术服务业	Information Transmission,Software and Information Technology Services	72.21	36.12	5.46	28.63	2.00
金融业	Financial Intermediation	13.29	8.05	0.53	4.11	0.59
房地产业	Real Estate	428.66	391.80	11.01	4.84	21.01
租赁和商务服务业	Leasing and Business Services	126.58	102.77	7.47	10.00	6.34
科学研究和技术服务业	Scientific Research and Technical Services	58.45	40.79	2.89	9.72	5.05
水利、环境和公共设施管理业	Management of Water Conservancy, Environment and Public Facilities	762.60	663.22	30.90	28.42	40.05
居民服务、修理和其他服务业	Service to households, Repair and Other Services	154.48	124.86	11.50	7.27	10.85
教育	Education	205.27	165.98	8.03	14.14	17.12
卫生和社会工作	Health and Social Work	102.24	76.57	4.23	17.10	4.35
文化、体育和娱乐业	Culture, Sports and Entertainment	203.85	159.99	15.62	18.08	10.16
公共管理、社会保障和社会组织	Public Management,Social Security and Social Organization	304.08	274.51	10.56	11.59	7.42
国际组织	International Organizations					

注：本表数据不含房地产开发投资。

a) Data in this table do not include real estate development.

10-7 按行业分项目固定资产投资个数及项目新增固定资产（2015）

Number of Investment in Fixed Assets of Projects and Newly Increased Fixed Assets of Projects by Sector (2015)

行业	Sector	施工项目（个） Number of Projects under Construction (unit)	全部建成投产项目（个） Number of Projects Completed and Put into Use (unit)	项目建成投产率（%） Rate of Projects Completed and Put into Use (%)	新增固定资产（亿元） Newly Increased Fixed Assets (100 million yuan)
甘肃省	**Gansu**	**17605**	**13279**	**75.43**	**6431.79**
农、林、牧、渔业	Agriculture,Forestry,Animal Husbandry and Fishery	1974	1613	81.71	449.33
采矿业	Mining	452	394	87.17	252.75
制造业	Manufacturing	2469	1857	75.21	984.30
电力、热力、燃气及水的生产和供应业	Production and Supply of Electricity, Heat,Gas and Water	1088	809	74.36	775.00
建筑业	Construction	3398	2600	76.52	963.94
批发和零售业	Wholesale and Retail Trades	849	610	71.85	332.25
交通运输、仓储和邮政业	Transport,Storage and Post	1195	825	69.04	658.18
住宿和餐饮业	Hotels and Catering Services	430	282	65.58	132.17
信息传输、软件和信息技术服务业	Information Transmission,Software and Information Technology Services	144	112	77.78	53.27
金融业	Financial Intermediation	35	22	62.86	8.54
房地产业	Real Estate	621	455	73.27	305.37
租赁和商务服务业	Leasing and Business Services	165	124	75.15	130.23
科学研究和技术服务业	Scientific Research and Technical Services	119	89	74.79	55.56
水利、环境和公共设施管理业	Management of Water Conservancy, Environment and Public Facilities	1891	1394	73.72	543.26
居民服务、修理和其他服务业	Service to households, Repair and Other Services	370	239	64.59	111.97
教育	Education	691	551	79.74	157.42
卫生和社会工作	Health and Social Work	309	216	69.90	74.37
文化、体育和娱乐业	Culture, Sports and Entertainment	477	339	71.07	156.74
公共管理、社会保障和社会组织	Public Management,Social Security and Social Organization	928	748	80.60	287.16
国际组织	International Organizations				

10-8 各地区固定资产投资情况（2015）

Investment in Fixed Assets by Region (2015)

单位：亿元 (100 million yuan)

地 区	Region	固定资产投资额 Investment in Fixed Assets	项目投资 Project Investment	房地产开发投资 Investment in Real Estate Development	亿元及以上项目投资额 Total Investment	施工项目计划总投资 Total Planned Investment of Projects under Construction	新开工项目计划总投资 Total Planned Investment of Newly Started Projects
甘肃省	**Gansu**	**8626.60**	**7858.53**	**768.06**	**3045.41**	**15726.68**	**7258.95**
兰州市	Lanzhou	1803.75	1464.74	339.01	944.36	3769.21	1343.42
嘉峪关市	Jiayuguan	144.16	118.18	25.98	95.25	549.88	130.61
金昌市	Jinchang	248.59	229.52	19.07	131.85	504.07	171.14
白银市	Baiyin	474.46	444.53	29.94	200.26	882.12	338.46
天水市	Tianshui	602.79	566.80	35.99	160.42	1000.29	504.19
武威市	Wuwei	620.10	591.78	28.33	371.88	1503.90	544.35
张掖市	Zhangye	312.81	259.27	53.53	113.46	468.93	244.41
平凉市	Pingliang	602.95	536.36	66.59	49.75	829.78	549.48
酒泉市	Jiuquan	1104.70	1062.61	42.10	315.63	1778.51	1054.92
庆阳市	Qingyang	1081.36	1039.55	41.81	199.57	1761.33	914.48
定西市	Dingxi	555.35	524.24	31.12	152.11	907.71	439.38
陇南市	Longnan	590.61	577.73	12.87	216.70	901.59	490.39
临夏州	Linxia	298.71	257.63	41.08	83.58	552.29	301.04
甘南州	Gannan	186.24	185.60	0.64	10.59	317.07	232.68

10-9 各地区项目固定资产投资个数及项目新增固定资产（2015）

Number of Projects of Investment in Fixed Assets and Newly Increased Fixed Assets of Project by Region (2015)

地 区	Region	施工项目（个） Number of Projects under Construction (unit)	全部建成投产项目（个） Number of Projects Completed and Put into Use (unit)	项目建成投产率（%） Rate of Projects Completed and Put into Use (%)	新增固定资产（亿元） Newly Increased Fixed Assets (100 million yuan)	固定资产交付使用率（%） Rate of Projects of Fixed Assets Completed and Put into Use (%)
甘肃省	**Gansu**	**17605**	**13279**	**75.43**	**6431.79**	**81.84**
兰州市	Lanzhou	1814	1231	67.86	973.37	66.45
嘉峪关市	Jiayuguan	140	66	47.14	22.63	19.15
金昌市	Jinchang	483	292	60.46	246.52	107.41
白银市	Baiyin	950	639	67.26	304.40	68.48
天水市	Tianshui	1278	846	66.20	574.83	101.42
武威市	Wuwei	1124	753	66.99	413.72	69.91
张掖市	Zhangye	655	424	64.73	192.60	74.29
平凉市	Pingliang	1476	1175	79.61	385.88	71.94
酒泉市	Jiuquan	2480	2290	92.34	1168.38	109.95
庆阳市	Qingyang	2692	1957	72.70	792.41	76.23
定西市	Dingxi	1716	1382	80.54	482.98	92.13
陇南市	Longnan	1209	1063	87.92	486.70	84.24
临夏州	Linxia	708	515	72.74	241.07	93.57
甘南州	Gannan	880	646	73.41	146.33	78.84

10-10 各地区项目施工、竣工房屋建筑面积（2015）
Floor Space of Projects under Construction and Buildings Completed by Region (2015)

地 区	Region	施工房屋建筑面积（万平方米）Floor Space of Buildings under Construction (10 000 sq.m)	#住 宅 Residential Buildings	竣工房屋建筑面积（万平方米）Floor Space of Buildings Completed (10 000 sq.m)	#住 宅 Residential Buildings
甘肃省	**Gansu**	**7096.94**	**1371.82**	**1896.22**	**468.30**
兰州市	Lanzhou	3427.90	576.43	801.51	135.88
嘉峪关市	Jiayuguan	46.62	2.23	9.72	
金昌市	Jinchang	282.32	74.86	106.28	62.01
白银市	Baiyin	244.28	34.13	173.66	15.11
天水市	Tianshui	592.42	46.80	154.65	
武威市	Wuwei	299.23	176.22	3.20	2.36
张掖市	Zhangye	55.33	34.90	17.81	12.80
平凉市	Pingliang	230.24	114.25	31.16	13.19
酒泉市	Jiuquan	454.02	58.62	279.32	42.88
庆阳市	Qingyang	184.20			
定西市	Dingxi	596.18	206.15	189.20	164.80
陇南市	Longnan	118.51	4.02	92.40	4.02
临夏州	Linxia	440.08	24.67	17.31	3.80
甘南州	Gannan	125.61	18.54	20.00	11.45

10-11 各地区能源工业投资（2015）
Investment in Energy Industry by Region (2015)

单位：万元 (10 000 yuan)

地 区	Region	合 计 Total	煤炭开采及洗选业 Mining and Washing of Coal	石油及天然气开采业 Extraction of Petroleum and Natural Gas	石油加工、炼焦及核燃料加工业 Processing of Petroleum, Coking, Processing of Nucleus Fuel	电力、热力、燃气及水的生产和供应业 Production and Supply of Electricity,Heat,Gas and Water
甘肃省	**Gansu**	**8255973**	**876270**	**671204**	**187570**	**6520929**
兰州市	Lanzhou	499786	75351		60253	364182
嘉峪关市	Jiayuguan	171006				171006
金昌市	Jinchang	339235			200	339035
白银市	Baiyin	693162	31850			661312
天水市	Tianshui	191173		5000	1120	185053
武威市	Wuwei	941043	52163		22180	866700
张掖市	Zhangye	519375	74079			445296
平凉市	Pingliang	677628	307914	73478		296236
酒泉市	Jiuquan	2260540	70649	62426	88267	2039198
庆阳市	Qingyang	1196596	264264	524517	15550	392265
定西市	Dingxi	276314		5783		270531
陇南市	Longnan	295778				295778
临夏州	Linxia	107789				107789
甘南州	Gannan	86548				86548

10-12 房地产开发企业基本情况
Basic Conditions of Enterprises for Real Estate Development

单位：亿元 (100 million yuan)

指　标	Item	2010	2011	2012	2013	2014	2015
开发企业个数（个）	Number of Enterprises (unit)	1185	1249	1359	1399	1479	1533
内资	Domestic Funded	1158	1222	1336	1377	1459	1515
#国有	State-owned Enterprises	60	56	57	55	54	46
集体	Collective-owned Enterprises	24	25	23	22	16	14
港澳台投资经济	Funded by Entrepreneurs from Hong Kong, Macao and Taiwan	16	16	15	15	14	12
外商投资经济	Foreign Funded	11	11	8	7	6	6
资产总计	Total Assets	866.84	1174.05	1665.51	2085.51	2835.62	3671.57
固定资产累计折旧	Accumulated Depreciation of Fixed Assets	13.39	12.79	17.17	20.82	26.92	29.64
#本年折旧	Depreciation This Year	1.97	2.68	4.00	3.91	5.07	4.97
负债合计	Total Liabilities	639.29	882.78	1298.98	1663.99	2302.51	3045.91
所有者权益合计	Owners' Equity	227.55	291.28	366.53	421.51	533.11	625.66
#实收资本合计	Total Paid-in Capital	146.75	189.71	237.71	266.15	337.86	375.41
资产负债率（%）	Ratio of Debts to Assets(%)	73.75	75.19	77.99	79.79	81.20	82.96
主营业务收入	Revenue from Principal Business	190.68	219.27	305.29	393.71	426.49	533.77
土地转让收入	Land Transferred	1.14	1.78	2.09	1.54	1.14	1.38
商品房屋销售收入	Commercial Houses Sold	180.89	209.07	276.37	373.77	409.22	511.88
房屋出租收入	Houses Leased	3.90	2.54	4.07	5.15	5.42	4.79
其他收入	Others	4.75	5.88	22.76	13.26	10.71	15.72
营业税金及附加	Business Taxes and Surcharges	13.78	14.96	19.68	27.38	32.31	42.58
营业利润	Business Profits	11.12	6.99	10.56	17.14	12.29	30.26
利润总额	Total Profits	10.09	3.81	10.81	17.00	12.39	29.52
本年购置土地面积（万平方米）	Land Space Purchased This Year (10 000sq.m)	286.71	287.57	419.33	421.71	567.49	239.72
竣工房屋造价（元/平方米）	Cost of Buildings Completed (yuan/sq.m)	1828	2250	2107	2274	2149	2442

注：营业税金及附加 :2010 年为主营业务税金及附加；2011 年以后为营业税金及附加。

a) Business Taxes and Surcharges:2010 are main business taxes and surcharges,since 2011,are the business tax and surcharges.

10-13 房地产开发投资完成情况
The Completion of Real Estate Development Investment

指 标	Item	2010	2011	2012	2013	2014	2015
房地产开发投资（亿元）	**Real Estate Development Investment (100 million yuan)**	**266.41**	**362.88**	**561.02**	**724.65**	**721.47**	**768.06**
#地 方	Local	263.69	350.45	544.04	708.50	705.71	763.27
按构成分	**Group by Structure**						
建筑工程	Construction	190.26	255.68	410.44	550.63	536.82	578.25
安装工程	Installation	17.80	33.49	54.24	66.37	111.02	100.25
设备工器具购置	Purchase of Equipment and Instruments	1.86	2.07	6.68	10.29	12.30	11.17
其他费用	Others	56.49	71.64	89.66	97.36	61.33	78.39
按工程用途分	**By Purpose**						
住 宅	Residential Buildings	187.93	258.06	412.51	539.85	496.37	526.56
办公楼	Office Buildings	5.61	6.38	11.06	19.34	26.65	28.01
商业营业用房	Houses for Business Use	27.02	36.88	65.41	98.64	134.66	162.05
其 他	Others	45.85	61.57	72.04	66.82	63.79	51.44
本年实际到位资金	**Actual Funds This Year**	**317.57**	**390.65**	**651.24**	**963.35**	**854.65**	**939.65**
国内贷款	Domestic Loans	56.60	67.02	129.08	168.75	120.51	153.02
利用外资	Foreign Investment						
自筹资金	Self-raising Funds	132.80	169.81	304.97	431.08	411.45	429.93
其 他	Others	128.17	153.82	217.19	363.52	322.69	356.70
新增固定资产（亿元）	**Newly Increased Fixed Assets (100 million yuan)**	**143.35**	**169.41**	**215.42**	**299.16**	**239.19**	**324.46**
#地 方	Local	143.35	165.50	215.42	296.28	236.21	324.18
房屋施工面积（万平方米）	**Floor Space of Buildings under Construction (10 000 sq.m)**	**3130.40**	**3810.00**	**5634.95**	**6848.40**	**7660.30**	**8586.18**
房屋竣工面积（万平方米）	**Floor Space of Buildings Completed (10 000 sq.m)**	**598.66**	**655.99**	**844.50**	**915.56**	**813.22**	**962.24**
商品房屋销售面积（万平方米）	**Floor Space of Commercialized Buildings Sold(10 000 sq.m)**	**756.51**	**815.89**	**978.44**	**1220.02**	**1325.51**	**1434.96**
#住 宅	Residential Buildings	692.07	734.38	893.36	1134.81	1212.60	1307.48
商品房屋销售额（亿元）	**Total Sales of Commercialized Buildings(100 million yuan)**	**227.81**	**276.95**	**349.32**	**474.07**	**602.34**	**704.93**
#住 宅	Residential Buildings	201.47	235.55	301.60	418.08	513.47	603.08

10-14 房地产施工、竣工面积及价值（2015）
Floor Space of Buildings under Construction,Completed and Its Value for Real Estate (2015)

项　目	Item	施工房屋面积（万平方米） Floor Space of Buildings under Construction (10 000 sq.m)	#新开工 Started This Year	竣工房屋面积（万平方米） Floor Space of Buildings Completed (10 0000 sq.m)	竣工房屋价值（亿元） Value of Buildings Completed (100 million yuan)
甘肃省	**Gansu**	**8586.18**	**2312.66**	**962.24**	**234.96**
住宅	Residential Buildings	6087.70	1547.13	765.12	184.54
#别墅、高档公寓	Villas and Good Apartments	42.29	1.23		
办公楼	Office Buildings	241.60	88.76	14.49	3.78
商业营业用房	Houses for Business Use	1395.17	443.25	131.51	34.54
其他	Others	861.71	233.52	51.12	12.10

10-15 各地区房地产开发企业建设投资总规模及完成情况（2015）
General Scale of Construction and Actually Completed Investment of Enterprises for Real Estate Development by Region (2015)

单位：亿元　　(100 million yuan)

地　区	Region	计划总投资 Total Planned Investment	自开始建设至本年底累计完成投资 Accumulative Investment Actually Completed Since the Start of Construction to the End of This Year	#本年完成投资 Investment Completed This Year
甘肃省	**Gansu**	**3897.53**	**2619.16**	**768.06**
兰州市	Lanzhou	2165.87	1441.14	339.01
嘉峪关市	Jiayuguan	123.56	66.23	25.98
金昌市	Jinchang	64.48	41.94	19.07
白银市	Baiyin	101.51	68.16	29.94
天水市	Tianshui	184.45	119.67	35.99
武威市	Wuwei	125.82	85.45	28.33
张掖市	Zhangye	174.59	132.48	53.53
平凉市	Pingliang	190.81	135.11	66.59
酒泉市	Jiuquan	168.30	122.56	42.10
庆阳市	Qingyang	227.47	125.82	41.81
定西市	Dingxi	184.57	143.54	31.12
陇南市	Longnan	56.59	39.40	12.87
临夏州	Linxia	123.16	93.28	41.08
甘南州	Gannan	6.35	4.39	0.64

10-16 各地区按用途分房地产开发企业投资完成额（2015）

Investment Actually Completed by Enterprises for Real Estate Development by Use,Region (2015)

单位：万元 (10 000 yuan)

地 区	Region	本年完成投资额 Investment Completed This Year	住 宅 Residential Buildings	#别 墅、高档公寓 Villas,High-grade Apartments	办公楼 Office Buildings	商业营业用房 Houses for Business Use	其 他 Others
甘肃省	**Gansu**	**7680627**	**5265600**	**33479**	**280120**	**1620452**	**514455**
兰州市	Lanzhou	3390149	2212969	26505	193099	716345	267736
嘉峪关市	Jiayuguan	259847	177700	800	4057	49124	28966
金昌市	Jinchang	190686	131447		6370	38189	14680
白银市	Baiyin	299381	189688		7936	79237	22520
天水市	Tianshui	359867	257802	5600	3232	80093	18740
武威市	Wuwei	283251	184133		6837	88831	3450
张掖市	Zhangye	535330	406255	574	5289	92984	30802
平凉市	Pingliang	665935	433920		34620	168341	29054
酒泉市	Jiuquan	420959	348031		5654	52248	15026
庆阳市	Qingyang	418137	311060		7513	60242	39322
定西市	Dingxi	311153	204848		2898	77631	25776
陇南市	Longnan	128740	103773			20211	4756
临夏州	Linxia	410810	297592		2615	96976	13627
甘南州	Gannan	6382	6382				

10-17 各地区房地产开发企业实际到位资金（2015）

Actual Funds of Real Estate Development Enterprise by Region (2015)

单位：万元 (10 000 yuan)

地 区	Region	本年实际到位资金 Total Actual Funds This Year	国内贷款 Domestic Loans	自筹资金 Self-raising Funds	其他资金来 源 Others
甘肃省	**Gansu**	**9396481**	**1530211**	**4299285**	**3566985**
兰州市	Lanzhou	4676297	939034	1583985	2153278
嘉峪关市	Jiayuguan	267424	5700	96267	165457
金昌市	Jinchang	215596	17000	77016	121580
白银市	Baiyin	262491	49226	146420	66845
天水市	Tianshui	509866	135972	230370	143524
武威市	Wuwei	276400	9440	174847	92113
张掖市	Zhangye	559493	26684	380034	152775
平凉市	Pingliang	628076	111857	313362	202857
酒泉市	Jiuquan	433741	100375	268458	64908
庆阳市	Qingyang	480557	27295	315820	137442
定西市	Dingxi	469498	72462	230503	166533
陇南市	Longnan	173120	7966	89361	75793
临夏州	Linxia	436472	26800	385842	23830
甘南州	Gannan	7450	400	7000	50

10-18 各地区商品房屋销售情况（2015）
Sales of Commercialized Buildings by Region (2015)

地 区	Region	商品房销售面积（万平方米）Floor Space of Commercialized Buildings Sold (10 000 sq.m)	#住 宅 Residential Buildings	商品房销售额（万元）Total Sale of Commercialized Buildings (10 000 yuan)	#住 宅 Residential Buildings
甘肃省	**Gansu**	**1434.96**	**1307.48**	**704.93**	**603.08**
兰州市	Lanzhou	676.55	620.51	427.26	368.90
嘉峪关市	Jiayuguan	55.00	49.34	20.73	17.86
金昌市	Jinchang	36.93	34.37	13.20	11.32
白银市	Baiyin	40.64	33.46	16.52	11.77
天水市	Tianshui	84.46	74.85	33.43	28.11
武威市	Wuwei	15.79	11.51	8.12	4.03
张掖市	Zhangye	98.04	87.39	31.92	26.59
平凉市	Pingliang	80.22	70.92	31.28	25.08
酒泉市	Jiuquan	120.83	110.75	44.63	38.92
庆阳市	Qingyang	59.05	54.74	24.28	21.00
定西市	Dingxi	65.37	63.49	23.14	21.48
陇南市	Longnan	32.76	32.19	10.03	9.67
临夏州	Linxia	68.82	63.48	20.28	18.21
甘南州	Gannan	0.48	0.48	0.14	0.14

10-19 各地区房地产开发企业建设房屋面积和造价（2015）
Floor Space and Cost of Buildings Developed by Enterprises for Real Estate Development by Region (2015)

地 区	Region	施工房屋面积（万平方米）Floor Space of Buildings under Construction (10 000 sq.m)	竣工房屋面积（万平方米）Floor Space of Buildings Completed (10 000 sq.m)	房屋建筑面积竣工率(%) Rate of Floor Space of Buildings Completed (%)	竣工房屋价值（万元）Value of Buildings Completed (10 000 yuan)	竣工房屋造价（元/平方米）Cost of Buildings Completed (yuan/sq.m)
甘肃省	**Gansu**	**8586.18**	**962.24**	**11.21**	**2349630**	**2442**
兰州市	Lanzhou	4187.36	231.16	5.52	612823	2651
嘉峪关市	Jiayuguan	331.57	30.20	9.11	78032	2584
金昌市	Jinchang	186.98	64.10	34.28	138472	2160
白银市	Baiyin	282.05	54.41	19.29	127854	2350
天水市	Tianshui	487.77	59.63	12.23	159434	2674
武威市	Wuwei	205.45	13.85	6.74	23020	1663
张掖市	Zhangye	566.28	114.16	20.16	234104	2051
平凉市	Pingliang	480.91	50.42	10.49	120537	2390
酒泉市	Jiuquan	464.98	131.66	28.31	333338	2532
庆阳市	Qingyang	446.56	64.99	14.55	166379	2560
定西市	Dingxi	419.98	89.51	21.31	228188	2549
陇南市	Longnan	122.78	11.35	9.25	28338	2496
临夏州	Linxia	399.31	46.79	11.72	99111	2118
甘南州	Gannan	4.21				

10-20 各地县固定资产投资和新增固定资产（2015）
Investment in Fixed Assets and Newly Increased Fixed Assets by Region, County (2015)

单位：万元 (10 000 yuan)

地区	Region	投资总额 Total Investment	第一产业 Primary Industry	第二产业 Secondary Industry	第三产业 Tertiary Industry	#住宅 Residential Buildings	新增固定资产 Newly Increased Fixed Assets
兰州市	**Lanzhou**	**18037526**	**395894**	**3794024**	**13847608**	**2942167**	**10487306**
城关区	Chengguan	3741632		219781	3521851	1151750	1421771
七里河区	Qilihe	2382844	35392	322718	2024734	480568	1879225
西固区	Xigu	2215965	118440	574298	1523227	117854	1662970
安宁区	Anning	1973858	2000	379332	1592526	402986	1370756
红古区	Honggu	652958	98359	325235	229364	39117	782369
永登县	Yongdeng	707213	95629	224862	386722	66355	259502
皋兰县	Gaolan	426448	9880	150335	266233	59490	246697
榆中县	Yuzhong	1173556	12213	162961	998382	209870	445231
兰州新区	Lanzhou New Area	4763052	23981	1434502	3304569	414177	2418785
嘉峪关市	**Jiayuguan**	**1441639**	**11540**	**736999**	**693100**	**180302**	**327959**
金昌市	**Jinchang**	**2485887**	**140715**	**1208448**	**1136724**	**275224**	**2687487**
金川区	Jinchuan	1744874	84007	905741	755126	19531	1896888
永昌县	Yongchang	741013	56708	302707	381598	255693	790599
白银市	**Baiyin**	**4744632**	**505249**	**2231878**	**2007505**	**289599**	**3204332**
白银区	Baiyin	1756149	34080	942105	779964	145868	1241695
平川区	Pingchuan	762212	135186	363267	263759	32170	708023
靖远县	Jingyuan	924611	247612	406022	270977	48497	391376
会宁县	Huining	827283	18517	327237	481529	50579	566146
景泰县	Jingtai	474377	69854	193247	211276	12485	297093
天水市	**Tianshui**	**6027908**	**531818**	**1517964**	**3978126**	**326823**	**5938119**
秦州区	Qinzhou	1620388	166252	456182	997954	91905	2392324
麦积区	Maiji	987908	96301	80044	811563	58434	714331
清水县	Qingshui	592901	70349	90970	431582	68819	549872
秦安县	Qinan	448654	24024	200351	224279	18520	412488
甘谷县	Gangu	841145	42426	239795	558924	41979	698040
武山县	Wushan	772121	95397	163315	513409	31120	688657
张家川县	Zhangjiachuan	457298	37069	93393	326836	16046	282641
天水经济技术开发区	Tianshui Economic and Technological Development Zone	307493		193914	113579		199766
武威市	**Wuwei**	**6201040**	**356880**	**2396248**	**3447912**	**525592**	**4166569**
凉州区	Liangzhou	3171811	171081	1053867	1946863	158088	1275683
民勤县	Minqin	1405186	67731	717102	620353	280082	1776810
古浪县	Gulang	751189	58253	314403	378533	2859	443207
天祝县	Tianzhu	872854	59815	310876	502163	84563	670869
张掖市	**Zhangye**	**3128052**	**336606**	**1288344**	**1503102**	**470017**	**2209425**

10-20 续表 1 continued

单位：万元 (10 000 yuan)

地 区	Region	投资总额 Total Investment	第一产业 Primary Industry	第二产业 Secondary Industry	第三产业 Tertiary Industry	#住 宅 Residential Buildings	新增固定资产 Newly Increased Fixed Assets
甘州区	Ganzhou	1099615	179197	357815	562603	120739	582498
肃南县	Sunan	398609	17715	316284	64610		398888
民乐县	Minle	412077	27023	175641	209413	110739	216482
临泽县	Linze	397698	46112	97567	254019	56052	362997
高台县	Gaotai	400957	30290	161890	208777	101542	321999
山丹县	Shandan	419096	36269	179147	203680	80945	326561
平凉市	**Pingliang**	**6029530**	**603760**	**2248508**	**3177262**	**589028**	**4040283**
崆峒区	Kongtong	1743629	41486	677850	1024293	322101	1018809
泾川县	Jingchuan	683569	62469	343016	278084	29383	430350
灵台县	Lingtai	424765	135884	92767	196114	35203	439040
崇信县	Chongxin	572754	67408	169372	335974	3580	412064
华亭县	Huating	1397663	126378	739813	531472	28311	653261
庄浪县	Zhuanglang	483511	87250	77187	319074	32536	372051
静宁县	Jingning	723639	82885	148503	492251	137914	714708
酒泉市	**Jiuquan**	**11047021**	**1171209**	**5499098**	**4376714**	**479233**	**12188515**
肃州区	Suzhou	2647678	241250	854675	1551753	240892	2702426
金塔县	Jinta	955684	135110	598484	222090	63928	1264833
瓜州县	Guazhou	1912225	193754	1266505	451966	47022	2835262
肃北县	Subei	836000	22570	406505	406925		529966
阿克塞县	Akesai	369000	2500	334841	31659		246731
玉门市	Yumen	2612452	498877	1435107	678468	12865	2422717
敦煌市	Dunhuang	1713982	77148	602981	1033853	114526	2186580
庆阳市	**Qingyang**	**10813640**	**423428**	**6278586**	**4111626**	**311060**	**8125644**
西峰区	Xifeng	2690695	42412	902056	1746227	232774	2108442
庆城县	Qingcheng	921676		898376	23300	11042	582163
环 县	Huanxian	1189098	73933	920686	194479	38576	890982
华池县	Huachi	871529	9808	829117	32604	5800	719274
合水县	Heshui	830734	14882	555884	259968	4501	466254
正宁县	Zhengning	1087167	107839	596671	382657	10662	801984
宁 县	Ningxian	2078910	75223	919268	1084419	5090	1430193
镇原县	Zhenyuan	1143831	99331	656528	387972	2615	1126352
定西市	**Dingxi**	**5553545**	**374989**	**2354690**	**2823866**	**355205**	**5180870**
安定区	Anding	1215188	57151	280636	877401	91569	1096660
通渭县	Tongwei	464540	34088	211555	218897	29536	436348

10–20 续表 2 continued

单位：万元　　(10 000 yuan)

地　区	Region	投资总额 Total Investment	第一产业 Primary Industry	第二产业 Secondary Industry	第三产业 Tertiary Industry	#住　宅 Residential Buildings	新增固定资产 Newly Increased Fixed Assets
陇西县	Longxi	1206086	42415	462003	701668	57188	994438
渭源县	Weiyuan	545579	55389	292452	197738	8143	364497
临洮县	Lintao	1028506	112683	663186	252637	13209	1020080
漳　县	Zhangxian	416190	18020	118117	280053	15330	348679
岷　县	Minxian	677456	55243	326741	295472	140230	920168
陇南市	**Longnan**	**5906072**	**71158**	**3360160**	**2474754**	**112173**	**5013759**
武都区	Wudu	1026067	20451	855020	150596	79230	766635
成　县	Chengxian	806489	5384	489558	311547	5337	566799
文　县	Wenxian	747088	12863	527480	206745		1044473
宕昌县	Tanchang	610531	4696	36961	568874	600	20184
康　县	Kangxian	706553	4200	502382	199971	13205	655209
西和县	Xihe	678150	7020	432289	238841	4012	442651
礼　县	Lixian	642980	11837	140746	490397	9789	588113
徽　县	Huixian	586056		310608	275448		915046
两当县	Liangdang	102158	4707	65116	32335		14649
临夏州	**Linxia**	**2987077**	**205956**	**655487**	**2125634**	**311196**	**2528922**
临夏市	Linxia	608659	6300	49868	552491	148142	297540
临夏县	Linxia	300805	8956	121537	170312	16535	313134
康乐县	Kangle	213024	23978	43284	145762	46784	99932
永靖县	Yongjing	625536	131040	147921	346575	34423	892804
广河县	Guanghe	357343	10440	41331	305572	29934	275742
和政县	Hezheng	379935	9059	88199	282677	13650	288603
东乡县	Dongxiang	261310	16183	118333	126794		205053
积石山县	Jishishan	240465		45014	195451	21728	156114
甘南州	**Gannan**	**1862400**	**219677**	**778569**	**864154**	**84570**	**1463347**
合作市	Hezuo	348525	7987	149548	190990	6382	1443
临潭县	Lintan	290050	19309	159610	111131	11185	273532
卓尼县	Zhuoni	282790	20485	157781	104524	37097	327907
舟曲县	Zhouqu	161850	29470	72239	60141	14966	125702
迭部县	Diebu	274184	110618	25563	138003		258164
玛曲县	Maqu	139740	13223	51194	75323	14940	129305
碌曲县	Luqu	122500	2798	63857	55845		133334
夏河县	Xiahe	242761	15787	98777	128197		213960

主要指标解释

固定资产投资（不含农户） 指城镇和农村各种登记注册类型的企业、事业、行政单位及城镇个体户进行的计划总投资500万元及500万元以上的建设项目投资和房地产开发投资，包含原口径的城镇固定资产投资加上农村企事业组织项目投资，该口径自2011年起开始使用。

房地产开发投资 指各种登记注册类型的房地产开发法人单位统一开发的包括统代建、拆迁还建的住宅、厂房、仓库、饭店、宾馆、度假村、写字楼、办公楼等房屋建筑物，配套的服务设施，土地开发工程（如道路、给水、排水、供电、供热、通讯、平整场地等基础设施工程）和土地购置的投资；不包括单纯的土地开发和交易活动。

固定资产投资按建设性质分 按整个建设项目情况来确定。建设项目的性质一般分为新建、扩建、改建和技术改造、单纯建造生活设施、迁建、恢复、单纯购置。房地产开发单位、农户投资不划分建设性质。

(1)新建 指从无到有“平地起家”开始建设的项目。现有企业、事业、行政单位投资的项目一般不属于新建。但如有的单位原有基础很小，经过建设后新增的固定资产价值超过该企业、事业、行政单位原有固定资产价值（原值）三倍以上的，也应作为新建。

(2)扩建 指在厂内或其他地点，为扩大原有产品的生产能力（或效益）或增加新的产品生产能力，而增建的生产车间（或主要工程）、分厂、独立的生产线的企业、事业单位。行政、事业单位在原单位增建业务性用房（如学校增建教学用房、医院增建门诊部、病房等）也作为扩建。

现有企、事业单位为扩大原有主要产品生产能力或增加新的产品生产能力，增建一个或几个主要生产车间（或主要工程）、分厂，同时进行一些更新改造工程的，也应作为扩建。

(3)改建和技术改造 指现有企业、事业单位对原有设施进行技术改造或更新（包括相应配套的辅助性生产、生活福利设施）的建设项目。改建项目包括现有企业、事业单位为适应市场变化的需要，而改变企业的主要产品种类（如军工企业转民产品等）的建设项目，原有产品生产作业线由于各工序（车间）之间能力不平衡，为填平补齐充分发挥原有生产能力而增建不增加本企业主要产品设计能力的车间的建设项目。技术改造是指企业、事业单位在现有基础上，用先进的技术代替落后的技术，用先进的工艺和装备代替落后的工艺和装备，以改变企业落后的技术经济面貌，实现以内涵为主的扩大再生产，达到提高产品质量、促进产品更新换代、节约能源、降低消耗、扩大生产规模、全面提高社会经济效益的目的。技术改造具体包括以下内容：机器设备和工具的更新改造；生产工艺改革、节约能源和原材料的改造；厂房建筑和公共设施的改造；保护环境进行的“三废”治理改造；劳动条件和生产环境的改造等。

固定资产投资按构成分

(1)建筑工程 指各种房屋、建筑物的建造工程，又称建筑工作量。这部分投资额必须兴工动料，通过施工活动才能实现，是固定资产投资额的重要组成部分。

(2)安装工程 指各种设备、装置的安装工程，又称安装工作量。

在安装工程中，不包括被安装设备本身价值。

(3)设备工具器具购置 指报告期内购置或自制的，达到固定资产标准的设备、工具、器具的价值。新建单位及扩建单位的新建车间，按照设计或计划要求购置或自制的全部设备、工具、器具，不论是否达到固定资产标准均计入“设备工具器具购置”中。

(4)其他费用 指在固定资产建造和购置过程中发生的，除建筑安装工程和设备、工器具购置投资完成额以外的应当分摊计入固定资产投资的费用，不指经营中财务上的其他费用。

施工项目个数 是指本年正式进行过建筑或安装施工活动的建设项目个数。包括本年新开工项目，以前年度开工跨入本年继续施工项目，本年全部建成投产项目、以前年度全部停缓建在本年恢复施工的项目，本年进行过施工又在本年内全部停缓建的项目。施工项目个数可以反映一定时期固定资产投资的实际规模，与同期全部建成投产项目个数相比，可以从建设速度的角度反映固定资产投资的效果。

本年投产项目个数 指报告期内按设计文件规定建成主体工程和相应配套的辅助设施，形成生产能力或工程效益，经过验收合格，并且已正式投入生产或交付使用的建设项目。

新增固定资产 是指已经完成建造和购置过程，并已交付生产或使用单位的固定资产的价值，包括已经建成投入生产或交付使用的工程投资和达到固定资产标准的设备、工具、器具的投资及有关应摊入的费用。该指标是表示固定资产投资成果的价值指标，也是反映建设进度，计算固定资产投资效果的重要指标。

11

对外经济贸易

Foreign Trade and Economic Cooperation

简要说明

一、本篇资料主要内容

本篇资料综合反映对外贸易、利用外资、对外经济合作的概况，重点反映对外经济贸易的近期发展状况。

二、本篇资料来源

本篇资料由省统计局贸易外经处搜集整理。数据来源于兰州海关、省商务厅、省工商局、省发改委。

11-1 对外经济贸易
Foreign Trade and Economic Cooperation

指标	Item	2010	2011	2012	2013	2014	2015
进出口总额（万美元）	**Total Value of Imports and Exports (USD 10 000)**	**736975**	**875059**	**889940**	**1028103**	**864894**	**795253**
出口总额	Total Exports	163797	218533	357365	467877	533077	581178
进口总额	Total Imports	573178	656526	532575	560226	331817	214075
进出口差额	Balance	-409381	-437993	-175210	-92349	201260	367103
对外签订利用外资协议（合同）项目（个）	**Number of Projects for Utilization of Foreign Capital in the Signed Agreements or Contracts (unit)**	**32**	**34**	**27**	**22**	**65**	**26**
对外借款	Foreign Borrowing	4	6	7	4		4
外商直接投资	Foreign Direct Investments	28	28	20	18	12	22
对外签订利用外资协议（合同）金额（万美元）	**Total Amount of Foreign Capital to be Utilized in the Signed Agreements or Contracts (USD 10 000)**	**44015**	**60222**	**43587**	**93662**		**78603**
对外借款	Foreign Borrowing	25000	33500	25000	41000		35000
外商直接投资	Foreign Direct Investments	19015	26722	18587	52662		43603
外商其他投资	Other Foreign Investments						
实际利用外资额（万美元）	**Total Amount of Foreign Investment Actually Utilized (USD 10 000)**	**51921**	**38524**	**37210**	**39129**	**45542**	**46036**
对外借款	Foreign Borrowing	38400	31500	31100	32000	35510	35000
外商直接投资	Foreign Direct Investments	13521	7024	6110	7129	10032	11036
外商其他投资	Other Foreign Investments						
外商投资企业基本情况	**Registered Foreign-funded Enterprises**						
年底登记户数（户）	Number of Registered Enterprises (household)	399	381	391	2229	2052	1179
投资总额（万美元）	Total Investment (USD 10 000)	628872	639371	697873	651003	747077	644922
注册资本（万美元）	Registered Capital (USD 10 000)	276599	285702	310846	284028	319332	268334
#外方	Capital from Foreign Investors	185949	190615	206066	186887	225403	183760
对外经济合作（万美元）	**Economic Cooperation with Foreign Countries & Regions (USD 10 000)**						
合同金额	Contracted Value	40710	54691	20607	53399	31062	84846
#对外承包工程	Contracted Projects	40710	54691	20138	51950	29049	84846
对外劳务合作	Labor Services			469	1449	2013	
完成营业额	Value of Turnover Fulfilled	19143	29664	26494	31805	37558	29182
#对外承包工程	Contracted Projects	19140	29664	26106	30915	33939	29182
对外劳务合作	Labor Services	3		388	890	3619	

11-2 历年进出口贸易总额
Total Value of Imports and Exports

年份 Year	人民币（万元） RMB (10 000 yuan)				美元（万美元） USD 10 000			
	进出口总额 Total Imports & Exports	出口总额 Total Exports	进口总额 Total Imports	差额 Balance	进出口总额 Total Imports & Exports	出口总额 Total Exports	进口总额 Total Imports	差额 Balance
1978	5941	5941		5941	3454	3454		3454
1979	5905	5905		5905	3972	3972		3972
1980	5883	5883		5883	3927	3927		3927
1981	8871	7683	1188	6495	5129	4336	793	3543
1982	8850	7743	1107	6636	5069	4330	739	3591
1983	10151	8529	1622	6907	5695	4612	1083	3529
1984	20638	15849	4789	11060	6631	4573	2058	2515
1985	37917	29382	8535	20847	10004	7098	2906	4192
1986	59353	47126	12227	34899	13648	10107	3541	6566
1987	68291	57706	10585	47121	15504	12660	2844	9816
1988	67085	61837	5248	56589	16624	15205	1419	13786
1989	103668	87955	15713	72242	18674	15338	3336	12002
1990	102965	95208	7757	87451	20221	18574	1647	16927
1991	144052	131730	12322	119408	27649	25284	2365	22919
1992	231656	195936	35720	160215	41590	35177	6413	28764
1993	275937	161578	114359	47219	48435	28347	20088	8259
1994	431631	316295	115336	200959	50960	37343	13617	23726
1995	253405	182413	70984	111429	30494	21951	8542	13409
1996	395553	225972	169581	56391	47135	26778	20356	6422
1997	398636	299860	98776	201084	51169	37778	13392	24386
1998	378081	292517	85564	206953	45574	35261	10313	24948
1999	336358	262468	73890	188578	40623	31699	8924	22776
2000	471570	343578	127992	215586	56953	41495	15458	26037
2001	644789	394279	250510	143769	77887	47631	30256	17375
2002	726263	454328	271935	182393	87740	54893	32847	22046
2003	1098872	726322	372550	353772	132714	87720	44994	42726
2004	1459880	825003	634877	190126	176314	99638	76676	22962
2005	2157715	894604	1263111	-368507	263136	109098	154038	-44940
2006	3059600	1207400	1852200	-644800	382450	150925	231525	-80600
2007	4176914	1260999	2915915	-1654916	549594	165921	383673	-217752
2008					609355	160217	449138	-288921
2009					386175	73551	312624	-239073
2010					736975	163797	573178	-409381
2011					875059	218533	656526	-437993
2012					889940	357365	532575	-175210
2013					1028103	467877	560226	-92349
2014	5258621	3255805	2002815	1252989	864894	533077	331817	201260
2015	4939982	3611734	1328248	2283487	795253	581178	214075	367103

注：货物进出口差额负数为逆差。

a) A negative balance indicates trade deficit.That is,imports surpassing exports.

11-3　海关进出口商品分类金额（2015）

Value of Imports and Exports by HS Section and Division(2015)

单位：万元　　(10 000 yuan)

商品分类	HS Section and Division	进出口总额 Total of Imports and Exports	# 出口 Exports
活动物、动物产品	Live Animals & Animal Products	14495	11931
植物产品	Vegetable Products	225208	208399
动、植物油、脂及分解产品；精制食用油脂；动、植物蜡	Animal or Vegetable Fats and Oils and their Cleavage Products; Prepared Edible Fats; Animal or Vegetable Waxes	70985	49933
食品；饮料、酒及醋；烟草及烟草代用品的制品	Prepared Foodstuffs; Beverages,Spirits and Vinegar; Tobacco and Manufactured Tobacco Substitutes	1545	537
矿产品	Mineral Products	779731	14130
化学工业及其相关工业的产品	Products of The Chemical or Industries Allied	238810	190861
塑料及其制品；橡胶及其制品	Plastics and Articles Thereof Rubber and Articles Thereof	162149	160327
生皮、皮革、毛皮及其制品；鞍具及挽具；旅行用品、手提包及类似品；动物肠线（蚕胶丝除外）制品	Raw Hides and Skins, Leather, Fur Skins and Articles Thereof; Saddlery and Harness; Travel Goods, Handbags and Similar Containers;Articles of Animal Gut (Other Than Silk-Worm Gut)	104905	104632
木及木制品；木炭；软木及软木制品；稻草、秸秆、针茅或其他编结材料制品；篮筐及柳条编结品	Wood and Articles of Wood; Wood Charcoal; Cork and Articles of Cork; Manufactures of Straw, of Esparto or of Other Plaiting Materials; Basket Ware and Wickerwork	20031	19990
木浆及其他纤维状纤维素浆；纸及纸板的废碎品；纸、纸板及其制品	Pulp of Wood or of Other Fibrous Cellulosic Material; Waste and Scrap of Paper or Paperboard; Paper and Paperboard and Articles Thereof	76207	75925
纺织原料及纺织制品	Textiles and Textile Articles	602774	583657
鞋、帽、伞、杖、鞭及其零件；已加工的羽毛及其制品；人造花；人发制品	Footwear, Headgear, Umbrellas, Sun Umbrellas, Walking-Sticks, Seat-Sticks, Whips, Riding-Crops and Parts Thereof; Prepared Feathers and Articles Made Therewith; Artificial Flowers; Articles of Human Hair	185810	185737
石料、石膏、水泥、石棉、云母及类似材料的制品；陶瓷产品；玻璃及其制品	Articles of Stone, Plaster, Cement, Asbestos, Mica or Similar Materials; Ceramic Products; Glass and Glassware	263808	261051
天然或养殖珍珠、宝石或半宝石、贵金属、包贵金属及其制品；仿首饰硬币	Natural or Cultured Pearls, Precious or Semi-Precious Stones, Precious Metals, Metals Clad With Precious Metal and Stones, Precious Metals, Metals Clad With Precious Metal and Articles Thereof; Imitation Jewellery; Coin	53580	53114
贱金属及其制品	Base Metals and Articles of Base Metal	799789	534394
机器、机械器具、电气设备及其零件；录音机及放声机、电视图像、声音的录制和重放设备及其零件、附件	Machinery and Mechanical Appliances; Electrical Equipment; Parts Thereof; Sound Recorders and Reproducers,Television Image and Sound Recorders and Reproducers; and Parts and Accessories of Recorders and Reproducers; and Parts and Accessories of Such Artic	757678	612726
车辆、航空器、船舶及有关运输设备	Vehicles, Aircraft, Vessels and Associated Transport Equipment	55158	55146
光学、照相、电影、计量、检验、医疗或外科用仪器及设备、精密仪器及设备；钟表；乐器；上述物品的零附件	Optical, Photographic, Cinematographic, Measuring, Checking, Precision, Medical or Surgical Instruments and Apparatus; Clocks and Watches; Musical Instruments; Parts and Accessories Thereof	476354	438809
武器、弹药及其零件、附件	Arms and Ammunition; Parts and Accessories Thereof		
杂项制品	Miscellaneous Manufactured Articles	35488	34964
艺术品、收藏品及古物	Works of Art, Collectors' Pieces and Antiques	15476	15476

11-4 甘肃省同主要国家（地区）海关进出口总额

Value of Imports and Exports by Main Country(Region) of Gansu Province

单位：万元 (10 000 yuan)

国别（地区）	Coutry (Region)	2014 进出口总额 Total	2014 出口总额 Exports	2014 进口总额 Imports	2015 进出口总额 Total	2015 出口总额 Exports	2015 进口总额 Imports
甘肃省	**Gansu**	**5258621**	**3255805**	**2002815**	**4939982**	**3611734**	**1328248**
# 中国香港	Hongkong,China	223298	217847	5451	248541	242585	5956
中国台湾	Taiwan,China	105888	55822	50065	132268	74505	57764
印度	India	94152	93743	409	123573	122054	1519
印度尼西亚	Indonesia	179643	128373	51270	129105	79732	49373
日本	Japan	69313	59403	9910	96047	74314	21733
马来西亚	Malaysia	318104	232132	85972	237967	191783	46184
蒙古	Mongolia	293267	4291	288977	193508	3321	190187
新加坡	Singapore	128098	98029	30069	184697	166244	18453
韩国	Korea	165626	142988	22638	421567	397992	23575
泰国	Tailand	88240	81787	6453	139673	136950	2723
哈萨克斯坦	Kazakhstan	425642	5805	419837	163648	34776	128873
英国	United Kingdom	126619	104566	22053	63220	61374	1846
法国	France	48390	44446	3944	47357	43844	3513
比利时	Belgium	33134	30463	2670	20039	19753	285
德国	Germany	135378	112291	23087	101468	76146	25321
意大利	Italy	46820	39300	7520	31536	28083	3453
荷兰	Netherlands	101870	95818	6052	79932	73434	6498
瑞士	Switzerland	3084	1302	1782	1326	560	766
俄罗斯	Russia	58981	36046	22935	75524	69337	6187
巴西	Brazil	30922	24152	6770	24004	19963	4041
智利	Chile	87604	11132	76472	14054	12819	1235
加拿大	Canada	79157	34437	44719	38043	27749	10294
美国	United States	428469	404768	23702	371270	311772	59498
澳大利亚	Australia	386601	32118	354483	325441	42270	283170
新西兰	New Zealand	7927	6125	1802	18471	15393	3078

11-5 海关出口主要商品金额
Main Export Commodities in Value

单位：万元 (10 000 yuan)

品名	Item	2015
未列名电灯及照明装置	nes Lamps and Lighting Fittings	72062
其他集成电路	Other Integrated Circuit	64792
未列名塑料制鞋面的鞋靴	nes Footwear with Plastic Vamp	61414
炉用碳电极	Furnace with Carbon Electrodes	52528
蔬菜种子	Vegetable Seeds	50557
鲜苹果	Fresh Apples	49275
枝形吊灯及天花板或墙壁上的电气照明装置	Tree Branch Shape Chandeliers and Electrical Lightings Equipment on the Ceiling or Wall	42812
其他材料制家具	Furnitures Made of other Materials	39733
未列名塑料制品	nes Plastic Products	33454
贱金属制其他仿首饰	Other Imitation Jewelrys made of Base Metal	29548
塑料或纺织材料作面的提箱、小手袋等	Items Placed in a Pocket or Handbags with Plastic of Textile Materials as Surface	28213
含镁量至少为 99.8% 的未锻轧镁	Unwrought Magnesium with Magnesium Content of at Least 99.8%	27675
塑料片或纺织材料作面的手提包	Handbag with Surface of Plastic Piece or Textile Materials	26563
未列名化纤女式带风帽防寒短上衣、防风衣等	nes Synthetic Fiber Women Warm Jerkin with a Hood or wind-cheaters, etc.	26322
其他金属家具	Other Metal Furnitures	25826
其他上釉的陶瓷砖、瓦、块及类似品	Other Glazed Ceramic Bricks, Tiles, Blocks and Similar Articles	24780
其他硅	Other Silicon	23916
化纤制针织或钩编套头衫、开襟衫、马甲等	Chemical Fiber, Knitted or Crocheted Pullovers, Cardigans, Waistcoats, etc.	23470
家具用其他贱金属制附件及架座	Other Base Metal Fittings and Mountings for Furnitures	23284
处理器及控制器，不论是否带有存储器，转换器，逻辑电路，放大器，时钟及其他电路	Processors and Controllers,whether or not with the Storage, Converter, Logic Circuits, Amplifiers, Clock and other Circuits	22756
其他橡胶或塑料外底，纺织材料鞋面的鞋靴	Other Shoes and Boots with Rubber or Plastic Outsole and Textile Materials Uppers	21764
电气的台灯、床头灯或落地灯	Electric Lamps, Bedside Lamps or Floor Lamps	21721
其他镀或涂锌普通钢铁板材	Other Ordinary Steel Sheet with Plated or Coated Zinc	20731
合成纤维制披巾、围巾、披纱、面纱及类似品	Shawls, Scarves, Mantillas, Veils and the like Made of Synthetic Fibers	20396
瓷制固定卫生设备	Fixed Ceramic Sanitary Equipment	19976
按重量计铜含量超过 99.9935% 的精练铜阴极	Refined Copper Cathode with the Copper Content of over 99.9935% by Weight	19894
其他静止式变流器	Other Static Converter	19793
棉制女裤	Cotton Women Trousers	19660
棉制其他男裤	Other Cotton Men Trousers	19447
其他装软垫的金属框架的坐具	Other Metal Frames Seats with Soft Cushion	18165
星型轮及碟刹件	Star Shape Wheels and Disc Brakes	17050

11-6 海关进口主要商品金额
Main Import Commodities in Value

单位：万元 (10 000 yuan)

品名	Item	2015
铜矿砂及其精矿	Copper Ores and Concentrates	355223
镍矿砂及其精矿	Nickel Ores and Concentrates	251431
钴湿法冶炼中间品	Intermediate Products of Cobalt Hydrometallurgy	99402
以天然沥青等为基本成分的沥青混合物	Bituminous Mixtures with Natural Asphalt as the Basic Component	82173
镍锍	Nickel Matte	74903
其他集成电路	Other Integrated Circuits	45689
镍湿法冶炼中间品	Intermediate Products of Nickel Hydrometallurgy	43850
氧化铝，但人造刚玉除外	Alumina, Except the Artificial Corundum	28590
锌矿砂及其精矿	Zinc Ores and Concentrates	26815
其他芳烃混合物，T=25℃，蒸馏出芳烃≥ 65%	Other Aromatic Mixture, T = 25 ℃ , Distilled off Aromatics ≥65%	26297
棕榈液油（熔点 19—24C）	Palm Oil (Melting Point 19 to 24 ℃)	20865
镍铁	Ferronickel	20748
处理器及控制器，不论是否带有存储器，转换器，逻辑电路，放大器，时钟及其他电路	Processors and Controller,whether or not with the Storage, Converter, Logic Circuits, Amplifiers, Clock and other Circuits	18589
未烧结的铁矿砂及其精矿	Not Sintered IronOres and Concentrates	13937
其他精炼铜的阴极（未锻轧的）	Other Refined Copper Cathodes (Unwrought)	13387
引线键合装置（主要用于或专用于装配与封装半导体器件和 集成电路的设备）	Wire Bonding Device(Mainly used for or dedicated to the assembly and packaging the devices of semiconductor and integrated circuit)	10680
已烧结的铁矿砂及其精矿	Sintered IronOres and Concentrates	8494
其他静止式变流器	Other Static Converter	7626
锰矿砂及其精矿	Manganese Ores and Concentrates	6893
液晶门眼	LCD Door Eye	6700
其他干豌豆	Other Dried Peas	6092
其他主要或专用于装配封装半导体器件和集成电路的设备	Other Equipments which Mainly or Special Used for Assembly of Packaged Semiconductor Devices and Integrated Circuits	5799
含石油或从沥青矿物提取油类的润滑油添加剂	Lubricant Additives Containing Petroleum Oils or Oils Obtained from Bituminous Minerals	4855
铬铁，按重量计含碳量在 4% 以上	Chromium iron,with the Carbon Content of over 4% by Weight	4084
亚麻子，不论是否破碎	Linseed, whether or not Broken	4081
钴及其制品	Cobalt and Articles Thereof	3876
额定功率不超过 20 瓦的片式固定电阻器	Rated Power does not Exceed 20 Watts Chip Fixed Resistors	3703
搅混、轧碎、研磨、筛选、均化或乳化机器	Mix, Crushing, Grinding, Screening, Homogenizing or Emulsifying Machines	3444
8541 所列货品的零件	Parts of the Goods of 8541	3302
以镍及其化合物为活性物的载体催化剂	Supporter Catalyst with the Nickel and its Compounds as the Active Substance	3261
液体泵零件	Liquid Pump Parts	3172

11-7　海关出口货物数量和金额

Export Commodities in Volume and Value

单位：万元　　(10 000 yuan)

品名	Item	2014		2015	
		数 量 Volume	金 额 Value	数 量 Volume	金 额 Value
盐渍绵羊肠衣（吨）	Salted Sheep Casings (ton)	324	10477	465	7041
蕨菜干（吨）	Dried Tterribothyte (ton)	17	62	7	27
干扁豆（吨）	Dried Haricot (ton)	9149	5236	11636	6446
干蚕豆（吨）	Dried Horsebean (ton)	4166	3035	2980	2741
荞麦（吨）	Buckwheat (ton)	574	254	45	22
当归（吨）	Angelica (ton)	14	106	65	377
黄芪（吨）	Astragalus (ton)	7	27	73	208
苦杏仁（吨）	Bitter Almonds (ton)	872	2384	1008	2654
黑瓜子（吨）	Black Melon Seeds (ton)	2744	8050	1649	2801
番茄酱罐头（吨）	Canned Tomato Paste (ton)	1293	845	823	512
硫化钠（吨）	Sulfuration Natrium (ton)	4223	1071	2667	672
氧化铈（吨）	Oxygenation Cerium (ton)	132	364	114	159
已梳无毛山羊绒（吨）	Non-Hair Cashmere (ton)	43	1662	22	883
交流发电机（台）	AC Alternator (unit)	183	122	2268	253
滚珠轴承（万套）	Ball Bearing (10 000 sets)	657	5800	612	5498

11-8 利用外资
Utilization of Foreign Capital

单位：个、万美元 (unit,USD 10 000)

年份 Year	总计 Total		对外借款 Foreign Loans		外商直接投资 Direct Foreign Investments	
	项目 Number of Projects	金额 Value	项目 Number of Projects	金额 Value	项目 Number of Projects	金额 Value
签订利用外资协议（合同）额 Total Amount of Foreign Capital to be Utilized through the Signed Agreements and Contracts						
1995	177	44199	21	25224	156	18975
1996	138	34365	16	25813	122	8552
1997	69	30882	7	20160	62	10722
1998	72	27995	4	19631	68	8364
1999	73	28592	5	19150	68	9442
2000	84	32250	8	19910	76	12340
2001	78	26230	6	10720	72	15510
2002	63	32026	12	21000	51	11026
2003	73	69464	14	45000	59	24464
2004	92	57031	29	24467	63	32564
2005	51	53996	17	40600	34	13396
2006	49	53533	11	44977	38	8556
2007	44	34242	9	19080	35	15162
2008	49	35776	12	6840	37	28936
2009	32	79533	6	45000	26	34533
2010	32	44015	4	25000	28	19015
2011	34	60222	6	33500	28	26722
2012	27	43587	7	25000	20	18587
2013	22	93662	4	41000	18	52662
2014						
2015	26	78603	4	35000	22	43603

11-8 续表 continued

单位：个、万美元 (unit,USD 10 000)

年份 Year	金额总计 Total	对外借款 Foreign Loans	外商直接投资 Direct Foreign Investments
实际利用外资额 Total Amount of Foreign Investment Actually Utilized			
1995	35854	24900	10954
1996	29317	20315	9002
1997	21638	16368	5270
1998	14552	10688	3864
1999	20746	16642	4104
2000	20122	13887	6235
2001	20558	13119	7439
2002	22620	17392	5228
2003	24609	20722	3887
2004	26297	22758	3539
2005	25639	23595	2044
2006	27241	24287	2954
2007	38202	26400	11802
2008	47642	34800	12842
2009	51383	38000	13383
2010	51921	38400	13521
2011	38524	31500	7024
2012	37210	31100	6110
2013	39129	32000	7129
2014	45542	35510	10032
2015	46036	35000	11036

11-9 外商直接投资项目和投资额（2015）
Foreign Investment Through Signed Contract and It's Value (2015)

单位：万美元 (USD 10 000)

项目	Rtem	签订合同项目（个）Number of Contracts (unit)	签订合同投资额 Contracted Value	实际吸收外资金额 Amount of Foreign Capital Actually Used
甘肃省	**Gansu**	**22**	**43603**	**11036**
按登记注册类型分	By Investment Manner			
合资经营	Equity Jonint Venture	8		
合作经营	Contractural Jonint Venture	2		
外资经营	Wholly Foreign-owned Enterprise	12		
外商投资股份制	FDI Shareholding Inc.			
其他	Others			
按行业分	**By Sector**			
农、林、牧、渔业	Agriculture, Forestry, Animal Husbandry and Fishery	5	12112	839
采矿业	Mining			950
制造业	Manufacturing	5	28264	5
电力、燃气及水的生产和供应业	Production and Supply of Electricity, Gas and Water	3	4922	9192
建筑业	Construction			
交通运输、仓储和邮政业	Transport, Storage and Post		225	
信息传输、计算机服务和软件业	Information Transmission,Computer Services and Software			
批发和零售业	Wholesale and Retail Trades	3	2577	39
住宿和餐饮业	Hotels and Catering Services	1	4	4
金融业	Financial Intermediation	1	73	
房地产业	Real Estate			
租赁和商务服务业	Leasing and Business Services	2	78	7
科学研究、技术服务和地质勘查业	Scientific Research, Technical Service and Geologic Prospecting	1	-5224	
水利、环境和公共设施管理业	Management of Water Conservancy, Environment and Public Facilities	1	572	
居民服务和其他服务业	Services to Households and Other Services			
教育	Education			
卫生、社会保障和社会福利业	Health, Social Security and Social Welfare			
文化、体育和娱乐业	Culture, Sports and Entertainment			
公共管理和社会组织	Public Management and Social Organizations			
其他	Others			
按国别（地区）分	**By Countries or Regions**			
香港	Hong Kong,China	9	38738	4054
新加坡	Singapore	3	1141	
阿拉伯联合酋长国	United Arab Emirates	1	65	
加纳	Ghana			
中国台湾	Taiwan,China	3	1017	
英国	United Kingdom			
德国	Germany			
荷兰	Netherlands	1	11	
西班牙	Spain			
芬兰	Finland			
瑞典	Sweden			
英属维尔京群岛	British Virgin Islands			
加拿大	Canada			
美国	United States	4	1138	15
澳大利亚	Australia			
其它	Others	1	1493	6967

11-10 年末登记外商投资企业行业分布情况（2015）

Sector Distribution Registered of Foreign-Funded Enterprises at the Year-end (2015)

行业	Sector	企业数（户）Number of Registered Enterprises (unit)	投资总额（万美元）Total Investment (USD 10 000)	注册资本（万美元）Registered Capital (USD 10 000)	#外方 Capital Invested by Foreign Partner
甘肃省	**Gansu**	**1179**	**644922**	**268334**	**183760**
农、林、牧、渔业	Agriculture, Forestry, Animal Husbandry and Fishery	26	60838	33736	19042
采矿业	Mining	2	5588	4657	3288
制造业	Manufacturing	55	69079	44372	24686
电力、燃气及水的生产和供应业	Production and Supply of Electricity, Gas and Water	23	438916	143264	98464
建筑业	Construction	6			
交通运输、仓储和邮政业	Transport, Storage and Post	5			
信息传输、计算机服务和软件业	Information Transmission,Computer Services and Software	919	37968	20584	20584
批发和零售业	Wholesale and Retail Trades	57	6262	6152	3916
住宿和餐饮业	Hotels and Catering Services	16	578	291	233
金融业	Financial Intermediation	32	5582	2344	1691
房地产业	Real Estate	5	1420	975	863
租赁和商务服务业	Leasing and Business Services	8	6012	3920	3041
科学研究、技术服务和地质勘查业	Scientific Research, Technical Service and Geologic Prospecting	15	9943	6887	6799
水利、环境和公共设施管理业	Management of Water Conservancy, Environment and Public Facilities	5	2736	1110	1110
居民服务和其他服务业	Services to Households and Other Services	3	2	2	2
教育	Education				
卫生、社会保障和社会福利业	Health, Social Security and Social Welfare	1		41	41
文化、体育和娱乐业	Culture, Sports and Entertainment				
公共管理和社会组织	Public Management and Social Organizations				
其他	Others	1			

11-11 各地区外商直接投资合同项目和投资额（2015）
Foreign Investment Through Signed Contract and It's Value by Region（2015）

地区	Region	签订合同项目（个）Number of Contracts (unit)	签订合同投资额（万美元）Contracted Value (USD 10 000)	实际吸收外资金额（万美元）Amount of Foreign Capital Actually Attracted (USD 10 000)
甘肃省	**Gansu**	**22**	**43603**	**11036**
兰州市	Lanzhou	11	13801.54	82.63
嘉峪关市	Jiayuguan	2	27511.02	
金昌市	Jinchang			
白银市	Baiyin	1	1137.65	542.02
天水市	Tianshui		-5355.31	
武威市	Wuwei	2	1411.97	544.15
张掖市	Zhangye	2	1798.3	798.87
平凉市	Pingliang			
酒泉市	Jiuquan	2	877.83	6974.35
庆阳市	Qingyang	1	1848.56	1138.4
定西市	Dingxi			
陇南市	Longnan			950
临夏州	Linxia	1	572.16	5
甘南州	Gannan			
构成（%）	**Constitute (%)**			
兰州市	Lanzhou	50.00	31.65	0.75
嘉峪关市	Jiayuguan	9.09	63.09	
金昌市	Jinchang			
白银市	Baiyin	4.55	2.61	4.93
天水市	Tianshui		-12.28	
武威市	Wuwei	9.09	2.62	4.93
张掖市	Zhangye	9.09	4.12	7.23
平凉市	Pingliang			
酒泉市	Jiuquan	9.09	2.01	63.20
庆阳市	Qingyang	4.55	4.24	10.32
定西市	Dingxi			
陇南市	Longnan			8.61
临夏州	Linxia	4.55	1.31	0.05
甘南州	Gannan			

11-12 各地区进出口及外商投资企业进出口商品总值（2015）

Import and Export Value and Total Value of Imports and Exports Commodities of Foreign Funded Enterprises by Region (2015)

单位：万元 (10 000 yuan)

地区	Region	进出口商品总值 Total Value of Imports and Exports Commodities		
		进出口 Total	出口 Exports	进口 Imports
甘肃省	**Gansu**	**4939982**	**3611734**	**1328248**
兰州市	Lanzhou	3499613	3129383	370230
嘉峪关市	Jiayuguan	117120	30784	86336
金昌市	Jinchang	677434	38257	639177
白银市	Baiyin	158655	41275	117380
天水市	Tianshui	238497	139124	99373
武威市	Wuwei	60777	60226	550
张掖市	Zhangye	15920	15772	148
平凉市	Pingliang	23908	23908	
酒泉市	Jiuquan	46157	44485	1672
庆阳市	Qingyang	48479	48394	85
定西市	Dingxi	28500	18415	10085
陇南市	Longnan	9998	9116	882
临夏州	Linxia	14036	12295	1741
甘南州	Gannan	889	300	589

11-12 续表 continued

单位：万元 (10 000 yuan)

地区	Region	外商投资企业进出口商品总值 Total Value of Imports and Exports Commodities of Foreign-funded Enterprises		
		进出口 Total	出口 Exports	进口 Imports
甘肃省	**Gansu**	**23255**	**15092**	**8163**
兰州市	Lanzhou	21515	13533	7982
嘉峪关市	Jiayuguan			
金昌市	Jinchang			
白银市	Baiyin	12	12	
天水市	Tianshui	224	146	78
武威市	Wuwei			
张掖市	Zhangye	47		47
平凉市	Pingliang			
酒泉市	Jiuquan	157	101	56
庆阳市	Qingyang			
定西市	Dingxi			
陇南市	Longnan	412	412	
临夏州	Linxia	888	888	
甘南州	Gannan			

主要指标解释

进出口总额 指实际进出我国国境的货物总金额。包括对外贸易实际进出口货物，来料加工装配进出口货物，国家间、联合国及国际组织无偿援助物资和赠送品，华侨、港澳台同胞和外籍华人捐赠品，租赁期满归承租人所有的租赁货物，进料加工进出口货物，边境地方贸易及边境地区小额贸易进出口货物（边民互市贸易除外），中外合资企业、中外合作经营企业、外商独资经营企业进出口货物和公用物品，到、离岸价格在规定限额以上的进出口货样和广告品（无商业价值、无使用价值和免费提供出口的除外），从保税仓库提取在中国境内销售的进口货物，以及其他进出口货物。该指标可以观察一个国家在对外贸易方面的总规模。我国规定出口货物按离岸价格统计，进口货物按到岸价格统计。

商品经营单位所在地进、出口额 指在所在地海关注册登记的有进出口经营权的企业实际进、出口额。

利用外资 指我国各级政府、部门、企业和其他经济组织通过对外借款、吸收外商直接投资以及用其他方式筹措的境外现汇、设备、技术等。

对外借款 指通过对外正式签订借款协议，从境外筹措的资金，包括外国政府贷款、国际金融组织贷款、外国银行商业贷款、出口信贷以及对外发行债券等。1996 年及以前还包括对外发行股票。该指标是我国利用外资的重要部分。

外商直接投资 是指外国投资者在我国境内通过设立外商投资企业、合伙企业、与中方投资者共同进行石油资源的合作勘探开发以及设立外国公司分支机构等方式进行投资。外国投资者可以用现金、实物、无形资产、股权等投资，还可以用从外商投资企业获得的利润进行再投资。

外商其他投资 指除对外借款和外商直接投资以外的各种利用外资的形式。包括企业在境内外股票市场公开发行的以外币计价的股票（目前主要是在香港证券市场发行的H股和在境内证券市场发行的B股）发行价总额，国际租赁进口设备的应付款，补偿贸易中外商提供的进口设备、技术、物料的价款，加工装配贸易中外商提供的进口设备、物料的价款。

对外承包工程 根据《对外承包工程管理条例》，对外承包工程是指中国的企业或者其他单位承包境外建设工程项目的活动。

对外劳务合作 指组织劳务人员赴其他国家或地区为国外的企业或机构工作的经营性活动。

12

农业

Agriculture

简要说明

一、本篇资料的主要内容

本篇资料反映了农业生产和农村经济的基本情况，主要包括农林牧渔业总产值、增加值、耕地、主要农产品产量、农业机械年末拥有量、农村电气化和农业化学化情况以及农田水利建设等方面的内容。

二、本篇资料的来源

1. 农业资料来源于农村社会经济统计年报，由省统计局农村处整理提供。

2. 水利资料来源于省水利厅。

3. 农机资料来源于省农机局。

三、本篇资料的统计范围和统计口径

农村社会经济统计报表制度的统计范围包括省内全部农村社会经济情况，以及国营、机关单位农林牧渔场的农林牧渔业生产情况。农业科研单位的农业实验研究生产、军队系统的军马场生产以及军队和公安司法部门的警犬生产除外。

本篇资料中 2003 年及以后年份的农林牧渔业总产值、增加值按新口径计算。即调整了农业中种植业和其他农业的分类，将原属于其他农业的农民家庭兼营商品性工业剔除，作为附记指标统计，增加农林牧渔服务业统计。

根据第一、二次农业普查结果，对部分历史数据进行了调整。

12-1 农村基层组织情况
Basic Conditions of Rural Grass-roots Unit

项 目	Item	2010	2011	2012	2013	2014	2015
村民委员会（个）	Number of Village Committee (unit)	16162	16103	16098	16079	16130	16133
村民小组（个）	Villagers Group (unit)	96998	97190	97254	97132	97265	97431
农村户数（万户）	Number of Rural Households (10 000 households)	480.63	482.39	485.75	487.26	489.20	493.76
农村人口（万人）	Rural Population (10 000 persons)	2087.61	2080.33	2082.95	2077.97	2075.30	2075.19
农村从业人员（万人）	Number of Rural Laborers (10 000 persons)	1113.99	1119.95	1122.07	1123.98	1126.05	1129.74
按性别分	By Sex						
男	Male	591.75	594.21	595.97	600.91	603.44	607.14
女	Female	522.24	525.74	526.10	523.07	522.61	522.60
按行业分	By Sector						
农林牧渔业	Agriculture, Forestry, Animal Husbandry & Fishery	724.82	715.42	697.64	678.90	674.52	668.07
工 业	Industry	43.68	42.59	44.19	46.60	47.61	49.20
建筑业	Construction	86.13	89.77	99.34	102.98	106.96	110.69
批发与零售业	Wholesale and Retail Trades	29.66	29.53	31.08	31.90	33.74	35.22
交通运输仓储和邮政业	Transport, Storage and Post	26.92	27.03	28.58	28.59	29.09	29.81
住宿和餐饮业	Hotels and Catering Serices	17.57	18.21	20.63	21.23	22.52	24.02
信息传输、软件和信息技术服务业	Information Transmission,Software and Information Technology Services	2.34	2.58	2.78	3.29	3.26	3.59
金融业	Financial Intermediation	1.53	1.22	1.47	1.48	1.65	1.84
房地产业	Real Estate						
科学研究和技术服务业	Scientific Research and Technical Services	1.92	1.70	1.76	1.92	1.88	1.89
水利、环境和公共设施管理业	Management of Water Conservancy, Environment and Public Facilities						
居民服务、修理和其他服务业	Services to Households,Repair and Other Services						
教育	Education	6.03	6.16	6.36	6.44	6.70	6.91
卫生和社会工作	Health and Social Work	3.52	3.55	3.77	3.89	4.15	4.39
乡镇经济组织（乡务）管理	Villages and Towns Economic Organizations (Sangkat) Management	0.81	0.79	0.82	15.28	11.67	11.33
其他	Others	169.06	181.40	183.65	181.48	182.30	182.79

12-2 各地区农村基本情况（2015）
Basic Conditions of Rural by Region (2015)

地区	Region	村民委员会（个） Number of Village Committee (unit)	村民小组（个） Villagers Group (unit)	农村户数（万户） Number of Rural Households (10 000 households)	农村人口（万人） Rural Population (10 000 persons)
兰州市	Lanzhou	755	4257	32.78	125.65
嘉峪关市	Jiayuguan	17	117	0.62	2.14
金昌市	Jinchang	138	1082	6.79	23.97
白银市	Baiyin	702	4528	33.66	134.85
天水市	Tianshui	2491	11533	66.66	306.87
武威市	Wuwei	1126	8332	34.63	147.36
张掖市	Zhangye	836	5924	27.94	100.12
平凉市	Pingliang	1470	9123	44.98	194.69
酒泉市	Jiuquan	437	2430	17.59	64.88
庆阳市	Qingyang	1261	9107	54.83	229.67
定西市	Dingxi	1888	12849	64.09	265.41
陇南市	Longnan	3201	14110	60.10	248.19
临夏州	Linxia	1150	11096	36.58	174.67
甘南州	Gannan	661	2943	12.51	56.73

12-3 各地区农村就业人员（2015）
Rural Laborers by Region(2015)

单位：万人 (10 000 persons)

地区	Region	总计 Total	农林牧渔业 Agriculture, Forestry, Animal Husbandry & Fishery	工业 Industry	建筑业 Construction	批发零售贸易 Wholesale and Retail Trades	交通运输仓储业和邮政业 Transport, Storage and Post	其他非农行业 Other Non-agricultural Trades
兰州市	Lanzhou	70.89	37.35	5.98	5.21	2.91	3.90	15.55
嘉峪关市	Jiayuguan	1.34	0.82	0.14	0.06	0.04	0.08	0.21
金昌市	Jinchang	14.09	8.46	0.90	1.47	0.42	0.58	2.27
白银市	Baiyin	71.13	50.25	2.43	4.99	1.78	1.72	9.95
天水市	Tianshui	165.89	96.79	6.70	20.20	4.49	3.45	34.26
武威市	Wuwei	83.10	47.68	4.58	7.62	3.51	2.61	17.10
张掖市	Zhangye	62.28	33.78	2.42	9.01	2.22	2.19	12.67
平凉市	Pingliang	103.33	56.80	4.33	11.42	3.24	2.88	24.66
酒泉市	Jiuquan	36.84	22.09	1.58	3.13	1.52	1.26	7.26
庆阳市	Qingyang	117.93	68.34	5.73	9.43	4.18	2.87	27.37
定西市	Dingxi	144.71	93.02	4.73	16.00	3.71	2.36	24.90
陇南市	Longnan	133.69	75.75	4.21	10.28	3.01	2.35	38.10
临夏州	Linxia	93.42	54.76	4.69	10.43	3.43	2.73	17.39
甘南州	Gannan	31.10	22.20	0.78	1.45	0.78	0.81	5.08

12-4 各地县农村户数及农村人口（2015）

Number of Rural Households and Population by Region, County(2015)

地 区	Region	农村户数（万户）Number of Rural Households (10 000 households)	农村人口（万人）Rural Population (10 000 persons)	地 区	Region	农村户数（万户）Number of Rural Households (10 000 households)	农村人口（万人）Rural Population (10 000 persons)
兰州市	**Lanzhou**	**32.78**	**125.65**	瓜州县	Guazhou	2.74	10.66
城关区	Chengguan	1.17	4.09	肃北县	Subei	0.23	0.62
七里河区	Qilihe	2.16	9.03	阿克塞县	Akesai	0.12	0.30
西固区	Xigu	2.16	7.44	玉门市	Yumen	2.60	9.79
安宁区	Anning	0.00	0.00	敦煌市	Dunhuang	2.78	9.97
红古区	Honggu	1.38	5.68	**庆阳市**	**Qingyang**	**54.83**	**229.67**
永登县	Yongdeng	9.09	35.85	西峰区	Xifeng	6.29	26.01
皋兰县	Gaolan	3.35	11.53	庆城县	Qingcheng	5.75	23.81
榆中县	Yuzhong	9.98	38.00	环 县	Huanxian	7.65	32.98
兰州新区	Lanzhou New Area	3.50	14.05	华池县	Huachi	2.83	11.50
嘉峪关市	**Jiayuguan**	**0.62**	**2.14**	合水县	Heshui	3.85	15.41
金昌市	**Jinchang**	**6.79**	**23.97**	正宁县	Zhengning	5.05	21.43
金川区	Jinchuan	1.73	4.84	宁 县	Ningxian	11.89	51.01
永昌县	Yongchang	5.06	19.13	镇原县	Zhenyuan	11.53	47.52
白银市	**Baiyin**	**33.66**	**134.85**	**定西市**	**Dingxi**	**64.09**	**265.41**
白银区	Baiyin	2.48	7.08	安定区	Anding	9.93	37.30
平川区	Pingchuan	2.35	10.05	通渭县	Tongwei	8.80	39.92
靖远县	Jingyuan	11.84	45.93	陇西县	Longxi	9.98	43.15
会宁县	Huining	11.83	52.89	渭源县	Weiyuan	7.83	32.57
景泰县	Jingtai	5.16	18.90	临洮县	Lintao	12.91	48.98
天水市	**Tianshui**	**66.66**	**306.87**	漳 县	Zhangxian	4.13	19.11
秦州区	Qinzhou	9.60	45.85	岷 县	Minxian	10.51	44.37
麦积区	Maiji	10.15	45.25	**陇南市**	**Longnan**	**60.10**	**248.19**
清水县	Qingshui	6.40	30.12	武都区	Wudu	12.13	50.80
秦安县	Qinan	12.83	55.62	成 县	Chengxian	5.70	21.94
甘谷县	Gangu	12.17	56.16	文 县	Wenxian	5.92	21.76
武山县	Wushan	9.10	42.68	宕昌县	Tanchang	6.32	28.48
张家川县	Zhangjiachuan	6.40	31.19	康 县	Kangxian	4.77	17.18
武威市	**Wuwei**	**34.63**	**147.36**	西和县	Xihe	8.48	39.40
凉州区	Liangzhou	17.18	72.89	礼 县	Lixian	10.80	46.40
民勤县	Minqin	5.60	23.12	徽 县	Huixian	4.91	18.54
古浪县	Gulang	7.87	35.24	两当县	Liangdang	1.06	3.69
天祝县	Tianzhu	3.99	16.10	**临夏州**	**Linxia**	**36.58**	**174.67**
张掖市	**Zhangye**	**27.94**	**100.12**	临夏市	Linxia	2.07	9.12
甘州区	Ganzhou	9.91	35.00	临夏县	Linxia	7.75	34.88
肃南县	Sunan	0.91	2.57	康乐县	Kangle	5.27	24.95
民乐县	Minle	5.57	22.00	永靖县	Yongjing	3.86	16.18
临泽县	Linze	3.49	12.17	广河县	Guanghe	3.86	21.39
高台县	Gaotai	3.94	13.05	和政县	Hezheng	3.77	15.97
山丹县	Shandan	4.12	15.33	东乡县	Dongxiang	5.44	28.52
平凉市	**Pingliang**	**44.98**	**194.69**	积石山县	Jishishan	4.57	23.66
崆峒区	Kongtong	7.88	32.87	**甘南州**	**Gannan**	**12.51**	**56.73**
泾川县	Jingchuan	7.75	32.16	合作市	Hezuo	0.54	3.43
灵台县	Lingtai	5.28	21.32	临潭县	Lintan	3.12	13.70
崇信县	Chongxin	1.96	8.18	卓尼县	Zhuoni	1.89	9.07
华亭县	Huating	3.22	13.65	舟曲县	Zhouqu	3.03	12.35
庄浪县	Zhuanglang	9.14	41.60	迭部县	Diebu	1.19	4.12
静宁县	Jingning	9.75	44.90	玛曲县	Maqu	0.83	4.20
酒泉市	**Jiuquan**	**17.59**	**64.88**	碌曲县	Luqu	0.61	2.91
肃州区	Suzhou	6.12	22.48	夏河县	Xiahe	1.30	6.95
金塔县	Jinta	2.99	11.06				

12-5 各地县乡村从业人员（2015）

Rural Employed Persons by Region, County(2015)

单位：万人 (10 000 persons)

地 区	Region	乡村从业人员 Rural Employed Persons	#农、林、牧、渔业 Agriculture,Forestry, Animal Husbandry and Fishery	地 区	Region	乡村从业人员 Rural Employed Persons	#农、林、牧、渔业 Agriculture,Forestry, Animal Husbandry and Fishery
兰州市	**Lanzhou**	**70.89**	**37.35**	瓜州县	Guazhou	5.86	4.24
城关区	Chengguan	2.06	0.78	肃北县	Subei	0.33	0.26
七里河区	Qilihe	5.04	3.04	阿克塞县	Akesai	0.18	0.13
西固区	Xigu	4.51	1.82	玉门市	Yumen	6.05	3.69
安宁区	Anning	2.21	0.30	敦煌市	Dunhuang	5.48	3.05
红古区	Honggu	3.12	1.87	**庆阳市**	**Qingyang**	**117.93**	**68.34**
永登县	Yongdeng	20.58	10.62	西峰区	Xifeng	13.94	7.67
皋兰县	Gaolan	6.30	3.46	庆城县	Qingcheng	13.04	8.32
榆中县	Yuzhong	20.40	12.18	环 县	Huanxian	17.30	8.57
兰州新区	Lanzhou New Area	6.67	3.28	华池县	Huachi	6.25	5.09
嘉峪关市	**Jiayuguan**	**1.34**	**0.82**	合水县	Heshui	8.23	5.17
金昌市	**Jinchang**	**14.09**	**8.46**	正宁县	Zhengning	11.75	7.24
金川区	Jinchuan	2.89	1.71	宁 县	Ningxian	26.17	14.48
永昌县	Yongchang	11.20	6.75	镇原县	Zhenyuan	21.24	11.81
白银市	**Baiyin**	**71.13**	**50.25**	**定西市**	**Dingxi**	**144.71**	**93.02**
白银区	Baiyin	3.41	1.59	安定区	Anding	20.82	13.32
平川区	Pingchuan	5.06	3.36	通渭县	Tongwei	23.30	14.09
靖远县	Jingyuan	23.09	17.14	陇西县	Longxi	24.72	15.33
会宁县	Huining	28.52	20.53	渭源县	Weiyuan	17.25	12.53
景泰县	Jingtai	11.06	7.63	临洮县	Lintao	25.93	16.90
天水市	**Tianshui**	**165.89**	**96.79**	漳 县	Zhangxian	9.51	4.36
秦州区	Qinzhou	23.92	13.53	岷 县	Minxian	23.17	16.49
麦积区	Maiji	23.64	13.14	**陇南市**	**Longnan**	**133.69**	**75.75**
清水县	Qingshui	15.59	10.30	武都区	Wudu	26.00	10.95
秦安县	Qinan	30.18	20.08	成 县	Chengxian	11.69	6.25
甘谷县	Gangu	30.40	15.43	文 县	Wenxian	11.97	7.24
武山县	Wushan	23.60	13.08	宕昌县	Tanchang	16.28	10.79
张家川县	Zhangjiachuan	18.57	11.23	康 县	Kangxian	10.34	7.19
武威市	**Wuwei**	**83.10**	**47.68**	西和县	Xihe	20.58	12.87
凉州区	Liangzhou	41.45	19.67	礼 县	Lixian	24.35	14.47
民勤县	Minqin	11.46	8.29	徽 县	Huixian	10.29	4.58
古浪县	Gulang	20.80	13.66	两当县	Liangdang	2.20	1.41
天祝县	Tianzhu	9.39	6.07	**临夏州**	**Linxia**	**93.42**	**54.76**
张掖市	**Zhangye**	**62.28**	**33.78**	临夏市	Linxia	4.69	1.84
甘州区	Ganzhou	23.32	12.36	临夏县	Linxia	18.27	8.35
肃南县	Sunan	1.39	0.92	康乐县	Kangle	13.01	9.53
民乐县	Minle	13.04	8.99	永靖县	Yongjing	8.97	5.54
临泽县	Linze	7.31	3.32	广河县	Guanghe	11.60	7.90
高台县	Gaotai	8.17	4.07	和政县	Hezheng	10.72	5.01
山丹县	Shandan	9.05	4.12	东乡县	Dongxiang	13.64	8.93
平凉市	**Pingliang**	**103.33**	**56.80**	积石山县	Jishishan	12.54	7.66
崆峒区	Kongtong	18.33	9.19	**甘南州**	**Gannan**	**31.10**	**22.20**
泾川县	Jingchuan	16.61	9.27	合作市	Hezuo	2.05	1.72
灵台县	Lingtai	11.49	6.33	临潭县	Lintan	7.59	5.23
崇信县	Chongxin	5.20	2.45	卓尼县	Zhuoni	5.21	4.30
华亭县	Huating	7.15	3.09	舟曲县	Zhouqu	6.63	3.21
庄浪县	Zhuanglang	22.77	11.55	迭部县	Diebu	2.00	1.34
静宁县	Jingning	21.77	14.91	玛曲县	Maqu	2.17	2.01
酒泉市	**Jiuquan**	**36.84**	**22.09**	碌曲县	Luqu	1.60	1.44
肃州区	Suzhou	12.57	6.72	夏河县	Xiahe	3.85	2.94
金塔县	Jinta	6.37	4.01				

12-6 历年农林牧渔业总产值
Gross Output Value of Agriculture,Forestry, Animal Husbandry and Fishery

单位：万元 (10 000 yuan)

年 份 Year	农林牧渔业总产值 Gross Output Value of Agriculture,Forestry, Animal Husbandry and Fishery	农 业 Agriculture	林 业 Forestry	牧 业 Animal Husbandry	渔 业 Fishery	农林牧渔服务业 Services in Support of Agriculture
1978	224533	180494	6153	37871	15	
1979	232810	184626	6020	42142	22	
1980	273886	219964	6509	47391	22	
1981	280174	223290	9850	47008	26	
1982	305248	234548	16903	53768	29	
1983	400865	311151	21158	68525	31	
1984	403253	298431	32261	72533	28	
1985	488182	347073	36296	104723	90	
1986	563960	404031	34052	125629	248	
1987	655161	450855	34509	169234	563	
1988	847166	564748	38231	242954	1233	
1989	891232	604026	33209	252186	1811	
1990	1024993	732425	32679	257733	2156	
1991	1065704	763191	35284	264560	2669	
1992	1194970	871291	41310	279057	3312	
1993	1353978	991439	47260	311061	4218	
1994	2121949	1579087	57959	479308	5595	
1995	2694508	2002403	65048	619212	7845	
1996	3073203	2352458	65780	646457	8508	
1997	2992411	2230749	74206	678147	9309	
1998	3346943	2525451	87791	722056	11645	
1999	3199866	2492555	96697	600261	10352	
2000	3201176	2389656	111534	688108	11878	
2001	3396579	2539927	86471	759285	10896	
2002	3528583	2572554	138735	807290	10004	
2003	4278433	2758234	198140	854917	9571	457571
2004	5035034	3313663	161915	1057696	9863	491898
2005	5497110	3628896	158959	1143231	10237	555787
2006	5937000	3958383	149934	1182928	10369	635386
2007	6860990	4587283	194286	1311680	10469	757272
2008	8080990	5295644	224366	1682607	10112	868261
2009	8762818	5872679	242400	1718887	11130	917722
2010	10570174	7575568	185445	1818017	11714	979430
2011	11877562	8484540	172413	2105997	15940	1098672
2012	13581624	9842433	200740	2317220	18031	1203200
2013	15177423	11044719	225330	2533899	20062	1353412
2014	16187954	11749284	255416	2684347	21450	1477457
2015	17220912	12525055	286483	2794230	21798	1593347

注：1. 农业总产值和牧业总产值根据第一、二次农业普查数据对部分历史数据进行了调整。
2. 2003 年起执行新国民经济行业分类标准，总产值包括农林牧渔服务业产值。

a) Part of historical data of gross output value of agriculture, animal husbandry was adjusted according to the data of the First and Second National Agricultural Census.

b) Since 2003,the new classification for national standard of industry classification has been implemented, and gross output value includes the serivces in support of agriculture, forestry, animal husbandry and fishery.

12-7 历年农林牧渔业总产值指数
Indices of Gross Output Value of Agriculture, Forestry,Animal Husbandry and Fishery

（上年 =100） (preceding year=100)

年　份 Year	农林牧渔业总产值 Gross Output Value of Agriculture,Forestry,Animal Husbandry and Fishery	农　业 Agriculture	林　业 Forestry	牧　业 Animal Husbandry	渔　业 Fishery	农林牧渔服务业 Services in Support of Agriculture
1978	105.19	104.32	96.75	110.95	84.62	
1979	93.52	91.55	88.71	101.35	120.24	
1980	111.08	115.08	114.92	98.03	83.17	
1981	92.24	91.71	85.76	95.79	104.76	
1982	113.30	108.87	140.21	122.37	111.36	
1983	113.83	115.15	120.15	108.13	107.14	
1984	108.98	105.12	138.46	112.93	138.10	
1985	113.64	108.54	112.93	129.35	158.62	
1986	107.25	107.39	85.43	113.67	145.22	
1987	102.48	102.63	92.00	104.45	200.00	
1988	107.14	111.27	88.71	101.10	134.43	
1989	107.17	105.29	93.81	114.40	136.41	
1990	105.26	106.78	101.45	102.14	117.47	
1991	101.04	100.37	102.04	102.51	113.34	
1992	106.62	108.91	107.01	100.91	114.84	
1993	107.76	109.56	104.46	103.47	116.02	
1994	104.34	104.33	104.09	104.33	114.08	
1995	99.91	98.56	97.36	103.86	128.40	
1996	112.00	115.66	101.20	103.91	106.60	
1997	100.40	100.43	95.49	100.93	110.26	
1998	115.93	119.08	98.92	108.92	117.69	
1999	99.04	98.33	112.22	99.47	120.41	
2000	104.92	103.44	122.46	107.12	109.55	
2001	107.81	109.93	71.19	107.14	104.29	
2002	105.77	103.75	163.62	106.12	100.44	
2003	105.88	103.18	148.36	107.41	97.20	
2004	107.10	108.05	80.83	110.12	107.05	105.00
2005	107.03	107.21	90.85	107.03	105.92	111.30
2006	104.61	103.58	85.55	109.04	105.29	112.99
2007	104.31	104.17	130.96	96.83	107.17	112.76
2008	107.35	108.89	109.48	102.93	101.16	105.24
2009	105.79	105.18	116.21	107.50	101.04	103.57
2010	105.69	106.74	89.35	104.84	105.25	103.02
2011	105.38	106.17	105.35	101.83	109.39	105.83
2012	106.35	106.98	103.13	104.20	102.04	106.22
2013	104.90	104.80	112.25	102.66	105.18	108.79
2014	105.36	104.70	108.91	107.09	101.07	106.92
2015	105.70	105.58	112.16	105.53	101.02	105.94

注：本表按可比价格计算。
a)The indices in this table are calculated at constant prices.

12-8 各地县农林牧渔业总产值（2015）

Gross Output Value of Agriculture,Forestry, Animal Husbandry and Fishery by Region, County(2015)

单位：万元 (10 000 yuan)

地 区	Region	农林牧渔业总产值 Gross Output Value of Agriculture Forestry, Animal Husbandry Fishery	农 业 Agriculture	林 业 Forestry	牧 业 Animal Husbandry	渔 业 Fishery	农林牧渔服务业 Services in Support of Agriculture	农林牧渔业总产值指数（上年=100） Indices (preceding year=100)
兰州市	**Lanzhou**	**931077**	**747714**	**13665**	**116897**	**1573**	**51228**	**105.54**
城关区	Chengguan	32870	23914	2745	2924		3287	104.25
七里河区	Qilihe	84196	53911	144	17884		12257	106.97
西固区	Xigu	70832	59784	327	9642	247	832	104.37
安宁区	Anning	5544	3094	661	1165		623	100.52
红古区	Honggu	149618	136406	245	11257	131	1579	105.34
永登县	Yongdeng	166849	133514	1031	29454	1056	1794	106.72
皋兰县	Gaolan	103106	85580	1349	9499	26	6653	106.07
榆中县	Yuzhong	266375	214939	5731	25953	112	19640	105.43
兰州新区	Lanzhou New Area	51686	36573	1432	9119		4562	102.63
嘉峪关市	**Jiayuguan**	**72526**	**57580**	**144**	**10729**	**149**	**3924**	**104.33**
金昌市	**Jinchang**	**329226**	**266532**	**4353**	**47229**	**469**	**10643**	**104.24**
金川区	Jinchuan	78845	61156	1633	11175		4881	100.84
永昌县	Yongchang	250380	205376	2720	36054	469	5761	105.24
白银市	**Baiyin**	**977804**	**639102**	**22064**	**290249**	**1805**	**24583**	**105.31**
白银区	Baiyin	93152	66345	1524	20323	911	4048	104.83
平川区	Pingchuan	46021	32143	1231	11218	74	1355	103.29
靖远县	Jingyuan	363162	279255	8105	67672	752	7378	106.84
会宁县	Huining	293378	152341	6196	129747		5094	103.96
景泰县	Jingtai	182091	109019	5008	61288	67	6709	105.20
天水市	**Tianshui**	**1620185**	**1397284**	**21762**	**191816**	**1312**	**8011**	**105.97**
秦州区	Qinzhou	209423	189261	1386	18141	230	406	106.82
麦积区	Maiji	207494	182357	1606	22647	244	640	106.26
清水县	Qingshui	188388	148054	965	38406	158	806	104.72
秦安县	Qinan	280594	246304	1382	32706	4	198	104.70
甘谷县	Gangu	285274	246643	357	34190	162	3923	106.96
武山县	Wushan	330328	302372	1722	24515	470	1250	106.20
张家川县	Zhangjiachuan	104982	82292	644	21211	46	789	105.75
武威市	**Wuwei**	**1732860**	**1205734**	**43636**	**435776**	**550**	**47163**	**108.41**
凉州区	Liangzhou	932645	656445	2608	256403	193	16995	105.68
民勤县	Minqin	429523	309650	27844	71133	350	20546	110.50
古浪县	Gulang	253058	181971	10250	55468		5370	114.84
天祝县	Tianzhu	117633	57668	2934	52772	7	4252	110.21
张掖市	**Zhangye**	**1677441**	**1074641**	**15571**	**367721**	**2694**	**216814**	**105.10**

12-8 续表 1 continued

单位：万元 (10 000 yuan)

地 区	Region	农林牧渔业总产值 Gross Output Value of Agriculture Forestry, Animal Husbandry Fishery	农 业 Agriculture	林 业 Forestry	牧 业 Animal Husbandry	渔 业 Fishery	农林牧渔服务业 Services in Support of Agriculture	农林牧渔业总产值指数（上年=100） Indices (preceding year=100)
甘州区	Ganzhou	653820	357808	3170	136090	1063	155688	105.42
肃南县	Sunan	71375	21410	1842	45599		2523	100.78
民乐县	Minle	255724	200060	2164	44452		9047	105.85
临泽县	Linze	243245	138882	4530	55988	596	43249	105.50
高台县	Gaotai	282259	219832	1225	55635	988	4579	105.79
山丹县	Shandan	143451	110169	2639	28867	48	1728	104.41
平凉市	**Pingliang**	**1532691**	**1215027**	**23908**	**275853**	**2032**	**15871**	**104.69**
崆峒区	Kongtong	278435	204193	3624	68054	629	1936	106.64
泾川县	Jingchuan	290895	233196	8909	46096	727	1967	107.08
灵台县	Lingtai	174807	139637	2113	30954	230	1873	106.79
崇信县	Chongxin	100881	68582	2163	26869	221	3045	107.80
华亭县	Huating	122428	79135	1367	40280	30	1616	105.65
庄浪县	Zhuanglang	237427	196835	2741	36886	194	770	103.78
静宁县	Jingning	327818	293450	2990	26713		4665	99.26
酒泉市	**Jiuquan**	**1709584**	**985918**	**38354**	**255087**	**1994**	**428230**	**102.94**
肃州区	Suzhou	621244	310757	7182	108181	1042	194082	103.75
金塔县	Jinta	379226	227070	15719	50866	514	85056	102.10
瓜州县	Guazhou	207003	140603	6120	24346	150	35784	99.74
肃北县	Subei	9908	1958	17	7553		380	97.32
阿克塞县	Akesai	9101	1491	972	6457		181	106.17
玉门市	Yumen	180769	138749	3802	29851	117	8250	104.23
敦煌市	Dunhuang	302332	165289	4542	27832	172	104497	103.70
庆阳市	**Qingyang**	**1482502**	**1140262**	**34990**	**185062**	**1151**	**121036**	**104.08**
西峰区	Xifeng	217782	131284	1728	15001	136	69632	103.34
庆城县	Qingcheng	169228	138987	4976	16804	69	8392	101.63
环 县	Huanxian	168436	124459	4587	38491	91	808	103.72
华池县	Huachi	89635	66877	7290	14941	99	427	104.97
合水县	Heshui	136032	114930	4918	15106	151	928	103.76
正宁县	Zhengning	157563	135706	2785	8588	171	10314	104.85
宁 县	Ningxian	260892	212484	4266	36083	80	7980	104.90
镇原县	Zhenyuan	282935	215536	4441	40048	355	22555	105.08
定西市	**Dingxi**	**1298845**	**1021480**	**10519**	**209481**	**1679**	**55685**	**105.07**
安定区	Anding	231294	193107	2224	33601	8	2355	103.76
通渭县	Tongwei	186540	156144	2622	25800	12	1963	105.43

12-8 续表 2 continued

单位：万元 (10 000 yuan)

地 区	Region	农林牧渔业总产值 Gross Output Value of Agriculture Forestry, Animal Husbandry Fishery	农 业 Agriculture	林 业 Forestry	牧 业 Animal Husbandry	渔 业 Fishery	农林牧渔服务业 Services in Support of Agriculture	农林牧渔业总产值指数（上年=100） Indices (preceding year=100)
陇西县	Longxi	254221	191631	1019	29844	139	31588	104.53
渭源县	Weiyuan	140860	113804	1926	21254	277	3599	106.52
临洮县	Lintao	247891	180332	999	51350	601	14609	103.46
漳 县	Zhangxian	88521	66357	638	20431	534	561	108.50
岷 县	Minxian	149518	120105	1092	27203	108	1011	106.69
陇南市	**Longnan**	**1131057**	**849107**	**52721**	**214656**	**2455**	**12118**	**105.62**
武都区	Wudu	282304	217042	26372	37456	311	1122	104.44
成 县	Chengxian	132518	102748	3894	22870	169	2837	105.55
文 县	Wenxian	86730	63729	3203	18198	1276	324	109.31
宕昌县	Tanchang	98172	74573	5032	18113	65	389	101.83
康 县	Kangxian	67767	47618	3432	15840	89	788	107.68
西和县	Xihe	109941	86691	2246	19392	52	1560	106.27
礼 县	Lixian	154729	109748	2808	38839	54	3280	106.57
徽 县	Huixian	159322	116222	4068	37283	383	1365	106.15
两当县	Liangdang	39575	30734	1667	6664	57	453	104.20
临夏州	**Linxia**	**590888**	**395588**	**14039**	**153218**	**3350**	**24693**	**106.06**
临夏市	Linxia	45180	28953	291	12410	172	3354	106.34
临夏县	Linxia	114831	78414	2664	29551	92	4111	108.41
康乐县	Kangle	76027	51809	2363	17206	79	4569	109.27
永靖县	Yongjing	101697	73563	2402	19694	2659	3379	104.91
广河县	Guanghe	53624	41571	1250	8891		1912	105.96
和政县	Hezheng	58532	38718	1681	16061	67	2006	105.64
东乡县	Dongxiang	72554	30175	1388	37702	190	3099	101.33
积石山县	Jishishan	68443	52386	1999	11703	92	2263	105.77
甘南州	**Gannan**	**350243**	**83485**	**31669**	**230093**	**45**	**4951**	**105.42**
合作市	Hezuo	24237	4494	850	18651		242	105.07
临潭县	Lintan	46541	24358	493	20551	16	1123	106.34
卓尼县	Zhuoni	53114	16779	3494	32236	15	590	104.73
舟曲县	Zhouqu	47624	24045	10683	11880		1016	107.19
迭部县	Diebu	33786	7277	10944	15437		127	102.72
玛曲县	Maqu	57685		300	56877	14	494	104.30
碌曲县	Luqu	33167	1154	1123	30151		739	107.74
夏河县	Xiahe	54089	5378	3781	44310		621	105.29

12-9 农林牧渔业增加值及指数

Value-added of Agriculture,Forestry,Animal Husbandry and Fishery and Related Indices

指 标	Item	2010	2011	2012	2013	2014	2015
绝对数（万元）	**Absolute Number (10 000 yuan)**						
农林牧渔业增加值	**Value-added**	**5992754**	**6787455**	**7805271**	**8798744**	**9391740**	**9955130**
农 业	Agriculture	4413030	4980411	5806646	6577505	7050943	7538336
林 业	Forestry	78084	75727	93289	106066	120006	128857
牧 业	Animal Husbandry	1239021	1434704	1580107	1749252	1821617	1858290
渔 业	Fishery	7967	10959	12397	14033	15036	15377
农林牧渔服务业	Services in Support of Agriculture	254652	285655	312832	351887	384139	414270
指数（上年 =100）	**Indices (preceding year =100)**						
农林牧渔业增加值	**Value-added**	**105.5**	**105.9**	**106.8**	**105.6**	**105.6**	**105.4**
农 业	Agriculture	106.4	107.0	107.5	105.8	105.5	105.9
林 业	Forestry	92.3	109.9	109.1	113.7	108.7	107.4
牧 业	Animal Husbandry	104.6	101.8	104.3	103.9	105.3	103.4
渔 业	Fishery	105.2	110.6	102.0	107.0	101.3	101.7
农林牧渔服务业	Services in Support of Agriculture	103.0	105.8	106.2	108.8	106.9	105.9

12-10 各地区农林牧渔业增加值（2015）
Value-added of Agriculture, Forestry, Animal Husbandry and Fishery by Region(2015)

单位：万元 (10 000 yuan)

地 区	Region	农林牧渔业增加值 Value-added	农 业 Agriculture	林 业 Forestry	牧 业 Animal Husbandry	渔 业 Fishery	农林牧渔服务业 Services in Support of Agriculture
兰州市	Lanzhou	575551.71	480498.61	4675.66	75890.06	1168.17	13319.21
嘉峪关市	Jiayuguan	42774.25	36507.23	-0.07	5199.82	47.09	1020.18
金昌市	Jinchang	182552.99	143536.71	2128.74	34061.62	58.87	2767.05
白银市	Baiyin	596649.01	368653.10	11679.59	208561.13	1363.59	6391.60
天水市	Tianshui	976981.86	848897.70	12824.62	112013.70	1162.91	2082.93
武威市	Wuwei	1010121.53	640462.92	17340.05	339571.60	484.59	12262.37
张掖市	Zhangye	1006563.22	702794.53	9935.44	235511.82	1949.83	56371.60
平凉市	Pingliang	946214.11	746325.94	12254.96	181983.21	1523.62	4126.38
酒泉市	Jiuquan	897231.71	598517.09	24402.58	161772.03	1200.18	111339.83
庆阳市	Qingyang	853987.52	683394.17	12731.32	125457.15	935.44	31469.44
定西市	Dingxi	784195.76	614006.80	4267.35	149924.05	1519.35	14478.21
陇南市	Longnan	706241.58	515390.83	33566.84	152004.67	2128.55	3150.69
临夏州	Linxia	367806.09	237685.43	7657.55	113193.99	2848.89	6420.23
甘南州	Gannan	271346.73	57314.90	26096.47	186628.29	19.85	1287.22

12-11 各地区农林牧渔业增加值指数（2015）
Indices of Value-added of Agriculture, Forestry, Animal Husbandry and Fishery by Region(2015)

（上年=100） (preceding year=100)

地 区	Region	农林牧渔业增加值指数 Value-added	农 业 Agriculture	林 业 Forestry	牧 业 Animal Husbandry	渔 业 Fishery	农林牧渔服务业 Services in Support of Agriculture
兰州市	Lanzhou	105.9	106.6	140.3	99.6	122.7	108.5
嘉峪关市	Jiayuguan	105.0	104.8	-23.3	108.8	46.9	102.0
金昌市	Jinchang	105.2	105.4	165.9	102.3	93.4	105.8
白银市	Baiyin	105.3	106.7	105.7	102.9	104.8	106.6
天水市	Tianshui	106.1	107.2	99.5	99.6	104.7	111.3
武威市	Wuwei	106.0	107.0	132.1	103.0	143.5	115.1
张掖市	Zhangye	105.7	107.0	101.9	102.6	107.1	103.2
平凉市	Pingliang	105.8	106.2	109.2	103.6	121.7	128.8
酒泉市	Jiuquan	105.5	105.5	127.1	104.2	99.2	103.9
庆阳市	Qingyang	105.6	106.0	100.3	103.7	119.8	106.8
定西市	Dingxi	105.5	106.4	113.8	101.6	103.6	105.7
陇南市	Longnan	106.0	106.0	132.4	101.5	119.0	108.0
临夏州	Linxia	105.9	105.8	124.0	104.5	118.7	111.2
甘南州	Gannan	105.4	106.6	102.5	105.4	121.2	116.1

12-12 耕地面积
Cultivated Area

单位：公顷 (hectare)

指　标	Indicators	2010	2011	2012	2013	2014	2015
年初耕地面积	**Cultivated Area at Year-beginning**	**3485187**	**3493807**	**3503007**	**3530913**	**3538020**	**3546800**
当年增加的耕地面积	**Increased Cultivated Area in the Year**	**16433**	**19407**	**34440**	**15760**	**16860**	**17329**
# 新开荒地面积	Newly Developed Wasteland	9073	6940	26707	10413	6193	12537
治河造田面积	Governance River and Creating Farmlands Area	273	180	180	453	167	313
当年减少的耕地面积	**Decreased Cultivated Area in the Year**	**7813**	**10207**	**6533**	**8740**	**8080**	**10785**
国家征用	Government Requisition	2785	3359	3115	2705	3524	2802
农村基建	Rural Capital Construction	528	271	261	230	384	369
农民个人建房	Private Building	866	610	465	307	313	451
还林还牧	Give Back to Forest and Herd Area	822	3662	645	605	338	816
其他	Others	2812	2305	2047	4892	3521	6346
年末耕地面积	**Cultivated Area at Year-end**	**3493807**	**3503007**	**3530913**	**3537933**	**3546800**	**3553344**
水田	Paddy Fields	13187	12720	6813	6913	6793	6615
旱地	Dry Fields	3480620	3490287	3524100	3531020	3540007	3546728

12-13 各地区耕地面积（2015）
Cultivated Area by Region(2015)

单位：公顷 (hectare)

地　区	Region	年初耕地面积 Cultivated Area at Year-beginning	当年增加耕地面积 Increased Cultivated Area in the Year	当年减少耕地面积 Decreased Cultivated Area in the Year	年末耕地面积 Cultivated Area at Year-end
兰州市	Lanzhou	206936	205	1877	205264
嘉峪关市	Jiayuguan	2976			2976
金昌市	Jinchang	67529	3340		70869
白银市	Baiyin	307600	542	6	308136
天水市	Tianshui	378761	201	375	378586
武威市	Wuwei	253915	245	87	254073
张掖市	Zhangye	267414	7911	2816	272509
平凉市	Pingliang	370571	184	386	370370
酒泉市	Jiuquan	160949	138	587	160500
庆阳市	Qingyang	453333	1933	846	454420
定西市	Dingxi	513608	17	153	513471
陇南市	Longnan	286463	99	541	286021
临夏州	Linxia	144228	62	233	144057
甘南州	Gannan	66562	361	167	66757

12-14 农业机械拥有量

Number of Agricultural Machinery Owned

指 标	Item	2010	2011	2012	2013	2014	2015
农业机械总动力合计（万千瓦）	Total Power of Agricultural Machinery (10 000 kw)	1977.55	2136.48	2279.09	2418.46	2545.71	2684.95
#柴油发动机动力	Power of Diesel Engines	1579.07	1725.75	1853.88	1979.12	2077.39	2182.11
汽油发动机动力	Power of Petrol Engines	24.21	27.04	28.98	30.62	36.14	38.98
电动机动力	Power of Electric Motor	360.07	383.26	395.92	408.56	431.26	462.94
农业机械原值（亿元）	Original Value of Agricultural Machinery (100 million yuan)	124.15	141.55	156.13	176.30	197.90	223.85
农业机械净值（亿元）	Net Value of Agricultural Machinery (100 million yuan)	87.84	99.14	109.83	122.57	138.64	150.49
农用大中型拖拉机（台）	Number of Large and Medium-sized Agricultural Tractors (unit)	73174	92860	116175	130427	144287	160342
大中型拖拉机（万千瓦）	Power of Large and Medium-sized Agricultural Tractors (10 000 kw)	180.93	235.58	269.07	320.90	360.41	400.76
小型拖拉机（台）	Number of Small Tractors (unit)	460716	490753	548513	575638	598299	613248
小型拖拉机（万千瓦）	Power of Small Tractors (10 000 kw)	509.82	531.23	565.40	557.81	618.09	633.05
大中型拖拉机配套农具（万部）	Number of Large and Medium-sized Tractor Towing Farm Machinery (10 000 units)	20.23	26.24	26.18	28.17	31.14	35.64
小型拖拉机配套农具（万部）	Number of Small Tractor Towing Farm Machinery (10 000 units)	92.08	99.70	105.18	111.65	122.35	127.96
农用排灌柴油机（台）	Number of Diesel Engines (unit)		18947	23917	24034	24760	26074
农用排灌动力机械动力（万千瓦）	Machinery Power of Drainage and Irrigation Machinery (10 000 kw)	157.12	160.15	165.66	165.07	166.55	170.09
联合收割机（台）	Combine Harvester (unit)	3632	4111	4943	5819	6989	8110
机动脱粒机（台）	Motorized Thresher (unit)	134419	143328	195756	255791	279997	255225
机动喷雾机（部）	Power Sprayer (unit)	34911	40141	34660	37678	43369	48085
饲料粉碎机（万台）	Fodder Grinder (10 000 units)	14.06	16.73	23.60	25.32	27.02	28.33
榨油机（万部）	Oil Mill (10 000 units)	2.26	2.39	2.50	2.50	2.56	2.55

12-15 农业生产条件
Agriculture Production Condition

指 标	Item	2010	2011	2012	2013	2014	2015
农业机械化	**Agriculture Mechanization**						
当年机耕地面积（千公顷）	Areas of Motorized Cultivation (1 000 hectares)	1780.29	1904.46	2067.53	2260.84	2436.78	2582.15
占耕地面积（%）	Rate in Total (%)	50.96	54.37	58.56	64.00	68.87	72.80
当年机播面积（千公顷）	Areas of Motorized Planting (1 000 hectares)	1203.11	1291.67	1364.80	1434.97	1537.03	1617.79
占总播种面积（%）	Rate in Total Sown Area (%)	30.11	31.74	33.12	34.30	36.74	38.23
农业水利化	**Agriculture Irrigation and Water**						
有效灌溉面积（千公顷）	Effective Irrigated Area (1 000 hectares)	1098.88	1105.85	1130.63	1141.64	1160.51	1165.59
占耕地面积（%）	Rate in Cultivated Land (%)	31.45	31.57	32.02	32.27	32.72	32.80
水平梯田面积（千公顷）	Level Terrace Area (1 000 hectares)	1840.61	1885.84	1936.47	1995.66	2022.60	2063.50
占耕地面积（%）	Rate in Cultivated Land (%)	52.68	53.83	54.85	56.41	57.03	58.07
条田面积（千公顷）	Strip Area (1 000 hectares)	859.31	862.97	321.74	314.09	313.50	314.60
农业电气化	**Agriculture Electrization**						
农村用电量（万千瓦时）	Electricity Consumed in Rural Areas (10 000 kwh)	428511	450541	478499	503582	512585	540417
农村生产用电	For Produce	275651	289965	304386	317162	313678	332599
农民生活用电	For Living	152861	160576	174113	186420	198907	207818
乡村办村水电站（个）	Number of Hydropower Stations in Rural Areas (unit)	304	310	335	342	346	365
乡村办水电站装机容量（万千瓦）	Generating Capacity of Hydropower Station in Rural Areas (10 000 kw)		76.3	89.8	91.8	106.3	115.9
已通电村（个）	Electrified Villages (unit)	16115	16056	16066	16049	16101	16108
占全省总数（%）	Rate in Total (%)	99.71	99.71	99.81	99.81	99.82	99.85
农业化学化	**Chemical for Agriculture**						
农用化肥施用量（实物量）（万吨）	Consumption of Chemical Fertilizers (real)(10 000 tons)	292.92	308.39	317.75	317.10	322.26	321.02
农用化肥施用量（折纯量）（万吨）	Consumption of Chemical Fertilizers (convert to pure amount)(10 000 tons)	85.26	87.24	92.13	94.71	97.60	97.92
氮 肥	Nitrogenous Fertilizer	37.93	37.91	39.71	40.30	40.67	40.55
磷 肥	Phosphate Fertilizer	16.56	17.01	17.11	17.51	18.60	19.13
钾 肥	Potash Fertilizer	6.09	6.76	7.82	8.18	8.63	8.87
复合肥	Compound Fertilizer	24.68	25.56	27.49	28.72	29.71	29.37
农用塑料薄膜使用量（万吨）	Household Plastic Film Consumption (10 000 tons)	12.37	14.34	15.04	16.58	17.62	18.37

12-16 各地县农业生产条件（2015）
Agriculture Production Condition by Region,County(2015)

地 区	Region	耕地面积（公顷）Cultivated Area (hectare)	水 地 Paddy Fields	旱 地 Dry Fields	农业机械总动力（千瓦时）Total Power of Agricultural Machinery (kw·h)	农村用电量（万千瓦小时）Electricity Consumed in Rural Areas (10 000 kw·h)	化肥施用折纯量（吨）Chemical Fertilizer Consumption (convert to pure amount) (ton)	有效灌溉面积（千公顷）Effective Irrigated Area (1 000 hectares)
兰州市	**Lanzhou**	**205264**	**67**	**205197**	**1733101**	**37779**	**47326**	**81.08**
城关区	Chengguan	1096		1096	39796	2578	362	1.15
七里河区	Qilihe	10093		10093	183700	2666	2586	4.37
西固区	Xigu	3631		3631	145400	3945	2073	2.67
安宁区	Anning	196		196	1482	1945	39	0.20
红古区	Honggu	5339		5339	161727	4755	4368	4.16
永登县	Yongdeng	74779		74779	449903	10185	8982	21.93
皋兰县	Gaolan	19545		19545	324000	2954	4767	10.23
榆中县	Yuzhong	68683	67	68617	427093	5856	21319	19.71
兰州新区	Lanzhou New Area	21902		21902		2894	2832	16.68
嘉峪关市	**Jiayuguan**	**2976**		**2976**	**125589**	**1234**	**2914**	**3.48**
金昌市	**Jinchang**	**70869**		**70869**	**1030076**	**21774**	**22631**	**60.71**
金川区	Jinchuan	14201		14201	278990	11867	9358	13.19
永昌县	Yongchang	56668		56668	751085	9907	13273	47.51
白银市	**Baiyin**	**308136**	**3278**	**304858**	**2549224**	**49831**	**55006**	**101.37**
白银区	Baiyin	8896	24	8872	325275	5903	7139	4.84
平川区	Pingchuan	17952		17952	272000	9669	4292	6.52
靖远县	Jingyuan	78170	3042	75128	670000	19120	17736	39.51
会宁县	Huining	150708		150708	675100	4400	12396	20.74
景泰县	Jingtai	52410	212	52198	606849	10739	13444	29.75
天水市	**Tianshui**	**378586**	**3**	**378583**	**1730910**	**37643**	**79325**	**35.55**
秦州区	Qinzhou	60919		60919	245458	5526	7227	2.96
麦积区	Maiji	47652		47652	314992	7753	15881	8.68
清水县	Qingshui	62023		62023	163719	2788	6901	1.58
秦安县	Qinan	69877		69877	302527	7501	19485	6.43
甘谷县	Gangu	58307		58307	259818	6339	8507	7.19
武山县	Wushan	42346	3	42343	298549	5034	17602	6.41
张家川县	Zhangjiachuan	37463		37463	145776	2702	3722	2.32
武威市	**Wuwei**	**254073**		**254073**	**4104715**	**72735**	**144173**	**187.08**
凉州区	Liangzhou	97182		97182	1597621	42969	82088	92.50
民勤县	Minqin	59537		59537	1457806	12532	42082	52.71
古浪县	Gulang	75284		75284	756000	15971	14296	38.09
天祝县	Tianzhu	22070		22070	293288	1263	5706	3.79
张掖市	**Zhangye**	**272509**	**32**	**272477**	**2511547**	**49203**	**105710**	**185.91**

12-16 续表 1 continued

地　区	Region	耕地面积（公顷）Cultivated Area (hectare)	水 地 Paddy Fields	旱 地 Dry Fields	农业机械总动力（千瓦时）Total Power of Agricultural Machinery (kw·h)	农村用电量（万千瓦小时）Electricity Consumed in Rural Areas (10 000 kw·h)	化肥施用折纯量（吨）Chemical Fertilizer Consumption (convert to pure amount)(ton)	有效灌溉面积（千公顷）Effective Irrigated Area (1 000 hectares)
甘州区	Ganzhou	62563	18	62544	757210	20719	42869	62.54
肃南县	Sunan	8867		8867	79800	2547	2277	4.52
民乐县	Minle	64105		64105	553600	1711	22391	43.95
临泽县	Linze	27766	13	27753	428600	6904	12384	27.93
高台县	Gaotai	36124		36124	333500	5999	11144	22.39
山丹县	Shandan	42377		42377	358837	11323	9563	24.58
平凉市	**Pingliang**	**370370**		**370370**	**1548064**	**32467**	**101339**	**43.17**
崆峒区	Kongtong	62901		62901	331239	4848	12527	13.12
泾川县	Jingchuan	45283		45283	196429	5056	19157	8.13
灵台县	Lingtai	51128		51128	220140	3838	10394	2.69
崇信县	Chongxin	24285		24285	78632	1013	7391	1.76
华亭县	Huating	27610		27610	97951	2118	4657	2.70
庄浪县	Zhuanglang	61103		61103	301881	6592	21085	3.69
静宁县	Jingning	98059		98059	321792	9003	26128	11.09
酒泉市	**Jiuquan**	**160500**		**160500**	**2493295**	**39866**	**81808**	**159.49**
肃州区	Suzhou	40965		40965	851107	10260	24320	41.43
金塔县	Jinta	28129		28129	486000	4785	13499	28.13
瓜州县	Guazhou	38731		38731	374000	11144	16006	38.73
肃北县	Subei	791		791	38000	124	202	0.66
阿克塞县	Akesai	292		292	27159	296	178	0.29
玉门市	Yumen	35429		35429	381000	7071	15958	34.09
敦煌市	Dunhuang	16162		16162	336030	6186	11644	16.16
庆阳市	**Qingyang**	**454420**	**307**	**454113**	**1949754**	**59768**	**102001**	**51.71**
西峰区	Xifeng	38720		38720	312211	4430	8377	13.90
庆城县	Qingcheng	54378		54378	245100	8083	14767	4.36
环　县	Huanxian	93017		93017	237814	19648	21989	3.86
华池县	Huachi	34320	27	34294	176000	1756	5221	4.52
合水县	Heshui	23665	280	23385	175364	3650	4947	3.12
正宁县	Zhengning	28629		28629	183021	3982	12094	3.34
宁　县	Ningxian	64189		64189	290100	10624	14248	7.69
镇原县	Zhenyuan	117501		117501	330144	7595	20359	10.92
定西市	**Dingxi**	**513471**		**513471**	**3054817**	**36151**	**95928**	**68.64**
安定区	Anding	114504		114504	881338	8359	17773	9.89
通渭县	Tongwei	122184		122184	376558	5614	19490	3.71

12-16 续表 2 continued

地 区	Region	耕地面积（公顷）Cultivated Area (hectare)	水 地 Paddy Fields	旱 地 Dry Fields	农业机械总动力（千瓦时）Total Power of Agricultural Machinery (kw·h)	农村用电量（万千瓦小时）Electricity Consumed in Rural Areas (10 000 kw·h)	化肥施用折纯量（吨）Chemical Fertilizer Consumption (convert to pure amount) (ton)	有效灌溉面积（千公顷）Effective Irrigated Area (1 000 hectares)
陇西县	Longxi	78459		78459	422537	4796	14240	12.17
渭源县	Weiyuan	53377		53377	356514	4746	8224	9.75
临洮县	Lintao	70904		70904	603493	8800	22135	22.12
漳 县	Zhangxian	31047		31047	203619	1103	5762	4.37
岷 县	Minxian	42996		42996	210758	2733	8305	6.62
陇南市	Longnan	**286021**	**2883**	**283138**	**1972362**	**33445**	**68462**	**63.38**
武都区	Wudu	46365	1243	45123	358500	9343	11948	11.35
成 县	Chengxian	27101		27101	276830	4782	9125	3.27
文 县	Wenxian	20553	949	19604	260339	3564	3733	6.20
宕昌县	Tanchang	28578	525	28052	150416	2679	2890	6.69
康 县	Kangxian	20792	33	20758	126575	1468	5941	4.18
西和县	Xihe	39805		39805	227520	2739	9437	6.49
礼 县	Lixian	68820		68820	258074	3847	10139	16.19
徽 县	Huixian	25987	133	25854	238100	4388	13877	7.15
两当县	Liangdang	8020		8020	76008	637	1372	1.84
临夏州	**Linxia**	**144057**		**144057**	**1152100**	**41363**	**21843**	**55.52**
临夏市	Linxia	2299		2299	69323	4302	1180	2.30
临夏县	Linxia	24778		24778	157017	3059	4293	12.90
康乐县	Kangle	21820		21820	150303	8288	2658	6.94
永靖县	Yongjing	23719		23719	197223	12486	4966	8.97
广河县	Guanghe	12857		12857	192064	4013	1400	7.13
和政县	Hezheng	15694		15694	104830	1427	711	3.30
东乡县	Dongxiang	24523		24523	180000	6193	2931	7.70
积石山县	Jishishan	18367		18367	101252	1595	3703	6.27
甘南州	**Gannan**	**66757**	**46**	**66711**	**511627**	**6833**	**3465**	**6.11**
合作市	Hezuo	9816		9816	36688	426	162	0.13
临潭县	Lintan	17677		17677	127548	1483	1616	1.64
卓尼县	Zhuoni	10969	46	10923	94800	683	526	0.95
舟曲县	Zhouqu	9372		9372	165000	1493	1000	1.58
迭部县	Diebu	5127		5127	35930	1296	92	0.94
玛曲县	Maqu				4000	411		
碌曲县	Luqu	2771		2771	13580	236	18	
夏河县	Xiahe	11025		11025	33942	805	51	0.87

12-17 灌溉、水库和除涝、治水、治碱情况

Irrigation, Reservoirs, Flood Prevention, Water and Soil Conservation, Improvement of Saline-Alkaline Land

指　标	Item	2010	2011	2012	2013	2014	2015
水库数（座）	Number of Reservoirs (unit)	313	318	313	377	382	381
大型水库	Large Reservoir	8	8	8	8	9	9
中型水库	Medium-sized Reservoir	38	38	38	42	42	42
小型水库	Small Reservoir	267	272	267	327	331	330
机电灌溉面积（千公顷）	Motorized Irrigation Area (1 000 hectares)	458.41	520.16	529.08	526.84	532.36	532.36
固定机电提灌面积（千公顷）	Fixed Area by Electrical Lift Irrigation(1 000 hectares)	265.03	295.47	300.31	246.74	246.93	246.93
水利工程年供水量（亿立方米）	Annual Water Supply for Irrigation Engineering (100 million cu.m)	122.32	120.71	123.12	121.66	119.88	117.95
为农业年供水量（亿立方米）	Annual Water Supply for Agriculture (100 million cu.m)	97.79	95.66	97.62	98.02	92.28	88.02
为工业年供水量（亿立方米）	Annual Water Supply for Industry (100 million cu.m)	12.75	13.45	12.15	10.63	12.51	10.79
为城乡生活年供水量（亿立方米）	Annual Water Supply for Living (100 million cu.m)	7.23	7.69	8.36	7.45	8.49	9.03
为生态环境年供水量（亿立方米）	Annual Water Supply for Ecological Environment (100 million cu.m)	3.55	3.91	4.99	5.57	6.60	10.10
水土流失面积（万公顷）	Area of Soil Erosion (10 000 hectares)	1545.94	1525.66	1545.94	2812.88	2812.88	2812.88
水土流失治理面积（万公顷）	Area of Soil Erosion under Control (10 000 hectares)	794.69	809.64	824.47	736.00	751.59	770.22
占流失面积的比重（%）	Ratio in Soil Erosion Area (%)	51.41	53.07	53.33	26.17	26.72	27.38
小流域治理面积（万公顷）	Area of Small Valley under Control (10 000 hectares)	212.62	201.50	211.05	187.05	190.72	202.45
堤防长度（公里）	Total Length of Dikes (km)	3671.00	4171.42	4932.57	6005.51	6584.92	7162.87
盐碱地耕地面积（万公顷）	Area of Saline Land Farming (10 000 hectares)	14.55	14.55	14.55	14.55	14.55	14.55
# 治理面积	Harnessing Area	5.26	5.26	5.26	5.26	5.26	5.26

12-18 农作物播种面积
Total Sown Areas of Farm Crops

指 标	Item	2010	2011	2012	2013	2014	2015
总播种面积（千公顷）	**Total Sown Area (1 000 hectares)**	**3995.18**	**4069.44**	**4121.38**	**4183.38**	**4197.47**	**4230.88**
粮食作物	Sown Area of Grain Crops	2799.78	2833.65	2839.37	2858.71	2842.42	2849.62
谷物	Cereal	1955.46	1951.97	1951.41	1980.04	1983.87	2010.63
#稻谷	Rice	5.83	5.61	5.52	5.27	5.15	4.47
小麦	Wheat	879.65	861.59	818.97	801.59	789.56	794.78
玉米	Corn	835.48	851.69	924.74	966.45	1008.82	1037.75
豆类	Soybeans	198.87	199.94	191.33	183.67	175.99	172.33
#大豆	Soja	90.35	93.63	90.68	90.55	88.24	88.15
薯类	Tubers	645.45	681.74	696.62	695.00	682.56	666.67
油料	Oil-bearing Crops	345.71	351.11	336.43	336.85	328.99	320.19
#花生	Peanuts	0.67	1.09	0.97	1.09	1.22	1.26
油菜籽	Rapeseeds	182.94	184.76	175.04	170.04	167.77	161.63
棉花	Cotton	47.91	47.92	48.18	40.72	38.09	25.70
糖料	Sugar Crops	5.05	4.84	5.03	4.91	4.99	2.88
#甜菜	Beetroots	5.05	4.84	5.03	4.91	4.99	2.88
烟叶	Tobacco	4.06	3.72	4.11	4.31	3.21	3.88
#烤烟	Flue-cured Tobacco Materials	3.13	2.87	3.34	3.73	2.54	3.35
蔬菜	Vegetables	394.97	415.40	454.01	481.87	506.86	527.17
瓜类	Melon	51.37	50.05	51.25	52.64	49.26	49.37
中药材	Traditional Chinese Medician	165.41	185.47	211.16	233.59	255.79	268.70
其它	Others	180.91	177.28	171.83	169.77	167.86	183.37
占总播种面积比重（%）	**Ratio in Total Sown Area (%)**						
粮食作物	Sown Area of Grain Crops	70.08	69.63	68.89	68.33	67.72	67.35
谷物	Cereal	48.95	47.97	47.35	47.33	47.26	47.52
#稻谷	Rice	0.15	0.14	0.13	0.13	0.12	0.11
小麦	Wheat	22.02	21.17	19.87	19.16	18.81	18.79
玉米	Corn	20.91	20.93	22.44	23.10	24.03	24.53
豆类	Soybeans	4.98	4.91	4.64	4.39	4.19	4.07
#大豆	Soja	2.26	2.30	2.20	2.16	2.10	2.08
薯类	Tubers	16.16	16.75	16.90	16.61	16.26	15.76
油料	Oil-bearing Crops	8.65	8.63	8.16	8.05	7.84	7.57
#花生	Peanuts	0.02	0.03	0.02	0.03	0.03	0.03
油菜籽	Rapeseeds	4.58	4.54	4.25	4.06	4.00	3.82
棉花	Cotton	1.20	1.18	1.17	0.97	0.91	0.61
糖料	Sugar Crops	0.13	0.12	0.12	0.12	0.12	0.07
#甜菜	Beetroots	0.13	0.12	0.12	0.12	0.12	0.07
烟叶	Tobacco	0.10	0.09	0.10	0.10	0.08	0.09
#烤烟	Flue-cured Tobacco Materials	0.08	0.07	0.08	0.09	0.06	0.08
蔬菜	Vegetables	9.89	10.21	11.02	11.52	12.08	12.46
瓜类	Melon	1.29	1.23	1.24	1.26	1.17	1.17
中药材	Traditional Chinese Medician	4.14	4.56	5.12	5.58	6.09	6.35
其它	Others	4.53	4.36	4.17	4.06	4.00	4.33

12-19 各地县农作物播种面积（2015）
Sown Areas of Farm Crops by Region, County(2015)

单位：千公顷 (1 000 hectares)

地区	Region	农作物播种面积 Total Sown Area	粮食 Grain Crops	#小麦 Wheat	#玉米 Corn	#薯类 Tubers	棉花 Cotton	油料 Oil-bearing Crops	蔬菜 Vegetables	果园面积 Area of Orchards
兰州市	**Lanzhou**	**236.54**	**122.79**	**38.04**	**35.51**	**36.79**		**11.85**	**66.95**	**11.15**
城关区	Chengguan	2.02	0.15		0.14				1.73	0.49
七里河区	Qilihe	10.94	1.85	0.23	1.59			0.04	8.94	0.75
西固区	Xigu	5.83	0.65	0.21	0.41			0.05	5.01	0.99
安宁区	Anning	0.29							0.29	0.21
红古区	Honggu	8.51	1.56	0.33	1.21			0.10	6.41	1.45
永登县	Yongdeng	77.82	50.13	18.67	10.72	14.67		5.13	9.13	1.66
皋兰县	Gaolan	21.28	8.15	1.62	2.31	3.46		1.42	7.13	4.14
榆中县	Yuzhong	88.35	49.44	11.71	18.43	16.99		3.23	24.01	0.33
兰州新区	Lanzhou New Area	21.50	10.86	5.27	0.68	1.67		1.87	4.29	1.11
嘉峪关市	**Jiayuguan**	**4.45**	**1.28**	**0.39**	**0.79**	**0.09**		**0.03**	**2.01**	**0.78**
金昌市	**Jinchang**	**78.56**	**52.47**	**25.27**	**13.80**	**2.69**		**6.01**	**12.89**	**1.33**
金川区	Jinchuan	15.83	7.06	3.64	3.21	0.16		0.87	4.17	0.74
永昌县	Yongchang	62.73	45.41	21.64	10.60	2.52		5.15	8.72	0.59
白银市	**Baiyin**	**308.26**	**244.82**	**45.11**	**100.54**	**67.18**	**0.05**	**16.69**	**19.15**	**14.27**
白银区	Baiyin	8.10	5.31	2.13	1.99	0.29		0.48	2.23	0.95
平川区	Pingchuan	17.37	13.54	2.31	5.88	2.84	0.05	1.16	1.06	0.58
靖远县	Jingyuan	81.81	52.02	10.85	20.65	9.27		3.28	11.26	3.25
会宁县	Huining	158.48	139.95	20.11	54.98	54.03		7.96	3.56	6.02
景泰县	Jingtai	42.50	33.99	9.71	17.05	0.76		3.80	1.04	3.46
天水市	**Tianshui**	**460.78**	**312.65**	**130.70**	**89.57**	**66.51**		**49.91**	**71.03**	**83.82**
秦州区	Qinzhou	73.39	49.42	23.01	12.84	7.98		12.44	7.26	11.74
麦积区	Maiji	55.28	41.98	19.33	15.75	3.40		5.14	5.86	15.70
清水县	Qingshui	68.14	44.25	16.83	14.35	8.29		8.46	8.69	12.10
秦安县	Qinan	76.78	55.97	22.67	15.00	13.46		7.00	7.78	25.74
甘谷县	Gangu	72.50	48.06	22.56	14.15	10.21		7.54	12.76	12.22
武山县	Wushan	73.06	41.61	13.74	8.90	15.62		4.70	24.20	3.26
张家川县	Zhangjiachuan	41.63	31.36	12.57	8.58	7.55		4.64	4.49	3.06
武威市	**Wuwei**	**251.85**	**137.34**	**31.32**	**62.60**	**25.90**	**5.00**	**26.93**	**45.09**	**30.02**
凉州区	Liangzhou	111.47	72.42	16.82	41.68	5.60		6.18	23.51	14.30
民勤县	Minqin	55.85	15.71	4.67	9.97	0.18	5.00	11.52	6.38	9.76
古浪县	Gulang	60.64	38.65	7.68	10.96	13.39		7.68	8.40	5.57
天祝县	Tianzhu	23.89	10.56	2.15		6.73		1.55	6.80	0.38
张掖市	**Zhangye**	**281.32**	**188.24**	**48.48**	**85.73**	**28.54**	**0.58**	**25.41**	**28.82**	**31.27**

12-19 续表 1 continued

单位：千公顷 (1 000 hectares)

地 区	Region	农作物播种面积 Total Sown Area	粮 食 Grain Crops	#小 麦 Wheat	#玉 米 Corn	#薯 类 Tubers	棉 花 Cotton	油 料 Oil-bearing Crops	蔬 菜 Vegetables	果园面积 Area of Orchards
甘州区	Ganzhou	65.67	50.30	3.60	43.44	1.21		0.69	10.47	11.08
肃南县	Sunan	8.87	4.59	1.73	1.49	0.14		0.17	0.42	0.07
民乐县	Minle	64.66	42.98	19.78	3.32	16.17		3.22	2.47	6.75
临泽县	Linze	29.09	20.70	0.88	19.70		0.11	0.09	5.93	7.47
高台县	Gaotai	38.23	24.07	6.70	16.89	0.17	0.47	0.79	8.15	4.11
山丹县	Shandan	44.08	29.53	14.13	0.88	9.79		5.82	1.38	1.80
平凉市	**Pingliang**	**465.18**	**349.19**	**132.80**	**91.62**	**78.32**		**38.44**	**62.14**	**101.57**
崆峒区	Kongtong	82.26	58.97	20.03	19.23	6.42		6.10	14.86	7.95
泾川县	Jingchuan	63.40	46.94	22.83	6.76	6.67		4.51	11.39	24.55
灵台县	Lingtai	71.38	49.71	21.35	12.35	5.00		10.00	9.67	13.16
崇信县	Chongxin	31.17	19.85	7.34	4.70	2.00		5.40	4.55	4.60
华亭县	Huating	36.35	23.37	8.60	7.77	2.67		0.91	6.66	1.51
庄浪县	Zhuanglang	84.30	70.03	22.67	16.67	30.60		4.73	8.00	14.83
静宁县	Jingning	96.32	80.33	30.00	24.15	24.94		6.78	7.00	34.97
酒泉市	**Jiuquan**	**175.06**	**42.62**	**14.40**	**26.98**	**0.42**	**13.01**	**5.79**	**40.17**	**18.48**
肃州区	Suzhou	47.46	18.61	3.45	14.80	0.24		0.79	13.59	3.33
金塔县	Jinta	30.52	8.65	4.46	4.05		0.29	0.82	9.05	2.40
瓜州县	Guazhou	40.04	5.38	2.62	2.76		6.84	3.46	2.36	0.31
肃北县	Subei	0.89	0.61	0.33	0.06	0.18		0.13	0.03	0.01
阿克塞县	Akesai	0.53	0.10	0.01	0.09				0.01	0.07
玉门市	Yumen	37.86	5.95	3.21	2.23		0.45	0.58	9.41	1.38
敦煌市	Dunhuang	17.76	3.32	0.32	2.99		5.43		5.72	10.97
庆阳市	**Qingyang**	**660.34**	**465.46**	**125.69**	**231.88**	**33.49**		**69.92**	**84.13**	**114.48**
西峰区	Xifeng	56.13	32.51	15.95	4.39	2.32		6.03	12.85	15.89
庆城县	Qingcheng	93.98	56.06	20.27	15.48	4.77		9.16	19.87	20.61
环 县	Huanxian	137.86	122.59	13.12	86.36	12.00		9.37	4.23	6.19
华池县	Huachi	57.82	46.29	6.75	33.51	2.86		3.78	5.57	3.95
合水县	Heshui	43.42	23.05	6.82	6.95	2.92		6.37	12.31	14.70
正宁县	Zhengning	36.43	18.08	5.76	6.00	2.07		6.62	4.97	13.21
宁 县	Ningxian	103.03	67.12	30.04	12.26	5.28		15.37	10.88	17.23
镇原县	Zhenyuan	131.67	99.76	26.98	66.93	1.26		13.23	13.45	22.70
定西市	**Dingxi**	**571.56**	**419.26**	**54.76**	**151.55**	**191.14**		**13.87**	**40.24**	**9.06**
安定区	Anding	118.67	107.67	10.06	29.94	66.68		1.01	8.33	2.03
通渭县	Tongwei	126.37	109.08	20.55	55.29	22.71		7.30	1.40	2.00

12-19 续表 2 continued

单位：千公顷 (1 000 hectares)

地　区	Region	农作物播种面积 Total Sown Area	粮　食 Grain Crops	#小　麦 Wheat	#玉　米 Corn	#薯 类 Tubers	棉　花 Cotton	油　料 Oil-bearing Crops	蔬　菜 Vegetables	果园面积 Area of Orchards
陇西县	Longxi	113.66	79.66	9.00	43.33	25.33		2.73	7.87	2.26
渭源县	Weiyuan	54.04	31.97	1.27	6.67	23.40		0.20	1.85	0.70
临洮县	Lintao	85.31	58.70	9.08	14.99	33.45		1.37	14.46	1.23
漳　县	Zhangxian	30.51	15.42	2.42	1.33	7.33		0.63	4.47	0.68
岷　县	Minxian	43.00	16.76	2.38		12.23		0.64	1.86	0.17
陇南市	**Longnan**	**429.29**	**313.27**	**98.86**	**66.79**	**89.20**	**0.01**	**23.11**	**37.98**	**30.90**
武都区	Wudu	81.85	55.00	12.28	10.09	18.65	0.01	1.75	11.37	1.01
成　县	Chengxian	43.84	32.95	13.07	8.65	2.07		4.29	3.70	0.61
文　县	Wenxian	35.90	25.83	6.27	9.48	6.53		2.07	4.00	0.63
宕昌县	Tanchang	33.85	19.25	4.60	3.47	8.25		1.50	1.51	0.47
康　县	Kangxian	36.30	30.98	10.60	8.27	4.27		0.51	1.82	0.63
西和县	Xihe	57.21	45.05	13.04	5.32	23.50		3.07	4.30	4.65
礼　县	Lixian	69.98	58.46	24.67	7.51	21.97		4.87	2.04	21.51
徽　县	Huixian	53.28	36.45	11.52	10.74	3.23		4.66	7.03	0.91
两当县	Liangdang	17.08	9.30	2.80	3.26	0.74		0.40	2.22	0.49
临夏州	**Linxia**	**170.06**	**132.49**	**28.35**	**61.02**	**39.31**		**15.13**	**13.46**	**5.84**
临夏市	Linxia	3.28	2.21	0.25	1.77	0.17		0.02	1.00	0.30
临夏县	Linxia	34.21	25.56	8.44	12.34	3.42		1.90	4.59	0.50
康乐县	Kangle	22.90	17.57	6.40	7.02	2.81		2.00	0.41	0.05
永靖县	Yongjing	25.06	18.50	2.02	11.76	4.42		1.30	4.19	2.31
广河县	Guanghe	15.47	12.84	0.20	7.27	5.37		0.41	1.37	0.24
和政县	Hezheng	18.89	11.81	4.71	5.45	1.34		5.48	0.41	1.44
东乡县	Dongxiang	25.64	24.97	3.70	4.07	17.05		0.02	0.29	0.29
积石山县	Jishishan	24.60	19.03	2.63	11.33	4.73		4.00	1.20	0.72
甘南州	**Gannan**	**72.42**	**35.75**	**9.15**	**3.20**	**4.45**		**11.71**	**1.07**	**0.98**
合作市	Hezuo	8.31	4.99	0.28		0.37		1.78	0.06	
临潭县	Lintan	17.68	4.98	1.98		0.88		3.97	0.10	0.07
卓尼县	Zhuoni	10.59	3.18	0.85		0.35		1.40	0.14	0.02
舟曲县	Zhouqu	18.38	13.13	4.05	3.00	2.18		1.77	0.50	0.51
迭部县	Diebu	5.60	4.06	1.51	0.20	0.49		0.42	0.21	0.38
玛曲县	Maqu									
碌曲县	Luqu	2.69	1.55			0.10		0.45		
夏河县	Xiahe	9.17	3.86	0.48		0.08		1.91	0.04	0.01

12-20 各地区主要农作物播种面积构成（2015）

Sown Area Structure of Major Farm Crops by Region(2015)

单位：%　　　　(%)

地 区	Region	农作物播种面积 Total Sown Area	粮 食 Grain Crops	#小 麦 Wheat	#玉 米 Corn	棉 花 Cotton	油 料 Oil-bearing Crops	烟 叶 Tobacco	中药材 Traditional Chinese Medician Materials	蔬 菜 Vegetables	瓜 果 Fruit and Melon
甘肃省	**Gansu**	**100.00**	**67.35**	**18.79**	**24.53**	**0.61**	**7.57**	**0.09**	**12.46**	**1.19**	**6.35**
兰州市	Lanzhou	100.00	51.91	16.08	15.01		5.01	0.02	28.30	2.27	5.48
嘉峪关市	Jiayuguan	100.00	28.75	8.82	17.82		0.69		45.23	2.80	
金昌市	Jinchang	100.00	66.78	32.17	17.57		7.65		16.40	0.80	1.75
白银市	Baiyin	100.00	79.42	14.63	32.62	0.02	5.42		6.21	1.25	3.59
天水市	Tianshui	100.00	67.85	28.36	19.44		10.83	0.01	15.42	0.56	2.80
武威市	Wuwei	100.00	54.53	12.44	24.86	1.99	10.69		17.90	1.56	4.71
张掖市	Zhangye	100.00	66.91	17.23	30.47	0.21	9.03		10.24	0.26	5.33
平凉市	Pingliang	100.00	75.07	28.55	19.70		8.26	0.01	13.36	0.42	1.98
酒泉市	Jiuquan	100.00	24.35	8.23	15.41	7.43	3.31		22.95	6.37	10.40
庆阳市	Qingyang	100.00	70.49	19.03	35.11		10.59	0.32	12.74	2.55	1.72
定西市	Dingxi	100.00	73.35	9.58	26.51		2.43		7.04	0.11	16.18
陇南市	Longnan	100.00	72.97	23.03	15.56		5.38	0.36	8.85	0.32	11.13
临夏州	Linxia	100.00	77.91	16.67	35.88		8.90		7.91	0.22	2.94
甘南州	Gannan	100.00	49.36	12.63	4.42		16.17	0.06	1.47		20.87

12-21 各地区主要农作物播种面积占全省的比重（2015）

Proportion of Major Farm Crops Sown Areas by Region(2015)

单位：%　　　　(%)

地 区	Region	农作物播种面积 Total Sown Area	粮 食 Grain Crops	#小 麦 Wheat	#玉 米 Corn	棉 花 Cotton	油 料 Oil-bearing Crops	烟叶 Tobacco	中药材 Traditional Chinese Medician Materials	蔬菜 Vegetables	瓜果 Fruit and Melon
甘肃省	**Gansu**	**100.00**	**100.00**	**100.00**	**100.00**	**100.00**	**100.00**	**100.00**	**100.00**	**100.00**	**100.00**
兰州市	Lanzhou	5.59	4.31	4.79	3.42		3.70	1.46	4.83	12.70	10.67
嘉峪关市	Jiayuguan	0.11	0.04	0.05	0.08		0.01			0.38	0.25
金昌市	Jinchang	1.86	1.84	3.18	1.33		1.88		0.51	2.44	1.25
白银市	Baiyin	7.29	8.59	5.68	9.69	0.20	5.21		4.12	3.63	7.65
天水市	Tianshui	10.89	10.97	16.44	8.63		15.59	1.27	4.80	13.47	5.13
武威市	Wuwei	5.95	4.82	3.94	6.03	19.46	8.41		4.41	8.55	7.81
张掖市	Zhangye	6.65	6.61	6.10	8.26	2.26	7.94		5.58	5.47	1.44
平凉市	Pingliang	10.99	12.25	16.71	8.83		12.00	1.50	3.43	11.79	3.88
酒泉市	Jiuquan	4.14	1.50	1.81	2.60	50.64	1.81		6.78	7.62	22.17
庆阳市	Qingyang	15.61	16.33	15.81	22.34		21.84	55.16	4.22	15.96	33.53
定西市	Dingxi	13.51	14.71	6.89	14.60		4.33		34.41	7.63	1.27
陇南市	Longnan	10.15	10.99	12.44	6.44	0.05	7.22	39.58	17.77	7.20	2.76
临夏州	Linxia	4.02	4.65	3.57	5.88		4.73		1.86	2.55	0.76
甘南州	Gannan	1.71	1.25	1.15	0.31		3.66	1.03	5.62	0.20	

12-22 历年主要农产品产量

Calendar Year Agricultural Output

单位：万吨 (10 000 tons)

年 份 Year	粮 食 Grain Crops	棉 花 Cotton	油料 Oil-bearing Crops	中药材 Traditional Chinese Medician Materials	甜 菜 Beetroots	园林水 果 Garden Fruits	肉类总产量 The Total Output Of Meat
1978	510.55	0.34	8.60	1.28	5.80	11.69	15.00
1979	461.35	0.20	8.46	1.25	4.42	7.35	12.90
1980	492.50	0.27	13.95	2.52	6.31	12.75	13.95
1981	412.81	0.40	13.18	1.51	10.62	11.05	14.13
1982	469.10	0.47	14.27	0.96	14.67	12.26	15.65
1983	539.62	0.66	19.28	1.79	17.48	12.58	14.77
1984	539.79	0.78	21.12	3.82	26.95	16.43	17.96
1985	530.55	0.51	26.31	3.23	61.62	19.91	23.95
1986	550.98	0.36	29.87	2.34	52.13	24.81	28.33
1987	529.37	0.50	29.45	2.30	56.32	27.17	29.34
1988	593.07	0.51	30.28	3.29	92.88	33.98	31.06
1989	639.20	0.53	30.39	3.00	66.33	34.84	31.74
1990	686.59	0.79	33.65	2.64	72.35	38.49	33.89
1991	656.38	1.23	32.55	2.79	103.63	40.42	36.56
1992	689.08	1.75	36.48	3.23	94.22	47.12	38.16
1993	750.26	1.28	37.53	5.29	104.62	59.66	41.99
1994	707.37	1.78	39.88	5.09	113.10	66.40	44.09
1995	626.78	2.29	31.69	4.28	107.01	80.36	47.33
1996	820.60	2.57	43.08	4.25	119.11	90.89	49.06
1997	766.16	3.38	35.56	3.99	139.11	100.25	52.60
1998	871.95	6.10	45.47	5.20	130.95	113.17	54.10
1999	814.93	4.31	47.99	10.70	73.85	125.74	55.78
2000	713.48	5.75	41.68	15.98	37.90	121.59	57.33
2001	753.22	9.90	38.42	24.58	45.12	121.71	59.67
2002	782.68	6.96	41.93	30.58	28.85	137.05	62.11
2003	789.34	8.66	46.04	32.51	19.95	145.37	64.37
2004	805.80	11.00	48.50	34.11	15.87	140.98	66.05
2005	836.89	11.05	50.31	35.55	14.54	172.45	69.81
2006	808.05	12.75	48.99	37.16	19.02	205.09	80.47
2007	824.43	12.94	46.36	40.89	27.80	228.10	75.90
2008	888.50	12.32	53.54	46.56	20.09	248.14	79.21
2009	906.20	9.54	58.54	50.36	20.42	277.56	83.32
2010	958.30	7.56	64.05	52.65	22.02	299.46	86.78
2011	1014.60	7.60	63.52	61.94	18.08	330.84	88.46
2012	1109.70	8.10	67.00	75.94	24.65	359.71	92.28
2013	1138.90	7.05	69.72	86.66	24.72	391.37	95.10
2014	1158.65	6.47	72.42	99.37	27.42	425.23	99.73
2015	1171.13	4.25	71.57	108.20	16.05	461.80	100.55

12-23 主要农产品产量
Yield of Major Farm Crops

指 标	Item	2010	2011	2012	2013	2014	2015
主要农产品产量（万吨）	**Yield of Major Farm Crops (10 000 tons)**						
粮食	Grain Crops	958.3	1014.6	1109.7	1138.9	1158.7	1171.1
夏粮	Summer Grain Crops	330.8	319.5	323.8	278.4	310.1	321.7
秋粮	Autumn Grain Crops	627.5	695.1	785.9	860.5	848.6	849.4
谷物	Cereal	737.65	750.89	836.31	859.13	884.55	908.65
# 稻谷	Rice	4.1	3.7	3.9	3.2	3.3	3.0
小麦	Wheat	250.9	247.5	278.5	235.9	271.6	281.0
玉米	Corn	390.4	425.6	504.1	571.5	564.5	577.2
豆类	Beans	35.45	34.81	33.89	35.17	36.21	37.19
薯类	Tubers	185.20	228.90	239.50	244.60	237.89	225.29
油料	Oil-bearing Crops	64.05	63.52	67.00	69.72	72.42	71.57
# 油菜籽	Rapeseeds	33.22	33.14	33.93	33.16	34.53	33.97
棉花	Cotton	7.56	7.60	8.10	7.05	6.47	4.25
麻类	Fiber Crops	0.26	0.21	0.25	0.34	0.33	0.34
甜菜	Beetroots	22.02	18.08	24.65	24.72	27.42	16.05
烟叶	Tobacco	1.23	1.21	1.30	1.45	0.99	1.22
# 烤烟	Flue-cured Tobacco	1.01	0.99	1.09	1.27	0.78	1.04
中药材	Traditional Chinese Medician Materials	52.65	61.94	75.94	86.66	99.37	108.20
蔬菜	Vegetables	1235.46	1320.60	1460.42	1578.72	1705.19	1823.14
园林水果	Garden Fruits	299.46	330.84	359.71	391.37	425.23	461.80
农产品单位面积产量（千克／公顷）	**Yield of Farm Crops Per Hectare (kg/hectare)**						
粮食	Grain Crops	3422.77	3580.54	3908.27	3983.97	4076.28	4109.77
谷物	Cereal	3772.25	3846.82	4285.66	4338.96	4458.70	4519.26
棉花	Cotton	1577.90	1585.11	1681.78	1732.21	1698.76	1655.68
油菜籽	Rapeseeds	1815.99	1793.92	1938.38	1950.26	2058.22	2102.02
甜菜	Beetroots	43565.36	37360.91	48974.17	50316.77	54913.22	55726.27
烟叶	Tobacco	3017.57	3255.55	3154.72	3354.04	3087.32	3144.65

12-24 各地县主要农产品产量（2015）
Yield of Major Farm Crops by Region,County(2015)

单位：吨 (ton)

地区	Region	粮食 Grain Crops	#小麦 Wheat	#玉米 Corn	#薯类 Tubers	棉花 Cotton	油料 Oil-bearing Crops	蔬菜 Vegetables	人均粮食占有量（千克） Per Capita Grain Crops(kg)
兰州市	**Lanzhou**	**459022**	**135235**	**181095**	**105359**		**20265**	**2903406**	**124.29**
城关区	Chengguan	717	8	710				94338	0.55
七里河区	Qilihe	11640	546	11005			63	258528	20.49
西固区	Xigu	4434	782	3563			108	299766	12.09
安宁区	Anning							10813	
红古区	Honggu	14253	1975	12188			337	648625	101.81
永登县	Yongdeng	169622	57501	53862	40548		7947	364637	493.09
皋兰县	Gaolan	40901	5238	17811	14311		3969	266653	384.41
榆中县	Yuzhong	171599	44028	77879	45980		5420	868842	387.36
兰州新区	Lanzhou New Area	45856	25156	4078	4520		2421	91205	326.15
嘉峪关市	**Jiayuguan**	**12600**	**2400**	**9600**	**600**		**102**	**202021**	**51.66**
金昌市	**Jinchang**	**392165**	**158643**	**144150**	**20946**		**21049**	**640691**	**833.51**
金川区	Jinchuan	60054	24276	33648	1920		5198	144823	257.08
永昌县	Yongchang	332111	134367	110502	19026		15851	495868	1401.90
白银市	**Baiyin**	**854358**	**150429**	**506635**	**149859**	**68**	**22887**	**1445953**	**499.65**
白银区	Baiyin	23649	5491	15352	1182		1171	237967	78.91
平川区	Pingchuan	36123	8716	22520	2082	68	2264	58155	185.25
靖远县	Jingyuan	191149	42704	90357	36291		4608	952433	420.85
会宁县	Huining	417239	52718	246205	105903		4189	96725	776.26
景泰县	Jingtai	186198	40800	132201	4401		10655	100673	833.10
天水市	**Tianshui**	**1269685**	**369181**	**597350**	**250841**		**84692**	**2590793**	**383.39**
秦州区	Qinzhou	213723	68295	99600	32300		21899	243486	325.80
麦积区	Maiji	178464	56064	108100	12800		9847	201215	316.71
清水县	Qingshui	187267	47857	95100	35191		19352	160533	687.47
秦安县	Qinan	221600	58600	93000	63800		9505	206219	422.98
甘谷县	Gangu	200294	65899	92750	37400		11436	555466	353.38
武山县	Wushan	143695	39852	52500	39550		7471	1104087	328.97
张家川县	Zhangjiachuan	124642	32615	56300	29800		5183	119787	426.42
武威市	**Wuwei**	**1070900**	**207297**	**676942**	**130600**	**9000**	**107077**	**2495396**	**589.57**
凉州区	Liangzhou	679700	122995	488299	41169		16885	1601705	671.97
民勤县	Minqin	139620	34422	101712	1266	9000	64761	377201	578.86
古浪县	Gulang	202773	42035	86932	52703		22030	337416	522.88
天祝县	Tianzhu	48808	7844		35461		3401	179073	277.47
张掖市	**Zhangye**	**1355004**	**311753**	**701733**	**222997**	**1162**	**56243**	**1693028**	**1110.84**

12–24 续表 1 continued

单位：吨 (ton)

地 区	Region	粮 食 Grain Crops	#小 麦 Wheat	#玉 米 Corn	#薯 类 Tubers	棉 花 Cotton	油 料 Oil-bearing Crops	蔬 菜 Vegetables	人均粮食占有量（千克） Per Capita Grain Crops(kg)
甘州区	Ganzhou	423668	28939	374105	12438		3400	701595	824.90
肃南县	Sunan	25323	9330	9630	774		655	41573	733.99
民乐县	Minle	287015	117819	29074	124719		9941	45338	1286.49
临泽县	Linze	155539	6541	148390	34	247	467	268409	1143.67
高台县	Gaotai	189314	53503	131781	1972	915	4010	572254	1302.92
山丹县	Shandan	201990	86871	8753	76528		18014	63859	1207.35
平凉市	**Pingliang**	**1132142**	**384496**	**502588**	**183817**		**67870**	**1451966**	**539.63**
崆峒区	Kongtong	214838	61509	122238	17217		11489	373365	411.57
泾川县	Jingchuan	165729	65740	43294	40642		5172	242629	582.12
灵台县	Lingtai	185900	56900	86500	21700		21876	200047	1014.18
崇信县	Chongxin	61800	17600	36700	2400		8456	116331	598.26
华亭县	Huating	96105	21991	59258	10869		1986	124712	490.33
庄浪县	Zhuanglang	194602	75660	67779	50923		6817	274148	507.17
静宁县	Jingning	213168	85095	86819	40066		12074	120734	501.57
酒泉市	**Jiuquan**	**356226**	**105351**	**241130**	**4130**	**20982**	**20542**	**1996642**	**319.37**
肃州区	Suzhou	160934	24594	133620	2186		2581	702368	367.18
金塔县	Jinta	78212	36821	40545		606	2355	652188	525.62
瓜州县	Guazhou	33191	15689	17502		9824	13442	74977	222.91
肃北县	Subei	5486	2825	460	1944		370	782	360.91
阿克塞县	Akesai	914	70	845				600	87.06
玉门市	Yumen	47071	23264	19830		591	1794	303351	285.63
敦煌市	Dunhuang	30418	2090	28329		9961		262377	161.03
庆阳市	**Qingyang**	**1631323**	**432270**	**972268**	**94466**		**153584**	**921009**	**731.37**
西峰区	Xifeng	128101	60446	33465	8136		16101	159841	334.29
庆城县	Qingcheng	151492	68351	47083	8673		16933	129126	572.75
环 县	Huanxian	371614	24530	314703	21681		12788	41908	1211.26
华池县	Huachi	143227	18344	119886	2059		5522	48754	1155.99
合水县	Heshui	100517	25295	55851	6789		12339	141842	678.25
正宁县	Zhengning	90282	21505	47705	8639		16398	141617	495.78
宁 县	Ningxian	261958	114207	76502	34848		38678	160700	650.02
镇原县	Zhenyuan	384131	99592	277073	3641		34824	97221	917.22
定西市	**Dingxi**	**1621492**	**157492**	**811166**	**609939**		**29141**	**783001**	**583.63**
安定区	Anding	439802	23661	196752	217666		1895	142283	1033.61
通渭县	Tongwei	460599	56499	341655	47343		15016	22378	1141.51

12-24 续表 2 continued

单位：吨 (ton)

地 区	Region	粮 食 Grain Crops	#小 麦 Wheat	#玉 米 Corn	#薯 类 Tubers	棉 花 Cotton	油 料 Oil-bearing Crops	蔬 菜 Vegetables	人均粮食占有量（千克） Per Capita Grain Crops(kg)
陇西县	Longxi	222085	17286	142810	57777		3803	177885	484.48
渭源县	Weiyuan	144285	3367	43301	96024		477	22468	440.70
临洮县	Lintao	235144	41210	78348	113178		3755	315581	458.55
漳 县	Zhangxian	55946	8887	8300	26125		3176	77744	285.88
岷 县	Minxian	63631	6582		51826		1019	24662	139.82
陇南市	**Longnan**	**1148260**	**371098**	**363453**	**283851**	**13**	**36789**	**576083**	**443.19**
武都区	Wudu	183809	47293	42993	55763	13	2940	116695	326.89
成 县	Chengxian	152478	59744	65614	9300		7885	102365	626.19
文 县	Wenxian	76838	18678	36218	12323		3415	82469	349.11
宕昌县	Tanchang	92896	16249	26588	40509		2426	24965	336.34
康 县	Kangxian	77322	35289	26808	5005		835	12611	430.76
西和县	Xihe	192468	47199	37594	101485		5193	13981	484.20
礼 县	Lixian	160879	76454	30797	44828		6139	31023	344.72
徽 县	Huixian	171826	57316	76893	12885		7301	165151	853.58
两当县	Liangdang	39744	12876	19948	1753		655	26824	907.40
临夏州	**Linxia**	**804649**	**138192**	**490431**	**161548**		**56061**	**410382**	**399.91**
临夏市	Linxia	23010	1526	20422	1000		55	113160	81.65
临夏县	Linxia	177207	46871	109905	15443		6208	79086	526.46
康乐县	Kangle	117800	36693	58584	16008		7807	11755	488.80
永靖县	Yongjing	129504	9204	101806	17867		4509	115118	704.59
广河县	Guanghe	110312	1104	70202	39006		1538	44076	463.88
和政县	Hezheng	66006	23701	32520	8618		19564	20419	345.04
东乡县	Dongxiang	77006	7224	21914	47549		478	4772	259.11
积石山县	Jishishan	103804	11868	75079	16056		15902	21996	427.70
甘南州	**Gannan**	**90632**	**24992**	**12110**	**13099**		**20536**	**19985**	**128.56**
合作市	Hezuo	10371	673		905		2530	1484	111.03
临潭县	Lintan	13854	5782		2507		6595	1496	99.74
卓尼县	Zhuoni	7888	2418		1243		2301	3094	75.99
舟曲县	Zhouqu	34933	10647	11211	6098		4602	8913	263.44
迭部县	Diebu	10710	3700	899	1681		628	4836	201.70
玛曲县	Maqu								
碌曲县	Luqu	3048			269		355	1	81.93
夏河县	Xiahe	9829	1772		396		3526	162	110.44

12-25 各地区主要农产品单位面积产量（2015）
Yield of Major Farm Crops per Hectare by Region(2015)

单位：千克／公顷 (kg/hectare)

地 区	Region	粮 食 Grain Crops	谷 物 Cereal	棉 花 Cotton	油菜籽 Rapeseeds	甜 菜 Beetroots	烟 叶 Tobacco	园林水果 Fruit
甘肃省	**Total**	**4110**	**4519**	**1656**	**2102**	**55726**	**3145**	**10068**
兰州市	Lanzhou	3738	4287		1316		3000	14413
嘉峪关市	Jiayuguan	9840	10114					6067
金昌市	Jinchang	7474	7460		3017	56963		6525
白银市	Baiyin	3490	4265	1347	1369	19615		13640
天水市	Tianshui	4061	4236		1647	19682	1646	14901
武威市	Wuwei	7798	9060	1800	2646	57847		6631
张掖市	Zhangye	7198	7128	1998	1900	64822		8886
平凉市	Pingliang	3242	3606		1868		9300	11779
酒泉市	Jiuquan	8359	8358	1612	2599	81289		14265
庆阳市	Qingyang	3505	3756		2336		3765	6126
定西市	Dingxi	3868	4553		2330	8799		6138
陇南市	Longnan	3665	4298	1054	1665	18375	2149	4713
临夏州	Linxia	6073	7009		3710	21047		13574
甘南州	Gannan	2535	2522		1755	6429	1246	11690

12-26 各地区主要农产品人均占有量（2015）
Output of Major Farm Corps per Capita by Region(2015)

单位：千克／人 (kg/person)

地 区	Region	粮 食 Grain Crops	谷 物 Cereal	棉 花 Cotton	油菜籽 Rapeseeds	甜 菜 Beetroots	烟 叶 Tobacco	园林水果 Garden Fruits
甘肃省	**Total**	**450.51**	**349.54**	**1.64**	**13.07**	**6.17**	**0.47**	**177.65**
兰州市	Lanzhou	124.29	89.47		1.24		0.05	43.50
嘉峪关市	Jiayuguan	51.66	49.20					19.38
金昌市	Jinchang	833.51	788.65		18.23	13.16		18.38
白银市	Baiyin	499.65	397.91	0.04	0.54	0.50		113.80
天水市	Tianshui	383.39	298.22		17.77	1.73	0.02	377.16
武威市	Wuwei	589.57	502.14	4.95	12.44	27.58		109.58
张掖市	Zhangye	1110.84	922.85	0.95	33.27	40.81		227.76
平凉市	Pingliang	539.63	441.28		8.02		0.26	570.28
酒泉市	Jiuquan	319.37	314.44	18.81	2.48	36.33		236.31
庆阳市	Qingyang	731.37	655.46		32.50		3.61	314.43
定西市	Dingxi	583.63	354.83		2.97	0.06		20.02
陇南市	Longnan	443.19	300.27	0.01	11.90	0.08	1.27	56.21
临夏州	Linxia	399.91	312.97		25.69	1.15		39.40
甘南州	Gannan	128.56	96.60		28.83	0.88	0.07	16.32

12-27 园林水果生产
Garden Fruits Production

指 标	Item	2010	2011	2012	2013	2014	2015
园林水果产量（吨）	**Production of Garden Fruits (ton)**	**2994553**	**3308385**	**3597114**	**3913660**	**4252337**	**4618038**
#苹果	Apple	2016609	2279292	2487504	2695952	2970762	3285884
梨	Pear	334180	342114	333281	362457	362898	414038
葡萄	Grape	128370	126300	227891	258620	294012	317950
红枣	Date	117407	119354	131114	137076	144648	168128
柿子	Persimmon	23803	19529	19976	22907	21509	22739
杏子	Apricot	108809	104877	115634	127951	130471	130023
桃子	Peach	155895	183199	196904	215506	230328	241794
果园面积（千公顷）	**Area of Orchards (1 000 hectares)**	**419.95**	**430.01**	**446.94**	**451.76**	**456.90**	**458.67**
#苹果园	Apple Orchard	268.64	274.81	283.94	290.22	294.64	294.75
梨园	Pear Orchard	34.51	33.30	36.33	35.81	36.37	36.29
葡萄园	Grape Orchard		20.78	25.96	25.80	26.65	27.65
桃园	Peach Orchard	12.70	12.41	12.29	11.83	11.77	11.81
杏园	Apricot Orchard		44.84	42.70	40.64	39.38	38.72

12-28 各地县园林水果产量（2015）
Yield of Garden Fruits by Region, County(2015)

单位：吨 (ton)

地 区	Region	园林水果产量 Garden Fruits	#苹 果 Apples	#梨 Pears	#葡 萄 Grapes	#红 枣 Dates	#柿 子 Persimmons	#杏 子 Apricots	#桃 子 Peaches
兰州市	**Lanzhou**	**160649**	**74818**	**27562**	**8012**	**6365**		**4727**	**36939**
城关区	Chengguan	19982	16488	1718	396	18			1336
七里河区	Qilihe	15307	5491	2846	50			69	6263
西固区	Xigu	22113	8360	5997	133	3970		83	2140
安宁区	Anning	3760	30	129	75	272			3255
红古区	Honggu	51373	28915	4849	1867	1501		2211	11894
永登县	Yongdeng	9907	2355	1240	5204	109		714	284
皋兰县	Gaolan	30782	10199	8096		496		445	11546
榆中县	Yuzhong	4735	2488	1554	144			282	221
兰州新区	Lanzhou New Area	2690	492	1133	142			923	
嘉峪关市	**Jiayuguan**	**4726**	**1752**	**1148**	**1302**			**75**	**449**
金昌市	**Jinchang**	**8648**	**1781**	**2604**	**2649**	**1367**		**212**	**36**
金川区	Jinchuan	5713	779	908	2560	1340		90	36
永昌县	Yongchang	2936	1002	1696	89	27		122	
白银市	**Baiyin**	**194581**	**91675**	**45414**	**348**	**37586**		**9537**	**6157**
白银区	Baiyin	51505	42683	3463	133	1366		192	41
平川区	Pingchuan	4282	1762	472	70	1615		168	114
靖远县	Jingyuan	73705	23912	23898	145	14037		6007	5705
会宁县	Huining	18023	9001	6059				2757	97
景泰县	Jingtai	47066	14318	11522		20568		412	201
天水市	**Tianshui**	**1249053**	**949568**	**45070**	**41484**	**103**	**1523**	**10246**	**161286**
秦州区	Qinzhou	200052	168861	5914	20			544	675
麦积区	Maiji	250361	189872	6986	37976		1071	3396	6486
清水县	Qingshui	105148	101203	1103	1616		452	48	
秦安县	Qinan	479768	311766	12004	362	103		1778	151176
甘谷县	Gangu	111697	101957	6657	135			923	1383
武山县	Wushan	45291	28997	6056	1375			740	1567
张家川县	Zhangjiachuan	56736	46913	6351				2816	
武威市	**Wuwei**	**199047**	**91956**	**29751**	**57315**	**18312**		**334**	**102**
凉州区	Liangzhou	90040	50441	23782	15366	191		140	76
民勤县	Minqin	59039	1094	172	39847	17861		40	26
古浪县	Gulang	48236	40421	5797	379	260		143	
天祝县	Tianzhu	1733			1723			10	
张掖市	**Zhangye**	**277825**	**70047**	**75297**	**26880**	**73592**		**12293**	**1374**

12-28 续表 1 continued

单位：吨 (ton)

地 区	Region	园林水果产量 Garden Fruits	#苹 果 Apples	#梨 Pears	#葡 萄 Grapes	#红 枣 Dates	#柿 子 Persimmons	#杏 子 Apricots	#桃 子 Peaches
甘州区	Ganzhou	165673	57214	40053	2338	54764		547	406
肃南县	Sunan	537	189	190	158				
民乐县	Minle	47403	6484	24128	563			9591	13
临泽县	Linze	32338	3487	2342	7148	18483		196	421
高台县	Gaotai	26322	2652	6891	15182	223		93	534
山丹县	Shandan	5552	21	1693	1491	122		1866	
平凉市	**Pingliang**	**1196446**	**1142474**	**19841**	**361**	**1300**	**5685**	**8479**	**7595**
崆峒区	Kongtong	83097	71446	4020	352			2734	3196
泾川县	Jingchuan	311966	298508	2928		972	4703	963	1257
灵台县	Lingtai	65825	60063	1286		182	969	1038	460
崇信县	Chongxin	30451	21863	3923		146	13	1913	1292
华亭县	Huating	12256	5447	3073				933	683
庄浪县	Zhuanglang	162132	159793	220				366	264
静宁县	Jingning	530720	525354	4390				532	444
酒泉市	**Jiuquan**	**263578**	**24144**	**44289**	**162111**	**10306**		**10401**	**11454**
肃州区	Suzhou	65065	16406	32210	2596	399		5686	6895
金塔县	Jinta	29465	5267	8501	7787	4620		1738	1552
瓜州县	Guazhou	2287	1020	315	537	349		5	61
肃北县	Subei	23	2	4				17	
阿克塞县	Akesai	2000			1600	400			
玉门市	Yumen	6635	988	1419	3577	13		523	116
敦煌市	Dunhuang	158103	461	1840	146015	4525		2433	2830
庆阳市	**Qingyang**	**701335**	**597293**	**3596**	**3860**	**9027**	**2374**	**59377**	**5786**
西峰区	Xifeng	119836	113450	1161	882	125	177	2623	1288
庆城县	Qingcheng	152104	131848	329	1384	1899		9268	1277
环 县	Huanxian	26099	14745	172	3	119		9836	229
华池县	Huachi	20284	13058	42				5852	
合水县	Heshui	117173	109108	745	405	640	602	3261	662
正宁县	Zhengning	109900	102681	157	113	50	424	4204	130
宁 县	Ningxian	47439	28402	414	510	5992	1042	6278	1804
镇原县	Zhenyuan	108500	84000	576	562	202	128	18056	395
定西市	**Dingxi**	**55631**	**25968**	**18568**	**39**	**502**		**6837**	**1559**
安定区	Anding	10000	1160	6254				2487	
通渭县	Tongwei	13514	9646	2628				1016	164

12-28 续表 2 continued

单位：吨 (ton)

地 区	Region	园林水果产量 Garden Fruits	#苹 果 Apples	#梨 Pears	#葡 萄 Grapes	#红 枣 Dates	#柿 子 Persimmons	#杏 子 Apricots	#桃 子 Peaches
陇西县	Longxi	11436	4203	4452	23	4		1506	400
渭源县	Weiyuan	1718	249	813				334	
临洮县	Lintao	13025	5509	3685	16	498		1493	996
漳 县	Zhangxian	5511	5134	377					
岷 县	Minxian	427	67	360					
陇南市	**Longnan**	**145647**	**104391**	**5821**	**3751**	**345**	**10928**	**1057**	**7743**
武都区	Wudu	8559	2222	1296	1282	85	182	177	1521
成 县	Chengxian	10249	2645	440	590		2716	94	1110
文 县	Wenxian	5681	1214	677	1558	93	266	9	711
宕昌县	Tanchang	1877	992	314	41	60	410	13	12
康 县	Kangxian	3881	849	366	15	61	1642	111	207
西和县	Xihe	13411	11669	307			196	396	671
礼 县	Lixian	84319	80939	742	90		100	15	2250
徽 县	Huixian	14569	2524	1638	172	12	4926	198	1062
两当县	Liangdang	3101	1338	41	4	34	490	45	200
临夏州	**Linxia**	**79284**	**18743**	**45972**	**293**	**5086**	**57**	**5350**	**973**
临夏市	Linxia	13419	10	12170	203			468	17
临夏县	Linxia	8833	752	7178				421	307
康乐县	Kangle	1658	232	604				518	
永靖县	Yongjing	26355	16465	2996	73	5063	57	849	366
广河县	Guanghe	2494	403	1233				153	
和政县	Hezheng	12321		12321					
东乡县	Dongxiang	11428	495	7422	17	23		2819	229
积石山县	Jishishan	2776	388	2049				122	54
甘南州	**Gannan**	**11507**	**7509**	**1413**	**201**	**22**	**1952**	**87**	**131**
合作市	Hezuo								
临潭县	Lintan	441	165	260				2	15
卓尼县	Zhuoni	87	29	58					
舟曲县	Zhouqu	8462	5343	644	201	22	1949	68	63
迭部县	Diebu	2477	1972	412			3	17	53
玛曲县	Maqu								
碌曲县	Luqu								
夏河县	Xiahe	39		39					

12-29 林业生产
Forestry Production

指 标	Item	2010	2011	2012	2013	2014	2015
当年造林面积（千公顷）	Total Area of Afforestation in Current Year (1 000 hectares)	100.79	123.98	146.70	171.10	214.02	313.86
#人工造林	Manual Planting	100.79	123.98	146.70	159.73	152.50	254.31
#防护林	Protection Forests	73.35	88.05	96.80	121.16	166.95	239.34
用材林	Timber Forests	1.11	1.41	0.98	0.66	2.93	0.29
经济林	By-product Forests	23.72	30.63	42.73	44.43	41.45	70.95
幼林抚育面积（千公顷）	Area of Tending Young Forest (1 000 hectares)	332.14	224.41	228.29	227.90	198.11	203.54
成林抚育面积（千公顷）	Area of Tending Adult Forest (1 000 hectares)	291.29	281.09	310.51	299.90	296.66	275.01
更新造林（千公顷）	Reforestation Planting (1 000 hectares)	1.04	1.09	1.06	6.03	4.89	
当年零星（四旁）植树（万株）	Odd Planting in Current Year (10 000 units)	8346.01	6318.31	6475.31	6323.30	5428.85	5537.14
年末实有育苗面积（千公顷）	Actual Area of Grown Seedlings at Year-end (1 000 hectares)	13.71	16.63	25.05	34.63	49.84	41.09
#本年新育面积	Raise Seedlings Areas in Current year	7.78	8.67	13.12	14.96	23.08	17.09
林产品产量	Output of Forest Products						
#木材（万立方米）	Timber(10 000 cu.m)	10.68	10.01	6.05	7.62	7.62	3.35
橡胶（吨）	Rubber(ton)						
松脂（吨）	Pine Resin(ton)				306.90	325.00	341.00
生漆（吨）	Lacquer(ton)	42.33	41.04	40.16	43.49	26.29	27.59
油桐籽（吨）	Tung-oil Seeds (ton)	340.93	242.90	228.50	238.86	268.35	271.93
油茶籽（吨）	Tea-oil Seeds(ton)				54.20	56.00	1.15
木耳（吨）	Fungus(ton)	287.03	434.23	467.95	605.48	713.57	798.48
村及村以下木材采伐量（万立方米）	Harvesting Amount of Timber of Village and Village Level Below (10 000 cu.m)	10.68	10.01	6.05	6.55	5.92	1.88

12-30 牲畜饲养情况及畜产品产量
Number of Livestock and Output of Livestock Products

指 标	Item	2010	2011	2012	2013	2014	2015
大牲畜年末数（万头）	Large Animals (year-end) (10 000 heads)	645.09	657.64	650.90	661.24	686.12	680.97
牛	Cattle and Buffaloes	485.06	498.38	488.89	496.22	522.02	517.53
马	Horses	13.55	14.16	14.36	14.90	15.07	15.07
骡	Mules	42.69	41.91	43.03	44.06	43.45	43.15
驴	Donkeys	101.95	101.18	102.49	103.85	103.17	102.71
骆驼	Camels	1.84	2.01	2.13	2.21	2.41	2.51
大牲畜出栏数（万头）	Slaughtered Fattened Large Animals (10 000 heads)	183.10	190.19	193.21	196.79	205.28	213.17
牛	Cattle and Buffaloes	160.62	169.49	172.67	176.30	185.12	192.75
马	Horses	2.23	2.30	2.31	2.36	2.38	2.33
骡	Mules	4.37	3.21	3.28	3.29	3.52	3.59
驴	Donkeys	15.31	14.62	14.30	14.01	13.38	13.66
骆驼	Camels	0.57	0.57	0.65	0.83	0.88	0.84
猪年末数（万头）	Hogs (year-end)(10 000 heads)	614.40	621.59	655.32	675.63	687.79	666.06
肉猪出栏数（万头）	Slaughtered Fattened Hogs (10 000 heads)	670.88	679.74	721.83	747.82	775.49	747.26
羊年末数（万只）	Sheep And Goats (year-end)(10 000 heads)	1818.40	1898.59	1932.79	1973.38	2119.41	2096.73
羊出栏数（万只）	Sheep Marketable Fattened Stock (10 000 heads)	1052.22	1062.74	1087.16	1132.82	1222.31	1339.29
肉类产量（万吨）	Output Of Meat (10 000 tons)	86.78	88.46	92.28	95.10	99.73	100.55
#猪牛羊肉	Output Of Pork,Beef And Mutton	80.77	82.49	86.18	89.12	93.39	94.05
猪肉	Pork	47.36	47.99	50.96	52.80	54.74	52.76
牛肉	Beef	16.78	17.71	18.04	18.42	19.34	20.14
羊肉	Mutton	16.63	16.79	17.18	17.90	19.31	21.16
禽肉	Poultry Meat	3.86	3.92	4.09	3.99	4.16	4.39
奶类（万吨）	Milk (10 000 tons)	44.79	47.83	49.14	52.96	54.90	60.50
#牛奶	Cow Milk	44.21	47.16	48.52	52.32	54.22	59.87
绵羊毛（吨）	Sheep Wool (ton)	27545.50	28992.60	29483.60	29990.90	31865.50	32152.29
山羊毛（吨）	Goat Wool (ton)	1695.75	1877.00	1906.40	2002.90	2141.10	1987.97
山羊绒（吨）	Cashmere (ton)	339.15	375.40	381.28	400.58	428.22	397.59
禽蛋（万吨）	Poultry Eggs (10 000 tons)	10.70	11.03	11.38	11.07	11.10	11.69
水产品产量（吨）	Aquatic Products (ton)	12330.69	17771.13	13334.22	13884.00	14300.00	14930.00

注：畜牧业及水产品数据根据第一、二次农业普查结果进行了相应衔接调整。

a) Data of animal husbandry and aquatic products were adjusted according to the First and Second National Agricultural Census.

12-31 各地县牲畜饲养情况（2015）
Number of Livestock by Region,County(2015)

地区	Region	大牲畜存栏（万头）Large animals Livestock (10 000 heads)	#牛 Cattle	羊存栏数（万只）Sheep and Goats Livestock (10 000 heads)	猪存栏数（万头）Sheep and Goats Livestock (10 000 heads)	大牲畜出栏（万头）Slaughtered Fattened Large Animals (10 000 heads)	#牛 Cattle	羊出栏数（万只）Slaughtered Fattened Sheep and Goats (10 000 heads)	猪出栏数（万头）Slaughtered Fattened Hogs (10 000 heads)
兰州市	**Lanzhou**	**8.73**	**5.03**	**67.33**	**35.59**	**1.10**	**0.85**	**31.44**	**34.53**
城关区	Chengguan	0.18	0.18	0.53	0.30	0.03	0.03	0.26	0.66
七里河区	Qilihe	1.29	0.87	2.56	2.06	0.15	0.15	0.84	2.12
西固区	Xigu	0.41	0.30	1.89	1.46	0.03	0.03	1.04	1.58
安宁区	Anning	0.06	0.06	0.21	0.23	0.00	0.00	0.23	0.37
红古区	Honggu	0.78	0.78	4.64	2.55	0.09	0.09	1.90	3.09
永登县	Yongdeng	2.27	0.91	32.05	9.83	0.21	0.17	11.20	11.09
皋兰县	Gaolan	0.16	0.01	8.80	4.99	0.04	0.02	6.19	3.29
榆中县	Yuzhong	3.26	1.65	13.48	11.65	0.50	0.34	8.19	10.40
兰州新区	Lanzhou New Area	0.33	0.27	3.16	2.54	0.05	0.02	1.59	1.93
嘉峪关市	**Jiayuguan**	**0.61**	**0.55**	**5.23**	**2.51**	**0.13**	**0.12**	**3.13**	**3.22**
金昌市	**Jinchang**	**5.41**	**5.07**	**87.38**	**7.03**	**0.97**	**0.94**	**40.74**	**7.45**
金川区	Jinchuan	1.16	0.86	11.73	1.95	0.22	0.20	7.58	2.28
永昌县	Yongchang	4.26	4.22	75.65	5.08	0.75	0.74	33.15	5.17
白银市	**Baiyin**	**24.65**	**7.88**	**191.53**	**64.13**	**7.81**	**4.21**	**162.37**	**72.71**
白银区	Baiyin	0.80	0.50	9.94	5.15	0.08	0.07	6.92	7.27
平川区	Pingchuan	1.27	0.22	7.74	3.56	0.18	0.06	5.12	3.50
靖远县	Jingyuan	3.68	0.28	40.19	16.50	0.16	0.05	32.13	18.66
会宁县	Huining	18.19	6.54	69.32	25.52	7.22	3.97	73.52	29.85
景泰县	Jingtai	**0.70**	**0.35**	**64.35**	**13.40**	**0.18**	**0.05**	**44.68**	**13.43**
天水市	**Tianshui**	**55.97**	**32.11**	**32.24**	**78.23**	**13.84**	**10.62**	**13.88**	**86.45**
秦州区	Qinzhou	7.17	3.60	2.20	8.55	1.05	0.66	1.04	8.43
麦积区	Maiji	4.68	3.60	2.72	10.06	0.92	0.85	1.24	10.84
清水县	Qingshui	12.03	6.69	3.75	9.16	4.30	3.59	2.05	14.00
秦安县	Qinan	5.48	2.08	3.85	15.71	0.63	0.33	1.61	18.92
甘谷县	Gangu	5.66	2.31	1.81	21.01	0.68	0.54	0.66	20.99
武山县	Wushan	7.51	1.84	5.10	12.37	1.69	0.63	2.68	11.71
张家川县	Zhangjiachuan	13.44	11.99	12.81	1.36	4.57	4.03	4.60	1.58
武威市	**Wuwei**	**63.01**	**57.71**	**341.03**	**107.60**	**24.82**	**23.35**	**192.02**	**121.36**
凉州区	Liangzhou	37.66	36.95	98.77	78.52	14.52	14.36	56.47	91.13
民勤县	Minqin	4.73	4.14	107.13	6.08	2.86	1.86	65.77	7.15
古浪县	Gulang	7.74	5.29	55.63	18.31	2.04	1.97	31.17	17.08
天祝县	Tianzhu	12.87	11.34	79.50	4.69	5.40	5.17	38.61	6.00
张掖市	**Zhangye**	**79.66**	**65.56**	**285.90**	**70.70**	**26.19**	**24.14**	**181.58**	**79.75**

12-31 续表 1 continued

地区	Region	大牲畜存栏（万头）Large animals Livestock (10 000 heads)	# 牛 Cattle	羊存栏数（万只）Sheep and Goats Livestock (10 000 heads)	猪存栏数（万头）Sheep and Goats Livestock (10 000 heads)	大牲畜出栏（万头）Slaughtered Fattened Large Animals (10 000 heads)	# 牛 Cattle	羊出栏数（万只）Slaughtered Fattened Sheep and Goats (10 000 heads)	猪出栏数（万头）Slaughtered Fattened Hogs (10 000 heads)
甘州区	Ganzhou	33.57	29.19	71.79	25.86	12.45	11.63	39.85	33.72
肃南县	Sunan	4.32	3.72	69.48	0.10	1.77	1.61	56.03	0.17
民乐县	Minle	6.63	4.45	28.78	15.75	0.92	0.62	15.71	16.50
临泽县	Linze	13.41	12.27	15.21	10.51	5.81	5.78	9.69	12.62
高台县	Gaotai	16.25	13.01	34.73	15.80	4.31	3.80	20.53	13.38
山丹县	Shandan	4.30	1.90	63.63	2.68	0.66	0.42	39.23	3.34
平凉市	**Pingliang**	**87.00**	**75.23**	**22.30**	**44.13**	**45.04**	**44.08**	**15.32**	**51.20**
崆峒区	Kongtong	17.65	17.29	8.02	3.27	13.55	13.48	5.50	3.28
泾川县	Jingchuan	10.40	10.38	2.22	8.45	7.58	7.58	1.37	9.10
灵台县	Lingtai	11.71	11.66	4.36	2.01	6.66	6.58	1.87	1.99
崇信县	Chongxin	6.89	6.63	4.04	2.95	4.87	4.80	2.69	3.28
华亭县	Huating	11.71	11.36	2.66	4.24	6.96	6.94	3.30	6.72
庄浪县	Zhuanglang	12.66	7.73	0.67	12.12	3.66	3.36	0.44	14.14
静宁县	Jingning	15.99	10.18	0.34	11.09	1.77	1.34	0.16	12.67
酒泉市	**Jiuquan**	**18.06**	**14.86**	**384.33**	**22.15**	**11.81**	**10.78**	**284.88**	**25.58**
肃州区	Suzhou	10.31	10.11	83.86	10.29	8.70	8.69	73.52	11.66
金塔县	Jinta	1.39	1.31	82.26	4.69	0.62	0.53	71.88	6.52
瓜州县	Guazhou	1.97	1.70	43.20	2.17	1.08	0.90	33.24	2.10
肃北县	Subei	1.78	0.47	35.70	0.14	0.50	0.15	10.38	0.16
阿克塞县	Akesai	0.57	0.07	16.76	0.00	0.17	0.03	11.37	0.01
玉门市	Yumen	1.40	0.90	80.51	3.12	0.31	0.16	43.00	3.00
敦煌市	Dunhuang	0.64	0.32	42.04	1.73	0.43	0.33	41.50	2.15
庆阳市	**Qingyang**	**64.68**	**38.35**	**185.28**	**41.28**	**23.67**	**17.18**	**80.08**	**39.66**
西峰区	Xifeng	2.05	1.95	11.61	5.92	0.74	0.71	4.43	6.17
庆城县	Qingcheng	6.61	4.86	20.26	3.53	1.91	1.84	8.37	3.40
环　县	Huanxian	13.82	4.27	77.84	7.38	4.21	1.74	36.31	6.93
华池县	Huachi	6.15	2.66	19.31	3.71	1.58	1.08	7.82	3.45
合水县	Heshui	2.94	2.64	19.09	3.24	1.18	1.15	8.31	2.91
正宁县	Zhengning	1.62	1.56	2.51	2.75	0.76	0.76	1.03	2.51
宁　县	Ningxian	9.45	9.32	10.40	9.55	5.21	5.13	4.21	8.94
镇原县	Zhenyuan	22.04	11.08	24.24	5.19	8.07	4.76	9.59	5.35
定西市	**Dingxi**	**63.66**	**31.04**	**91.32**	**91.44**	**7.94**	**6.48**	**47.26**	**94.96**
安定区	Anding	13.19	2.93	16.79	12.45	1.66	1.03	11.83	14.17
通渭县	Tongwei	13.02	4.62	4.19	10.89	1.33	1.10	2.15	11.74

12-31 续表 2 continued

地区	Region	大牲畜存栏（万头）Large animals Livestock (10 000 heads)	#牛 Cattle	羊存栏数（万只）Sheep and Goats Livestock (10 000 heads)	猪存栏数（万头）Sheep and Goats Livestock (10 000 heads)	大牲畜出栏（万头）Slaughtered Fattened Large Animals (10 000 heads)	#牛 Cattle	羊出栏数（万只）Slaughtered Fattened Sheep and Goats (10 000 heads)	猪出栏数（万头）Slaughtered Fattened Hogs (10 000 heads)
陇西县	Longxi	9.40	2.56	13.31	15.70	0.70	0.49	5.40	15.41
渭源县	Weiyuan	5.85	4.17	7.85	11.36	0.65	0.59	2.77	10.90
临洮县	Lintao	6.44	5.04	26.57	18.50	1.68	1.66	18.76	21.41
漳　县	Zhangxian	5.41	2.32	7.39	7.14	0.46	0.15	1.00	7.68
岷　县	Minxian	10.36	9.41	15.20	15.41	1.45	1.45	5.35	13.65
陇南市	**Longnan**	**55.11**	**35.69**	**36.83**	**91.53**	**11.56**	**10.14**	**19.65**	**102.32**
武都区	Wudu	8.38	5.02	6.33	21.28	1.07	0.86	4.06	21.15
成　县	Chengxian	2.38	2.31	1.29	10.43	0.83	0.79	0.91	12.00
文　县	Wenxian	5.48	3.43	4.53	8.56	0.43	0.38	2.02	9.95
宕昌县	Tanchang	9.99	5.05	6.65	8.63	1.39	1.25	2.55	8.07
康　县	Kangxian	2.92	2.78	2.41	5.97	0.75	0.72	1.36	6.33
西和县	Xihe	4.30	2.15	2.57	8.73	1.11	0.86	1.52	9.81
礼　县	Lixian	14.42	7.70	10.27	11.57	3.47	2.77	5.69	16.69
徽　县	Huixian	6.04	6.04	2.04	13.65	1.96	1.96	1.18	15.31
两当县	Liangdang	1.20	1.20	0.73	2.72	0.54	0.54	0.37	3.02
临夏州	**Linxia**	**38.61**	**28.73**	**149.44**	**26.35**	**12.08**	**11.60**	**107.63**	**26.30**
临夏市	Linxia	1.12	1.12	1.87	1.91	1.83	1.83	1.48	2.12
临夏县	Linxia	6.08	5.91	18.42	7.41	1.12	1.12	8.48	7.46
康乐县	Kangle	6.81	5.57	15.10	3.13	2.66	2.57	5.15	2.76
永靖县	Yongjing	3.91	0.85	15.91	6.18	0.57	0.18	10.55	8.07
广河县	Guanghe	4.07	3.99	18.66	0.01	1.14	1.14	6.76	
和政县	Hezheng	3.69	3.60	13.52	3.01	2.09	2.09	6.63	2.95
东乡县	Dongxiang	5.89	3.83	48.64	0.38	1.34	1.34	62.94	0.60
积石山县	Jishishan	7.02	3.86	17.32	4.32	1.33	1.33	5.63	2.35
甘南州	**Gannan**	**133.39**	**125.54**	**217.12**	**23.24**	**40.70**	**40.70**	**114.39**	**21.04**
合作市	Hezuo	11.06	10.58	16.93	1.19	3.22	3.22	8.94	1.71
临潭县	Lintan	5.45	4.54	13.99	4.28	1.67	1.66	8.81	4.54
卓尼县	Zhuoni	15.66	14.99	28.10	7.03	4.96	4.96	12.30	4.86
舟曲县	Zhouqu	4.66	3.26	1.19	3.58	0.66	0.66	2.07	4.80
迭部县	Diebu	11.27	10.46	2.85	5.05	2.30	2.30	2.06	3.68
玛曲县	Maqu	50.76	48.45	49.35		16.16	16.16	20.47	
碌曲县	Luqu	19.78	19.40	37.80	0.55	4.54	4.54	22.01	0.38
夏河县	Xiahe	14.75	13.85	66.93	1.57	7.18	7.18	37.73	1.07

12-32　各地县畜产品产量（2015）
Output of Livestock Products by Region,County(2015)

单位：吨　　　　(ton)

地　区	Region	肉类 Output of Meat	#猪肉 Pork	#牛肉 Beef	#羊肉 Mutton	奶类 Milk	绵羊毛 Sheep Wool	山羊毛 Goat Wool	禽蛋 Poultry Eggs	水产品 Aquatic Products
兰州市	**Lanzhou**	**40925**	**24862**	**888**	**5696**	**73860**	**1033**	**53**	**19657**	**1796**
城关区	Chengguan	575	474	36	41	4543	7		101	
七里河区	Qilihe	2081	1527	154	143	28960	39	2	1876	
西固区	Xigu	2371	1137	39	166	6652	28		3807	282
安宁区	Anning	370	265		39	938	4		120	
红古区	Honggu	2782	2228	105	323	13165	67	1	870	150
永登县	Yongdeng	10557	7983	179	1680	6629	546	16	4920	1206
皋兰县	Gaolan	3574	2370	20	929	285	153	3	1478	30
榆中县	Yuzhong	9585	7491	338	1228	7119	142	21	3180	128
兰州新区	Lanzhou New Area	9029	1387	16	1147	5569	47	10	3306	
嘉峪关市	**Jiayuguan**	**2900**	**2252**	**115**	**469**	**10230**	**96**	**3**	**481**	**170**
金昌市	**Jinchang**	**13239**	**5218**	**944**	**6518**	**23515**	**1498**	**102**	**2337**	**535**
金川区	Jinchuan	3116	1596	205	1213	7425	219	11	477	
永昌县	Yongchang	10123	3622	739	5305	16090	1278	92	1860	535
白银市	**Baiyin**	**89336**	**52284**	**4214**	**24355**	**28632**	**2689**	**202**	**15985**	**2060**
白银区	Baiyin	7109	5231	70	1038	9021	118	18	1194	1040
平川区	Pingchuan	3836	2453	61	767	375	81	15	820	85
靖远县	Jingyuan	20528	13439	55	4819	4092	509	51	10091	859
会宁县	Huining	40732	21494	3975	11029	11818	1024	51	2439	
景泰县	Jingtai	17130	9668	54	6702	3326	957	67	1441	76
天水市	**Tianshui**	**80109**	**60517**	**10617**	**2083**	**7455**	**306**	**51**	**14234**	**1498**
秦州区	Qinzhou	7630	5898	657	156	305	17	4	1749	262
麦积区	Maiji	9361	7588	853	187	1173		6	2584	278
清水县	Qingshui	14915	9798	3588	307	3008	11	6	2791	180
秦安县	Qinan	14767	13241	328	241	776	50	4	2689	5
甘谷县	Gangu	16087	14692	541	99	661	18	4	1672	185
武山县	Wushan	10680	8197	625	402	679	81	11	1669	536
张家川县	Zhangjiachuan	6669	1104	4025	691	852	130	16	1081	52
武威市	**Wuwei**	**142983**	**84952**	**23351**	**28804**	**14381**	**5633**	**141**	**14153**	**628**
凉州区	Liangzhou	89393	63788	14361	8471	10583	1799	44	8981	221
民勤县	Minqin	18995	5002	1855	9865	710	1570	21	3035	400
古浪县	Gulang	19117	11959	1966	4676	653	817	15	1877	
天祝县	Tianzhu	15478	4202	5170	5792	2434	1446	61	261	8
张掖市	**Zhangye**	**117043**	**54526**	**25064**	**27430**	**74665**	**6275**	**166**	**15011**	**3073**

12-32 续表 1 continued

单位：吨 (ton)

地 区	Region	肉类 Output of Meat	# 猪肉 Pork	# 牛肉 Beef	# 羊肉 Mutton	奶类 Milk	绵羊毛 Sheep Wool	山羊毛 Goat Wool	禽蛋 Poultry Eggs	水产品 Aquatic Products
甘州区	Ganzhou	49276	23604	12792	6376	14035	1624	54	9624	1213
肃南县	Sunan	10080	121	1371	8404	2357	2196	25	26	
民乐县	Minle	15492	11553	624	2356	12368	569	13	1742	
临泽县	Linze	16137	8202	5783	1454	24112	261	4	1568	680
高台县	Gaotai	16362	8700	3801	2874	19103	629	24	1271	1125
山丹县	Shandan	9336	2339	420	5884	2091	950	47	779	55
平凉市	**Pingliang**	**85518**	**35837**	**44084**	**2298**	**17294**	**167**	**48**	**9861**	**2319**
崆峒区	Kongtong	17045	2298	13481	824	11643	97	10	1232	718
泾川县	Jingchuan	14558	6367	7582	206	374		8	1992	830
灵台县	Lingtai	8509	1396	6584	280	641	17	15	407	263
崇信县	Chongxin	7701	2296	4796	403	1483	42	8	554	252
华亭县	Huating	12405	4707	6942	495	1988	10	6	626	34
庄浪县	Zhuanglang	14143	9901	3360	66	265		1	2793	222
静宁县	Jingning	11158	8872	1338	23	900	1		2257	
酒泉市	**Jiuquan**	**79503**	**17908**	**10778**	**42732**	**33796**	**6775**	**295**	**10683**	**2275**
肃州区	Suzhou	32804	8162	8688	11028	23184	2027	40	7293	1189
金塔县	Jinta	16979	4564	528	10781	1098	1579	16	1452	586
瓜州县	Guazhou	7746	1470	895	4986	1747	760	46	327	171
肃北县	Subei	2280	109	151	1557	254	288	94	48	
阿克塞县	Akesai	1892	4	31	1705	234	200	18	7	
玉门市	Yumen	9186	2098	158	6450	3884	1144	67	828	133
敦煌市	Dunhuang	8616	1502	327	6225	3394	778	15	729	196
庆阳市	**Qingyang**	**71519**	**29748**	**20621**	**12812**	**11477**	**409**	**647**	**11479**	**1314**
西峰区	Xifeng	6413	4628	857	709	1156	138	24	629	155
庆城县	Qingcheng	6236	2551	2210	1339	429	3	72	650	78
环 县	Huanxian	15350	5199	2092	5810		15	282	1330	104
华池县	Huachi	5766	2585	1301	1251	1672	4	64	821	113
合水县	Heshui	5035	2184	1385	1330	4401	8	89	848	173
正宁县	Zhengning	3223	1885	911	166	455	17	9	743	195
宁 县	Ningxian	13819	6706	6152	674	2546	91	33	2045	91
镇原县	Zhenyuan	15677	4010	5713	1534	818	133	74	4412	405
定西市	**Dingxi**	**89306**	**71060**	**6479**	**7089**	**8272**	**480**	**81**	**9494**	**1917**
安定区	Anding	16851	12893	1029	1774	353	202	11	1558	9
通渭县	Tongwei	10403	8218	1099	322	1783	37	4	1726	14

12-32 续表 2 continued

单位：吨 (ton)

地 区	Region	肉类 Output of Meat	#猪肉 Pork	#牛肉 Beef	#羊肉 Mutton	奶类 Milk	绵羊毛 Sheep Wool	山羊毛 Goat Wool	禽蛋 Poultry Eggs	水产品 Aquatic Products
陇西县	Longxi	12622	10784	494	810	383	1	5	1247	159
渭源县	Weiyuan	9082	7632	586	415	1045	39	3	1035	316
临洮县	Lintao	20676	14984	1664	2814	4300	189	15	3010	687
漳 县	Zhangxian	7723	6992	153	150	199		23	503	609
岷 县	Minxian	11950	9558	1454	803	209	13	19	415	123
陇南市	**Longnan**	**88390**	**71623**	**10138**	**2948**	**908**	**14**	**101**	**10881**	**2658**
武都区	Wudu	16977	14803	860	609	440	7	17	1728	320
成 县	Chengxian	9779	8398	795	136	280		4	1514	182
文 县	Wenxian	7845	6965	384	304	5		22	987	1380
宕昌县	Tanchang	7501	5647	1247	382	39		15	287	74
康 县	Kangxian	5570	4428	720	204	91		10	1323	98
西和县	Xihe	8300	6864	862	228			2	1454	56
礼 县	Lixian	16132	11684	2767	854	12	4	17	1642	62
徽 县	Huixian	13531	10717	1964	176	9	3	9	1739	423
两当县	Liangdang	2754	2117	539	56	33		3	208	63
临夏州	**Linxia**	**57851**	**19784**	**14693**	**20649**	**28028**	**2933**	**126**	**6095**	**3802**
临夏市	Linxia	4461	1694	2377	297	3279	54	1	119	196
临夏县	Linxia	9279	5219	1454	1695	19304	429	17	2376	104
康乐县	Kangle	6094	1933	3082	772	509	389	7	826	90
永靖县	Yongjing	9599	6452	231	2111	1405	328	30	859	3024
广河县	Guanghe	2657		1487	1014	826	459	5	668	
和政县	Hezheng	6478	2362	2716	1326	1697	323	7	272	76
东乡县	Dongxiang	15120	480	1745	12588	314	657	34	646	211
积石山县	Jishishan	4163	1644	1601	845	693	293	26	329	101
甘南州	**Gannan**	**72160**	**13777**	**36537**	**21366**	**82027**	**2096**	**66**	**1211**	**52**
合作市	Hezuo	4765	513	2643	1609	4656	158	6		
临潭县	Lintan	6434	3406	1665	1322	6822	96	31	41	18
卓尼县	Zhuoni	10921	3642	4965	2213	4562	259	27	396	17
舟曲县	Zhouqu	5720	4319	798	311	197	10	2	605	
迭部县	Diebu	3944	1287	2303	308	5697	28		167	
玛曲县	Maqu	17831		13737	4094	38045	493			16
碌曲县	Luqu	8793	288	4543	3962	14635	377	1		
夏河县	Xiahe	13753	322	5884	7547	7414	674		2	

12-33 各地县中药材种植面积和产量（2015）

Sown Areas and Products of Chinese Medicine by Region,County (2015)

地区	Region	中药材 Chinese Medicinal Materials		当归 Angelica		党参 Codonopsis		其他 Others	
		面积（万亩）Areas (10 000 mu)	产量（吨）Products (ton)	面积（万亩）Areas (10 000 mu)	产量（吨）Products (ton)	面积（万亩）Areas (10 000 mu)	产量（吨）Products (ton)	面积（万亩）Areas (10 000 mu)	产量（吨）Products (ton)
兰州市	**Lanzhou**	**19.46**	**33119.54**	**0.15**	**341.70**	**1.22**	**1164.65**	**18.08**	**31613.19**
城关区	Chengguan								
七里河区	Qilihe	0.14	289.00	0.03	121.20	0.05	86.00	0.05	81.80
西固区	Xigu	0.04	100.00					0.04	100.00
安宁区	Anning								
红古区	Honggu								
永登县	Yongdeng	2.52	7568.00			0.09	165.00	2.42	7403.00
皋兰县	Gaolan								
榆中县	Yuzhong	16.46	23304.54	0.08	88.50	1.08	913.65	15.30	22302.39
兰州新区	Lanzhou New Area	0.30	1858.00	0.04	132.00			0.27	1726.00
嘉峪关市	**Jiayuguan**								
金昌市	**Jinchang**	**2.06**	**19266.89**	**0.02**	**45.00**	**0.05**	**520.00**	**1.99**	**18701.89**
金川区	Jinchuan	0.47	4838.89					0.47	4838.89
永昌县	Yongchang	1.59	14428.00	0.02	45.00	0.05	520.00	1.52	13863.00
白银市	**Baiyin**	**16.59**	**35000.32**	**0.17**	**237.00**	**0.89**	**1493.10**	**15.53**	**33270.22**
白银区	Baiyin								
平川区	Pingchuan	0.48	602.00			0.08	120.00	0.40	482.00
靖远县	Jingyuan	10.01	15705.00	0.15	228.00	0.22	237.00	9.65	15240.00
会宁县	Huining	2.11	3911.20			0.60	1136.10	1.51	2775.10
景泰县	Jingtai	3.99	14782.12	0.02	9.00			3.97	14773.12
天水市	**Tianshui**	**19.36**	**40800.17**	**0.99**	**3425.55**	**5.84**	**10076.00**	**12.53**	**27298.62**
秦州区	Qinzhou	5.41	7516.00	0.13	163.00	0.25	683.00	5.03	6670.00
麦积区	Maiji	1.21	3308.00	0.03	58.00	0.20	873.00	0.98	2377.00
清水县	Qingshui	2.97	9791.39	0.14	737.11	0.03	117.40	2.80	8936.88
秦安县	Qinan	1.56	2530.00	0.02	47.00	0.74	1262.10	0.80	1220.90
甘谷县	Gangu	5.19	7477.70			4.01	5236.90	1.18	2240.80
武山县	Wushan	2.63	8997.00	0.67	2420.44	0.60	1903.60	1.35	4672.96
张家川县	Zhangjiachuan	0.39	1180.08					0.39	1180.08
武威市	**Wuwei**	**17.78**	**56123.71**	**0.64**	**1828.76**	**0.52**	**1649.42**	**16.62**	**52645.53**
凉州区	Liangzhou	3.47	23114.00	0.25	908.10	0.34	1019.40	2.88	21186.50
民勤县	Minqin	11.08	20537.80					11.08	20537.80
古浪县	Gulang	2.17	9800.81	0.12	520.66	0.12	499.02	1.94	8781.13
天祝县	Tianzhu	1.05	2671.10	0.27	400.00	0.07	131.00	0.71	2140.10
张掖市	**Zhangye**	**22.50**	**79920.23**	**0.12**	**988.00**	**0.39**	**1879.00**	**21.99**	**77053.23**

12–33 续表 1 continued

地 区	Region	中药材 Chinese Medicinal Materials		当归 Angelica		党参 Codonopsis		其他 Others	
		面积（万亩）Areas (10 000 mu)	产量（吨）Products (ton)	面积（万亩）Areas (10 000 mu)	产量（吨）Products (ton)	面积（万亩）Areas (10 000 mu)	产量（吨）Products (ton)	面积（万亩）Areas (10 000 mu)	产量（吨）Products (ton)
甘州区	Ganzhou	1.53	8043.00			0.07	389.00	1.46	7654.00
肃南县	Sunan	0.45	2288.21	0.01	35.00			0.44	2253.21
民乐县	Minle	17.15	52897.72	0.08	481.00	0.31	1490.00	16.76	50926.72
临泽县	Linze	1.36	5355.30					1.36	5355.30
高台县	Gaotai	0.54	4465.00					0.54	4465.00
山丹县	Shandan	1.46	6871.00	0.04	472.00			1.42	6399.00
平凉市	**Pingliang**	**13.83**	**46994.40**	**0.27**	**477.00**	**0.64**	**2703.60**	**12.92**	**43813.80**
崆峒区	Kongtong	1.05	3980.00			0.07	231.00	0.98	3749.00
泾川县	Jingchuan	0.14	159.00	0.07	42.00			0.07	117.00
灵台县	Lingtai	2.00	4449.00					2.00	4449.00
崇信县	Chongxin	1.00	2277.40	0.05	130.00	0.06	100.60	0.89	2046.80
华亭县	Huating	7.11	24464.00			0.07	119.00	7.04	24345.00
庄浪县	Zhuanglang	2.00	9000.00	0.15	305.00	0.15	1096.00	1.70	7599.00
静宁县	Jingning	0.53	2665.00			0.29	1157.00	0.24	1508.00
酒泉市	**Jiuquan**	**27.31**	**122212.99**					**27.31**	**122212.99**
肃州区	Suzhou	0.05	937.00					0.05	937.00
金塔县	Jinta	1.10	15015.00					1.10	15015.00
瓜州县	Guazhou	16.50	88172.00					16.50	88172.00
肃北县	Subei								
阿克塞县	Akesai	0.04	400.00					0.04	400.00
玉门市	Yumen	8.61	17513.00					8.61	17513.00
敦煌市	Dunhuang	1.01	175.99					1.01	175.99
庆阳市	**Qingyang**	**17.00**	**102366.96**	**0.47**	**1373.70**	**1.13**	**2541.44**	**15.40**	**98451.82**
西峰区	Xifeng	0.86	2766.00					0.86	2766.00
庆城县	Qingcheng	0.78	3543.66	0.02	104.30	0.02	70.44	0.73	3368.92
环 县	Huanxian	0.77	7626.60					0.77	7626.60
华池县	Huachi	2.04	5823.00	0.10	105.00	0.01	14.00	1.93	5704.00
合水县	Heshui	0.31	2016.70	0.01	93.40			0.30	1923.30
正宁县	Zhengning	5.15	47268.00			0.48	1028.00	4.67	46240.00
宁 县	Ningxian	5.40	26591.00	0.05	85.00	0.37	528.00	4.99	25978.00
镇原县	Zhenyuan	1.68	6732.00	0.28	986.00	0.25	901.00	1.15	4845.00
定西市	**Dingxi**	**138.70**	**319646.08**	**35.39**	**72122.66**	**48.52**	**99241.19**	**54.79**	**148282.23**
安定区	Anding	2.50	7152.40	0.03	89.00	0.08	189.00	2.39	6874.40
通渭县	Tongwei	6.01	13213.09	0.13	232.69	1.65	5291.27	4.24	7689.13

12–33 续表 2 continued

地　区	Region	中药材 Chinese Medicinal Materials		当归 Angelica		党参 Codonopsis		其他 Others	
		面积（万亩）Areas (10 000 mu)	产量（吨）Products (ton)	面积（万亩）Areas (10 000 mu)	产量（吨）Products (ton)	面积（万亩）Areas (10 000 mu)	产量（吨）Products (ton)	面积（万亩）Areas (10 000 mu)	产量（吨）Products (ton)
陇西县	Longxi	35.00	96600.00	0.29	863.00	16.29	39197.98	18.41	56539.02
渭源县	Weiyuan	30.02	60032.50	11.52	25404.60	10.61	15444.00	7.89	19183.90
临洮县	Lintao	14.56	28820.49	1.48	2948.57	9.17	17165.94	3.91	8705.98
漳　县	Zhangxian	15.00	23195.00	6.69	9951.00	2.55	3087.00	5.76	10157.00
岷　县	Minxian	35.61	90632.60	15.24	32633.80	8.17	18866.00	12.19	39132.80
陇南市	**Longnan**	**71.64**	**141531.07**	**8.07**	**17949.90**	**13.24**	**20163.98**	**50.33**	**103417.19**
武都区	Wudu	20.18	29025.80	0.94	2008.30	3.18	5727.50	16.07	21290.00
成　县	Chengxian	3.21	18609.00	0.14	318.40	0.15	397.30	2.92	17893.30
文　县	Wenxian	5.90	5636.00	0.03	110.00	5.12	5141.67	0.75	384.33
宕昌县	Tanchang	16.94	34830.76	6.42	14041.20	3.56	6117.21	6.97	14672.35
康　县	Kangxian	3.31	2122.00	0.01	3.00	0.04	10.30	3.26	2108.70
西和县	Xihe	6.43	11116.63			0.63	1014.30	5.80	10102.33
礼　县	Lixian	4.17	9000.00	0.35	545.00	0.43	890.00	3.39	7565.00
徽　县	Huixian	4.57	16642.80	0.14	815.00	0.11	829.70	4.32	14998.10
两当县	Liangdang	6.93	14548.08	0.05	109.00	0.02	36.00	6.86	14403.08
临夏州	**Linxia**	**7.50**	**32386.74**	**4.16**	**18562.88**	**0.48**	**1990.30**	**2.86**	**11833.56**
临夏市	Linxia	0.01	133.00	0.01	101.00				32.00
临夏县	Linxia	0.55	2068.20	0.41	1571.18	0.01	18.00	0.13	479.02
康乐县	Kangle	3.79	16793.24	2.61	12334.40	0.25	1015.60	0.93	3443.24
永靖县	Yongjing	0.87	4841.90			0.04	165.30	0.84	4676.60
广河县	Guanghe	0.13	394.40			0.06	201.70	0.07	192.70
和政县	Hezheng	1.55	6975.00	1.04	4320.30	0.10	552.70	0.41	2102.00
东乡县	Dongxiang	0.03	169.00	0.03	169.00				
积石山县	Jishishan	0.57	1012.00	0.05	67.00	0.03	37.00	0.48	908.00
甘南州	**Gannan**	**22.67**	**43161.58**	**6.69**	**13282.35**	**1.61**	**2873.42**	**14.37**	**27005.81**
合作市	Hezuo	0.31	602.00	0.02	18.00			0.29	584.00
临潭县	Lintan	10.04	21059.36	3.70	7843.84	0.30	533.91	6.04	12681.61
卓尼县	Zhuoni	6.84	13385.00	2.27	4548.00	0.19	393.00	4.38	8444.00
舟曲县	Zhouqu	3.79	5286.14	0.07	108.66	1.04	1839.31	2.68	3338.17
迭部县	Diebu	1.36	2737.68	0.64	762.85	0.08	107.20	0.64	1867.63
玛曲县	Maqu								
碌曲县	Luqu	0.01	5.40					0.01	5.40
夏河县	Xiahe	0.33	86.00		1.00			0.33	85.00

12-34 受灾面积和成灾面积
Areas Covered and Affected by Natural Disaster

单位：千公顷 (1 000 hectares)

年 份 Year	受灾面积 Areas Covered	成灾面积 Areas Affected	成灾面积占受灾面积比重（%） Percentage of Disaster Areas Affected to Areas Covered (%)	水 灾 Flood		旱 灾 Drought	
				受灾面积 Areas Covered	成灾面积 Areas Affected	受灾面积 Areas Covered	成灾面积 Areas Affected
2000	2004.12	1572.91	78.48	55.77	41.82	1622.33	1303.93
2001	1575.59	1180.72	74.94	33.53	24.53	1089.83	833.13
2002	1270.29	913.25	71.89	50.61	35.68	636.83	483.13
2003	1176.41	813.87	69.18	229.70	169.51	562.63	383.31
2004	1243.84	866.83	69.69	80.08	42.44	378.59	286.02
2005	1137.95	739.98	65.03	101.30	76.76	607.03	380.82
2006	1422.13	1061.68	74.65	73.91	48.95	875.49	662.81
2007	1436.16	1040.57	72.46	110.55	77.95	975.71	700.30
2008	1238.71	871.81	70.38	35.05	20.23	731.83	520.05
2009	1299.83	981.59	75.52	38.51	23.23	1008.87	792.49
2010	1167.48	877.71	75.18	101.79	74.66	601.85	499.85
2011	1209.77	881.60	72.87	55.24	37.83	893.77	656.66
2012	676.43	490.05	72.45	98.41	63.54	211.83	144.15
2013	977.64	593.59	60.72	151.93	110.55	551.76	297.37
2014	695.34	389.48	56.01	25.67	14.80	242.03	108.38
2015	664.38	416.59	62.70	33.21	24.23	316.81	181.58

12-35 各地区受灾面积和成灾面积（2015）
Areas Covered and Affected by Natural Disaster by Region(2015)

单位：千公顷 (1 000 hectares)

地 区	Region	受灾面积 Areas Covered	成灾面积 Areas Affected	成灾面积占受灾面积比重（%） Percentage of Disaster Areas Affected to Areas Covered (%)	水灾 Flood 受灾面积 Areas Covered	水灾 Flood 成灾面积 Areas Affected	旱灾 Drought 受灾面积 Areas Covered	旱灾 Drought 成灾面积 Areas Affected
兰州市	Lanzhou	22.72	12.68	55.81	0.24	0.17	4.08	1.49
嘉峪关市	Jiayuguan	0.12						
金昌市	Jinchang	0.71	0.52	72.90				
白银市	Baiyin	61.65	37.16	60.27	1.62	0.78	36.40	24.91
天水市	Tianshui	42.70	26.06	61.04	1.12	0.79	16.51	5.92
武威市	Wuwei	7.75	4.53	58.44	1.01	0.58	2.81	2.12
张掖市	Zhangye	13.30	12.99	97.70	0.56	0.41	1.02	1.02
平凉市	Pingliang	142.31	93.70	65.84	22.01	17.71	48.70	26.04
酒泉市	Jiuquan	0.49	0.23	45.98	0.07			
庆阳市	Qingyang	151.74	83.27	54.88	2.56	1.57	97.96	48.73
定西市	Dingxi	97.11	51.34	52.87	0.70	0.69	68.03	33.88
陇南市	Longnan	45.24	33.44	73.90	1.59	0.75	26.12	24.65
临夏州	Linxia	56.38	47.18	83.67	0.51	0.06	11.86	11.35
甘南州	Gannan	3.20	2.61	81.61	0.26	0.21	1.53	1.21

主要指标解释

农林牧渔业总产值 指以货币表现的农、林、牧、渔业全部产品和对农林牧渔业生产活动进行的各种支持性服务活动的价值总量，它反映一定时期内农林牧渔业生产总规模和总成果。1957年以前的农林牧渔业总产值中包括了厩肥和农民自给性手工业（如农民自制衣服、鞋、袜，自己从事粮食初步加工等）。1958年及以后，林业中增加了村及村以下竹木采伐产值；牧业中取消了厩肥产值；副业中取消了农民自给性手工业产值，增加了村及村以下办的工业产值； 渔业中增加了海洋捕捞水产品产值。1980年及以后，在副业中增加了农民家庭兼营工业商品部分的产值。从1984年起村及村以下工业产值划归工业。从1993年起取消副业，将野生动物的捕猎划人牧业，野生植物采集和农民家庭兼营商品性工业划归农业。从2003年起，执行新的国民经济行业分类标准，农林牧渔业总产值中包括了农林牧渔服务业产值。林业中增加了森林采运业产值。农业中取消了家庭兼营商品性工业产值，将野生林产品的采集划归林业。第一次农业普查以后，由于畜牧业产品年报数据与普查数据之间存在一定的差距，根据农业普查结果，对畜牧业年报数据和畜牧业产值进行了修正。2010年执行《统计用产品分类目录》，对2009年的农业、林业产值做了相应调整。

农林牧渔业总产值的计算方法通常是按农、林、牧、渔业产品及其副产品的产量分别乘以各自单位产品价格求得；少数生产周期较长，当年没有产品或产品产量不易统计的，则采用间接方法匡算其产值；然后将四业产品产值及农林牧渔服务业产值相加即为农林牧渔业总产值。

粮食产量 指农业生产经营者日历年度内生产的全部粮食数量。按收获季节包括夏收粮食、早稻和秋收粮食，按作物品种包括谷物、薯类和豆类。其产量计算方法：谷物按脱粒后的原粮计算，豆类按去豆荚后的干豆计算；薯类（包括甘薯和马铃薯，不包括芋头和木薯）1963年以前按每4公斤鲜薯折1公斤粮食计算，从1964年开始改为按5公斤鲜薯折1公斤粮食计算；城市郊区作为蔬菜的薯类（如马铃薯等）按鲜品计算，并且不作粮食统计。1989年以前全国粮食产量数据主要靠全面报表取得，1989年开始使用抽样调查数据。

棉花产量 指全社会的产量。包括春播棉和夏播棉；产量按皮棉计算；不包括木棉。

油料产量 指全部油料作物的生产量。包括花生、油菜籽、芝麻、向日葵籽、胡麻籽（亚麻籽）和其他油料。不包括大豆、木本油料和野生油料。花生以带壳干花生计算。

猪、牛、羊肉产量 指当年出栏并已屠宰、除去头蹄下水后带骨肉（即胴体重）的重量。包括全社会范围内的产量。1996年以前为全面统计并逐级上报数据。1996年第一次全国农业普查以后，根据普查结果，对畜牧业主要年报数据进行了修正。1999年以后，国家统计局在部分地区开展了猪、牛、羊、禽等主要畜禽品种的抽样调查，并用抽样数据作为国家定案数据使用。未开展抽样调查的地区和品种，仍使用各级统计部门逐级上报数据。2007年，根据第二次全国农业普查结果，对2000—2006年畜牧业主要年报数据进行了修正。2008年，建立了主要畜禽监测调查制度，猪、牛、羊、禽等主要畜禽数据均以抽样调查数为法定数据。

期初（末）畜禽存栏头（只）数 指报告期初（末）农村各种合作经济组织和国营农场、农民个人、机关、团体、学校、工矿企业、部队等单位，以及城镇居民饲养的大牲畜、猪、羊、家禽等畜禽的数量。数据上报方式及数据调整情况同猪、牛、羊肉产量。

常用耕地 指耕地总资源中专门种植农作物并经常进行耕种、能够正常收获的土地。包括当年实际耕种的熟地；弃耕、休闲不满三年，随时可以复耕的地；开荒利用三年以上的土地。在统计口径上包括南方小于1米、北方小于2米宽的沟、渠、路和田埂。不包括临时种植农作物的坡度在25度以上的陡坡地；在河套、湖畔、库区临时开发的成片或零星土地；也不包括已列为国家和省（区、市）退耕计划但临时耕种的土地。

农作物播种面积 指农业生产经营者应在日历年度内收获农作物在全部土地（耕地或非耕地）上的播种或移植面积。凡是本年内收获的农作物，无论是本年还是上年播种，都算为播种面积，但不包括本年播种，下年收获的农作物面积。

有效灌溉面积 指具有一定的水源，地块比较平整，灌溉工程或设备已经配套，在一般年景下能够进行正常灌溉的耕地面积。在一般情况下，有效灌溉面积应等于灌溉工程或设备已经配套，能够进行正常灌溉的水田和水浇地面积之和。它是反映我国农田水利建设的重要指标。

农用化肥施用量 指本年度内实际用于农业生产的化肥数量，包括氮肥、磷肥、钾肥和复合肥。化肥施用量要求按折纯量计算数量。折纯量是指把氮肥、磷肥、钾肥分别按含氮、含五氧化二磷、含氧化钾的百分比成份进行折算后的数量。复合肥按其所含主要成分折算。公式为：

折纯量 = 实物量 × 某种化肥有效成分含量的百分比

农业机械总动力 指全部农业机械动力的额定功率之和。农业机械是指用于种植业、畜牧业、渔业、农产品初加工、农用运输和农田基本建设等活动的机械及设备。农机总动力按使用能源不同分为以下四部分：

柴油发动机动力：指全部柴油发动机额定功率之和；

汽油发动机动力：指全部汽油发动机额定功率之和；

电动机动力：指全部电动机（含潜水电泵的电动机）额定功率之和；

其他机械动力：指采用柴油、汽油、电力之外的其他能源，如水力、风力、煤炭、太阳能等动力机械功率之和。

这个指标的统计数据主要来源于农机部门。

农村户数 指长期（一年以上）居住在乡镇（不包括城关镇）行政管理区域内的住户，还包括居住在城关镇所辖行政村范围内的农村住户。户口不在本地而在本地居住一年及以上的住户也包括在本地农村住户内；有本地户口，但举家外出谋生一年以上的住户，无论是否保留承包耕地都不包括在本地农村住户范围内。不包括乡村地区内的国有经济机关、团体、学校、企业、事业单位的集体户。

农村人口 指乡村地区常住居民户数中的常住人口数，即经常在家或在家居住6个月以上，而且经济和生活与本户连成一体的人口。外出从业人员在外居住时间虽然在6个月以上，但收入主要带回家中，经济与本户连为一体，仍视为家庭常住人口；在家居住，生活和本户连成一体的国家职工、退休人员也为家庭常住人口。但是现役军人、中专及以上（走读生除外）的在校学生、以及常年在外（不包括探亲、看病等）且已有稳定的职业与居住场所的外出从业人员，不应当作家庭常住人口。

13

工业

Industry

简要说明

一、本篇资料主要内容

本篇反映工业经济方面的基本情况。主要包括规模以上工业企业主要经济指标、构成资料；主要工业产品产量、规模以上工业主要产品生产能力资料；国有及国有控股工业企业情况；支柱产业情况。

二、本篇资料的统计范围

本篇资料的统计范围：2010 年为年主营业务收入在 500 万元以上工业企业（即规模以上工业企业），从 2011 年开始，规模以上工业统计范围的工业企业起点标准从年主营业务收入 500 万元提高到 2000 万元。

三、本篇资料来源

本篇资料由省统计局工业交通处根据工业统计年报表中有关资料整理。

13-1 规模以上工业企业工业增加值

Value-added of Industry of Industrial Enterprises Above Designated Size

单位：亿元 (100 million yuan)

项 目	Item	2010	2011	2012	2013	2014	2015	2015 年比 2014 年增长（%） Increase Rate in 2015 over 2014(%)
工业增加值	**Value-added of Industry**	**1376.3**	**1782.8**	**1931.4**	**2045.2**	**2070.0**	**1662.0**	**6.8**
# 国有及国有控股	State-owned and State-holding Enterprises	1098.6	1450.5	1488.4	1502.2	1544.6	1216.1	7.8
按登记注册类型分	**By Status of Registration**							
国有企业	State-owned Enterprises	319.1	472.7	450.2	486.5	621.6	472.6	31.6
集体企业	Collective-owned Enterprises	27.3	32.4	43.7	29.0	22.7	13.1	-13.9
股份合作企业	Cooperative Enterprises	7.0	7.3	5.2	9.6	9.4	0.8	-0.2
股份制企业	Share-holding Corporations	968.4	1213.8	1355.8	1433.2	1335.1	1142.5	-3.1
外商及港澳台商投资企业	Enterprises with Funds from Foreign, Hong Kong ,Macao and Taiwan	29.1	30.6	29.4	30.6	32.2	28.4	-8.6
其他企业	Other Enterprises	25.4	26.1	47.1	56.3	49.0	4.5	-5.3
按企业规模分	**Grouped by Size of Enterprises**							
大型企业	Large Enterprises	805.2	1090.4	1298.1	1292.2	1335.4	1090.3	11.0
中型企业	Medium-size Enterprises	251.1	328.4	249.9	269.5	241.8	183.6	-6.8
小型企业	Small Enterprises	320.0	364.0	377.9	470.8	482.6	371.6	0.3
微型企业	Micro Enterprises			5.6	12.7	10.2	16.6	7.2
按轻重工业分	**Grouped by Light and Heavy Industries**							
轻工业	Light Industry	194.0	224.1	278.8	334.4	328.1	319.8	6.2
重工业	Heavy Industry	1182.3	1558.7	1652.6	1710.8	1741.9	1342.2	7.0
工业增加值指数（可比价）（上年 =100）	**Indices of Value-added of Industry** By Comparable Prices) (preceding year=100)	**116.6**	**116.2**	**114.6**	**111.5**	**108.4**	**106.8**	

注：1. 工业增加值中含长庆油田甘肃部分。

2. 从 2011 年起，规模以上工业统计范围的工业企业起点标准从年主营业务收入 500 万元提高到 2000 万元。

3. 工业增加值增长速度按可比价计算。

a) The value-added of industry included the data of PCOC Gansu Part.

b) Since 2011,the cut-off point of Industrial enterprises covered by statistics of industrial enterprises above designated size are raised from revenue from principal business of 5 million yuan to 20 million yuan.

c)Growth rate of value-added of industrial was calculated by comparable prices.

13-2 规模以上工业企业主要经济指标（2015）

单位：万元

类 别	Item	企业单位数（个） Number of Enterprises (unit)	# 亏损企业 Loss-making Enterprises	工业总产值 Gross Industrial Output Value
甘肃省	**Gansu**	**2148**	**669**	**73246881**
按登记注册类型分	**By Status of Registration**			
内 资	Domestic Funded Enterprises	2100	655	71890811
国有企业	State-owned Enterprises	63	20	10687064
集体企业	Collective-owned Enterprises	26	3	509736
股份合作企业	Cooperative Enterprises	6	1	40567
联营企业	Joint Ownership Enterprises	1		25761
有限责任公司	Limited Liability Corporations	1120	397	30714287
股份有限公司	Stock-holding Corporations Limited	115	50	20190172
私营企业	Private Enterprises	757	181	9633164
其他企业	Other Enterprises	12	3	90061
港澳台商投资企业	Enterprises with Funds from Hong Kong ,Macao and Taiwan	19	4	305916
外商投资企业	Foreign Funded Enterprises	29	10	1050154
按轻重工业分	**Grouped by Light and Heavy Industries**			
轻工业	Light Industry	757	159	11764584
重工业	Heavy Industry	1391	510	61482297
按企业规模分	**Grouped by Size of Enterprises**			
大型企业	Large Enterprises	61	22	42418245
中型企业	Medium-size Enterprises	227	89	10846390
小型企业	Small Enterprises	1647	463	18939903
微型企业	Micro Enterprises	213	95	1042343
按行业分	**Grouped by Sector**			
煤炭开采和洗选业	Mining and Washing of Coal	53	28	2644263
石油和天然气开采业	Extraction of Petroleum and Natural Gas	2		3691930
黑色金属矿采选业	Mining and Processing of Ferrous Metal Ores	43	19	669827
有色金属矿采选业	Mining and Processing of Non-Ferrous Metal Ores	51	17	993116
非金属矿采选业	Mining and Processing of Non-metal Ores	35	11	508392
开采辅助活动	Support Activities for Mining	13		285851
其他采矿业	Mining of Other Ores			
农副食品加工业	Processing of Food from Agricultural Products	321	70	4155174
食品制造业	Manufacture of Foods	82	10	841327
酒、饮料和精茶制造业	Manufacture of Liquor, Beverages and Refined Tea	80	29	1619227
烟草制品业	Manufacture of Tobacco	2		1647613
纺织业	Manufacture of Textile	32	4	311864
纺织服装、服饰业	Manufacture of Textile, Wearing Apparel and Accessories	11	2	94102
皮革、毛皮、羽毛（绒）及其制品和制鞋业	Manufacture of Leather, Fur, Feather and Related Products and Footwear	11	1	202406

Main Economic Indicators of Industrial Enterprises above Designated Size (2015)

(10 000 yuan)

工业销售产值 Sales Value of Industry Products	#出口交货值 Delivery Value for Export	全部从业人员年平均人数(人) Average Annual Employed Persons (person)	资产总计 Total Assets	#产成品 Finished Product	流动资产合计 Total Current Assets	固定资产合计 Total Fixed Assets
69420642	**979850**	**615053**	**119183313**	**5586397**	**42468693**	**58338800**
68095708	979809	603872	116591585	5545036	41743637	56702937
10899858	1506	99753	15039777	211650	1705358	11654394
471464	41	9460	522051	23530	274581	185425
34057		436	64044	1119	17073	15673
23138		144	21277	3075	21089	33
28782672	260587	291679	60213128	1898538	20020953	30761088
19347068	617297	126079	31676895	2665079	14913242	11185136
8461433	100379	75389	8974447	729658	4755373	2873551
76018		932	79966	12387	35969	27638
304852	41	3717	943559	11046	319969	465806
1020083		7464	1648169	30315	405087	1170057
11024622	132336	107676	14254570	1124322	7745729	4046539
58396021	847514	507377	104928743	4462075	34722964	54292262
41315069	685840	335199	68706546	3117545	23757764	32897176
9946857	178703	131006	16774667	904932	6452264	8297782
17161049	105763	144483	28632049	1460393	11013490	13874426
997667	9545	4365	5070051	103526	1245175	3269416
2437151	41	70407	6293438	265362	1869221	4050422
3636904		26002	5148635	21915	390323	4203757
660641	109777	4258	966041	76615	531102	358709
684587		10089	1650514	81650	591959	508096
421558		3945	290575	28077	145491	117785
269568		4287	392254	2584	264986	100319
3981239	42074	28525	4229537	505903	2063680	1386148
779004	21818	10805	951899	86372	507777	283248
1450519	41397	15052	1670336	194626	790450	615970
1611048		3396	1462543	9884	1122253	224288
266359	3344	5924	299464	18893	169242	67812
94300	9868	2263	65916	2029	44523	14216
205536	380	2752	531133	113161	378509	20038

13-2 续表 1

单位：万元

类　别	Item	企业单位数（个）Number of Enterprises (unit)	#亏损企业 Loss-making Enterprises	工业总产值 Gross Industrial Output Value
木材加工及木、竹、藤、棕、草制品业	Processing of Timber, Manufacture of Wood, Bamboo, Rattan, Palm and Straw Products	3	1	8651
家具制造业	Manufacture of Furniture	4	2	12360
造纸及纸制品业	Manufacture of Paper and Paper Products	23	5	218397
印刷业和记录媒介复制业	Printing and Reproduction of Recording Media	19	4	129287
文教、工美、体育和娱乐用品制造业	Manufacture of Articles for Culture, Education, Arts and Crafts, Sport and Entertainment Activities	8	1	48348
石油加工、炼焦及核燃料加工业	Processing of Petroleum, Coking and Processing of Nuclear Fuel	12	4	8281419
化学原料及化学制品制造业	Manufacture of Raw Chemical Materials and Chemical Products	136	48	2960641
医药制造业	Manufacture of Medicines	104	17	1376162
化学纤维制造业	Manufacture of Chemical Fibers	2		16755
橡胶和塑料制品业	Manufacture of Rubber and Plastics Products	83	15	806146
非金属矿物制品业	Manufacture of Non-metallic Mineral Products	338	108	4246209
黑色金属冶炼及压延加工业	Smelting and Pressing of Ferrous Metals	68	44	7256756
有色金属冶炼及压延加工业	Smelting and Pressing of Non-ferrous Metals	68	35	15409695
金属制品业	Manufacture of Metal Products	84	23	1300180
通用设备制造业	Manufacture of General Purpose Machinery	35	8	733907
专用设备制造业	Manufacture of Special Purpose Machinery	47	10	1319880
汽车制造业	Manufacture of Automobile	6	5	255543
铁路、船舶、航空航天和其他运输设备制造业	Manufacture of Railway, Ship, Aerospace and Other Transport Equipments	6		157630
电气机械及器材制造业	Manufacture of Electrical Machinery and Apparatus	67	21	1425149
计算机、通讯和其他电子设备制造业	Manufacture of Computers,Communicationt and Other Electronic Equipment	10	2	643826
仪器仪表制造业	Manufacture of Measuring Instruments and Machinery	5	1	54764
其他制造业	Other Manufacture	4	1	551763
废弃资源综合利用业	Utilization of Waste Resources	11	4	163646
金属制品、机械和设备修理业	Repair Service of Metal Products, Machinery and Equipment	4	1	176218
电力、热力生产和供应业	Production and Supply of Electric Power and Heat Power	242	111	7489972
燃气生产和供应业	Production and Supply of Gas	13	3	460895
水的生产和供应业	Production and Supply of Water	10	4	77590

continued

(10 000 yuan)

工业销售产值 Sales Value of Industry Products	#出口交货值 Delivery Value for Export	全部从业人员年平均人数（人） Average Annual Employed Persons (person)	资产总计 Total Assets	#产成品 Finished Product	流动资产合计 Total Current Assets	固定资产合计 Total Fixed Assets
7362		199	12309	1820	8993	2348
12128		356	16139	1429	5460	4847
202906		3676	181634	18695	67873	99660
110505		5218	195440	15366	100428	62923
43606		1291	30858	3350	13889	13059
8313530	35	30176	5675018	106026	2126848	3285050
2678856	13191	34604	3599470	216318	1447608	1792122
1200453	13456	13891	2334677	102105	1330656	533430
16754		316	20054	5663	17081	2317
758707	5	8859	856648	85084	550603	210232
3650870	55039	43344	5837757	249598	2647784	2364553
7063848	38443	37810	12746868	329326	3055877	5935812
14688789	317748	82062	25413672	2586259	11936125	9029020
1232884	743	9432	1024997	50990	622210	188670
647059	36914	10890	1328126	57077	670747	302179
1224267	13783	19970	3305302	115915	1681626	1427071
255724		952	272999	2591	232852	36947
154291		2836	253580	11264	176253	32169
1238825	3266	12990	1735724	130345	1298783	219486
602337	232164	9562	1378281	50625	656609	316810
53785	26361	1377	204804	7473	84445	27344
552897		4589	1205591	8885	762915	244314
125427		1423	248433	10527	83180	106238
173038		3490	372175	2610	225605	47882
7371938	5	79873	26094189	7238	3541898	19572153
465905		4245	466444	2702	196330	247679
75540		3917	419846	48	56501	283681

13-2 续表 2

单位：万元

类　别	Item	固定资产原　价 Original Value of Fixed Assets	固定资产净　值 Net Value of Fixed Assets	负　债合　计 Total Liabilities	流动负债合　计 Total Liquid Liabilities
甘肃省	**Gansu**	**82155466**	**52483986**	**77906197**	**48947189**
按登记注册类型分	**By Status of Registration**				
内资	Domestic Funded Enterprises	79647910	50884016	76714823	48389861
国有企业	State-owned Enterprises	18032169	10507324	8920421	3038965
集体企业	Collective-owned Enterprises	303378	182391	357381	265241
股份合作企业	Cooperative Enterprises	23900	14906	63237	30239
联营企业	Joint Ownership Enterprises	130	31	7132	4743
有限责任公司	Limited Liability Corporations	40131398	27015312	41754420	26082958
股份有限公司	Stock-holding Corporations Limited	17238032	10605044	20771736	15636745
私营企业	Private Enterprises	3888560	2533258	4787504	3297223
其他企业	Other Enterprises	30343	25749	52992	33748
港澳台商投资企业	Enterprises with Funds from Hong Kong ,Macao and Taiwan	699159	449358	403517	220964
外商投资企业	Foreign Funded Enterprises	1808397	1150612	787857	336364
按轻重工业分	**Grouped by Light and Heavy Industries**				
轻工业	Light Industry	5602114	3549432	7294856	5375998
重工业	Heavy Industry	76553352	48934553	70611341	43571191
按企业规模分	**Grouped by Size of Enterprises**				
大型企业	Large Enterprises	49897722	29494216	44640042	30377439
中型企业	Medium-size Enterprises	11151592	6870739	11217996	7186769
小型企业	Small Enterprises	17554734	13010027	18404612	10051421
微型企业	Micro Enterprises	3551419	3109004	3643547	1331560
按行业分	**Grouped by Sector**				
煤炭开采和洗选业	Mining and Washing of Coal	3788564	2064809	3866974	2945287
石油和天然气开采业	Extraction of Petroleum and Natural Gas	6895607	4188768	2402710	580977
黑色金属矿采选业	Mining and Processing of Ferrous Metal Ores	785412	349372	763264	654022
有色金属矿采选业	Mining and Processing of Non-Ferrous Metal Ores	631167	424338	932051	703681
非金属矿采选业	Mining and Processing of Non-metal Ores	427760	103695	143303	97924
开采辅助活动	Support Activities for Mining	134095	95643	277703	181887
其他采矿业	Mining of Other Ores				
农副食品加工业	Processing of Food from Agricultural Products	1629796	1210379	2189797	1545096
食品制造业	Manufacture of Foods	361992	250601	478186	342304
酒、饮料和精茶制造业	Manufacture of Liquor, Beverages and Refined Tea	978583	554399	965661	852629
烟草制品业	Manufacture of Tobacco	399043	224288	560060	545091
纺织业	Manufacture of Textile	105826	56245	169525	102161
纺织服装、服饰业	Manufacture of Textile, Wearing Apparel and Accessories	18702	13563	34733	21088
皮革、毛皮、羽毛(绒)及其制品和制鞋业	Manufacture of Leather, Fur, Feather and Related Products and Footwear	28197	17720	232906	198836

continued

(10 000 yuan)

所有者权益 Owners' Equity	主营业务收入 Revenue from Principal Business	主营业务成本 Cost of Principal Business	主营业务税金及附加 Taxes and Extra Charges from Principal Business	管理费用 Management Expenses	利润总额 Total Profits	利税总额 Total Profits and Taxes	税金总额 Total Taxes	本年应交增值税 Value Added Tax Payable
41174464	**86893666**	**77566666**	**3382195**	**2836662**	**-918858**	**4538711**	**5639227**	**2060893**
39774112	85918620	76769621	3364978	2790296	-961135	4469780	5601477	2051795
6113457	9555041	7001529	531825	187845	472364	1403851	962368	395005
164670	416138	365157	5211	24624	17831	45467	29440	22424
484	24336	22600	120	2053	-2434	-1368	1146	946
14145	17816	17789	3	5	6	15	9	6
18420445	31225519	27870475	1131793	1490200	-600103	1235177	1949491	694597
10876432	37623586	35276992	1663266	846581	-1066620	1452894	2514387	855820
4161169	6985138	6148049	32696	237077	217132	332657	144088	82662
23311	71046	67029	65	1910	689	1089	548	335
540041	304419	268001	602	15389	35454	38466	6496	2368
860311	670628	529044	16615	30977	6823	30465	31254	6730
6914832	9019502	6583270	1034344	403966	678673	2045308	1471963	330571
34259632	77874165	70983396	2347852	2432696	-1597531	2493403	4167264	1730322
24066504	63981126	57655079	3241553	1821749	-1235697	3748671	5008193	1733454
5556596	8403315	7419790	65627	447783	-77763	225253	373437	234949
10206948	13706165	11890644	70488	527889	389151	598685	293045	136395
1344416	803061	601153	4527	39240	5451	-33899	-35447	-43905
2420638	1495839	1403748	43877	191571	-136714	46632	193053	138510
2745925	2772192	971566	93491	63153	434288	684914	265263	153381
202777	361396	328003	1714	16843	-24094	-14974	9964	7399
718462	574857	485542	7024	39037	21469	54900	40967	26407
143230	284080	233431	2603	6496	27987	39081	11855	8378
114551	280359	231336	5068	8083	24486	33666	10765	4013
2030638	3001746	2686416	3035	95016	80833	90432	16636	6117
473712	665239	521058	2969	27948	60803	78843	20619	15000
704674	1046395	767210	58045	50907	48479	141888	107544	35232
902482	1611500	448806	959280	47276	134724	1282656	1186399	188653
129939	237145	209035	1108	12974	-1172	894	2672	951
30332	78795	65461	344	5689	4532	7318	3881	2442
297904	197481	154900	316	9481	122525	152257	32569	29408

13-2 续表 3

单位：万元

类别	Item	固定资产原价 Original Value of Fixed Assets	固定资产净值 Net Value of Fixed Assets	负债合计 Total Liabilities
木材加工及木、竹、藤、棕、草制品业	Processing of Timber, Manufacture of Wood, Bamboo, Rattan, Palm and Straw Products	2924	2348	6710
家具制造业	Manufacture of Furniture	5891	4847	6449
造纸及纸制品业	Manufacture of Paper and Paper Products	111597	94830	93235
印刷业和记录媒介复制业	Printing and Reproduction of Recording Media	121503	56519	87244
文教、工美、体育和娱乐用品制造业	Manufacture of Articles for Culture, Education, Arts and Crafts, Sport and Entertainment Activities	15551	9955	14253
石油加工、炼焦及核燃料加工业	Processing of Petroleum, Coking and Processing of Nuclear Fuel	6011482	2866118	3517930
化学原料及化学制品制造业	Manufacture of Raw Chemical Materials and Chemical Products	2179148	1230649	2275974
医药制造业	Manufacture of Medicines	625046	427855	870136
化学纤维制造业	Manufacture of Chemical Fibers	2768	2103	13765
橡胶和塑料制品业	Manufacture of Rubber and Plastics Products	257797	180786	483472
非金属矿物制品业	Manufacture of Non-metallic Mineral Products	3104339	2203573	3279352
黑色金属冶炼及压延加工业	Smelting and Pressing of Ferrous Metals	9474542	5898944	9203347
有色金属冶炼及压延加工业	Smelting and Pressing of Non-ferrous Metals	11994024	8518040	17925586
金属制品业	Manufacture of Metal Products	352131	157828	553472
通用设备制造业	Manufacture of General Purpose Machinery	356675	280607	1003126
专用设备制造业	Manufacture of Special Purpose Machinery	720623	516777	2041692
汽车制造业	Manufacture of Automobile	52235	36944	225736
铁路、船舶、航空航天和其他运输设备制造业	Manufacture of Railway, Ship, Aerospace and Other Transport Equipments	55896	31566	120260
电气机械及器材制造业	Manufacture of Electrical Machinery and Apparatus	325451	198936	1269037
计算机、通讯和其他电子设备制造业	Manufacture of Computers,Communicationt and Other Electronic Equipment	536779	298718	437394
仪器仪表制造业	Manufacture of Measuring Instruments and Machinery	52478	25729	81406
其他制造业	Other Manufacture	486527	244314	1110822
废弃资源综合利用业	Utilization of Waste Resources	114527	100005	169401
金属制品、机械和设备修理业	Repair Service of Metal Products, Machinery and Equipment	72917	46504	306045
电力、热力生产和供应业	Production and Supply of Electric Power and Heat Power	28151141	19017889	19382670
燃气生产和供应业	Production and Supply of Gas	322607	223733	278338
水的生产和供应业	Production and Supply of Water	464121	254051	132474

continued

(10 000 yuan)

流动负债合计 Total Liquid Liabilities	所有者权益 Owners' Equity	主营业务收入 Revenue from Principal Business	主营业务成本 Cost of Principal Business	主营业务税金及附加 Taxes and Extra Charges from Principal Business	管理费用 Management Expenses	利润总额 Total Profits	利税总额 Total Profits and Taxes	税金总额 Total Taxes	本年应交增值税 Value Added Tax Payable
6496	5598	7361	6205	23	345	584	637	53	30
5526	3814	10388	8721	52	887	-196	75	271	183
78380	88399	166882	150220	377	5232	4504	7218	3231	2338
70280	108196	96518	67793	969	17576	5329	9807	5051	3509
7649	16605	34851	30695	58	897	1168	1595	481	369
2422833	2150908	8037916	5675698	2012207	440335	-410765	2161809	2584460	560213
1790938	1284545	2619867	2456898	7512	156583	-87242	-37902	63952	40615
595791	1464540	1091374	731301	5673	70169	195150	241223	77232	40166
9765	6288	12137	11279	87	260	283	544	294	173
387894	366079	736476	638925	3737	29898	23063	36494	17470	9686
2273943	2558157	3002717	2537375	19287	185713	88561	188644	132569	80472
7473207	3541521	11310030	11277007	34866	528824	-1080209	-905126	63224	140217
13250745	7488031	34472660	34207023	48711	338558	-639459	-289230	351666	300371
506428	461019	759984	683413	4732	34149	10237	38032	32042	22978
696723	324999	459972	375660	1574	42363	8586	12602	8496	2439
1388090	1263610	1297663	1131623	14932	81823	74189	105788	50121	15881
221620	47263	225469	206472	47	5462	5782	9325	4443	3167
60033	133320	135280	95527	367	16589	15933	17481	3230	1126
1030481	465268	1009581	908091	3081	55677	6468	25354	23203	15382
261766	940815	550583	438593	1247	60902	61097	76699	25177	14325
45668	123398	52276	38530	517	9800	1088	1810	988	204
684438	94769	354969	368293	151	18377	29449	31024	4049	995
119641	79031	112292	107051	289	5360	-3887	-3397	741	200
122643	66130	175600	152750	844	12231	2257	9869	9343	6768
6339108	6701420	7127921	6381927	40178	105514	-59324	152451	248834	170087
239371	188106	350772	308601	1474	22283	32880	47317	21593	10848
86750	287371	75107	64486	331	16383	-2533	60	4826	2262

13-3 按行业分国有及国有控股企业主要经济指标（2015）

单位：万元

类 别	Item	企业单位数（个） Number of Enterprises (unit)	#亏损企业 Loss-making Enterprises	工业总产值 Gross Industrial Output Value
甘肃省	**Gansu**	**417**	**181**	**49143179**
煤炭开采及洗选业	Mining and Washing of Coal	13	8	2101476
石油和天然气开采业	Extraction of Petroleum and Natural Gas	2		3691930
黑色金属矿采选业	Mining and Processing of Ferrous Metal Ores	1	1	53250
有色金属矿采选业	Mining and Processing of Non-Ferrous Metal Ores	13	5	442444
非金属矿采选业	Mining and Processing of Non-metal Ores	1		2583
开采辅助活动	Support Activities for Mining	2		84116
其他采矿业	Mining of Other Ores			
农副食品加工业	Processing of Food from Agricultural Products	20	9	376207
食品制造业	Manufacture of Foods	4		37983
酒、饮料和精茶制造业	Manufacture of Liquor, Beverages and Refined Tea	10	9	167926
烟草制品业	Manufacture of Tobacco	2		1647613
纺织业	Manufacture of Textile	2	1	21766
纺织服装、服饰业	Manufacture of Textile, Wearing Apparel and Accessories	1	1	5030
皮革、毛皮、羽毛（绒）及其制品和制鞋业	Manufacture of Leather, Fur, Feather and Related Products and Footwear	1		27624
木材加工及木.竹、藤、棕、草制品业	Processing of Timber, Manufacture of Wood, Bamboo, Rattan, Palm and Straw Products			
家具制造业	Manufacture of Furniture			
造纸及纸制品业	Manufacture of Paper and Paper Products	1	1	5155
印刷业和记录媒介复制业	Printing and Reproduction of Recording Media	8	2	70143
文教、工美、体育和娱乐用品制造业	Manufacture of Articles for Culture, Education, Arts and Crafts, Sport and Entertainment Activities			
石油加工、炼焦和核燃料加工业	Processing of Petroleum, Coking and Processing of Nuclear Fuel	7	3	8019902
化学原料及化学制品制造业	Manufacture of Raw Chemical Materials and Chemical Products	26	11	1312076
医药制造业	Manufacture of Medicines	8	1	306364
化学纤维制造业	Manufacture of Chemical Fibers			
橡胶和塑料制品业	Manufacture of Rubber and Plastics Products	5	1	80399
非金属矿物制品业	Manufacture of Non-metallic Mineral Products	38	12	1013632
黑色金属冶炼和压延加工业	Smelting and Pressing of Ferrous Metals	5	4	5979281
有色金属冶炼和压延加工业	Smelting and Pressing of Non-ferrous Metals	23	11	13406486
金属制品业	Manufacture of Metal Products	11	6	589443
通用设备制造业	Manufacture of General Purpose Machinery	9	3	356779
专用设备制造业	Manufacture of Special Purpose Machinery	12	2	968006
汽车制造业	Manufacture of Automobile			
铁路、船舶、航空航天和其他运输设备制造业	Manufacture of Railway, Ship, Aerospace and Other Transport Equipments	2		93633
电气机械及器材制造业	Manufacture of Electrical Machinery and Apparatus	18	8	479086
计算机、通讯和其他电子设备制造业	Manufacture of Computers,Communicationt and Other Electronic Equipment	4	1	53334
仪器仪表制造业	Manufacture of Measuring Instruments and Machinery			
其他制造业	Other Manufacture	1		463993
废弃资源综合利用业	Utilization of Waste Resources	2	2	13156
金属制品、机械和设备修理业	Repair Service of Metal Products, Machinery and Equipment	3	1	176218
电力、热力生产和供应业	Production and Supply of Electric Power and Heat Power	146	73	6652482
燃气生产和供应业	Production and Supply of Gas	7	1	370359
水的生产和供应业	Production and Supply of Water	9	4	73305

Main Financial Indicators of the Non-public Industrial Enterprises (2015)

(10 000 yuan)

工业销售产值 Sales Value of Industry Products	#出口交货值 Delivery Value for Export	全部从业人员年平均人数（人） Average Annual Employed Persons (person)	资产总计 Total Assets	#产成品 Finished Product	流动资产合计 Total Current Assets	固定资产合计 Total Fixed Assets
48080597	**440607**	**402750**	**88127001**	**3732053**	**27822421**	**47394790**
1952200		62515	5591226	204599	1545077	3758595
3636904		26002	5148635	21915	390323	4203757
48611		494	374152	1067	149450	224702
297186		5309	757848	40114	189797	328379
2490			2962	186	2801	
82291		1043	199802	1672	151814	22271
677476		2658	282429	48779	163351	81110
31758	3841	741	53655	24954	36439	14817
128841	11581	2350	289508	71754	144100	127054
1611048		3396	1462543	9884	1122253	224288
23773	3344	1615	75995	6330	26512	5299
5030		154	6862	99	5564	1298
34048		1017	165056	7326	41035	4590
5155		66	3994	1320	2332	
52257		4267	124861	13782	62672	34248
8063860	35	29170	5430056	101033	2055993	3116468
1254647	13014	18400	1991784	112455	719250	1158845
327664	2883	4225	779850	22824	472843	184722
70062		1369	84597	9039	52474	11424
932267		12607	1550938	38553	494174	922975
5940167	38443	28119	11892380	245754	2541038	5656828
12788529	317748	74023	24026000	2513121	11198657	8631649
589138		2784	518292	9017	314905	79709
305829	35151	5430	547952	23394	235475	170380
935171	13500	14093	2866988	74903	1430822	1328507
92778		2531	212706	7966	154365	14169
479509	1063	6885	879917	80304	653722	95672
53013		2317	186417	28773	119672	5459
465481		4386	1157695	363	718310	241381
13237		361	113289	13	27041	83451
173038		2845	360952	2610	214527	47746
6565617	5	74264	20235208	6918	2178137	16117843
370269		3459	380500	1188	156283	213608
71255		3855	371958	48	51217	283546

13-3 续表

单位：万元

类　别	Item	固定资产原价 Original Value of Fixed Assets	固定资产净值 Net Value of Fixed Assets	负债合计 Total Liabilities	流动负债合计 Total Liquid Liabilities
甘肃省	**Gansu**	**67819984**	**42647756**	**59731409**	**36660882**
煤炭开采及洗选业	Mining and Washing of Coal	3531136	1924159	3427073	2651140
石油和天然气开采业	Extraction of Petroleum and Natural Gas	6895607	4188768	2402710	580977
黑色金属矿采选业	Mining and Processing of Ferrous Metal Ores	370702	224702	304197	294600
有色金属矿采选业	Mining and Processing of Non-Ferrous Metal Ores	406816	273169	289060	225946
非金属矿采选业	Mining and Processing of Non-metal Ores			2043	
开采辅助活动	Support Activities for Mining	26827	20989	142232	46416
其他采矿业	Mining of Other Ores				
农副食品加工业	Processing of Food from Agricultural Products	155901	78093	141796	102684
食品制造业	Manufacture of Foods	24076	11828	39815	39390
酒、饮料和精茶制造业	Manufacture of Liquor, Beverages and Refined Tea	163497	123350	266172	220397
烟草制品业	Manufacture of Tobacco	399043	224288	560060	545091
纺织业	Manufacture of Textile	34408	5299	54901	31500
纺织服装、服饰业	Manufacture of Textile, Wearing Apparel and Accessories	3037	1298	2932	2835
皮革、毛皮、羽毛(绒)及其制品和制鞋业	Manufacture of Leather, Fur, Feather and Related Products and Footwear	4590	2272	30441	20844
木材加工及木.竹、藤、棕、草制品业	Processing of Timber, Manufacture of Wood, Bamboo, Rattan, Palm and Straw Products				
家具制造业	Manufacture of Furniture				
造纸及纸制品业	Manufacture of Paper and Paper Products			2808	2808
印刷业和记录媒介复制业	Printing and Reproduction of Recording Media	81528	30953	45981	40106
文教、工美、体育和娱乐用品制造业	Manufacture of Articles for Culture, Education, Arts and Crafts, Sport and Entertainment Activities				
石油加工、炼焦和核燃料加工业	Processing of Petroleum, Coking and Processing of Nuclear Fuel	5842606	2698076	3383909	2290826
化学原料及化学制品制造业	Manufacture of Raw Chemical Materials and Chemical Products	1364632	734238	1134942	940181
医药制造业	Manufacture of Medicines	235379	150111	231010	158652
化学纤维制造业	Manufacture of Chemical Fibers				
橡胶和塑料制品业	Manufacture of Rubber and Plastics Products	17924	8734	33764	31326
非金属矿物制品业	Manufacture of Non-metallic Mineral Products	1337932	862056	837601	686640
黑色金属冶炼和压延加工业	Smelting and Pressing of Ferrous Metals	9098902	5652766	8550434	6913258
有色金属冶炼和压延加工业	Smelting and Pressing of Non-ferrous Metals	11447953	8158888	17000391	12515096
金属制品业	Manufacture of Metal Products	137974	70879	327678	302969
通用设备制造业	Manufacture of General Purpose Machinery	189538	154184	448880	356155
专用设备制造业	Manufacture of Special Purpose Machinery	529344	433452	1821667	1206269
汽车制造业	Manufacture of Automobile				
铁路、船舶、航空航天和其他运输设备制造业	Manufacture of Railway, Ship, Aerospace and Other Transport Equipments	31365	14169	107867	53504
电气机械及器材制造业	Manufacture of Electrical Machinery and Apparatus	137098	94546	675068	512362
计算机、通讯和其他电子设备制造业	Manufacture of Computers,Communicationt and Other Electronic Equipment	8159	5011	122607	29938
仪器仪表制造业	Manufacture of Measuring Instruments and Machinery				
其他制造业	Other Manufacture	482255	241381	1069329	683844
废弃资源综合利用业	Utilization of Waste Resources	84232	82773	89083	42744
金属制品、机械和设备修理业	Repair Service of Metal Products, Machinery and Equipment	72105	46369	299550	116148
电力、热力生产和供应业	Production and Supply of Electric Power and Heat Power	23960029	15683650	15550551	4754798
燃气生产和供应业	Production and Supply of Gas	281400	193369	238694	209148
水的生产和供应业	Production and Supply of Water	463987	253937	96167	52293

continued

(10 000 yuan)

所有者权益 Owners' Equity	主营业务收入 Revenue from Principal Business	主营业务成本 Cost of Principal Business	主营业务税金及附加 Taxes and Extra Charges from Principal Business	管理费用 Management Expenses	利润总额 Total Profits	利税总额 Total Profits and Taxes	税金总额 Total Taxes	本年应交增值税 Value Added Tax Payable
28378675	**69462002**	**62466467**	**3253594**	**2068446**	**-1444837**	**3646816**	**5156901**	**1826059**
2158327	1284752	1216905	40816	172412	-120182	52872	180932	131351
2745925	2772192	971566	93491	63153	434288	684914	265263	153381
69955	40622	26816	375	5264	-10607	-6820	3920	3412
468788	241617	195468	3604	19469	8589	29307	25826	17114
	2490	2036	3	160	48	153	108	101
57570	112972	104130	128	1690	3529	4027	1629	300
140633	245221	219342	287	15089	-4216	-4124	723	-290
13840	32506	27789	124	1156	1038	1697	950	536
23336	110070	81372	5874	10444	-2066	7903	11885	4030
902482	1611500	448806	959280	47276	134724	1282656	1186399	188653
21095	21960	20352	4	6898	-7805	-7787	189	14
3930	5020	2989	64	1935	-72	532	649	540
134615	46310	40735		3943	108528	108616	685	80
1186	2007	1894	1	60	-5	12	17	16
78879	61853	40800	878	15779	3980	7967	4526	3109
2046147	7794649	5433752	2011023	436644	-405134	2163096	2579934	557052
856842	1392305	1302673	3696	100740	-46962	-18318	39688	24043
548840	318316	133716	1883	30478	116582	136047	38373	17581
50832	77994	66768	393	4201	2125	3853	2120	1336
713336	847531	680432	5532	73633	50211	98195	69015	42411
3341946	10277173	10276996	31371	498424	-1047297	-887089	44499	128838
7025609	32811791	32675945	42386	281469	-689309	-354378	320924	291448
190614	247814	226871	639	13170	1216	17315	18221	15382
99072	166588	134441	528	18764	2001	-531	-872	-3060
1045320	1099643	965525	14365	66324	67608	93792	43110	11042
104839	89141	54059	36	15130	13989	14349	1179	324
204849	448209	394420	1546	30290	-1141	11111	14488	10663
63738	51133	40453	85	8339	1615	1514	21	-185
88366	314772	329595	88	17927	30021	31366	3719	829
24206	14919	15575		1740	-5654	-5997	-316	-343
61402	175600	152750	844	12231	2257	9263	8736	6161
4674560	6366659	5846095	32743	59774	-110188	132060	266131	208023
141806	305852	274186	1214	18322	26430	40055	19859	10294
275791	70822	61216	294	16121	-2979	-811	4372	1874

13-4 按行业分大中型企业主要经济指标（2015）

单位：万元

类 别	Item	企业单位数（个）Number of Enterprises (unit)	# 亏损企业 Loss-making Enterprises	工业总产值 Gross Industrial Output Value
甘肃省	**Gansu**	**288**	**111**	**53264635**
煤炭开采及洗选业	Mining and Washing of Coal	23	14	2197112
石油和天然气开采业	Extraction of Petroleum and Natural Gas	2		3691930
黑色金属矿采选业	Mining and Processing of Ferrous Metal Ores	4	4	188543
有色金属矿采选业	Mining and Processing of Non-Ferrous Metal Ores	6	3	307355
非金属矿采选业	Mining and Processing of Non-metal Ores	4		127332
开采辅助活动	Support Activities for Mining	2		170062
其他采矿业	Mining of Other Ores			
农副食品加工业	Processing of Food from Agricultural Products	12	5	667080
食品制造业	Manufacture of Foods	6		287170
酒、饮料和精茶制造业	Manufacture of Liquor, Beverages and Refined Tea	13	4	941941
烟草制品业	Manufacture of Tobacco	2		1647613
纺织业	Manufacture of Textile	5	1	86112
纺织服装、服饰业	Manufacture of Textile, Wearing Apparel and Accessories	3		46112
皮革、毛皮、羽毛（绒）及其制品和制鞋业	Manufacture of Leather, Fur, Feather and Related Products and Footwear	3		143408
木材加工及木.竹、藤、棕、草制品业	Processing of Timber, Manufacture of Wood, Bamboo, Rattan, Palm and Straw Products			
家具制造业	Manufacture of Furniture			
造纸及纸制品业	Manufacture of Paper and Paper Products	2		79687
印刷业和记录媒介复制业	Printing and Reproduction of Recording Media	5	1	54155
文教、工美、体育和娱乐用品制造业	Manufacture of Articles for Culture, Education, Arts and Crafts, Sport and Entertainment Activities	1		2680
石油加工、炼焦和核燃料加工业	Processing of Petroleum, Coking and Processing of Nuclear Fuel	6	3	8179800
化学原料及化学制品制造业	Manufacture of Raw Chemical Materials and Chemical Products	28	14	2021334
医药制造业	Manufacture of Medicines	11	1	414277
化学纤维制造业	Manufacture of Chemical Fibers			
橡胶和塑料制品业	Manufacture of Rubber and Plastics Products	3	1	92124
非金属矿物制品业	Manufacture of Non-metallic Mineral Products	34	12	1382621
黑色金属冶炼和压延加工业	Smelting and Pressing of Ferrous Metals	9	7	6643477
有色金属冶炼和压延加工业	Smelting and Pressing of Non-ferrous Metals	25	11	13642394
金属制品业	Manufacture of Metal Products	8	5	522783
通用设备制造业	Manufacture of General Purpose Machinery	12	4	412397
专用设备制造业	Manufacture of Special Purpose Machinery	10	3	1012451
汽车制造业	Manufacture of Automobile	1		210968
铁路、船舶、航空航天和其他运输设备制造业	Manufacture of Railway, Ship, Aerospace and Other Transport Equipments	2		93633
电气机械及器材制造业	Manufacture of Electrical Machinery and Apparatus	8	1	553590
计算机、通讯和其他电子设备制造业	Manufacture of Computers,Communicationt and Other Electronic Equipment	4		592613
仪器仪表制造业	Manufacture of Measuring Instruments and Machinery	1		41004
其他制造业	Other Manufacture	1		463993
废弃资源综合利用业	Utilization of Waste Resources	1	1	7728
金属制品、机械和设备修理业	Repair Service of Metal Products, Machinery and Equipment	2		170772
电力、热力生产和供应业	Production and Supply of Electric Power and Heat Power	25	14	5793004
燃气生产和供应业	Production and Supply of Gas	2	1	329895
水的生产和供应业	Production and Supply of Water	2	1	45485

Main Indicators of Large and Medium-sized Industrial Enterprises by Industrial Sector (2015)

(10 000 yuan)

工业销售产值 Sales Value of Industry Products	#出口交货值 Delivery Value for Export	全部从业人员年平均人数（人） Average Annual Employed Persons (person)	资产总计 Total Assets	#产成品 Finished Product	流动资产合计 Total Current Assets	固定资产合计 Total Fixed Assets
51261926	**864543**	**466205**	**85481213**	**4022477**	**30210028**	**41194958**
2025229	41	67457	5973138	212737	1668010	3979320
3636904		26002	5148635	21915	390323	4203757
210374	109777	1800	563988	24612	303144	249215
168190		4614	585216	30020	130941	281556
110974		1671	45700	1275	9742	33644
155773		3369	309442	1868	227618	57559
616361		6634	1280175	28375	394077	538396
275057	3841	4560	240736	15704	131218	64291
879495	11581	8449	817693	82236	359495	310998
1611048		3396	1462543	9884	1122253	224288
88815	3344	3776	163421	8502	70638	34309
46112	404	1392	29432	885	19286	4930
152517		2151	490092	102254	343730	16820
74167		1696	57595	6286	10594	46137
36370		3913	109456	12890	54604	27862
2478		300	9042	2239	5346	3696
8220662	35	29759	5627976	102762	2087910	3283759
1794433	12109	25182	2585546	126830	944924	1460117
396571	2883	6038	885266	22070	488908	254091
95397		2683	224691	31526	172465	36434
1233472	51374	20499	2868681	76801	1125559	1319297
6500327	38443	32969	12274306	277374	2781856	5771178
13011363	317748	77483	24285527	2524974	11299257	8746283
515634	624	3272	382848	16075	198131	61535
377403	36914	8529	969083	40157	448277	233106
966153	13635	15835	2908048	82706	1466707	1338498
210968		603	239682		209935	28535
92778		2531	212706	7966	154365	14169
437205	3266	7657	637729	90815	431533	92287
555000	232164	8748	1237085	44834	539869	306614
40703	26361	704	172336	5909	65254	18371
465481		4386	1157695	363	718310	241381
7728		350	48979	1083	18850	8429
167592		2677	356777	2610	210366	47733
5707903		69459	10563233	5853	1441566	7498999
329805		3114	330524	90	140140	190384
45485		2547	226194		24828	166983

13-4 续表

单位：万元

类　别	Item	流动资产合计 Total Current Assets	固定资产合计 Total Fixed Assets	固定资产原价 Original Value of Fixed Assets
甘肃省	**Gansu**	**30210028**	**41194958**	**61049313**
煤炭开采及洗选业	Mining and Washing of Coal	1668010	3979320	3659886
石油和天然气开采业	Extraction of Petroleum and Natural Gas	390323	4203757	6895607
黑色金属矿采选业	Mining and Processing of Ferrous Metal Ores	303144	249215	465011
有色金属矿采选业	Mining and Processing of Non-Ferrous Metal Ores	130941	281556	342825
非金属矿采选业	Mining and Processing of Non-metal Ores	9742	33644	221078
开采辅助活动	Support Activities for Mining	227618	57559	80458
其他采矿业	Mining of Other Ores			
农副食品加工业	Processing of Food from Agricultural Products	394077	538396	635991
食品制造业	Manufacture of Foods	131218	64291	105114
酒、饮料和精茶制造业	Manufacture of Liquor, Beverages and Refined Tea	359495	310998	573313
烟草制品业	Manufacture of Tobacco	1122253	224288	399043
纺织业	Manufacture of Textile	70638	34309	63558
纺织服装、服饰业	Manufacture of Textile, Wearing Apparel and Accessories	19286	4930	7198
皮革、毛皮、羽毛(绒)及其制品和制鞋业	Manufacture of Leather, Fur, Feather and Related Products and Footwear	343730	16820	24291
木材加工及木.竹、藤、棕、草制品业	Processing of Timber, Manufacture of Wood, Bamboo, Rattan, Palm and Straw Products			
家具制造业	Manufacture of Furniture			
造纸及纸制品业	Manufacture of Paper and Paper Products	10594	46137	54507
印刷业和记录媒介复制业	Printing and Reproduction of Recording Media	54604	27862	71171
文教、工美、体育和娱乐用品制造业	Manufacture of Articles for Culture, Education, Arts and Crafts, Sport and Entertainment Activities	5346	3696	3032
石油加工、炼焦和核燃料加工业	Processing of Petroleum, Coking and Processing of Nuclear Fuel	2087910	3283759	6009613
化学原料及化学制品制造业	Manufacture of Raw Chemical Materials and Chemical Products	944924	1460117	1707459
医药制造业	Manufacture of Medicines	488908	254091	342771
化学纤维制造业	Manufacture of Chemical Fibers			
橡胶和塑料制品业	Manufacture of Rubber and Plastics Products	172465	36434	48988
非金属矿物制品业	Manufacture of Non-metallic Mineral Products	1125559	1319297	1768094
黑色金属冶炼和压延加工业	Smelting and Pressing of Ferrous Metals	2781856	5771178	9289234
有色金属冶炼和压延加工业	Smelting and Pressing of Non-ferrous Metals	11299257	8746283	11596148
金属制品业	Manufacture of Metal Products	198131	61535	81829
通用设备制造业	Manufacture of General Purpose Machinery	448277	233106	281715
专用设备制造业	Manufacture of Special Purpose Machinery	1466707	1338498	545457
汽车制造业	Manufacture of Automobile	209935	28535	39570
铁路、船舶、航空航天和其他运输设备制造业	Manufacture of Railway, Ship, Aerospace and Other Transport Equipments	154365	14169	31365
电气机械及器材制造业	Manufacture of Electrical Machinery and Apparatus	431533	92287	139338
计算机、通讯和其他电子设备制造业	Manufacture of Computers,Communicationt and Other Electronic Equipment	539869	306614	525946
仪器仪表制造业	Manufacture of Measuring Instruments and Machinery	65254	18371	36844
其他制造业	Other Manufacture	718310	241381	482255
废弃资源综合利用业	Utilization of Waste Resources	18850	8429	17992
金属制品、机械和设备修理业	Repair Service of Metal Products, Machinery and Equipment	210366	47733	72090
电力、热力生产和供应业	Production and Supply of Electric Power and Heat Power	1441566	7498999	13882795
燃气生产和供应业	Production and Supply of Gas	140140	190384	252074
水的生产和供应业	Production and Supply of Water	24828	166983	295653

continued

(10 000 yuan)

固定资产净值 Net Value of Fixed Assets	负债合计 Total Liabilities	流动负债合计 Total Liquid Liabilities	所有者权益 Owners' Equity	主营业务收入 Revenue from Principal Business	主营业务成本 Cost of Principal Business	# 主营业务税金及附加 Taxes and Extra Charges from Principal Business	管理费用 Management Expenses	利润总额 Total Profits	利税总额 Total Profits and Taxes	税金总额 Total Taxes	本年应交增值税 Value Added Tax Payable
36364955	**55858038**	**37564208**	**29623100**	**72384441**	**65074869**	**3307180**	**2269532**	**-1313460**	**3973925**	**5381630**	**1968403**
2001001	3662380	2756366	2310757	1340093	1271937	42492	180686	-135711	41802	185781	134133
4188768	2402710	580977	2745925	2772192	971566	93491	63153	434288	684914	265263	153381
247260	478490	418897	85498	72218	62818	567	8143	-23956	-19468	4697	3922
233046	189742	146130	395474	156706	118598	3445	13415	8857	28972	24876	16671
25042	20147	12607	25553	85765	72625	503	1706	9197	11945	2828	2134
56277	239382	146124	70059	175170	152829	889	2201	14699	17382	3541	1782
510221	622030	364886	658145	578437	508378	257	27517	4215	5321	2781	849
64070	102993	94708	137743	243303	166265	1268	8848	38446	51075	13749	11347
276501	471465	399324	346228	580662	377005	47261	31429	39482	114013	85235	27260
224288	560060	545091	902482	1611500	448806	959280	47276	134724	1282656	1186399	188653
33827	89245	62480	74177	76746	65185	405	8854	-6070	-5505	949	160
4930	12971	12971	16461	46112	37371	241	2321	3683	5542	2834	1619
14502	203046	191001	287046	153417	114242	219	8112	122587	151451	31652	28637
44211	22216	13923	35379	54139	47629	38	1970	1929	2123	267	156
25703	42059	37755	67397	52302	33351	815	14892	3128	6019	3158	2076
2258	7119	2546	1923	2478	2042		90	38	142	108	104
2864832	3501932	2407351	2126044	7936232	5580762	2010868	438947	-412989	2156219	2580925	558186
934121	1673335	1350943	912210	1887661	1792037	4951	121408	-82269	-44510	49501	31898
211483	290039	209000	595227	384372	176104	2429	37083	126354	149196	45240	20413
33820	135840	128247	88850	162250	126307	1812	11876	6230	9692	5699	1650
1228507	1464549	1006883	1404132	1048888	843417	7696	84883	56603	112609	77151	48219
5765186	8850354	7181304	3423951	10784556	10759132	33292	517549	-1055021	-883309	56955	138421
8266222	17196941	12651749	7088586	33022231	32849007	42953	299544	-672438	-335922	330267	292466
52706	182204	170934	200644	190787	176514	1361	10091	-4591	9278	14879	12508
222262	759005	490326	210078	312534	246498	933	30786	3104	4486	4609	446
435462	1839457	1224449	1068591	1107979	969104	14380	68496	69350	95609	43431	11094
28535	195629	195629	44054	210968	192714		4108	7541	11101	4258	3230
14169	107867	53504	104839	89141	54059	36	15130	13989	14349	1179	324
88611	430349	281024	207380	352260	287928	1497	33975	-1777	9504	13466	9780
292799	346713	186581	890299	495195	393966	905	56198	56453	71605	24145	14218
18371	62651	27293	109684	40022	27924	461	8085	1266	1417	320	-310
241381	1069329	683844	88366	314772	329595	88	17927	30021	31366	3719	829
8113	33317	33317	15663	7154	7704	48	470	-1472	-1076	396	348
46356	296260	112859	60517	170153	147524	806	12031	2265	8987	8452	5916
7336528	8052376	3172392	2510857	5553740	5379964	30281	53039	-123218	145361	284247	236955
171203	208014	187293	122510	267164	243346	1039	16453	19757	30157	15290	7531
152386	35822	23504	190372	45145	40621	176	10841	-2152	-576	3384	1400

13-5 非公有制工业企业主要财务指标（2015）

单位：万元

类　别	Item	企业单位数（个） Number of Enterprises (unit)	#亏损企业 Loss-making Enterprises	工业总产值 Gross Industrial Output Value
甘肃省	**Gansu**	**1646**	**462**	**22092792**
煤炭开采及洗选业	Mining and Washing of Coal	35	19	528416
石油和天然气开采业	Extraction of Petroleum and Natural Gas			
黑色金属矿采选业	Mining and Processing of Ferrous Metal Ores	41	18	606250
有色金属矿采选业	Mining and Processing of Non-Ferrous Metal Ores	32	11	483104
非金属矿采选业	Mining and Processing of Non-metal Ores	31	11	424749
开采辅助活动	Support Activities for Mining	10		107126
其他采矿业	Mining of Other Ores			
农副食品加工业	Processing of Food from Agricultural Products	297	60	3727256
食品制造业	Manufacture of Foods	76	9	790769
酒、饮料和精茶制造业	Manufacture of Liquor, Beverages and Refined Tea	66	19	1417153
烟草制品业	Manufacture of Tobacco			
纺织业	Manufacture of Textile	28	2	223568
纺织服装、服饰业	Manufacture of Textile, Wearing Apparel and Accessories	9	1	85946
皮革、毛皮、羽毛（绒）及其制品和制鞋业	Manufacture of Leather, Fur, Feather and Related Products and Footwear	7		146582
木材加工及木.竹、藤、棕、草制品业	Processing of Timber, Manufacture of Wood, Bamboo, Rattan, Palm and Straw Products	3	1	8651
家具制造业	Manufacture of Furniture	4	2	12360
造纸及纸制品业	Manufacture of Paper and Paper Products	22	4	213242
印刷业和记录媒介复制业	Printing and Reproduction of Recording Media	10	2	56190
文教、工美、体育和娱乐用品制造业	Manufacture of Articles for Culture, Education, Arts and Crafts, Sport and Entertainment Activities	8	1	48348
石油加工、炼焦和核燃料加工业	Processing of Petroleum, Coking and Processing of Nuclear Fuel	4	1	222889
化学原料及化学制品制造业	Manufacture of Raw Chemical Materials and Chemical Products	102	35	1416978
医药制造业	Manufacture of Medicines	94	15	1036253
化学纤维制造业	Manufacture of Chemical Fibers	2	0	16755
橡胶和塑料制品业	Manufacture of Rubber and Plastics Products	74	14	674544
非金属矿物制品业	Manufacture of Non-metallic Mineral Products	291	89	3143799
黑色金属冶炼和压延加工业	Smelting and Pressing of Ferrous Metals	58	37	913066
有色金属冶炼和压延加工业	Smelting and Pressing of Non-ferrous Metals	44	24	1954308
金属制品业	Manufacture of Metal Products	73	17	710737
通用设备制造业	Manufacture of General Purpose Machinery	24	5	326366
专用设备制造业	Manufacture of Special Purpose Machinery	32	7	292318
汽车制造业	Manufacture of Automobile	6	5	255543
铁路、船舶、航空航天和其他运输设备制造业	Manufacture of Railway, Ship, Aerospace and Other Transport Equipments	4		63997
电气机械及器材制造业	Manufacture of Electrical Machinery and Apparatus	44	13	916667
计算机、通讯和其他电子设备制造业	Manufacture of Computers,Communicationt and Other Electronic Equipment	5	1	89477
仪器仪表制造业	Manufacture of Measuring Instruments and Machinery	4	1	52449
其他制造业	Other Manufacture	3	1	87770
废弃资源综合利用业	Utilization of Waste Resources	8	2	148139
金属制品、机械和设备修理业	Repair Service of Metal Products, Machinery and Equipment	1		
电力、热力生产和供应业	Production and Supply of Electric Power and Heat Power	87	33	796206
燃气生产和供应业	Production and Supply of Gas	6	2	90536
水的生产和供应业	Production and Supply of Water	1		4285

Main Financial Indicators of the Non-public Industrial Enterprises (2015)

(10 000 yuan)

工业销售产值 Sales Value of Industry Products	#出口交货值 Delivery Value for Export	全部从业人员年平均人数（人） Average Annual Employed Persons (person)	资产总计 Total Assets	#产成品 Finished Product	流动资产合计 Total Current Assets	固定资产合计 Total Fixed Assets
19550209	**320797**	**185343**	**28231633**	**1705089**	**13328250**	**9978357**
472890		6334	657018	59594	304326	280408
602604	109777	3577	591339	75548	381572	133587
354423		3857	779998	39225	378309	142947
346254		3029	250999	26566	123189	106819
106957		845	67151	717	30492	35427
3273613	42074	25451	3876994	448204	1857134	1290558
732270	15971	9924	873379	59131	463857	256631
1289398	29816	12367	1322647	105814	606456	471591
210383		3998	205924	10923	129235	58463
86046	9868	2001	54568	1526	34789	12601
148580	380	1489	335997	97266	310761	15083
7362		199	12309	1820	8993	2348
12128		356	16139	1429	5460	4847
197750		3610	177641	17375	65542	99660
55462		921	69780	1544	37158	28475
43606		1291	30858	3350	13889	13059
216837		958	236277	4897	62215	168537
1206211	17	13757	1451532	93049	671383	550109
847220	10573	9360	1512885	76230	826707	340872
16754		316	20054	5663	17081	2317
642871	5	7013	750922	73319	481537	194850
2640424	55039	29026	4095001	187305	2039773	1391448
758169		5777	558049	57303	329067	191372
1858526		7603	1287342	72146	719382	329557
643746	743	6648	506705	41972	307306	108962
295081	1763	4644	722011	26255	393516	120410
241152	149	4165	354064	27758	196951	71392
255724		952	272999	2591	232852	36947
61513		305	40874	3298	21888	18000
741117	2203	5701	821273	47385	622787	112799
71042	16059	1015	148575	9127	112744	24655
51471	26361	1126	201735	6859	82455	26265
87416		203	47896	8522	44605	2933
110142		950	124699	9632	49393	19087
		645	11223		11077	135
765147		5082	5610947	234	1309041	3281000
95636		786	85944	1514	40047	34071
4285		62	47888		5284	135

13-5 续表

单位：万元

类 别	Item	固定资产原价 Original Value of Fixed Assets	固定资产净值 Net Value of Fixed Assets	负债合计 Total Liabilities
甘肃省	**Gansu**	**12726500**	**8928238**	**16690825**
煤炭开采及洗选业	Mining and Washing of Coal	238497	129323	421630
石油和天然气开采业	Extraction of Petroleum and Natural Gas			
黑色金属矿采选业	Mining and Processing of Ferrous Metal Ores	414290	124290	458582
有色金属矿采选业	Mining and Processing of Non-Ferrous Metal Ores	193730	131229	531052
非金属矿采选业	Mining and Processing of Non-metal Ores	304371	92729	136444
开采辅助活动	Support Activities for Mining	42503	32033	25973
其他采矿业	Mining of Other Ores			
农副食品加工业	Processing of Food from Agricultural Products	1454656	1121396	1999351
食品制造业	Manufacture of Foods	321887	226974	429569
酒、饮料和精茶制造业	Manufacture of Liquor, Beverages and Refined Tea	788372	414294	668472
烟草制品业	Manufacture of Tobacco			
纺织业	Manufacture of Textile	62252	46979	114367
纺织服装、服饰业	Manufacture of Textile, Wearing Apparel and Accessories	15125	11948	29338
皮革、毛皮、羽毛(绒)及其制品和制鞋业	Manufacture of Leather, Fur, Feather and Related Products and Footwear	23098	15083	178098
木材加工及木.竹、藤、棕、草制品业	Processing of Timber, Manufacture of Wood, Bamboo, Rattan, Palm and Straw Products	2924	2348	6710
家具制造业	Manufacture of Furniture	5891	4847	6449
造纸及纸制品业	Manufacture of Paper and Paper Products	111597	94830	90427
印刷业和记录媒介复制业	Printing and Reproduction of Recording Media	39480	25365	40783
文教、工美、体育和娱乐用品制造业	Manufacture of Articles for Culture, Education, Arts and Crafts, Sport and Entertainment Activities	15551	9955	14253
石油加工、炼焦和核燃料加工业	Processing of Petroleum, Coking and Processing of Nuclear Fuel	168831	168002	133991
化学原料及化学制品制造业	Manufacture of Raw Chemical Materials and Chemical Products	678605	416407	1050653
医药制造业	Manufacture of Medicines	381444	272084	606179
化学纤维制造业	Manufacture of Chemical Fibers	2768	2103	13765
橡胶和塑料制品业	Manufacture of Rubber and Plastics Products	233147	168474	440093
非金属矿物制品业	Manufacture of Non-metallic Mineral Products	1695749	1296068	2274137
黑色金属冶炼和压延加工业	Smelting and Pressing of Ferrous Metals	208326	160948	412128
有色金属冶炼和压延加工业	Smelting and Pressing of Non-ferrous Metals	465156	291339	851104
金属制品业	Manufacture of Metal Products	214157	86949	225793
通用设备制造业	Manufacture of General Purpose Machinery	149155	115034	502105
专用设备制造业	Manufacture of Special Purpose Machinery	155026	64239	190997
汽车制造业	Manufacture of Automobile	52235	36944	225736
铁路、船舶、航空航天和其他运输设备制造业	Manufacture of Railway, Ship, Aerospace and Other Transport Equipments	24530	17397	12393
电气机械及器材制造业	Manufacture of Electrical Machinery and Apparatus	174978	95085	570316
计算机、通讯和其他电子设备制造业	Manufacture of Computers,Communicationt and Other Electronic Equipment	24990	17689	87003
仪器仪表制造业	Manufacture of Measuring Instruments and Machinery	48179	24650	81227
其他制造业	Other Manufacture	4272	2933	41493
废弃资源综合利用业	Utilization of Waste Resources	28472	15702	71952
金属制品、机械和设备修理业	Repair Service of Metal Products, Machinery and Equipment	812	135	6495
电力、热力生产和供应业	Production and Supply of Electric Power and Heat Power	3940100	3161958	3665817
燃气生产和供应业	Production and Supply of Gas	41207	30364	39644
水的生产和供应业	Production and Supply of Water	135	113	36307

continued

(10 000 yuan)

流动负债合计 Total Liquid Liabilities	所有者权益 Owners' Equity	主营业务收入 Revenue from Principal Business	主营业务成本 Cost of Principal Business	# 主营业务税金及附加 Taxes and Extra Charges from Principal Business	管理费用 Management Expenses	利润总额 Total Profits	利税总额 Total Profits and Taxes	税金总额 Total Taxes	本年应交增值税 Value Added Tax Payable
11252322	**11453252**	**15918758**	**13809242**	**119117**	**655703**	**452030**	**762012**	**410131**	**188408**
278880	235388	195951	175058	2473	16049	-14970	-6888	9628	5537
359357	132757	318891	299383	1339	11568	-13551	-8331	5917	3875
438879	248946	304982	265949	3129	16254	14740	26301	13928	8432
97924	111431	228052	183679	2385	6245	22504	32812	11064	7811
25973	41178	98351	73082	4142	5247	8362	14465	6544	1931
1405486	1868541	2721933	2434883	2742	78705	85624	95132	15745	6412
294470	443810	620536	482567	2839	25933	59916	77288	19568	14463
601277	654174	912049	666148	51612	39723	50137	132577	94477	30761
70403	91556	182982	160163	666	5064	5794	6712	1353	245
15790	24378	70552	59768	254	3470	4250	6208	3003	1704
175532	157577	137832	101155	298	5391	14298	43864	31804	29268
6496	5598	7361	6205	23	345	584	637	53	30
5526	3814	10388	8721	52	887	-196	75	271	183
75572	87213	164875	148326	376	5172	4509	7207	3214	2322
29884	28997	31881	24655	75	1636	1306	1778	506	397
7649	16605	34851	30695	58	897	1168	1595	481	369
131977	96106	210434	212921	725	3205	-7713	-4504	3390	2484
784947	361929	1091326	1033128	2379	47452	-41601	-27775	16688	11141
406485	906705	759252	586565	3692	38707	78952	105200	38577	22322
9765	6288	12137	11279	87	260	283	544	294	173
347232	303733	610641	527584	2823	24618	19827	30048	13773	7391
1488874	1818795	2095768	1801756	13207	106454	44884	94923	61068	36550
345148	143921	707632	692993	1702	13842	-24301	-19375	7466	3224
686112	436184	1613840	1504127	5984	50514	39207	54160	27715	8919
203458	270406	512169	456542	4093	20979	9021	20717	13821	7596
307731	219906	253280	208997	955	20907	3866	9660	8116	4837
152794	163067	175629	151592	510	10496	4481	9846	6589	4846
221620	47263	225469	206472	47	5462	5782	9325	4443	3167
6529	28481	46139	41468	332	1459	1944	3133	2050	802
495185	249538	543249	498108	1502	23300	7234	13567	8257	4472
63407	61573	61538	48785	320	3727	7606	8722	2121	766
45489	120508	49821	36240	503	9683	1085	1696	873	107
594	6403	40197	38698	63	451	-572	-342	330	166
68530	52747	95324	85111	260	3349	1545	2159	837	354
6495	4728						607	607	607
1526172	1945128	724245	508757	7178	44031	49130	10138	-26632	-46197
30224	46300	44919	34415	259	3961	6450	7262	1734	554
34457	11580	4285	3270	37	262	446	871	454	388

13-6 按行业分规模以上工业企业主要经济效益指标（2015）

类别	Branch	总资产贡献率（%） Ratio of Profits,Taxes and Interests to Average Assets (%)		
		规模以上工业企业 Industrial Enterprises above Designated Size	国有及国有控股企业 State-owned and State-holding Enterprises	大中型企业 Large & Medium-sized Industrial Enterprises
甘肃省	**Gansu**	**5.65**	**6.14**	**6.51**
煤炭开采及洗选业	Mining and Washing of Coal	2.02	2.23	1.99
石油和天然气开采业	Extraction of Petroleum and Natural Gas	14.57	14.57	14.57
黑色金属矿采选业	Mining and Processing of Ferrous Metal Ores	0.28	0.49	-0.92
有色金属矿采选业	Mining and Processing of Non-Ferrous Metal Ores	4.43	4.69	5.85
非金属矿采选业	Mining and Processing of Non-metal Ores	14.39	5.34	27.74
开采辅助活动	Support Activities for Mining	8.92	2.13	5.66
其他采矿业	Mining of Other Ores			
农副食品加工业	Processing of Food from Agricultural Products	3.27	-0.14	1.12
食品制造业	Manufacture of Foods	9.26	4.75	22.16
酒、饮料和精茶制造业	Manufacture of Liquor, Beverages and Refined Tea	9.69	4.95	14.81
烟草制品业	Manufacture of Tobacco	87.83	87.83	87.83
纺织业	Manufacture of Textile	1.59	-10.32	-2.63
纺织服装、服饰业	Manufacture of Textile, Wearing Apparel and Accessories	11.59	8.32	19.30
皮革、毛皮、羽毛（绒）及其制品和制鞋业	Manufacture of Leather, Fur, Feather and Related Products and Footwear	30.78	65.79	33.17
木材加工及木.竹、藤、棕、草制品业	Processing of Timber, Manufacture of Wood, Bamboo, Rattan, Palm and Straw Products	6.31		
家具制造业	Manufacture of Furniture	2.82		
造纸及纸制品业	Manufacture of Paper and Paper Products	5.61	1.27	5.64
印刷业和记录媒介复制业	Printing and Reproduction of Recording Media	5.84	6.95	6.17
文教、工美、体育和娱乐用品制造业	Manufacture of Articles for Culture, Education, Arts and Crafts, Sport and Entertainment Activities	8.10	0.00	5.66
石油加工、炼焦和核燃料加工业	Processing of Petroleum, Coking and Processing of Nuclear Fuel	42.60	44.55	42.86
化学原料及化学制品制造业	Manufacture of Raw Chemical Materials and Chemical Products	-0.06	-0.19	-0.67
医药制造业	Manufacture of Medicines	10.97	17.10	16.79
化学纤维制造业	Manufacture of Chemical Fibers	3.34		
橡胶和塑料制品业	Manufacture of Rubber and Plastics Products	5.55	5.54	7.07
非金属矿物制品业	Manufacture of Non-metallic Mineral Products	4.39	8.21	5.26
黑色金属冶炼和压延加工业	Smelting and Pressing of Ferrous Metals	-4.52	-4.82	-4.60
有色金属冶炼和压延加工业	Smelting and Pressing of Non-ferrous Metals	0.48	0.18	0.27
金属制品业	Manufacture of Metal Products	4.77	4.17	3.68
通用设备制造业	Manufacture of General Purpose Machinery	2.12	1.18	1.96
专用设备制造业	Manufacture of Special Purpose Machinery	4.13	4.25	4.24
汽车制造业	Manufacture of Automobile	3.64		4.63
铁路、船舶、航空航天和其他运输设备制造业	Manufacture of Railway, Ship, Aerospace and Other Transport Equipments	8.19	8.27	8.27
电气机械及器材制造业	Manufacture of Electrical Machinery and Apparatus	1.96	1.74	2.17
计算机、通讯和其他电子设备制造业	Manufacture of Computers,Communicationt and Other Electronic Equipment	5.83	0.83	5.98
仪器仪表制造业	Manufacture of Measuring Instruments and Machinery	1.74		1.64
其他制造业	Other Manufacture	1.83	1.84	1.84
废弃资源综合利用业	Utilization of Waste Resources	0.85	-2.48	-1.37
金属制品、机械和设备修理业	Repair Service of Metal Products, Machinery and Equipment	4.06	4.02	3.99
电力、热力生产和供应业	Production and Supply of Electric Power and Heat Power	3.29	3.34	4.19
燃气生产和供应业	Production and Supply of Gas	9.64	9.78	8.29
水的生产和供应业	Production and Supply of Water	0.18	-0.03	-0.17

Main Economic Benefit Index of Industrial Enterprises above Designated Size by Industrial Sector (2015)

资产负债率（%） Ratio of Debts to Assets (%)			流动资产周转次数（次 / 年） Turnover of Current Assets (times/year)			工业成本费用利润率（%） Ratio of Profits to Total Industrial Costs(%)			产品销售率（%） Sales Ratio of Products(%)		
规模以上工业企业 Industrial Enterprises above Designated Size	国有及国有控股企业 State-owned and State-holding Enterprises	大中型企业 Large & Medium-sized Industrial Enterprises	规模以上工业企业 Industrial Enterprises above Designated Size	国有及国有控股企业 State-owned and State-holding Enterprises	大中型企业 Large & Medium-sized Industrial Enterprises	规模以上工业企业 Industrial Enterprises above Designated Size	国有及国有控股企业 State-owned and State-holding Enterprises	大中型企业 Large & Medium-sized Industrial Enterprises	规模以上工业企业 Industrial Enterprises above Designated Size	国有及国有控股企业 State-owned and State-holding Enterprises	大中型企业 Large & Medium-sized Industrial Enterprises
65.37	**67.78**	**65.35**	**2.08**	**2.53**	**2.43**	**-1.08**	**-2.12**	**-1.85**	**94.78**	**97.84**	**96.24**
61.44	61.29	61.31	0.85	0.89	0.86	-7.63	-7.68	-8.30	92.17	92.90	92.18
46.67	46.67	46.67	7.44	7.44	7.44	37.25	37.25	37.25	98.51	98.51	98.51
79.01	81.30	84.84	0.69	0.29	0.25	-6.24	-19.75	-24.33	98.63	91.29	111.58
56.47	38.14	32.42	0.98	1.30	1.23	3.80	3.66	5.93	68.93	67.17	54.72
49.32	69.00	44.08	1.96	0.89	8.86	11.01	1.98	12.03	82.92	96.37	87.15
70.80	71.19	77.36	1.06	0.76	0.77	9.86	3.17	9.2	94.30	97.83	91.60
51.77	50.21	48.59	1.46	1.51	1.47	2.75	-1.69	0.73	95.81	180.08	92.40
50.23	74.20	42.78	1.34	0.89	1.93	9.77	3.29	17.84	92.59	83.61	95.78
57.81	91.94	57.66	1.34	0.77	1.65	5.05	-1.89	7.75	89.58	76.72	93.37
38.29	38.29	38.29	1.48	1.48	1.48	23.69	23.69	23.69	97.78	97.78	97.78
56.61	72.24	54.61	1.40	0.84	1.09	-0.50	-26.84	-7.42	85.41	109.22	103.14
52.69	42.73	44.07	1.77	0.93	2.39	6.11	-1.44	8.73	100.21	100.00	100.00
43.85	18.44	41.43	0.52	1.14	0.45	67.10	234.45	88.47	101.55	123.25	106.35
54.52			0.82			8.65			85.10		
39.96			1.90			-1.86			98.12		
51.33	70.31	38.57	2.46	0.86	5.11	2.78	-0.24	3.70	92.91	100.00	93.07
44.64	36.83	38.43	1.02	1.09	1.07	5.32	5.95	5.38	85.47	74.50	67.16
46.19		78.73	2.51		0.46	3.47		1.50	90.19		92.46
61.99	62.32	62.22	3.82	3.83	3.84	-6.45	-6.62	-6.59	100.39	100.55	100.50
63.23	56.98	64.72	1.91	2.06	2.13	-3.05	-3.05	-3.90	90.48	95.62	88.77
37.27	29.62	32.76	0.82	0.68	0.79	22.22	60.64	51.03	87.23	106.95	95.73
68.64			0.71			2.41			99.99		
56.44	39.91	60.46	1.37	1.50	0.94	3.17	2.78	4.06	94.12	87.14	103.55
56.17	54.01	51.05	1.15	1.75	0.95	3.00	6.09	5.53	85.98	91.97	89.21
72.20	71.90	72.10	3.79	4.14	3.98	-8.47	-8.98	-8.64	97.34	99.35	97.85
70.54	70.76	70.81	2.90	2.94	2.93	-1.80	-2.04	-1.98	95.32	95.39	95.37
54.00	63.22	47.59	1.24	0.79	1.01	1.36	0.49	-2.26	94.82	99.95	98.63
75.53	81.92	78.32	0.70	0.72	0.72	1.84	1.19	0.97	88.17	85.72	91.51
61.77	63.54	63.25	0.77	0.77	0.76	5.83	6.25	6.37	92.76	96.61	95.43
82.69		81.62	0.97		1.01	2.70		3.83	100.07		100.00
47.42	50.71	50.71	0.79	0.58	0.58	12.34	17.01	17.01	97.88	99.09	99.09
73.11	76.72	67.48	0.79	0.69	0.85	0.63	-0.25	-0.49	86.93	100.09	78.98
31.73	65.77	28.03	0.86	0.44	0.94	11.72	3.10	12.01	93.56	99.40	93.65
39.75		36.35	0.64		0.62	2.06		3.24	98.21		99.27
92.14	92.37	92.37	0.47	0.45	0.45	7.69	8.77	8.77	100.21	100.32	100.32
68.19	78.63	68.02	1.35	0.57	0.38	-3.2	-26.96	-17.15	76.65	100.62	100.00
82.23	82.99	83.04	0.79	0.83	0.82	1.3	1.3	1.34	98.2	98.2	98.14
74.28	76.85	76.23	2.05	2.97	3.93	-0.81	-1.67	-2.13	98.42	98.69	98.53
59.67	62.73	62.93	2.18	2.41	2.35	8.41	7.64	6.44	101.09	99.98	99.97
31.55	25.85	15.84	1.37	1.42	1.85	-2.94	-3.64	-4.11	97.36	97.20	100.00

13-7 主要工业产品产量
Output of Major Industrial Products

产 品 名 称	Product Name	2010	2011	2012	2013	2014	2015
原煤（万吨）	Coal (10 000 tons)	4547.20	4700.65	4878.08	4497.30	4691.73	4390.27
天然原油（万吨）	Crude Petroleum Oil (10 000 tons)	382.14	502.66	629.52	710.39	771.97	820.09
天然气（万立方米）	Natural Gas (10 000 cu.m)	10344	8146	12792	11231	12973	12108
铁矿石原矿（万吨）	Iron Ore (10 000 tons)	991.62	963.69	1214.16	1763.02	1962.59	1596.21
小麦粉（万吨）	Wheatmeal (10 000 tons)	151.08	127.51	162.57	139.33	141.79	119.36
饮料、酒（万千升）	Drinks (10 000kl)	71.54	69.60	71.69	73.73	77.82	66.18
软饮料（万吨）	Soft Drinks (10 000 tons)	138.43	92.99	110.11	174.96	225.42	241.40
卷烟（万箱）	Cigarettes (10 000 cases)	80.00	82.00	88.00	94.00	100.00	103.00
原油加工量（万吨）	Crude Oil Processing (10 000 tons)	1383.54	1613.53	1520.52	1554.21	1446.44	1424.31
焦炭（万吨）	Coke (10 000 tons)	244.32	263.24	337.46	458.24	583.27	525.05
硫酸（万吨）	Sulfuric Acid (10 000 tons)	247.00	258.72	313.25	275.84	347.58	443.03
烧碱（万吨）	Caustic Soda (10 000 tons)	21.69	24.75	24.89	22.33	20.06	19.02
纯碱（万吨）	Soda Ash (10 000 tons)	13.66	18.98	20.12	20.80	16.09	9.77
电石（万吨）	Calcium Carbide (10 000 tons)	97.54	102.10	126.79	126.75	150.09	112.80
乙烯（万吨）	Ethene (10 000 tons)	69.48	69.39	64.67	63.16	62.99	64.20
农用化肥（万吨）	Chemical Fertilizer (10 000 tons)	81.32	62.17	79.20	58.75	49.22	46.70
化学农药（万吨）	Chemical Pesticide (10 000 tons)	0.13	0.14	0.17	0.21	0.28	0.32
塑料制品（万吨）	Plastic Products (ton)	13.88	11.81	19.03	35.59	29.95	39.09
水泥（万吨）	Cement (10 000 tons)	2414.11	2746.82	3515.06	4412.72	4925.52	4764.30
平板玻璃（万重量箱）	Plate Glass (10 000 weight cases)	653.89	577.14	496.79	600.07	538.32	124.78
生铁（万吨）	Pig Iron (10 000 tons)	625.49	769.28	746.60	897.49	898.78	690.52
粗钢（万吨）	Crude Steel (10 000 tons)	662.25	819.80	810.16	1024.33	1073.98	852.10
钢材（万吨）	Rolled Steel (10 000 tons)	699.17	812.75	883.04	1021.57	1108.12	847.77
铁合金（万吨）	Iron Alloy (10 000 tons)	119.49	129.25	128.12	141.06	118.23	85.65
十种有色金属（万吨）	Ten Kinds of Nonferrous Metals (10 000 tons)	191.53	219.23	294.10	323.69	347.66	381.36
铜（万吨）	Copper (10 000 tons)	44.79	62.54	70.86	77.96	89.23	92.47
铅（万吨）	Lead (10 000 tons)	2.69	1.91	2.15	3.08	2.36	2.82
锌（万吨）	Zinc (10 000 tons)	23.51	24.42	32.08	27.45	27.35	40.38
镍（万吨）	Nickel (10 000 tons)	12.98	12.70	12.78	14.39	14.82	15.31
铝（万吨）	Aluminium (10 000 tons)	104.40	117.41	176.00	200.51	213.90	230.38
汽车（辆）	Motor Vehicles (set)	20718	20634	24199	21462	6998	24354
发电设备（万千瓦小时）	Power Generating Equipment (10 000 kw·h)	3.53	4.15	6.20	8.80	0.20	4.52
变压器（万千伏安）	Power Transformer (10 000 kva)	221.95	224.99	294.02	360.67	360.80	160.56
集成电路（万块）	Integrated Circuits (10 000 units)	550307	652805	721012	915904	1156971	1497496
发电量（亿千瓦小时）	Electricity (100 million kw·h)	791.53	1027.91	1083.25	1148.60	1129.93	1139.45
#火力发电量	Fire Power	502.29	709.91	717.51	734.64	724.76	718.65
水力发电量	Hydraulic Power	262.32	252.03	294.61	283.60	274.14	270.96

13-8 规模以上工业主要产品年末生产能力

Production Capacity of Major Products of Industrial Enterprises above Designated Size Enterprises above Designated Size（Year-end）

产品名称	Product name	2011	2012	2013	2014	2015
原煤（万吨）	Coal (10 000 tons)	4964.18	5273.01	5475.79	5361.09	5260.29
卷烟（亿支）	Cigarettes (100 million pieces)	500.85	500.85	554.85	608.85	695.25
原油加工量（万吨）	Crude Oil Processing (10 000 tons)	1600.00	1601.24	1600.00	1600.00	1600.00
焦炭（万吨）	Coke (10 000 tons)	435.00	485.00	755.00	767.50	807.50
碳化钙（万吨）	Calcium Carbide(10 000 tons)	131.10	143.89	150.62	185.25	169.00
农用氮、磷、钾化学肥料总计（万吨）	Chemical Fertilizer (10 000 tons)	97.28	116.46	108.78	128.26	122.70
水泥熟料（万吨）	Cement Clinker(10 000 tons)	3216.15	3380.84	3786.71	3957.29	4199.16
水泥（万吨）	Cement (10 000 tons)	4523.13	5189.35	6108.84	6621.48	6817.61
平板玻璃（万重量箱）	Plate Glass (10 000 weight cases)	610.68	500.00	610.68	600.00	602.20
生铁（万吨）	Pig Iron (10 000 tons)	789.00	908.15	1057.86	1019.80	1017.32
粗钢（万吨）	Crude Steel (10 000 tons)	905.00	1035.60	1240.85	1303.90	1300.00
钢材（万吨）	Rolled Steel (10 000 tons)	883.74	1159.13	1272.86	1190.67	1191.08
铁合金（万吨）	Iron Alloy (10 000 tons)	158.92	191.43	177.09	159.70	157.32
原铝（万吨）	Primary Aluminium (10 000 tons)	191.00	206.00	259.00	296.70	291.08
汽车（万辆）	Motor Vehicles(10 000 sets)	12.00	12.00	12.00	12.00	4.00
#轿车	Cars(10 000 sets)	12.00	12.00	12.00	12.00	4.00
发电设备容量总计（万千瓦）	Electricity(10 000 kwh)	2588.45	2690.63	3030.00	3347.90	4075.30
火电设备容量总计	Fire Power	1524.30	1544.30	1652.00	1683.30	1893.90
水电设备容量总计	Hydropower	533.91	572.24	608.86	652.80	678.70
风电设备容量总计	Wind Power	514.76	551.81	658.71	737.60	1085.40

13-9 国有及国有控股企业主要指标（2015）

Major Indicators of State-owned and State-holding Industrial Enterprises(2015)

单位：亿元 (100 million yuan)

指标	Item	全省 Total	国有及国有控股企业 State-owned and State-holding Industrial Enterprises	占全省比重(%) Proportion (%)	国有及国有控股大中型企业 Large and Medium-sized State-owned and State-holding Industrial Enterprises	占全省比重(%) Proportion (%)
企业单位数（个）	Number of Enterprises (unit)	2148	417	19.41	153	7.12
就业人员（万人）	Year-end Employees (10 000 persons)	61.51	40.28	65.48	37.77	61.40
工业总产值	Gross Output Value	7324.69	4914.32	67.09	4598.20	62.78
年末资产总计	Total Property (year-end)	11918.33	8812.70	73.94	7449.50	62.50
流动资产合计	Total Current Assets	4246.87	2782.24	65.51	2515.49	59.23
固定资产合计	Total Fixed Assets	5833.88	4739.48	81.24	3758.00	64.42
年末负债合计	Total Liabilities (year-end)	7790.62	5973.14	76.67	4985.14	63.99
年末所有者权益	Owners' Equity (year-end)	4117.45	2837.87	68.92	2464.35	59.85
#实收资本	Paid-up Capital	2436.36	1752.14	71.92	1402.24	57.55
主营业务收入	Revenue from Principal Business	8689.37	6946.20	79.94	6679.62	76.87
主营业务税金及附加	Taxes and Extra Charges from Principal Business	338.22	325.36	96.20	324.05	95.81
利润总额	Total Profits	-91.89	-144.48		-150.64	
税金总额	Total Taxes	563.92	515.69	91.45	509.65	90.38
亏损企业数（个）	Number of Loss-making Enterprises (unit)	669	181	27.06	69	10.31
亏损企业亏损额	Total Losses Loss-making Enterprises	329.94	293.12	88.84	277.57	84.13

13-10 支柱工业主要指标占全省比重

Proportion to Total Industry in Gansu of Main Indicators of Pillar Industry

单位：% (%)

指标	Item	2010	2011	2012	2013	2014	2015
单位数	Number of Enterprises	77.11	77.68	73.72	72.14	70.59	69.60
就业人员	Year-end Employees	84.64	84.32	82.40	80.46	81.64	81.43
工业总产值	Gross Output Value of Industry	92.75	98.52	90.67	88.91	88.05	87.01
工业增加值	Value Added	91.62	92.90	90.23	87.50	87.98	87.07
年末资产总计	Total Assets (year-end)	90.86	90.88	89.65	89.33	88.71	88.02
负债合计	Total Liabilities	91.77	92.09	91.18	90.75	90.19	90.18
利润总额	Total Profits	86.78	87.43	87.36	78.91	77.31	
利税总额	Total Profits and Taxes	92.68	92.83	92.38	88.10	89.67	81.40
工业销售产值	Sales Value of Industry Products	92.87	92.99	90.75	87.82	88.52	87.78

13-11 支柱工业主要指标
Main Indicators of Pillar Industry

行 业	Sector	2011	2012	2013	2014	2015	2015年比2014年增长(%) Increase Rate in 2014 over 2013(%)
单位数（个）	**Number of Enterprises (unit)**	**1065**	**1279**	**1437**	**1476**	**1495**	**1.29**
石化工业	Petrochemical Industry	181	208	226	240	235	-2.08
有色工业	Ferrous Industry	87	104	115	122	119	-2.46
电力工业	Power Industry	138	163	193	232	242	4.31
冶金工业	Metallurgical Industry	103	135	133	113	111	-1.77
机械工业	Machinery Industry	189	205	241	238	250	5.04
食品工业	Food Industry	297	385	440	466	485	4.08
煤炭工业	Coal Industry	70	79	89	65	53	-18.46
就业人员（万人）	**Year-end Employees (10 000 persons)**	**50.46**	**52.31**	**49.70**	**52.79**	**50.09**	**-5.11**
石化工业	Petrochemical Industry	11.23	11.24	10.84	10.48	10.00	-4.58
有色工业	Ferrous Industry	9.32	9.39	9.70	9.27	9.22	-0.54
电力工业	Power Industry	5.69	5.88	5.94	8.62	7.99	-7.31
冶金工业	Metallurgical Industry	5.39	5.68	5.48	5.00	4.21	-15.80
机械工业	Machinery Industry	6.63	6.21	6.25	5.98	5.85	-2.17
食品工业	Food Industry	6.02	6.12	6.23	6.00	5.78	-3.67
煤炭工业	Coal Industry	6.17	7.79	5.26	7.44	7.04	-5.38
工业增加值（亿元）	**Value-added (100 million yuan)**	**1656.33**	**1742.74**	**1789.70**	**1821.10**	**1447.10**	**5.42**
石化工业	Petrochemical Industry	560.08	559.90	543.30	639.89	506.64	8.10
有色工业	Ferrous Industry	265.93	316.14	330.20	301.08	223.96	12.50
电力工业	Power Industry	214.69	167.52	178.80	205.34	221.31	-3.80
冶金工业	Metallurgical Industry	210.70	191.25	193.30	163.96	73.66	-8.90
机械工业	Machinery Industry	107.83	123.92	147.50	146.53	96.36	12.50
食品工业	Food Industry	171.32	217.50	246.10	255.07	242.42	10.10
煤炭工业	Coal Industry	125.78	166.51	150.50	109.20	82.78	-6.20
年末资产总计（亿元）	**Total Assets (year-end) (100 million yuan)**	**6966.08**	**8198.94**	**9310.82**	**10067.34**	**10490.42**	**4.20**
石化工业	Petrochemical Industry	1307.19	1530.75	1644.82	1725.16	1529.98	-11.31
有色工业	Ferrous Industry	1611.04	1997.91	2284.22	2318.42	2706.42	16.74
电力工业	Power Industry	1596.94	1774.02	2047.99	2378.45	2609.42	9.71
冶金工业	Metallurgical Industry	1202.28	1364.65	1563.52	1642.38	1371.29	-16.51
机械工业	Machinery Industry	431.23	493.78	596.99	731.53	812.55	11.08
食品工业	Food Industry	437.03	593.38	682.80	754.07	831.42	10.26
煤炭工业	Coal Industry	380.37	444.45	490.47	517.33	629.34	21.65

13-11 续表 continued

行 业	Sector	2011	2012	2013	2014	2015	2015年比2014年增长(%) Increase Rate in 2015over 2014(%)
负债合计（亿元）	**Total Liabilities (100 million yuan)**	**4520.10**	**5199.08**	**6068.26**	**6498.37**	**7025.64**	**8.11**
石化工业	Petrochemical Industry	679.57	819.80	949.28	978.42	869.39	-11.14
有色工业	Ferrous Industry	1014.46	1187.08	1474.51	1488.21	1885.77	26.71
电力工业	Power Industry	1232.27	1332.55	1546.28	1756.98	1938.27	10.32
冶金工业	Metallurgical Industry	867.72	996.94	1077.78	1135.58	996.66	-12.23
机械工业	Machinery Industry	255.33	289.48	359.09	446.16	529.47	18.67
食品工业	Food Industry	230.58	295.70	353.05	361.61	419.38	15.98
煤炭工业	Coal Industry	240.17	277.54	308.27	331.41	386.70	16.68
利润总额（亿元）	**Total Profit (100 million yuan)**	**234.39**	**249.16**	**237.11**	**188.00**	**-151.15**	
石化工业	Petrochemical Industry	68.78	127.30	136.39	113.26	-4.03	
有色工业	Ferrous Industry	68.05	31.75	14.57	1.47	-61.80	
电力工业	Power Industry	0.04	12.35	31.15	20.24	-5.93	
冶金工业	Metallurgical Industry	26.31	6.42	-7.81	-9.45	-110.43	
机械工业	Machinery Industry	18.85	16.54	11.48	15.64	12.23	-21.80
食品工业	Food Industry	22.00	31.91	36.44	43.68	32.48	-25.64
煤炭工业	Coal Industry	30.36	22.90	14.88	3.16	-13.67	
利税总额（亿元）	**Total Profits and Taxes (100 million yuan)**	**654.31**	**706.09**	**677.00**	**714.08**	**369.47**	**-48.26**
石化工业	Petrochemical Industry	283.21	363.08	358.65	380.73	284.58	-25.25
有色工业	Ferrous Industry	98.97	66.49	38.46	43.90	-23.43	
电力工业	Power Industry	29.81	47.26	64.42	53.63	15.25	-71.56
冶金工业	Metallurgical Industry	54.90	27.06	9.41	17.94	-92.01	
机械工业	Machinery Industry	32.79	26.74	20.22	24.81	21.04	-15.20
食品工业	Food Industry	95.13	122.92	143.87	164.53	159.38	-3.13
煤炭工业	Coal Industry	59.50	52.54	41.97	28.54	4.66	-83.67
工业销售产值（亿元）	**Sales Value of Industry Products (100 million yuan)**	**5483.02**	**5949.77**	**6660.96**	**6980.52**	**6094.03**	**-12.70**
石化工业	Petrochemical Industry	1959.09	1969.96	1936.77	1930.05	1540.48	-20.18
有色工业	Ferrous Industry	1026.45	1178.52	1324.03	1497.54	1537.34	2.66
电力工业	Power Industry	619.99	732.80	806.12	776.39	737.19	-5.05
冶金工业	Metallurgical Industry	854.87	815.67	1024.48	1144.96	772.44	-32.54
机械工业	Machinery Industry	356.93	414.05	569.82	552.85	480.69	-13.05
食品工业	Food Industry	440.03	587.42	698.25	771.12	782.17	1.43
煤炭工业	Coal Industry	225.66	251.35	301.48	307.61	243.72	-20.77

13-12 各地区规模以上工业企业主要经济指标（2015）

Main Economic Indicators of Industrial Enterprises Above Designated Size by Region(2015)

单位：亿元 (100 million yuan)

指 标	Item	兰州市 Lanzhou	嘉峪关市 Jiayuguan	金昌市 Jinchang	白银市 Baiyin	天水市 Tianshui
企业单位数（个）	Number of Enterprises (unit)	373	48	91	167	164
亏损企业	Loss-making Enterprises	106	31	34	67	37
工业总产值（当年价格）	Gross Output Value (At Current Prices)	2485.17	842.52	769.74	601.67	241.25
按登记注册类型分	Grouped by Registration Categories					
内 资	Domestic Funded Enterprises	2397.51	842.52	769.74	584.05	232.67
港澳台商投资企业	Enterprises with Investment from Hong Kong ,Macao and Taiwan	24.03			2.76	
外商投资企业	Enterprises with Investment from Foreign	63.64			14.85	8.59
按轻重工业分	Grouped by Light and Heavy Industries					
轻工业	Light Industry	360.60	6.18	12.19	40.35	62.83
重工业	Heavy Industry	2124.57	836.34	757.55	561.32	178.42
按企业规模分	Grouped by Size of Enterprises					
大型企业	Large Enterprises	1570.19	753.69	593.05	435.32	73.83
中型企业	Medium-size Enterprises	450.74	48.37	127.55	49.85	67.29
小型企业	Small Enterprises	464.24	40.46	49.15	116.50	100.14
工业销售产值（当年价格）	Sales Value of Industry Products (At Current Prices)	2353.86	830.09	746.50	573.49	218.99
#出口交货值	Delivery Value for Export	12.70	3.84	28.99	4.31	29.32
全部就业人员年平均人数（人）	Average Annual Employed Persons (person)	191861	40115	51854	64871	36143
年末资产总计	Total Assets (Year-end)	2731.37	1587.14	1778.54	1128.60	354.67
流动资产合计	Total Current Assets	1055.59	385.54	801.54	526.26	166.48
#存 货	Stock	382.85	125.09	401.06	140.71	45.20
#产成品	Finished Product	69.07	38.05	207.43	59.21	17.72
固定资产合计	Total Fixed Assets	1294.32	773.11	659.67	460.14	112.65
固定资产原价合计	Total Original Value of Fixed Assets	2021.52	1152.91	867.98	553.98	170.13
累计折旧	Accumulative Total Depreciation	913.52	388.07	228.47	228.32	64.72
年末负债合计	Total Liabilities at Year-end	1783.87	1137.69	1231.58	763.84	187.44
#流动负债	Total Liquid Liabilities	1150.43	834.26	891.89	562.16	117.14
长期负债	Long-term Liabilities	590.16	291.34	331.72	180.74	51.95
年末所有者权益	Creditors'Equity at Year-end	944.26	446.57	546.96	364.73	167.20
实收资本	Actural Capital	507.27	210.69	321.81	164.06	81.18
主营业务收入	Revenue from Principal Business	2086.57	1377.75	2427.33	827.57	176.82
#主营业务成本	Cost of Principal Business	1721.61	1356.22	2414.37	787.88	144.47
主营业务税金及附加	Taxes and Extra Charges from Principal Business	234.61	4.14	3.06	3.72	0.95
其他业务利润	Other Bussiness Profits	3.36	2.41	0.24	2.78	0.94
管理费用	Management Expenses	94.08	55.05	21.86	20.07	14.07
#税 金	Tax	2.51	3.54	3.89	1.00	0.71
利润总额	Total Profits	-1.52	-101.60	-53.33	3.30	7.73
利税总额	Total Profits and Taxes	326.64	-82.09	-30.54	21.52	13.96
税金总额	Total Taxes	336.93	13.09	19.66	21.60	8.60
工业企业本年应交增值税	Value-added Tax Payable	93.01	15.28	19.73	14.49	5.26

13-12 续表 1 continued

单位：亿元 (100 million yuan)

指 标	Item	武威市 Wuwei	张掖市 Jiuquan	平凉市 Pingliang	酒泉市 Jiuquan	庆阳市 Qingyang
企业单位数（个）	Number of Enterprises (unit)	231	225	119	296	112
亏损企业	Loss-making Enterprises	74	70	32	119	9
工业总产值（当年价格）	Gross Output Value (At Current Prices)	375.52	313.50	168.50	515.37	600.09
按登记注册类型分	Grouped by Registration Categories					
内 资	Domestic Funded Enterprises	375.06	304.39	168.50	503.98	600.09
港澳台商投资企业	Enterprises with Investment from Hong Kong ,Macao and Taiwan	0.46			3.34	
外商投资企业	Enterprises with Investment from Foreign		9.11		8.05	
按轻重工业分	Grouped by Light and Heavy Industries					
轻工业	Light Industry	216.55	161.76	42.36	72.97	39.76
重工业	Heavy Industry	158.98	151.73	126.13	442.40	560.32
按企业规模分	Grouped by Size of Enterprises					
大型企业	Large Enterprises	29.91	22.11	56.09	161.39	500.89
中型企业	Medium-size Enterprises	88.88	36.86	56.46	41.30	14.59
小型企业	Small Enterprises	256.73	254.53	55.95	312.68	84.60
工业销售产值（当年价格）	Sales Value of Industry Products (At Current Prices)	341.87	311.39	157.34	470.34	586.35
# 出口交货值	Delivery Value for Export		12.34		0.66	3.34
全部从业人员年平均人数（人）	Average Annual Employed Persons (person)	27418	23927	45005	44419	42858
年末资产总计	Total Assets (Year-end)	530.51	370.97	373.45	1356.90	797.12
流动资产合计	Total Current Assets	177.04	164.73	105.43	445.51	113.63
# 存 货	Stock	47.37	57.56	29.42	87.01	19.18
# 产成品	Finished Product	28.54	39.49	18.03	29.68	7.98
固定资产合计	Total Fixed Assets	256.34	164.08	245.02	794.64	606.32
固定资产原价合计	Total Original Value of Fixed Assets	296.54	231.89	384.53	1134.30	847.69
累计折旧	Accumulative Total Depreciation	76.40	80.68	177.28	351.57	305.29
年末负债合计	Total Liabilities at Year-end	348.55	234.64	245.62	932.28	371.72
# 流动负债	Total Liquid Liabilities	188.04	127.28	135.10	423.35	135.92
长期负债	Long-term Liabilities	115.56	74.37	102.27	467.09	229.95
年末所有者权益	Owners' Equity at Year-end	178.91	136.33	127.23	424.30	425.40
实收资本	Actural Capital	97.04	83.62	66.85	386.01	296.56
主营业务收入	Revenue from Principal Business	254.88	188.68	145.82	393.01	489.24
# 主营业务成本	Cost of Principal Business	221.49	166.86	124.87	321.77	239.50
主营业务税金及附加	Taxes and Extra Charges from Principal Business	1.27	1.07	2.41	30.62	52.16
其他业务利润	Other Bussiness Profits	0.14	0.42	-0.12	0.27	
管理费用	Management Expenses	9.15	7.22	11.53	20.54	14.17
# 税 金	Taxes	0.29	0.35	0.60	0.85	1.44
利润总额	Total Profits	6.88	3.12	-8.53	-20.82	53.16
利税总额	Total Profits and Taxes	6.13	8.16	3.58	15.83	132.16
税金总额	Total Taxes	0.06	6.01	13.48	39.04	81.19
工业企业本年应交增值税	Value-added Tax Payable	-2.09	3.86	9.62	5.95	26.46

13-12 续表 2 continued

单位：亿元 (100 million yuan)

指 标	Item	定西市 Dingxi	陇南市 Longnan	临夏州 Linxia	甘南州 Gannan
企业单位数（个）	Number of Enterprises (unit)	155	91	43	33
亏损企业	Loss-making Enterprises	32	32	10	16
工业总产值（当年价格）	Gross Output Value (At Current Prices)	143.62	149.27	87.27	31.20
按登记注册类型分	Grouped by Registration Categories				
内 资	Domestic Funded Enterprises	142.85	149.27	87.27	31.20
港澳台商投资企业	Enterprises with Investment from Hong Kong ,Macao and Taiwan				
外商投资企业	Enterprises with Investment from Foreign	0.77			
按轻重工业分	Grouped by Light and Heavy Industries				
轻工业	Light Industry	75.10	35.09	41.95	8.75
重工业	Heavy Industry	68.52	114.18	45.32	22.45
按企业规模分	Grouped by Size of Enterprises				
大型企业	Large Enterprises		36.17	9.19	
中型企业	Medium-size Enterprises	30.97	32.19	29.10	10.49
小型企业	Small Enterprises	112.65	80.91	48.98	20.71
工业销售产值（当年价格）	Sales Value of Industry Products (At Current Prices)	129.54	110.39	83.02	28.89
# 出口交货值	Delivery Value for Export	1.68		0.74	0.04
全部从业人员年平均人数（人）	Average Annual Employed Persons (person)	15949	16757	9517	4359
年末资产总计	Total Assets (Year-end)	242.64	367.01	173.82	125.60
流动资产合计	Total Current Assets	99.50	109.34	68.94	27.33
# 存 货	Stock	29.75	21.16	31.45	5.24
# 产成品	Finished Product	13.48	10.64	15.78	3.54
固定资产合计	Total Fixed Assets	114.76	167.94	96.43	88.45
固定资产原价合计	Total Original Value of Fixed Assets	127.91	192.28	119.67	114.23
累计折旧	Accumulative Total Depreciation	27.73	46.59	50.65	27.87
年末负债合计	Total Liabilities at Year-end	147.76	206.71	108.49	90.43
# 流动负债	Total Liquid Liabilities	92.27	127.46	71.48	37.93
长期负债	Long-term Liabilities	49.05	76.51	33.93	46.28
年末所有者权益	Owners' Equity at Year-end	94.75	160.30	65.33	35.17
实收资本	Actural Capital	57.35	104.24	38.71	20.99
主营业务收入	Revenue from Principal Business	123.59	102.46	66.22	29.44
# 主营业务成本	Cost of Principal Business	107.11	73.00	55.52	21.99
主营业务税金及附加	Taxes and Extra Charges from Principal Business	0.36	3.45	0.26	0.12
其他业务利润	Other Bussiness Profits	0.03	-0.08	0.02	-0.11
管理费用	Management Expenses	4.74	6.68	2.19	2.32
# 税 金	Taxes	0.32	0.17	0.09	0.19
利润总额	Total Profits	5.02	9.53	4.55	0.64
利税总额	Total Profits and Taxes	7.75	19.35	9.55	1.86
税金总额	Total Taxes	3.67	12.99	5.68	1.92
工业企业本年应交增值税	Value-added Tax Payable	2.32	6.37	4.74	1.08

13-13 各地区规模以上工业增加值及效益指标（2015）
Value-added of Industry and Main Indicators on Economic Benefit of Industrial Enterprises above Designated Size by Region(2015)

地 区	Region	工业增加值（亿元） Value-added of Industry (100 million yuan)	工业增加值指数（可比价）（上年=100） Indices of Value-added of Industry At Comparable Prices) (preceding year=100)	总资产贡献率（%） Ratio of Profits,Taxes and Interests to Average Assets (%)	资产负债率（%） Ratio of Debts to Assets (%)	流动资产周转次数（次/年） Turnover of Current Assets (time/year)	工业成本费用利润率（%） Ratio of Profits to Total Industrial Costs (%)	产品销售率（%） Sales Ratio of Products (%)
兰州市	Lanzhou	515.0	105.5	14.00	65.31	2.03	-0.08	94.72
嘉峪关市	Jiayuguan	97.7	105.1	-2.45	71.68	3.65	-6.70	98.53
金昌市	Jinchang	98.7	101.1	-0.13	69.25	3.03	-2.14	96.98
白银市	Baiyin	137.0	104.8	3.37	67.68	1.60	0.39	95.32
天水市	Tianshui	111.0	110.0	5.37	52.85	1.08	4.45	90.77
武威市	Wuwei	80.5	104.1	2.52	65.70	1.46	2.73	91.04
张掖市	Zhangye	62.7	104.0	3.88	63.25	1.15	1.67	99.33
平凉市	Pingliang	52.2	104.1	3.07	65.77	1.42	-5.56	93.38
酒泉市	Jiuquan	114.6	102.3	2.80	68.71	0.89	-5.48	91.26
庆阳市	Qingyang	287.8	109.7	17.75	46.63	4.43	19.46	97.71
定西市	Dingxi	27.9	109.5	4.79	60.89	1.26	4.16	90.20
陇南市	Longnan	41.2	109.9	7.35	56.32	0.95	10.31	73.95
临夏州	Linxia	18.9	110.4	6.79	62.42	0.96	7.35	95.13
甘南州	Gannan	10.7	92.5	4.69	72.00	1.08	2.18	92.61

13-14 各地区规模以上工业主要工业产品产量（2015）
Output of Major Industrial Products of Industrial Enterprises Above Designated Size by Region (2015)

地 区	Region	原煤（万吨） Coal (10 000 tons)	天然原油（万吨） Natural Crude Oil (10 000 tons)	原油加工量（万吨） Crude Oil Processing (10 000 tons)	发电量（亿千瓦小时） Electricity (100 million kwh)	粗钢（万吨） Crude Steel (10 000 tons)	钢材（万吨） Rolled Steel (10 000 tons)	水泥（万吨） Cement (10 000 tons)	汽车（辆） Motor Vehicles (set)
兰州市	Lanzhou	628.12		967.20	178.47	212.70	246.78	1154.21	24354
嘉峪关市	Jiayuguan				192.45	638.17	595.49	253.64	
金昌市	Jinchang				70.38			172.37	
白银市	Baiyin	1105.78			151.79			444.87	
天水市	Tianshui				16.66		1.25	493.64	
武威市	Wuwei	374.77			20.10		3.11	181.33	
张掖市	Zhangye	72.23			61.76			189.32	
平凉市	Pingliang	2135.56			125.60	1.22	1.14	459.10	
酒泉市	Jiuquan	34.54	44.00	200.01	144.86			285.32	
庆阳市	Qingyang	39.27	776.09	257.10	3.41			22.30	
定西市	Dingxi				11.18			407.20	
陇南市	Longnan				40.39			411.48	
临夏州	Linxia				94.75			197.48	
甘南州	Gannan				27.66			92.04	

主要指标解释

工业　指从事自然资源的开采，对采掘品和农产品进行加工和再加工的物质生产部门。具体包括：(1)对自然资源的开采，如采矿、晒盐等(但不包括禽兽捕猎和水产捕捞)；(2)对农副产品的加工、再加工，如粮油加工、食品加工、缫丝、纺织、制革等；(3)对采掘品的加工、再加工，如炼铁、炼钢、化工生产、石油加工、机器制造、木材加工等，以及电力、自来水、煤气的生产和供应等；(4)对工业品的修理、翻新，如机器设备的修理、交通运输工具(如汽车)的修理等。

工业统计调查单位为工业法人单位。

工业法人单位指从事工业生产经营活动的法人单位。工业法人单位应同时具备以下条件：①依法成立，有自己的名称、组织机构和场所，能够独立承担民事责任；②独立拥有(或授权)使用资产，承担负债，有权与其他单位签订合同；③具有包括资产负债表在内的帐户，或者能够根据需要编制帐户。

国有及国有控股企业　指国有企业加上国有控股企业。国有企业(即原全民所有制工业或国营工业)指企业全部资产归国家所有，并按《中华人民共和国企业法人登记管理条例》规定登记注册的非公司制的经济组织。包括国有企业、国有独资公司和国有联营企业。1957年以前的公私合营和私营工业，后均改造为国营工业，1992年改为国有工业，这部分工业的资料不单独分列时，均包括在国有企业内。国有控股企业是对混合所有制经济的企业进行的“国有控股”分类。它是指这些企业的全部资产中国有资产(股份)相对其他所有者中的任何一个所有者占资(股)最多的企业。该分组反映了国有经济控股情况。

轻工业　指主要提供生活消费品和制作手工工具的工业。按其所使用的原料不同，可分为两大类：(1)以农产品为原料的轻工业，是指直接或间接以农产品为基本原料的轻工业。主要包括食品制造、饮料制造、烟草加工、纺织、缝纫、皮革和毛皮制作、造纸以及印刷等工业；(2)以非农产品为原料的轻工业，是指以工业品为原料的轻工业。主要包括文教体育用品、化学药品制造、合成纤维制造、日用化学制品、日用玻璃制品、日用金属制品、手工工具制造、医疗器械制造、文化和办公用机械制造等工业。

重工业　指为国民经济各部门提供物质技术基础的主要生产资料的工业。按其生产性质和产品用途，可以分为下列三类：(1)采掘(伐)工业，是指对自然资源的开采，包括石油开采、煤炭开采、金属矿开采、非金属矿开采等工业；(2)原材料工业，指向国民经济各部门提供基本材料、动力和燃料的工业。包括金属冶炼及加工、炼焦及焦炭、化学、化工原料、水泥、人造板以及电力、石油和煤炭加工等 工业；(3)加工工业，是指对工业原材料进行再加工制造的工业。包括装备国民经济各部门的机械设备制造工业、金属结构、水泥制品等工业，以及为农业提供的生产资料如化肥、农药等工业。

根据上述划分原则，修理业中以重工业产品为修理作业对象的划为重工业，反之划为轻工业。

工业总产值　工业总产值是以货币形式表现的，工业企业在一定时期内生产的工业最终产品或提供工业性劳务活动的总价值量。它反映一定时间内工业生产的总规模和总水平。

工业增加值　指工业企业在报告期内以货币表现的工业生产活动的最终成果。

工业增加值有两种计算方法：一是生产法，即工业总产出减去工业中间投入加上应交增值税；二是收入法，即从收入的角度出发，根据生产要素在生产过程中应得到的收入份额计算，具体构成项目有固定资产折旧、劳动者报酬、生产税净额、营业盈余，这种方法也称要素分配法。本年鉴中的工业增加值是以生产法计算的。

资产总计　指企业拥有或控制的能以货币计量的经济资源，包括各种财产、债权和其他权利。资产按流动性分为流动资产、长期投资、固定资产、无形资产、递延资产和其他资产。该指标根据企业会计“资产负债表”中“资产总计”项目的期末数增列。

流动资产　指企业可以在一年内或者超过一年的一个生产周期内变现或者耗用的资产，包括现金及各种存款、短期投资，应收及预付款项、存货等。

固定资产原价　指企业在建造、购置、安装、改建、扩建、技术改造某项固定资产时所支出的全部货币总额。它一般包括买价、包装费、运杂费和安装费等。

固定资产净值　指固定资产原价减去历年已提折旧额后的净额。计算公式为：

固定资产净值＝固定资产原价－累计折旧

负债合计　指企业所承担的能以货币计量，将以资产或劳务偿付的债务，偿还形式包括货币、资产或提供劳务。负债一般按偿还期长短分为流动负债和长期负债。根据会计“资产负债表”中“负债合计”的年末数填列。

所有者权益合计　指企业资产扣除负债后由所有者享

有的剩余权益。公司的所有者权益又称股东权益。包括实收资本、资本公积、盈余公积、未分配利润等。来源于会计“资产负债表”中“所有者权益合计”项目的期末余额数。

主营业务收入 指企业确认的销售商品、提供劳务等主营业务的收入。来源于会计“主营业务收入”科目的期末贷方余额（结转前）。

主营业务成本 指企业经营主要业务所发生的成本总额。来源于会计“主营业务成本”科目的期末借方余额（结转前）。

主营业务税金及附加 指企业经营主要业务应负担的营业税、消费税、城市维护建设税、教育费附加等。来源于会计“主营业务税金及附加”科目的期末借方余额（结转前）。

利润总额 指企业在一定会计期间的经营成果，是生产经营过程中各种收入扣除各种耗费后的盈余，反映企业在报告期内实现的盈亏总额。来源于会计“利润表”中“利润总额”项目的本期金额数。

本年应交增值税 指企业按税法规定，从事货物销售或提供加工、修理修配劳务等增加货物价值的活动本期应交纳的税金。指企业在报告期应交增值税额。计算公式为：

本年应交增值税＝销项税额－（进项税额－进项税额转出）－出口抵减内销产品应纳税额－减免税款＋出口退税

本年进项税额指工业企业在报告期内购入货物或接受应税劳务而支付的、准予从销项税额中抵扣的增值税额。

本年销项税额指工业企业在报告期内销售货物或提供应税劳务应收取的增值税额。

就业人员平均人数 是指报告期内每天拥有的就业人员人数。其计算公式为：

$$月平均人数=\frac{报告月内每天实有人数之和}{报告月日历日数}$$

$$季平均人数=\frac{季内各月平均人数之和}{3}$$

$$年平均人数=\frac{年内各月平均人数之和}{12}$$

总资产贡献率 反映企业全部资产的获利能力，是企业经营业绩和管理水平的集中体现，是评价和考核企业盈利能力的核心指标。计算公式为：

$$总资产贡献率（\%）=\frac{利润总额+税金总额+利息支出}{平均资金总额}\times100\%$$

公式中：税金总额为产品销售税金及附加与应交增值税之和；平均资产总额为期初期末资产之和的算术平均值。

资产负债率 该指标既反映企业经营风险的大小，也反映企业利用债权人提供的资金从事经营活动的能力。计算公式为：

$$资产负债率（\%）=\frac{负债总额}{资产总额}\times100\%$$

资产与负债均为报告期期末数。

流动资产周转次数 指一定时期内流动资产完成的周转次数，反映投入工业企业流动资金的周转速度。计算公式为：

$$流动资产周转次数=\frac{产品销售收入}{全部流动资产平均余额}$$

公式中：全部流动资产平均余额为期初和期末的流动资产之和的算术平均值。

成本费用利润率 反映企业投入的生产成本及费用的经济效益，同时也反映企业降低成本所取得的经济效益。计算公式为：

$$成本费用利润率（\%）=\frac{利润总额}{成本费用总额}\times100\%$$

公式中：成本费用总额为产品销售成本、销售费用、管理费用、财务费用之和。

产品销售率 该指标反映工业产品已实现销售的程度，是分析工业产销衔接情况，研究工业产品满足社会需求的指标。计算公式为：

$$产品销售率（\%）=\frac{工业销售产值}{工业总产值（现价）}\times100\%$$

14

建筑业

Construction

简要说明

一、本篇资料主要内容

本篇资料反映建筑业概况和发展情况。主要包括建筑业企业基本情况和生产经营情况。

二、本篇资料的统计范围

建筑业统计范围为辖区内具有建筑业资质的所有独立核算建筑业企业及所属的产业活动单位。

三、本篇资料来源

本篇资料由省统计局固定资产投资处根据国家统计局制定的《建筑业统计报表制度》整理、汇总。

14-1 建筑业企业概况
Main Indicators on Construction Enterprises

年份 Year	总计 Total	国有企业 State-owned	集体企业 Collective-owned	其他 Others
企业单位数（个） Number of Enterprises(unit)				
2005	933	148	156	629
2006	951	145	150	656
2007	930	134	147	649
2008	926	111	114	701
2009	919	101	110	708
2010	890	101	98	691
2011	908	92	97	719
2012	1215	103	105	1007
2013	1295	73	87	1135
2014	1348	69	86	1193
2015	1370	69	82	1219
从业人员（万人） Number of Persons Employed (10 000 persons)				
2005	42.77	9.25	9.04	24.48
2006	43.67	8.51	9.53	25.63
2007	43.88	7.32	9.40	27.16
2008	42.03	5.66	5.39	30.97
2009	44.98	5.35	5.67	33.97
2010	45.76	6.36	4.86	34.55
2011	46.00	7.31	5.60	33.08
2012	56.26	7.49	5.81	42.96
2013	54.81	5.97	5.86	42.98
2014	58.89	7.63	6.21	45.05
2015	55.10	7.88	5.40	41.82
建筑业总产值（万元） Gross Output Value (10 000 yuan)				
2005	3141700	1169235	376213	1596252
2006	3443287	1103154	486291	1853842
2007	4369039	974710	662602	2731727
2008	4812744	900868	529097	3382779
2009	5798859	987574	508935	4302350
2010	7519879	1303237	580351	5636292
2011	9256772	2262570	744144	6250058
2012	13722823	3221873	1086236	9414714
2013	17208628	2698696	1241827	13268105
2014	18145239	2818352	1329573	13997314
2015	18490185	2731643	1245432	14513110

注：本表数据指标口径为资质以上建筑业企业。
a) Indicator caliber of data in this table refer to the construction enterprises above qualification grades.

14-2 建筑业企业主要经济指标（2015）

登记注册类型	Type of Registered	单位数（个） Number of Construction Enterprises (unit)	从业人员（万人） Number of Employed Persons (10 000 persons)	建筑业总产值（万元） Gross Output Value of Construction (10 000 yuan)
甘肃省	**Gansu**	**1370**	**55.10**	**18490185**
内资企业	Domestic Funded Enterprises	1367	55.09	18488362
国有企业	State-owned Enterprises	69	7.88	2731643
集体企业	Collective-owned Enterprises	82	5.40	1245432
股份合作企业	Cooperative Enterprises	4	0.11	24787
联营企业	Joint Ownership Enterprises	1		
有限责任公司	Limited Liability Corporations	596	25.37	9705395
股份有限公司	Share-holding Corporations Ltd.	66	4.31	2119323
私营企业	Private Enterprises	545	11.86	2633691
其他企业	Other Enterprises	4	0.16	28092
港、澳、台商投资企业	Enterprises with Investment from Hong Kong ,Macao and Taiwan	2	0.01	1616
外商投资企业	Foreign Funded Enterprises	1		207

14-2 续表

登记注册类型	Type of Registered	劳动生产率（元/人） Overall Labor Productivity (yuan/person)		主营业务收入（万元） Revenue from Prin-cipal Business (10 000 yuan)	主营业务成本（万元） Cost of Project Settlement Accounts (10 000 yuan)
		按总产值计算 In Terms of Gross Output Value	按增加值计算 In Terms of Value-added		
甘肃省	**Gansu**	**303474**	**119957**	**17667302**	**14902191**
内资企业	Domestic Funded Enterprises	303508	119970	17663821	14899814
国有企业	State-owned Enterprises	340617	134638	2709336	1833534
集体企业	Collective-owned Enterprises	216007	85383	1159497	990327
股份合作企业	Cooperative Enterprises	156976	62049	26504	21918
联营企业	Joint Ownership Enterprises				
有限责任公司	Limited Liability Corporations	328216	129737	9224347	8116169
股份有限公司	Share-holding Corporations Ltd.	479974	189723	2028041	1825167
私营企业	Private Enterprises	205849	81367	2500740	2099223
其他企业	Other Enterprises	146010	57714	15357	13476
港、澳、台商投资企业	Enterprises with Investment from Hong Kong ,Macao and Taiwan	136949	54133	3275	2206
外商投资企业	Foreign Funded Enterprises	206500	81625	207	170

Main Economic Indicators on Construction Enterprises(2015)

建筑业增加值（万元） Value Added of Construction (10 000 yuan)	营业利润（万元） Operating Profits (10 000 yuan)	利润总额（万元） Total Profits (10 000 yuan)	税金总额（万元） Total Tax (10 000 yuan)	产值利润率（%） Ratio of Profit to Gross Output Value (%)	产值利税率（%） Ratio of Output Value to Profit and Tax (%)
7308758	**646128**	**624191**	**759558**	**3.38**	**7.48**
7308038	646789	624858	758568	3.38	7.48
1079757	16211	18039	91142	0.66	4.00
492291	66461	67133	61254	5.39	10.31
9798	1017	998	1904	4.03	11.71
	-4	-4			
3836326	353691	329772	386178	3.40	7.38
837721	55938	55394	77804	2.61	6.28
1041039	153071	153132	139727	5.81	11.12
11104	405	393	559	1.40	3.39
639	-644	-644	982	-39.87	20.92
82	-17	-23	8	-11	-7

Continued

主营业务税金及附加（万元） Taxes and Extra Charges on Project Settlement Accounts (10 000 yuan)	房屋建筑施工面积（万平方米） Floor Space of Buildings under Construction (10 000 sq.m)	房屋建筑竣工面积（万平方米） Floor Space of Buildings Completed (10 000 sq.m)	#住宅 Residential Buildings	房屋建筑面积竣工率（%） Rat of Floor Space of Buildings Completed (%)
568110	**10757.08**	**4082.94**	**2831.78**	**37.96**
567120	10757.08	4082.94	2831.78	37.96
77249	1751.51	481.47	321.62	27.49
48191	833.61	455.53	316.35	54.65
1125	14.10	7.99	6.71	56.65
283270	4916.96	1833.10	1291.99	37.28
65022	1696.25	620.25	409.16	36.57
91763	1522.11	670.14	471.79	44.03
501	22.54	14.46	14.16	64.17
982				
7				

14-3 按行业分建筑企业主要指标（2015）
Main Indicators of Construction Enterprises by Sector(2015)

类 别	Items	单位数（个） Number of Enterprises (unit)	年末从业人员（万人） Year-end Employed Persons (10 000 persons)	建筑业总产值（万元） Gross Output Value of Construction (10 000 yuan)	# 建筑工程 Construction	# 安装工程 Installation
甘肃省	**Gansu**	**1370**	**55.10**	**18490185**	**16028877**	**1719378**
房屋建筑业	Housing Construction Industry	665	40.27	13019532	11746585	894541
土木工程建筑业	Civil Engineering Construction	329	10.27	4198306	3621047	343346
铁路、道路、隧道和桥梁工程建筑	Railways,Tunnels,Highways and Bridges Buildings	144	5.49	2645447	2420740	57270
水利和内河港口工程建筑	Water Conservancy and River Ports Engineering Buildings	80	2.36	710731	682491	22593
工矿工程建筑	Mining Engineering Buildings	25	1.20	370452	234392	126741
架线和管道工程建筑	Wired and Pipeline Engineering Buildings	47	0.94	412461	245168	133490
其他土木工程建筑	Other Civil Engineering Buildings	33	0.28	59215	38257	3252
建筑安装业	Construction Installation	140	3.11	1022690	486621	436439
建筑装饰及其他建筑业	Construction Decoration and Other Construction	236	1.45	249656	174625	45053
建筑装饰业	Construction Decoration	189	0.88	133895	84542	20793
工程准备	Engineering Preparing	16	0.16	35609	34512	200
提供施工设备服务	Providing Construction Equipment Services	3	0.14	18403	302	18087
其他未列明的建筑活动	Other Unindicated Building Industry	28	0.27	61750	55269	5973

14-3 续表 continued

类 别	Items	房屋建筑施工面积（万平方米） Floor Space of Buildings under Construction (10 000sq.m)	房屋建筑竣工面积（万平方米） Floor Space of Buildings Completed (10 000 sq.m)	房屋建筑竣工价值（万元） Value of Buildings Completed (10 000 yuan)	房屋建筑竣工率（%） Rate of Floor Space of Buildings Completed (%)	竣工房屋造价（元/平方米） Cost of Buildings Completed (yuan/sq.m)
甘肃省	**Gansu**	**10757.08**	**4082.94**	**7241139**	**37.96**	**1774**
房屋建筑业	Housing Industry	10431.43	3868.97	6792553	37.09	1756
土木工程建筑业	Civil Engineering Construction	160.13	107.56	216397	67.17	2012
铁路、道路、隧道和桥梁工程建筑	Railways,Tunnels,Highways and Bridges Buildings	80.31	60.41	123932	75.22	2052
水利和内河港口工程建筑	Water Conservancy and River Ports Engineering Buildings	39.91	38.50	76709	96.48	1992
工矿工程建筑	Mining Engineering Buildings	33.99	7.72	14189	22.72	1837
架线和管道工程建筑	Wired and Pipeline Engineering Buildings	1.20				
其他土木工程建筑	Other Civil Engineering Buildings	4.72	0.93	1567	19.68	1685
建筑安装业	Construction Installation	154.90	101.74	224663	65.68	2208
建筑装饰及其他建筑业	Construction Decoration and Other Construction	10.62	4.67	7526	43.96	1612
建筑装饰业	Construction Decoration					
工程准备	Engineering Preparing	0.65	0.65	200	100.00	308
提供施工设备服务	Providing Construction Equipment Services					
其他未列明的建筑活动	Other Unindicated Building Industry	9.97	4.02	7326	40.33	1821

14-4 建筑业房屋建筑面积

Floor Space of Buildings Constructed by Construction Enterprises

单位：万平方米 (10 000 sq.m)

年份 Year	房屋建筑面积 Floor Space of Buildings		#国有 State-owned		#集体 Collective-owned	
	施工面积 Floor Space under Construction	竣工面积 Floor Space Completed	施工面积 Floor Space under Construction	竣工面积 Floor Space Completed	施工面积 Floor Space under Construction	竣工面积 Floor Space Completed
2005	3008.48	1455.17	636.08	262.00	583.25	304.75
2006	3313.53	1638.38	804.52	311.11	557.08	363.28
2007	3788.00	1472.74	838.00	236.91	589.00	270.19
2008	3791.49	1842.81	485.63	185.15	424.29	220.34
2009	4178.20	1724.38	597.54	215.41	509.05	223.82
2010	5032.63	2013.88	804.77	230.30	471.00	256.97
2011	5925.09	2409.80	1418.58	382.33	574.60	348.14
2012	8179.58	3257.61	1714.87	514.66	679.56	378.62
2013	10319.41	3976.67	1616.24	393.28	845.32	473.32
2014	11531.10	4172.00	2158.26	521.83	763.39	460.86
2015	10757.08	4082.94	1751.51	481.47	833.61	455.53

14-5 建筑施工企业主要财务指标（2015）

单位：万元

项　目	Item	资产总计 Total Assets	#流动资产 Current Assets	#固定资产 Fixed Assets
甘肃省	**Gansu**	**17098681**	**12576471**	**2483298**
按企业登记注册类型分	**By Type of Enterprises Registered**			
内资企业	Domestic Funded Enterprises	17089749	12571634	2483165
国有企业	State-owned Enterprises	1872391	1303548	332778
集体企业	Collective-owned Enterprises	633997	456103	139738
股份合作企业	Cooperative Enterprises	33549	25560	5483
联营企业	Joint Ownership Enterprises	1120	97	1023
有限责任公司	Limited Liability Corporations	9682650	6950947	1273658
股份有限公司	Share-holding Corporations Ltd.	2040122	1768470	187121
私营企业	Private Enterprises	2794263	2037638	541332
其他企业	Other Enterprises	31657	29271	2033
港、澳、台商投资企业	Enterprises with Investment from Hong Kong ,Macao and Taiwan	7394	3298	133
外商投资企业	Foreign Funded Enterprises	1539	1539	
按行业类别分	**By Sector**			
房屋建筑业	Construction of Buildings	9711165	7302652	1650018
土木工程建筑业	Civil Engineering	5600348	4023245	585179
建筑安装业	Construction Installation	1216105	834728	165457
建筑装饰和其他建筑业	Building Decoration and Other Constructions	571064	415846	82644
按隶属关系分	**By Administrative Relationship**			
中　央	Central	2323677	1813323	99497
地　方	Local	14775005	10763148	2383801
#市　属	City Owned	2485539	1964810	319988
区县属	District and County	1662023	1093959	444635

Main Financial Indicators of Construction Enterprises(2015)

(10 000 yuan)

负债合计 Total Liabilities	流动负债 Liquid Liabilities	非流动负债 Non-current Liabilities	所有者权益 Owners' Equity	实收资本 Paid-in Capitals	营业收入 Business Revenue	主营业务收入 Revenue from Principal Business	利税总额 Total Pre-tax Profits	利润总额 Total Profits
11426291	**10254780**	**625067**	**5672391**	**3535504**	**17980307**	**17667302**	**1383749**	**624191**
11431845	10253781	631620	5657904	3533099	17976826	17663821	1383426	624858
1393565	1170847	67950	478826	290735	2860175	2709336	109181	18039
403133	345489	46535	230864	144204	1161509	1159497	128387	67133
25777	18890	6888	7772	6680	26573	26504	2903	998
164	144	20	956	100			-4	-4
6637002	5983528	482953	3045649	1785687	9295426	9224347	715950	329772
1651652	1625205	919	388469	264250	2062266	2028041	133198	55394
1293058	1082528	26356	1501205	1037284	2555338	2500740	292860	153132
27495	27151		4163	4160	15539	15357	952	393
-5712	842	-6553	13106	1905	3275	3275	338	-644
158	158		1381	500	207	207	-15	-23
6457555	5782109	296100	3253610	2009191	12254342	12071731	927741	393674
3956909	3536937	316183	1643439	1055669	4328670	4223347	369264	200989
712276	702673	3862	503829	249530	1093349	1089164	61993	20379
299551	233062	8922	271513	221114	303946	283061	24752	9150
1925375	1852490	15924	398301	306677	1973400	1951730	78506	29886
9500916	8402290	609143	5274089	3228828	16006907	15715573	1305242	594305
1607740	1463200	110174	877799	495323	1803234	1795909	166859	80913
800883	619252	83610	861140	520286	2145565	2128386	267004	147327

14-6 各地县建筑业企业情况（2015）

Basic Conditions of Construction Enterprises by Region ,County (2015)

地 区	Region	单位数（个） Number of Construction Enterprises (unit)	从业人员（人） Number of Employed Persons (person)	建筑业总产值（万元） Gross Output Value of Construction (10 000 yuan)	利税总额（万元） Total Pre-tax Profits (10 000 yuan)
甘肃省	**Gansu**	**1370**	**551029**	**18490185**	**1383479**
兰州市	**Lanzhou**	**494**	**174195**	**9178621**	**431699**
城关区	Chengguan	340	89016	4872437	274733
七里河区	Qilihe	69	46992	2419580	98111
西固区	Xigu	41	23226	990631	30027
安宁区	Anning	14	6628	583709	22028
红古区	Honggu	9	1312	42355	688
永登县	Yongdeng	7	2628	49387	3431
皋兰县	Gaolan	4	1726	48368	1776
榆中县	Yuzhong	5	2296	81435	6432
兰州新区	Lanzhou New Area	5	371	90720	-5526
嘉峪关市	**Jiayuguan**	**27**	**5019**	**265111**	**12280**
金昌市	**Jinchang**	**37**	**28693**	**1022052**	**78514**
金川区	Jinchuan	24	27431	992908	75042
永昌县	Yongchang	13	1262	29144	3472
白银市	**Baiyin**	**68**	**32948**	**615742**	**73098**
白银区	Baiyin	33	6611	122741	23332
平川区	Pingchuan	10	9560	211694	19818
靖远县	Jingyuan	4	8861	200813	16091
会宁县	Huining	16	4479	67870	8417
景泰县	Jingtai	5	3437	12623	5441
天水市	**Tianshui**	**87**	**38595**	**920154**	**54627**
秦州区	Qinzhou	44	22789	626653	28605
麦积区	Maiji	11	2884	54467	2436
清水县	Qingshui	2	463	10672	693
秦安县	Qinan	4	1404	37647	2778
甘谷县	Gangu	17	7188	134576	9059
武山县	Wushan	7	3225	34033	10093
张家川县	Zhangjiachuan	2	642	22106	964
武威市	**Wuwei**	**55**	**29456**	**886303**	**77000**
凉州区	Liangzhou	35	24770	712216	60183
民勤县	Minqin	9	2570	100529	12257
古浪县	Gulang	5	1094	48759	2177
天祝县	Tianzhu	6	1022	24799	2382
张掖市	**Zhangye**	**141**	**26433**	**656808**	**107656**

14-6 续表 1 continued

地　区	Region	单位数（个）Number of Construction Enterprises (unit)	从业人员（人）Number of Employed Persons (person)	建筑业总产值（万元）Gross Output Value of Construction (10 000 yuan)	利税总额（万元）Total Pre-tax Profits (10 000 yuan)
甘州区	Ganzhou	98	14579	316353	62873
肃南县	Sunan	5	785	22275	7132
民乐县	Minle	7	2638	67236	6325
临泽县	Linze	9	1567	57488	8775
高台县	Gaotai	14	3425	78252	12492
山丹县	Shandan	8	3439	115204	10059
平凉市	**Pingliang**	**59**	**46852**	**803820**	**78277**
崆峒区	Kongtong	28	15590	230799	42136
泾川县	Jingchuan	6	2031	28321	4306
灵台县	Lingtai	2	5057	62304	4108
崇信县	Chongxin	3	2179	38935	3111
华亭县	Huating	5	2024	66577	4399
庄浪县	Zhuanglang	7	9411	172105	12365
静宁县	Jingning	8	10560	204780	7850
酒泉市	**Jiuquan**	**80**	**23278**	**1218722**	**94370**
肃州区	Suzhou	44	10504	315465	41749
金塔县	Jinta	6	1019	17992	2281
瓜州县	Anxi	5	1451	317188	24581
肃北县	Subei	2	123	2798	627
阿克塞县	Akesai	2	505	14778	1432
玉门市	Yumen	12	8838	262920	18559
敦煌市	Dunhuang	9	838	287581	5142
庆阳市	**Qingyang**	**81**	**50795**	**1047064**	**122476**
西峰区	Xifeng	51	22440	460313	44372
庆城县	Qingcheng	12	7611	155935	21730
环　县	Huanxian	2	2130	19143	1543
华池县	Huachi	5	3554	103296	14787
合水县	Heshui	1	460	950	655
正宁县	Zhengning	2	1978	15742	3693
宁　县	Ningxian	6	11276	284714	35168
镇原县	Zhenyuan	2	1346	6972	530
定西市	**Dingxi**	**71**	**37555**	**745151**	**85061**
安定区	Anding	32	14566	291077	39515
通渭县	Tongwei	6	5417	141340	15394

14–6 续表 2 continued

地 区	Region	单位数（个）Number of Construction Enterprises (unit)	从业人员（人）Number of Employed Persons (person)	建筑业总产值（万元）Gross Output Value of Construction (10 000 yuan)	利税总额（万元）Total Pre-tax Profits (10 000 yuan)
陇西县	Longxi	9	4347	104822	7225
渭源县	Weiyuan	3	3070	49026	3426
临洮县	Lintao	13	7659	109517	15711
漳 县	Zhangxian	3	902	30303	2490
岷 县	Minxian	5	1594	19065	1300
陇南市	**Longnan**	**102**	**18805**	**355376**	**58281**
武都区	Wudu	69	12384	244095	39489
成 县	Chengxian	6	2095	33522	3706
文 县	Wenxian	3	367	3333	347
宕昌县	Tanchang	4	603	6768	428
康 县	Kangxian	4	901	5372	767
西和县	Xihe	4	795	22971	795
礼 县	Lixian	3	950	23690	12563
徽 县	Huixian	8	464	8346	110
两当县	Liangdang	1	246	7280	76
临夏州	**Linxia**	**38**	**32727**	**686574**	**98051**
临夏市	Linxia	18	10339	166569	17219
临夏县	Linxia	4	2740	78393	9593
康乐县	Kangle	5	824	44095	5404
永靖县	Yongjing	6	12100	271774	38130
广河县	Guanghe	2	1357	24442	3838
和政县	Hezheng	2	3180	35705	9700
东乡县	Dongxiang	1	2187	65595	14168
积石山县	Jishishan				
甘南州	**Gannan**	**30**	**5678**	**88688**	**12357**
合作市	Hezuo	16	2100	47499	3168
临潭县	Lintan	2	296	3486	507
卓尼县	Zhuoni	1	215	7645	187
舟曲县	Zhouqu	4	652	5416	500
迭部县	Diebu	4	1614	14050	1631
玛曲县	Maqu	2	375	7846	5903
碌曲县	Luqu	1	426	2747	463
夏河县	Xiahe				

主要指标解释

建筑业统计单位 指从事房屋、构筑物建造和设备安装活动的法人企业。建筑业法人企业应具有建筑业资质并能够独立核算，同时其应具备以下条件：①依法成立，有自己的名称、组织机构和场所，能够承担民事责任；②独立拥有和使用资产，承担负债，有权与其他单位签订合同；③独立核算盈亏，能够编制资产负债表。

建筑业总产值 是以货币形式表现的建筑业企业在一定时期内生产的建筑业产品和提供的服务的总和。建筑业总产值包括：

(1) 建筑工程产值　指列入建筑工程预算内的各种工程价值。

(2) 安装工程产值　指设备安装工程价值，不包括被安装设备本身的价值。

(3) 其他产值　建筑业总产值中除建筑工程、安装工程以外的产值。包括房屋构筑物修理产值、非标准设备制造产值、总包企业向分包企业收取的管理费以及不能明确划分的施工活动所完成的产值。

a. 房屋构筑物修理产值：指房屋和构筑物修理所完成的产值，但不包括被修理房屋、构筑物本身价值和生产设备的修理价值。

b. 非标准设备制造产值：指加工制造没有定型的非标准生产设备的加工费和原材料价值（如化工厂、炼油厂用的各种罐、槽，矿井生产统一使用的各种漏斗、三角槽、阀门等）以及附属加工厂为本企业承建工程制作的非标准设备的价值。

建筑业增加值 指建筑业企业在报告期内以货币形式表现的建筑业生产经营活动的最终成果。

从2004年第一次全国经济普查开始，建筑业现价增加值按生产法和分配法（收入法）两种方法计算，以收入法的计算结果为准，即从收入的角度出发，根据生产要素在生产过程中应得的收入份额计算。具体计算方法：经济普查年度建筑业增加值按照《经济普查年度GDP核算方案》计算，非经济普查年度建筑业增加值按照《非经济普查年度GDP核算方案》计算。

房屋建筑施工面积 指在报告期内施过工的全部房屋建筑面积，包括本期新开工的房屋面积、上期施工跨入本期继续施工的房屋面积、上期停缓建在本期恢复施工的房屋面积、本期竣工的房屋面积及本期施工后又停缓建的房屋面积。

房屋建筑竣工面积 指在报告期内房屋建筑按照设计要求全部完工，达到了使用条件，经验收鉴定合格，正式移交使用单位的房屋建筑面积。

年末自有机械设备净值 指本企业自有机械设备经过使用、磨损后实际存在的价值，即原值减去累计折旧后的净额。

年末自有机械设备总台数 指年末本企业（或单位）自有的直接用于工程施工的各种机械设备的台数。不包括附属辅助生产机械设备、运输机械设备、生产试验机械设备的台数。

年末自有机械设备总功率 指年末本企业（或单位）自有的直接用于工程施工的各种机械设备年末总功率、按设定能力或查定能力计算。包括施工机械本身的动力和为该机械服务的单独动力设备，如电动机等。但不包括附属辅助生产机械设备、运输机械设备、生产试验机械设备的功率。计量单位用千瓦，动力换算可按1马力＝0.735千瓦折合成千瓦数。电焊机、变压器、锅炉不计算动力。

营业收入 指企业经营主要业务和其他业务所确认的收入总额。营业收入合计包括“主营业务收入”和“其他业务收入”。

主营业务收入 指企业确认的销售商品、提供劳务等主营业务的收入。

主营业务成本 指企业经营主要业务所发生的成本总额。

主营业务税金及附加 指企业经营主要业务应负担的营业税、消费税、城市维护建设税、教育费附加等。

营业利润 指企业从事生产经营活动所取得的利润。

15

批发和零售业

Wholesale and Retail Trades

简要说明

一、本篇资料主要内容

本篇资料主要反映批发和零售业发展与经营状况，同时反映商品流通、商品消费、市场运行态势。主要内容包括：限额以上批发和零售业基本情况、商品流转情况、财务状况；亿元商品交易市场成交情况；社会消费品零售总额等。

二、本篇资料的统计范围

限额以上批发和零售业的法人企业、个体户，成交额在亿元以上的商品交易市场，以及参与商品零售、餐饮经营活动的各行业法人企业和产业活动单位、个体户。限额以上批发和零售业统计单位是指：批发业，年主营业务收入 2000 万元及以上；零售业，年主营业务收入 500 万元及以上。

三、本篇资料来源

本篇资料由省统计局贸易外经处加工整理。

15-1 社会消费品零售总额

Total Retail Sales of Consumer Goods

项 目	Item	2010	2011	2012	2013	2014	2015
社会消费品零售总额（亿元）	**Total Retail Sales of Consumer Goods (100 million yuan)**	**1435.53**	**1772.94**	**2064.43**	**2368.83**	**2668.33**	**2907.22**
按城乡分	**By Urban and Rural Area**						
城镇	Urban	1156.31	1423.29	1656.76	1903.16	2142.65	2316.80
# 城区	City Subdivision	858.70	1067.30	1290.00	1398.04	1586.40	1709.07
乡村	Rural	279.22	349.65	407.67	465.67	525.68	590.42
按消费形态分	**By Consumption Morphological**						
# 商品零售	Commodity Retail	1219.62	1528.33	1736.91	1993.15	2253.47	2447.19
餐费收入	Income from Meals	215.91	244.61	327.52	375.68	414.86	460.03
构成（%）（总额=100）	**Composition (%) (Total=100)**						
按城乡分	**By Urban and Rural Area**						
城镇	Urban	80.55	80.28	80.25	80.34	80.30	79.69
# 城区	City Subdivision	59.82	60.20	62.49	59.02	59.45	58.79
乡村	Rural	19.45	19.72	19.75	19.66	19.70	20.31
按消费形态分	**By Consumption Morphological**						
# 商品零售	Commodity Retail	84.96	86.20	84.14	84.14	84.45	84.18
餐费收入	Income from Meals	15.04	13.80	15.86	15.86	15.55	15.82

注：表中数据依据第三次经济普查数据进行了调整。（以下相关表同）

a) Data in the table have been adjusted according to the data of the third economic census.The same applies to the relevant tables following.

15-2 限额以上批发和零售业情况

Basic Conditions of Wholesale and Retail Trades

项　目	Item	2010	2011	2012	2013	2014	2015
批发和零售业	**Wholesale and Retail Trades**						
法人企业(个)	Number of Corporation Enterprises (unit)	705	814	1088	1320	1482	1595
年末从业人数(人)	Engaged Persons at Year-end (person)	66546	68919	83064	91865	98015	100243
商品购进额(亿元)	Total Purchases (100 million yuan)	1727.21	2400.08	2881.25	3030.14	3862.89	3572.37
#进口额 (亿元)	Imports (100 million yuan)	1.78	7.96	6.62	11.06	32.88	31.95
商品销售额 (亿元)	Total Sales (100 million yuan)	2021.40	2642.14	3190.07	3868.09	4457.68	4232.94
#出口额 (亿元)	Exports (100 million yuan)	4.00	5.67	9.48	10.47	21.66	21.68
期末商品库存额 (亿元)	Total Stock at Year-end (100 million yuan)	205.77	246.89	245.28	257.71	271.01	240.68
批发业	**Wholesalel Trade**						
法人企业 (个)	Number of Corporation Enterprises (unit)	265	294	413	510	571	574
年末从业人数 (人)	Engaged Persons at Year-end (person)	22404	24328	26848	29953	31000	30977
商品购进额(亿元)	Total Purchases (100 million yuan)	1391.31	1929.42	2267.04	2328.71	3062.61	2825.42
#进口额 (亿元)	Imports (100 million yuan)	0.99	0.79	0.04	2.13	13.15	12.29
商品销售额 (亿元)	Total Sales (100 million yuan)	1644.99	2117.56	2507.07	3040.50	3527.27	3350.29
#出口额 (亿元)	Exports (100 million yuan)	3.99	5.46	8.96	10.17	21.28	21.28
期末商品库存额 (亿元)	Total Stock at Year-end (100 million yuan)	161.28	168.36	182.27	193.22	191.56	158.93
零售业	**Retail Trade**						
法人企业 (个)	Number of Corporation Enterprises (unit)	440	520	675	810	911	1021
年末从业人数 (人)	Engaged Persons at Year-end (person)	44142	44591	56216	61912	67015	69266
商品购进额(亿元)	Total Purchases (100 million yuan)	335.91	470.66	614.20	701.44	800.28	746.96
#进口额 (亿元)	Imports (100 million yuan)	0.79	7.16	6.58	8.93	19.74	19.65
商品销售额 (亿元)	Total Sales (100 million yuan)	376.41	524.58	683.00	827.59	930.41	882.64
#出口额 (亿元)	Exports (100 million yuan)	0.01	0.21	0.52	0.30	0.38	0.40
期末商品库存额 (亿元)	Total Stock at Year-end (100 million yuan)	44.49	78.54	63.00	64.50	79.46	81.74
年末零售营业面积 (万平方米)	Business Area of Retail at Year-end (10 000 sq.m)	301.83	285.94	257.49	301.61	332.77	361.10

15-3 限额以上批发业企业基本情况（2015）
Basic Conditions of Enterprises above Designated Size of Wholesale Trade (2015)

项　目	Item	法人企业（个）Number of Corporation Enterprises (unit)	年末从业人数（人）Engaged Persons at Year-end (person)
批发业	**Wholesale Trade**	**574**	**30977**
按登记注册类型分	**By Status of Registration**		
内资企业	**Domestic Funded Enterprises**	**571**	**30633**
国有企业	State-owned Enterprises	28	5507
集体企业	Collective-owned Enterprises	9	585
股份合作企业	Cooperative Enterprises	4	94
联营企业	Joint Ownership Enterprises		
有限责任公司	Limited Liability Corporations	222	11510
国有独资公司	State Sole Funded Corporations	4	208
其他有限责任公司	Other Limited Liability Corporations	218	11302
股份有限公司	Share-holding Corporations Ltd.	20	2662
私营企业	Private Enterprises	283	10142
私营独资企业	Private-funded Enterprises	3	36
私营合伙企业	Private Partnership Enterprises		
私营有限责任公司	Private Limited Liability Corporations	269	9400
私营股份有限公司	Private Share-holding Corporations Ltd.	11	706
其他企业	Other Enterprises	5	133
港、澳、台商投资企业	**Enterprises with Funds from Hong Kong, Macao and Taiwan**	**1**	**200**
合资经营企业	Joint-venture Enterprises		
合作经营企业	Cooperative Enterprises		
独资经营企业	Enterprises with Sole Fund	1	200
投资股份有限公司	Share-holding Corporations Ltd. with Investment		
其他港澳台商投资企业	Other Enterprises with Funds from Hong Kong, Macao and Taiwan		
外商投资企业	**Foreign Funded Enterprises**	**2**	**144**
中外合资经营企业	Joint-venture Enterprises		
中外合作经营企业	Cooperation Enterprises		
外资企业	Enterprises with Sole Fund	2	144
外商投资股份有限公司	Share-holding Corporations Ltd. With Foreign Investment		
其他外商投资企业	Other Foreign Funded Enterprises		

15-3 续表 continued

项　目	Item	法人企业（个）Number of Corporation Enterprises (unit)	年末从业人数（人）Engaged Persons at Year-end (person)
按行业分	**By Sector**		
农、林、牧、产品批发	Wholesale of Agriculture,Forestry, Animal Husbandry Products	28	743
食品饮料及烟草制品批发	Wholesale of Food, Beverages and Tobaccos	141	11838
#米、面制品及食用油批发	Wholesale of Rice, Flour and Edible Oil	13	615
烟草制品批发	Wholesale of Tobaccos	16	3859
纺织、服装及家庭用品批发	Wholesale of Textiles, , Wearing Apparel and Household Articles	18	1119
#服装批发	Wholesale of Garments	2	110
文化、体育用品及器材批发	Wholesale of Culture, Sports Appliances and Equipments	7	989
医药及医疗器材批发	Wholesale of Medicines and Medical Appliances	76	5382
矿产品、建材及化工产品批发	Wholesale of Mineral Products, Building Materials and Chemical Products	236	8837
#煤炭及制品批发	Wholesale of Coal and Related Products	19	473
石油及制品批发	Wholesale of Petroleum and Related Products	23	3324
金属及金属矿批发	Wholesale of Metal Materials	98	1852
建材批发	Wholesale of Building Materials	24	817
化肥批发	Wholesale of Chemical Fertilizer	39	1358
机械设备、五金产品及电子产品批发	Wholesale of Machinery, Hardware and Electronic Equipment	57	1865
其他批发	Other Wholesale not Classified Elsewhere	11	204

15-4 限额以上批发业企业购销存情况（2015）
Total Purchases, Sales and Stock of Enterprises above Designated Size of Wholesale Trade (2015)

单位：万元 (10 000 yuan)

项目	Item	商品购进额 Total Purchases Value	进口 Imports	商品销售额 Total Sales Value	出口 Exports	期末商品库存额 Stock (year-end)
批发业	**Wholesale Trade**	**28254159**	**122937**	**33502938**	**212766**	**1589323**
按登记注册类型分	**By Status of Registration**					
内资企业	**Domestic Funded Enterprises**	**28229929**	**122937**	**33470945**	**212766**	**1588865**
国有企业	State-owned Enterprises	2856191	13273	3590782	13240	118001
集体企业	Collective-owned Enterprises	87170		90247		5496
股份合作企业	Cooperative Enterprises	50148		67065		11306
联营企业	Joint Ownership Enterprises					
有限责任公司	Limited Liability Corporations	5178913	106422	5824018	129329	269831
国有独资公司	State Sole Funded Corporations	40304		50782		6025
其他有限责任公司	Other Limited Liability Corporations	5138609	106422	5773236	129329	263806
股份有限公司	Share-holding Corporations Ltd.	13831807		16611482		882509
私营企业	Private Enterprises	6171307	3243	7231421	70197	297896
私营独资企业	Private-funded Enterprises	2560		2446		134
私营合伙企业	Private Partnership Enterprises					
私营有限责任公司	Private Limited Liability Corporations	6016833	3243	7058967	69826	290514
私营股份有限公司	Private Share-holding Corporations Ltd.	151914		170008	371	7248
其他企业	Other Enterprises	54394		55931		3827
港、澳、台商投资企业	**Enterprises with Funds from Hong Kong, Macao and Taiwan**	**16176**		**23294**		**14**
合资经营企业	Joint-venture Enterprises					
合作经营企业	Cooperative Enterprises					
独资经营企业	Enterprises with Sole Fund	16176		23294		14
投资股份有限公司	Share-holding Corporations Ltd. with Investment					
其他港澳台商投资企业	Other Enterprises with Funds from Hong Kong,Macao and Taiwan					
外商投资企业	**Foreign Funded Enterprises**	**8054**		**8699**		**444**
中外合资经营企业	Joint-venture Enterprises					
中外合作经营企业	Cooperation Enterprises					
外资企业	Enterprises with Sole Fund	8054		8699		444
外商投资股份有限公司	Share-holding Corporations Ltd. With Foreign Investment					
其他外商投资企业	Other Foreign Funded Enterprises					

15-4 续表 continued

单位：万元 (10 000 yuan)

项目	Item	商品购进额 Total Purchases Value	进口 Imports	商品销售额 Total Sales Value	出口 Exports	期末商品库存额 Stock (year-end)
按行业分	**By Sector**					
农、林、牧、产品批发	Wholesale of Agricultural, Forestry and Livestock Products	250467	6449	276411	10929	27254
食品饮料及烟草制品批发	Wholesale of Food, Beverages and Tobaccos	4668847	146	6264105	34470	188480
#米、面制品及食用油批发	Wholesale of Rice, Flour and Edible Oil	107884		106802		21898
烟草制品批发	Wholesale of Tobaccos	1417877	146	2092939		89296
纺织、服装及家庭用品批发	Wholesale of Textiles, Wearing Apparel and Household Articles	167730		195834	8923	25605
#服装批发	Wholesale of Garments	26129		28098		10506
文化、体育用品及器材批发	Wholesale of Culture, Sports Appliances and Equipments	209210		238597		37187
医药及医疗器材批发	Wholesale of Medicines and Medical Appliances	1270521		1378131		118583
矿产品、建材及化工产品批发	Wholesale of Mineral Products, Building Materials and Chemical Products	20452139	116322	23855908	125530	1130092
#煤炭及制品批发	Wholesale of Coal and Related Products	313397		337525		25523
石油及制品批发	Wholesale of Petroleum and Related Products	14621838		17467636		880654
金属及金属矿批发	Wholesale of Metal Materials	2867011	13127	3048202	13240	143505
建材批发	Wholesale of Building Materials	339330		356186		10007
化肥批发	Wholesale of Chemical Fertilizer	732686		765666	1230	41828
机械设备、五金产品及电子产品批发	Wholesale of Machinery, Hardware and Electronics	1209953	20	1259821	27807	59288
其他批发	Other Wholesale not Classified Elsewhere	25293		34132	5106	2835

15-5 限额以上批发业企业资产及负债（2015）

Assets and Liabilities of Enterprises above Designated Size of Wholesale Trade (2015)

单位：万元　　(10 000 yuan)

项　目	Item	资产总计 Total Assets	# 流动资产合计 Total Current Assets	# 固定资产合计 Total Fixed Assets	负债合计 Total Liabilities	所有者权益合计 Total Owners' Equities
批发业	**Wholesale Trade**	**7924630**	**5814147**	**858224**	**4181952**	**3742678**
按登记注册类型分	**By Status of Registration**					
内资企业	**Domestic Funded Enterprises**	**7917021**	**5806910**	**857980**	**4174675**	**3742346**
国有企业	State-owned Enterprises	781683	563352	85955	102687	678996
集体企业	Collective-owned Enterprises	57858	44100	11507	51509	6349
股份合作企业	Cooperative Enterprises	33959	30972	1472	23433	10525
联营企业	Joint Ownership Enterprises					
有限责任公司	Limited Liability Corporations	2204223	1809084	195453	1636141	568083
国有独资公司	State Sole Funded Corporations	42565	38667	1839	37930	4635
其他有限责任公司	Other Limited Liability Corporations	2161658	1770416	193614	1598211	563447
股份有限公司	Share-holding Corporations Ltd.	1878450	1143987	187116	202429	1676020
私营企业	Private Enterprises	2945630	2204230	372564	2149336	796294
私营独资企业	Private-funded Enterprises	501	293	99	103	399
私营合伙企业	Private Partnership Enterprises					
私营有限责任公司	Private Limited Liability Corporations	2633052	2064808	344540	1908338	724714
私营股份有限公司	Private Share-holding Corporations Ltd.	312077	139130	27925	240896	71181
其他企业	Other Enterprises	15218	11186	3915	9139	6079
港、澳、台商投资企业	**Enterprises with Funds from Hong Kong, Macao and Taiwan**	**4499**	**4326**	**59**	**4019**	**480**
合资经营企业	Joint-venture Enterprises					
合作经营企业	Cooperative Enterprises					
独资经营企业	Enterprises with Sole Fund	4499	4326	59	4019	480
投资股份有限公司	Share-holding Corporations Ltd. with Investment					
其他港澳台商投资企业	Other Enterprises with Funds from Hong Kong,Macao and Taiwan					
外商投资企业	**Foreign Funded Enterprises**	**3111**	**2912**	**184**	**3259**	**-148**
中外合资经营企业	Joint-venture Enterprises					
中外合作经营企业	Cooperation Enterprises					
外资企业	Enterprises with Sole Fund	3111	2912	184	3259	-148
外商投资股份有限公司	Share-holding Corporations Ltd. With Foreign Investment					
其他外商投资企业	Other Foreign Funded Enterprises					

15-5 续表 continued

单位：万元 (10 000 yuan)

项　目	Item	资产总计 Total Assets	# 流动资产 Total Current Assets	# 固定资产 Total Fixed Assets	负债合计 Total Liabilities	所有者权益合计 Total Owners' Equities
按行业分	**By Sector**					
农、林、牧、产品批发	Wholesale of Agricultural, Forestry and Livestock Products	143459	114795	21470	107962	35498
食品饮料及烟草制品批发	Wholesale of Food, Beverages and Tobaccos	1584777	971592	429581	613906	970872
# 米、面制品及食用油批发	Wholesale of Rice, Flour and Edible Oil	50434	30707	12856	40728	9706
烟草制品批发	Wholesale of Tobaccos	615868	468780	68778	30263	585605
纺织、服装及家庭用品批发	Wholesale of Textiles, Wearing Apparel and Household Articles	66665	53027	8316	45376	21289
# 服装批发	Wholesale of Garments	9663	9493	44	10042	-379
文化、体育用品及器材批发	Wholesale of Culture, Sports Appliances and Equipments	200535	143929	18138	137956	62580
医药及医疗器材批发	Wholesale of Medicines and Medical Appliances	760424	610673	44825	571996	188428
矿产品、建材及化工产品批发	Wholesale of Mineral Products, Building Materials and Chemical Products	4705098	3513823	318634	2312457	2392641
# 煤炭及制品批发	Wholesale of Coal and Related Products	194360	167412	15421	157875	36486
石油及制品批发	Wholesale of Petroleum and Related Products	1166012	880067	184276	-33756	1199768
金属及金属矿批发	Wholesale of Metal Materials	1762857	1506465	50616	1372981	389876
建材批发	Wholesale of Building Materials	827907	301448	14320	319634	508273
化肥批发	Wholesale of Chemical Fertilizer	215100	172438	33691	148975	66125
机械设备、五金产品及电子产品批发	Wholesale of Machinery, Hardware and Electronics	450747	395604	15646	386867	63880
其他批发	Other Wholesale not Classified Elsewhere	12925	10704	1615	5435	7490

15-6 限额以上批发业企业主要财务指标（2015）

Main Financial Indicators of Enterprises above Designated Size of Wholesale Trade (2015)

单位：万元 (10 000 yuan)

项 目	Item	主营业务收入 Revenue from Principal Business	主营业务成本 Cost of Principal Business	主营业务税金及附加 Taxes and Other Charges on Principal Business
批发业	**Wholesale Trade**	**28952720**	**27803022**	**211159**
按登记注册类型分	**By Status of Registration**			
内资企业	**Domestic Funded Enterprises**	**28924700**	**27780613**	**211042**
国有企业	State-owned Enterprises	2680866	2153112	186984
集体企业	Collective-owned Enterprises	80231	75168	213
股份合作企业	Cooperative Enterprises	47023	45018	15
联营企业	Joint Ownership Enterprises			
有限责任公司	Limited Liability Corporations	5413183	5063959	15542
国有独资公司	State Sole Funded Corporations	46864	42749	83
其他有限责任公司	Other Limited Liability Corporations	5366319	5021210	15459
股份有限公司	Share-holding Corporations Ltd.	13928840	14063065	1303
私营企业	Private Enterprises	6718728	6327612	6713
私营独资企业	Private-funded Enterprises	2509	2209	25
私营合伙企业	Private Partnership Enterprises			
私营有限责任公司	Private Limited Liability Corporations	6564172	6180010	6524
私营股份有限公司	Private Share-holding Corporations Ltd.	152048	145394	164
其他企业	Other Enterprises	55830	52680	272
港、澳、台商投资企业	**Enterprises with Funds from Hong Kong, Macao and Taiwan**	**19859**	**16176**	**80**
合资经营企业	Joint-venture Enterprises			
合作经营企业	Cooperative Enterprises			
独资经营企业	Enterprises with Sole Fund	19859	16176	80
投资股份有限公司	Share-holding Corporations Ltd. with Investment			
其他港澳台商投资企业	Other Enterprises with Funds from Hong Kong ,Macao and Taiwan			
外商投资企业	**Foreign Funded Enterprises**	**8161**	**6233**	**37**
中外合资经营企业	Joint-venture Enterprises			
中外合作经营企业	Cooperation Enterprises			
外资企业	Enterprises with Sole Fund	8161	6233	37
外商投资股份有限公司	Share-holding Corporations Ltd. With Foreign Investment			
其他外商投资企业	Other Foreign Funded Enterprises			

15-6 续表 continued

单位：万元 (10 000 yuan)

项　目	Item	主营业务收入 Revenue from Principal Business	主营业务成本 Cost of Principal Business	主营业务税金及附加 Taxes and Other Charges on Principal Business
按行业分	**By Sector**			
农、林、牧、产品批发	Wholesale of Agricultural, Forestry and Livestock Products	268932	256566	817
食品饮料及烟草制品批发	Wholesale of Food, Beverages and Tobaccos	5851814	4916044	199151
#米、面制品及食用油批发	Wholesale of Rice, Flour and Edible Oil	103793	99065	206
烟草制品批发	Wholesale of Tobaccos	1896631	1405678	185628
纺织、服装及家庭用品批发	Wholesale of Textiles, Wearing Apparel and Household Articles	176252	158124	687
#服装批发	Wholesale of Garments	24016	21670	45
文化、体育用品及器材批发	Wholesale of Culture, Sports Appliances and Equipments	191650	172333	88
医药及医疗器材批发	Wholesale of Medicines and Medical Appliances	1265415	1174645	2370
矿产品、建材及化工产品批发	Wholesale of Mineral Products, Building Materials and Chemical Products	19995139	19961972	6946
#煤炭及制品批发	Wholesale of Coal and Related Products	292619	271576	423
石油及制品批发	Wholesale of Petroleum and Related Products	14254914	14358510	2464
金属及金属矿批发	Wholesale of Metal Materials	2614184	2585521	1085
建材批发	Wholesale of Building Materials	327314	317992	562
化肥批发	Wholesale of Chemical Fertilizer	744283	716467	983
机械设备、五金产品及电子产品批发	Wholesale of Machinery, Hardware and Electronics	1170352	1134139	926
其他批发	Other Wholesale not Classified Elsewhere	33168	29198	174

15-7　限额以上零售业企业基本情况（2015）
Basic Conditions of Enterprises above Designated Size in Retail Trade (2015)

项目	Item	法人企业（个）Number of Corporation Enterprises (unit)	年末从业人数（人）Engaged Persons at Year-end (person)
零售业	**Retail Trade**	**1021**	**69266**
按登记注册类型分	**By Status of Registration**		
内资企业	**Domestic Funded Enterprises**	**1015**	**68395**
国有企业	State-owned Enterprises	30	1140
集体企业	Collective-owned Enterprises	24	873
股份合作企业	Cooperative Enterprises	2	112
联营企业	Joint Ownership Enterprises	1	8
有限责任公司	Limited Liability Corporations	457	36391
国有独资公司	State Sole Funded Corporations	26	3036
其他有限责任公司	Other Limited Liability Corporations	431	33355
股份有限公司	Share-holding Corporations Ltd.	30	5127
私营企业	Private Enterprises	461	24470
私营独资企业	Private-funded Enterprises	30	996
私营合伙企业	Private Partnership Enterprises		
私营有限责任公司	Private Limited Liability Corporations	416	22576
私营股份有限公司	Private Share-holding Corporations Ltd.	15	898
其他企业	Other Enterprises	10	274
港、澳、台商投资企业	**Enterprises with Funds from Hong Kong, Macao and Taiwan**	**5**	**761**
合资经营企业	Joint-venture Enterprises		
合作经营企业	Cooperative Enterprises		
独资经营企业	Enterprises with Sole Fund	4	709
投资股份有限公司	Share-holding Corporations Ltd. with Investment	1	52
其他港澳台商投资企业	Other Enterprises with Funds from Hong Kong,Macao and Taiwan		
外商投资企业	**Foreign Funded Enterprises**	**1**	**110**
中外合资经营企业	Joint-venture Enterprises		
中外合作经营企业	Cooperation Enterprises		
外资企业	Enterprises with Sole Fund	1	110
外商投资股份有限公司	Share-holding Corporations Ltd. With Foreign Investment		
其他外商投资企业	Other Foreign Funded Enterprises		

15-7 续表 continued

项目	Item	法人企业（个）Number of Corporation Enterprises (unit)	年末从业人数（人）Engaged Persons at Year-end (person)
按行业分	**By Sector**		
综合零售	Integrated Retail	230	23455
#百货零售	Retail of General Merchandise	126	13932
超级市场零售	Retail of Supermarkets	85	8310
食品、饮料及烟草制品专门零售	Retail of Food, Beverages and Tobaccos	98	4941
纺织、服装及日用品专门零售	Special Retail of Textiles, Garments and Daily Consumer Articles	33	3679
#服装零售	Retail of Garments	22	2880
文化、体育用品及器材专门零售	Special Retail of Culture, Sports Appliances and Equipments	78	2992
#图书报刊零售	Retail of Books Newspapers and Magazines	51	1660
医药及医疗器材专门零售	Retail of Medicines and Medical Appliances	49	7719
#药品零售	Retail of Medicines	48	7697
汽车、摩托车、燃料及零配件专门零售	Retail of Motor Vehicles, Motorcycles, Fuel and Parts	354	17405
#汽车零售	Retail of Motor Vehicles	286	11789
机动车燃料零售	Retail of Fuel of Motor Vehicles	52	5167
家用电器及电子产品专门零售	Special Retail of Household Electric Appliances and Electronic Products	90	3112
#日用家电设备零售	Retail of Household Electric Appliances	31	1355
计算机、软件及辅助设备零售	Retail of Computer, Software and Assistant Appliances	34	812
通信设备零售	Retail of Communication Equipments	6	444
五金、家具及室内装饰材料专门零售	Special Retail of Hardware, Furniture and Decoration Materials	48	4766
货摊、无店铺及其他零售	Stall,Non-shop and Other Retails	41	1197

15-8 限额以上零售业企业购销存情况（2015）

Total Purchases, Sales and Stock of Enterprises above Designated Size of Retail Trade (2015)

单位：万元 (10 000 yuan)

项目	Item	商品购进额 Total Purchases Value	进口 Imports	商品销售额 Total Sales Value	出口 Exports	期末商品库存额 Stock (year-end)
零售业	**Retail Trade**	**7469568**	**196541**	**8826433**	**4031**	**817436**
按登记注册类型分	**By Status of Registration**					
内资企业	**Domestic Funded Enterprises**	**7320206**	**196541**	**8611470**	**4031**	**806002**
国有企业	State-owned Enterprises	107963		111603		9550
集体企业	Collective-owned Enterprises	72052		76930		7669
股份合作企业	Cooperative Enterprises	6958		7068		890
联营企业	Joint Ownership Enterprises	3753		4064		44
有限责任公司	Limited Liability Corporations	3255294	109051	3882842	31	429135
国有独资公司	State Sole Funded Corporations	615464		816143		27118
其他有限责任公司	Other Limited Liability Corporations	2639830	109051	3066699	31	402017
股份有限公司	Share-holding Corporations Ltd.	1719455		2009539		53748
私营企业	Private Enterprises	2142383	87490	2504687	4000	304197
私营独资企业	Private-funded Enterprises	54867		57570		7906
私营合伙企业	Private Partnership Enterprises					
私营有限责任公司	Private Limited Liability Corporations	1974010	73130	2314195	4000	288813
私营股份有限公司	Private Share-holding Corporations Ltd.	113506	14361	132922		7478
其他企业	Other Enterprises	12348		14738		769
港、澳、台商投资企业	**Enterprises with Funds from Hong Kong, Macao and Taiwan**	**148179**		**194804**		**10903**
合资经营企业	Joint-venture Enterprises					
合作经营企业	Cooperative Enterprises					
独资经营企业	Enterprises with Sole Fund	128351		173412		9594
投资股份有限公司	Share-holding Corporations Ltd. with Investment	19828		21393		1309
其他港澳台商投资企业	Other Enterprises with Funds from Hong Kong,Macao and Taiwan					
外商投资企业	**Foreign Funded Enterprises**	**1183**		**20159**		**530**
中外合资经营企业	Joint-venture Enterprises					
中外合作经营企业	Cooperation Enterprises					
外资企业	Enterprises with Sole Fund	1183		20159		530
外商投资股份有限公司	Share-holding Corporations Ltd. With Foreign Investment					
其他外商投资企业	Other Foreign Funded Enterprises					

15-8 续表 continued

单位：万元 (10 000 yuan)

项目	Item	商品购进额 Total Purchases Value	进口 Imports	商品销售额 Total Sales Value	出口 Exports	期末商品库存额 Stock (year-end)
按行业分	**By Sector**					
综合零售	Integrated Retail	1291800	15928	1722514		195103
#百货零售	Retail of General Merchandise	838703	14361	1242839		136263
超级市场零售	Retail of Supermarkets	395283	1140	416281		51673
食品、饮料及烟草制品专门零售	Retail of Food, Beverages and Tobaccos	237068		294238	4031	43464
纺织、服装及日用品专门零售	Special Retail of Textiles, Garments and Daily Consumer Articles	84098		108332		22926
#服装零售	Retail of Garments	63856		72761		13481
文化、体育用品及器材专门零售	Retail of Culture, Sports Appliances and Equipments	323450		359096		53173
#图书报刊零售	Retail of Books Newspapers and Magazines	119023		129997		16165
医药及医疗器材专门零售	Retail of Medicines and Medical Appliances	232504		288945		42690
#药品零售	Retail of Medicines	231074		287539		42544
汽车、摩托车、燃料及零配件专门零售	Retail of Motor Vehicles, Motorcycles, Fuel and Parts	4608148	125188	5249492		386664
#汽车零售	Retail of Motor Vehicles	2289027	125188	2488548		345872
机动车燃料零售	Retail of Fuel of Motor Vehicles	2288816		2715348		34706
家用电器及电子产品专门零售	Special Retail of Household Electric Appliances and Electronic Products	404563	55425	414513		32154
#日用家电设备零售	Retail of Household Electric Appliances	204486		203578		9439
计算机、软件及辅助设备零售	Retail of Computer, Software and Assistant Appliances	57905		63112		10984
通信设备零售	Retail of Communication Equipments	71089	55425	78273		3271
五金、家具及室内装饰材料专门零售	Special Retail of Hardware, Furniture and Decoration Materials	160094	1	239529		25022
货摊、无店铺及其他零售	Stall,Non-shop and Other Retails	127843		149775		16240

15-9 限额以上零售业企业资产及负债（2015）

Assets and Liabilities of Enterprises above Designated Size of Retail Trade (2015)

单位：万元 (10 000 yuan)

项目	Item	资产总计 Total Assets	# 流动资产合计 Total Current Assets	# 固定资产合计 Total Fixed Assets	负债合计 Total Liabilities	所有者权益合计 Total Owners' Equities
零售业	**Retail Trade**	**5250813**	**3305770**	**878731**	**3155746**	**2080345**
按登记注册类型分	**By Status of Registration**					
内资企业	**Domestic Funded Enterprises**	**5181854**	**3254908**	**864351**	**3114555**	**2052578**
国有企业	State-owned Enterprises	50915	36990	9921	33271	17645
集体企业	Collective-owned Enterprises	23075	12075	9165	17197	5878
股份合作企业	Cooperative Enterprises	1444	1340	104	720	724
联营企业	Joint Ownership Enterprises	1098	663	35	37	1061
有限责任公司	Limited Liability Corporations	2522242	1545189	522766	1606640	909838
国有独资公司	State Sole Funded Corporations	318866	84305	104809	275140	37962
其他有限责任公司	Other Limited Liability Corporations	2203376	1460884	417957	1331500	871876
股份有限公司	Share-holding Corporations Ltd.	960709	540075	101268	310080	641671
私营企业	Private Enterprises	1616577	1117089	217590	1145161	471416
私营独资企业	Private-funded Enterprises	20189	12060	7516	11596	8593
私营合伙企业	Private Partnership Enterprises					
私营有限责任公司	Private Limited Liability Corporations	1434405	964113	202789	994633	439772
私营股份有限公司	Private Share-holding Corporations Ltd.	161983	140916	7285	138932	23051
其他企业	Other Enterprises	5794	1486	3502	1449	4345
港、澳、台商投资企业	**Enterprises with Funds from Hong Kong, Macao and Taiwan**	**64306**	**46436**	**14155**	**38020**	**26286**
合资经营企业	Joint-venture Enterprises					
合作经营企业	Cooperative Enterprises					
独资经营企业	Enterprises with Sole Fund	51553	38422	11267	30253	21300
投资股份有限公司	Share-holding Corporations Ltd. with Investment	12753	8014	2888	7767	4986
其他港澳台商投资企业	Other Enterprises with Funds from Hong Kong,Macao and Taiwan					
外商投资企业	**Foreign Funded Enterprises**	**4653**	**4427**	**226**	**3171**	**1481**
中外合资经营企业	Joint-venture Enterprises					
中外合作经营企业	Cooperation Enterprises					
外资企业	Enterprises with Sole Fund	4653	4427	226	3171	1481
外商投资股份有限公司	Share-holding Corporations Ltd. With Foreign Investment					
其他外商投资企业	Other Foreign Funded Enterprises					

15-9 续表 continued

单位：万元 (10 000 yuan)

项目	Item	资产总计 Total Assets	# 流动资产合计 Total Current Assets	# 固定资产合计 Total Fixed Assets	负债合计 Total Liabilities	所有者权益合计 Total Owners' Equities
按行业分	**By Sector**					
综合零售	Integrated Retail	1061155	557821	185954	682399	378756
#百货零售	Retail of General Merchandise	822568	379734	151930	515539	307029
超级市场零售	Retail of Supermarkets	214991	166220	28405	153035	61956
食品、饮料及烟草制品专门零售	Retail of Food, Beverages and Tobaccos	245511	128880	72074	160039	85473
纺织、服装及日用品专门零售	Special Retail of Textiles, Garments and Daily Consumer Articles	101800	66234	20175	72875	28925
#服装零售	Retail of Garments	76149	44861	16524	56149	20001
文化、体育用品及器材专门零售	Retail of Culture, Sports Appliances and Equipments	804870	544897	117859	196016	608854
#图书报刊零售	Retail of Books Newspapers and Magazines	90580	71734	16398	63301	27279
医药及医疗器材专门零售	Retail of Medicines and Medical Appliances	167112	126034	18447	131804	35307
#药品零售	Retail of Medicines	166402	125329	18442	131503	34899
汽车、摩托车、燃料及零配件专门零售	Retail of Motor Vehicles, Motorcycles, Fuel and Parts	2444923	1576176	377880	1674112	756089
#汽车零售	Retail of Motor Vehicles	2031681	1466382	234848	1347414	684267
机动车燃料零售	Retail of Fuel of Motor Vehicles	387622	93167	138055	312848	60052
家用电器及电子产品专门零售	Special Retail of Household Electric Appliances and Electronic Products	164058	142315	10472	103328	60730
#日用家电设备零售	Retail of Household Electric Appliances	64054	58439	2131	38515	25539
计算机、软件及辅助设备零售	Retail of Computer, Software and Assistant Appliances	36421	32649	1514	16828	19593
通信设备零售	Retail of Communication Equipments	28202	23372	2786	23083	5119
五金、家具及室内装饰材料专门零售	Special Retail of Hardware, Furniture and Decoration Materials	123207	58410	51438	46261	76946
货摊、无店铺及其他零售	Stall,Non-shop and Other Retails	138178	105004	24432	88912	49266

15-10 限额以上零售业企业主要财务指标（2015）

Main Financial Indicators of Enterprises above Designated Size of Retail Trade (2015)

单位：万元　　(10 000 yuan)

项目	Item	主营业务收入 Revenue from Principal Business	主营业务成本 Cost of Principal Business	主营业务税金及附加 Taxes and Other Charges on Principal Business
零售业	**Retail Trade**	**7983041**	**7135225**	**46844**
按登记注册类型分	**By Status of Registration**			
内资企业	**Domestic Funded Enterprises**	**7793955**	**6967249**	**45927**
国有企业	State-owned Enterprises	112419	97755	4770
集体企业	Collective-owned Enterprises	66867	63999	445
股份合作企业	Cooperative Enterprises	7068	5923	13
联营企业	Joint Ownership Enterprises	4064	3748	6
有限责任公司	Limited Liability Corporations	3552204	3175519	19286
国有独资公司	State Sole Funded Corporations	708274	629662	3148
其他有限责任公司	Other Limited Liability Corporations	2843929	2545857	16138
股份有限公司	Share-holding Corporations Ltd.	1672026	1521810	3920
私营企业	Private Enterprises	2365141	2086524	17434
私营独资企业	Private-funded Enterprises	57702	50066	877
私营合伙企业	Private Partnership Enterprises			
私营有限责任公司	Private Limited Liability Corporations	2193010	1929582	16184
私营股份有限公司	Private Share-holding Corporations Ltd.	114429	106876	373
其他企业	Other Enterprises	14167	11970	34
港、澳、台商投资企业	**Enterprises with Funds from Hong Kong, Macao and Taiwan**	**174171**	**154828**	**898**
合资经营企业	Joint-venture Enterprises			
合作经营企业	Cooperative Enterprises			
独资经营企业	Enterprises with Sole Fund	150492	133066	835
投资股份有限公司	Share-holding Corporations Ltd. with Investment	23679	21761	63
其他港澳台商投资企业	Other Enterprises with Funds from Hong Kong,Macao and Taiwan			
外商投资企业	**Foreign Funded Enterprises**	**14915**	**13149**	**19**
中外合资经营企业	Joint-venture Enterprises			
中外合作经营企业	Cooperation Enterprises			
外资企业	Enterprises with Sole Fund	14915	13149	19
外商投资股份有限公司	Share-holding Corporations Ltd. With Foreign Investment			
其他外商投资企业	Other Foreign Funded Enterprises			

15-10 续表 continued

单位：万元 (10 000 yuan)

项目	Item	主营业务收入 Revenue from Principal Business	主营业务成本 Cost of Principal Business	主营业务税金及附加 Taxes and Other Charges on Principal Business
按行业分	**By Sector**			
综合零售	Integrated Retail	1510145	1289623	18532
#百货零售	Retail of General Merchandise	1056286	899684	13651
超级市场零售	Retail of Supermarkets	388963	332648	4390
食品、饮料及烟草制品专门零售	Retail of Food, Beverages and Tobaccos	274993	233429	2765
纺织、服装及日用品专门零售	Special Retail of Textiles, Garments and Daily Consumer Articles	105156	81096	1026
#服装零售	Retail of Garments	70864	56164	804
文化、体育用品及器材专门零售	Retail of Culture, Sports Appliances and Equipments	327382	265676	4655
#图书报刊零售	Retail of Books Newspapers and Magazines	126358	105384	792
医药及医疗器材专门零售	Retail of Medicines and Medical Appliances	281370	217261	3111
#药品零售	Retail of Medicines	279963	215977	3104
汽车、摩托车、燃料及零配件专门零售	Retail of Motor Vehicles, Motorcycles, Fuel and Parts	4751129	4404133	11436
#汽车零售	Retail of Motor Vehicles	2422947	2264122	6082
机动车燃料零售	Retail of Fuel of Motor Vehicles	2281758	2101051	4647
家用电器及电子产品专门零售	Special Retail of Household Electric Appliances and Electronic Products	377402	336653	1639
#日用家电设备零售	Retail of Household Electric Appliances	174497	151890	1025
计算机、软件及辅助设备零售	Retail of Computer, Software and Assistant Appliances	62735	56635	235
通信设备零售	Retail of Communication Equipments	72700	66451	163
五金、家具及室内装饰材料专门零售	Special Retail of Hardware, Furniture and Decoration Materials	209700	185910	2702
货摊、无店铺及其他零售	Stall,Non-shop and Other Retails	145764	121444	978

15-11 亿元以上商品交易市场摊位分类情况（2015）
Classification of Commodity Exchange Markets of Transaction Value over 100 Million Yuan (2015)

类别	Classification	摊位数（个）Number of Booths (unit)	成交额（万元）Turnover (10 000 yuan)
总　计	**Total**	**31465**	**4106396**
粮油、食品类	Grain and Oil,Food	11704	1712345
#粮油类	Grain and Oil	1098	267319
肉禽蛋类	Meat,Poultry and Eggs	712	261875
水产品类	Aquatic Products	664	280221
蔬菜类	Vegetables	7683	511565
干鲜果品类	Dried and Fresh Melons and Fruits	1417	326450
饮料类	Beverages	382	53650
烟酒类	Tobacco and Liquor	451	97559
服装鞋帽、针、纺织品类	Clothing, Shoes, Hats and Textiles	7729	473901
服装类	Clothing	6102	419331
鞋帽类	Footwear and Hats	795	22302
针、纺织品类	Knitwear and Textiles	832	32268
化妆品类	Cosmetics	453	62331
金银珠宝类	Gold,Silver and Jewellery	45	8196
日用品类	Articles for Daily Use	1610	199777
#儿童玩具类	Children Toys	179	44011
五金、电料类	Hardware & Electrical Materials	902	35624
体育、娱乐用品类	Sports & Recreational Articles	254	22277
书报杂志类	Newspapers and Magazines	277	1074
电子出版物及音像制品类	E-journal and Video Products	215	10237
家用电器和音像器材类	Household Appliances and Video Equipments	702	165783
中西药品类	Traditional Chinese and Western Medicine	35	4444
西药类	Western Medicine	18	2537
中草药及中成药类	Traditional Chinese	17	1907
文化办公用品类	Cultural and Official Goods	534	61771
家具类	Furniture	1114	71254
通讯器材类	Communication Appliances	28	9218
煤炭及制品类	Coal and Related Products	2	221
木材及制品类	Wood and Wooden Products	42	46167
石油及制品类	Petroleum and Related Products		
化工材料及制品类	Raw Chemical Materials and Related Products	61	1992
#化肥类	Fertilizer	27	165
金属材料类	Metal Materials	1466	781669
建筑及装潢材料类	Building and Decoration Materials	1608	183388
机电产品及设备类	Mechanical & Electrical Products	163	31116
#农机类	Agricultural Machinery		
汽车类	Automobile		
种子饲料类	Seed and Feedstuff	12	2182
棉麻类	Cotton and Hemp	5	32
其他类	Others	1671	70188

15-12 各地区限额以上批发业企业基本情况和主要财务指标（2015）

Basic Conditions and Main Financial Indicators of Enterprises above Designated Size of Wholesale Trade by Region(2015)

单位：万元 (10 000 yuan)

地区	Region	法人企业（个）Number of Corporation Enterprises (unit)	年末从业人数（人）Engaged Persons at Year-end (person)	商品销售额 Total Sales	主营业务收入 Revenue from Principal Business	主营业务成本 Cost of Principal Business	主营业务税金及附加 Taxes and Extra Charges on Principal Business
兰州市	Lanzhou	286	13970	26327832	22599284	22215644	53408
嘉峪关市	Jiayuguan	32	719	1036115	887117	876947	3886
金昌市	Jinchang	15	870	276125	267568	216162	11875
白银市	Baiyin	27	849	321991	301566	245031	12683
天水市	Tianshui	46	2407	954532	790706	698847	20609
武威市	Wuwei	24	1593	532633	393685	332082	12000
张掖市	Zhangye	28	2338	571247	558926	487654	9636
平凉市	Pingliang	15	1025	420817	353008	302063	11859
酒泉市	Jiuquan	38	1759	1436265	1259414	1160809	13054
庆阳市	Qingyang	12	1413	459523	428126	359496	17364
定西市	Dingxi	27	1278	462837	442883	385852	16379
陇南市	Longnan	12	1440	348419	328416	234274	17459
临夏州	Linxia	10	1117	301342	294814	253015	6087
甘南州	Gannan	2	199	53259	47207	35147	4861

15-13 各地区限额以上零售业企业基本情况和主要财务指标（2015）
Basic Conditions and Main Financial Indicators of Enterprises above Designated Size of Retail Trade by Region(2015)

单位：万元 (10 000 yuan)

地区	Region	法人企业（个）Number of Corporation Enterprises (unit)	年末从业人数（人）Engaged Persons at Year-end (person)	商品销售额 Total Sales	主营业务收入 Revenue from Principal Business	主营业务成本 Cost of Principal Business	主营业务税金及附加 Taxes and Extra Charges on Principal Business
兰州市	Lanzhou	255	27239	4479194	3856945	3443136	13598
嘉峪关市	Jiayuguan	45	2514	274632	230003	201586	1061
金昌市	Jinchang	39	1684	221022	206171	190058	402
白银市	Baiyin	82	3818	727657	675690	612926	1700
天水市	Tianshui	94	9427	945905	870385	803500	4356
武威市	Wuwei	53	1624	107036	106721	95059	306
张掖市	Zhangye	66	2499	274064	304417	276329	1522
平凉市	Pingliang	49	3927	211505	206246	179696	7469
酒泉市	Jiuquan	125	4636	544980	518407	444020	7592
庆阳市	Qingyang	88	5911	285485	272140	235668	3959
定西市	Dingxi	44	2066	345592	345817	309554	479
陇南市	Longnan	56	2445	236059	232028	208460	430
临夏州	Linxia	21	1041	62084	62261	49879	3844
甘南州	Gannan	4	435	111219	95810	85353	126

15-14 按城乡分各地县社会消费品零售总额（2015）

Total Retail Sale of Consumer Goods of Urban and Rural Areas by Region,County(2015)

单位：万元 (10 000 yuan)

地区	Region	社会消费品零售总额 Total Retail Sales of Consumer Goods	城镇 Urban	城区 City	乡村 Rural
兰州市	**Lanzhou**	**11521498**	**9721794**	**7888830**	**1799704**
城关区	Chengguan	6284498	6284498	6284498	
七里河区	Qilihe	1957422	1117679	432834	839743
西固区	Xigu	1113459	784852	148381	328607
安宁区	Anning	921151	712544	712544	208607
红古区	Honggu	227416	167625	164914	59791
永登县	Yongdeng	229271	207452	8836	21820
皋兰县	Gaolan	181872	158011	134225	23861
榆中县	Yuzhong	331729	120741		210988
兰州新区	Lanzhou New Area	274680	168393	2600	106287
嘉峪关市	**Jiayuguan**	**549473**	**549473**	**544247**	
金昌市	**Jinchang**	**760077**	**647978**	**633593**	**112099**
金川区	Jinchuan	522078	522078	521784	
永昌县	Yongchang	237999	125900	111809	112099
白银市	**Baiyin**	**1776490**	**1505379**	**825875**	**271111**
白银区	Baiyin	1004461	1004461	538905	
平川区	Pingchuan	163331	163331	160348	
靖远县	Jingyuan	220466	123159	26843	97307
会宁县	Huining	237099	91953	57027	145145
景泰县	Jingtai	151134	122476	42751	28658
天水市	**Tianshui**	**2624183**	**1869456**	**1379862**	**754727**
秦州区	Qinzhou	863288	664155	437928	199133
麦积区	Maiji	843708	645545	633020	198163
清水县	Qingshui	73315	45416	17629	27899
秦安县	Qinan	275081	132694	101078	142387
甘谷县	Gangu	289619	181257	110287	108362
武山县	Wushan	208434	152673	55890	55761
张家川县	Zhangjiachuan	70738	47716	24030	23022
武威市	**Wuwei**	**1625759**	**1097384**	**737181**	**528374**
凉州区	Liangzhou	958433	711757	587320	246676
民勤县	Minqin	234850	140730		94120
古浪县	Gulang	188267	123632	84877	64635
天祝县	Tianzhu	244209	121266	64985	122943
张掖市	**Zhangye**	**1476181**	**1112565.0**	**881935**	**363616**

15-14 续表 1 continued

单位：万元 (10 000 yuan)

地区	Region	社会消费品零售总额 Total Retail Sales of Consumer Goods	城镇 Urban	城区 City	乡村 Rural
甘州区	Ganzhou	804043	651874	579924	152169
肃南县	Sunan	43015	20373	16298	22642
民乐县	Minle	174031	115057	89549	58974
临泽县	Linze	135212	80101	54640	55111
高台县	Gaotai	154211	110766	36448	43445
山丹县	Shandan	165669	134394	105076	31275
平凉市	**Pingliang**	**1774973**	**1220213**	**733978**	**554760**
崆峒区	Kongtong	673241	562958	503510	110283
泾川县	Jingchuan	204757	105490	12612	99268
灵台县	Lingtai	126098	69437		56661
崇信县	Chongxin	73325	40471	28588	32854
华亭县	Huating	197741	127136		70605
庄浪县	Zhuanglang	177927	105198	59180	72729
静宁县	Jingning	248848	156846	80939	92002
平凉工业园区	Pingliang Industrial Park	73036	52678	49148	20358
酒泉市	**Jiuquan**	**1765598**	**1373292**	**1141964**	**392306**
肃州区	Suzhou	941342	768133	621606	173209
金塔县	Jinta	76406	62175	13504	14231
瓜州县	Guazhou	162305	116744	100494	45561
肃北县	Subei	12066	10676		1390
阿克塞县	Akesai	9204	4732	4480	4472
玉门市	Yumen	204718	189228	189228	15490
敦煌市	Dunhuang	359558	240592	231639	118966
庆阳市	**Qingyang**	**2039560**	**1521475**	**457745**	**518085**
西峰区	Xifeng	634620	542495	457745	92125
庆城县	Qingcheng	310459	202371		108088
环　县	Huanxian	164122	126189		37933
华池县	Huachi	111141	65994		45148
合水县	Heshui	109258	78013		31245
正宁县	Zhengning	148962	103098		45864
宁　县	Ningxian	302752	212017		90735
镇原县	Zhenyuan	258246	191298		66948
定西市	**Dingxi**	**1073779**	**919349**	**660201**	**154431**
安定区	Anding	352834	352834	351524	
通渭县	Tongwei	78883.9	65445	38250	13438.9

15-14 续表 2 continued

单位：万元 (10 000 yuan)

地区	Region	社会消费品零售总额 Total Retail Sales of Consumer Goods	城镇 Urban	城区 City	乡村 Rural
陇西县	Longxi	249755	223173	162168	26583
渭源县	Weiyuan	63548	44182	33889	19366
临洮县	Lintao	185339	148884	59313	36455
漳　县	Zhangxian	35412	22282	15057	13130
岷　县	Minxian	108007	62549		45458
陇南市	**Longnan**	**908144**	**650756**	**433473**	**257388**
武都区	Wudu	358430	293330	248654	65100
成　县	Chengxian	90313	64721	25619	25592
文　县	Wenxian	63015	35714	26731	27301
宕昌县	Tanchang	67304	39954	18718	27350
康　县	Kangxian	53362	32534	18999	20827
西和县	Xihe	63404	45231	27030	18173
礼　县	Lixian	130947	74832	36372	56115
徽　县	Huixian	61161	50905	24530	10256
两当县	Liangdang	20209	13535	6820	6674
临夏州	**Linxia**	**760693**	**635906**	**360413**	**124787**
临夏市	Linxia	390747	390747	360413	
临夏县	Linxia	69848	50918		18931
康乐县	Kangle	56241	30509		25733
永靖县	Yongjing	67051	51255		15796
广河县	Guanghe	69760	44955		24805
和政县	Hezheng	33707	23853		9854
东乡县	Dongxiang	24500	14904		9596
积石山县	Jishishan	48839	28766		20073
甘南州	**Gannan**	**415768**	**326486**	**317554**	**89282**
合作市	Hezuo	163292	163292	163292	
临潭县	Lintan	38387	20965	18667	17422
卓尼县	Zhuoni	38694	26211	22131	12483
舟曲县	Zhouqu	32283	20984	19724	11299
迭部县	Diebu	29515	23549	24126	5966
玛曲县	Maqu	31827	22400	21290	9427
碌曲县	Luqu	28170	16357	16357	11813
夏河县	Xiahe	53600	32728	31967	20872

15-15 按行业分各地县社会消费品零售总额（2015）

Total Retail Sale of Consumer Goods by Sector and Region, County(2015)

单位：万元 (10 000 yuan)

地区	Region	社会消费品零售总额 Total Retail Sales of Consumer Goods	餐费收入 Income from Meals	商品零售 Commodity Retail
兰州市	**Lanzhou**	**11521498**	**1759467**	**9762031**
城关区	Chengguan	6284498	658694	5625803
七里河区	Qilihe	1957422	268832	1688590
西固区	Xigu	1113459	465423	648036
安宁区	Anning	921151	123564	797587
红古区	Honggu	227416	88751	138665
永登县	Yongdeng	229271	44345	184926
皋兰县	Gaolan	181872	22752	159120
榆中县	Yuzhong	331729	64462	267267
兰州新区	Lanzhou New Area	274680	22643	252037
嘉峪关市	**Jiayuguan**	**549473**	**81567**	**467906**
金昌市	**Jinchang**	**760077**	**124741**	**635336**
金川区	Jinchuan	522078	59513	462566
永昌县	Yongchang	237999	65229	172771
白银市	**Baiyin**	**1776490**	**243020**	**1533470**
白银区	Baiyin	1004461	133286	871174
平川区	Pingchuan	163331	41572	121759
靖远县	Jingyuan	220466	33295	187171
会宁县	Huining	237099	10439	226660
景泰县	Jingtai	151134	24427	126707
天水市	**Tianshui**	**2624183**	**447667**	**2176516**
秦州区	Qinzhou	863288	224272	639016
麦积区	Maiji	843708	94569	749139
清水县	Qingshui	73315	14374	58941
秦安县	Qinan	275081	16858	258223
甘谷县	Gangu	289619	55602	234017
武山县	Wushan	208434	26329	182105
张家川县	Zhangjiachuan	70738	15663	55075
武威市	**Wuwei**	**1625759**	**314001**	**1311757**
凉州区	Liangzhou	958433	206768	751665
民勤县	Minqin	234850	38863	195987
古浪县	Gulang	188267	18641	169626
天祝县	Tianzhu	244209	49729	194480
张掖市	**Zhangye**	**1476181**	**243504**	**1232678**

15-15 续表 1 continued

单位：万元 (10 000 yuan)

地区	Region	社会消费品零售总额 Total Retail Sales of Consumer Goods	餐费收入 Income from Meals	商品零售 Commodity Retail
甘州区	Ganzhou	804043	127050	676993
肃南县	Sunan	43015	9175	33840
民乐县	Minle	174031	55563	118468
临泽县	Linze	135212	12653	122559
高台县	Gaotai	154211	9088	145123
山丹县	Shandan	165669	29975	135694
平凉市	**Pingliang**	**1774973**	**244440**	**1530532**
崆峒区	Kongtong	673241	86347	586894
泾川县	Jingchuan	204757	55514	149244
灵台县	Lingtai	126098	15999	110099
崇信县	Chongxin	73325	19768	53557
华亭县	Huating	197741	30305	167436
庄浪县	Zhuanglang	177927	14472	163454
静宁县	Jingning	248848	21211	227637
平凉工业园区	Pingliang Industrial Park	73036	825	72211
酒泉市	**Jiuquan**	**1765598**	**220608**	**1544990**
肃州区	Suzhou	747230	112858	634373
金塔县	Jinta	120647	6536	114111
瓜州县	Guazhou	202314	17621	184693
肃北县	Subei	18917	2018	16899
阿克塞县	Akesai	18541	3333	15208
玉门市	Yumen	266416	17716	248700
敦煌市	Dunhuang	391533	60526	331007
庆阳市	**Qingyang**	**2039560**	**247103**	**1792457**
西峰区	Xifeng	634620	79378	555242
庆城县	Qingcheng	310459	20291	290168
环　县	Huanxian	164122	15345	148778
华池县	Huachi	111141	15104	96037
合水县	Heshui	109258	17165	92093
正宁县	Zhengning	148962	19091	129871
宁　县	Ningxian	302752	33496	269256
镇原县	Zhenyuan	258246	47233	211013
定西市	**Dingxi**	**1073779**	**161547**	**912232**
安定区	Anding	352834	49022	303812
通渭县	Tongwei	78883.9	9478.4	69405.5

15-15 续表 2 continued

单位：万元 (10 000 yuan)

地区	Region	社会消费品零售总额 Total Retail Sales of Consumer Goods	餐费收入 Income from Meals	商品零售 Commodity Retail
陇西县	Longxi	249755	43745	206011
渭源县	Weiyuan	63548	9960	53588
临洮县	Lintao	185339	29373	155967
漳　县	Zhangxian	35412	2962	32450
岷　县	Minxian	108007	17007	91000
陇南市	**Longnan**	**908144**	**139131**	**769013**
武都区	Wudu	358430	42354	316076
成　县	Chengxian	90313	22401	67912
文　县	Wenxian	63015	8823	54193
宕昌县	Tanchang	67304	22600	44704
康　县	Kangxian	53362	14963	38398
西和县	Xihe	63404	9587	53817
礼　县	Lixian	130947	5991	124956
徽　县	Huixian	61161	9786	51375
两当县	Liangdang	20209	2627	17583
临夏州	**Linxia**	**760693**	**142186**	**618507**
临夏市	Linxia	390747	70010	320737
临夏县	Linxia	69848	11597	58251
康乐县	Kangle	56241	10745	45496
永靖县	Yongjing	67051	13643	53409
广河县	Guanghe	69760	14966	54795
和政县	Hezheng	33707	5050	28657
东乡县	Dongxiang	24500	8340	16160
积石山县	Jishishan	48839	7836	41003
甘南州	**Gannan**	**415768**	**74088**	**341680**
合作市	Hezuo	163292	29175	134117
临潭县	Lintan	38387	9717	28670
卓尼县	Zhuoni	38694	6357	32337
舟曲县	Zhouqu	32283	2999	29284
迭部县	Diebu	29515	8949	20566
玛曲县	Maqu	31827	3697	28130
碌曲县	Luqu	28170	3663	24507
夏河县	Xiahe	53600	9531	44069

主要指标解释

社会消费品零售总额 指企业（单位、个体户）通过交易直接售给个人、社会集团非生产、非经营用的实物商品金额，以及提供餐饮服务所取得的收入金额。个人包括城乡居民和入境人员，社会集团包括机关、社会团体、部队、学校、企事业单位、居委会或村委会等。

批发业 指批发商向批发、零售单位及其他企事业单位、机关团体等批量销售生活用品和生产资料的活动，以及从事进出口贸易和贸易经纪与代理的活动。批发商可以对所批发的货物拥有所有权，并以本单位、公司的名义进行交易活动；也可以不拥有货物的所有权，收取佣金的商品代理、商品代售活动；还包括各类商品批发市场中固定摊位的批发活动，以及以销售为目的的收购活动。

零售业 指百货商店、超级市场、专门零售商店、品牌专卖店、售货摊等主要面向最终消费者（如居民等）的销售活动，以互联网、邮政、电话、售货机等方式的销售活动，还包括在同一地点，后面加工生产，前面销售的店铺（如面包房）；谷物、种子、饲料、牲畜、矿产品、生产用原料、化工原料、农用化工产品、机械设备（乘用车、计算机及通信设备除外）等生产资料的销售不作为零售活动；多数零售商对其销售的货物拥有所有权，但有些则是充当委托人的代理人，进行委托销售或以收取佣金的方式进行销售。

批发和零售业商品购进、销售、库存额 指各种登记注册类型的批发和零售业企业（单位）以本企业（单位）为总体的，从国内、国外市场购进的商品总量，销售和出口的商品总量，库存的商品总量等情况。该指标可以反映商品流转过程中商品的购进、销售、库存之间的比例关系和存在的问题。

商品购进额 指从本企业以外的单位和个人购进（包括从国外直接进口）作为转卖或加工后转卖的商品金额（含增值税）。商品购进包括：（1）从工农业生产者、批发和零售业企业、住宿和餐饮业企业、出版社或报社的出版发行部门和其他服务业企业购进的商品；（2）从机关团体、事业单位购进的商品；（3）从海关、市场管理部门购进的缉私和没收的商品；（4）从居民收购的废旧商品等。不包括：（1）企业为本单位自身经营用，不是作为转卖而购进的商品，如材料物资、包装物、低值易耗品、办公用品等；（2）未通过买卖行为而收入的商品，如接受其他部门移交的商品、借入的商品、收入代其他单位保管的商品、其他单位赠送的样品、加工回收的成品等；（3）经本单位介绍，由买卖双方直接结算，本单位只收取手续费的业务；（4）销售退回和买方拒付货款的商品；（5）商品溢余。

商品销售额 指对本单位以外的单位和个人出售的商品金额（包括售给本单位消费用的商品，含增值税）。商品销售包括（1）售给城乡居民和社会集团消费用的商品；（2）售给农业、工业、建筑业、服务业等国民经济各行业用于生产、经营用的商品，包括售予批发和零售业作为转卖或加工后转卖的商品；（3）对国（境）外直接出口的商品。不包括：（1）未通过买卖行为付出的商品，如随机构变动移交给其他企业单位的商品、借出的商品、归还受其他单位委托代保管的商品、付出的加工原料和赠送给其他单位的样品等；（2）经本单位介绍，由买卖双方直接结算，本单位只收取手续费的业务；（3）购货退回的商品；（4）商品损耗和损失；（5）出售本单位自用的废旧物资。

商品库存额 对于批发和零售业法人单位和个体经营户，是指报告期末取得所有权的全部商品金额（含增值税）；对于批发和零售业产业活动单位，是指报告期末实际在库且归属法人具有所有权的全部商品金额（含增值税）。库存商品包括：(1) 存放在本单位（如门市部、批发站、采购站、经营处）的仓库、货场、货柜和货架中的商品；(2) 挑选、整理、包装中的商品；(3) 已记入购进而尚未运到本单位的商品，即发货单或银行承兑凭证已到而货未到的商品；(4) 寄放他处的商品，如因购货方拒绝付款而暂时存在购货方的商品；(5) 委托其他单位代销（未作销售或调出）尚未售出的商品；(6) 代其他单位购进尚未交付的商品。不包括：所有权不属于本单位的商品；委托外单位加工的商品；外贸企业代理其他单位从国外进口，尚未付给订货单位的商品；代国家储备部门保管的商品。

亿元商品交易市场成交额 指年成交额在亿元及以上的商品交易市场。商品交易市场是指经有关部门和组织批准设立，有固定场所、设施，有经营管理部门和监管人员，若干市场经营者入内，常年或实际开业三个月以上，集中、公开、独立地进行生活消费品、生产资料等现货商品交易以及提供相关服务的交易场所，包括各类消费品市场、生产资料市场等。

16

住宿、餐饮业和旅游

Hotels, Catering Services and Tourism

简要说明

一、本篇资料主要内容

本篇资料主要反映住宿和餐饮业的基本情况、经营情况和旅游产业的发展状况。主要内容包括：限额以上住宿和餐饮业基本情况、经营情况、财务状况；连锁餐饮业经营情况；旅行社、星级饭店基本情况；入境、出境旅游人数、国内旅游人数，以及国际、国内旅游收入等。

二、本篇资料的统计范围

限额以上住宿和餐饮业的企业、个体户；餐饮连锁集团；旅行社、星级饭店和旅游者。

限额以上住宿和餐饮业统计单位为：年主营业务收入 200 万元及以上。

三、本篇资料来源

本篇资料由省统计局贸易外经处加工整理；旅游资料由省旅游发展委员会提供。

16-1 住宿和餐饮业情况
Basic Conditions of Hotels and Catering Services

指 标	Item	2011	2012	2013	2014	2015
住宿和餐饮业	**Hotels and Catering Services**					
法人企业（个）	Number of Corporation Enterprises (unit)	439	538	612	619	624
年末从业人数(人)	Engaged Persons at Year-end (person)	46037	47495	49048	46424	45848
营业额(万元)	Business Revenue (10 000 yuan)	475084	644612	642763	649200	716557
#餐费收入(万元)	From Meals (10 000 yuan)	302943	427770	400915	383537	427105
年末营业面积(平方米)	Business Area of Hotel and Catering Services at Year-end (sq.m)	975936	1154096	1184172	1271471	1314533
住宿业	**Hotels**					
法人企业（个）	Number of Corporation Enterprises (unit)	203	236	266	280	286
年末从业人数（人）	Engaged Persons at Year-end (person)	23850	24375	24747	23855	24210
营业额(万元)	Business Revenue (10 000 yuan)	232613	309529	335607	360556	390244
#客房收入(万元)	From Hotel Rooms (10 000 yuan)	125805	162116	182426	200021	219333
餐费收入(万元)	From Meals (10 000 yuan)	84876	126181	128288	129526	141301
客房数（间）	Number of Rooms (room)	24207	29005	31583	40600	42109
床位数（位）	Number of Beds (bed)	44037	51118	55345	68324	70577
年末餐饮营业面积(平方米)	Business Area of Catering Services at Year-end(sq.m)	422824	516548	467051	568795	536155
餐饮业	**Catering Services**					
法人企业(个)	Number of Corporation Enterprises (unit)	236	302	346	339	338
年末从业人数（人）	Engaged Persons at Year-end (person)	22187	23120	24301	22569	21638
营业额 (万元)	Business Revenue (10 000 yuan)	242471	335083	307156	288644	326313
#餐费收入（万元）	From Meals (10 000 yuan)	218067	301589	272627	254012	285804
年末餐饮营业面积(平方米)	Business Area of Catering Services at Year-end(sq.m)	553112	637548	717121	702676	778378

16-2 限额以上住宿业企业基本情况（2015）
Basic Conditions of Enterprises above Designated Size of Hotels (2015)

项目	Item	法人企业（个）Number of Corporation Enterprises (unit)	年末从业人数（人）Engaged Persons at Year-end (person)
住宿业	**Hotels**	**286**	**24210**
按登记注册类型分	**By Status of Registration**		
内资企业	**Domestic Funded Enterprises**	**284**	**23673**
国有企业	State-owned Enterprises	49	6094
集体企业	Collective-owned Enterprises	3	338
联营企业	Joint Ownership Enterprises		
有限责任公司	Limited Liability Corporations	116	10842
国有独资公司	State Sole Funded Corporations	8	1096
其他有限责任公司	Other Limited Liability Corporations	108	9746
股份有限公司	Share-holding Corporations Ltd.	8	407
私营企业	Private Enterprises	105	5754
私营独资企业	Private-funded Enterprises	14	634
私营合伙企业	Private Partnership Enterprises	2	94
私营有限责任公司	Private Limited Liability Corporations	85	4763
私营股份有限公司	Private Share-holding Corporations Ltd.	4	263
其他企业	Other Enterprises	3	238
港、澳、台商投资企业	**Enterprises with Funds from Hong Kong, Macao and Taiwan**	**1**	**179**
外商投资企业	**Enterprises with Foreign Investment**	**1**	**358**
按行业分	**By Sector**		
旅游饭店	Tourist Hotel	198	19732
一般旅馆	Fonda	76	4046
其他住宿业	Others	12	432

16-3 限额以上住宿业企业经营情况（2015）

Business of Enterprises above Designated Size of Hotels (2015)

单位：万元 (10 000 yuan)

项目	Item	营业额 Business Revenue	#客房收入 From Hotel Rooms	#餐费收入 From Meals
住宿业	**Hotels**	**390244**	**219333**	**141301**
按登记注册类型分	**By Status of Registration**			
内资企业	**Domestic Funded Enterprises**	**376400**	**211757**	**135754**
国有企业	State-owned Enterprises	110601	58265	47347
集体企业	Collective-owned Enterprises	3343	2084	693
联营企业	Joint Ownership Enterprises			
有限责任公司	Limited Liability Corporations	169640	91901	60163
国有独资公司	State Sole Funded Corporations	34978	14461	10248
其他有限责任公司	Other Limited Liability Corporations	134662	77440	49915
股份有限公司	Share-holding Corporations Ltd.	5471	3064	2389
私营企业	Private Enterprises	86094	55812	24569
私营独资企业	Private-funded Enterprises	10673	5714	4522
私营合伙企业	Private Partnership Enterprises	1764	1309	419
私营有限责任公司	Private Limited Liability Corporations	70462	46090	19235
私营股份有限公司	Private Share-holding Corporations Ltd.	3195	2700	393
其他企业	Other Enterprises	1252	630	592
港、澳、台商投资企业	**Enterprises with Funds from Hong Kong, Macao and Taiwan**	**3891**	**2168**	**1596**
外商投资企业	**Enterprises with Foreign Investment**	**9953**	**5409**	**3952**
按行业分	**By Sector**			
旅游饭店	Tourist Hotel	330157	177251	125863
一般旅馆	Fonda	53050	37327	13176
其他住宿业	Others	7037	4756	2262

16-4 限额以上住宿业企业资产及负债（2015）

Assets and Liabilities of Enterprises above Designated Size of Hotels (2015)

单位：万元 (10 000 yuan)

项目	Item	资产总计 Total Assets	#流动资产合计 Total Current Assets	#固定资产合计 Total Fixed Assets	负债合计 Total Liabilities	所有者权益合计 Total Owners' Equities
住宿业	**Hotels**	**1118230**	**301708**	**510223**	**622690**	**495541**
按登记注册类型分	**By Status of Registration**					
内资企业	**Domestic Funded Enterprises**	**1097996**	**298040**	**493657**	**608984**	**489012**
国有企业	State-owned Enterprises	172643	60670	85625	97312	75331
集体企业	Collective-owned Enterprises	7019	2768	4074	3440	3579
联营企业	Joint Ownership Enterprises					
有限责任公司	Limited Liability Corporations	629959	131089	287036	341487	288473
国有独资公司	State Sole Funded Corporations	145814	24220	105510	126595	19218
其他有限责任公司	Other Limited Liability Corporations	484146	106869	181526	214891	269255
股份有限公司	Share-holding Corporations Ltd.	14531	7445	5908	4720	9811
私营企业	Private Enterprises	272163	95676	109876	160628	111535
私营独资企业	Private-funded Enterprises	14129	3196	7971	5567	8562
私营合伙企业	Private Partnership Enterprises	4118	2607	1511	2921	1197
私营有限责任公司	Private Limited Liability Corporations	245502	88222	98254	145870	99632
私营股份有限公司	Private Share-holding Corporations Ltd.	8414	1651	2139	6269	2144
其他企业	Other Enterprises	1682	392	1139	1397	284
港、澳、台商投资企业	**Enterprises with Funds from Hong Kong, Macao and Taiwan**	**5290**	**2399**	**2890**	**616**	**4674**
外商投资企业	**Enterprises with Foreign Investment**	**14945**	**1269**	**13676**	**13090**	**1855**
按行业分	**By Sector**					
旅游饭店	Tourist Hotel	873761	256516	432499	540644	333117
一般旅馆	Fonda	228131	41064	66180	73271	154860
其他住宿业	Others	16339	4127	11544	8775	7565

16-5 限额以上住宿业企业主要财务指标（2015）

Main Financial Indicators of Enterprises above Designated Size of Hotels (2015)

单位：万元 (10 000 yuan)

项目	Item	主营业务收入 Revenue from Principal Business	主营业务成本 Cost of Principal Business	主营业务税金及附加 Taxes and Extra Charges on Principal Business
住宿业	**Hotels**	**379573**	**186361**	**20115**
按登记注册类型分	**By Status of Registration**			
内资企业	**Domestic Funded Enterprises**	**365728**	**182365**	**19610**
国有企业	State-owned Enterprises	106359	52197	6073
集体企业	Collective-owned Enterprises	3343	1351	161
联营企业	Joint Ownership Enterprises			
有限责任公司	Limited Liability Corporations	164500	82541	8891
国有独资公司	State Sole Funded Corporations	34901	26256	1531
其他有限责任公司	Other Limited Liability Corporations	129599	56286	7359
股份有限公司	Share-holding Corporations Ltd.	5271	1920	234
私营企业	Private Enterprises	85234	43592	4173
私营独资企业	Private-funded Enterprises	10673	5366	403
私营合伙企业	Private Partnership Enterprises	1764	881	107
私营有限责任公司	Private Limited Liability Corporations	69602	36455	3476
私营股份有限公司	Private Share-holding Corporations Ltd.	3195	891	187
其他企业	Other Enterprises	1022	764	79
港、澳、台商投资企业	**Enterprises with Funds from Hong Kong, Macao and Taiwan**	**3891**	**2005**	**214**
外商投资企业	**Enterprises with Foreign Investment**	**9953**	**1991**	**290**
按行业分	**By Sector**			
旅游饭店	Tourist Hotel	321134	158429	17328
一般旅馆	Fonda	51402	22582	2568
其他住宿业	Others	7037	5350	218

16-6 限额以上餐饮业企业基本情况（2015）
Basic Conditions of Enterprises above Designated Size of Catering Services (2015)

项目	Item	法人企业（个）Number of Corporation Enterprises (unit)	年末从业人数（人）Engaged Persons at Year-end (person)
餐饮业	**Catering Services**	**338**	**21638**
按登记注册类型分	**By Status of Registration**		
国有企业	**Domestic Funded Enterprises**	**336**	**19816**
集体企业	State-owned Enterprises	13	843
联营企业	Joint Ownership Enterprises	1	32
有限责任公司	Limited Liability Corporations	117	7927
国有独资公司	State Sole Funded Corporations	1	8
其他有限责任公司	Other Limited Liability Corporations	116	7919
股份有限公司	Share-holding Corporations Ltd.	11	753
私营企业	Private Enterprises	188	9973
私营独资企业	Private-funded Enterprises	34	1307
私营合伙企业	Private Partnership Enterprises	2	154
私营有限责任公司	Private Limited Liability Corporations	145	8105
私营股份有限公司	Private Share-holding Corporations Ltd.	7	407
其他企业	Other Enterprises	6	288
港、澳、台商投资企业	**Enterprises with Funds from Hong Kong, Macao and Taiwan**	**1**	**78**
外商投资企业	**Enterprises with Foreign Investment**	**1**	**1744**
按行业分	**By Sector**		
正餐服务	Restaurant	332	19640
快餐服务	Fast Food	4	1926
饮料及冷饮服务	Beverages and Cold Drinks	1	37
其他餐饮业	Others	1	35

16-7 限额以上餐饮业企业经营情况（2015）
Business of Enterprises above Designated Size of Catering Services (2015)

单位：万元 (10 000 yuan)

项目	Item	营业额 Business Revenue	#餐费收入 From Meals
餐饮业	**Catering Services**	**326313**	**285804**
按登记注册类型分	**By Status of Registration**		
内资企业	**Domestic Funded Enterprises**	**299030**	**258521**
国有企业	State-owned Enterprises	15212	9361
联营企业	Joint Ownership Enterprises	485	485
有限责任公司	Limited Liability Corporations	108213	92240
国有独资公司	State Sole Funded Corporations	468	468
其他有限责任公司	Other Limited Liability Corporations	107745	91772
股份有限公司	Share-holding Corporations Ltd.	15105	14498
私营企业	Private Enterprises	155134	137827
私营独资企业	Private-funded Enterprises	26354	25244
私营合伙企业	Private Partnership Enterprises	2045	1391
私营有限责任公司	Private Limited Liability Corporations	118717	104096
私营股份有限公司	Private Share-holding Corporations Ltd.	8018	7096
其他企业	Other Enterprises	4880	4110
港、澳、台商投资企业	**Enterprises with Funds from Hong Kong, Macao and Taiwan**	**849**	**849**
外商投资企业	**Enterprises with Foreign Investment**	**26434**	**26434**
按行业分	**By Sector**		
正餐服务	Restaurant	293718	253895
快餐服务	Fast Food	31857	31171
饮料及冷饮服务	Beverages and Cold Drinks	320	320
其他餐饮业	Others	418	418

16-8 限额以上餐饮业企业资产及负债（2015）
Assets and Liabilities of Enterprises above Designated Size of Catering Services (2015)

单位：万元 (10 000 yuan)

项目	Item	资产总计 Total Assets	#流动资产合计 Total Current Assets	#固定资产合计 Total Fixed Assets	负债合计 Total Liabilities	所有者权益合计 Total Owners' Equities
餐饮业	**Catering Services**	**425560**	**168816**	**166903**	**208533**	**217027**
按登记注册类型分	**By Status of Registration**					
内资企业	**Domestic Funded Enterprises**	**414118**	**163389**	**165595**	**203112**	**211005**
国有企业	State-owned Enterprises	17095	6390	10660	7882	9213
联营企业	Joint Ownership Enterprises	368	185	182	27	341
有限责任公司	Limited Liability Corporations	160231	62176	60084	82908	77323
国有独资公司	State Sole Funded Corporations	30	30		10	20
其他有限责任公司	Other Limited Liability Corporations	160201	62146	60084	82898	77303
股份有限公司	Share-holding Corporations Ltd.	17625	6681	2982	7032	10593
私营企业	Private Enterprises	213242	85856	90435	102594	110648
私营独资企业	Private-funded Enterprises	19633	5574	12336	6402	13231
私营合伙企业	Private Partnership Enterprises	504	235	269	69	435
私营有限责任公司	Private Limited Liability Corporations	182140	73906	75177	89659	92481
私营股份有限公司	Private Share-holding Corporations Ltd.	10965	6142	2652	6465	4500
其他企业	Other Enterprises	5556	2101	1253	2670	2887
港、澳、台商投资企业	**Enterprises with Funds from Hong Kong, Macao and Taiwan**	**144**	**126**	**6**	**3**	**141**
外商投资企业	**Enterprises with Foreign Investment**	**11299**	**5301**	**1303**	**5418**	**5881**
按行业分	**By Sector**					
正餐服务	Restaurant	409216	159958	164746	199070	210146
快餐服务	Fast Food	15002	8495	1396	8848	6155
饮料及冷饮服务	Beverages and Cold Drinks	774	241	315	574	200
其他餐饮业	Others	568	122	446	42	526

16-9 限额以上餐饮业企业主要财务指标（2015）

Main Financial Indicators of Enterprises above Designated Size of Catering Services (2015)

单位：万元 (10 000 yuan)

项目	Item	主营业务收入 Revenue from Principal Business	主营业务成本 Cost of Principal Business	主营业务税金及附加 Taxes and Extra Charges on Principal Business
餐饮业	**Catering Services**	**319725**	**175745**	**15250**
按登记注册类型分	**By Status of Registration**			
内资企业	**Domestic Funded Enterprises**	**292442**	**163752**	**13795**
国有企业	State-owned Enterprises	12192	7764	507
联营企业	Joint Ownership Enterprises	485	340	29
有限责任公司	Limited Liability Corporations	106863	59458	5595
国有独资公司	State Sole Funded Corporations	468	396	5
其他有限责任公司	Other Limited Liability Corporations	106395	59062	5590
股份有限公司	Share-holding Corporations Ltd.	15179	9247	395
私营企业	Private Enterprises	152842	85324	7152
私营独资企业	Private-funded Enterprises	26022	19130	1294
私营合伙企业	Private Partnership Enterprises	2045	719	76
私营有限责任公司	Private Limited Liability Corporations	116793	60935	5568
私营股份有限公司	Private Share-holding Corporations Ltd.	7982	4540	213
其他企业	Other Enterprises	4880	1620	118
港、澳、台商投资企业	**Enterprises with Funds from Hong Kong, Macao and Taiwan**	**849**	**385**	**39**
外商投资企业	**Enterprises with Foreign Investment**	**26434**	**11608**	**1416**
按行业分	**By Sector**			
正餐服务	Restaurant	287130	160811	13571
快餐服务	Fast Food	31857	14465	1643
饮料及冷饮服务	Beverages and Cold Drinks	320	184	18
其他餐饮业	Others	418	286	18

16-10 各地区限额以上住宿业企业基本情况和主要财务指标（2015）

Basic Conditions and Main Financial Indicators of Enterprises above Designated Size of Hotels by Region(2015)

单位：万元 (10 000 yuan)

地区	Region	法人企业（个） Number of Corporation Enterprises (unit)	年末从业人数（人） Engaged Persons at Year-end (person)	营业额 Business Revenue	主营业务收入 Revenue from Principal Business	主营业务成本 Cost of Principal Business	主营业务税金及附加 Taxes and Extra Charges on Principal Business
兰州市	Lanzhou	76	8779	181433	180217	86200	8941
嘉峪关市	Jiayuguan	10	695	7995	5182	1401	323
金昌市	Jinchang	5	639	6536	6441	4966	342
白银市	Baiyin	14	614	5186	4425	1919	200
天水市	Tianshui	27	1956	32327	32063	16427	1518
武威市	Wuwei	9	631	5773	5622	3050	314
张掖市	Zhangye	22	1179	13883	13928	5956	663
平凉市	Pingliang	13	1471	23403	19847	8055	1061
酒泉市	Jiuquan	35	2625	46666	47033	22230	2642
庆阳市	Qingyang	16	1331	15545	15501	8978	1150
定西市	Dingxi	19	1413	21831	21370	12379	1148
陇南市	Longnan	24	1634	14931	14956	7764	761
临夏州	Linxia	4	568	7502	6167	3824	773
甘南州	Gannan	12	675	7236	6821	3212	280

16-11 各地区限额以上餐饮业企业基本情况和主要财务指标（2015）

Basic Conditions and Main Financial Indicators of Enterprises above Designated Size of Catering Services by Region(2015)

单位：万元 (10 000 yuan)

地区	Region	法人企业（个） Number of Corporation Enterprises (unit)	年末从业人数（人） Engaged Persons at Year-end (person)	营业额 Business Revenue	主营业务收入 Revenue from Principal Business	主营业务成本 Cost of Principal Business	主营业务税金及附加 Taxes and Extra Charges on Principal Business
兰州市	Lanzhou	136	9902	163503	160376	86366	7273
嘉峪关市	Jiayuguan	7	996	13036	13538	4779	742
金昌市	Jinchang	7	378	4468	4607	2453	306
白银市	Baiyin	8	665	8090	8106	3760	390
天水市	Tianshui	39	1998	26863	26862	15218	1621
武威市	Wuwei	16	780	9352	9358	5828	515
张掖市	Zhangye	11	527	8719	8638	5078	222
平凉市	Pingliang	14	816	12231	9259	6238	265
酒泉市	Jiuquan	24	1446	24426	24085	15111	1352
庆阳市	Qingyang	40	2075	29134	28841	15449	1521
定西市	Dingxi	20	1227	15158	15166	9172	411
陇南市	Longnan	5	241	2155	2155	831	121
临夏州	Linxia	9	565	8860	8418	5306	498
甘南州	Gannan	2	22	318	316	158	14

16-12 旅游业发展情况
Development of Tourism

指 标	Item	2011	2012	2013	2014	2015
旅行社数（个）	**Number of Travel Agencies (unit)**	**437**	**481**	**514**	**514**	**523**
# 出境旅游组团社	Number of Outbound Travel Tour Agencies	9	16	31	31	50
星级饭店数（个）	**Number of Star-rated Hotel (unit)**	**337**	**348**	**366**	**366**	**382**
入境旅游人数（人次）	**Number of Overseas Visitor Arrivals (person-time)**	**91080**	**102028**	**97761**	**48750**	**54508**
外国人	Foreigners	54695	66940	62527	28857	31607
港澳同胞	Chinese Compatriots From Hong Kong and Macao	13568	13563	12607	5232	7018
台湾同胞	Chinese Compatriots From Taiwan Province	22817	21525	22627	14661	15883
国内旅游人数（万人次）	**Number of Domestic Visitors (10 000 person-times)**	**5827**	**7824**	**10068**	**12660**	**15633**
旅游收入 （亿元）	**Tourism Earnings (100 million yuan)**					
国际旅游（外汇）收入（万美元）	Foreign Exchange Earnings from International Tourism (10 000 USD)	1740	2235	2039	1017	1418
国内旅游收入（亿元）	Earnings from Domestic Tourism (100 million yuan)	333	470	619	780	975

16-13 国内旅游情况
Domestic Tourism

年份 Year	旅游人数（万人次） Domestic Tourists (10 000 person-times)	比上年增长（%） Growth Rate (%)	旅游总收入（亿元） Tourism Earnings (100 million yuan)	比上年增长（%） Growth Rate (%)
2000	733.00	15.98	18.58	15.98
2001	838.88	14.44	21.26	14.42
2002	1035.00	23.38	26.83	26.20
2003	863.31	-16.59	21.89	-18.41
2004	949.60	10.00	51.62	135.82
2005	1207.85	27.20	57.68	11.74
2006	1574.10	30.32	75.19	30.36
2007	2389.93	51.83	110.64	47.15
2008	2482.30	3.86	136.40	23.28
2009	3387.67	36.47	191.90	40.69
2010	4284.45	26.47	236.21	23.09
2011	5826.48	35.99	332.57	40.79
2012	7824.26	34.29	469.67	41.22
2013	10068.40	28.68	618.90	31.80
2014	12660.20	25.74	780.20	26.06
2015	15632.88	23.53	974.47	25.00

16-14 接待港澳台同胞和外国旅游人数

Number of Hong kong, Macao and Taiwan Chinese Compatriots and Foreign Tourists

国别	Country	2010	2011	2012	2013	2014	2015
旅游人数（人次）	Total (person-time)	70167	91080	102028	97761	48750	54508
港澳台同胞	Chinese Compatriots form Hongkong, Macao and Taiwan	20246	36385	35088	35234	19893	22901
外国人	Foreigner	49921	54695	66940	62527	28857	31607
日本人	Japanese	14273	12628	21226	10977	4332	7171
韩国人	South Korea	4622	6101	12537	10406	2714	3378
菲律宾人	Filipino	176	131	131	209	264	387
新加坡人	Singaporean	2300	3003	2306	2589	2691	2358
泰国人	Thai	265	754	915	948	606	761
印尼人	Indonesian	696	654	417	362	216	314
美国人	American	6025	8002	6409	7210	3678	3297
加拿大人	Canadian	1242	1654	1813	2283	1049	929
英国人	British	1387	1703	1867	2576	1125	1017
德国人	German	2413	2694	2347	2678	1222	1173
法国人	French	2893	2922	3871	3260	1487	1508
意大利人	Italian	828	806	962	1136	813	677
瑞士人	Swiss	578	634	920	1128	416	352
瑞典人	Swedish	180	189	302	251	186	150
荷兰人	Dutch	549	459	301	262	160	130
西班牙人	Spanish	521	445	348	408	294	485
澳大利亚人	Australian	2258	2189	2452	3307	1638	831
新西兰人	New Zealander	301	512	626	812	272	986
俄罗斯人	Russian	355	206	268	901	224	272
其他	Others	8059	9009	6922	10824	5470	5431

16-15 国际旅游外汇收入及构成
Foreign Exchange Earning from International Tourism and It's Composition

单位：万美元,% (USD 10 000, %)

指 标	Item	2014 数 额 Value	2014 比 重 Percentage	2015 数 额 Value	2015 比 重 Percentage
总 计	**Total**	**1017.14**	**100.00**	**1418.10**	**100.00**
长途交通	Long Distance Transportation	372.27	36.60	535.76	37.78
民航	Civil Aviation	230.89	22.70	362.32	25.55
铁路	Railway	87.47	8.60	100.26	7.07
汽车	Highway	53.91	5.30	73.17	5.16
轮船	Waterway				
游览	Sightseeing	107.82	10.60	123.52	8.71
住宿	Acommodation	144.43	14.20	211.72	14.93
餐饮	Food and Beverage	88.49	8.70	114.58	8.08
商品销售	Shopping	171.90	16.90	225.05	15.87
娱乐	Entertainment	17.29	1.70	65.23	4.60
邮电通讯	Postal and Communication Services	23.39	2.30	23.54	1.66
市内交通	Local Transpotation	9.15	0.90	41.98	2.96
其他服务	Other Service	82.39	8.10	76.72	5.41

16-16 各地区国际旅游外汇收入及接待入境旅游人数（2015）
Foreign Exchange Earning from International Tourism and Number of Overseas Visitor Arrivals by Region(2015)

地 区	Region	国际旅游外汇收入（万美元） Foreign Exchange Earning from International Tourism (USD 10 000)	入境旅游人数（人次） Number of Overseas Visitor Arrivals (person-time)	#外国人 Foreigner
甘肃省	**Gansu**	**1418.10**	**54508**	**31607**
兰州市	Lanzhou	446.10	17418	8918
嘉峪关市	Jiayuguan	151.86	7169	3884
金昌市	Jinchang	7.63	250	236
白银市	Baiyin	2.78	117	116
天水市	Tianshui	5.85	322	125
武威市	Wuwei	17.03	916	652
张掖市	Zhangye	69.13	3742	2459
平凉市	Pingliang	12.77	702	304
酒泉市	Jiuquan	674.30	22437	13697
庆阳市	Qingyang	2.04	101	59
定西市	Dingxi	1.33	73	38
陇南市	Longnan	0.57	30	30
临夏州	Linxia	2.69	146	96
甘南州	Gannan	24.00	1085	993

主要指标解释

住宿业 指为旅行者提供短期留宿场所的活动，有些单位只提供住宿，也有些单位提供住宿、饮食、商务、娱乐一体的服务，不包括主要按月或按年长期出租房屋住所的活动。

餐饮业 指通过即时制作加工、商业销售和服务性劳动等，向消费者提供食品和消费场所及设施的服务。

营业额 指住宿和餐饮业单位在经营活动中因提供服务或销售商品等取得的收入。包括：客房收入、餐费收入、商品销售额（含增值税）和其他收入。其中，客房收入指住宿和餐饮业单位在经营活动中因提供住宿服务取得的收入。餐费收入指本单位为顾客提供就餐服务取得的收入，包括：经烹饪、调制加工后出售的各种食品，如主食、炒菜、凉拌菜等的收入。

客房收入 指住宿和餐饮业法人企业（单位）在经营活动中因提供住宿服务取得的收入。不包括法人企业附营的其他行业产业活动单位的客房收入。

餐费收入 指住宿和餐饮业法人企业（单位）因为顾客提供就餐服务取得的收入，包括经烹饪、调制加工后出售的各种食品，如主食、炒菜、凉拌菜等的收入。不包括法人企业附营的其他行业产业活动单位的餐费收入。

住宿和餐饮业年末营业面积 指住宿和餐饮企业对外提供餐饮服务的就餐面积和从事食品加工、烹饪、调制的厨房面积，不包括办公用房和仓库等面积。按年末实有建筑面积统计。

客房数 指住宿和餐饮业连锁门店提供住宿服务的房间数，该指标按报告期内正常情况下的实有数统计。

床位数 指住宿和餐饮业连锁门店供应旅客使用的床位数，不包括临时加床和门店内部工作人员使用的床位。该指标按报告期内正常情况下的实有数统计。

入境旅游人数 指报告期内来中国（大陆）观光、度假、探亲访友、就医疗养、购物、参加会议或从事经济、文化、体育、宗教活动的外国人、港澳台同胞等游客（即入境旅游人数）。统计时，入境游客按每人境一次统计1人次。入境旅游人数包括入境过夜游客和入境一日游游客。

国内旅游人数 指在报告期内在中国（大陆）观光游览、度假、探亲访友、就医疗养、购物、参加会议或从事经济、文化、体育、宗教活动的中国（大陆）居民人数，其出游的目的不是通过所从事的活动谋取报酬。统计时，国内游客按每出游一次统计1人次。

国际旅游（外汇）收入 指入境游客在中国（大陆）境内旅行、游览过程中用于交通、参观游览、住宿、餐饮、购物、娱乐等全部花费。

国内旅游收入 又称旅游总花费，指国内游客在国内旅行、游览过程中用于交通、参观游览、住宿、餐饮、购物、娱乐等全部花费。

星级饭店 指设备、设施、服务符合《旅游饭店星级的划分与评定》（GB/T14308-2003），通过相关旅游管理部门评定，并取得星级饭店称号的饭店（含预备星级饭店）。

17

运输和邮电

Transport, Postal and Telecommunication Services

简要说明

一、本篇资料主要内容

本篇资料反映交通运输业，邮政、电信业发展的基本状况。

交通运输业资料主要包括：三种运输方式的线路里程及完成的货物和旅客运输量、周转量。

邮政、电信业资料主要包括：邮政局（所）及邮路情况，邮电通信主要电路及设备拥有量，主要的邮电业务完成情况及邮电通信发展水平资料。

二、本篇资料来源

本篇资料由省统计局服务业处搜集、加工整理。

1. 交通运输资料分别由兰州铁路局、省交通厅、东航甘肃分公司、海航甘肃分公司、省公安厅交警大队车管部门提供。

2. 邮政、电信业资料由省邮政管理局、省通信管理局提供。

17-1 交通运输业基本情况

Basic Conditions of Transport

指 标	Item	2010	2011	2012	2013	2014	2015
运输线路长度（公里）	**Length of Transport Routes (km)**	**124584**	**129401**	**137549**	**140815**		
铁路营业里程	Railways in Operation	2149	2149	2194	2286	2966	3272
公路里程	Highways	118879	123696	131201	133597	138084	140052
民航航线里程	Total Civil Aviation Routes	2200	2200	3240	4018		
客运量总计（万人）	**Total Passenger Traffic (10 000 persons)**	**53776**	**60906**	**64477**	**36934**	**39852**	**41516**
铁路	Railways	2178	2353	2383	2522	2672	3123
公路	Highways	51404	58355	61884	33556	36224	37242
民航	Civil Aviation	100	102	117	771	866	1061
旅客周转量总计（亿人公里）	**Total Passenger-Kilometers (100 million passenger-km)**	**509.6**	**594.6**	**683.4**	**613.0**	**624.0**	**641.0**
铁路	Railways	275.1	314.6	379.8	383.2	377.9	370.7
公路	Highways	220.1	265.1	286.4	212.0	229.0	248.8
民航	Civil Aviation	14.1	14.7	17.0	17.6	17.3	21.5
货运量总计（万吨）	**Total Freight Traffic (10 000 tons)**	**29009**	**34179**	**45856**	**51482**	**57247**	**58258**
铁路	Railways	4926	5355	6313	6394	6450	5936
公路	Highways	24050	28790	39517	45072	50780	52281
民航	Civil Aviation	1.13	1.22	1.34	5.55	5.96	6.55
货物周转量总计（亿吨公里）	**Total Freight Ton-kilometers (100 million tons-km)**	**1607.2**	**1791.2**	**2395.9**	**2379.7**	**2516.8**	**2226.0**
铁路	Railways	1083.0	1143.6	1489.7	1568.0	1524.0	1313.6
公路	Highways	524.1	647.4	905.9	811.0	992.6	912.1
民航	Civil Aviation	0.2	0.2	0.2	0.2	0.2	0.2
民用汽车拥有量（万辆）	**Possession of Civil Motor Vehicles Owned (10 000 units)**	**127**	**149**	**174**	**203**	**232**	**297**
#载客汽车辆数	Number of Buses and Cars	58	73	92	115	140	168
载货汽车辆数	Number of Trucks	26	31	35	40	44	45
#普通载货汽车	Ordinary Trucks	18	21	24	27	30	31
#公路部门营运汽车	Number of Motor Vehicles Owned by Highway Departments	22	24	30	32	34	39
#私人汽车拥有量	Possession of Private Vehicles	69	88	110	136	163	228

注：1. 铁路从 2012 年 8 月起增加西安铁路局、青藏铁路公司、乌鲁木齐铁路局甘肃段统计数据（下表同）。
2. 2013 年起，公路数据统计口径为交通部专项调查数据，与往年不可比。2015 年公路数据为交通部根据 2015 年 6 月专项调查反馈数据，与往年不可比（下表同）。
3. 民航统计口径从 2013 年 1 月起增加海航客运量、货运量（下表同）。
4. 私人汽车拥有量中含三轮汽车和低速货车；汽车拥有量 = 汽车保有量（下表同）。

a) Since August 2012, railway data increase the statistical data of Xi'an Railway Bureau, Qinghai-Tibet Railway Company and Urumqi Railway Bureau in Gansu section.The same applies to the table following.
b) Since 2013,the statistical coverage of highway data are the data from the survey of transport economics, and the data are not comparable with those in previous years.Highway data of 2015 are the feedback data according to special survey in June 2015 by Ministry of Communications,and the data are not comparable with those in previous years.The same applies to the table following.
c)The civil aviation statistics caliber from January 2013 to increase HNA passenger traffic, freight volume.The same applies to the table following.
d) Possession of private vehicles including three-wheeled vehicles and low-speed trucks. Possession of vehicles are equal to ownership of vehicles. The same applies to the table following.

17-2 运输线路长度
Length of Transportation Routes

单位：公里 (km)

年 份 Year	铁路营业里程 Length of Railways in Operation	#电气化里程 Electrified Railways	公 路 Length of Highways	等级公路 Expressway and Class I to IV Highways	#高速 Express Way	#一级 First Class	#二级 Second Class	等外路 Highway Below Class IV	民 航 Length of Civil Aviation Routes
2000	1962	1766	39344	29393				9951	2166
2001	1962	1766	39844	30283				9561	2166
2002	1961	1766	40223	30806				9417	2166
2003	1962	1766	40293	30947				9346	2198
2004	1938	1748	40751	31614				9137	2200
2005	2013	1754	41330	32792	1006	141	4969	8538	2200
2006	1987	2208	95642	42866	1060	166	4962	52776	2200
2007	2148	2208	100612	50662	1316	144	5076	49950	2200
2008	2149	2213	105638	58381	1316	147	5076	47257	2200
2009	2149	2346	114000	76631	1644	147	5494	37369	2200
2010	2149	2799	118879	85733	1993	161	5768	33147	2200
2011	2149	3054	123696	91692	2343	170	5856	32003	2200
2012	2194	3100	131201	101372	2549	178	6648	29829	3240
2013	2286	3191	133597	106812	2953	206	7309	26785	4018
2014	2966	3920	138084	114080	3262	321	7519	24004	
2015	3272	4090	140052	120447	3522	368	7928	19604	

注：铁路营业里程为兰州铁路局甘肃境内输。电气化里程为兰州铁路局全路局数。2007 年起铁路营业里程中包括敦煌铁路 161.48 公里。(下表同)

a) Data of electrified railways refer to total railway of Lanzhou Railway Bureau. Since 2007, data in length of railways in operation included 161.48 km of the Dunhuang Railway. The same applies to the table following.

17-3 运输线路质量
Quality of Transport Routes

单位：公里 (km)

指 标	Item	2010	2011	2012	2013	2014	2015
铁路营业里程	Length of Railways in Operation	2149	2149	2194	2286	2966	3272
#复线里程	Double-Tracking Length	1363	1363	1400	1400	2076	2127
复线里程比重（%）	Proportion (%)	63.42	63.42	63.81	61.24	69.98	65.01
公路里程	Length of Highways	118879	123696	131201	133597	138084	140052
#等级公路里程	Expressway and Class I to IV Highways	85733	91692	101372	106812	114080	120447
等级公路里程比重 (%)	Proportion (%)	72.12	74.13	77.26	79.95	82.62	86.00

17-4 历年货运量和货运周转量
Freight Traffic & Freight Ton-Kilometers

年份 Year	货运量总计（万吨） Total Freight Traffic (10 000 tons)	#铁路 Railways	#公路 Highways	#民航 Civil Aviation	货物周转量总计（万吨公里） Total Freight Ton-Kilometers (10 000 tons-km)	#铁路 Railways	#公路 Highways	#民航 Civil Aviation
1978	4423	2216	2206	0.65	1755838	1639720	115549	569
1979	4197	2112	2084	0.80	1748310	1637919	109522	809
1980	3802	2059	1742	0.90	1670043	1581640	87594	809
1981	3184	1867	1317	0.47	1471411	1401651	69182	578
1982	3388	1904	1484	0.16	1629900	1546783	82556	561
1983	3454	2051	1403	0.08	1844799	1756788	87535	476
1984	3883	2192	1691	0.11	2067094	1965203	100862	1029
1985	10112	2414	7698	0.12	2549908	2198316	350133	1459
1986	10448	2384	8064	0.19	2690694	2321373	369231	90
1987	14543	2373	12170	0.28	2956050	2467467	488295	288
1988	14585	2361	12224	0.28	3307597	2671064	636195	338
1989	14317	2397	11920	0.26	3364697	2822220	542184	293
1990	16614	2386	14228	0.28	3430561	2867147	563117	297
1991	14726	2426	12300	0.32	3642872	3033640	608898	334
1992	17144	2501	14643	0.30	3913987	3127573	786101	313
1993	19193	2571	16622	0.30	3991162	3180172	810653	337
1994	19921	2571	17350	0.35	4166823	3320168	846225	430
1995	20275	2555	17719	1.00	4329026	3442644	885896	486
1996	20813	2602	18210	1.00	4355906	3427759	927744	403
1997	21236	2628	18608	0.30	4481783	3510000	970783	1000
1998	21614	2546	19035	0.39	4544182	3532400	1010587	700
1999	22060	2691	19333	0.47	4944052	3902035	1040687	800
2000	22722	2885	19800	1.09	5414243	4318100	1093800	1798
2001	23208	2991	20179	0.90	5731518	4589095	1140253	1615
2002	23541	3092	20408	0.99	5914802	4727078	1185412	1707
2003	23915	3158	20713	1.26	6329270	5089413	1237113	2089
2004	24776	3270	21460	1.26	7463255	6160593	1300096	1883
2005	25843	3274	22520	1.08	8550947	7175573	1373122	1532
2006	27512	3633	23826	1.32	9236681	7768408	1464606	1598
2007	29505	4126	25325	1.33	10248126	8680625	1564847	1896
2008	22742	4512	18201	1.44	14546351	9795759	4748432	2130
2009	25489	4646	20812	1.33	14770589	9871265	4897214	2076
2010	29009	4926	24050	1.13	16072479	10829795	5240872	1776
2011	34179	5355	28790	1.22	17912097	11436046	6474126	1885
2012	45856	6313	39517	1.34	23958822	14897305	9059411	2078
2013	51482	6394	45072	5.55	23796586	15682383	8112113	1989
2014	57247	6450	50780	5.96	25168239	15240465	9926016	1656
2015	58258	5936	52281	6.55	22260101	13136161	9121353	2007

17-5 历年客运量和客运周转量
Passenger Traffic & Passenger-Kilometers

年份 Year	客运量总计（万人） Total Passenger Traffic (10 000 persons)	#铁路 Railways	#公路 Highways	#民航 Civil Aviation	旅客周转量总计（万人公里） Total Passenger-Kilometers (10 000 passenger-km)	#铁路 Railways	#公路 Highways	#民航 Civil Aviation
1978	3038	686	2324	28	517244	394470	101700	21074
1979	3374	772	2567	34	604842	459070	116453	29319
1980	3865	789	3038	38	615282	462433	137295	15554
1981	3882	751	3123	8	630667	456567	156107	17993
1982	4387	883	3494	10	671083	491181	170374	9528
1983	4871	893	3974	4	747147	551551	192306	3290
1984	5526	1026	4496	4	846471	622656	220324	3491
1985	6355	1094	5256	5	1026714	758260	264594	3857
1986	7053	1131	5910	12	1135579	817713	310882	6984
1987	8010	1173	6819	18	1227471	837559	369660	20252
1988	9550	1244	8286	20	1355410	937992	391904	25514
1989	10101	1083	9001	17	1324260	877921	426463	19876
1990	8712	860	7832	20	1170899	727603	420304	22992
1991	8845	850	7970	25	1270144	799460	442582	28103
1992	9108	874	8208	26	1305117	835667	440311	29139
1993	9580	883	8668	29	1407127	914261	458720	34146
1994	10148	926	9186	36	1506567	978776	485571	42220
1995	10547	942	9563	42	1506159	951327	504754	50078
1996	10748	841	9872	35	1524313	936886	543747	43680
1997	11234	884	10319	31	1609997	970000	575997	64000
1998	11881	886	10796	31	1761177	1079200	617471	63000
1999	12361	923	11223	35	1818744	1093499	659525	64100
2000	12907	1039	11600	76	2061583	1245700	706300	107868
2001	13921	1080	12560	70	2268380	1390319	777658	98504
2002	14750	1038	13420	72	2327182	1387254	840621	97294
2003	15004	948	13732	84	2307861	1327067	871629	106963
2004	16519	1125	15050	109	2683583	1577558	963182	140701
2005	17803	1230	16247	85	2883045	1726990	1048886	104980
2006	19066	1402	17319	100	3199586	1952819	1130009	114463
2007	20435	1566	18510	113	3489326	2135378	1209272	142336
2008	46002	1844	43962	103	4413419	2322174	1967056	122109
2009	49995	2038	47755	110	4699944	2482313	2065849	149732
2010	53776	2178	51404	100	5096087	2751326	2201455	141164
2011	60906	2353	58355	102	5945561	3145705	2650685	146981
2012	64477	2383	61884	117	6834114	3797544	2864380	170059
2013	36934	2522	33556	771	6130019	3832395	2120108	175926
2014	39852	2672	36224	866	6243066	3778665	2290169	172562
2015	41516	3123	37242	1061	6411028	3707379	2487489	214479

17-6 民用汽车拥有量
Possession of Civil Vehicles

单位：万辆 (10 000 units)

年份 Year	民用汽车总计 Total Possession of Civil Vehicles	载客汽车 Passenger Vehicles	大型 Large	中型 Medium	小型 Small	微型 Minicar	载货汽车 Trucks	重型 Heavy	中型 Medium	轻型 Light	微型 Mini	其他汽车 Others
2006	46.85	22.71	1.50	1.40	17.22	2.59	13.60	2.81	3.58	6.83	0.38	10.54
2007	53.23	27.18	1.57	1.44	21.76	2.42	14.71	2.98	3.72	7.74	0.27	11.34
2008	62.44	32.89	1.64	1.41	27.66	2.18	16.36	3.35	4.01	8.79	0.22	13.19
2009	105.45	43.86	1.74	1.45	38.58	2.08	20.91	4.78	4.46	11.50	0.17	40.68
2010	126.77	57.52	1.85	1.48	52.17	2.01	26.37	6.29	4.75	15.22	0.11	42.88
2011	148.76	73.30	1.97	1.51	67.67	2.14	31.00	7.40	4.88	18.64	0.08	44.46
2012	174.14	92.32	2.01	1.47	86.63	2.20	35.42	8.12	4.73	22.51	0.07	46.40
2013	202.77	114.92	2.05	1.36	109.37	2.14	39.89	8.78	4.15	26.91	0.06	47.95
2014	231.86	139.91	2.12	1.34	134.59	1.87	43.79	9.56	4.00	30.18	0.05	48.17
2015	296.84	167.55	2.14	1.22	162.31	1.88	45.39	9.40	3.60	32.34	0.05	83.90

17-7 私人汽车拥有量
Possession of Private Vehicles

单位：万辆 (10 000 units)

年份 Year	私人汽车总计 Total Private Vehicles	载客汽车 Passenger Vehicles	大型 Large	中型 Medium	小型 Small	微型 Minicar	载货汽车 Trucks	重型 Heavy	中型 Medium	轻型 Light	微型 Mini	其他汽车 Others
2006	24.21	8.65	0.22	0.43	6.62	1.38	6.14	1.26	1.80	2.89	0.19	9.42
2007	28.75	11.72	0.18	0.41	9.84	1.29	6.96	1.30	1.90	3.61	0.15	10.07
2008	35.94	16.02	0.16	0.38	14.31	1.18	8.15	1.46	2.08	4.48	0.13	11.77
2009	51.18	25.06	0.14	0.38	23.36	1.18	11.36	1.98	2.44	6.83	0.11	14.76
2010	69.33	36.74	0.13	0.38	35.01	1.22	15.77	2.63	2.79	10.27	0.08	16.82
2011	87.61	50.28	0.12	0.38	48.41	1.38	19.06	3.06	2.93	13.01	0.06	18.26
2012	109.92	67.23	0.08	0.35	65.33	1.47	22.58	3.39	2.89	16.25	0.05	20.12
2013	135.70	87.89	0.04	0.27	86.13	1.45	26.19	3.70	2.60	19.85	0.04	21.63
2014	163.35	112.34	0.03	0.24	110.78	1.28	29.09	4.04	2.56	22.45	0.04	21.92
2015	228.07	139.66	0.02	0.20	138.33	1.11	30.87	4.07	2.35	24.41	0.04	57.53

17-8 邮电通信行业基本情况
Basic Conditions of Postal and Telecommunication Services

指　标	Item	2010	2011	2012	2013	2014	2015
邮电业务总量（亿元）	**Business Volume of Post and Telecommunication Services (100 million yuan)**	**453.29**	**168.21**	**188.21**	**209.60**	**277.53**	**363.61**
邮政业务总量	Business Volume of Postal Services	8.49	7.46	8.24	11.38	13.51	16.32
电信业务总量	Business Volume of Telecommunication Services	444.81	160.75	179.97	198.22	264.02	347.29
邮政业务量	**Business Volume of Post**						
函件（万件）	Number of Letters (10 000 pcs)	3806	3277	3560	3190	2664	1582
包裹（万件）	Package (10 000 pcs)	90	91	94	40	89	68
快递（万件）	Pieces of Express Mail Services (10 000 pcs)	421	1135	1470	1789	2656	3541
#国内同城快递	Local Express Service		167	244	355	376	555
#国内异地快递	National Express Service		964	1221	1429	2273	2982
快递业务收入（亿元）	Revenue from Express Service (100 million yuan)		2.77	3.53	4.08	5.12	7.25
报刊期发数（万份）	Issue of Newspapers and Magazines (10 000 copies)	210	201	226	188	210	124
集邮业务（万枚）	Stamps for Collection (10 000 pcs)	1500	1989	1952	1738	1920	2166
局所及通信网络	Offices and Network						
营业网点(处)	Number of Offices (unit)	1270	1325	1197	1208	1493	1655
邮路总长度（万公里）	Length of Postal Routes (10 000 km)	7.96	4.30	5.38	5.69	5.67	8.52
#汽车邮路总长度	Length of Vehicle Postal Routes	3.06	3.30	4.74	5.05	5.24	8.08
铁路邮路总长度	Length of Railway Postal Routes	0.60	0.60	0.60	0.60	0.38	0.38
农村投递线路总长度(万公里)	Rural Delivery Routes (10 000 km)	11.04	11.20	13.44	13.47	13.37	14.89
电信业务量	**Business Volume of Telecommunication**						
长途电话业务电路(2M)	Long-distance Call Lines (2M)	214867	207351	186028	861104	1379806	1999913
移动电话用户期末数（万户）	Number of Mobile Telephones Subscribers at Year-end (10 000 subscribers)	1390	1614	1764	1976	2059	2108
#3G 移动电话用户数	3G Mobile Phone Subscribers (10 000 subscribers)	52.77	152.75	308.70	608.90	835.80	553.96
固定电话年末用户（万户）	Number of Fixed Telephone Subscribers at Year-end (10 000 subscribers)	411.90	396.44	377.76	364.33	341.3	325.99
城 市	Urban Fixed Telephone Subscribers	265.36	269.93	272.42	269.76	260.36	261.85
#住宅	Household Fixed Telephone Subscribers	160.96	145.93	151.77	139.65	137.78	143.16
乡村	Rural Fixed Telephone Subscribers	146.54	126.51	105.34	94.57	80.94	64.14
#住宅	Household Fixed Telephone Subscribers	126.01	104.86	84.88	74.04	60.31	54.87
公用电话（万户）	Public Telephone (10 000 subscribers)	52.19	50.14	48.19	46.93	40.41	27.18
互联网宽带接入用户（万户）	Number of Broadband Subscribers of Internet Service (10 000 subscribers)	109.52	145.63	163.30	192.15	213.90	245.34
长途电话交换机容量（路端）	Capacity of Long-distance Call Exchanges (line)	253576	337000	318000	317851	216000	72000
局用电话交换机容量（万门）	Capacity of Office Telephone Exchanges (10 000 lines)	439	438	413	525	361	278
移动电话交换机容量（万户）	Capacity of Mobile Telephone Exchanges (10 000 subscribers)	1940	2399	2503	2619	2619	2997
长途光缆线路长度（万公里）	Length of Long-distance Optical Cable Lines (10 000km)	2.99	2.83	2.95	3.11	3.14	3.24

注：1. 邮政业务总量、快递的统计口径2006年以前为中国邮政集团，2007年起为规模以上(年业务收入200万元以上)邮政业法人企业数据，2011年起统计口径为年营业收入10万元以上法人企业(下表同)。
2. 电信业务总量2010年按2000年可比价格计算，2011年以后按2010年可比价格计算。
3. 营业网点1998年及以前为邮电局所，1999-2006年为邮政局所；统计口径从2002年起为邮政局所和邮政代办点，2007年起为规模以上邮政业法人企业办理业务的场所(下表同)。
4. 长途电话业务电路包括固定长途电话业务电路和移动长途电话业务电路。
5. 长途电话为本地网内区间电话通话量。

a) Statistical coverages of business volume of postal and telecommunication services and pieces of express mail services are China Post Group before 2006, and postal enterprises above designated size (with annual business revenue above 2 million yuan),Since 2011,statistical caliber is the corporate enterprises whose annual operating revenue are more than 100 thousand yuan.. The same applies to the table following.
b) Business volume of telecommunication services in 2010 was calculted at 2000 constant prices,and since 2011 was calculated at 2010 constant prices.
c) The indicator of number of postal offices referred to postal and communication offices before 1998, and referred to postal offices from 1999 to 2006; It included postal offices and postal sub-stations since 2002, and was the business sites of postal enterprises above designated size since 2007. The same applies to the table following.
d) Long-distance telephone circuits includes fixed and mobile long-distance telephone circuits.
e) Long-distance telephone is the volume within the range of local network.

17-9 邮电业务量

Business Volume of Postal and Telecommunication Services

年 份 Year	邮电业务总量（万元） Business Volume of Postal and Telecom-munication Services (10 000 yuan)	邮政业务总量 Business Volume of Postal Services	电信业务总量 Business Volume of Telecom-munication Services	函件（万件） Number of Letters (10 000 pcs)	包裹（万件） Package (10 000 pcs)	快递（万件） Pieces of Express Mail Services (10 000 pcs)	快递业务收入（万元） Revenue from Express Service (10 000 yuan)	报刊期发数（万份） Issue of Newspapers and Magazines (10 000 copies)	集邮业务（万枚） Stamps for Collection (10 000 copies)
1995	70773			9104		29		496	4161
1996	101699			9716		48		474	4897
1997	141615			8969		61		500	7942
1998	203094			8245		72		502	10997
1999	273767			7817		79		656	11150
2000	421000			9919		101		679	10767
2001	468927			10032		104		672	8110
2002	603679			12215		128		421	4276
2003	760655			10483		196		469	2876
2004	1079503			5645		213		353	2495
2005	1359246	70225	1289021	5071	111	227		175	1700
2006	1674725	87945	1586780	4019	112	233		200	1400
2007	2192824	77052	2115772	3490	103	226		189	1427
2008	2798088	79622	2718466	3769	96	301		303	1800
2009	3618685	89399	3529286	3811	102	347		200	1600
2010	4532936	84871	4448065	3806	90	421		210	1500
2011	1682075	74612	1607463	3277	91	1135	27730	201	1989
2012	1882055	82361	1799694	3560	94	1470	35525	226	1952
2013	2095955	113795	1982160	3190	40	1789	40781	188	1738
2014	2775267	135103	2640164	2664	89	2656	51198	210	1920
2015	3636136	163248	3472888	1582	68	3541	72537	124	2166

注：电信业务总量2010年按2000年可比价格计算，2011年以后按2010年可比价格计算。

a) Business volume of telecommunication services in 2010 was calculted at 2000 constant prices,and since 2011 was calculated at 2010 constant prices.

17–9 续表 continued

年 份 Year	固定电话年末用户（万户） Number of Fixed Telephone Subscribers at Year-end (10 000 subscribers)	城 市 Urban	#住 宅 Household	乡 村 Rural	#住 宅 Household	公用电话（万户） Public Telephone (10 000 subscribers)	移动电话用户期末数（万户） Number of Mobile Telephones Subscribers at Year-end (10 000 subscribers)	互联网宽带接入用户（万户） Broadband Subscribers of Internet (10 000 subscribers)
1995	43.32	40.26	26.73	3.06	1.14	0.50		
1996	57.65	53.52	37.75	4.12	2.20	0.95		
1997	73.49	67.29	49.45	6.20	3.23	1.68		
1998	95.23	85.48	70.36	9.75	6.67	2.52		
1999	118.15	100.26	74.74	17.88	13.13	3.52		
2000	180.17	137.97	108.46	42.20	34.65	4.90		
2001	250.43	183.23	135.90	67.21	57.03	5.35		
2002	321.99	233.40	181.63	88.60	80.24	6.75		
2003	402.30	287.30	125.44	115.00	101.54	37.61		
2004	477.25	344.57	232.06	132.68	118.17	56.46		
2005	548.04	395.29	252.76	152.75	135.91	71.18	408	56.54
2006	607.49	432.11	280.89	175.38	156.48	67.24	545	63.74
2007	585.46	394.41	252.36	191.05	62.57	67.97	686	77.77
2008	519.19	334.83	213.93	184.36	166.93	56.93	896	68.04
2009	453.93	285.94	145.72	167.99	147.87	54.55	1194	98.30
2010	411.90	265.36	160.96	146.54	126.01	52.19	1390	109.52
2011	396.44	269.93	145.93	126.51	104.86	50.14	1614	145.63
2012	377.76	272.42	151.77	105.34	84.88	48.19	1764	163.30
2013	364.33	269.76	139.65	94.57	74.04	46.93	1976	192.15
2014	341.30	260.36	137.78	80.94	60.31	40.41	2059	213.90
2015	325.99	261.85	143.16	64.14	54.87	27.18	2108	245.34

17-10 邮电局所数及邮递线路、邮电通信电路

Number of Postal Offices and Postal Delivery Routes, Telecommunications Services Facilities

年份 Year	营业网点（处） Number of Offices (unit)	邮路及农村投递线路总长度（公里） Length of Postal Routes and Rural Delivery Routes (km)	农村投递线路（公里） Rural Delivery Routes (km)	长话业务电路（路） Number of Long-distance Calls (line)	长途光缆线路长度（公里） Length of Long Distance Optical Cable Lines(km)
1995	1217	164629	106265	12174	2462
1996	1254	179278	106321	15253	4909
1997	1286	179241	106397	15596	6524
1998	1526	167616	105925	30742	8336
1999	1278	143249	105794	28147	8410
2000	1290	180748	105856	28650	10140
2001	1293	181034	106216	55712	12474
2002	1289	174706	105985	108971	18061
2003	1279	174599	106200	135051	20703
2004	1281	175896	106089	254790	21873
2005	1280	179404	104848	440670	19729
2006	1286	179089	104393	637300	23091
2007	1310	180592	104906	1588192	27122
2008	1269	186505	109679	3042030	27772
2009	1269	188415	110944	5269198	30106
2010	1270	190024	110385	6446010	29939
2011	1325	155012	112023	6220530	28259
2012	1197	188238	134411	5580840	29525
2013	1208	191651	134717	25833120	31099
2014	1493	190451	133743	41394180	31377
2015	1655	234109	148872	59997390	32446

17-11 邮电通信服务水平

Postal and Telecommunication Services Available

指　标	Item	2010	2011	2012	2013	2014	2015
平均每人每年发函件数（件）	Annual Average Number of Letters Mailed per Capita (copy)	1.40	1.30	1.39	1.69	1.00	1.00
平均每百人每年订报刊数（份）	Annual Average Number of Newspaper and Magazine Subscribed per 100 Persons (copy)	8.00	7.80	8.81	6.67	8.00	7.00
固定电话普及率（部／百人）	Popularization Rate of Fixed Telephone (set/100 persons)	15.63	15.50	14.70	14.13	13.20	12.58
移动电话普及率（部／百人）	Popularization Rate of Mobile Telephone (set/100 persons)	52.75	63.13	68.80	76.67	79.40	81.37
城市固定电话普及率（部／百人）	Popularization Rate of Urban Fixed Telephone (set/100 persons)	30.83	28.34	27.27	26.03	25.13	24.25
设有邮电局、所的乡（镇）比重 (%)	Percentage of Townships with Postal and Telecommunication Offices (%)	63.70	67.00	67.00	61.23	100	100

17-12 各地区交通运输业基本情况（2015）
Basic Conditions of Transportation by Region (2015)

地 区	Item	公路里程（公里）Length of Highways (km)	#等级公路（公里）Expressway and Class I to IV Highways (km)	#高速 Expressway	民用汽车拥有量（万辆）Possession of Civil Vehicles (10 000 units)	#私人汽车 Private Vehicles
兰州市	Lanzhou	7750.79	5909.73	357.00	62.51	44.58
嘉峪关市	Jiayuguan	623.27	589.76	27.50	5.01	4.31
金昌市	Jinchang	2839.77	2830.12	191.39	5.80	5.06
白银市	Baiyin	12190.84	8964.65	245.30	21.55	18.44
天水市	Tianshui	10470.39	9883.31	248.16	22.31	20.44
武威市	Wuwei	12328.86	9615.06	330.92	14.90	13.43
张掖市	Zhangye	11169.81	8879.33	241.49	13.44	12.06
平凉市	Pingliang	10338.51	8544.07	185.64	19.23	16.67
酒泉市	Jiuquan	16964.26	16083.59	619.66	14.21	12.53
庆阳市	Qingyang	13346.21	10202.11	190.90	24.16	21.16
定西市	Dingxi	10670.23	9736.27	268.66	28.09	25.30
陇南市	Longnan	16904.61	16105.61	401.03	13.34	11.91
临夏州	Linxia	6749.12	6592.45	146.73	19.43	16.09
甘南州	Gannan	7705.09	6511.43	68.00	6.82	6.09

17-13 各地区邮电通信行业基本情况（2015）
Basic Conditions of Postal and Telecommunication Services by Region(2015)

指 标	Item	邮电业务总量（万元）Business Volume of Postal and Tele-communications Services (10 000 yuan)	邮政业务总量 Business Volume of Postal Services	电信业务总量 Business Volume of Telecommunica-tion Services	固定电话用户期末数（万户）Number of Fixed Telephone Subscribers at Year-end (10 000 subscribers)	移动电话用户期末数（万户）Number of Mobile Telephones Subscribers at Year-end (10 000 subscribers)	互联网用户数（万户）Number of Interent Subscribers (10 000 subscribers)
兰州市	Lanzhou	1044151	59536.69	984614	85.83	460.15	73.61
嘉峪关市	Jiayuguan	80400	3574.04	76826	11.51	37.95	8.16
金昌市	Jinchang	78135	3163.23	74972	8.49	46.04	8.60
白银市	Baiyin	204677	7730.54	196946	22.86	127.81	15.39
天水市	Tianshui	338264	18885.36	319379	34.33	213.47	21.43
武威市	Wuwei	199442	7897.64	191544	19.03	130.99	15.63
张掖市	Zhangye	187246	5996.18	181250	30.60	115.91	19.64
平凉市	Pingliang	219519	7817.54	211701	21.61	144.78	14.90
酒泉市	Jiuquan	202156	7902.33	194254	21.39	113.85	14.96
庆阳市	Qingyang	291534	12655.75	278878	21.69	174.35	16.79
定西市	Dingxi	253887	8485.20	245402	14.30	182.57	12.70
陇南市	Longnan	246723	11702.37	235021	17.26	177.60	12.09
临夏州	Linxia	199113	5553.50	193559	11.87	128.55	6.64
甘南州	Gannan	90891	2347.27	88544	5.23	54.09	4.80

主要指标解释

铁路营业里程 又称营业长度（包括正式营业和临时营业里程），指投入客货运输营业或临时营业的线路长度。

电气化里程 指具备了电力机车牵引条件，并已交付运营的线路里程。

公路里程 指报告期末公路的实际长度。统计范围：包括城间、城乡间、乡（村）间能行驶汽车的公共道路，公路通过城镇街道的里程，公路桥梁长度、隧道长度、渡口宽度。不包括城市街道里程，断头路里程，农（林）业生产用道路里程，工（矿）企业等内部道路里程。统计原则：按已竣工验收或交付使用的实际里程计算；两条或多条公路共同经由同一路段的重复里程，只计算一次。

民用航空航线里程 指统计期间内全部民用航空航线的航线总长度。航线长度指民用航空航线的计费距离。计算航线里程可按重复和不重复两种方法，前者是指各航线长度相加的总和；后者则要扣除各航线之间相同航段重复计算的部分。

货（客）运量 指在一定时期内，各种运输工具实际运送的货物（旅客）数量。该指标是反映运输业为国民经济和人民生活服务的数量指标，也是制定和检查运输生产计划、研究运输发展规模和速度的重要指标。货运按吨计算，客运按人计算。货物不论运输距离长短、货物类别，均按实际重量统计。旅客不论行程远近或票价多少，均按一人一次客运量统计；半价票、小孩票也按一人统计。

货物（旅客）周转量 指在一定时期内，由各种运输工具运送的货物（旅客）数量与其相应运输距离的乘积之总和。该指标可以反映运输业生产的总成果，也是编制和检查运输生产计划，计算运输效率、劳动生产率以及核算运输单位成本的主要基础资料。计算货物周转量通常按发出站与到达站之间的最短距离，也就是计费距离计算。计算公式为：

货物（旅客）周转量 = ∑（货物（旅客）运输量 × 运输距离）

民用汽车拥有量 指报告期末，在公安交通管理部门按照《机动车注册登记工作规范》，已注册登记领有民用车辆牌照的全部汽车数量。汽车拥有量统计的主要分类：根据汽车结构分为载客汽车、载货汽车及其他汽车；根据汽车所有者不同分为个人（私人）汽车、单位汽车；根据汽车的使用性质分为营运汽车、非营运汽车；根据汽车大小规格不同载客汽车分为大型、中型、小型和微型，载货汽车分为重型、中型、轻型和微型。

邮电业务总量 指以货币形式表现的邮电企业为社会提供各类邮电通信服务的总数量。该指标是用于观察邮电业务发展变化总趋势的综合性总量指标，分别按邮政业务总量和电信业务总量统计。邮电业务总量是以各类业务的实物量分别乘以相应的不变单价，求出各类业务的货币量加总求得。不变单价是一定时期内计算业务总量的同度量因素，是根据基年各类邮电业务量与相对应的邮电业务收入测算的平均单价。

移动电话用户 指在电信运营企业营业网点办理开户登记手续，通过移动电话交换机进入移动电话网，占用移动电话号码的各类电话用户。包括各类签约用户、智能网预付费用户、无线上网卡用户。

城市电话用户 指按行政区划属于中央直辖市、省辖市、地级市、县级市的市区、市郊区及县城区范围内的电话用户数。包括分布在农村地区但以县团级以上建制的独立工矿区、林区、驻军的电话用户。

农村电话用户 指按行政区划属于城市范围以外的乡（镇）、村电话用户。

住宅电话用户 指私人付费或安装在居民住宅并按照私人或住宅电话用户登记注册和收费的各类电话用户。

长途电话交换机容量 指电信企业用于接入长途电话网的电话交换机的设备额定容量。

局用交换机容量 指安装在电信企业内用于接续本地固定电话的电话交换机容量，包括接入网设备容量（安装在电信运营企业用于连接语音用户的远端节点的设备容量）。

移动电话交换机容量 指移动电话交换机根据一定话务模型和交换机处理能力计算出来的最大同时服务用户的数量。按报告期末已割接入网正式投入使用的设备实际容量统计。

18

教育和科学技术

Education & Science and Technology

简要说明

一、本篇资料主要内容

本篇主要反映教育、科学技术活动的基本情况。

教育资料主要包括：高等教育（研究生教育、普通本专科教育、成人本专科、其他各类高等学历教育）；中等教育（高中阶段、初中阶段）；小学教育；教育经费情况等资料。主要包括学校数、在校学生数、招生数、毕业生数、教职工数和专任教师数；各类学校教育经费情况。

科学技术资料主要内容包括：研究与试验发展（R&D）情况、规模以上工业科技活动情况、大中型工业企业科技活动情况、科学与开发机构科技活动情况、高等学校科技活动情况、科技成果情况、专利申请及授权情况、企事业单位专业技术人员等。

二、本篇资料来源

本篇资料由省统计局社会科技处搜集、整理。

1. 教育资料由省教育厅提供。

2. 科技资料来源于省统计局《科技统计综合年报》、《大中型工业企业科技统计年报》、省人力资源和社会保障厅、省科学技术厅。

3. 专利资料由省专利局提供。

18-1 各级各类学校、教职工和专任教师情况(2015)
Number of Schools, Educational Personnel and Full-time Teachers by Type and Level (2015)

项　目	Item	学校数（所）Number of Schools (unit)	教职工数（人）Teachers and Staff (person)	专任教师（人）Full-time Teachers (person)
高等教育	**Higher Education**	**104**	**39811**	**27025**
研究生培养机构	Institutions Providing Postgraduate Programs	14		116
普通高校	Regular Higher Education Institutions	10		
科研机构	Research Institutions	4		116
普通高等学校	Regular Higher Education Institutions	40	38641	26132
本科院校	HEIs Offering Degree Programs	17	29262	18926
专科院校	Colleges with Specialized Courses	23	9379	7206
# 职业技术学院	Vocational and Technical Colleges	21	8318	6372
其他机构（教学点）	Other Institutions	(5)		
# 独立学院	Independent Institutions	(5)	3625	2704
成人高等学校	Adult HEIs	6	601	444
民办的其他高等教育机构	Other Non-government HEIs	39	569	333
中等教育	**Secondary Education**	**2187**	**173722**	**147252**
高中阶段教育	Senior Secondary Education	696	23708	63395
高　中	Senior Secondary Schools	386		44764
普通高中	Regular Senior Secondary Schools	386		44764
成人高中	Adult High Schools			
中等职业教育	Secondary Vocational Education	310	23813	18711
普通中专	Regular Specialized Secondary Schools	88	9099	6938
成人中专	Adult Specialized Secondary Schools	22	623	461
职业高中	Vocational Senior Secondary Schools	118	9330	8099
技工学校	Skilled Workers Schools	82	4656	3133
其他机构（教学点）	Other Institutions	(6)	105	80
初中阶段教育	Junior Secondary Education	1491	150014	83857
普通初中	Regular Junior Secondary Schools	1491	150014	83857
职业初中	Vocational Junior Secondary Schools			
成人初中	Adult Junior Secondary Schools			
初等教育	**Primary Education**	**10387**	**136173**	**141918**
普通小学	Regular Primary Schools	8052	132165	140320
成人小学	Adult Primary Schools	2335	4008	1598
# 扫盲班	Literacy Courses	1651	3578	1436
工读学校	**Correctional Work-Study Schools**			
特殊教育	**Special Education Schools**	**37**	**820**	**729**
学前教育	**Pre-school Education Institutions**	**3971**	**42305**	**30342**

注：普通初中教职工数包含普通高中的教职工数，（ ）表示不计校数。

a) Number of staff and teachers in regular junior secondary schools includes regular senior second schools. indicates that does not count the number of schools.

18-2 各级各类学历教育学生情况 (2015)

Number of Students of Formal Education by Type and Level (2015)

单位：人 (person)

项 目	Item	招生数 New Enrollment	在校学生数 Total Enrollment	毕业生数 Graduates
高等教育	**Higher Education**	**186539**	**666758**	**462988**
研究生	Postgraduates	10089	29637	9195
博 士	Doctor's Degree	825	3516	644
硕 士	Master's Degree	9264	26121	8551
普通本专科	Undergraduates in Regular HEIs	126246	450463	124003
本 科	Normal Courses	72148	290834	67158
专 科	Short-cycle Courses	54098	159629	56845
成人本专科	Undergraduates in Adult HEIs	27442	88410	29189
本 科	Normal Courses	12074	40096	12510
专 科	Short-cycle Courses	15368	48314	16679
其他高等学历教育	Students Enrolled in Other Formal Programs	22776	98248	300601
在职人员攻读博士、硕士学位	Doctor and Master´s Degree Programs for On-the-job Personnel	1503	6368	
网络本专科生	Web-based Undergraduates	20737	56189	16806
本 科	Normal Courses	8567	26021	7658
专 科	Short-cycle Courses	12170	30168	9148
学历文凭考试	Students Taking Exam Leading to Diploma			
自学考试	Students Taking Unified Exams after Completing Self-learning Programs			
其 他	Others	536	35691	283795
中等教育	**Secondary Education**	**585660**	**1810491**	**668113**
高中阶段教育	Senior Secondary Education	294865	901236	335763
高 中	Senior Secondary Schools	199426	629365	224408
普通高中	Regular Senior Secondary Schools	199426	629365	224408
成人高中	Adult High Schools			
中等职业教育	Secondary Vocational Education	95439	271871	111355
普通中专	Regular Specialized Secondary Schools	36027	110820	47033
成人中专	Adult Specialized Secondary Schools	7427	17180	6556
职业高中	Vocational Senior Secondary Schools	38362	101348	33969
技工学校	Skilled Workers Schools	13623	42523	23797
初中阶段教育	Junior Secondary Education	290795	909255	332350
普通初中	Regular Junior Secondary Schools	290795	909255	332350
职业初中	Vocational Junior Secondary Schools			
成人初中	Adult Junior Secondary Schools			
初等教育	**Primary Education**	**313028**	**1802401**	**346848**
普通小学	Regular Primary Schools	313028	1802401	300080
成人小学	Adult Primary Schools			46768
# 扫盲班	Literacy Courses			38931
工读学校	**Correctional Work-Study Schools**			
特殊教育	**Special Education Schools**	**1769**	**9260**	**917**
学前教育	**Pre-school Education Institutions**	**386550**	**701132**	**274243**

注：特殊教育学生数中包括普通中小学随班就读的学生。

a) Number of the students followed in the regular primary and secondary schools is included in the special education.

18-3 各级各类学校数

Number of School by Type and Level

单位：所 (Unit)

年 份 Year	普通高等学 校 Regular HEIs	普通中学 Regular Secondary Schools	高 中 Senior Secondary Schools	初 中 Junior Secondary Schools	职业中学 Vocational Secondary Schools	普通小学 Regular Primary Schools	特殊教育学 校 Special Education Schools	学前教育 Pre-primary Education Institutions
1995	17	1626	444	1182	190	23718	11	1235
1996	17	1657	430	1227	180	23658	11	1321
1997	17	1656	427	1229	182	22848	11	1545
1998	17	1666	421	1245	178	22634	10	1803
1999	18	1667	410	1257	177	22560	10	2040
2000	18	1689	419	1270	170	21557	12	2249
2001	25	1979	435	1544	154	17477	11	1992
2002	25	2004	438	1566	156	16648	14	2286
2003	31	2031	453	1578	140	15635	14	2276
2004	31	2054	470	1584	151	15347	14	2377
2005	33	2050	497	1553	153	14963	14	2451
2006	33	2155	495	1660	154	14685	14	2556
2007	34	2130	493	1637	162	14002	14	2457
2008	34	2103	480	1623	181	13424	15	2503
2009	34	2081	463	1618	177	12637	15	2452
2010	35	2038	452	1586	150	11582	17	2407
2011	37	2012	436	1576	147	10907	22	2457
2012	37	2033	445	1588	141	10336	28	2712
2013	37	1989	428	1561	133	9640	32	3141
2014	38	1940	402	1538	126	8979	33	3471
2015	40	1877	386	1491	118	8052	37	3971

注：职业中学包括职业高中和职业初中（下表同）。

a) Vocational secondary schools include vocational senior and junior secondary schools. The same applies to the tables following.

18-4 各级各类学校专任教师数

Number of Full-time Teachers of Schools by Type and Level

单位：人 (person)

年 份 Year	普通高等学 校 Regular HEIs	普通中学 Regular Secondary Schools	高 中 Senior Secondary Schools	初 中 Junior Secondary Schools	职业中学 Vocational Secondary Schools	普通小学 Regular Primary Schools	特殊教育学 校 Special Education Schools	学前教育 Pre-primary Education Institutions
1995	6284	62669	12970	49699	4173	130032	224	9776
1996	6282	63912	13151	50761	4013	129823	235	8758
1997	6403	66124	13723	52401	4190	130628	248	10194
1998	6505	67774	13703	54071	4415	131473	221	10765
1999	6899	70711	14233	56478	4615	128839	297	10669
2000	7208	74082	15200	58882	4549	125172	269	11953
2001	8826	78439	16562	61877	4598	122038	271	10109
2002	10021	82709	18582	64127	4751	124017	279	10115
2003	12274	87753	21754	65999	3945	126740	294	11109
2004	13727	93024	25458	67566	4614	128725	296	9933
2005	14816	99150	29127	70023	5158	130841	303	10221
2006	16105	106106	32081	74025	5803	135491	314	10939
2007	17439	110204	33979	76225	7337	137149	345	10950
2008	18581	114963	35524	79439	7537	141371	341	12589
2009	19629	116883	36450	80433	8256	139966	380	12365
2010	20761	120689	37517	83172	7522	140381	418	13668
2011	22066	123055	38593	84462	8283	141324	484	15009
2012	23232	124844	40467	84377	8042	140235	572	17086
2013	24351	126817	42469	84348	7860	140436	692	20621
2014	25283	128599	43761	84838	7739	140476	671	26097
2015	26132	128621	44764	83857	8099	140320	729	30342

18-5 各级各类学校招生数

Number of Entrants of Formal Education by Type and Level of School

单位：人 (person)

年份 Year	普通高等学校 Regular HEIs	普通中学 Regular Secondary Schools	高中 Senior Secondary Schools	初中 Junior Secondary Schools	职业中学 Vocational Secondary Schools	普通小学 Regular Primary Schools	特殊教育学校 Special Education Schools
1995	15119	337758	64113	273645	19260	525875	311
1996	15567	354996	63001	291995	19533	548661	281
1997	16313	375656	63782	311874	20593	563443	333
1998	16813	404014	69652	334362	19790	546980	842
1999	23010	455111	75439	379672	21180	538695	1049
2000	33425	508648	90840	417808	21461	552740	1094
2001	45382	547593	109805	437788	20945	601257	1644
2002	53079	590617	143666	446951	23013	609934	1231
2003	60069	621290	168181	453109	19212	572321	975
2004	66182	657600	186561	471039	26738	508787	979
2005	71572	691600	205710	485890	32313	461894	915
2006	90373	711676	207257	504419	52175	481721	1301
2007	98569	678575	204816	473759	71267	435661	1614
2008	110889	696897	210511	486386	72436	411003	2051
2009	112280	699300	216982	482318	72692	372689	1954
2010	114899	673394	219614	453780	70355	361331	2071
2011	124935	628251	221551	406700	56719	338176	1457
2012	131263	602045	226107	375938	55991	341155	1434
2013	123402	552431	218143	334288	45215	320908	1409
2014	130624	518092	208136	309956	40433	280655	1285
2015	126242	490221	199426	290795	38362	313028	1769

18-6 各级各类学校在校学生数

Number of Students Enrollment by Level and Type of School

单位：人 (person)

年份 Year	普通高等学校 Regular HEIs	普通中学 Regular Secondary Schools	高中 Senior Secondary Schools	初中 Junior Secondary Schools	职业中学 Vocational Secondary Schools	普通小学 Regular Primary Schools	特殊教育学校 Special Education Schools	学前教育 Pre-primary Education Institutions
1995	45480	915263	168589	746674	42747	2737059	1529	409893
1996	47578	966394	176444	789950	45696	2857986	1523	403714
1997	50678	1021024	180035	840989	48111	2992795	1476	398426
1998	54014	1079819	185946	893873	48889	3092488	4003	376575
1999	62637	1185891	201138	984753	49866	3131747	4653	407489
2000	81734	1314710	229500	1085210	52573	3164603	6438	427960
2001	110898	1459845	276573	1183272	52657	3189816	9953	401681
2002	143009	1606592	346294	1260298	56483	3229371	9192	402653
2003	173391	1733035	427011	1306024	49529	3227592	7673	372225
2004	200282	1844406	499609	1344797	62506	3155535	7732	350749
2005	229459	1943839	566168	1377671	73451	3035794	8339	349407
2006	263691	2047847	603358	1444489	100062	2984425	9127	342279
2007	295992	2036640	613906	1422734	131929	2846312	11606	330213
2008	331895	2038447	618253	1420194	155909	2689631	13443	337843
2009	361490	2041628	630654	1410974	167699	2525962	13687	358748
2010	381526	2031002	646975	1384027	170001	2370406	13350	387338
2011	405306	1942478	657086	1285392	147946	2200743	9455	432181
2012	431069	1845050	664879	1180171	151327	2063549	8337	480323
2013	442963	1702496	666556	1035940	125348	1867268	8396	549800
2014	452300	1625349	654430	970919	111266	1802371	7635	620127
2015	450463	1538620	629365	909255	101348	1802401	9260	701132

18-7 各级各类学校毕业生数

Number of Graduates by Level and Type of School

单位：人 (person)

年份 Year	普通高等学校 Regular HEIs	普通中学 Regular Secondary Schools	高中 Senior Secondary Schools	初中 Junior Secondary Schools	职业中学 Vocational Secondary Schools	普通小学 Regular Primary Schools	特殊教育学校 Special Education Schools
1995	14288	252360	46948	205412	14053	319684	141
1996	13314	256098	48060	208038	12993	336205	121
1997	13140	274961	52911	222050	14884	355832	132
1998	13251	291067	54794	236273	14726	383938	258
1999	14007	305292	53867	251425	17030	424250	684
2000	13971	327787	56479	271308	15210	459255	948
2001	17000	351876	62793	289083	16785	488961	900
2002	21647	402829	72295	330534	17021	486101	712
2003	29582	456044	89040	367004	14753	481495	466
2004	39390	506391	109055	397336	16975	488842	612
2005	49886	561654	138165	423489	19144	502605	684
2006	57381	595637	164257	431380	19539	506371	701
2007	63315	628548	179335	449213	24451	478740	1089
2008	75051	645494	194146	451348	29687	485899	1664
2009	84082	655641	192269	463372	39579	492720	1965
2010	92226	649631	195045	454586	44095	474328	1850
2011	99042	660487	202234	458253	50585	426257	708
2012	102980	656260	213620	442640	43807	398700	834
2013	109192	636032	216530	419502	45569	370611	831
2014	118697	575501	223828	351673	35089	319335	818
2015	124003	556758	224408	332350	33969	300080	917

18-8 研究生数

Number of Postgraduates

单位：人 (person)

年份 Year	招生数 Entrants	博士 Doctor's Degree	硕士 Master's Degree	在校学生数 Enrollment	博士 Doctor's Degree	硕士 Master's Degree	毕业生数 Graduates	博士 Doctor's Degree	硕十 Master's Degree
1995	689			1873	361	1512	416	76	340
1996	780			2146	440	1706	484	71	413
1997	884			2350	495	1855	601	93	508
1998	875			2563	523	2040	623	127	496
1999	1075			2874	597	2277	706	139	567
2000	1558			3579	764	2815	801	130	671
2001	2147			4781	963	3118	1096	283	813
2002	2703	448	2255	6403	1236	5167	940	168	772
2003	3634	583	3051	8555	1594	6961	1349	218	1131
2004	5073	683	4390	11496	1986	9509	1965	290	1675
2005	6146	717	5429	14895	2320	12575	2484	378	2106
2006	6710	747	5963	18069	2583	15486	3201	474	2727
2007	7117	783	6334	20034	2765	17269	4831	595	4236
2008	7502	810	6692	21580	2953	18627	5649	600	5049
2009	8463	887	7576	23469	3153	20316	6122	633	5459
2010	9098	888	8210	25609	3335	22274	6523	669	5854
2011	9307	923	8384	26973	3482	23491	7160	729	6431
2012	9804	943	8861	28306	3597	24709	8002	797	7205
2013	10116	973	9143	29412	3746	25666	8629	762	7867
2014	9870	820	9050	29080	3370	25710	8637	600	8037
2015	10089	825	9264	29637	3516	26121	9195	644	8551

18-9 高等教育学校(机构)学生数(2015)
Number of Students in Higher Education Institutions (2015)

单位：人 (person)

项 目	Item	招生数 Entrants	在校生数 Enrollment	毕业生数 Graduates	授予学位数 Degrees Awarded
研究生	Postgraduates	10089	29637	9195	8841
博 士	Doctor's Degrees	825	3516	644	514
硕 士	Master's Degrees	9264	26121	8551	8327
普通本专科	Undergraduates in Regular HEIs	126242	450463	124003	65352
本 科	Normal Courses	72148	290834	67158	65352
专 科	Short-cycle Courses	54098	159629	56845	
成人本专科	Undergraduates in Adult HEIs	27442	88410	29189	914
本 科	Normal Courses	12074	40096	12510	914
专 科	Short-cycle Courses	15368	48314	16679	
在职人员攻读硕士学位	Master's Degree Programs for On-the-job Personnel	1503	6368		717
网络本专科生	Web-based Undergraduates	20737	56189	16806	
本 科	Normal Courses	8567	26021	7658	
专 科	Short-cycle Courses	12170	30168	9148	
自考助学班	Classes run by Non-government HEIs for Students Preparing for Self-directed State-administered Examinations		4152	1626	
普通预科生	College-preparatory Classes		2058		
研究生课程进修班	Postgraduates Courses				
进修及培训	In-service Training		283207	281696	
留学生	Foreign Students	526	1154	473	143

注：留学生指来中国学习的留学生数。
a) Foreign students refer to foreign students studying in China.

18-10 普通本科分学科学生数(2015)
Number of Regular Students for Normal Courses in HEIs by Discipline (2015)

单位：人 (person)

类 别	Item	毕业生数 Graduates	招生人数 Entrants	在校学生数 Enrollment
甘肃省	**Gansu**	**67158**	**72148**	**290834**
哲 学	Philosophy	48	73	251
经济学	Economics	4485	3682	16045
法 学	Law	4133	3969	16788
教育学	Education	3430	3517	14559
文 学	Literature	7400	6735	29154
历史学	History	1170	991	4454
理 学	Science	7016	6997	27838
工 学	Engineering	20199	22599	91103
农 学	Agriculture	1765	2094	8289
医 学	Medicine	2866	4634	16960
管理学	Administrators	10575	11650	45292
艺术学	Art	4071	5207	20101

18-11 普通专科分学科学生数(2015)

Number of Students in Undergraduate and Junior Colleges by Field of Study (2015)

单位：人 (person)

类别	Item	毕业生数 Graduates	招生人数 Entrants	在校学生数 Enrollment
甘肃省	**Gansu**	**56845**	**54098**	**159629**
农林牧渔大类	Agriculture, Forestry, Husbandry and Fishing	3963	2988	9632
交通运输大类	Transpotation and Communication	2321	2442	6822
生化与药品大类	Biochemistry and Medicine	3983	3158	10193
资源开发与测绘大类	Resources Development and Survey	3905	2644	8502
材料与能源大类	Material and Energy	1834	1671	5327
土建大类	Civil Engineering	4897	4282	13829
水利大类	Water Resources	919	527	1965
制造大类	Manufacturing	8229	8482	23551
电子信息大类	Electronic Information	3664	4302	11512
环保、气象与安全大类	Environment Protection, Meteorology and Safety	1128	1012	3048
轻纺食品大类	Light,Textile and Food	730	628	1838
财经大类	Finance	6235	6791	20130
医药卫生大类	Medicine and Health	5807	6538	18637
旅游大类	Tourism	1110	1194	3388
公共事业大类	Public Service	191	394	992
文化教育大类	Culture and Education	5933	4890	13713
艺术设计传媒大类	Artistic Design and Mass Media	956	858	2654
公安大类	Public Security	468	894	2476
法律大类	Law	572	403	1420

18-12 成人本科分学科学生数(2015)

Number of Adult Students for Normal Courses in HEIs by Discipline (2015)

单位：人 (person)

类别	Item	毕业生数 Graduates	招生人数 Entrants	在校学生数 Enrollment
甘肃省	**Gansu**	**12510**	**12074**	**40096**
哲　学	Philosophy			
经济学	Economics	155	116	450
法　学	Law	1071	963	3205
教育学	Education	425	452	1288
文　学	Literature	2332	1520	4768
# 外语	Foreign Language	238	116	404
历史学	History	76	50	167
理　学	Science	244	118	508
工　学	Engineering	4040	4555	16766
农　学	Agriculture	314	448	1300
医　学	Medicine	1091	1319	3224
管理学	Administrators	2730	2498	8336
艺术学	Art	32	35	84

18-13 成人专科分学科学生数(2015)

Number of Adult Students for Short-cycle Courses in HEIs by Discipline (2015)

单位：人 (person)

类 别	Item	毕业生数 Graduates	招生人数 Entrants	在校学生数 Enrollment
甘肃省	**Gansu**	**16679**	**15368**	**48314**
农林牧渔大类	Agriculture, Forestry, Husbandry and Fishing	994	348	2145
交通运输大类	Transpotation and Communication	2734	5161	13108
生化与药品大类	Biochemistry and Medicine	164	148	686
资源开发与测绘大类类	Resources Development and Survey	345	139	523
材料与能源大类	Material and Energy	171	116	464
土建大类	Civil Engineering	1660	1115	4755
水利大类	Water Resources	51	31	112
制造大类	Manufacturing	1916	1873	5748
电子信息大类	Electronic Information	786	436	1917
环保、气象与安全大类	Environment Protection, Meteorology and Safety	1	13	23
轻纺食品大类	Light,Textile and Food		20	39
财经大类	Finance	2825	1839	6108
医药卫生大类	Medicine and Health	2699	1654	6181
旅游大类	Tourism	183	184	573
公共事业大类	Public Service	146	132	241
文化教育大类	Culture and Education	1743	1954	5064
艺术设计传媒大类	Artistic Design and Mass Media	79	97	259
公安大类	Public Security	8	4	9
法律大类	Law	174	104	359

18-14 网络本科分学科学生数(2015)

Number of Web-based Students for Normal Courses in HEIs by Discipline (2015)

单位：人 (person)

类 别	Item	毕业生数 Graduates	招生人数 Entrants	在校学生数 Enrollment
甘肃省	**Gansu**	**7658**	**8567**	**26021**
哲 学	Philosophy			
经济学	Economics	558	500	1595
法 学	Law	575	513	1626
教育学	Education			
文 学	Literature	406	272	1062
# 外语	Foreign Language			
历史学	History			
理 学	Science	78	96	226
工 学	Engineering	816	1483	3687
农 学	Agriculture			
医 学	Medicine	1663	2629	6930
管理学	Administrators	3562	3074	10895

18-15 网络专科分学科学生数(2015)
Number of Web-based Students for Short-cycle Courses in HEIs by Discipline (2015)

单位：人 (person)

类 别	Item	毕业生数 Graduates	招生人数 Entrants	在校学生数 Enrollment
甘肃省	**Gansu**	**9148**	**12170**	**30168**
农林牧渔大类	Agriculture, Forestry, Husbandry, and Fishing			
土建大类	Civil Engineering	906	1678	3672
电子信息大类	Electronic Information	445	753	1796
环保、气象与安全大类	Environment Protection, Meteorology and Safety			
财经大类	Finance	2597	3639	8528
医药卫生大类	Medicine and Health	2125	2628	7885
旅游大类	Tourism			
公共事业大类	Public Service	2678	2886	7040
法律大类	Law	397	586	1247

18-16 技工学校数、学生数和教职工数
Number of Schools, Students, Educational Personnel of Skilled Workers Schools

单位：人 (person)

年 份 Year	学校数（所） Schools (unit)	毕业生数 Graduates	招生数 Entrants	在校学生数 Enrollment	教职员工 Educational Personnel	专任教师 Full-time Teachers
2003	56	4881	6169	12356	3260	3260
2004	57	4342	10986	19336	3758	2012
2005	57	4586	11424	23971	3698	2856
2006	62	7068	12878	29781	5206	4415
2007	62	7068	12878	29781	4598	3807
2008	75	11304	24720	57631		4147
2009	78	12549	41016	71060	4205	2928
2010	78	19944	39944	91249	4525	2189
2011	78	27378	31338	94678	4468	3171
2012	79	25182	26620	96116	4553	3235
2013	80	46847	17402	66671	4555	3250
2014	81	29525	15374	52520	4626	3110
2015	82	23797	13623	42523	4656	3133

18-17 各级各类成人教育基本情况(2015)
Basic Statistics of Adult Education by Type and Level (2015)

单位：人 (person)

类 别	Item	学校数（所） Schools (unit)	毕业生数 Graduates	招生数 Entrants	在校学生数 Enrollment	教职员工 Educational Personnel	专任教师 Full-time Teachers
成人高等教育	Adult Education Schools	6	2393	1982	5427	601	444
广播电视大学	Radio and TV Universities	1	2039	1795	4554	217	136
职工高等学校	Staff Higher Education Schools	5	354	187	873	384	308
教育学院	Education Academy						
函 授	Correspondence Education		21438	21860	71063		
夜 大	Evening College Education		5668	3605	11987		
成人脱产	Off-job Adult Education		2083	1977	5360		
成人中等专业学校	Secondary Schools for Adults	22	6556	7427	17180	623	461
成人中学	Adult Middle School						
成人技术培训学校	Adults Technical Secondary Schools						

18-18 平均每万人口在校学生数和大中小学学生构成
Number of Students per 10 000 Population and It's Composition

年 份 Year	平均每万人口在校学生数（人） Students Enrollment per 10 000 Persons (person)			大、中、小学学生占学生总数（%） Students of Different Levels as Percentage to Total Students (%)		
	大学生 University and College Students	中学生 Secondary School Students	小学生 Primary School Students	大学生 University and College Students	中学生 Secondary School Students	小学生 Primary School Students
1995	19	383	1146	0.88	16.90	50.50
1996	20	398	1177	0.82	16.00	47.20
1997	21	416	1218	0.82	15.80	46.30
1998	22	435	1245	0.88	16.80	48.20
1999	25	466	1232	1.01	18.30	48.30
2000	32	514	1238	1.26	19.40	46.70
2001	42	588	1239	2.09	27.44	59.95
2002	55	681	1246	2.57	28.91	58.13
2003	67	725	1240	3.05	33.26	56.85
2004	76	769	1205	3.73	37.49	58.78
2005	88	818	1170	4.26	39.38	56.36
2006	101	868	1145	4.78	41.06	54.16
2007	113	778	1088	5.72	39.33	54.95
2008	126	776	1023	6.56	40.29	53.15
2009	137	907	1116	6.35	41.98	51.67
2010	149	931	1103	6.83	42.65	50.52
2011	158	888	859	8.30	46.61	45.09
2012	168	721	806	9.91	42.53	47.56
2013	172	659	723	11.04	42.43	46.53
2014	175	631	699	11.66	41.89	46.45
2015	173	592	694	11.88	40.58	47.54

18-19 小学和初中辍学率

Dropout Rate of Primary Schools and Junior Secondary Schools

单位：% (%)

年 份 Year	小学辍学率 Dropout Rate of Primary Schools	#女生 Girls	初中辍学率 Dropout Rate of Junior Secondary School	#女生 Girls
2000	1.65	1.96		
2001	2.57	2.95		
2002	2.44	2.57		
2003	2.87	2.99	3.20	2.64
2004	2.66	2.79	2.42	2.07
2005	2.49	2.37	2.50	1.95
2006	1.06	1.26	0.82	0.50
2007	3.17	3.24	3.31	2.85
2008	2.66	2.50	2.75	2.43
2009	1.66	2.02	2.00	1.67
2010	1.60	1.71	1.88	1.45
2011	0.07	0.60	0.60	0.46
2012	0.31	0.28	0.57	0.46
2013	0.30	0.28	0.66	0.53
2014	0.14	0.12	0.98	0.76
2015	0.24	0.18	0.78	0.57

18-20 小学学龄儿童净入学率和各级普通学校毕业生升学率

Net Enrolment Ratio of School-age Children in Primary Schools and Promotion Rate of Graduates of Regular School by Levels

单位：% (%)

年 份 Year	小学学龄儿童净入学率 Net Enrollment Ratio of School-age Children in Primary Schools	小学升学率 Promotion Rate from Primary Schools to Junior Secondary Schools	初中升学率 Promotion Rate from Junior Secondary Schools to Senior Secondary Schools	高中升学率 Promotion Rate from Senior Secondary Schools to Higher Education
1996	97.20	86.85		
1997	97.68	87.93		
1998	98.20	87.40		
1999	98.62	89.49		
2000	98.83	90.98		
2001	98.02	89.53	37.98	35.48
2002	98.55	91.95	43.46	38.20
2003	97.99	94.10	45.83	40.33
2004	98.27	96.36	46.95	42.16
2005	98.87	96.67	48.58	42.77
2006	98.89	99.61	48.04	44.50
2007	98.94	98.96	45.59	52.00
2008	99.14	100.10	46.64	60.00
2009	99.45	97.89	46.83	70.00
2010	99.46	95.67	48.31	71.00
2011	99.56	95.41	48.35	75.00
2012	99.68	94.29	51.08	80.00
2013	99.78	90.20	52.00	85.00
2014	99.80	97.06	59.18	90.00
2015	99.83	96.90	60.00	92.00

注：1. 初中升高级中学包含升入技工学校。
2. 高中升学率为普通高校招生数（含电大普通班）与普通高中毕业生数之比。
a) Data on promotion rate from junior secondary schools to senior secondary schools include those entering into secondary technical schools.
b) Data on promotion rate from senior secondary schools to higher education refer to the ratio of new entrants into regular institutions of higher education (including regular classes of TV universities) to graduates of senior secondary schools.

18-21 各级学校教师负担学生数
Student-Teacher Ratio of School by Level

单位：人 (person)

年 份 Year	平均每个教师负担学生数 Students Taught Each Teacher 普通高等学校 Regular HEIs	普通中等专业学校 Regular Secondary Vocational Schools	普通中学 Regular Secondary Schools	普通小学 Primary School
1995	7	9	15	21
1996	8	10	15	22
1997	8	10	15	23
1998	8	11	16	24
1999	9	11	17	24
2000	12	12	18	25
2001	13	14	19	26
2002	14	16	19	26
2003	14	17	20	25
2004	15	18	19	25
2005	15	20	20	23
2006	16	22	19	22
2007	17	22	18	21
2008	18		18	19
2009	18		17	18
2010	18	23	17	17
2011	19	21	16	15
2012	19	21	15	15
2013	18	18	13	13
2014	18	17	13	13
2015	18	17	12	13

18-22 教育经费情况
Basic Statistics on Educational Funds

单位：万元 (10 000 yuan)

年 份 Year	合 计 Total	国家财政性教育经费 Government Appropriation for Education	#预算内教育经费 Budgetary	民办学校办学经费 Funds from Private Schools	社会捐赠经 费 Donations and Fund-raising for Running Schools	事业收入 Income from Teaching Research and Other Auxiliary Activity	#学杂费 Tuition and Miscellaneous Fees	其他教育经 费 Other Educational Funds
2000	535287	425021	352952	1831	11207	88887	63864	8341
2001	686750	520918	442922	4401	7428	135660	104008	18342
2002	836719	618783	538793	8872	9239	182477	132539	17348
2003	914336	652146	582181	18685	5686	212472	156053	25348
2004	1031445	727916	659017	21274	7037	248453	174186	26765
2005	1195074	847512	785026	34541	5555	273897	198727	33569
2006	1448234	1108365	1024273	41261	5451	260510	188990	32646
2007	1779095	1413920	1342179	2256	6090	326870	244610	29959
2008	2469385	2077502	2009317	1245	11587	354513	272808	24538
2009	2957602	2502298	2426498	2361	28287	395001	311653	29655
2010	3276887	2756965	2644938	7953	19834	450572	359799.9	41563
2011	3926598	3374222	3179614	4558	8132	482239	399882	57446
2012	4841482	4276671	4014241	5053	3714	494962	404867	61083
2013	5105559	4483501	4126143	4111	5444	545763	450078	66740
2014	5500815	4873620	4622912	6733	8178	547647	462768	64638
2015	6478024	5778852	5709262	6066	6826	598436	477707	87845

18-23 各类学校教育经费情况（2015）
Educational Funds in Various School (2015)

单位：万元 (10 000 yuan)

类 别	Item	合 计 Total	国家财政性教育经费 Government Appropriation for Education	#预算内教育经费 Budgetary	民办学校中举办者投入 Funds from School Runners of Private Schools	社会捐赠经费 Donations and Fund-raising for Running Schools	事业收入 Income from Teaching Research and Other Auxiliary Activity	#学杂费 Tuition and Miscellaneous Fees	其他教育经费 Other Educational Funds
高等学校	Institutions of Higher Education	1450361	1036273	994089		1755	369044	288739	43290
普通高等学校	Regular HEIs	1428498	1027118	985211		1755	356496	278411	43128
成人高等学校	Adults HEIs	21864	9155	8878			12547	10328	162
中等职业学校	Secondary Vocational Schools	360160	327992	326454	1549	202	25560	17764	4859
中等专业学校	Secondary Specialized Schools	275536	249832	248863	1281	70	19623	13951	4728
职业高中	Vocational Senior Secondary Schools	74305	69364	69201	267	132	4494	3415	48
技工学校	Skilled Workers Schools	731	541	541			190	8	
成人中专学校	Adult Specialized Secondary Schools	9588	8254	7849			1252	390	83
普通中学	Regular Secondary Schools	1879006	1774782	1770740	379	1830	86323	76012	15692
普通高中	Regular Senior Secondary Schools	710614	623047	621865	148	1740	78999	69562	6680
普通初中	Regular Junior Secondary Schools	1168392	1151735	1148875	231	90	7325	6450	9012
#农村	Rural Areas	909892	903058	901467	172	82	893	750	5689
普通小学	Regular Primary Schools	2119428	2102436	2086197	298	1669	2736	2275	12290
#农村	Rural Areas	1714883	1704733	1699560	228	1517	674	571	7731
特殊教育学校	Special Education Schools	11849	11525	11237			64		260
幼儿园	Kindergartens	384533	277649	276124	3840	67	100970	92487	2006
教育行政单位	Education Administrative Unit	129271	121889	121401		41			7340
教育事业单位	Education Institution	73700	63032	59846		1261	8567		840
其它	Others	69716	63274	63174			5174	430	1269

18-24 各地县幼儿园和普通小学基本情况 (2015)

Basic Statistics on Kindergartens and Regular Primary Schools by Region, County (2015)

单位：人 (person)

地 区	Region	幼儿园数（所） Kindergartens (unit)	在园儿童数 Children in Kindergartens	学龄儿童入学率（%） Enrollment Rate of School-age Children (%)	普通小学学校数（所） Schools (unit)	普通小学专任教师数 Full-time Teachers	普通小学招生数 Entrants	普通小学在校学生数 Enrollment	普通小学毕业生数 Graduates
兰州市	**Lanzhou**	**464**	**76374**	**100.00**	**523**	**14085**	**35928**	**208009**	**31372**
城关区	Chengguan	98	21956	100.00	82	3361	12208	70695	10208
七里河区	Qilihe	70	11757	100.00	61	2242	5769	34193	5115
西固区	Xigu	55	7808	100.00	31	1510	3433	21032	3364
安宁区	Anning	31	5260	100.00	18	889	2946	14893	1894
红古区	Honggu	19	4329	100.00	25	823	1561	9297	1377
永登县	Yongdeng	104	12649	100.00	152	2367	5064	29285	4254
皋兰县	Gaolan	25	3093	100.00	30	841	1265	6803	1468
榆中县	Yuzhong	62	9522	100.00	124	2052	3682	21811	3692
嘉峪关市	**Jiayuguan**	**59**	**8358**	**100.00**	**16**	**933**	**2694**	**16579**	**2476**
金昌市	**Jinchang**	**58**	**11432**	**100.00**	**27**	**1899**	**4456**	**28578**	**4957**
金川区	Jinchuan	29	6802	100.00	13	961	2454	15154	2547
永昌县	Yongchang	29	4630	100.00	14	938	2002	13424	2410
白银市	**Baiyin**	**219**	**43482**	**100.37**	**441**	**10774**	**18577**	**103846**	**17317**
白银区	Baiyin	46	7606	100.00	26	1464	2775	17237	2734
平川区	Pingchuan	24	5873	99.91	32	1454	2740	14914	2405
靖远县	Jingyuan	72	12332	100.00	161	2984	5472	28785	4423
会宁县	Huining	51	12243	101.35	151	3251	5174	28952	5472
景泰县	Jingtai	26	5428	100.00	71	1621	2416	13958	2283
天水市	**Tianshui**	**342**	**83275**	**99.97**	**1347**	**18625**	**43247**	**258192**	**46505**
秦州区	Qinzhou	44	14244	100.00	124	3323	8597	48574	7861
麦积区	Maiji	83	14824	100.00	101	3103	6805	39523	7106
清水县	Qingshui	42	7436	99.98	189	1808	3957	24805	4203
秦安县	Qinan	52	13519	99.82	234	2712	5087	33504	6450
甘谷县	Gangu	37	12694	99.99	316	3321	8277	49884	9636
武山县	Wushan	63	12534	100.00	191	2142	6546	37765	6993
张家川县	Zhangjiachuan	21	8024	100.00	192	2216	3978	24137	4256
武威市	**Wuwei**	**245**	**45721**	**100.00**	**394**	**9802**	**17040**	**104241**	**18572**
凉州区	Liangzhou	140	29896	100.00	178	5406	10587	62608	10141
民勤县	Minqin	19	2932	100.00	17	1010	1237	9882	2436
古浪县	Gulang	50	9063	100.00	135	1881	3445	21091	4047
天祝县	Tianzhu	36	3830	100.00	64	1505	1771	10660	1948
张掖市	**Zhangye**	**435**	**35228**	**99.99**	**221**	**6157**	**13082**	**75263**	**11538**

18-24 续表 1 continued

单位：人 (person)

地 区	Region	幼儿园数（所） Kindergartens (unit)	在园儿童数 Children in Kindergartens	学龄儿童入学率（%） Enrollment Rate of School-age Children (%)	学校数（所） Schools (unit)	专任教师数 Full-time Teachers	招生数 Entrants	在校学生数 Enrollment	毕业生数 Graduates
甘州区	Ganzhou	93	15302	100.00	86	2492	5314	30846	4641
肃南县	Sunan	10	667	100.00	5	209	243	1627	297
民乐县	Minle	126	6742	100.00	81	1172	2987	17173	2668
临泽县	Linze	81	4095	99.89	11	726	1277	7298	1099
高台县	Gaotai	65	3623	100.00	17	589	1214	6893	1130
山丹县	Shandan	60	4799	100.00	21	969	2047	11426	1703
平凉市	**Pingliang**	**309**	**52853**	**100.00**	**935**	**12329**	**25063**	**149448**	**27591**
崆峒区	Kongtong	62	10463	100.00	170	2497	5877	36474	6727
泾川县	Jingchuan	40	6717	100.00	166	1660	3036	17560	3615
灵台县	Lingtai	56	5478	100.00	82	988	2323	12301	2268
崇信县	Chongxin	17	3362	100.00	51	481	1096	6345	902
华亭县	Huating	33	7139	100.00	77	1405	2814	15237	2337
庄浪县	Zhuanglang	38	9016	100.00	148	2641	5120	29607	6042
静宁县	Jingning	63	10678	100.00	241	2657	4797	31924	5700
酒泉市	**Jiuquan**	**255**	**28311**	**100.00**	**146**	**4899**	**10583**	**68813**	**12833**
肃州区	Suzhou	100	12709	100.00	42	1939	4081	27566	5102
金塔县	Jinta	33	3565	100.00	19	762	1396	9510	2042
瓜州县	Guazhou	56	3463	100.00	41	743	1599	10106	1769
肃北县	Subei	1	347	100.00	2	86	94	645	114
阿克塞县	Akesai	1	395	100.00	1	74	108	810	106
玉门市	Yumen	26	3801	100.00	12	653	1815	10170	1670
敦煌市	Dunhuang	38	4031	100.00	29	642	1490	10006	2030
庆阳市	**Qingyang**	**425**	**82591**	**99.17**	**1069**	**14405**	**31504**	**174844**	**26051**
西峰区	Xifeng	71	19180	100.00	107	2594	6209	35039	4559
庆城县	Qingcheng	56	9911	100.00	29	1529	2844	16264	2288
环 县	Huanxian	46	9721	99.00	234	1936	4565	24533	4080
华池县	Huachi	24	4741	97.66	64	813	1766	9400	1335
合水县	Heshui	84	5646	100.00	29	856	2161	11070	1529
正宁县	Zhengning	17	8163	99.44	86	1377	2830	14287	1908
宁 县	Ningxian	70	13357	97.02	247	2686	5368	30377	4974
镇原县	Zhenyuan	57	11872	100.00	273	2614	5761	33874	5378
定西市	**Dingxi**	**292**	**70176**	**100.00**	**1056**	**14755**	**30316**	**174685**	**32133**
安定区	Anding	56	12074	100.00	68	2357	3881	21527	3585
通渭县	Tongwei	22	5221	100.00	215	2062	2701	18658	4953

18-24 续表 2 continued

单位：人 (person)

地 区	Region	幼儿园数（所） Kindergartens (unit)	在园儿童数 Children in Kindergartens	学龄儿童入学率（%） Enrollment Rate of School-age Children(%)	学校数（所） Schools (unit)	专任教师数 Full-time Teachers	招生数 Entrants	在校学生数 Enrollment	毕业生数 Graduates
陇西县	Longxi	32	13760	100.00	158	3054	5956	31546	5303
渭源县	Weiyuan	64	8633	100.00	166	1686	3009	18494	3855
临洮县	Lintao	40	16418	100.00	175	2483	5769	31305	4957
漳 县	Zhangxian	13	5800	100.00	95	1053	2378	13917	2822
岷 县	Minxian	65	8270	100.00	179	2060	6622	39238	6658
陇南市	**Longnan**	**354**	**78263**	**99.05**	**784**	**14503**	**36090**	**195886**	**33172**
武都区	Wudu	20	24197	99.76	82	3089	7678	43783	7045
成 县	Chengxian	26	6416	99.91	45	1422	3635	18588	2829
文 县	Wenxian	32	5991	89.52	62	1274	2382	13693	2451
宕昌县	Tanchang	34	7808	99.70	111	1603	3668	21922	3704
康 县	Kangxian	27	5180	99.96	40	866	2331	12122	1658
西和县	Xihe	102	11104	99.80	168	2085	6358	32038	6590
礼 县	Lixian	63	12187	99.81	182	2855	6968	38012	6307
徽 县	Huixian	34	4290	100.00	72	1046	2674	13559	2224
两当县	Liangdang	16	1090	100.00	22	263	396	2169	364
临夏州	**Linxia**	**329**	**68388**	**99.97**	**804**	**10941**	**34065**	**181730**	**25087**
临夏市	Linxia	73	14578	100.00	47	1174	4238	22387	3236
临夏县	Linxia	27	9159	100.00	150	1576	4781	25777	3792
康乐县	Kangle	41	10294	96.00	88	1316	4630	23864	2944
永靖县	Yongjing	37	4741	99.08	78	1483	1969	11383	1722
广河县	Guanghe	56	7863	96.00	96	1333	4663	24424	3139
和政县	Hezheng	22	6056	112.97	72	1150	3160	18189	2622
东乡县	Dongxiang	47	7537	100.00	136	1570	4499	30258	4495
积石山县	Jishishan	26	8160	98.85	137	1339	6125	25448	3137
甘南州	**Gannan**	**185**	**16680**	**100.00**	**289**	**6213**	**10383**	**62287**	**10476**
合作市	Hezuo	30	2459	99.99	14	730	1240	8247	1260
临潭县	Lintan	27	3599	100.00	97	1120	2110	11980	2194
卓尼县	Zhuoni	40	2621	100.00	27	883	1641	8765	1319
舟曲县	Zhouqu	32	2683	100.00	37	1075	1633	11649	2134
迭部县	Diebu	16	1046	100.00	51	634	846	5016	903
玛曲县	Maqu	13	774	100.00	9	453	1067	5605	897
碌曲县	Luqu	10	1276	100.00	21	555	606	3651	597
夏河县	Xiahe	17	2222	100.00	33	763	1240	7374	1172

18-25 各地县普通中学基本情况(2015)
Basic Statistics on Regular Primary Schools by Region, County (2015)

单位：人 (person)

地区	Region	普通中学学校数（所） Schools (unit)	毕业生数 Graduates	招生数 Entrants	在校学生数 Enrollment	高中 Senior Secondary Schools	初中 Junior Secondary Schools	专任教师 Full-time Teachers
兰州市	**Lanzhou**	**198**	**61142**	**54286**	**170086**	**70037**	**100049**	**13965**
城关区	Chengguan	45	18431	16861	53834	20976	32858	3970
七里河区	Qilihe	22	6962	7066	22445	8260	14185	1700
西固区	Xigu	26	6942	6436	19904	9249	10655	1755
安宁区	Anning	14	4375	4114	12329	4695	7634	1006
红古区	Honggu	9	2512	2416	7275	2821	4454	750
永登县	Yongdeng	41	10117	8056	26710	12963	13747	2197
皋兰县	Gaolan	14	3458	2689	6913	2910	4003	866
榆中县	Yuzhong	27	8345	6648	20676	8163	12513	1721
嘉峪关市	**Jiayuguan**	**10**	**4942**	**4578**	**14660**	**6310**	**8350**	**1078**
金昌市	**Jinchang**	**21**	**9860**	**9300**	**28320**	**12148**	**16172**	**2185**
金川区	Jinchuan	11	4680	4772	14099	5877	8222	1121
永昌县	Yongchang	10	5180	4528	14221	6271	7950	1064
白银市	**Baiyin**	**143**	**47879**	**34444**	**117141**	**56784**	**60357**	**11087**
白银区	Baiyin	16	7385	6247	20448	10775	9673	1630
平川区	Pingchuan	19	5394	4350	14048	6137	7911	1327
靖远县	Jingyuan	41	14060	8658	29876	14074	15802	3044
会宁县	Huining	48	15299	11112	39371	19632	19739	3681
景泰县	Jingtai	19	5741	4077	13398	6166	7232	1405
天水市	**Tianshui**	**257**	**73661**	**72489**	**219917**	**80966**	**138951**	**16708**
秦州区	Qinzhou	39	12026	12100	35368	12751	22617	2761
麦积区	Maiji	43	11172	11046	33129	12489	20640	2821
清水县	Qingshui	27	5625	5908	16967	4895	12072	1263
秦安县	Qinan	38	13982	11545	38323	17114	21209	2821
甘谷县	Gangu	55	15236	15330	46766	17495	29271	3364
武山县	Wushan	35	10181	10757	32537	11326	21211	2239
张家川县	Zhangjiachuan	20	5439	5803	16827	4896	11931	1439
武威市	**Wuwei**	**139**	**42280**	**32424**	**109782**	**48719**	**61063**	**8810**
凉州区	Liangzhou	75	20333	17003	55485	23859	31626	4621
民勤县	Minqin	17	7032	4449	16784	8015	8769	1339
古浪县	Gulang	28	10502	7529	26149	11700	14449	1718
天祝县	Tianzhu	19	4413	3443	11364	5145	6219	1132
张掖市	**Zhangye**	**64**	**25860**	**20267**	**68480**	**28676**	**39804**	**5766**

18-25 续表 1 continued

单位：人 (person)

地 区	Region	普通中学学校数（所）Schools (unit)	毕业生数 Graduates	招生数 Entrants	在校学生数 Enrollment	高 中 Senior Secondary Schools	初 中 Junior Secondary Schools	专任教师 Full-time Teachers
甘州区	Ganzhou	38	10431	8282	28626	12235	16391	2575
肃南县	Sunan	6	453	371	1173	459	714	199
民乐县	Minle	5	5620	4641	15312	6321	8991	1027
临泽县	Linze	4	2741	2020	6716	2872	3844	557
高台县	Gaotai	5	3209	2181	7562	3270	4292	696
山丹县	Shandan	6	3406	2772	9091	3519	5572	712
平凉市	**Pingliang**	**163**	**51256**	**44793**	**141202**	**54694**	**86508**	**11561**
崆峒区	Kongtong	34	10042	10068	31336	10628	20708	2110
泾川县	Jingchuan	21	6925	6000	19242	7361	11881	1724
灵台县	Lingtai	18	4608	3731	12032	4972	7060	1083
崇信县	Chongxin	11	1902	1427	4582	1847	2735	491
华亭县	Huating	11	3573	3500	10357	3543	6814	911
庄浪县	Zhuanglang	29	12112	10204	32874	13164	19710	2437
静宁县	Jingning	39	12094	9863	30779	13179	17600	2805
酒泉市	**Jiuquan**	**59**	**21391**	**20783**	**62719**	**24452**	**38267**	**4816**
肃州区	Suzhou	20	8807	8923	27124	11533	15591	1972
金塔县	Jinta	6	3210	3035	8885	3144	5741	686
瓜州县	Guazhou	7	2870	2900	8636	3559	5077	615
肃北县	Subei	2	261	208	637	279	358	80
阿克塞县	Akesai	1	189	168	531	195	336	56
玉门市	Yumen	11	2722	2330	7268	2313	4955	637
敦煌市	Dunhuang	12	3332	3219	9638	3429	6209	770
庆阳市	**Qingyang**	**172**	**49435**	**44104**	**135130**	**57284**	**77846**	**12009**
西峰区	Xifeng	26	10197	9665	29396	14716	14680	2649
庆城县	Qingcheng	17	3986	3262	10746	3328	7418	1050
环 县	Huanxian	30	7537	6743	20130	8502	11628	1666
华池县	Huachi	13	2231	2138	6391	2501	3890	549
合水县	Heshui	8	2402	2184	6362	2174	4188	587
正宁县	Zhengning	16	4092	3088	9693	3927	5766	1143
宁 县	Ningxian	32	8760	7964	24097	10089	14008	2014
镇原县	Zhenyuan	30	10230	9060	28315	12047	16268	2351
定西市	**Dingxi**	**274**	**69305**	**53468**	**178145**	**78953**	**99192**	**16116**
安定区	Anding	49	12758	6723	26070	13744	12326	2683
通渭县	Tongwei	53	11855	8702	30799	14305	16494	2835

18-25 续表 2 continued

单位：人 (person)

地　区 Region		普通中学学校数（所）Schools (unit)	毕业生数 Graduates	招生数 Entrants	在校学生数 Enrollment	高　中 Senior Secondary Schools	初　中 Junior Secondary Schools	专任教师 Full-time Teachers
陇西县	Longxi	51	12455	9678	31625	14726	16899	2976
渭源县	Weiyuan	29	8090	6465	21083	9074	12009	1909
临洮县	Lintao	45	12569	8258	28447	13502	14945	2698
漳　县	Zhangxian	18	4423	4232	12741	4547	8194	954
岷　县	Minxian	29	7155	9410	27380	9055	18325	2061
陇南市	**Longnan**	**230**	**49420**	**49978**	**147974**	**51165**	**96809**	**11688**
武都区	Wudu	40	10906	11008	31958	11663	20295	2409
成　县	Chengxian	25	4507	4014	12258	3860	8398	1070
文　县	Wenxian	24	4028	3903	11576	4088	7488	1087
宕昌县	Tanchang	24	3744	5472	15314	4750	10564	1072
康　县	Kangxian	18	2566	2686	7928	3245	4683	726
西和县	Xihe	29	8837	9472	27982	8560	19422	1906
礼　县	Lixian	40	10143	9092	27647	9721	17926	2269
徽　县	Huixian	24	3919	3630	11253	4410	6843	947
两当县	Liangdang	6	770	701	2058	868	1190	202
临夏州	**Linxia**	**104**	**34301**	**33393**	**97293**	**39747**	**57546**	**8694**
临夏市	Linxia	9	6643	7260	21620	11855	9765	1479
临夏县	Linxia	19	4619	4197	12721	4582	8139	1343
康乐县	Kangle	16	4690	4311	13127	5626	7501	959
永靖县	Yongjing	13	4233	3627	10643	5237	5406	1220
广河县	Guanghe	9	3064	3801	10394	3846	6548	854
和政县	Hezheng	9	3289	2657	8144	2513	5631	733
东乡县	Dongxiang	18	4235	3514	9529	2329	7200	838
积石山县	Jishishan	11	3528	4026	11115	3759	7356	1268
甘南州	**Gannan**	**43**	**16026**	**15884**	**47771**	**19430**	**28341**	**4138**
合作市	Hezuo	4	2999	2983	9170	4312	4858	679
临潭县	Lintan	10	2798	2684	7636	2759	4877	723
卓尼县	Zhuoni	8	2554	2213	6863	3049	3814	683
舟曲县	Zhouqu	6	3632	3362	10380	4027	6353	787
迭部县	Diebu	5	1326	1296	3987	1632	2355	431
玛曲县	Maqu	4	501	987	2623	777	1846	212
碌曲县	Luqu	2	840	883	2804	1132	1672	240
夏河县	Xiahe	4	1376	1476	4308	1742	2566	383

18-26 各地区普通高等学校基本情况(2015)

Number of Regular Institutions of Higher Education by Region (2015)

单位：人 (person)

地 区	Region	学校数(所) Schools (unit)	专任教师数 Full-time Teachers	招生数 Entrants	本 科 Normal Courses	专 科 Short-cycle Courses	在 校 学生数 Enrollment	本 科 Normal Courses	专 科 Short-cycle Courses
兰州市	Lanzhou	27	18748	84783	58126	26657	315032	80033	234999
嘉峪关市	Jiayuguan	1	195	1120		1120	2865	2865	
金昌市	Jinchang	1	148	1252		1252	3329	3329	
白银市	Baiyin	1	170	1256		1256	3261	3261	
天水市	Tianshui	4	1806	11411	3760	7651	37622	22719	14903
武威市	Wuwei	2	831	5809		5809	17130	17130	
张掖市	Zhangye	1	904	5332	3631	1701	19708	5435	14273
平凉市	Pingliang	1	447	1717	529	1188	5368	4839	529
酒泉市	Jiuquan	1	401	2570		2570	7570	7570	
庆阳市	Qingyang	2	1073	4133	3503	630	16656	984	15672
定西市	Dingxi	1	403	1461		1461	4683	4683	
陇南市	Longnan	1	431	2087		2087	5936	5936	
临夏州	Linxia	1	76	670		670	670	670	
甘南州	Gannan	1	499	2645	2599	46	10633	175	10458

18-26 续表 continued

单位：人 (person)

地 区	Region	毕(结)业生数 Graduates with Degrees or Diplomas	本 科 Normal Courses	专 科 Short-cycle Courses	授予学位数 Degrees Awarded
兰州市	Lanzhou	82946	54418	28528	53264
嘉峪关市	Jiayuguan	1128		1128	
金昌市	Jinchang	871		871	
白银市	Baiyin	865		865	
天水市	Tianshui	11572	3657	7915	3435
武威市	Wuwei	6514		6514	
张掖市	Zhangye	5395	3133	2262	2987
平凉市	Pingliang	2255		2255	
酒泉市	Jiuquan	2349		2349	
庆阳市	Qingyang	3687	3687		3457
定西市	Dingxi	1972		1972	
陇南市	Longnan	1866		1866	
临夏州	Linxia				
甘南州	Gannan	2583	2263	320	2209

18-27 科技活动基本情况

Basic Statistics on Scientific and Technological Activities

指　标	Item	2010	2011	2012	2013	2014	2015
研究与试验发展 (R&D) 投入情况	**Statistics on R&D Input**						
有 R&D 活动的单位数（个）	Number of Units with R & D Activities (unit)	331	383	428	529	585	693
R&D 人员（人）	R & D Personnel (person)	30321	31819	36760	37046	41135	40787
R&D 人员全时当量（人年）	Full-time Equivalent of R&D Personnel (man-year)	20774	21283	24290	25049	27124	25859
R&D 经费内部支出（万元）	Internal Expenditure on R&D (10 000yuan)	415886	485261	604762	669194	768739	827203
R&D 经费内部支出相当于生产总值比例 (%)	Ratio of Internal Expenditure on R&D to GDP (%)	1.01	0.97	1.07	1.06	1.12	1.22
科技产出及成果情况	Statistics on S&T Outputs and Results						
发表科技论文（篇）	Scientific Papers Issued (piece)	26016	24199	24083	25095	26078	25668
出版科技著作（种）	Publication on Science and Technology (kind)	645	699	827	892	919	1020
专利申请受理数（件）	Number of Patents Applications Accepted (piece)	1817	1994	2848	4103	4408	4125
# 发明专利	Inventions	933	1002	1314	1527	1701	1550
专利申请授权数（件）	Number of Patents Application Granted (piece)	304	426	624	887	1018	1353
# 发明专利	Inventions	187	281	365	383	400	524
有效发明专利数（件）	Number of Patents in Force (piece)	1554	2004	2491	2578	3433	4523
专利所有权转让及许可数（件）	Number of Transfer and License of Patent Ownership (piece)	138	159	208	211	222	76
专利所有权转让与许可收入（万元）	Income of Transfer and License of Patent Ownership (10 000 yuan)	2015	991	4785	990	2611	3569
植物新品种权授予数（项）	Number of New Plant Varieties Granted (item)	20	9	16	18	31	19
形成国家或行业标准数（项）	Number of Form the National or Industry Standards (item)	170	187	324	259	278	216

18-28 研究与试验发展 (R&D) 人员
R&D Personnel

单位：人 (person)

指 标	Item	2010	2011	2012	2013	2014	2015
R&D 人员	**Total**	**30321**	**31819**	**36760**	**37046**	**41135**	**40787**
按学历分	**By Level of Education**						
博士毕业	Doctor	2096	2331	2838	3098	3418	3809
硕士毕业	Master	4882	5211	6318	6321	7145	7797
本科毕业	Under-graduate	13319	12796	14708	14452	14326	13533
其他人员	Others	10024	11481	12898	13175	16246	15648
女性	Female	7368	7863	9007	9455	10452	11575
研究人员	Researchers	18739	19216	21934	22435	24340	21360
全时人员	Full-time Equivalent	16978	17537	19590	21645	24284	23074

18-29 研究与试验发展 (R&D) 人员全时当量
Full-time Equivalent of R&D Personnel

单位：人年 (man-year)

指 标	Item	2010	2011	2012	2013	2014	2015
R&D 人员全时当量	**Total**	**20774**	**21283**	**24290**	**25049**	**27124**	**25859**
# 研究人员	Researchers	12771	12967	14471	15131	16383	13256
按活动类型分	**By Type of Activity**						
基础研究	Basic Research	2299	2333	3004	3702	3926	4309
应用研究	Applied Research	4890	5496	6111	5175	5356	5570
试验发展	Experimental Development	13586	13452	15174	16172	17842	15980

18-30 研究与试验发展(R&D)经费情况

Expenditure on R&D

单位：万元 (10 000 yuan)

指　标	Item	2010	2011	2012	2013	2014	2015
R&D 经费内部支出	**Internal Expenditure on R&D by Sources**	**415886**	**485261**	**604762**	**669194**	**768739**	**827203**
按活动类型分	**By Type of Activity**						
基础研究	Basic Research	56498	68419	82948	89716	111549	127825
应用研究	Applied Research	87531	91863	119751	100065	116062	129000
试验发展	Experimental Development	271858	324978	402065	479413	541129	570378
按执行部门分	**By Execution Departments**						
企业	Enterprises	223202	264063	344486	409535	473482	493772
#大中型工业企业	Large and Medium-sized Industrial Enterprises	208652	229686	313061	322862	372912	369704
研究与开发机构	R&D Institutions	120428	135373	175303	188770	208974	248233
高等学校	Higher Education	62646	68605	70626	58842	73059	69583
其他	Others	9610	17220	14347	12047	13224	15615
按支出用途分	**By Expenditure Use**						
日常性支出	Routine Expenses	355587	392575	500554	565229	642873	695594
#人员劳务费	Labor Cost	95801	114288	137918	169377	192990	199305
资产性支出	Assets Expenditure	60299	92686	104207	103965	125866	131609
#仪器和设备	Equipment	50997	65584	83439	87543	94717	99373
按资金来源分	**By Sources of Funding**						
政府资金	Government Funds	161543	171498	218844	239490	267679	297574
企业资金	Self-raised Funds by Enterprises	238039	290893	363611	410131	475764	500065
国外资金	Foreign Funds	1224	376	832	1587	937	2780
其他资金	Other Funds	15081	22493	21476	17986	24359	26784
R&D 经费外部支出	**External Expenditure on R&D by Performer and Sources**	**35208**	**54518**	**66115**	**70365**	**106513**	**132107**
#对国内研究机构支出	to Domestic Research Institutions	16414	29403	29669	37446	59303	66762
对国内高等学校支出	to Domestic Higher Education	10888	13778	23440	19610	43558	29546
对国内企业支出	to Domestic Enterprises	3013	4374	2231	1592	949	27094
对境外机构支出	to Foreign Institutions	4894	6881	10694	11718	2648	8678

18-31 研究与试验发展(R&D)项目（课题）情况

Statistics on R&D Projects (Topics)

指　标	Item	2010	2011	2012	2013	2014	2015
R&D 项目（课题）数（项）	R&D Projects(item)	10126	11545	13108	13403	13626	14036
R&D 项目（课题）人员折合全时当量（人年）	R&D Participants(man-year)	17463	18069	21378	21834	23610	22205
R&D 项目（课题）经费内部支出（万元）	R&D Intramural Expenditure(10 000 yuan)	296798	303735	439022	487653	559116	631666

18-32 分行业研究与试验发展（R&D）基本情况 (2015)
Basic Statistics on R&D by Sector (2015)

行业	Sector	R&D 人员合计（人）Total R&D Personnel (person)	R&D 人员全时当量（人年）Full-time Equivalent of R&D Personnel (man-year)	R&D 经费内部支出合计（万元）Intramural Expenditure on R&D by Sources (10 000 yuan)	项目（课题）数（项）R&D Projects (item)
农、林、牧、渔业	Agriculture,Forestry,Animal Husbandry and Fishery	256	178.0	1058.2	34
采矿业	Mining	1830	1652.7	28373.5	157
制造业	Manufacturing	16579	10537.2	446873.7	1364
电力、热力、燃气及水的生产和供应业	Production and Supply of Electricity, Heat, Gas and Water	534	387.7	10830.1	51
建筑业	Construction	190	73.0	800.7	17
批发和零售业	Wholesale and Retail Trades				
交通运输、仓储和邮政业	Transport,Storage and Post				
住宿和餐饮业	Hotels and Catering Services				
信息传输、软件和信息技术服务业	Information Transmission,Software and Information Technology Services	205		543.6	4
金融业	Financial Intermediation				
房地产业	Real Estate				
租赁和商务服务业	Leasing and Business Services	52	7.3	625.4	8
科学研究和技术服务业	Scientific Research and Technical Services	8694	7780.0	262413.1	2859
水利、环境和公共设施管理业	Management of Water Conservancy, Environment and Public Facilities	3	3.0	13.2	1
居民服务、修理和其他服务业	Services to Households,Repair and Other Services				
教育	Education	9564	3810.4	69583.0	9319
卫生和社会工作	Health and Social Work	2862	1331.6	6022.2	218
文化、体育和娱乐业	Culture, Sports and Entertainment	18	3.4	66.6	3
公共管理、社会保障和社会组织	Public Management,Social Security and Social Organization				
国际组织	International Organizations				

18-33 研究机构情况 (2015)
Situation of Research Institutions (2015)

指 标	Item	机构数（个） Number of Institutions (unit)	R&D 人员（人） R & D Personnel (person)	R&D 经费支出（万元） R & D Expenditure (10 000yuan)
甘肃省	**Gansu Province**	**685**	**17477**	**396916**
按执行部门分	**By Execution Departments**			
科研机构	Research Institutions	108	7370	248233
高等学校	Higher Education	198	1960	12225
企业	Enterprises	319	7209	129697
其他	Others	60	938	6760
按学科分	**By Field of Study**			
自然科学	Natural Science	28	3621	125985
农业科学	Agricultural Sciences	90	2463	48573
医药科学	Medical Science	73	1329	6327
工程与技术科学	Engineering and Technology Science	381	8686	197538
人文与社会科学	Humanities and Social Sciences	113	1378	18491
按行业分	**By Sector**			
农、林、牧、渔业	Agriculture,Forestry,Animal Husbandry and Fishery	16	130	701
采矿业	Mining	16	367	7025
制造业	Manufacturing	260	6430	120985
电力、热力、燃气及水的生产和供应业	Production and Supply of Electricity, Heat, Gas and Water	8	199	525
建筑业	Construction	9	57	460
批发和零售业	Wholesale and Retail Trades	2	12	30
交通运输、仓储和邮政业	Transport,Storage and Post			
住宿和餐饮业	Hotels and Catering Services			
信息传输、软件和信息技术服务业	Information Transmission,Software and Information Technology Services	2		
金融业	Financial Intermediation			
房地产业	Real Estate			
租赁和商务服务业	Leasing and Business Services	5	13	3
科学研究和技术服务业	Scientific Research and Technical Services	127	7743	253913
水利、环境和公共设施管理业	Management of Water Conservancy, Environment and Public Facilities	3	3	5
居民服务、修理和其他服务业	Services to Households,Repair and Other Services			
教育	Education	198	1960	12225
卫生和社会工作	Health and Social Work	38	552	1002
文化、体育和娱乐业	Culture, Sports and Entertainment	1	11	42
公共管理、社会保障和社会组织	Public Management,Social Security and Social Organization			
国际组织	International Organizations			

18-34 规模以上工业企业科技活动基本情况
Basic Statistics on Science and Technology Activities of Industrial Enterprises above Designated Size

指标	Item	2010	2011	2012	2013	2014	2015
企业基本情况	**Statistics on Industrial Enterprises**						
有 R&D 活动企业数 (个)	Number of Enterprises Having R&D Activities (unit)	126	138	177	291	353	457
有 R&D 活动企业占规模以上企业比重 (%)	Ratio of Enterprises Having R&D Activities to Total Number of Enterprises (%)	6.3	10.1	10.2	14.7	16.9	21.4
研究与试验发展 (R&D) 活动	**Statitstics on R&D Activities**						
R&D 人员全时当量 (人年)	Full-time Equivalent of R&D Personnel(man-year)	9561	9307	11445	12472	14380	12578
R&D 经费内部支出 (万元)	Internal Expenditure on R&D(10 000 yuan)	218590	257916	337785	400743	464410	486077
R&D 项目数 (项)	R&D Projects (item)	644	1280	1912	1731	1894	1572
R&D 项目经费内部支出 (万元)	Internal Expenditure on R&D Projects(10 000 yuan)	152320	165295	248149	302944	360341	412787
企业办研发机构	**Statistics on R&D Institutions**						
机构数 (个)	Number of R&D Institutions(unit)	161	150	187	243	311	284
机构人员数 (人)	R&D Personnel (person)	5383	8364	12483	14559	15069	12113
机构经费支出 (万元)	Expenditure on R&D(10 000yuan)	52792	67777	208344	291521	252340	167872
新产品开发及生产	**Statitstics on New Products Development and Production**						
新产品开发项目数 (个)	Number of New Products(unit)	1182	1192	1759	1629	1817	1291
新产品开发经费支出 (万元)	Expenditure on New Products Development(10 000 yuan)	212337	273986	350314	403460	480268	392974
新产品销售收入 (亿元)	Sales Revenue of New Products(100 million yuan)	349.06	502.69	595.42	618.53	719.35	574.10
# 新产品出口	Export	25.32	30.09	41.42	43.79	43.14	50.72
专利	**Statistics on Patent**						
专利申请数 (件)	Patent Applications (piece)	1043	1053	1713	2440	2558	2230
# 发明专利	Inventions	328	320	544	638	778	698
有效发明专利数 (件)	Number of Patents in Force(piece)	402	493	855	1028	1265	1884
技术获取和技术改造 (万元)	**Statistics on Technology Acquisition and Technology Reconstruction(10 000 yuan)**						
引进国外技术经费支出	Expenditure for Acquisition of Foreign Technology	59956	53317	43646	39569	27626	21378
引进技术消化吸收经费支出	Expenditure for Assimilation of Technology	122099	127331	67843	60150	44155	69148
购买国内技术经费支出	Expenditure for Purchase of Domestic Technology	44929	41682	49520	29258	50034	35973
技术改造经费支出	Expenditure for Technical Renovation	408340	419642	810067	854909	800738	571814

18-35　大中型工业企业科技活动基本情况
Basic Statistics on Science and Technology Activities of Large and Medium-sized Industrial Enterprises

指　标	Item	2011	2012	2013	2014	2015
企业基本情况	**Statistics on Industrial Enterprises**					
有 R&D 活动企业数 (个)	Number of Enterprises having R&D Activities(unit)	70	91	94	99	104
有 R&D 活动企业占大中型工业企业比重 (%)	Ratio of Enterprises having R&D Activities to Total Number of Enterprises (%)	20	27	30	33	37
研究与试验发展（R&D）活动	**Statitstics on R&D Activities**					
R&D 人员全时当量 (人年)	Full-time Equivalent of R&D Personnel(man-year)	7886	10473	9506	11593	9500
R&D 经费内部支出 (万元)	Internal Expenditure on R&D (10 000 yuan)	229686	303061	322862	372912	369704
R&D 项目数 (项)	R&D Projects (item)	1085	1483	1306	1389	1032
R&D 项目经费内部支出 (万元)	Internal Expenditure on R&D Projects(10 000 yuan)	146081	229664	238043	281780	309132
企业办研发机构	**Statistics on R&D Institutions**					
机构数 (个)	Number of R&D Institutions(unit)	102	118	113	113	95
机构人员数 (人)	R&D Personnel(person)	7821	11168	12305	12510	9356
机构经费支出 (万元)	Expenditure on R&D(10 000 yuan)	63786	199235	265472	212758	135738
新产品开发及生产	**Statitstics on New Products Development and Production**					
新产品开发项目数 (个)	Number of New Products(unit)	1054	1289	1272	1272	787
新产品开发经费支出 (万元)	Expenditure on New Products Development(10 000 yuan)	258707	319071	341560	391370	289018
新产品销售收入 (万元)	Sales Revenue of New Products(10 000 yuan)	4977241	5748712	5961623	6988229	5494304
# 新产品出口	Export	298145	406810	413171	428408	494386
专利	**Statistics on Patent**					
专利申请数 (件)	Patent Applications (piece)	901	1387	1864	1750	1707
# 发明专利	Inventions	261	396	444	518	506
有效发明专利数 (件)	Number of Patents in Force(piece)	423	691	769	856	1361
技术获取和技术改造 (万元)	**Statistics on Technology Acquisition and Technology Reconstruction(10 000 yuan)**					
引进国外技术经费支出	Expenditure for Acquisition of Foreign Technology	53277	43576	39499	27324	21318
引进技术消化吸收经费支出	Expenditure for Assimilation of Technology	127161	67318	58391	38223	68708
购买国内技术经费支出	Expenditure for Purchase of Domestic Technology	41424	44018	28867	49876	35818
技术改造经费支出	Expenditure for Technical Renovation	414236	801687	842366	785196	556771

18-36 按行业分规模以上工业企业 R&D 项目情况 (2015)
R&D Projects of Industrial Enterprises above Designated Size by Industrial Sector (2015)

行 业	Industry	R&D 项目数 (项) R&D Projects (item)	R&D 项目人员 (人) R&D Personnel (person)	R&D 项目经费内部支出 (万元) Expenditure on R&D Project (10000 yuan)
甘肃省	**Gansu**	**1572**	**16413**	**412787**
煤炭开采和洗选业	Mining and Washing of Coal	38	617	7955
石油和天然气开采业	Extraction of Petroleum and Natural Gas	89	770	7234
黑色金属矿采选业	Mining and Processing of Ferrous Metal Ores	11	95	3396
有色金属矿采选业	Mining of and Processing Non-ferrous Metal Ores	14	111	4308
非金属矿采选业	Mining and Processing of Non-metal Ores	5	42	1744
开采辅助活动	Support Activities for Mining			
其他采矿业	Mining of Other Ores			
农副食品加工业	Processing of Food from Agricultural Products	129	1274	21819
食品制造业	Manufacture of Foods	51	446	10964
酒、饮料和精茶制造业	Manufacture of Liquor, Beverages and Refined Tea	30	325	8220
烟草制品业	Manufacture of Tobacco	4	52	9081
纺织业	Manufacture of Textile	19	97	1836
纺织服装、服饰业	Manufacture of Textile, Wearing Apparel and Accessories			
皮革、毛皮、羽毛(绒)及其制品和制鞋业	Manufacture of Leather, Fur, Feather and Related Products and Footwear	26	146	2999
木材加工及木、竹、藤、棕、草制品业	Processing of Timbers,Manufacture of Wood, Bamboo,Rattan,Palm,Straw Products			
家具制造业	Manufacture of Furniture	2	21	650
造纸及纸制品业	Manufacture of Paper and Paper Products	3	34	279
印刷业和记录媒介复制业	Printing and Reproduction of Recording Media			
文教、工美、体育和娱乐用品制造业	Manufacture of Articles for Culture, Education Arts and Crafts,Sport and Entertainment Activities			
石油加工、炼焦及核燃料加工业	Processing of Petroleum ,Coking,Processing of Nucleus Fuel	86	1002	10862
化学原料及化学制品制造业	Manufacture of Chemical Raw Material and Chemical Products	118	1280	17937
医药制造业	Manufacture of Medicines	118	927	17554
化学纤维制造业	Manufacture of Chemical Fiber	1	15	560
橡胶和塑料制品业	Manufacture of Rubber and Plastic Products	37	317	9825
非金属矿物制品业	Manufacture of Non-metallic Mineral Products	71	682	20213
黑色金属冶炼及压延加工业	Manufacture and Processing of Ferrous Metals	146	1071	65467
有色金属冶炼及压延加工业	Manufacture and Processing of Non-ferrous Metals	123	2042	107255
金属制品业	Manufacture of Metal Products	28	344	6633
通用设备制造业	Manufacture of General Purpose Machinery	30	546	8077
专用设备制造业	Manufacture of Special Purpose Machinery	171	1561	22696
汽车制造业	Manufacture of Automobile	3	24	44
铁路、船舶、航空航天	Manufacture of Railway Equipment, Ships, Aerospace	6	67	732
和其他运输设备制造业	and Other Transport Equipments	104	1351	18218
计算机、通讯和其他电子设备制造业	Manufacture of Computers,Communicationt and Other Electronic Equipment	37	394	8168
仪器仪表制造业	Manufacture of Measuring Instruments and Machinery	4	28	1200
其他制造业	Other Manufacturing	1	8	420
废弃资源综合利用业	Utilization of Waste Resources	5	46	1293
金属制品、机械和设备修理业	Repair Service of Metal Products, Machinery and Equipment	11	286	4786
电力、热力生产和供应业	Production and Supply of Electric Power and Heat Power	46	344	9763
燃气生产和供应业	Production and Supply of Gas	1	9	105
水的生产和供应业	Production and Supply of Water	4	39	495

18-37 按登记注册类型分规模以上工业企业新产品开发和生产(2015)

New Products Development and Production of Industrial Enterprises above Designated Size by Registration Status (2015)

单位：万元 (10000 yuan)

类 型	Type of Registration	新产品开发项目数(项) New Products (unit)	新产品开发经费支出 Expenditure on New Products Development	新产品产值 Output Value of New Products	新产品销售收入 Sales Revenue of New Products
甘肃省	**Gansu**	**1291**	**392974**	**5808946**	**5740962**
内资企业	**Domestic Funded**	**1269**	**389005**	**5782420**	**5714532**
国有企业	State-owned Enterprises	15	2545	4236	3987
#大型企业	Large-sized Enterprises				
集体企业	Collective-owned Enterprises	4	548	5430	5230
股份合作企业	Cooperative Enterprises			822	
联营企业	Joint Ownership Enterprises				
有限责任公司	Limited Liability Corporations	690	220335	2920998	2978125
股份有限公司	Share-holding Corporations Ltd.	336	102601	2663149	2555542
私营企业	Private Enterprises	222	62927	187090	171017
其他企业	Other Enterprises	2	50	696	631
港澳台商投资企业	**Enterprises with Funds from Hong Kong,Macau and Taiwan**	5	396		
合资经营企业	Joint-venture Enterprises	2	385		
合作经营企业	Cooperative Enterprises				
独资经营企业	Enterprises with Sole Fund	3	11		
投资股份有限公司	Share-holding Corporations Ltd.				
外商投资企业	**Foreign Funded Enterprises**	17	3573	26525	26430
中外合资经营企业	Joint-venture Enterprises	7	2133	6036	5941
中外合作经营	Cooperation Enterprises	1	290		
外资企业	Enterprises with Sole Foreign Funds	9	1150	20489	20489
外商投资股份有限公司	Share-holding Corporations Ltd.				

18-38 按行业分规模以上工业企业新产品开发和生产 (2015)

New Products Development and Production of Industrial Enterprises above Designated Size by Industrial Sector (2015)

单位：万元 (10000 yuan)

行业	Industry	新产品开发项目数（项） New Products (unit)	新产品开发经费支出 Expenditure on New Products Development	新产品产值 Output Value of New Products	新产品销售收入 Sales Revenue of New Products
煤炭开采和洗选业	Mining and Washing of Coal	10	3160	4841	3742
石油和天然气开采业	Extraction of Petroleum and Natural Gas	2	304		
黑色金属矿采选业	Mining and Processing of Ferrous Metal Ores	5	2495		
有色金属矿采选业	Mining of and Processing Non-ferrous Metal Ores	9	3109	3022	24361
非金属矿采选业	Mining and Processing of Non-metal Ores	4	1319		
开采辅助活动	Support Activities for Mining	1	88		
其他采矿业	Mining of Other Ores				
农副食品加工业	Processing of Food from Agricultural Products	120	26135	61573	64846
食品制造业	Manufacture of Foods	45	8563	18573	20792
酒、饮料和精茶制造业	Manufacture of Liquor, Beverages and Refined Tea	35	11222	30290	32521
烟草制品业	Manufacture of Tobacco			68	12689
纺织业	Manufacture of Textile	13	1539	14967	6605
纺织服装、服饰业	Manufacture of Textile, Wearing Apparel and Accessories				
皮革、毛皮、羽毛（绒）及其制品和制鞋业	Manufacture of Leather, Fur, Feather and Related Products and Footwear	18	1479	49592	49557
木材加工及木、竹、藤、棕、草制品业	Processing of Timbers,Manufacture of Wood, Bamboo,Rattan,Palm,Straw Products				
家具制造业	Manufacture of Furniture	2	650	480	480
造纸及纸制品业	Manufacture of Paper and Paper Products	1	232	270	307
印刷业和记录媒介复制业	Printing and Reproduction of Recording Media	1	25		
文教、工美、体育和娱乐用品制造业	Manufacture of Articles for Culture, Education Arts and Crafts,Sport and Entertainment Activities				
石油加工、炼焦及核燃料加工业	Processing of Petroleum ,Coking, Processing of Nucleus Fuel	64	8257	40	40
化学原料及化学制品制造业	Manufacture of Chemical Raw Material and Chemical Products	117	25225	245830	251307
医药制造业	Manufacture of Medicines	108	21021	122730	122036
化学纤维制造业	Manufacture of Chemical Fiber				
橡胶和塑料制品业	Manufacture of Rubber and Plastic Products	47	19465	62208	79497
非金属矿物制品业	Manufacture of Non-metallic Mineral Products	72	28698	71522	66296
黑色金属冶炼及压延加工业	Manufacture and Processing of Ferrous Metals	91	85679	2040998	2092416
有色金属冶炼及压延加工业	Manufacture and Processing of Non-ferrous Metals	70	49121	2054295	1960758
金属制品业	Manufacture of Metal Products	30	5783	133356	112384
通用设备制造业	Manufacture of General Purpose Machinery	55	11642	130126	103519
专用设备制造业	Manufacture of Special Purpose Machinery	151	30381	194834	183483
汽车制造业	Manufacture of Automobile	14	447	3210	1221
铁路、船舶、航空航天和其他运输设备制造业	Manufacture of Railway Equipment, Ships, Aerospace and Other Transport Equipments	6	890		
电气机械及器材制造业	Manufacture of Electrical Machinery and Apparatus	86	15876	88987	76249
计算机、通讯和其他电子设备制造业	Manufacture of Computers,Communicationt and Other Electronic Equipment	56	14311	333738	333588
仪器仪表制造业	Manufacture of Measuring Instruments and Machinery	14	1682	41674	40558
其他制造业	Other Manufacturing	1	420		
废弃资源综合利用业	Utilization of Waste Resources	2	323	194	182
金属制品、机械和设备修理业	Repair Service of Metal Products, Machinery and Equipment	11	4788	99905	99905
电力、热力生产和供应业	Production and Supply of Electric Power and Heat Power	28	8431	5	5
燃气生产和供应业	Production and Supply of Gas				
水的生产和供应业	Production and Supply of Water	2	215	1620	1620

18-39 科学研究与开发机构科技活动基本情况

Basic Statistics on Scientific Research and Development Institutions

指 标	Item	2011	2012	2013	2014	2015
机构基本情况	**Basic Statistics on Institutions**					
机构数(个)	Number of R&D Institutions(unit)	109	107	107	107	108
研究与试验发展(R&D)投入情况	**Statistics on R&D Input**					
R&D 人员(人)	R&D Personnel(person)	6220	6601	6899	6954	7370
R&D 人员全时当量(人年)	Full-time Equivalent of R&D Personnel(man-year)	5635	6120	6543	6414	6691
基础研究	Basic Research	1430	1991	2485	2433	2640
应用研究	Applied Research	1525	1909	1785	1608	1828
试验发展	Experimental Development	2680	2220	2273	2373	2223
R&D 经费内部支出(万元)	Internal Expenditure on R&D (10 000 yuan)	135373	175303	188770	208974	248233
按活动类型分	By Type of Activity					
基础研究	Basic Research	45963	60648	67956	84026	99966
应用研究	Applied Research	25998	47056	43101	48408	64329
试验发展	Experimental Development	63412	67599	77713	76539	83938
按资金来源分	By Sources of Funding					
政府资金	Government Funds	107417	148510	166147	187681	227444
企业资金	Self-raised Funds by Enterprises	9568	12933	10459	8094	8855
国外资金	Forein Funds	178	588	533	436	716
其他资金	Other Funds	18210	13272	11631	12763	11218
研究与试验发展(R&D)项目(课题)情况	**Statistics on R&D Topics**					
R&D 项目(课题)数(项)	R&D Projects(item)	1746	1939	2262	2445	2637
R&D 项目(课题)人员全时当量(人年)	Participants(man-year)	4338	5204	5322	5190	5632
R&D 项目(课题)经费内部支出(万元)	Intramural Expenditure(10 000 yuan)	73399	116657	121391	125689	148459
科技产出及成果情况	**Statistics on S&T Outputs and Results**					
发表科技论文(篇)	Scientific Papers Issued (piece)	4084	4158	3827	3915	4121
#国外发表	Published in Foreign Periodicals					
出版科技著作(种)	Publication on Science and Technology (kind)		103	91	122	121
专利申请受理数(件)	Number of Patents Applications Accepted (piece)	313	400	539	679	902
#发明专利	Inventions	253	305	371	367	417
专利申请授权数(件)	Number of Patents Applications Granted (piece)	170	232	280	363	640
#发明专利	Inventions	137	153	153	143	222

18-40 高等学校科技活动情况
Basic Statistics on Higher Education for Science and Technology Activities

指　　标	Item	2011	2012	2013	2014	2015
高等学校基本情况	**Basic Statistics on Higher Education**					
R&D 机构 (个)	R&D Institutions(unit)	47	47	48	48	50
研究与试验发展 (R&D) 投入情况	**Statistics on R&D Input**					
R&D 人员 (人)	R&D Personnel (person)	6518	7294	7654	7997	9564
R&D 人员全时当量 (人年)	Full-time Equivalent of R&D Personnel(man-year)	3091	3301	3214	3357	3810
基础研究	Basic Research	892	983	1192	1368	1659
应用研究	Applied Research	2020	2203	1979	1870	1963
试验发展	Experimental Development	178	114	42	119	188
R&D 经费内部支出 (万元)	Internal Expenditure on R&D (10 000 yuan)	68605	70626	58842	73059	69583
按活动类型分	By Type of Activity					
基础研究	Basic Research	22396	22181	21748	26411	27762
应用研究	Applied Research	37017	42004	35942	44321	35385
试验发展	Experimental Development	9192	6441	1151	2327	6435
按资金来源分	By Sources of Funding					
# 政府资金	Government Funds	34088	39038	38566	44743	41976
企业资金	Self-raised Funds by Enterprises	31551	27605	16773	19632	19693
研究与试验发展 (R&D) 项目 (课题) 情况	**Statistics on R&D Topics**					
R&D 项目 (课题) 数 (项)	R&D Projects(item)	8016	8705	8906	8769	9319
R&D 项目 (课题) 人员全时当量 (人年)	Participants(man-year)	3090	3300	3213	3356	3810
R&D 项目 (课题) 经费内部支出 (万元)	Intramural Expenditure(100 million yuan)	56191	63051	52350	59709	55545
科技产出及成果情况	**Statistics on S&T Outputs and Results**					
发表科技论文 (篇)	Scientific Papers Issued (piece)	16163	15471	16951	18026	17459
出版科技著作 (种)	Publication on Science and Technology (kind)	526	661	752	747	848
专利申请受理数 (件)	Number of Patents Applications Accepted (piece)	520	592	1007	1058	878
# 发明专利	Inventions	380	396	454	494	375
专利申请授权数 (件)	Number of Patents Applications Granted (piece)	232	345	557	621	672
# 发明专利	Inventions	141	197	216	243	285

18-41 科技成果情况
Statistics on Scientific and Technological Results

指 标	Item	2010	2011	2012	2013	2014	2015
基本情况（项）	**Basic Statistics (unit)**						
鉴定项目数	Number of Appraisal Projects	972	1031	1107	800	86	203
登记项目数	Number of Book in Projects	1065	1108	1233	922	459	819
奖励项目数	Number of Prized Projects	181	182	169	150	150	149
成果水平（项）	**Apprais of Scientific Achievenments(unit)**						
国际领先	Keep Ahead at International Level	16	26	23	16	5	14
国际先进	International Advanced Level	134	139	178	139	21	60
国内领先	Keep Ahead at Domestically Level	681	734	773	549	51	114
国内先进	Domestically Advanced Level	152	137	135	100	11	14
国内一般	Domestically General Level		3	5	1	2	1
未评价	Unevaluated		9	26	71	254	452
应用领域（项）	**Applied Field (unit)**						
工业（交通、邮电、建筑、地质）	Industry (Transportation, Post and Telecommunications, Construction, Geology)	282	310	393	238	79	211
农业（林、牧、渔）	Agriculture (Forestry, Animal Husbandry and Fishery)	294	276	317	176	155	276
已应用项目数（项）	**Number of Adopted Project (unit)**	790	849	956	765	306	344

18-42 专利申请及授权情况
Statistics of Patent Application and Grant

单位：项 (unit)

指 标	Item	申请量 Patent Applications		授权量 Patent Application Granted	
		2014	2015	2014	2015
总 计	**Total**	**12020**	**14584**	**5097**	**6912**
#发明专利	Inventions	4986	5504	812	1238
实用新型	Utility Models	5144	6825	3538	4478
外观设计	Designs	1890	2255	747	1196
#职 务	Official	5721	6630	3564	4463
大专院校	Universities and Colleges	1104	1410	603	870
科研单位	Research Institutions	881	1279	404	707
企 业	Enterprises	3541	3713	2468	2758
机关团体	Government Agencies and Organizations	195	228	89	128
非职务	Non-official	6299	7954	1533	2449

18-43 各类技术合同签订情况 (2015)
Statistics of Signing Technical Contract (2015)

指 标	Item	合同数（项）Number of Contracts (unit)	合同成交金额（万元）Amount of Contracts (10 000 yuan)	# 技术交易额 Revenue for Technique Trade
技术开发合同	Technical Development	481	106451	69957
技术转让合同	Technical Transfer	106	20497	14623
技术咨询合同	Technical Advisory	1747	115404	51172
技术服务合同	Technical Service	2387	1060793	585080

18-44 各地区研究与试验发展（R&D）情况 (2015)
Basic Statistics on R&D by Region (2015)

地 区	Region	有 R&D 活动的单位数（个）Number of Units (unit)	R&D 人员（人）R&D Personnel	R&D 人员折合全时人员（人年）Full-time Equivalent of R&D Personnel (man-year)	# 研究人员 Researcher	按活动类型分 R&D 人员折合全时人员（人年）Full-time Equivalent of R&D Personnel by Type of Activity(man-year) 基础研究 Basic Research	应用研究 Applied Research	试验发展 Experimental Development
兰州市	Lanzhou	204	22348	14173	9023	3794	3945	6435
嘉峪关市	Jiayuguan	10	1442	1292	162		91	1201
金昌市	Jinchang	12	2351	1089	545		12	1077
白银市	Baiyin	27	1879	769	301		16	753
天水市	Tianshui	32	2765	1535	676	144	108	1283
武威市	Wuwei	120	2217	1580	470	3	430	1147
张掖市	Zhangye	113	2010	1221	470	159	69	993
平凉市	Pingliang	11	515	404	159	1	213	190
酒泉市	Jiuquan	73	1913	1621	542	83	271	1267
庆阳市	Qingyang	47	2315	1572	657	97	341	1134
定西市	Dingxi	12	300	179	82	1	43	135
陇南市	Longnan	19	229	99	40	11	2	86
临夏州	Linxia	6	300	146	66		16	130
甘南州	Gannan	7	203	84	39	17	16	51

18-44 续表 continued

地 区	Region	R&D 经费内部支出（万元） Internal Expenditure on R&D (10 000yuan)	按活动类型分 By Type of Activity			按支出用途分 By Expenditure Use		R&D 经费外部支出（万元） External Expenditure on R&D (10000 yuan)
			基础研究 Basic Research	应用研究 Applied Research	试验发展 Experimental Development	日常性支出 Routine Expenses	资产性支出 Assets Expenditure	
兰州市	Lanzhou	405523	120891	106434	178198	312044	93477	12364
嘉峪关市	Jiayuguan	81058		647	80411	76582	4477	3660
金昌市	Jinchang	110497		48	110449	109599	898	100354
白银市	Baiyin	39871		181	39690	28840	11031	9623
天水市	Tianshui	31692	3057	2507	26128	29797	1895	1168
武威市	Wuwei	24677	84	6639	17953	21187	3490	653
张掖市	Zhangye	44122	1294	832	41997	37024	7098	781
平凉市	Pingliang	5505	22	2460	3023	4965	539	
酒泉市	Jiuquan	51222	1907	7287	42027	44842	6380	1260
庆阳市	Qingyang	23464	371	1216	21878	22056	1408	1261
定西市	Dingxi	2155	2	33	2120	1930	225	191
陇南市	Longnan	2859	89	493	2277	2318	541	657
临夏州	Linxia	3769		70	3699	3680	89	133
甘南州	Gannan	789	107	153	528	728	61	3

18-45 各地区研究与试验发展（R&D）项目（课题）情况 (2015)
Statistics of R&D Projects (Topics) by Region (2015)

地 区	Region	项目（课题）数（项） Number of Projects (Topics) (unit)	项目（课题）参加人数折合全时当量（人年） Projects (Topics) Participant (man-year)	#研究人员 Researcher	项目（课题）经费内部支出（万元） Internal Expenditure of Projects (Topics) (10 000 yuan)
兰州市	Lanzhou	11319	12704	7295	293279
嘉峪关市	Jiayuguan	160	1048	93	67155
金昌市	Jinchang	92	705	324	91717
白银市	Baiyin	116	628	222	24449
天水市	Tianshui	516	1124	503	21307
武威市	Wuwei	273	1362	389	22219
张掖市	Zhangye	485	1176	493	38984
平凉市	Pingliang	57	338	112	3275
酒泉市	Jiuquan	224	1341	435	42004
庆阳市	Qingyang	479	1320	597	20228
定西市	Dingxi	42	160	96	1813
陇南市	Longnan	74	83	34	1983
临夏州	Linxia	45	142	64	2909
甘南州	Gannan	154	73	54	344

18-46　企业单位分行业各类专业技术人员（2015）

Professional and Technical Personnel of Enterprises Units by Sector and Type (2015)

单位：人　　(person)

行　业	Sector	总计 Total	工程技术人员 Engineering	农业技术人员 Agriculture	科学研究人员 Scientific Research	卫生技术人员 Health Care	教学人员 Teaching	其他 Other
总　计	**Total**	**73127**	**40418**	**1226**	**163**	**3114**	**871**	**27335**
农林牧渔业	Agriculture,Forestry,Animal Husbadry and Fishery	3435	1184	1012		103	65	1071
采矿业	Mining	12487	7298	8		1565	295	3321
制造业	Manufacturing	14559	9862	178	131	164	82	4142
电力、热力、燃气及水的生产和供应业	Production and Supply of Electricity, Heat, Gas and Water	3792	3128			20	12	632
建筑业	Construction	17224	12573	5		314	16	4316
批发和零售业	Wholesale and Retail Trades	613	75	1		20		517
交通运输、仓储和邮政业	Transport, Storage and Post	5166	3086	5	3	6	6	2060
住宿和餐饮业	Hotels and Catering Services	235	40			1		194
信息传输、软件和信息技术服务业	Information Transmission,Software and Information Technology Services	86	75					11
金融业	Financial Intermediation	8863	215	2	1	1	8	8636
房地产业	Real Estate	412	217			1		194
租凭和商务服务业	Leasing and Commercial Services	208	71			2	4	131
科学研究和技术服务业	Scientific Research and Technical Services	870	753		17	2		98
水利环境和公共设施管理业	Management of Water Conservancy, Environment and Public Facilities	1518	1285	4		4	2	223
居民服务、修理和其他服务业	Services to Households,Repair and Other Services	345	109	11			6	219
教育	Education	439	29				374	36
卫生和社会工作	Health and Social Work	939				899		40
文化、体育和娱乐业	Culture, Sports and Entertainment	1895	403			12	1	1479
公共管理、社会保障和社会组织	Public Management,Social Security and Social Organization	41	15		11			15
国际组织	International Organizations							

注：此表为公有制经济企业专业技术人员数据。

a)Data in this table are data of professional and technical personnel of public economic enterprises.

18-47 事业单位分行业各类专业技术人员(2015)
Professional and Technical Personnel of Institutional Unit by Sector and Type (2015)

单位：人 (person)

行业	Sector	总计 Total	高级岗位 Senior Position	中级岗位 Intermediate Position	初级岗位 Primary Position	其他 Other
总计	**Total**	**496039**	**46752**	**164212**	**272396**	**12679**
农林牧渔业	Agriculture,Forestry,Animal Husbadry and Fishery	35580	2829	9881	21835	1035
采矿业	Mining	79	1	5	73	
制造业	Manufacturing	3		1	2	
电力、热力、燃气及水的生产和供应业	Production and Supply of Electricity, Heat, Gas and Water	434	21	131	193	89
建筑业	Construction	1114	47	315	740	12
批发和零售业	Wholesale and Retail Trades	4			4	
交通运输、仓储和邮政业	Transport, Storage and Post	5457	852	1841	2651	113
住宿和餐饮业	Hotels and Catering Services	17		3	14	
信息传输、软件和信息技术服务业	Information Transmission,Software and Information Technology Services	184	6	34	137	7
金融业	Financial Intermediation	310	3	32	275	
房地产业	Real Estate	135	3	54	76	2
租凭和商务服务业	Leasing and Commercial Services	26		7	19	
科学研究和技术服务业	Scientific Research and Technical Services	9617	1901	3239	4314	163
水利环境和公共设施管理业	Management of Water Conservancy, Environment and Public Facilities	10463	924	3556	5769	214
居民服务、修理和其他服务业	Services to Households,Repair and Other Services	435	7	81	345	2
教育	Education	330270	30761	117766	173889	7854
卫生和社会工作	Health, Social Security and Social Welface	81785	7550	22047	49625	2563
文化、体育和娱乐业	Culture, Sports and Entertainment	11318	1503	3746	5747	322
公共管理、社会保障和社会组织	Public Management,Social Security and Social Organization	8808	344	1473	6688	303
国际组织	International Organizations					

主要指标解释

普通高等学校 指通过国家普通高等教育招生考试，招收高中毕业生为主要培养对象，实施高等学历教育的全日制大学、独立设置的学院、独立学院和高等专科学校、高等职业学校及其他机构。

大学、独立设置的学院主要实施本科及本科层次以上的教育。独立学院主要实施本科层次的教育。高等专科学校、高等职业学校实施专科层次的教育。其他机构是指承担国家普通招生计划任务不计校数的机构，包括普通高等学校分校、大专班等。

成人高等学校 指通过国家成人高等教育招生考试，招收具有高中毕业或同等学力的人员为主要培养对象，利用函授、业余、脱产等多种形式，对其实施高等学历教育的学校。包括：职工高等学校、农民高等学校、管理干部学院、教育学院、独立函授学院、广播电视大学、其他机构。其他机构是指承担国家成人招生计划任务不计校数的机构。

小学学龄儿童净入学率 指调查范围内已入小学学习的学龄儿童占校内外学龄儿童总数（包括弱智儿童，不包括盲聋哑儿童）的比重。

研究与试验发展 (R&D) 指在科学技术领域，为增加知识总量，以及运用这些知识去创造新的应用进行的系统的创造性的活动，包括基础研究、应用研究、试验发展三类活动。国际上通常采用 R&D 活动的规模和强度指标反映一国的科技实力和核心竞争力。

基础研究 指为了获得关于现象和可观察事实的基本原理的新知识（揭示客观事物的本质、运动规律，获得新发现、新学说）而进行的实验性或理论性研究，它不以任何专门或特定的应用或使用为目的。其成果以科学论文和科学著作为主要形式。用来反映知识的原始创新能力。

应用研究 指为获得新知识而进行的创造性研究，主要针对某一特定的目的或目标。应用研究是为了确定基础研究成果可能的用途，或是为达到预定的目标探索应采取的新方法（原理性）或新途径。其成果形式以科学论文、专著、原理性模型或发明专利为主。用来反映对基础研究成果应用途径的探索。

试验发展 指利用从基础研究、应用研究和实际经验所获得的现有知识，为产生新的产品、材料和装置，建立新的工艺、系统和服务，以及对已产生和建立的上述各项作实质性的改进而进行的系统性工作。其成果形式主要是专利、专有技术、具有新产品基本特征的产品原型或具有新装置基本特征的原始样机等。在社会科学领域，试验发展是指把通过基础研究、应用研究获得的知识转变成可以实施的计划（包括为进行检验和评估实施示范项目）的过程。人文科学领域没有对应的试验发展活动。主要反映将科研成果转化为技术和产品的能力，是科技推动经济社会发展的物化成果。

R&D 人员 指参与研究与试验发展项目研究、管理和辅助工作的人员， 包括项目（课题）组人员，企业科技行政管理人员和直接为项目（课题）活动提供服务的辅助人员。反映投入从事拥有自主知识产权的研究开发活动的人力规模。

R&D 人员全时当量 指全时人员数加非全时人员按工作量折算为全时人员数的总和。例如：有两个全时人员和三个非全时人员（工作时间分别为 20%、30% 和 70%），则全时当量为 2+0.2+0.3+0.7=3.2 人年。为国际上比较科技人力投入而制定的可比指标。

R&D 经费内部支出合计 指调查单位用于内部开展 R&D 活动（基础研究、应用研究和试验发展）的实际支出。包括用于 R&D 项目（课题）活动的直接支出，以及间接用于 R&D 活动的管理费、服务费、与 R&D 有关的基本建设支出以及外协加工费等。不包括生产性活动支出、归还贷款支出以及与外单位合作或委托外单位进行 R&D 活动而转拨给对方的经费支出。

R&D 项目（课题）数 指在当年立项并开展研究工作、以前年份立项仍继续进行研究的研发项目（课题）数，包括当年完成和年内研究工作已告失败的研发项目（课题），但不包括委托外单位进行的研发项目（课题）数。

R&D 项目（课题）人员全时当量 指实际参加研发项目（课题）活动人员折合的全时当量。

R&D 项目（课题）经费内部支出 指调查单位内部在报告年度进行研发项目（课题）研究和试制等的实际支出。包括劳务费、其他日常支出、固定资产购建费、外协加工费等，不包括委托或与外单位合作进行项目（课题）研究而拨付给对方使用的经费。

专利 是专利权的简称，是对发明人的发明创造经审查合格后，由专利局依据专利法授予发明人和设计人对该项发明创造享有的专有权。包括发明、实用新型和外观设计。反映拥有自主知识产权的科技和设计成果情况。

发明（专利） 指对产品、方法或者其改进所提出的新的技术方案。是国际通行的反映拥有自主知识产权技术的核心指标。

实用新型（专利） 指对产品的形状、构造或者其结合所提出的适于实用的新的技术方案。反映具有一定技术含量的技术成果情况。

外观设计（专利） 指对产品的形状、图案、色彩或者其结合所作出的富有美感并适于工业上应用的新设计。反映拥有自主知识产权的外观设计成果情况。

19

卫生、社会服务和社会保障

Public Health, Social Services and Social Security

简要说明

一、本篇资料主要内容

本篇资料主要包括卫生、民政事业、劳动保障、残疾人事业及其他社会统计情况。

卫生主要包括：卫生机构、卫生技术人员、床位数、医院诊疗人次及入院人数、新型农村合作医疗情况。

民政事业和劳动保障资料主要包括：社会福利事业机构、人员和社会救济情况、社会保障、婚姻登记等情况。

二、本篇资料来源

本篇资料由省统计局社会科技处搜集、加工整理。

1. 卫生、新型农村合作医疗资料由省卫生和计划生育委员会提供。

2. 民政事业、劳动保障及其他社会统计数据分别来源于省民政厅、省人力资源和社会保障厅、省公安厅、省委统战部、省妇联、省总工会、省残联。

19-1 医疗卫生机构基本情况
Basic Statistics of Health Care Institutions

项目	Item	2012	2013	2014	2015
卫生机构数（个）	**Number of Health Care Institutions (unit)**	**26249**	**26528**	**27902**	**27606**
医院	Hospitals	402	419	427	442
综合医院	General Hospitals	264	273	275	277
中医医院	Hospitals Specialized in Traditional Chinese Medicine	70	73	76	81
中西医结合医院	Hospital of Integrated Traditional Chinese with Western Medicine	4	7	9	10
民族医院	Nationalities Hospitals	11	12	13	12
专科医院	Specialized Hospitals	53	54	54	62
卫生院	Health Centers	1382	1381	1378	1351
疗养院	Sanatoriums	5	5	4	4
社区卫生服务中心（站）	Community Health Service Centers (Stations)	620	606	597	612
村卫生室	Village dinics	16707	16683	16686	16573
门诊部	Outpatient Department	66	69	76	74
诊所、卫生所、医务室	Clinics	6703	6620	6523	6618
急救中心（站）	First Aid Centers (Stations)	2	2	3	3
采供血机构	Blood Collection Agencies	17	17	17	17
妇幼保健院（所、站）	Women and Children Care Agencies	99	100	100	100
专科疾病防治院（所、站）	Specialized Disease Prevention & Treatment Institute	7	7	7	7
疾病预防控制中心（防疫站）	Centers for Disease Control and Prevention	103	103	103	103
卫生监督所（中心）	Health Inspection Institution(center)	93	93	92	92
医学科学研究机构	Medicine Scientific Research Institutions	5	5	5	5
医学在职培训机构	Medical-service Training Institutions	11	11	11	10
健康教育所	Health Education Institution	6	13	13	13
其他卫生机构	Other Health Institutions	21	394	1860	1582
床位（张）	**Beds (unit)**	**111979**	**116087**	**122375**	**127011**
# 医院	Hospitals	76304	84511	90499	94596
综合医院	General Hospitals	56478	62070	65782	67077
中医医院	Hospitals Specialized in Traditional Chinese Medicine	14500	15936	17661	19935
中西医结合医院	Hospital of Integrated Traditional Chinese with Western Medicine	630	973	1244	1336
民族医院	Nationalities Hospitals	496	716	818	760
专科医院	Specialized Hospitals	4200	4816	4994	5488
卫生院	Health Centers	22682	23447	23814	24013
疗养院	Sanatoriums	750	750	650	650
社区卫生服务中心（站）	Community Health Service Centers (Stations)	8877	3465	3473	3766
门诊部	Outpatient Department	155	326	322	148
诊所、卫生所、医务室	Clinics	12	12	12	12
急救中心（站）	First Aid Centers (Stations)		12	12	12
妇幼保健院（所、站）	Women and Children Care Agencies	3187	3532	3561	3782
专科疾病防治院（所、站）	Specialized Disease Prevention & Treatment Institute	12	32	32	32

19-1 续表 continued

项目	Item	2012	2013	2014	2015
卫生机构人员数（人）	**Number of Health Agency Personnel (person)**	**152294**	**159645**	**178919**	**182305**
卫生技术人员（人）	**Medical Technical Personnel (person)**	**111907**	**116319**	**126294**	**129523**
医院	Hospitals	57283	61257	65757	69473
综合医院	General Hospitals	44935	47966	51172	53047
中医医院	Hospitals Specialized in Traditional Chinese Medicine	8190	8906	9691	11218
中西医结合医院	Hospital of Integrated Traditional Chinese with Western Medicine	461	552	748	904
民族医院	Nationalities Hospitals	516	548	575	488
专科医院	Specialized Hospitals	3181	3285	3571	3816
卫生院	Health Centers	24787	25517	25588	25323
疗养院	Sanatoriums	118	114	105	101
社区卫生服务中心（站）	Community Health Service Centers (Stations)	6524	6562	6748	7048
门诊部	Outpatient Department	583	659	718	621
诊所、卫生所、医务室	Clinics	11088	10825	10831	11113
急救中心（站）	First Aid Centers (Stations)	89	89	100	102
采供血机构	Blood Collection Agencies	410	379	420	410
妇幼保健院（所、站）	Women and Children Care Agencies	3468	3718	4522	4718
专科疾病防治院（所、站）	Specialized Disease Prevention & Treatment Institute	40	50	39	55
疾病预防控制中心	Centers for Disease Control and Prevention	3620	3650	3613	3598
卫生监督所（中心）	Health Inspection Institution(center)	1679	1349	1409	1424
医学科学研究机构	Medicine Scientific Research Institutions	258	241	268	274
医学在职培训机构	Medical-service Training Institutions	183	181	184	167
健康教育所	Health Education Institution	47	50	33	54
其他卫生机构	Other Health Institutions	1730	1678	5959	5042
每万人口执业（助理）医师（人）	**Number of Licensed (Assistant) Doctors per 10 000 Population(person)**	**16.8**	**17.4**	**18.5**	**19.1**
每万人口注册护士（人）	**Number of Registered Nurses per 10 000 Population(person)**	**14.4**	**15.9**	**17.4**	**18.4**

19-2 卫生机构数

Number of Health Care Institutions

单位：个 (unit)

年份 Year	总计 Total	# 医 院 Hospitals	# 卫生院 Health Centers	# 疗养院 Sanatoriums	# 社区卫生服务中心（站） Community Health Service Centers (Stations)	# 门诊部 Outpatient Department
2007	11958	370	1343	6	299	81
2008	10737	371	1342	5	321	82
2009	10011	373	1342	5	340	74
2010	10267	378	1350	6	429	64
2011	10065	388	1381	5	575	50
2012	9542	402	1382	5	620	66
2013	9845	419	1381	5	606	69
2014	11216	427	1378	4	597	76
2015	11031	442	1351	4	612	74

注：本表卫生机构数不包含村卫生室数。

a) Number of health care institutions in this table doesn't include villages clinics.

19-2 续表 continued

单位：个 (unit)

年份 Year	# 诊所、卫生所、医务室 Clinics	# 急救中心（站） First Aid Centers (Stations)	# 专科疾病防治院（所、站） Specialized Disease Prevention & Treatment Institute	# 疾病预防控制中心 Centers for Disease Control and Prevention	# 妇幼保健院（所、站） Women and Children Care Agencies	# 卫生监督所 Health Inspection Institution (Center)	# 医学科学研究机构 Medicine Scientific Research Institutions
2007	9553	2	7	106	99	87	5
2008	7841		7	104	100	87	5
2009	7523	2	7	103	99	86	5
2010	7686	2	7	103	100	90	5
2011	7313	2	7	103	100	91	5
2012	6703	2	7	103	99	93	5
2013	6620	2	7	103	100	93	5
2014	6523	3	7	103	100	92	5
2015	6618	3	7	103	100	92	5

19-3 卫生机构人员数

Number of Employed Persons in Health Care Institutions

单位：人 (person)

年份 Year	总计 Total	#卫生技术人员 Medical Technical Personnel	#执业（助理）医师 Licensed (Assistant) Doctors	执业医师 Licensed Doctors	#注册护士 Registered Nurses	#药师（士） Pharmacist	#检验技师（士） Laboratory Technician	每万人口执业（助理）医师 Number of Licensed (Assistant) Doctors per 10 000 Population
2000	85167	69318					2000	14.7
2001	85774	70283			22376		2183	14.5
2002	81177	66799	29947	23007	20232	5407	3454	13.4
2003	81495	67243	29924	23172	22460	5565	3489	13.5
2004	80994	66503	29415	23199	20054	5085	3359	13.2
2005	81049	66926	29701	23222	22403	5023	3463	13.6
2006	82357	68507	30238	23656	20425	4943	33561	11.6
2007	101796	85348	35144	27523	23999	4972	4747	13.4
2008	103982	87436	36176	29015	24950	4859	5148	13.8
2009	107312	89963	36721	29907	26422	4766	5328	13.9
2010	115368	97387	38249	31309	29646	5058	5522	15.0
2011	146290	106252	41121	33382	33713	5317	5802	16.1
2012	152294	111907	43302	35173	37212	5589	5802	16.8
2013	159645	116319	43442	35813	40668	5816	6033	17.4
2014	178919	126294	47791	38667	45196	6046	6429	18.5
2015	182305	129523	49663	40185	47832	6118	6705	19.1

19-4 卫生机构床位数

Number of Beds in Health Institutions

单位：张 (unit)

年份 Year	总计 Total	医院 Hospitals	卫生院 Health Centers	疗养院 Sanatoriums	社区卫生服务中心（站） Community Health Service Centers (Stations)
2000	59441	43511	13046	985	
2001	60336	44303	13072	913	
2002	61157	44287	13064	702	170
2003	61223	44387	12715	1032	246
2004	61801	45123	12906	950	241
2005	63638	47073	12783	850	323
2006	66197	48779	13672	782	441
2007	70290	50459	15992	540	978
2008	76581	53847	18468	810	1359
2009	87419	56767	20260	690	1607
2010	94883	60961	21461	690	2117
2011	101108	67303	22273	690	2713
2012	111979	76304	22682	750	8877
2013	116087	84511	23447	750	3465
2014	122375	90499	23814	650	3473
2015	127011	94596	24013	650	3766

19-4 续表 continued

单位：张 (unit)

年份 Year	门诊部 Outpatient Department	急救中心（站） First Aid Centers (Stations)	妇幼保健院（所、站） Women and Children Care Agencies	专科疾病防治院（所、站） Specialized Disease Prevention & Treatment Institute	其他卫生机构 Others	每万人口医院、卫生院床位 Number of Beds of Hospitals and Health Centers per 10 000 Population
2000	253	12	684		950	23.2
2001	288	12	695	2	1051	23.4
2002	355	12	1602	26	939	23.5
2003	545	12	1566	62	658	23.5
2004	407	12	1739	61	362	23.6
2005	441	12	1811	12	333	24.5
2006	516	12	1768	18	209	25.4
2007	291	12	1804	214		26.9
2008	160	12	1911	14		29.2
2009	6034	12	2021	28		29.2
2010	7368	12	2246	28		32.2
2011	5725	12	2364	28		35.1
2012	155	12	3187	12		38.4
2013	326	12	3532	32	12	46.3
2014	322	12	3561	32	12	44.1
2015	148	12	3782	32	12	45.63

19-5 按市县分卫生机构数、床位数和卫生技术人员

Number of Health Institutions, Beds and Health Technicians by City and County

年份 Year	卫生机构数（个） Health Institutions (unit)		卫生机构床位数（张） Beds of Medical Institutions (unit)		卫生技术人员（人） Medical Technical Personnel (person)		#执业（助理）医师 Licensed (Assistant) Doctors		#注册护士 Registered Nurses	
	市 City	县 County	市 City	县 County	市 City	县 County	市 City	县 County	市 City	县 County
2000			31287	28154	35977	33341	15037	16614	11924	7526
2001			32146	28190	37069	33214	15485	16885	12440	7780
2002			32317	28619	34808	31806	14494	15331	12518	7647
2003			32877	28346	35344	31899	14692	15232	12318	7846
2004			33455	28346	35004	31499	14697	14718	12296	7758
2005			35673	27965	36444	30482	15357	14344	12470	7611
2006			37327	28870	36876	31631	15633	14605	12707	7718
2007	3771	8169	39480	30837	47418	38172	19859	15349	15958	8039
2008	3413	7324	42447	34216	48824	38875	20507	15669	16524	8426
2009	3289	6722	49327	38092	50541	39422	21003	15718	17676	8746
2010	3229	7038	53823	41060	54078	43309	21875	16374	19788	9858
2011	6957	19805	56163	44945	58569	47683	23334	17787	21933	11780
2012	7012	19246	61874	50105	62101	49806	24573	18729	23776	13436
2013	7064	19464	60460	55627	65275	51044	25349	18093	25825	14843
2014	7412	20490	62858	59517	70057	56237	26891	20900	28312	16884
2015	7399	20204	65315	61696	72522	57001	27973	21690	29975	17857

注：按市县分的卫生机构床位数为医院、卫生院床位数。2011 年起卫生机构数包括村卫生室数。

a) Number of beds in health care institutions by city and county referred to beds of hospital and health centers.Since 2011,data of health care institutions include the villages clinics.

19-6 医疗机构门诊、住院服务情况（2015）

Situation of Outpatient and Hospitalization Services of Health Institutions (2015)

类别	Item	诊疗人次（万人次） Visits (10 000 person-times)	#门、急诊 Outpatients with Emergency Treatment	入院人数（万人） Impatients (10 000 persons)	出院人数（万人） Patients Discharged (10 000 persons)	每百门、急诊入院人数（人） Impatients Per 100 Outpatients and Emergency Visits(person)
总计	**Total**	**12569.81**	**11736.32**	**355.11**	**349.87**	**5.33**
医 院	Hospital	3967.59	3747.21	274.18	271.73	7.32
卫生院	Health Centers	1970.22	1905.50	62.56	59.70	3.28
疗养院	Sanatoriums	0.69	0.68	0.35	0.35	52.39
社区卫生服务中心（站）	Community Health Service Centers (stations)	701.84	657.61	5.34	5.47	0.81
门诊部	Outpatient Department	33.75	31.47	0.18	0.18	
诊所、卫生所、医务室	Clinics	1751.52	1650.26	0.01	0.01	1.62
妇幼保健院（所、站）	Maternity and Child Care Centers (stations)	354.31	347.97	12.48	12.43	3.59
专科疾病防治院（所、站）	Speclalized Disease Prevention and Treatment Centers (stations)	6.14	6.14	0.01	0.01	0.10

19-7 医疗机构病床使用情况（2015）

Utilization of Beds Medical Institutions(2015)

类别	Item	病床周转次数（次） Turnoverof Beds (times)	病床工作日（日） Work Day of Beds (day)	病床使用率（%） Utilization Rate of Beds（%）	出院者平均住院日（日） Average Stay Days in Hospital(day)
总计	**Total**	**29.7**	**277.3**	**76.0**	**9.0**
医 院	Hospitals	30.4	299.7	82.1	9.6
卫生院	Health Centers	27.7	208.2	57.0	6.7
疗养院	Sanatoriums	7.3	51.8	14.2	7.1
社区卫生服务中心（站）	Community Health Service Centers (stations)	20.8	203.8	55.9	6.1
门诊部	Outpatient Department				
妇幼保健院（所、站）	Women and Children Care Agencies (stations)	34.8	217.3	59.5	6.2
专科疾病防治院（所、站）	Speclalized Disease Prevention and Treatment Centers(stations)	11.6	11.6	3.2	1.0

19-8　农村乡镇卫生院医疗服务情况
Situations of Medical Services in Township Health Centers

年份 Year	诊疗人次（万人次） Visits (10 000 person-times)	病床使用率 (%) Utilization Rate of Beds (%)	出院者平均住院日（日） Average Stay Days in Hospital (day)
2007	1453	24.03	4.4
2008	1799	51.81	4.9
2009	1653	58.62	6.0
2010	1547	54.44	6.0
2011	1763	52.94	6.4
2012	1947	58.73	6.2
2013	2089	56.97	6.4
2014	1988	55.96	6.8
2015	1970	57.05	6.7

19-9　社区卫生服务中心（站）医疗服务情况
Medical Services of Community Health Service Centers(Stations)

年份 Year	入院人数（人） Inpatients (person)	病床使用率 (%) Utilization Rate of Beds (%)	出院者平均住院日（日） Average Stay Days in Hospital (day)	医师日均担负诊疗人次（人次） Daily Visits Each Doctor (person-time)	医师日均相负住院床日（日） Daily Inpatients Each Doctor (day)
2007	19355	58.1	2.0	9.1	0.3
2008	24980	70.3	1.1	10.6	0.5
2009	26585	60.5	1.2	8.9	0.4
2010	25320	51.8	4.7	5.1	0.4
2011	44305	59.3	5.6	7.9	0.5
2012	51806	57.2	5.8	7.8	0.5
2013	45655	54.9	6.8	8.1	0.5
2014	47294	56.5	6.8	9.7	0.5
2015	53392	55.9	6.1	9.8	0.5

19-10 医院、卫生院基本情况（2015）
Basic Statistics of Hospitals and Health Centers (2015)

项目	Item	总计 Total	医院 Hospitals	市 City	县 County	卫生院 Health Centers
医院数（个）	Hospitals(unit)	1793	442	243	199	1351
床位数（张）	Beds(unit)	118609	94596	54822	39774	24013
人员数（人）	Personnel(person)	111589	83649	56657	26992	27940
#卫生技术人员	Medical Technical Personnel	94796	69473	46636	22837	25323
执业医师	Licensed Doctor	28477	23897	16171	7726	4580
注册护士	Registered Nurses	38295	30212	21268	8944	8083
药剂人员	Pharmacists	5014	3628	2441	1187	1386
检验人员	Laboratory Technicians	5238	4240	2805	1435	998
其 他	Others	11957	5451	3149	2302	6506

19-11 法定报告传染病发病及死亡情况（2015）
Pathogenesis and Death Situation of Infectious Diseases Reported (2015)

疾病名称	Diseases	发病率（1/10万） Disease Incidence (1/100 000)	死亡率（1/10万） Death Rate (1/100 000)	病死率（%） Mortality Rate (%)
鼠疫	Plague			
艾滋病	AIDS	1.1965	0.2200	18.3871
病毒性肝炎	Viral Hepatitis	69.4424	0.0116	0.0167
麻疹	Measles	5.4385	0.0039	0.0710
出血热	Hemorrhagic Fever	0.1274		
流行性乙型脑炎	Encephalitis B	0.0556		
炭疽	Anthrax	0.2702		
痢疾	Dysentery	23.3752	0.0039	0.0165
肺结核	Pulmonary Tuberculosis	54.9178	0.1660	0.3022
伤寒、副伤寒	Typhoid, Paratyphoid	0.1544		
流行性脑脊髓膜炎	Epidemic Cerebrospinal Meningitis	0.0039		
百日咳	Pertussis	0.3435		
新生儿破伤风	Newborn Tetanus	0.0002		
布病	Brucellosis	8.8892		
猩红热	Scarlet Fever	4.6125		
淋病	Gonorrhea	2.9373		
梅毒	Syphilis	16.7826		
血吸虫	Schistosomiasis			
疟疾	Malaria	0.1081		

19-12 卫生总费用
Total Health Expenditure

年份 Year	卫生总费用（亿元） Total Health Expenditure (100 million yuan)	政府卫生支出 Government Health Expenditure		社会卫生支出 Social Health Expenditure		个人现金卫生支出 Out-of-pocket Health Expenditure		人均卫生总费用（元） Per Capita Health Expenditure (yuan)	卫生总费用相对于GDP比重(%) Health Expenditure as Percentage of GDP (%)
		绝对数（亿元） Level (100 million yuan)	占卫生总费用比重(%) As Percentage of Health Expenditure (%)	绝对数（亿元） Level (100million yuan)	占卫生总费用比重(%) As Percentage of Health Expenditure (%)	绝对数（亿元） Level (100million yuan)	占卫生总费用比重(%) As Percentage of Health Expenditure (%)		
2000	4.37	0.72	16.49	1.23	28.16	2.42	55.34	129.01	5.44
2001	4.61	0.97	21.13	0.85	18.52	2.78	60.35	135.32	5.27
2002	5.83	1.10	18.83	0.88	15.04	3.85	66.13	169.84	5.98
2003	79.85	17.89	22.40	18.93	23.71	43.03	53.89	305.80	6.10
2004	89.92	20.11	22.36	24.02	26.72	45.79	50.92	343.45	5.77
2005	106.61	27.12	25.44	22.07	20.70	57.42	53.86	410.91	5.51
2006	124.41	31.13	25.02	27.31	21.95	65.98	53.03	447.36	5.46
2007	147.15	45.37	30.83	31.53	21.43	70.25	47.74	562.27	5.45
2008	213.89	83.93	39.24	48.18	22.53	81.78	38.24	813.85	6.73
2009	263.98	102.42	38.80	69.80	26.44	91.76	34.76	1001.65	7.79
2010	295.38	116.54	39.45	74.22	25.13	104.62	35.42	1153.86	7.17
2011	393.60	161.60	41.06	99.25	25.22	132.75	33.73	1534.99	7.84
2012	444.72	168.88	37.97	113.94	25.62	161.91	36.41	1725.36	7.87
2013	518.21	188.17	36.31	141.28	27.26	188.75	36.43	2006.89	8.27
2014	569.75	212.32	37.27	164.19	28.82	193.24	33.92	2199.13	8.34

19-13 各地区卫生机构基本情况 (2015)
Basic Statistics of Health Institutions by Region (2015)

地区	Region	卫生机构数（个） Number of Health Institutions (unit)	# 医院 Hospitals	# 卫生院 Health Centers	卫生机构床位数（张） Number of Hospital Beds (unit)	# 医院 Hospitals	# 卫生院 Health Centers	卫生机构人员数（人） Number of Persons Engaged in Health Institutions (person)	# 医院 Hospitals	# 卫生院 Health Centers
兰州市	Lanzhou	2391	95	69	24774	21230	1179	39758	24444	1743
嘉峪关市	Jiayuguan	122	5	3	1785	1582	66	2943	2023	84
金昌市	Jinchang	551	13	12	2537	2242	267	4296	2668	277
白银市	Baiyin	1359	32	74	7932	5807	1519	11166	5004	1957
天水市	Tianshui	3545	36	132	12883	9233	2414	19113	7817	3162
武威市	Wuwei	1744	17	108	8698	6254	2037	11262	5095	2465
张掖市	Zhangye	1565	40	84	7852	5441	1813	10166	4957	1642
平凉市	Pingliang	2746	37	108	11888	8904	2513	14986	6106	3111
酒泉市	Jiuquan	962	30	75	6041	4454	1300	8314	4679	1222
庆阳市	Qingyang	1950	28	125	8964	6001	2524	13766	5179	3053
定西市	Dingxi	2775	37	138	13837	9819	3331	14694	5489	3476
陇南市	Longnan	5154	27	216	8721	5911	2317	16563	4798	3035
临夏州	Linxia	2047	26	128	8984	6169	2369	10633	3860	1811
甘南州	Gannan	692	19	79	2115	1549	364	4645	1530	902

注：卫生机构数包括村卫生室数。
a) Number of health care institutions included number of village clinics.

19-14 各地区卫生技术人员数（2015）

Number of Medical Technical Personnel in Health Care Institutions by Region (2015)

单位：人 (person)

地区	Region	卫生技术人员 Medical Technical Personnel	# 执业医师 Licensed Doctors	# 执业助理医师 Licensed (Assistant) Doctors	# 注册护士 Registered Nurses	# 药师（士） Pharmacist	# 检验技师（士） Laboratory Technician
兰州市	Lanzhou	30967	11236	1118	13107	1475	1606
嘉峪关市	Jiayuguan	2565	793	71	1213	139	179
金昌市	Jinchang	3571	1120	181	1443	231	206
白银市	Baiyin	8091	2319	620	3283	358	438
天水市	Tianshui	11698	3626	895	4101	530	692
武威市	Wuwei	8361	2537	583	3416	386	414
张掖市	Zhangye	7707	2351	590	3018	313	397
平凉市	Pingliang	10531	2932	964	3622	510	492
酒泉市	Jiuquan	6936	2171	524	2857	349	316
庆阳市	Qingyang	9174	2886	778	3284	424	459
定西市	Dingxi	9760	2958	1147	3104	589	638
陇南市	Longnan	9908	2168	883	2664	443	370
临夏州	Linxia	6635	1969	657	1890	231	290
甘南州	Gannan	3619	1119	467	830	140	208

19-15 新型农村合作医疗情况

Conditions of New Cooperative Medical System

指标	Item	2010	2011	2012	2013	2014	2015
开展新农合县（市、区）(个)	Number of Counties Implementing of NCMS(unit)	86	86	86	86	86	86
参加新农合人数（万人）	Number of Enrollees(10 000 persons)	1910.32	1918.27	1921.50	1930.34	1925.92	1909.34
参合率(%)	Enrollment Rate (%)	95.92	96.54	97.09	97.53	98.26	98.3
当年基金支出（亿元）	Payout at Current Year (100 million yuan)	22.61	37.89	53.88	64.46	73.22	81.06
补偿支出受益人次（万人次）	Number of Beneficiaries from Reimbursement (10 000 persons-times)	2132.41	3067.99	3899.86	3900.00	3627.04	4517.42
农村医疗救助人次（万人次）	Person-times Receiving Medical Aid in Rural Areas (10 000 persons-times)	123.70	178.16	200.64	204.06	213.65	223.78
民政部门资助农村医疗合作人数（万人次）	Civil Affairs Department Subsidized Number of Rural Cooperative Medical (10 000 persons-times)	83.50	143.43	149.47	204.06	162.19	223.78

19-16 各地区新型农村合作医疗情况（2015）
Conditions of New Rural Cooperative Medical System by Region (2015)

地区	Region	开展新农合县（市、区）（个）Number of Counties Implementing of NCMS (unit)	参加新农合人数（万人）Number of Enrollees (10 000 persons)	补偿受益人次（万人次）Number of Benificiaries from Reimbursement (10 000 person-times)	本年度筹资总额（万元）Permiums This Year (10 000 yuan)
甘肃省	**Gansu**	**86**	**1909**	**4517**	**967781**
兰州市	Lanzhou	7	115	184	53738
嘉峪关市	Jiayuguan	1	2	7	1058
金昌市	Jinchang	2	22	16	10141
白银市	Baiyin	5	121	373	56630
天水市	Tianshui	7	287	944	133735
武威市	Wuwei	4	141	405	66035
张掖市	Zhangye	6	95	257	44429
平凉市	Pingliang	7	174	430	81240
酒泉市	Jiuquan	7	62	132	29427
庆阳市	Qingyang	8	215	348	102546
定西市	Dingxi	7	235	351	108877
陇南市	Longnan	9	231	447	108235
临夏州	Linxia	8	157	278	73396
甘南州	Gannan	8	53	345	98292

19-17 孕产妇及婴儿死亡率
Mortality Rate of Maternal and Infant

指标	Item	2010	2011	2012	2013	2014	2015
孕产妇死亡率（1/10万）	Maternal Mortality Rate (1/100 000)	33.23	30.72	24.30	22.96	19.47	15.07
城市	Urban	23.38	25.10	17.03	17.68	19.37	19.34
农村	Rural	37.50	33.12	27.52	25.17	19.52	13.27
婴儿死亡率（‰）	Infant Mortality Rate(‰)	10.00	8.28	7.25	6.48	5.62	5.28
城市	Urban	7.66	6.78	6.29	5.87	5.29	4.48
农村	Rural	11.02	8.93	7.67	6.73	5.76	5.62
5岁以下儿童死亡率（‰）	Mortality Rate of Children under 5(‰)	11.35	9.53	8.61	7.73	5.62	6.4
城市	Urban	8.86	7.97	7.49	7.06	6.52	5.71
农村	Rural	12.43	10.20	9.09	8.01	6.99	6.7
新生儿死亡率（‰）	Newborn Mortality Rate(‰)	7.81	6.30	5.38	4.69	4.03	3.74
城市	Urban	5.90	5.17	4.75	4.21	3.81	3.24
农村	Rural	8.64	6.78	5.65	4.89	4.13	3.96

19-18 妇联组织及干部基本情况
Basic Conditions of Women's Federation Organizations and Cadres

指标	Item	2010	2011	2012	2013	2014	2015
乡及乡以上妇联组织机构（个）	Women's Federation Institution of Township and above (unit)	1488	1512	1517	1478	1480	1469
乡及乡以上妇联干部（人）	Women's Federation Cadres of Township and above (person)	2197	2148	2262	2101	2184	2218
在干部中少数民族干部数（人）	Number of Minority Cadres (person)	276	309	324	317	311	263
占干部总数（%）	Percentage in Total Cadres (%)	12.6	14.4	14.3	15.1	14.2	11.9

19-19 各党派党员（成员）数
Number of Different Parties Member

项目	Item	2010	2011	2012	2013	2014	2015
中国共产党（万人）	Communist Party of China (10 000 persons)	151	158	166	170	173	175
中国国民党革命委员会（人）	Revolutionary Committee of Kuomingdan (person)	2668	2772	2860	2985	3119	3262
中国民主同盟（人）	Democracy League (person)	6444	6812	7096	7483	7848	8118
中国民主建国会（人）	China Democratic National Construction Association (person)	2341	2430	2565	2679	2792	2854
中国民主促进会（人）	China Association Promoting Democracy (person)	2767	2840	2990	3105	3220	3364
中国农工民主党（人）	Chinese Peasants' and Workers' Democratic Party (person)	2041	2176	2273	2387	2503	2610
九三学社（人）	Jiu San Society (person)	2898	3030	3180	3261	3438	3583

19-20 工会组织情况
Basic Statistics on Trade Unions

年份 Year	工会基层组织数（个）Number of Grassroots Unions (unit)	已建立工会组织的基层单位的职工与会员人数（万人）Membership and Number of Staff and Workers in Grassroots Unions(10 000 persons)				工会专职干部人员数（人）Number of Full-time Personnel of Unions (person)
		职工人数 Number of Staff and Workers	#女职工 Female	会员人数 Membership	#女会员 Female	
1995	12251	194.29	68.44	173.91	62.31	11532
1996	12052	196.34	71.72	175.78	63.88	10020
1997	10596	173.33	61.80	155.82	54.46	8601
1998	10519	173.68	62.45	159.78	57.14	9073
1999	9788	177.23	60.71	157.06	55.36	9554
2000	10768	168.25	60.86	154.69	55.16	8714
2001	14675	177.76	63.50	163.40	56.00	6257
2002	15320	222.27	75.81	209.00	70.25	5789
2003	24291	206.12	69.16	190.43	63.72	5861
2004	23061	206.42	71.29	195.35	67.31	6279
2005	17522	219.05	75.67	207.14	70.49	5475
2006	19328	238.70	83.80	225.35	79.50	5051
2007	21642	268.76	93.14	256.68	89.44	4895
2008	24366	294.22	102.26	281.12	99.18	4890
2009	26936	312.17	105.12	301.35	102.03	5267
2010	28711	326.68	111.90	316.24	109.52	4998
2011	30422	347.28	122.48	335.97	119.19	5989
2012	33196	354.67	126.20	344.56	123.90	6336
2013	35123	370.31	131.38	358.67	129.22	6838
2014	35873	369.92	130.42	356.36	128.25	7199
2015	36626	373.12	134.29	363.35	132.10	7504

19-21 刑事案件发、破案情况
Statistics on Occurred and Solved of Criminal Cases

年份 Year	刑事案件发案总数（件）Number of Criminal Cases Occurred (case)	刑事案件破案总数（件）Number of Criminal Cases Solved (case)	刑事案件破案率 (%) Rate of Criminal Cases Solved (%)
2000	36481	20420	55.97
2001	42881	22546	52.58
2002	36758	19538	53.15
2003	34016	18812	55.30
2004	33099	18216	55.03
2005	31587	18473	58.48
2006	31114	18378	59.07
2007	31203	18325	58.73
2008	43037	20932	48.64
2009	46611	22365	47.98
2010	66472	26404	39.72
2011	78682	30573	38.86
2012	87084	36129	41.50
2013	89013	33814	37.98
2014	92040	30709	33.36
2015	108472	34431	31.74

19-22 交通事故情况
Basic Statistics on Traffic Accidents

年份 Year	交通事故（起） Number of Traffic Accidents(case)	死亡人数（人） Number of Deaths (person)	受伤人数（人） Number of Injuries (person)	直接损失（万元） Direct Property Losses (10 000 yuan)
2000	7520	2078	5637	2927.4
2001	7929	2110	6350	3170.7
2002	7696	2188	6363	3264.9
2003	7659	2090	5948	3498.8
2004	6361	1992	5566	2512.2
2005	5414	1799	5406	2252.8
2006	4822	1695	5311	1737.9
2007	3809	1549	4293	1303.2
2008	3371	1557	3697	1447.9
2009	2937	1553	3353	1224.9
2010	3090	1501	3692	1094.7
2011	3027	1505	3578	2835.5
2012	2954	1438	3343	1659.7
2013	2915	1435	3336	1212.2
2014	3038	1432	3575	1291.2
2015	3064	1396	3554	1236.3

19-23 火灾事故情况
Basic Statistics on Fire Accidents

年份 year	火灾事故（起） Number of Fire Accidents (case)	死亡人数（人） Number of Deaths (person)	受伤人数（人） Number of Injuries (person)	直接损失（万元） Direct Property Losses (10 000 yuan)
2000	2291	24	62	2542.4
2001	2736	51	88	2244.1
2002	3276	32	85	2182.8
2003	3137	31	83	1706.2
2004	3030	24	30	1959.1
2005	2599	31	41	2335.7
2006	2673	16	39	1564.5
2007	1658	15	18	1566.5
2008	1235	7	16	1932.9
2009	1198	5	6	1088.2
2010	1140	10	7	1897.2
2011	912	5	5	3773.2
2012	4388	8	1	4139.4
2013	6472	22	35	7292.0
2014	6028	9	3	5432.2
2015	5469	13	6	4906.8

19-24 受灾情况
Disaster Situation

指标	Item	2012	2013	2014	2015
受灾面积（公顷）	Area Affected (hectare)	1185518	16068661	1272621	1020927
# 旱灾	Drought	431379	8217461	222489	532988
洪涝灾	Flood Disaster	190757	3440159	160702	72184
风雹灾	Wind and Hail Disaster	225911	2553613	174796	268847
台风灾	Typhoon Disaster				
雪灾低温冷冻	Snow and Frozing	102748	1447649	714013	103239
受灾人次（万人次）	Affected Person-times (10 000 person-times)	1172	1439	1197	660
直接经济损失（万元）	Direct Economic Loss (10 000 yuan)	1365401	5580939	786853	622061

19-25 婚姻登记和离婚情况
Number of Marriages and Divorces

年份 Year	准予登记结婚（对） Registered Marriages (couples)	初婚（人） First Marriages (person)	再婚（人） Re-marriages (person)	离婚（对） Divorces (couple)	离婚率（‰） Divorce Rate (‰)
1995	155553	302938	8168	4541	0.38
1996	170379	331815	8943	4855	0.40
1997	154302	298654	9950	4409	0.36
1998	136978	262488	11468	5061	0.41
1999	133121	255203	11039	5241	0.42
2000	127799	244975	10623	5541	0.43
2001	126045	239734	12656	5790	0.45
2002	122033	227496	16570	6224	0.48
2003	118476	222219	14573	23000	1.77
2004	121187	225150	17008	21499	1.64
2005	114554	209947	19161	22260	1.72
2006	132615	245015	20215	23287	1.76
2007	115761	218565	12957	22017	1.68
2008	118023	223252	12794	22928	1.68
2009	122398	233316	11480	24742	1.88
2010	142294	269585	15003	27926	2.18
2011	169112	316838	21386	30473	2.38
2012	167518	318659	16377	32908	2.55
2013	186467	359247	13687	38500	2.98
2014	201813	391891	11735	42231	3.27
2015	220327	426481	14173	46185	3.56

注：从 2003 年起离婚人数包含法院判决离婚人数。

a) Since 2003, number of divorce has included the number of divorce sentenced by the courts.

19-26 社会救助和优抚安置情况
Statistics on Social Relief and Preferential Treatment and Resettlement

项目	Item	2010	2011	2012	2013	2014	2015
城镇低保人数（万人）	Number of Urban Residents Receiving Minimum Living Allowance (10 000 persons)	87.81	88.12	88.31	87.49	81.39	76.21
女性	Female	31.90	32.65	32.10	31.51	29.87	29.79
老年人	Old People	9.70	8.36	8.97	8.87	8.05	6.80
残疾人	Disabled	4.70	4.56	3.99	3.91	3.82	3.72
三无人员	"Three Noes" Personnel	1.80	1.60	1.43	1.55	1.49	0.87
在职人员	Serving Officers	3.20	2.94	2.18	1.97	1.49	0.75
灵活就业	Flexible Employment	13.90	14.84	17.57	17.30	16.54	14.23
在校生	School Students	16.60	17.04	15.87	15.97	14.90	14.51
城镇居民最低生活保障资金（亿元）	Minimum Living Security Fund of Urban Households (100 million yuan)	18.95	24.92	24.37	30.22	26.98	25.13
城市“三无”救助人数（万人）	Number of Persons Receiving Temporary Relief in Urban Areas (10 000 persons)	1.80	1.60	1.43	1.55	1.49	0.87
农村低保人数（万人）	Number of Rural Residents Receiving Minimum Living Allowance (10 000 persons)	326.74	321.80	344.04	343.28	338.99	336.92
女性	Female	104.90	101.33	112.81	113.92	113.99	122.79
老年人	Old People	77.70	70.96	72.83	72.29	71.25	74.10
未成年人	Minor	70.70	55.13	55.78	55.73	54.02	48.73
残疾人	Disabled	22.30	18.77	17.45	17.09	16.90	12.34
农村居民最低生活保障资金（亿元）	Minimum Living Security Fund of Rural Households (100 million yuan)	24.27	41.91	36.60	47.96	46.68	55.03
农村五保供养人数（万人）	Number of Rural Households with Livelihood Guaranteed in Five Aspects (10 000 persons)	13.06	12.44	12.31	12.38	12.27	12.07
# 女性	Female	3.10	2.71	2.53	2.52	2.41	2.31
老年人	Old People	9.32	10.17	10.03	10.11	10.21	9.99
残疾人	Disabled	3.22	2.59	2.57	2.60	2.59	2.75
农村集中五保供养人数	Centralized	1.00	1.04	1.10	1.08	1.29	0.93
农村分散五保供养人数	Decentralized	11.60	11.40	11.20	11.29	10.99	11.14
农村传统救济人数（万人）	Number of Persons Receiving Traditional Relief in Rural Areas (10 000 persons)	1.46	2.13	2.19	2.18	3.40	2.63
优抚安置	Preferential Treatment and Resettlement						
优待优抚对象户数（万户）	Number of Preferential Treatment Entitled Groups Households (10 000 households)	2.81	2.53	2.60	2.38	2.55	2.39
安置义务兵、士官、复员干部人数（万人）	Number of Serviceman and Ex-seviceman Resettled (10 000 persons)	0.29	0.46	0.30	0.33	0.69	0.66
接收军队离退休人员人数（万人）	Number of Retired Veterans Resettled（10 000 persons）	0.02	0.03	0.04	0.12	0.02	0.06

19-27 社会福利事业单位基本情况（2015）
Basic Statistics on Social Welfare Institutions (2015)

项 目	Item	收留抚养类机构数（个）Number of Adoption Bodies (unit)	年末床位数（张）Number of Beds at Year-end (bed)	年末在院人数（人）Number of Adoption Persons at Year-end (person)	年末职工人数（人）Number of Staff and Workers at Year-end (person)
为老人与残疾人提供收留抚养服务的机构	Institutions with Adoption Services for the Aged and Disabled	348	33274	14433	2677
城市养老服务机构	Service Institutions for the Aged in Urban Areas	52	9153	3445	769
农村养老服务机构	Service Institutions for the Aged in Rural Areas	215	16911	7867	869
社会福利院	Social Welfare Institutions	51	6898	3018	569
光荣院	Glory School	5	250	82	42
荣誉军人康复医院	Rehabilitation Hospital for Honor Soldiers	1	62	21	46
复员军人疗养院	Demobilized Soldiers Sanatorium				
军队离退休干部休养所（军休所）	Retired Military Officers Sanatorium	24			382
为智障与精神病人提供收留抚养服务机构	Institutions with Adoption Services for Mentally Retarded and Mental Patients	6	1091	393	412
福利类精神病院和医院（社会福利院）	Welfare Class Mental Hospital and Hospital (Social Welfare Hospital)	3	451	234	190
复退军人精神病院	Mertal Hospitals for Ex-serviceman	3	640	159	222
为儿童提供收留抚养和救助服务的机构	Institutions with Adoption and Relief Services for Children	29	4321	2664	522
儿童福利机构	Welfare Institutions for Children	19	3693	2295	438
儿童福利院	Children Welfare House				
SOS 儿童村	SOS Children's Village				
未成年人救助保护中心	Juvenile Rescue and Protection Centers	10	628	369	84
其他提供住宿保护中心	Other Protection Centers with Accommodation	64	2827		548
救助管理站	Relief Shelters	50	1548		410
军供站	Serviceman Supply Stations	9	1044		121
安置农场	Placement Farms				
其他收留抚养机构	Other Adoption Institutions	5	235		17

19-28 各地区社会服务基本情况（2015）

Basic Statistics on Social Service by Region (2015)

地区	Region	社会服务民政经费（万元）Civil Affairs Funds for Social Service (10 000 yuan)	农村传统救济（人）Number of Rural Persons Receiving Traditional Relief (person)	养老服务机构数（个）Number of Service Institutions for the Aged (unit)	养老服务年末收留抚养人数（人）Number of Adoption Persons for the Pension Services at Year-end (person)	养老服务床位数（张）Number of Beds for the Pension Services at Year-end (bed)	社区服务中心单位数（个）Number of Community Service Centers (unit)
甘肃省	**Gansu**	**1367615.6**	**26278**	**348**	**21199**	**127478**	**791**
省本级	Province Level	38003.0		6	321	1452	
兰州市	Lanzhou	149002.7	281	34	2491	21668	55
嘉峪关市	Jiayuguan	8867.4		8	121	1146	30
金昌市	Jinchang	16637.3	1023	7	432	1955	2
白银市	Baiyin	84770.9	18305	20	502	7962	90
天水市	Tianshui	144414.4		33	797	15745	2
武威市	Wuwei	88526.1	226	26	2505	9597	22
张掖市	Zhangye	69809.8	2242	36	1822	7158	28
平凉市	Pingliang	90884.0	341	43	2418	9398	60
酒泉市	Jiuquan	48223.7	43	16	976	5708	322
庆阳市	Qingyang	124673.9	1085	20	3580	13059	64
定西市	Dingxi	140019.8	2337	59	2220	13947	21
陇南市	Longnan	146920.3	38	4	380	6797	32
临夏州	Linxia	159849.0	357	28	2047	9317	24
甘南州	Gannan	56691.7		8	587	2569	39
甘肃矿区	Gansu Mining Area	321.6					

19-29 各地区抚恤及社会福利救济费用（2015）

Basic Statistics on Pensions and Social Welfare Relief Funds by Region (2015)

单位：万元 (10 000 yuan)

地区	Region	抚恤 Pensions	城市居民最低生活保障 Urban Residents Receiving Minimum Living Allowance	农村居民最低生活保障 Rural Residents Receiving Minimum Living Allowance	自然灾害生活救助 Living Relief for Natural Disasters
甘肃省	**Gansu**	**62917**	**251384**	**550265**	**58829**
省本级	Province Level	626			1104
兰州市	Lanzhou	9285	28937	17747	2707
嘉峪关市	Jiayuguan	859	1720	258	190
金昌市	Jinchang	1121	6510	4040	388
白银市	Baiyin	3094	25476	33996	2967
天水市	Tianshui	8248	25107	60061	11814
武威市	Wuwei	3751	18782	39432	3374
张掖市	Zhangye	2910	16471	13255	2565
平凉市	Pingliang	5114	16385	36145	5383
酒泉市	Jiuquan	2400	15877	11598	1464
庆阳市	Qingyang	7627	14405	58083	6001
定西市	Dingxi	5357	14125	82576	6937
陇南市	Longnan	8809	16100	88074	6307
临夏州	Linxia	2654	39890	74806	5108
甘南州	Gannan	1038	11340	30195	2519
甘肃矿区	Gansu Mining Area	27	261		

19-30 各地区城乡居民最低生活保障情况（2015）
Basic Statistics on Urban and Rural Residents Receiving Minimum Living Allowance by Region (2015)

单位：人 (person)

地区	Region	城镇居民最低生活保障人数 Number of Urban Residents Receiving Minimum Living Allowance	#"三无"人员 Personnel of No Identity,No Address and No Source of Income	#登记失业 Registered Unemployed	#未登记失业 Unregistered Unemployed	农村最低生活保障人数 Number of Rural Residents Receiving Minimum Living Allowance
甘肃省	**Gansu**	**762050**	**8653**	**140915**	**219365**	**3369222**
兰州市	Lanzhou	62783	659	15748	17089	94367
嘉峪关市	Jiayuguan	3040	26	378	1005	583
金昌市	Jinchang	19309	353	3028	2744	12578
白银市	Baiyin	66524	250	18933	13625	227363
天水市	Tianshui	84780	794	19066	21131	403175
武威市	Wuwei	47889	158	17164	6588	201399
张掖市	Zhangye	47009	238	5556	4395	82797
平凉市	Pingliang	52450	1489	4371	25087	216844
酒泉市	Jiuquan	30489	177	2620	2590	107512
庆阳市	Qingyang	45788	593	15444	7683	345035
定西市	Dingxi	51496	344	10144	18185	503816
陇南市	Longnan	56593	240	11182	24659	464579
临夏州	Linxia	156938	2996	14315	70008	541346
甘南州	Gannan	36278	332	2889	4572	167828
甘肃矿区	Gansu Mining Area	684	4	77	4	

19-31 各地区城镇社区服务网络情况（2015）
Basic Statistics on Urban Community Service Network by Region (2015)

地区	Region	社区服务中心单位数（个） Number of Community Service Centers (unit)	社区服务中心年末职工人数（人） Number of Staff and Workers of Community Service Center at Year-end (person)	城镇便民、利民服务网点（个） Number of Urban Convenience Networks (unit)
甘肃省	**Gansu**	**791**	**2955**	**4820**
兰州市	Lanzhou	55	153	33
嘉峪关市	Jiayuguan	30	100	30
金昌市	Jinchang	2	11	
白银市	Baiyin	90	1484	
天水市	Tianshui	2	9	4100
武威市	Wuwei	22	109	19
张掖市	Zhangye	28	80	
平凉市	Pingliang	60	122	
酒泉市	Jiuquan	322	341	356
庆阳市	Qingyang	64	220	166
定西市	Dingxi	21	60	
陇南市	Longnan	32	78	2
临夏州	Linxia	24	43	72
甘南州	Gannan	39	145	42

19-32 残疾人事业基本情况

Basic Information of Person with Disabilities

项目	Item	2010	2011	2012	2013	2014	2015
康复	**Rehabilitation**						
视力残疾康复	Rehabilitation of Persons with Visual Disability						
免费白内障复明手术(例)	Free Sight-restoring Surgeries for Cataract Patients (case)	7265	7528	7295	7331	8338	14054
低视力者配用助视器(人)	Persons of Low-vision Fitted with Vision-aids(person)	600	1082	4988	3127	3574	11474
盲人定向行走训练数(人)	Blindman Receiving Orientation Skill Training (person)	230	430	2601	2126	2199	3004
聋儿康复	Rehabilitation of Children with Hearing Disability						
年收训聋儿(人)	Deaf Children Newly Trained in the year (person)	312	447	385	396	478	513
精神病防治康复	Prevention and Rehabilitation of Mental Illness(PRMI)						
开展精神病防治康复工作市县数(个)	Counties/Cities/Districts where PRMI have been Conducted (unit)	31	31	60	60	62	60
精神病人数(万人)	People with Mental Illness (10 000 persons)	6.48	6.30	12.10	12.00	12.13	11.49
监护率(%)	Guardianship Rate(%)	86	84	89	86	86	85.2
肢体残疾康复(人)	Rehabilitation of Persons with Sight Disability Physical Disability (person)						
肢体残疾人社区康复训练数	Persons Rehabilitated at Community	860	909	1206	3872	3905	3813
肢体残疾儿童机构康复训练数	Children Rehabilitated at Institutions	286	170	533	865	670	616
智力残疾康复(人)	Rehabilitation of Persons with Intellectual Disability (person)						
智障儿童康复训练数	Children with Intellectual Disability Receiving Rehabilitation Training	332	375	2411	1969	2225	2656
辅助器具供应	Supply of Assistive Devices						
免费发放的辅助器具件数(件)	Pieces of Assistive Devices Free of Charge (piece)	7571	7925	11849	11845	26311	28046
教育	**Education**						
未入学适龄残疾儿童少年(人)	School-age Disabled Children without Schooling(person)	11611	8602	3329	3137	3618	2834
就业	**Employment**						
城镇残疾人就业(万人)	Employment of Urban Handicapped(10 000persons)	11.28	11.61	10.88	10.6	10.7	10.6
#当年安排就业(人)	Persons Employed in the Year(person)	6042	9809	9859	8990	8523	7886
农村残疾人就业(万人)	Employment of Rural Handicapped (10 000persons)	47.05	50.03	49.01	53.86	53.3	53.1

19-32 续表 continued

项目	Item	2010	2011	2012	2013	2014	2015
盲人按摩	**Massage by Persons with Visual Disability**						
按摩机构数（个）	Number of Massage Institutions(unit)	233	282	208	237	259	289
保健按摩人员培训（人）	Massage Therapists Training(person)	293	254	236	371	339	390
医疗按摩人员培训（人）	Keep-fit Massager Training (person)	50	35	64	112	116	137
扶贫	**Poverty Alleviation**						
农村贫困残疾人（万人）	Poor PWDs in Rural Areas(10 000persons)	38.68	100.94	100.57	100.48	105.90	96.25
本年度实际脱贫残疾人（万人）	Actual Number of Disabled Persons Shake off Poverty in the Year(10 000 persons)	9.59	10.30	10.18	9.69	9.69	9.48
社会保障	**Social Security**						
城镇社会保障措施落实情况	Implement Situation of Social Security Measures in Urban Areas						
已纳入最低生活保障范围（万人）	Covered by the Baisc Living Allowance System (10 000 persons)	8.56	8.85	11.05	11.37	42.26	41.80
残疾职工参加养老保险（万人）	Disabled Workers Participated in Pension Insurance (10 000 persons)	0.83	1.16	1.69	1.76	4.81	5.23
残疾居民参加医疗保险（万人）	Disabled Residents Participated in Medical Insurance (10 000 persons)	16.50	18.30	19.83	19.18	4.90	5.50
农村社会保障措施落实情况	Implement Situation of Social Security Measures in Rural Areas						
已纳入最低生活保障范围（万人）	Covered by the Baisc Living Allowance System (10 000 persons)	23.55	42.26	35.71	33.35	35.47	41.80
残联组织建设	**Organization of the Disabled Persons' Federation**						
残疾人工作者数（人）	Workers Working for the Disabled (person)	3314	3801	3818	3993	4020	3966
已投入使用的残疾人综合服务设施（个）	Comprehensive Service facilities for Disabled Persons been Put into Use(unit)	83	94	92	99	99	89

注：2014 年以后残疾居民参加医疗保险实行实名制。

a)Since 2014, disabled residents participated the medical insurance implement the real-name system.

19-33 社会保险基金收支及累计结余

Revenue, Expenses and Balance of Social Insurance Fund

单位：万元 (10 000 yuan)

年份 Year	合计 Total	基本养老保险 Basic Pension Insurance	失业保险 Unemployment Insurance	城镇基本医疗保险 Basic Medical Care Insurance	工伤保险 Work Injury Insurance	生育保险 Maternity Insurance
基金收入 **Revenue**						
1990						
1995	61053	60848		101	90	14
1996	94266	93715		349	156	46
1997	124765	124078		426	183	78
1998	135667	134754		421	324	168
1999	288392	287409		453	357	173
2000	362539	361037		878	446	178
2001	426149	372816	26752	26158	297	126
2002	533371	443252	27341	62343	252	183
2003	590252	473460	29227	86925	325	315
2004	680744	538930	29968	108013	2335	1498
2005	768770	603454	33913	122647	5246	3510
2006	1041336	802548	45350	178381	11561	3496
2007	1272909	963161	47454	244994	13551	3749
2008	1593361	1139038	65240	364387	19266	5430
2009	1928964	1374014	83594	438172	25944	7240
2010	2273747	1656659	86576	492238	28762	9512
2011	3039940	2227124	114802	620985	59085	17944
2012	3253788	2331174	128708	719366	51333	23207
2013	3622603	2579881	147850	802865	60957	31050
2014	4212005	2981741	166208	951800	72288	40018
2015	4445590	3113855	155599	1054949	78147	43040
基金支出 **Expenses**						
1990						
1995	43678	43578		66	21	13
1996	82195	93715		212	31	23
1997	112622	124078		350	38	53
1998	136044	134754		374	69	98
1999	297059	287409		245	141	124
2000	368560	361037		839	286	124
2001	399340	372816	16334	14297	157	89
2002	472790	443252	19723	45717	187	88
2003	531273	473460	32138	71084	344	157
2004	575528	465062	23643	85995	535	293
2005	639453	501410	24625	110468	1856	1094
2006	799960	614418	39276	140115	4641	1510
2007	921999	708366	26033	178778	6878	1944
2008	1185827	896631	34488	242606	9346	2756
2009	1478303	1063507	60588	332770	17411	4027
2010	1744135	1269141	74598	378909	16783	4704
2011	2123277	1534152	33027	506543	42740	6815
2012	2661208	1926021	30279	653193	39895	11820
2013	3108375	2247052	26453	762692	51699	20479
2014	3548465	2585831	18794	857968	60771	25101
2015	4136933	3068733	49579	927726	64290	26605

注：1. 2007 年及以后城镇基本医疗保险基金中包括城镇职工基本医疗保险和城镇居民基本医疗保险。
2. 2010 年及以后基本养老保险基金中包括城镇职工基本养老保险和城乡居民基本养老保险。
3. 工伤保险累计结余中含储备金。

a) Data of basic medical care insurance include both urban workers and urban residence from 2007.
b) Data of the basic pension insurance for 2010 and following years include the basic pension insurances for urban workers and for urban and rural residents.
c) The grand total of work injury insurance at year-end include reserve fund.

19-33 续表 continued

单位：万元 (10 000 yuan)

年份 Year	合计 Total	基本养老保险 Basic Pension Insurance	失业保险 Unemployment Insurance	城镇基本医疗保险 Basic Medical Care Insurance	工伤保险 Work Injury Insurance	生育保险 Maternity Insurance
累计结余 Balance at Year-end						
1990						
1995	66108	65949		47	108	4
1996	78176	77735		178	236	27
1997	90319	89632		254	381	52
1998	89939	88883		301	636	119
1999	86307	85110		177	852	168
2000	80447	78836		377	1012	222
2001	150355	73189	53024	13055	863	224
2002	210946	119376	60642	29681	928	319
2003	314408	200118	57731	54956	1126	477
2004	400752	266104	64056	65974	2936	1682
2005	530901	368146	73342	78989	6326	4098
2006	782212	560176	79423	121865	14664	6084
2007	1140053	814976	100845	188240	28095	7897
2008	1547277	1057383	131258	310096	37968	10572
2009	1998372	1367889	154264	415931	46503	13785
2010	2541256	1769817	166242	528462	58144	18591
2011	3457915	2462788	248016	642900	74491	29720
2012	4050546	2867941	346445	665153	85549	41107
2013	4577811	3215776	467841	747894	94586	51714
2014	5240005	3611686	615255	840319	106102	66644
2015	5529615	3637160	721275	968142	119959	83079

19-34 社会保障基本情况
Basic Statistics of Social Security

单位：万人 (10 000 persons)

项目	Item	2010	2011	2012	2013	2014	2015
基本养老保险	**Basic Pension Insurance**						
年末参加基本养老保险人数	Basic Pension Insurance Participants at Year-end						
城镇职工基本养老保险	Urban Employees Basic Pension Insurance	242.48	262.95	277.37	288.4	298.85	306.2
职工	Number of Employees	171.13	177.86	183.62	188.55	193.86	197.01
离退休人员	Number of Retirees	71.35	85.09	93.75	99.85	104.99	109.19
城乡居民基本养老保险	Basic Pension Insurance for Urban and Rural Residents	378.99	787.31	1221.39	1238.49	1240.13	1236.74
失业保险	**Unemployment Insurance**						
年末参保人数	Contributors at Year-end	164.46	164.48	163.55	163.09	162.35	162.76
全年发放失业保险金（万元）	Unemployed Relief (10 000 yuan)	14673	12085	10978	13177	13166	13600
城镇基本医疗保险	**Medical Care Insurance**						
年末参保人数	Contributors at Year-end	588.79	590.82	616.54	622.77	630.65	634.96
城镇职工	Staff and Workers	290.22	291.06	292.97	297.05	302.6	307.9
城镇居民	Residents	298.57	299.77	323.57	325.72	328.05	327.03
工伤保险	**Work Injury Insurance**						
年末参保人数	Contributors at Year-end	130.09	150.19	158.53	167.72	175.14	182.6
年末享受待遇的人数	Beneficiaries at Year-end	1.09	1.37	1.79	1.85	2.2	2.33
生育保险	**Maternity Insurance**						
年末参保人数	Contributors at Year-end	82.00	110.13	129.52	135.07	143.7	154.1
享受待遇人数（万人次）	Beneficiaries at Year-end (10 000 person-times)	1.02	1.65	2.51	3.22	3.93	3.53

注：2012 年 8 月起，新型农村社会养老保险和城镇居民社会养老保险制度全覆盖工作全面启动，合并为城乡居民社会养老保险。

a) Since August,2012, system of new rural old-age insurance and urban basic pension insurance have started completely, and called basic pension insurance for urban and rural residents as total.

19-35 各地区年末参加城镇职工基本养老保险人数

Urban Employees Basic Pension Insurance Contributors at Year-end by Region

单位：万人 (10 000 persons)

地区	Region	2010	2011	2012	2013	2014	2015
甘肃省	**Gansu**	**242.48**	**262.95**	**277.37**	**288.40**	**298.85**	**306.20**
兰州市	Lanzhou	42.17	49.19	54.67	59.92	66.16	68.76
嘉峪关市	Jiayuguan	6.91	7.61	8.98	9.37	9.66	10.09
金昌市	Jinchang	4.32	5.55	5.86	5.99	6.00	6.37
白银市	Baiyin	9.12	11.08	12.33	13.00	13.22	14.02
天水市	Tianshui	18.65	18.67	19.43	19.79	20.12	20.52
武威市	Wuwei	7.11	9.31	10.05	11.00	11.40	12.20
张掖市	Zhangye	8.79	9.62	10.11	10.39	10.73	11.33
平凉市	Pingliang	7.19	9.75	9.80	9.82	9.99	10.33
酒泉市	Jiuquan	8.72	9.94	10.39	10.95	11.64	12.02
庆阳市	Qingyang	6.48	7.33	7.50	7.32	7.46	7.57
定西市	Dingxi	8.01	8.42	8.70	9.09	9.49	10.10
陇南市	Longnan	8.17	6.48	6.86	7.02	7.14	7.30
临夏州	Linxia	4.74	5.53	6.04	6.27	6.35	6.43
甘南州	Gannan	2.11	2.31	2.45	2.44	2.45	2.53

注：不包括离退休人员。

a)The retirees are not included in this table.

19-36 各地区年末参加城乡居民基本养老保险人数

Urban and Rural Residents Basic Pension Insurance Contributors at Year-end by Region

单位：万人 (10 000 persons)

地区	Region	2010	2011	2012	2013	2014	2015
甘肃省	**Gansu**	**378.99**	**787.31**	**1221.39**	**1238.49**	**1240.13**	**1236.74**
兰州市	Lanzhou	39.75	72.65	74.98	74.81	74.05	72.78
嘉峪关市	Jiayuguan	1.71	1.80	1.67	1.67	1.75	1.85
金昌市	Jinchang	14.11	15.83	16.03	15.87	15.99	15.87
白银市	Baiyin	31.31	48.08	72.54	74.06	73.47	74.33
天水市	Tianshui	44.81	89.62	151.96	163.27	166.73	167.53
武威市	Wuwei	30.19	84.22	88.34	88.14	87.62	87.40
张掖市	Zhangye	11.00	19.48	67.91	68.52	69.15	68.98
平凉市	Pingliang	36.04	63.85	118.52	118.45	119.36	119.60
酒泉市	Jiuquan	8.55	15.29	43.17	44.31	44.58	44.43
庆阳市	Qingyang	34.48	99.97	142.93	143.32	142.74	148.03
定西市	Dingxi	41.77	96.81	153.45	156.02	156.11	150.06
陇南市	Longnan	27.86	52.70	148.73	149.76	149.52	150.51
临夏州	Linxia	19.34	89.60	105.63	104.41	102.95	100.05
甘南州	Gannan	38.07	37.41	35.53	35.87	36.12	35.32

19-37 各地区年末参加失业保险人数

Unemployment Insurance Contributors at Year-end by Region

单位：万人 (10 000 persons)

地区	Region	2010	2011	2012	2013	2014	2015
甘肃省	**Gansu**	**164.46**	**164.48**	**163.55**	**163.09**	**162.35**	**162.76**
兰州市	Lanzhou	57.31	56.12	56.06	57.36	57.27	56.75
嘉峪关市	Jiayuguan	4.45	4.35	5.16	5.36	5.38	5.55
金昌市	Jinchang	8.41	7.88	7.45	7.30	7.28	7.59
白银市	Baiyin	12.98	13.08	12.15	11.88	12.00	12.47
天水市	Tianshui	15.00	14.94	14.77	14.51	14.37	14.20
武威市	Wuwei	6.04	6.31	6.43	6.39	6.48	7.12
张掖市	Zhangye	6.64	6.94	6.92	6.85	7.00	7.34
平凉市	Pingliang	8.87	8.99	8.89	8.70	8.69	8.68
酒泉市	Jiuquan	6.67	7.18	6.90	7.03	6.52	6.70
庆阳市	Qingyang	7.86	8.16	8.28	8.27	8.26	8.26
定西市	Dingxi	8.91	8.32	8.16	8.25	8.38	8.57
陇南市	Longnan	4.88	4.87	4.37	4.26	4.82	4.72
临夏州	Linxia	4.93	4.85	4.43	4.19	4.11	4.17
甘南州	Gannan	3.18	3.29	2.74	2.76	2.81	3.05

19-38 各地区城镇基本医疗保险年末参保人数

Persons Covered of Urban Basic Medical Care Insurance at Year-end by Region

单位：万人 (10 000 persons)

地区	Region	2010	2011	2012	2013	2014	2015
甘肃省	**Gansu**	**588.79**	**590.82**	**616.54**	**622.77**	**630.65**	**634.96**
兰州市	Lanzhou	159.86	169.47	173.43	182.51	191.29	192.55
嘉峪关市	Jiayuguan	15.72	15.36	25.24	16.11	15.79	16.99
金昌市	Jinchang	18.96	20.33	43.00	42.78	42.93	43.02
白银市	Baiyin	45.03	40.58	42.60	42.27	43.85	40.23
天水市	Tianshui	60.31	54.91	55.64	55.64	47.99	49.26
武威市	Wuwei	30.25	30.79	29.63	30.32	30.44	30.67
张掖市	Zhangye	28.59	29.36	29.15	28.64	28.79	28.87
平凉市	Pingliang	36.77	35.93	33.07	27.21	28.26	29.42
酒泉市	Jiuquan	30.76	31.25	30.31	30.01	28.24	28.42
庆阳市	Qingyang	29.71	27.67	27.97	29.62	28.24	28.25
定西市	Dingxi	31.01	30.76	29.71	30.21	31.28	32.65
陇南市	Longnan	29.79	30.06	29.57	28.14	27.84	27.65
临夏州	Linxia	23.80	24.83	25.94	28.93	31.61	31.86
甘南州	Gannan	14.92	15.34	13.64	13.74	13.16	13.47

19-39 各地区城镇职工基本医疗保险参保人数

Persons Covered of Urban Employees Basic Medical Care Insurance by Region

单位：万人 (10 000 persons)

地区	Region	2010	2011	2012	2013	2014	2015
甘肃省	**Gansu**	**204.40**	**202.84**	**292.97**	**297.05**	**302.60**	**307.92**
兰州市	Lanzhou	49.79	49.22	79.86	82.23	84.45	85.72
嘉峪关市	Jiayuguan	6.56	5.74	8.00	8.38	8.06	8.75
金昌市	Jinchang	6.87	7.29	11.68	11.36	11.89	12.05
白银市	Baiyin	13.11	12.73	21.55	21.83	22.15	22.45
天水市	Tianshui	19.04	19.21	27.67	27.66	27.66	27.67
武威市	Wuwei	9.76	10.26	12.61	12.69	12.84	13.16
张掖市	Zhangye	9.42	9.62	13.05	12.15	12.00	11.85
平凉市	Pingliang	10.86	10.02	10.53	11.03	11.20	1.95
酒泉市	Jiuquan	10.41	10.45	13.07	12.82	11.28	11.52
庆阳市	Qingyang	11.52	7.75	13.85	13.93	14.09	14.10
定西市	Dingxi	9.28	9.24	14.02	14.52	14.92	15.48
陇南市	Longnan	10.67	10.72	13.20	13.35	13.44	13.41
临夏州	Linxia	7.84	7.84	10.22	10.33	10.68	10.89
甘南州	Gannan	4.32	4.52	6.40	6.59	6.98	7.26

19-40 各地区城镇居民基本医疗保险参保人数

Persons Covered of Urban Non-Employment Basic Medical Care Insurance by Region

单位：万人 (10 000 persons)

地区	Region	2010	2011	2012	2013	2014	2015
甘肃省	**Gansu**	**298.57**	**299.77**	**323.57**	**325.72**	**328.05**	**327.03**
兰州市	Lanzhou	81.17	90.42	93.57	100.27	106.84	106.82
嘉峪关市	Jiayuguan	7.27	7.65	17.24	7.73	7.73	8.24
金昌市	Jinchang	8.46	8.72	31.32	31.42	31.04	30.97
白银市	Baiyin	23.51	19.47	21.05	20.44	21.70	17.78
天水市	Tianshui	33.13	27.29	27.98	27.98	20.33	21.59
武威市	Wuwei	17.34	17.38	17.02	17.63	17.60	17.51
张掖市	Zhangye	15.49	16.05	16.10	16.49	16.79	17.02
平凉市	Pingliang	22.58	22.54	22.54	16.18	17.06	17.47
酒泉市	Jiuquan	16.91	17.42	17.24	17.19	16.96	16.89
庆阳市	Qingyang	15.14	15.01	14.12	15.69	14.15	14.15
定西市	Dingxi	18.17	17.34	15.69	15.69	16.36	17.17
陇南市	Longnan	16.37	16.37	16.37	14.79	14.40	14.23
临夏州	Linxia	14.14	14.96	15.72	18.60	20.93	20.98
甘南州	Gannan	8.89	9.16	7.21	7.15	6.18	6.21

19-41 各地区年末参加工伤保险人数

Work Injury Insurance Contributors at Year-end by Region

单位：万人 (10 000 persons)

地区	Region	2010	2011	2012	2013	2014	2015
甘肃省	**Gansu**	**130.09**	**150.19**	**158.53**	**167.72**	**175.14**	**182.60**
兰州市	Lanzhou	41.01	45.27	44.67	46.28	46.18	45.92
嘉峪关市	Jiayuguan	5.10	5.43	6.43	6.47	6.85	7.28
金昌市	Jinchang	6.66	7.02	7.18	7.39	7.40	7.44
白银市	Baiyin	12.51	12.11	12.45	13.02	12.72	12.84
天水市	Tianshui	9.94	9.94	9.94	9.94	9.94	12.46
武威市	Wuwei	4.65	6.58	9.09	10.29	11.39	11.86
张掖市	Zhangye	6.44	6.81	7.70	7.49	7.88	9.02
平凉市	Pingliang	7.26	7.89	8.17	9.10	8.78	8.88
酒泉市	Jiuquan	6.01	7.13	8.66	9.50	8.85	9.68
庆阳市	Qingyang	3.26	3.66	4.77	5.69	5.81	6.53
定西市	Dingxi	4.84	6.64	7.81	8.22	8.90	9.44
陇南市	Longnan	3.57	4.11	6.33	6.90	6.70	6.67
临夏州	Linxia	1.37	3.01	3.70	3.81	4.22	4.35
甘南州	Gannan	2.07	2.21	2.50	3.02	2.95	3.10

19-42 各地区年末参加生育保险人数

Maternity Insurance Contributors at Year-end by Region

单位：万人 (10 000 persons)

地区	Region	2010	2011	2012	2013	2014	2015
甘肃省	**Gansu**	**82.00**	**110.13**	**129.52**	**135.07**	**143.70**	**154.10**
兰州市	Lanzhou	34.59	41.79	44.01	45.61	45.52	45.25
嘉峪关市	Jiayuguan	3.93	4.31	5.88	6.18	7.14	7.37
金昌市	Jinchang	1.20	1.50	3.12	3.63	3.77	3.94
白银市	Baiyin	5.60	6.98	7.43	7.51	8.05	8.60
天水市	Tianshui	4.10	8.91	10.62	10.62	10.89	13.31
武威市	Wuwei	1.81	4.60	6.27	6.83	7.35	7.51
张掖市	Zhangye	6.25	6.71	6.94	6.62	7.14	7.54
平凉市	Pingliang	5.58	5.69	6.03	6.26	6.40	7.36
酒泉市	Jiuquan	0.72	0.72	5.96	6.58	6.21	6.72
庆阳市	Qingyang	5.57	8.57	8.61	8.65	8.88	8.96
定西市	Dingxi	4.75	6.24	8.04	9.89	10.29	10.63
陇南市	Longnan	0.54	2.34	4.20	4.30	4.54	4.71
临夏州	Linxia	4.22	4.91	5.28	5.35	5.64	5.89
甘南州	Gannan	2.46	2.37	2.65	2.92	3.38	3.55

主要指标解释

卫生机构 指从卫生行政部门取得《医疗机构执业许可证》，或从民政、工商行政、机构编制管理部门取得法人单位登记证书，为社会提供医疗保健、疾病控制、卫生监督服务或从事医学科研和教育等工作的单位。卫生机构包括医院、疗养院、社区卫生服务中心（站）、卫生院、门诊部、诊所（卫生所、医务室）、急救中心（站）、采供血机构、妇幼保健院（所、站）、专科疾病防治院（所、站）、疾病预防控制中心（防疫站）、卫生监督所、卫生监督检验（监测、检测）机构、医学科研机构、医学在职培训机构、健康教育所（站）等其他卫生机构。

医院 包括综合医院、中医医院、中西医结合医院、民族医院、各类专科医院和护理院。

卫生人员 指在医院、基层医疗卫生机构、专业公共卫生机构及其他医疗卫生机构工作的职工，包括卫生技术人员、乡村医生和卫生员、其他技术人员、管理人员和工勤人员。一律按支付年底工资的在岗职工统计，包括各类聘任人员（含合同工）及返聘本单位半年以上人员，不包括临时工、离退休人员、退职人员、离开本单位仍保留劳动关系人员、本单位返聘和临聘不足半年人员。

卫生技术人员 包括执业医师、执业助理医师、注册护士、药师（士）、检验技师（士）、影像技师、卫生监督员和见习医（药、护、技）师（士）等卫生专业人员。不包括从事管理工作的卫生技术人员（如院长、副院长、党委书记等）。

执业医师 指具有《医师执业证》及其"级别"为"执业医师"，且实际从事医疗、预防保健工作的人员，不包括实际从事管理工作的执业医师。执业医师类别分为临床、中医、口腔和公共卫生。

参加新农合人数 指根据本地新农合实施方案到年内新农合筹资截止时已缴纳新农合资金的人口数。

新农合当年基金支出 指本年度实际从新农合基金帐户中支出用于新农合补偿的资金。

新农合补偿支出受益人次 指年内新农合参合人员因病就医获得补偿的人次数，包括住院、家庭帐户形式、门诊、特殊病种大额门诊、住院正常分娩、体检和其他补偿人次之和。

新农合本年度筹资总额 指为本年度筹集的、实际进入新农合专用帐户的基金数额。包括本年度中央及地方财政配套资金、农民个人交纳资金（含民政部门及其他相关部门代缴的救助资金）、新农合基金本年度产生的全部利息收入及其他渠道实际筹集到的新农合基金额。筹资数额以进入新农合专用帐户的基金数额为准，不含上年结转额资金。

卫生总费用 是反映一个国家或地区在一定时期内（通常为1年）用于医疗卫生保健服务所消耗的资金总量。用筹资来源法测算，分为政府卫生支出、社会卫生支出、个人现金卫生支出三部分。

基本养老保险（参保）职工人数 指报告期末按照国家法律、法规和有关政策规定参加基本养老保险并在社保经办机构已建立缴费记录档案的职工人数，包括中断缴费但未终止养老保险关系的职工人数，不包括只登记未建立缴费记录档案的人数。

基本医疗保险参保人数 指报告期末按国家有关规定参加基本医疗保险的人数。包括参加保险的职工人数和退休人员人数。

失业保险参保人数 指报告期末按照国家法律、法规和有关政策规定参加了失业保险的城镇企业事业单位的职工及地方政府规定参加失业保险的其他人员的人数。

工伤保险参加人数 指报告期末依据国家有关规定参加工伤保险的职工人数。

生育保险参保人数 指报告期末依据有关规定参加生育保险的职工人数。

城镇居民最低生活保障人数 指报告期末家庭平均收入在当地规定的最低生活保障线以下的城镇居民数。包括"三无"对象、失业人员和在职、下岗、退休人员等。

农村居民最低生活保障人数 指报告期末在建立农村最低生活保障制度的地区，得到当地政府或集体给予最低生活保障的农业人口家庭人数。

农村传统救济人数 指未开展最低生活保障制度的农村地区，仍沿用传统救济制度救济的贫困人口数量。

城镇社区服务设施数 指报告期末城镇（街道办事处、居委会）设立的以非盈利为目的，为本社区居民服务，特别是为老年人、残疾人、儿童服务的社区服务中心、活动站、服务站、养老院、老年公寓（托老所），残疾人工疗站、残疾儿童日托所、家务服务站、婚姻介绍所等福利性设施以及职工社会保险管理服务的机构数。几种不同类型的社区服务单位，共用一个场所的，只能统计为一个社区服务设施。成为社区服务设施的条件：（1）是独立核算单位；（2）有固定的从业人员；（3）有一定的服务项目；（4）有一定的场所。

20

文化和体育

Culture and Sports

简要说明

一、本篇资料主要内容

本篇主要反映文化、体育、新闻出版、广播电视事业的发展情况。

文化资料主要包括文化产业基本情况、艺术表演团体、艺术表演场所、公共图书馆、博物馆、文化馆、文化站、广播、电影、电视、新闻出版等文化事业的机构、人员、经费和业务活动情况。体育资料主要包括体育系统职工和运动员情况。

二、本篇资料来源

本篇资料由省统计局社会科技处搜集、整理。艺术业、图书馆业、群众文化服务业的资料来自省文化厅；广播、电影、电视资料、新闻出版资料来自省新闻出版广电局；体育资料来自省体育局。

20-1 文化产业基本情况
Basic Statistics of Cultural Industry

项目	Item	2011	2012	2013	2014	2015
文化产业增加值（亿元）	**Value-added of Cultural Industry (100 million yuan)**	**62.03**	**78.19**	**105.18**	**116.49**	**124.24**
#法人单位增加值（亿元）	Value-added of Corporate Units (100 million yuan)	52.2	65.8	93.75	98.14	99.36
文化产业增加值占 GDP 的比重（%）	Value-added of Cultural Industry as Proportion of GDP （%）	1.24	1.38	1.66	1.70	1.83
文化产业法人单位机构数（家）	Number of Corporate Units Institutions of Cultural Industry (uint)	3887	4730	8860	10088	11025
从业人员（万人）	Employed Persons (10 000 persons)	9.65	11.43	17.93	18.99	20.25

20-2 文化事业基本情况
Basic Statistics of Culture Industry

项目	Item	2010	2011	2012	2013	2014	2015
文化事业机构数（个）	**Number of Institutions (unit)**	4903	5097	4567	5014	5175	5434
文化部门	Cultural Department	1987	2068	2057	2204	2180	2210
其他部门	Other Department	2916	3029	2510	2810	2995	3224
文化事业人员数（人）	**Number of Employed Persons (person)**	32645	36556	35877	44982	45037	47838
文化部门	Cultural Department	15374	17275	19822	24523	25395	26141
其他部门	Other Department	17271	19281	16055	20459	19642	21679
文化部门事业单位数（个）	**Number of Public Institutions of Culture Department(unit)**	1987	2063	2033	2107	2180	2142
#文化馆、艺术馆	Cultural Centers and Art Stations	102	103	103	103	103	103
公共图书馆	Public Libraries	94	100	103	103	103	103
博物馆	Museums	102	145	149	143	147	150
艺术表演场馆	Art Performance Places	27	24	25	22	22	24
艺术表演团体	Art Performance Troupes	82	84	103	124	190	191

20-3 艺术表演团体、艺术表演场馆演出情况
Statistics on Performance of Art Performance Troupes and Art Performance Places

项目	Item	2011	2012	2013	2014	2015
艺术表演团体	**Art Performance Troupes**					
国内演出场次（千场次）	Number of Domestic Performances (1000 shows)	16.2	19.5	19.3	22.3	23.1
#农村演出场次	Rural Performances	11.0	12.6	14.5	16.1	16.5
国内演出观众人次（千人次）	Spectators of Domestic Audience (1000 person-times)	20198.7	19089.0	21900.4	21499.4	20342.2
#农村观众人次	Rural Audience	15221.1	12164.0	15546.9	16727.2	14579.7
艺术表演场馆	**Art Performance Places**					
演（映）出场次（千场次）	Number of Performances(1000 shows)	1.7	5.8	4.2	16.0	14.1
#艺术演出场次	Art Performances	0.7	0.3	0.2	5.8	1.3
观众人次（千人次）	Number of Audience(1000 person-times)	815.0	863.0	462.7	703.5	710.6
#艺术演出观众人次	Art Performances	345.0	352.0	135.3	373.9	369.1

20-4 博物馆基本情况
Basic Statistics on Museums

项目	Item	2011	2012	2013	2014	2015
机构数（个）	Number of Institutions(unit)	145	149	143	147	150
从业人员（人）	Number of Employed Persons(person)	2503	2682	2871	3082	3265
文物藏品（件/套）	Number of Collections(piece/set)	492348	497085	506315	543923	558789
本年从有关部门接收文物数（件/套）	Accepted Cultural Relics from Department This Year(piece/set)	606	30	5771	200	8100
本年修复文物数（件/套）	Cultural Relics Repaired This Year(piece/set)	297	221	413	637	594
基本陈列（个）	Displays (unit)	276	324	327	335	352
临时展览（个）	Exhibition (unit)	344	406	289	373	353
参观人次（千人次）	Spectators(1000 person-times)	11130	11790	17669	20078	21909
门票销售总额（千元）	Total Sales of Ticket (1000 yuan)	3813	6497	10419	5607	2981

20-5 公共图书馆情况
Statistics on Public Libraries

项目	Item	2011	2012	2013	2014	2015
公共图书馆个数(个)	Number of Public Library(unit)	100	103	103	103	103
总藏量(千册件)	Total Collections(1000 volumes)	11596	12125	12262	13066	13996
#本年新购藏量	Purchased this Year	287	349	684	552	551
累计发放有效借书证数(个)	Accumulative Number of Library Cards Distributed(unit)	218125	257958	274283	280640	314572
总流通人次(千人次)	Total Number of Circulation(1000 person-times)	4730	5583	6161	6584	6781
#书刊文献外借人次	Borrowing from Libraries	2342	2597	3043	3346	3439
书刊文献外借册次(千册次)	Number of Books and Periodicals Lent to Readers(1000 copies-times)	3892	4469	5259	5367	5885
阅览室座席数(个)	Seats of Reading Room(unit)	14514	15581	17403	18974	18873

20-6 图书、杂志、报纸出版数量
Number of Books, Magazines and Newspapers Published

项目	Item	2010	2011	2012	2013	2014	2015
图书出版	**Books Published**						
种数（种）	Number of Publication (kind)	2031	2237	2617	2906	2418	3412
#新出版	New Publication	1259	1365	1453	1520	1322	2161
总印数（万册）	Printed Copies (10 000 copies)	6737	6747	6614	6573	5312	6650
总印张（千印张）	Printed Sheets (1 000 sheets)	505394	516045	549031	573771	455833	566554
杂志出版	**Magazines Publised**						
种数（种）	Number of Publication (kind)	128	131	131	133	133	131
总印数（万册）	Total Printed Copies (10 000 copies)	11082	11152	11420	11038	10871	9672
总印张（千印张）	Printed Sheets (1 000 sheets)	455806	455728	491464	559045	542126	525365
报纸出版	**Newspapers Publised**						
种数（种）	Number of Publication (kind)	63	63	61	61	61	61
总印数（万份）	Total Printed Copies (10 000 copies)	40714	45776	49990	51548	50982	50828
总印张（千印张）	Printed Sheets (1 000 sheets)	2690631	1049583	1107370	1103325	1060569	1044639

20-7 少年儿童读物和课本出版情况
Number of Books Published for Children and Textbooks

项目	Item	2011	2012	2013	2014	2015
种数(种)	Number of Publications (kind)					
儿童读物	Books for Children	45	55	57	54	70
课 本	Textbooks	62	74	76	71	66
总印数(万册)	Printed Copies (10 000 copies)					
儿童读物	Books for Children	63	72	69	62	78
课 本	Textbooks	3920	3774	3674	3517	3172
总印张(千印张)	Printed Sheets (1 000 sheets)					
儿童读物	Books for Children	1990	2110	2017	1919	2457
课 本	Textbooks	319352	292054	281451	273125	245261

20-8 录像、录音制品出版品种及数量
Variety and Quantity of Publication of Video Products and Audio Products

项目	Item	品种(种) Number(kind)		数量(万盒、万张) Volume (10000 cassettes,10000 discs)	
		2014	2015	2014	2015
录像制品	**Total Video Products**	**12**	**16**	**48**	**4**
发行数量	Number Publicated			28	3
录音制品	**Total of Audio Products**	**7**	**8**	**0.4**	**3.5**
发行数量	Number Publicated			0.1	0.1
电子出版物	**Electronic Publications**	**3**	**5**	**0.1**	**0.5**
发行数量	Number Publicated				

20-9 出版物发行机构数和网点数
Issuing Institutions and Spots of Publication

项目	Item	2011	2012	2013	2014	2015
发行机构（处）	**Issuing Institutions (unit)**	**2210**	**2417**	**2366**	**2392**	**2350**
国有书店及国有发行点	State-owned Book Store and Issuing Spots	323	287	239	280	270
供销社	Supply and Marketing Cooperatives					
出版社	Press	8	8	9	9	9
网上书店	Online Bookstore	1	1	1	2	2
文化教育广电邮政系统	Cultural, Educational Broadcasting and Postal Systems	80	82	81	82	82
新华书店系统外批发网点	Wholesale Spots Outside Xinhua Bookstore	179	210	210	218	197
集体个体零售	Collective and Personal Retail	1619	1828	1826	1801	1790
新华书店系统出版社自办发行从业人数（人）	**Persons Engaged in Own Issuance of Presses of Xinhua Bookstore System(person)**					
全部职工	All Staff	3136	3568	3710	3097	2891
# 国有书店及国有发行点	State-owned Bookstores and Issuing Spots	3032	3112	3101	2978	2751

20-10 出版印刷生产情况
Conditions of Printing

项目	Item	2011	2012	2013	2014	2015
企业数（个）	Number of Enterprises(unit)	105	102	96	102	100
印刷产量	Output of Printing					
黑白（万令）	Black and White (10 000 ream)	251	257	232	208	201
彩色（万对开色令）	Color (10 000 bisect color ream)	442	463	449	420	422
装订产量（万令）	Output of Bookbinding (10 000 ream)	238	244	233	197	207
用纸量（万令）	Amout of Paper Used (10 000 ream)	160	368	351	328	299

20-11 各地区文化事业基本情况（2015）
Basic Statistics of Culture Industry by Region (2015)

地区	Region	文化事业机构数（个）Number of Institutions (unit)	#文化部门 Cultural Department	#其他部门 Other Department	文化事业人员数（人）Number of Employed Persons (person)	#文化部门 Cultural Department	#其他部门 Other Department
兰州市	Lanzhou	685	169	516	5464	2111	3353
嘉峪关市	Jiayuguan	104	19	85	1101	622	479
金昌市	Jinchang	109	42	67	937	545	392
白银市	Baiyin	381	116	265	4261	2376	1885
天水市	Tianshui	384	202	182	3435	2303	1132
武威市	Wuwei	344	144	200	2507	1026	1481
张掖市	Zhangye	395	130	265	2554	987	1567
平凉市	Pingliang	372	183	189	3076	1650	1426
酒泉市	Jiuquan	445	167	278	2871	1123	1748
庆阳市	Qingyang	475	194	281	5949	3420	2529
定西市	Dingxi	423	181	242	3706	2047	1659
陇南市	Longnan	574	269	305	3878	1911	1967
临夏州	Linxia	390	195	195	2402	1658	744
甘南州	Gannan	266	156	110	1774	1296	478

注：本表不含省本级和甘肃矿区数据。

a) Data of this table excluding Provincial level and Gansu Mine Area data.

20-11 续表 continue

地区	Region	文化部门事业单位数（个）Number of Public Institutions of Culture Department(unit)	#文化馆、艺术馆 Cultural Centers and Art Station	#公共图书馆 Public Libraries	#博物馆 Museums	#艺术表演场所 Art Performance Places	#艺术表演团体 Art Performance Troupes	公共图书馆藏书量（万册、件）Total Collections of Public Library(10 000volumes)
兰州市	Lanzhou	145	9	8	11	1	4	74.65
嘉峪关市	Jiayuguan	12	1	2	5	1		22.31
金昌市	Jinchang	31	3	4	5			54.56
白银市	Baiyin	99	6	6	9		1	63.75
天水市	Tianshui	167	8	8	9	2	4	61.75
武威市	Wuwei	124	5	5	10	1	1	27.00
张掖市	Zhangye	103	8	7	12		2	47.25
平凉市	Pingliang	148	8	8	12	4	3	58.31
酒泉市	Jiuquan	136	8	8	9	4	4	44.90
庆阳市	Qingyang	154	9	9	16		4	43.42
定西市	Dingxi	155	8	8	12	1	4	57.60
陇南市	Longnan	245	10	10	11	2	6	67.97
临夏州	Linxia	165	9	9	13	1	1	31.16
甘南州	Gannan	127	9	9	13		8	30.75

20-12 广播电视事业基本情况
Basic Statistics of Radio and Television Industry

项目	Item	2010	2011	2012	2013	2014	2015
广播	**Radio**						
广播电台（座）	Number of Broadcasting Stations (set)	4	5	3	2	2	2
中短波广播发射和转播台（座）	Medium and Short Wave Transmission Stations and Relay Stations (set)	30	30	30	30	30	31
中短波广播发射功率（千瓦）	Medium and Short Wave Transmission Power (kw)	702	702	702	702	712	683
发射机功率（千瓦）	Power of Transmitters (kw)	234	240	242	245	254	271
公共广播节目套数（套）	Number of Public Radio Programs (set)	86	87	87	88	91	94
广播节目制作时间 （万小时）	Length of Radio Programs Produced (10 000 hours)	10.78	10.88	11.39	11.96	12.45	13.37
#新闻节目	News Programs	2.29	2.27	2.45	2.53	2.44	2.92
专题节目	Special Subject Programs	2.77	2.75	3.14	2.85	2.76	3.30
文艺节目	Entertainment Programs	3.20	3.17	3.09	2.88	3.86	3.93
服务节目	Service Programs	0.66	1.03	1.13	0.96	0.92	1.10
县广播电视台（座）	County Broadcasting Stations (set)	76	75	77	68	68	68
广播节目综合人口覆盖率 (%)	Radio Coverage Rate of the Population (%)	93.47	93.70	96.89	97.69	97.89	98.01
电视	**Television**						
电视台（座）	Television Stations (set)	7	8	6	4	4	4
发射机功率（千瓦）	Power of Transmitters (kw)	366	356	362	372	377	409
电视节目套数（套）	Number of TV Programs (set)	104	106	106	106	107	110
#公共电视	Public TV (set)	104	106	106	106	107	110
付费电视	Pay TV (set)						
电视节目制作时间 （万小时）	Length of TV Programs Produced (10 000 hours)	5.89	5.94	5.82	6.66	6.29	6.74
#新闻节目	News Programs	1.95	2.17	1.91	2.17	2.04	2.31
专题节目	Special Subject Programs	1.58	1.67	1.65	1.81	2.02	2.03
文艺节目	Entertainment Programs	0.83	0.75	0.82	0.81	0.67	0.73
服务节目	Service Programs	0.65	0.51	0.56	0.53	0.63	0.67
电视节目综合人口覆盖率 (%)	TV Coverage Rate of Population (%)	93.72	94.05	97.56	98.04	98.35	98.47
有线广播电视用户数 （万户）	Number of Users of Cable Radio and TV (10 000 households)	206.9	220.5	201.2	207.3	206.4	233.6
#农村	Rural	51.41	54.38	16.00	23.98	24.53	28.50
数字电视用户数	Number of Users of Digital TV	122.85	147.79	161.76	196.09	197.03	191.78
有线广播电视入户率 (%)	Popularization Rate of Cable Radio and TV (%)	27.37	28.57	26.07	27.12	25.19	28.19
#农村	Rural	10.84	11.30	3.32	4.94	5.17	5.83
其他	**Others**						
广播电视总收入（亿元）	Revenue of Radio and TV (100 million yuan)	14.37	15.77	28.54	26.57	28.26	37.12
广播电视从业人员数 （万人）	Staff and Workers of Radio and TV (10 000 persons)	1.41	1.40	1.45	1.49	1.53	1.59

20-13 广播电视节目综合人口覆盖情况
Population Coverage of Radio and TV Programs

单位：%　　　　(%)

项目	Item	2011	2012	2013	2014	2015
广播节目综合人口覆盖率	Population Coverage Rate of Radio Programs	93.70	96.89	97.69	97.89	98.01
#中央广播节目	Coverage Rate of Central Radio Station	89.30	95.37	96.18	96.39	96.52
#农村广播节目	Rural Population Coverage Rate of Radio Programs	92.35	96.25	97.26	97.50	97.63
电视节目综合人口覆盖率	Population Coverage Rate of TV Programs	94.05	97.56	98.04	98.35	98.47
#中央电视节目	Coverage Rate of CCTV	91.24	95.96	96.62	96.98	97.14
#农村电视节目	Rural Population Coverage Rate of TV Programs	92.75	97.02	97.65	98.02	98.14

20-14 广播节目制作播出情况
Basic Statistics on Radio Programs Produced and Broadcasted

项目	Item	2011	2012	2013	2014	2015
公共广播节目套数（套）	Number of Public Radio Programs(set)	87	87	88	91	94
全年制作广播节目时间（小时）	Length of Radio Programs Produced(hour)	108777	113867	119621	124479	133738
全年公共广播节目播出时间（小时）	Length of Public Radio Programs Broadcasted(hour)	283157	295005	309519	323484	342009

20-15　电视节目制作播出情况
Basic Statistics on TV Program Produced and Broadcasted

项目	Item	2011	2012	2013	2014	2015
电视节目套数（套）	Number of TV Programs(set)					
公共电视	Public TV	106	106	106	107	110
全年制作电视节目时间（小时）	Length of TV Progarms Produced(hour)	59424	58178	66597	62876	67384
全年公共电视节目播出时间（小时）	Length of Public TV Programs Broadcasted (hour)	423256	435812	441916	452895	487173
全年电视剧播出数	Number of TV Plays Broadcasted (set)					
（部）	(set)	6709	7069	6773	6646	7414
（集）	(part)	186740	197745	196668	201021	228603
# 进口电视剧	Imported TV Play Broadcasted					
（部）	(set)	54	10	5	110	100
（集）	(part)	1918	478	365	3556	3226

20-16　有线广播电视传输干线网络及用户情况
Transmission Trunk and Users of Cable Radios and TVs

项目	Item	2011	2012	2013	2014	2015
有线广播电视传输干线网络总长（公里）	Total Length of Transmission Trunk for Cable Radios and TVs(km)	47161	47159	47334	48158	56496
有线广播电视用户数（户）	Users of Cable Radios and TVs (household)	2204622	2011749	2073356	2064058	2335791
# 数字电视用户数	Users of Digital TV Programs	1477853	1617618	1960928	1970280	1917800
# 付费电视用户数	Users of Pay TV	102783	276966	326381	661346	1118929
# 农村有线广播电视用户数	Users of Rural Cable Radios and TVs	543844	159762	239842	245313	285030
有线广播电视入户率（%）	Popularization Rate of Cable TV Programs (%)	28.57	26.07	27.12	25.19	28.19
# 农村有线广播电视入户率	Rural Areas	11.30	3.32	4.94	5.17	5.83

20-17 广播电视技术情况
Technology Statistics on Radio and TV

项目	Item	2011	2012	2013	2014	2015
中、短波转播发射台（座）	Transmission and Relaying Stations of Medium and Short Wave Broadcast(unit)	30	30	30	30	31
中波发射机（部）	Medium Wave Transmitters(set)	59	59	59	60	68
短波发射机（部）	Sort Wave Transmitters(set)	2	2	2	2	2
调频转发射机（部）	Frequency Modulation Transmitters(unit)	967	981	985	894	773
电视发射机（部）	TV Program Transmitters(set)	3997	3464	3472	3318	2453
微波实有站（座）	Microwave Stations(unit)	108	107	102	91	97

20-18 各地区广播电视事业基本情况 (2015)
Basic Statistics of Broadcasting and Television by Region (2015)

单位：小时 (hour)

地区	Region	公共广播节目套数（套）Number of Public Radio Programs (set)	全年制作广播节目时间 Length of Radio Programs Produced	全年公共广播节目播出时间 Length of Public Radio Programs Broadcasted	全年制作电视节目时间 Length of TV Progarms Produced	全年公共电视节目播出时间 Length of Public TV Programs Broadcasted
兰州市	Lanzhou	6	21511	28649	6345	40919
嘉峪关市	Jiayuguan	2	11278	12885	1854	17155
金昌市	Jinchang	2	2618	8260	1827	15946
白银市	Baiyin	4	4447	12768	7104	23343
天水市	Tianshui	9	7687	32967	5327	37713
武威市	Wuwei	5	5106	25210	1429	30886
张掖市	Zhangye	7	5528	24634	3706	35699
平凉市	Pingliang	8	8960	24833	6168	39549
酒泉市	Jiuquan	7	6436	20212	4309	39947
庆阳市	Qingyang	9	7823	24005	5080	26860
定西市	Dingxi	8	5075	21247	2856	30731
陇南市	Longnan	10	2683	34336	4928	43905
临夏州	Linxia	9	1582	23121	2402	32900
甘南州	Gannan	2	1705	5110	1580	9480
甘肃矿区电视台	Gansu Mine Area				183	5591

20-19 体育系统机构数、从业人员数（2015）

Number of Institutions and Engaged Persons of Physical Education System (2015)

单位：个、人 (unit, person)

指标	Item	合计 Total		省级 Provincial Level		地级 Prefectural Level		县级 County Level	
		机构数 Institutions	人数 Persons	机构数 Institutions	人数 Persons	机构数 Institutions	人数 Persons	机构数 Institutions	人数 Persons
总计	**Total**								
体育行政机关	Administrative Agencies of Physical Culture and Sports	101	583	1	42	14	179	86	362
运动项目管理部门	Sports Events Management	5	1047	4	943	1	104		
本科院校	Colleges								
职业、运动技术学院	Sports Technical Institutes								
体育运动学校	Physical Education and Sports Schools	8	491	1	109	7	382		
竞技体校	Competitive Sports School								
少儿体育运动学校（业余体校）	Spare-time Sports School	29	378			6	135	23	243
单项运动学校	Physical Education and Sports Schools								
训练基地	Training Bases								
体育场馆	Stadium and Gymnasium	4	60	1	36	3	24		
科研所	Science and Technology Institute	1	25	1	25				
其他事业单位	Other Institutions	33	452						
其他	Others								

注：体育场馆是指独立法人单位的体育场馆。

a) The Stadium and gymnasium refered to the stadium with independent legal entity.

20-20 分技术等级运动员发展人数

Certified Athletes by Technical Grade

单位：人 (person)

项目	Item	2011	2012	2013	2014	2015
合计	**Total**	**343**	**854**	**944**	**649**	**709**
# 女性	Female	106	255	285	201	185
运动健将	Master of Sports	19	18	20	18	16
# 女性	Female	7	7	8	8	6
一级运动员	First Grade	99	140	132	122	144
# 女性	Female	21	39	38	41	46
二级运动员	Second Grade	225	695	792	509	549
# 女性	Female	78	208	239	152	133

主要指标解释

文化及相关产业 指为社会公众提供文化、娱乐产品和服务的活动以及与这些活动有关联的活动的集合。根据提供文化、娱乐产品和服务活动的属性特点，划分为公益性文化活动和经营性文化活动两大类。

文化及相关产业是第三产业的重要组成部分。是在我国《国民经济行业分类》基础上的派生分类，有文化服务和相关文化服务两大类。

文化服务 主要指新闻服务，出版发行和版权服务，广播、电视、电影服务，文化艺术服务，网络文化服务，文化休闲娱乐服务，其他文化服务。

相关文化服务 主要有文化用品、设备及相关文化产品的生产，文化用品、设备及相关文化产品的销售。

非文化及相关产业 指由文化部门主办的不属于文化及相关产业的其他各类行业活动。

文化事业机构 指从事专业文化工作和为专业文化工作服务的独立建制的单位。不包括这些单位另外举办独立核算的其他机构和各部门的业余文化组织。该指标主要反映文化事业机构发展规模水平。

广播/电视节目综合人口覆盖率 指根据原国家广电总局制定的《广播电视人口覆盖率统计技术标准和方法》进行统计调查的，在对象区内能接收到由中央、省、地市或县通过无线、有线或卫星等各种技术方式转播的各级广播/电视节目的人口数占全国总人口数的百分比。

艺术表演团体 指由文化部门主办或实行行业管理（经文化市场行政部门审批或已申报登记并领取相关许可证），专门从事表演艺术等活动的各类专业艺术表演团体，含民间职业剧团。如话剧团、方言话剧团、滑稽剧团、儿童剧团、歌剧团、木偶团、皮影团等以及由若干剧种组成的综合性专业艺术表演团体。不包括群众业余文艺表演团体。

艺术表演场馆 指由文化部门主办或实行行业管理（经文化市场行政部门审批或已申报登记并领取相关许可证），有观众席、舞台、灯光设备，公开售票、专供文艺团体演出的文化活动场所。附属于文化部门机构内非独立核算的剧场、排演场，公开营业的也应单独统计。

21

城市

City

简要说明

一、本篇资料的主要内容

本篇资料反映了各城市主要社会经济和城市公用事业基本情况。城市公用事业基本情况包括市政建设、设施水平、供水、供气、供热、公共交通、园林绿化、环境卫生等。

二、本篇资料的来源

本篇资料中21-1表数据资料由省统计局社会科技处依据国家统计局制定的《市、县社会经济基本情况统计报表制度》提供，其余各表数据的资料来源于省住房和城乡建设厅《城市建设统计年报》，由省统计局社会科技处整理提供。

21-1 分城市主要社会经济指标（2015）
Main Social and Economic Indicators by Cities (2015)

指标	Item	兰州市 Lanzhou	嘉峪关市 Jiayuguan	金昌市 Jinchang
年末人口数（万人）	Population (year-end)(10 000 persons)	205	20	21
年末单位就业人员（万人）	Number of Employed Persons (year-end) (10 000 persons)	61.92	7.29	8.85
生产总值（万元）	Gross Regional Product (10 000 yuan)	17415468	1900441	1607042
第一产业	Primary Industry	205639	41754	38337
第二产业	Secondary Industry	6037008	1085606	1114743
第三产业	Tertiary Industry	11172821	773081	453962
人均生产总值（元）	Per Capita GDP (yuan)	65662	78336	69046
生产总值增长率（%）	Growth Rate of GDP (%)	8.3	7.1	3.8
一般公共预算收入（万元）	General Public Budget Revenue (10 000 yuan)	1727959	151300	40672
一般公共预算支出（万元）	General Public Budget Expenditure (10 000 yuan)	2879576	250995	107839
年末金融机构	Deposits of Financial Institution			
各项存款余额（万元）	(year-end)(10 000 yuan)	65830142	3219500	2351300
#城乡居民储蓄存款	Savings Deposits of Urban and Rural Residents	23025748	1466300	1399300
年末金融机构	Loans of Financial Institutions(year-end)			
各项贷款余额（万元）	(10 000 yuan)	45123292	4254500	3098800
规模以上工业增加值（万元）	Value-added of Industrial Enterprises above Designated Size(10 000 yuan)	15974200	8390965	6970551
规模以上工业企业	Industrial Enterprises above Designated Size			
主营业务收入（万元）	Revenue from Principal Business (10 000 yuan)	12884700	13747945	23245495
利润总额（万元）	Total Profit(10 000 yuan)	86500	-1008060	-513157
邮电局所数（个）	Number of Postal and Telecommunication Offices (unit)	98	13	8
全社会用电量（万千瓦时）	Annual Electricity Consumption (10 000 kw·h)	1315450	254000	
#工业用电量	Electricity Consumption of Industry	854660	247000	
社会消费品零售总额（万元）	Total Retail Sales of Consumer Goods (10 000 yuan)	10503946	549472	522078
外商直接投资	Foreign Direct Investment			
外商直接投资合同项目（个）	Number of Projects for Contracted Foreign Direct Investment (unit)	5		
当年实际使用外资金额（万美元）	Amount of Foreign Capital Actually Utilized of Current Year(10 000 USD)	4760		
固定资产投资额（万元）	Total Investment in Fixed Assets (10 000 yuan)	10967257	1441639	1744874
房地产开发投资额	Real Estate Development Investment	2306613	259847	162768
#住宅	Residential Buildings	1475398	177700	107847
新增固定资产	Newly Increased Fixed Assets	7117091	226265	1719211
在校学生数	Number of Enrollment			
普通高等学校（人）	Regular Higher Education Institutions (person)	416438	2828	3304
中等职业技术学校（人）	Secondary Vocational Technical Schools (person)	56316	4219	954
普通中学（万人）	Regular Secondary Schools (10 000 persons)	11.58	1.46	1.41
小学（万人）	Primary Schools (10 000 persons)	15.01	1.65	1.52
医院、卫生院数（个）	Number of Hospitals (unit)	99	11	10
医院、卫生院床位数（张）	Number of Beds of Hospitals (bed)	19111	1477	1629
执业（助理）医师（人）	Licensed (Assistant) Doctors (person)	10932	802	785
在岗职工平均工资（元）	Average Wages of Staff and Workers (yuan)	63313	53998	54072

21-1 续表 1 continued

指标	Item	白银市 Baiyin	天水市 Tianshui	武威市 Wuwei	张掖市 Zhangye	平凉市 Pingliang
年末人口数（万人）	Population (year-end)(10 000 persons)	49.44	130.59	103.15	50.82	51.24
年末单位就业人员（万人）	Number of Employed Persons (year-end) (10 000 persons)	11.42	14.58	8.51	6.37	5.78
生产总值（万元）	Gross Regional Product (10 000 yuan)	2640805	3285135	2611600	1567485	1200136
第一产业	Primary Industry	84486	252346	571800	355876	171543
第二产业	Secondary Industry	1505894	1377867	982800	379341	298806
第三产业	Tertiary Industry	1050425	1654922	1057000	832268	729787
人均生产总值（元）	Per Capita GDP (yuan)	53425	26976	25819	30537	23223
生产总值增长率（%）	Growth Rate of GDP (%)	6.6	9.8	8.5	7.8	9.2
一般公共预算收入（万元）	General Public Budget Revenue (10 000 yuan)	180617	266230	105200	117999	49695
一般公共预算支出（万元）	General Public Budget Expenditure (10 000 yuan)	562711	1102840	460011	493541	269092
年末金融机构各项存款余额（万元）	Deposits of Financial Institution (year-end)(10 000 yuan)	3777675	6388704	5090486	3140200	2826200
#城乡居民储蓄存款	Savings Deposits of Urban and Rural Residents	2089360	4221396	1143210	1722600	1591000
年末金融机构各项贷款余额（万元）	Loans of Financial Institutions(year-end) (10 000 yuan)	2989308	4217311	4213379	2556300	2028600
规模以上工业增加值（万元）	Value-added of Industrial Enterprises above Designated Size(10 000 yuan)	5583307	2702148	2659813	1032443	326941
规模以上工业企业	Industrial Enterprises above Designated Size					
主营业务收入（万元）	Revenue from Principal Business (10 000 yuan)	7824862	1314053	1947599	497187	573783
利润总额（万元）	Total Profit(10 000 yuan)	-40878	97989	39960	756	-62021
邮电局所数（个）	Number of Postal and Telecommunication Offices (unit)	32	58	59	39	27
全社会用电量（万千瓦时）	Annual Electricity Consumption (10 000 kw·h)	735853		125402	274825	117544
#工业用电量	Electricity Consumption of Industry	522537		4908	192188	72277
社会消费品零售总额（万元）	Total Retail Sales of Consumer Goods (10 000 yuan)	1133028	1706995	958433	804043	746278
外商直接投资	Foreign Direct Investment					
外商直接投资合同项目（个）	Number of Projects for Contracted Foreign Direct Investment (unit)			2	1	
当年实际使用外资金额（万美元）	Amount of Foreign Capital Actually Utilized of Current Year(10 000 USD)			350	800	
固定资产投资额（万元）	Total Investment in Fixed Assets (10 000 yuan)	2518361	2915789	4226292		
房地产开发投资额	Real Estate Development Investment	187250	230329	254571	170044	482712
#住宅	Residential Buildings	178038	150339	156858	120139	295436
新增固定资产	Newly Increased Fixed Assets	1968733	3003991	24185	582498	802908
在校学生数	Number of Enrollment					
普通高等学校（人）	Regular Higher Education Institutions (person)	3015	37894		19808	5367
中等职业技术学校（人）	Secondary Vocational Technical Schools (person)	4630	18788	6493	3421	6166
普通中学（万人）	Regular Secondary Schools (10 000 persons)	3.45	6.85	3.16	2.87	2.88
小学（万人）	Primary Schools (10 000 persons)	3.22	8.81	6.26	3.10	3.31
医院、卫生院数（个）	Number of Hospitals (unit)	36	65	860	36	39
医院、卫生院床位数（张）	Number of Beds of Hospitals (bed)	3871	6508	5774	2877	4046
执业（助理）医师（人）	Licensed (Assistant) Doctors (person)	1776	2480	1787	1590	1404
在岗职工平均工资（元）	Average Wages of Staff and Workers (yuan)	52935	85356	50370	53650	42979

21-1 续表 2 continued

指标	Item	酒泉市 Jiuquan	庆阳市 Qingyang	定西市 Dingxi	陇南市 Longnan
年末人口数（万人）	Population (year-end)(10 000 persons)	42	38	46	56
年末单位就业人员（万人）	Number of Employed Persons (year-end) (10 000 persons)	5.24	8.03	4.60	4.84
生产总值（万元）	Gross Regional Product (10 000 yuan)	1609850	1547638	702111	935524
第一产业	Primary Industry	251833	102014	130977	163214
第二产业	Secondary Industry	445798	643805	197527	134088
第三产业	Tertiary Industry	912219	801819	373607	638222
人均生产总值（元）	Per Capita GDP (yuan)	36792	40387	16525	16637
生产总值增长率（%）	Growth Rate of GDP (%)	6.2	3.8	9.1	9.6
一般公共预算收入（万元）	General Public Budget Revenue (10 000 yuan)	52485	77244	38175	98513
一般公共预算支出（万元）	General Public Budget Expenditure (10 000 yuan)	207907	261666	307451	316527
年末金融机构各项存款余额（万元）	Deposits of Financial Institution (year-end)(10 000 yuan)	4161444	3043839	2072744	1985500
#城乡居民储蓄存款	Savings Deposits of Urban and Rural Residents	2196139	1801304	1112795	1016921
年末金融机构各项贷款余额（万元）	Loans of Financial Institutions(year-end) (10 000 yuan)	3075667	2866982	1547998	1684511
规模以上工业增加值（万元）	Value-added of Industrial Enterprises above Designated Size(10 000 yuan)	933302	1624748	555011	102680
规模以上工业企业	Industrial Enterprises above Designated Size				
主营业务收入（万元）	Revenue from Principal Business (10 000 yuan)	1020202	1674241	496257	87081
利润总额（万元）	Total Profit(10 000 yuan)	35002	44712	7537	277
邮电局所数（个）	Number of Postal and Telecommunication Offices (unit)	27	15	27	24
全社会用电量（万千瓦时）	Annual Electricity Consumption (10 000 kw·h)	116700	171967	24800	41970
#工业用电量	Electricity Consumption of Industry	72200	127180	2800	10450
社会消费品零售总额（万元）	Total Retail Sales of Consumer Goods (10 000 yuan)	747230	634620	352834	358430
外商直接投资	Foreign Direct Investment				
外商直接投资合同项目（个）	Number of Projects for Contracted Foreign Direct Investment (unit)				
当年实际使用外资金额（万美元）	Amount of Foreign Capital Actually Utilized of Current Year(10 000 USD)				
固定资产投资额（万元）	Total Investment in Fixed Assets (10 000 yuan)	2647678	2664466	1213788	1026067
房地产开发投资额	Real Estate Development Investment	281313	320078	134728	94492
#住宅	Residential Buildings	240892	232774	91569	76180
新增固定资产	Newly Increased Fixed Assets	2455456	1945200	122682	1026067
在校学生数	Number of Enrollment				
普通高等学校（人）	Regular Higher Education Institutions (person)	8029	17941	4683	3100
中等职业技术学校（人）	Secondary Vocational Technical Schools (person)	7126	6960	3387	5216
普通中学（万人）	Regular Secondary Schools (10 000 persons)	2.71	2.94	2.61	2.03
小学（万人）	Primary Schools (10 000 persons)	2.76	3.50	2.15	4.38
医院、卫生院数（个）	Number of Hospitals (unit)	35	21	29	44
医院、卫生院床位数（张）	Number of Beds of Hospitals (bed)	2645	3182	2531	1640
执业（助理）医师（人）	Licensed (Assistant) Doctors (person)	1198	1401	1030	310
在岗职工平均工资（元）	Average Wages of Staff and Workers (yuan)	50297	61439	4792	50000

21-2 城市公用事业基本情况
Basic Statistics on City Public Utilities

指标	Item	2011	2012	2013	2014	2015
城市建设	**City Areas and Floor Space of Buildings**					
建成区面积（平方公里）	Area of Built Districts (sq.km)	656	682	727	779	834
城市现状建设用地面积（平方公里）	Area of Land Used for Urban Construction Status (sq.km)	615	643	658	757	771
城市人口密度（人/平方公里）	Population Density of City Districts (person/sq.km)	3824	4369	3916	3682	4049
城市供水、燃气	**Water Supply and Gas Supply**					
全年供水总量（万立方米）	Annual Volume of Total Water Supply (10 000 cu.m)	55703	54243	55059	54565	51154
#居民家庭用水	Water Consumption for Residential Use	20291	20708	20579	21306	22229
人均日生活用水量(升)	Per Capita Daily Water Consumption for Residential Use (liter)	146	144	142	146	132
用水普及率（%）	Coverage Rate of Urban Population with Access to Tap Water (%)	92.50	92.77	93.68	94.95	97.28
供气总量（人工、天然气）（亿立方米）	Volume of Gas Supply(Coal Gas,Natural Gas) (100 million cu.m)	8.97	11.38	13.58	16.09	16.36
#家庭用量	Consumption of Gaswork Gas for Residential Use	1.90	2.37	2.56	3.23	3.14
液化石油气供气总量（万吨）	Volume of Liquefied Petroleum Gas 10 000 ton)	15.17	15.14	7.40	5.97	8.53
#家庭用量	Consumption of Gaswork Gas for Residential Use	7.04	7.04	6.65	5.25	7.80
燃气普及率（%）	Coverage Rate of Urban Population with Access to Gas (%)	75.62	85.87	80.22	83.48	85.77
城市公共交通	**Public Traffic**					
城市市政建设	**Municipal Infra-structure**					
年末实有道路长度（公里）	Length of Paved Roads at Year-end (km)	3503	3580	3796	4151	4489
城市排水管道长度（公里）	Length of City Sewaeg Pipes (km)	3144	3282	3881	5016	5558
城市绿化和园林	**City Greening**					
城市绿地面积（公顷）	Area of Urban Green Land (hectare)	18260	23069	27843	22342	23560
人均拥有公园绿地面积（平方米）	Per Capita Area of Parks and Green Land (sq.m)	8.32	9.52	11.76	12.79	12.23
公园数（个）	Number of Parks and Zoos (unit)	92	97	104	116	123
公园面积（公顷）	Area of Parks (hectare)	2572	2629	3649	4079	4335
城市环境卫生	**Environmental Sanitation**					
生活垃圾清运量（万吨）	Volume of Garbage Disposal (10 000 tons)	276.18	270.54	272.84	252.97	262.68
粪便清运量（万吨）	Volume of Disposal of Excrement and Urine (10 000 tons)	16.22	17.07	19.42	17.58	18.02
生活垃圾无害化处理率（%）	Harmless Treatment Rate of Garbage (%)	41.71	41.68	42.29	62.60	64.24

21-3 各地区城市建设情况（2015）
Statistics on City Construction by Region (2015)

地区	Region	城区面积（平方公里） Urban Area(sq.km)	建成区面积（平方公里） Area of Build Disticts(sp.km)	城市现状建设用地面积（平方公里） Area of Land Used for Urban Construction Status (sq.km)	征用土地面积（平方公里） Land Put in Requisition for State Construction Projects (sq.km)	城市人口密度（人/平方公里） Population Density of City Districts (person/sq.km)
甘肃省	**Gansu**	**1569.9**	**834.4**	**771.4**	**31.9**	**4049**
兰州市	Lanzhou	332.1	305.3	292.0	23.0	7540
嘉峪关市	Jiayuguan	120.0	69.5	68.4		1826
金昌市	Jinchang	52.3	42.2	42.2	0.1	3702
白银市	Baiyin	99.2	61.2	60.9	1.3	4255
天水市	Tianshui	60.0	56.0	47.5		11515
武威市	Wuwei	31.0	31.0	30.9		10613
张掖市	Zhangye	200.0	64.2	37.7	2.5	1222
平凉市	Pingliang	255.0	36.0	35.9	0.5	1311
酒泉市	Jiuquan	235.0	51.5	42.4		1628
玉门市	Yumen	15.0	9.0	9.0		4927
敦煌市	Dunhuang	19.0	15.0	14.9	0.6	5831
庆阳市	Qingyang	25.0	24.3	23.7	2.1	7559
定西市	Dingxi	35.0	25.0	23.5	1.3	5588
陇南市	Longnan	40.0	10.4	9.2		4103
临夏市	Linxia	33.0	23.0	22.9	0.5	6853
合作市	Hezuo	15.6	10.5	10.4		3859

注：各地区城市数据来源于省住建厅。（以下相关表同）

a) Data of cities by region are from the Urban and Rural Housing Construcion in Gansu Province, The same applies to the tables following.

21-4 各地区城市市政设施（2015）
Basic Statistics on Municipal Infrastructure in Cities by Region (2015)

地区	Region	年末实有道路长度（公里） Length of Paved Roads (year-end) (km)	年末实有道路面积（万平方米） Area of Paved Roads (year-end) (10 000 sq.m)	城市桥梁（座） Number of City Bridges (unit)	城市排水管道长度（公里） Length of City Sewage Pipes (km)	城市污水处理厂日处理能力（万立方米） Daily Disposal Capacity of City Sewage (10 000 cu.m)	城市道路照明灯（盏） Number of Street Lights (unit)
甘肃省	**Gansu**	**4489**	**9650**	**540**	**5558**	**136**	**296520**
兰州市	Lanzhou	1584	4035	330	2622	72	97803
嘉峪关市	Jiayuguan	336	405	9	382	2	26700
金昌市	Jinchang	173	478	16	99	8	23356
白银市	Baiyin	415	629	25	174	7	12903
天水市	Tianshui	306	604	40	315	12	12526
武威市	Wuwei	157	360	9	160	4	12545
张掖市	Zhangye	209	664	1	338	8	19072
平凉市	Pingliang	207	645	33	411	5	19033
酒泉市	Jiuquan	285	453	7	297	4	15006
玉门市	Yumen	141	163	1	142	1	2620
敦煌市	Dunhuang	207	221	1	59	3	5575
庆阳市	Qingyang	165	307	3	205	2	8000
定西市	Dingxi	100	268	10	138	3	5923
陇南市	Longnan	45	70	18	56	2	3052
临夏市	Linxia	123	247	24	121	3	30091
合作市	Hezuo	35	102	13	39	1	2315

21-5 各地区城市供水情况（2015）

Basic Statistics on Tap Water Supply in Cities by Region (2015)

地区	Region	年末供水综合生产能力（万立方米/日）Production Capacity of Tap Water Supply(year-end) (10 000cu.m/day)	年末供水管道长度（公里）Length of Water Supply Pipelines (year-end)(km)	用水人口（万人）Number of Residents with Access to Tap Water (10 000 persons)	人均日生活用水量（升）Per Capita Daily Consumption of Tap Water for Residential Use (liter)
甘肃省	**Gansu**	**392.1**	**5625.3**	**618.4**	**132.0**
兰州市	Lanzhou	161.0	1160.5	240.5	160.6
嘉峪关市	Jiayuguan	51.6	782.9	21.9	181.9
金昌市	Jinchang	30.0	296.1	19.4	242.3
白银市	Baiyin	48.4	306.7	42.1	158.9
天水市	Tianshui	13.0	237.9	65.6	110.5
武威市	Wuwei	20.0	231.0	32.0	105.7
张掖市	Zhangye	15.7	412.6	24.4	122.3
平凉市	Pingliang	4.5	348.2	33.4	78.2
酒泉市	Jiuquan	14.4	306.5	38.3	83.9
玉门市	Yumen	8.0	239.8	7.4	129.8
敦煌市	Dunhuang	7.0	317.4	11.6	117.1
庆阳市	Qingyang	5.3	383.6	19.1	77.3
定西市	Dingxi	5.0	207.8	19.7	47.6
陇南市	Longnan	1.7	66.3	15.6	59.8
临夏市	Linxia	5.0	270.0	22.9	92.8
合作市	Hezuo	1.5	58.2	4.5	88.7

21-5 续表 continued

地区	Region	全年供水总量（万立方米）Total Annual Volume of Water Supply (10 000 cu.m)	#居民家庭用水 Water for Households Use	#生产运营用水 Water for Production Operations Use
甘肃省	**Gansu**	**55844.1**	**22229.4**	**19119.2**
兰州市	Lanzhou	26768.2	10716.1	10916.4
嘉峪关市	Jiayuguan	3746.2	764.6	2143.4
金昌市	Jinchang	2747.6	909.2	295.9
白银市	Baiyin	6305.4	2308.0	2480.5
天水市	Tianshui	3265.0	1797.9	290.3
武威市	Wuwei	1860.9	878.7	385.3
张掖市	Zhangye	2349.3	922.5	631.0
平凉市	Pingliang	1649.0	790.0	494.0
酒泉市	Jiuquan	1971.7	836.0	472.9
玉门市	Yumen	711.0	294.0	280.0
敦煌市	Dunhuang	785.0	330.0	145.0
庆阳市	Qingyang	744.5	418.5	93.5
定西市	Dingxi	643.0	241.0	125.0
陇南市	Longnan	481.4	256.0	61.0
临夏市	Linxia	1450.0	645.0	145.0
合作市	Hezuo	366.0	122.0	160.0

21-6 各地区城市燃气情况（2015）
Basic Statistics on Supply of Gas in Cities by Region (2015)

地区	Region	人工煤气生产能力（万立方米 / 日） Production Capacity of Gaswork Gas (10 000 cu.m/day)	全年供气总量 Volume of Gas Supply		
			人工煤气（万立方米） Coal Gas (10 000cu.m)	液化石油气（吨） Liquefied Petroleum Gas(ton)	天然气（万立方米） Natural Gas(10 000 cu.m)
甘肃省	**Gansu**	**10.8**	**1644.2**	**85327.5**	**161907.4**
兰州市	Lanzhou			52448.7	136786.2
嘉峪关市	Jiayuguan	10.8	1644.2	46.0	156.6
金昌市	Jinchang			315.0	1670.0
白银市	Baiyin			1850.0	6270.0
天水市	Tianshui			6219.0	2409.6
武威市	Wuwei			3608.0	2515.9
张掖市	Zhangye			3071.0	1460.2
平凉市	Pingliang			3207.9	790.0
酒泉市	Jiuquan			1500.0	2009.6
玉门市	Yumen			362.0	122.3
敦煌市	Dunhuang			663.0	2120.0
庆阳市	Qingyang			8262.0	1648.0
定西市	Dingxi			648.0	67.0
陇南市	Longnan			947.7	206.1
临夏市	Linxia			759.2	3676.0
合作市	Hezuo			1420.0	

21-6 续表 continued

地区	Region	管道长度（公里） Length of Gas Pipelines (km)			用气人口（万人） Population with Access to Gas (10 000 persons)		
		人工煤气 Coal Gas	液化石油气 Liquefied Petroleum Gas	天然气 Natural Gas	人工煤气 Coal Gas	液化石油气 Liquefied Petroleum Gas	天然气 Natural Gas
甘肃省	**Gansu**	**399.6**		**2309.0**	**15.0**	**158.6**	**371.6**
兰州市	Lanzhou			916.4		18.2	215.9
嘉峪关市	Jiayuguan	399.6		29.0	15.0	0.9	6.0
金昌市	Jinchang			72.1		5.8	7.8
白银市	Baiyin			395.2		11.7	24.8
天水市	Tianshui			134.1		27.0	23.0
武威市	Wuwei			77.3		9.9	14.6
张掖市	Zhangye			91.5		5.5	19.0
平凉市	Pingliang			46.3		11.3	14.1
酒泉市	Jiuquan			181.1		20.0	18.3
玉门市	Yumen			35.0		4.0	3.4
敦煌市	Dunhuang			187.4		0.2	11.4
庆阳市	Qingyang			51.5		16.2	0.8
定西市	Dingxi					14.8	0.3
陇南市	Longnan			21.0		6.6	2.4
临夏市	Linxia			71.3		1.5	9.9
合作市	Hezuo					5.0	

21-7 各地区城市集中供热情况（2015）
Basic Statistics on Heating in Cities by Region (2015)

地区	Region	供应能力 Heating Capacity		供热总量 Quantity of Heat Supplied		管道长度 Length of Heating Pipelines		供热面积（万平方米） Area of Centralized Heating (10 000 sq.m)
		蒸汽（吨/小时） Steam (ton/hour)	热水（兆瓦） Hot Water (mega watts)	蒸汽（万吉焦） Steam (10 000 gigajoules)	热水（万吉焦） Hot Water (10 000 gigajoules)	蒸汽（公里） Steam (km)	热水（公里） Hot Water (km)	
甘肃省	**Gansu**	**26**	**14331**	**8**	**9152**	**23.6**	**4404.8**	**16137**
兰州市	Lanzhou		4987		3205		691.3	6125
嘉峪关市	Jiayuguan		1322		804		541.1	1251
金昌市	Jinchang		660		460		320.6	895
白银市	Baiyin		1144		797		884.1	1602
天水市	Tianshui		380		384		120.0	680
武威市	Wuwei		1553		360		170.0	810
张掖市	Zhangye		659		310		75.8	600
平凉市	Pingliang		725		550		645.6	830
酒泉市	Jiuquan		840		672		348.0	1042
玉门市	Yumen	26	127	8	50	23.6	112.4	186
敦煌市	Dunhuang		600		322		286.2	480
庆阳市	Qingyang		360		411		38.6	512
定西市	Dingxi		460		550		55.6	568
陇南市	Longnan		50		13		13.1	16
临夏市	Linxia		348		184		48.7	416
合作市	Hezuo		116		80		53.7	125

21-8 各地区城市绿地和园林（2015）
Basic Statistics on Parks and Green Areas in Cities by Region (2015)

地区	Region	城市园林绿地面积（公顷） Area of Parks and Green Land (hectare)	公园绿地（公顷） Park Green Areas (hectare)	公园（个） Number of Parks (unit)	公园面积（公顷） Area of Parks (hectare)	建成区绿化覆盖率（%） Green Covered Area as % of Completed Area (%)
甘肃省	**Gansu**	**23560.1**	**7773.5**	**123**	**4334.8**	**30.2**
兰州市	Lanzhou	7428.9	2297.1	23	1548.2	25.8
嘉峪关市	Jiayuguan	2672.1	818.0	8	531.0	39.5
金昌市	Jinchang	1354.7	406.7	3	247.5	36.3
白银市	Baiyin	1955.3	410.1	14	401.4	35.1
天水市	Tianshui	1916.5	680.0	22	384.0	38.1
武威市	Wuwei	732.1	482.6	5	96.0	23.6
张掖市	Zhangye	1623.3	931.0	3	108.0	30.7
平凉市	Pingliang	1580.9	265.0	6	133.0	35.7
酒泉市	Jiuquan	1629.0	441.0	7	292.0	37.4
玉门市	Yumen	379.8	170.0	4	155.0	37.2
敦煌市	Dunhuang	557.8	160.8	9	67.0	38.6
庆阳市	Qingyang	726.0	141.0	2	23.0	33.4
定西市	Dingxi	565.9	328.6	3	164.0	25.2
陇南市	Longnan	167.3	82.5	9	57.6	8.4
临夏市	Linxia	170.6	117.1	3	110.1	14.4
合作市	Hezuo	100.0	42.0	2	17.0	6.5

21-9 各地区城市市容环境卫生情况（2015）

Basic Statistics on Urban Sanitation in Cities by Region (2015)

地区	Region	清扫保洁面积（万平方米）Area under Cleaning Program (10 000 sq.m)	生活垃圾清运量（万吨）Volume of Garbage Disposal (10 000 tons)	粪便清运量（万吨）Volume of Excrement and Urine Disposal (10 000 tons)	市容环卫专用车辆设备总数（台）Number of Special Vehicles for Environmental Sanitation (unit)	公共厕所（座）Number of Public Lavatories (unit)	#三类以上 Third Grade and above
甘肃省	**Gansu**	**8294**	**262.68**	**18.02**	**1923**	**1518**	**1202**
兰州市	Lanzhou	2903	98.36	7.65	1267	494	479
嘉峪关市	Jiayuguan	630	7.30		60	122	108
金昌市	Jinchang	751	9.20	0.16	68	75	62
白银市	Baiyin	610	15.96	0.18	102	120	101
天水市	Tianshui	290	21.78		27	48	29
武威市	Wuwei	267	18.00		71	96	70
张掖市	Zhangye	520	9.89		15	83	38
平凉市	Pingliang	510	13.80	6.00	25	75	60
酒泉市	Jiuquan	566	12.00	0.51	60	110	106
玉门市	Yumen	240	3.24		19	29	4
敦煌市	Dunhuang	115	4.32		16	53	49
庆阳市	Qingyang	270	15.70	2.40	64	70	52
定西市	Dingxi	160	6.50		33	49	44
陇南市	Longnan	65	4.79		26	47	
临夏市	Linxia	346	18.52	1.00	63	34	
合作市	Hezuo	51	3.32	0.12	7	13	

21-10 各地区城市设施水平（2015）

Level of Public Facilities in Cities by Region (2015)

地区	Region	城市用水普及率（%）Coverage Rate of Urban Population with Access to Tap Water (%)	城市燃气普及率（%）Coverage Rate of Urban Population with Access to Gas (%)	人均城市道路面积（平方米）Per Capita Area of Paved Roads (sq.m)	人均公园绿地面积（平方米）Per Capita Public Green Areas (sq.m)
甘肃省	**Gansu**	**97.28**	**85.77**	**15.18**	**12.23**
兰州市	Lanzhou	96.03	93.50	16.11	9.17
嘉峪关市	Jiayuguan	100.00	100.00	18.49	37.33
金昌市	Jinchang	100.00	70.25	24.67	21.01
白银市	Baiyin	99.76	86.46	14.90	9.71
天水市	Tianshui	95.01	72.37	8.75	9.84
武威市	Wuwei	97.26	74.50	10.94	14.67
张掖市	Zhangye	100.00	100.00	27.19	38.11
平凉市	Pingliang	99.85	76.14	19.28	7.92
酒泉市	Jiuquan	100.00	100.00	11.84	11.53
玉门市	Yumen	100.00	100.00	22.06	23.00
敦煌市	Dunhuang	100.00	100.00	19.08	13.89
庆阳市	Qingyang	99.17	88.30	15.96	7.33
定西市	Dingxi	98.15	75.26	13.35	16.39
陇南市	Longnan	95.00	54.60	4.26	5.03
临夏市	Linxia	99.91	49.54	10.77	5.10
合作市	Hezuo	75.42	83.22	16.92	6.98

主要指标解释

建城区面积 指市政区范围内经过征用的土地和实际建设发展起来的非农业生产建设地段，包括市区集中连片的部分以及分散在近郊区与城市有着密切联系，具有基本完善的市政共用设施的城市建设用地(如机场、污水处理厂、通讯电台)。

供水综合生产能力 指按供水设施取水、净化、送水、出厂输水干管等环节设计能力计算的综合生产能力。包括在原设计能力的基础上，经挖、革、改增加的生产能力。计算时，以四个环节中最薄弱的环节为主确定能力。

年末供水管道长度 指从送水泵至用户水表之间所有管道的长度。不包括新安装尚未使用、水厂内以及用户建筑物内的管道。

全年供水总量 指报告期供水企业(单位)供出的全部水量。包括有效供水量和损失水量。

生活用水量 包括公共服务用水和居民家庭用水。公共服务用水指为城市社会公共生活服务的用水。包括行政事业单位、部队营区和公共设施服务、社会服务业、批发零售贸易业、旅馆饮食业以及其他公共服务业等单位的用水。居民家庭用水指城市范围内所有居民家庭的日常生活用水。包括城市居民、农民家庭、公共供水站用水。

用水普及率 指报告期末城区用水人口数与城市人口总数的比率

人工煤气生产能力 指报告期末人工煤气生产厂制气、净化、输送等环节的综合生产能力，不包括备用设备能力。一般按设计能力计算，如果实际生产能力大于设计能力时，应按实际测定的生产能力计算。测定时应以制气、净化、输送三个环节中最薄弱的环节为主。

供气管道长度 指报告期末从气源厂压缩机的出口或门站出口至各类用户引入管之间的全部已经通气投入使用的管道长度。不包括煤气生产厂、输配站、液化气储存站、灌瓶站、储配站、气化站、混气站、供应站等厂(站)内的管道。

全年供气总量 指全年燃气企业(单位)向用户供应的燃气数量。包括销售量和损失量。

燃气普及率 指报告期末城区使用燃气的城市人口数与城市人口总数的比率。其中燃气包括人工煤气、天然气、液化石油气三种。

年末道路长度 指年末道路长度和与道路相通的桥梁、隧道的长度，按车行道中心线计算。在统计时只统计路面宽度在3.5米(含3.5米)以上的各种铺装道路，包括开放型工业区和住宅区道路在内。

年末运营车数 指年末城市用于公共交通运营业务的全部车辆数。新购、新制和调人的运营车辆，自投人之日起开始计算；调出、报废和调作他用的运营车辆，自上级主管机关批准之日起不再计人。

城市园林绿地面积 指报告期末用作园林和绿化的各种绿地面积。包括公园绿地、生产绿地、防护绿地、附属绿地和其他绿地的面积。

公园绿地面积 城市中向公众开放的、以游憩为主要功能，有一定的游憩设施和服务设施，同时兼有健全生态、美化景观、防灾减灾等综合作用的绿化用地。包括综合公园、社区公园、专类公园、带状公园和街旁绿地。其中综合公园、专类公园和带状公园面积之和为公园面积。

清扫保洁面积 指报告期末对城市道路和公共场所(主要包括城市行车道、人行道、车行隧道、人行过街地下通道、道路附属绿地、地铁站、高架路、人行过街天桥、立交桥、广场、停车场及其他设施等)进行清扫保洁的面积。一天清扫多次的，按清扫保洁面积最大的一次计算。

市容环卫专用车辆 指用于环境卫生作业、监察的专用车辆和设备，包括用于道路清扫、冲洗、洒水、除雪、垃圾粪便清运、市容监察以及与其配套使用的车辆和设备。

每万人拥有公共交通车辆 指报告期末城区内每万人平均拥有的公共交通车辆标台数。

22

民族自治地方

Ethnic Minority Autonomous Area

简要说明

一、本篇资料主要内容

本篇资料反映 2 个民族自治州、5 个民族自治县的经济社会发展情况。重点反映了民族自治地方农牧业的发展状况以及教育、卫生方面的情况。

二、本篇资料来源

本篇资料数据来源于省统计局相关处、省有关部门。

22-1 民族自治地方年末人口与人口自然变动情况
Total Population at Year-end and It's Natural Changes of Ethnic Minority Autonomous Areas

单位：万人、‰ (10 000 persons,‰)

年份 地区	year Region	常住人口 Total Population	按性别分 By Sex 男 Male	女 Female	按城乡分 By Urban and Rural 城镇人口 Urban	乡村人口 Rural	自然增长率 Natural Growth Rate
民族自治地方合计	**Total**						
2010		316.00	160.86	155.14	78.12	237.88	7.79
2011		317.60	161.66	155.95	81.15	236.45	7.63
2012		319.49	162.62	156.87	85.45	234.04	7.64
2013		321.14	163.53	157.61	89.88	231.26	7.64
2014		323.24	164.49	158.75	95.35	227.89	7.68
2015		324.55	163.86	160.69	100.84	223.71	7.69
临夏回族自治州	Linxia	201.21	101.82	99.39	62.80	138.41	7.79
甘南藏族自治州	Gannan	70.50	35.43	35.07	21.5	49.00	7.87
张家川回族自治县	Zhangjiachuan	29.23	14.53	14.70	6.68	22.55	7.68
天祝藏族自治县	Tianzhu	17.59	8.96	8.63	6.64	10.95	5.99
肃南裕固族自治县	Sunan	3.45	1.74	1.71	1.32	2.13	6.21
肃北蒙古族自治县	Subei	1.52	0.83	0.69	0.89	0.63	6.66
阿克塞哈萨克族自治县	Akesai	1.05	0.55	0.50	1.01	0.04	7.83

22-2 民族自治地方生产总值
Gross Regional Product of Ethnic Minority Autonomous Areas

单位：万元 (10 000 yuan)

年份 地区	year Region	生产总值 Gross Regional Product	第一产业 Primary Industry	第二产业 Secondary Industry	第三产业 Tertiary Industry	人均生产总值（元） Per Capita GDP (yuan)
民族自治地方合计	**Total**					
2014		4758087	779831	1610303	2367953	14774
2015		4714780	817575	1281173	2616032	14556
临夏回族自治州	Linxia	2114087	361386	448267	1304434	10527
甘南藏族自治州	Gannan	1265416	270060	207004	788352	17990
张家川回族自治县	Zhangjiachuan	249793	64210	26169	159414	8560
天祝藏族自治县	Tianzhu	446583	64079	206900	175604	25446
肃南裕固族自治县	Sunan	288053	47321	168270	72462	83615
肃北蒙古族自治县	Subei	202310	5041	128308	68961	133538
阿克塞哈萨克族自治县	Akesai	148538	5478	96255	46805	141465

22-3 民族自治地方农牧业生产基本情况
Farming and Animal Husbandry Producing Basic Statistic of Ethnic Minority Autonomous Areas

指标	Item	2010	2011	2012	2013	2014	2015
农业总产值（亿元）	**Output Value of Agriculture(100 million yuan)**	76.47	86.57	100.32	111.18	119.28	125.41
农业	Agriculture	40.52	43.98	52.12	57.37	61.24	64.39
林业	Forestry	2.60	3.32	3.88	4.45	5.02	5.21
牧业	Animal Husbandry	31.25	36.87	41.41	46.10	49.37	51.69
渔业	Fishery	0.17	0.20	0.25	0.26	0.32	0.34
耕地面积（千公顷）	**Cultivated Area (1 000 hectares)**	276.84	278.17	278.41	278.74	279.52	280.30
# 有效灌溉面积	Irrigated Area	72.74	72.96	73.60	73.73	72.80	73.22
总播种面积（千公顷）	**Total Sown Area (1 000 hectares)**	297.45	304.31	307.30	311.73	315.53	318.30
# 粮食作物	Sown Area of Grain Crops	212.08	217.43	213.67	212.97	214.98	215.46
主要农作物产量（万吨）	**Yield of Major Farm Crops(10 000 tons)**						
粮食	Grain Crops	88.79	91.85	97.04	103.75	109.56	110.05
油料	Oil-bearing	8.51	8.63	8.66	8.89	8.93	8.62
甜菜	Beetroots	0.34	0.89	0.98	1.00	0.62	0.36
畜牧业主要产品产量（万吨）	**Output of Livestock Products (10 000 tons)**						
猪肉产量	Pork	3.63	3.64	3.75	3.90	4.04	3.91
牛肉产量	Beef	4.76	5.18	5.42	5.55	5.85	6.20
羊肉产量	Mutton	4.71	4.91	5.08	5.29	5.63	6.02
牛奶产量	Cow Milk	10.87	11.20	11.40	11.55	11.79	11.48
羊毛产量	Wool	0.12	0.90	0.96	0.95	0.94	0.04
农业生产条件	**Agriculture Production Condition**						
农业机械总动力（万千瓦）	Total Power of Agricultural Machinery (10 000 kw)	151.60	164.59	176.28	191.33	210.45	224.77
农村用电量（万千瓦时）	Electricity Consumed in Rural Area (10 000 kw·h)	46251.46	47920.82	49180.88	50991.36	53320.00	55127.90
化肥施用量（万吨）	Chemical Fertilizer Cosumption (10 000 tons)						
按实物量计算	Consumtion of Chemical Fertilizer	11.52	11.91	12.49	12.44	12.27	12.36
按折纯量计算	Convert to Pure Amount	3.41	3.59	3.64	3.66	3.73	3.74

22-4 民族自治地方农、林、牧、渔业总产值

Gross Output Value of Farming,Forestry,Animal Husbandry and Fishery of Ethnic Minority Autonomous Area

单位：万元 (10 000 yuan)

地县	Region and County	农、林、牧、渔业总产值 Gross Output Value of Agriculture, Forestry, Animal Husbandry and Fishery	农 业 Agriculture	林 业 Forestry	牧 业 Animal Husbandry	渔 业 Fishery	农、林、牧、渔业总产值指数（上年=100） Indices (preceding year=100)
民族自治地方合计	**Total**						
2010		764730	405172	26010	312464	1741	
2011		865718	439753	33214	368670	2007	
2012		1003180	521221	38794	414140	2451	
2013		1111791	573698	44452	460995	2619	
2014		1192822	612437	50156	493737	3186	
2015		1254130	643892	52118	516904	3447	
临夏回族自治州	Linxia	590888	395588	14039	153218	3350	106.06
甘南藏族自治州	Gannan	350243	83485	31669	230093	45	105.42
张家川回族自治县	Zhangjiachuan	104982	82292	644	21211	46	105.75
天祝藏族自治县	Tianzhu	117633	57668	2934	52772	7	110.21
肃南裕固族自治县	Sunan	71375	21410	1842	45599		100.78
肃北蒙古族自治县	Subei	9908	1958	17	7553		97.32
阿克塞哈萨克族自治县	Akesai	9101	1491	972	6457		106.17

22-5 民族自治地方牲畜头数

Number of Domestic Animals of Ethnic Minority Autonomous Areas

年份 Year	大牲畜年末数（百头） Large Animals (year-end) (100 heads)	牛 Cows	马 Horses	驴 Donkeys	骡 Mules	骆驼 Camels	羊年末数（百只） Sheep and Goats(year-end) (100 hundred) 山羊 Goats	绵羊 Sheep	猪年末数（百头） Hogs (year-end) (100 hundred)
1990	17009	13949	1379	932	628	121	7166	30920	4474
1991	16887	13864	1353	920	641	109	7179	29405	4575
1992	16994	13917	1359	940	684	94	7410	29754	4802
1993	16954	13862	1367	938	707	80	7578	29915	5048
1994	17022	13914	1368	929	738	73	7958	30472	5198
1995	17119	14016	1362	916	754	71	8204	30462	5333
1996	17126	13995	1366	910	786	69	8325	30559	5410
1997	16985	13878	1360	893	784	70	8555	30633	5542
1998	15522	13180	946	617	717	58	8107	30094	4256
1999	15418	13122	916	573	749	58	8172	28199	4393
2000	15356	13020	902	603	778	53	8444	28001	4648
2001	15137	12804	864	628	789	52	8555	27882	4797
2002	15235	12913	897	641	740	44	8581	28448	5200
2003	15330	13103	877	636	669	45	8491	29602	5464
2004	15619	13371	864	639	698	47	8414	30702	5839
2005	16435	14185	848	648	701	53	8988	32288	6146
2006	16971	14734	835	665	679	58	9368	34027	6232
2007	17776	15522	827	676	690	61	9828	36611	6077
2008	18953	16906	709	633	641	64	9165	41916	4694
2009	19356	17231	719	682	657	67	8413	44552	4863
2010	19994	17819	739	708	658	69	7872	46927	5191
2011	20171	17998	759	736	627	51	7864	48358	5281
2012	19935	17699	778	754	637	67	7516	48731	5498
2013	20186	17864	811	796	643	72	7511	49207	5697
2014	20685	18383	832	766	623	82	8050	50502	5793
2015	20499	18185	828	773	625	88	8007	50075	5588

注：2008 年数据为农业普查衔接数。
a)Data of 2008 was adjusted according to the National Agricultural Census.

22-6 民族自治地方固定资产投资
Investment in Fixed Assets of Ethnic Minority Autonomous Areas

单位：万元 (10 000 yuan)

地县	Region and County	固定资产投资 Investment in Fixed Assets	第一产业 Primary Industry	第二产业 Secondary Industry	第三产业 Tertiary Industry	新增固定资产 Newly Increased Fixed Assets
民族自治地方合计	**Total**					
2013		6004301	255644	2478118	3270539	3107640
2014		7053497	279685	2894591	3879221	5635912
2015		7783238	565302	2895955	4321981	6121364
临夏回族自治州	Linxia	2987077	205956	655487	2125634	2528922
甘南藏族自治州	Gannan	1862400	219677	778569	864154	1463347
张家川回族自治县	Zhangjiachuan	457298	37069	93393	326836	282641
天祝藏族自治县	Tianzhu	872854	59815	310876	502163	670869
肃南裕固族自治县	Sunan	398609	17715	316284	64610	398888
肃北蒙古族自治县	Subei	836000	22570	406505	406925	529966
阿克塞哈萨克族自治县	Akesai	369000	2500	334841	31659	246731

22-7 民族自治地方社会消费品零售总额
Total Retail Sale of Consumer Goods of Ethnic Minority Autonomous Areas

单位：万元 (10 000 yuan)

地区	Region and County	社会消费品零售总额 Total Retail Sales of Consumer Goods	餐费收入 Wholesalel Trade	商品零售 Retail Trade
民族自治地方合计	**Total**			
2011		868181	183216	684965
2012		1003474	209091	794383
2013		1144324	233512	910812
2014		1443257	266321	1176935
2015		1562543	296192	1266351
临夏回族自治州	Linxia	760693	142186	618507
甘南藏族自治州	Gannan	415768	74088	341680
张家川回族自治县	Zhangjiachuan	70738	15663	55075
天祝藏族自治县	Tianzhu	244209	49729	194480
肃南裕固族自治县	Sunan	43015	9175	33840
肃北蒙古族自治县	Subei	18917	2018	16899
阿克塞哈萨克族自治县	Akesai	9204	3333	5871

22-8 民族自治地方农村居民人均可支配收入（2015）

Per Capita Disposable Income of Rural Households of Ethnic Minority Autonomous Areas (2015)

单位：元 (yuan)

地县	Region and County	农村居民人均可支配收入 Per Capita Disposable Income of Rural Households	工资性收入 Income of Wages and Salaries	经营净收入 Net Business Income	财产净收入 Net Income from Properties	转移净收入 Net Income from Transfers
临夏回族自治州	Linxia	5245	1448	2210	87	1501
甘南藏族自治州	Gannan	5928	2490	2518	72	847
张家川回族自治县	Zhangjiachuan	5400	1136	1995	21	2247
天祝藏族自治县	Tianzhu	5916	2040	2615	36	1224
肃南裕固族自治县	Sunan	13432	2697	8162	261	2312
肃北蒙古族自治县	Subei	20087	1352	6991	191	11554
阿克塞哈萨克族自治县	Akesai	21463	3775	11400	198	6090

22-9 民族自治地方财政金融情况

Government Finance and Financial of Ethnic Minority Autonomous Areas

单位：万元 (10 000 yuan)

指标	Item	2010	2011	2012	2013	2014	2015
财 政	**Government Finance**						
公共财政预算收入	Public Government Budget Revenue	139453	189935	248544	315706	361737	366235
公共财政预算支出	Public Government Budget Expenditure	2014808	2475059	3010446	3250950	3403658	3974701
金 融	**Financial**						
金融机构存款余额	Deposit Balance of Financial Institutions	3946959	4894484	5918873	6972353	7890361	9631042
金融机构贷款余额	Loan Balance of Financial Institutions	1844408	2446392	3150602	4265643	5579876	7066179
城乡居民储蓄存款	Saving Deposit Balance of Urban and Rural Residents	2189572	2722856	3432221	4063183	4688243	5629508

22-10 民族自治地方教育、卫生及文化情况
Basic Statistics on Education, Health and Culture of Ethnic Minority Autonomous Areas

指标	Item	2010	2011	2012	2013	2014	2015
教育	**Education**						
高等学校所数（所）	Institutions of Higher Education(unit)	1	1	1	1	1	2
专任教师数（人）	Number of Full-time Teachers(person)	403	435	456	499	490	575
在校学生数（人）	Number of Student Enrollment(person)	8087	8266	9087	9861	10802	11303
中等学校所数（所）	Number of Secondary Schools(unit)	7	7	7	6	6	6
专任教师数（人）	Number of Full-time Teachers(person)	477	611	471	369	377	501
在校学生数（人）	Number of Student Enrollment(person)	5819	4986	4978	1689	4625	2633
普通中学数（所）	Regular Secondary Schools(unit)	209	201	199	192	194	195
专任教师数（人）	Number of Full-time Teachers(person)	12963	13491	14404	14955	15110	15738
在校学生数（万人）	Number of Student Enrollment（10 000 persons）	22.52	22.75	25.30	19.65	18.33	17.56
小学校所数（所）	Number of Primary School(unit)	1641	1606	1568	1555	1514	1357
专任教师数（人）	Number of Full-time Teachers(person)	19080	20396	20429	21050	20889	21244
在校学生数（万人）	Number of Student Enrollment（10 000 persons）	36.44	34.50	33.76	29.22	28.19	28.18
卫生	**Health**						
卫生机构数（个）	Number of Health Institutions (unit)	1208	1292	3392	3410	3878	3590
# 医院	Hospitals	47	48	47	53	53	53
卫生院	Health Centers	291	293	296	295	296	273
社区卫生服务中心（站）	Community Health Service Centers (stations)		37	38	39	39	43
疾病预防控制中心（防疫站）	Centers for Disease Control and Prevention		24	24	24	24	23
床位（张）	Beds (unit)	9929	10451	11301	12777	12945	13451
# 医院	Hospitals	6166	6493	7209	8510	8533	9050
卫生院	Health Centers	3155	3320	3373	3467	3621	3618
社区卫生服务中心（站）	Community Health Service Centers (stations)		195	189	214	219	241
疾病预防控制中心（防疫站）	Disease Prevention and Control Centers						
卫生机构人员数（人）	Medical institution Personnel (person)	11993	15206	15772	14631	19815	18982
卫生技术人员（人）	Medical Technical Personnel (person)	10392	11044	11294	10429	13073	12726
# 医院	Hospitals		4330	4535	4936	5311	5451
卫生院	Health Centers		3413	3440	3368	3471	3285
社区卫生服务中心（站）	Community Health Service Centers (stations)		304	346	367	378	425
疾病预防控制中心（防疫站）	Centers for Disease Control and Prevention		756	665	685	679	640
文化	**Culture**						
文化事业	Culture Institution						
机构数（个）	Number of Institution (unit)	726	722	702	755	797	804
人员数（人）	Personnel(person)	3611	4560	4291	5179	5096	5119
各类文化艺术事业单位数（个）	Number of Culture and Art Institution (unit)	401	415	407	431	449	436
# 文化馆、艺术馆	Cultural Centers and Art Station	23	23	23	23	23	23
公共图书馆	Public Libraries	23	23	23	23	23	23
博物馆	Museums	24	29	30	30	31	31
艺术表演场馆	Art Performance Places	3	2	2	3	3	3
艺术表演团体	Art Performance Troupes	16	14	14	19	16	17

中国统计出版社最新图书简目

（仅供参考，以实际出版为准）

统计资料

中国统计年鉴
中国统计摘要
中国发展报告
中国经济普查年鉴 2013
国际统计年鉴
金砖国家联合统计手册
中国－东盟国家统计手册
中国农村统计年鉴
中国县域统计年鉴
中国城市统计年鉴
中国对外直接投资统计公报
中国地区经济监测报告
中国贸易外经统计年鉴
中国零售和餐饮连锁企业统计年鉴
中国商品交易市场统计年鉴
大中型批发零售和住宿餐饮企业统计年鉴
中国农产品价格调查年鉴
中国住户调查年鉴
中国价格统计年鉴
中国能源统计年鉴
全国农产品成本收益资料汇编
中国环境统计年鉴
中国建筑业统计年鉴
国外资源、能源和环境统计资料汇编
中国工业统计年鉴
中国城乡建设统计年鉴
中国房地产统计年鉴
中国城市建设统计年鉴
中国科技统计年鉴
中国第三产业统计年鉴
中国证券期货统计年鉴
中国劳动统计年鉴
中国高技术产业统计年鉴
工业企业科技活动资料
中国社会统计年鉴
中国人口和就业统计年鉴
中国人才资源统计报告
中国教育经费统计年鉴
中国文化及相关产业统计年鉴
文化及相关产业统计概览
中国民政统计年鉴
中国民族统计年鉴
中国残疾人事业统计年鉴
中国妇女儿童状况统计资料（英）
中国乡镇街道行政区域简册
中国基本单位统计年鉴

省级综合统计年鉴系列

北京 天津 河北 山西 内蒙古 辽宁 吉林 黑龙江 上海 江苏 浙江 安徽 福建 江西 山东 河南 湖北 湖南 广东 广西 海南 重庆 四川 贵州 云南 西藏 陕西 甘肃 青海 宁夏 新疆 新疆生产建设兵团

市（县）级综合统计年鉴系列

天津滨海新区 石家庄 唐山 邯郸 保定 沧州 邢台 廊坊 承德 衡水 秦皇岛 张家口 太原 大同 阳泉 长治 晋城 朔州 晋中 运城 忻州 临汾 呼和浩特 呼和浩特新城区 鄂尔多斯 包头 沈阳 大连 长春 延吉 四平 通化 哈尔滨 齐齐哈尔 黑龙江垦区 上海浦东新区 南京 无锡 徐州 常州 苏州 南通 连云港 淮安 盐城 扬州 镇江 泰州 宿迁 江阴 丹阳 杭州 宁波 温州 嘉兴 湖州 绍兴 金华 衢州 舟山 台州 丽水 合肥 安庆 马鞍山 福州 厦门 宁德 漳州 南昌 九江 上饶 新余 抚州 萍乡 赣州 吉安 景德镇 济南 青岛 潍坊 枣庄 日照 滕州 郑州 洛阳 平顶山 三门峡 商丘 信阳 济源 武汉 十堰 荆州 宜昌 荆门 咸宁 长沙 广州 深圳 惠州 东莞 南宁 柳州 桂林 来宾 海口 三亚 成都 贵阳 昆明 西安 安康 兰州 庆阳 银川 乌鲁木齐 兵团一师 兵团十师

调查年鉴系列

天津 山西 内蒙古 辽宁 吉林 上海 福建 江西 河南 湖北 湖南 广西 重庆 四川 云南 甘肃 宁夏 新疆

统计方法应用／实用手册

实用 SAS 统计分析教程
马克威统计分析与数据挖掘应用案例
乡镇统计人员岗位知识培训系列教材：辅助调查员岗位基础知识 乡镇统计人员岗位基础知识
县级统计人员岗位知识培训系列教材：Excel 在统计工作中的应用 简明统计分析
EXCEL 在基层统计工作中的应用
统计公文知识问答

统计通俗读物／统计科普图书

漫话诺贝尔经济学大师与数学情缘 魅力统计 漫话信息时代的统计学 统计使人更聪明
漫游数据王国 探访随机世界 新中国统计工作历史流变 1949-1999 无处不在的统计

重点图书

新编英汉汉英统计大词典
中华医学统计百科全书
挑大学选专业 2016—考研择校指南
挑大学选专业 2016—高考志愿填报指南

中国统计出版社发行部电话：（010）63376907　63376908　同桯行书店电话：68783171　68783172
地址：北京市丰台区西三环南路甲 6 号　邮政编码：100073　网址：http://www.zgtjcbs.com

© 中国统计出版社 2016
版权所有。未经许可，本书的任何部分不得以任何方式在世界任何地区以任何文字翻印、拷贝、仿制或转载。

©2016 China Statistics Press
All rights reserved. No part of the publication may be reproduced or transmitted in any form or by any means, electronic or mechanical, including photocopying, recording, or any information storage and retrieval system, without written permission from the publisher.

图书在版编目（CIP）数据

甘肃发展年鉴. 2016 : 汉英对照 / 《甘肃发展年鉴》编委会编. -- 北京 : 中国统计出版社, 2016.10
ISBN 978-7-5037-7894-0

Ⅰ. ①甘… Ⅱ. ①甘… Ⅲ. ①区域经济发展－甘肃－2016－年鉴－汉、英②社会发展－甘肃－2016－年鉴－汉、英 Ⅳ. ①F127.42-54

中国版本图书馆 CIP 数据核字（2016）第 192280 号

甘肃发展年鉴-2016

作　　者 / 甘肃发展年鉴编委会
责任编辑 / 余竞雄
封面设计 / 张冰
出版发行 / 中国统计出版社
地　　址 / 北京市丰台区西三环南路甲 6 号　邮政编码 /100073
电　　话 / 邮购（010）63376909　书店（010）68783171
网　　址 / http://www.zgtjcbs.com
印　　刷 / 河北鑫宏源印刷包装有限责任公司
经　　销 / 新华书店
开　　本 / 890mm×1240mm　1/16
字　　数 / 1600 千字
印　　张 / 52.25 印张
版　　别 / 2016 年 10 月第 1 版
版　　次 / 2016 年 10 月第 1 次印刷
定　　价 / 380.00 元

本书附同版本 CD-ROM 一张，光盘内容以书面文字为准。
如有印装差错，由本社发行部调换。

《甘肃发展年鉴》电子版说明

《甘肃发展年鉴2016》（电子版）是新型的阅读工具，它界面美观，便于携带，操作简便，功能实用。

《甘肃发展年鉴2016》（电子版）内容分为二部分：第一部分设特载、大事记、概况、政治、法制、国民经济、建设测绘、交通通信邮政、财政金融、经济管理、社会事业、人民生活、地县概况等13个篇目；第二部分设综合、人口、国民经济核算、就业和工资、价格、人民生活、财政和金融业、资源和环境、能源、固定资产投资、对外经济贸易、农业、工业、建筑业、批发和零售业、住宿、餐饮业和旅游、运输和邮电、教育和科学技术、卫生、社会服务和社会保障、文化和体育、城市、民族自治地方等22个篇章。

系统要求：

中文Windows 9X，Windows ME /2000 /XP；建议使用IE浏览器

使用方法：

1. 将《年鉴》光盘插入光驱，光盘自动运行进入主页，如不能自动启动，请进入光盘所在的驱动器，点击Start.exe，即可启动。

2. 光盘启动后，会自动运行FLASH，然后进入主页面，点击“浏览光盘”即可以进入光盘正文。

3. 光盘分为两帧，左边目录，右边正文。目录分为两级，点击目录可以进入正文，显示于光盘的右边。

4. 正文分WEB页和EXCEL两种格式的文档，点击左边目录上图标可以进行转换。

5. 点击主页面的“退出动画”即可退出光盘。

6. 如若目录无法打开，请详见光盘中的帮助文件（help.htm）。

Gansu development Yearbook 2016 (electric version) is a new type reading tool. It has beautiful interface, and is easy to carry, easy to operate, functional and practical.

Gansu development Yearbook 2016 (electric version) has two parts. The first part contains special set, memorabilia, overview, politics, legal, national economy, construction and mapping , transport, communication and post, government finance and financial, economy management, social undertaking, people's livelihood and county profiles 13 contents; The second part contains total 22 sections and chapters: General Survey; Population; National Accounts; Employment and Wages; Prices; People's Living Conditions; Government Finance and Financial Intermediation; Resources and Environment; Energy; Investment in Fixed Assets; Foreign Trade and Economic Cooperation; Agriculture; Industry; Construction; Wholesale and Retail Trades; Hotels, Catering Services and Tourism; Transport, Postal and Telecommunication Services; Education & Science and Technology; Public Health, Social Services and Social Security; Culture and Sports; City; Ethnic Minority Autonomous Area.

System Requirements

Windows 98, Windows Me, Windows 2000, Windows XP, Windows 2003
Microsoft Internet Explorer 6.0 and above version

How to Use

1. Insert Gansu Development Yearbook 2016 disc into your CD-ROM drive, the disc will be automatically started. If not, please click start2016.exe to open the CD-ROM.
2. After the CD-ROM is started, it will automatically run FLASH, and then enter the main page, click on "Browse CD" to enter the CD-ROM text.
3. Disc is divided into two pictures, the left is the directory, the right is the text. Directory is divided into two levels, click on the directory you can enter the text, and displayed on the right side of the disc.
4. The main text is divided into WEB page and EXCEL two format documents, click on the icon on the left-hand directory to convert.
5. Click "Exit Animation" on the main page to exit the disc.
6. If the directory can't be opened, please see the help file (help.htm) of the disc.